현풍곽씨언간 주해 증보판

백두현(白斗鉉)

1955년 경북 성주(星州) 연산 마을에서 아버지 白孔基(1921~1996)와 어머니 姜任伊(1924~1995)의 둘째 아들로 태어나다. 경북대학교에서 대학과 대학원을 마치고 1990년에 문학박사 학위를 받다. 경성대학교 부교수를 거쳐 현재 경북대학교 인문대학 국어국문학과에 교수로 재직하고 있다. 『영남 문헌어의 음운사 연구』, 『석독구결의 문자체계와 기능』, 『음식디미방주해』, 『한글문헌학』, 『한글편지로 본 조선시대 선비의 삶』 등의 저서를 내었다. 한글 문헌, 국어음운사, 훈민정음, 어문생활사 등에 관련된 100여 편의 논문을 발표하였다.

현풍곽씨언간 주해 증보판

아이들에게 한글을 가르쳐 주십시오

초판1쇄 인쇄 2019년 8월 16일
초판1쇄 발행 2019년 8월 29일

지은이 백두현
펴낸이 이대현
편 집 홍혜정
디자인 안혜진
마케팅 박태훈 안현진
펴낸곳 도서출판 역락
서울시 서초구 동광로 46길 6-6 문창빌딩 2층(우 06589)
전화 02-3409-2058(영업부), 2060(편집부)
팩시밀리 02-3409-2059
이메일 youkrack@hanmail.net
역락 홈페이지 http://www.youkrackbooks.com
등록 1999년 4월 19일 제303-2002-000014호

ISBN 979-11-6244-407-8 93710

* 이 도서의 국립중앙도서관 출판예정도서목록(CIP)은 서지정보유통지원시스템 홈페이지(http://seoji.nl.go.kr)와 국가자료종합목록 구축시스템(http://kolis-net.nl.go.kr)에서 이용하실 수 있습니다.(CIP제어번호: CIP2019032933)

현풍곽씨언간 주해 증보판

— 아이들에게 한글을 가르쳐 주십시오

백두현

역락

머리말(증보판)

내가 오래 동안 공 들인 「현풍곽씨언간」 주해서 초판본을 2003년 12월에 출판하였다. 이 책을 받아 든 나는 감개무량한 마음으로 주해서를 내는 데 도움을 주신 곽병숙 선생님(前 능인고등학교 교장)과 함께 현풍 소례 마을 인근의 신당리에 모셔진 곽주 어른과 하씨 부인의 묘소를 찾아 갔다(2004.2.1). 대니산 정상의 석문산성에 있던 하씨의 묘를 1989년 봄에 이장하면서 전처 광주 이씨 부인과 하씨 부인 그리고 곽주 어른을 합분하여 모셨다고 한다. 준비해 온 주해서와 술을 상석에 올리고 고유제를 지냈다. 곽주의 직계 후손이신 곽병숙 선생이 출판의 경과를 아뢰고 주해자인 내가 감사 말씀과 함께 안식을 축원하였다.

내가 「현풍곽씨언간」에 대한 소식을 처음 접한 것은 1989년 4월 6일자 대구 매일신문에 실린 기사였으나 발굴된 자료의 보존 처리 때문에 당시에는 이 자료들을 볼 수 없었다. 1991년 9월에 자료의 복사본을 접하면서 원문 판독 작업부터 시작하여 1997년 8월에 간략한 주를 단 판독문을 학계에 소개하고, 2003년에 주해 작업이 마무리되어 주해문과 현대어역 및 해설을 붙여 같은 해 12월에 초판본 주해서를 간행했던 것이다.

초판본이 나온 뒤에 4건의 편지가 추가로 발견되어 초판본을 내고 16년이 지난 2019년에 증보판을 내게 되었다. 증보판에 이 4건의 편지를 말미에 붙여 넣었다. 또한 주석과 해설문을 고쳐서 새로 쓰고 다듬은 곳이 적지 않다.

2003년에 간행한 초판본의 준비 과정에서 여러 사람의 도움을 받았다. 편지 문장에는 주고받는 사람이 이미 알고 있는 많은 정황들이 생략되기 때문에 문맥 파악이 안 되는 경우가 많다. 곽병숙 선생님은 편지에 나타나 있지 않은 집안 이야기를 소개해 주셨다. 이 이야기들은 편지 전체 내용 파악에 도움이 되었다. 또한 곽병숙 선생님은 발굴 당시 친지들이 가져가서 보관해 온 미공개 자료 3건을 주해자가 이용할 수 있도록 도와 주셔서 초판본에 넣을 수 있었다. 다시 증보판을 낼 때엔 곽병숙 선생님이 친지들이 보관해 오던 언간 4매를 추가로 찾아내어 주해자에게 제공해 주셨다.

초판본을 준비하던 1992년과 1993년 당시에 편지의 원본이 보관되어 있던 한국무속박물관(舊 건들바우박물관)을 여러 차례 들락거렸다. 당시 이 박물관에 재직하시던 석대권 선생께서 도움을 주셨다. 이 박물관은 이제 없어졌고 언간과 의복 등의 유품을 보관해 오던 운경재단에서 자료 일체를 2006년에 국립대구박물관에 기증하였다. 국립대구박물관에서는 이 편지를 널리 소개한 전시회를 개최(2011.6.21)하기도 했다. 이번 증보판에 들어간 컬러 사진은 국립대구박물관에서 새로 찍은 것들이다. 귀중한 사진 168매를 제공해 주신 홍진근 국립대구박물관 관장님과 실무를 도와주신 김민철 학예사님께 감사드린다. 증보판의 교정은 안미애·김명주가 도와주었다.

2003년에 태학사 지현구 사장님께서 이 책의 초판본을 출간해 주셨고, 16년이 지난 2019년에 도서출판 역락의 이대현 사장님께서 증보판을 내어 주셨다. 증보판은 초판본보다 덜 팔릴 것이 분명함에도 이 책을 출판해 주신 이대현 사장님과 편집에 애쓰신 홍혜정 과장님께 깊이 감사드린다.

독자 제위께서 이 책에 실린 편지 내용을 읽어 보시면 곽주 어른이 참다운 선비의 모습을 가진 분임을 실감하게 될 것이다. 주해자는 곽주 어른이 쓰신 편지를 여러 번 읽으면서 스스로 감화를 입은 바가 적지 않다. 주해자가 낸 『한글편지로 본 조선시대 선비의 삶』(경북대 인문교양총서 1, 2011)에서 곽주의 인품에 대한 이야기를 풀어 놓았다.

훌륭한 편지글을 쓰신 곽주 어른과 이를 고이 간직하여 남겨주신 하씨 부인, 그리고 편지글을 쓰셨을 뿐 아니라 이 편지를 관 속에 넣으신 아드님들과 따님들의 명복을 빌며, 고인이 되신 이 분들의 영전에 정성스러운 마음으로 삼가 이 책을 바친다.

2019년 6월 27일

대덕산·청룡산·삼필봉이 보이는

상인동 서재에서 백두현이 적다.

머리말(초판)

「현풍곽씨언간」은 17세기 초에 경상도 현풍 소례 마을에서 가솔들을 거느리고 살았던 곽주(郭澍 : 1569~1617)와 그 가족들이 쓴 편지 글이다. 편지는 개인의 사적 생활을 배경으로 생성되어 쓴 이의 일상생활을 반영한다. 이 편지 자료도 그러한 점에서 독특한 가치를 지니고 있다. 우리는 『조선왕조실록』과 같이 조선시대의 역사를 기록한 훌륭한 자료들을 가지고 있지만 이런 자료에서는 한 개인과 그 가족들이 살아가는 삶의 구체적 정보를 찾을 수 없다. 「현풍곽씨언간」에는 17세기 초기를 살았던 곽주와 그 가족들, 그리고 주변의 친지들과 노복 등 여러 사람들의 이야기가 나오며, 이들의 생활 모습이 다양하게 그려져 있다.

이 편지들은 조선시대 풍속과 민간 신앙 등 생활문화 연구에 크게 기여할 수 있으며, 400년 전 우리말의 모습을 살필 수 있는 귀중한 자료이기도 하다. 그러나 원 자료는 한글 초서로 쓰여 있어 읽기가 어려우며, 그 언어도 오래 전의 것이어서 일반인들이 그 뜻을 파악하기란 쉽지 않다. 저자는 이 자료가 다방면의 많은 연구자들에게 활용될 수 있도록 주석·현대어역·해설을 붙이고, 몇 가지 주제로 나누어 이 편지에 담긴 생활상을 정리하였다. 당시의 복식(服飾)·민간신앙·생활 습속과 의례·과거와 교육·질병과 그 치료·곽주의 인품 등에 관한 사연을 별도로 모아 해설하는 글을 이 책에 실었으며, 앞으로 여러 방면의 연구자가 관련 주제에 쉽게 접근할 수 있도록 주제별 색인도 만들어 붙였다. 한국 전통 복식사의 전문가이신 이은주 교수의 글은 이 자료에 반영된 의복 관련 자료에 대한 종합적 해설이다.

저자가 「현풍곽씨언간」에 대한 소식을 처음 접한 것은 1989년 4월 6일자 대구 매일신문에 실린 기사였다. 영남에서 나온 한글 문헌을 수집하여 이 지역의 문헌에 반영된 언어 변화를 주제로 박사 논문을 준비하던 중이었다. 발굴된 자료의 보존 처리 때문에 당시에는 이 자료들을 볼 수 없었다. 그 후 1991년 9월에 자료의 복사본을 접하면서 원문 판독 작업부터 시작하였다. 1997년 8월에 간략한 주를 단 판독문을 학계에 소개하고, 이어서 주해 작업을 진행해 오다가 이제 마무리되어 주해문과 현대어역 및 해설을 붙여 이렇게 간행하게 된 것이다. 1991년 9월부터 이 자료를 보기 시작하여 2003년 8월에 주해 작업을 모두 마쳤으니 이 책을 내는 데 꼬박 12년이 걸린 셈이다. 주석과 해설이 완벽하게 이루어진 것은 아니지만 더 이상 미룰 일이 아니어서 지금까지의 연구 내용을 묶어 이제서야 공간하게 되었다.

지금까지 국어사 연구 자료로 가장 많이 이용되어 온 것은 활자본 또는 목판본으로 간행된 한글 문헌들인데 이들은 거의 대부분이 한문을 한글로 번역한 이른바 언해본(諺解本)이다. 언해본의 문장은 한문에 구속되어 있으며 또 엄격한 교정을 거친 것이어서 당대 언어생활의 참다운 면모를 보여 주는 데 한계가 있다. 이와 대조적으로 「현풍곽씨언간」은 가족 간에 오고간 사적 문장이어서 당대의 생생한 언어를 훨씬 더 잘 보여 준다. 즉 국어사 자료로서의 가치가 질적으로 다르다고 말할 수 있다. 앞으로의 국어사 연구는 이러한 특성을 가진 자료에 더 많은 관심을 기울여야 한다. 이러한 자료에는 편지, 고문서, 일기 등이 포함되어 있어서 국어사 연구뿐 아니라 인접 학문의 연구에도 상당한 도움을 줄 수 있다는 점에서 더욱 가치 있는 작업이라 생각한다.

이 책을 내는 데는 많은 분들의 은혜와 도움을 입었다. 『두시언해』를 통해 문헌에 눈을 뜨게 해 주신 전재호 선생님은 학문의 기초를 닦아 주셨다. 홍사만 선생님과 이상규 선배님은 가까이 계시면서 부족한 저자를 이끌어 주시었다. 늘 새로운 정보를 알려 주신 홍윤표 선생님과 항상 격려를 아끼지 않으신 김종택 · 고영근 · 정광 · 곽충구 선생님께 감사드린다. 필자의 모자란 글을 읽어 주시고 조언을 해 주신 김주원 학형의 도움은 참으로 큰 힘이 되었다. 곽병숙 선생님(前 능인고등학교 교장)은 미공개 자료 3점을 추가로 첨가할 수 있도록 도와 주셨다. 아내 안인숙은 일반인의 입장에서 초고를 읽고 의견을 제시하여 주해문과 해설문의 평이함을 유지할 수 있도록 도왔다. 주해와 교정 작업을 도와 준 이미향 · 송지혜 · 이현주 · 안미애 · 김문오 · 김향숙의 노고를 여기에 적어 고마움을 전한다. 자료 열람에 협조해 주신 한국무속박물관(舊 건들바우박물관) 관계자와 이 책을 출판해 주신 태학사 지현구 사장님, 그리고 편집에 수고하신 분들께 깊이 감사 드린다.

끝으로 훌륭한 자료를 남겨 주신 곽주 어르신과 하씨 부인 그리고 그 가족들의 명복을 빌며, 고인이 되신 이 분들의 영전에 정성스러운 마음으로 삼가 이 책을 바친다.

2003년 11월 5일
달구벌의 복현동 서재에서
백두현 적다.

차 례

한글 편지 주해문

17세기의 언어와 생활문화

해 제

1. 현풍곽씨언간의 발견 경위와 판독 과정

1989년 4월 4일에 달성군 현풍면(玄風面) 대리(大里)에 거주하는 현풍곽씨 후손들이 달성군 구지면(求旨面) 도동리(道洞里) 뒷산의 석문산성(石門山城) 안에 있는 12대 조모 진주하씨 묘 이장 작업을 하던 중 하씨의 관 속에서 많은 수의 의복과 편지를 발견하였다. 송진과 옻 등으로 특수 처리된 관이 그대로 보존되어 있었고 관 안의 고인은 미이라 상태로 발견되었다. '晉州河氏之墓'(진주하씨지묘)라는 명정(銘旌)도 선연하였으며 관 내부에는 장의(長衣) 4, 창의 1, 저고리 9, 치마 2, 버선 18, 속곳 14, 바지(女) 3, 요 2, 이불 3, 베개, 명목, 모자, 돗자리, 빗접과 틀 각 1, 옷감 10, 파손된 옷 10여 점이 보존되어 있었다. 깎은 손톱과 빗은 머리털을 모은 주머니 등의 유품도 발견되었다. 출토된 유물은 한국무속박물관(대구 소재, 舊 건들바우박물관)에서 보존처리한 후 소장하고 있다가 지금은 국립대구박물관에 이관되었다. 중요민속자료 229호로 지정되어 있다. 하씨 부인은 곽주(郭澍[1]: 1569~1617)의 둘째 부인이며 하준의(河遵義: 1552~?)[2])의 맏딸이다. 하씨의 친정은 창녕군 이방면에 있는 '오야'인데 이 마을에는 지금도 진주 하씨들이 많이 살고 있다. 하씨의 남편 곽주는 홍의장군(紅衣將軍)으로 유명한 망우당(忘憂堂) 곽재우(郭再祐)의 종질(從姪)이다.

필자는 영남 간행의 한글 문헌을 대상으로 학위 논문을 작성하던 중 1989년 4월에 이 편지글들이 출토되었다는 대구 매일신문 기사를 접하였다. 당시 보존 처리가 안 되어 자료를 볼 수 없었다. 그 후 1991년 9월에 건들바우 박물관 측으로부터 이 편지들의 복사

1) 곽주의 한자명은 후손가에서 족보에 의거하여 '郭澍'로 쓰고 있다. 그런데 1606~1607년경에 작성된 도동서원 「심원록」(영남대 민족문화연구소)에 곽주의 자필 서명이 '苞山 郭澍 景霖'(포산 곽주 경림)으로 쓰여 있다. 「참제록」의 성명도 이와 같다. 이로 보아 17세기 초기에 곽주의 한자명을 '郭澍'로 쓰기도 했음을 알 수 있다.

2) 『진양하씨 대동보』 권 15의 11쪽과 26쪽에 河遵義에 대한 기록이 나온다. 河遵義는 字가 宜叔, 號는 玉溪이며, 展力副尉를 지냈고, 工曹參議를 증직받았다. 2남 3녀를 두었는데, 3녀 중 맏딸이 곽주에게 출가한 것으로 기록되어 있다. 하준의의 처(하씨의 친정어머니)는 碧珍 李氏이며 창녕군 대합면 합산리에서 오야로 시집온 분이다.

본을 얻어 1차 판독을 하였으나 불확실하거나 보이지 않는 곳이 매우 많았다. 1992년 2월에 건들바우 박물관측의 협조를 얻어 원본을 볼 수 있게 되었고 김무식 교수(慶星大 국문과)의 도움을 받아 원본을 통한 판독 작업을 하였다. 수백 년 동안 관 속에서 보존된 종이는 진한 갈색으로 물들어 있었고 시취(尸臭)가 강하여 작업을 하는 데 애로가 컸다. 그 후 여러 가지 사정으로 인하여 판독 작업을 완결 짓지 못하고 몇 년 동안 원고를 묵혀 두었다. 1997년 2월에 비교적 상태가 좋은 복사본을 구하여 이전의 판독문을 재검토하고 수정 작업을 하였다. 이어서 김주원 교수로부터 빌려 본 『중요민속자료 지정조사보고서—진주하씨묘 출토 유물』(문화재관리국)의 영인본도 참고하여 판독문을 다시 다듬었다. 이렇게 하여 수정된 판독문에도 여전히 의문점이 남아 있어서 다시 한번 원본과 판독문을 대조・확인하였다.[3] 이러한 판독의 결과를 간략한 해제와 함께 『어문론총』 31호(1997년 8월)를 통해 학계에 공개하였다. 판독문을 공개한 후 필자는 의문난 곳을 다시 원전과 대조하여 수정하였고, 황문환(2002)의 부록에 실린 판독문을 참고하여 보완하였다. 원문 판독에 대해 가능한 한 의문점을 남기지 않으려고 노력하였으나 이러한 노력에도 불구하고 원본이 훼손되어 도저히 읽을 수 없는 곳이 있었으며, 판독상 필자가 잘못 판단한 경우도 있을 수 있다.

이런 작업과 병행하여 편지 내용 전체에 대한 주해를 진행하였다. 먼저 판독문을 원전 편지의 행간 구별과 동일한 형태로 작성하였다. 이어서 주석을 통해 난해어에 대한 국어사적 주해와 형태 분석을 하고, 필요한 경우 타 문헌의 용례를 곁들였다. 판독문 아래 현대어 번역을 놓았다. 현대어로 옮길 때 표면 문장에서 생략된 성분이나 내용은 괄호 안에 보충 삽입하여 이해를 도왔다. 현대어역 아래에 편지 내용과 관련된 해설을 붙여 각 편지가 갖는 내용상의 의의, 다른 편지와의 연관성 등을 설명해 놓았다. 그리고 각 편지의 원본 사진은 책뒤에 모아서 편집했다. 사진은 글씨를 읽을 수 있도록 가능한 크게 했으나 원본이 너무 커서 편집상 불가피하게 사진의 글씨가 잘 보이지 않는 것도 있다.

본 주해서에 수록한 판독문 각각에는 자료 번호가 부여되어 있다. 이 번호는 저자가

---

3) 이 자리를 빌려 여러 차례에 걸쳐 원본의 열람을 허락해 주신 한국무속박물관 관계자분께 깊이 감사드린다. 특히 박물관 운영에 직접 관계하신 석대권 씨와 김갑식 씨의 협조는 필자에게 큰 도움이 되었다. 주석 작업의 첫 단계에서 송지혜, 이미향, 이현주, 김문오가 도와주었고, 원고 다듬기와 교정, 주제별 색인 작성에는 이미향과 송지혜가 수고하였다.

1997년에 공개한 판독문에 붙인 번호와 약간 다르다. 편지의 자료 번호를 변경하게 된 것은 새로 발견된 편지 3매가 중간에 들어가고, 하씨 필적의 편지가 새로이 판명되었기 때문이다. 편지 전체 내용의 전후 연결 관계를 보다 순조롭게 하려는 뜻도 편지 번호의 재조정에 크게 작용하였다.

2. 편지의 분량과 성격

발견된 문서 자료는 편지 매수를 기준으로 도합 176매이다. 이 중 한글로 쓴 것이 171매이고 한문으로 쓴 것이 5매이다. 김일근의 보고서(1991)에는 168매로 되어 있으나 필자가 조사하면서 소렴(小殮)할 때 작업 방법을 지시한 것 1매와 출가한 딸이 쓴 편지 3매를 더 찾을 수 있었다.[4] 『현풍곽씨언간 주해』(2003, 태학사)를 간행한 후 필자의 연구에 큰 도움을 주신 곽병숙 선생께서 문중의 몇몇 분이 보관하고 계시던 편지 4매를 더 가져오셨다(2008. 3). 이 4매를 증보판에 추가하게 되니 매수로는 모두 176매가 되었다. 추가한 4매는 편지 번호의 연속성을 위해 173번부터 176번까지 연이어 붙였다. 176매 중에는 하나의 편지가 사연이 너무 길어 두 장의 종이에 나누어진 것도 있다.

소렴할 때의 작업 지시문을 제외하면, 이 문건들은 내용상으로 대부분이 편지지만, 종자분급기(種子分給記), 노비명부, 양조법(釀造法), 제물명(祭物名)을 적은 것은 편지가 아닌 문서로 볼 여지도 있다. 김일근(1991)에서 이 문건들을 모두 '치부 기록(置簿記錄)'이라 하여 12건을 여기에 포함시켰다. 필자의 판독문(1997)에서도 이 견해에 따랐다. 그러나 이 12건이 곽주가 쓴 치부 기록이기는 하나 우리가 흔히 말하는 '문서'(明文, 所志, 請願 등) 와는 그 성격이 다르다. 몇몇 문건의 내용을 보면 금기일을 열거한 뒤 "여기에 적은 날에는 가장 가장 조심하라"라든지, "멥쌀 서 말, 말콩 너 말 ……"이라는 치부 기록을 적은 뒤 맨 끝에 "저의 먹을 양식을 한 놈에게 한 말 두 되씩 주라"와 같은 지시문이 붙어 있다. 이와 같은 문건들은 일반적인 '문서'가 아니라 곽주가 하씨 부인에게 보낸 것이어서 편지의 성격을 띠고 있다. 문기(文記) 말미에 이러한 곽주의 지시문이 없는 경우는 치부(置簿)의 성격이 뚜렷하다. 음식명과 그 수량을 적은 문건도 이 같은 내용을 준비하도록 부인 하

---

4) 추가로 나타난 것은 출토 당시 곽씨 문중의 몇몇 분이 개인적으로 가져가서 보관하였던 것이다.

씨에게 당부하고 있기에 편지로서의 성격을 띠고 있다. 양조법을 적어 놓은 문건은 넓은 의미의 문기(文記)라 할 수 있다.

3. 필자 및 작성 연대

전체 176매의 문건을 필자(발신자), 수신자, 작성 연대를 기준으로 분류해 보이면 다음 표와 같다.5)

<「현풍곽씨언간」 총괄표>

발신인(필자)	수신인	매수	자료번호	작성연대	특기사항
郭澍	丈母(합산댁)	2	1	1602년	
			2	1612년	
	夫人(河氏)	95	3~36, 38~93, 173		
		1	102		棉花分給記
		1	97		物目記(祭物)
	곽샹(奴)	1	37		
		1	94		料 分給記
		1	95		노비 名簿
		1	96		物目記(布)
		1	98		物目記(祭物)
		1	99		禁忌日 및 勤愼
		1	100		物目分送記
		1	101		釀造法
		1	103		物目記(果實)
		2	104, 105	1603년	種子分給記
郭以昌	어머니(河氏)	1	106		
郭宣昌	어머니(河氏)	2	107, 176	176번=1646년	
郭愈昌	어머니(河氏)	2	108, 109		
郭亨昌	어머니(河氏)	1	110	1646년	
손자(以昌 추정)	친조모(박씨)	1	111	1622년	
하씨	곽주	4	112, 113, 114, 117		하씨 필적 확실

5) 이와 비슷한 표는 김일근(1991:17~18)에 제시된 바 있다. 필자는 이를 바탕으로 새로 발견한 편지와 사실을 추가하고 아울러 표의 구성을 약간 간략히 하였다.

	?	2	115, 116		하씨 필적 추정
곽주丈母(합산댁)	內査頓(박씨)	1	118	1607년	
곽주內査頓(周氏)	곽주夫人(河氏)	1	119	1619년	
출가녀	아버지(곽주)	1	120	1617년	
출가녀(곽주 딸)	어머니(河氏)	44	121 ~ 161, 174, 175		121번은 1617년
	출가한 여동생	3	162 ~ 164		
?	?	1	165		
?	마님	1	166		
(곽주 아들?)	염하는 사람	1	167		
郭宣昌	郭秀才	2	168, 169		
	郭都令	1	170		
	朴生員	1	171		
	동생 郭亨昌	1	172		

이 자료의 가장 많은 부분을 차지하고 있는 것은 곽주가 그의 부인에게 쓴 편지다. 그 다음으로 많은 것은 출가녀가 어머니 하씨에게 보낸 것이다. 그밖에 곽주가 장모에게 보낸 편지, 곽주가 노비에게 보낸 편지 등이 있다. 번호 1번부터 105번까지, 그리고 증보판에 추가한 173번이 곽주가 쓴 것이다. 곽주가 쓴 106매는 모두 곽주의 사망 연대인 1617년 이전에 작성된 것이다. 특히 3, 4, 5, 6, 7, 8, 9번, 12, 13, 14번, 27, 28번의 편지들은 모두 1606년 이전에 작성된 것이 분명하다. 그 이유는 곽주의 아버지 곽삼길(1549~1606)이 생존해 있는 사연이 내용 속에 나오기 때문이다.

하씨가 쓴 것이라고 명기된 것은 없으나 필체를 대조하고 서신 간의 내용상 연관성을 비교해 본 결과 하씨 본인의 편지 3매를 분명히 확인할 수 있었다. 117번은 필체가 하씨의 것과 같아서 하씨가 쓴 것에 포함시켰다. 그 밖에 곽주의 아들들이 어머니에게 보낸 편지와 출가한 딸들이 어머니에게 보낸 편지, 출가한 딸이 시누이에게 보낸 편지, 안사돈간의 편지가 포함되어 있다.[6] 곽주의 딸들이 쓴 편지는 모두 44매이다. 이 중 120번, 160번, 161번은 발굴 직후 개인이 가져가서 보관했던 관계로 건들바우박물관의 보고서에서 누락된 것이다. 이 세 편은 곽병숙 선생이 소재를 알아내어 필자에게 넘겨 준 것이

6) 이와 같은 분류는 김일근(1991:17~19)과 문화재 관리국에서 낸『중요민속자료 지정조사보고서-진주하씨묘 출토 유물』의 53쪽을 참고할 수 있다. 그러나 이 분류에는 하씨의 필적을 확인하지 못하여 잘못 분류한 것이 있으므로 부분적인 수정이 필요하다.

다. 이 중에서 120번은 경주로 시집간 딸이 쓴 편지와 그 필체가 같다. 그러나 160번과 161번은 밀양으로 시집간 딸이 쓴 것이다. 증보판에 추가한 4건 중에서 174번, 175번은 출가녀가 친모 하씨 부인에게 쓴 것이다.

전체 편지 중 작성 연대가 가장 빠른 것은 1602년에 곽주가 장모에게 쓴 편지(자료 번호 1번)다. 수신자가 '합산딕'으로 명기되어 있는 것으로 보아 이 분은 하씨의 친정어머니임이 확실하다. 하씨의 친모는 벽진(碧珍) 이씨로 지금의 창녕군 대합면 합산리 출신이기 때문이다.[7] 이 편지를 근거로 우리는 곽주가 1602년 이전에 하씨를 재취로 맞이했음을 알 수 있다. 필사 연대가 나타나 있는 것으로 가장 나중의 것은 하씨의 필적으로 판단되는 117번 편지인데 그 말미에 "임진 동지 초여드래날 스다"라고 기록하였다. 사연 중에 "초계 아기 유무 븐 거시니"라 한 것은 하씨의 아들 중 한 사람이 초계에 살고 있음을 의미한다. 이와 연관된 내용은 곽주의 장남 이창(以昌)이 어머니 하씨에게 보낸 106번 편지에서 "초계 동싱의 살 므를 날은 이 둘 스므아ᄒᆞ랜날도 극히 됴코 삼월 초ᄒᆞᄅᆞ날도 됴타 ᄒᆞ니 두 날 듕의 ᄀᆞᆯᄒᆡ여 ᄒᆞᄋᆞᆸ쇼셔"라고 한 것에서 확인된다. 장남 이창이 '동싱'이라고 한 사람이 하씨에게는 아들이 되기 때문에 하씨가 쓴 117번 편지에서 '초계 아기'라 칭한 것이다. 117번 편지에 나타난 '임진(壬辰)'은 1592년 또는 1652년이 되어야 하는데, 전자라면 이 편지가 연기상 가장 빠른 것이고 후자라면 가장 늦은 것이다. 그런데 전자일 가능성은 거의 없다. 하씨 부인의 소생으로서 아들은 '의창(宜昌)'이 첫째인데 이분은 1613년에 태어났기 때문이다. 따라서 176건의 문건 가운데 연기가 나타나는 것으로 가장 늦은 것은 1652년이 된다.[8] 이 편지가 관 속에 들어가 있고, 또 그 필적이 하씨의 것으로 판단되기 때문에 우리는 하씨가 1652년까지 생존했던 것으로 판단한다. 편지 문면에 작성 연기가 명기된 편지 번호와 그 연대를 종합해 보면 다음과 같다.

1번	1602년 10월 16일	2번	1612년 5월 15일
15번	1610년 10월 2일	19번	1614년 1월 16일
36번	1614년 1월 2일	109번	1645년 10월 5일

7) 필자는 이 마을에 대한 현지답사를 통해 이곳에 벽진 이씨가 많이 거주하고 있음을 확인하였다.
8) 이 사실을 자세히 밝히는 것은 「곽씨언간」 전체의 연대를 파악하는 데 이 사실이 중요한 의미를 지니기 때문이다. 김일근은 넷째 아들 '亨昌'이 1646년에 쓴 110번 편지를 기준으로 「곽씨언간」의 하한 연대를 1646년으로 보았다. 하지만 117번과 106번 편지의 내용과 필체에 근거를 근거로 그 연대는 수정되어야 한다.

110번	1646년 6월 1일	111번	1622년 3월 27일
117번	1652년 11월 8일	118번	1607년 5월 8일
119번	1619년 8월 13일	120번	1617년 8월 8일
122번	1617년 1월 26일	123번	1617년 3월 28일
124번	1617년 8월 2일	126번	1620년 3월 13일
127번	1620년 12월 15일	128번	1622년 3월 27일
129번	1623년 6월 16일	130번	1623년 7월 28일
131번	1623년 12월 15일	132번	1624년 1월 15일
133번	1624년 2월 7일	134번	1624년 2월 17일
135번	1624년 4월 23일	162번	1624년 7월 8일
<증보판 추가 편지>			
173번	1617년 이전	175번	1622년
174번	1617년 이전	176번	1646년 12월 19일

4. 이 자료의 명칭 「현풍곽씨언간」에 대해

이 편지글을 '진주하씨묘 출토 문헌' 또는 '진주하씨언간'이라 부르는 이도 있다. 전자는 무난하나 명칭이 너무 길고 어감이 밝지 못하다. 후자는 내용상 합당하지 않다. 이 문건들이 하씨묘에서 출토된 유물이기는 하나 편지의 필자를 기준으로 본다면 하씨의 것이라 할 수 없기 때문이다. 176매의 문건 중 정작 하씨 본인의 필적이 분명한 것은 4매, 하씨의 것으로 추정되는 것은 2매에 지나지 않는다. 사돈 간에 오고간 2매를 제외하면 모두 곽씨 문중 사람이 쓴 편지다. 편지를 "누가 보관했느냐" 보다 "누가 썼는가"가 더 비중 있게 고려되어야 한다고 본다.[9] 이런 생각에 필자는 이 문건의 명칭을 「현풍곽씨언간」이라 불렀다. 「현풍곽씨언간」이라는 명칭은 두 가지 장점을 가진다. 첫째, 이 편지 글을 쓴 주체가 현풍곽씨 문중 사람들이라는 점을 명칭에 반영시킬 수 있다. 둘째, 이 편지글의 언어에는 필사 당시 현풍방언이 반영되어 있는바 '현풍(玄風)'이라는 낱말이

9) 청주에서 출토된 「순천김씨언간」의 경우는 문제가 좀 다르다. 이 편지들이 순천 김씨의 묘에서 출토되었고, 편지를 쓴 주체에 있어서 남편 채무이의 편지도 소수 있으나 순천 김씨 부인을 포함하여 김씨 집안 사람들 간에 오고간 것이 대부분이다. 따라서 이 경우는 출토된 묘주와 필사 주체에 큰 어긋남이 없기 때문에 「순천김씨언간」이라는 명칭은 합당한 것이다.

명칭에 들어감으로써 이 자료의 언어적 성격 즉 언어의 지역적 배경을 드러낼 수 있다. 곽주의 본관은 포산(苞山)인데, 포산은 현풍의 옛 이름이다. 오늘날 이 문중은 흔히 '현풍 곽씨'로 불린다. '포산'은 생소하게 느껴지는 지명이어서 '현풍'을 冠하는 것이 적절하다. 「현풍곽씨언간」을 줄여 「곽씨언간」이라 부르는 것도 무방하다.10)

황문환(2002:336)은 이 자료의 명칭을 '경북 달성 진주하씨묘 출토 언간'이라 하고 그 약칭을 '달성'으로 불렀다. 또한 필자가 제안한 '현풍곽씨언간'이란 명칭에 문제가 있다고 하며 그 이유로 이 자료에 현풍 곽씨 문중 사람이 쓰지 않은 것이 있다는 점과 '현풍 곽씨'라 하면 곽씨 문중의 특정 여성을 뜻할 수 있다는 점을 들었다. 그러나 이런 지적은 적절치 않다. 이 자료 172매 중 곽씨 성을 갖지 않은 사람이 쓴 것은 곽주의 장모(합산댁)가 쓴 1매, 안사돈 주씨(周氏)가 쓴 1매로 모두 2매뿐이다. 그 숫자가 극소수이고 이 분들 또한 곽씨 문중과 인척 관계를 맺은 인물이기 때문에 '곽씨언간'으로 통칭하여도 문제가 되지 않는다. '현풍 곽씨'가 특정 여성을 가리킬 수도 있다는 점도 염려할 바가 아니라 생각한다. 한국 사회의 전통적 용법으로 볼 때 '본관 ○씨'와 같이 성씨 앞에 본관을 붙일 때 일차적으로 이것은 문중을 뜻하는 것으로 굳어져 있다. 특정 여성을 가리키는 용법은 그야말로 특수한 경우의 것이지 결코 일반적인 용법이 아니다. '현풍 곽씨'라는 말을 듣고 이것이 '곽씨 문중'을 뜻하는지 '곽씨 성을 가진 특정 여성'을 가리키는 것으로 생각하는지 일반인들에게 물어 보면 이 오해는 간단히 풀릴 수 있다.

황문환은 이 자료들을 대표하는 명칭으로 '경북 달성군 진주하씨묘 출토 언간'에서 '달성'을 따와서 쓰고 있으나 이 '달성'이란 지명을 이 자료의 명칭으로 쓰기엔 곤란한 점이 있다. 우선 현재 '경북 달성군'은 존재하지 않는다. '달성군'은 현재 대구광역시 안에 들어와 있으며 이 조치는 역사적으로 보아도 매우 합당하다. '달성'(達城)은 고대로부터 대구시 안에 있는 '달성공원'의 토성(土城)을 가리켜 온 이름이고, 공식적인 지역 명칭으로는 쓰이지 않았다. 그러나 '현풍'(玄風)의 역사는 유구하다. '현풍현'은 1457년(세조 3년) 진관체제(鎭管體制)의 확정 이후 대구도(大丘道)의 좌익에 편입되어 하나의 행정 구역으로 편제되었다. 그후 조선시대 전 기간 동안 '현풍'이란 지명이 쓰여 왔다. 1895년(고종 32년)

10) 종자분급기(種子分給記), 양조법, 제물명(祭物名)을 적은 물목기(物目記)가 일부 끼어 있으나 이 문서들도 곽주가 써서 하씨에게 보낸 것이므로 서간문의 성격을 띠고 있으며, 미완성 편지 2매를 포함한 한문 편지 5매가 있으나 이들의 자료적 가치는 한글 편지에 비할 바 아니다.

전국적인 지방 제도의 개편이 이루어지면서 대구부가 대구군과 '현풍군'으로 나누어졌고, 이듬해 13도제의 실시와 더불어 현풍은 경상북도에 속하게 되었다. 그러나 '달성'이 지역 명칭으로 쓰인 것은 '현풍'보다 역사가 짧다. 일제 식민지 시대인 1914년 행정 구역 개편 때, 대구가 대구부로 승격되면서 과거 대구군(大邱郡)의 나머지 지역과 현풍군이 통폐합되어 '달성군'이 되었다. 지역 명칭으로서의 '달성'은 이때 처음 나타난 것이다.

또한 '현풍'은 「곽씨언간」의 본문 곳곳에 등장한다. 수신자의 거주지가 '현풍'으로 되어 있는 곳이 16회나 나타난다. 편지의 주인공인 곽주와 하씨가 살았던 현풍면 대리(소례) 마을은 현풍 곽씨의 세거지이며 이 집안의 종택이 자리잡고 있다. 이에 이런 마을을 배경으로 한 이 자료를 '현풍 곽씨언간'으로 명명하는 것은 역사적 배경이나 인문지리적 관점으로 보아 합당한 조치이다.

5. 등장 인물과 인간 관계

5.1 곽주 집안의 계보

김일근 교수가 밝혀낸 곽주와 그 가족들의 계보를 참고하여 이들을 곽주 중심으로 정리해 보면 다음 표와 같다.[11)]

<곽주 가족의 생몰 연대>

이 름	관 계	생 몰 연 대
郭三吉	父	1549(명종4) ~ 1606(선조39)
朴氏	母	? ~ 1622(광해14) (추정)
郭澍	本人	1569(선조2) ~ 1617(광해9)
李氏	前妻	미상
河氏	後妻	1580(선조13) ~ 1652(효종3)(추정)
郭以昌 (前妻所生)	一男	1590(선조23) ~ 1654(효종5)
郭宜昌	二男	1613(광해5) ~ 1647(인조25)
郭愈昌	三男	1615(광해7) ~ 1673(현종14)
郭亨昌	四男	1617(광해9) ~ 1674(현종15)
정녜, 정녈이 등 五女	女息	미상

11) 이 표는 김일근(1991:12)의 것을 기본으로 필자가 몇 가지 사항을 조정하여 다시 그린 것이다.

김일근 교수가 작성한 표에는 곽주의 어머니 박씨의 생년은 미상이고 1622년에 사망한 것으로 추정하였고, 곽주의 후처 하씨는 1580년에 나서 1645년에 사망한 것으로 '추정'하였다. 어머니 박씨의 몰년이 1622년 이후임은 111번 편지에서 알 수 있다. 손자(以昌으로 판단됨)가 조모에게 보낸 111번 편지가 1622년에 쓰였기 때문이다. 또한 출가녀가 1624년에 어머니 하씨에게 보낸 편지(132번)에서 "할마님 대상도 머지 아녀ᄉᆞ오니"라고 한 것도 박씨가 1622년에 죽었다는 증거로 볼 수 있다. 그런데 하씨의 몰년으로 본 1645년은 재고되어야 한다. 하씨의 필적으로 판단되는 117번 편지에 나타난 '임진'은 1652년으로 봄이 옳기 때문에 하씨의 몰년은 1652년 이후가 될 것이다.

5.2 곽주의 가족

곽주는 4남 5녀의 자녀를 두었다. 장남인 이창(以昌)은 전실(前室: 光州李氏) 소생이고, 나머지 3남은 하씨 소생이다. 딸이 다섯인데 이 편지글의 상당수를 작성한 딸이 누구인지는 확실치 않다.[12] 곽주의 아버지 삼길(三吉)은 1549년(명종 4)에 나서 1606년(선조 39)에 죽었다. 곽주와 그 아들들의 생몰 연대는 다음과 같다. 곽주(1569~1617).[13] 곽이창(郭以昌: 1590~1654). 곽의창(郭宜昌: 1613~1647).[14] 곽유창(郭愈昌: 1615~1673). 곽형창(郭亨昌: 1617~1674). 사위로는 최동언(崔東彦), 조함철(趙咸哲), 여효정(呂孝程), 이보(李溥), 박뢰(朴瓃)가[15] 있는 것으로 족보에 기록되어 있으므로 다섯 딸을 출가시킨 것을 알 수 있다. 이 다섯 딸이 모두 하씨의 소생인지 아니면 전처 이씨의 소생 딸도 있는지 분명치 않으나 편지에 등장하는 딸들의 이름으로 보아 모두 하씨 소생일 가능성이 높다. 앞에서 언급했듯이 곽주가 하씨를 재실로 맞이한 시기는 1602년 이전이다. 하씨 소생의 맏아들 의창이 1613년에 태어났고 그 뒤에 유창과 형창이 태어났으니 딸들은 1602년과 1613년 사이에 태어난 것이 된

12) 127번 편지 등에서 출가녀가 '경주'에서 살면서 편지를 보낸 것으로 보아 이 편지의 필자는 경주 최동언(崔東彦)에게 시집간 맏딸일 가능성이 높다. 새로 발견된 160번과 161번 편지는 '밀양'에 사는 딸이 보낸 것이다. 이들은 밀양 박씨로 짐작되는 박뢰(朴瓃)에게 시집간 딸이 쓴 것으로 짐작된다.

13) 곽주의 관직 경력은 없다. 벼슬길에 나아가지는 못하였다. 편지 사연 중에는 서울에 과거 시험을 치러 간 이야기가 나오지만 급제에 대한 내용은 없다. 곽주의 자는 景霖(경림), 호는 蘇溪(소계)이다.

14) 소례 마을 입구에 12정려가 세워져 있는데 그 중의 兩孝子閭는 宜昌과 愈昌의 효행을 기린 것이다(『달성군지』 p.1023-24).

15) 출가녀가 쓴 편지 중에 나오는 '됴싱원'(162번 等), '됴싱원 아ᄌᆞ바님'(127번)(142번), '박싱원 아ᄌᆞ바님'(164번)은 이 사위들 중 조함철(趙咸哲)과 박뢰(朴瓃)를 가리킨 것으로 판단된다.

다. 한편 하씨의 생년은 어느 족보에도 나타나지 않는다. 하씨의 몰년은 필사시기를 논할 때 밝혔듯이 1652년 이후가 될 것이다.

편지 속에 등장하는 곽주의 가족과 친인척은 다음과 같다.

<부모>
아바님(25 외): 곽주의 아버지 곽삼길
어마님(92 외): 곽주의 어머니 박씨 부인[16)]
댱모(73 외) 합산댁(1): 곽주의 장모 이씨 부인

<아들>
녕산 아기(41): 곽주의 장남 곽이창(전처 이씨 부인 소생)[17)]
대원이(24 외): 아들[18)]
대셩이(70 외): 아들
대임이(39 외): 아들. 돌상을 받는 젖먹이로 나온다.

아들의 이름이 세 명 나오는데 족보에 나오는 하씨 소생의 세 아들과 일치하는 것 같지는 않다. 족보에 나오는 막내아들은 곽주가 별세한 해인 1617년에 태어난 것으로 되어 있다. 그러므로 편지 속에 돌을 지낸 젖먹이로 나오는 '대임이'는 막내아들 '형창'일 수 없고,[19)] 하씨 소생의 둘째 아들 '유창'(1615년 생)의 아명이 아닌가 짐작된다. 위의 세 아들(대원이, 대임이, 대셩이) 중 한 사람은 일찍 죽은 것 같다. 이렇게 보아야 족보에 등장하는 하씨 소생의 세 아들과 일치한다. 전처 이씨 소생의 아들 이창은 1590년생이므로 하씨 소생의 맏이 의창이 태어났을 때(1613년)에 이창은 이미 장성한 24살이었다.[20)] 하씨 소생의 세 아들은 2년 터울로 태어났다. 의창(1613년), 유창(1615년), 형창(1617년). 생몰 연대가 분명하고 족보에

16) 출가녀가 어머니 하씨에게 보낸 편지에는 '할마님'(146 외)이 보인다. 이 '할마님'은 곽주의 어머니 박씨 부인과 동일한 인물일 것이다.
17) 곽이창은 영산(경남 창녕군 영산면)의 신씨(辛氏)를 부인으로 취했기 때문에 '녕산 아기'는 이창을 가리킨 것이 분명하다.
18) '대원이'에게 책을 구하는 일을 시키는 것으로 보아 제법 자란 나이였던 모양이다. 참고) 졉칙이 다 부뷘 칙이니 대원이 ᄒᆞ여 어더 보라 ᄒᆞ소. (69번)
19) '대임이'가 1617년에 태어난 형창일 수 없는 것은 다음 사연으로 명백하다. "대임이ᄂᆞᆫ 어제 싱일에 므서슬 몬뎌 잡던고"(39번). 대임이는 곽주 생전에 이미 돌을 지낸 아이이다.
20) 계모 하씨와 전처 소생인 이창(以昌)의 나이 차는 그리 크지 않았을 것이다.

명기되어 있다. 이 세 사람보다 앞서 태어난 아들 한 명이 일찍 죽은 것으로 짐작된다.

<딸>
복녜(42 외)
덕녜(91)
쳘녜(91)
졍녜(23 외)[21] 뎡녜(6 외)
졍냥이(12), 졍냥(22)
졍녈이(4 외)

편지의 사연에 곽주의 딸 이름은 모두 여섯이 등장하는데, 이들의 연령 순서를 알아내기 어렵다. 족보에 사위가 다섯 명이 나오므로 장성하여 출가한 딸은 다섯이니 언급된 딸 여섯 중 한 명은 일찍 죽은 듯하다. 위 이름들 중 '졍녜'와 '뎡녜', '졍냥'과 '졍냥이'는 각각 같은 사람의 이름을 달리 적은 이표기로 판단된다.

딸들의 이름은, 곽주가 아이들의 병을 염려하는 사연이나 아이들 행동거지에 대한 교육, 딸들에게 물레를 만들어 주어 무명 잣는 일을 가르치라는 내용 등과 관련하여 등장한다. 딸들의 나이가 아들들보다 앞섬은 편지 내용을 통해서도 쉽게 알 수 있다.

5.3 친척

「곽씨언간」에는 많은 인명이 보이지만 친척 관계를 확실히 알 수 있는 예는 소수에 지나지 않는다. 친족 명칭어가 붙어 있는 다음 몇 예가 그것이다.

<친척>
도ᄂᆞᄅᆞ아ᄌᆞ바님(26)
쳠디 아ᄌᆞ바님(63)
초계 아ᄌᆞ바님(63)
골안 아ᄌᆞ바님(124)

21) '뎡녜'(6번)로 표기된 예도 있다. '졍녜'와 '뎡녜'는 같은 사람의 이름이다. ㄷ 구개음화에 영향을 받은 혼동 표기인 것이다. '녕녜'(91)는 '뎡녜'의 오기로 판단된다.

웃갓 아ᄌᆞ바님내(124)

'아ᄌᆞ바님'은 「곽씨언간」에 많이 등장하는 친족명이다. 위 자료 중 위 3개는 곽주의 편지 속에 등장하는 것이고 아래 2개는 딸이 쓴 편지에 나타난다. '아ᄌᆞ바님'으로 지칭되는 위 사람들 중 앞의 셋은 모두 곽씨 문중 사람들이 확실하다. 짐작컨대, 이들은 곽주의 당숙뻘 되는 분들로 보인다. 특히 63번 편지에 등장하는 '쳠디 아ᄌᆞ바님'은 곽주가 깍듯이 대접하는 웃어른으로 나타난다. 곽주의 부인인 하씨를 보러 일부러 찾아오는 이 분을 접대하기 위해 곽주는 부인을 시켜 다담상을 준비케 한다. 그 상에 오르는 음식과 술 그리고 안주는 물론 안주를 올리는 순서까지 곽주가 하씨에게 상세히 지시하는 내용이 64번 편지에 그려져 있다. 직함이나 지명이 없이 그냥 '아ᄌᆞ바님'만으로 쓰인 예도 곽주의 편지에 몇 예가 나오고 딸이 쓴 편지에는 매우 빈번하다. 딸이 쓴 편지에 등장하는 '아ᄌᆞ바님'은 여동생의 남편을 지칭한 경우가 대부분이다.

친족 집안을 나타내는 말로 '큰ᄃᆡᆨ'이 보인다. 이 '큰ᄃᆡᆨ'은 오늘날 '큰집'(伯父댁)에 해당하는 것이다.[22)]

5.4 친지(親知)와 이웃

노복 신분이 아닌 이웃과 친지들을 가리키는 인명 등의 명칭어를 그 유형별로 나누어 보면 대체로 다음과 같은 부류로 정리된다.[23)]

(1) 사람 이름을 직접 쓴 것

니쟉: 니쟉이 봄의 와셔[24)] ᄆᆞ자 ᄑᆞ라 가다 ᄒᆞ고(14)

하협: 자내 오라바님ᄭᅴ 유무ᄒᆞ여 보내니 하협의 집 사ᄅᆞᆷ 가ᄂᆞᆫ 이ᄅᆞᆯ 블려다가(78)

김극효: 나ᄂᆞᆫ 무ᄉᆞ히 졔 디내고 김극효 죠상ᄒᆞ러 가니(58)

김슌복: 김슌복의게 가 무러 보고뎌 ᄒᆞ뇌(18)

22) 큰ᄃᆡᆨ의셔 통조긔 ᄒᆞᆫ ᄆᆞᆺ 청어 ᄒᆞᆫ 드름 유무에 아니 ᄉᆞᆫ 것 가ᄋᆞᆸ더니 (127번). 큰ᄃᆡᆨ의셔 대구 두 마리 보내시뇌이다. (138번)

23) 인명의 예시에서 용례문을 곁들여 놓은 것은 해당 인물의 신분과 소임을 보여 주기 위함이다.

24) 와셔: '와셔'의 '셔'는 '와'자의 오른쪽 아래에 작은 글씨로 補入하여 써 넣은 것이다. 이러한 경우에는 '와'자의 왼쪽 아래 작은 권점(圈點)을 찍어 넣었다.

'니쟉'은 李씨 성을 가진 남자 이름인데 곽주와 공동 소유로 된 노비를 곽주 몰래 임의로 팔아먹은 사람이다. '하협'은 하씨 부인의 친척되는 사람으로 짐작된다. '김극효'는 곽주와 친분 있는 사람인데 이 사람이 죽었을 때 곽주가 문상 가는 내용이 나온다. 김극효(金克孝)는 현풍현 향안(玄風縣 鄕案) 명단과 향록(鄕錄)의 서문(天啓 4년, 1621년 8월에 작성)에 나오는 인물이다.(58번 편지의 해당 각주 참고) 곽주의 편지 속에 등장하는 '김슌복'은 길흉일 선택 능력을 가진 인물로 그려져 있다. 곽주가 이 사람에게 날받는 일에 대해 문의하는 내용이 있다. 그밖에 '문뷔'25) 등의 남자 이름이 나오지만 그 신분을 확실히 알 수 없다.

(2) 직함을 붙인 것
허경녁딕: 허경녁딕 감흔 뎝 츄즈 서 되(103)
명동디딕: 명동디딕으로 보낼 칙이니(70)
명동디딕의 약 뭇즈오러 가니(53)
뉴튱의댁: 뉴튱의딕 졍조 흔 말(105)
뎡참의댁: 뎡참의딕 모과 세 셕뉴 둘(103)
김참봉댁: 잔디과 규화는 김참봉디그나 초계디긔나 엇게 흐소(64)
원당댁: 원댱딕의셔 온 둣글 녀허 잇더니(35)
원당: 원댱이 어제 연괴 겨셔 오늘로사 오시리라 흐니(61)
됴싱원: 됴싱원 아즈바님겨오셔는 와 겨신가(127)
박싱원: 단셩 박싱원이 졔예 쁜 남치라 흐고 황육 죠곰 주읍거늘 보내옵노이다(109)
엄싱원: 엄싱원님 이른 그런 놀랍스온 일 업스오이다(119)
권찰방딕: 권찰방딕 답장 가옵노이다(122)

(2)는 각 사람의 성(姓)에다가 경력(經歷), 동지(同知), 충의(忠義), 참의(參議), 참봉(參奉), 원장(院長), 생원(生員), 찰방(察訪)과 같은 직함 명칭을 붙여 지칭어로 쓴 것이다. '허경녁딕'부터 '원당'까지는 곽주가 쓴 편지에 나오는 인물이고, '박생원' 이하는 아들과 딸이 쓴 편지에 나오는 인물이다. 이들은 모두 곽주의 가문과 친분을 가지고 교류했던 사람들이다.

(3) '서방' 또는 '도령'을 붙인 것

25) 오늘 문뷔 집의 자고 닉일 아춤밥 머근 후에 집의 들리로쇠. (62번)

엄서방·산전도령: 엄셔방 밥과 산젼도령 밥을 마치 ᄀᆞᆺ게 ᄒᆞᆫ가지로 ᄒᆞ여 밧ᄌᆞᆸ졔(65)
하서방: 하셔방ᄒᆞ고 다리도 ᄂᆡ일로 홍닙의 집으로 오라 ᄒᆞ소(71)

(3)은 '셔방'과 '도령'을 붙여 지칭어로 쓴 것인데 '셔방'을 붙인 자들은 양반 신분으로 짐작되고, '도령'은 붙인 자는 양반의 자제로 짐작된다.

(4) 택호를 쓴 것

가산ᄃᆡᆨ(103)	거창ᄃᆡᆨ(43)	골안ᄃᆡᆨ(102)	공쉬ᄃᆡᆨ(57)
초계ᄃᆡᆨ(57)	못쓸ᄃᆡᆨ(4)	슈영ᄃᆡᆨ(74)	소례ᄃᆡᆨ(85)
의셩ᄃᆡᆨ(54)	질례ᄃᆡᆨ(103)	합산ᄃᆡᆨ(1)	

위의 (1), (2), (3)은 모두 남자 또는 그 집안을 가리킨 것임에 비하여 (4)는 모두 여성을 지칭한 말이다. 한 마을 또는 인근에 사는 부인들의 친정곳을 근거로 이러한 명칭을 붙였던 것이다. 택호를 부르는 전통은 최근 도시의 젊은 층에서는 거의 사라져 버렸으나 농촌과 어촌 등 시골에서는 여전히 통용되고 있다.

5.5 노비

조선시대의 유력한 양반은 많은 수의 노비를 소유하고 있었다. 노비는 토지와 마찬가지로 중시된 재산 목록이며 양반이 자신의 사회 경제적 지위를 유지하는 데 불가결의 존재였다. 「곽씨언간」에는 많은 수의 노비 이름이 등장하고 그들이 어떤 활동을 했는지 잘 나타나 있다. 이 자료에 나타난 노비의 활동은 사회사적 관점에서 주목할 만한 가치가 있다. 이 자료에 등장하는 노비 이름을 편지를 필자를 기준으로 분류하고 그 명단을 정리함으로써 다음 연구의 기초 자료를 제공하려 한다(인명은 가나다순).

(1) 곽주가 쓴 편지에 등장하는 노비
<남자 노비 男奴>

곽샹이	금동이	긔인이	남이	년뷔	년악이	녈진이
덕남이	덕농이	덕뷔	덥퍼리	명셕이	돌히	ᄆᆡ죵이
봉개	봉믜	ᄇᆡ덕긔	셕이	슈개	슌위	언샹이

언죵이 영덕이 영시리 옥슈 유지 일년이 쟈근개
츈셰 큰금동 풍난이 풍셰 한쉬 혼이 쳥되 금동이

<여자 노비 女婢>
근심이 금츈이 굿비 년홰 녜츈이 다리 문츈 븐의
슌개 슌진 언옥이 옥진이 한듸 한분이 쟈근조시

위 노비들의 이름은 여러 편지에 여러 번 나타난다. 이름을 기준으로 볼 때 남노의 수가 35명인데, 노(奴) 여부가 미심쩍은 사람까지[26] 포함시키면 남노의 수는 39명이 된다. 여비의 이름은 15명만 보이나 남노의 수를 고려해 보면 실제로는 이보다 많았을 듯하다. 편지의 내용을 고려할 때 위 노비들은 대부분 외거(外居) 노비로 짐작된다. 솔거(率居) 노비가 누구인지는 드러나지 않는다. 104번과 105번은 곽주가 1603년에 노비들에게 나누어 준 종자분급기다. 파종에 소요된 씨앗을 주인이 노비들에게 나누어 주고 있는 것으로 보아 이 노비들은 주인의 땅을 받아 농사를 짓는 외거 노비로 추정된다.

노비들이 하는 일은 여러 가지로 나타난다. 곡식 운반, 말의 병을 고치는 일, 타작하는 일, 송아지를 사오는 일, 음식을 만들거나 나르는 일, 편지를 전하는 일, 무너진 방죽을 보수하는 일, 모심기 등 매우 다양하다. 흥미로운 사실은 '금동이'와 '쟈근조시'라는 두 노비는 상행위에도 종사했음을 보여 준다. 편지에서 전자는 잡물바치, 후자는 문어를 파는 사람으로 나온다.[27]

(2) 출가녀가 쓴 편지에 등장하는 노비
<남자 노비 男奴>
틔보기 금개 넙생이 갑싱이 덕공이 돌이 막개
산치 산하기 셔보기 영믹 즌소니 년쉬 하빈
흔개 바회

26) 奴인지 아닌지 명확치 않은 사람들은 이들에게 부과된 어떤 사역(使役)이 편지글 속에 나타나지 않은 경우이다.
 * 奴 여부가 미심쩍은 인명: 문뷔, 셩개, 셩딕, 일거니.
27) 금동이 잡믈바치 노라 결 업시 둔니니 (56번). 문어도 흔 가릐만 쟈근조시드려 달라 흐여 쓰고 면복도 두 낫만 달라 흐여 쓰소. (3번)

<여자 노비 女婢>
귀춘이

출가녀가 쓴 편지에 등장하는 노비는 모두 17명인데 여비로 생각되는 사람은 한 명만 보인다.[28] 이 중 '티보기'가 출가녀의 편지 속에 가장 빈번히 나타나는데, 편지 심부름은 거의 도맡아 하는 충직한 사람으로 나온다. '티보기'는 출가녀가 시집갈 때 친정에서 데리고 간 남자 노복[男奴]이다. 출가녀가 쓴 다음 편지글에서 이 점이 확인된다.

> 덕공이 죽고 틱보기 므즈 죽게 되엿ᄉᆞ오니 …… 틱보기 죽ᄉᆞ오면 험ᄒᆞᆫ 싀동의 말 엇디 드ᄅᆞ렴고 더옥 민망ᄒᆞ며 그런 에엿븐 이리 어ᄃᆡ 잇ᄉᆞ오링까. (139)

'티보기'가 앓고 있는데 행여 죽기라도 하면 성질이 험악한 시가의 종('싀동', 媤從)을 어떻게 부려야 할 지 근심하고 있다. 이런 걱정을 하는 것으로 보아 노복을 부리는 것이 주인 뜻대로 되는 것이 아님을 알 수 있다.[29]

(3) 그 밖의 필자가 쓴 편지에 등장하는 노비(?)

㉠ 흥ᄃᆡ ᄃᆡ바회 바톨 솟쟈동이 지서 먹ᄂᆞ다 ᄒᆞᆫ다…. 광쳐리라 ᄒᆞᄂᆞᆫ 노미 아ᄂᆞ다 ᄒᆞᄂᆞ라(115)

㉡ 금월이를 말고 향월이를 보내ᄋᆞᆸ(107)

㉢ 쳘봉이(109) 웃집 조스네 형뎨와 틱싱어미와 용밈집(109)

㉠은 하씨의 필적으로 판단되는 글에 나온 이름이다. '흥ᄃᆡ', '솟쟈동이', '광쳘이'라는 이름들은 참으로 구수하고도 정감이 느껴지는 것이다. ㉡은 2남 의창이 어머니 하씨에

28) 女婢가 단 한 명만 나타나는 것은 편지 심부름을 하는 데 이들이 관여하지 않았기 때문일 것이다.

29) 송강 정철(松江 鄭澈) 어머니 죽산 안씨(竹山 安氏 1495~1573)가 여막(廬幕)살이 하는 아들에게 보낸 편지(1572년)에도 노복들이 주인의 명을 듣지 않고 오히려 속인 이야기가 나온다. "또 아기 밧빵의 자ᄃᆞ니 블 다혀 주라 ᄒᆞ니 죵돌 하 모디러 아니 다히고 다히이다코 소겨셔 츤 구ᄃᆞ릭 자니 빅 가세 니러셔 즈로 ᄃᆞᆫ니니"(막내가 바깥 방에 잤는데, 노복들에게 "방에 불을 때어라"고 시켰는데 종들이 매우 못되먹어 불을 아니 때고는 "땠습니다"하고 속여서 막내가 찬 구들에 잤는데 이 때문에 배탈이 나서 변소에 자주 다니고 있으니). 노복들이 주인의 명을 가벼이 생각하여 방에 불을 아니 때고는 땠다고 속이는 바람에 막내 아이가 앓게 되었음을 하소연하고 있다.

게 약을 지으러 보내는 사람으로 '금월이'는 말고 '향월이'를 보내라는 내용에 나온다. ㉢은 3남 유창이 어머니 하씨에게 옷을 지어달라는 청을 하는 글에서 옷감 짜는 데 동원할 사람들 이름을 적은 것이다. '쳘봉이, 조ᄉᆞ, ᄐᆡ싱어미, 용밈집'이라는 네 명의 이름이 등장한다. '용밈집'은 '용밈'이라는 사람의 처이고, 'ᄐᆡ싱어미'는 'ᄐᆡ싱'이라는 아이의 어머니이다. '조ᄉᆞ'는 여성 이름에 많이 쓰였던 소사(召史: 조시)의 당시 속음을 적었던 것으로 보인다.[30)]

6. 시대적 배경

이 편지글의 시대적 배경은 17세기 전기이다. 편지가 쓰여진 필사 연대가 1602년에 시작하여 1652년에 걸쳐 있다. 특히 곽주가 쓴 많은 편지들은 임진란 직후에 쓰여진 것이라 할 수 있다. 그런 까닭에 전후의 경제적 궁핍 상황과 치안의 불안이 편지 속에 반영되어 있다. 이 편지에 나타난 내용을 분석해 보면 곽주는 적지 않은 수의 노비를 소유하고 있었고 공세(貢稅)를 받는 땅이 화원 · 흥해 등에 있었음을 알 수 있다. 평상시라면 경제적 곤란이 없어야 할 사회적 지위임에도 불구하고 먹을 것과 입을 것을 걱정하는 사연이 나타난다.

> 아희ᄃᆞᆯ ᄇᆡ 골ᄅᆞᆫ 양 보다가 오니 더옥 닛디 몯ᄒᆞ여 ᄒᆞ뇌. (49)
> 날 ᄀᆞᄃᆞᆫ 양을 보면 보리밥도 니울 길히 업슬가 식ᄇᆡ. 어ᄃᆡ 가 나ᄅᆞᆨ밥을 어더 ᄒᆞᆯ고 (65)
> 졧뫼도 아바님 겨ᄋᆞᆸ신 제브터 뫼ᄒᆞ여 잡ᄉᆞᆸ던 양으로 ᄑᆞᆺ과 나ᄅᆞᆨᄡᆞᆯ과 보리ᄡᆞᆯ과 섯거ᄒᆞ여 잡ᄉᆞᆸ게 ᄒᆞ소 졧뫼도 나ᄅᆞᆨᄡᆞᆯ 니워 ᄒᆞᆯ 길히 어려워 보리ᄡᆞᆯ과 섯거 ᄒᆞ거든 ᄒᆞ믈며 다ᄅᆞᆫ 밥이야. (65)

위 사연들에는 양식 걱정하는 곽주의 모습이 잘 나타나 있다. 양식이 없어서 아이들이 배곯는 이야기, 제사에 올리는 메도 쌀밥을 올리지 못하고 보리쌀을 섞어 하도록 하

30) 107번 편지에는 특이한 인명이 보인다. "밤의 숨도 사오랍ᄉᆞ오니 브ᄃᆡ 사ᄂᆞᄆᆞᄒᆞ손의 약ᄒᆞ여 주라 ᄒᆞ쇼셔"(107)에 나타난 '사ᄂᆞᄆᆞᄒᆞ손'이 그것이다. 문맥상 인명이 분명한데 우리말답지 않은 음절 구성이다. 지명과 인명이 복합된 것일 수도 있다. 이 부분은 자형이 분명하여 오독의 여지는 없다. '사ᄂᆞᄆᆞᄒᆞ손'은 약을 조제할 수 있는 사람이다. 민간요법을 잘 알아 의약 제조 역할을 한 향촌의 인물일 것이다.

는 등의 이야기들은 임진왜란으로 황폐해진 당시의 경제 상황을 알려 준다. 아이들 옷을 해 입히는 문제로 곽주가 부인에게 단단히 이르는 사연도 보인다.

> 닙은 거시 하 업ᄉᆞ니 연초록 든 거스로 뎌구리 ᄒᆞ고 …… 잡탈 말고 ᄒᆞ여 주소. 마디 몯ᄒᆞᆯ 거시니 결에 탈 말고 ᄒᆞ여 닙피소 (91)

면화 솜이 모자라 아이들 옷을 해 입히기 어렵다고 하는 아내에게 '잡탈' 말고 해 입히라고 하는 강한 당부의 글이다. 예전 우리 조상들의 삶이 어렵지 않은 사람이 적지 않았으나 임진왜란 직후는 특히 더 어려웠을 것으로 짐작된다.

많은 편지 속에 물건을 주고받는 이야기가 나오는데 소소한 것들이 많다. 편지를 보내면서 그냥 글만 보내는 것이 아니라 반드시 정표가 되는 물건을 같이 보내는 것이 당시의 관습이었는데 "대구 두 마리 조각 죠곰 ᄒᆞᄋᆞᆸ고 보션 보내ᄋᆞᆸ노이다"(132)와 같이 작은 물건이 대부분이다.

한편 편지 사연 속에는 전후 사회의 불안해진 치안 상태가 나타나기도 한다.

> 나 업ᄉᆞᆫ 제란 ᄉᆡᆼ심도 혼자 자지 마소. 조심 ：： ᄒᆞ여 겨소. 앏 사립플 ᄆᆡ양 다다 ᄆᆡ여 두고 ᄃᆞᆫ니기란 스ᄉᆡᆼ의 집 앏프로 ᄃᆞᆫ니게 ᄒᆞ소 (12)
>
> 샹직 뷔우디 말고 ᄉᆡᆼ심도 혼자 자지 말고 조심ᄒᆞ여 겨소. 나디라도 자내 잇ᄂᆞᆫ 집이 외ᄠᅳ니 ᄉᆡᆼ심도 혼자 겨시디 말고 졍녜 졍녈이를 ᄒᆞᆫᄃᆡ 떠나디 몯ᄒᆞ게 ᄒᆞ여 ᄃᆞ리고 겨소 (13)

위 편지는 곽주가 서울로 간 사이에 보낸 것인데 집안 식구의 안전을 염려하는 초조한 마음이 그려져 있다. 아이들을 항상 곁에 데리고 있으라는 것, 밤에 혼자 자지 말고 노복들로 하여금 집을 지키도록 하라는 당부이다.

역질에 대한 사연도 여러 편지에서 많이 나타난다. 역질은 평시에도 창궐할 수 있는 것이나 전쟁 등으로 혼란한 시기에는 더욱 심하였다. 「곽씨언간」에는 질병에 대한 사연이 참으로 많이 나타나는데 그중에서도 가장 빈번히 등장하는 것이 역질 등 전염병에 대한 것이다. 이러한 사연도 안정되지 못한 당시의 사회상을 보여 주는 것이라 하겠다.

7. 지리적 배경

7.1 생활 무대가 된 주요 지명

「곽씨언간」은 그 분량이 상당히 많은 편이다. 그 중 남편 곽주가 아내 하씨에게 쓴 것이 가장 많다. 곽주가 아내 하씨에게 이렇게 많은 편지를 보내게 된 것은 부부의 거주지가 서로 다른 곳이었기 때문이다. 하씨가 받은 편지에는 수신처가 몇 가지로 나타난다. 곽주가 부인에게 보낸 편지에는 수신처가 '현풍 논공 오야뒥'(15), '논공 오야뒥'(11, 17 등), '현풍 논공'(10), '논공 소례뒥'(36), '논공'(54) 등으로 표기되어 있다. 곽주는 소례 마을에 살고 있었고 하씨는 논공에 살고 있었다.[31] 출가한 딸이 보낸 여러 편지에도 수신처는 '현풍 논공이'(142 외 다수)로 나타난다. 하씨 부인이 논공에 별거하게 된 저간의 사정은 26번 편지를 통해 짐작할 수 있다. "친어버이 친ᄌᆞ식 ᄉᆞ이예도 편치 아닌 이리 혹 잇거든 ᄒᆞ믈며 다숨어버이와 ᄒᆞᆫ 집의 살며 엇디 일마다 다 됴케야 ᄉᆡᆼ각ᄒᆞ고. 자내게 하 섧게 아니커든 삼년으란 견ᄃᆡ게 ᄒᆞ고……"(26번)라는 사연이 그것이다. 전처 광주 이씨 부인의 아들이요 곽주의 장자인 이창과의 갈등을 피하기 위해 하씨가 따로 나가 살았던 것이다. 곽주가 부인에게 많은 편지를 써 보내고 그것이 이렇게 귀중한 자료로 활용될 수 있게 된 곡절이 여기에 있다.

한편 하씨 소생의 첫째 아들 의창이 어머니 하씨에게 보낸 107번 편지와 하씨 소생 둘째 유창이 어머니에게 보낸 108번 편지에는 수신처가 '진촌'으로 되어 있다. 하씨 부인은 말년에 진촌에서도 살았던 것이다. 이 진촌은 아래 항에서 자세히 설명하였다.

「곽씨언간」에 등장하는 인물이 활동한 지역은 오늘날의 경상북도 대구광역시 달성군 현풍면과 논공면을 중심으로 하여 창녕, 성주, 대구, 경주, 의성, 청송, 동래 등 경상도 일대이다. 곽주와 그의 가족들은 현풍과 그 주변 지역에 살았고 이 지역의 지명들이 많이 등장한다. 이들의 주요 거주지 몇 곳을 정리해 보면 다음과 같다.

(1) 소례

곽주가 살았고 오늘날까지 현풍 곽씨들의 세거지로 이어져 온 소례 마을과 논공이 편

31) 논공과 소례 간의 거리는 오늘날의 도로로 15km가 안되는데 걸어서 하루 안에 충분히 도달할 수 있다. 그래서 곽주가 쓴 많은 편지의 말미에는 편지를 받는 그날 썼다는 의미로 '즈일'(卽日)이라 표기되어 있는 것이다.

지 속에 가장 많이 등장한다. 달성군 현풍면과 구지면에 걸쳐 있는 대니산의 남동쪽 자락에 '소례'가 자리잡고 있다. 동일한 이름이 지금도 그대로 쓰이고 있으며, 한자로는 '率禮'(솔례)라 적기도 한다. '率禮'는 고유 지명인 '소례'에 갖다 붙인 한자 지명일 것이다. 현재 이 마을의 행정 동명은 '대리'(大里)다. 이 마을에는 포산(현풍) 곽씨의 종택과 사당이 있고, 곽씨 문중이 집성촌을 이루고 있다. 소례 바로 옆에 '못골(池洞)'이라는 마을이 있는데 이 마을의 이름도 편지의 곳곳에 등장한다. '못골' 마을에는 한훤당 김굉필 선생이 사셨던 한훤(寒喧) 고택(古宅)이 자리잡고 있으며 서흥 김씨(瑞興 金氏)들이 집성촌을 이루고 있다.

(2) 논공

곽주가 하씨 부인에게 보낸 편지와 하씨의 딸들이 어머니에게 보낸 편지에는 부인의 거주지가 대부분 '논공'으로 나타난다. 하씨 부인이 상당한 기간 동안 논공에서 살았던 것이다. 곽주의 12대손 곽병숙(郭秉淑)에 따르면, 편지 속에 나타난 논공은 지금의 논공면 소재지 지역이 아니라 달성공단 일대의 옛마을 터라고 한다. 이 지역 뒷산에는 오래된 곽씨 선대묘들이 산재해 있다. 곽주의 며느리 산소가 논공에 있었고 현재 달성공단의 대우 중공업 자리가 바로 그 묘터였으나 공단 건설 시에 이장하였다. 후손들의 증언에 따르면 곽주의 토지가 논공 일대에 있었다고 한다.

(3) 진촌

한편 하씨의 아들들이 어머니에게 보낸 편지를 보면 수신자 하씨가 진촌(津村)에 있는 것으로 나와 있다. 곽주의 사망 이후 하씨가 진촌에서도 살았던 것이 확실하다. 1914년 군면 폐합 이전에는 진촌은 고령에 속해 있지 않고 현풍군 진촌면에 속한 마을이었다. 그러나 군면 폐합 이후 진촌면에 속한 마을들은 고령군 송천면의 마을과 합쳐져서 고령군 개진면(開津面)에 속하게 되었다. 그리하여 지금의 진촌은 고령군 개진면에 들어가 있다. 개진면은 동쪽으로 낙동강 건너 달성군 논공면과 현풍면, 남쪽으로 달성군 현풍면, 구지면으로 접해 있다. 진촌에 있는 옥산(잔뫼)에 곽씨 문중 산소가 있는데, 특히 하씨 부인의 현손자 되는 분의 묘가 이 산에 있다 한다.

(4) 오야

「곽씨언간」에 가장 많이 등장하는 지명은 '오야'인데 주로 하씨 부인의 택호(오야딕)에 많이 쓰였다. '오야'는 '외예', '외얘' 등으로 표기되기도 하는데 하씨가 태어나 자랐던 친정 마을 이름이며, 현재의 창녕군 이방면(梨方面) 안리(雁里) 일대 지역을 가리켰다. 이 마을은 진양 하씨의 집성촌이다. '梨方面'은 '李方面'으로 표기하는 것이 더 어울릴 듯하다. '오야'는 '李'(오얒)의 훈과 관련된 것이기 때문이다. 현재의 지도에 나타난 행정 동명을 살펴 보니 창녕군 이방면 옥야동(玉野洞)이 있는데,[32] 이방면 소재지의 농협, 장터 등이 있는 곳에 해당되는 곳이다. 필자가 1999년 1월에 현장 조사를 하면서 이 지역을 살펴 보았으나 옛 흔적은 찾을 수 없는 곳이었다. 그곳으로부터 십리쯤 떨어진 곳에 하씨들의 집성촌인 안리 마을(창녕군 이방면 소속)이 있다. 이 마을에 들러 하재담(河在淡: 당시 74세) 씨와 하대갑(河大甲: 당시 67세) 씨를 만나 보았다. 이 분들의 증언에 따르면 이방면 장터에 있는 옥야(오야)는 불과 수십 년 전부터 불린 이름이고, 원래의 오야 본터는 안리를 중심으로 한 이 지역 일대라 한다.[33] 조선조 후기의 창녕현 지도에는 이 지역이 '오야면(吾也面)'으로 표기되어 있었는데, '오야'는 면 단위 명칭으로도 쓰였던 것임을 알 수 있다. 「곽씨언간」 전체에서 '오야딕'은 하씨의 택호로 쓰인다. 하씨의 택호는 '소례딕'으로 쓰이기도 하는데 곽주의 본가가 있는 마을이다. 하씨의 택호가 두 개로 쓰인 까닭은 시댁에 있을 때와 친정에 있을 때 각각 서로 다르게 불렀기 때문이다.[34]

7.2 「곽씨언간」에 등장하는 지명들

(1) 현풍곽씨의 세거지(世居地)인 달성군 현풍면 소례(대리)를 중심으로 「곽씨언간」에 나타난 지명을 정리해 보면 다음과 같다.

마을 이름
소례 오야 논공 합산 딕바회 도ᄂᆞᄅᆞ 못골 여레
내안 장재골 골안 사ᄃᆞᆯ 진촌 신당 매바회

---

32) '玉野'는 '오야'에 가까운 한자음을 갖다 붙인 것이다.
33) 안리는 玉洞, 內洞으로 불리기도 하였으며, 일제 강점기 때 붙여진 지명이라 하였다.
34) 이런 관습은 오늘날에도 관찰된다.

군현 등 대지명(大地名) 이름
초계 청도 김쳔(金泉) 화령 청숑 샹쥐 현풍 화원 녕산(靈山)
거챵 셩쥐 팔긔 의셩 공쥐 대구 가산(架山) 단셩 동닉 울산
경쥐 밀양 셔울 튱쥐(忠州)

마을 이름은 대부분 현재의 달성군 현풍면과 구지면, 논공면, 화원면 일대에 속한 것이다. 소례와 오야, 논공이 가장 많이 등장하는 지명이다. 위 마을 이름 중 '사들'과 '여레'를 제외하고는 현재의 지도에서 모두 확인되는 것이며, 현재 이 지역에서 거주하는 주민들이 쓰고 있다.[35)]

다만 '도ᄂᆞᄅᆞ'는 행정 구역 개편으로 지금은 고령군 개진면의 '도진동(桃津洞)'으로 되어 있다. 군현 등 대지명은 대부분 대구를 중심으로 한 경상도 지명이다. '셔울'과 '튱쥐'(忠州)는 과거 시험길에 나선 곽주가 부인에게 보낸 편지에 나타난다. 그 위치와 현재 지명을 전혀 알 수 없는 '보셩'과 같은 지명도 있다.

위 지명 중 소례를 중심으로, 마을 이름을 지도에 표시해 보면 다음과 같다.

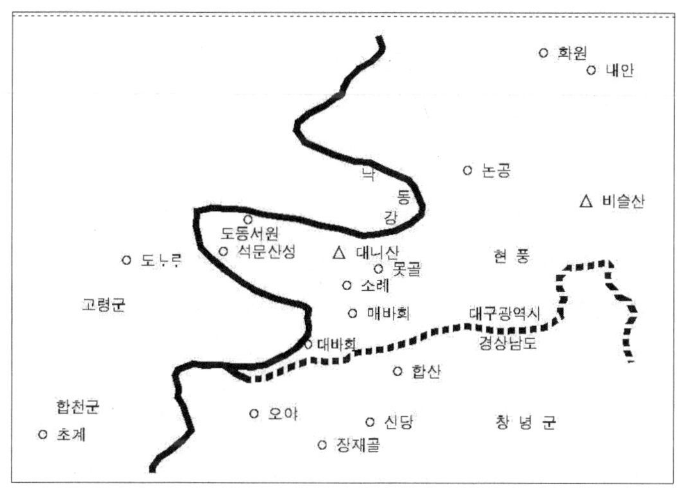

소례를 중심으로 한 곽주 가족의 활동 무대

35) '매바회'는 대니산 아래 위치한 쌍용공단 북편에 있는데 현재는 음이 변하여 '매방'이라고 칭한다. 이곳에 곽씨 문중의 묘소가 많다. '내안'은 화원읍 천내동(川內洞)의 옛이름이다. 장재골은 논공 공단의 공장과 아파트가 들어선 곳인데 '사부랑이'라고 부르기도 한다. '딕바회'는 현재 臺岩里(대암리)라 적고 있는 곳이다.

8. 「현풍곽씨언간」의 학술적 가치

「현풍곽씨언간」은 1989년 4월에 경북 달성군에서 발견된 편지 자료로 한글 편지가 171매, 한문 편지가 5매이다. 이 편지글의 시대적 배경은 17세기 전기이며, 편지가 쓰여진 필사 연대는 1602년부터 1652년에 걸쳐 있다. 필자는 이 글에서 편지의 필사 연대와 필사자, 편지의 주인공인 곽주의 가족관계와 인간관계, 곽주가 활동한 지리적 배경과 시대적 배경을 밝혔다. 「곽씨언간」의 학술적 가치는 크게 다음 두 가지로 나누어 볼 수 있다.

(1) **국어사 연구 자료** : 「곽씨언간」은 다방면의 학술 연구 자료로 이용할 수 있다. 특히 국어사와 방언사 방면에서 구어적 성격이 상대적으로 높은 이 자료가 지니는 가치는 매우 높다. 이 자료에 반영된 표기법과 음운, 경어법 등의 문법 형태, 다양한 어휘 등은 17세기 초의 우리말에 관한 많은 정보를 담고 있다.

(2) **생활사 연구 자료** : 수백 년 전에 살았던 사람들의 일상에 대한 세세한 기록이 남아 있는 자료는 매우 드물다. 여러 사서(史書)와 문서들은 당대를 살았던 평범한 사람들의 일상생활 모습까지 전해 주지는 않는다. 시골의 작은 고을에 거주하면서 가솔들을 거느리고, 친구를 만나러 가거나 과거 시험을 치르기 위해 서울을 오르내리며, 질병이나 우환으로 근심하는 평범한 인간의 모습이 이 자료에 잘 그려져 있다. 질병과 그 치료, 금기일과 삼갈 일 등의 당시의 생활 습속과 민간신앙을 엿볼 수 있게 한다. 아이들의 행실 교육, 언문 가르치는 이야기, 돌잡이하는 모습 등 17세기를 살았던 사람들의 다양한 삶을 우리는 이 자료를 통해 재구성해 낼 수 있다. 이 자료에 등장하는 각종 음식 이름과 그 재료를 통해서 당시 음식 생활을 알아낼 수 있다. 특히 101번에는 죽엽주와 포도주 제조법이 실려 있는데 한글로 적힌 양조법으로는 최초의 것이다. 포도주법의 포도주는 오늘날의 포도주와 이름만 같을 뿐 전혀 다른 술이다. 의복과 옷감에 대한 내용도 적지 않다. 이런 내용은 복식사의 연구 자료로 활용될 수 있다. 편지를 보내면서 인사차 크고 작은 선물을 보내고 있는데 주고 받는 물건의 성격과 특징을 분석해 보면 당시의 경제 생활도 그 일면을 엿볼 수 있을 것이다. 104번과 105번은 토지 경작자에게 종자를 나누어준 기록이다. 이런 자료는 농업사 연구에 활용될 수 있다. 이와 같이 「곽씨언간」은 여러 방면의 연구자에게 이용될 수 있는 자료인 것이다.

일러두기

이 책은 크게 세 부분으로 구성되어 있다. 첫째 부분은 '해제'이다. 여기서는 「현풍곽씨언간」의 관련 인물과 지리적 배경, 내용상의 특징을 해설하였다. 둘째 부분은 이 책의 중심을 이루는데 전체 편지의 판독문과 그것의 사진, 현대어, 해설 및 주석으로 구성되어 있다. 셋째 부분에서는 「17세기의 언어와 생활 문화」라는 제목 아래 이 편지 자료를 분석하여 얻어낸 17세기 사람의 삶에 대한 해설적 글을 실었다. 여기에는 의생활(衣生活), 과거 시험・책・교육에 대한 이야기, 습속과 의례, 민간신앙, 질병과 치료, 편지를 통해 본 곽주의 인품에 대한 설명이 포함된다. 끝으로 편지 내용과 관련된 주제어 색인 및 참고문헌 그리고 간략한 영문 초록을 붙였다.

주해 대상이 된 편지는 「곽씨언간」 전체 176매 편지인데 한문 편지 5매는 판독된 원문을 제시하고 간단한 설명만 덧붙였다. 각 편지의 주해문은 '판독문', '현대어', '해설', '주석'의 순서로 짜여져 있다. 이 네 가지 사항에 대해 각각 설명해 둔다.

판독문

(1) 첫 머리에 각 편지의 내용 중 핵심적인 것을 뽑아 붙인 제목을 놓았다. 예) 생강 예닐곱 뿌리만 보내소

(2) 그 다음에 편지 번호 표시, 발신자와 수신자, 문화재 관리국 보고서의 번호(약칭 '문'), 건들바우박물관 보고서의 번호(약칭 '건들')가 첫줄에 놓인다. 예) 54. 곽주가 하씨에게 [문 21] [건들 33]

(3) 이어서 판독된 원문을 원본의 행 구분 그대로 실었다. '상변', '좌변', '우변' 같은 용어는 옛 편지에서 흔히 보듯이 적을 사연이 많을 때 종이의 여백을 차례대로 채워 나가는 서사법(書寫法)에 따라 붙인 것이다. 원본의 판독에서 마멸되어 여러 글자를 읽을 수 없는 것은 '…'으로 표기하였고, 글자는 있는데 읽을 수 없는 경우는 글자수를 헤아려 □로 표시하였다. ?는 글자가 불분명한 것을 나타낸다.

(4) '뒷면'이라 한 것은 편지 뒤쪽에 쓰인 내용이다. 여기에는 주로 발신자와 수신자에 관한 사항이 많이 기록되어 있다. 사진에서는 보이지 않는 부분이다.

현대어

(1) '현대어'는 편지 내용 전체를 현대 국어로 번역한 것이다. 이것을 주석에 앞서 판독 원문 바로 다음에 놓은 것은 편지 내용에 대한 전반적 이해가 우선 필요하기 때문이다.

(2) 현대어역 문장에는 (　) 안에 들어 있는 부분이 적지 않다. 이것은 편지 원문의 생략된 부분을 보완하는 것이거나 편지 내용을 보다 원활하게 이해할 수 있도록 전후 문맥을 살펴 주해자가 보충해 넣은 내용이다. 편지의 발신자와 수신자는 서로 알고 있는 상황 정보를 우리 독자는 모르는 것이 너무 많기 때문에 이런 보충이 필요하다.

(3) 현대어역 중 (=) 안에 들어 있는 내용은 동일한 의미의 다른 표현을 예시하여 이해를 돕고자 하여 보완한 것이다. (→) 안의 내용도 이해를 돕기 위해 달리 가능한 풀이를 보인 것이다.

해설

해설은 각 편지 내용과 관련해 흥미롭거나 중요하다고 생각되는 점을 가려내 설명한 것이다. '해설'에는 학술적 연구가치가 있는 내용에 대해 지적한 것을 포함하여, 각 편지의 발신자와 수신자에 관련된 문제, 편지 내용 분석, 편지 간의 상호 연결 관계를 설명한 것 등 여러 가지가 포함되어 있다.

주석

(1) 주석은 판독 원문에 붙인 주 번호에 따라 어려운 낱말이나 설명이 필요한 부분을 좀 더 자세히 설명한 것이다.

(2) 주석에서는 문제가 된 낱말의 음운변화·형태 분석 그리고 기타 다양한 내용의 설명을 베풀었는데, 일반인들도 읽기 쉽도록 지나치게 깊이 들어가지는 않았다. 형태 분석에서 형태소 경계 표시는 +로 하고, 어휘 경계 표시는 #로 해 두었다.

(3) 주석 대상이 된 낱말과 관련된 예를 다른 문헌에서 인용한 것도 적지 않다. 출전 문헌 표시는 < > 안에 놓았다. 옛 문헌의 출전 명칭은 『우리말큰사전』(한글학회) 제4권에 실린 옛 문헌의 약칭을 기준으로 했으나 주해자가 일부 수정한 것도 있다. 「현풍곽씨언간」이 출전이 될 때는 (　)에 편지 번호를 넣어 표시했다.

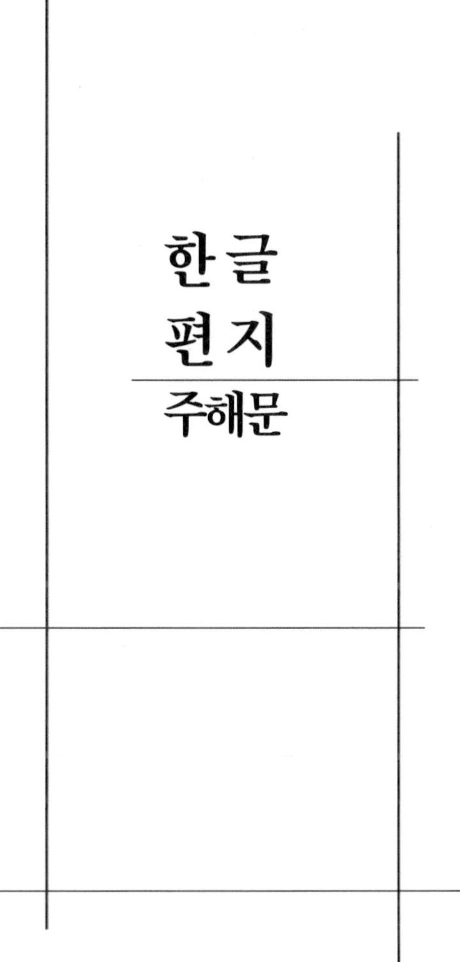

한글 편지 주해문

가운데 아기 언문을 쾌히 배웠다가 내게 보이라 하소. 셋째 아기도 이제는 쾌히 온전하여 있을 것이니 언문을 외워 있다가 보이라 이르소

1. 쇠고기 네 오리와 전복 열 낱을 보내옵니다 영인 693p

곽주가 장모에게(1602. 10.16) [문 1] [건들 106]

판독문

문안[1] 알외ᄋᆞᆸ고[2] 요ᄉᆞ이 치위예
대되[3] 엇디 겨ᄋᆞᆸ샨고.[4] 긔별 모ᄅᆞᄋᆞ
와 듀야[5]의 분별ᄒᆞᄋᆞᆸ노이다[6].
나ᄂᆞᆫ 가ᄉᆞᆷ을 알파[7] ᄒᆞᆫ ᄃᆞᆯ 나마[8]
누워 잇ᄉᆞᆸ다가[9] 져기[10] ᄒᆞ리ᄋᆞᆸ
거ᄂᆞᆯ[11] 브듸ᄒᆞᆫ 일로[12] 어제 소
례[13] 왓ᄉᆞ와셔 ᄂᆡ일로
도로 가ᄋᆞᆸ노이다. 마ᄎᆞᆷ 아ᄂᆞᆫ
사ᄅᆞᆷ이 머그라코[14] 주ᄋᆞ와
ᄂᆞᆯ 쇠고기[15] 네 오리[16] 싱포[17]
열 낫[18] 젹ᄉᆞᆸ건마ᄂᆞᆫ ᄒᆞᆫ
저기나[19] 잡ᄉᆞ오시게[20] 보
내ᄋᆞᆸᄂᆞ이다. 그지 업ᄉᆞ

【上邊】
와 이만 알외ᄋᆞᆸ노이다.[21]
초계[22] 손의게ᄂᆞᆫ[23] 죠희[24] 업
【右邊】
ᄉᆞ와 유무[25] 몯 ᄒᆞᄋᆞᆸ노이다.
긔별 ᄒᆞᄋᆞᆸ쇼셔.
임인[26] 시월 열엿쇈날 녀셔[27] 곽주[28]
【뒷면】
합산ᄃᆡᆨ[29] 샹술이[30] 근봉[31]

현대어

문안 아뢰옵고. 요사이 추위에 모두 어찌 계십니까. 기별 못하여 밤낮으로 염려하옵니다. 나는 가슴이 아파(=가슴앓이 병으로) 한 달 넘게 누워 있다가 저으기 낫거늘 부득이한 일로 어제 소례에 왔다가 내일로 도로 가옵니다. 마침 아는 사람이 먹으라고 주기에 쇠고기 네 오리, 전복 열 낱을 비록 적지마는 한 때나마 잡수시게 보내옵니다.

그지 없어서 이만 아뢰옵니다. 초계에서 온 손님에게는 종이가 없어서 편지 못하옵니다. (저 대신에) 기별해 주십시오.

임인년(壬寅年) 시월 열엿샛날 사위 곽주.

합산댁 상사리 근봉(謹封)

해설

이 편지는 연기(年紀)가 적힌 것으로는 가장 빠른 것이다. 곽주가 장모(하씨의 친정어머니) 합산댁에게 보낸 문안 편지이다. 곽주가 가슴앓이 병을 앓고 있는 사실을 알려 주는데 다른 몇몇 편지에서 곽주의 병 증세에 대한 언급이 나온다. 가슴앓이병은 폐병일 가능성이 높다. 누군가가 먹으라고 준 쇠고기, 전복 같은 것은 폐병 치료를 돕기 위한 것으로 보인다. 폐병 치료에는 영양가 높은 육류 섭취가 중요하기 때문이다.

이 편지가 쓰여진 연대가 1602년이므로 1602년 이전에 곽주와 하씨가 혼인하였음을 알 수 있다. 이 편지에는 '아이'들 이야기가 없고 2번 편지(1612년에 씀)에는 "자식들이 여럿 갔으니 얼마나 요란히 여기실까"가 나오는 것으로 보아 1602년과 1612년 간에 곽주와 하씨 사이에 여러 명의 아이가 태어났음을 알 수 있다. 그런데 하씨 몸에서 난 첫째 아들 의창은 1613년생이므로 1602년과 1612년 간에 태어난 아이들은 모두 딸일 것이다. 곽주에게 다섯 딸이 있었는데 이들이 모두 후처인 하씨 몸에서 난 딸인지는 확인되지 않는다. 「곽씨언간」에 나타난 딸들의 이름은 '졍녜'(12번 등 다수. '뎡녜'로도 적혀 있다), '졍냥이'(12번 외), '뎡(졍)녈이'(29, 4, 12번 외), '쳘녜'(36번), '복녜'(36번), '덕녜'(91번)가 있다. 91번 편지에는 '녕녜'도 나오는데 '뎡녜'의 오기인 듯하다.

이 편지가 알려 주는 또 하나의 정보는 곽주의 전처인 광주(光州) 이씨가 적어도 1602년 이전에 돌아가셨다는 점이다. 광주 이씨 몸에서 난 곽주의 장남 이창이 태어난 해는 1590년이 되므로 1590년 얼마 후에 광주 이씨가 별세하고 1590년과 1602년 사이 어느 해에 하씨가 후처로 들어왔음을 알 수 있다. 이런 사실은 편지 전체의 내용과 사건을 시간적 순서에 따라 이해하는 데 필요한 정보이기 때문에 자세히 서술해 둔다.

주석

1) '문안'(問安)의 '문'은 행을 독립시켜 한 글자가 한 행이 되도록 하고 글자의 위치도 다른 행의 첫글자보다 높이를 더 높여 써 놓았다. '문'(問)하는 행위가 윗어른에게 향하는 것이어서, 어른에 대한 존경심을 나타내기 위해 이렇게 한 것이다. 이처럼 글자 위치를 높여 존경을 표현하는 것을 글자올림법[擡頭法 대두법]이라 한다. '문안'의 '안'자도 다른 행의 첫글자보다 위치를 높게 하여 썼는데, '안'(安)의 주체가 편지를 받는 윗사람이기 때문이다. 줄을 바꾸어 높이는 법을 줄바꿈법[移行法이행법]이라 하고, 빈칸을 두어 존경을 표현하는 방법을 칸비움법[空隙法 공극법 · 空隔法 공격법 · 離隔法 이격법]이라 부른다. 우리말 용어로 바꾼 '글자올림법', '줄바꿈법', '칸비움법'은 직관적 이해가 가능하다.

   한문 편지의 격식에서 비롯된 이러한 예의 차림법이 한글 편지에도 그대로 적용되었던 것이다. 편지글에서의 이러한 예의 차림법은 당시에는 매우 중요한 것이어서 그 절차를 어기면 큰 결례로 생각하였고, 아랫사람이 이러한 과오를 범하면 꾸중을 면키 어려운 것이었다.

2) 알외ᄋᆞᆸ고 : 아뢰옵고. 알외- + -ᄋᆞᆸ-(겸양법) + -고. '-ᄋᆞᆸ-'은 청자에 대한 화자의 겸양을 표현한다. 「곽씨언간」의 '-ᄋᆞᆸ(ᄉᆞᆸ/ᄌᆞᆸ)-'은 15세기 문헌의 '-ᄉᆞᇦ-'과 그 기능이 같지 않다. 15세기의 '-ᄉᆞᇦ-'은 문장 속의 객어(목적어, 여격어 등)에 대한 화자의 겸양을 표현하는 것이나 이 편지에서는 화자가 청자(편지를 받는 이)에 대해 겸양을 표현하는 경우에도 빈번히 쓰였다. 청자에 대한 화자의 겸양 표현은 결과적으로 청자(상대) 존대와 같은 것이 된다.

3) 대되 : 모두. 통틀어. 곽주가 장모와 그 아랫사람들의 안부를 통틀어 물어본 것이다. 참고) 대되 아홉 히ᄅᆞᆯ ᄒᆞ니라<續三 孝 24>.

4) 겨ᄋᆞᆸ샨고 : 계시는고. '-ᄋᆞᆸ-'은 겸양법 선어말어미. '-샤-'는 주체존대의 '-시-'와 '-오-'(또는 그 이형태 '-아-')의 결합형이다. '-ᄋᆞᆸ시-'에서 '-ᄋᆞᆸ-'은 곽주가 장모에 대한 겸양을 표현하고, '-시-'는 '겨-'의 행위 주체인 '장모'를 높인 것이다.

5) 듀야 : 밤낮. 주야(晝夜).

6) 분별ᄒᆞᄋᆞᆸ노이다 : 염려하옵니다. '분별ᄒᆞ-'는 '염려하다', '걱정하다'의 뜻이다. 현대어에서는 뜻이 변하여 한자어 '分別'의 원뜻대로 쓰인다.

7) 알파 : 아파. 알ᄑᆞ- + -아. 현대어 '아프-'는 어중의 ㄹ이 탈락한 변화형이다. 곽주가 '가슴이 아프다'라고 한 것으로 보아 폐병을 앓았던 것으로 추정된다. 17번 편지에 "나는 땀이 매일 온 몸에 그친 적이 없이 나니 마음이 심하게 빤듯하고 온 몸이 차지 아니한 데가 없으니 민망하여 하뇌"라고 하고 있다. 이러한 병 증세는 폐병일 때 나타나는 것이라 한다.

8) 나마 : 넘어(越). '남-'은 '담이나 성벽 따위를 넘다'라는 뜻과 '일정한 시일에서 더 지나다'라는 두 가지 뜻으로 쓰이는데 여기서는 후자이다. 참고) 宮城 나ᄆᆞ샤<月釋 21:196>. ᄒᆞᆫ ᄃᆞᆯ 나마ᅀᅡ 죽거늘<三綱 孝 31>.

9) 잇ᄉᆞᆸ다가 : 있다가. '-ᄉᆞᆸ-'은 청자인 장모에게 곽주가 자신의 행위를 겸양하는 기능을 한다. 이런 '-ᄉᆞᆸ-'은 전형적인 화자 겸양 기능을 보여 준다.

10) 져기 : 적이. 저으기. 젹- + -이[부사화접미사].

11) ᄒᆞ리ᄋᆞᆸ거늘 : 낫거늘. 'ᄒᆞ리다'는 언간에 많이 나오는 낱말로 '낫다', '병의 증세가 호전되다'라는 뜻이다.

12) 브듸ᄒᆞᆫ 일로 : 부득이한 일로. '브듸ᄒᆞᆫ'은 '不得已ᄒᆞ- + -ㄴ'의 결합형이다. '不得'(브득)의 어말 ㄱ이 탈락하고 후행하는 '이'와 축약한 것이 '브듸'인 것이다. 자주 쓰이는 일상어에서 한자음이 변화하여 속음화되는 모습을 보여 주는 예이다. '卽日'의 ㄱ이 탈락하여 '즈일'로 속음화한 것도 같은 성격의 변화

이다. ‘즈일’은 「곽씨언간」의 여러 곳에 나타난다.

13) 소례 : 지명. 마을 이름. 현재 이 마을의 행정명은 달성군 현풍면 대리인데, 자연촌의 이름으로 ‘소례’가 여전히 쓰이고 있으며 한자로 ‘率禮’(솔례)라 적기도 한다. ‘率禮’는 고유 지명인 ‘소례’에 갖다 붙인 한자 지명일 것이다. 이 마을에는 포산(苞山, 玄風의 옛이름) 곽씨의 종택과 사당이 있고, 곽씨가 집성촌을 이루고 있다. 소례 바로 옆에 ‘못골’이라는 마을이 있고 이 마을에는 김굉필 선생의 고택인 한훤고택(寒暄古宅)이 자리잡고 있으며 서흥 김씨(瑞興 金氏)들이 집성촌을 이루고 있다. 이 편지에서 “부득이한 일로 소례로 왔다가 내일로 도로 가옵니다”라고 하는 점으로 보아 곽주는 소례가 아닌 다른 곳에 머물고 있었음을 보여 준다.

14) 머그라코 : ‘먹으라 ᄒᆞ고’의 준말. 현재의 경상방언에 쓰이는 ‘묵으라꼬’ 등의 ‘-라꼬’와 관련될 수 있는 어형이다. 「순천김씨언간」 37번에도 ‘ᄒᆞᄂᆞ니라코’가 나타난다. 「순천김씨언간」은 전철웅(1995)의 판독문을 이용하였다.

15) 쇠고기 : 쇠고기. 쇼 + -ᄋᆡ[속격] # 고기. 87번 편지에는 ㅣ 뒤에서 ㄱ이 탈락한 ‘쇠오기’가 나타난다. 이 시기에는 ㅣ 뒤의 ㄱ 탈락이 필수적 규칙이 아니었음을 보여 준다. 현대 경상방언에서는 주로 ‘소고기’가 쓰이는데 이것은 속격 ‘-의’가 개입하지 않은 구성이다. ‘쇠고기’와 ‘소고기’는 조어법이 다르다.

16) 오리 : 실·노끈·대나무 따위를 가늘고 길게 오린 조각. 오라기. 쇠고기 덩이를 노끈이나 가늘고 긴 나무 따위에 꿰어서 그 오리를 한 단위로 삼았음을 보여 준다.

17) 싱포 : 전복. 참고) 싱포 복(鰒)<訓蒙 上 20>. 싱복 방(蚌)<類合 上 14>.

18) 낫 : 낱(個). 중세국어 문헌에 ‘個’를 뜻하는 어형이 ‘낯’ 또는 ‘낱’으로 나타난다. 참고) 이 삼쳔 나치로소니(共通三千個)<朴解 上 1>. ᄭᅩ리 ᄒᆞᆫ 나출<救簡 六 4>. 세 낱 붑쁜 ᄢᅦ여디니<月曲 40>. 大箭 ᄒᆞᆫ 나태 突厥이 놀라ᅀᆞᄫᆞ니<龍歌 47>.

19) ᄒᆞᆫ 저기나 : ᄒᆞᆫ 적이나. 한 때이나마.

20) 잡ᄉᆞ오시게 : 잡수시게.

21) 알외ᄋᆞᆸ노이다 : 아뢰옵니다. 철저히 분석해 보면 ‘알외- + -ᄋᆞᆸ-(겸양법) + -ᄂᆞ-(현재시상) + -오-(인칭법) + -이-(공손법) + -다’와 같다. 곽주가 부인 하씨에게 쓴 글에서는 ‘-ᄂᆞ오이다’의 단축형 ‘-뇌’가 쓰이는데 비하여 곽주가 장모에게 쓴 글에서는 단축되지 않은 ‘-노이다’가 쓰였다. 이것은 ‘-뇌’와 ‘-노이다’의 청자 존대 등급이 달랐음을 보여 주는 예이다.

22) 초계 : 草溪. 현재의 합천군 초계면에 해당하는 지명이며, 현풍에서 낙동강 건너편이 초계이다. ‘초계손’은 ‘초계에서 온 손님’을 가리키는 것으로 보인다. 57번, 58번 편지에 ‘초계ᄃᆡᆨ’이라는 택호가 나타난다. 63번 편지에 ‘초계 아ᄌᆞ바님’이 있으며, 106번 편지에는 ‘초계 동ᄉᆡᆼ’이라는 말이 보인다. 초계에는 지금도 소례의 곽씨와 친척 관계에 있는 곽씨 집안이 여럿 있다.

23) 손의게ᄂᆞᆫ : 손님에게는. 합산댁의 집에 초계(草溪)로부터 온 손(客)이 있음을 보여 주는데 이 사람이 누구인지 문면에 나타나 있지 않다.

24) 죠희 : 종이.

25) 유무 : 편지. 「곽씨언간」에는 ‘유무’가 압도적으로 많이 쓰이고 ‘편지’는 출가녀가 출가한 여동생에게 쓴 163번 편지에 ‘편지 보오니’로 1회만 보인다. 한편 「순천김씨언간」에서는 ‘편지’가 많이 보이고 ‘유무’의 방언형으로 보이는 ‘이무’도 나타난다.

26) 임인 : 壬寅. 곽주의 생몰 연대를 고려하면 이 ‘임인’은 1602년이 된다.

27) 녀셔 : 사위. 女胥. 사위가 장모에게 스스로를 ‘녀셔’라고 칭했던 당시의 지칭어를 알려 준다.

28) 곽주 : 郭澍. 이 편지의 주인공이고 하씨의 부군(夫君)이며 합산댁의 사위이다. 곽주는 「곽씨언간」 전체의 주인공인 셈이다. 곽주는 「곽씨언간」 중 다수 편지의 필자이면서 동시에 편지 속에 담긴 사연 대부분과 관련되어 있는 사람이다. 첫 번째 편지인 이 글에서도 알 수 있듯이 곽주가 쓴 편지는 문장이 간결하고 구성이 깔끔하다. 당시 사대부들의 한글 문장 작성 능력이 높은 수준이었음을 보여 준다. 그러나 안민학(安敏學 1542~1601)이 부인의 죽음을 애도한 언간은 구문과 표기 등에 오류가 많은

편이어서 개인적 차이를 보여 준다.

29) 합산ᄃᆡᆨ : 곽주의 장모 즉 하씨의 친정어머니인 李氏 부인의 宅號. 진양하씨 대동보(15권)에 하씨의 친정 아버지 하준의(河遵義)와 어머니 이씨(李氏)에 대한 기록이 나온다. 字 宜叔, 號 玉溪 展力副尉 贈工曹參議, 明宗壬子生(1552년 2월 20일생) 配淑夫人碧珍李氏. 이씨 부인의 묘는 玄風 縣西 旺旨에 있다. 합산댁은 곧 '碧珍李氏'(벽진이씨)를 말한다. 하씨 대동보에 따르면 하준의와 이씨 부인은 2남 3녀를 두었으며 3녀 중 맏딸을 곽주에게 출가시켰다. 합산은 현재의 창녕군 대합면 합산리를 가리킨다. 이 마을은 벽진이씨가 집성촌을 이루고 있었던 곳이나 지금은 여러 성바지가 섞여 있다.

하씨의 친정 어머니는 창녕군 대합면 합산 마을에서 창녕군 이방면 오야로 출가하였고, 하씨는 진주(진양) 하씨 집성촌인 오야에서 태어나 인근 현풍면 소례로 출가한 것이다. 합산과 오야, 오야와 소례의 거리는 각각 10여 km 정도이다. 이것은 당시 통혼권의 범위를 보여 주는 한 사례이다. 하씨의 딸들이 출가한 지역을 조사해 보면 3대에 걸친 통혼권의 범위가 드러날 것이다.

30) 샹ᄉᆞᆯ이 : 윗전에 아룀. 손아랫사람이 윗사람에게 편지를 올릴 때 쓰는 투식어이다. 이두식 한자 표기로는 '上白是'가 된다. '上白是'는 한자어 '上'과 우리말 'ᄉᆞᆯ이'가 혼성된 이른바 튀기말이다.

31) 근봉 : 삼가 봉함. 謹封. 손아랫사람이 윗사람에 보낼 때는 '근봉'이라 하고, 아랫사람에게 보낼 때는 수결(手決)만 하였다. 편지의 봉투가 없을 때 편지지를 접은 겉면에 발신자가 본인의 이름이나 서명(花押)을 한 후 그 아래에 근봉이라 썼다. 이 편지에서 '근봉'은 편지지의 하단 양쪽 끝을 서로 닿도록 하여 그 위에 써 놓았다.

2. 아이들에게 한글을 가르쳐 주십시오 영인 692p

곽주가 장모에게(1612. 5.15) [문 2] [건들 140]

판독문

문

안 알외ᄋᆞᆸ고 요ᄉᆞ이

긔후[1] 엇더 ᄒᆞᄋᆞᆸ샨고. 긔별 모ᄅᆞᄋᆞ와[2] 듀야

분별ᄒᆞᄋᆞᆸ노이다. 뵐셰[3] 안부 사ᄅᆞᆷ[4]이

나 보내ᄋᆞ올 거술 죵의[5] ᄌᆞ식의 ᄒᆞᄋᆞᆸᄂᆞᆫ

역신[6]이 큰 역신인디 쟈근 역신인디[7]

ᄌᆞ셰 모ᄅᆞᄋᆞ와 지금 몬 브렷ᄉᆞᆸ다니[8] 큰

거시 아닌가 식브ᄋᆞ올ᄉᆡ[9] 이제야 사ᄅᆞᆷ

브리ᄋᆞᆸ노이다. ᄌᆞ식ᄃᆞ른 여러히 갓ᄉᆞ오니

우연히[10] 요란히 너기ᄋᆞᆸ시거냐[11] ᄒᆞ

ᄋᆞᆸ노이다. 수이[12] ᄃᆞ려 오ᄋᆞᆸ고뎌 ᄒᆞᄋᆞ오ᄃᆡ
그려도[13] 당시ᄂᆞᆫ[14] 의심이 업디 아니 ᄒᆞᄋᆞ
오매 이 ᄃᆞ리나 디나ᄋᆞᆸ거든 ᄃᆞ려 오려
ᄒᆞᄋᆞᆸ노이다. 아ᄋᆞ ᄌᆞ식[15] 둘란 게 갓ᄉᆞᆸᄂᆞᆫ[16]

【上邊】

제[17] 언문 ᄀᆞᄅᆞ쳐 보내ᄋᆞᆸ쇼셔.
슈고롭ᄉᆞ오신[18] 언문 ᄀᆞᄅᆞ치
ᄋᆞᆸ쇼셔. ᄒᆞᄋᆞᆸ기 젓ᄉᆞ와[19] ᄒᆞᄋᆞᆸ
다가 알외ᄋᆞᆸ노이다. 나도 모
심기ᄋᆞᆸ고[20] 타작[21] ᄒᆞᄋᆞ온 휘면[22]

【右邊】

낫ᄌᆞ와[23] 뵈ᄋᆞ오링이다.[24] 그지 업ᄉᆞ와 이만 알
외ᄋᆞᆸ노이다.
임ᄌᆞ[25] 오월 열닷쇈날. 녀셔 곽주 ᄉᆞᆯ이. (手決)

【뒷면】

오야 합산ᄃᆡᆨ[26] 샹ᄉᆞᆯ이 근봉 (手決)

현대어

문안 아뢰옵고. 요사이 기후 어떠하옵신고. 기별을 몰라서 밤낮 염려하옵니다. 벌써 안부를 여쭐 사람이나 보내려 했는데 종[奴]의 자식이 앓는 마마가 큰마마인지 작은마마인지 자세히 몰라서 지금까지 못 보내었더니 큰마마가 아닌가 싶어서 이제야 사람을 부렸습니다.

자식들이 여럿 갔으니 얼마나 요란히 여기실까 하고 염려하옵니다. 빨리 데려 오고자 하였사오되 그래도 당시에는 의심이 없지 아니하여 이 달이나 지나거든 데려 오려 하옵니다. 아우의 자식도 둘이 거기에 가 있을 때에 언문을 가르쳐 보내시옵소서. 수고로우시겠으나 언문을 가르치옵소서. (이 말씀을) 드리기 송구스러워 하다가 아뢰옵니다. 나도 (일꾼들을 시켜) 모를 심기고 타작한 후이면 (장모님 안전에) 나아가 뵙겠습니다. 그지없어서 이만 아뢰옵니다. 임자년(壬子年) 오월 열닷샛날. 사위 곽주 아룀. 오야에 (사는) 합산댁 상사리 근봉

해설

이 편지는 곽주가 그의 장모에게 보낸 편지이다. 외가에 간 아이들에게 언문을 가르쳐 달라고 장모께 부탁하고 있다. "아우 자식들이 거기에 가 있을 때 언문을 가르쳐 보내주십시오. 수고롭겠사오나 언문 가르치십시오. 말하기가 민망스러워 조심하다가 이렇게 아뢰옵니다"라는 말에서 곽주의 미안해 하는 마음씨를 느낄 수 있다. 이 편지의 끝에는 '임ᄌᆞ'라는 연기(年紀)가 나타나는 바 1612년에 해당한다. 이때는 훈민정음이 창제된 후 166년 후이다. 외할머니에게 아이들의 언문 교육을 당부함이 흥미롭다. 당시의 사대부집 여성들이 언문 사용에 능통하여 아이들에게 가르칠 수 있었음을 알 수 있다. 또한 양반집 아이들이 어릴 때 언문을 익혔음도 이 편지를 통해 확인할 수 있다. 36번, 39번 편지에서도 곽주가 부인 하씨에게 아이들의 언문 교육을 당부하고 있다. 이 자료들에서 아이들의 언문 교육이 상당히 중시되었고 그 교육을 부녀자들이 담당하였던 일면을 엿볼 수 있다. 다만 당시의 언문 교육에 이용된 텍스트와 가르치는 방법에 대한 언급이 없어서 아쉬움이 남는다.

주석

1) 긔후 : 氣候. 기체(氣體)와 체후(體候)의 합침말로 몸의 건강 상태를 뜻하는 말이다.
2) 모ᄅᆞᄋᆞ와 : 몰라서. 모ᄅᆞ- + -ᄋᆞ오- + -아. '-ᄋᆞ오-'[겸양법]는 '-ᅌᆞᆸ-'의 변화형.
3) ᄇᆞᆯ셰 : 벌써. 'ᄇᆞᆯ셰'는 130번, 140번 등의 편지에도 보인다. 중세국어 문헌에 널리 쓰인 'ᄇᆞᆯ셔'도 56번, 37번 등 여러 곳에 나타난다. 'ᄇᆞᆯ셰'는 'ᄇᆞᆯ셔'의 변화형이며 ㅕ>ㅖ를 보여 준다.
4) 안부 사ᄅᆞᆷ : 안부를 전하는 사람. 편지 이외의 장거리 통신 수단이 없었을 때 편지를 들고 가는 '안부 사ᄅᆞᆷ'의 역할은 중요한 것이었다. 27번, 51번 편지에도 '안부 사ᄅᆞᆷ'이 나온다.
5) 죵의 : 종의. 죵[奴婢] + -의.
6) 역신 : 疫神. 두창(痘瘡). 천연두. 아이들이 하는 돌림병의 하나로 '마마'(媽媽)라고도 한다. '媽媽'는 존귀한 사람을 높여 부르는 말인데 두창을 두려워하고 외경한 까닭으로 이 낱말이 전용(轉用)된 것이다.
7) 큰 역신인디 쟈근 역신인디 : '큰 역신'은 증세가 심각하여 생명에 위협을 주거나 나아도 종기가 앉은 자리에 심한 흉터가 생겨 곰보가 된다. '작은 역신'은 소아가 가볍게 앓다가 쉬 낫는 풍진(風疹)이다. 이 말은 오늘날 경상도의 민간에서 '큰마마'(또는 큰님)와 '작은마마'(또는 작은님)로 부르고 있다.
8) ᄇᆞ렷ᄉᆞᆸ다니 : 부렸더니(使). ᄇᆞ리- + -엇- + -ᄉᆞᆸ- + -다-[과거 회상] + -니. 15세기를 기준으로 보면 '-다-'는 1인칭 주어 표지 '-오-'를 포함한 형태라고 할 수 있다.
9) 식브ᄋᆞ올ᄉᆡ : 싶을세. 식브- + -ᄋᆞ오- + -ㄹ세[이유 설명의 어미].
10) 우연히 : 얼마나. 이 편지의 '우연히'는 다른 문헌에 쓰인 '우연히'(偶)와 그 의미가 같지 않다. 문맥으로 보아 '얼마나' 정도의 의미를 표현하다. 참고) 우연히 念ᄒᆞ야 디내요미 맛당티 아니ᄒᆞ니라(不應偶尒念過)<金三 五 20>.
11) 너기ᄋᆞᆸ시거냐 : 여기시겠느냐. 이 시기의 '-ᄋᆞᆸ-'은 객체 존대 기능보다 화자 겸양을 통한 청자 존대 기능을 한 경우가 많다. 여기서도 그러하다. 한편 '-거-'는 강조적 기능이 두드러지게 느껴진다.
12) 수이 : 빨리. 이 편지의 '수이'는 '쉽게'의 뜻이 아니라 '빨리'의 뜻으로 쓰인다.

13) 그려도 : 그래도.

14) 당시ᄂᆞᆫ : 아직은. 중세국어 문헌에 '당시론' 또는 '당시롱'으로 쓰인 것인데 '아직', '오히려' 등의 의미를 표현한다. 참고) 당시론 언매나 잇ᄂᆞ뇨(還有多少)<老朴字解 1>.

15) 아ᄋᆞ ᄌᆞ식 : 아우의 자식. 곽주의 동생 자식이니 조카들을 가리킨다.

16) 갓습ᄂᆞᆫ : 가- + -앗- + -습- + -ᄂᆞᆫ. 과거시제의 '-앗-'과 관형형어미 '-ᄂᆞᆫ'이 통합된 특이한 구성을 보이는 예이다. 이러한 통합은 현대 경상방언의 '먹었는 밥'과 같이 흔히 나타나는 특징이다.

17) 게 갓습ᄂᆞᆫ 제 : 거기에 가 있는 때.

18) '슈고롭ᄉᆞ오신'에서 '신'은 '시나'로 적어야 옳다.

19) 젓ᄉᆞ와 : 두려워. 송구하여. 젛- + -ᄉᆞ오-(<-ᄉᆞᇦ-) + -아.

20) 심기ᄋᆞᆸ고 : 심기고. 심게 하고. 심- + -기-[사동접사] + -ᄋᆞᆸ- + -고.

21) 타작 : 모를 심고 나서 하는 타작이니 여기서는 보리 타작을 가리킨다. 이 편지를 쓴 날짜가 아래에 나오듯 '오월 열닷쇈날'(음력)이니 이 때는 모심기와 보리타작을 하는 농번기이다.

22) 휘면 : 후이면. 후(後) + -이면.

23) 낫ᄌᆞ와 : 나아가. 낫(進)- + -ᄌᆞ오-(<-ᄌᆞᇦ-) + -아.

24) 뵈ᄋᆞ오링이다 : 뵙겠습니다. 뵈- + -ᄋᆞ오- + -리-[의지법] + -이-[공손법] + -다.

25) 임ᄌᆞ : 壬子年. 1612년이 된다.

26) '오야 합산딕'은 곽주의 장모 즉 하씨의 친정 어머니가 '오야'에 살고 있음을 가리킨다. '합산딕'은 하씨의 친정 어머니 宅號이다. '오야'는 '외예', '외얘' 등으로 표기되기도 하는데 하씨가 태어나 자랐던 친정 마을 이름이며 현재의 창녕군 이방면 안리(진양 하씨의 집성촌) 일대를 가리킨다. 이 언간 전체에서 '오야딕'은 하씨의 宅號로 쓰인다. 하씨의 택호는 '소례딕'과 '오야딕' 두 개로 쓰인 까닭은 시댁에 있을 때와 친정에 있을 때 각각 서로 다르게 불렀기 때문이다.

3. 안주는 당새기에, 소주는 작은 병에 넣어 보내소 영인 692p

곽주가 하씨에게(1606년 이전) [문 10] [건들 10]

판독문

아바님[1)] 자리롤 쟈근 조시[2)]
ᄃᆞ려 닐러셔[3)] 니블[4)]ᄒᆞ고
요ᄒᆞ고 자릿감토[5)]ᄒᆞ고 벼
개ᄒᆞ고[6)] ᄌᆞ셰 출화[7)] 곽샹
이[8)] (개칠)[9)] 풍셰[10)] 그인
이[11)] 세홀 시겨[12)] 이제로[13)] 보내
소. 당숡[14)] 안쥬란 ᄂᆡ일로[15)] ᄒᆞ

여 보내요되 싱치옷[16] 자바 왓
거든 다리과 돕디과[17] 둘흘
달라 ᄒᆞ여셔 녀코[18] 건치[19]도 ᄒᆞᆫ
돕디만[20] 너허 보내소. 문어
도 ᄒᆞᆫ 가릐[21]만 쟈근 조시ᄃᆞ려 달
라 ᄒᆞ여 쓰고 뎐복[22]도 두 낫만
달라 ᄒᆞ여 쓰소. 죠개도 자바 왓거
든 느르미[23]쳬로[24] ᄒᆞ여셔 당숣
의 녀허 보내소. ᄌᆞ총이[25]도 쓰
소. 아바님 뫼ᄡᆞᆯ[26] 두 되 가옷[27] 내
밥ᄡᆞᆯ 두 되 병ᄒᆞ여[28] 너 되 가
옷술[29] 오ᄂᆞᆯ 자리 가뎌[30] 오ᄂᆞᆫ 사
름ᄒᆞ여 보내소. ᄂᆡ일 아ᄎᆞᆷ 잡
ᄉᆞ올[31] 약 졈[32] 쟈근조시 ᄒᆞ
여 출화 보내라 ᄒᆞ소. 쇼
쥬란 쟈근 병을 어더셔
【右邊】
녀허 보내소. 당숣 안쥬와
쇼쥬란 ᄂᆡ일 낫 젼으로[33] 보
내소. 밧바 이만.[34] (手決)
【뒷면】
가셔[35]

현대어

아버님 자리(席)를 작은 조시에게 일러서 이불하고 요하고 자릿감투하고 베개를 해서 자세히 차려 곽샹이 풍세, 긔인이 셋을 시켜 지금 보내소. 당새기에 담아 안주는 내일 해서 보내되 생꿩을 잡아왔거든 다리와 돕지 둘을 달라고 하여 넣고, 말린 꿩도 한 돕지만 넣어서 보내소. 문어도 한 갈래만 작은조시에게 달라 하여 쓰고 전복도 두 낱만 달라 하여 쓰소. 조개도 잡아 왔거든 누르미처럼 조리하여서 당새기에 넣어 보내소. 자총이도 쓰소.

아버님 진지 쌀 두 되 반, 내 밥 쌀 두 되를 아울러 네 되 반을 오늘 자리 가져 오는 사람을 시켜 보내소. 내일 아침 잡수실 약을 좀 작은 조시를 시켜 차려 보내라 하소. 소주는 작은 병을 얻어서 넣어 보내소. 당새기에 담은 안주와 소주를 내일 낮 전에 보내소. 바빠서 이만. 가서(家書)

해설

각종 음식물 이름이 많이 보이는 편지이다. 음식물을 만들어 보내고 당시로서는 귀한 소주까지 보내는 모습으로 보아 무슨 잔치 준비를 하였던 것이거나, 아니면 많은 손님을 대접하기 위한 준비라고 생각된다. 이 편지는 당시의 잔칫날에 준비한 먹거리들을 우리에게 알려주는 자료이다. 곽주는 부인 하씨에게 보낸 이 편지에서 음식물의 재료와 조리법, 완성된 음식의 모양까지 상세히 언급하고 있다. 꿩, 문어, 전복, 조개 등의 안주거리나 소주 등을 통해 볼 때, 이 날 하씨 및 비복들에 의해 준비된 음식은 잔치 준비나 손님 접대를 위한 것으로 보인다. 곽주가 주로 거주했던 곳은 내륙 지방이지만, 문어나 전복과 같은 해산물이 집에 상비되어 있었다는 점이 흥미롭다. 조개는 '조개도 자바 왓거든'이라는 부분으로 보아서 낙동강 백사장에 서식하는 민물조개일 것이다. 그러나 문어나 전복은 해산물이다. 아마도 이런 해산물은 대부분 건어물로 가공되어 가까운 마산에서 들어 왔거나, 낙동강 하류의 부산·김해 등지에서 낙동강을 거슬러 올라온 상인을 통해 들어왔을 것이다. 곽주에게 이들 어물이 귀하게 여겨졌음은 당연한 일이다. 그래서 양도 적어서 '문어(다리) 한 갈래만, 선복 두 낟낟' 쓰라고 지시했을 것이다.

여기서 보이는 여러 종들 가운데 '쟈근조시'는 두드러지는 존재이다. 곽주의 아버지가 잠자리에서 쓰는 물건들을 관리하고, 곽주 아버지의 약도 맡고 있다. 특히 문어나 전복과 같은 귀한 재료를 '쟈근조시'가 관리하고 있어서 그녀에게서 받아 쓰라고 부인에게 이르고 있다. 흔히 광의 열쇠를 안방마님이 갖고 있을 거라는 우리의 고정 관념을 뒤엎는 것이다. 이 '쟈근 조시'가 가사의 주요 역할을 맡고 있는 것은 25번 편지에서도 확인된다. 25번 편지에서 곽주의 손님 13명이 집에 오기 때문에 그릇도 빌리고 장에 가서 반찬도 사는 분주한 모습이 그려져 있는데, 여기서 곽주는 '쟈근조시'에게 "손님 대접할 일을 너를 믿고 있노라"고 말한다. 아마도 '쟈근조시'는 믿음직스럽게 일을 해 왔고, 행동이 민첩하며, 음식 솜씨조차 뛰어난, 비교적 나이가 지긋한 여종이었을 것 같다.

› 주석

1) 아바님 : 곽주가 그의 '아버지'를 호칭한 말이다. 이 편지의 내용은 곽주의 '아바님'이 생존해 있음을 보여 준다. 곽주의 아버지 곽삼길(郭三吉)은 1606년에 별세하였다. 따라서 이 편지는 1606년 이전에 쓴 것이다. 4, 5, 6, 7, 8, 9, 12, 13, 14번 편지가 쓰여진 시기도 모두 이와 같다.
2) 쟈근조시 : 작은조시. 시키는 일의 성격으로 보아 '조시'는 여자 노비(婢)의 이름이 분명하다. 호적 등의 고문서에 여자를 보통 '召史'라고 적었는데 '조시'는 이것을 한글로 적은 표기이다. '召史'를 속음으로 '조시'라고 독음했음을 알 수 있다. '召史'는 양민층 이하 여성을 가리키는 말로 고문서에 쓰였으며, 한글로 '조이'라 표기되기도 했다.
3) 닐러셔 : 일러서. 니르- + -어셔.
4) 니블 : 이불(衾).
5) 자릿감토 : 잠을 잘 때 머리카락이 헝클어지지 않도록 하기 위해 쓰는 감투. 자리 # ㅅ # 감토(帽).
6) 니블ᄒᆞ고 요ᄒᆞ고 자릿감토ᄒᆞ고 벼개ᄒᆞ고 : 'ᄒᆞ고'가 접속 조사처럼 쓰였는데 17세기 초의 입말에 나타난 일면을 보여 준다.
7) 출화 : 차려. 출호- + -아.
8) 곽샹이 : 사람 이름. '곽샹이'는 「곽씨언간」의 여러 곳에 등장한다. 16번, 36번, 37번, 38번, 56번 등. 특히 37번 편지는 수신자가 '곽샹이'로 되어 있다.
9) (개칠) : 이 부분은 먹으로 검게 칠하여 지웠는데 원본을 자세히 보니 '언놓이'라는 이름이 나타난다.
10) 풍셰 : 노복의 이름.
11) 긔인이 : 노복의 이름.
12) 시겨 : 시켜.
13) 이제로 : 지금 즉시. 이 시간에. 이[관형사] # 제(때) + -로.
14) 당ᄉᆞᆱ: 음식을 담는 함지. 현대 경상방언에서 '당새기' 또는 '당시기'로 쓰인다.
15) ᄂᆡ일로 : 내일로. 'ᄂᆡ'는 '늬로 볼 여지가 있다. 현풍과 붙어 있는 창녕(대합면 - 오야)방언에 오늘날 '니일'이 쓰이고 있다. 이것은 'ᄂᆡ일>늬일>니일'과 같은 변화를 겪은 것이다.
16) 싱치옷 : 싱치(生雉). 산(生)꿩고기.'-옷'은 강세 첨사.
17) 다리과 돕디과 : 접속 조사 '-과'가 자음뿐만 아니라 모음 뒤에서도 사용되었음을 보여 준다. 이런 예들은 '-과'의 이형태인 '-와'가 특정 환경(모음 뒤)에서 후대에 생성된 것임을 의미한다.
18) 녀코 : 넣고. 녛- + -고.
19) 건치 : 말린 꿩고기. 乾雉. 한약방에서 건치를 약재로 쓰고 있는데 감기 몸살에 좋다고 한다.
20) 돕디 : 돕지. 현대국어 사전에 '돕지'는 '갑옷이나 마고자 등의 섶'이라고 풀이되어 있다. 이 뜻으로 미루어 볼 때 이 편지의 '돕디'는 꿩의 앞가슴 부분의 고기를 가리키는 것 같다.
21) 가릐 : 갈래. 가릐>갈래. 문어나 오징어처럼 다리가 갈래져 있는 것을 가리키거나 그런 물건을 헤아릴 때 쓰는 단위명사로 판단된다.
22) 뎐복 : 전복. 1번 편지에서는 '싱포'로 나와 있다.
23) 느르미 : 누르미. 『음식디미방』(17세기의 조리서)에도 이 명칭이 여러 번 나오는데 그 재료가 가지, 동과(冬瓜), 개고기 등 여러 가지가 있다. '느르미'의 공통점은 여러 가지 재료를 섞어서 만든 재료를 찌거나 굽거나 한 그 위에 조미를 한 즙을 끼얹는 것이 특징이다. 『우리말큰사전』에는 '화양누르미'의 준말로 '누르미'가 표제어로 실려 있는데, 삶은 도라지를 쇠고기, 버섯과 섞어 적당하게 썰어 양념하고 볶아 꼬챙이에 꿰고, 끝에 3색 종이실[絲紙]을 감은 음식이라고 설명되어 있다.

24) -쳬로 : -처럼. 누르미처럼. '-쳐로>-쳬로'의 변화를 보여 준다.
25) ᄌᆞ총이 : 紫葱. 약재로 쓰는 것인데, 여기서는 양념으로 쓰인 파의 일종을 가리킨다.
26) 뫼ᄡᆞᆯ : '뫼'는 밥의 높임말. 아버님의 밥을 지을 쌀을 높여 부르는 말. 바로 뒤에 나오는 '밥ᄡᆞᆯ'과 상대되는 낱말이다.
27) 가옷 : 반(半).
28) 병ᄒᆞ여 : 并하여. 아울러. 합하여.
29) 가옷ᄉᆞᆯ : 가옷을. 절반을. 가옷 + -ᄋᆞᆯ. ㅅ이 중철된 표기.
30) 가뎌 : 가져. '가져>가뎌'로 ㄷ이 과도교정된 표기.
31) 잡ᄉᆞ올 : 잡수실. 잡- + -ᄉᆞ오- + -ㄹ. 여기서의 '-ᄉᆞ오-'는 객체인 '약'에 대한 겸양을 표현하는 것으로 15세기의 용법과 같은 것이다.
32) 졈 : 좀[부사].
33) 젼으로 : 전에.
34) 밧바 이만 : 바빠 이만. '밧바 이만'은 편지를 마칠 때 투식어로 쓰인다.
35) 가셔 : 집으로 보내는 편지. 家書. 주로 남편이 아내에게 보낼 때 이 말을 쓴다.

4. 엿기름은 빨리 만들도록 하소 영인 691p

곽주가 하씨에게(1606년 이전) [문 13] [건들 16]

판독문

녀ᄒᆞ여[1] 유무 보니 반겨호ᄃᆡ[2] 편치[3] 아니ᄒᆞᆫ[4] 일
잇다 ᄒᆞ니 념녀ᄒᆞᄂᆡ.[5] 나ᄂᆞᆫ 어제 매바회[6]
가 ᄃᆞᆫ녀 오니 분묘애 ᄇᆞ리 다 붓고[7]
나믄 거시 업ᄉᆞ니 아ᄆᆞ려[8] 운ᄃᆞᆯ[9] 쇽졀이
이실가. 졈그도록[10] 우다가 밤 들게야[11] 도라
오매 긔운이 편치 아녀 누워 잇뇌. 보리기
름으란[12] 자내[13] 유무를 슌진의게 졀케[14] ᄒᆞ
여 쳥되 금동이[15]를 ᄒᆞ여 소례[16] 가 어더 오라 ᄒᆞ
소. ᄀᆞᆺ득[17] ᄆᆞᄋᆞᆷ경[18] 업ᄉᆞᆫᄃᆡ 자내 편챠ᄂᆞᆫ[19] 유무 보
니 더옥 ᄆᆞᄋᆞᆷ 둘 ᄃᆡ 업서 ᄒᆞ뇌. 어버이 외
오 너기시면[20] 다함[21] 내 이를 ᄉᆞᆲ펴[22] 조심ᄒᆞ
여 그른 일 업게 ᄒᆞ여사[23] ᄌᆞ식의 올ᄒᆞᆫ 이리니[24]

조심 ᄒᆞᄒᆞ ᄒᆞ여 겨소.[25] 보리 기롬을 ᄂᆞᆷ의게 엇기[26] 어
려우니 수이[27] 길우게[28] ᄒᆞ소. 만ᄒᆞ면[29] 수이 아니 기ᄂᆞ
니[30] 다엿[31] 되만 제곰[32] 몬져 길우게 ᄒᆞ소. 도ᄂᆞᄅᆞ[33]ᄂᆞᆫ
ᄉᆞ세[34] 어려우니 사ᄅᆞᆷ을 몯 보내려니와 오예[35] 유
무를 ᄒᆞ여 내 거러로[36] 보내면 내 예셔 소례 죵을
가 ᄃᆞᆫ녀 오라 ᄒᆞ새.[37] 아직 슌진의게[38] 몬져 유무
ᄅᆞᆯ ᄒᆞ여 어더[39] 보고 한분이[40]도 못ᄡᅳᆯ딕ᄃᆞ래[41] 져
그나[42] 어더 보내라 ᄒᆞ소. 자내 마촘 병 드러 올히ᄅᆞᆯ[43]
보디 몯ᄒᆞ여 그런 만ᄒᆞᆫ[44] 보리 기롬을 젹게 ᄒᆞ엿거
【右邊】
니 아바님 ᄉᆞ실 모ᄅᆞ시고 외오 너기시기야 긔(?)실
가.[45] 아ᄆᆞ려나[46] 다ᄅᆞᆫ 기름을 수이 길우게 ᄒᆞ소. 아마도[4
조심ᄒᆞ여 편히 겨소. 졍녈[48]의 귀예란[49] 웅담을
어더 녓소.[50] 즈일[51] (手決)
【뒷면】
가셔
내 오시야 몯 밋다[52] 관겨ᄒᆞᆯ가[53] 그조차
근심 마소.[54]

현대어

가서. 연이은 편지를 보니 반가우나 편치 않은 일이 있다고 하니 염려하네. 나는 어제 매바회에 가 다녀오니 분묘에 불이 다 붙고 남은 것이 없으니 아무리 운들 속절이 있겠는가. 날이 저물도록 울다가 밤이 되어서야 돌아오니 기운이 편치 않아 누워 있네.

엿기름은 자네 편지를 슌진에게 전하게 하여 청되 금동이를 시켜 소례에 가서 구하여 오라 하소. 가뜩이나 마음의 경황이 없는데 자네 편찮은 편지를 보니 더욱 마음 둘 데 없어 하네. 어버이께서 잘못 되었다고 생각하시면 더욱 내 일을 살펴 조심하고 그릇된 일이 없게 하는 것이 자식의 옳은 일이니 조심조심하여 계시오. 엿기름을 남에게 빌리기 어려우니 빨리 기르게 하소. 많으면 빨리 길지 않으니 대엿 되만 각각 먼저 기르게 하소.

도ᄂᆞᄅᆞ는 사세가 어려워 사람을 보내지 못하니 오예에 편지를 하여 내 쪽으로 보내면 나는 여기서 소례 종을 가 다녀오라 할 것일세. 아직은 슌진에게 먼저 편지를 하여 구하여 보고 한분이도 못골댁에게 적으나마 구하여 보내라 하소. 자네 마침 병이 들어 (엿기름을 기르는) 일을 옳게 보지 못하여 그렇게 많이 필요한 엿기름을 적게 만들었으니 아버님이 이 사실을 모르시고 잘못 여기심이 있을까 염려하네. 아무튼 다른 엿기름을 빨리 기르게 하소.

아무쪼록 조심하여 편히 계시오. 졍녈이의 귀에는 웅담을 구해서 넣으시오. (자네가 보낸) 내 옷이 아직 도착하지 않았다고 괘념하겠는가. 그것도 근심하지 마소.

해설

이것은 곽주의 아버지가 살아 있을 때 작성된 편지로서 ㅌ>ㅊ 구개음화 현상을 보여 준다. 이 편지에서도 곽주의 가내(家內) 귀속 지위가 여러 양상으로 나타난다. 한 가문의 자손으로써 선대의 분묘에 불이 나서 다 타 버린 것을 마음 아파하고, 아들로써 아버지를 섬기는 도리를 생각하며, 남편으로서 아내를 다독이고, 아버지로서 자식의 잔병치레마저 걱정하는 여러 가지 마음 씀씀이가 이 한 장의 편지에 그려져 있다.

특히 이 편지에는 엿기름을 적게 만든 실수 탓에 아내가 시아버지의 노여움을 살까봐 노심초사하면서도, 어떻게든 병든 아내의 마음을 위로해 주려는 곽주의 인간적 면모가 두드러진다. 남에게 빌리기도 어려운 엿기름을 사방으로 구하러 다니면서, 빨리 기르려면 대엿 되씩 각각 나누어 하라는 조언까지 하고 있는 것이다. 자칫하면 갈등이 생기기 쉬운 대가족 안에서 아내와 부모의 마찰을 피하기 위해, 양자의 중간에서 여러 가지 일을 수습하기에 급급한 남편의 모습은 400년 전이나 지금이나 별로 다를 것이 없는 듯하다.

주석

1) 년ᄒᆞ여 : 연(連)하여. 연이어.
2) 반겨호ᄃᆡ : 반겨하되. 반기- + -어 # ᄒᆞ- + -오ᄃᆡ.
3) 편치 : 편하지. '편티'에서 ㄷ구개음화가 실현된 어형. 국어사의 문헌 자료 중 ㄷ구개음화를 보여 주는 가장 이른 것은 전라도에서 간행된 문헌이다. 무량굴판 『월인석보』 21권(1562년 전라도 순천 중간)에 '쟝ᄌᆞ의 아ᄃᆞ리'(18a)와 '命명終듕'(219a)이 나오고(김주필 1994:45), 1567년 전라도 순창에서 간행된 『몽산화상육도보설』에 ㄷ구개음화의 여러 예가 나온다(백두현 1992). 그런데 경상도에서 나온 16세기 후기의 문헌 『칠대만법』(1569년)에 ㄷ구개음화를 직접 실현한 예는 보이지 않으나 ㄱ구개음화를 의식한 과도교정형 '듀화'가 나타난다(김주원 1997:34-37). '듀화'는 '규화'(葵花)를 표기하려 한 것인데, ㄱ구개

음화에 의해 '규화>쥬화'가 실현된 후 '쥬화'의 어두 ㅈ을 ㄷ구개음화(ㄷ>ㅈ)에 의해 생성된 것으로 잘못 판단하여 '듀화'로 과도교정한 것이다. 따라서 '듀화'는 16세기 후기 경상방언에 ㄷ구개음화와 ㅈ구개음화가 모두 존재하였음을 동시에 보여 주는 중요례이다. 경상방언을 반영한 문헌 자료로 ㄷ구개음화를 직접적으로 보여 주는 가장 이른 자료는 곽삼길(곽주의 父) 사망 이전(1606년 이전)에 쓰여진 것이 확실한 4번 편지의 '편치'와 6번 편지의 '바지' 등의 예이다.

4) 아니ᄒᆞᆫ : '아니'는 나중에 작은 글씨로 보입(補入)한 글자.
5) 념녀ᄒᆞ뇌 : 염려(念慮)하네.
6) 매바회 : 지명. 현풍면과 인접한 구지면에 '매방'이라는 이름으로 남아 있다. 한자 지명으로는 '鷹巖'(응암)이라 쓰지만 이것은 나중에 한자를 갖다 붙인 결과일 것이다. 고유어 지명이 시대적으로 앞서고 한자어 지명은 고유어 지명을 한자로 표기한 결과로 봄이 자연스럽다. '매방'의 '방'은 이 방언의 방언형 '방굿돌'(岩)에서 줄어든 것으로 판단된다. 구지면에 조성된 쌍용공단 북편에 있는데 곽씨 문중의 산소들이 많이 산재해 있다.
7) 분묘애 브리 다 븟고 : 분묘에 불이 붙어 다 타고. 조상의 분묘에 불이 나서 잔디가 다 타 버린 모양을 본 곽주가 마음 아파하면서 우는 모습이 나타나 있다. 경상도 지역(성주 등)에는 묘에 불이 나 잔디가 타 버리면 짚여물을 썰어다가 묘에 뿌리는 풍습이 있었다.
8) 아ᄆᆞ려 : 아무리[부사].
9) 운둘 : 운들. 울- + -ㄴ둘.
10) 졈그도록 : 저물도록. 졈글- + -도록.
11) 밤 들게야 : 밤이 들어서야.
12) 보리기름으란 : 보리기름(보리알을 길러 만든 엿기름)은. 보리길음 + -으란[조사].
13) 자내 : 자네. 곽주가 아내를 부르는 말로 쓰인다. 하씨가 남편 곽주에게 보낸 편지는 매우 적어서 그런지 아내가 남편에게 '자내'라고 한 예는 보이지 않는다. 그런데 1998년 9월에 공개된 안동시 정상동 이응태(李應泰 1556~1586)의 묘에서 나온 이응태의 부인이 쓴 편지에서는 아내가 남편을 '자내'라고 호칭하고 있다. 예) 자내 날 향히 ᄆᆞᄋᆞ믈 엇디 가지며 나ᄂᆞᆫ 자내 향히 ᄆᆞᄋᆞ믈 엇디 가지던고(이응태 묘 출토 언간). 한편 「순천김씨언간」에서 '자내'는 남편을 가리키는 3인칭 대명사로 쓰였다. 예) 자내ᄂᆞᆫ 져믄 겨집 풍류히이고<순천김씨언간 73>. 이 구절은 신천 강씨(김씨의 친모)가 김씨에게 보낸 편지 중 남편의 행태에 대해 넋두리하는 내용이다. 여기서 '자내'는 남편을 가리키는 대명사로 기능한다. 이러한 '자내'는 오늘날 존칭의 3인칭 대명사로 쓰이는 '당신'과 비슷한 것이다. 따라서 16세기의 '자내'는 2인칭과 3인칭 겸용으로 쓰이는 것이 현대어의 '당신'과 비슷한 모습을 보여 준다고 할 수 있다. '자내'의 이런 의미 기능은 현대어 '자네'의 용법(손아랫사람을 대접하는 말)과 상당한 거리가 있다. 이기갑(1979)은 『첩해신어』에 나타난 '자네'의 용법을 다루면서 이것이 'ᄒᆞ쇼셔'체와 호응하는 점을 지적하고, 17세기의 '자네'가 가리키는 높임의 폭이 현대에 비해 약간 높았던 것으로 추정하였다. 16세기 후기의 언간에 나타난 '자내'의 용법은 이 추정을 뒷받침해 준다. 필자는 16·17세기의 '자내'는 현대국어에 비해 높임의 자질을 가진 존대어이고 지시 대상의 범위도 더 넓었던 것으로 판단한다. '자내'에 대한 자세한 논의는 황문환(2001)의 "이인칭 대명사 '자네'의 기원"(『국어학』 37호) 참고.
14) 젼케 : '젼케'(전하게)를 잘못 쓴 것으로 보인다.
15) 쳥되 금동이 : 「곽씨언간」에는 '금동이'라는 서로 다른 노복의 이름이 여러번 나타나는데 같은 이름을 가진 '금동이'를 구분하기 위해 '쳥되'를 붙이고 있다. 이 '쳥되'는 달성군에 인근한 청도(淸道)를 가리킨 것으로 보인다. '쳥되'는 어말에 ㅣ가 첨가된 어형이다. 지명에 ㅣ가 첨가되는 예는 '대귀', '논공이' 등이 있다. '쳥되 금동이'는 청도에서 온(또는 청도 지역과 인연이 있는) 노복일 것이다.
16) 소례 : 마을 이름. 현재 달성군 현풍면 대리(大里)를 가리킨다. 자연촌 이름은 소례인데 이것이 지금도 여전히 쓰이고 있다. 현풍(포산) 곽씨의 집성촌으로 종택이 이 마을에 있다.
17) ᄀᆞᆺ독 : 가뜩이나[부사].

18) ᄆᆞᄋᆞᆷ경 : 마음의 경황. ᄆᆞᄋᆞᆷ # 경(境).
19) 편챠ᄂᆞᆫ : 편찮은. 편챦- + -ᄋᆞᆫ, 'ㅎ' 탈락. '편챦-'은 '편ᄒᆞ지 않-'의 축약형.
20) 어버이 외오 너기시면 : 어버이가 그릇되었다고 생각하시면. '외오'는 '외-'(그릇되다)에 부사화 접미사 '-오'가 결합한 것이다.
21) 다함 : 더욱. 다만[부사]. '다하'와 '다함'이 문헌 자료에 보인다.
22) ᄉᆞᆲ펴 : 살펴. ᄉᆞᆲ피- + -어.
23) ᄒᆞ여사 : 하여야. '-사'는 강세첨사.
24) 어버이가 자식이 하는 일이 그릇되었다고 생각하시면 자식은 더욱 자기의 일을 잘 살펴 그른 일 없게 하는 것이 자식의 올바른 도리라고 곽주가 하씨에게 타이르는 내용이다. 곽주의 효성스러운 마음을 엿볼 수 있는 대목이다. 곽주의 아들들이 뛰어난 효성으로 정려(旌閭)를 받은 것도 아버지 곽주의 가르침이 있었기 때문일 것이다.
25) 겨소 : 겨-('겨다'는 '있다'의 존대) + -소. '-소'라는 예사 높임법을 부인에게 쓰고 있다.
26) 엇기 : 얻기. 「곽씨언간」의 '얻다'는 '구하다', 또는 '빌리다'와 같은 뜻으로 쓰인다.
27) 수이 : 빨리.
28) 길우게 : 기르게.
29) 만ᄒᆞ면 : 많으면. 만ᄒᆞ- + -면.
30) 아니 기ᄂᆞ니 : 길지 아니하니. '몯 보내려니와' 따위와 같이 부정사가 피부정어 앞에 오는 구성을 보여준다.
31) 다엿 : 대여섯.
32) 제곰 : 제각기[부사].
33) 도ᄂᆞᄅᆞ : 나루터 이름. '도ᄂᆞᄅᆞ'는 현풍의 낙동강 건너편에 있는 '桃津'(도진, 현재 고령군 소속)을 가리킨다. 본서에 실린 해제 글의 지도를 참조.
34) ᄉᆞ셰 : 일이 돌아가는 형편. 사세(事勢).
35) 오예 : 지명. '오야'로 주로 적히는데 처격의 자리에 오면 '오예'로 적힌다. 이 편지에서 하씨의 택호로 쓰이므로 하씨의 친정 마을을 가리키는 지명이다. 현재 창녕군 안리 일대가 오야이다.
36) 거러로 : 쪽으로. '로'는 補入된 글자. 다른 문헌에 보이지 않는 특이어이다. 고어사전에도 실려 있지 않다.
37) ᄒᆞ새 : 하세. ᄒᆞ- + -새('ᄉᆞ이다'의 단축형).
38) 슌진의게 : 슌진(노복 이름) + -의게(여격 조사).
39) 어더 : 구하여. 빌려. 현대국어의 '얻-'과 뜻이 동일하지 않다.
40) 한분이 : 사람 이름인데 여자 노비(婢)의 이름으로 쓴 듯하다.
41) 못쏠딕ᄃᆞ래 : '못쏠딕'은 宅號. 'ᄃᆞ래'는 여격 'ᄃᆞ려'의 오기 또는 이형태로 추정된다. '못골'은 소례 바로 옆에 있는 마을(池洞)로 서흥 김씨 집성촌이며 한훤당 김굉필의 고택이 있다. 못골에는 마을 앞에 인공적으로 조성한 못이 있다.
42) 져그나 : 적으나마. 좀.
43) 올히롤 : 옳게. 올히(옳게) + -롤(부사형 어미 뒤에 쓰이는 특수조사). 문맥상으로는 '옳게 일을 (보지 못하여)'라는 뜻을 표현한다.
44) 그런 만ᄒᆞᆫ : 그렇게 많은.
45) 아버님이 사실을 잘 모르시면서 그르다고 여기시기야 하실까. 보리엿질금을 적게 장만하여 모자라는 상황을 묘사하고, 이 사실을 아버님이 아실까 염려하는 모습을 보여 준다. 모자라는 분량을 빨리 장만하라고 부인 하씨에게 당부하고 있다. 끝에 있는 '긔실가'의 '긔'는 자형이 불분명하여 뜻을 파악하기가 쉽지 않지만 일단 다음과 같이 분석될 수 있다. 긔-(꺼리다) + -시- + -ㄹ가. '긔-'는 '그일 휘'(諱)<新合 하 15>에 보이는 '그이-'의 단축형으로 짐작된다.

46) 아ᄆᆞ려나 : 아무튼.
47) 아마도 : 아무쪼록[부사].
48) 졍녈 : 곽주의 딸 이름. 12번 편지에도 '졍녈이'가 나온다. 그런데 29번 편지에는 '뎡녈이'로 나온다. '졍녈이'는 '뎡녈이'가 구개음화된 변화형으로 판단된다. 왜냐하면 딸 이름에 많이 들어가는 '貞'의 古音이 '뎡'이기 때문이다. 참고) 貞 고들 뎡<新增類合 下 3a>
49) 귀예란 : 귀에는. 귀 + -예란.
50) 졍녈의 귀에 웅담을 얻어 넣어라는 말을 하고 있는 것으로 보아 졍녈이 귓병을 앓고 있음을 알 수 있다. 오늘날 한방에서 귓병에 사향 가루를 넣어 치료하는 방법과 같은 치료법이 이 사연에도 나타나 있다. 이 편지에서는 사향이 아닌 웅담 가루를 넣는 점이 다르다.
51) 즈일 : '즈일'은 '卽日'(즉일)에서 ㄱ이 탈락된 어형이다. 이 낱말이 빈번하게 사용되면서 모음간 ㄱ이 탈락하여 俗音 '즈일'로 변화한 것이다. '부득이'(不得已)가 '브듸'(1번 편지)로 쓰인 것도 같은 성격의 변화이다. 편지의 말미에 있는 '즈일'은 편지를 쓴 '卽日' 즉 당일에 보내어 그 날 바로 수신자에게 들어간 경우를 뜻한다.
52) 밋다 : 미치다(도착하다). '몯 밋다'는 '아직 도착하지 못하였다'라는 뜻이다.
53) 관겨홀가 : 관계할까. 관겨ᄒᆞ- + -ㄹ가(의문형 어미). '관계>관겨'는 'ㅣ'모음 탈락.
54) 이 부분은 사연을 쓴 후 추신으로 적은 내용이다. 자네가 보낸 내 옷이 도착했는지 아직 도착하지 않았는지 물으면서 걱정하지 말라고 당부하고 있다. 아내를 배려하는 곽주의 세심한 마음이 나타나 있다.

5. 김천에서 자고 화령으로 가네 영인 691p

곽주가 하씨에게(1606년 이전) [문36] [건들73]

판독문

요ᄉᆞ이
아바님 뫼ᅌᆸ고[1] 애히돌[2]
ᄒᆞ고 엇디 겨신고. 긔별
몰라 분별[3] ᄒᆞ뇌. 나ᄂᆞᆫ
어제 김젼[4] 자고 오ᄂᆞᆯ 화
령[5] 으로 가뇌. 커니와[6] ᄆᆞ
리 병 드러 김젼셔 금
동이[7] ᄒᆞ여[8] 보내 몰 ᄒᆞᆫ
나해[9] 죵돌 짐 지우고
가니[10] ᄂᆞᆷ의[11] 미처 몯

가 민망ᄒᆞ여 ᄒᆞ뇌.
금동이 제 양식
병ᄒᆞ여[12] ᄡᆞᆯ 너 말 닷
되를 가뎌 가니[13] 제
머근 것 혜고[14] ᄌᆞ셰
되여[15] 바다 쓰소. 벼
【上邊】
개도 도로 가니 다 출화[16] 밧소. 길 밧바
【右邊】
이만 뎍뇌[17]. 조심ᄒᆞ
여 편히 겨소. 길헤 가
기 하 군ᄒᆞ니[18] 민망 ᄒᆞᄒᆞ[19]
ᄒᆞ여 ᄒᆞ뇌.
초날ᄒᆞᆫ날[20] (手決)
【뒷면】
가셔[21] (수결)

현대어

요사이 아버님 모시고 아이들하고 어떻게 계신고. 기별을 몰라서 걱정하네. 나는 어제 김천에서 자고 오늘 화령으로 가네. 그런데 말이 병 들어서 김천에서 금동이로 하여금 (그 말을 집으로 돌려) 보내어서, 지금은 말 한 마리와 종들에게 짐을 지우고 걸어가니 남을 따라잡지 못하여 민망해 하네. 금동이가 자기의 양식과 아울러서 쌀 너 말 닷 되를 가져가니, 자기가 먹은 것을 헤아리고, 자세히 되어서 받아쓰시오. 베개도 (금동이가) 도로 가져갔으니 다 차려서 받으시오.

길이 바빠서 이만 적네. 조심하여 편히 계시오. 길에 가기가 많이 피곤하니 민망하고 민망하네. 초나흗날. 가서.

해설

편지에 나타난 '김천→화령'의 여정으로 보아 곽주가 과거 시험길에 나서 한양으로 가는 것이 분명하다. 좋은 여건을 두루 갖추어도 힘든 먼 여정인데, 짐을 졌던 것으로 추측되는 말 한 마리까지 병들어 되돌려 보낸 악조건 속에서 여행하고 있는 중이다. 곽주가 '민망민망하다'고 하는 말 속에는 자신이 지쳐 있음과 함께, 말이 져야 할 짐을 대신 지고 가는 종들에게도 무척 미안해하는 마음이 느껴진다.

여기서 금동이와 관련된 사실이 눈길을 끈다. 주인의 한양 길을 따라나선 종들 가운데 한 명이 주인의 명에 의해 혼자 행동해야 할 때, 그가 먹을 양식을 따로 떼어 주는 장면이 묘사되어 있다. 이렇게 식량을 떼어 주는 것은 당연한 것이기는 하지만, 지금까지 잘 알려져 있지 않았던 구체적 장면이다. 이처럼 옛 편지는 삶의 모습을 기록하여, 당시의 일상적인 모습 가운데 사소한 것 한 가지도 놓치지 않고 담고 있다가 뒷사람들에게 알려 주는 것임을 새삼 확인할 수 있다.

주석

1) 뫼ᄋᆸ고 : 모시고. '뫼-'의 대상이 '아버님'이기 때문에 '-ᄋᆸ-'은 겸양법 기능을 유지하고 있다. '뫼-'는 '모시다', '뫼시다' 등의 관련된 어형에 포함되어 있다.
2) 애ᄒᆡᄃᆞᆯ : 아이들. '아ᄒᆡ'의 첫음절에 'ㅣ'가 첨가된 어형. '아ᄒᆡ'의 오기일 가능성이 높다.
3) 분별 : 시름. 걱정.
4) 김젼 : 뒤에 나오는 '화령'과의 거리를 고려할 때 '김젼'은 김천(金泉)을 가리킨 것이 확실하다. '金泉'의 속음(경북 김천의 당시 속지명)으로 당시 쓰였던 것으로 보인다.
5) 화령 : 상주군 화동면에서 화서면으로 넘어가는 도중에 있는 고개. 경상도의 선비가 한양으로 과거 시험 보러 갈 때 김천에서 하룻밤 자고 화령을 거쳐 보은으로 넘어 갔거나, 괴산 방향으로 넘어 갔을 것이다. 이 편지는 이러한 노정을 알려 주는 구체적 자료이다.
6) 커니와 : 그렇지만. 'ᄒᆞ거니와'의 단축형. 앞의 문장에 대해 부정적(否定的) 의미를 표현하는 역접의 부사로 쓰인다.
7) 금동이 : 노복의 이름.
8) ᄒᆞ여 : 금동이로 하여금. 사동사 'ᄒᆞ이+어'의 축약형. 'ᄒᆞ여금'은 'ᄒᆞ여'에 첨사 '-금'이 더 붙은 것이다.
9) ᄒᆞᆫ나해 : 하나에. ᄒᆞᆫ나ㅎ[ㅎ곡용체언]+ -애[처소 부사격 조사]. 'ᄒᆞᆫ나'는 'ᄒᆞ나'에 ㄴ이 첨가된 어형이다. 현대 경상방언에도 '한나'(一)가 흔히 실현된다.
10) ᄆᆞᆯ ᄒᆞᆫ나해 죵ᄃᆞᆯ 짐 지우고 가니 : 이 문맥은 의미론적 함축이 미묘하다. 글자 그대로 '말 한 마리에 종들의 짐을 지우고 가니'로 볼 수도 있으나, '말 한 마리에 짐을 지우고, 종들에게도 짐을 지우고 가니'로 볼 수도 있다. 말이 두 마리였을 때는 한 마리에 곽주가 타고 다른 한 마리에 짐을 실었을 것이다. 그러나 한 마리가 병 들어 집으로 돌려보내고 나니, 그 말이 졌던 짐들을 종들에게 지우고 가게 되어 걸음이 느려 남에게 못 미쳐 가는(남을 따라 가지 못하는) 정황을 표현한 것으로 생각된다. 후자의 해석을 따른다.

11) 놈의 : 남에. '-의'가 비교의 의미를 가진다. 남을 따라잡지 못하여.
12) 병ᄒᆞ여 : 아울러. 幷ᄒᆞ여.
13) 가뎌 가니 : 가져 가니. '가뎌'는 ㄷ구개음화의 과도교정형이다.
14) 혜고 : 헤아리고. 양식을 보낼 때 길 가는 도중에 식량으로 먹어야 했던 분량을 헤아려 빼고 나머지를 되어 받았던 당시의 생활상을 보여 준다.
15) 되여 : (양을) 되어. '되어'에서 모음충돌 회피로 반모음이 개입된 어형이 '되여'이다.
16) 출화 : 차려서. 출호- + -아[부사형어미]. '차리다', '준비하다', '정리하다' 등의 뜻이 있다.
17) 뎍뇌 : 적네(書).
18) 군ᄒᆞ니 : 곤(困)하니. 피곤하니. '困ᄒᆞ니'의 '困'이 '오>우' 변화를 겪어 '군ᄒᆞ니'로 나타난 것이다. 이 언간에는 '오>우' 변화의 예가 더러 나타난다.
19) ᅟ〻 〻 : 같은 글자가 반복될 때 이러한 점을 찍어 표시하였다. 민망함의 정도를 강조하기 위해 되풀이 부호를 사용한 것이다. 멀리 길을 떠나 여행하는 곽주의 고단한 처지가 표현된 대목이다.
20) 초날ᄒᆞᆫ날 : '초나ᄒᆞᆫ날'의 오기. 어말의 '날'에 견인된 심리적 유추로 제2음절의 '나'가 '날'로 표기된 것이다. 필사본에는 이러한 오기가 적지 않게 나타난다.
21) 가셔 : 家書. 집으로 보내는 편지.

6. 아주버님이 나를 보고 싶다고 하여 영인 690p

곽주가 하씨에게(1606년 이전) [문48] [건들 102]

판독문

요ᄉᆞ이 아희ᄃᆞᆯ ᄃᆞ리고 엇디 겨신고. 긔
별 몰라 분별ᄒᆞ뇌. 나ᄂᆞᆫ 브듸ᄒᆞᆫ[1]
일로 쳥숑[2]의 ᄂᆡ일로 가니 ᄂᆡ월
열흘 ᄢᅳ로야[3] 오로쇠.[4] 명지[5] 듕치막[6]
ᄒᆞ고[7] 보션ᄒᆞ고 며개[8]예 여믈[9] 녀허 잇[10]
스처[11] 보내소. ᄂᆡ일로 일[12] 나가니 브듸 오
ᄂᆞᆯ로 보내소. 자내 힝ᄎᆞ[13]ᄂᆞᆫ 내 ᄃᆞᆫ녀
온 후에야 ᄒᆞ리로쇠.[14] 아ᄌᆞ바님[15]이
나ᄅᆞᆯ 보아지라[16] ᄒᆞ시고 부러 사ᄅᆞᆷ이
와시매[17] 가니 게[18] 가셔 수이[19] ᄒᆞ리
시면[20] 수이 오고 쉽디 아니ᄒᆞ면 아ᄆᆞ

제[21] 올 주ᄅᆞᆯ 아지 몯 ᄒᆞ로쇠. 자내
양식은 오ᄂᆞᆯ 이 사ᄅᆞᆷ ᄒᆞ여도 보낼 거ᄉᆞᆯ
【上邊】
하 밧비 가매 몯 보내니 나 간 후에

【右邊】
아바님[22]이 년ᄒᆞ여[23] 보내려 ᄒᆞ시뇌. 아마
도[24] 아희ᄃᆞᆯ ᄃᆞ리고 몸이나 편히 겨소.
쟝모씌ᄂᆞᆫ 밧바 ᄉᆞᆯ이[25]도 몯 뎍ᄉᆞᆸ뇌.[26] 젼
ᄎᆞ로[27] 알외ᄋᆞᆸ소. 뎡녜[28]ᄃᆞ려 밧씌 나가 ᄀᆞᆯ
왜디 말고[29] 됴히[30] 이시라 니ᄅᆞ소. 뎡냥이[31] ᄇᆡ
골히디[32] 마소. 양식은 년ᄒᆞ여 보내려 ᄒᆞ시ᄂᆡ.[33]
즈일
【뒷면】
소례ᄃᆡᆨ[34]
누비 옷[35] 누비 바지[36] ᄉᆡ랏거
든 보내고 아니 ᄉᆡ랏거든 보내디 마소.
가셔
보셔ᄂᆞᆫ 예셔 기워 주시니 보션으란
보내디 마소. ᄂᆞᆯ근 보션 ᄒᆞᆫ나 가ᄂᆡ.[37](手決)
즈일

› 현대어

요사이 아이들 데리고 어찌 계신가. 기별을 몰라서 걱정하네. 나는 부득이한 일로 내일 청송에 가니 다음달 십일쯤에야 올 것이로세. 명주 중치막하고, 버선하고, 베개에 여물을 넣어 베갯잇을 시쳐 보내소. 내일로 일찍 나가니 부디 오늘로 보내소. 자네 행차는 내 다녀온 후에야 할 것이로세.

아주버님이 나를 보고 싶다고 하셔서 일부러 사람이 와 있음에 (내가 아주버님 있는 곳에)

가니 거기에 가서 (아주버님 병환이) 빨리 나으면 빨리 오고 빨리 낫지 아니하면 아무 때 올 줄을 알지 못할 것일세. 자네 양식은 오늘 이 사람 시켜 보내려 했는데 너무 바삐 가므로 못 보내니 내가 간 후에 아버님이 연이어 보내려 하시네. 즉일.

아무쪼록 아이들 데리고 몸이나 편히 계시오. 장모님께는 바빠서 편지도 못 적네. 이런 까닭을 아뢰어 주시오. 뎡네에게 밖에 나가 함부로 행동하지 말고 착하게 있으라 이르소. 뎡냥이 배 곯리지 마소. 양식은 연(連)하여 보내려 하시네.

소례댁. 누비옷과 누비바지를 빨았거든 보내고 아니 빨았거든 보내지 마소. 가서(家書). 버선은 여기서 기워 주시니 버선은 보내지 마소. 낡은 버선 하나 가네.

해설

"내일 일찍 나가니 부디 오늘로 물건들을 보내라"는 곽주의 말로 보아서, 곽주와 하씨가 반나절 정도의 거리에 떨어져 살았다는 것을 알 수 있는 편지이다. 병 든 아주버님 문병을 떠나는 먼 길 앞에서도 식솔들을 걱정하는 모습이 여러 곳에 나타난다.

이 편지를 읽다가 보면 우리의 고정관념과는 다른 상황이 머릿속에 그려진다. 우리는 일반적으로 한 가문에 시집간 며느리의 생활 공간이 주로 내당에 국한되는 것으로 알고 있다. 그리하여 조선시대에 결혼한 여자는 바깥 상을 거의 구경하지 못하는 것은 물론, 친정과는 아예 단절된 것과 같이 생각한다. 그런데 이 편지에서 하씨가 어디론가(아마도 친정) 행차를 할 예정임이다. "자네 행차는 내가 다녀온 이후에 했으면"하는 곽주의 생각이 윗글에 나타나 있다. "장모님께는 바빠서 안부를 못 아뢰니, 이런 이유를 말씀드려 달라"고 곽주가 하씨에게 부탁하는 내용도 보인다.

시댁과 분가해 살고 있는 하씨가 곽주의 옷가지를 빨거나 수선하는 일이 그려져 있다. 그리고 하씨와 아이들이 먹을 양식을 곽주가 보내고 있다. "양식을 곧 보내려 하니까 뎡냥이 배 곯리지 말라"는 곽주의 당부로 보아, 따로 떨어져 살고 있던 하씨가 받은 양식은 그다지 넉넉하지 않았던 것 같다.

또한 이 편지에서 사대부의 남성이 먼 길을 떠날 때 가지고 갔던 소지품들을 엿볼 수 있다. 명주 중치막, 버선, 그리고 며개라는 물건이 나타난다. 59번 편지를 보면 더 구체적으로 많은 물건들이 있지만, 이들 세 가지는 두 편지에서 공통적인 물품임을 알 수 있다.

주석

1) 브듸ᄒᆞᆫ : 부득이(不得已) 한. 1번 편지 각주 12번의 설명을 참조.
2) 청숑 : 靑松. 경북의 청송군을 가리킨다. '-의'는 처격조사이다. 아래의 사연에 나오는 '아주버님'이 청송에 살았던 것으로 보인다. 청송과 관련된 지명은 131번 편지에도 나온다. '안덕 동싱은 희산 무ᄉᆞ이 ᄒᆞ오며'(131번). 이 '안덕'은 오늘날 청송군 안덕면을 가리킨 것으로 보인다.
3) ᄩᅳ로야 : 께로야. 쯤에야. ᄩᅳ(時) + -로 + -야. 'ᄩᅳ(時)'는 중세국어의 'ᄣᅳ'에서 변한 말이다. ㅴ이 ㅳ으로 변한 예이다. '-야'는 강세 첨사.
4) 오로쇠 : 올 것이로세. '-로쇠'는 미래에 일어날 일을 추정적으로 표현하는데 이것의 온전한 구성은 '-리로소이다'일 것이다. 참고) 出家ᄒᆞ시면 正覺을 일우시리로소이다<月釋 2:23> 반ᄃᆞ기 부톄 ᄃᆞ외리로소이다<法華 1:249>. '-리로소이다'에서 '-리-'가 생략되고 '-로소이다'가 '-로쇠'로 단축되어 하오체로 바뀐 것이다. '-리로-'에서 '-리-'가 생략되고 '-로-'만으로 '-ㄹ것이-'와 같은 의미기능을 하는 예가 「곽씨언간」에는 '오로쇠', '가로쇠', '들로쇠' 등에서 나타난다. 한편 이런 예는 『박통사언해』 초간본에도 보인다. 참고) ᄆᆞᄅᆞᆯ 사디 몯ᄒᆞ로다<朴解 上 64>.
5) 명지 : 명주(明紬).
6) 듕치막 : 중치막. 한자를 빌려 '中致莫'으로 적기도 한다. 조선 시대 남자가 입던 포(袍, 겉에 입는 옷)의 하나인데, 사대부들이 관복의 밑받침 옷이나 간단한 외출복으로도 사용하였다. 겉감은 명주를 많이 쓰며 솜을 두어 누비기도 한다. 옷의 형태는 소창의와 같으나 소매가 아주 넓다. 『한국복식2천년』(국립민속박물관) p.113에 조선 중기 홍진종(1647~1702) 묘에서 출토된 중치막의 사진이 실려 있다.
7) -ᄒᆞ고 : -하고. 'ᄒᆞ고'가 공동격조사처럼 쓰였다.
8) 며개 : '며개'란 단어는 59번 편지에서도 등장하고 있어서 '벼개'와는 다른 '며개'라는 낱말이 당시에는 있었던 듯하다. 또 70번 편지에는 '머리맡에'에 해당하는 표현으로 '내 자던 며마티'가 나타난다. 이런 용법을 볼 때 목부분을 가리키는 어형으로 '멱', '며개', '며'가 있었던 것으로 생각된다. 이와 동일한 어형은 현대국어의 '멱살', '돼지 멱 따는 소리' 등의 '멱'에서도 확인된다.
9) 여믈 : 여물. 짚이나 마른 풀을 잘게 썬 것으로 말이나 소의 먹이로 쓴다.
10) 잇 : 베개의 잇. 베갯잇. 이부자리나 베개를 덧싸서 시치는 천.
11) 스처 : 시치어. '슻- + -어'. '슻-'은 바느질할 때, 여러 겹으로 맞댄 천조각이 서로 잘 붙어 있도록 듬성듬성 뜨는 것으로, 중세국어 문헌에 나오는 '슷-'(洗)과는 다른 낱말이다.
12) 일 : 일찍[부사].
13) 힝차 : 행차(行次). 나들이나 길 가는 일을 대접하여 이르는 말.
14) ᄒᆞ리로쇠 : 하리로세. 현대국어의 '하는 것이 좋겠네'와 같은 완곡한 표현이다.
15) 아ᄌᆞ바님 : 아주버님. 백숙부, 백부, 숙부, 외숙부 등 부모 항렬의 남자를 가리킨다. 평칭어는 '아자비'이고, 존칭어가 '아ᄌᆞ바님'이다. '아ᄌᆞ마님'의 상대가 되는 말이다.
16) 보아지라 : 보고자. 보- + -아지라[원망형어미].
17) 와시매 : 와 있음에. 오- + -아[부사형어미] # 시-['이시-'의 이형태] + -매[연결어미. 명사형 '-ㅁ'과 '-애'의 융합형]. '이시-'의 이형태인 '시-'는 상태의 지속을 나타낸다.
18) 게 : 거기에.
19) 수이 : 쉽게. 빨리. 수ᇦ- + -이[부사화접사] >수ᄫᅵ>수이.
20) ᄒᆞ리시면 : 나으시면. 'ᄒᆞ리-'는 '병이 낫다'라는 뜻으로 이 편지에 자주 쓰인다. 이 사연은 '아주버님'이 병환 중임을 보여 준다. 53번 편지에도 '아ᄌᆞ바님 병셰 하 듕ᄒᆞ시니 민망이로쇠'라는 대목이 나오는데, 이 편지의 내용과 관련이 있다.
21) 아ᄆᆞ제 : 아무 때. 아ᄆᆞ + 제(時).
22) 아바님 : 곽주의 아버지 곽삼길(郭三吉 1549~1606)을 가리킨다. 이 편지가 쓰여진 연대를 1606년 이

전이라고 본 것은 이 편지에 곽삼길이 당시에 생존해 있음을 알려주는 사연이 나타나기 때문이다.

23) 년ᄒᆞ여 : 連하여. 잇달아.

24) 아마도 : 아무쪼록. 아무튼.

25) ᄉᆞᆲ이 : 윗사람에게 글을 올려 말씀 드림. '상ᄉᆞ리'(上白是)와 같은 뜻으로 쓰인다. 'ᄉᆞᆲ이'는 '白'(ᄉᆞᆲ-)에 명사화 접미사 '-이'가 결합한 파생어이다.

26) 뎍ᄉᆞᆸᄂᆡ : 적네. 뎍-(書) + -ᄉᆞᆸ-[겸양법] + -ᄂᆡ('-노이다'의 단축형).

27) 젼ᄎᆞ로 : (이런) 까닭으로.

28) 뎡녜 : 곽주의 딸 이름. 12번 편지에서는 '졍녜'로 나오는데, 이는 '뎡녜'의 구개음화된 어형이다. 구개음화 ㄷ>ㅈ에 의해 사람 이름이 바뀌는 모습을 보여 준다.

29) ᄀᆞᆯ왜디 말고 : 함부로 행동하지 말고. 주로 'ᄀᆞᆯ외다'라는 형태가 많이 쓰이고 있다. '行惡하다, 거칠게 행동하다'의 뜻이다.

30) 됴히 : 좋게. 이 문맥에서는 현대어 '착하게'와 같이 쓰였다.

31) 뎡냥이 : 곽주의 딸 이름. 12번 편지에는 '졍냥이'로 나온다. '뎡녜'가 '졍녜'로 표기되는 것과 같은 것이다. 사람 이름에 있어서도 이렇게 유동적인 모습을 보여 주는 것은 이 시기(17세기초)에 ㄷ구개음화 현상이 활발하게 작용했음을 뜻한다.

32) 골히디 : 곯리지. 곯- + -이-[사동접사] + -디.

33) ᄒᆞ시ᄂᆡ : 하시네. 'ᄒᆞ시노이다'가 온전한 어형이다.

34) 소례딕 : 하씨 부인의 택호. 하씨 부인의 택호로 '오야댁'과 '소례댁' 두 가지가 쓰인다. 오야는 하씨의 친정 마을 이름이고 소례는 시댁 마을 이름이다. 친정에 있을 때는 소례댁이라 부르고, 시가에 있을 때는 오야댁이라 부르는 것이 관습이었다. 이러한 관습은 지금도 이어지고 있다.

35) 누비 옷 : 누비어서 지은 옷. '누비'는 두 겹의 피륙으로 안팎을 만들고 그 사이에 솜을 넣고 홈질하여 죽죽 줄이 지게 하는 바느질법.

36) 누비 바지 : 솜을 두어 누빈 방한용 바지. 김종직의 어머니가 1588년에 쓴 이두문 편지에는 '바지'가 '波池'(파지)로 적혀 있다. '池'의 古音은 '디'(못 디)<訓蒙 中 5a>이므로 16세기 후기에는 '바디'였을 것이다. 「순천김씨언간」에는 '바디'(17번)로 나온다. 위 편지가 1606년 이전에 쓰여진 것이므로 이 시기의 현풍방언에 ㄷ구개음화 현상이 존재했기 때문에 '바디>바지'라는 변화가 일어난 것이다.

37) 가ᄂᆡ : 가네. '가ᄂᆞ이다'의 단축형.

7. 동지에 팥죽 쑤어 잡수시게 하소 영인 690p

곽주가 하씨에게(1606년 이전) [문 62] [건들 123]

판독문

가셔

아져게[1) 유무호딕

엇디 답장 아니 ᄒᆞ

신고. 슈상이[2] 너기
뇌. 열이튼
나리 동지라
ᄒᆞ니 아라셔
쥭 수워[3] 잡숩
게 ᄒᆞ소. 나도 아바
님게[4] 솔올[5]
말솜이 이시니
고기 잡기 긋치
셔든[6] 즉시 엿
ᄌᆞ와[7] ᄆᆞᆯ 사롬[8] 보
내소. 손[9] 업고 죠
용ᄒᆞᆫ 날로 ᄀᆞᆯ
희여[10] ᄆᆞᄅᆞᆯ 엿ᄌᆞ
와 보내소.

현대어

가서. 아침에 편지를 썼는데 어찌 답장을 아니 하시는가. 이상하게 생각되네. 열이튿날이 동지라고 하니 (당신이) 알아서 죽 쑤어 잡수시게 하소.

나도 아버님께 사뢸 말씀이 있으니 고기잡이를 그치시거든 즉시 여쭈어 말을 몰 사람을 보내소. 손 없고 조용한 날을 가려 말[馬]을(=말이 필요하다고) (아버님께) 여쭈어 보내소.

해설

"아침에 편지를 썼는데……"로 시작하는 이 편지는 곽주가 하씨에게 하루에 두 차례 이상의 편지를 하기도 했음을 보여 준다. 여기서 동지를 맞아 팥죽을 준비하는 아낙의 모습과, 행여나 아내가 날짜를 잊어버릴까 염려하여 미리 알려주는 자상한 남편의 모습을 엿볼 수 있다.

이 편지 속 상황을 들여다보면 하씨가 시아버지와 같은 곳에서 생활하고 있는 반면 곽주는 떨어져 살고 있다. 이렇게 따로 살아야 할 사정이 있었던 듯하다. 위 내용에서 고기잡이를 하고 있는 사람은, 문맥과 동사의 활용으로 보아서 곽주의 아버지로 짐작된다. 동짓달에 고기잡이를 한 셈인데, 자신이 손수 한 것인지 노복들을 시켜서 한 것인지는 나타나 있지 않다. "아버지가 고기잡이를 그치시거든 즉시 여쭈어 말을 몰 사람을 보내라"고 한 부분을 통해 곽주가 아버지를 만나 뵙고 무슨 이야기를 하려고 함을 알 수 있다. 아마도 편지로 해서는 안 될 중요한 이야기인 것 같다. 중요한 일 앞에서는 말을 보내는 날짜까지도 '손'이 없는 날로 택하라고 했다. 만사에 신중하고 조심스럽게 살아가는 조상님들의 생활 태도가 느껴진다.

주석

1) 아져게 : 아침에. 아젹(아침) + -에[처소격조사].
2) 슈상이 : 수상(殊常)히. 예사롭지 않게.
3) 쥭 수워 : 죽 쑤어. 문헌에는 '수-'와 함께 '쑤-' 및 '쑤-'도 나타난다. 참고) 죽 수어 머그면<分門 6>. 죽을 쑤고<辟新 3>. 물근 죽을 쑤고<朴解 中 6>. '수워'는 '수어'에서 모음충돌 회피 현상으로 반모음 w가 개재된 것이다. 이 현상을 동화 작용의 하나로 볼 수도 있다. 선행 모음이 지닌 원순성이 뒷음절 모음에 작용하여 원순성을 가미한 것이라 할 수 있다. 즉 선행 모음의 원순성이 후행 모음에 전이된 동화작용으로 볼 수 있는 것이다. 한편 「곽씨언간」에서는 '굽-', '눕-'처럼 '-ㅸ'으로 끝난 어간의 활용형이 '구어', '누어'와 같이 나타난다. 즉 ㅸ이 약화된 w가 실현되지 않고 모음충돌이 일어나고 있는 것이다. 이는 원순성의 전이가 일어난 '수어>수워'와 대조적 현상이다.
4) 아바님게 : 아버님께. '아버님'이라는 존칭어 뒤에는 '-씌'라는 존칭의 여격조사가 쓰일 법한데 여기서는 '-게'가 쓰였다. 이 '-게'에도 존칭의 뜻이 있다고 보아야 할 것이다. '게'는 '거기에'의 뜻을 가진 명사로 쓰이는 것인데 이것이 문법화한 것이 조사 '-게'일 것이다. 존칭 여격조사 '-쎄'는 선행 체언과 '-게' 사이에 ㅅ이 개재되어 생겨난 형태일 것이다. 참고) 아ᄌᆞ바님씌 엿ᄌᆞ와(63번).
5) ᄉᆞᆯ올 : 사뢸.
6) 긋치셔든 : 그치시거든. 마치시거든. 긋치- + -시-[주체높임] + -어든[연결어미].
7) 엿ᄌᆞ와: 여쭈어. 엿- + -ᄌᆞ오- + -아.
8) ᄆᆞᆯ 사ᄅᆞᆷ : 말을 몰 사람. 참고) ᄆᆞᆯ 모ᄂᆞᆫ 사ᄅᆞᆷ(馬夫)<譯解 上 23a>. 「곽씨언간」 2번에 '안부를 전할 사람'의 뜻을 가진 '안부 사ᄅᆞᆷ'이 나온다. 'ᄆᆞᆯ 사ᄅᆞᆷ'이나 '안부 사ᄅᆞᆷ'은 당시에 복합어처럼 기능했던 것으로 보인다.
9) 손 : 날수를 따라 네 방위로 돌아다니면서 사람의 활동을 방해한다는 귀신. 하룻날과 이튿날은 손이 동쪽에 있고, 사흗날 나흗날은 남쪽에, 닷샛날 엿샛날은 서쪽에, 이렛날 여드렛날은 북쪽에 있다. 그러나 아흐렛날과 열흘날, 열아흐렛날과 스므날, 스무아흐렛날과 그믐날에는 아무 방위에도 손이 없다고 한다. 따라서 '손 없는 날'은 아흐렛날과 열흘날, 열아흐렛날과 스므날, 스무아흐렛날과 그믐날이 된다. 오늘날에도 혼사, 이사 등 집안의 중요한 일을 치를 때 날을 받아 '손 없는 날'을 택하는 습속이 여전히 남아 있어, 현대국어에서 '손 없는 날 이사해라'와 같은 예가 쓰이고 있다. 한편 「곽씨언간」에는 '손님 (客, 賓)'의 뜻으로 '손'이 쓰이기도 한다
10) ᄀᆞᆯ희여 : 가리어. ᄀᆞᆯ히- + -어[연결어미].

8. 아버님이 논공으로 가려 하시네 영인 689p

곽주가 하씨에게(1606년 이전) [문 41] [건들 86]

판독문

요ᄉᆞ이 치위[1)]예 아희ᄃᆞᆯ ᄃᆞ리고 엇
디 겨신고. 긔별 몰라 분별ᄒᆞ뇌.
뎡냥의 머리ᄂᆞᆫ 엇더ᄒᆞᆫ고.[2)] 더옥 닛디
몯ᄒᆞ여 ᄒᆞ뇌. 뵈[3)]ᄂᆞᆫ 아바님게 유무
ᄒᆞ니 풍난의 겨집[4)] ᄒᆞ여[5)] ᄧᆞ이라[6)] ᄒᆞ
여 겨시니 풍난의 겨집ᄃᆞ려 니ᄅᆞ
고 ᄧᆞ이게 ᄒᆞ소.[7)] 아바님이 ᄂᆡ일이나
모뢰나 논공이[8)]로 가려 ᄒᆞ여 겨시니[9)]
ᄂᆡ일 가실 양으로[10)] ᄎᆞ려 두소. 아명[11)]
어미ᄃᆞ려 닐러 ᄉᆡᆼ치[12)] 잇거든
오ᄂᆞᆯ 져녁 ᄂᆡ일 아ᄎᆞᆷ 두 빼 진
지예 잡ᄉᆞ올 거ᄉᆞᆯ 짐쟉ᄒᆞ여
오ᄂᆞᆯ 약 가뎌 가ᄂᆞᆫ 사
ᄅᆞᆷ 주워[13)] 보내라 ᄒᆞ소. 밤의
ᄉᆡᆼ심도[14)] 나ᄃᆞᆫ니지[15)] 말고 아희ᄃᆞᆯ
도 밤의 몯 나ᄃᆞᆫ니게 ᄒᆞ소. 나ᄂᆞᆫ
편히 잇뇌.
즈일 (手決)
【右邊】
여레[16)] 의남[17)]의 아ᄃᆞ리 홍도역[18)] ᄒᆞ다가 죽
다 ᄒᆞ니 셕이[19)]ᄃᆞ려 닐러 ᄉᆡᆼ심도 여
레 통치 말라 ᄒᆞ소. 아바님 아ᄅᆞ시면
심〻이[20)] 너기실 거시니 아바님 모ᄅᆞ시게

셕이ᄃᆞ려 니ᄅᆞ게 ᄒᆞ소. 아긔게ᄂᆞᆫ[21] 밧바
유무 아니ᄒᆞᄂᆡ. ᄀᆞᆯ왜디[22] 말라 니ᄅᆞ소.
【뒷면】
가셔 (手決)

현대어

요사이 추위에 아이들 데리고 어찌 계신고. 기별을 몰라 걱정하네. 정냥의 머리는 어떠한고. 더욱 잊지 못하여 하네. 베는 아버님께 편지하니 "풍난의 처로 하여금 짜게 하라"하여 계시니, (당신이) 풍난의 처더러 일러서 베를 짜게 하소.

아버님이 내일이나 모레나 논공으로 가려 하시니 내일 가시는 것으로 하여 음식을 차려두소. 아명 어미더러 일러 산 꿩이 있거든 오늘 저녁과 내일 아침 두 때 진지에 잡수실 것을 짐작하여, 오늘 약 가져가는 사람에게 (그 꿩을) 주어 보내라고 하소. 밤에 절대로 나다니지 말고 아이들도 밤에 못 나다니게 하소. 나는 편히 있네. 즉일.

여례에 사는 의남의 아들이 홍역을 치르다가 죽었다고 하니 석이더러 일러 절대로 여례에 통행하지 말라 하소. 아버님께서 아시면 심란히 여기실 것이니 아버님이 모르시게 석이에게 이르게 하소. 아이에게는 바빠서 편지를 아니 쓰네. 함부로 행동하지 말라고 이르소. 가서.

해설

이 편지에 나타난 내용으로 보면 곽주와 곽주의 아버지, 그리고 부인 하씨가 각각 다른 곳에 머물고 있다. 그리고 이들은 각각 편지를 통해 의사 전달을 하고 있다. 지금 우리가 생각하는 이상으로 당시 한글 편지를 통한 의사 전달이 많았던 것 같고, 그만큼 '안부 사름'(2번)의 역할이 무척 중요했을 것이다.

이 편지에도 구석구석에서 사람 사는 냄새가 난다. 먼저 시아버지가 며느리 하씨의 집을 방문하려는 계획이 보인다. 편지를 받은 후 하씨와 종들은 분주히 집 안팎을 쓸고 닦고, 내일 점심상에 올릴 음식 준비에 들어갔을 것이다. 그리고 무슨 이유인지는 몰라도 곽주의 아버지가 집안 내에서 베를 짜는 일에까지 관여하고 있음이 특이하다. 또한 곽주 혹은 곽주의 아버지로부터 인편에 부쳐지는 것으로 보이는 약이 있다. 정냥의 머리에 바를 약일까? 또한 홍역을 심하게 치르는 아이가 있는 마을에는 가지 않았던 사실을 알 수 있다. 곽주는 그 마을을 일상적으로 통행하고 다녔던 석이에게 통행 금지령을 내린다. 그리고 그 사실마저도 아버지가 아실까 염려하는 모습을 보여준다.

이처럼 곽주의 편지에는 그의 세심함과 진지함이 들어있다. 이 편지에도 아내에게 이르는 말들에서 아내에 대한 배려는 물론이고, 아버지께 걱정을 끼치지 않으려는 효심이 함께 들어 있다.

주석

1) 치위 : 추위. 참고) 치위 ᄐᆞ다(害冷)<譯解 상 5b>.
2) 뎡냥의 머리ᄂᆞᆫ 엇더ᄒᆞ고 : '뎡냥'은 곽주의 딸 이름인데 머리에 종기를 앓고 있는 사연이 다른 편지에 보인다. 뎡냥의 머리예 약을 ᄒᆞ여 주워 이쇼ᄃᆡ(9번). 정녜ᄂᆞᆫ 져그나 ᄒᆞ려 이시며 정냥이ᄂᆞᆫ 심을 마라 잇ᄂᆞᆫ가(12번).
3) 뵈 : 베. 참고) 뵈 포 布<訓蒙 中 30>.
4) 풍난의 겨집 : 풍난의 처(妻). '풍난'은 노(奴)의 이름.
5) ᄒᆞ여 : 하여금. 시켜. ᄒᆞ이- + -어. 참고) 다ᄅᆞᆫ 사ᄅᆞᆷ ᄒᆞ여 뵈라 가리오<老解 上 59b>.
6) 풍난의 겨집 ᄒᆞ여 ᄧᆞ이라 : 풍난의 처로 하여금 짜게 하라.
7) 뵈ᄂᆞᆫ 아바님게 유무ᄒᆞ니 풍난의 겨집ᄒᆞ여 ᄧᆞ이라 ᄒᆞ여 겨시니 풍난의 겨집ᄃᆞ려 니ᄅᆞ고 ᄧᆞ이게 ᄒᆞ소 : 아버님께 편지를 써 여쭈어 보았더니, '풍난의 처로 하여금 짜게 하라'고 말씀하셨으므로, 당신(하씨)이 풍난의 처에게 말하여 베를 짜게 하소. 몇 개의 문장이 겹쳐진 복잡한 통사 구조를 가지고 있고, 생략된 성분까지 많아서 의미 파악이 쉽지 않은 문장이다.
8) 논공이 : 지명. 하씨 부인이 전처 자식(이창)과의 갈등 때문에 소례 마을을 떠나 새 집을 지어 나가서 살았던 곳이다. 논공은 소례에서 북쪽으로 10km 정도 떨어진 곳인데 하씨에게로 가는 편지의 수신처에 '논공'이 여러 번 등장한다. '논공이'는 접미사 '-이'가 붙은 것이다. 이 접미사는 사람 이름 뒤에 붙는 것이 보통인데 지명에 붙은 점이 특이하다. 곽병숙(곽주의 직계 후손) 선생에 의하면 이 '논공'은 현재의 달성군 논공면 소재지 지역이 아니라 지금의 달성 공단 지역에 있었던 마을이라 한다. 공단 주변의 야산에는 현풍 곽씨 문중의 묘소들이 산재해 있다.
   '論工'이란 지명은 묘한 데가 있다. 대구시에서는 2000년 전후에 달성군 논공면(達成郡 論工面) 위천리 부근에 대규모 국가 '工團'을 건설하려 했었고, 부산시에서는 낙동강의 오염을 명분으로 공단 건설을 적극 반대했었다. '工團을 건설하느냐 마느냐 論難을 벌였으니, 이 지역의 지명 '論工'이 논란이 일던 당시의 형편을 반영하려고 지어진 듯하다.
9) ᄒᆞ여 겨시니 : 하여 계시니. 'ᄒᆞ여'는 주동사이고 '겨시니'는 보조동사로 쓰였다. 현대국어처럼 '-고 계시-'가 아닌 '-어 겨시-'와 같은 구성이 쓰인 점이 이 시기 문법의 한 특징을 보여 준다.
10) 양으로: 모양으로. 樣 + -으로.
11) 아명 : 아이 이름. '아명 어미'는 '아명'이라는 아이의 어머니를 가리키는데 그 신분이 '비'(婢)인 듯하다.
12) ᄉᆡᆼ치 : 生雉(생치). 말리거나 익히지 않은 꿩고기.
13) 주워 : 주어. 주- + -어. 모음충돌을 회피하기 위해 w가 반입된 표기이다. 선행 원순모음이 지닌 원순성의 전이 즉 동화 작용의 하나로 해석할 수도 있다.
14) ᄉᆡᆼ심도 : 아예. 절대로. 참고) ᄉᆡᆼ심도 대조탕 쓰디 말라<諺痘 下 5b>. cf. 생심(生心) : 무엇을 하려는

생각. ‘ᄉᆡᆼ심도’는 ‘ᄉᆡᆼ심도 ~ 말라’처럼 어떤 행위를 못하도록 금지하는 구문에 주로 쓰인다. 그러므로 ‘ᄉᆡᆼ심도’는 현대국어의 ‘하나도, 조금도’ 등과 같이 일종의 금지사와 호응하는 부사라 할 수 있다.

15) 나ᄃᆞᆫ니지 : 나다니지. 나- + ᄃᆞᆫ니- + -지. ‘ᄃᆞᆫ니-’는 다시 ‘ᄃᆞᆮ-’(走)과 ‘니-’(行)라는 두 어근으로 분석될 수 있다.

16) 여레 : 지명.

17) 의남 : 사람 이름.

18) 홍도역 : ‘홍역’을 말하는 것으로 보인다. 다른 문헌에서 ‘홍도역’이라는 말이 쓰인 예는 없다. 한자로 紅痘疫(홍두역)을 표기한 것이 아닌가 한다.

19) 셕이 : 사람 이름.

20) 심심이 : 심란히. 번민스럽게. 심심ᄒᆞ- + -이[부사형어미]. 참고) 더욱 심심ᄒᆞ야 ᄒᆞ노라<宣祖諺簡>.

21) 아긔게ᄂᆞᆫ : 아이(子息)에게는. 아기 + -의게(여격) + -ᄂᆞᆫ. 이 편지에는 아이를 ‘아기’라고 부르고 있는데 딸아이를 가리킨 경우도 있고 아들 아이를 가리킨 경우도 있다. 여기서는 딸아이를 가리킨 것으로 보인다.

22) ᄀᆞᆯ왜디 : 함부로 행동하지. 방종하게 굴지. ‘ᄀᆞᆯ외다’는 ‘行惡하다’의 뜻. 참고) ᄀᆞᆯ외디 말며(休遊蕩)<朴解上 50>. ‘ᄀᆞᆯ외다’가 기본형인데 이 글에는 ‘ᄀᆞᆯ왜-’로 쓰여 특이하다. 방언적 변이형으로 보인다. cf. ᄀᆞᆯ오다(맞서서 견주다).

9. 정냥의 머리에 약을 발라 빨리 낫게 하소 영인 689p

곽주가 하씨에게(1606년 이전) [문 40] [건들 85]

판독문

편치 아니ᄒᆞᆫᄃᆡ 엇더ᄒᆞ고. 그

별 몰라 분별ᄒᆞ뇌.

아바님 유무예 뎡냥[1)]의 머리[2)]

예 약을 ᄒᆞ여 주워 이쇼ᄃᆡ[3)]

제 거스러[4)] 몯 ᄇᆞ른다 ᄒᆞ여 두

겨시니[5)] 거스나마나[6)] ᄇᆞᄃᆡ ᄇᆞᆯ

라 수이 됴케 ᄒᆞ소. 이리

와셔도[7)] 그 아ᄒᆡᄅᆞᆯ 일

시도 닛디[8)] 몯 ᄒᆞ여 ᄒᆞ뇌.

ᄇᆞᄃᆡ 수이 암글게[9)] ᄒᆞ

소. ᄇᆞᆺ바 이만.

즈일 (手決)

【뒷면】

가셔 (手決)

현대어

편치 않은데 어떠한가. 기별 몰라 걱정하네. 아버님이 편지에서 "뎡냥의 머리에 약을 하여 주어 있는데 제가 거슬러(=약을 바르지 않겠다고 고집을 부려) 못 바른다"라고 하여 (안쓰러워 그냥) 놔두었다 하는데, 거스르나 마나 부디 약을 발라서 빨리 낫게 하소. 여기에 와 있어도 그 아이를 한 때도 잊지 못하여 한다네. 부디 빨리 (머리의 종기를) 아물게 하소. 바빠서 이만. 즉일.

해설

곽주가 '뎡냥이'의 머리에 난 종기를 걱정하면서, 아이가 약을 안 바르겠다고 거스르며 앙탈을 부리든 말든 억지로라도 약을 발라 치료하라고 시키는 사연이다. 이 편지와 연관된 사연이 113번에 나타난다. '졍냥이'가 아픈데 침을 맞고 뜸을 뜨고 하여 여위어 살과 뼈만 남아 있어 자칫 죽지 않을까 근심스러워 하고 있는 것이다. 또한 이 편지는 앞의 8번 편지와도 연관이 있다. 앞에서 정냥이의 머리를 걱정하는 사연과 함께 집으로 약을 보낸 사실이 있다. 곽주의 아버지가 정냥의 머리에 약을 바르려는 시도를 하다가 손녀의 엄살과 생떼를 이기지 못해 실패했다. 이 소식을 들은 곽주가 하씨더러 다시 시도해 보라고 이른 것이다.

주석

1) 뎡냥 : 곽주의 딸 이름. 12, 14, 22번 편지에는 '졍냥'으로 표기되었다.
2) 머리 : '머리'의 '리'자는 작은 글씨로 보입(補入)되어 있다.
3) 약을 ᄒᆞ여 주워 이쇼ᄃᆡ : (머리에) 약을 해 주려 하고 있는데. 표현이 특이하다. 이어지는 내용으로 보아 머리에 약을 바르지 못하였는데도 이렇게 표현한 점이 무척이나 옛스럽게 느껴진다.
4) 거스러 : 거슬러(逆). 약을 바르지 않겠다고 앙탈을 부리는 모습을 나타낸 말이다.
5) 두겨시니 : 두어 있으니. '두- + -어 # 겨시니'에서 부사형 어미 '-어'가 없는 형태로 쓰였다. 동사 '두-'는 15세기에도 '-어 잇-'이 결합할 때 '-어'가 표면에 나타나지 않는 '뒷더시니'로 쓰였다.
6) 거스나마나 : 거스러거나 말거나.

7) 와셔도 : 와 있어도. 오- + -아[연결어미] # 시-[‘이시-’의 이형태] + -어도[연결어미].
8) 닛디 : 잊지. 닛- + -디.
9) 암글게 : 아물게. 암글- + -게. ‘암글다’는 ‘영글다’와 동족어. ‘염글다’와 ‘암글다’는 모음교체(ablaut)에 의한 어휘 분화를 보인 예이다.

10. 상소문제 해결 안 되면 과거는 안 볼 생각이네 영인 688p

곽주가 하씨에게 [문 79] [건들 167][1)]

판독문

요ᄉᆞ이 아기네[2)] ᄃᆞ리고 엇디
겨신고. 그별 몰라 분별
ᄒᆞ뇌. 나는 오늘사[3)] 샹쥐[4)]를
떠나니 샹소 이리[5)] 셔울
가도 쉽디 아니ᄒᆞ면
과거는 몯 볼 양으로
가뇌.[6)] 양식이 브죡
ᄒᆞ여[7)] 유지[8)] 어든 ᄡᆞᆯ을[9)]
길되[10)]로 서 말 아홉 되
를 ᄭᅮ워[11)] 가니 되말[12)]
로 너 말만 주고 옥금[13)]의
ᄡᆞᆯ도 ᄒᆞᆫ 마를 ᄭᅮ워 가니
되말로 한분이[14)] ᄡᆞᆯ ᄒᆞᆫ
【上邊】
말만 주소. 콩도 되말로 유지 ᄒᆞᆫ
【右邊】
말 한분이 ᄒᆞᆫ 말만 주소.
분돌 내 방 창밧긔 마뢰

여[14] 연저[15] 서리 마치게 마소[16]. 밧
바 이만. 구월 초나흔날. (手決)
【뒷면】
현풍 논공
가셔(手決)

현대어

요사이 아기들 데리고 어찌 계신가. 기별을 몰라 걱정하네. 나는 오늘에야 상주(尙州)를 떠나니 상소(上疏)하는 일이 서울에 가도 쉽게 이루어지지 않으면 과거는 못 볼 양으로 가네. 양식이 부족하여 유지로부터 빌린 쌀을 길되로 서 말 아홉 되를 꾸어 가니 댁말로 너 말만 주고, 옥금의 쌀도 한 말을 꾸어 가니 댁말로 한분이에게 쌀 한 말만 주소. 콩도 댁말로 유지에게 한 말, 한분이에게 한 말만 주소.

화분들을 내 방 창밖의 마루에 얹어서 서리 맞게 하지 마소. 바빠서 이만. 구월 초나흗날.

해설

곽주가 서울로 가는 도중에 집으로 보낸 편지이다. 서울에 가는 목적은 문면의 나타난 것으로 두 가지이다. 하나는 과거를 보는 것이요, 다른 하나는 상소장을 올리는 일이다. 위의 주 1번에서 지적했듯이 이 편지는 1610년 이전에 쓰인 것이다. 이 시기는 영남 사림을 중심으로 한훤당 김굉필의 문묘종사(文廟從祀) 운동이 벌어진 때다. 이 문제로 사림들이 연명으로 상소를 올렸던 것으로 보인다. 여기서 곽주는 자신과 가문의 이름이 걸린 과거 시험 응시를 포기할 정도로, 상소하는 일을 중요하게 생각하고 있음을 보여 준다. 당시에 사림 세력을 중심으로 강력하게 벌어졌던 문묘종사 운동에 대한 강한 의지가 엿보인다. 이 운동에는 경상도 지역의 사림이 큰 역할을 하였다.

이 편지에 나타난 용어로 관심을 끄는 것은 곡식을 되는 도구를 뜻하는 '길되'와 '댁말'이다. '길되'[道升]는 여행 길에서 쓴 것이고, '댁말'[宅斗]은 집에서 쓴 것이 분명하다. '길되'로 '서 말 아홉 되'가 '댁말'로 '너 말'에 해당하는 것으로 보아 전자는 운송에 따른 비용을 어느 정도 삭감하고 수량을 정한 것으로 생각된다. 이러한 내용으로 보아 먼 길 떠나는 나그네를 대상으로 모자라는 식량을 빌려주고, 운송에 소요된 비용을 쳐서 받는 풍습이 널리 행해졌던 것 같다. 당시 부피도 크고 무겁기까지 한 곡식을 넉넉히 지고 가기란 종들이 많은 부자가 아니고서는 힘겨운 일이었을 것이다.

편지 끝머리에 바쁜 중에도 곽주는 자신이 가꾸는 화분에까지 신경을 쓰고 있다. 창밖에 내어 놓은 화분의 화초(아마도 난초일 듯)가 서리를 맞지 않을까 염려하고 있다. 이 편지가 음력 구월에 쓰였으니 서리가 내릴 만한 때이다.

› 주석

1) 10번부터 15번까지는 곽주가 과거 시험 길에 나서서 집에 있는 하씨에게 보낸 편지이다. 편지에 나타난 날짜를 고려하여 순서를 배열하였다. 15번 편지에 '경슐'(1610년)이 나타나므로 10~15번 편지들은 모두 1610년 이전에 쓴 것으로 생각된다.
2) 아기네 : 아기들. 아기 + -네[복수접미사]. 집에 있는 아이들을 총칭하여 부른 말인데 아들·딸을 모두 포함한 것으로 보인다. '-네'가 집단적 복수의 의미로 쓰임을 보여주는 용례이다.
3) 오놀사 : 오늘에야. '-사'는 강세첨사.
4) 샹줘 : 尙州. 경상북도의 상주를 가리킴. '줘'는 '州'의 속음.
5) 샹소 이리 : 상소(上疏) 일이. '상소하는 일이 쉽지 아니하면 과거를 못 볼 각오'를 하고 있다고 하였는데 이 상소는 아마 한훤당의 문묘종사(文廟從祀)에 관한 것으로 판단된다. 한훤당 김굉필은 갑자사화가 일어나자 무오당인(戊午黨人)이라 하여 극형에 처해졌다. 중종 12년(1517년)에 복권되어 우의정에 추증되고, 선조 10년(1577년)에 시호가 내려졌으며, 광해군 2년(1610년)에 대간과 성균관 및 각지의 유생들이 지속적으로 상소한 결과 정여창, 조광조, 이언적, 이황 등과 함께 오현(五賢)으로 문묘종사되었다. 유생들이 문묘종사를 위해 운동을 벌인 상소의 과정 속에서 이 편지가 쓰여진 것이 분명하므로, 그 연대는 1610년 이전이 된다. 과거를 볼 겸하여 서울에 갈 때 상소문을 올리기도 한 사실을 엿볼 수 있다.
6) '상소하는 일이 쉽지 아니하면 과거를 못 볼 양으로 가네'라는 문장에서 한훤당의 문묘 종사에 대한 당시 사림들의 결연한 의지를 엿볼 수 있다. 상소하는 일이 받아들여지지 않으면 과거 시험을 보지 못하는 일이 있더라도 끝까지 주장하여 관철시키겠다는 결의를 표현하고 있다.
7) 브족ᄒᆞ여 : 不足하여.
8) 유지 : 사람 이름.
9) 유지 어든 발을 : 유지로부터 빌린 쌀을. 「곽씨언간」에서 '얻다'는 '구하다', '빌리다', '찾다' 등의 뜻으로 쓰인다. 곽충구 교수에 의하면 함경도 육진방언에는 아직도 '얻다'가 '찾다'의 의미로 쓰이고 있다고 한다.
10) 길되 : 여행길에 길에서 양식을 거래할 때 쓰는 되(升).
11) ᄡᅮ워 : 'ᄡᅮ- + -어'에서 모음충돌 회피로 인하여 w가 첨가된 것이다. 동화의 관점에서 선행하는 원순모음의 원순성이 뒷음절에 전이된 것이라 볼 수도 있다. 그러나 ㅣ모음 뒤에서 j가 첨가되는 '개여' 등과 성격이 같은 것이므로 일관성 있는 설명이 되기 위해서는 모음충돌 회피로 보는 것이 낫다.
12) 딕말 : 집에서 쓰는 말(斗). 딕(宅) + 말. 앞에 '길 되'가 나오는데 이것으로 보아 집에서 쓰는 도량형 기구와 밖에서 쓰는 도량형 기구가 달랐음을 알 수 있다. 여행길에서 양식을 거래할 때는 운반에 따른 수고비를 고려해야 하므로 그만큼 양이 적었을 것이다. 길되로 끈 서 말 아홉 되를 댁말로 너 말을 쳐 주라는 사연에서 이러한 사실을 알 수 있다.

13) 옥금 : 사람 이름. '옥금'은 이곳에서 단 한 번 나타날 뿐이다.
14) 한분이 : 사람 이름. 4번 편지에 나온 적이 있다.
15) 마뢰여 : 마루에. 이 형태는 다음 두 가지 방법으로 분석될 수 있다. ① 마로 + -여(처격 '-예'의 선행 'j'가 앞 음절에 표기되어 '마뢰여'로 표기된 것으로 봄) ② 마뢰 + -여 (처격 '-예'의 후행 'j'가 탈락한 것으로 봄). 지금의 경상방언에 '마리'가 존재하는 사실을 고려하면 '마뢰'라는 어형이 존재했을 가능성이 높다. '마리'는 '마로>마뢰>마릐>마리'의 변화 과정을 겪은 것이라고 해석할 수 있다.
16) 연저 : 얹어.
17) 분돌 내 방 창밧긔 마뢰여 연저 서리 마치게 마소 : (마당에 내 놓았던) 화분(花盆)들을 내 방 창밖의 마루에 얹어 서리를 맞히게 하지 마소. '마치게'는 '맞히게'의 뜻. '마치게' 뒤에 동사 'ᄒᆞ디'가 생략된 것으로 보인다. 멀리 출타한 곽주가 애지중지 아끼던 화분을 집안으로 들여 서리 맞게 하지 말라는 당부를 하고 있다.

11. 흥정하려고 가져온 것을 다 팔아먹고 영인 688p

곽주가 하씨에게 [문 56] [건들 114]

판독문

요ᄉᆞ이 엇디 겨신고. 긔별 몰라
분별ᄒᆞ뇌. 나ᄂᆞᆫ 당시[1] 무ᄉᆞ히
오뇌.[2] 과거ᄂᆞᆫ 믈려[3] 구월 스므
아ᄒᆞ랜날[4]로 ᄒᆞᆫ다 ᄒᆞ니 보고 가노
라[5] ᄒᆞ면 설워[6] 시월 보름
ᄭᅴ로야[7] 도라갈가 식븨.[8] 오ᄂᆞᆯ
ᄐᆞᆼ쥐[9] 자니 열이튼날사
셔울 들가 식븨.[10] 셔울 가
ᄒᆞᆫ ᄃᆞ리나 묵을가 식브니
흥졍ᄒᆞ려[11] 가뎌온[12] 거ᄉᆞᆯ 설
워 다 ᄑᆞ라 먹고 흥졍은 몯 ᄒᆞ
여 갈가 식븨.[13] 아기ᄃᆞ려
【上邊】
도 니ᄅᆞ소. 밧바 이만.

구월 초구일 (手決)

【뒷면】

논공 오야덕

가셔

현대어

요사이 어찌 계신가. 기별 몰라서 걱정하네. 나는 당시 무사히 왔네. 과거 시험날은 물려서 구월 스무아흐렛날로 한다고 하니 (과거 시험을) 보고 가노라 하면 결국에는 시월 보름께야 돌아갈 것 같네. 오늘 충주에서 자니 열이튿날에야 서울에 들어 갈 것 같네. 서울 가서 한 달이나 묵을 것 같으니, 흥정하려고 가져온 것을 결국 다 팔아먹고 흥정은 못하고 갈 것 같네. 아이에게도 (안부를) 이르소. 바빠서 이만. 구월 초구일, 논공 오야댁 가서(家書).

해설

곽주가 서울에 가는 도중에 집으로 보낸 편지이다. 자신의 안부와 함께, 날짜가 바뀐 과거 시험날과 서울에 도착할 예정일, 서울에서 머물 기간, 예상되는 귀향일 등을 이야기하고 있다.

이 편지를 통해 당시 충주(9월 9일)에서 서울(9월 12일)까지 사흘이 걸렸다는 것을 알 수 있다. 과거일이 9월 29일이니까 보름 정도 앞서 넉넉히 한양에 도착하게 된다. 그런데 편지들의 날짜와 사연으로 보아서, 이 편지의 사연이 앞 10번 편지와 연결된 것일 수도 있다. 만약 그러하다면 상주(9월 4일)에서 충주까지는 닷새가 걸린다는 계산이 나온다. 현재 3번 국도로 연결된 이들 지역 간 거리를 보면, 상주에서 충주까지(94km)의 거리보다 충주에서 서울까지(118km)의 거리가 더 멀다. 그런데도 전자에 비해 후자의 시간이 덜 걸린다. 그 이유는 상주에서 충주까지는 문경 새재를 넘어가는 산길인 반면, 충주에서 서울까지는 평지 길이 많기 때문일 것이다. 혹 한강 내륙 수로를 이용하였을 가능성도 있다.

위 편지에도 재미있는 사연이 실려 있다. 과거 시험을 위해 상경하는 길에 현풍에서 나는 물건을 가져가서 흥정해 팔고 이 돈으로 다시 현풍에서 구하기 어려운 물건을 사 가는 모습이 나타나 있는 것이다. 집에 있는 식솔들은 아버지가 한양 나들이에서 돌아올 날을 손꼽아 기다렸다가 시골에서 손에 넣기 어려운 귀한 물건을 선물로 받았을 것이다. 그리고 아버지는 먼 길을 나서면서 집에서 기다리는 아내와 아이들을 위해 귀한 것을 구하려고 애썼을 것이다. 그런데 유감스럽게도 곽주의 서울 체류 기간이 길어져, 그 물건 판 돈은 여비로 다 써야할 것 같단다. 정이 깊은 곽주로서는 실망할지도 모를 식솔들을 생각하면서 마음 아파했을 것이다. 부인 하씨는 서울을 다녀오는 남편이 시골에서 구하기 어려운 물건이나 약간의 사치를 부릴 만한 화장품 따위를 가지고 오는 것으로 기대했을지 모르겠다. 가져간 것을 다 팔아먹어 버렸다는 것은 결국 이런 물건을 바꾸어 가지고 갈 수 없음을 뜻하는 것이리라. 집으로 돌아가는 곽주의 손에는 과연 무엇이 쥐어져 있었을까?

주석

1) 당시 : 當時. 문맥상 '지금', '이제'의 뜻으로 파악함이 자연스럽다.
2) 오뇌 : 왔네. 오- + -∅-(과거시제 zero) + -뇌.
3) ᄆᆞᆯ려 : 물려. 연기하여.
4) 아ᄒᆞ랜날 : 아흐랫날. 사이시옷이 비음동화된 어형.
5) 가노라 : 가느라고. '-노라'는 의지적 의미가 약하고 연결적 의미가 강하다.
6) 설워 : 「곽씨언간」에서 '설워'는 '결국', '마침내', '終當에는' 등의 뜻으로 주로 쓰이지만 간혹 '아마도' 정도로 풀이해야 할 때도 있다. '설워'는 다른 한글 자료에 나타나지 않으나 「곽씨언간」의 여러 곳에서 쓰였다. 예) 아기 ᄒᆞ여도 설워 ᄇᆞ리고 몯 갈 거시니 그믐ᄭᅳ로 갈가 시븨(15번). 아희ᄃᆞᆯ 쇽신을 과거 젼에 미처 ᄒᆞ면 그믐ᄭᅴ 셔울셔 나고 쇽신ᄒᆞᆯ 이리 쉽디 아니ᄒᆞ면 설워 동지ᄃᆞᆯ 초싱으로 셔울셔 나가리로쇠(12번). ᄒᆞ르 잇기 열흐리 마ᄌᆞ니 ᄂᆡ일은 아ᄆᆞ 이리 이셔도 설워 가로쇠(19번).
7) ᄭᅳ로야 : 때에야. ᄭᅳ(時) + -로야. 'ᄭᅳ'는 15세기의 'ᄣᅳ'에서 변한 것이다.
8) 식븨 : 싶으이. 미루어 짐작함을 나타낸다. 식브- + -ㅣ('이다'의 단축형). 참고) 다ᄃᆞᄅᆞᆫ가 식브거든<救簡 6:16>. 죽고져 식브거든<三綱 烈 13>. '시브-'도 같은 뜻으로 쓰였다. 아바님 ᄇᆞ스신 ᄃᆡ 힝혀 다시 ᄇᆞ서 듕ᄒᆞ실가 시브거든(14번).
9) 튱쥐 : 지명. 忠州.
10) 이 편지를 쓴 날이 '구월 초구일'이니 '열이튼날'에 서울에 들어가면 충주에서 서울까지 3일이 걸린다는 계산이 나온다.
11) 흥졍ᄒᆞ려 : 흥정하려고. '흥졍'은 거래 행위를 이르는 말.
12) 가뎌온 : 가져온. 'ㄷ'구개음화의 과도교정형.
13) 흥정을 하여 다른 물건으로 바꾸어 갈 요량으로 어떤 물건을 가지고 갔지만 서울에 한 달 정도 머무는 비용의 충당을 위해 그 물건들을 다 팔아먹고 흥정을 하지 못한다(다른 물건으로 바꾸어 가지 못한다)는 사연이다. '다 팔아먹었기 때문에 흥정을 못해 간다'라는 표현에서 여기서의 '흥정'이 매매행위를 가리키는 것이 아니라 물건값을 정하여 물물교환하는 의미로 쓰였다는 것을 알 수 있다.

12. 졍녜와 졍녈이 밖에 나가 못 놀게 하소 영인 687p

곽주가 하씨에게(1606년 이전) [문 47] [건들 101]

판독문

요ᄉᆞ이 아바님 편치 아니ᄒᆞ신ᄃᆡ 엇더ᄒᆞ
신고. 분별이 ᄀᆞ이[1] 업서 ᄒᆞ뇌.[2] 자내도 병든 ᄌᆞ
식ᄃᆞᆯ ᄃᆞ리고 혼자셔 근심ᄒᆞᄂᆞᆫ 줄 닛디
몯호ᄃᆡ ᄇᆞ리고 멀리 나오니 아마도 과게[3]
사ᄅᆞᆷ을 그ᄅᆞ[4] ᄆᆡᆼ그ᄂᆞᆫ[5] 거시로쇠.[6] 졍녜ᄂᆞᆫ 져
그나[7] ᄒᆞ려 이시며 졍냥이ᄂᆞᆫ[8] 심[9]을 마라 잇ᄂᆞᆫ
가. ᄒᆞᆫ 빼도 닛치지[10] 아녀[11] 눈에 암〻ᄒᆞ여[12] ᄒᆞ뇌.
나ᄂᆞᆫ 어제사 새재[13]ᄅᆞᆯ 너머 와시니[14] 스므나ᄒᆞᆫ
날 ᄉᆞ이 셔울 들로쇠.[15] 과거 나ᄅᆞᆯ[16] 믈려
진ᄉᆞ시ᄂᆞᆫ 시월 스므나ᄒᆞᆫ[17] 날이고 ᄉᆡᆼ원시[18]ᄂᆞᆫ
시월 스므엿쇈[19] 나리라 ᄒᆞ니 아희ᄃᆞᆯ[20] 쇽
신[21]을 과거 젼에 미처 ᄒᆞ면[22] 그뭄ᄭᅴ[23]
셔울셔 나고 쇽신ᄒᆞᆯ 이리 쉽디 아니 ᄒᆞ면
셜워 동지ᄯᆞᆯ 초ᄉᆡᆼ으로[24] 셔울
셔 나가리로쇠.[25] 졍녜 졍녈이[26] ᄉᆡᆼ심도
밧긔 나가 ᄉᆞ나희 아희ᄃᆞᆯᄒᆞ고 ᄒᆞᆫ ᄃᆡ셔 몯
놀게 ᄒᆞ소. 내 이신[27] 적은 아ᄆᆞ려[28] ᄒᆞ여도 므
던ᄒᆞ거니와[29] 나 업시셔[30] 밧긔 나와 ᄉᆞ나희
아희ᄃᆞᆯᄒᆞ고 ᄒᆞᆫ ᄃᆡ셔 노더라 ᄒᆞ면 ᄀᆞ장
욀[31] 거시니 ᄉᆡᆼ심도 밧긔 몯 나오게 ᄒᆞ소.
샹직[32]도 금츈이[33]ᄅᆞᆯ 내여 보내디 말고 ᄆᆡ
양 재이소.[34] 내 이신 적은 아ᄆᆞ라 ᄒᆞ여도 므던
커니와 나 업슨 제란 ᄉᆡᆼ심도 혼자 자지

마소. 조심 ： ： ᄒᆞ여 겨소. 앏 사립플[35] ᄆᆡ양
다다 ᄆᆡ여 두고 ᄃᆞ니기란 스싱[36]의 집 앏프로[37]
ᄃᆞ니게 ᄒᆞ소. 븍간[38]도 움[39] 두헤[40] ᄆᆡᆼ그라셔
보고 싱심도 밧 븍간의 나와 보디 마소. 졍
녜 졍녈이 싱심도 나와 노디 몯ᄒᆞ게 ᄒᆞ소.
김셔방ᄃᆞ려 내 말로[41] 아기 가[42] 긔별ᄒᆞ여셔
물레 ᄆᆡᆼ그라 달라 ᄒᆞ여셔 졍녜 셩커든[43]
【뒷면】
가셔(手決)[44]

현대어

요사이 아버님 편치 아니 하신데 어떠하신고. 걱정이 가이없네. 자내가 병든 자식들 데리고 혼자서 근심하는 줄 잊지 못하되, (가족들을) 버려두고 멀리 나오니 아마도 과거시험이 사람을 그릇 만드는 것이로세. 졍녜는 적으나마 나아 있으며, 졍냥이의 학질병은 나아 있는가. 한 때도 잊히지 아니하여 눈에 암암하여 하네.

나는 어제서야 새재를 넘어 왔으니 스무나흗날 사이에 서울에 들어갈 것이로세. 과거시험 날을 연기하여 진사시는 시월 스무나흗날이고 생원시는 시월 스무엿샛날이라 하니, 아이(=노비)들 속량할 일은 과거를 보기 전에 미처 하면 그믐께 서울에서 나가고, 속량할 일이 쉽지 아니하면 결국 동짓달 초생으로 서울서 나갈 것이로세.

졍녜 졍녈이 절대로 밖에 나가 사내아이들하고 한 데서 못 놀게 하소. 내가 있을 때는 어떻게 하여도 무던하지만 내가 없는데 밖에 나와 사내 아이들하고 한 데서 놀더라 하면 가장 그릇될 것이니 절대로 밖에 못 나오게 하소. 당직도 금츈이를 (자기 집으로) 내어 보내지 말고 늘 (집에서) 자게 하소. 내가 있었던 때는 어떻게 하여도 무던하지만 내가 없을 때는 절대로 혼자 잠자지 마소. 조심조심하며 계시오. 앞 사립문을 늘 닫아 매어 두고, 다니기는 스승의 집 앞으로 다니도록 하시오. 뒷간도 움 뒤에 만들어서 (용변을) 보고 절대로 밖의 뒷간에 나와 보지 마소. 졍녜 졍녈이 절대로 나와 놀지 못하게 하소. 김서방에게 내가 하는 말로 시켜, (딸)아이가 가서 기별하여 "물레 만들어 달라"고 했다가 졍녜가 성해지거던. (뒷편지로 내용이 이어짐) 가서(家書).

해설

12번 편지와 13번 편지는 서로 이어진 편지이다. 이 편지는 과거 시험을 치르기 위해 먼 길을 나선 곽주가 집안의 형편을 걱정스러워 하는 사연을 담고 있다. 15번 편지에도 과거 길을 나선 내용이 있으나 12번, 14번에 나오는 과거 시험길과는 다른 해의 것이다. 12번과 14번 편지에는 '아바님'에 대한 언급이 있으므로 이 편지들은 1606년(곽주의 아버지 곽삼길이 사망한 해) 이전에 과거길에 나서서 쓴 편지이다. 아버님의 병환에 대한 염려, 딸들이 밖에 나가 사내애들과 어울려 놀지 말도록 하라는 것, 사립문을 닫아 매어 두라는 등 가족을 걱정하는 마음씨가 구구절절 나타나 있다.

이 편지는 당시 사회의 여러 가지 모습을 알려 주고 있다. 과거길에 나선 경상도 선비들의 여정이 나타나 있고, 자라는 딸애들이 사내애들과 어울려 놀지 못하게 한다든가, 노비에게 야간 당직을 세우는 모습 등이 그려져 있다. 특히 집안 가족의 안전에 대해 노심초사하는 곽주의 태도에서 임진왜란 직후 불안정한 사회상을 읽어낼 수 있다.

주석

1) ᄀᆞ이 : 끝이. 'ᄀᆞ-'는 '邊'(갓)의 의미이다. ㅿ의 탈락을 보인 예이다.
2) ᄒᆞ뇌 : 'ᄒᆞ뇌'의 '뇌'가 수정되어 진하게 큰 글씨로 씌어 있다. '며'처럼 보이기도 한다. 처음에 '며'를 썼다가 '뇌'로 고친 듯하다. 문맥상으로 보아 '-뇌'가 되어야 옳다.
3) 과게 : 과거가. 科擧+ -ㅣ[주격조사].
4) 그ᄅᆞ : 그릇. '그ᄅᆞ다'에서 파생된 어간형 부사이다.
5) 밍그ᄂᆞᆫ : 만드는. 밍글- + -ᄂᆞᆫ.
6) 거시로쇠 : 것이로세. 이 문장에는 "병든 자식들 데리고 혼자서 고생하는 당신을 놔 두고 과거 시험 치른다고 멀리 나와 다니고 있으니 과거가 사람 노릇 못하게 하는구려"라고 자탄하는 곽주의 모습이 나타나 있다. 이곳의 '-로쇠'는 용언 뒤에 통합하는 '-로쇠'와 의미 기능이 다르다. 용언 뒤의 '-로쇠'는 '-리로쇠'로 나타나기도 하지만 체언 뒤에서는 '-리-'가 선행할 수 없다. 그 이유는 체언 뒤의 '-로쇠'는 추정적 의미가 아닌 단정적 의미를 표현하기 때문이다. 체언 뒤에 통합한 '-로쇠'는 '-로소이다'의 단축형이다. 참고) 내 빗소배셔 난 아기로소이다<月釋 23:86>. 그지 업스신 道理로소이다<捷新 7:7>.
7) 져그나 : 적으나마. 웬만큼.
8) 졍녜, 졍냥이 : 곽주의 딸이름. ㄷ구개음화가 반영되지 않은 '뎡녜'(6번, 118번 등)와 '뎡냥'(6번, 8번 등)으로 표기된 예도 있다.
9) 심 : 종기 구멍 등에 약을 발라 찔러 넣는 헝겊이나 종이 조각. 심지. '심을 말다'란 것은 종이나 헝겊을 길고 가늘게 말아서 종기 상처에 넣어 진을 발궈 내는(=빼내는) 일을 뜻한다.
10) 닛치지 : 잊히지. '닛다'의 피동형.
11) 아녀 : 아니하여. '아니- + -어'. '아니'가 동사 어간으로 쓰였다. 참고) 여희디 아냐 節介ᄅᆞᆯ 디니ᄂᆞᆫ다 <禪家 上 20>. ᄉᆞ랑티 아녀<恩重 12>.
12) 암〻ᄒᆞ여 : 잊히지 아니하고 눈에 가물가물 보이는 듯 하여. 현대국어에는 '삼삼하다'로 많이 쓰인다.

13) 새재 : 문경 새재. 조령. 앞에 나온 사연과 연결지어 보면 김천에서 하룻밤 자고 화령을 지나(5번), 상주를 떠나(10번) 문경 새재를 넘었던 것(12번)이다. 그리고 충주를 지나(11번) 서울에 들어갔던 당시 선비들의 과거길 노정을 알 수 있다.
 김천 → 화령 → 상주 → 새재 → 충주 → 서울.
14) 와시니 : 와 있으니.
15) 들로쇠 : 들 것이로세. 용언에 통합하는 '-로쇠'에 대한 설명은 6번 편지 註 4번을 참조.
16) 나ᄅᆞᆯ : 과거 시험 치는 날(日)을.
17) 스므나ᄒᆞᆫ : 개칠하고 수정한 곳이다. 날짜에 변동이 생겼거나 혹은 착오가 있었던 모양이다.
18) 진ᄉᆞ시(進士試), ᄉᆡᆼ원시(生員試): 조선 시대 문관으로서 벼슬길에 나아가기 위해 치르는 과거 시험은 크게 세 가지가 있다. 생원시와 진사시 그리고 대과(大科)라 부르는 문과시(文科試)가 그것이다 생원시는 시험 과목이 경학(經學)이고 합격하면 백패(白牌)의 교지를 주었다. 진사시는 시험 과목이 시부(詩賦)이고 합격자에게 홍패(紅牌) 교지를 주었다. 문과에서는 시무책 등 논술 시험을 치루었다.
 위의 세 시험에는 각각 초시(初試 또는 향시鄕試)와 회시(會試 또는 복시覆試)가 있는데, 초시는 각 지방에서 가을에 시행하고, 회시는 이듬해 봄에 초시 합격자들이 서울에 모여서 시행하는 것이 보통이었으나 때에 따라 변동이 있었다.
 생원, 진사는 초시에서 각각 700명 가량을 뽑아 회시에서 각각 100명을 선발하였고, 문과는 회시에서 33명을 뽑는데 초시에서는 이것의 약 6.8배수를 선발하여 최종적으로 33명을 합격자로 선발하였다. 문과 합격자 33명은 다시 임금님 앞에 가서 전시(殿試)를 치른다. 전시에서는 석차를 정했는데, 단종 때까지는 을과, 병과, 정과가 있었고, 세조 이후부터 갑과, 을과, 병과로 승격하였다. 1, 2, 3등은 갑과에 들고, 4등에서 10등까지는 을과, 11등에서 33등까지는 병과에 들었다.
 문과에 합격한 자에게는 실직(實職)을 주었지만 생원시, 진사시에 합격한 자에게 실직은 주지 않았다. 실직은 받지 못하지만 이들은 향촌의 실질적 지배자가 되어 향촌 사회에서 큰 영향력을 행사하였다. 작은 고을에서는 진사시만 합격하여도 결코 가벼운 것이 아니었다. 이들은 유향소 혹은 사마소를 근거로 하여 그들의 계급적 이익을 지키고, 중앙에서 임명된 고을의 군수와 현감을 견제하는 등 향촌의 실질적 권력자였다. 생원이나 진사가 됨으로써 확실한 양반의 구성원이 되어 향촌 사회의 중심적 역할을 할 수 있었다.
19) 스므엿쇈 : 개칠하고 수정한 곳. 수정한 이유는 앞의 것과 같을 것이다.
20) 아ᄒᆡᄃᆞᆯ : 여기서는 '아ᄒᆡ'가 노비를 가리키는 것으로 보인다. 뒤에 '속신(贖身)하다'라는 말이 나오기 때문이다.
21) 쇽신 : 속신(贖身). 속량(贖良). 노비의 신분을 풀어 주어 양인(良人)으로 만들어 주는 것. 이 때 노비가 일정한 돈이나 재물을 바치기도 하는 경우도 있는데 그 돈을 속전(贖錢)이라 한다. 공노비를 속신할 경우는 정해진 법에 따른다. 그 법이란 예컨대 전쟁에 나가 적의 수급을 베었다던가(예컨대 왜적의 목을 베었을 때) 하는 공로가 있을 때 속량을 해 준다. 사노비의 경우는 생산을 많이 하여 노비의 수를 늘려 주거나 집안의 큰 일(喪事 따위)을 치르는 데 매우 큰 노고를 바친 노비를 주인이 속량해 주기도 하였다. 특별한 경우 양반 주인이 女婢와 관계하여 자식을 낳았을 때 그 아이의 신분이 노비가 되어 일평생 고통 속에서 살아야 하므로 이런 인륜에 어긋나는 일을 피하고자 속량을 해 주기도 하였다.
22) 미처 ᄒᆞ면 : 과거 시험을 보기 전에 미처 하면. 여기서 긍정 구문에서 '미처'가 부사로 사용되고 있다. 현대국어에서 '미처'는 '미처 준비를 하지 못하였다'의 예와 같이 부정 구문에 사용된다.
23) 그뭄ᄢᅴ : 그믐 때. 개칠하여 지운 부분인데 검은 먹 속에 '보름ᄭᅳ로'가 보인다. 날짜 계산이 잘못된 것을 고친 것이다.
24) 초ᄉᆡᆼ으로 : 개칠하고 수정한 곳이다. 원본을 보니 먹을 칠한 속에 '시우러...... ᄢᅵ나 그믐ᄢᅵ나'라는 글자가 확인된다. 여기에서는 ㅺ 이 아닌 ㅴ 이 쓰인 점이 주목된다.
25) 나가리로쇠 : 나갈 것이로세. 앞의 '들로쇠'와 달리 '-리-'가 생략되지 않은 온전한 형태로 나타난 예이다.

26) 졍녜 졍녈이 : 곽주의 딸 이름. 앞에서 나온 '졍녜'가 있었는데 딸 세 명의 이름(兒名)이 이 편지에서 확인된다. 여자는 어릴 때 부르기 위해 아명을 썼으나 출가한 후에는 이름이 거의 쓰이지 않고 택호로 불리거나 성(姓)만으로 이씨, 박씨, 하씨 등으로 썼다.
27) 이신 : 있은.
28) 아므려 : 아무렇게. 어떻게.
29) 므던ᄒᆞ거니와 : 무던하거니와. 무던하지만.
30) 업시셔 : 없는데. 없- + -이셔. '-이셔'는 부사화접미사 '-이'와 어미 '-셔'가 결합한 것이다.
31) 욀 : 그릇될.
32) 샹직 : 상직(上直). 당직.
33) 금츈이 : 노비의 이름. 문맥으로 보아 외거노비(外居奴婢)로 짐작된다.
34) 재이소 : 자게 하소. '자다'의 이중 사동형. 노비에게 번을 세워 밤에 집을 지키는 당직 일을 시켰음을 보여 준다. 이것은 임란 이후 향촌 사회의 치안이 불안하였음을 암시한다. 외거노비로 보이는 금츈이에게 상직을 맡기되 밤에 자기 집으로 돌아가서 자게 하지 말고 매일 밤 머물러 자게 하라는 당부에서 안심치 못하는 곽주의 심정이 나타나 있다.
35) 앏 사립플 : 앞의 사립문을.
36) 스싱 : 스승. 문헌에는 주로 '스승'이 쓰였고 '스싱'은 이륜행실도 중간본 등에 가끔 나온다. '스승'의 방언 변이형인 듯하다. '션싱'(先生)의 '싱'에 유추되어 혼성된 형태로 생각된다.
37) 앏프로 : 앞으로.
38) 븍간 : 北間. '뒤'의 뜻을 가진 北으로서 '칙간', '뒷간'의 뜻이다.
39) 움 : 땅을 파고 위에 거적 따위를 덮고 흙을 덮어 추위를 막거나 겨울에 화초, 채소 따위를 넣어 두던 곳.
40) 두혜 : 뒤에. 처격조사 '예'가 쓰인 것으로 보아서 '뒤혜'의 오기일 것이다.
41) 내 말로 : 내가 말하는 것으로 하여.
42) 아기 가 : 아기가 가서. '아기가'의 '가'를 주격조사로 보아야 할지 '아기 가'('아기가 가서')로 보아야 할지 문제가 되는 부분이다. '아기가 기별하여서'와 '아기(가) 가서 기별하여서'의 두 가지 해석이 모두 가능하기는 하다. 그러나 「곽씨언간」에 주격 조사 '-가'의 존재가 드러나지 않기 때문에 후자로 판단한다.
43) 셩커든 : 병이나 탈이 없거든. 온전하거든.
44) 이 뒤에 다음 13번 편지가 이어진다. 기왕의 영인본에는 이 두 편지 번호가 멀리 떨어져 있다. 12번과 13번은 종이만 분리되어 있을 뿐 사실상 한 건의 편지이다.

13. 논 짓는 사람 찾아 땅값 받아 보라 하소 영인 686p

곽주가 하씨에게(1606년 이전) [문 53] [건들 111]

판독문

무명[1] ᄌᆞᆺ기[2] ᄀᆞᄅᆞ쳐 ᄌᆞ이소[3]. 화원[4] 기 ᄯᅡᆼ갑[5]
바다다가 아긔 바디[6] ᄒᆞ여 주려터니[7] 내 이
신 제 몯ᄒᆞ니 나 업시셔야[8] 더옥 쉽디 아

니 ᄒᆞ려니와 아기ᄃᆞ려 닐러셔 쳥되[9] 금
동이 힝혀[10] 에[11] 잇거든 화원의 가[12] 내안[13] 사
ᄂᆞᆫ 덥퍼리[14]라 ᄒᆞᄂᆞᆫ 사ᄅᆞᆷ을 ᄎᆞ자셔 우리
논 짓ᄂᆞᆫ 사ᄅᆞᆷ을 다 츄심ᄒᆞ여[15] ᄡᅡᆼ갑ᄉᆞᆯ
바다 보라 ᄒᆞ소. 커니와[16] 쉽디옷[17] 아니커든
더져[18] 두면 내 ᄂᆞ려 가셔 바ᄃᆞᆯ 거시니 셰[19]
ᄅᆞᆯ 보아 쉽디 아니커든 ᄇᆞ려 두라
ᄒᆞ소. 셕이[20]ᄃᆞ려 닐러셔 타작 힘ᄡᅥ
보아 ᄒᆞ고[21] 보리도 브ᄃᆡ 힘ᄡᅥ 아ᄆᆞ려나[22]
밧마다 다 가리되[23] 일즉[24] 가리게 ᄒᆞ라 니
ᄅᆞ소. 올[25]도 보리ᄅᆞᆯ 몯 가려 녀ᄅᆞᆷ에 하[26]
소그니[27] 올란 브ᄃᆡ 힘ᄡᅥ 일[28] 가리게 ᄒᆞ
라 니ᄅᆞ소. 아마도[29] 아희ᄃᆞᆯ 편히 ᄃᆞ리고 겨
소.[30] 병든 아희ᄃᆞᆯ 머거디라[31] ᄒᆞᄂᆞᆫ 거스란 아ᄆᆞ려
나 조치ᄒᆞ여 머기소. 샹직 뷔우디 말고 싱
심도 혼자 자지 말고 조심ᄒᆞ여 겨소. 나디라
도[32] 자내 잇ᄂᆞᆫ 집이 외ᄠᅳ니[33] 싱심도 혼자 겨
시디 말고 졍녜 졍녈이ᄅᆞᆯ ᄒᆞᆫ ᄃᆡ[34] ᄠᅥ나디
몯ᄒᆞ게 ᄒᆞ여 ᄃᆞ리고 겨소. 블도 조심ᄒᆞ
여 아희 혼자셔 짓게[35] 마소. 다시곰 조심
ᄒᆞ여 편히 겨소. 그지 업서 이만.
구월 스므날(手決)
【左邊】
외ᄠᅳᆫ 집의 비록 나지라도 싱심
도 혼자 겨시디 말고 졍녜 졍
녈이ᄅᆞᆯ ᄠᅥ나디 몯ᄒᆞ게 ᄒᆞ며 ᄒᆞᆫ
ᄃᆡ ᄃᆞ리고 겨소. 조심 ᄒᆞᄒᆞ ᄒᆞ여 겨소.

현대어

무명 잣기를 가르쳐 잣게 하소. 화원에 가서 땅값[地貸]을 받아다가 아기의 바지를 해 주려 했더니, 내가 있을 때도 못했으니(=땅값을 못받았는데) 내가 없어서야 더욱 쉽지 아니하려니와, 아이더러 일러서 청도 금동이가 행여 거기에 있거든 화원에 가서 내안에 사는 덥퍼리라 하는 사람을 찾아서 우리 논을 짓는 사람을 다 찾아내어 땅값을 받아 보라 하소. 그런데 쉽지 않거든 던져 놓아 두면 내가 내려가서 받을 것이니, 사세(事勢)를 보아 쉽지 않거든 버려 두라 하소. 석이더러 일러서 타작을 힘써 보라 하고, 보리도 부디 힘써 아무튼 밭마다 다 갈게 하되 일찍 갈리게 하라 이르소. 올해도 보리를 못 갈아서 여름에 크게 고생했으니, 올해는 부디 힘써 일찍 갈게 하라 이르소. 아무쪼록 아이들 편히 데리고 계시오. 병든 아이들이 먹고 싶어하는 것은 아무튼 조치하여 먹이소. 상직을 비우지 말고 절대로 혼자 자지 말고 조심하여 있으오. 낮이라도 자네 있는 집이 외딴 곳이니 절대로 혼자 있지 말고, 정녜와 정녈이를 한 데서 떠나지 못하게 하여 데리고 계시오. 불도 조심하여 아이 혼자서 피우게 하지 마소. 다시금 조심하여 편히 계시오. 그지없어 이만. 구월 스무날.

외딴 집에 비록 낮이라도 절대로 혼자 계시지 말고 정녜와 정녈이를 (곁에서) 떠나지 못하게 하며 함께 데리고 계시오. 조심조심하여 계시오.

해설

편지를 작성할 때 '본문 가운데 → 상변 → 우변 → 뒷면'으로 연결되던 순서와 달리, 이 편지에서는 '본문 가운데 → 좌변'으로 연결된 점이 특이하다.

본문 내용으로 보아서 이 편지는 앞의 것과 연결된 것이다. 12번, 13번 편지를 통틀어 딸들이 밖으로 나가지 못하도록 당부하는 말이 네 차례나 나온다. 아이들에 대한 훈육일 수도 있으나, 전란을 치른 후 사회 치안이 불안했기 때문이라는 느낌이 더 강하다. 집을 지키는 당번인 상직을 비우지 말라는 말이 이 점을 뒷받침해 준다.

그리고 소작인의 땅값[地貸]을 받아서 아이들 바지를 만들어 주려는 곽주의 뜻이 나타나 있다. 병든 아이들이 먹고 싶은 것을 못 먹을까 걱정하는 등 부정(父情)이 곳곳에 스며 있다. '구월 스므날'이라는 날짜가 있고 타작하고 보리를 갈려고 하는 내용으로 미루어 보아서 가을 추수철 즈음에 이 편지가 쓰인 것임을 짐작할 수 있다.

주석

1) 무명 : 목면(木棉).
2) ᄌᆞᆺ기 : 잣기. 물레로 무명에서 딴 솜에서 실을 뽑아 내는 작업.
3) ᄌᆞ이소 : 잣게 하소.
4) 화원 : 현재 대구광역시 달성군 화원면(花園面)을 가리키는 지명이다.
5) 기 ᄯᅡᆼ갑 : 이 부분은 글자의 오른쪽 부분이 잘 보이지 않는다. 원본이 그러하다. 문맥상으로 보아서는 '가 ᄯᅡᆼ갑'으로 읽는 것이 알맞다. 'ᄯᅡᆼ갑'은 뒤에 한 번 더 나오는 낱말이다. '화원에 가서 땅값 받아다가'로 풀이된다. 'ᄯᅡᆼ갑'은 토지를 경작하는 대가로 지주에게 바치는 조세(租稅)일 것이다.
6) 아긔 바디 : 아기의 바지. 참고) 바디 고(袴)<類合 상 31>. 「곽씨언간」에서 '아기'는 현대어처럼 '어린아기'(幼兒)의 뜻으로 쓰인 것이 아니다. 관례를 올리거나 장가든 장성한 아들도 '아기'라 이르기도 하고, 딸 아이를 지칭하는 용어로도 쓰였다.
7) 주려터니 : 주려 했더니. 주- + -려 # 터-('ᄒᆞ더-'의 축약형) + -니.
8) 업시셔야 : 없이야.
9) 쳥뫼 금동이 : '금동이'라는 노복의 이름 앞에는 '쳥뫼'가 붙어 있다. '쳥뫼'는 현풍에 인근한 '청도'(淸道)에 ㅣ가 결합한 형태로 판단된다. '쳥뫼 금동이'는 그 출신지가 '청도'였던 듯하다. 4번 편지 주 15번 참조.
10) 힝혀 : 행여(혹시, 다행히). 참고) 힝혀 힝 幸<類合 하 35>.
11) 에 : 자형이 '에'로 보이지만 '게'(거기에)의 오기(誤記)로 봄이 옳다.
12) '가'는 보입된 글자이다.
13) 내안 : 지명. 현재의 화원읍(花園邑)에 있는 천내동(川內洞)을 가리킨다. '川內'의 고유명이 곧 '내안'이니, 순우리말 지명인 셈이다.
14) 덥퍼리 : 사람 이름. 당시의 평범한 필부의 이름이다. 머리털이 '더펄더펄' 한 사람이었을 듯하다.
15) 츄심ᄒᆞ여 : 찾아내어. 추심(推尋). 우리 논을 얻어 농사 짓는 사람들을 찾아내어.
16) 커니와 : 그런데. 부정적 역접 부사.
17) 쉽디옷 : 쉽지. 쉽- + -디[연결어미] + -옷[강세 첨사].
18) 더져 : 던져(投).
19) 셰 : 사세(事勢). 일이 되어 가는 형세.
20) 셕이 : 사람 이름.
21) 보아 ᄒᆞ고 : '보라 하고'가 현대어로 자연스럽다. 타작을 힘써 해 보라 시키고.
22) 아ᄆᆞ려나 : 아무쪼록.
23) 가리되 : 갈리되. 갈게 하되. 갈-(耕) + -이-[사동접사] + -되.
24) 일즉 : 일찍. '즉'은 補入된 글자이다.
25) 올 : 올해. '올'은 관형 기능을 하는 것이 일반적인데 이 문장에서는 뒤에 오는 '올란'과 함께 '올해'를 뜻하는 단독명사로 쓰여 매우 특이하다. 참고) 올 녀ᄅᆞᆷ의 하ᄂᆞᆯ히 ᄀᆞ믈고<老解 상 47b>. 본문에서 앞의 '올'은 작년이 되어야 의미상 적절하다. 작년 가을에 보리를 파종하지 못하여 올해 양식 고생을 하고 있으니, 올해는 보리 파종을 잘 하자는 뜻이 담겨 있다. 17세기 당시에 봄보리를 파종하는 농법이 있었다면 한 문장에 두 개의 '올'(올해)이 쓰일 수도 있다.
26) 하 : 매우. 크게. 참고) 내 모미 하 커<月釋 2:51>.
27) 소그니 : 고생하니. 속- + -으니. '속다'는 경상방언과 제주방언에서 '수고하다' 혹은 '고생하다'라는 뜻으로 쓰인다. (예 : 아이구 폭 쏙았심더!) 올해 보리 농사를 짓지 못하여 여름 양식을 충당하는 데 어려움이 있었음을 암시하는 대목이다.
28) 일 : 일찍. 현대어 '일찍'에 해당하는 고어 어형으로는 '일'<杜解 7:10><續三 烈 14>, '일쯕'<金剛經 後序 11>, '일즙'(東新 孝 6:22)이 있는데 「곽씨언간」에서는 '일'만 보인다.

29) 아마도 : 여기서는 '아무쪼록'의 뜻으로 파악된다.

30) 겨소 : 동사 '겨-'는 이 시기에 이미 활용이 극히 제한된 불완전동사의 모습을 보여 준다. 어미 '-고', '-아', '-니' 등이 '겨-'에 통합된 예는 국어사 문헌에서 찾아보기 어렵다. '겨소'도 매우 드물게 보이는 것인데 상대존대 종결어미의 '-소'가 어간 '겨-'에 직접 통합한 유일한 예다. '겨시니'(8번, 9번), '겨시다가'(28번), '겨시다'(13번) 등은 주체존대의 '-시-'가 '겨-'와 어미 사이에 개재한 것이다. 이런 예들에서 우리는 '겨-' 뒤에는 존대의 종결어미 또는 선어말어미만 결합하는 활용상의 특징을 발견할 수 있다. '겨-'가 존대 어휘기 때문에 활용형도 존대의 어미만 결합할 수 있었던 것이다.

31) 머거디라 : 먹고 싶다. 먹- + -어디라. 소망의 평서형 어미 '-어지라'가 ㄷ구개음화에 대한 역표기로 '-어디라'로 나타난 것이다.

32) 나디라도: 낮이라도. 명사 어간 '낮'이 '낟'으로 표기된 것인데 이것은 ㄷ구개음화 현상에 대한 역표기이다.

33) 외ᄡᅳ니 : 외딴 곳이니. 외-(獨) # ᄡᅳ-(사이가 벌어지다) + -니. '외ᄡᅳ다'는 두 어간이 직접 결합한 복합형용사이다.

34) ᄒᆞᆫ ᄃᆡ : 한 곳에서.

35) 짓게 : 피우게. 때게. '짓-'은 '딛-'이 구개음화된 형태이다. 참고) ᄒᆞᆫ 싸ᄒᆞ라 딛ᄂᆞᆫ 地獄ᄋᆞᆯ 보니<月曲 23:78>. '불을 지피다'에 이 어간의 화석형이 포함되어 있다.

14. 종들을 다 팔아 버렸다니 영인 685p

곽주가 하씨에게(1606년 이전) [문 46] [건들 98]

판독문

요ᄉᆞ이 ᄭᅮᆷ자리 하 어즈러우니
아바님[1) 긔운ᄂᆞᆫ[2) 엇더ᄒᆞ시며 병든 ᄌᆞ식ᄃᆞᄅᆞᆫ
엇더ᄒᆞᆫ고. 일직도[3) 분별리 브린[4) 적
업서 ᄒᆞ뇌. 나ᄂᆞᆫ 그제[5)야 셔울 드러오니
과거ᄅᆞᆯ 믈려 시월 스므나ᄒᆞᆫ 날로 ᄒᆞᆫ
다 ᄒᆞ니 싱원시ᄂᆞᆫ 스므엿쇈 날이니 설
워[6) 보고사 갈 거시니 동지ᄯᆞᆯ[7) 열흘 브
로사[8) 집의 들가 식븨[9).
아바님 브스신[10) ᄃᆡ 힝혀 다시 브서 듕ᄒᆞ실
가[11) 시브거든[12) 아기ᄃᆞ려 닐러 사ᄅᆞᆷ 보내
게 ᄒᆞ소. 과거ᄅᆞᆯ 몯 미처 보아도[13)

아바님옷[14] 브스시던 증이[15] 다시 듕ᄒᆞ시게 되
면 즉시 ᄂᆞ려 갈 거시니 ᄌᆞ셰[16] 보아 듕ᄒᆞ
【上邊】
실가 시브거든 아희돌ᄃᆞ려 긔별ᄒᆞ
여 내게 통케[17] ᄒᆞ소. 졍녜ᄂᆞᆫ 소복[18]ᄒᆞ엿ᄂᆞᆫ
가. 졍냥이ᄂᆞᆫ 심을 마랏ᄂᆞᆫ가.[19] 념녀 그촌 ᄉᆞ
【右邊】
이 업서 ᄒᆞ뇌. 금동이 갈 제 유무ᄒᆞ더니[20]
보신가. 조심ᄒᆞ여 겨소. 자내 죵ᄃᆞ른[21] 다 츄심ᄒᆞ여 이
쇼ᄃᆡ 니쟉이[22] 봄의 와셔[23] ᄆᆞ자[24] ᄑᆞ라 가다 ᄒᆞ고 산 사롬ᄃᆞ리[25]
다 글워롤[26] 가져다가 뵈니 쇽져리 이실가[27]. 제 혼자 몯
홀 죵ᄃᆞ롤 다 ᄑᆞ라 가시니[28] 그런 손니[29] 어ᄃᆡ 이실고. 문츈[30]의
간 ᄃᆡᄂᆞᆫ 당시[31] 몯 ᄎᆞ자 잇뇌[32]. 아마도 조심ᄒᆞ여 편히 겨
소. 그지 업서 이만. 구월 스므닐웬날(手決)
【뒷면】
오야ᄃᆡᆨ
가셔 (手決)

현대어

요사이 꿈자리가 많이 어지러우니 아버님의 기운은 어떠하시며 병든 자식들은 어떠한고. 잠시도 근심을 놓은 적이 없다네. 나는 엇그제야 서울에 들어왔는데 과거 시험날을 물려 시월 스무나흗날로 한다 하네. 생원시는 스무엿샛날이니, 결국에는 (과거를) 보고야 갈 것이니 동짓달 열흘께라야 집에 들어갈까 싶으이.

아버님은 부스럼이 나신 데 행여 다시 부어 중하실까 싶거든 아이더러 일러 사람을 보내도록 하소. 과거를 미처 못 보아도 아버님께서 부스럼이 나시던 증상이 다시 중하시게 되면 즉시 내려갈 것이니, 자세히 보아 더 중하실까 싶으거든 아이들더러 기별하여 내게 통하게 하소. 정네는 회복하였는가. 정냥이는 심을 말았는가. 염려 그칠 사이 없어 하네. 금동이 갈 때 편지 보냈는데 받아 보셨는가. 조심하여 계시오.

자네 종들은 다 추심하여 있으되 "니작이 봄에 와서 마저 팔아 갔다" 하고 산 사람들이 다 글월(=노비 매매 문서)을 가져다가 보이니 속절이 있을까(=어찌할 방법이 없구려). 제 혼자 (마음대로 처분하지) 못 할 종들을 다 팔아먹어 버렸으니 그런 손해가 어디 있을꼬. 문춘이가 도망간 데는 아직 못 찾았네. 아무쪼록 조심하여 편히 계시오. 그지없어 이만. 구월 스무이렛날.

해설

곽주가 가솔들의 잔병치레 때문에 근심이 그칠 날이 없다. 당시 사람들에게 병마와의 싸움은 의식주의 해결 다음으로 큰 문제였을 것이다. 특히 정냥이의 병 치료는 매우 힘들었던가 보다. 4번 편지에 정냥이의 귀에 웅담을 넣는 문제가 있었고, 9번 편지에 머리 종기에 약을 바르는 데 어려움이 있었다고 했으며, 여기서도 심(학질)을 앓고 있던 정냥이가 다 나았는지 걱정하고 있다. 치료 과정에서 하는 앙탈을 보면 아이는 아마도 고집이 세고 엄살이 심했던 듯하다.

여기서 하씨 부인의 소유로 되어 있었던 노비를 파는 문제가 나오는데, 이를 통해 당시 여성은 혼인 때 가져간 재산을 계속 자기의 명의로 소유했었음을 알 수 있다. 또한 하씨 부인의 노비는 '이작'이라는 사람과 공동 소유로 되어 있다고 한다. 하씨 부인과 이작이 어떤 관계에 있었는지는 알 수 없지만, 노비도 공동으로 소유했다는 사실을 알 수 있다. 공동소유물인 노비를 이작이라는 자가 제 마음대로 팔아먹은 것을 보면, 이 시대에도 자기 이익만 챙기려고 남을 속이는 사람이 있었던 것이다. 어느 시대에나 이런 사람이 있기 마련인 것 같다.

주석

1) '아바님'은 다른 행보다 한 글자 높이 올려 썼다. 이른바 대두법(擡頭法)을 써서 높인 것이다.
2) 긔운ᄂᆞᆫ : 기운은. 긔운(氣運) + -ᄋᆞᆫ. ㄴ이 중철된 표기이다.
3) 일직도 : 일각(一刻)도. 잠시도. '刻'의 속음으로 '직'이 더러 쓰였다.
4) 브린 : 부린. 놓은. 한자어 '放心'(방심) 따위에 쓰인 '放'에 해당하는 뜻이다. '분별을 브리다'는 '근심을 덜다' '걱정거리를 놓다'와 같은 뜻이다. '브리-'의 이러한 용법은 20세기 초의 언간에 이르기까지 계속 쓰였다. '짐을 부리다'라고 할 때의 뜻도 '放'이라는 점에서 서로 같다. 그밖에 '브리-'는 '使役'(사역)의 뜻도 가진다(사람을 부리다). 또 '브리-'는 '解産'(몸을 브리다)의 뜻으로도 쓰였다. 전자의 용례는 「곽씨언간」에서 흔히 볼 수 있는 것이다. 후자의 뜻으로 쓰인 용례는 「순천김씨언간」의 '요ᄉᆞ이 긔별 모ᄅᆞ니 몸ᄃᆞ론 엇디 브리며 몸 브리니ᄂᆞᆫ 긔오니 영〃ᄒᆞᆫ가'(53번)에서 찾을 수 있다. 뒤의 두 가지는 이의어(異義語)라 할 수 있다.

5) 그제 : 엇그제.
6) 설워 : 11번 편지의 '설워' 주 참고.
7) 동지ᄯᆞᆯ : 동짓달. 'ᄯᆞᆯ'의 ㅅ은 사이시옷.
8) 열흘 ᄣᅳ로사 : 열흘께라야. 열흘 # ᄣᅳ(때) + -로[시간어에 붙는 부사어화접미사] + -사[강세첨사].
9) 식븨 : 싫으이. 식브- + -이. '-이'는 '이다'의 단축형으로서 이때의 '-히'는 공손법 선어말어미의 변화형이다. '식브-'와 '시브-'는 둘다 추정적 의미를 표현하는 쌍형어로 이 편지글에 나타난다.
10) 브스신 : 부스럼이 나신. 붓- + -으시- + -ㄴ. '붓다'(또는 부ᇫ다)는 부스럼이나 종기가 나는 것을 뜻한다. 참고) 브슬 죵(腫)<訓蒙 중 35>. 반치음 ㅿ이 ㅅ으로 변한 것은 경상방언의 요소를 반영한 것이다.
11) 듕ᄒᆞ실가 : 중(重)하실가. 병이 무거워질까.
12) 시브거든 : 싶거든. 경상방언에서 요즘도 '싶으거든'으로 쓰고 있다.
13) 과거ᄅᆞᆯ 몯 미처 보아도 : 과거를 미처 못 보아도. 부정사가 부사어의 앞에 오는 구성인데 당시의 문법이 지닌 한 특징이다.
14) 아바님옷 : 아버님. 아바님 + -옷[강세첨사].
15) 증이 : 증상(症狀)이. 병세(病勢)가. 참고) 그 증은 담이 셩ᄒᆞ며<辟新 1>.
16) ᄌᆞ셰 : 자세히. 참고) ᄌᆞ셰 샹(詳)<類合 하 60>.
17) 통케 : 통(通)하게. 연락하게. 통ᄒᆞ- + -게.
18) 소복 : 蘇復. 병이 나은 뒤에 전과 같이 원기가 회복됨.
19) 심을 말다 : 12번 편지의 각주 9를 참조.
20) 유무ᄒᆞ더니 : 편지하였더니. 주어가 화자(곽주) 자신이지만 회상법의 '-더-'가 쓰였다. 'ᄒᆞ엿더니'와 달리 과거형태소가 ∅이다.
21) 자내 죵ᄃᆞ른 : 자네(부인 하씨)의 종들은. 조선 시대에 여자가 친정으로부터 물려받은 노비나 재산은 출가해서도 여자의 명의로 소유권을 행사하였다. '자내 죵'은 하씨가 소유한 종들을 가리킨다. 이 구절은 당시 여성의 재산권에 대한 정보를 알려 준다.
22) 니쟉이 : 니작(이작)이. 니쟉(사람 이름, 李쟉?) + -이[주격조사].
23) 와셔 : '와셔'의 '셔'는 '와'자의 오른쪽 아래에 작은 글씨로 보입(補入)하여 써 넣은 것이다. 이러한 경우에는 '와'자의 왼쪽 아래 작은 권점(圈點)을 찍어 넣었다.
24) ᄆᆞ자 : 마저. 참고) 글 ᄆᆞ자 ᄇᆡ호더니(卒業)<二倫 重 46>.
25) '사ᄅᆞᆷᄃᆞ리'의 '리'가 '라'처럼 보이기도 하다. 끝 획은 잡티로 판단된다.
26) 글월 : 여기서의 '글월'은 노비 매매 문서를 가리킨다.
27) 쇽져리 이실가 : 속절이 있을까. 별도리가 있을까. '속절이 없다'는 반어적인 표현이다. 하씨의 종들이 하씨와 '니쟉'이라는 사람의 공동 소유로 되어 있었는데 봄에 니쟉이 와서는 혼자서 마음대로 그 종들을 팔아버린 모양이다. 니쟉이 판 종들을 산 사람들이 곽주에게 노비 매매 문서를 증거로 들이대어 어쩔 수가 없게 된 상황을 보여 준다.
28) 가시니 : 가 있으니. 가- + -아 + 시- # -니. '시-'는 주체존대의 선어말어미가 아니라 '이시-'의 이형태로서 상태가 지속됨을 나타낸다.
29) 손니 : 손해가. 손(損) + -이[주격조사]. ㄴ이 중철된 표기이다.
30) 문츈 : 여자 노비의 이름. 이 사람은 뒤의 내용으로 보아 도망친 노비이다.
31) 당시 : 아직. '당시(當時)'는 '바로 그 때'라는 뜻으로 쓰였으며, '당시론' 또는 '당시롱'이 '아직, 오히려'라는 뜻으로 쓰였다. 그러나 여기에서 '당시'는 후자의 뜻으로 쓰였다. 참고) 집의 당시론 밥이 이시니 <老解 상 38a>. 당시롱 五百里 우흐로 잇ᄂᆞ니<老解 상 9b>.
32) 이 문장의 사연은 도망한 노비 '문츈'을 찾고[推尋] 있음을 보여 준다.

15. 둘 중 하나라도 급제하면 얼마나 좋을까 영인 684p

곽주가 하씨에게(1610. 10.2) [문 4] [건들 152]

판독문

요ᄉᆞ이 아희ᄃᆞᆯ ᄃᆞ리고 엇디 겨신고.
긔별 몰라 일시도 닛디 몯ᄒᆞ여 ᄒᆞ뇌.
나ᄂᆞᆫ 어제야 과거ᄅᆞᆯ ᄆᆞ자[1] 보고 나와 이시
니 방이[2] 초닷쇗날 ᄉᆞ이 날 거시니 힝
혀[3] 과거옷 ᄒᆞ면[4] 이 ᄃᆞᆯ 그믐ᄭᅳ로[5] ᄂᆞ려 가
고 과거옷 몯ᄒᆞ면 이 ᄃᆞᆯ 보름ᄭᅳ로 ᄂᆞ
려 가리로쇠.[6] 아기[7]도 그ᄅᆞᆯ 잘 지어 이
시니[8] ᄀᆞ장 깃거 ᄒᆞ뇌. 아기 ᄒᆞ여도[9] 설
워[10] ᄇᆞ리고 몯 갈 거시니 그믐ᄭᅳ로 갈가
시븨.[11] 커니와[12] 둘히 ᄒᆞᆫ나히나[13] ᄒᆞ면 우
연ᄒᆞᆯ가.[14] 어마님젼에ᄂᆞᆫ 밧바 솔이
도 몯 알외ᄋᆞ오니[15] 젼ᄎᆞ로 문안 알
외ᄋᆞᆸ소. 양식 년ᄒᆞ여 ᄂᆞ리와[16] 보내고 달
이네도[17] 양식 년ᄒᆞ여 주소. 손ᄃᆞ리[18] 하[19] 만

【上邊】

히 와 이시니 요란ᄒᆞ여 잠ᄭᅡᆫ 뎍뇌.

【右邊】

경슐[20] 시월 초이튼날 가옹[21](手決)

【뒷면】

현풍 논공 오야닥[22]
가셔(手決)

› 현대어

요사이 아이들 데리고 어찌 계신고. 기별 몰라 일시도 잊지 못하여 하네. 나는 어제야 과거를 마저 보고 나와 있으니 방(榜)이 초닷샛날 사이에 날 것이니 행여 과거에 급제하면 이 달 그믐께 내려가고 과거를 못하면 이 달 보름께 내려 갈 것이네. 아이(=아들 以昌)도 글을 잘 지어 있으니 매우 기뻐하네. 아이가 급제하여도 아마 버리고(=혼자 두고) 못 갈 것이니 그믐께 갈까 싶네. 그러하나 둘 중 하나라도 급제하면 얼마나 좋을까.

어머님께는 바빠서 편지도 못 아뢰오니 이런 까닭으로 (당신이 대신) 문안 아뢰소. 양식을 연이어 내려보내고 달이네에게도 양식 연하여 주소. 손님들이 하도 많이 와 있으니 요란하여 잠깐 적네. 경술 시월 초이튿날 가옹.

› 해설

이 편지는 과거 시험을 치르고 난 뒤에 곽주가 하씨에게 보낸 것이다. 방이 붙은 날을 기다리며 자신과 아들 중 하나라도 합격하면 얼마나 좋을까 하며 내려갈 날짜를 알려 주고 있다. 12번과 14번 편지도 과거 시험과 관련된 사연이지만, '아바님' 이야기가 언급되는 것과 과거 시험을 본 날짜가 다른 점으로 보아 이들은 1606년(곽주의 아버지 곽삼길이 사망한 해) 이전에 과거 시험길에 나서서 쓴 편지이다.

› 주석

1) ᄆᆞ자 : 마저[부사].
2) 방이 : 방(榜)이. 과거 합격자를 알리는 榜文이.
3) 힝혀 : 행(幸)여. 다행히.
4) 과거옷 ᄒᆞ면 : 과거에 급제하면. '-옷'은 명제를 부각하여 강조하는 첨사.
5) 그믐ᄡᅳ로, 보름ᄡᅳ로 : 그믐께. 보름께. 'ᄡᅳ'는 '때(時)'를 나타내는데 6번 편지에서는 'ᄣᅢ'형이 쓰였다.
6) 가리로쇠 : 갈 것이로세. '-로쇠'에 대한 설명은 6번 편지 주석 4번을 참고.
7) 아기 : 「곽씨언간」 전체에서 '아기'는 '아들'의 의미로 쓰이며 장성한 '아들'도 '아기'라 칭하고 있다. 하씨의 몸에서 난 세 아들 중 첫아들 '의창'(宜昌)이 1613년에 태어났으므로 「곽씨언간」에서 '아기'라고 칭하고 있는 사람은 곽주의 前室 광주 이씨 소생인 '이창'(以昌)을 가리킨다. '이창'은 1590년에 태어났으므로 위의 편지가 쓰여진 해(경술년 1610)에 그의 나이는 20세가 된다. 20세에 아버지를 따라 서울에 가서 과거 시험을 치렀음을 알 수 있다.
8) 아기도 그ᄅᆞᆯ 잘 지어 이시니 : 아이(以昌)도 과거시험 문장을 잘 지었으니.
9) 아기 ᄒᆞ여도 : 아이가 급제하여도. 이 'ᄒᆞ여도'는 '급제하다'의 대동사.
10) 설워 : 결국에는. 11번 편지의 '설워'를 참조.

11) 갈가 시븨 : 갈까 싶으이. 가- + -ㄹ가 # 시브-(추정을 표현하는 보조형용사 '싶다') + -ㅣ(이다).
12) 커니와 : 역접의 부사. 뒤에는 항상 회의적이거나 부정적 표현구가 이어진다. 5번, 13번 등에서 나온 적이 있다.
13) 둘히 ᄒᆞᆫ나히나 : 둘이서 하나이나. 둘 중 하나이나. ᄒᆞᆫ나ㅎ('ᄒᆞ나'에 'ㄴ'이 첨가된 것) + -이나.
14) 우연ᄒᆞᆯ가 : '우연하다'는 '병이 나아서 몸이 좋아지다'의 뜻으로 많이 쓰이는데, 여기서는 좀더 추상화되어 '어떤 상태가 좋아지다'라는 뜻으로 쓰였다. 아버지와 아들이 함께 과거를 치루었는데 '둘 중 하나라도 합격하면 얼마나 좋을까'라고 희망하는 곽주의 모습이 나타나 있다.
15) 알외ᄋᆞ오니 : 아뢰오니. 알외-(아뢰다) + -ᄋᆞ오- + -니.
16) 년ᄒᆞ며 ᄂᆞ리와 : 내려. ᄂᆞ리- + -오-[사동접사] + -아. 이 부분은 補入하여 작은 글씨로 써 넣은 부분이다. '년ᄒᆞ며'의 '며'는 '여'의 오기.
17) 달이네도 : 달이(사람 이름) + -네[접미사] + -도. 「곽씨언간」에서 '-네'는 복수접미사 기능을 가진다. 아기네(10번), 얼우신네 나ᄅᆞᆯ ᄂᆡ일로 ᄲᅡᆨ 다림ᄒᆞ라 시기시니(16번), 자내네(21번), 자내네란 게 두고(20번), 대원이 ᄒᆞ며 졍녜네도(24번), 손님네(25번), 녈진이네(31번), 아기네손ᄃᆡᄂᆞᆫ(41번), 일향 얼우신네ᄅᆞᆯ 다 쳥ᄒᆞ니(55번).
18) 손ᄃᆞ리 : 손(客) + -ᄃᆞᆯ[복수접미사] + -이[조사]. 종성 'ㅎ'이 탈락된 형태이다.
19) 하 : 많이. 크게. 퍽[부사].
20) 경슐 : 이 글을 쓴 곽주는 1569년에서 1617년 간에 살았던 인물이므로 이 사이에 놓인 '경슐'은 광해군 2년(1610)에 해당된다.
21) 가옹 : 家翁. 곽주가 자신을 지칭한 말이다. '가옹'은 부인이 남편을 가리키는 명사로도 쓰인다.
22) 현풍 논공 오야ᄃᆡᆨ : 현풍 논공은 하씨가 거주하였던 곳이다. 현재의 달성군 논공에 있던 마을을 가리킨다. 오야ᄃᆡᆨ은 하씨의 택호이다. 하씨는 창녕군 오야라는 마을에서 성장하여 현풍의 소례에 사는 곽주에게 출가했다. 「곽씨언간」의 상당수가 논공에 사는 하씨에게 간 것은 하씨가 논공에서 거주했기 때문이다.

16. 나박김치를 담가 보내고 술도 보내소 영인 683p

곽주가 하씨에게 [문 52] [건들 110]

› 판독문

얼우신네[1] 나ᄅᆞᆯ ᄂᆡ일로 ᄲᅡᆨ 다림ᄒᆞ라[2]
시기시니 ᄡᅮᆨ을 오ᄂᆞᆯ로 두 고리[3]ᄅᆞᆯ ᄠᅳᆮ기되[4]
ᄎᆞᆷᄡᅮᆨ기[5] 사오나오니[6] 다복ᄡᅮ그로[7] 두
고리ᄅᆞᆯ ᄠᅳᆮ겨 ᄂᆡ일 새배로[8] 보내소. 뫼ᄡᆞ
ᄅᆞᆯ[9] ᄀᆞ장 희게 슬허[10] 서 말만 ᄒᆞ고 ᄑᆞᆺ[11] ᄀᆞ라
ᄃᆞᆺ 되만 ᄒᆞ고 믜도[12] 잇거든 잇ᄂᆞᆫ 양으로[13] 다 보

내소. ᄂᆡ일 출화 오기란 ᄆᆡᄌᆼ이 덕남이
슌개 년홰 녜츈이[14] 맛다[15] 출화 와셔 잡
숩게 ᄒᆞ라 ᄒᆞ소. ᄂᆡ일 아뎌게[16] ᄀᆞ장 일[17] 보내소.
술도 오ᄂᆞᆯ란 보내디 말고 ᄂᆡ일로 홈ᄢᅴ
출화 보내소. 도참복[18] 숑아치[19] 폴려 ᄒᆞ더
니 두 필만 주고[20] ᄆᆡᄌᆼ이 ᄒᆞ여 사셔 오ᄂᆞᆯ로
곽샹이 ᄒᆞ여 보내고 싱치란 오ᄂᆞᆯ 잡ᄂᆞᆫ
양으로 ᄆᆡᄌᆼ이 ᄂᆡ일 올 제 가뎌 오라 ᄒᆞ소. 셜
흔 분 진지를 출화 잡ᄉᆞ올 량으로[21] 출화 오라
ᄒᆞ소. 지령ᄒᆞ며[22] 초ᄒᆞ며 기롬ᄒᆞ여 다 ᄎᆞ려 보
내소. 슌개[23] 잡탈[24] 말고 ᄇᆞᄃᆡ 녜츈이 년홰[25] ᄃᆞ
리고 와 출호라 ᄒᆞ소. 곽샹이과 한쉬[26]ᄂᆞᆫ 오
ᄂᆞᆯ로 숑아치 사셔 오고 ᄆᆡᄌᆼ이과 덕
남이ᄂᆞᆫ ᄂᆡ일로 간나희 죵둘[27] 홈ᄢᅴ 출
화 오라 ᄒᆞ소. 나박 짐치[28] 만히 ᄃᆞ마 보내소.
술도 잇ᄂᆞᆫ 양으로 보내소. 업거든 어들만
【右邊】
뎡[29] 서너 병이나 보내소. 술도 ᄂᆡ일로 보내
소. 요란ᄒᆞ여 유무도 ᄌᆞ셰 몯 ᄒᆞ니 자내
짐쟉ᄒᆞ여 핀잔되디[30] 아니케 출화 보
내소. 요란ᄒᆞ여 이만. (手決)
【뒷면】
가셔 (手決)

현대어

어르신네께서 나에게 내일 쑥 달임하라 시키시니, 쑥을 오늘 두 고리를 뜯게 하되 참쑥은 억세니 다북쑥으로 두 고리를 뜯게 해서 내일 새벽에 보내소. 쌀을 매우 희게 다시 찧어 세 말만 하고, 팥도 갈아서 닷 되만 하고, 해삼도 있거든 있는 대로 다 보내소. 내일 차려

오는 것은 ᄆᆡ죵이 덕남이 슌개 년홰 녜츈이가 맡아 차려 와서 (손님들이) 잡수시게 하라 하소. 내일 아침 매우 일찍 보내소. 술도 오늘은 보내지 말고 내일 함께 차려 보내소.

도참복이 송아지를 팔려 하더니 (송아지 값으로 포목) 두 필만 주고 ᄆᆡ죵이로 하여금 사서 오늘 곽샹이로 하여금 보내고, 생꿩은 오늘 잡는 대로 ᄆᆡ죵이가 내일 올 때 가져 오라 하소. 서른 분 진지를 차려서 잡수실 양으로 차려 오라 하소. 간장과 식초와 기름을 다 차려 보내소. 슌개는 잡탈 부리지 말고 부디 녜츈이와 년홰를 데리고 와서 (음식을) 차리라 하소. 곽샹이와 한쉬는 오늘 송아지 사서 오고 ᄆᆡ죵이와 덕남이는 내일 계집 종들과 함께 차려 오라 하소. 나박김치도 많이 담가 보내소. 술도 있는 대로 보내소. 없거든 빌릴망정 서너 병이나 보내소. 술도 내일 보내소. 요란하여 편지도 자세히 못하니 자네 짐작하여 (남에게) 핀잔 받지 않게 차려 보내소. 요란하여 이만.

해설

이 편지에는 몇 가지 사연이 있다. 어른들이 곽주에게 말하기를 "편치 않은 데 쑥다림을 하면 좋을 것이라"고 하니 종들을 시켜 쑥을 뜯어 오라는 사연이 머리에 있다. 이어서 어른 서른 분이 잡수실 음식을 차리기 위해 필요한 각종 음식과 그 준비를 노비들 이름을 일일이 언급하며 누구누구가 와서 음식 일을 하고, 손님 대접할 술과 나박김치 따위를 넉넉히 마련하라고 당부하고 있다. 꿩은 물론 송아지까지 사서 잡으려 하고 있다. 이런 이바지를 하는 이유가 나타나 있지 않으나 다른 편지에 나타난 사연과 관련지어 볼 때 혼인 잔치를 치르기 위함인 것 같다. 시집 보내는 딸의 혼례일까.

주석

1) 얼우신네 : 어르신네. 얼우신 + -네. '얼우신은 어원적으로 더 분석 가능하다. 얼우-(동사) + -시- + -ㄴ[동명사형 어미] + -네(접미사). 이 편지의 '얼우신네'가 누구를 가리키는 것인지 분명치 않다. '아ᄌᆞ바님'으로 등장하는 사람일 듯하다.
2) 다림ᄒᆞ라 : 다림('달이다'의 명사형. 여기서는 '쑥을 달이는 일'이다). 참고) 차 다릴 ᄉᆞᅀᅵ만 커든<救方 上 51>. 煎 다리다<柳氏物名攷 五 火>.
3) 고리 : 고리버들의 가지나 대오리 따위로 엮어서 만든 물건을 담는 그릇.
4) 뜯기되 : 뜯게 하되. 뜯- + -기-[사동접사] + -되[어미].
5) ᄎᆞᆷ쑥기 : 참쑥이. ᄎᆞᆷ쑥 + -기 [주격조사 '-이']. 'ㄱ'의 중철 표기. 참쑥은 국화과에 속하는 다년생 풀. 다 자란 것은 베어 말려 약으로 쓰고 어린 것은 식용으로 한다.
6) 사오나오니 : 억세니. 사오납- + -으니. 참쑥을 뜯어 쓰기에는 철이 지나 거칠어졌으니.

7) 다복뿌그로 : 다북쑥으로. 다복뿍 + -으로. 쑥의 한 종류. 다북쑥은 잎이 좁고 가늘며 몽실몽실한 모양을 띤다.
8) 새배로 : 새벽으로. 새벽에. 새배(새벽) + -로 . '-로'는 시간어인 아침, 저녁 따위에 붙어 일정한 때를 나타낸다.
9) 뫼ᄡᆞᄅᆞᆯ : 멥쌀을. 뫼ᄡᆞᆯ + -ᄋᆞᆯ. '뫼ᄡᆞᆯ'은 '찹쌀'의 對가 되는 말로 보통 밥을 지을 때 쓰는 쌀이다. 3번 편지에서는 '밥쌀'의 對가 되는 말로 쓰였다. 그러니 '뫼ᄡᆞᆯ'은 두 가지 뜻으로 쓰인 것으로 볼 수 있다.
10) 슬허 : 쓿어. 슳- + -어. '쓿다'는 거칠게 찧은 쌀 따위의 곡식을 정미롭게 다시 찧는 것이다.
11) ᄑᆞᆺ : 팥(小豆).
12) ᄆᆡ도 : 해삼도. 'ᄆᆡ'는 해삼(海蔘)의 옛말. 海蔘...ᄆᆡ≪제중 8:20≫. '-도'[보조사]는 행간에 보입된 글자.
13) 양으로 : 양(量)으로. '로'는 행간에 補入된 글자.
14) ᄆᆡ죵이 덕남이 슌개 년홰 녜츈이 : 노비의 이름. 앞의 세 사람은 남자 노복, 뒤의 두 사람은 여자 노비(婢)의 이름으로 보인다.
15) 맛다 : 맡아. 맜-(任) + -아.
16) 아뎌게 : 아적에. 아침에. '아뎍'은 'ㄷ'구개음화를 의식한 '아젹'의 과도교정형.
17) 일 : 일찍[부사].
18) 도참복 : 사람 이름.
19) 숑아치 : '송아지'의 방언형. '숑아치'는 「곽씨언간」에서 처음 나타나는 어형이다. 참고) '숑아지'(訓蒙初 上 10), '송치'<靑言 p.158>, '숑티'<柳氏物名攷 一 毛>. 「國漢會語』(1895)에 '소아치'(조항범 1998:127)가 나오는데 '숑아치'와 '소아치'는 경상방언형일 것으로 추정된다. 현대 경상방언(성주 지역)에 '송아치'가 쓰인다.
20) 두 필만 주고 : 이곳의 '필'은 포목(특히 무명베)일 것으로 생각된다. 무명 두 필을 주고 송아지를 사라는 이야기다.
21) 량으로 : 양(量)으로. 바로 앞의 행에 '양으로'가 나오는데 여기서는 '량'으로 표기되어 있다. 한자의 원래 음에 이끌린 표기이다.
22) 지령ᄒᆞ며 : 간장물과. 지령(간장) + -ᄒᆞ며. 'ᄒᆞ며'는 접속조사와 같은 기능을 한다. '지령'은 현대의 경상방언에서 그대로 쓰이고 있다.
23) 슌개 : 노복의 이름.
24) 잡탈 : 여러 가지 잡스러운 탈. 핑계.
25) 녜츈이 년홰 : 녜춘이와 년홰. 여자 노비의 이름.
26) 곽샹이과 한쉬 : 곽샹이와 한쉬. 사람 이름. 모음 뒤에 '-과'가 결합되어 있다.
27) 간나희 종돌 : 여종들. '-돌'은 복수접미사.
28) 나박 짐치 : 나박 김치. 무를 얇고 네모지게 썰어 소금에 절이고 고추, 파, 생강 따위의 양념을 하여 만드는 김치. 국물이 삭을 때 미나리를 넣기도 한다. '짐ᄎᆡ'는 '딤ᄎᆡ'의 ㄷ구개음화형이다. 현대어 '김치'는 ㄱ구개음화형을 비표준형으로 인식한 언중이 '짐ᄎᆡ'의 ㅈ을 ㄱ으로 과도교정한 것이다. '질삼>길삼', '짗>깃'도 이와 같은 성격의 과도교정형이다. 『음식디미방』에 '나박팀ᄎᆡ'로 표기되어 있다. 예)참고 나박팀치 ᄀᆞ치 ᄃᆞ마(2b)
29) 어들만뎡 : 얻을망정. 얻- + -을만뎡(어미). 여기서 '얻다'는 집에서 담는 것이 아니라 남에게서 '빌리다'의 뜻이다.
30) 핀잔되디 : 남에게 핀잔을 당하지. 핀잔되- + -디(어미).

17. 스무이튼날은 하늘개가 내려와 먹는 날이니 영인 682p

곽주가 하씨에게 [문 9] [건들 9][1)]

판독문

요ᄉᆞ이 아희돌 ᄃᆞ리고 엇디 겨
신고. 긔별 몰라 분별ᄒᆞ뇌.
나는 쏨이 ᄆᆡ일 온 몸애 그춘 적
업시 나니 ᄆᆞᄋᆞᆷ이 해[2)] 쌘 ᄃᆞᆺᄒᆞ고[3)]
온 몸이 아니 츤 ᄃᆡ 업ᄉᆞ니[4)] 민망
ᄒᆞ여 ᄒᆞ뇌. 스므이튼나른 뉘게 바
ᄃᆞ니 됴타 ᄒᆞ던고. 그 나리 시악
대패[5)]고 또 하ᄂᆞᆯ개[6)] ᄂᆞ려와 먹ᄂᆞᆫ
나리니 아ᄆᆞ 일도 몯홀 나리니
ᄒᆞ믈며 그 이롤[7)] 엇디 홀고. 새
칙녁[8)]도 예긔[9)] 왓고 날 밧는 칙[10)]
도 여긔 잇거놀 ᄌᆞ셰 바ᄃᆞ니 졍
월ᄀᆞ디[11)]는 맛당ᄒᆞᆫ 나리 업ᄉᆞ
니 내 ᄂᆞ려 가셔 다시 ᄌᆞ셰 골희
여[12)] 볼 거시니 슌위[13)] 오나든
가디 말고 잇다가 나를 보고
가게 니ᄅᆞ소. 내 열닐웬날
로 ᄂᆞ려 갈 거시니 내 몰 두 필
【上邊】
ᄒᆞ고[14)] 아긔 몰[15)]ᄒᆞ고 열닐웬날로 ᄀᆞ장 일[16)] 모
려 보내소. 죵돌 몰 모라 올 제 몰근 술 두 병
【右邊】
ᄒᆞ고 소안쥬[17)] ᄒᆞᆫ 당숡[18)]만 ᄒᆞ여 보내소. 날

향애[19] 즁ᄃᆞ리 후히 ᄒᆞ니 나도 갈 제
저의ᄅᆞᆯ[20] 술이나 머기고 가려 ᄒᆞ뇌.[21]
양식이 모ᄌᆞ라니 ᄇᆡᆨ미[22] ᄒᆞᆫ 말 닷 되
만 이 즁 올 제 보내소. 옥쉬[23] ᄂᆞᆫ 왓ᄂᆞᆫ
가 그저[24] 아니 왓ᄂᆞᆫ가 ᄀᆡ별ᄒᆞ소. 그믈조
차 가디고 나간가. ᄀᆡ별 몰라 ᄒᆞ뇌. 밧
바 이만. 열ᄒᆞᄅᆞᆫ날. (수결)
【뒷면】
논공 오야ᄃᆡᆨ
가셔
새 열다ᄉᆞᆺ 가ᄂᆡ. 아ᄒᆡᄃᆞᆯ 구워 주소. (수결)

현대어

요사이 아이들 데리고 어찌 계신가. 기별 몰라 걱정하네. 나는 땀이 매일 온 몸에 그친 적 없이 나니, 마음이 흠뻑 (물에) 빤 듯하고(=축 늘어지고) 온 몸이 아니 찬 데 없으니 민망해 하네.

스무이튿날은 누구에게 받으니 좋다고 하던가. 그 날이 시악대패 날이고, 또 하늘개가 땅에 내려와 먹는 날이어서 아무 일도 못 할 날이니 하물며 그 일(=혼례)을 어떻게 할꼬. 새 책력도 여기 왔고 날 받는 책도 여기 있거늘 자세히 받아 보니 정월까지는 마땅한 날이 없으니, 내가 내려 가서 다시 자세히 가리어 볼 것이니, 순위 오거든 가지 말고 있다가 나를 보고 가게 이르소.

내가 열이렛날로 내려 갈 것이니 내가 (탈) 말 두 필하고 아이가 (탈) 말하고 열이렛날로 매우 일찍 몰리어 보내소. 종들이 말을 몰아 올 때 맑은 술 두 병하고 소안주 한 당새기만 하여 보내소. 중들이 나를 후히 대접하니 나도 갈 때 저희들에게 술이나 먹이고 가려 하네. 양식이 모자라니 백미 한 말 닷 되만 이 중이 올 때 보내소.

옥쉬는 왔는가, 아직 아니 왔는가 기별하소. 그물조차 가지고 나갔는가. 기별 몰라 하네. 바빠 이만. 열하룻날. 논공 오야댁 가서. 새 열다섯 마리 가네. 아이들에게 구워 주소.

해설

이 편지는 내용으로 보아 18번 편지와 직접 관련되는 것이다. 여기서 곽주는 폐병 증세를 앓고 있음을 알 수 있다. 병을 앓는 중에도 무슨 중요한 일을 준비하는 듯, 좋은 날을 받으려 한다. 정확한 사실은 알 수 없으나, 앞 뒤 편지의 사연으로 미루어 볼 때 아마도 딸의 혼례를 준비한 것으로 짐작된다. 날 받는 이야기 중 유성이나 혜성이 떨어지는 것에 대한 표현으로 여겨지는 '하늘개가 내려와 먹는 날'이라는 말이 재미있다. 유성이나 혜성에 대한 옛사람들의 생각을 엿볼 수 있는 구절이다.

중들에게 후히 대접하고 돌아가려 한다는 말로 보아, 아마도 절에서 과거를 준비하거나 요양하던 중에 편지를 쓴 것 같다. 그리고 그 절의 중을 시켜 이 편지를 가지고 하씨에게 전하러 갔던 모습이 나타나 있다. 중들에게 대접하려 하는 음식은 맑은 술과 소안주이다. '소안주'는 고기를 쓰지 않고 채소 따위로 만든 안주인데, 이런 내용으로 보아 당시 중들이 고기는 먹지 않았으나 곡식으로 빚은 술은 곡차로 마셨던 것 같다.

몸이 아프고 날짜 정하는 일로 고민하는 중에도 새를 잡아 보내면서, 아이들에게 구워 주라고 당부하는 추신의 내용에서 아버지의 따스한 정이 느껴진다.

주석

1) 이 편지의 사연은 18번 편지와 직접 관련된다. 시간적으로 서로 이어지는 관계이다.
2) 해 : 아주 많이. '하-'(多)에 부사화접미사 '-이'가 결합한 것.
3) 섄 둣ᄒᆞ고 : (물에) 빤 듯하고. '섈(洗)- + -ᄋᆞᆫ + 둣[형식명사]. 몸에 땀이 그친 적이 없이 나서 물에 빤 듯하고.
4) 온 몸에 땀이 그친 적이 없이 많이 나 몸이 물에 빤 듯 젖어 있고 또 체온이 떨어져 몸이 차지 아니한 데가 없다는 병 증세를 말하고 있다. 폐병으로 인한 증세로 보인다.
5) 시악대패 : 이 말은 '十惡大敗'(십악대패)를 가리킨 것인데 '十惡'은 조선 시대에 적용되었던 것으로 대명률에서 정해진 열 가지 큰 죄를 말한다. 이에 대한 자세한 해설은 본서의 해설문 '민간신앙'을 참조 바람.
6) '하늘개'는 天狗를 가리킨 말이며 '천구'는 '천구성'(天狗星)의 준말이다. 자세한 해설은 본서의 해설문 '민간신앙'을 참조 바람.
7) 그 일 : 곽주가 무슨 일을 하기 위해 택일을 한 것인지 편지 사연에 전혀 나타나 있지 않지만 혼인날을 가리키는 것으로 생각된다. 69번 편지와 78번 편지에 혼인 일에 대한 언급이 있는 것으로 보아 '그 일'은 혼사를 가리킴이 분명하다.
8) 칙녁 : 冊曆. 책력은 천체를 관측하여 해와 달의 운행을 중심으로 천간(天干)과 지지(地支)를 통해 산출되는 六甲(60갑자)를 시간 표현의 수단으로 삼아 그 해의 절기와 그 변화 등을 적어 놓은 책이다. 조선 시대에 책력은 해마다 국가(관상감)에서 公刊하여 조정의 관료에게 나누어 주고, 지방 감영에 내려 보내었다. 책력은 농사 등 일년의 생활을 꾸려 나가는 기준이 되었을 것이다.
9) 예긔 : 여기. 'ㅕ>ㅖ' 변화를 겪은 어형. '벌셔>벌세'도 이러한 변화로 볼 수 있다.

10) '날 받는 책'은 음양과 오행, 육십갑자를 기준으로 관련된 사람의 사주를 이용하여 길일을 가리고 흉일을 피하는 방법을 설명한 책이다. 곽주가 참고한 날 받는 책은 『選擇要略』(선택요략)이거나 이와 비슷한 책일 것이다. 이 책은 조선 초기 천문학자였던 이순지(李純之)가 혼인, 학업, 출행, 풍수, 상장(喪葬) 등의 택일에 대해 설명한 것이다. 이순지는 1465년에 사망한 인물이다.
11) ᄀᆞ디 : 까지. ㄷ>ㅈ을 의식하여 'ᄀᆞ지'(까지)를 과도교정한 것.
12) ᄀᆞᆯ희여 : 가리여. 여기서는 '날을 뽑아' 보는 것을 뜻한다.
13) 슌위 : 사람 이름. 18번 편지에 '슌위ᄂᆞᆫ 왓거ᄂᆞᆯ'이 나온다.
14) ᄒᆞ고 : '-과/와'와 같은 접속 기능을 담당하고 있다. 현대국어의 입말에서 접속조사는 '-하고'가 쓰이고 '-과/와'는 쓰이지 않는다. 문어체의 격식성을 갖춘 경우에만 '-과/와'가 쓰인다. 접속조사와 같은 성격의 '-하고'가 이미 17세기초부터 존재하였음을 보여 주는 증거이다.
15) 아긔 ᄆᆞᆯ : 아이(곽주의 아들)가 탈 말.
16) 일 : 일찍.
17) 소안쥬 : 고기를 쓰지 않는 소박한 안주. '素'(소)는 음식에 고기나 생선이 들지 않은 것을 의미한다. 이 음식이 절의 중들을 대접하기 위해 이런 음식을 지정한 것이다.
18) 당ᄉᆡᆰ : 음식을 나를 때 쓰는 그릇의 하나. '도ᄉᆡᆰ'(>도시락)과 비슷한 낱말이다. 현대 방언에서 '당새기'로 쓰인다.
19) 향애 : 향(向)하여. 문맥상의 뜻으로 보아 '향하여'가 합당하지만 그 표기가 '향애'로 되어 있어 문제가 된다. '향ᄒᆞ여'가 '향히'로 변하는 축약 현상은 안동 정상동 이응태(李應泰 1556-1586) 묘에서 나온 원이엄마 편지에 보인다. 자내 날 향히 ᄆᆞᄋᆞᆷ을 엇디 가지며 나ᄂᆞᆫ 자내 향히 ᄆᆞᄋᆞᆷ을 엇디 가지던고(이응태 묘 출토 언간). 1586년에 쓰여진 이응태 부인의 언간에 '향히'가 나오므로 17세기 초의 「곽씨언간」에 이 어형이 나올 수는 있다. 그러나 '향히'가 아닌 '향애'로 나오는 점이 문제이다. '향이'로 나왔다면 그런대로 설명될 수 있다. 유성음 사이의 ㅎ탈락으로 처리할 수 있기 때문이다. 그러나 위의 편지에서는 '향애'로 나와서 이런 설명도 할 수 없다. 현재로서 '향애'는 '향이'(<향히)의 오기로 볼 수밖에 없다.
20) 저의ᄅᆞᆯ : 저희들을. '저의'는 '저희'에서 ㅎ이 탈락한 어형. 참고) 저희 서르 즐겨<杜解 初 10:42>.
21) 즁ᄃᆞ리~술이나 머기고 가려 ᄒᆞ뇌 : 곽주가 절에 머물러 있는 동안 중들이 아주 잘 대우해 주어서 떠나면서 술 대접을 하고 가야겠으니 술을 보내라는 사연이다. 중들에게 술 대접을 하려 한다는 사연은 다음 19번 편지에 바로 연결되는 것이며, 편지를 쓴 날짜를 고려하여 19번 편지보다 앞에 놓는다.
22) ᄇᆡᆨ미 : 白米(백미). 흰쌀.
23) 옥쉬 : 사람 이름. 노복 이름인 듯하다.
24) 그저 : 이 문맥으로 '그저'는 '아직', '여전히'의 뜻이다.

18. 내년 봄ᄁᆞ지는 마땅한 날이 없으니 어찌할꼬 영인 682p

곽주가 하씨에게 [문 17] [건들 20]

판독문

ᄂᆡ일 아뎌게 풍난이

ᄅᆞᆯ ᄀᆞ장 일 쟈근 몰
길마 디허[1] 모라 오라
ᄒᆞ소. 김슌복[2]의게 가
무러 보고뎌 ᄒᆞ뇌. 아긔
집 이ᄅᆞᆯ 옥진이ᄃᆞ려
무러셔 ᄌᆞ세 긔별ᄒᆞ
소. 김슌복이ᄃᆞ려 무러
셔 직 굿다[3] ᄒᆞ면 아기ᄂᆞᆫ
내 흠쯰 아니 ᄃᆞ려 갈
거시니 양식 다엿[4] 마리
나 지헛다가[5] 닐웬날
ᄆᆞ사ᄅᆞᆷ[6] 올 제 보내소.
ᄂᆡ일 ᄆᆞᆯ 모라 올 제 ᄆᆞᆯ
나ᄅᆞᆨ[7] 닷 되ᄒᆞ고 ᄆᆞᆯ 콩
너 되ᄒᆞ고 풍난이 주
워 보내소. 나ᄂᆞᆫ 닐웬
나리면 졍ᄒᆞ여 가려 ᄒᆞ
뇌. 나와셔도 내 직은[8]
면치 몯 ᄒᆞ니 ᄎᆞᆯ히 드
러가 ᄌᆞ식ᄃᆞ리나 그리디
말려 ᄒᆞ뇌. 샤당[9]도
가디 말고 잇다가 날 보
라 긔별ᄒᆞ소. 슌위ᄂᆞᆫ 왓
거ᄂᆞᆯ[10] ᄌᆞ세 골희니 올과
ᄂᆡ년 봄ᄀᆞ디ᄂᆞᆫ[11] 맛당ᄒᆞᆫ
나리 업ᄉᆞ니 엇디 ᄒᆞᆯ고 ᄒᆞ
뇌.

현대어

내일 아침에 풍난이를 매우 일찍 작은 말에 길마를 지워 몰아 오라 하소. 김슌복에게 가서 (그날 일진을) 물어 보고자 하네. 아이(=아들) 집의 일은 옥진이에게 물어서 자세히 기별하소. 김슌복이에게 물어서 (그날이) 궂다(=일진이 좋지 않다)고 말하면 아이는 내가 함께 아니 데려갈 것이니, 양식 대여섯 말이나 찧었다가 이렛날 말을 몰 사람이 올 적에 보내소. 내일 말을 몰아 올 적에 말 나락 닷 되하고 말 콩 너 되를 풍난이에게 주어 보내소.

나는 이렛날이면 정하여 가려 하네. 나와서도 (가장으로서) 내 직무는 면하지 못하니 차라리 들어가서 자식들이나 그리워하지 말려 하네. 사당도 가지 말고 있다가 날 보고 가라고 기별하소. 순위가 왔거늘 (날을) 자세히 가려보니 올해와 내년 봄까지는 마땅한 날이 없으니 어찌할 것인가 하며 걱정을 하고 있네.

해설

이 편지에는 몇 가지 사연이 나타난다. 하나는 아들 집에서 일어난 일을 옥진이에게 물어 보고 기별하라는 것으로, 이로 보아 아들네 집에 어떤 사건이 생겼다고 짐작할 수 있다. 21번 편지에 "아긔집 이론 분명이 도즉홀 놈의 이린가 식브니 샹직드롤 언현이 말라 ᄒᆞ소"라는 말에 나타난 것처럼, 아이(=아들) 집에 도적이 든 것으로 보인다. 이 편지에서 거론되는 '아들집'은 전처 자식인 이창(以昌)의 집을 가리킨 것으로 판단된다. 1590년생인 이창은 이 편지가 씌어진 당시(1610년대)에 장성한 나이기 때문이다.

둘째는 양식 대여섯 말과 말에게 먹일 콩과 나락을 보내라는 것이다. 셋째는 날 받는 이야기에 대한 것이다. 여기에 '샤당'도 등장하고 있어서 당시 사회에 '샤당'이 존재했다는 것과 이들이 날 받는 일을 보는 등 점복과 관련된 활동을 하기도 했음을 알 수 있다.

이 편지의 말미에는 좋은 날이 없어서 걱정하는 모습이 나타난다. 이렇게 신중하게 받는 날은 무엇을 하기 위한 날일까? 그 구체적 내용이 이 편지에는 전혀 나타나 있지 않으나, 다른 편지의 사연들과 관련지어 보면 혼인날을 정하기 위한 것으로 판단된다. 69번 편지에 "혼인의 쓰는 칙 어드러 사름이 부러 와 이시니 칙보과 갓보희 두 고대 어더 금동이 ᄒᆞ여 보내소."(혼인에 쓰는 책을 구하러 사람이 일부러 와 있으니 책보와 갓보 두 곳에 싸서 금동이를 시켜 보내소)라는 내용이 있다. 그리고 78번 편지에도 "셩쥐 혼인 일이니 브듸 뎐홀 사름을 주어 보내소"(성주에 혼인하는 일이니 부디 전할 사람을 주어 보내소)라는 사연이 있다. 시집보내는 딸의 혼인날을 받으려 한 것으로 생각된다.

주석

1) 길마 디혀 : 길마를 얹어. 길마는 짐을 실으려고 소나 말 등에 얹는 것. '디혀'의 '딯-'는 '짛-'(作)의 과도교정형.
2) 김슌복 : 사람 이름. 이 편지에만 나오는 인물이다. 뒤이어 나오는 문장에도 나타나 있듯이 이 사람은 역술에 밝아 일진(日辰)을 볼 줄 아는 자이다.
3) 직 궂다 : 운수가 궂다. 객(運數) # 궂다(언짢고 나쁘다). 주격조사가 생략되어 있다. 김순복이라는 사람에게 물어 보고 출발하는 날이 일진이 좋지 않은 궂은 날이라고 하면 아이는 일단 두고 가겠다는 생각을 알리고 있다. 참고) 구즐 흉(凶)<類合 下 57>. '직'은 20번 편지의 각주 8)을 함께 참조.
4) 다엿 : 대여섯. 참고) 다엿 겨집들이 안자(五六箇婦人們坐的)<朴解 重 中 53>.
5) 지헛다가 : 찧었다가. '딯-'에서 '짛-'으로 구개음화된 어형이다.
6) ᄆᆞ사ᄅᆞᆷ : 말을 몰 사람. 마부(馬夫). ᄆᆞᆯ # 사ᄅᆞᆷ. ㅅ 앞에서 ㄹ이 탈락하였다.
7) ᄆᆞᆯ 나ᄅᆞᆨ : 말에게 먹일 나락(벼). 바로 뒤에 나오는 'ᄆᆞᆯ 콩'은 말에게 먹일 콩이다. 말에게 나락까지 먹였음을 알려 주는 사연이다. 말에게 나락과 콩 같은 곡물을 먹여 잘 대접한 것은 말이 교통 수단으로 아주 요긴한 존재였기 때문이다.
8) 내 직은 : 나의 객운(客運)은. 나의 운수는. '직'(客)은 현대어의 '운수가 좋다' 혹은 '운세가 나쁘다'라고 할 때의 '운수'나 '운세'와 같은 뜻이다.
9) 샤당 : 사당. '사당'을 한자어로 '寺堂', '寺黨', '社堂' 따위로 적고 있지만, '寺'의 古音은 'ᄉᆞ'이기 때문에 '샤'에 '寺'를 대응시키기 어렵다. 참고) 寺 뎔 ᄉᆞ<新合 上 18b>. 따라서 '寺堂'과 '寺黨'은 '샤당'이 사찰과 일정한 관련을 맺고 활동하였던 관계로 한자음과 무관하게 후대에 조어된 한자어이다. 한자음을 기준으로 보면 '샤당'에는 '社堂'이 적합하다. '社'는 그 古音이 '샤'이기 때문이다. 참고) 社 샤직 샤<新合 下 9a>. '샤당'은 <海歌>(p.95), <物譜 族姻>에도 나온다. '샤당' 집단은 여성이 중심이고 이들에 붙어 사는 남사당도 있다. 무리를 지어 떠돌아 다니면서 곡예와 연희를 하는 천민이며 가무희를 앞세우고 매음을 하기도 했다 한다. 사찰에서 내주는 부적을 가져다 팔아 그 이익 중 일부를 얻어 먹기도 하였다. 이 편지에서 '샤당'은 문맥상으로 보아 날을 받는 점복 일 따위와 관련되어 있다.
10) 슌위 : 사람 이름. 슌우 + -이[접미사]. '슌위'는 17번 편지에 나온 인물인데 17번 편지에서 "정월 ᄀᆞ디ᄂᆞᆫ 맛당ᄒᆞᆫ 나리 업스니 내 ᄃᆞ려 가셔 다시 ᄌᆞ셰 ᄀᆞᆯ희여 볼 거시니 슌위 오나ᄃᆞᆫ 가디 말고 잇다가 나를 보고 가게 니ᄅᆞ소"라고 한 바 있다. 이 편지의 사연은 '슌위'가 왔고 그래서 날을 받아 보았으나 올해와 내년 봄까지도 마땅한 날이 없어서 걱정이라는 것이다. 시간적으로 17번 편지가 이 편지에 앞서는 것이다.
11) 봄ᄀᆞ디ᄂᆞᆫ : 봄까지는. '-ᄭᆞ지, -ᄀᆞ지'의 ㄷ구개음화 과도교정형이다.

19. 즁들에게 먹일 술도 안주까지 차려 보내소 영인 681p

곽주가 하씨에게(1614. 1.16) [문 3] [건들 13]

판독문

어제 오놀 아희돌 드리고 엇
디 겨신고. 그별 몰라 지극[1]
분별ᄒᆞ뇌. 나는 ᄂᆡ일로 가
려 졍ᄒᆞ여 이시니 ᄆᆞ사름[2]
을 ᄀᆞ장 일 보내소. 양
식 ᄒᆞᆫ 말 물콩 너 되 조
차[3] 보내소. 아기는 ᄂᆡ일 나가 ᄃᆞᆫ
녀셔 모뢰로사[4] 집으로 가
리로쇠. 즁돌 머길 술
도 안쥬 조차 출와 보내소.
머기고야 갈 거시니 ᄀᆞ장
일 출와 보내소. ᄒᆞᄅᆞ 잇
기 열흐리[5] 마ᄌᆞ니[6] ᄂᆡ일
은 아ᄆᆞ 이리 이셔도 설워
가로쇠.[7] ᄂᆡ일 갈 거시라. 이만.
【右邊】
가인[8] 졍월 열엿쇈날
【뒷면】
가셔 (수결)
논공 오야딕

현대어

어제 오늘, 아이들 데리고 어찌 계신고. 기별 몰라 지극히 걱정하네. 나는 내일로 가려고 정하여 있으니 말 부릴 사람을 매우 일찍 보내소. 양식 한 말, 말콩 너 되를 함께 보내소.

아이는 내일 나가서 다니다가 모레로야 집으로 갈 것이로세. 중들에게 먹일 술도 안주까지 차려 보내소. 먹이고야 갈 것이니 가장 일찍 차려 보내소. 하루 있기가 열흘과 같으니 내일은 아무 일이 있어도 아무튼 가리로세. 내일 갈 것이라. 이만. 갑인년 정월 열엿샛날. 가서. 논공 오야댁.

해설

이 편지는 곽주와 그의 아들(맏아들 以昌일 것이다)이 절에 들어가 있다가 '내일'로 집에 돌아갈 것이니 타고 갈 말과 말 몰 사람을 보내라는 사연이다. 모자랐던 양식도 함께 보내고, 두 부자를 위해 애써 준 중들에게 대접하려 하니 중들에게 먹일 술도 보내라고 하씨에게 당부하고 있다. 하루 머물러 있기가 열흘처럼 지루하다고 하며 빨리 말을 보내라고 독촉하고 있다. 절에 들어간 이유는 아마도 과거 시험 준비를 위한 것이리라. 11번, 12번 편지에 과거 시험을 위한 노정에서 집으로 편지를 보낸 것이 있음으로 보아 이 편지는 시간적으로 그 앞에 놓인다. 그리고 이 편지는 앞 17번 편지에서 곽주가 하씨에게 해 놓은 여러 가지 부탁을 확인하며 재촉하는 성격을 띠고 있다.

주석

1) 지극 : 지극(至極)히.
2) ᄆᆞ사ᄅᆞᆷ : 말을 이끌 사람. 'ᄆᆞᆯ사ᄅᆞᆷ'에서 ㅅ앞의 ㄹ이 탈락한 것.
3) 조차 : 조사로서의 '-조차'와, 부사어로서의 '겸하여' 중 어느 것으로 풀이해도 무방하나 후자로 보는 것이 더 자연스럽다.
4) 모뢰로사 : 모뢰(明日) + -로 + -사[강세첨사]. '-로'는 시간어 뒤에 붙어 부사어화 기능을 한다.
5) 열흐리 : 열흘에. 열흘 + -이(비교격).
6) 마ᄌᆞ니 : 맞으니. 같으니. 하루 있기가 열흘과 같으니.
7) 가로쇠 : 가리로세.
8) 가인 : 갑인(甲寅). '가인'의 첫글자가 약간 뭉개져 있으나 '갑인'으로 봄이 옳다. 필자는 이미 발표한 판독문에서 이것을 '갑인'으로 보았으나 김일근 교수는 이 글자를 '임인'으로 판독했다. 이 글자가 '임인'이라면 1602년이 되는데, 곽주가 장모에게 보낸 편지 중 가장 연대가 빠른 것이 1602년의 1번 편지이고 여기에는 '아이'들에 대한 언급은 전혀 없다. 1606년에 곽주가 하씨에게 쓴 3번 편지에도 '아이'들에 대한 말은 없다. 따라서 1번 편지의 해설문에서 밝혔듯이 1602년경에는 하씨 소생의 '아이'들이 없었던 것으로 판단된다. 이런 점을 고려할 때 이 부분의 글자는 '임인'이 아닌 '갑인'으로 봄이 합당하다. 이 갑인은 1614년이 된다.

20. 차라리 도망쳐 나갔던들… 영인 681p

곽주가 하씨에게 [문 72] [건들 143]

판독문

년홰 이ᄅᆞᆫ 그런 놀라온 이리 어ᄃᆡ
이실고.[1] 항거싀 아쇠오ᄆᆞᆫ[2] 니ᄅᆞ
도[3] 아니ᄒᆞ려니와 제 인ᄉᆡᆼ 어엿ᄲᅳᆯ
샤[4] ᄒᆞ뇌. 아ᄆᆞ려[5] 몯ᄒᆞᆯ 이를 시겨도
평ᄉᆡᆼ애 항것ᄃᆞ려 몯ᄒᆞ로다[6] ᄒᆞ여
ᄂᆞᆺᄀᆞᆺ 아니턴[7] 죵을 주겨 ᄇᆞ리니
항거싀 ᄌᆞ기야[8] 긔여셔[9] 더 큰 ᄌᆞ기
어ᄃᆡ 이실고. 저도 어엿브고 제 ᄌᆞ식
어엿블샤 ᄒᆞ뇌. 건곽난[10]을 일
졍[11] 치워 ᄒᆞᆫ다 ᄒᆞ고 더운 구드레[12]
녀코 오시나 만히 더퍼 그ᄅᆞ ᄃᆡ졉
ᄒᆞ여 주근가 시브니 더옥 어엿버
ᄒᆞ뇌.[13] 출히[14] 제 도망이나 ᄒᆞ여 나가
던ᄃᆞᆯ[15] 이리 잔잉ᄒᆞᆫ[16] ᄆᆞ음이나 업슬
거슬 ᄋᆞᆲ픠셔[17] 그ᄅᆞᆫ 일 업시 ᄃᆞᆫ니
다가 주그니 더옥〻 잔잉ᄒᆞ여 ᄒᆞ
뇌. 제 어버이를[18] ᄲᆞᆯ리나[19] 주워
셔[20] 제 무ᄃᆞᆫ ᄃᆡ 안묘제[21]나 ᄒᆞ라 ᄒᆞ소. 죵
【上邊】
ᄋᆞ로ᄂᆞᆫ 용ᄒᆞᆫ 죵[22]을 주겨 이시니 내 ᄌᆞ기야 다 ᄢᆡᆫ가[23] ᄒᆞ
뇌. 혼자 와셔 고단히 고초케[24] 견듸기도 오래 견듸
엿고[25] ᄌᆡᆨ도 다 ᄢᆡᆫ가 시브니 집의 가 비록 큰 병을
【右邊】

홀디라도 ᄌᆞ식ᄃᆞ리나 가 보려 ᄒᆞ뇌. 닐
웬나른 졍ᄒᆞ여 갈 거시니 ᄆᆞ사름 일 보
내소. 일거니도[26] 알팟고 셩개[27] ᄌᆞ식도 앏팟다
ᄒᆞ니 자내네[28]란 게 두고 나만 나왓다가 내죵[29]을
엇디 ᄒᆞ라 ᄒᆞ시ᄂᆞᆫ고. 혼자 사라ᄂᆞᆫ[30] ᄠᅳᆯ ᄃᆡ 업ᄂᆞ니
연고 말고[31] ᄆᆞ사름을 닐웬날로 보내소.[32] 녕산[33]
아긔 집의 고이ᄒᆞᆫ[34] 이리 잇다 ᄒᆞ니 옥진이[35]ᄃᆞ려
ᄌᆞ셰 무러 ᄂᆡ일 올 사름ᄒᆞ여 ᄌᆞ셰 긔별ᄒᆞ소. 밧바
이만. ᄌᆞ일(手決)

【뒷면】

오야ᄃᆡᆨ

가셔

현대어

녠홰 일은 그런 놀라운 일이 어디 있을꼬. 상전인 나의 아쉬움은 말하지도 아니하려니와, 제(=녠홰) 인생이 불쌍하네. 아무리 못 할 일을 시켜도 평생에 상전더러 못하겠다 하며 낯에 궂은 빛을 드러내지 않던 종을 죽여 버렸으니, 주인의 불운이야 여기서 더 큰 불운이 어디 있을꼬. 저도 불쌍하고 제 자식도 불쌍하여 하네. 건곽란을(=건곽란에 걸린 사람은) 항상 추워한다 하고 뜨거운 구들에 눕히고 옷을 많이 덮어 그릇 다루어 죽었는가 싶으니 더욱 불쌍하네. 차라리 제가 도망이나 하여 나갔던들 이렇게 자닝한 마음이나 없을 것을, 눈앞에서 잘못하는 일 없이 다니다가 죽으니 더욱 더욱 자닝하여 하네. 제 어버이에게 쌀이나 주어서 제 묻은 데 안묘제나 하라 하소.

종으로는 용한 종을 죽여 버렸으니 내 불운이야 다 때인가 하네(=때에 이르러서 어쩔 수 없이 당한 일인가 하네). (녠홰가) 혼자 와서 고단히 괴롭게 견디기도 오래 견디었고 불운도 다 때인가 싶으니 내가 집으로 돌아가서 비록 큰 병을 할지라도 자식들이나 보려고 하네. 이렛날에 갈 것이니 말을 몰 사람을 일찍 보내소. 일거니도 아팠고 셩개의 자식도 아팠다 하니 자네네들은 거기에 두고 나만 (피접) 나왔다가 나중을 어찌 감당하라 하시는고. 혼자 살아서는 쓸데없나니 연고(=이유를 대지) 말고 말을 몰 사람을 이렛날로 보내소.

녕산 아들네 집에 괴이한 일이 있다 하니 옥진이에게 자세히 물어 내일 올 사람을 시켜 기별하소. 바빠 이만. 즉일. 오야댁. 가서.

해설

곽주가 집에 없는 사이에 집안에 큰 사고가 일어났다. 일 잘하고 총명한 년홰가 갑작스러운 건곽란을 만났는데 주변의 사람들이 이 병을 잘못 다스려 죽게 하였다. 돌림병을 피해 다른 곳(아마 낙동강 건너편의 '진촌'일 것이다)에 피접 나간 곽주가 도저히 혼자만 안전한 곳에 나와 있을 수는 없다고 하면서 말 몰 사람을 보내라고 하씨에게 독촉하고 있다. 처자식과 집안의 안위를 걱정하고 아이들을 지키려는 부성(父性)이 강하게 느껴지는 사연이다.

앞 20번 편지와 21번 편지는 주요 사건이 서로 중복되어 나타난다. 그 주요 사건들을 비교해 보면, 20번 편지가 21번 편지보다 앞의 것임을 알 수 있다. 먼저 년홰의 죽음에 대한 이야기에서, 20번 편지의 서두는 "년홰의 일은 그런 놀라운 일이 어디 있을꼬"로 새로운 사건을 접한 것 같지만, 21번 편지에서는 '년홰의 일은 다시 무슨 말을 할꼬'로 부연이나 반복의 성격이 강하다.

또한 곽주가 돌아가겠다는 이렛날의 계획도 21번의 편지에 더 자세히 실려 있다. 20번 편지에는 그냥 돌아가려는 추상적인 이유만 밝히고 있으나 21번 편지에는 아들과 가는 길이 다르다는 점이나 중들 대접할 음식에 대해서도 자세히 적고 있다.

주석

1) 이 편지는 앞의 편지 사연과 그대로 이어지는 것이다. 년홰의 죽음을 측은하고 안타깝게 여기는 곽주의 모습이 눈에 보이는 듯 선하다.
2) 아쇠오ᄆᆞᆫ : 아쉬움은. 아까움은. '아쇠오ᄆᆞᆫ'의 '오'는 어간말 'ᄫ'과 '-ᄋᆞᆷ'의 'ᄋᆞ'가 결합하여 생성된 것이다.
3) 니ᄅᆞ도 : 이르지도. 말하지도. 어간 '니ᄅᆞ-'에 어미 '-도'가 직접 통합한 구성이다.
4) 어엿ᄡᅳᆯ샤 : 불쌍하구나. 어엿ᄡᅳ- + -ㄹ샤[감탄의 종결어미].
5) 아ᄆᆞ려 : 아무리.
6) 몯ᄒᆞ로다 : 못하겠다. 참고) ᄆᆞᄅᆞᆯ 사디 몯ᄒᆞ로다(是買不得馬)<朴解 初 上 64>.
7) ᄂᆞᆾ굿 아니턴 : 낯에 궂은 빛을 내지 아니하던. 싫어하는 표정을 내보이는 것을 'ᄂᆞᆾ굿ᄒᆞ다'라고 하였다. 참고) ᄂᆞᆾ곳ᄒᆞ다(皮氣)<釋譜 24>. 'ᄂᆞᆾ곶'과 'ᄂᆞᆾ곷', 'ᄂᆞᆾᄭᅩᆺ'도 '낯빛'으로 쓰였다. 참고) 怒ᄒᆞᆫ ᄂᆞᆾ고ᄌᆞᆯ 집사ᄅᆞ미 몯보더니<三綱 孝 26>.
8) ᄌᆡ기야 : 운수야. 'ᄌᆡᆨ'은 운수(運數) 혹은 운세(運勢)를 뜻하는 말. 'ᄌᆡᆨ + -이야' 여기서의 'ᄌᆡᆨ'은 문맥상 '불운함'을 가리킨다. 'ᄌᆡᆨ'의 다른 용례는 "김슌복이ᄃᆞ려 무러셔 ᄌᆡᆨ 굿다 ᄒᆞ면 아기ᄂᆞᆫ 내 ᄒᆞᆷᄭᅴ 아니 ᄃᆞ려 갈 거시니"(18번)에 나타난다. 여기에 쓰인 'ᄌᆡᆨ 굿다'는 '일진이 궂다'의 뜻이다. 'ᄌᆡ기야', 'ᄌᆡᆨ이'에 쓰인

명사 '직'은 한자어 '客'을 표기한 것으로 판단된다. '직'(손님 客)과 뜻이 다른 말이다. 참고) 손 직 客(新合 상 17a).

9) 긔여셔: '여긔셔'를 잘못 쓴 것인 듯하다.

10) 건곽난 : 건곽란(乾霍亂). 질병의 하나. 건곽란은 '교장사' 또는 '교각사'라고도 하는데 곽란(음식이 체하여 토하고 설사하는 급성 위장병)의 하나이다. 변질된 음식 등으로 인하여 독기가 위장에 몰려 생긴다. 갑자기 배가 비트는 것처럼 아프고 토하려 하면서도 토하지 못하고, 설사할 것 같으면서도 설사하지 못하며, 가슴이 답답하고 번조하다. 심하면 얼굴이 창백하고 손발이 싸늘하며 식은땀이 나고 맥이 잘 집히지 않는다. 몰린 기를 통하게 하고 예독을 없애는 방법으로 증상이 가벼울 때에는 곽향정기산을 쓰고, 중할 때에는 소합향원, 자금정 등을 쓴다. 이 문맥에서는 '건곽란 걸린 사람을'이라는 뜻으로 쓰였다.

11) 일졍 : 항상. 반드시.

12) 더운 구드레 : 뜨거운 구들(온돌)에. 구들 + -에. 참고) 구들 방(房)<倭語 上 31>. '구들'이라는 구체적인 사물의 수식어로 '더운'이라는 온도어가 쓰였다.

13) 그ᄅᆞ 뒤졉ᄒᆞ여 주근가 시브니 더옥 어엿버 ᄒᆞ뇌 : 건곽란에 걸린 사람은 항상 추워 한다고 하며 뜨거운 구들목에 환자(년홰)를 눕히고 게다가 옷을 많이 덮고 잘못 처치하여 죽은 듯 하니 더욱 불쌍해 하네. 이 말을 하는 곽주의 심정에는 그 자리에 자기가 있었더라면 잘못 처치하지 않고 년홰를 죽이지 않았을 텐데 아쉬워하는 마음이 가득하다.

14) 출히 : 차라리. 참고) 출히 說法마오<釋譜 13:58>.

15) 나가던될 : 나갔던들. 도망쳤던들. 과거시제 형태가 無形으로 나타나 있다.

16) 잔잉ᄒᆞᆫ : 불쌍한. 자닝한. 잔인한. 참고) 신녕이 도으시고 잔잉히 넉이신디<계축일기 p.200>.

17) 앏픠셔 : 앞(前)에서. 눈 앞에서. '앒 + -의셔'가 중철표기된 형태이다. 참고) 스승 앏픠셔 글을 강ᄒᆞ노라<老解 上 3a>.

18) 어버이롤 : 어버이에게. 여기에 쓰인 '-롤'은 현대국어의 여격 기능을 한다.

19) 뿔리나 : 쌀이나. 뿔 + -이나. ㄹ이 중철된 표기이다.

20) 주워셔 : 주어서. '주- + -어셔'에서 어간말 원순모음에 동화되어 후행 모음에 원순성 반모음 w가 첨가된 것이다.

21) 안묘졔 : 安墓祭. 묘를 조성한 후 뒤탈이 없도록 묘의 편안을 빌기 위해 행하는 제사. 안택(安宅)과 비슷한 의미를 가진 것으로 보인다. 현재에는 안택은 남아 있으나 안묘제는 찾아 볼 수 없다.

22) 용ᄒᆞᆫ 죵 : 일 잘하고 쓸모 있는 종.

23) ᄣᅢ가 : 땐가. 때(時)인가.

24) 고초케 : 고초(苦楚)하게. 괴롭게.

25) "혼자 와셔 고생스럽게 견디기도 오래 견디었고"라는 말 속에 '년홰'가 가족들과 분리되어 곽주의 집안의 비복(婢僕)으로 팔려 왔음을 의미한다.

26) 일거니도 : '일거니'는 사람 이름.

27) 셩개 : 사람 이름.

28) 자내네 : 하씨와 아이들을 합쳐 이르는 말.

29) 내죵 : 나중. 참고) 처엄 업스시며 내죵 업스샤<法華 3:161>.

30) 사라ᄂᆞᆫ : 살아서는.

31) 연고 말고 : 연고(緣故)나 이유를 대지 말고. 참고) 므슴 연고로 아니온다<朴解 初 上 66>.

32) 이 말로 보아 시긧병(돌림병)이 창궐하여 곽주가 다른 곳으로 병을 피하여 피접을 났던 것으로 보인다. '나 혼자 살아서 나중을 어떻게 감당할 수 있겠는가. 일건이도 앓고 성개 자식도 앓고 있다고 하니 내가 가서 아이들을 지키겠다'라고 다짐하는 곽주의 모습이 나타나 있다. 이런저런 연고나 이유를 대지 말고 말 몰 사람을 보내라고 하씨에게 재촉하고 있다.

33) 녕산 : 지명. 창녕군(昌寧郡) 영산면(靈山面)을 말한다. '녕산 아긔집'은 장남 以昌의 집을 뜻한다. 以昌의 妻가 靈山 辛氏이다. 달성군 현풍과 영산은 그리 멀지 않은 곳으로, 영산과 현풍 간에 혼반이 이루어졌던 것이다. 처의 택호를 따서 그 남편을 지칭하는 사례를 '녕산 아긔집'에서 확인할 수 있다.

34) 고이ᄒᆞᆫ : 괴이(怪異)한. 참고) 고이ᄒᆞ다(巧奇)<譯解 下 44>.

35) 옥진이 : 사람 이름.

21. 금동이 잿굿하던 날은 누군가 죽을 날이니 영인 680p

곽주가 하씨에게 [문 50] [건들 104]

판독문

풍난이[1] 오나ᄂᆞᆯ 아희ᄃᆞᆯ ᄃᆞ리고
편ᄒᆞ신 유무 보고 깃거ᄒᆞ뇌. 년홰[2] 이ᄅᆞᆫ
다시 ᄆᆞᄉᆞᆷ 마ᄅᆞᆯ ᄒᆞᆯ고. 금동[3]의 ᄌᆡᆺ굿ᄒᆞ던[4] 나
리 뎍휘[5] 나리니 ᄂᆞᆷ[6]이 아뫼나[7] 주그ᄆᆞᆫ 블
의예[8] 주글 나리거니와 하나 한[9] 사ᄅᆞᆷ애 제
그의[10] 글[11] 만나ᄂᆞᆫ 이리 우연이[12] 어엿ᄡᅳᆫ가.[13] 항거
ᄉᆡ게[14] 블쵸치[15] 아니턴[16] 이리 ᄉᆡᆼ각ᄒᆞᆯ소록
어엿버 ᄒᆞ뇌. ᄠᆞᆯ 두어 마리나 ᄒᆞ고 ᄆᆡ믈ᄒᆞᆯ[17]
것ᄒᆞ고 ᄎᆞᆯ화셔[18] 언옥이[19]ᄒᆞ고 한ᄃᆡ[20]ᄒᆞ고 둘
히 맛다 가[21] 년홰 제 엄의[22] 보ᄂᆞᆫ ᄃᆡ 가 ᄀᆞ장 조
케[23] 당만ᄒᆞ여[24] 안묘졔ᄅᆞᆯ ᄒᆞ라 ᄒᆞ소. 술
도 ᄆᆞᆯ근 수ᄅᆞᆯ ᄀᆞ장 됴ᄒᆞᆫ 수ᄅᆞᆯ 주워셔[25] 안
묘졔ᄅᆞᆯ ᄒᆞ라 ᄒᆞ소. 아긔집 이ᄅᆞᆫ 분명이 도
족ᄒᆞᆯ[26] 놈의 이린가 식브니 샹직ᄃᆞᄅᆞᆯ
언현이[27] 말라 ᄒᆞ소. 나ᄂᆞᆫ 닐웬날로 ᄂᆞ려
가려 정ᄒᆞ여 이시니 여러 말 말고 ᄆᆞ
사ᄅᆞᆷ을 일 모려[28] 보내소. 나
ᄋᆞᆺ[29] 주글 거

시면 여긔 잇다 아니 주그며 살 거시면

【上邊】

게 가다 주글가. 자내 날 살과뎌[30] ᄒᆞᆫ 졍이나 내

자내네[31] 혼자 두고 와셔 므스 일 이실고 ᄒᆞ여 념녀

ᄒᆞᆫ 졍이나 다ᄅᆞᆯ 주리 이실가. 년홰 블의예 주

그니 더옥 수이 ᄂᆞ려 가고뎌 ᄒᆞ뇌. 년홰도 나

옷 게 잇던ᄃᆞᆯ 여러 가디[32] 약이나 ᄒᆞ여 보다가 주길 거

【右邊】

슬 ᄒᆞᆫ 약 ᄒᆞᆫ 방법[33]도 몯 ᄒᆞ여셔 주겨 ᄇᆞ리니 더옥 애ᄃᆞ라

ᄒᆞ뇌. 관도 뷘 거슬 가뎌다가 뭇다 ᄒᆞ니 샹지나[34] 주워 녀턴

ᄃᆞᆯ ᄒᆞ뇌[35]. 뎌디ᄂᆞᆫ[36] 유무 보고 반겨호ᄃᆡ ᄆᆞᄋᆞᆷ 요란ᄒᆞ여[37] 답장

몯 ᄒᆞ며 ᄒᆞᆫᄒᆞ뇌[38]. 긔별 ᄒᆞ소. 날 보려코 잇다 ᄒᆞ니[39] 더옥 고마와

ᄒᆞ뇌.[40] 긔별 ᄒᆞ소. 닐웬날 ᄆᆞᆯ 모라 올 제 ᄆᆞᆯ콩 너 되 양식

ᄒᆞᆫ 말 ᄒᆞ여 보내소. 나는 집으로 바로 ᄂᆞ려 가고 아기 다ᄅᆞᆫ ᄃᆡ 가 ᄃᆞᆫ녀

갈 ᄃᆡ 이시니 양식과 ᄆᆞᆯ콩을 보내소. 즁ᄃᆞᆯ 머길 술과

안쥬ᄅᆞᆯ ᄒᆞ여 ᄆᆞᆯ 모라 올 제 흡씌 보내소. 아긔게ᄂᆞᆫ 심

난ᄒᆞ여 답장 몯 ᄒᆞ뇌. 니ᄅᆞ소. 밧바 이만. 즈일 (手決)

【右邊右下】

년홰 묘제[41]홀 제

면 ᄊᆞᄅᆞ[42]도 주워셔

면 조차 ᄒᆞ여

졔ᄅᆞᆯ ᄒᆞ라

ᄒᆞ소.

【뒷면】

오야ᄃᆡᆨ

답셔

현대어

풍난이가 오거늘 아이들 데리고 편하신 소식 보고 기뻐하오.

년홰 일은 다시 무슨 말을 할꼬. 금동이가 잿굿하던 날이 귀혼(鬼魂) 날이니, 사람이 아무나 죽음은 불의에 죽을 날이거니와(=누구라도 불의에 죽게 되어 있는 날이거니와) 많고 많은 사람 중에 자기에게 그것을 만난 일이 얼마나 불쌍한가. 주인에게 불초하지 않던 일이 생각할수록 불쌍하네. 쌀 두어 말이나 하고 제물할 것하고 차려서 언옥이하고 한듸하고 둘이 맡아 가서, 년홰 제 어미 보는 데 가서 가장 깨끗하게 장만하여 안묘제를 하라 하소. 술도 맑은 술을, 가장 좋은 술을 주어서 안묘제를 하라 하소.

아들 집의 일은 분명히 도적질하는 놈이 (저지른) 일인가 싶으니 상직들을 소홀히 말라 이르소. 나는 이렛날로 내려가려 정하여 있으니 여러 말 말고 말을 몰 사람을 일찍 몰리어 보내소. 내가 곧 죽을 것이면 여기 있다고 아니 죽으며, 살 것이면 거기에 간다고 죽을까. 자네가 날 살리고자 하는 정이나, 내가 자네들 혼자 두고 와서 무슨 일 있을까 하여 염려하는 정이나 다를 줄이 있을까. 년홰가 불의에 죽으니 더욱 빨리 내려가고자 하네. 년홰도 내가 거기에 있었던들 여러 가지 약이나 써 보다가 죽일 것을 약 하나, 처방 하나도 못 해보고 죽여 버리니 더욱 애달아 하네. 관도 빈 것을 가져다가 묻었다 하니 '상지(常紙)나 주어 넣었으면 좋았을 텐데'라는 생각이 드네. 손으로 편지를 뜯어보고 반겨하되 마음이 요란하여 답장 못하며 한(恨)하네. 기별하소.

(그 사람이) 날 만나보려고 (기다리고) 있다 하니 더욱 고마워하네. (이런 말을) 기별하소. 이렛날 말 몰아 올 적에 말콩 너 되, 양식 한 말을 장만하여 보내소. 나는 집으로 바로 내려가고 아이는 다른 데 가 다녀갈 것이니 양식과 말 콩을 보내소. 중들 먹일 술과 안주를 장만하여 말을 몰아 올 적에 함께 보내소. 아이에게는 심란하여 답장을 못 하네. (자네가 아이에게) 이르소. 바빠 이만. 즉일.

년홰의 묘제를 지낼 때 면 가루도 아울러 줘서 국수까지 하여 제를 하라 하소. 오야댁. 답서.

해설

이 편지는 '년홰'라는 여자 노비(婢)의 죽음과 관련된 사연이 주를 이루고 있다. 비록 년홰(蓮花)가 노비였지만, 상전의 애틋한 정으로 슬퍼하는 곽주의 모습이 나타난다. 사연으로 미루어 짐작하건대, 년홰가 성실하고 착한 여종인 데다가 곽주가 출타 중이 아니라 집에 있었다면 살릴 방도가 있었을지도 모른다는 아쉬움이 곽주를 더욱 안타깝게 만들고 있다. 년홰의 관 속에 종이를 넣어 주라는 것, 술도 가장 좋은 맑은 술을 주어 안묘제를 하라고 한 것, 안묘제를 할 때 면가루를 주어서 국수도 만들라고 한 것 등에서 곽주의 각별한 심정을 읽을 수 있다. 국수는 당시 귀한 음식의 하나였다. 귀신에게 바치는 제사상에는 예나 지금이나 당대 사람들이 가장 좋아하는 음식이 올랐던 것이다. 오늘날 미혼의 젊은이에게 "언제 국수 먹여 줄 거지?"라고 묻는 데서 보듯이 옛날에 국수는 혼사 같은 큰 잔치 때나 먹어 볼 수 있는 귀한 것이었다. 돌아가신 이수건 선생님에 따르면 제사상에 국수는 가장 앞쪽의 중앙에 놓여졌다고 한다.

이 편지를 통해 안택(安宅)과 비슷한 성격의 안묘제(安墓祭)가 있었다는 점, 제사 음식으로 밀가루 국수를 한 것, 관 속에 종이를 넣었다는 점 등의 흥미로운 사실을 알아낼 수 있다. 지금 곽주는 집의 식솔들과 떨어져, 아마도 과거 시험 준비 혹은 돌림병 때문에 아들과 함께 절이나 외진 곳에 피신을 나가 있었던 것 같다. 그러나 여느 편지에서와 마찬가지로 곽주는 집안 식구들의 안위에 대해 가장으로서 강한 책임감을 느끼며, 질병의 위험이 있더라도 집에 돌아갈 터이니 말과 사람을 보내라고 아내에게 이르고 있다.

주석

1) 풍난이 : 노복의 이름. '풍난이 오나ᄂᆞᆯ'은 '풍난이'라는 奴가 하씨의 편지를 가지고 곽주에게 전했음을 말해 준다.
2) 년홰 : 여자 노비의 이름. 년화 + -ㅣ[접미사]. 현대국어에서 이름 뒤에 붙는 접미사 '-이'는 자음으로 끝난 경우에 붙지만 「곽씨언간」에서는 거의 모든 사람 이름 뒤에 '-이'(또는 '-ㅣ')가 붙으며, 땅 이름에도 결합되어 있다. 참고) 대귀(대구+ㅣ), 논공이. 곽충구 선생의 연구에 따르면 함북 육진방언에 명사 뒤에 ㅣ가 붙는 현상이 많이 나타난다.
3) 금동 : 노복의 이름.
4) ᄌᆡᆺ굿ᄒᆞ던 : 잿굿하던. 'ᄌᆡᆺ굿'은 잿굿(齋굿, 망자의 명복을 축원하기 위해 행하는 굿)일 것이다. '잿굿'은 亡者의 명복을 빌려고 굿(무속) 형식으로 재를 올리는 것으로서 불교 의례와 무속 의례가 결합된 의식일 가능성이 있다. 재수굿(財數굿)일 가능성도 생각해 볼 수 있으나 편지의 문맥상으로 '잿굿'으로 봄이 낫다. 그밖에도 'ᄌᆡ'와 '災'를 연결지어 'ᄌᆡᆺ굿'을 '災굿'으로 볼 여지도 있다. 재앙을 물리치기 위한 굿도 있기 때문에 이런 짐작도 가능하다. '財', '齋', '災'의 옛 음이 모두 'ᄌᆡ'이어서 'ᄌᆡᆺ굿'이 어느 것을 표기한 것인지 판단하기 어렵지만 '齋'로 봄이 가장 적절하다, 참고) 財 ᄌᆡ믈 ᄌᆡ<新合 하 35b>. 齋 ᄌᆡ계 ᄌᆡ<新合 하 14a>. 災 ᄌᆡ화 ᄌᆡ<新合 하 61b>.
5) 뎍휘 나리니 : 鬼魂 날이니. 귀신이 세(勢)를 부리는 날이니. '뎍휘'는 '뎍호'의 변한 말로 보인다. 참고) 뎍호(鬼魂)<譯補 34>. '뎍호'는 한자어로 '覃鬼虎'(적호)로 적으며 귀신과 혼백을 뜻한다.
6) ᄂᆞᆷ : 사람. 'ᄂᆞᆷ'은 '다른 사람'과 '사람'이라는 두 가지 뜻이 있는데, 여기서는 '사람'의 뜻으로 쓰였다.

7) 아뫼나 : 아무나. 아모(某) + -ㅣ나. 참고) 나랏일후믄 아뫼오<楞嚴 1:17>.
8) 블의예 : 불의에. 블의(不意) + -예[처소격조사]. 참고) 블의예 쟝만ᄒᆞ다(副急)<語解 初 25b>.
9) 하나 한 : 많고 많은. 참고) 하나한 천만가짓 이를<飜小 10:8>.
10) 제그의 : 자기에게. 저[재귀대명사] + -의그의[여격조사]. '-의그의'는 '-에게'의 뜻을 가진 '-의그에'라는 여격조사와 비슷한 형태이다.
11) 글 : 그를. 그것을. 그 + -ㄹ(목적격 조사).
12) 우연이 : 얼마나. 형태상으로는 '우연(偶然)히'의 옛말이지만 문맥상 뜻은 '얼마나'가 적절하다.
13) 어엿쁜가 : 불쌍한가. 참고) 어엿블 휼(恤)<訓蒙 하 32>.
14) 항거싀게 : 주인에게. 항것(上典) + -의게[여격조사]. 참고) 아랑은 항거시란 말이라<太平 1:27>. '항것'은 '한(大)-것'으로 분석될 수 있다.
15) 블쵸치 : 불초(不肖)하지. 못나고 어리석지. 참고) 신으로ᄡᅥ 블쵸타 마ᄅᆞ샤<東新 忠 1:13b>.
16) 아니턴 : 아니하던. 아니ᄒᆞ- + -던.
17) ᄆᆡ믈ᄒᆞᆯ : 제물(祭物)에 쓸. '뫼'는 존귀한 사람의 상 혹은 제사상에 올리는 진지를 가리키는 것인데 여기서는 후자의 뜻으로 쓰였다. 현대어에서는 '메'로 변하였다. 'ᄆᆡ믈'의 'ᄆᆡ'는 '뫼믈'에서 순자음 뒤의 비원순화(ㅗ> ·)가 실현된 것이다. 참고) 文王이 ᄒᆞᆫ 번 뫼 자셔든 ᄯᅩ ᄒᆞᆫ 번 뫼 자시며 文王이 두 번 뫼 자셔든 ᄯᅩ 두 번 뫼 자시더시다<소언 4:12>. 饌믈은 고기며 싱션이며 麵이며 편이며 羹이며 뫼를 各ᄒᆞᆫ그ᄅᆞᄉᆞ로ᄡᅥ 호ᄃᆡ<가언 7:2>.
18) 출화셔 : 차려서. 출호- + -아셔[연결어미].
19) 언옥이 : 비(婢)의 이름.
20) 한ᄃᆡ : 노비의 이름. 음식을 장만하는 문맥으로 보아 여자 노비의 이름으로 생각된다.
21) 맛다 가 : 맡아 가(서). 맜- + -아 # 가- + -아. 참고) 맛들 임(任)<千字 石 39>.
22) 엄의 : 어미의. 엄 + -의[주격 기능의 속격형]. 참고) 엄의 거상애<小解 2:35>.
23) 조케 : 깨끗하게.
24) 댱만ᄒᆞ여 : 장만하여. 참고) 술 댱만ᄒᆞ여<三譯 7:16>.
25) 주워셔 : 주어서.
26) 도ᄌᆞᆨᄒᆞᆯ : 도적(盜賊)질할. 참고) 도ᄌᆞᆨᄒᆞᆯ 투(偸)<訓蒙 하 25>.
27) 언현이 : 소홀히. 부사 '어련히'의 선대형으로 '얼혀니, 얼현이'가 쓰였다. 참고) 얼혀니 구(苟)<類合 下 61>. 요즈음 '어련이'는 잘 알아서 으레 그렇게 하리라고 간주할 때 쓰인다. 그러나 이 글에서 '얼혀니'나 '언현이'는 '소홀히'라는 뜻으로 쓰였다.
28) 모려 : 몰게 하여. 몰- + -이-[사동접사] + -어.
29) 나옷 : 나 + -옷[강세첨사].
30) 살과뎌 : 살리고자. 살-(生) + -과뎌(-고자)[원망의 연결어미]. 참고) 스러디과뎌 ᄒᆞ노니<月釋 序 25>.
31) 자내네 : 자네들. 자내 + -네[복수접미사]. '자내네 혼자'는 곽주를 제외하고 부인과 아이들만 있는 것을 나타낸다.
32) 여러 가디 : 여러 가지. '가디'는 '가지'의 ㅈ이 ㄷ으로 과도교정된 표기이다.
33) 방법 : 여기에서는 문맥상 '처방(處方)'의 뜻이다.
34) 샹지나 : 상지나. 샹지 + -나. '상지'(常紙)는 품질이 보통인 종이를 가리킨다.
35) 녀턴ᄃᆞᆯ ᄒᆞ네 : 넣었던들 생각되네. 녛- + -더- + -ㄴᄃᆞᆯ. 관 안에 종이를 채워 넣었으면 좋았을 터인데 그리하지 못한 것을 아쉬워하는 어감이 나타난다.
36) 뎌디ᄂᆞᆫ : 집어서 따는. 어간이 '뎌디-'인 낱말은 어느 고어사전에도 보이지 않는다. '뎌기-'가 ㄱ구개음화에 의해 '뎌지-'로 변하고 이 '뎌지-'를 과도교정하여 ㅈ을 ㄷ으로 고쳐 표기한 것이 '뎌디-'라고 생각된다. 이 예는 '맛뎌'(맛디+어, 任)를 '맛겨'(35번, 64번)로 고쳐 표기한 것과 그 성격이 일치한다. '뎌기-'의 문헌 용례는 다음과 같은 것이 있다. 참고) 싱각 뎌기다(沈思)<同解 상 19>. 뎌길 겹(掐)<訓蒙

하 22>. 兒孩也 칙 더겨 노하라 任 계신 듸 보ᄂᆡ리라<靑言 p.98>. '뎌기-'는 '손으로 집어서 따는' 행위를 가리킨다. '뎌기ᄂᆞᆫ 유무'는 손으로 '집어서 따(뜯어) 보는 편지'라고 풀이된다.

37) 요란ᄒᆞ여 : 요란하여. 어수선하여. 어지러워. 참고) 요란 요(搖)<類合 下 31>.

38) ᄒᆞᆫᄒᆞ뇌 : 한(恨)하네. 애석하네. 참고) ᄉᆞ업이 기디 아니ᄒᆞᆫ 주를 ᄒᆞᆫᄒᆞ노라<東新 忠 1:29b>.

39) 보려코 잇다 ᄒᆞ니 : 보려하고 있다 하니. '보려코'는 '보려 ᄒᆞ고'의 축약형. 이 구성은 동사가 네 개나 이어져 있다.

40) '날 보려고 있다고 하니 더욱 고마워 하네'라는 표현 속에는 누군가가 찾아와 곽주를 보고 가겠다고 그가 오기를 기다리고 있다는 이야기가 숨어 있다.

41) 묘졔 : 앞에 나온 안묘제를 가리킨다.

42) 면 ᄀᆞᄅᆞ : 면(麵) 가루. 국수를 만드는 가루. 'ᄀᆞ'의 ㅅ은 사이시옷에 해당한다. 참고) 모밀 ᄀᆞᄅᆞ ᄒᆞᆫ 술과<馬經 下 64b>.

22. 정냥의 머리는 어떠한고 영인 680p

곽주가 하씨에게 [문 22] [건들 38]

판독문

자내 편치 아니ᄒᆞᆫ듸 엇
더ᄒᆞᆫ고. 그별 몰라 분
별ᄒᆞ뇌. 나ᄂᆞᆫ 당시[1] 무
ᄉᆞ히 잇뇌. 졍냥의[2]
머리ᄂᆞᆫ 엇더ᄒᆞᆫ고. 더
옥 닛디 몯 ᄒᆞ여 ᄒᆞ
뇌. 아마도 자내 편
치 아니ᄒᆞᆫ 듸[3]도 수이
편ᄒᆞ고 아희돌 다
편히 이시믈 ᄇᆞ라
ᄒᆞ뇌.[4] 졍냥의
머리를 아ᄆᆞ려나
수이 됴케 ᄒᆞ소. 자내
병 든 듸[5] 힝혀

더 편치 아니 ᄒᆞ거
든 즉시 내게 긔
【上邊】
별 ᄒᆞ소. 밧바 이만.
【右邊】
아기ᄃᆞ려 글 힘
뻐 니ᄅᆞ라[6] ᄒᆞ소.
즈일 (手決)
【뒷면】
가셔 (手決)

현대어

자네 편치 않은 데는 어떠한고. 기별 몰라 걱정하네. 나는 지금 무사히 있네. 졍냥의 머리는 어떠한고. 더욱 잊지 못하여 하네. 아무쪼록 자네 편치 않은 데도 빨리 좋아지고 아이들도 다 편히 있기를 바라네. 졍냥의 머리를 아무쪼록 빨리 좋게 하소. 자네 병든 데 행여 더 편치 아니하거든 즉시 내게 기별하소. 바빠서 이만. 아이에게 글을 힘써서 읽으라 하소. 즉일(卽日). 가서.

해설

이 편지는 전형적인 문안 편지이다. 곽주의 딸인 졍냥이가 머리에 종기가 나 치료하는 이야기는 다른 편지(8번, 9번)에도 보인다. 예전에는 종기가 매우 심각한 질병이었다. 항생제가 없었기 때문에 종기가 점점 깊어져 결국 생명을 잃기도 하였기 때문이다. 딸아이도 앓고 처 하씨도 아파서 근심스럽게 안부를 묻고 있다. 조금이라도 증세가 더 심해지면 즉시 나에게 알려 달라는 곽주의 말에 수심이 가득하다. 아들은 탈 없이 무사한지 궁금해 하며, 글 읽는 일을 열심히 하라고 당부하고 있다.

주석

1) 당시 : 2번 편지와 11번 편지에 나온 적이 있는데, 2번 편지에서는 '지금'의 뜻으로 쓰였고, 11번 편지에서는 '그때'의 의미로 쓰였다. 여기서는 2번 편지와 같이 '지금'의 뜻으로 파악된다.
2) 졍냥의 : 사진본에는 '졍댱의'처럼 보이나 원본을 확인해 보니 '댱'처럼 보이는 것의 첫획은 섬유질의 잡티였다.
3) ᄃᆡ : 데[형식명사].
4) ᄇᆞ라 ᄒᆞ뇌 : ᄇᆞ라(望) + -아 # ᄒᆞ- + -뇌('노이다'의 단축형). 동사어간에 '-어ᄒᆞ다'가 결합되는 매우 특이한 통사적 구성이다.
5) 병 든 ᄃᆡ : 병 든 데.
6) 니ᄅᆞ라 : 읽으라. 니ᄅᆞ- + -라.

23. 졍녜의 바지는 해 주었는가 영인 679p

곽주가 하씨에게 [문 68] [건들 137]

판독문

요ᄉᆞ이 자내 편치 아니ᄒᆞᆫᄃᆡ 엇더 ᄒᆞ

신고. ᄀᆡ별 몰라 분별ᄒᆞ뇌. 졍냥의

머리ᄂᆞᆫ 져그나 ᄒᆞ려 잇ᄂᆞᆫ가. 더옥 닛

디 몯ᄒᆞ여 ᄒᆞ뇌. 나ᄂᆞᆫ 입에 죵긔[1] 나

잇더니 오ᄂᆞᆯ브터ᄂᆞᆫ ᄒᆞ린 ᄃᆞᆺᄒᆞ여 잇

뇌. 쳥되 금동이[2]ᄅᆞᆯ 아기ᄃᆞ려 닐

러 내게 와 말 드러 화원[3] 가 수이 ᄃᆞᆫ

녀 오라 ᄒᆞ소[4]. 아긔 옷도 ᄒᆞ여 줄 거시고

다ᄅᆞᆫ ᄃᆡ도 ᄡᅳᆯ ᄃᆡ 이시니 수이 와 내게 말 드

러 가라 ᄒᆞ소. 졍녜 바디[5]ᄂᆞᆫ ᄒᆞ여 주웟ᄂᆞᆫ

【右邊】

가.[6] 치워 ᄒᆞ던 이리 눈에 암〻ᄒᆞ여[7] 닛디 몯 ᄒᆞ뇌.

즈일(手決)

【뒷면】

가셔(手決)

현대어

요사이 자네 편치 않은데 어떠하신고. 기별 몰라 걱정하네. 졍냥의 머리는 적으나 나아 있는가. 더욱 잊지 못하여 하네. 나는 입에 종기가 나 있더니 오늘부터는 나은 듯하여 있네. 쳥되 금동이를 큰애에게 일러 "내게 와 말 들어 화원에 가 빨리 다녀 오라" 하소. 아이의 옷도 해 줄 것이고 다른 데도 쓸 데 있으니 빨리 와 내게 말을 듣고 가라 하소. 졍녜의 바지는 해 주었는가. 추워하던 일이 눈에 암암하여 잊지 못하네. 즉일(卽日). 가서(家書).

해설

앞의 22번 편지 사연과 직접 연결되는 것이다. 졍냥이의 머리에 난 종기가 얼마나 나았는지 걱정하는 모습이 나타나 있고 곽주 자신도 입에 종기가 나서 고생한 이야기를 적고 있다. 금동이를 화원에 보내어 빨리 일을 마치고 오라고 전갈하고 있다. 졍녜의 바지는 만들어 입혔는지, 변변치 않은 옷을 입고 추워서 떨던 아이의 모습이 눈에 밟힌다는 아버지의 애틋한 정이 그려져 있다.

주석

1) 죵긔 : 종기. 腫氣.
2) 청되 금동이 : 노복의 이름. 4번 편지의 주석 15번 참조. 5번 편지에 나오는 '금동이'와 구별하기 위해 지명을 붙여서 불렀던 것으로 짐작된다.
3) 화원 : 현재의 달성군 화원(花園)면을 가리킨다. 현풍과 인접한 면이다.
4) 쳥되 금동이롤 (아기ᄃᆞ려 닐어) 내게 와 말 드러 화원 가 수이 ᄃᆞᆫ녀 오라 하소 : 이 문맥에 들어 있는 '아기'는 곽주의 큰아들 '이창'을 가리킨 것으로 판단된다. 아들이 금동이에게 "아버님(곽주)에게 가서 시키는 말을 듣고 화원에 빨리 다녀 오라"는 내용을 전한다는 뜻이다. 여러 개의 문장을 한 문장으로 우겨 넣은 복잡한 구문이다.
5) 바디 : 바지. 6번, 34번, 91번 편지에는 ㄷ구개음화가 실현된 '바지'로 쓰였다. 구개음화 실현형과 비실현형이 공존하고 있는 양상을 보여 준다.
6) 주웟ᄂᆞᆫ가 : 주었는가. 주- + -엇 + -ᄂᆞᆫ가. '주엇-'이 '주웟-'이 된 것은 모음충돌 회피 현상의 하나로 w가 첨가된 것이다. 동화라는 관점에서 보면 선행 모음의 원순성이 뒷 모음에 전이된 결과로 해석할 수 있다.
7) 암〻ᄒᆞ여 : '암암하다'는 '잊어지지 아니하고 가물가물 보이는 듯하다'의 뜻이다.

24. 방의 구들목에도 흙을 더 바르라 하소 영인 678p

곽주가 하씨에게 [문 58] [건들 118]

판독문

온 후에[1] 아희ᄃᆞᆯ ᄃᆞ리고 엇디
겨신고. 긔별 몰라 일시도 닛디
몯ᄒᆞ여 ᄒᆞ뇌. 뎡냥이 병든 ᄃᆡ
ᄂᆞᆫ 엇더ᄒᆞᆫ고. 더옥 닛디 몯ᄒᆞ여
ᄒᆞ뇌. 집의 알매[2]ᄂᆞᆫ 연ᄌᆞᆫ
가.[3] 영덕이[4]ᄃᆞ려 닐러셔 브ᄃᆡ[5]
ᄒᆞᆰ을 만히 연ᄌᆞ라 ᄒᆞ소. 창
도 ᄃᆞᆫ〻코[6] 알맛게 ᄒᆞ여 ᄃᆞᆯ
라 긔걸ᄒᆞ소.[7] 방의 구ᄃᆞᆯ
목[8]의도 ᄒᆞᆰ을 더 ᄇᆞᄅᆞ라
ᄒᆞ소. 브ᄃᆡ 창을 ᄃᆞᆫ〻케 ᄒᆞ여
ᄃᆞᆯ라 ᄒᆞ소. 집 고칠 제 자내
그 방의 몯 자 대원[9]의 방의 나
와 자거든 대원이란 아래 스
승[10]의 방의 가 자라 니ᄅᆞ소. 자
내옷 나와 자면 안히 뷜[11] 거
【上邊】
시니 풍난이ᄒᆞ고 일년이ᄒᆞ고[12] 도려 안해 가 샹
직 자라[13] 니ᄅᆞ소. 밤의 싱심도 나ᄃᆞᆫ니디[14] 말
【右邊】
고 대원이ᄒᆞ며 졍녜네[15]도 싱심도
어두온 ᄃᆡ 나 몯 ᄃᆞᆫ니게[16] ᄒᆞ소. 나ᄂᆞᆫ
당시 편히 잇뇌. 념녀 마소. 조심

ː ː ᄒᆞ여 겨소.[17] 그지 업서 이만.

시월 열여ᄃᆞ랜날(手決)

【뒷면】

가셔(手決)

현대어

(내가 떠나) 온 후에 아이들 데리고 어찌 계신고. 기별을 몰라 일시도 잊지 못하여 하네. 뎡냥이 병든 데는 어떠한고. 더욱 잊지 못하여 하네.

집에 알매는 얹었는가. 영덕이에게 일러서 부디 (알매)흙을 많이 얹으라 하소. 창도 단단하고 (크기를) 알맞게 하여 달라고 시키시오. 방의 구들목에도 흙을 더 바르라 하소. 부디 창을 단단케 하여 달라고 하소.

집 고칠 때 자네 그 방에 못 자서 대원의 방에 나와 자거든 대원이는 아래에 있는 스승의 방에 가 자라 이르소. 자네가 (밖에) 나와 자면 안이 빌 것이니 풍난이하고 일년이를 (집에) 돌아가며(=교대로) 안에서 상직을 서면서 자라고 이르시오. 밤에 절대로 나다니지 말고 대원이하며 졍녜 등도 절대로 어두운 데 나가서 다니지 못하게 하소.

나는 지금 편히 있네. 염려 마소. 조심 조심하여 계시오. 그지없어 이만. 시월 열여드랫날 가서(家書).

해설

이 편지에는 집을 고쳐 짓는 이야기가 등장한다. 하씨가 기거하던 방을 뜯어 구들도 새로 놓고 창도 달고 지붕과 벽의 알매도 새로 얹는 모습이 나온다. 임진왜란 통에 손상되었거나 그 동안 손보지 못한 집을 고치는가 싶다. 흙도 단단히 바르고 창도 단단하게 만들어 달라는 곽주의 당부가 자세하다. 아울러 아이들이 밤에 나다니지 못하게 하라는 말에는 당시의 치안이 아직 안심치 못한 점이 있었음을 암시한다.

이 편지에 등장하는 낱말 중 가장 특이한 것이 '알매'이다. '알매'는 어떤 사전에도 실려 있지 않은 것이었으나 상주방언 조사를 하면서 육칠십이 넘은 노인분들은 여전히 쓰고 있는 낱말임을 확인하였다. 아래의 주석 2)를 참고. 지붕의 기울기를 뜻한다고 알려져 있는 '물매'라는 낱말의 기원도 다시 살펴 볼 필요가 있을 듯하다.

주석

1) 온 후에 : 내가 다녀 온 후에.
2) 알매 : 집의 지붕을 만들 때 겨릅대(껍질을 벗긴 삼대)나 가는 싸리나무 따위를 엮어서 만든 산자(橵子) 위에 이겨서 덮는 흙. 벽을 칠 때 껍질 벗긴 삼대나 싸릿대, 대나무 조각 등으로 엮어 벽체나 서까래 위에 얹는 것을 '산자'라고도 한다. 산자 위에다가 물에 이긴 황토를 바른다. '알매흙'이란 이때 들어가는 흙을 가리키는 이름이다. 현대국어 사전에는 '매흙'이라는 말로 실려 있다. 필자의 妻鄕인 경북 상주군 낙동면의 촌로들에게 물어보니 초가집을 지을 때 '알매 받는다'(알매를 얹는다)와 같은 말을 썼다고 한다. 산자에 붙여 바르는 흙이 매흙이다. '알매'에 '알'이 들어간 까닭은 지붕 위로 이 흙을 던져 올릴 때 알처럼 둥글게 만들기 때문이다(부산대 이호열 교수, 건축사 전공). '매흙질'은 벽 따위에 알매흙을 바르는 일을 가리키고 동사화하여 '매흙질하다'로도 쓰인다.
   현대국어 사전에는 '물매'도 실려 있는데 묽게 탄 매흙을 벽이나 방바닥에 바르는 일을 가리키는 것으로 풀이되어 있다. 이와 다른 뜻으로 지붕이나 낟가리의 비탈진 정도를 가리키는 낱말로서의 '물매'도 있다(물매가 싸다. 물매가 뜨다).
3) 연즌가 : 얹었는가. '엱- + -은가'. 15세기에 '엱-'과 '엸-'은 쌍형어간으로 공존하였으며, 두 어휘를 통시적으로 보면 '엸다>엱다'의 'ㄴ'첨가를 겪은 것으로 비교적 이른 시기에 일어난 음운변화이다.
4) 영덕이 : 노복의 이름.
5) 브듸 : 부디.
6) 둔ㆍ코 : 단단하고. '둔둔ᄒᆞ고'의 축약형.
7) 긔걸ᄒᆞ소 : 시키시오. '긔걸'은 '명령'을 뜻하는 옛말.
8) 구둘목 : 구들목. 온돌방에 넙적한 돌로 구들을 까는 자리.
9) 대원 : 곽주의 아들 이름. 위 편지 내용으로 보아 하씨가 같이 살고 있으니 하씨 소생으로 봄이 옳다. 다른 편지에 나오는 '대임이'와 형제간이었음이 분명하다. 하씨의 몸에서 난 3형제는 '대임이'가 첫째인 宜昌이고 '대셩이'는 둘째인 愈昌으로 판단된다. '대원이'는 족보에 나온 인물로 대당자를 찾을 수 없다. 하씨와 같이 살고 있는 것으로 볼 때 '대원이'는 전처 李氏 소생의 아들 以昌이기는 어렵다. 以昌은 1590년에 태어났고 宜昌은 1613년에 태어나 나이 차가 23살이나 된다.
10) 스승 : 스승. 아이들을 가르치기 위해 곽주의 집에 스승을 모시고 있었음을 보여 준다. 요즘 말로 하면 가정교사를 집에 들인 격이다.
11) 뷜 : 빌(空).
12) 풍난이ᄒᆞ고 일년이ᄒᆞ고 : '풍난이'와 '일년이'는 노비의 이름. '-ᄒᆞ고'가 접속조사처럼 기능한 예이다.
13) 샹직 자라 : 상직(上直)을 서라. 집을 지키면서 자는 것. 上直은 번을 서는 것. '자라'는 간접명령 구문에 쓰였다.
14) 나둔니디 : 나다니지. 나-(出) # 둔-(走) # 니-(行) + -지. 세 개의 동사 어간이 복합된 동사로 분석된다.
15) 졍녜네 : 여기서 '-네'는 '졍녜'를 비롯한 여러 딸들을 함께 가리키기 위해 붙은 접미사이다.
16) 나 몯 둔니게 : 못 나다니게. '나둔니-'를 복합어로 본다면 부정어가 복합어근의 사이에 들어가 있어 현대어의 부정법과 다른 모습을 보여 준다고 할 수 있다.
17) 겨소 : 동사 '겨-'는 '겨소', '겨신' 따위의 활용형만 보여 준다. '겨고', '겨면'와 같은 활용형은 보이지 않는다. 이 동사가 17세기 초 혹은 16세기 말에 이미 활용형이 제약된 불완전동사로 변했음을 알 수 있다.

25. 쟉은조시야, 너를 믿고 있노라 영인 678p

곽주가 하씨에게 [문 54] [건들 112]

판독문

덕남이[1] 오나늘 편히 겨신 긔별 알고 깃거 ᄒᆞ뇌. 나는
오ᄂᆞᆯ로 몬져 가려 ᄒᆞ엿더니 손님네[2] ᄒᆞᆷᄭᅴ 가쟈 ᄒᆞ고
잡고 노치 아니호매 몯 가니 ᄂᆡ일 손님네 ᄃᆡ졉ᄒᆞᆯ
이ᄅᆞᆯ 얼현이 마소. 갸ᄉᆞ[3]ᄂᆞᆫ 오ᄂᆞᆯ 언죵이[4]ᄅᆞᆯ 한부[5]의
게 가 바다 가라 ᄒᆞ엿다니[6] 바다 갓던가. 손님이 열세 분
이 가시니 아라셔 ᄎᆞᆯ호소. 쟝[7]의 살 것도 자내 짐쟉ᄒᆞ
여 사 뻠즉ᄒᆞᆫ[8] 거시 잇거든 반찬으란 살대로 사셔
ᄡᅳ게 ᄒᆞ소. 얼운 손님이니 얼현이 몯ᄒᆞ리. 아라 ᄒᆞ소.
아기ᄃᆞ려 닐러셔 ᄆᆞᄋᆞ래 쇼ᄅᆞᆯ 어더[9] 닐곱 바리[10]
만 ᄂᆡ일 낫 후에[11] ᄂᆞᄅᆞᄉᆡ[12]으로 내여 보내소. 나도 몯 가
니 자내 혼자셔 엇디 ᄒᆞᆯ고 ᄒᆞ뇌. 우리ᄂᆞᆫ ᄂᆡ일 나
죄[13] 빼예사 갈가 식븨.[14] 얼현이 마소. 이만. (手決)
쟈근조시[15]ᄃᆞ려도 니ᄅᆞ소. 편히 이시니 깃거 ᄒᆞ노라. 손
님 ᄃᆡ졉ᄒᆞᆯ 이ᄅᆞᆯ 너ᄅᆞᆯ 밋고 잇노라.[16] 아바님 자
시던 방[17] ᄀᆞ장 조케[18] ᄡᅳ러 두고 자리 조케 ᄭᆞ라 두고 방 알ᄑᆡ
도 ᄀᆞ장 조케 ᄡᅳ려 두고[19] 아긔 자ᄂᆞᆫ 방도 죄[20] ᄡᅳᆯ고
자리 다 ᄭᆞ라 두라 니ᄅᆞ소. 아긔 방 알ᄑᆡ도
ᄡᅳᆯ라 니ᄅᆞ소.
【뒷면】
가셔(手決)

현대어

덕남이가 (소식을 가지고) 오거늘 편히 계신 기별 알고 기뻐하네. 나는 오늘로 먼저 (집에)

가려 하였더니 손님네들이 "(자네 집에) 함께 가자" 하고 잡고 놓지 아니함에 못 갔으니, 내일 손님들 대접할 일을 소홀히 마소.

식기(食器)는 오늘 언죵이를 (시켜) 한부에게 가서 받아 가라 하였더니 받아 갔던가. 손님이 열세 분이 가시니 알아서 (음식상을) 차리소. 장[市場]에서 살 것도 자네가 짐작하여 사서 씀직한 것이 있거든 반찬은 살만큼 사서 쓰게 하소. 어른 손님이니 소홀히 못하리. 알아서 하소.

아이(=아들)에게 일러서 마을의 소를 구하여 일곱 마리만 내일 낮 후에(=오후에) 나룻가로 내어 보내소. 나도 못 가고 있으니 자네 혼자서 어찌 할꼬 하네(=염려스럽네). 우리는 내일 저녁때에야 갈까 싶으이. 소홀히 마소. 이만.

작은조시에게도 이르소. "편히 있으니 기뻐하노라. 손님 대접할 일을 너를 믿고 있노라"라고 (이르시오). 아버님 주무시던 방을 가장 깨끗하게 쓸어 두고, 자리를 깨끗하게 깔아 두고, 방 앞도 가장 깨끗하게 쓸어 두고, 아기가 자는 방도 모두 쓸고 자리를 다 깔아 두라 이르소. 아이 방 앞도 쓸라 이르소. 가서(家書).

› 해설

재미있는 사연이 담겨 있는 편지이다. 곽주가 친구쯤 되는 어른 손님들을 집으로 모시고 가려는데 미리 편지를 보내 준비할 일을 시키고 있다. 곽주가 손님들보다 먼저 집으로 가서 준비를 하려 했으나 손님들이 같이 가자고 하여 못 가고 이 편지를 보낸다고 하였다. 손님 접대를 위해 몇 가지 일을 당부하고 있다. 손님 열세 분이 가니 식기를 수에 맞게 받아 갈 것, 장에 가서 씀식한 반찬을 살 만큼 사라는 것, 마을의 소를 일곱 마리만 빌려 나룻가로 보내라는 것, 집안을 두루 깨끗이 쓸고 방에 자리를 깔아두라는 것을 당부하고 있다. 손님을 맞기 위해 분주하게 돌아가는 집안의 모습이 눈에 보이는 듯하다. 마을의 소 일곱 마리를 구하여 나룻가로 보내라고 한 것은 손님들이 마을까지 소를 타고 들어오기 위해서인 듯하다.

› 주석

1) 남이 : 노비 이름. '남이'의 '-이'가 주격조사일 가능성도 있으나, 인명 뒤 '-이'가 첨가되는 경향이 있고 주격조사는 흔히 생략되고 있으므로 '남이'의 '-이'도 이름의 일부로 판단된다.
2) 손님네 : 손님들이. 손님 + -네. 주격조사가 생략되어 있다.

3) 갸ᄉᆞ : 사발, 접시 등의 식기류. 참고) 俗指器皿 갸ᄉᆞ<語解 6b>. '갸ᄉᆞ'는 어록해에 나타나 있듯이 집안의 식기류를 총칭하는 낱말이다. 평북방언에 '가싯장'(찬장), '가시판'(그릇을 엎어두는 선반)이 등재되어 있고(김이협 1981:7), 연변에서 조사된 평북방언에 '가세'(그릇)(리운규 외 1992:9)가 있다. 이 '가시'와 '가세'는 '갸ᄉᆞ'의 후대형이다. '갸ᄉᆞ'는 중국어 '家事'의 차용어로 알려져 있다(이기문 1991:76).

4) 언죵이 : 노비 이름.

5) 한부 : 노비 이름.

6) ᄒᆞ엿다니 : 여기서 '-다-'는 '-더-'의 이형태(異形態)로서 역사적으로 보면 선어말어미 '-더-'에 인칭법 '-오-'가 결합된 것이다.

7) 쟝 : 식료품 등 각종 물품을 파는 곳. '장에 간다', '장 본다' 따위로 흔히 쓰인다. 한자어로는 '場市'라는 말이 쓰이다가 최근 일본 한자어의 영향으로 '市場'이라는 말이 널리 쓰이고 있다.

8) ᄡᅥᆷ즉ᄒᆞᆫ : 씀직한. 'ᄡᅳ(用)- + -엄즉ᄒᆞ- + -ㄴ'. '직'이 '즉'으로 나타난다. 이런 현상은 1632년 간행의 중간『두시언해』에도 많이 나타나며, 이 시기에 '-엄직'이 '-엄즉'으로 바뀐 것은 음운변화가 아니라 형태변화라고 생각된다.

9) ᄆᆞᄋᆞ래 쇼ᄅᆞᆯ 어더 : 마을에 있는 소를 구하여.

10) 바리 : 마리. 짐승의 수를 세는 단위 명사. 현대 국어에서 '마리'의 방언형으로 쓰인다. 또 다른 뜻으로 마소에 싣는 짐을 세는 단위 명사로도 쓰인다.

11) 낫 후에 : 낮 후에. 오후에. '낮 전에'의 반대말. '낮'이 '午'의 뜻을 나타냈음을 알 수 있다.

12) ᄂᆞᄅᆞᆺ가 : 나룻가. ㅅ은 복합어 사이에 들어간 사이시옷. 'ᄂᆞᄅᆞ-ㅅ-ᄀᆞ'

13) 나죄 ᄣᆡ예사 : 저녁 때에야. '나죄'는 해질 무렵을 뜻한다. 처격조사 '-예'과 강세첨사 '-사'가 연이어 결합했다.

14) 식븨 : 싫으이. 식브- + -이. '-이'는 하오체의 종결어미.

15) 조시 : 여자 노비의 이름. 3번 편지의 각주 2번을 참조.

16) 쟈근조시ᄃᆞ려도 ~ 밋고 잇노라 : 이 부분은 화법(話法)이 갑자기 바뀌어진 곳인데, 다음과 같은 세 개 문장으로 구성되어 있다. ㉠쟈근조시ᄃᆞ려도 니ᄅᆞ소. ㉡편히 이시니 깃거 ᄒᆞ노라. ㉢손님 ᄃᆡ졉홀 이를 너를 밋고 잇노라. ㉠문장은 곽주가 하씨에게 하는 말이고, ㉡·㉢문장은 곽주가 '쟈근조시'에게 하는 말이다. 문말의 종결어미에 나타나는 대우법이 판이하다. ㉡·㉢문장에 담긴 말을 '쟈근조시'에게 전해 달라고 곽주가 하씨에게 당부하는 내용인데 마치 '쟈근조시'에게 직접 하는 말처럼 표현되어 있다. 편지를 읽을 때 이런 화법의 출현에 유의해야 한다.

17) 아바님 자시던 방 : 아버님이 주무시던 방. 이 사연으로 보아 이 편지가 쓰여진 시기는 곽주의 아버지(郭三吉)가 별세한 1606년 이후로 생각된다. 이 자료에 '자-'의 경어 '주무시-'에 해당하는 낱말은 보이지 않는다.

18) 조케 : 깨끗하게.

19) ᄡᅳ려 두고 : 쓸게 해 두고.

20) 죄 : 모두. 참고) 흰 밀 불휘조차 죄 시서<痘瘡方 下 71>.

26. 먼 발 굴러 생각지 마소 영인 677p

곽주가 하씨에게 [문 7] [건들 6]

판독문

뎌근 거슨 ᄌᆞ셰 보아니와[1] 저의[2] 셜워ᄒᆞᆫ다 ᄒᆞ고야[3]
제곰 집의 나려 ᄒᆞᆯ가[4]. 자내게옷[5] 하 셟디[6]
아니ᄒᆞ면 삼년으란 아ᄆᆞ려나 ᄒᆞᆫ 집의 살고
삼년 후에 제곰 나고뎌 ᄒᆞ니 자내 짐쟉
ᄒᆞ여 긔별ᄒᆞ소. 친어버이 친ᄌᆞ식 ᄉᆞ이예도 편
치 아닌 이리 혹 잇거든 ᄒᆞ물며 다ᄉᆞᆷ어버이[7]
와 ᄒᆞᆫ 집의 살며 엇디 일마다 다 됴케야
ᄉᆡᆼ각ᄒᆞᆯ고. 자내게 하 셟게 아니커든 삼년
으란 견ᄃᆡ게 ᄒᆞ고 하곳[8] 셟게 ᄒᆞ거든 다시 긔별
ᄒᆞ소. 저의 셜워ᄒᆞᆫ다코사[9] 제곰 날 주리 이
실가. 다ᄆᆞᆫ 도ᄂᆞᄅᆞ[10] 아ᄌᆞ바님 유무예 저의ᄅᆞᆯ
박히[11] ᄃᆡ졉ᄒᆞᆫ다 ᄒᆞ고 ᄂᆞᆷ이 니ᄅᆞᆫ다 ᄒᆞᆯ시 ᄂᆞᄆᆡ
마ᄅᆞᆯ 슬허 ᄒᆞ더니 자내 긔별ᄒᆞᆫ 말도 올ᄒᆞ니 나
도 짐쟉ᄒᆞᄂᆡ. 녀ᄂᆞ 여러 마ᄅᆞᆫ 다 내 타신ᄃᆞᆺ ᄒᆞ거
니와 자내ᄂᆞᆫ 어ᄂᆡ 경에[12] 먼 발 굴러 말
ᄒᆞ여 겨신고.[13] 자내 먼 발 굴러 마ᄅᆞᆯ 아니
ᄒᆞᆫ들 이제ᄯᆞᆫ[14] 자내 가ᄉᆞᆷ ᄐᆡ올 이ᄅᆞᆯ
내 ᄒᆞᆯ 주리 이실가. 글란 ᄉᆡᆼ각도 말고
자내 몸애 병이나 삼가 댱슈히[15] 사소. 내
ᄆᆞᄋᆞᆷ으로 ᄒᆞᆯ제ᄯᆞᆫ 자내 가ᄉᆞᆷ ᄐᆡ올 이ᄅᆞᆯ
저즐가[16] 의심 말고 먼 발 구로디 마소.
나 살고 자내 댱슈ᄒᆞ면 녀나ᄆᆞᆫ[17] 이른 의심 마소.

현대어

(편지에) 적은 것은 자세히 보았거니와 저(=以昌)가 서러워한다고 해서 제각기 집에서 나가려 할까(=제각각 집에서 내보낼 수야 있겠는가). 자네에게 너무 많이 서럽게 하지 아니하면 삼년은 아무튼 한 집에 살고, 삼년 후에는 제각기 나가게 하고자 하니 자네가 짐작하여 기별하소.

친어버이와 친자식 사이에도 편치 않은 일이 혹 있거늘, 하물며 의붓어버이와 한 집에 살며 어찌 일마다 다 좋게야 생각할꼬. 자네에게 많이 서럽게 아니하거든 삼 년은 견디고, 많이 서럽게 하거든 다시 기별하소. 저희가 서러워한다고 해서 제각기 나갈 수야 있을까.

다만 도나루 아주버님의 편지에 자네가 저(=以昌)를 박하게 대접한다 하고 남이 말한다 할세, 남의 말을 슬퍼하더니(=남의 그런 말을 듣고 슬펐네마는), 자네 기별한 말도 옳으니 나도 (사정을) 짐작하네. 여느 여러 말은 다 내 탓인 듯하거니와 자네는 어느 경황에 먼 발 굴러 말하여 계신고. 자네 먼 발 굴러 말을 아니한들 이제 와서 자네의 가슴 태울 일을 내가 할 리야 있을까. 그것일랑 생각도 말고 자네 몸에 병이나 삼가 장수하며 사소. 내 마음으로 할 제 자네의 가슴 태울 일을 저지를까 의심하지 말고 먼 발 구르지 마소. 나 살고 자네 장수하면 다른 일은 의심하지 마소.

해설

이 편지는 전처의 아들인 이창(以昌)과 계모로 들어온 하씨 부인 간의 갈등을 보여 준다. 저(이창)가 서러워한다고 빨리 분가시킬 수야 있겠는가. 저가 자네에게 지나치게 서럽게 대하지 않으면 어쨌든 삼년은 같이 살고 삼년이 지난 후에 내보내자는 이야기에서 누구가 누구를 서럽게 대했는지 종잡을 수 없는 점도 있다. 도나루의 아주버님까지 끼어들어 곽주에게 하씨가 이창을 박대하고 있다는 사연을 알려 주었다. 곽주는 어느 쪽이 진실인지 판단하고 있지 못한 듯하다. 내 마음에 자네의 가슴 태울 일을 저지를까 염려 말고 몸에 병을 없애고 편안히 살라고 아내를 다독이고 있다. 상식적으로 생각해 보건대 계모인 하씨가 전처의 자식을 소홀히 대접했을 듯하다. 곽주는 "친어버이와 친자식 사이에도 편치 않은 일이 있거늘, 하물며 의붓어버이와 어찌 일마다 다 좋게야 생각할꼬"라고 일반론을 펴며 갈등을 진정시키려 하고 있다.

곽주와 그의 딸들이 하씨에게 보낸 많은 편지에는 하씨의 거주지가 '논공'으로 되어 있다. 이 편지는 하씨가 논공으로 거처를 옮기기 전 소례에서 가족들이 함께 살던 때 쓴 것이다. 또한 이 편지는 하씨가 논공에 별도로 살게 된 까닭을 알려 준다. 하씨가 논공으로 따로 나가 살게 됨으로써 부부가 별거하는 모양새가 되었다. 이로 인해 곽주가 부인에게 많은 편지를 쓰게 되었고, 이 편지들이 귀중한 자료로 남게 되었으니 그 곡절과 인연이 가히 소중한 것이라 하겠다.

주석

1) 보아니와 : 보았거니와. 보- + -아- + -니와. 여기서 '-아-'가 과거시상의 선어말어미로 기능하는 것처럼 보인다. 그러나 연결어미가 '-거니와'가 아닌 '-니와'인 까닭은 과거시상법에 zero 형태가 쓰였기 때문이다.
2) 저의 : 저희가. '저'는 3인칭의 재귀대명사. '저의'는 여기에서 곽주의 전처 광주이씨(前妻 光州 李氏) 소생인 '以昌'(이창)을 가리키는 것으로 판단된다.
3) 셜워ᄒᆞᆫ다 ᄒᆞ고야 : 서러워한다고 해서.
4) 제곰 집의 나려 ᄒᆞᆯ가 : 제각기 집에서 나가려(分家하려) 할까. '제곰'은 '제각금'의 뜻. 참고) 제곰 사ᄅᆞᆯ 쳐소ᄅᆞᆯ<飜小 8:3>.
5) 자내게옷 : 자내에게. 자내 + -게[여격조사] + -옷[강세첨사] . 강세첨사 '-옷'은 체언 뒤에 붙는 것이 보통이나 '자내게옷'처럼 격조사 뒤에 붙기도 한다. 참고) 오직 舍利弗 알ᄑᆡ옷 브리 업슬씨<釋譜 6:33>.
6) 셟디 : 섧지. 괴롭지. 섭섭하지.
7) 다ᄉᆞᆷ어버이 : 의붓어버이. '다ᄉᆞᆷ아비'는 '의붓아비, 계부'를 뜻하며, '다ᄉᆞᆷ어미'는 '의붓어미, 계모'를 뜻하며, '다ᄉᆞᆷᄌᆞ식'은 '의붓자식'을 일컫는다.
8) 하곳 : 매우 많이. 정말 많이. '매우'를 강조하는 표현. 하[부사] + -곳[강세첨사]. 강세첨사 '-곳'은 부사 뒤에 붙기도 한다. 참고) 아니옷 주시면<釋譜 23:55>.
9) 셜워ᄒᆞᆫ다코사 : 서러워한다고 해서. 셜워한다 # ᄒᆞ고 + -사. 이 편지 첫째 줄에 나온 '셜워ᄒᆞᆫ다 ᄒᆞ고야'에서 '-야' 대신 '-사'가 붙은 '셜워한다 하고사'가 단축된 형태이다.
10) 도ᄂᆞᄅᆞ : 도나루. '도ᄂᆞᄅᆞ'는 4번 편지에 이미 나온 적이 있는 나루터 이름이다. 현재의 현풍에서 고령 쪽으로 강 건너 편에 있는 '桃津'(도진, 현재 고령군 소속)에 비정되는 지명이다. 강 건너편의 이 지역은 조선시대에는 현풍에 속하였다. 이곳 마을 사람들은 외지에 나가 어디 사느냐고 물으면 지금도 현풍 사람이라고 대답한다고 한다. 나루터를 통한 교통의 편리함 때문에 江이 행정 구역의 분계에 요인이 되지 못한 예를 바로 이곳에서 찾을 수 있다. 상주군 중동면은 낙동강을 경계로 낙동강 동편에 떨어져 있다. 중동면은 의성군 단밀면과 접하여 있으면서도 행정 구역이 상주에 포함된 것도 동일한 성격의 사례이다.
11) 박히 : 박(薄)하게. 너그럽지 못하고 쌀쌀하게. 지금은 '박히'라는 부사가 없지만 이 당시에는 쓰였다.
12) 어늬 경에 : 어느 경(景, 경황)에.
13) 먼 발 굴러 말ᄒᆞ여 겨신고 : 이 글에 '먼 발 구르다'라는 표현이 3번 나온다. 문맥상으로 보아 '먼 발 굴러 말하는 것'이란 '제 나름대로 마음속으로 미루어 짐작하거나 생각하여 말하는 행위'를 가리킨다. 이것은 당시의 관용구였던 것으로 보인다. 17세기에 쓰였던 흥미로운 관용표현이다.
14) 이제ᄯᅳᆫ : 이제 와서. 이제는. '-ᄯᅳᆫ'은 '-는'과 같이 대조와 강세를 표현하는 특수조사이다. 참고) 아디 몯ᄒᆞ면 識이 아니어니ᄯᅳᆫ<楞嚴 3:47>.
15) 댱슈히 : 장수(長壽)히. 참고) 댱슈ᄒᆞ며 단명호미<飜小 8:14>.
16) 저즐가 : 저지를가. 저즐- + -ㄹ가. 참고) 能히 저즐고(能爲)<禪家 上 28>.
17) 녀나믄 : 여남은. 다른. 참고) 녀나믄 사ᄅᆞ미 가디 몯ᄒᆞᄂᆞᆫ 젼ᄎᆞ로<南明 上 28>.

27. 산기가 시작되거든 즉시 사람을 보내소 영인 677p

곽주가 하씨에게(1606년 이전)[1] [문 29] [건들 61]

판독문

아희ᄃᆞᆯ ᄃᆞ리고 치위예 엇디 겨신고.
긔별 몰라 일시도 니ᄌᆞᆫ 저기 업소ᄃᆡ
안부 사ᄅᆞᆷ[2]도 몯 브리ᄂᆞᆫ[3] 내 안ᄒᆞᆯ[4] 어ᄃᆡ다가
비ᄒᆞᆯ고.[5] 아희ᄃᆞᆯ 얼구리 눈에 암〻ᄒᆞ여
시니[6] 내ᄒᆡ[7] 곱〻ᄒᆞᆫ ᄠᅳᄃᆞᆯ 뉘 알고. 자내ᄂᆞᆫ
가ᄉᆞᆷ 알턴 ᄃᆡ[8] 이제나 영히[9] 됴하 겨신가. 내
ᄆᆞᄋᆞᆷ ᄢᅵ일[10] 이리 하 만ᄒᆞ니 자내나 셩ᄒᆞ면
우연ᄒᆞᆯ가[11]. 오ᄂᆞᆯ 가라 ᄂᆡ일 가라 ᄒᆞ시되 ᄒᆞᆫ 적
도 뎡ᄒᆞ여 가란 말ᄉᆞᆷ을 아니ᄒᆞ시니[12] 민망
ᄒᆞ미 ᄀᆞ이 업세[13]. 아희옷 시작ᄒᆞ여ᄃᆞᆫ[14] 아
ᄆᆞ려나 브듸 즉시 사ᄅᆞᆷ을 브리소. 밤
ᄃᆞᆼ에 와도 즉시 갈 거시니 브듸 즉시〻〻
사ᄅᆞᆷ을 보내소. 즉시 오면 비록 죵이라도
큰 샹을[15] ᄒᆞᆯ 거시니 저의ᄃᆞ려[16] 이대로
닐러셔 즉시 〻〻 〻〻 보내소. 얼현이 마
소. 여러 날 비치게[17] 되면 츼워[18] 나만 아니 소
글[19] 거시니 덴드기[20] 마소. 보셩[21] 힝ᄎᆞᄂᆞᆫ 언제
로 가시ᄂᆞᆫ고. 가실 제 브듸 통ᄒᆞ소.[22] 풍셰[23]ᄅᆞᆯ
매 어드러 보낼 양으로 기ᄃᆞ리시니 몯 미처
통ᄒᆞ면 ᄀᆞ장 외오 너기실 거시니 아라셔 힝
ᄎᆞᄒᆞᆯ 빼예 브듸 통ᄒᆞ여 풍셰ᄅᆞᆯ ᄒᆞᆷ
ᄭᅴ 가게 ᄒᆞ소. 심〻ᄒᆞᆫ[24] 이리 하 만하 잠간
뎍뇌. 아희 시작ᄒᆞ여ᄃᆞᆫ 즉시 사ᄅᆞᆷ

보낼 일 얼현이 마소.
즈일 (手決)

현대어

아이들 데리고 추위에 어찌 계신고. 기별 몰라 한 때도 잊은 적이 없으되 안부 전하는 사람도 못 부리는 내 마음을 어디다가 비할꼬. 아이들 얼굴이 눈에 삼삼하여 있으니 나의 갑갑한 뜻을 누가 알꼬.

자네는 가슴 앓던 데가 이제 완전히 좋아져 계신가. 내 마음 쓰일 일이 하도 많으니 자네라도 (몸이) 성하면 (좀) 좋을까. (아버지께서) 오늘 가라 내일 가라 하시되 한 번도 (딱) 정하여 가라는 말씀을 아니하시니 민망함이 가이없네. 아이를(=産氣가) 시작하거든 아무쪼록 부디 즉시 사람을 부리소. 밤중에 와도 즉시 갈 것이니 부디 즉시 즉시 사람을 보내소. 즉시 오면 비록 종이라도 큰 상을 줄 것이니 저들에게 이대로 일러서 즉시 즉시 즉시 보내소. 어련히 마소. 여러 날 어긋나게 되면(=끌게 되면) (자네는 고생하고) 정히 나만 고생을 아니할 것이니 소홀히 마소.

보성에 가려는 행차는 언제 가시는고. 가실 때 부디 통지하소. 풍셰를 (시켜서) 매 얻으러 보낼 양으로 (아버지께서) 기다리시니 미처 못 알리면 매우 그르다고 여기실 것이니 (자네가) 알아서 행차할 때에 부디 통하여 풍셰를 함께 가도록 하소. 심란한 일이 너무 많아 잠깐 적네. 산기가 시작하거든 즉시 사람 보낼 일을 소홀히 마소. 즉일.

해설

이 편지는 아내를 사랑하고 배려하는 곽주의 세심한 성품이 가장 잘 드러나 있는 글이다. 아내의 출산을 앞두고 가슴 졸이고 있는 남편의 모습이 눈에 보이는 듯하다. 산기(産氣)가 시작되거든 밤중이라도 사람을 부려 즉시 알려 주면 달려가겠다는 말과 그 소식을 빨리 알려준 노비에게는 누구에게든지 큰 상을 내리겠다고 하는 말 속에서 곽주의 심정을 읽을 수 있다.

풍셰를 시켜서 매를 얻으러 보낸다는 이야기도 흥미롭다. 조선조 말기까지도 매를 이용한 꿩사냥이 널리 행해졌으며, 이 전통은 일제강점기 시대까지 계속되었다. 「곽씨언간」에 '생치(生雉)'가 자주 등장하는 것은 매를 이용한 꿩사냥이 매우 활발하여 꿩이 식생활에 많이 이용되었음을 의미한다.

주석

1) 이 편지의 연대를 1606년 以前으로 본 이유는 이 편지의 답장인 112번 편지와의 관계를 고려한 것이다. 112번 편지가 1606년 이전에 쓰인 것이 분명하기 때문이다.
2) 안부 사ᄅᆞᆷ : 안부 전하는 사람. 2번 편지에 '안부 사ᄅᆞᆷ', 7번 편지에는 'ᄆᆞᆯ 사ᄅᆞᆷ'이 나온 적이 있다. '안부를 전할 사람', '말을 몰 사람'으로 두 복합어가 동일한 구성을 가지고 있다.
3) 브리ᄂᆞᆫ : 부리는(使). 보내는. '브리-'는 '使'(사람을 부리다)와 '放'(짐을 부리다)이라는 두 가지 뜻을 가진 異義語이다.
4) 안ᄒᆞᆯ : 속마음을. 안ᇂ + -ᄋᆞᆯ.
5) 비ᄒᆞᆯ고 : 比할고. 비교할 수 있을까.
6) 암〻ᄒᆞ여시니 : 암암하여 있으니. 잊어지지 아니하고 눈에 보이는 듯하다. 눈에 선하다.
7) 내ᄒᆡ : 나의. 나 + -ᄋᆡ + -ᄒᆡ. 여기에서 '-ᄒᆡ'는 소유를 나타내는 접사로 볼 수 있다. 참고) 내ᄒᆡ 죠타ᄒᆞ고<靑 p. 77>.
8) 알턴 ᄃᆡ : 앓던 데. 앓- + -던 # ᄃᆡ[형식명사].
9) 영히 : 영(永)히, 영원히. 참고) 그 병이 영히 됴ᄒᆞ니라<東新 孝 4:8b>.
10) 쁴일 : 쓰이게 할. 사동접사 '-이-'가 중첩된 구성이다.
11) 우연ᄒᆞᆯ가 : 좋을까. 다른 편지에서는 주로 '병의 상태가 좋아지다' 또는 '병이 낫다'의 뜻으로 쓰인다. 참고) 위연ᄒᆞ다. 병 위연ᄒᆞ다<譯補 35>.
12) '오늘 가라 내일 가라 ·····말씀을 아니하시니'라는 구절의 주체는 곽주의 아버지 혹은 모시고 있는 어른으로 추측된다. 출산이 임박한 아내에게 가 보라는 허락이 떨어지지 않아 초조해 하는 곽주의 심정이 나타나 있다.
13) 업세 : 없으이. 없- + -어- + -이[공손법어미]. '하오체'의 높임법에 해당한다.
14) 아희옷 시작ᄒᆞ여든 : '산통이 시작하거든' 이라는 뜻이다. '아희옷'의 '-옷'은 강세의 첨사.
15) 샹을 : 상을. 샹(賞) + -을.
16) 저의ᄃᆞ려 : 저들에게. 저의 + -ᄃᆞ려[여격조사]. 여기서 '저의'는 '종들'을 가리킨다.
17) 비치게 : 비치게 : '비치- + -게'. 비치게. 어간 '비치-'의 뜻은 문맥으로 보아 '고생하다', '힘들여 애쓰다' 정도로 파악된다. 은진송씨 제월당 송규렴가 소장 『선찰』에 수록된 언간(9-043)에 어머니 안동김씨가 아들 송상기에게 보낸 편지(1687~1701)가 있다. 이 편지의 "긔운이 ᄃᆞᆯ포 비치니 올ᄒᆞ랴"에 쓰인 '비치니'는 '좋지 않으니, 나쁘니' 정도의 뜻을 나타낸다. 의성김씨 학봉 김성일가 언간(1833)(9번)에는 "더위 길 비치신 ᄒᆡ나 업ᄉᆞ오셔"라는 표현이 나오는데 '비치신'은 '고생하신'의 뜻이다.
18) ᄎᆡ워 : 정(定)히. 정하여. 'ᄎᆡ우-'는 훈몽자회 범례에 유일례가 나온다. 참고) 네 가짓 소릐의 터흘 ᄎᆡ워 노ᄒᆞᆫ 그림<訓蒙 범례>. 편지에서는 부사로 '정히'로 풀이함이 자연스럽다.
19) 소글 : 고생할. 일부 방언(제주 · 경상방언)에서 '속다'가 '수고하다, 고생하다'의 뜻으로 쓰인다. '나만 아니 소글 거시니'는 '나만 속는다(고생한다)'를 반어적으로 표현한 것으로 판단된다.
20) 뎬드기 : 문맥상으로 보아서는 '소홀히, 가볍게'의 뜻으로, 이 편지의 '얼현이'와 같은 뜻으로 보인다.
21) 보셩 : 지명. 어느 곳인지 불분명하다. 전라도 '보성'일 리는 없다.
22) 통하소 : 通하소. '통지하다, 알리다'는 뜻이다.
23) 풍셰 : 노복의 이름.
24) 심〻ᄒᆞᆫ : 심란한. 8번 편지에 나온 적이 있다.

28. 아마도 달을 잘못 헤아렸는가 싶으이 영인 676p

곽주가 하씨에게(1606년 이전)[1)] [문 45] [건들 97]

판독문

가셔

요ᄉᆞ이 아희돌 ᄃᆞ리고 엇디 겨신고. 긔별 몰

라 일시도 니ᄌᆞᆫ 적 업시 분별이 ᄀᆞ이 업세[2)].

자내 긔벼ᄅᆞᆫ 기드리다가 몯 ᄒᆞ여 사ᄅᆞᆷ 보내

뇌. 당시ᄂᆞᆫ 므던ᄒᆞᆫ가. 이 ᄃᆞ리 다 그므러 가되[3)] 지

금 긔쳐기[4)] 업ᄉᆞ니 아니 ᄃᆞᄅᆞᆯ 그ᄅᆞ 혜

돗던가.[5)] 힝혀 아ᄆᆞ라나[6)] ᄒᆞ여도 즉시 : : 사

ᄅᆞᆷ 보내소. 아ᄆᆞ ᄣᅢ예 와도 즉시 갈 거시니

브듸 : : 즉시 : : 사ᄅᆞᆷ 보내소. 비록 수이

나ᄒᆞᆯ디라도[7)] 사ᄅᆞᆷ으란 브듸 내게 알외

소. 나날 기ᄃᆞ리되 긔벼리 업ᄉᆞ니 민망ᄒᆞ여

ᄒᆞ뇌. 보셩 힝ᄎᆞᄂᆞᆫ 가신가. 매 가지러ᄂᆞᆫ[8)]

보내디 말라 ᄒᆞ셔ᄂᆞᆯ 아니 보낸 거시러

니 우여니[9)] 기ᄃᆞ리셔냐[10)] ᄒᆞ뇌. 나ᄂᆞᆫ 당시

편히 이쇼ᄃᆡ 자내로 ᄒᆞ여 일시도 ᄆᆞᄋᆞᆷ

노ᄒᆞᆫ ᄣᅢ 업ᄉᆞ니 므슴 원쉬런고 ᄒᆞ뇌.

아마도 편히 겨시다가 아희 시작ᄒᆞ여든

즉시 : : 사ᄅᆞᆷ 보내소. 기ᄃᆞ리고 잇뇌.

밧바 이만. 즈일 (手決)

【뒷면】

가셔

현대어

요사이 아이들 데리고 어찌 계신고. 기별 몰라 한때도 잊은 적이 없고 걱정도 가이없네. 자네 기별은 기다리다가 못하여(=못 견디어) 사람을 보내네. 지금은 무던한가. 이 달이 다 저물되 지금껏 기척이 없으니 달을 잘못 헤아리지 않았는가. 행여 아무러 하여도 즉시 즉시 사람을 보내소. 아무 때에 와도 즉시 갈 것이니 부디 부디 즉시 즉시 사람을 보내소. 비록 쉽게 낳을지라도 사람은 (보내서) 부디 내게 알리시오. 매일 기다리되 기별이 없으니 민망하네.

보성 행차는 다녀 오셨는가. (아버님께서) 매 가지러는 보내지 말라 하시거늘 아니 보낸 것이더니 혹시 기다리지나 않을까 하네(=염려되네). 나는 지금 편히 있으되 자네로 인해 한때도 마음놓은 적이 없으니 무슨 원수이런고 하네. 아무쪼록 편히 계시다가 산기가 시작하거든 즉시 즉시 사람을 보내소. 기다리고 있네. 바빠 이만. 즉일. 가서.

해설

앞의 편지와 사연이 비슷한 것인데 곽주가 아내 하씨의 출산을 초조하게 기다리며 산기가 시작하면 즉시 사람을 보내 알리라고 간곡히 당부한 글이다. 보성에 다니러 갈 행차는 했었는지 묻고 있고, 매를 가지러 보내려 했다가 아니 보내었으니 기다리지 않도록 알려 달라는 부탁도 들어 있다. "나는 지금 몸은 편히 있으되 자네 걱정으로 마음 놓은 적이 없으니 자네가 무슨 원수인 듯하다"는 곽주의 농담에서 초조한 가운데서도 마음의 여유를 잃지 않는 모습을 읽을 수 있다.

주석

1) 이 편지의 연대를 1606년 이전으로 본 근거는 앞의 27번 편지와 출산의 사연이 비슷하고 같은 사건(보셩 힝ᄎᆞ, 매 가지러 가는 일)을 언급하고 있기 때문이다.
2) 업세 : 없으이.
3) 그므러 가되 : 저물어 가되. 원본을 자세히 보니 처음에 '그므되'로 썼다가 '므'와 '되' 사이 좌측에 교정 부호를 찍고 우측에 작은 글씨로 '러가'를 첨기해 놓았다. 중세국어에는 해가 지는 것을 '져믈다'라고 하고, 달이 점점 작아지는 것은 '그믈다'로 구별했다. 참고)ᄒᆡ 져믈어늘 긴 대ᄅᆞᆯ 지여<1481두시언해(초간)8:66b>. 위 문맥에서 '그믈다'는 보름달이 점점 작아지는 것을 뜻하는 말이다. '그몰-', '그믈-', '그물-'과 같은 변화형이 문헌에 나타난다. 참고) ᄒᆞ다가 그 ᄃᆞᆯ이 그믈거든<諺胎 64a>. 月盡 ᄃᆞᆯ 그무다<同解 上 3b>. 이 ᄃᆞᆯ이 커 그므ᄂᆞ냐 져거 그므ᄂᆞ냐<朴新 2:58b>. 용례는 민현식(1998:76)에서 가져옴. 현대의 청송 방언에서 '그물다'가 같은 뜻으로 사용되고 있으나, 표준어에서는 '저물-'로 단일화되었다.
4) 긔쳐기 : 기척. 기미. 긔쳑(기척) + -이. '기척'은 있는 줄을 알 만한 소리나 기색으로, 기(氣) + -척(형식

명사 '기미'의 뜻)의 결합으로 생겨났을 가능성이 있다.

5) 아니 ᄃᆞ롤 그ᄅᆞ 혜돗던가 : 달을 잘못 헤아렸던 것이 아닌가. 出産日을 잘못 계산하였는지 의아스럽게 생각하는 마음이 나타나 있다. 부정사 '아니'는 위치가 매우 특이한 것으로서 부정적 의미의 의구심을 표현하는 기능을 하는 것이다. '혜돗던가'는: 헤아렸던가의 뜻이다. 혜-(헤아리다) + -돗-[강세어미] + -더- + -ㄴ가로 분석된다.

6) 아ᄆᆞ라나 : 아무러 하든지[부사]. '아ᄆᆞ라ᄒᆞ나'에서 'ᄒᆞ'가 생략된 형태일 것이다.

7) 나홀디라도 : 낳을지라도. 낳- + -올디라도.

8) 매 가지러ᄂᆞᆫ : 27번 편지의 '풍셰롤 매 어드러 보낼 양으로 기ᄃᆞ리시니 몬 미처 통ᄒᆞ면 ᄀᆞ장 외오 너기실 거시니 아라셔 힝ᄎᆞ홀 빼예 브듸 통ᄒᆞ여 풍셰롤 흠ᄢᅴ 가게 하소'라는 사연과 연결되는 내용이다.

9) 우여니 : 혹시. '우연히'에서 'ㅎ'이 탈락되고 연철된 것이다.

10) 기ᄃᆞ리셔냐 : 기다리실까. 기ᄃᆞ리- + -시- + -어냐('-거냐'의 이형태). 매 가지러 사람을 보내지 않았는데 혹시나 저쪽에서 기다리지나 않을까 하고 염려하는 뜻이 숨어 있다.

29. 딸을 또 낳아도 마음에 서운히 여기지 마소 영인 676p

곽주가 하씨에게 [문 71] [건들 142]

판독문

언샹이[1] 오나놀
쟝모ᄒᆞ시며[2] 대되 편히 겨시다 ᄒᆞ니 깃거ᄒᆞ
뇌. 뎡녈이[3]ᄂᆞᆫ 업쳐져[4] ᄆᆡ이[5] 샹ᄒᆞ여 잇다
ᄒᆞ니 엇디 업쳐딘고. 놀라이 너기뇌.
이 ᄃᆞ리 다 그므러 가되 지금 아기롤 나치
아니ᄒᆞ니 일졍[6] ᄃᆞ롤 그ᄅᆞ[7] 혠가[8] ᄒᆞ뇌. 오늘
긔벼리 올가 ᄂᆡ일 긔별 올가 기ᄃᆞ리다가
블의예 언샹이 다ᄃᆞᄅᆞ니 내 놀란 ᄠᅳ들
자내 엇디 다 알고. 브듸 시작ᄒᆞ며셔 사ᄅᆞᆷ
즉시 보내소. 비록 수이 나ᄒᆞ나 마나
브듸 사ᄅᆞᆷ 보내소. ᄉᆞ나희 업술디라
도 간나희 죵을 보내나마나 즉시
ᄌᆞᄌᆞ 보내소. 기ᄃᆞ리고 잇뇌. 죠희예

뿐 약으란 내 가셔 달혀 쁠 거시
니 나 아니 가셔란[9] 자시디 마소. 쑬
과 춤기름으란 반 죵즈[10]식 호 더 달
혀셔 아희 돈[11] 후에[12] 자시게 호소. 염
소[13]도 죠희예 뿐 약 호 더 갓거니와
【上邊】
염소도 나 간 후에 자시게 호소. 진실로 이 드리면 오
놀 니일 니예 나홀 거시니 시작호며셔[14] 브듸 ᄌᆞᄌᆞ즉
시 ᄌᆞᄌᆞ 사롬 보내소. 졍녜는 엇디 잇는고. 더욱 닛디 몯호
【右邊】
여 호뇌. 비록 쉬를 쏘 나하도 싱심도 모음애 서운
이 너기디 마소. 자내 몸이 편홀션졍[15] 아드른 관겨[16]티
(뒷부분은 다음 30번 편지에 이어지는 것으로 판단된다)
【뒷면】
소례딕 (手決)

현대어

언샹이가 오거늘 장모님하고 모두 편히 계시다 하니 기뻐하네. 뎡녈이는 앞으로 엎어져 몹시 상하여 있다 하니 어찌 엎어졌는고. 놀랍게 여기네.

이 달이 다 저물어 가되 지금 아기를 낳지 아니하니 정녕 달을 그릇 헤아렸는가 하네. 오늘 기별이 올까 내일 기별 올까 기다리다가 불의(不意)에 언샹이 다다르니 내 놀란 뜻을 자네가 어찌 다 알꼬. 부디 (산기가) 시작하면 사람을 즉시 보내소. 비록 쉽게 낳을지라도 부디 사람을 보내소. 남자 (종이) 없을지라도 여자 종을 보내나마나 즉시 즉시 보내소. 기다리고 있겠네.

종이에 싼 약은 내가 가서 달여 쓸 것이니 내가 아니 가서는 (그 전에) 자시지 마소. 꿀과 참기름은 반 잔씩 한 데 달여서 아이가 돈 후에 자시게 하소. 염소 중탕도 종이에 싼 약과 함께 갔거니와 염소도 나 간 후에 자시게 하소. 진실로 (産月이) 이 달이면 오늘 내일 안으로 (아이를) 낳을 것이니 (산기가) 시작하자마자 부디 부디 즉시 즉시 사람을 보내소.

졍녜는 어찌 있는고. 더욱 잊지 못하여 하네. 비록 딸을 또 낳아도 절대로 마음에 서운히 여기지 마소. 자네 몸이 편하면 되지 아들은 관계치

소례댁.

(30번 편지가 이어짐)

해설

앞의 두 편지에 이어 하씨의 출산을 기다리는 곽주의 심정이 그려져 있다. 특히 이 편지는 곽주의 아내 사랑이 구체적으로 나타나 있다. 아내의 출산을 대비하여 세 가지 물건을 장만하여 보내는 데에서 아내를 아끼는 곽주의 마음이 드러나 있다. 첫째는 종이에 싼 약을 보내면서 이것은 내가 가서 직접 달여 줄 것이니 그 전에는 먹지 말라고 한 것이다. 둘째는 꿀과 참기름을 보내니 아이가 돈 후에 반잔씩 먹으라는 것이다. 셋째는 염소를 중탕하여 고은 것도 같이 보내는데, 이는 출산 후 허해진 몸을 보하기 위한 것이다. 끝으로 비록 딸을 또 낳아도 절대로 마음에 서운히 여기지 말라는 말을 잊지 않고 있다. 산모만 건강하면 아들이 아니라도 괘념치 않겠다는 생각이 덧붙어 있다.

아이가 돈 후에 꿀과 참기름을 먹는 것이 흥미롭다. 두 가지는 미끄러운 성질을 지녀서 몸을 윤활하게 해 줄 것이라는 생각에서 먹었던 것이 분명하다. 당시의 출산 관련 습속을 알려 주는 내용이다.

주석

1) 언샹이 : 노복의 이름.
2) 장모ᄒᆞ시며 : 장모님하고. '-며'는 나열적 기능을 하는 접속어미로서의 기능을 가지고 있다. 여기서 '-ᄒᆞ시며'는 어미 '-며' 앞에 '-시-'가 통합된 특이한 구성으로, 공동격 조사와 같은 기능을 하고 있다. 뒷어절에 '자네ᄒᆞ며'가 생략된 것으로 보인다.
3) 뎡녈이 : 곽주의 딸 이름. '녈'의 ㄹ이 ㄴ처럼 적혀 있으나 ㄹ로 봄이 옳다. 4번, 12번 편지에는 '졍녈이'로 표기되어 있다. 4번 편지의 각주 48을 참고.
4) 업쳐져 : 앞으로 엎어져. 업치- + -어지- + -어.
5) ᄆᆡ이 : 몹시. 매우.
6) 일졍 : 一定. 정녕. 필경.
7) 그ᄅᆞ : 그릇.
8) 혠가 : 혜아렸는가. 혜- + -ㄴ가.
9) 가셔란 : 가서는.
10) 죵ᄌᆞ : 종지. 간장이나 참기름 따위를 담는 작은 그릇. 참고) 죵ᄌᆞ 죵(鍾)<千字 石 21>.

11) 돈 : 돌(回)- + -은. 산기가 시작되어 아기가 어머니 뱃속에서 움직이기 시작하는 것을 표현한 말이다.
12) 아희 돈 후에 : 태아의 몸이 움직이기 시작한 후에.
13) 염소 : 염소를 중탕하여 고은 약액(藥液)일 것이다. 요즈음도 산모의 건강을 돌보기 위해 염소 고은 것을 먹인다.
14) 시작ᄒᆞ며셔 : 시작하자마자.
15) 편ᄒᆞᆯ션뎡 : 편할지언정. 편ᄒᆞ- + -ㄹ션뎡.
16) 관겨티 : 관계하지. '관겨ᄒᆞ디'의 축약형이며, '관겨'는 '관계'에서 'ㅣ'가 탈락한 것이다. '티'의 자형이 불분명하여 단정하기 어려운 점이 있다.

30. 딸을 또 낳아도 마음에 서운히 여기지 마소 영인 675p

곽주가 하씨에게 [문 44] [건들 96][1)]

판독문

아니ᄒᆞ여 ᄒᆞ뇌. 장모씌ᄂᆞᆫ[2)] 죠희 업서 ᄉᆞᆯ이[3)]도 몯
알외ᄋᆞ오니 젼ᄎᆞ로 엿ᄌᆞᆸ고 사ᄅᆞᆷ 즉시 아희 시작ᄒᆞ
며 보낼 일 졈[4)] ᄉᆞᆲ소. 면화ᄂᆞᆫ 아기시[5)] ᄃᆞ라[6)] 봉ᄒᆞ여[7)] 보
내ᄂᆡ. 나ᄂᆞᆫ 요ᄉᆞ이 내 〻 머리 앏파 누웟다가 어제브터
셩ᄒᆞ여[8)] 잇뇌. 분별 마소. 면화ᄂᆞᆫ 닐곱 근 여ᄃᆞᆲ 냥 실
겻[9)] 두 근 넉 냥이라 ᄒᆞᄂᆡ. 소용[10)]도 가ᄂᆡ. 밧바 이만. 즈일(手決)
【뒷면】
가셔(手決)

현대어

아니하여 하네. 장모께는 종이가 없어서 안부도 못 아뢰오니 (이런) 까닭을 여쭙고, 아이 낳기를 시작하면 즉시 사람 보낼 일을 좀 아뢰소. 면화는 아기씨가 (저울로) 달아서 봉하여 보내네. 나는 요사이 내내 머리가 아파 누웠다가 어제부터 성하여 있네. 걱정 마소. 면화는 일곱 근 여덟 냥, 실겻은 두 근 넉 냥이라 하네. 소용도 보내네. 바빠 이만. 즉일. 가서(家書).

해설

이 편지는 앞 29번 편지와 연결된 것이다. 29, 30번 편지를 통해 하씨가 친정에 가 있는 것을 알 수 있다. 출산을 위해 친정에 가는 풍습은 예전부터 있어 왔던 것이다.

여기서 곽주가 하씨에게 면화와 실겻을 보내는 장면이 나온다. 이 면화는 배냇저고리와 기저귀, 아기 이불 등과 같은 신생아 용품을 만들어 쓰기 위한 재료일 수도 있다. 출산일이 유동적이기 때문에 기성품을 사 쓰는 요즘에도 한 달 전에는 아기용품을 완비해 두는 실정이다. 그런데 곽주가 살았던 시기에는 면화에서 여러 과정을 거쳐 실을 뽑고, 또 다시 며칠이 걸려 무명을 짜서 그 베로 옷을 손수 지어야 했다. 여러 종이 함께 한다고 해도 면화에서 당장 옷이 나올 리는 없다. 29번 편지에 '아기가 돈 후에'라는 이야기까지 나온 것으로 보아 이때에 하씨는 아기 옷을 지어 두었을 것이라는 생각이 든다.

주석

1) 이 편지의 사연은 앞 29번에 연결되는 것이다. 29번과 30번은 한 건의 편지인 셈이다.
2) 장모 : 이 '장모'는 1번 편지의 수신자인 합산댁을 가리킨다.
3) 술이 : 안부를 여쭈는 것. 역사적으로는 'ᄉᆞᆲ이'에 소급된다.
4) 졈 : 좀[부사].
5) 아기시 : 이곳의 '아기시'는 곽주의 며느리 즉 장남 이창(以昌)의 처를 가리키는 것으로 생각된다.
6) ᄃᆞ라 : (저울로) 달아서.
7) 봉ᄒᆞ여 : 봉(封)하여.
8) 셩ᄒᆞ여 : 온전하여.
9) 실겻 : '실겻'의 '실'은 '絲'임이 분명하다. '겻'이 문제가 되는데 솜으로 실을 써서 '실 타래 뭉치'로 만들어 놓은 것 즉 '실타래'로 짐작된다. 한국무속박물관 소장 의복 중 한글 문기가 씌어진 옷이 있는데 그 문장 중에 "빅지 닷 권 황ᄉᆞ ᄒᆞᆫ 견 보텬ᄒᆞ노이다"라는 구절이 있다. 이 중의 '황ᄉᆞ ᄒᆞᆫ 견'의 '견'이 '실겻'의 '겻'과 같은 낱말일 것이다.
10) 소용 : 갸름하고 조그마하게 생긴 병. 참기름 따위를 담아 두는 데 쓴다.

31. 무슨 일로 집안이 하루도 조용한 때가 없는고? 영인 674p

곽주가 하씨에게 [문 82] [건들 59]

판독문

요ᄉᆞ이 므ᄉᆞ 일로 집안히 ᄒᆞᄅᆞ도 죠용ᄒᆞᆫ ᄠᅢ 업ᄂᆞᆫ고.
ᄒᆞᄅᆞ 이ᄐᆞᆯ 아니고 자내 ᄆᆞᄅᆞᆫ 셩에[1] 엇디 견ᄃᆡᄂᆞᆫ고.
자내옷 ᄒᆞᆫ ᄃᆡ 잇기 편치 아녜라[2] ᄒᆞ면 ᄂᆡ월로[3] 제곰
들 집을 짓고[4] 제곰 살게 ᄒᆞ새. 제곰 집의 나
도[5] 갓가이 이시면 ᄒᆞᆫᄃᆡ 이시나 다ᄅᆞ디 아닐 쟉기면[6] 멀
즈기 집을 짓고 나고[7] 갓가이 이셔도 문이나 제곰 내
고 ᄉᆞ이ᄅᆞᆯ 콩치[8] 몯ᄒᆞ게 ᄒᆞ고 이시면 ᄒᆞᆫᄃᆡ 잇기도
근[9] 나을 쟉기면[10] 갓가이 집을 짓고뎌 ᄒᆞ니 자내
짐쟉ᄒᆞ여 긔별ᄒᆞ소. 면화 아니 ᄠᆞᆫ[11] 젼에[12] 제곰
나고뎌 ᄒᆞ니 자내 ᄠᅳ데 엇더ᄒᆞᆫ고. ᄌᆞ셰 짐쟉ᄒᆞ여
긔별ᄒᆞ소. 다문 죵이 져그니 면화 아니 ᄠᆞᆫ 젼에 몯 미
처[13] 집을 지을가 ᄒᆞ뇌[14]. 아마도 제곰 나ᄂᆞ니 여긔
셔 소ᄅᆡ도 서로 몯 듣게 화원 사ᄅᆞᆷ의 집으로
나고 자내 들 집으란 두 간이나 새로 짓고 나고뎌
호ᄃᆡ 아희ᄃᆞᆯ도 ᄌᆞ조 몯 볼 거시니 그ᄅᆞᆯ 서운
ᄒᆞ여[15] 덕남[16]의 집게[17] 집을 짓고 ᄉᆞ이ᄅᆞᆯ 놉게
막고 문을 제곰 길로 ᄃᆞᆫ니게 내고뎌 ᄒᆞ여 두
가지로 혜요ᄃᆡ[18] 당시[19] 뎡치 몯ᄒᆞ여 이시니 자
내 짐쟉ᄒᆞ여 긔별ᄒᆞ소. 녈진이[20]ᄅᆞᆯ 밤
마당[21] 빙소방[22]의 놈 숨겨 내여 간다 ᄒᆞ여
니ᄅᆞᆫ다 ᄒᆞ니 그 마ᄅᆞᆫ 올ᄒᆞᆫ 마린가. 진실로
그리 니ᄅᆞᆯ 쟉기면 ᄒᆞᆫ 집의 잇다가 내죵애 므
ᄉᆞᆷ 큰 마ᄅᆞᆯ 지어낼 동[23] 알고. 결에[24] 자내 녈

진이네를 ᄃᆞ리고 제곰 나사 편홀가 ᄒᆞᄂᆡ.
이제 아ᄆᆞ려 녈진이를 밤으로[25] 빈소방의 ᄃᆞ
려간다 ᄒᆞ여도 나 혼자 아니 이시니 ᄂᆞᆷ은 고
지 아니 드ᄅᆞ려니와 저의 말 지어내ᄂᆞᆫ ᄆᆞᄋᆞᆷ이
우연이[26] 흉악ᄒᆞᆫ가. 엇디 그런 사ᄅᆞᆷ과 ᄒᆞᆯ
린ᄃᆞᆯ[27] ᄒᆞᆫ 집안해 잘 살고. 동자[28]ᄂᆞᆫ 엇디
<다음 편지가 이어짐>

현대어

요사이 무슨 일로 집안이 조용한 때가 없는고. 하루 이틀도 아니고 자네의 마른 성질에 어찌 견디는고. 자네가 "한 데 살기 편치 아니하다"고 말하면 다음 달로 제각기 들어갈 집을 짓고 제각각 살기로 하세. 제각각 집에서 나가도(=분가를 해도) 가까이 있는 것이 한 데 있는 것과 다르지 않을 것 같으면 멀찍이 집을 지어 나가고, 가까이 살아도 문을 제각기 내고 사이를 통하지 못하게 하는 것이 한 데 살기보다 나을 것 같으면 가까이 집을 짓고자 하니, 자네가 짐작하여(=자네의 생각을) 기별하소. 면화를 따기 전에 제각기 나가고자 하니 자네 뜻에는 어떠한고. 자세히 짐작하여 기별하소.

다만 종의 수가 적으니 면화를 따기 전에 미처 집을 짓지 못할까 염려가 되네. 아마도 제각기 나가느니 여기서 소리도 서로 못 듣게 화원 사람의 집으로 나가고, 자네가 들어갈 집은 두 칸이나 새로 지어 나가고자 하되 (그리하면) 아이들도 자주 못 볼 것이니, 그것을 서운하게 생각하면 덕남의 집 근처에 집을 짓고 그 사이를 높게 막고 문을 제각기 다른 길로 다니도록 내고자 하니, (이렇게) 두 가지 방법으로 헤아리되 아직 정하지 못하고 있으니 자네의 뜻을 짐작하여 기별하소.

"녈진이를 밤마다 빈소방에 남이 모르게 숨겨 내어 간다" 하여 이른다 하니 그 말은 맞는 말인가? 진실로 그리 이를 것 같으면 한 집에 있다가 나중에 무슨 큰 말을 지어낼 줄 어찌 알꼬! 즉시 자네가 녈진이네를 데리고 제각기 나가야 편할까 하네. 아무리 녈진이를 밤에 빈소방에 데려간다 하여도 나 혼자 아니 있으니 남들은 곧이 듣지 아니하려니와, 그들의 말 지어내는 마음이 얼마나 흉악한가. 어찌 그런 사람과 하루인들 한 집안에서 잘 살꼬! 밥 짓는 일은 어찌

해설

이 편지는 가족 간에 있었던 심각한 갈등을 보여 준다. 이 갈등 때문에 집을 따로 지어 나가려 하고 있다. 다만 면화를 수확하기 전에 나가게 되면 집을 짓기가 어려우니 면화 딴 후에 나가는 것이 좋겠다는 곽주의 뜻을 하씨에게 알리고 있다. 나가도 서로 가까이 있게 해 두고 문을 따로 통하게 하여 길을 달리 하는 방안도 말하고, 아예 멀리 떨어져 지으면 좋겠다는 방안도 말하였다. 자네 뜻대로 할 터이니 뜻을 알려 달라고 하고 있다. 결정권을 아내 하씨에게 준 것이다. 이러한 갈등은 앞의 편지 사연에도 보였던 것이다. 전처 광주 이씨의 장남 이창과 하씨 사이에서 한 집에서 살기 어려운 갈등이 일어났음이 분명하다. 결국 논공에 집을 짓고 하씨가 나가서 된 것도 이러한 갈등 때문이었으리라.

또 이웃에 사는 사람들(=다릐 어미와 녈진이까지 가세하여)이 "녈진이를 밤마다 빈소방에 남이 모르게 숨겨 내어 간다"라고 하는 괴이한 소문을 퍼뜨리니 이런 사람과 하루인들 어찌 같이 살 수 있을까 하고 한탄하고 있다. 도나루터 아주버님이 대구 감사에게 간곡히 청하여 금이 수영댁의 더기를 문초하려 하고 있다는 다음 32번의 사연으로 보아 이 사건은 공식적으로 조사되었을지도 모른다.

주석

1) ᄆᆞ른 셩에 : 마른 성질에. '셩'은 '性, 성질'을 이른다. '마른 성'은 '성질이 마르다'와 같은 관용구에서 보듯이 '성품이 가볍고 날카로움'을 뜻한다. 참고) 모딘 셩을 업시 ᄒᆞ며 슌ᄒᆞᆫ 셩을 두고<馬經 上 43b>.
2) 편치 아녜라 : 편치 아니하도다(아니하여라). 편ᄒᆞ- + -지 # 아니- + -에- + -라. 'ᄉᆞ랑티 아니여'<恩重 12>처럼 '아니하다'라는 뜻의 동사 또는 형용사로서 '아니다'가 쓰였다. '-에-'는 느낌을 나타내는 선어말어미로서, 음운론적 이형태인 '-애-'로도 쓰인다. '몰래라 ᄒᆞ샤미 올ᄒᆞ니<月釋 23:85>'의 '몰래라'에서 분석되는 '-애-'가 그것이다. '-애/에-' 다음에서는 어말어미 '-다'가 '-라'로 바뀐다. 참고) 얼운답디 아녜라<松江 2:14>.
3) ᄂᆡ월로 : 다음 달로. ᄂᆡ(來) # 월(月) + -로.
4) 제곰 들 집을 짓고 : 제각기 들어가 살 집을 짓고.
5) 집의 나도 : 집에서 나가도. 分家해도. '나다'는 '나가다' 또는 '나오다'의 두 가지 뜻으로 쓰였는데, 여기에서는 앞의 것으로 풀이된다.
6) 아닐 쟈기면 : 않을 것이면. 않을 것 같으면. 아니- + -ㄹ # 쟉 + -이- + -면. '쟉'은 형식명사 '것'과 비슷한 뜻으로 쓰였다. 참고) 그대도록 ᄉᆡᆼ각ᄒᆞ실 쟉시면<捷新 初 6:20b>. 墓所애 藏호ᄃᆡ 뭇디 말 쟈기면<家禮 1:36b>. 17세기 자료에는 '쟈기면'처럼 연철된 어형보다 '쟉시면'이란 표기 형태가 많이 나타난다. 『동국신속삼강행실도』 등에는 '쟉기면'으로 중철 표기되었고, 『가례언해』 등에는 '쟉이면'으로 분철되어 쓰이기도 했다. '쟉'과 '쟋'은 공존 변이형(=쌍형어)으로 생각된다.
7) 짓고 나고 : 지어 나가고. 연결어미 '-고'가 두 번이나 쓰인 특이한 구성을 보여준다.
8) 콩치 : 통하지. '통치'를 잘못 적은 오기이다.

9) 잇기도근 : 있기보다. 잇- + -기[명사형어미] + -도근. '도근'은 현대어의 '보다'와 같은 비교격조사로 쓰였던 '도곤'에서 비원순화가 일어난 형태이다. 참고) 어듬도곤 나으니라<老解 上 39>.

10) 갓가이 이시면 흔 듸 이시나 다르디 아닐 쟈기면 …… 콩치 몯흐게 흐고 이시면 흔 듸 잇기도근 나을 쟈기면 : 가정을 나타내는 연결어미 '-면'이 계속 이어져서 현대국어 문법과는 다른 모습을 보여 준다. 현대어로 바꿀 때 두 접속문의 앞 문장에 나오는 '이시면'은 모두 '있는 것이'로 풀이함이 알맞다.

11) 뽄 : 딴(摘). 참고) 뽈 뎍(摘)<類合 下 46>.

12) 젼에 : 전에. 젼(前) + -에. '아니 뽄 젼에'는 '따기 전에' 또는 '아니 땄을 때'의 뜻이다. 부정사 '아니'가 서술어 앞에 놓인 구성이다. 면화를 따는 시기를 고려할 때, 편지가 쓰인 때는 아마도 음력 8월경인 듯하다.

13) 미처 : 미쳐. 미치어. 및- + -어. '미'는 작은 글씨로 보입(補入)된 글자이다. 참고) 大衆의게 미초믄<法華 1:56>.

14) 몯 미처 집을 지을가 흐뇌 : 미처 집을 짓지 못할까 하네(염려이네). 종의 수가 적어서 집을 짓더라도 면화를 따기 전까지는 집을 미처 다 짓지 못할 것 같다는 염려를 표현하고 있다. '지을가'에 쓰인 '-ㄹ가(현대어에서는 '-ㄹ까')'는 두 가지 뜻으로 풀이할 수 있다. 하나는 화자의 의지로서 '면화를 따기 전에 집을 짓겠다'는 뜻이다. 또 하나는 '면화를 따기 전에 집을 지을 수 있겠는가'라는 의구심을 나타내는 것이다. 여기에서는 '죵이 져그니'라는 말로 보아 후자의 뜻으로 보인다.

15) 그롤 서운흐여 : 그것이 서운하여. 그것이 서운하면. '서운흐다' 앞에 목적격조사가 온 것을 보아서 이 낱말이 오늘날처럼 형용사로만 쓰인 것이 아니라, 타동사로도 쓰인 것 같다.

16) 덕남 : 사람 이름.

17) 집게 : 집께. 집 근처에. 집 + -게. '-게'는 시간이나 공간을 나타내는 일부 명사 아래에서 '가까운 범위'를 뜻하는 접미사 '-께'의 선대형이다. 이와 같은 뜻으로 현대국어에 남아 있는 표현은 '가슴께'(가슴 부근에), '무릎께'(무릎 부근에) 등이 있으나 '집께'와 같은 것은 쓰이지 않는다. 『우리말큰사전』(한글학회)에는 '남대문께', '네거리께'도 예로 나와 있다. '보름께', '그믐께' 등 시간 관련 명사에 붙는 '-께'는 15세기의 '쁴'(時)에서 비롯된 것이므로 공간성을 표시하는 '가슴께' 등의 '-께'와 구별되어야 한다.

18) 혜요듸 : 헤아리되. 생각하되.

19) 당시 : 아직.

20) 녈진이 : 사람 이름. 노비의 이름.

21) 밤마당 : 밤마다. 참고) 사룸마당 君子를 願흐느니<竹溪志 君子歌>.

22) 빙소 방 : 곽주의 아버지가 돌아 가신 후 차린 빈소방(殯所房)일 것이다. 바로 뒤에 '빈소방'이 나오기도 한다. '殯'은 그 속음이 '빙'으로 쓰이기도 했던 것이다. 참고) 빙숏 빈(殯)<訓蒙 中 35>. 빙소흐고<小解 5:43>.

23) 지어낼 동 : 지어낼 줄. 지어낼지. 지어내- + -ㄹ # 동. 형식명사 '동'은 용언의 어미 '-ㄴ, -ㄹ' 아래에서 쓰였다. 참고) 간 동 몰라이다<月釋 21:27>.

24) 겯에 : 바로. 즉시. '겨릐'가 '바로, 즉시'의 뜻으로 쓰였다. 참고) 도적이 겨릐 오니<東新 忠 1:74b>. '…을 하는 결에'(하는 김에)와 같은 뜻으로 풀이할 수도 있다.

25) 밤으로 : 밤에. 밤마다. 밤 + -으로.

26) 우연이 : 얼마나. '우연이'가 21번 편지에도 나왔듯이 '얼마나'의 뜻으로 자주 쓰였다.

27) 홀린돌 : 하루인들. 흐ᄅ + -이- + -ㄴ돌. '흐ᄅ' 뒤에 모음으로 시작하는 조사나 '-이다'가 연결되면 어간이 '홀ㄹ'로 바뀐다. 참고) 홀론<月釋 2:51>.

28) 동자 : 밥 짓는 일. 참고) 동잣어미, 동자아치(밥 짓는 여자 하인).

32. 하루인들 한 집안에 같이 살 수 있을까 영인 673p

곽주가 하씨에게 [문 8] [건들 8]

판독문

친히 ᄒᆞ고 죵ᄃᆞᄅᆞᆯ 아니 시기며[1)]
셔방[2)]의 밥ᄡᆞᄅᆞᆫ[3)] 엇디 저의
ᄡᆞᆯ로 ᄒᆞᆫ단 마린고. ᄉᆞ셔[4)]ᄅᆞᆯ
ᄌᆞ셰 몰라 아ᄆᆞ란 줄[5)] 모ᄅᆞ니
ᄌᆞ셰 긔별ᄒᆞ소. 녈진이ᄅᆞᆯ
밤으로 ᄂᆞᆷ 숨겨 ᄃᆞ려 내여 간
다 니ᄅᆞᆫᄃᆞᆯ 그런 어업ᄉᆞᆫ[6)] 마리야
ᄂᆞᆷ이 고디 드ᄅᆞᆯ가. 커니와[7)] 저의
그리 말 밍그라 내ᄂᆞᆫ 용심[8)]이
하 흉악ᄒᆞ니 엇디 ᄒᆞᆫ 집안
해 ᄒᆞᆯ린ᄃᆞᆯ ᄒᆞᆫ ᄃᆡ 살고. 집
안 긔벼ᄅᆞᆯ ᄌᆞ셰 : : 뎌거 보내
소. 도ᄂᆞᄅᆞ 아ᄌᆞ바님도 내게 ᄒᆞ신
유무예 감ᄉᆞ[9)]게 칭념[10)]ᄒᆞ여
금이[11)] 슈영ᄃᆡ개[12)] 더기[13)]ᄅᆞᆯ 셩문[14)]
치려 ᄒᆞ여 두겨시니[15)] ᄒᆞᆫ 집안해
잇다가 힝혀 그러케 되면 더
옥 우리 탓[16)]만 너겨 요란ᄒᆞᆯ
거시니 엇디 ᄒᆞ려뇨 ᄒᆞ뇌.
집안 긔별 ᄒᆞ며 자내 ᄠᅳᄃᆞᆯ
ᄌᆞ셰 뎌거 보내소. 다릐[17)] 어미나
녈진이나 저의도 그ᄅᆞ ᄃᆡ졉
ᄒᆞᄂᆞᆫ 이리 이셔 그러ᄒᆞᆫ가.[18)]

낫〻치 ᄌᆞ세 긔별 뎌거 보내소.

현대어

친히 하고 종들을 아니 시키며, 서방의 밥을 짓는 쌀은 어찌 저의 쌀로 한단 말인고. 일의 형세를 자세히 몰라 어떻게 된 줄을 모르니 자세히 기별하소. 녈진이를 밤에 남이 숨겨 데려내어 간다고 말한들 그런 어이없는 말이야 남들이 곧이 들을까. 그런데 그가 그리 말을 만들어 내어 남을 해치려는 마음이 매우 흉악하니 어찌 한 집안에 하루인들 한 데 살꼬. 집안 기별을 자세히 자세히 적어 보내소.

도나루[桃津] 아주버님도 내게 하신 편지에 대구 감사에게 간곡히 청하여 금이 수영댁의 더기를 문초하려 하고 있으시니 한 집안에 있다가 행여 그렇게 되면 더욱 우리 탓으로 여겨 요란할 것이니 어찌할까 하네(=염려스럽네). 집안의 기별과 자네 뜻을 자세히 적어 보내소. 다릐 어미나 녈진이나 저희를 (우리가) 잘못 대접한 일이 있어서 그러한가?(=그런 말을 하고 다니는가). 낱낱이 자세히 기별을 적어 보내소.

해설

이 편지는 앞 31번 뒤에 이어지는 것이다. 즉 31번과 32번은 하나로 이어진 한 건의 편지인 셈이다. 곽주가 집안에서 벌어진 소동을 진정시키려고 아내를 다독거리며 다음과 같이 타이르는 편지이다. “사람들이 집안 일을 가지고 해괴한 소문을 만들어 퍼뜨리고 다니니 그런 어이없는 이야기를 누가 믿겠소. 우리가 평소에 다릐 어미나 녈진이를 잘못 대접한 일이 있어서 저들이 그리 고약한 말을 지어내는가 싶으오? 엉뚱한 말을 만들어 내어 남에게 해코지를 하려고 하는 저들의 마음씀씀이가 흉악하니 어찌 한 집에 같이 살 수 있겠소? 도나루 아주버님께서도 대구 감사에게 청원서를 내어 저들을 문초해 달라고 조치해 놓았다 하니 너무 염려 말라”고 하였다.

이 편지 속에 담긴 내밀한 의미를 짐작하기 어렵지만 앞에서 본 가족 간의 갈등과 관련되어 있고 또 무언가 말하기 어려운 사건이 숨어 있음이 틀림없다. 곽주의 섬세한 상황 묘사와 사리에 맞는 판단이 돋보이는 글이다. 집안의 미묘한 일을 원만하게 처리하려는 뜻을 간곡하게 표현한 곽주의 문장력이 높은 수준의 것임을 감지할 수 있다.

주석

1) 시기며 : 시키며. 참고) 命은 시기논 마리라<月釋 序 11>.
2) 셔방 : 서방. 친족 관계 속에서 '서방'은 다양한 뜻을 가진다. 지아비, 사위, 동생의 남편을 가리키기도 하고 친족의 범위를 벗어나 나이가 든 아랫사람을 대접하여 부를 때 쓰기도 한다. 여기서 '셔방'은 제3의 남성을 가리키는데 구체적으로 누구를 뜻하는지 알기 어렵다.
3) 밥쌀 : 밥쌀. 밥 지을 때 쓰는 쌀. 참고) 떡쌀. '셔방의 밥쌀'은 '서방이 먹는 밥을 짓는 쌀'을 가리킨다.
4) ᄉᆞ셔 : 사세(事勢). '셔'는 '셰'(勢)의 속음이다. 참고) ᄉᆞ셔 셔(勢)<類合 下 58>.
5) 아ᄆᆞ란 줄 : 아무런 줄. 어떠한 줄.
6) 어업슨 : 이치에 맞지 않는. 어이없는. 「순천김씨언간」 192번에 '어 업다'가 나오고, 같은 편지 37번에는 '어히 업ᄉᆞ니'도 나온다. 그 뜻은 '이치에 닿지 않다', '사리에 어긋나다'이다. 판본 자료에서는 '어없다'나 '어이없다'가 보이지 않고 '어히 업다'만 나타난다. 참고) 어히 업다<捷新 初 4:14a>.
7) 커니와 : 그러하거니와. ᄒᆞ거니와>커니와(의 탈락과 자음축약). 앞 문장의 뜻을 부정하는 역접의 부사로 기능한다. 허웅(『16세기 우리 옛말본』, pp. 127-128)은 16세기 자료에 쓰인 '커니와'를 특수토씨로 처리하였다. 현대국어의 '그러나', '그런데' 등을 접속부사로 처리하는 만큼 '커니와'와 이와 성격이 유사한 접속부사로 보는 것이 바람직하다.
8) 용심 : 남을 시기하는 심술. 남을 해치려는 마음. 한자어 '用心'은 정성스런 마음을 쓴다는 뜻으로 '용심'과는 동음이의어이다.
9) 감ᄉᆞ : 감사(監事). 여기서는 '대구 감사'(大邱 監司)를 뜻한다. 33번 편지에 '대귀 감ᄉᆞ'를 만나러 간다는 사연이 나온다. 참고) 경긔 감ᄉᆞ ᄒᆞ여셔<東新 忠 1:43>.
10) 칭념 : 稱念. 상대방에게 어떤 사실을 말하고 그것을 잊지 말고 잘 생각하여 달라고 부탁함. 이두문에서 쓰이는 이두식 한자어이다.
11) 금이 : 미상. '금이 슈영딕개'의 구성 속에서 '슈영딕'을 관형하는 위치에 놓인 것으로 보아 지명이거나 직책명일 가능성이 있다.
12) 슈영딕개 : 수영댁에. 水營宅. 水營에서 직(職)을 가졌던 집의 택호일 것이다.
13) 더기 : 문맥상으로 보아 노비 이름이 틀림없다. 수영댁에 속한 노비인 '더기'가 나쁜 소문을 퍼뜨렸거나 아니면 수영댁이 직접 그러한 일에 관련되었을 것이다. 상전의 과실을 노비에게 추궁하는 일은 흔히 있는 것이었다.
14) 셩문 : 불러다가 조사하여 물음. 省問. '셩문 치려'는 문맥상으로 보아 '불러다가 조사하여 일의 전말을 조사하고 책임을 추궁하려'는 뜻으로 파악된다.
15) 두겨시니 : 동사 '두-'와 '겨-'의 복합동사. '두-'를 존대하는 동사로 기능하여 '겨'가 선어말어미처럼 생각되는 점도 있다.
16) 탓 : 탓. '닷'이 유기음화된 형태이다.
17) 다릐 : 사람 이름.
18) '다릐 어미'와 '녈진이'도 '슈영딕'과 같은 말을 하고 있음을 의미한다. 저들을 우리가 잘못 대접한 일이 있어서 서운하게 생각하고 그런 말을 하고 있는 것인지…? 뭔가 내막을 잘 몰라 의아해 하는 곽주의 심정이 나타나 있다.

33. 모레는 대구 감사를 보러 갈 것이니 영인 672p

곽주가 하씨에게 [문 67] [건들 135]

판독문

어제 유무 보고 편히 뫼셔
겨신 긔별 알고 깃거 ᄒᆞ뇌. ᄂᆡ
일로 갈 거시니 큰 몰이 깃춤[1)]
을 그저[2)] 깃거든[3)] 복마[4)]를 옥쉬[5)]
ᄒᆞ여 아춤밥 일 ᄒᆞ여 머겨 보내
소. 자리 져 갈 양으로 녆아기[6)] 조
차 보내소. ᄂᆡ일 집의 가셔 모ᄅᆡ
로 대귀 감ᄉᆞ[7)] 보러 갈 거시니
양식 뫼
ᄡᆞᆯ 해자ᄡᆞᆯ[8)] 병ᄒᆞ여 두 말만 지
혀[9)] 두고 반찬 뎜 출화 두소.
덕남이 풍난이 대귀 갈
양으로 미리 닐러 두소. 밧바
이만. 즈일(手決)
【뒷면】
가셔 (手決)

현대어

어제 편지를 보고 편히 계시다는 소식을 알고 기뻐하네. 내일 갈 것이니 큰 말이 기침을 여전히 하거든 복마를 옥수로 하여금 (보내되) 아침밥을 일찍 해서 먹여 보내소. 자리를 지고 갈 양으로 년아기도 함께 보내소. 내일 집에 가서 모레는 대구 감사를 보러 갈 것이니, 양식으로 (쓸) 멥쌀과 해자쌀을 아울러 두 말만 찧게 해 두고 반찬도 좀 차려 두소. 덕남이와 풍난이에게 대구에 갈 것이라고 미리 일러 두소. 바빠 이만. 즉일. 가서.

해설

이 편지에 나타난 가장 중요한 사실은 곽주가 대구 감사(=경상도 관찰사)를 만나러 간다는 것이다. 32번 편지에 "감ᄉᆞ게 칭념ᄒᆞ여 금이 슈영ᄃᆡ개 더기롤 셩문치려 ᄒᆞ여 두겨시니"라는 내용이 나온 적이 있다. 32번 편지와 34번 편지는 서로 관련된 사연을 담고 있는 것이다. 집안과 관련하여 생긴 문제를 감사에게 말하여 어떤 조처를 취해 달라고 청하려고 하는 모습이 이 편지에 나타나 있다. 분쟁에 대한 판단을 요청할 때 감사에게 소지(所志)를 올렸을 것도 같은데 그와 관련된 언급은 보이지 않는다. 문서로 한 것이 아니라 구두로 어떤 일에 대한 처결을 구했던 것 같다. 제9행에는 서너 개 어절을 썼다가 먹으로 뭉개어 지운 모습이 나타나 있다. 이래저래 복잡한 곽주의 심사가 지운 흔적에 비치어 있다.

주석

1) 깃촘 : 기침. 참고) 깃촘 기츠며<마경 下 58b>.
2) 그저 : 계속. 여전히. 「곽씨언간」에 '그저'가 17, 72, 33, 38번 편지에 나오는데 현대 국어의 부사 '그저'와는 뜻이 다르다. '여전히'라는 뜻으로 풀이하면 적절하다.
3) 깃거든 : 기침하거든. 깃- + -거든. 참고) 기춤을 만히 깃고<마경 上 22b>. '기춤'을 고려할 때 동사 '깃-'의 기본형은 '짖-'일 것이다.
4) 복마 : 卜馬 또는 숫말. '卜馬'는 짐을 싣는 말을 뜻한다. 평북방언에서 '복마'가 숫말을 뜻한다.
5) 옥쉬 : 노(奴)의 이름.
6) 년아기 : 노(奴)의 이름. 77번 편지에는 '년악이'로 나온다.
7) 대귀 감ᄉᆞ : 大邱 監司(대구 감사). 대구에 있었던 감사는 경상도 관찰사를 가리킨다.
8) 해자ᄡᆞᆯ : 해자쌀. 어떤 일이나 비용에 대한 대가로 지불하는 쌀을 말한다. 88번, 100번 편지 등에 나온다. '해자'는 '비용', '소비'라는 뜻으로 주로 쓰이지만 그 외에도 '폐를 끼침'이란 뜻으로도 쓰인다. 참고) 해자: ① 비용・소비 : 닚금 해자를 져기 ᄒᆞ시고 닚금 欲을 져기 ᄒᆞ시면 비록 糧食 업서도 足ᄒᆞ리니<法華 7:157>. 이 ᄀᆞ티 施ᄒᆞ린 分文ㅅ 해자도 업수ᄃᆡ 일후믈 大施檀越이라 ᄒᆞ시니라(如是施者ᄂᆞᆫ 無分文之費호ᄃᆡ 而得名爲大施檀越이라 ᄒᆞ시니라)<禪集 상 38>. 費 해자 비<新合 하 34>. ② 폐를 끼침 : 小人ᄃᆞᆯ히 예와 해자ᄒᆞ고 녈이과이다. 므슴 해자 녈인 고디 이실고(小人們這裏定害 有甚麽定害處)<老飜 상 43>.
9) 지혀 : 찡이어. 찡게. 징- + -이- + -어. '딩->징-'이 일어난 ㄷ구개음화형.

34. 조그마한 일이라도 다 각시님께 기별하소 영인 672p

곽주가 하씨에게 [문 11] [건들 11]

판독문

요ᄉᆞ이 이ᄅᆞᆫ[1] 아ᄆᆞ라타[2] 몯 ᄒᆞ로쇠. 다문 내
일만 조심홀 이리니 녀나ᄆᆞᆫ[3] 이리야
현마[4] 엇디 홀고. 아무 이리 아ᄆᆞ라 ᄒᆞ여도[5]
나ᄅᆞᆯ 밋고[6] 조심홀만 ᄒᆞ소. 온 가짓 이ᄅᆞᆯ
다 ᄉᆞᆨ진 어믜게[7] 닐러 ᄒᆞ라 ᄒᆞ시니[8] 대
원[9]의 바지예 소옴[10]도 짐치[11] ᄃᆞ믄 후에 각
시님[12]게 ᄉᆞᆯ와[13] 사ᄅᆞᆷ을 어더[14] ᄒᆞ게 ᄒᆞ소. 믈 드
일[15] 일로 ᄒᆞ여 이리 요란ᄒᆞ여 이시니 이
제란 죠고마ᄒᆞᆫ 이리라도 다 각시님게 긔
별ᄒᆞ여 ᄒᆞ게 ᄒᆞ소.[16] 옷안[17]도 오나든 즉시 믈
드려 달라 ᄒᆞ고 각시님ᄭᅴ[18] 긔별ᄒᆞ소. 셩
ᄃᆡ[19] 독[20] 갑[21] 주라 ᄒᆞ시더라 ᄒᆞ니 주신가 아니
주웟거든 즉시 주소. 고리[22]도 불라[23] ᄡᅳ라
ᄒᆞ시니 불라 ᄡᅳ게 ᄒᆞ소. 이 뎌근 것
보고 즉시 업시 ᄒᆞ소. ᄇᆞ레
ᄇᆞ텨 ᄇᆞ리소[24]. 현마 엇디 홀고. 조심
ᄌᆞᄌᆞ 홀 ᄲᅮᆫ이로쇠. 쳡[25]을 ᄒᆞ다[26]
졍이야 다ᄅᆞᆯ가 의심 마오.[27] 조
심만 ᄒᆞ소.

【뒷면】

郭生員宅

尊長前上狀(手決)[28]

현대어

요사이 일은 어떻게 못할 것이로세. 다만 내 일만 조심할 일이니 다른 (사람의) 일이야 설마 어찌 할꼬. 아무 일이 아무렇다고 하여도 나를 믿고 조심만 하소. 온 가지 일을 다 슉진 어미에게 일러 하라 하시니, 대원의 바지에 솜도, 김치 담근 후에 각시님께 여쭈어 사람을 구하여 하게 하소. 물들일 일(=염색할 일)로 하여 일이 요란하여 있으니 이제는 조그마한 일이라도 다 각시님께 기별하여 하게 하소. 옷 안감도 오거든 즉시 물들여 달라 하고 각시님께 기별하소.

셩덕에게 독 값(=옹기값)을 주라 하시더라 하니 주셨는가, 주지 않았거든 즉시 주소. 고리도 발라 쓰라 하시니 발라 쓰게 하소. 여기에 적은 것 보고는 즉시 없애소. 불에 붙여 (태워) 버리소. 설마 어찌 할꼬! 조심조심할 뿐이로세. (내가) 첩(妾)을 했다고 정이야 달라질까. 의심 마오. 조심만 하소.

해설

옷감에 물들이는 작은 일로 하여 집안이 요란하게 되었다. 누가 무슨 말로 헐뜯는 이야기를 해도 믿지 말고 조심하여 처신하라고 하며 작은 일까지 일일이 '각시'에게 기별하여 사람을 구하여 시키라고 당부하고 있다. 위의 각주에서 언급했듯이 이 '각시'는 곽주의 며느리 즉 장남 이창의 아내가 아닌가 한다. 현대국어의 '새댁'과 같은 뜻으로 '각시'라는 말이 쓰인 듯하다.

'셩덕'에게 옹기 값을 아직 치르지 않았으면 즉시 주고 고리짝 만들 고리도 발라서 장만해 두라고 하고 있다. 여기에 적은 사연은 본 후에 즉시 불살라 버리라고 시켰는데, 이는 혹시나 있을지 모르는 갈등의 소지를 없애고자 하는 곽주의 세심함을 보여 준다. 이 편지의 내용은 앞의 몇 편지들과 함께 집안에서 하씨를 둘러싸고 일어난 갈등을 암시하고 있다. 집안의 매사를 신중히 처리하여 그러한 갈등을 없애려 한 곽주의 태도가 잘 나타나 있는 편지다. 이 편지를 본 후에 불살라 버리라고 시켰지만 하씨 부인이 이를 따르지 않고 편지를 보존하여 오늘날 전해지게 되었으니 다행스러운 일로 보아야 할 듯하다. 주석에서 지적했듯이 이 편지에는 곽주가 첩을 들인 것으로 나타나 있으나 족보나 집안의 구전에 이런 이야기는 없다.

주석

1) 요ᄉᆞ이ᄅᆞᆫ : 요사이 일은.
2) 아ᄆᆞ라타 : 아무러 하다[형용사]. '아ᄆᆞ라ᄒᆞ다'의 축약형. '아ᄆᆞ라타 몯 ᄒᆞ로쇠'는 '아무렇게도 못하겠다'(속수무책이다)는 뜻이다.
3) 녀나ᄆᆞᆫ : 다른.
4) 현마 : 설마. '현마'에는 두 가지 뜻이 있다. ① 아무리. 아무리 해도. 참고) 하ᄂᆞᆯ히 현마 즐겁고도 福이 다아<月釋 1:21>. ② 설마. 참고) ᄂᆡ 아니 니젓거든 젠들 현마 니즐소냐<古時調>. 여기서는 ②의 뜻으로 쓰였다.
5) 아ᄆᆞ 이리 아ᄆᆞ라 ᄒᆞ여도 : 아무 일이 아무렇다고 해도. 누가 무슨 말을 해도.
6) 밋고 : 믿고(信). 누가 무슨 해도 곧이 듣지 말고 나를 믿고 있으라는 곽주의 당부이다.
7) 슉진 어믜게 : 숙진이의 어머니에게. '슉진'은 아이 이름으로 보인다. 38번 편지에 "슉진의 병은 어떤고? 자세히 알아 기별하소"라고 한 대목에서 이 이름이 보인다.
8) ᄒᆞ라 ᄒᆞ시니 : 'ᄒᆞ라'의 실질 행동주는 '슉진 어미'이고 'ᄒᆞ시니'의 주체는 하씨로 볼 수 있다.
9) 대원 : 곽주의 아들 이름. 「곽씨언간」 전체에서 '대임이'는 자주 보이나 '대원'은 드물게 보인다. 24번과 69번에 나온다.
10) 소옴 : 솜(綿).
11) 짐ᄎᆡ : 김치. '딤ᄎᆡ > 짐ᄎᆡ > 짐츼 > 짐치 > 김치'라는 변화 과정을 밟은 낱말이다. 「현풍곽씨언간」에서는 ㄷ구개음화가 실현된 어형을 보여 준다. 백두현(2016)에서 '김치'의 어원에 대한 쟁점을 정리하고 그 변화 과정을 자세히 논하였다.
12) 각시님 : 각시님. 새댁. 이곳의 '각시님'은 앞 구절에 언급된 '슉진 어미'를 가리키는 것이 아닌가 짐작된다. 그리고 '슉진 어미'는 전처의 자식인 곽주의 장남 이창(以昌)의 처, 즉 곽주의 며느리일 가능성이 있다. 다만 '각시님게 ᄉᆞᆯ와'에서 보듯이 아랫사람에게 '-님'과 겸양법 동사 'ᄉᆞᆯ와'가 쓰인 점이 문제가 될 수 있다. 그러나 당시의 의례 범절에서 며느리를 대접하여 말하는 이런 어법이 있음직한 것으로 여겨진다. '각시'가 '며느리감이 될 만한 처녀'를 가리키는 용례는 『석보상절』에 보인다. 참고) 이 각시ᅀᅡ 내 얻니논 ᄆᆞᅀᆞ매 맛도다<석보 6:14>.
13) ᄉᆞᆯ와 : 사뢰어. ᄉᆞᆲ- + -아.
14) 어더 : 구하여. 「곽씨언간」에서 '얻-'은 '구하다', '찾다', '빌리다' 등의 뜻으로 쓰였다.
15) 드일 : 들일. '드일'은 일상어에서 ㄹ이 탈락한 어형이거나 아니면 오기일 것이다. 물들일 일(염색할 일).
16) 옷감에 물들이는 일 때문에 의견이 엇갈려 하씨와 '각시'간에 시끄러운 일이 있었던 모양이다. 곽주가 이 사실을 알고 크고 작은 일을 '각시'에게 하도록 시켜서 말썽이 나지 않도록 하라고 하씨에게 당부하는 사연이다.
17) 옷안 : 옷의 안감.
18) 각시님ᄭᅴ : 앞의 '각시님게 ᄉᆞᆯ와'에서는 여격 조사가 '-게'로 쓰였다가 여기서는 존칭의 '-ᄭᅴ'가 쓰였다. 존칭 조사의 선택에 수의적인 양상을 보여 준다. '각시'가 높이기에는 어중간한 존재여서 그러한 것일까.
19) 셩ᄃᆡ : 사람 이름. 내용상 '옹기장수'를 한 사람으로 보인다.
20) 독 : 독(甕).
21) 갑 : 값. '독 갑'은 독을 사고 그에 따라 치르는 값을 말한다.
22) 고리 : 껍질을 벗긴 고리버들의 가지로 고리짝이나 키 따위를 만드는 데 쓰인다. 고리짝은 버들고리나 대오리를 엮어 만든 옷상자를 가리키는데 그냥 '고리'로 부르기도 한다.
23) ᄇᆞᆯ라 : 껍질을 벗겨내고 버들가지의 심을 빼내는 일을 뜻한다. '뼈를 발라 내다' 할 때의 '발라'와 같은

것이다.

24) ᄇᆞ리소 : 버리소. 이 편지를 없이 하고 즉시 불에 살라 버리라고 한 것이다. 그러나 하씨 부인은 불에 사르지 않고 잘 보관하여 오늘날 우리가 이것을 볼 수 있도록 하였다.

25) 쳡 : 첩(妾).

26) ᄒᆞ다 : 했다고. 과거시제가 ∅ 형태로 나타난다.

27) 쳡을 ᄒᆞ다 정이야 다ᄅᆞᆯ가 의심마오 : 첩을 했다고 당신에 대한 정이야 달라질가. 조금도 의심 마오.

28) 뒷면의 이 내용은 본문과 직접 관련된 것이 아니다. 곽주가 이전에 다른 사람으로부터 받은 편지지의 일부를 다시 이용하여 이 편지를 썼기 때문에 이전의 내용이 그대로 나타난 것이다. 말하자면 종이의 재활용인 셈이다.

35. 대임이는 한결같이 젖을 잘 넘기는가 영인 671p

곽주가 하씨에게 [문 75] [건들 149]

판독문

온 후의 긔별 몰라 분별ᄒᆞ
뇌. 대인이ᄂᆞᆫ[1] ᄒᆞᆫ 가지로 뎌즐[2] 넘
고ᄂᆞᆫ가[3]. 풍난이ᄂᆞᆫ 어제 도라왓
던가. 므서시라[4] ᄒᆞ던고. 아긔 글 니
ᄅᆞᄂᆞᆫ 방의 제 농[5]애 원당딕[6]의
셔 온 돗글[7] 녀허 잇더니 옥
진이[8] 블러 내여 오라 ᄒᆞ여 이 가ᄂᆞᆫ
놈[9] 가뎌 가ᄂᆞᆫ 초셕[10]에 ᄃᆞᆫᄃᆞᆫ이 빠 보
내게 ᄒᆞ라 ᄒᆞ소. 그 돗긔 니근 노[11]ᄒᆞ
고 션도[12]롤 거믄 헝겻[13]조차 ᄆᆡ여
드러 이시니 ᄌᆞ세 보아셔 ᄆᆡ죵
이[14]를 맛겨 보아셔 이 놈 가뎌
가ᄂᆞᆫ 초셕에 빠 보내라 ᄒᆞ소. ᄂᆡ
일 손님네 진지롤 뎜심조차[15] ᄒᆞ
게 ᄒᆞ라 ᄒᆞ소. 밧바 이만(手決)

【뒷면】

가셔 (手決)

현대어

온 후의 기별 몰라 걱정하네. 대인(임)이는 한가지로(=한결같이) 젖을 넘기는가. 풍난이는 어제 돌아왔던가. 무엇이라 하던고.

아이가 글 읽는 방의 제(=아이의) 농에 원장댁에서 온 돗자리를 넣어 두었는데 옥진이를 불러서 내어 오라 하여 이번에 가는 이 놈이 가져 가는 초석에 단단히 싸서 보내게 하라 하소. 그 돗자리의 삶은 실로 꼰 노와 선도(?)가 검은 헝겊에 함께 싸매어 들어 있으니 자세히 보아서 ᄆᆡ죵이를 맡겨 보아서 이 놈이 가져가는 초석에 싸 보내라 하소.

내일 손님들 진지를 점심까지 하게 하라 하소. 바빠 이만.

해설

짧은 편지에 많은 일이 언급되어 있고, 궁금해 하는 사연도 많다. 27, 28, 29번 편지에 아이의 출산이 늦어져 애태우는 모습이 나왔는데, 이 편지에서는 그 아이(=대임이)가 태어나 자라고 있음을 보여 준다. 대임이는 젖을 잘 넘기는가라고 묻는 말 속에서 대임이가 갓난애임을 알 수 있다. 따라서 이 편지는 1613년에 쓴 것으로 볼 수 있다. 원장댁에서 온 돗자리와 노끈 따위를 싸서 보내라고 당부하면서, 내일 모시고 갈 손님들에게 먹일 진지도 점심까지 준비하라고 시키고 있다. 어딘가를 다녀온 풍난이가 어떤 소식을 갖고 왔는지 궁금해 하는 모습도 보인다.

주석

1) 대인이ᄂᆞᆫ : '대임이ᄂᆞᆫ'이 바른 것이다. '임'을 '인'으로 誤記한 것이다. '대임이'는 「곽씨언간」 전체에서 여러 번 나타나는 인명으로 하씨가 낳은 곽주의 아들이다. '대임이'는 하씨의 첫아들 의창(宜昌)(1613~1647)의 아명이다. 이 문장은 '대임이'의 출생을 알려 준다. 이하의 편지에 대임이의 성장과 병치레에 대한 내용이 여러 군데 보인다. 하씨가 낳은 첫째 아들 의창이 1613년에 태어났으므로 이 편지는 1613년에 쓴 것으로 간주해도 무방하다. 이하 '대임이'가 나타나는 편지의 연대도 이와 같다.
2) 뎌즐 : 젖(乳)을. '뎢'은 '졎'의 ㄷ구개음화 과도교정형이다.
3) 넘고ᄂᆞᆫ가 : 넘기는가. 넘고- + -ᄂᆞᆫ가. "젖을 빨아 넘길 수 있는가"라고 묻고 있는 것이다. 이로 보아 대임이는 이제 막 태어난 갓난아이임을 알 수 있다.

4) 므서시라 : 무엇이라고. '무엇'에 대해 물으러 갔는지 그 내용은 문면에 나타나지 않다.
5) 농 : 옷이나 물건을 넣는 데 쓰이는 상자. 장롱의 준말.
6) 원댱딕 : 원장댁. 院長宅. 이 '원댱'은 61번 편지에도 나오는데 택호로써 사람을 가리키고 있다. 도동서원의 '장'(長)을 가리킨 낱말일 수 있다. 61번 편지 각주 1을 참조. 소례의 서북쪽에 '원당'(院塘)이라는 마을이 현재 있으나, 61번 편지의 '원댱'의 용법과 표기로 보면 이것이 마을 이름 院塘을 적었을 가능성은 없다.
7) 돗글 : 돗자리를. 도ᇧ + -을.
8) 옥진이 : 사람 이름. 노비의 이름으로 보인다.
9) 이 가ᄂᆞᆫ 놈 : 이번에 가는 놈. 관형사의 배열 순서가 특이하다. 즉 지시관형사가 '가ᄂᆞᆫ' 앞에 놓여 있다.
10) 초셕 : 왕골, 부들 등으로 쳐서 만든 자리. 초석(草席).
11) 니근 노 : 익은 실(熟絲)로 꼰 노. 삶은 실로 꼰 노끈.
12) 션도 : 미상. 칼의 한 종류가 아닌가 한다.
13) 헝것 : 헝겊.
14) ᄆᆡ죵이 : 사람 이름.
15) 뎜심조차 : 점심까지.

36. 작은아기는 한글을 빨리 배워 내게 편지하라 하소 영인 671p

곽주가 하씨에게(1614. 1. 2) [문 30] [건들 66]

판독문

아희ᄃᆞᆯ ᄃᆞ리고 과셰[1] 편히
ᄒᆞ신가.[2] 긔별 몰라 분별
ᄒᆞ뇌. 나ᄂᆞᆫ 당시 무ᄉᆞ히 잇뇌.
대임이[3]ᄂᆞᆫ 것ᄂᆞᆫ가. 니러셔
기ᄂᆞᆫ ᄌᆞ조 ᄒᆞᄂᆞᆫ가.[4] 일시도 닛
디 몯ᄒᆞ여 눈어[5] 암〻ᄒᆞ여[6]
ᄒᆞ뇌. 쳘녜[7]ᄂᆞᆫ 쾌히 셩ᄒᆞ며[8]
복녜[9]ᄂᆞᆫ 나ᄅᆞᆯ ᄉᆡᆼ각ᄂᆞᆫ가.[10] 뎌
근ᄃᆞᆺ[11]도 닛디 몯ᄒᆞ여 ᄒᆞ뇌.
쟈근아기[12] 언문 쾌히[13] ᄇᆡ화
내게 유무 수이 ᄒᆞ라 ᄒᆞ소. ᄆᆡ

야디[14] 병 드럿다 ᄒᆞ니 어ᄂᆡ ᄆᆡ

야디 병 드러 잇ᄂᆞᆫ고. 김흥

니마ᄅᆞᆯ[15] 곽샹이[16] ᄇᆞᆯ러다

【上邊】

가 수이 고치게 ᄒᆞ라 ᄒᆞ소. 일년이[17] 고치

【右邊】

러 가니 일년이 ᄆᆞᆯ 고쳐ᄃᆞᆫ[18] 됴ᄒᆞᆫ 술

만히 머기게 ᄒᆞ소. 큰아긔게 됴희[19]

업서 ᄃᆞᆺ[20] 유무 몯ᄒᆞ거니와 집안

애 네 어마님이나 네 동싱ᄃᆞ리나 네

나 아뫼나[21] 알파 ᄒᆞ거든 즉시 내게 긔

별ᄒᆞ여라. 됴히 잇거스라.[22] ᄇᆞᆺ바 이만.

가인[23] 졍월 초이일[24] (手決)

【뒷면】

논공 소례ᄃᆡᆨ[25]

가셔

곽샹의게 가ᄂᆞᆫ ᄇᆡᄌᆞᄅᆞᆯ[26] ᄌᆞ셰 닐

러 드리게[27] ᄒᆞ소. (手決)

현대어

아이들 데리고 과세(過歲) 편히 하셨는가. 기별 몰라 걱정하네. 나는 지금 무사히 있네. 대임이는 걷는가. 일어서기도 자주 하는가. 일시도 잊지 못하여 눈에 암암하여 하네. 쳘녜는 쾌히 성하며 복녜는 나를 생각하는가. 잠시도 잊지 못하여 하네. 작은아기는 언문을 쾌히 배워서 내게 유무를 빨리 하라 하소.

망아지가 병이 들었다고 하니 어느 망아지가 병들어 있는고? 곽샹이가 김흥니마를 불러다가 빨리 고치게 하라고 하소. 일년이가 고치러 가니, 일년이가 말을 고치거든 좋은 술을 많이 먹이게 하소. 큰아기에게는 종이가 없어서 별도로 편지를 못하거니와 "집안에 네 어머님이나 네 동생들이나 너나 아무나(=누구든지) 아프거든 즉시 내게 기별하여라. 잘 있어라." 바빠 이만. 갑인년 정월 초이틀.

논공 소례댁. 가서(家書).

곽샹이에게 가는 배자를 자세히 일러 드리게 하소.

해설

이 편지를 쓴 주목적은, 병든 말을 고치기 위해 사람을 따로 보내니 이 사람이 가서 잘 고치면 좋은 술을 많이 먹여 대접하도록 시키는 데 있다. 그러나 아이들의 병을 염려하고 언문 공부에 관심을 기울이는 아버지의 심정이 묘사되어 있기도 하다.

이 편지에는 '대임이, 큰아기, 쟈근아기, 쳘녜, 복녜'와 같은 아이 이름이 여럿 나와서 곽주의 자녀들에 대한 정보를 얻을 수 있다. '쳘녜, 복녜'는 딸 이름이 분명하고 어느 정도 성장한 듯하다. '대임이'는 이제 겨우 서는 연습을 하는 눈자라기다. '쟈근아기'는 언문을 배우고 있는 것으로 보아 제법 자란 아이(7~8세 정도)이고, '큰아기'에게는 집안의 급한 일을 잘 살피라고 한 것으로 보아 나이를 좀 먹은 듯하다. '큰아기'는 곽주의 큰딸을 가리킨 것으로 보인다. 둘째 딸인 듯한 작은아기에게 빨리 언문을 배워 아버지인 내게 편지를 쓰라 하였다. 큰아기에게는 별도의 편지를 보내지 않고 집안에 누가 아프면 즉시 기별하도록 지시하고 있다. 편지의 끝 부분의 큰아기에게 말하는 대목에서는 말투가(대우법)이 달라져 있다. 같은 편지 안에서 말하는 대상이 누구인가에 따라 어투가 달라지는 흥미로운 모습을 보여준다.

'쳘녜, 복녜'는 딸들의 이름이다. 우리는 다른 편지에서 '명(졍)녈이'(4, 12, 29번 등), '졍냥이'(뎡냥이)(6, 8 등), '졍녜'(뎡녜)(6, 29 등), '덕녜'(90)와 같은 네 명의 딸 이름을 찾을 수 있다. 족보에 곽주의 사위 이름은 5명만 등장하는 것으로 보아 같은 아이를 다르게 불렀거나 표기를 달리한 이름도 있는 듯하다.

곽주는 4남 5녀의 자녀를 두었는데 장남인 이창은 전실(광주이씨) 소생이고, 나머지 3남은 하씨 소생이다. 전처 광주 이씨 소생인 장남 이창은 후처 소생의 첫아들(의창)보다 24세나 높다. 곽주와 그 아들들의 생몰 연대는 다음과 같다. 곽주(1569~1617). 곽이창(1590~1654). 곽의창(1613~ 1647). 곽유창(1615~1673). 곽형창(1617~1674). 이 편지에 나온 '대임이'는 하씨 소생의 첫째 아들 곽의창이다. 편지 내용 중에 아기가 걷는지? 일어서기는 자주 하는지? 궁금해하고 있다. 곽의창이 1613년에 태어났고 이 편지가 1614년에 쓰인 것이니 의창이 자라서 일어설 때가 되었을 때이다. 언문을 배우라고 한 '쟈근아기'는 편지에 나온 딸 중의 하나일 듯하다. 42번, 44번 편지에 '대셩이'가 나오는데 1615년에 태어난 곽유창일 것이다. 셋째 아들 곽형창은 곽주가 작고하던 1617년에 태어났으므로 곽주의 편지에 잘 보이지 않는다.

주석

1) 과셰 : 過歲. 설을 쇰.
2) ᄒᆞ신가 : 하셨는가. ᄒᆞ- + -시- + -ㄴ가. 과거시상의 선어말어미는 영형태(zero form)이다.
3) 대임이 : 사람 이름. 곽주의 아들 이름이다. 하씨의 몸에서 난 첫아들 의창(宜昌)의 아명(兒名)으로 판단된다.
4) "대임이가 걷는가(걸을 수 있는가), 일어서기도 자주 하는가"와 같은 물음에서 '젖을 넘기는가'와 같이 물을 때보다 대임이가 이제 어느 정도 자란 모습을 보여 준다. 39번 편지에 돌잡이하는 대임이의 모습이 보이므로, 이 편지 속의 대임이가 얼마나 자랐는지 짐작할 수 있다.
5) 눈어 : '눈에'를 잘못 적은 것. '에'의 'ㅣ'가 탈락한 것이라고 볼 수도 있으나 이런 변화는 매우 드문 것이어서 필사상의 단순한 오기로 봄이 낫다.
6) 암〻ᄒᆞ여 : 암암하다. 잊혀지지 않고 눈에 아물아물 보이는 듯하다.
7) 쳘녜 : 곽주의 딸 이름.
8) 셩ᄒᆞ며 : 성하며. (몸이 나아서) 온전하며.
9) 복녜 : 사람 이름. 곽주의 딸 이름.
10) ᄉᆡᆼ각ᄂᆞᆫ가 : 생각하는가. '생각ᄒᆞ-'의 'ᄒᆞ-'가 탈락된 어형.
11) 뎌근ᄃᆞᆺ : 잠깐. '져근ᄃᆞᆺ'의 ㄷ구개음화 과도교정형.
12) 쟈근아기 : 작은아기. 이 문맥에서는 딸을 지칭한 것으로 보인다.
13) 쾌히 : 빨리. 시원히.
14) ᄆᆡ야디 : 망아지. 'ᄆᆡ야지'의 ㄷ구개음화 과도교정형. 참고) ᄆᆡ야지 구(駒)<類合 上 13><千字 石 6>.
15) 김흥니마ᄅᆞᆯ : 이 부분은 상당한 문제를 안고 있다. '김흥니마' 전체를 이름으로 볼 것인가, 아니면 '김흥니'를 사람 이름으로 보고, '마ᄅᆞᆯ'을 '말(馬)을'로 볼 것인가 하는 문제이다. 후자로 본다면 이것은 'ㆍ>ㅏ'의 변화례로 매우 이른 것이다. 37번 편지의 "일년이 고친 후에도 수이 됴치 아니 ᄒᆞ거든 김흥니마ᄅᆞᆯ ᄃᆞ려 다가 ᄌᆞ조 고쳐 수이 됴케 ᄒᆞ여라"에도 '김흥니마ᄅᆞᆯ'이 나오는데 문맥으로 보아 '김흥니마' 전체를 인명으로 봄이 옳을 듯하다. '마ᄅᆞᆯ'이 '馬을'의 뜻이라면 '김흥니'와 '마ᄅᆞᆯ' 사이에 속격조사 '-의'가 개입되어 '김흥늬마ᄅᆞᆯ'로 적혔을 것이다.
16) 곽샹이 : 사람 이름. 노비의 이름으로 추정된다.
17) 일년이 : 사람 이름. 노비의 이름으로 보인다.
18) 고텨ᄃᆞᆫ : 고치거든.
19) 됴ᄒᆡ : 종이. '죠ᄒᆡ'의 과도교정형.
20) ᄃᆞᆺ : 다른. 딴. 달리. 'ᄃᆞᆺ 유무'는 별도의 편지를 뜻한다.
21) 네나 아뫼나 : '너이나 아무이나'의 축약형.
22) 잇거스라 : '잇- + -거스라'로 분석된다. '-거스라'는 명령형 어미이다.
23) 가인 : 이 글자는 외형상 '가인'으로 보이지만 '갑인'을 이렇게 적은 것으로 판단된다. 곽주의 아들 대임이는 1613년에 태어났다(35번 편지 1번 각주 참고). 그런데 이 편지에서는 대임이가 걸음마를 배우는 모습이 나타난다. 그러므로 이 편지는 최소한 1613년 이후에 쓴 것이다. 마침 1614년이 갑인년이다. 그러므로 여기 적힌 '가인'은 '甲寅'(갑인)을 적은 것이 확실하다.

24) 초이일 : 초이틀. 初二日.
25) 논공 소례딕 : 논공에 살고 있는 소례댁. 소례에 살다가 논공으로 집을 지어 나가 살았기 때문에 '소례딕'이라는 택호를 쓴 것이다.
26) 비즈 : 牌子(패자), 배자. 배지. 지위가 높은 사람이 낮은 사람에게 어떤 일을 지시하면서 내리는 문건. '곽샹의게'로 시작되는 37번 편지가 바로 여기 나타난 '곽샹의게 가는 비즈'로 생각된다. 하위자가 지시받은 배자 내용을 수행한 후에 그 결과를 보고하는 문서는 고목(告目)이라 부른다.
27) 드리게 : 듣는 사람인 '곽샹이'가 노비인데도 존대 동사 '드리다'를 쓰고 있는 점이 주목되는 점이다. 여기에 쓰인 '드리-'는 존대 동사 '드리-'와 뜻이 다른 것으로 판단된다. 곽주가 곽샹이에게 '곽샹의게'로 시작되는 배자(37번 편지)를 준 것으로 보아, 곽샹이는 언문 해독이 가능한 노비로 생각된다. 그러므로 하씨가 글을 '일러 드릴' 필요는 없으며, 그런 존대 동사를 사용할 이유 또한 없다. 여기서 '드리-'는 알려주다는 뜻을 가진 '알외-(奏)'와 같은 의미로 보인다. 참고) 祥瑞를 드리옵디 아니ᄒᆞ며(不奏) <小諺 6:113>. 아랫사람이 곽주 자신에게 어떤 소식을 알려주는 행위에 '알외-'라는 표현을 쓴 예가 92번 편지에도 나타난다. '너(=아들)가 급해지고 나서야 나(=곽주)에게 (어떤 사실을) 아뢰어서는 소용 없으니'라는 구절에 '알외-'가 쓰였다. 곽주 자신에게 말하는 행위를 아랫사람의 입장에서 말한 것이라 생각된다.

37. 어느 망아지가 병 들었는고 영인 670p

곽주가 노비 곽샹에게 [문 96] [건들 148][1)]

판독문

곽샹의게[2)]
ᄆᆡ야디[3)] 병 드럿다
ᄒᆞ니 어늬 ᄆᆡ야디
병에 드러 이시며
이제는 엇더 ᄒᆞ엿
ᄂᆞ뇨. 일년이[4)] 마춤
왓거늘 드러가 고치
라는[5)] ᄒᆞ엿거니와[6)] 일
년이 고친 후에도 수
이 됴치[7)] 아니 ᄒᆞ거든
김흥니마[8)]를 ᄃᆞ려

다가 ᄌᆞ조 고쳐 수
이 됴케 ᄒᆞ여라. 무
ᄉᆞ히 고쳐 수이 셩
케 되거든 내게 다시
긔별 말고 힝혀 수
이 됴치 아니ᄒᆞ거든
네 친히 내게 와 ᄌᆞ셰 긔
별ᄒᆞ여라. 볼셔 됴
케 되엿거든 오디 마라.

현대어

곽샹이에게

망아지가 병이 들었다고 하니 어느 망아지가 병이 들어 있으며, 이제는 어떠하였느뇨? 일년이가 마침 왔거늘 들어가 고치라고는 말하였거니와 일년이가 고친 후에도 빨리 좋아지지 아니하거든 김흥니마를 데려다가 자주 고쳐 빨리 좋아지게 하여라. 무사히 고쳐 빨리 성하게 되거든 내게 다시 기별하지 말고 혹시 빨리 좋아지지 아니하거든 네가 친히 내게 와서 자세히 기별하여라. 벌써 좋아져 있거든 오지 마라.

해설

이 편지는 곽주가 노복으로 판단되는 '곽샹'에게 보내는 글이다. '곽샹'이라는 노비 이름은 다른 편지에서도 나타난다. 36번 편지에서 '곽샹이게 가는 빗지'라고 한 것이 있는데 이 편지가 바로 곽샹이에게 보낸 그 배자인 것이다. '곽샹'이는 노비이면서도 한글 해독이 가능했던 인물로 생각된다. 이 점은 17세기 초에 이르러 한글이 상당히 널리 보급되어 일부 노비들은 한글을 읽을 수 있었던 것으로 보인다. 따라서 이 편지는 한글 보급의 한 양상을 알려주는 자료로 이용할 수 있다. 39번 편지에도 노복인 '한쉬'에게 보내는 배지 이야기가 나온다. 배지(牌旨)는 상전이 아랫사람에게 무엇인가를 지시할 때 주는 글이다. 아랫사람이 그 일을 처리하고 난 뒤 상전에게 올리는 결과 보고 편지는 '고목'(告目)이라 한다.

주석

1) 이 편지는 앞서 나온 36번 편지와 밀접히 관련된 편지이다. 36번 편지에 '곽샹의게 가ᄂᆞᆫ ᄇᆡᄌᆞᄅᆞᆯ ᄌᆞ셰 닐러 드리게 하소'라는 부분이 나오는데, 거기서의 '곽샹에게 가는 배자'가 바로 이 편지이다. 배자는 상전이 노복에게 명령을 내리는 문서이다.
2) 곽샹의게 :'곽샹'은 노복의 이름이다.
3) ᄆᆡ야디 : 망아지. ᄆᆞ(←ᄆᆞᆯ(馬)에서 ㄹ탈락) + -아디[지소접미사]. 모음충돌(hiatus)을 회피하기 위해 활음 j가 삽입되었는데, 이 j가 중복표기된 것이 'ᄆᆡ야디'이다. 'ᄆᆡ야디'는 'ᄆᆡ아디', 'ᄆᆞ야디', 'ᄆᆡ야지', 'ᄆᆡ아지', 'ᄆᆞ야지' 등의 어형들과 비교해 볼 수 있다. 'ᄆᆞ아디'에서 활음 j가 한 번만 삽입되면 'ᄆᆡ아디' 또는 'ᄆᆞ야디'로 되며, 여기에 구개음화가 적용되면 'ᄆᆡ아지' 또는 'ᄆᆞ야지'가 된다. '강아지'의 경우에도, '가'('가히'에서 '히'탈락) + -아디' →'강아디'(모음충돌 회피를 위한 ㅇ 삽입)>'강아지'(구개음화) 라는 변화 과정을 세울 수 있다. 참고) 몸과 世間ㅅ 이론 ᄒᆡᆫ ᄆᆡ야지 ᄲᆡᆯ리 가ᄂᆞᆫ ᄃᆞᆺ도다(身世白駒催)<杜解 初 3:8>. 駒 ᄆᆡ야지 구<新合 상 13>. ᄒᆞᆰ무적 디나 ᄃᆞᄅᆞ린 술위 멘 ᄆᆡ아지 아니니라(歷塊匪轅駒)<杜解 重 2:11>. 馬駒 ᄆᆡ아지<漢淸 14:19>.
4) 일년이 : 노비 이름.
5) ᄂᆞᆫ : 이 글자는 'ᄆᆞ'처럼 보이기도 한다. 필자의 판독문(1997)에서는 'ᄆᆞ'로 보았으나 'ᄂᆞᆫ'으로 수정한다. 참고) 혼자 사라ᄂᆞᆫ ᄠᅳᆮ ᄃᆡ 업ᄂᆞ니(20번).
6) ᄒᆞ엿거니와 : 하였거니와. 필자의 판독문(1997)에서는 앞의 'ᄂᆞᆫ'자를 'ᄆᆞ'로 보고 'ᄆᆞ ᄒᆞ엿거니와'로 읽었으나 이것을 수정한다.
7) 됴치 : 좋지. 좋아지지. '둏- + -지'. 여기서의 '좋지'는 '좋아지지', '낫지'라는 뜻의 동사에 가까운 의미로 쓰였다.
8) 김홍니마 : 인명. 말의 병을 잘 고치는 이웃의 의원이거나 민간요법을 잘 아는 사람인 듯하다. 이 인명이 36번 편지에도 출현한 바 있는데 그 곳의 각주에서 자세히 설명하였다.

38. 자주실이나 다홍실 반 꾸리만 보내소 영인 670p

곽주가 하씨에게 [문 78] [건들 166]

판독문

요ᄉᆞ이 아ᄒᆡᄃᆞᆯ ᄃᆞ리고 엇디 겨신고. 긔별 몰라
분별ᄒᆞ뇌. 나ᄂᆞᆫ 당시[1] 무ᄉᆞ히 잇뇌. 쟝모 긔우ᄂᆞᆫ
편ᄒᆞ신가. 밧바 ᄉᆞᆯ이[2] 몯 알외ᄋᆞᆸ뇌. 젼ᄎᆞ[3]로 이 ᄠᅳᄃᆞᆯ
알외ᄋᆞᆸ소. 교의예[4] ᄃᆞᆺ[5] 션ᄒᆞᆯ[6] 거슬 몯 어더 날 ᄒᆞ여
어더 ᄒᆞ라 ᄒᆞ시니[7] 명지[8]예 ᄌᆞ지[9] 든 거시나 야쳥[10] 든 거시
나 아ᄆᆞ 거시나 ᄒᆞᆫ 자 세 치만 보내소. 명지 업거든 교직[11]

에 믈 든 거슬 보내소. 오온 복[12]이 업거든 비록 폼 삔[13]
거시나마나[14] 보내소. 폼 삔 거시거든 다숫 자를 보내
고 폼 아니 쁘여 오온 복이어든 훈 자 세 치만 와도
쁠 거시니 짐쟉호여 보내소. 돗 네 모해 셤[15]을 도로디[16]
훈 녁킈[17] 훈 자 세 치식[18] 들 거시니 폼 삔 거시면 닷재
나 호여사 쁠 거시고 폼 아니 쁘여 오온 복이면 훈 자
세 치면 쁘여 쁘리로쇠. 너븨는 훈 치 닷 쑨[19]이 들 거시
고 기릐는 훈 자 세 치 들 거시니 폼 삔 것옷[20] 잇거든 폼

【上邊】

삔 거슬 닷 자만 보내고 업거든 오온 복 훈
자 세 치를 보내소. ᄌ지 실이나 다홍실
이나 듕에 아ᄆ 실이나 반ː 쑤리[21]만 조차 보내
소. 슉진[22]의 병은 엇던고. ᄌ셰[23] 아라 긔별호

【右邊】

소. 큰 ᄆᆞᆯ 기촘 그저[24] 깃는가[25]. ᄌ셰 보아 훈 가지로 깃거든 곽샹이 호여
거싀[26] 사ᄅ자바[27] 날마당[28] 머기라 호소. 곽샹이 날마당 드러와 ᄆᆞᆯ 솔펴 보
라 호소. 스므날 졔예 식켜젓[29] 미리 ᄃᆞᆷ기게[30] 호소. 여ᄃ랜날 ᄆᆞᆯ 보
낼 제 큰 ᄆ리 깃촘을 그저 깃거든 큰 암ᄆ를 보내소. ᄆᆞᆯ 보
낼 제 풍난이와 옥쉬[31]를 보내소. 풍난이 연괴[32] 잇거든 곽샹이와
…..ᄅ 보내소. 옥쉬 쏑 쁘거든 얼운 죵 둘흘 보내소. 여ᄃ랜
날로 보내소. 요란호여 이만. 즈일 (手決)

【뒷면】

논공
가셔(手決)

현대어

요사이 아이들 데리고 어찌 계시는고? 기별 몰라 걱정하네. 나는 여전히 무사히 있네. 장모님 기운은 편하신가? 바빠 사룀의 글도 못 아뢰옵네. (이런) 까닭으로 이 뜻을 (장모께) 아뢰옵소.

교의에 (놓을) 돗자리에 선(縇, 단)을 두를 것을 못 구하여 나로 하여금 구하라고 하시니, 명주에 자줏빛 물든 것이나 청흑색 물든 것이나 아무 것이나 한 자 세 치만 (옷감을) 보내소. 명주 없거든 교직(交織)에 물 든 것을 보내소. 온전한 옷감이 없거든 비록 품을 짼 것이나마 보내소. 품을 짼 것이거든 다섯 자를 보내고, 품을 아니 째어 온전한 감이거든 한 자 세 치만 와도 쓸 것이니 짐작하여 보내소. 돗자리 네 모서리에 선을 두르되, 한 녘(=모서리)에 한 자 세 치씩 들 것이니 품을 짼 것이면 다섯 자나 되어야 쓸 수 있을 것이고 품을 아니 째어 온전한 감이면 한 자 세 치면 째어 쓸 것이로세. 너비는 한 치 닷 푼이 들 것이고 길이는 한 자 세 치가 들 것이니, 품 짼 것 그것이 바로 있거든 품 짼 것을 다섯 자만 보내고, 없거든 온전한 옷감 한 자 세 치를 보내소. 자줏빛 실이나 다홍실이나 중에 아무 실이나 반의반(=사분의 일) 꾸리만 함께 보내소.

슉진의 병은 어떤고? 자세히 알아 기별하소. 큰 말은 기침을 계속 하는가? 자세히 보아 (이전과) 한 가지로 기침하거든 곽샹이로 하여금 지렁이를 사로잡아 날마다 먹이라고 하소. 곽샹이에게 날마다 들어와 말을 살펴보라고 하소.

스무날 제사에 (쓸) 식해젓을 미리 담그게 하소. 여드렛날 말 보낼 때 큰 말이 기침을 계속해서 하거든 큰 암말을 보내소. 말 보낼 때 풍난이와 옥쉬를 보내소. 풍난이가 연고가 있거든 곽샹이와 ····를 보내소. 옥쉬가 뽕을 따거든 어른 종 둘을 보내소. 여드렛날로 보내소. 요란하여 이만. 즉일(卽日) (手決)

해설

이 편지는 특히 당시 생활 모습을 알려주는 사연이 자세하고 내용도 여러 가지이다. 서원의 교의(交椅)에 얹을 돗자리에 선을 대는 일을 곽주가 맡았는데 이 일을 하기 위해 옷감과 실을 보내 달라 하고 있다. 품을 짼 옷감을 보낼 때의 치수와 온전한 옷감일 때의 치수를 일일이 자세하게 적어 놓았다. 옷감과 함께 자줏빛 실이나 다홍실도 보내라 하고 있다.

말이 기침을 계속하면 지렁이를 산 채로 잡아 먹이라는 사연도 재미있다. 말의 기침병을 고치는 당시의 민간요법을 알 수 있다. 제사에 쓸 식해젓을 담그라는 지시까지 하였다. 이 편지의 사연은 글쓴이 곽주의 끝말대로 '요란하고' 복잡하다. 그래서 오늘날의 우리는 당시 모습을 더 많이 알 수 있다.

마지막 단락에 알아 볼 수 없는 부분이 있다. 노비의 이름이 적혀 있었을 것 같은데, 문맥의 흐름으로 보아 옥쉬를 언급했던 것으로 추측된다.

› 주석

1) 당시 : '아직, 여전히'란 뜻의 부사. 이와 비슷한 어형의 부사로는 '당시론, 당시롱'이 있다. 80번 편지의 '나도 당시 편히 잇뇌'에도 동일한 용법의 '당시'가 나타난다.
2) ᄉᆞᆯ이 : '사룀' 또는 '사뢰는 내용의 (문안) 편지'란 뜻. 'ᄉᆞᆯ이'는 'ᄉᆞᆲ-'에서 파생된 명사이며, 이두로는 '白是'로 표기되었다. 'ᄉᆞᆯ이'와 같은 뜻의 이두 표현으로는 '上白是'{상ᄉᆞᆲ이 → 상ᄉᆞᆯ이(상사리)}가 있다. '상'은 音을 취하고 'ᄉᆞᆯ이'는 訓을 취한 것인데, '(웃어른에게)사룀, 또는 사뢰어 올림'의 뜻이다. '아버님전 상살이=父主前上白是, 아들 아모 상살이=子某上白是'와 같이, '상ᄉᆞᆯ이(상사리)'는 편지의 첫머리에 또는 끝부분 자기 이름 아래에 쓰는 경우가 많았다.
3) 젼ᄎᆞ : 까닭. 연고(故). 문맥 상 '이런'이란 말을 보충해 주는 것이 자연스러운데, 그것을 생략하고 쓴 점이 이채롭다.
4) 교의예 : 의자에. 교의(交椅) + -예[처소격조사]. '交椅'는 보통의 의자를 가리키기도 하고, 향교나 서원 등에서 신주를 앉히기 위해 만든 높은 다리의 의자를 가리키기도 한다.
5) 돗 : 돗자리(筵, 席). 15세기엔 '도ᇧ'이 기본형이었다. '도ᇧ'은 단독형으로 쓰일 때는 어간말자음군단순화가 적용되어 '돗'이 되지만, 그 뒤에 모음어미가 결합하면 '돗기'(주격형), '돗ᄀᆞᆯ'(목적격형), '돗그로'(부사격형)처럼 어간말의 ㄱ이 나타난다.
6) 션ᄒᆞᆯ : 선(襈, 縇)할. '션ᄒᆞ-[동사어간] + -ㄹ[미래 관형형 어미]'. '션(縇)'은 푸서(옷감의 베어낸 자리에서 실밥이 풀려 나오는 올)를 막기 위해 옷단이나 방석 등의 가장자리를 다른 천으로 감싸는 것이다. '가선'(加襈)이라고도 한다. 옷의 가장자리에 단을 대는 행위를 뜻하는 '션ᄒᆞ다'라는 낱말은 오늘날 더 이상 쓰이지 않고, 그 대신 '선(을) 두르다, 선을 대다' 따위가 쓰이고 있다. 『한국복식문화사전』(김영숙)에서는 '선'의 한자를 '襈'이라 하였고, 『고어사전』(남광우)에서는 '縇'으로 해 놓았다. 뜻으로 보면 후자가 더 정확하다. 『광재물보』에 '襈 옷단'(궁실 3b)이 나온다.
7) 날 ᄒᆞ여 어더 ᄒᆞ라 ᄒᆞ시니 : 나로 하여금 (감을) 구하여 (그 일을) 하라고 하시니. 이 편지의 정황과 관련해서, 곽주가 어떤 제(祭)에 참여했음을 알 수 있고, 제사에 필요한 물건 중 곽주가 준비하도록 배정된 것을 알려주는 대목이다. 그리고 이 문맥의 '어더'는 '구하여'라는 뜻으로 쓰였다.
8) 명지 : '명디'의 ㄷ구개음화형. 참고) 명디<訓蒙 중 31>. 면듀<老飜 하 50><新合 상 25>. 명쥬<十九 1:9>. 형태상으로 보아 '명디', '명지'가 한 계열이고, '면듀', '명쥬'가 한 계열이다. '明紬'(명주)의 중국 어음(한어 음)이 차용되면서 음운론적 조정 혹은 변개를 입어 이런 변이형이 만들어졌을 것이다.
9) ᄌᆞ지 : 자주. 자줏빛(紫色). 'ᄌᆞ지'도 漢語 차용어일 것이다. 참고) ᄌᆞ지(紫色)<譯補 40>. ᄌᆞ지(紫色)<同解 下 25>. ᄌᆞ지(紫色)<漢清 323d>.
10) 야쳥 : 반물(검은빛을 띤 짙은 남빛). 青黑色. 참고) 야쳥 비단(鴉青段子)<朴飜 상 26>. 야쳥과 소홍 드리노라(染做鴉青和小紅)<老解 初 상 12>.
11) 교직 : 교직(交織). 두 가지 이상의 실을 섞어 짠 직물. 교직물. 명주실로 날(=세로)을 삼고, 무명실로 씨(=가로)를 삼아 섞어서 짠 피륙 같은 것이다. '평직'(平織)의 대립어.
12) 오온 복 : 온전한 옷감. '오온'은 '오올-(全) + -ㄴ'의 결합형이고, '복'은 '服'이다. 이 어형의 변천 과정은 다음과 같다. '오ᄋᆞᆯ->오올->오올-'. '오온'은 '품 ᄧᅵᆫ'의 대립어로 쓰인다. 품을 짼 것은 베폭의 중간을 길게 짼 것이고, '오온 복'은 짜놓은 상태 그대로의 온전한 천을 가리키는 말이다.
13) 품 ᄧᅵᆫ : 품을 짼. 『한국복식문화사전』(김영숙)에 '저고리의 앞길과 섶 사이의 넓이 또는 뒷길의 길이'

라고 '품'을 정의하고 있다. 그러나 이 편지에서 '품'은 쓰인 문맥으로 보아 짠 '베필의 폭'을 가리키는 것으로 판단된다.

14) 거시나마나 : 것이나마나. 것이나마. 것 + -이나마나[양보, 소극적 만족의 뜻을 표현하는 조사].
15) 션 : 앞의 주 '션ᄒᆞᆯ'을 참조.
16) 도로ᄃᆡ : 두르되. 도ᄅᆞ- + -오ᄃᆡ[설명형 접속어미] → 도로ᄃᆡ[축약현상]. '도ᄅᆞ다'는 ① '돌리다', ② '두르다'의 뜻이 있다. 여기서는 ②의 뜻이다. ①의 용례 : ᄇᆡ를 도ᄅᆞ디 아니ᄒᆞ놋다(未廻船)<杜解 初 23:54>. ②의 용례 : 샹녜 굴근 기블 니브시고 치마애 변ᄌᆞ를 도ᄅᆞ디 아니ᄒᆞ더시니(常衣大練ᄒᆞ시고 裙不加緣이러시니)<內訓 初 상 44>. 한편 '도로다'라는 어형은 '도ᄅᆞ다'가 쓰인 시기와 동시대 및 약간 뒷 시기의 문헌에 출현한다. 예) 君子ᄂᆞᆫ 紺과 블근 거스로 ᄡᅥ 옷깃 도로디 아니ᄒᆞ시며(君子ᄂᆞᆫ 不以紺緅로 飾ᄒᆞ시며<小解 3:21>.
17) 녁킈 : 녁에. 녁 + -의[처격조사] → 녀킈[연철] → 녁킈[중철].
18) 식 : 씩. '씩'은 수사나 수량 정도 등을 나타내는 말에 붙어, 여럿이 다 같은 수량이나 정도로 나뉘거나, 매번 같은 수량이나 정도로 되풀이됨을 가리키는 접미사이다. 참고) 언머의 ᄒᆞᆫ 판식 ᄒᆞᆯ다. 은 두 돈 반애 ᄒᆞᆫ 판식 혜여 ᄡᅳ일 거시라(多少一板 二錢半一板家)<朴飜 상 10>.
19) 닷 ᄲᅮᆫ : 닷 푼. 닷(五) # ㅅ # 분(分).
20) 품 ᄧᅵᆫ 것옷 : 품을 짼 바로 그것. '것옷'은 '것[형식명사] + -옷[강세첨사]'로 분석된다. '옷'은 강세첨사 '곳'의 이형태이다.
21) ᄭᅮ리 : 꾸리. 둥글게 감아 놓은 실을 '실꾸리'라고 하는데, 여기서는 '꾸리'가 실꾸리를 헤아리는 단위로 쓰이고 있다. '반반 꾸리'는 아마도 '반의 반 꾸리'(한 꾸리의 4분의 1)인 듯하다.
22) 슉진 : 아이 이름. 34번 편지의 '슉진 어믜게'에서 나타났던 이름이다.
23) ᄌᆞ셰 : 자세히.
24) 그저 : 여전히. 그대로. 사뭇. 위 문맥의 '그저'는 현대국어 '그저'의 용법 중, 다음 ①에 해당되는 뜻이다. ①지금까지 그치지 아니하고 그대로 사뭇.(여덟 시인데 그저 잠을 자고 있다). ② 별로 소득이 없거나 신기한 것이 없이. (그저 그렇지요 뭐). ③ 무조건하고.(그저 살려주십시오). ④ 아무 생각없이.(농담으로 그저 한 말이다). 그런데 현대국어에서는 ①의 뜻으로 쓰이는 경우는 아주 드물고 ②~④의 뜻으로 쓰이는 경우가 압도적으로 많다.
25) 깃ᄂᆞᆫ가 : 기침하는가. 깇- + -ᄂᆞᆫ가[의문형어미]. '깃다'는 '깇다'의 '깇-'을 7종성법에 따라 적은 것이다. '깇다'는 '기침하다'라는 뜻의 동사인데 같은 뜻을 가진 '기춤ᄒᆞ다'도 있다. 현대어 '기침'은 '깇움 → 기춤>기츰[비원순화]>기침[전설모음화]를 거친 것이다. 이와 같은 변화를 겪은 다른 예로 '춤(唾)>츰>침'이 있다. 참고) 비로 깃씨를 마디 아니면 우뷔 바ᄃᆞ니 기춘즉 머리를 올ᄒᆞᆫ 녁흐로 도로혀며 ······ 기춘즉 그 뒷ᄯᅡ리를 들며(脾咥不已면 胃腑受之니 咥則頭於右顧ᄒᆞ며 ····· 咥則懸其後脚ᄒᆞ며)<馬經 하 57>.
26) 거싀 : 지렁이. 15세기 어형으로는 '것위'가 있다. 현대 경상방언에서는 '거시, 꺼시이, 꺼께이' 따위가 쓰이고 있다.
27) 사ᄅᆞ자바 : 사로잡아. 산 채로 잡아.
28) 날마당 : 날마다. 날(日) + -마당[조사. '마다'에 'ㅇ'이 첨가].
29) 식켜젓 : 식해젓(食醢). 주로 생선을 써서 온 마리 또는 적당한 크기로 토막친 고기를 소금에 절여 물기를 빼고 밥과 함께 담가 돌로 눌러 삭힌 음식. '식혀'로 나타나는 문헌이 있다. 참고) 술진 고기와 脯육과 식혀를 가져다가<어제내훈 1:55>.
30) 담기게 : 담그게.
31) 옥싊 : 노복의 이름.
32) 연괴 : 연고가. 연고(緣故) + -ㅣ[주격조사].

39. 대임이는 어제 생일에 무엇을 먼저 잡던고 영인 669p

곽주가 하씨에게 [문 66] [건들 134]

판독문

요ᄉᆞ이 아ᄒᆡᄃᆞᆯ ᄃᆞ리고 엇디 겨
신고. 긔별 몰라 분별ᄒᆞ뇌. 대
임이ᄂᆞᆫ 어제 ᄉᆡᆼ일에 므서슬 몬
뎌[1] 잡던고.[2] 긔별 몰라 더옥 닛
디 몯ᄒᆞ여 ᄒᆞ뇌. 집안도 편코
ᄆᆞ올도 편ᄒᆞ면 므스 일로 혼
자이라[3] 와셔 고모[4]ᄅᆞᆯ ᄒᆞᆯ고. 요
ᄉᆞ이 보아셔 열닐웬날 ᄉᆞ이 ᄂᆞ
려 가고뎌 ᄒᆞ니 ᄆᆞ올옷[5] 편
커든[6] ᄃᆞᆫ닐 사ᄅᆞᆷᄒᆞ여 긔별
ᄒᆞ소. 샤당은 왓다 ᄒᆞ니 자내ᄂᆞᆫ
고단히 아니 겨신가 ᄒᆞ뇌. 잇다
가 나 ᄂᆞ려 니거든[7] 보고 가게 긔
별ᄒᆞ소. 한쉬[8] ᄒᆞᆼᄒᆡ[9] 공[10] 바ᄃᆞ
러 큰 ᄆᆞᄅᆞᆯ 가뎌 가라 ᄒᆞ엿더니
그 ᄆᆞ리 다ᄅᆞᆫ ᄃᆡ 나갈 ᄃᆡ 이시니
ᄆᆞᆯ란 가뎌 가디 말고 큰금
【上邊】
동[11]의 쇼ᄅᆞᆯ 몰고 열ᄒᆞᄅᆞᆫ날 나[12] 자고 이ᄐᆞᆫ날
예[13] 와 ᄇᆡᄌᆞ[14] 맛다[15] 이러로셔[16] 가게 ᄒᆞ라 니ᄅᆞ소. 제[17]게
【右邊】
도 ᄇᆡ지 가니 그 ᄇᆡᄌᆞ대로 ᄒᆞ라 니
ᄅᆞ소. 가온대 아기 언문 쾌히 ᄇᆡ

홧다가 내게 뵈라 ᄒᆞ소 셋재 아기
도 이제ᄂᆞᆫ 쾌히 셩ᄒᆞ여 이실 거시
니 언문 외와싯다가[18] 뵈라 니ᄅᆞ소.
아마도 아희돌 ᄃᆞ리고 편히 겨소. 밧
바 이만. 초아ᄒᆞ랜날 (手決)
【뒷면】
오야딕
가셔
　한쉬 양식 엿 되 쇠콩[19] 엿 되
　주워[20] 보내소 (手決)

› 현대어

요사이 아이들 데리고 어찌 계신고. 기별 몰라 걱정하네. 대임이는 어제 生日에 무엇을 먼저 잡던고. 기별 몰라 더욱 잊지 못하여 하네. 집안도 편하고 마을도 편하면 무슨 일로 혼자서 (여기에) 와서 이 고생을 할꼬! 요사이 (형편을) 보아서 열이렛날 사이에 내려가고자 하니 마을이 편하거든(=돌림병이 없어지거든) 다니는 사람으로 하여금 기별하소. 사당은 왔다고 하니 자네는 고단히 계시지 않은가 하네. 있다가 내가 내려 가거든 보고 가게 (사당에게) 기별하소.

한쉬에게 흥히에 공(貢)을 받으러 큰 말을 가져가라 하였더니, (그런데) 그 말이 다른 데 나갈 일이 있으니 말은 가져가지 말고 큰금동의 소를 몰고 열하룻날 나서 자고 이튿날 여기에 와 배지를 맡아서 여기로부터 가게 하라 이르소. 저(=한쉬)에게도 배지 가니 그 배지대로 하라 이르소.

가운데 아기 언문을 쾌히 배웠다가 내게 보이라 하소. 셋째 아기도 이제는 쾌히 온전하여 있을 것이니 언문을 외워 있다가 보이라 이르소. 모쪼록 아이들 데리고 편히 있으소. 바빠 이만. 초아흐랫날 (手決) 오야댁. 가서.

한쉬(에게) 양식 엿 되, 쇠콩 엿 되, 주어서 보내소 (手決)

해설

사연이 구구한 편지이다. 대임이 생일날 잡은 물건을 묻는 데서 시작하고 있는데 이 기록은, 돌상에 여러 가지 물건을 늘어놓고 아이에게 그 중 하나를 잡게 하는 이른바 '돌잡이' 풍속이 매우 오랜 것임을 알려 준다. 이 편지가 돌잡이에 대한 가장 오랜 기록이 아닌가 생각된다(『국조보감』 정조 15년 6월조에 元子의 돌잔치에 대한 기록이 나온다). 아이가 잡는 물건 중 첫 번째의 것과 두 번째의 것을 중요하게 생각하는데 이것을 통해 그 아이의 장래를 점쳐 보는 것이다. 예컨대 활을 잡으면 장군이 되고, 책이나 붓 따위를 잡으면 문장으로 대성하고, 돈을 잡으면 부자가 된다고 생각하였던 것이다. 이 습속은 고대 중국에서부터 있었고 일본에도 있다고 한다. 속담에 "돌잡이가 떡을 돌린다"라는 말이 있는데 아이의 성장이 빨라 대견함을 뜻한다.

돌림병을 피해 나와 고초를 겪고 있는 처지를 한탄하며 곧 돌아갈 터이니 마을이 편해지는 대로 기별해 줄 것을 당부하고 있다. 사당이 온 이야기, 흥해에 지대(地貸)를 받으러 소를 몰려 사람을 보내라는 이야기, 아이들 언문 공부 이야기 등 짧은 편지 속에 갖가지 사연을 담고 있다. 언문 공부에 대한 내용이 가장 흥미를 끈다. 아이들이 언문을 어떻게 외웠는지 궁금하다. 『훈몽자회』의 범례에 나와 있는 자모의 순서와 명칭이 기본이 되고 그것을 쓰고 말로 외울 수 있도록 익힌 것이 아닌가 짐작된다. 어린 아이들이 언문을 아버지 앞에서 외는 모습이 눈에 그려지는 듯하다.

대임이의 성장 모습이 여러 편지에 걸쳐 나타나고 있음이 흥미롭다. 대임이의 태어남을 기다리며 전전긍긍하던 모습을 28, 29번 편지에서 보았고, 35번 편지에서는 대임이가 젖을 잘 넘기는지 궁금해 하는 사연에 이어 36번 편지에서는 대임이가 일어서기도 하며 걸음을 뗄 수 있는지 묻고 있다. 그리고 39번의 이 편지에서는 대임이가 돌잔치 생일상에서 무엇을 가장 먼저 잡았는지 묻는 사연이 나온다.

주석

1) 몬뎌 : 먼저. '몬져'의 과도교정형. 아이(대임이)가 생일날에 무엇을 가장 먼저 잡던가 하고 묻고 있다. 돌잔치의 모습을 그린 것이다.
2) 대임이논 ~잡던고 : '어지 싱일'은 첫돌날이었다. 지금도 아이의 첫돌이 되면 아이의 상 앞에 여러 가지 물건을 벌여 놓고 아이가 제일 먼저 잡는 물건이 무엇인지를 보고 그 아이의 장래를 점치기도 하는데, 이러한 풍습이 17세기 초에도 있었음을 증언해 준다. 이런 사연을 통해 이 편지가 쓰여진 연대는 1614년으로 추정할 수 있다. 갑인년(甲寅年) 과제(過歲) 후에 쓴 36번 편지에서 대임이의 걸음마 단계가

나온다. 일반적인 아이들의 성장 시기에 비추어 볼 때, 이 편지는 36번 편지와 1~2개월 정도의 차이를 보이는 것으로 판단된다.

3) 혼자이라 : 혼자서 '-이라'는 주격조사. 참고) 본릐 업ᄂᆞᆫ 디옥고ᄅᆞᆯ 제라 딧고 제 밧ᄂᆞ니<因果曲 1>. 첨사 '-셔'가 붙은 '-이라셔'도 쓰였다.
4) 고모 : 고생. 괴로움. 苦貌(고생하는 모습).
5) ᄆᆞ올옷 : '-옷'은 강세 첨사.
6) ᄆᆞ올옷 편커든 : '마을이 편하거든'이라는 말과 이 편지의 사연으로 보아 마을에 돌림병이 돌아 곽주가 다른 곳으로 피우(避憂) 나가 있음을 알 수 있다.
7) ᄂᆞ려 니거든 : 내려 가거든.
8) 한쉬 : 사람 이름. 남자 노비로 추정된다.
9) 흥희 : 지명. '흥해'일 것이다. 동해안 쪽의 영일군에 있는 흥해인지 아니면 주변에 있는 조그마한 마을 이름인지 분명치 않다. 현풍 부근에 '흥해'라는 지명은 보이지 않는다.
10) 공 : 貢. 토지를 빌려 주고 받는 세.
11) 큰금동 : 노복의 이름.
12) 나 : 나가. 출발하여.
13) 예 : 여기에.
14) ᄇᆡᄌᆞ : 상전이 노복에게 令을 내리는 문기(文記). 36번 편지의 'ᄇᆡ지' 각주 참고.
15) 맛다 : 맡아(任). 맜- + -아.
16) 이러로셔 : 여기로서. 이쪽에서. 이 + -러로셔[방향 표시 보조사].
17) 제 : 문맥상으로 보아 '한쉬'를 가리키는 재귀대명사이다.
18) 외와싯다가 : 외워 있다가. '외오- + -아 # 시-('이시-'의 이형태) + -ㅅ-(과거시상) + -다가. '외와싯다가'로 판독하면 형태소 분석을 하기 어렵다.
19) 쇠콩 : 소의 콩. 소에게 먹일 콩.
20) 주워 : 주어. 어간말의 원순모음에 동화되어 어미의 모음에 w가 첨가된 것.

40. 소주가 가장 좋은 약이라 하네 영인 669p

곽주가 하씨에게 [문 55] [건들 113]

판독문

어제 오늘 ᄌᆞ식돌 ᄃᆞ리고 엇디

겨신고. 그별 몰라 분별ᄒᆞ

뇌. 대임이ᄂᆞᆫ 심도 마랏고[1] 쟈라[2]도

뎜ᄌᆞ[3] 져거 가니[4] 고칠가 깃거 ᄒᆞ

뇌. 오직 침을 하 두려[5] 울매[6] 그

제도 주려 ᄒᆞ다가 하 울고 거슬매[7)]
잔잉ᄒᆞ여[8)] 몯 주니 요ᄉᆞ이 보아셔
ᄒᆞᆫ 적이나[9)] 다시 주면 ᄃᆞ리고 가려
ᄒᆞ뇌. 쇼쥬[10)]ᄅᆞᆯ 머기면 됴타 ᄒᆞ니
ᄆᆞ즑ᄒᆞᆫ[11)] 소용[12)]애 ᄢᅮᄅᆞᆯ[13)] 반 죵ᄌᆞ
만[14)] 몬뎌[15)] 녀코[16)] ᄢᅮᆯ 우희 쇼쥬ᄅᆞᆯ ᄀᆞ
ᄃᆞᆨ 녀허 김 나디 아니케[17)] ᄃᆞᆫ〻이
ᄡᅡ[18)] 봉ᄒᆞ여 보내소. 쇼쥐 ᄀᆞ장 됴
ᄒᆞᆫ 약이라 ᄒᆞᄂᆡ. 셕우황[19)]도 년ᄒᆞ
여[20)] 어더 머기뇌. ᄆᆞᄅᆞᆫ 모과 잇거든
두 동[21)]만 보내고 업거든 ᄒᆞᆫ 동만
보내소. 후에 ᄡᅳ리ᄅᆞᆯ[22)] 혜여 두고 보내
【右邊】
소. ᄉᆡᆼ션 ᄒᆞᆫ 마리 보내니 ᄌᆞ식ᄃᆞᆯᄒᆞ고
구워 자소[23)]. 또 ᄒᆞᆫ 마리ᄂᆞᆫ 아긔게[24)] 보내
니 게[25)] 아희 ᄒᆞ여 유무조차[26)] 가뎌다가
주고 답장 바다 봉개[27)] 주워[28)] 보내소.
밧바 이만. 즈일 (手決)
【뒷면】
가셔 (手決)

현대어

어제 오늘 자식들 데리고 어찌 계신고. 기별 몰라 걱정하네. 대임이는 심도 말았고, 자라(=헌 자리)도 점점 작아지니 고칠 것 같아서 기뻐하네. 오직 (대임이가) 침을 매우 두려워하여 울매, 그제도 침을 주려 하다가 너무 울고 거슬러서 (차마) 자닝하여 침을 못 주니, 요사이 보아서 한 번만이라도 다시 침을 주면 데리고 가려 하네.

소주를 먹이면 좋다 하니, 알맞은 (크기의) 소용에 꿀을 반 종지만큼 먼저 넣고 꿀 위에 소주를 가득 넣은 후 김이 나지 않도록 단단히 싸서 봉하여 보내소. 소주가 가장 좋은 약이

라 하네. 석웅황도 연이어 얻어 먹이었네. 마른 모과가 있거든 두 동만 보내고, 없거든(=넉넉하지 않거든) 한 동만 보내소. 후에 쓸 것을 헤아려 두고 보내소.

생선 한 마리를 보내니 자식들하고 구워 잡수시오. 또 한 마리는 아들에게 보내니, 거기에 있는 아이를 시켜 편지까지 가져다가 주고 답장을 받아 봉개에게 주어 보내소. 바빠 이만. 즉일. 가서.

해설

이 편지의 주요 내용은 대임이가 앓고 있는 종기다. 종기의 진액을 빼내어 헌데가 점점 작아져 나아가고 있다고 알리고 있다. 침을 놓으려 하니 울고 거슬러 못 주고 있다는 것과 소주를 먹이면 좋다 하니 꿀을 담은 소용에 소주를 부어 싸 보내고 마른 모과도 보내라고 하고 있다. 대임이의 치료에 침술, 소주와 꿀, 석우황, 모과가 동원되고 있음을 보여 준다. 말미에 생선 한 마리를 보내니 아이들과 같이 구워 먹으라는 사연에서 생선이 귀했음을 알 수 있다.

주석

1) 심도 마랏고 : 심도 말았고. 앞의 12번 편지에 나왔듯이, 종이를 말아서 종기의 심을 빼는 것을 '심을 말다'라고 말한다.
2) 쟈라 : '쟈라'는 '鼈'(자라 별)의 뜻으로 쓰인 예가 있으나(쟈라, 유합 상 15) 종기 따위의 질병과 관련된 낱말로 쓰인 예는 없다. '자라도 점점 적어 가니'라는 문맥상 의미로 보아서는 '종기가 곪은 덩어리', 또는 '곪아서 고름이 나는 헌 자리'를 의미하는 것으로 판단된다. 종기가 커져 자란 부위의 모양이 '자라의 머리'와 비슷한 것으로 생각하여 유추된 쓰임이 아닌가 여겨진다.
3) 뎜뎜 : 점점(漸漸). '졈졈'의 ㄷ구개음화 과도교정형이다. 참고) 졈졈 ᄀᆞᆺ븐 히믈 쉬우노라(稍稍息勞筋)<杜解 初 20:30>.
4) 져거 가니 : 작아 가니. 작아지니. 젹- + -어. '젹다'는 중세에 '小, 少'의 뜻으로 쓰였다. 참고) 나히 져고ᄃᆡ<杜解 初 8:30>. 小ᄂᆞᆫ 져글씨라<月釋 1:6>.
5) 두려 : 두려워하여. 두리- + -어. 참고) ᄀᆞ장 놀라 두려<法華 2:58>.
6) 울매 : 울매. 울어서. 울- + -매. '-매'는 원인이나 까닭을 의미하는 연결어미다.
7) 거슬매 : 거스르매. 거슬러서. 거슬- + -매. '거슬다'는 남의 뜻에 따르지 않고 그와 어긋나게 행동하는 태도를 이른다.
8) 잔잉ᄒᆞ여 : 자닝하여. 불쌍하여. 잔잉ᄒᆞ- + -여. '잔잉'은 한자어 '잔인'(殘忍)에서 음이 변한 것이다.
9) ᄒᆞᆫ 적이나 : 한 번만이라도. 한 때나마.
10) 쇼쥬 : 소주. 참고) 다만 쇼쥬과 술이라<三譯 8:17>.
11) ᄆᆞᄎᆞᆷᄒᆞᆫ : 알맞은. 적당한. 'ᄆᆞᄎᆞᆷᄒᆞ- + -ㄴ'. 이 문맥에서는 '알맞은 크기의 소용'을 뜻한다. 같은 무리의 낱말로 보이는 'ᄆᆞᆺᄃᆞᆰᄒᆞᆫ<釋譜 6:13>'이 있다. 이 말은 요즘 '제법 마음에 들다'라는 뜻으로 쓰이는 '마뜩하다'의 옛말이다. 경상방언에 '말뜩다'가 쓰이는데 이 낱말은 어떤 행동의 결과가 그 이전의 원인이 되는 행위에 알맞은 결과임을 뜻한다. 참고) 그눔 못된 짓 하다가 잡혀 갔으니 '말뜩다'. 이 '말뜩

다'도 '뭋돐-'의 변화형임이 분명하다.

12) 소용 : 소용. '소용'은 갸름하고 조그마하게 생긴 병을 가리킨다. 참고) 소용(小口甁)<譯補 43>.

13) ᄢᅮᆯ를 : 꿀을. 참고) ᄢᅮᆯ를 흘렛고<杜解 重 14:7>. 29번 편지에는 '꿀'로 적혀 있다.

14) 죵즈만 : 종지만큼. '종즈'는 29번 편지에 나왔던 낱말인데 꿀이나 간장, 참기를 따위를 담는 작고 동그란 그릇이다. '-만'은 '유일'의 뜻이 아니라 '만큼'과 같이 '정도'를 나타내었다.

15) 몬뎌 : 먼저. 원래 '몬져'인데 ㄷ구개음화를 의식한 과도교정형이다. 참고) 뭋 몬져 니르시니<月曲 94>. '만 몬뎌'는 원래 쓴 것을 지우고 그 옆에 쓴 글자이다.

16) 녀코 : 넣고. 녛- + -고.

17) 김 나디 아니케 : 김이 나가지 아니하게. 여기서 '김 나다' 혹은 '김 나가다'는 더운 김이나 음식의 냄새, 기운 따위가 흩어져 나가는 것을 가리킨다. 소주의 알콜기가 공기 속으로 스러지지 않도록 하라는 말이다.

18) ᄡᅡ : 싸서. 참고) 니프로 ᄡᅡ 믹라<救簡 6:22>.

19) 셕우황 : 석웅황(石雄黃). 광물의 하나로서, 천연으로 나는 비소의 화합물이다. 습을 없애고 담을 삭이며 벌레를 죽이고 독을 풀며 살균 작용을 한다. 주로 악창, 옴, 부스럼, 뱀에 물린 데, 치질창, 코 안에 군살이 생긴 데 등에 쓴다. 맛은 달고 쓰며 간경(肝經)에 작용한다. 주로 외용약으로 쓰는데 가루를 내서 뿌리거나 기초제에 개어 바른다. 달임약으로 쓰기도 한다. 「동의학사전」 참고.

20) 년ᄒᆞ여 : 연(連)하여. 이어서.

21) 동 : 여러 가지 물건의 묶음을 세는 단위. 먹 열 장, 붓 열 자루, 생강 열 접, 피륙 쉰 필, 백지 백 권, 곶감 백 접, 볏짚 백 단, 조기나 비웃은 이천 마리 등이 각각 한 '동'이다. 이 편지에 나오는 '모과'는 몇 개가 한 동인지 불확실하나 모과는 '감'에 견줄 수 있을 듯하다.

22) ᄡᅳ리롤 : 쓸 것을. ᄡᅳ- + -ㄹ # 이[형식명사] + -롤.

23) 자소 : 자소. 자- + -소. 이 '자다'는 '잡수시다'는 뜻인데, 같은 무리의 낱말로 '자시다, 잡ᄉᆞ시다, 잡숩다'가 있다.

24) 아긔게 : 아기 + -의게. 아이에게. 이 '아기'는 편지의 내용으로 보아 따로 나가서 살고 있는 곽주의 아들이다. 곽주의 장남인 '以昌'일 것이다.

25) 게 : '거기'의 준말.

26) 유무조차 : 편지조차. 편지까지.

27) 봉개 : 봉개(에게). 문맥상 사람 이름이며 노비일 것이다.

28) 주워 : 주어(授).

41. 장모님 병이 나으셨다니 기쁘네 영인 668p

곽주가 하씨에게 [문 64] [건들 126]

〉 판독문

편ᄒᆞ신 유무 보고 깃거ᄒᆞ

뇌. 대임이는 우디는[1] 아니

호듸 제 병이 수이 ᄒᆞ리
디[2] 아니ᄒᆞ니 념녜[3] ᄀᆞ이
업서 ᄒᆞ뇌. 내 알픈 ᄃᆡᄂᆞᆫ
더 듕홀 적도 잇고 ᄒᆞ릴
적도 이시니 수이 쾌치
몯홀가 ᄒᆞ뇌. ᄉᆡᆼ션 반
사발 도로 보내뇌. 아
기네 ᄃᆞ리고 자소. 녕산[4]
아기ᄂᆞᆫ 오ᄂᆞᆯ 장재골[5]
로 가니 혼자셔 더옥
심〻ᄒᆞ여[6] ᄒᆞ뇌. 쟝모
ᄂᆞᆫ ᄒᆞ리시다 ᄒᆞ니 깃거
ᄒᆞ뇌. 아뎌긔[7] 유무ᄒᆞᆫ 거시
【右邊】
라 잠간 뎍뇌. 아기네손듸[8]
ᄂᆞᆫ 밧바 답장 아니 ᄒᆞ뇌.
편히 이시니 깃거 ᄒᆞ노라.[9]
즈일 (手決)
【뒷면】
답셔(手決)

현대어

편하다는 편지를 보고 기뻐하네. 대임이는 울지는 아니하되, 제 병이 쉽게 낫지 아니하니 염려가 가이없어 하네. 내 아픈 데는 더 중할 적도 있고 나을 적도 있으니, 쉽게 쾌치 못할 것 같네. 생선 반 사발을 도로 보내네. 아기네 데리고 잡수시오.

영산 아기가 오늘 장재골로 가버리니 혼자 더욱 심심해 하네. 장모는 나으셨다고 하니 기뻐하네. (이미) 아침에 편지했기에 잠깐 적네. 아기네에게는 바빠 답장을 아니 하네. 편히 있다 하니 기뻐하노라. 즉일. 답서.

해설

전형적인 안부 편지이다. 병에 대한 이야기가 주요 화제이다. 대임이가 울지는 않지만 병이 쉽게 낫지 않아 걱정하는 모습이다. 나(=곽주)는 아픈 데가 더할 때도 있고 덜할 때도 있고 몸이 개운치 않다는 것, 장모님은 이제 병이 다 나으셨다니 기뻐한다는 내용이다. 각종 질병에 시달리는 당시 사람들의 애환이 나타나 있다.

이 편지에서도 앞에서와 마찬가지로 생선 반 사발을 하씨에게 보냈다. 곽주는 생선 반 사발이나마 부인이 아이들과 함께 먹기를 바란 마음에서 보낸 것이다. 하씨가 보낸 생선을 다시 돌려보내며 아이들과 같이 먹으라고 한 것이다. 이 편지는 내용상 40번 편지와 직접 관련이 있어 보인다. 만약 그러하다면, 위의 생선 반 사발은 '곽주 → 하씨 → 곽주 → 하씨'로 오가게 된 것이다. 생선 반 사발이나마 아내와 아이들이 먹도록 하려는 곽주의 인정이 느껴지는 사연이다.

주석

1) 우디ᄂᆞᆫ : 울지는.
2) ᄒᆞ리디 : 낫지. 'ᄒᆞ리다'는 '병이 낫다'라는 뜻인데 앞에서 여러 번 나왔다.
3) 념녜 : 염려(念慮)가. 념녀 + -이[주격조사].
4) 녕산 : 靈山. 현재의 창녕군 영산면에 해당한다. 조선 시대에는 영산현이었다. 영산에는 각종 전통 문화가 지금도 삶의 일부가 되어 있는 곳으로 유명하다. 3·1절을 기념한 줄다리기와 단오날의 민속 행사가 잘 알려져 있다. 곽주의 장남 이창(以昌)은 영산 신(辛)씨를 아내로 맞았다. 이창의 처갓집이 영산이었던 것으로 판단된다. '녕산 아기'는 이창을 지칭하는 말로 쓰였다. 장성한 아들을 '아기'라고 부른 관행이 당시에 있었던 것이다.
5) 장재골 : 지명. 이와 관련될 만한 지명이 두 군데 보인다. 하나는 현풍 논공 부근에 '장자동'이 있는데 일명 '사부링이'라 부른다. 다른 하나는 창녕군 이방면 우포늪 북쪽에 있는 '장재골'이다. 하씨의 친정 마을 '오야'와 십리 정도 떨어져 있다. 후자가 이 편지의 '장재골'과 어형이 동일하고 이칭도 없어서 서로 같은 곳일 가능성이 높다.
6) 심〻ᄒᆞ여 : 심심하여. '심심ᄒᆞ다'는 '심란하다'는 뜻으로 8번 편지를 비롯해 몇 번 나왔던 말이다. 그러나 이곳 '심심ᄒᆞ다'는 혼자 남아 있다는 내용으로 보아 '힘힘ᄒᆞ-'의 변화형 '심심ᄒᆞ-'일 가능성도 있다. 문맥상 후자의 뜻이 잘 어울린다.
7) 아뎌긔 : 아침에. 아뎍 + 의. '아젹'의 ㄷ구개음화 과도교정형을 보여 준다.
8) 아기네손ᄃᆡᄂᆞᆫ : 아기네에게는. 아기 + -네[접미사] + -손ᄃᆡ[여격조사] + -ᄂᆞᆫ[보조사]. 이 '아기'가 곽주의 아들 중 누구를 가리키는 것인지 분명치 않다.
9) 이 문장은 곽주가 아이(곽주의 아들)에게 한 말이다. 종결어미에 나타난 대우법이 달라져 있음을 볼 수 있다.

42. 고양이 새끼를 아이들 품에는 절대로 넣지 마소 영인 668p

곽주가 하씨에게 [문 35] [건들 72]

판독문

편ᄒᆞ신 유무 년ᄒᆞ여 보고 깃거 ᄒᆞᄂᆡ. 대임이
ᄂᆞᆫ 오ᄂᆞᆯ ᄯᅳ려[1] ᄯᅳᄂᆞᆫ 냥반[2]을 다 쳥ᄒᆞ여 왓더니[3] 하
두려[4] 울매 ᄯᅳ디 아니ᄒᆞ고 침만 주워 이시
니 다시 보아셔 수이 됴치 아니ᄒᆞᆯ가 시브거든
ᄯᅳ쟈 ᄒᆞᄂᆡ. 저도 요ᄉᆞ이ᄂᆞᆫ 어마님도 보고뎌코[5] 동ᄉᆡᆼ[6]
ᄃᆞᆯ도 보고뎌 ᄒᆞ다 ᄒᆞ고 입에 긋디[7] 아녀[8] 니ᄅᆞ고 잘
제면 ᄌᆡᆫ 다마다[9] 니ᄅᆞ니 잔잉ᄒᆞ여[10] ᄂᆡ일로 ᄃᆞ려 가
거나 ᄂᆡ일로 비나[11] 와 몯 가면 모뢰로ᄂᆞᆫ 뎡ᄒᆞ여 ᄃᆞ
려 가로쇠. 아ᄆᆞ거시나 ᄒᆞ엿다가 주소. 괴샷기[12] 어더
보내ᄂᆡ. 대임이 제 괴라 ᄒᆞ고 보내ᄂᆡ. 개 므
리디[13] 말고 조심ᄒᆞ여 간슈ᄒᆞ야 기ᄅᆞ게 ᄒᆞ소.
온 거ᄉᆞᆫ 다 출화 바되[14]. 손도 왓고 요란ᄒᆞ여 이만.
【右邊】
즈일 (手決)
【뒷면】
답셔.
괴샷기ᄅᆞᆯ 복녜[15] 대셩[16]의 품
에란 ᄉᆡᆼ심도 녀치 마소. (手決)

현대어

편하시다는 편지 연이어 받아 보고 기뻐 하네. 대임이는 오늘 (뜸을) 뜨려고 (뜸) 뜨는 양반을 다 청하여 왔더니 하도 두려워하여 울기에 뜨지 아니하고 침만 주어 놓았으니 다시 보아서 빨리 낫지 않을까 싶으면 뜨고자 하네. 저(=대임이)도 요사이는 어머님도 보고 싶어

하고 동생들도 보고 싶다 하며 입에 그치지 아니하며 이르고, 잘 때면 깰 때마다 (또 그 말을) 이르니 측은하여 내일 데려가거나, 내일 비나 와서 못 가면 모레는 정하여 데려갈 것이로세. 아무 음식이나 하였다가 주소. 고양이 새끼를 (한 마리) 얻어 보내네. 대임이가 제 고양이라고 해서 보내네. 개한테 물리게 하지 말고 조심하여 간수하여 기르도록 하소. (여기에) 온 것은 다 차려 받았네. 손님도 왔고 요란하여 이만. 즉일. 답서.

고양이 새끼를 복녜나 대셩의 품에는 절대로 넣지 마소.

해설

대임이 아픈 데 뜸을 뜨려고 뜸 뜨는 사람을 청해 왔으나 아이가 무섭다고 버티어서 침만 주고 말았다는 사연이다. 어머니와 떨어져 있어 빨리 어머니에게 돌아가고 싶어하는 대임이의 애처로운 태도가 하도 측은하여 곧 돌려보내겠다고 말하고 있다. 대임이가 고양이를 좋아하여 제 것이라고 하여서 고양이 새끼를 보내니 개한테 물리지 않도록 조심하여 기르도록 하고, 이 놈을 아이들 품에는 절대로 안기게 하지 말라고 추기(追記)하고 있다. 아마도 짐승을 안는 것이 아이들 위생에 좋지 않기 때문에 이런 당부를 덧붙였으리라. 개와 고양이를 애완용으로 함께 길렀던 모습을 알려 준다. 고양이를 애완동물로 기른 것이 벌써 400년은 넘었음을 보여주는 증거가 되는 편지이다.

이 편지는 곽주와 하씨가 비교적 가깝기는 하지만 각각 다른 곳에 살고 있음을 보여 준다. 수신자인 하씨의 주소지가 주로 '논공'인 것으로 보아 하씨는 논공에 살고 곽주는 소례에 있었던 것이다. 논공과 소례는 30리 정도 되는 길이다.

주석

1) 쓰려 : (뜸을) 뜨려고. 쓰(灸)- + -려.
2) 냥반 : 여기서 '냥반'은 신분적 의미 '양반'이 아니고 '성인 남자'를 약간 대접하여 부르는 말로 쓰인 것이다.
3) 다 쳥하여 왓더니 : '청하기까지 해서 이미 왔는데'라는 뜻이라는 양보적 의미를 표현하고 있다. 부사 '다'가 수량을 뜻하는 '모두'로 쓰인 것이 아니라 행동이 진행된 정도를 나타내는 의미로 쓰였다. 뜸 뜨는 사람이 왔는데 아이가 안 뜨겠다고 버티어서 난감해 하는 상황을 그리고 있다. 뜸을 뜰 때 아주 뜨거움을 느끼는 경우가 많아서 아이들이 무서워했음을 보여 준다.
4) 두려 : 두려워하여. 두리- + -어.
5) 보고뎌코 : 보고 싶어하고. 보- + -고뎌(고자) # 코('ᄒᆞ고'의 축약형). 현대의 경상방언에 '보고접고', '보고잡고' 등에 대응되는 표현이다.

6) 동싱 : 同生. 「곽씨언간」에서 '동싱'은 남자 형제 및 여자 형제에게 두로 통용하고 있다.
7) 긋디 : 그치지.
8) 아녀 : '아니'에 동사 'ᄒᆞ-'가 결합하지 않고 동사 어간으로 활용한 형태이다. '아니 + -어'로 분석된다.
9) 진 다마다 : 깬 적마다. 'ᄭᅢ-'의 첫 글자 ㅅ을 빠뜨린 표기이다. '진 다마다'의 첫 번째 '다'는 김유범(2001)에 의해 시간성 의존명사임이 밝혀졌다. 이 '다' 앞에는 관형형어미 '-ㄴ'만 결합할 수 있다.
10) 잔잉ᄒᆞ여 : 불쌍하여. 측은하여. 자닝하여.
11) 비나 : '비'자는 작은 글씨로 보입(補入)되어 있다. 빠뜨렸다가 다시 보완한 것이다.
12) 괴삿기 : 고양이 새끼. 괴(고양이) # 삿기(새끼).
13) 므리디 : 물리지(被咬). 믈- + -이-[피동접사] + -디.
14) 바되 : 받았소. 받았네. 받- + -외('-오이다'의 축약형). '-외'는 '-오이다'보다 존대의 등급이 한 단계 낮다.
15) 복녜 : 곽주의 딸 이름.
16) 대셩 : 곽주의 아들 이름.

43. 대임이는 그제부터 도로 종기를 앓으니… 영인 667p

곽주가 하씨에게 [문 80] [건들 168]

판독문

편ᄒᆞ신 유무 보고 반기
며 깃거 ᄒᆞ뇌. 대임이ᄂᆞᆫ
그제브터 도로 심[1]을 알
ᄒᆞ니[2] 민망ᄒᆞ여 ᄒᆞ뇌. 셕
우황[3]도 어든 거슬 ᄂᆡ일이
면[4] 다 먹게 되여시매[5] 거챵
딕[6]의 잇단 말 듣고 친히[7] 갓다가
몯 어더 오니 아ᄆᆞ려 ᄒᆞᆯ 줄
몰라 더옥 민망ᄒᆞ여 ᄒᆞ
뇌. 큰아긔 심도 ᄆᆡ일 알
ᄂᆞᆫ다[8] ᄒᆞ고 며ᄂᆞ리도 알팟
고 녕낭의 형제도 알

팟다 ᄒᆞ니 이런 슈샹코 민
망ᄒᆞᆫ 이리 어ᄃᆡ 이실고. 나도
ᄂᆡ일이나 침을 더 마텨[9] 보
아셔 스므이튼날 ᄉᆞ이[10] ᄃᆞ리고 가려 ᄒᆞᄂᆡ. 어제
도 하 두려 우니 갓가ᄉᆞ로[11]
마치니 ᄂᆡ일 ᄯᅩ 엇디 ᄒᆞ려
뇨 ᄒᆞᄂᆡ. ᄡᅳ면 됴타 홀시 ᄂᆡ
일 ᄡᅳ려 ᄒᆞ니 약ᄡᅮᆨ ᄡᆞᆫ ᄃᆡ
닙플 ᄠᅳ더 ᄒᆞᆫ 줌만 ᄡᅡ 보
내소. 건치[12] ᄒᆞ고 ᄆᆞ른 모과ᄒᆞ
고 ᄯᅩ 보내소. 하 심〻ᄒᆞ여
【右邊】
이만.
즈일 (手決)
심은 알하도 ᄇᆡ옛 거
슨 프러딘[13] ᄃᆞᆺ
ᄒᆞ여 잇ᄂᆡ.
【뒷면】
답셔(手決)

현대어

편하신 편지 보고 반기며 기뻐하네. 대임이는 그제부터 도로 심(학질)을 앓으니 민망하여 하네. 석웅황도 얻은 것을 내일 다 먹게 되었으매 거창댁에 (석웅황이) 있다는 말을 듣고 친히 갔다가 못 구해 오니 어찌 할 줄 몰라 더욱 민망하여 하네. 큰아기도 학질을 매일 앓는다 하고, 며느리도 앓았고, 녕낭('명낭'의 오기로 추정)의 형제도 앓았다 하니 이런 수상하고 민망한 일이 어디 있을꼬! 나도 내일이나 침을 더 맞혀 보아서 스무이튿날 사이 데리고 가려 하네. 어제는 하도 두려워하고 울어 (침을) 가까스로 하니 약쑥 싼 데서 잎을 뜯어 한 줌만 싸 보내소. 말린 꿩고기하고 말린 모과를 또 보내소. 하도 심란하여 이만. 즉일. 심은

앓아도 배엣것은 풀어진 듯하네.

› 해설

이 편지도 '대임이'의 병 치료가 주요 내용이나 큰아기가(=큰딸이) 학질을 매일 앓고, 며느리도 앓고 뎡낭이란 딸애도 앓고, 약으로 쓰는 석웅황도 떨어지고 없어져 거창댁에 있다는 말을 듣고 빌리러 갔으나 못 구하고 이런저런 병치레 때문에 근심 가득한 곽주의 모습이 나타나 있다. 학질을 심하게 앓는 대임이에게 석웅황을 먹이고, 약쑥으로 뜨기, 침 맞히기, 말린 꿩고기와 말린 모과 등의 약재가 동원되고 있다. 딸과 며느리까지 학질을 앓아 집안의 큰 근심이 되어 있다. 다행히 배에 뭉쳐 있던 것은 풀어진 듯하다며 약간 안심하는 마음이 편지 끝에 나타나 있다.

› 주석

1) 심 : 학질. 본서의 「질병과 치료」 항목의 해설을 참조바람.
2) 알ᄒᆞ니 : 앓으니. 앓- + -ᄋᆞ니.
3) 셕우황 : 석웅황(石雄黃). 자세한 설명은 40번 편지의 각주 19번 내용을 참고.
4) ᄂᆡ일이면 : 'ᄂᆡ일' 뒤에 계사 '이-'를 빠뜨렸다가 작은 글씨로 보입한 흔적이 있다.
5) 되여시매 : 되었으매. 되어 있으매. 되- + -어 # 이시- + -매.
6) 거챵딕 : 居昌宅. 거창(경남 서부)에서 시집온 부인의 택호.
7) 친히 : 작은 글씨로 행간에 써 넣은 낱말이다.
8) 알ᄅᆞᆫ다 : 앓는다. '앓ᄂᆞᆫ다'에서 ㅎ탈락 및 유음화가 실현된 것. 'ᄅᆞᆫ'자를 아주 흘려써서 특이한 자형이 되어 있다.
9) 마텨 : 맞혀. 마치- + -어. ㄷ구개음화의 과도교정형.
10) 스므이튼날 ᄉᆞ이 : 작은 글씨로 보입(補入)한 구이다.
11) 갓가ᄉᆞ로 : 가까스로. 이 낱말은 '갓갓'과 '-으로'[조사]의 결합일 것이다. '갓갓'은 '갓'(物)이 중복된 구성일 것이다. '物物으로' 즉 '모든 물건을 다 동원하여'라는 뜻에 기원을 둔 것으로 생각된다. '物'의 훈이 '갓'이었다. 갓 믈(物)(훈몽자회, 하, 1b)
12) 건치 : 말린 꿩고기. 乾雉. '생치'(生雉)의 대립어.
13) 프러딘 : 풀어진. 뱃살 부근에 굳어져 있던 것이 풀어진 상태를 의미한다. 배에 뭔가 덩이진 것이 생겼다가 풀어졌다는 것.

44. 역시 자식이 귀하도다 영인 667p

곽주가 하씨에게 [문 43] [건들 88]

› 판독문

편ᄒᆞ신 유무보고
반기며 깃거 ᄒᆞ뇌.
대임의 병은 아
져게[1] 간 유무에 ᄌᆞ
셰[2] ᄒᆞ여시매[3] 다시
아니 뎍뇌. 내 병
은 게셔나[4] 나와셔
나 다ᄅᆞ디 아니
ᄒᆞ니 조심홀
일도 업세.[5] 대
셩이[6]ᄂᆞᆫ 그려 ᄒᆞᆫ다[7]
ᄒᆞ니 ᄌᆞ식이 귀토
다[8] ᄒᆞ뇌. 아뎌게 간
유무에 다 긔별ᄒᆞᆫ
거시라 이만.
즈일 (手決)
【뒷면】
답셔 (手決)

› 현대어

편하신 유무보고 반기며 기뻐하네. 대임이의 병은 아침에 간 유무에 자세히 썼으므로 다시 아니 적네. 내 병은 거기에 있을 때나 여기에 나와 있으나 다르지 아니하니 조심할 일도 없네. 대셩이가 나를 그리워 한다 하니 "과연 자식이 귀하다"는 생각이 드네. 아침에 간 유무에 다 기별한 것이라 이만. 즉일. 답서(答書).

해설

아버지 곽주의 부성애가 잘 나타나 있는 편지이다. 사연을 보면 대임이는 곽주가 데리고 있는데 병을 앓고 있다. 한편 대성이는 하씨가 데리고 있다. 대성이가 아버지를 그리워한다는 이야기를 듣고, 부모 생각하는 자식을 기특히 여기는 곽주의 흐뭇한 모습이 눈에 잡힌다. 아침에 편지를 보내고 오후에 또 편지를 보내는 모습이다. 하루에 두 번이나 편지가 오고간 모습이다.

주석

1) 아져게 : 아침에. 아젹 + -에. 현대의 경상방언에서 '아적'은 널리 쓰이는 낱말이다.
2) ᄌᆞ셰 : 자세히. 仔細히.
3) ᄒᆞ여시매 : 하여 있음에. 하- + -여 # 시-['이시-'의 이형태] + -ㅁ[명사형어미] + -애. '-애'는 원인을 표현하는 어미.
4) 게셔나 : 거기서나. 게[체언] + -셔나[보조조사]. '-셔나'는 '이시-'의 이형태인 '시-'에 어미 '-어나'가 결합한(시어나 → 셔나)가 문법화한 것이라 할 수 있다.
5) 업세 : 없네. 없- + -어- + -이.
6) 대셩이 : 곽주의 아들 이름. 하씨 소생의 둘째 아들 곽유창으로 판단된다.
7) 그려 ᄒᆞᆫ다 : 그리워 한다. 그리- + -어 # ᄒᆞ- + -ㄴ다. 당시에는 '그리-'(慕)가 동사 어간으로 쓰였기 때문에 '그려'와 같은 활용형이 나타날 수 있다. 이 동사 앞에 목적어 '아버지를'이 생략되어 있다.
8) 귀토다 : 귀하도다. '귀ᄒᆞ- + -도다'의 축약형.

45. 저물어도 마중할 종들을 내보내라 하소 영인 667p

곽주가 하씨에게 [문 60] [건들 120]

판독문

ᄂᆡ일 외예[1] 갈

사ᄅᆞᆷ을 어더

이시니 봉믜[2]

올 제 오예 보
낼 유무를
써셔 봉믜를[3)]
주워 가뎌다가 돌히를[4)]
주라 ᄒᆞ소. 나는
유무를 예셔
써 돌히를
주고 나죄로 잘
만[5)] 가로쇠[6)].
졈그러도[7)] 마주
비[8)] 종돌 아기
ᄒᆞ여 시겨 보내
라 ᄒᆞ소.(手決)
【뒷면】
가셔 (手決)

현대어

내일 오예에 갈 사람을 얻어 놓았으니, 봉믜가 올 적에 오예에 보낼 편지를 써서 봉믜에게 주어 (그 편지를) 가져다가 돌히에게 주라고 하소. 나는 편지를 이곳에서 써서 돌히에게 주고 저녁에 자러는 갈 것이로세. (날이) 저물어도 마중할 종들을 아이로 하여금 시켜 보내라 하소. 가서.

해설

노복을 부려 심부름시킬 일을 지시하는 편지이다. 내일 저녁 무렵에 자러 갈 터이니 늦더라도 마중할 종을 내보내라고 당부하고 있다. '마주비'라는 고풍이 짙은 낱말이 처음 보이는 문헌이라는 점에 음운사 및 어휘사적 가치가 있다. '오예'는 '오야'로 적혀 나타나기도 하는데 하씨 부인의 친정곳 마을 이름이다. 친정에 가 있는 아내를 찾아 가는 곽주의 모습이 그려져 있다.

주석

1) 외예 : '오예'의 다른 표기. 모음간 자음이 없을 때 off-glide j가 전후 음절 사이에서 유동적으로 실현되었음을 보여 주는 표기이다. 바로 뒤에 나오는 '오예'의 발음과 '외예'의 발음은 실질적으로 서로 같았을 것이다.
2) 봉믜 : 노복의 이름.
3) 봉믜ᄅᆞᆯ : 봉믜에게. 목적격조사 '-ᄅᆞᆯ'이 여격어에 붙었다. 즉 여격 기능을 하는 '-ᄅᆞᆯ'의 예인데 이런 현상은 현대국어에서 나타난다(철수를 주어라). 뒤에 나오는 '돌히ᄅᆞᆯ'도 마찬가지이다.
4) 돌히 : 노복의 이름.
5) 잘 만 : (잠을) 자는 것으로는. 이곳의 '만'은 의존명사 기능을 하는 것으로 판단된다. 곽주가 하씨 있는 곳에 저녁에 잠자러 가겠다는 전갈을 보내고 있다.
6) 가로쇠 : 가리로세.
7) 졈그러도 : (날이) 저물어도. 졈글- + -어도.
8) 마주비 : 용비어천가(龍飛御天歌)에 나온 '마ᅑᆞᄫᅵ'(마중, 奉迎)의 변화형으로 동사 '마ᅑᆞᆸ-'의 파생어이다. '마주비'는 국어사 문헌 자료 중 여기에서 처음 나타나는 어형이며, 'ᄫ>ㅂ' 변화를 실현한 예이다. 그런데 「현풍곽씨언간」에는 현대의 현풍방언과 달리 15세기의 'ᄫ'에 대응하는 대부분의 어형이 'ㅂ'으로 나타나지 않고 탈락된 형태로 나타난다. '마주비'는 이런 변화에서 예외적인 존재다.

46. 삼 년은 눈을 감고 귀를 재우고 견디소 영인 666p

곽주가 하씨에게 [문 89] [건들 52]

판독문

보리ᄡᆞᆯ란 ᄀᆞ장 됴케 닷겨[1)]
ᄡᅳ게 ᄒᆞ소. 보리ᄡᆞ리 세머
로우면[2)] 강긔[3)] ᄒᆞ리 만홀
거시니 글란[4)] 됴케 닷겨 ᄡᅳ
소. 자내 팔ᄌᆡ 놈의 강긔 드
ᄅᆞ라 삼겻거니[5)] 자내 팔
ᄌᆡᄅᆞᆯ ᄒᆞᆫ홀 만ᄒᆞ뎨[6)]. 강
긔ᄒᆞᄂᆞᆫ 사ᄅᆞᆷ[7)]의 타실가.
삼년으란 눈을 ᄀᆞᆷ고 귀ᄅᆞᆯ
재이고[8)] 견듸소. ᄆᆡ양 ᄂᆞᄆᆡ 말

아니 드ᄅᆞᆯ 거시나[9] 삼년을
노래 듣ᄃᆞ시 듣고 견듸소.

현대어

보리쌀은 아주 좋게 찧어 쓰도록 하소. 보리쌀이 거칠면 불평할 사람이 많을 것이니 그것을 좋게 도정하여 쓰소. 자네 팔자가 남의 불평을 들으라고 타고 났으니 자네 팔자를 한(恨)할 만하데. 강짜를 부리는 사람의 탓일까. 삼 년은 눈을 감고 귀를 재우고 견디소. 매양 남의 말을 듣지는 않을 것이니 삼 년을 노래 듣듯이 듣고 견디소.

해설

이 편지는 곽주가 여유로운 마음과 태도로 아내에게 농담조의 말을 건네고 있는 모습을 보여 주는데, 이런 편지는 보기 드문 것이다. 질병에 시달리는 사연도 없고 곤란한 일 때문에 고생하는 모습도 보이지 않는다. "자네 팔자가 남의 불평을 들으라고 타고 났으니 자네 팔자를 한할 만하데. 강짜를 부리는 사람의 탓일까"라고 넌지시 말하는 품새가 여유롭기만 하다. '보리밥이 거칠다고 불평을 듣는 것은 자네 팔자 탓이지 강짜를 부리는 사람의 탓이 아니다'라고 말하는 곽주의 태도가 은근하게 느껴진다. 여기서 밥맛을 두고 강짜를 부리는 사람은 곽주 자신일 것이다. "삼년은 눈을 감고 귀를 재우고 견디소"라는 말은 전통적인 시집살이에서 '삼년은 귀머거리', '삼년은 벙어리'라는 말과 같다. 이 말이 나타난 것으로 보아 이 편지는 곽주가 하씨를 맞아들인 해에 쓰여진 듯하다. 필사 연기가 나타나 있지 않은 점이 못내 아쉽다.

주석

1) 닷겨 : 도정하여. 닭(擣)- + -이-[사동접사] + -어. '닭다'와 기본의미는 같으나 여기서는 '정미(精米)롭게 찧다'의 뜻이다. 보리쌀을 거칠게 빻지 않고 겉껍질을 많이 벗겨 내어 낟알을 희고 곱게 하면 밥이 부드럽고 맛이 좋다.
2) 세머로우면 : (껍질이) 거칠면, 거칠고 꺼끌꺼끌한. 세머ᄅᆞᆸ- + -(으)면. '세머ᄅᆞᆸ-'은 다른 문헌에 보이지 않는 낱말이다. 문맥의 쓰임으로 보아 그 의미를 파악하였다.
3) 강긔 : 까탈을 부리는 것. 까탈이나 성질을 부리며 불평하는 것. 현대어 '강짜'와 같은 뜻이다. 한자어 '强氣'(강기)를 적은 것으로 보인다. 한자어 '剛氣'(강기)는 굳세고 씩씩한 기상을 뜻하는 말로 주로 남자의 성품을 긍정적으로 나타낼 때 쓰는 말이어서 이 편지의 '강긔'는 '强氣'를 적은 것으로 판단된다.

4) 글란 : 그것일랑. 그[대명사] + -ㄹ란[보조사].
5) 삼겻거니 : 생겼거니. 품부(稟賦)를 받았거니. 그런 팔자를 타고 났으니.
6) ᄒᆞᆫ홀 만하뎨 : 한(恨)할 만하데. 'ᄒᆞ뎨'는 'ᄒᆞ데'(ᄒᆞ더이)의 축약형.
7) 강긔ᄒᆞᆫ 사ᄅᆞᆷ : 이 문맥 속에서 '강긔ᄒᆞᆫ 사ᄅᆞᆷ'은 곽주 자신일 것이다.
8) 재이고 : 재우고. '자다'의 이중 사동형, 즉 자- + -ㅣ-[사동접사] + -이-[사동접사] + -고. 현대어 '재우다'가 이중사동에 의해 형성된 것과 같다.
9) 거시나 : 자형은 '거시나'이지만 문맥 의미로 보아 '거시니'가 되어야 옳다. '나'자의 오른쪽 점의 위치가 이상하다.

47. 아무쪼록 아이들 데리고 편히 계시오 영인 666p

곽주가 하씨에게 [문 61] [건들 121]

판독문

요ᄉᆞ이 아희 ᄃᆞ
리고 엇디 겨
신고. 긔별 몰
라 듀야의[1] 분
별ᄒᆞ뇌. 나
ᄂᆞᆫ 오늘 셩쥐[2]
로 가니 ᄉᆞ므날
후에사[3] 도라
갈가 시븨.[4]
아마도[5] 아희
ᄃᆞ리고 편
히 겨소. 밧
바 이만.
즈일(手決)
【뒷면】
팔긔[6]

가셔 (手決)

현대어

요사이 아이들 데리고 어찌 계신고. 기별 몰라 주야에 걱정하네. 나는 오늘 성주로 가니 스무날 후에야 돌아갈까 싶네. 아무쪼록 아이들 데리고 편히 계시오. 바빠 이만. 즉일. 팔긔에서. 가서(家書).

해설

여행 도중 안부를 전하는 간단한 편지이다. 현풍에서 성주로 가는 도중 칠곡 지역의 옛 이름인 '팔긔'에서 쓴 것이다.

주석

1) 듀야의 : 밤낮으로. 晝夜(주야)에. 참고) 晝 낫 듀<類合 상 3a>.
2) 셩쥐 : 지명. 경북의 성주(星州). '쥐'는 '州'의 俗音.
3) 후에사 : 후에야. '-사'는 강세 첨사.
4) 시븨 : 싶으이. 시브(싶다, 보조형용사)- + -이('-이다'의 단축형). 14번 편지에서는 '식븨'로 15번 편지에서는 '시븨'로 나타나 있다. '식브-'와 '시브-'가 공존했었음을 알 수 있다. '식브-'에서 ㄱ이 탈락하여 이 '시브-'가 생성된 것으로 판단된다.
5) 아마도 : 이 문맥에서 '아마도'는 '아무쪼록'의 뜻으로 봄이 옳겠다.
6) 팔긔 : 지명. 팔거현(八居縣). 성주부에 속해 있었던 칠곡 지역의 옛 이름. 이 편지는 '팔긔'에서 성주로 가는 즈음에 곽주가 집으로 보낸 서간이다.

48. 내 마음을 어찌 자네조차 힘들게 하는고 영인 665p

곽주가 하씨에게 [문 86] [건들 94]

판독문

ᄆᆞ음 둘 듸 업
서 ᄒᆞᄂᆞᆫ 나를

엇디 자내조차
내 ᄆᆞᄋᆞᆷ을 구치
시ᄂᆞᆫ고.[1] 슬흐
나마나[2] 음식
을 먹고 수
이 됴리ᄒᆞ여[3]
셩케 ᄒᆞ소. 내
ᄆᆞᄋᆞᆷ을 엇
디 자내조차
ᄡᅴ이시ᄂᆞᆫ고[4].
나도 오ᄂᆞᆯ브
터 아니 알ᄑᆞᆫ
ᄃᆡ 업시 셜
오되[5] 강잉ᄒᆞ
여[6] ᄃᆞᆫ니쟈[7] ᄒᆞ
니 더옥 셜
웨.[8] 자내나 내
ᄆᆞᄋᆞᆷ 바다[9] 음
식이나 강잉ᄒᆞ
여 자시고 수이 됴케
ᄒᆞ소.

현대어

마음 둘 데 없어 하는 나를 어찌 자네조차 내 마음을 상하게 하시는고. 싫더라도 음식을 먹고 빨리 조리하여 (몸을) 성하게 하소. 내 마음을 어찌 자네조차 쓰이게 하시는고. 나도 오늘부터 아프지 않은 곳이 없이 괴롭되 마지못하여 다니려고 하니 더욱 괴로우이. 자네나 내 마음을 이해하여 음식이나 억지로라도 자시고 빨리 (몸을) 좋게 하소.

해설

이 편지에서 집안 일 때문에 많이 힘겨워 하며 아내를 다독거리는 곽주의 모습이 그려져 있다. 집안에 마음 편치 않은 일이 생겨 하씨 부인이 음식도 들지 못하고 앓아 누운 듯하다. 곽주가 부인을 달래며 "나도 마음 둘 데 없어 괴롭고 온 몸이 다 아픈데 자네까지 그렇게 내 마음을 쓰이게 하니 부디 내 마음을 이해하고 음식을 들고 몸조리하시오"라고 간곡히 당부하고 있다.

어떤 일이 있었는지 곽주는 스스로를 "마음 둘 데 없어 하는 나"로 표현하고 있다. 집 밖에서 일어난 일이라면 가정에서 그 마음을 풀 텐데, 어디 가서 하소연할 수도 없는 가정 내부의 갈등이 있었음을 짐작할 수 있는 부분이다. 이 갈등의 중심에 하씨가 있는 것이 분명하다. 짐작건대 앞의 몇 몇 편지에 나왔던 이창(장남)과의 갈등일 듯하다. "싫더라도 음식을 먹고 빨리 조리하시오"라는 곽주의 말로 보아, 하씨가 음식도 들지 않고 몸져 누워 있다. 그 이유는 전처 자식과의 갈등으로 마음이 크게 상했기 때문일 것이다. 몸져 누운 하씨 때문에 몹시 힘들어 하는 곽주의 심사가 그려져 있다.

그러나 곽주는 따뜻한 마음으로 아내를 다독이고 있다. "내 마음을 어찌 자네조차 쓰이게 하시는고. 자네나 내 마음을 이해하여 음식이나 억지로라도 자시고 빨리 좋게 하소"라는 곽주의 말은, 아내 마음을 어루만지면서 아끼는 태도를 잘 보여 준다. 이런 말을 하는 곽주의 마음 바탕이 넉넉하게 느껴진다. 이 편지를 받아본 하씨는 틀림없이 마음이 풀렸으리라.

주석

1) 구치시ᄂᆞᆫ고 : 상하게 하시는고. 나쁘게 하시는고. 궂- + -히-[사동접사] + -시- + -ᄂᆞᆫ고. '궂-'은 현대어 '궂은 일' 등에 쓰이는 '궂-'과 같은 것이다. 현대어에서 '궂히다'는 '죽게 하다', '그르치게 하다'의 뜻으로 풀이되어 있다. 『우리말큰사전』(한글학회) 참조.
2) 슬흐나마나 : 슬프(슳)거나 말거나. 슬흐-(슬프-, 슳-) + -나마나, '슬흐-'가 '슬프다', '슳다' 두 가지 뜻으로 쓰일 수 있는데, 여기에서는 문맥상 구분이 되지 않고 두 가지 모두로 해석이 가능하다. '슳다'의 뜻으로 해석함이 더 자연스러운 듯하다.
3) 됴리ᄒᆞ여 : 조리(調理)하여. 구개음화된 어형이 아니다. '조리'(調理)는 건강이 회복되도록 몸을 잘 보살피고 다스리는 것을 뜻한다.
4) 씌이시ᄂᆞᆫ고 : 쓰이게 하시는고.
5) 셜오되 : 괴로우되. 셟- + -오되.
6) 강잉ᄒᆞ여 : 마지못하여. '강잉'은 '强仍'. 문맥상 의미로 보아 '강잉'을 强忍'과 관련지어 '억지로 참음'의 뜻으로 볼 수도 있다. 이렇게 보면 '강잉'의 '잉'은 '忍'이 속음화된 것으로 보아야 한다.

7) ᄃᆞᆫ니쟈 : 다니고자.
8) 셜웨 : 괴로우이. '셜워이다'의 축약형.
9) ᄆᆞᄋᆞᆷ 바다 : 마음을 받아. 내 마음을 이해하여.

49. 어머님 곁에 갔으니 빨리 오고자 하실꼬? 영인 665p

곽주가 하씨에게 [문 59][건들 119]

판독문

요ᄉᆞ이 아희ᄃᆞᆯ ᄃᆞ리고 엇디 겨신고. 긔
별 몰라 지극 분별ᄒᆞ뇌. 자내 ᄒᆞᆯ[1] 이ᄅᆞᆫ
어두록[2] ᄒᆞ여 겨신고. 언제 ᄉᆞ이나 오고
뎌 ᄒᆞ시ᄂᆞᆫ고. 아ᄅᆡ[3] ᄲᆞᆯ 환잣말[4]로 엿 말
가더니 언매나[5] ᄒᆞ던고. 아희ᄃᆞᆯ ᄇᆡ 골ᄅᆞᆫ[6]
양[7] 보다가 오니 더옥 닛디 몯ᄒᆞ여 ᄒᆞ뇌.
나ᄂᆞᆫ 당시[8] 몸은 무ᄉᆞ히 잇뇌. 커니와[9] 하 심
〻ᄒᆞᆫ[10] 이리 만ᄒᆞ니 자내나 언제 오실고. 어
마님[11] 겨틔 갓거니 ᄂᆞ믜 폐[12] 보아사[13] 언
제 수이 오고뎌 ᄒᆞ실고.[14] 커니와 ᄒᆞᆯ 일
옷 거의 ᄒᆞ엿거든 스므날 후로나 내 폐
ᄅᆞᆯ 보아 수이 오소. 아ᄆᆞ 나리나 오려
ᄒᆞ면 예셔[15] 죵ᄃᆞᄅᆞᆯ 출화[16]
보낼 거시니 자내 ᄒᆞᆯ 일 짐쟉
ᄒᆞ여셔 올 나ᄅᆞᆯ 이 사ᄅᆞᆷ[17] 올 제 유
무에 ᄌᆞ셰 긔별ᄒᆞ소. 브듸 수이 오게
ᄒᆞ소. 고단코 심〻ᄒᆞ여 민망ᄒᆞ여 ᄒᆞ뇌.
【右邊】
자내 편치 아니ᄒᆞᆫ ᄃᆡ 영히[18] 편치 몯ᄒᆞ

엿거든[19] ᄒᆞ리거든 오게 ᄒᆞ소. 자내 편치 아
니ᄒᆞᆫ ᄃᆡ과[20] 자내 ᄒᆞᆯ 이ᄅᆞᆯ 다 짐쟉ᄒᆞ여셔
힝ᄎᆞ[21]ᄒᆞᆯ 나ᄅᆞᆯ 긔별ᄒᆞ소. 밧바 이만.
즈일(手決)
【뒷면】
가셔(手決)

현대어

요사이 아이들 데리고 어찌 계신고. 기별을 몰라 지극히 걱정하네. 자네가 해야 할 일은 어느 정도 하셨는고. 언제 사이에나 오고자 하시는고.

아래(=前에), 쌀이 환잣말로 여섯 말 갔는데 (받은 양이) 얼마나 되던고. 아이들의 배곯는 모양을 보다가 오니 더욱 잊지 못하여 하네. 나는 지금 몸은 무사히 있네. 그러나 하도 심란한 일이 많으니 자네가 '언제나 오실꼬' (하고 있다네). 어머님 곁에 갔으니 남의 폐를 보아서 (어서 왔으면 좋으련만), 언제 빨리 오고자 하실꼬? 그러하지만 할 일을 거의 하였거든 스무날 후로나 나의 폐를 보아(=내가 고생하고 있는 것을 생각하여) 빨리 오소. 아무 날이나 오려하면 여기서 종들을 차려 보낼 것이니, 자네 할 일을 짐작하여서 올 날을 이 사람이 올 때 편지에 자세히 기별하소. 부디 빨리 오도록 하소.

고단하고 심란하여 민망하네. 자네 편하지 아니한 데가 완전히 편하지 못하여 있거든 나으면 오도록 하소. 자네 편치 아니한 데와 자네 할 일을 다 짐작하여서 행차할 날을 기별하소. 바빠 이만. 즉일. 가서(家書).

해설

하씨를 친정에 보낸 곽주가 혼자 지내면서 하씨에게 보낸 편지다. 위 내용으로 보아 하씨는 친정에서 무언가 해야 할 일거리가 있었던 듯하다. 그 일이 아직 끝나지 않아서 친정의 양식마저 풍부하지 않은 형편 속에서도 계속 머물고 있는 것이다. 이 상황을 지켜보고 돌아온 곽주가 아이들의 배곯는 모양을 보고 쌀 여섯 말을 보냈다. 환잣말로 보낸 것으로 보아 곽주에게도 양식의 여유가 없던 때였고, 이 사실이 곽주의 마음을 더욱 아프게 했을 것이다.

이 편지에서 제일 많이 언급된 화제는 하씨가 집에 돌아오는 일정에 관한 것이다. 곽주가 비록 하씨의 형편을 고려하면서 빨리 와 주었으면 좋겠다고 조심스럽게 이야기하고는 있으나, 반복된 횟수로 보아 재촉하는 정도가 강하다. 그러나 하씨가 돌아오기 위해서는 먼저 두 가지 문제가 해결되어야 했다. 하나는 하씨가 친정에서 해야 할 일이 어느 정도 마무리되어야 한다는 것이고, 또 하나는 편치 않았던 부분이 있었던 하씨의 건강이 회복되어야 한다는 것이다. 이에 비해 곽주는 비록 혼자 생활하고 있어 불편하고 심란한 일이 있기는 하나, 아프지는 않다고 했으므로 하씨의 형편에 비해 나은 편이다. 이런 이유로 하씨의 귀가 일정을 하씨에게 온전히 맡기는 배려를 하고 있다고 생각된다.

돌아올 날을 기별해 주면 그 날에 맞추어 종들을 보내겠다는 말 속에서, 어서 빨리 아내가 돌아와 마음 편하게 지내고 싶다는 곽주의 생각을 읽을 수 있다.

주석

1) 홀 : 할. 'ᄒᆞ- + -오- + -ㄹ'. '-오-'는 원래 1인칭 주어와 호응하는 주어 일치소이다. 그런데 여기서는 '-오-' 본래의 용법에서 벗어나 2인칭 주어에 호응하고 있다. 이러한 사실은 '-오-'의 기능이 없어지면서 나타난 혼란 현상일 것이다.
2) 어두록 : 어떻게. 어느 정도. 다른 문헌에는 '어도록'으로 나타난다. 모음조화를 기준으로 보면 '어두룩'이 더 고형(古形)일 것이다. 참고) 네 집 喪事들은 어도록 출호손다<靑 14>. 그제 비존 술이 어도록 니것ᄂᆞ니<松江 1:23>.
3) 아릐 : 며칠 전에. 현대 경상방언에서 '아래'는 다음과 같은 두 가지 뜻으로 쓰인다. ① 어제의 앞날 ② 넓은 의미의 지나간 과거. 이 문맥에서의 '아릐'는 ①의 뜻으로 파악된다.
4) 환잣말 : 환자(還子)를 줄 때 쓰던 말(斗). '환자 # ㅅ # 말'. '환자'(還子) 혹은 '환상'(還上)은 조선 시대에 춘궁기나 흉년이 들었을 때 각 고을의 관에서 백성에게 곡식을 꾸어 주고 가을에 받아들이던 것을 말한다.
5) 언매나 : 얼마나. 언마 + -이나.
6) 골른 : 곯는. '곯ᄂᆞᆫ > 골ᄂᆞᆫ > 골ᄅᆞᆫ'으로 ㅎ탈락과 유음화를 거친 어형이다.
7) 양 : 모양. 樣.
8) 당시 : 지금. 문맥상 '아직'의 뜻이 감지되기도 한다. 『번역노걸대』 등 중세국어 문헌에 '당시롱'이 '아직'의 뜻으로 쓰인 예가 있다.
9) 커니와 : 그렇지만. 그렇기는 하지만. 앞 문장과 뒷 문장을 부정적으로 연결하는 역접의 부사. 'ᄒᆞ거니와'의 단축형.
10) 심ᄉᆞ훈 : 심란한. 마음에 번민이 되는.
11) 어마님 : 여기서는 하씨의 어머니 즉 곽주의 장모를 가리킨다.
12) 폐 : 남에게 끼치는 괴로움. 弊.
13) 보아사 : 보아서. 보- + -아 + -사[강세 첨사]. '보아'를 强意的으로 표현한 것. 남이 불편한 것을 생각해서.
14) 어마님 겨틔 ~ 오고뎌 ᄒᆞ실고. : 하씨가 친정 어머니 곁에 갔으니 빨리 오려고 할 것 같지 않다는 걱

정스러움이 나타나 있다. 중간 부분의 'ᄂᆞ미 폐 보아사'가 의미적으로 연결이 자연스럽지 못한 점이 있다. 문장을 만들다가 '빨리 돌아오는 것이 좋겠다'라는 뜻을 표현하려는 내용이 빠진 듯하다. 손보다 마음이 먼저 간 것이리라.

15) 예셔 : 여기에서. '예 + -셔'.
16) 출화 : 차려. 출호- + -아.
17) 이 사름 : 편지를 갖고 가는 사람.
18) 영히 : 완전히. 영원히. 永히.
19) 몯ᄒᆞ엿거든 : 못하여 있거든. '-엇-'이 과거 표지의 기능보다 상태 지속의 '-어 잇-'의 의미가 더 강하게 살아 있다.
20) ᄃᆡ과 : 데와. 'ㅣ'모음 뒤에서도 공동격조사 '-과'의 'ㄱ'이 탈락하지 않은 예이다.
21) ᄒᆡᆼᄎᆞ : 행차. 길을 나섬. 行次.

50. 타작 끝내고 열흘 뒤에 갈까 싶으이 영인 664p

곽주가 하씨에게 [문 69] [건들 138]

판독문

자내 편티 아니
ᄒᆞᆫ ᄃᆡ ᄒᆞᆫ 가지
로 그려ᄒᆞ다
ᄒᆞ니 지극 분
별ᄒᆞ뇌. 엇디
그려ᄒᆞᆫ고. 아ᄆᆞ
려나 조심ᄒᆞ여
됴리ᄒᆞ소.[1)] 나ᄂᆞᆫ
타작ᄒᆞ고 열흘
후로 갈가 식
브거니완[2)] 자내
옷 다긴히[3)] 알
파ᄒᆞ면
수이 갈 거

시니 즉시
긔별ᄒᆞ소. 나
ᄂᆞᆫ 귀병[4] 든 거
시 져그나도[5] ᄒᆞ
리디 아니ᄒᆞ니
민망이로쇠.
밧바 이만.
즈일(手決)
【뒷면】
가셔(手決)

현대어

자네 편하지 아니한 데가 여전히 그러하다고 하니 지극히 걱정하네. 어찌 그러한고. 어떻든 조심하여 몸조리하소. 나는 타작하고 열흘 후로 갈까 싶거니와 자네가 심하게 아파하면 빨리 갈 것이니 즉시 기별하소. 나는 귓병 든 것이 조금도 낫지 아니하니 민망이로세. 바빠 이만. 즉일(卽日). 가서(家書).

해설

당일에 써 보내어 그날 받아 본 문안 편지이다. 부인 하씨의 병환을 크게 근심하고 곽주 자신의 귓병도 낫지 않고 있어 염려하는 모습이 나타나 있다. "타작을 하고 열흘 정도 후에 갈 예정이지만 자네가 '다긴히'(심하게) 아프면 빨리 갈 것이니 심하면 즉시 기별하라"는 곽주의 마음이 못내 조마조마하다.

주석

1) 됴리ᄒᆞ소 : 몸조리 하소. 調理.
2) 식브거니완 : 싶으거니와. 식브- + -거니완. '-거니완'은 '-거니와'에 강의적(强意的) 첨사 성격을 갖는 '-ㄴ'이 부가된 구성이다. '-거니와'는 관련된 사실을 인정하면서도 그 뒤에서 다시 뒤집는 기능을 하는데 '-거니완'은 '-거니와'보다 그러한 의미 기능을 좀더 강하게 표현한다. '-거니와'의 의미 기능과 16세기 문헌 용례에 대한 논의는 허웅(1989:213-215) 참조.

3) 다긴히 : 다긴히 : 매우 종요롭게. 심각하게. 54번 편지에는 '다긴이'로 나타난다. '다긴ᄒᆞ-'는 『번역박통사』와 『박통사언해』에 보인다. 참고) 메우기옷 됴ᄒᆞ면 다긴티 아니ᄒᆞ니라(若廂的好時 也不打緊)<번박 上 19>. ᄆᆞᆯ을 고텨 됴흐면 多少ᄂᆞᆫ 다긴티 아니ᄒᆞ니라(治得馬好時 多少不打緊)<朴解 重 上 38>. 이 예문의 원문에 나타난 한자어로 볼 때 '다긴'은 중국어 '打緊'의 차용어로 생각된다. 그러나 '다'를 접두사로 분석해 볼 여지도 있다. 참고) 다조차 자바오라 ᄒᆞ시니<석보 6:46>. 『석보상절』의 '다조차'는 '다 + ᄌᆞᆾ- + -아'로 분석될 수 있는데 이 때의 '다'는 접두사가 된다. '다긴히'의 '다'도 이런 관점에서 분석될 가능성이 있으나, 『박통사언해』에 나타난 '다긴ᄒᆞ-'와 같은 것으로 처리한다.
4) 귀병 : 귓병. 복합어에서 사이시옷이 쓰이지 않은 예이다. 사이시옷의 쓰임이 수의적으로 나타난다.
5) 져그나도 : 적이도. 조금도.

51. 물들인 옷을 챙겨 받으소 영인 664p

곽주가 하씨에게 [문 26] [건들 55]

판독문

편히 겨신 유무 보고 깃거 ᄒᆞ뇌. 아ᄒᆡ
ᄃᆞᆯ도 셩타[1] ᄒᆞ니 더욱 깃거 ᄒᆞ뇌. 오예
안부 사ᄅᆞᆷ은 어제 가 ᄃᆞᆫ녀 오돗데[2].
쟝모 유무 가ᄂᆡ.[3] 게셔도[4] 편ᄒᆞ시
더라 ᄒᆞ뇌. 오시사[5] 몬 밋다[6] 현마[7]
엇디 ᄒᆞᆯ고. 근심 말고 겨소. 오
예셔 온 ᄆᆞᆯ든 기ᄉᆞᆯ[8] 쟝으로셔[9]
쳥되 금동인디 풍난인디
바다 가다[10] ᄒᆞ니 출화 밧소.
모밀도 귀[11] 가뎌다가 ᄒᆞᆷᄭᅴ 보내
다[12] ᄒᆞ니 모밀 졈[13] 출화 밧소.
나ᄂᆞᆫ 곳블[14] 드려[15] 음식도 잘 몯
먹고 잇뇌. 밧바 이만
ᄌᆞ일 (手決)
【右邊】

골안[16] 누님게는[17] 금동이를 답장 바
다 가라 ᄒᆞ엿더니 바다 갓는가. 후에 긔별ᄒᆞ소.
【뒷면】
답셔(手決)

현대어

편히 계시다는 편지를 보고 기뻐하네. 아이들도 성하다고 하니 더욱 기뻐하네. 오예에 안부 전하는 사람은 어제 가 다녀왔네. 장모께도 편지가 갔네. 거기에서도 편하시더라 하네. (보낸) 옷은 도착하지 않았지만 설마 어찌 되겠는가(→무슨 일이 있겠는가). 근심 말고 계시오. 오예에서 보낸 물들인 것(=옷감)을 장에서 청되 금동인지 풍난인지 (누군가가) 받아갔다 하니 챙겨서 받으소. 메밀도 관아에서 가져다가(→빌려다가) 함께 보냈다 하니 메밀 좀 챙겨 받으소. 나는 감기가 걸려 음식도 잘 못 먹고 있네. 바빠 이만. 즉일.

골안 누님께는 금동이로 하여금 답장 받아 가라 하였더니 받아 갔는가(→골안 누님께 드리는 답장을 금동이에게 받아 가라 하였더니 받아 갔는가). 후에 기별하소.

해설

이 편지는 모처럼 곽주의 식솔들 대부분이 건강하다는 내용으로 시작한다. 비록 곽주가 감기에 걸려 음식을 잘 먹지 못한다는 상황이 나타나 있으나, 항상 질병과 싸워야 했던 당시 사람들에게 흔치 않았던 시간이었을 듯하다.

여기서는 생활필수품을 주고받는 이야기가 주를 이루고 있다. 곽주 쪽에서도 하씨 편에서도 노비를 통해 옷을 보내고 있다. 그런데 곽주는 하씨 편에서 보낸 옷을 아직 받지 못하였고, 이를 하씨가 걱정하자 곽주가 안심시키고 있다. 당시 옷 한 벌이 가지는 가치는 현대의 그것과는 비교되지 않을 정도로 귀했을 것이므로, 하씨가 걱정하는 것은 당연한 일이다. 특히나 당시 물감을 들인 옷감은 더 귀한 것이었을 듯하다. 이 옷은 하씨의 친정이 있는 곳인 오야에서 물들여 보낸 것으로 여겨진다. 곽주는 옷감을 보내면서 관아에서 환곡으로 빌린 메밀도 함께 보낸다.

당시 고을 사람들에게 장터는 만남의 장소였고, 장에서 옷감을 건네받은 노복이 하씨에게 전하는 과정이 그려져 있다. 이 한 장의 편지 속에도 곽주는 장모와 아내, 누님이 있는 곳 등 여러 곳에 편지를 보내고 답장을 받는 모습을 보여 준다. 당시 일반인들에게 유일한 통신 수단이었을 편지의 중요성과, 이 편지들을 들고 뛰어 다녔을 '안부 사람'의 중요성이 나타나 있다. 조선시대 양반들의 생활은 노비들의 노동이 뒷받침되지 않고서는 유지될 수 없는 것이었다. 조선은 양반의 나라였다.

주석

1) 셩타 : 성하다고. '셩ᄒᆞ다'의 축약형. 이 시기에는 '-고 하-'라는 인용형이 없었다.
2) 오돗데 : 오- + -돗-[감탄법] + -데('더이다'의 단축형). 청자존대법의 등급상 '하오체'에 해당된다.
3) 가ᄂᆡ : 갔네. '가노이(가뇌)'가 정확한 표기이며, 과거시제가 ∅형태로 나타나 있다. 비슷한 형태의 표기로 6번 편지에 'ᄒᆞ시ᄂᆡ'가 보인다.
4) 게셔도 : 거기에서도. '게'는 '거기에'의 뜻으로, '그에'의 단축형이다. 게 + -셔도(처격 '-셔'와 보조사 '-도'의 결합형).
5) 오시사 : 옷이야. 옷 + -이사(이야).
6) 밋다 : 미치다(至). 도착하다. 이르다.
7) 현마 : 설마.
8) 오예셔 온 믈든 거슬 : 오예에서 보낸 물들인 것을. 여기서 가리키는 물건은 염색한 옷감을 의미하는 것으로 파악된다.
9) 쟝으로셔 : 장으로부터. 쟝(市場) + -으로셔. 39번 편지 '이러로셔'와 비슷한 구문에 쓰였다.
10) 가다 : 갔다. 가-(과거시제가 ∅형태) + -대[연결어미].
11) 귀 : 관아(官衙). 15C 형태의 '구위', '그위' 등과 같은 형태가 있었으며 이것이 축약된 형태이다. 구위>구의>귀. 여기서 '귀'는 문맥상 '구이의 것'(관청에서 빌린 것)을 뜻한다.
12) 보내다 : 보냈다. 보내-(과거시제, ∅형태) + -대[연결어미].
13) 졈 : 좀[부사]. 특별한 의미 없이 삽입되는 간투사로 쓰인 것 같다.
14) 곳블 : 고뿔. 감기. 고(鼻) # ㅅ # 블(火). 감기가 '코에서 열이 나는 병'이라는 어원적 의미를 발견할 수 있다.
15) 드려 : 들려. 들- + -이-[피동접사] + -어[연결어미]. 경상방언에는 지금도 '감기 들렸다'(감기 걸렸다)와 같은 표현이 쓰인다. 즉 '감기'와 호응하는 동사가 '걸리다'가 아닌 '들리다'로 흔히 쓰였던 것이다.
16) 골안 : 마을 이름. 이 마을의 현재 위치는 분명하지 않으나 소례 옆에 있는 '범안골' 마을과 관련되지 않나 짐작된다.
17) 누님게ᄂᆞᆫ : 누님께는. '-씌'가 쓰일 수도 있겠으나, 여기서는 '-게'가 쓰였다. 허웅(1989:81)에 나타난 '-게'의 용례를 보면 선행하는 체언에 크게 구애받지 않고 두루 통용되고 있다. 7번 편지의 '아바님게'와 같은 것이다. '누님'은 15세기 문헌에 '누의님'으로 나타난 것이다. 접미사 '-님' 앞에서는 '누의'의 쌍형어로 '누'가 존재했던 것으로 보인다. 「순천김씨언간」 64번에 이미 '누님'이 나온 바가 있다. 그 밖의 문헌에는 근대국어 후반에 와서야 '누님'이 나타난다(조항범 1998:30).

52. 놀란 마음 같아서 일시도 편한 적이 없네 영인 663p

곽주가 하씨에게 [문 20] [건들 31].

판독문

아희돌 ᄃᆞ리고 엇디 겨신고.
일시도 닛디 몯ᄒᆞ여 ᄒᆞᄂᆞᆡ. 나
ᄂᆞᆫ 병이 듕ᄒᆞ여[1] ᄆᆞᄋᆞᆷ이 놀
란 ᄆᆞᄋᆞᆷ ᄀᆞᄐᆞ여[2] 일시도 편ᄒᆞᆫ
저기 업ᄉᆞ니 민망ᄒᆞ여 ᄒᆞᄂᆞᆡ.
수이 가고뎌 호ᄃᆡ 벗돌[3] ᄒᆞᆫ
ᄃᆡ셔[4] 말이나 ᄒᆞ면 져그나 ᄒᆞ
릴가 ᄒᆞ여 아직 잇ᄂᆞᆡ. 커니
와 내죵을[5] 엇디 ᄒᆞ려뇨
ᄒᆞᄂᆞᆡ.
아마도 아희돌
ᄃᆞ리고 조심ᄒᆞ여[6] 겨소.
하 편치 아녀 이만(手決)
【뒷면】
가셔

현대어

아이들 데리고 어찌 계신고. 한때도 잊지 못하여 하네. 나는 병이 심하여 마음이 놀란 마음 같아서 한때도 편한 적이 없으니 민망하여 하네. 빨리 (집으로) 가고자 하였으나, 벗들과 한데서 대화를 나누면 조금이나마 나을까 하여 아직 (여기에) 있네. 그렇지만 (벗들이 가고 난) 나중에는 어찌 할 것인고 하네(=걱정이 되네). 아무쪼록 아이들 데리고 조심하여 계시오. 매우 편치 않아 이만. 가서(家書).

해설

이 편지는 곽주가 심각한 중병에 시달리고 있음을 보여 준다. "마음이 놀란 마음 같아서 일시도 편할 적이 없다"고 하고 있다. 병 문안차 찾아온 벗들과 이야기하고 있으면 고통은 좀 덜한 듯하나, 벗들이 가버리고 난 후에는 어찌 지낼꼬 하며 근심이 가득하다. 요양을 위해 집을 떠나 다른 곳에 가 있음을 알 수 있다. '마음이 놀란 마음 같다'는 증세가 어떤 병에서 비롯된 것인지 궁금하다.

주석

1) 듕ᄒᆞ여 : 重하여. (병이) 무거워.
2) ᄀᆞᄐᆞ여 : 같아서. '마음이 놀란 마음 같다'라는 증세는 정신적으로 매우 불안정하고 노이로제 증세와 관련된 것이라고 한다.(경북대 병원 정신과에 문의한 견해) 곽주가 병이 무거워져서 심리적으로 불안해진 상태가 아닌가 여겨진다.
3) 벗ᄃᆞᆯ : 벗(朋)들. 공동격 조사 '-과'가 생략되어 있다.
4) ᄒᆞᆫᄃᆡ셔 : 한데서. ᄒᆞᆫᄃᆡ + -의셔[처격].
5) 내죵을 : 나중을. 내죵(乃終) + -을.
6) 조심ᄒᆞ여 : '조심ᄒᆞ여'의 '여'자는 원본에서는 보이지 않으나 보입하였다.

53. 내가 못 오면 자네가 제사를 친히 지내소 영인 663p

곽주가 하씨에게 [문 23] [건들 43]

판독문

아ᄌᆞ바님[1] 병셰 하 듕ᄒᆞ시니
민망이로쇠.[2] 나ᄂᆞᆫ 오ᄂᆞᆯ
뎡동ᄃᆡ ᄃᆡᆨ의[3] 약 뭇ᄌᆞ
오려[4] 가니 스므날 졔예
몯 미처 올가 식브니
힝혀 몯 미처 오나ᄃᆞᆫ
졔ᄅᆞᆯ 자내 친히 ᄒᆞ게 ᄒᆞ소.[5]

밧바 이만.

이월 열닐웬날(手決)

【뒷면】

가셔[6)]

현대어

아주버님 병세가 매우 중하시니 민망한 일이로세. 나는 오늘 정동지 댁에 약(=처방)을 물으러 가니 스무날 제사에 미처 못 올까 싶으니 행여 미처 못 오거든 제사를 자네가 친히 하도록 하소. 바빠 이만. 이월 열이렛날. 가서.

해설

아주버님 병환에 약을 구하러 가니 스무날까지 집에 돌아가지 못하면 자네가 알아서 제사를 모시라고 당부하는 편지이다. 남편이 출타 중일 때 집안에 있는 부인이 제사를 주재하기도 했던 생활사의 한 모습을 보여 준다.

주석

1) 아ᄌᆞ바님 : 하씨 입장에서 한 지칭어로, 하씨에게 시숙뻘이 되는 사람이다.
2) 민망이로쇠 : 민망이로세. '민망'은 현대어와 앞의 편지글에서는 'ᄒᆞ다'가 결합된 형태인 '민망ᄒᆞ다'가 쓰이고 있으나 여기에서는 '민망'에 서술격 조사가 결합된 구성을 보인다.
3) 뎡동디 ᄃᆡᆨ의 : 정동지(鄭同知) 댁에. '뎡'은 '鄭' 혹은 '丁'이라는 姓을 나타낸 것이고, '同知'(동지)는 同知中樞府事(동지중추부사) 또는 직함이 없는 노인에 대한 존칭으로 쓰이는데, 여기서는 후자로 짐작된다.
4) 뭇ᄌᆞ오러 : 물으러.
5) 이 편지의 '스므날 졔'는 바로 앞의 87번 편지에 나왔던 '스므날 졔'와 같은 것이다. 아주버님 병환 일로 스무날까지 집에 돌아가지 못할 것 같으니 자네(부인 하씨)가 알아서 제사를 모시라는 사연이다.
6) 뒷면에는 곽주의 수결(手決=서명)이 다섯 개나 있는데 연습 삼아 써 본 것인 듯하다. '飮酒'(음주)라는 한자어도 쓰여 있는데 술을 마셨음을 적어 놓았던 것일까?.

54. 생강 예닐곱 뿌리만 보내소 영인 662p

곽주가 하씨에게 [문 21] [건들 33]

판독문

밤의[1]) 엇디
자신고[2]). 긔별
몰라 분별
ᄒᆞ뇌. 의셩
ᄃᆡᆨ[3])이 다긴이[4])
편치 아녀 겨
시다 ᄒᆞ니
ᄉᆡᆼ양[5]) 여닐
곱 ᄲᅳ리나[6])
ᄏᆡ여 죠희
여[7]) 싸 봉ᄒᆞ
여 보내소.
ᄇᆞᆺ바 이만.
즈일(手決)
【뒷면】
논공
가셔 (手決)

현대어

밤에 어찌 주무셨는고. 기별 몰라 염려하네. 의성댁이 긴히 "편치 않으시다"라고 하니, 생강 예닐곱 뿌리나 캐어 종이에 싸 봉하여 보내소. 바빠 이만. 즉일. 논공 가서.

해설

한 마을에 사는 의성댁이 중병이 들어 치료가 다급한 상황이다. 곽주가 이 사람의 병을 구완하려 한다. 약으로 쓸 생강 예닐곱 뿌리를 캐어서 봉하여 보내라는 말을 하기 위해 이 편지를 부인에게 보내었다. 생강을 약으로 쓰는 내용은 「현풍곽씨언간」의 곳곳에 나타나 있다.

짧은 사연이지만, 이를 통해 알 수 있는 흥미로운 사실이 있다. 집안의 모든 물건—장비와 생필품, 의류는 물론 음식 재료에 이르기까지—을 관리하는 것은 아녀자의 몫이지만, 이를 어느 용도에 어느 정도로 사용하는가 하는 결정권은 가장이 가지고 있음을 알 수 있다. 이 편지에서도 곽주는 하씨에게 '생강 예닐곱 뿌리를 종이에 싸서'와 같이 아주 구체적으로 지시하고 있음을 볼 수 있는데, 이러한 경향은 다른 곳에서도 마찬가지다. 불과 얼마 전까지만 해도 가정 내에서 경제권을 가지고 있었던 사람은 주로 아버지였다. 우리의 어머니들은 아버지의 허락 아래 가내 물건들을 운용하거나, 아버지가 사다 주시는 것을 가지고 집안 살림을 꾸려 나갔고, 큰 살림살이를 사들일 결정권이 어머니들에게 없었다. 하씨에게 보낸 곽주의 편지들을 읽고 있으면, 이러한 관습이 오래 전부터 행해졌던 것임을 알 수 있다.

주석

1) 밤의 : 밤에. 밤 + -의[처격 조사].
2) 자신고 : 주무셨는고?. 자- + -시-[주체존대 선어말어미] + -ㄴ고[의문형 어미]. '자다'의 존대 동사 '주무시다'는 <閑中錄 414>에, '즘으시다'는 <한청 7:41>에 나타난다. 15세기부터 17세기까지의 문헌에는 '주무시다'와 같은 존대동사가 보이지 않는다.
3) 의셩딕 : 의성宅. 의성(경북 義城)에서 시집 온 여인의 택호.
4) 다긴이 : 긴히, 급히. 심하게. 50번 편지의 각주 3번을 참고.
5) 싱양 : 생강(生薑). 양념뿐 아니라 약재로도 쓰였다. 이 편지에서는 약재로 쓰기 위해 보내라고 한 듯하다.
6) ᄡᅳ리나 : 뿌리나. ᄡᅳ리 + -나. '불휘'에서 비원순화(블휘), 유성간 ㅎ탈락(브뤼), 이중모음의 단모음화(브리), 어두경음화(ᄡᅳ리)와 같은 몇 가지 변화를 겪은 것이 'ᄡᅳ리'이다.
7) 죠희여 : 종이에. 죠희 + -여[처격조사]. '-여'는 '-예'에서 off-glide 'ㅣ'가 탈락한 처격 형태.

55. 아이의 관례를 치를 것이니 안줏감을 장만하소 영인 662p

곽주가 하씨에게 [문 27] [건들 57]

판독문

요ᄉᆞ이 아희ᄃᆞᆯ ᄃᆞ
리고 엇디 겨신고.
긔별 몰라 분별
ᄒᆞ뇌. 보롬날 아
ᄌᆡ[1] 초거례[2]ᄅᆞᆯ ᄒᆞ
라 ᄒᆞ고 모다[3] 시기니
ᄂᆡ일 쟝의 졀
육[4] ᄒᆞᆯ 거ᄉᆞᆯ 대
귀나[5] 아뭇거시나[6]
사셔 ᄡᅳ게 ᄒᆞ소.
ᄉᆞᆯ란 몬졔[7] 비
저 잇던[8] 수ᄅᆞᆯ ᄡᅳ
게 ᄒᆞ소. 당ᄉᆞᆰ 안
쥬[9]ᄅᆞᆯ 뎌그나
ᄂᆞᆷ 보임즉게[10]
ᄒᆞ여 보내소. 일
향[11] 얼우신네ᄅᆞᆯ
다 쳥ᄒᆞ니 하 초
ᄎᆞ케[12] 마소. ᄇᆞᆺ바 이
만.
즈일(手決)
【뒷면】
가셔 (手決)

현대어

요사이 아이들 데리고 어찌 계신고. 기별 몰라 염려하네. 보름날 아들 초거례를 하라 하고 (고을 어르신들이) 모두 시키니 내일 장에 가서 절육할 것을 대구나 아무것이나 사서 쓰도록 하소. 술은 먼저 빚어 놓았던 술을 쓰도록 하소. 당새기에 넣은 안주를 적으나마 남이 보암직하게 차려 보내소. 한 고을 어르신들을 다 청하니 너무 초라하게 하지 마소.

바빠 이만. 즉일. 가서.

해설

이 편지의 사연은 17세기 초에 관례를 베풀던 모습을 보여준다는 점에서 의의가 있다. 고을 어른들이 누구누구 아들의 관례는 언제 하라고 시킨 사실이 나타나 있다. 한 마을의 어른들이 다 모여 아이의 초거례를 지켜보았으며, 이를 위해 몇 가지 음식을 장만하여 손들을 대접했던 모습을 발견할 수 있다. 많은 손님들이 오시니 음식을 너무 초라하게 하지 말라는 곽주의 당부에서 일정한 준비를 갖추어 관례를 치렀음을 짐작할 수 있다. 절육으로 쓸 대구, 술, 당새기에 담을 각종 안주를 준비하라고 한 점으로 보아 의례를 마친 후 축하의 술을 나누었음을 알 수 있다.

주석

1) 아긔 : 아기의. 아기 + -의[속격]. 이 '아기'는 곽주의 아들을 가리키는데, 관례를 하는 연령으로 볼 때 하씨 몸에서 난 아들이 아니라, 전처(光州 李氏) 몸에서 난 아들(以昌)임이 분명하다.
2) 초거례 : 아이들이 자라 20세 가량 되면 땋아 내린 머리를 올려 상투를 틀게 해 주는 것이 바로 관례이다. 관례는 세 가지 절차를 통해서 차례대로 진행되는데 그 중의 첫 번째 절차가 위 편지에 나온 '초거례'이다. 오늘날 예절 관련 서적에는 이것을 '初加禮'(초가례)로 적고 있으나 이 편지의 '초거례'는 '初擧禮'를 적은 것으로 보인다. 관례의 절차에 대한 것은 본서에 실린 의례에 대한 해설문 참고.
3) 모다 : 모두.
4) 졀육 : 절육(切肉). 얄팍얄팍하게 썬 고기 조각 또는 이것을 양념장에 쟁이어 익힌 고기를 말한다.
5) 대귀나 : 대구나. 대구(大口=생선 이름) + -이나.
6) 아뭇거시나 : 아무것이나. 아뭇것[대명사] + -이나. '아뭇'은 '아못'에서 'ㅗ'가 'ㆍ'로 비원순화된 것이다.
7) 몬졔 : 먼저. 이 낱말은 주로 '몬져'로 쓰였는데 '몬졔'는 '몬져'의 어말모음 'ㅕ'가 'ㅖ'로 변화한 어형이다. '몬졔'는 이미 <석보 19:36>에서부터 나타난 것이다.
8) 비저 잇던 : 빚어 놓았던. 보조동사 '-어 잇-'의 용법이 현대국어와 다른 모습을 보여 주는 예이다.
9) 당솕 안쥬 : 당새기에 넣어 보내는 술안주. 3번 편지의 '당솕' 주를 참조.
10) 보암즉게 : 보암직하게(볼만하게). 보- + -암즉(ᄒᆞ)- + -게. 원래는 '-암즉ᄒᆞ-'에 어미 '-게'가 결합된 형태여야 하나, 여기서는 'ᄒᆞ-'가 생략되어 있다. 비슷한 용례로 25번 편지의 '뻠즉ᄒᆞᆫ'이 있다.

11) 일향 : 일향(一鄕). 한 고을. 온 고을.
12) 쵸쵸케 : 초초(草草)하게. 초라하게. 초초ᄒᆞ- + -게. '초초'(草草)는 보잘것없고 초라한 모양을 가리킨다.

56. 옷장이를 데려다가 옷진을 내게 하소 영인 662p

곽주가 하씨에게 [문 32] [건들 69]

판독문

가셔
요ᄉᆞ이 아희돌 ᄃᆞ리고 엇디 겨신
고. ᄀᆡ별 몰라 분별ᄒᆞ뇌. 나도 ᄂᆡ
일 셩복[1] ᄒᆞᆫ 휘면[2] 즉시 가려 ᄒᆞ뇌.
ᄂᆡ일 셩복ᄒᆞᆫ 후에 치뎐[3] ᄒᆞᆯ
거시니 치뎐ᄒᆞᆯ 당숢[4] 안쥬
ᄒᆞ고 졔쥬[5] ᄒᆞ고 출화 덕남
이[6] ᄒᆞ여 ᄂᆡ일로 일 보내소. 오ᄉᆞᆫ[7]
옷댱이[8] 와셔 볼셔 아삿ᄂᆞᆫ
가[9]. 아니 아삿거ᄃᆞᆫ 금동이[10] 잡믈
바치[11] 노라[12] 겯 업시[13] ᄃᆞᆫ니니[14] 곽
샹이롤[15] 친히 가 옷댱이 ᄃᆞ려다가
곽샹이 시죵 드러[16] 수이 아
ᄉᆞ라 ᄒᆞ소. 옷남오[17] 버현디[18] 여
러 나리니 요ᄉᆞ이 디나면 그 옷
남글 ᄇᆞ릴[19] 거시니 곽샹이
롤 브듸 수이 가 옷댱이 ᄃᆞ려
다가 수이[20] 아ᄉᆞ라 ᄒᆞ여 다시곰 교
슈ᄒᆞ소.[21] 아기[22] ᄃᆞ려도 수이 ᄃᆞ려다
가 아이게[23] ᄒᆞ라 니ᄅᆞ소.

초엿쇈날(手決)

현대어

가서. 요사이 아이들 데리고 어찌 계시는고. 기별을 몰라 걱정하네. 나도 내일 성복한 후면 즉시 가려 하네. 내일 성복한 뒤에 치전을 할 것이니, 치전할 고리 안주하고 제주(祭酒)를 차려서 덕남이로 하여금 내일 일찍 보내소.

옻은 옻장이가 와서 벌써 (옻진을) 빼내었는가. 아니 빼내었거든 금동이는 잡물바치 노릇을 하느라 겨를도 없이 다니니, 곽상이에게 직접 가서 옻장이를 데려다가 곽상이가 (옻장이의) 시중을 들어 빨리 (옻진을) 빼내라 하소. 옻나무를 벤 지 여러 날이니, 요사이가 지나면 그 옻나무를 버리게 될 것이니 곽상이에게 부디 빨리 가서 옻장이를 데려다가 빨리 빼내라고 하여 다시금 시키시오. 아이에게도 빨리 (옻장이를) 데려다가 옻진을 빼게 하라고 이르소.

초엿샛날.

해설

이 편지는 당시의 생활 모습 세 가지를 알려 준다. 첫째는 남의 상사(喪事)에 조문하는 모습이다. 상주들이 상복을 입은[成服] 후에 조문객들이 고리(당새기)에 담은 안주와 제주(祭酒)를 가지고 가서 치전하는 모습을 보여 준다. 둘째는 옻나무를 베어 옻진을 빼내는 일이다. 이 일에는 전문적 기능을 가진 일꾼이 필요한 것이어서 옻장이를 불러다가 그 일을 시키고 있는 모습이다. 옻진은 생활용품(각종 목기, 의관 등)에 칠을 하기 위해 긴요하고 상품 가치가 높은 것이다. 곽주가 이 일에 관심을 갖고 때를 놓치지 않도록 신신당부하고 있다. 셋째는 금동이가 잡물바치 노릇으로 겨를도 없이 돌아다닌다는 구절에서 노복인 금동이가 상업적 이익을 취하기 위한 매매활동을 하러 다닌 사실이 나타나 있다. 이는 아마도 곽주의 지시를 받고 한 일이었을 듯하다.

주석

1) 셩복 : 成服(성복). 초상이 난 뒤 상주들이 상복(喪服)을 처음 입는 것. 소렴(小殮)과 대렴(大斂)을 한 뒤 입관(入棺)을 하고 성복을 한다. 성복을 한 뒤에야 비로소 조객을 맞는다.
2) 휘면 : 후(後)이면. 뒤이면. 후 + -이-[서술격] + -면.
3) 치뎐 : 致奠(치전). 사람이 죽었을 때 친척이나 스승 또는 벗이 제물을 가지고 가서 죽은 이를 조상(弔喪)

하는 일. 영좌(靈座) 앞에서 곡을 하고 전(奠)을 올린다. 전을 올릴 때 쓰이는 것은 향(香), 차(茶), 촉(燭), 주(酒), 과(果) 등이다.
4) 당ᄉᆞᆰ : 고리. 경상방언의 '당새기'. 대나무 껍질이나 갈 따위를 엮어 만든 작은 상자로서 음식, 반찬, 떡 등을 담아 보낼 때 쓰이는 물건이다. '당ᄉᆞᆰ 안쥬'는 당새기에 담은 술안주를 말한다.
5) 졔쥬 : 제주(祭酒). 제사에 쓰는 술.
6) 덕남이 : 노복의 이름.
7) 오ᄉᆞᆫ : 옻은. 옷 + -ᄋᆞᆫ. 漆은 오시라<법화경언해 1:219>. 문헌에 '옷'과 '옻'이 함께 쓰였다. 어간말이 'ㅊ'인 '옻'이라는 어형은 1608년에 간행된 <諺解胎産集要>에 보인다. 참고) ᄆᆞ른 오ᄎᆞᆯ 블에 ᄉᆞ라 ᄂᆡ를 고해 뽀이면(乾漆燒煙熏鼻)<諺胎 53a>. 「순천김씨언간」에도 '옻'이 나타난다. 참고) 옷촐 주시면<순천김씨언간 108번>. '곶>꽃'과 같은 어간말 평음의 유기음화 예는 잘 알려져 있으나 '옷>옻'과 같이 어간말 'ㅅ'이 'ㅊ'으로 변한 예는 달리 찾아볼 수 없는 예이다. 오히려 어간말 'ㅊ'이 'ㅅ'으로 변화한 '빛>빗', '꽃>꼿'과 같은 현상이 최근의 국어에 나타나고 있는데, '옷>옻'은 이런 변화와 상반된다. 따라서 '옷>옻'과 같은 변화를 설정하는 것은 문제가 있다. '옷'이 보다 이른 시기의 문헌에서부터 나타나기는 하나 두 어형이 쌍형어로 공존하였을 가능성이 높다. 한편 문헌상으로 '옷'과 '옻'만 나타나지만 '옺'도 존재했을 듯하다. 극소수의 예이기는 하지만 이러한 예들은 국어 음운사에 있어 특이한 의미를 가진다.
8) 옷댱이 : 옻장이. 漆匠(칠장). 옻을 다루는 기술자. 「순천김씨언간」의 108번 편지에도 옻과 관련된 이야기가 나온다. 예) 옷칠 ᄒᆞᄂᆞ니 칠ᄒᆞᄂᆞᆫ ᄃᆡ셔 칠ᄒᆞ면 됴토쇠마ᄂᆞᆫ 엇딜고(옻칠 하는 사람이 칠하는 데서 칠하면 좋겠지마는 어찌할고). 이곳의 '옷칠 ᄒᆞᄂᆞ니'가 곧 '옷댱이'인 것이다.
9) 오ᄉᆞᆫ 옷댱이 와셔 볼셔 아삿ᄂᆞᆫ가 : 옻장이가 와서 옻나무의 옻진을 벌써 빼내었는가. '아삿ᄂᆞᆫ가'는 '앗- + -앗- + -ᄂᆞᆫ가'로 분석된다. 참고) 아ᄉᆞᆯ 탈(奪)<訓蒙 下 25>. 옻나무를 베어 두었다가 마르기 전에 옻나무의 진을 빼내는 일을 표현한 대목이다.
10) 금동이 : 노복의 이름.
11) 잡믈바치 : 잡물(雜物)바치. 잡물(자질구레한 일상 물품)을 만들어서 파는 사람. '-바치'는 '-바지'로도 쓰이며 장사치나 기능장('工匠)이란 뜻을 나타내는 접미사이다.
12) 노라 : 노릇을 하느라. 구실을 하느라. '놀다'는 '구실을 하다'라는 뜻으로 쓰인 것인데, 오늘날 북한말에서 이와 같은 뜻으로 기능하고 있다. '노릇(역할)'은 이 동사에서 파생된 명사이다.
13) 결 업시 : 겨를이 없이. '겨를'은 어떤 일을 하다가 다른 데로 돌릴 수 있는 시간적인 짬을 뜻한다.
14) 금동이 잡믈바치 노라 결 업시 ᄃᆞᆫ니니 : 노비인 금동이가 자질구레한 물건을 만들어 파는 상행위를 하였음을 알려 주는 대목이다. 노비가 스스로 일정한 경제 활동을 하고 있음을 알려 준다는 점에서 사회경제사 자료로 이용할 수 있는 편지이다.
15) 곽샹이ᄅᆞᆯ : 곽상이에게. '곽샹이'는 노복의 이름이다. 이런 경우 현대국어에서는 낙착점 처소의 부사격 '-에게'가 나타나지만, 중세국어에서는 목적격 조사를 취하는, 이른바 '여격적 대격'으로 나타났다.
16) 시죵 드러 : 시중을 들어. 'ㅗ>ㅜ' 변화의 한 예이다. 참고) 시죵 드ᄂᆞᆫ 이<譯補 57>.
17) 옷남오 : 옻나무. 참고) 베욜 남오 다ᄉᆞᆺ 오리ᄅᆞᆯ 벼<火砲 20b>
18) 버현디 : 벤 지. 버히- + -어- + -ㄴ # 디. '-어-'는 '-거-'의 이형태이고, '디'는 일정한 시간의 경과를 표현하는 형식명사이다.
19) ᄇᆞ릴 : 버릴(捨), 못쓰게 될. ᄇᆞ리- + -ㄹ.
20) 수이 : 빨리.
21) 교슈ᄒᆞ소 : 교수(敎授)하소. (일을) 시키시오.
22) 아기 : 아이. 시키는 일의 내용으로 보아 이 문맥에서 아들을 가리킨 듯하다.
23) 아이게 : (옻진) 빼게. 아-(<앗-) + -이-[사동접미사] + -게. 참고) 의복을 아여놀<東新 烈 6:32>.

57. 공주댁에 치전하고, 가는 길에 초계댁에… 영인 661p

곽주가 하씨에게 [문 63] [건들 124]

판독문

밤의 아희둘ᄒᆞ고 엇디 자
신고. 닛디 몯ᄒᆞ여 ᄒᆞ뇌. 나
ᄂᆞᆫ 무ᄉᆞ히 와 잇뇌. 모뢰 섭(?)
밧ᄂᆞᄅᆞ[1] 초계딕[2] 쇼샹[3]이라 ᄒᆞ
니 ᄂᆡ일 풍난이 올 제
치뎐ᄒᆞᆯ 거슬 두우룰[4]
출화 보내소. ᄂᆡ일 아뎌게[5]
공쥐딕[6] 셩복ᄒᆞ여든 치
뎐ᄒᆞ고 갈 길에 초계딕의
치뎐ᄒᆞ고 가려 ᄒᆞ니 치뎐
ᄒᆞᆯ 거슬 두우룰 출화 풍
난이 ᄒᆞ여 ᄀᆞ장 일 보내되
풍난이ᄃᆞ려 ᄉᆞ셔[7]를 ᄌᆞ셰
【上邊】
닐러 ᄒᆞᆫ나란 공쥐딕 치뎐ᄒᆞ고
ᄒᆞᆫ나란 초계딕 치뎐ᄒᆞᆯ 거시니 아
라 섯드리디[8] 말라 니ᄅᆞ소. 밧바[9]
【右邊】
초뉴일[10](手決)

현대어

밤에 아이들하고 어떻게 주무셨는고. 잊지 못하여 하네. 나는 무사히 와 있네. 모레 섶밭 나루(에 있는) 초계댁의 소상날이라고 하니, 내일 풍난이가 올 때 치전할 것 둘을 차려 보내소. 내일 아침에 공주댁이 성복하거든 치전하고, 가는 길에 초계댁에 치전하고 가려 하니, 치전할 것을 둘을 차려 풍난이로 하여금 아주 일찍 보내되, 풍난이에게 사세(事勢)를 자세히 일러서, 하나는 공주댁에 치전하고, 하나는 초계댁에 치전할 것이니 알아서 섞지 말라고 이르소. 바빠서 이만. 초엿샛날.

해설

상가에 가서 조문하는 치전의 이야기가 앞의 편지와 연결되는 내용이다. 그런데 각각의 편지에서 치전할 것을 들고 심부름 가는 종이 다르다. 56번 편지에서는 덕남이를 시키라고 했고, 57번 편지에서는 풍난이가 오기로 예정되어 있다. 각 편지에서 날짜는 같은데 적은 방법이 다르다. 56번 편지에는 사연을 끝낸 후 '초엿쇈날'이라고 적었고, 57번 편지에는 '초뉵일'이라고 적었다. 같은 날에 연이어 두 번의 편지를 보낸 것인지 각각 다른 사연으로 다른 날에 보낸 것인지 나타난 내용만으로 판단하기 어렵다.

그리고 각 집에 치전할 것이 서로 섞이지 않도록 하라는 것으로 보아, 오늘날 친소(親疎)의 정도에 따라 부조금에 차별을 두는 것과 같이, 친근함의 정도에 따라 치전할 예물에 차별을 두었음도 짐작할 수 있다.

주석

1) 섭밧ᄂᆞᄅᆞ : 섶밭 나루. 섶밭 # ᄂᆞᄅᆞ. '섭' 부분의 글자가 먹에 뭉그러져 자형이 분명하지 않다. '섭밧'은 '섶밭'을 적은 것으로 판단되며, '섭밧ᄂᆞᄅᆞ'는 '섶밭'이라는 마을에 있는 나루터일 것이다. '섶밭'은 오늘날의 속(俗)지명에서 흔히 보이는 것이며 한자로는 '薪田'으로 적힌다. '섶'은 '섶나무'(참나무, 풀 등으로 우거진 잡목을 가리킨다)의 준말이다. 참고) 섭 爲薪<해례 용자>. 섭 신(薪)<訓蒙 하 4>.

2) 초계ᄃᆡᆨ : 초계댁. 택호(宅號). '초계'는 현재 합천군 초계면을 가리키며 현풍과는 낙동강을 사이로 하여 인접해 있다. '택호'란 어떤 집을 가리키는 말인데 보통 부인의 친정 마을이나 고을 이름을 따서 붙인다. 그 집의 남자를 가리킬 때도 부인의 택호를 그대로 이용한다. 남자가 벼슬을 하거나 관직을 가졌을 때는 지낸 바의 벼슬 이름이나 관직명을 택호로 쓰기도 한다.

3) 쇼샹 : 소상(小祥). 사람이 죽은 지 1년 만에 지내는 제사. 기년제(忌年祭). 소기(小朞)라고도 한다.

4) 두우ᄅᆞᆯ : 둘을. 두울 + -ᄋᆞᆯ. 참고) 두울제ᄂᆞᆫ 므리니 내 모매 피와 눈믈와 곳믈와 춤괘오<七大 2>.

5) 아뎌게 : 아침에.

6) 공쥐ᄃᆡᆨ : 공주(公州)댁. 택호.

7) ᄉᆞ셔 : 사세(事勢). 일의 형편. 'ᄉᆞ셔'는 'ᄉᆞ셰'의 어말모음 'ㅖ'(jəj)의 'ㅣ'(off-glide j)가 탈락한 어형이다.

8) 섯드리디 : 섞지. '섯-(<섞-) + -드리- + -디[보조적 연결어미]'로 분석된다. 여기서 '드리'를 접미사로 볼 수도 있으나 이 시기의 다른 문헌에서 '-드리-'라는 접미사가 쓰이지 않아서 문제가 된다. 접미사로 보지 않고 동사 '들-'(入)에 접사 '-이-'가 결합한 '드리-'가 '섞-'과 결합한 복합동사로 분석될 가능성도

있다. 그러나 '섯드리다'라는 동사가 다른 문헌에 쓰인 예가 보이지 않기 때문에 이 분석도 문제가 남는다. 한편 '섯디르-'라는 동사가 '섯딜어 어즈러우미'(交交擾擾)<능엄 3:116>와 같은 예에 쓰였다. '섯드리-'와 '섯디르-'는 모음에서 차이가 있지만 그 뜻은 같은 것으로 파악된다. 경상방언에서 '섯드리다'가 쓰인 적이 있었음을 알려 준다.

9) 밧바 : 바빠. 다른 편지에서는 모두 '밧바 이만'으로 나타나고 있다. '바빠서 이만'을 더 줄인 것이다.

10) 초뉴일 : 初六日. '뉵'의 받침 ㄱ이 탈락한 것이다.

58. 종들 먹일 탁주도 한 두루미 걸러 보내소 영인 661p

곽주가 하씨에게 [문 76] [건들 150]

판독문

녀악이[1)] 오나놀 편ᄒᆞ신 긔
별 듣고 깃거 ᄒᆞ뇌. 나는
무ᄉᆞ히 졔[2)] 디내고 김
극효[3)] 죠상[4)]ᄒᆞ러 가니 나
죄 사돌[5)]로 갈 거시니 금
동이ᄃᆞ려 닐러 죵둘
여러홀 ᄃᆞ리고 사돌로
일[6)] 나와 잡게[7)] ᄒᆞ라 니ᄅᆞ소.
사ᄃᆞ롤 고쳐 마글 거시니
ᄀᆞ장 일 나가라 니ᄅᆞ소.[8)] 내
머글 것도 아믓거시나 ᄒᆞ여 내
여 보내고 죵둘 머글 탁
쥬[9)] 술도 ᄒᆞᆫ 두롬[10)]이나 걸
러 내여 보내소. 밧바 이만. (手決)
【뒷면】
가셔 (手決)

현대어

년악이가 오거늘 편하시다는 기별을 듣고 기뻐하네. 나는 무사히 제사를 지내고 김극효(의 집에) 문상하러 갔다가, 저녁에는 사달로 갈 것이니 금동이에게 일러서 종들 여럿을 데리고 사달로 일찍 나와서 (곽주가 타고 가는 말고삐 또는 연장을) 잡게 하라고 이르소.

(물난리로 터진) 사달(의 둑)을 고쳐 막을 것이니, 아주 일찍 나가라고 이르소. 내가 먹을 것도 아무것이나 만들어 보내고, 종들 먹을 탁주도 한 두루미 정도 걸러 내어 보내소. 바빠 이만. 가서.

해설

이 편지는 김극효가 죽어서 그 집에 문상을 하고서는 저녁에 사달이라는 곳으로 갈 터이니 사달로 종들을 보내라고 하는 사연이다. 사달은 지명이 분명하고, 그곳에 곽주의 전답이 있었던 듯하다. 물난리로 사달의 둑이 터져서 종들을 시켜 그것을 다시 고쳐 막으려 하고 있다. 일하는 종들에게 먹일 탁주도 한 두루미 걸러 보내라고 하는 말에서 곽주의 넉넉한 마음씨를 읽을 수 있다.

주석

1) 년악이 : 노비 이름.
2) 졔 : 제(祭). 제사. 이 祭는 다음 59번 편지에 나오는 한훤당제로 보인다.
3) 김극효 : 金克孝. 현풍현 향안(玄風縣 鄕案)에 실린 鄕錄 序文(향록 서문)(天啓 4년, 1621년 8월에 작성)과 향안 명단 중에 金克孝가 나온다(「달성군지」 p.295 참고). 곽주와 같은 시대 인물이므로 이 편지의 김극효와 같은 사람임이 확실하다. 편지에 등장하는 인물과 지방사 기록 자료가 일치하는 부분이어서 흥미롭다.
4) 죠상 : 조상(弔喪). 남의 상사(喪事)에 대하여 조의(弔意)를 표함. 문상(問喪). '김극효'라는 인물이 죽어서 곽주가 조문을 하러 가겠다는 것인데, '김극효'는 이 편지에 처음이자 마지막으로 나타난다. 소례 바로 옆에 '못골'이라는 마을이 있는데 여기에 한훤당 김굉필의 종택이 있고 서흥 김씨가 집성촌을 이루고 있다. 「현풍곽씨언간」에서 이 마을은 '못ᄭᆞᆯᄃᆡᆨ'(4번), '소례 못ᄭᆞᆯ로 보내소'(59번)와 같은 사연에 나타난다. '김극효'라는 사람도 못골 마을에 사는 사람일 것이다.
5) 사ᄃᆞᆯ : 땅이름이나 동네 이름으로 생각된다. 바로 뒤에 이어지는 '사ᄃᆞᆯ로 일 나와'나 '사ᄃᆞᄅᆞᆯ 고쳐 마글 거시니'와 같은 쓰임으로 보아 지명임은 분명하다.
6) 일 : '일찍'을 뜻하는 부사.
7) 잡게 : 곽주가 타고 가는 말고삐를 잡게. 영접하라는 말로 보이나 일하러 가는 데 필요한 도구를 잡거나 물길을 잡는 것으로도 해석할 수 있을 법하다.
8) 죵ᄃᆞᆯ 여러흘 ᄃᆞ리고 사ᄃᆞᆯ로 일 나와 잡게 ᄒᆞ라 니ᄅᆞ소. 사ᄃᆞᄅᆞᆯ 고쳐 마글 거시니 : '사ᄃᆞᆯ'이라는 곳에

물난리가 나서 둑이 터진 것으로 보인다. '사ᄃᆞ롤 고쳐 막'는다는 것은 터진 둑을 다시 막는다는 뜻이다. 곽주가 종들을 데리고 가서 둑을 막으려고 하는 사연이다.

9) 탁쥬 : 막걸리. 탁주(濁酒). 일꾼들에게 먹일 술이다.

10) 두롬 : 두루미. 술병(壺). 목과 아가리는 좁고 길며, 단지처럼 배가 불룩하고 큰 병. 현대 경상방언에서 '두리미'라고 쓰인다.

59. 내일 새벽 한훤당 제사에 참여할 것이니 영인 660p

곽주가 하씨에게 [문 77] [건들 151]

판독문

가셔
ᄂᆡ일 새배 한훤당[1] 졔롤
나라ᄒᆞ로셔 ᄒᆞ시매 우리롤
그 졔 조차 ᄒᆞ라 ᄒᆞ니[2] 오ᄂᆞᆯ 소
례[3]로 도로 나가니 내 텰
릭[4]ᄒᆞ고 두건ᄒᆞ고 한쉬[5] 가뎌 간
ᄂᆞᆯ근 명지[6] 듕치막[7]ᄒᆞ고 니블
며개[8] 보단[9] 빗졉[10] 슈건 갓보[11]
애 든 재자리보[12] ᄒᆞᆫᄃᆡ 싸셔 년
쉬ᄒᆞ여 오ᄂᆞᆯ로 소례 못ᄭᆞᆯ
로 보내소. 나는 ᄂᆡ일로사 가
리로쇠.

현대어

가서

내일 새벽에 한훤당의 제사를 나라에서 명하여 행하시고, 우리에게 그 제사에 참례(參禮)하라 하시네. (마침 내가) 오늘 소례로 도로 나가니, 내 철릭하고 두건하고 한쉬가 가져 간 낡은 명주 중치막하고, 이불 베개 포대기 빗접 수건 갓보에 든 재자리보를 (모두 다) 한 곳(=아주 큰 보자기 하나)에 싸서 년쉬로 하여금 오늘로 소례 못골로 보내소. 나는 내일에야 갈 것이오.

해설

한훤당의 제사를 지내는 것과 관련된 기록이다. 한훤당 제사는 국가에서 주관하였고, 이때 각 고을 혹은 해당 고을의 선비들이 참례한 것으로 보아 그 규모를 가히 짐작할 수 있다. 이 제사는 현풍과 인접한 구지면의 도동서원에서 베풀어졌을 듯하다. 도동서원은 1605년(선조 38) 지방 유림의 공의로 김굉필의 학문과 덕행을 기리기 위해 창건하고 위패를 모셨던 곳이다. 1607년에 '도동서원(道東書院)'이라는 사액을 받아 사액서원으로 승격되었으며, 대원군의 서원철폐 시에도 존속한 47개 서원 중의 하나다.

곽주가 이 서원에서 치러지는 향사에 참석하러 가는데 숙박을 해야 하는 일정으로 되어 있다. 먼저 소례에서 자신의 소지품들을 받아 새벽에 지내는 제사에 참석하고 돌아오려 한다. 철릭, 두건, 중치막과 같은 의류로 보아 제사를 지내러 가는 이의 차림새를 엿볼 수 있다. 잠자리에 필요한 물건과 아침 세수에 필요한 빗, 수건까지 챙겨 가는 모습에서 다시 한번 곽주의 성격이 드러난다. 왜 하필이면 '낡은 명주 중치막'을 가져가려 하는지, 곽주의 의도가 궁금해진다.

주석

1) 한훤당 : 寒暄堂. 김굉필(金宏弼: 1454-1504)의 호. 조선 전기의 문신·학자. 그의 선조는 서흥(瑞興)의 토성(土姓)이었다. 증조부인 김사곤(金士坤)이 아내의 고향인 경상도 현풍현으로 이주하게 되면서 이곳을 주 근거지로 삼게 되었다. 성격이 호방하였으나 장성한 후 학문에 정진하였다. 영남의 현풍 및 합천의 야로(처가), 성주의 가천(처외가) 등지를 왕래하면서 선비들과 사귀고 학문을 닦았다. 이때 김종직의 문하에 들어가 소학을 배웠다. 이후 소학에 심취하여 스스로를 '소학동자'라 불렀다. 평생토록 소학을 독실하게 익히고 그 가르침을 행하여 소학의 화신이라는 평을 들었다. 1480년(성종 11)에 생원시에 합격하여 성균관에 입학하였고 1494년 경상감사 이극균(李克均)에 의해 유일지사(遺逸之士)로 천거되어 관직생활을 시작하였다. 사헌부 감찰, 형조좌랑 등을 역임하였다. 1498년 무오사화가 일어나자 김종직의 문도로서 붕당을 만들었다는 죄목으로 형벌과 함께 유배를 당하였다. 유배지 희천에서 조광조에게 학문을 전수하여 우리나라 유학사의 정맥을 잇게 하였다. 1504년 갑자사화가 일어나자 무오당인(戊午黨人)이라 하여 극형에 처해졌다. 중종 12년(1517)에 복권되어 우의정에 추증되고, 선조 10년(1577)에 시호가 내려졌으며, 광해군 2년(1610)에 대간과 성균관 및 각지의 유생들이 지속적으로 상소한 결과 정여창, 조광조, 이언적, 이황 등과 함께 5현(五賢)으로 문묘종사(文廟從祀)되었다. 『한국민족문화대백과사전』 4권 참고. 김굉필 가문의 현풍 세거지와 현풍 곽씨의 세거지는 소례와 이웃하고 있는 마을 '못골'이다. 이곳은 서흥김씨의 집성촌이며 한훤고택(寒暄古宅)이 자리잡고 있다.

2) 그 제 조차 ᄒᆞ라 ᄒᆞ니 : 그 제사에 좇아 참례하라 하니. 나라의 명으로 한훤당의 제를 지내게 되었는데 동향의 사족인 곽씨 문중에 참례하라는 영이 내렸다는 사연이다. 이 편지의 말미에 의복 따위를 '못골'로 보내라고 한 것으로 보아 제를 지낸 장소를 못골로 볼 여지도 있다.
3) 소례 : 지명.
4) 텰릭 : 철릭. 한자로 天翼, 帖裏, 貼裏, 綴翼으로 적기도 한다. 김종직의 모부인 밀양박씨가 1468년에 아들에게 보낸 이두문 편지에는 '천익(天益)'이라 적혀 있다. 고려 때 원나라에서 들어온 포(袍)의 일종이다. 조선 초기부터 왕 이하 백관들의 관복 밑받침 옷으로 사용되었으며, 임금이 거동할 때나 사냥할 때 왕 이하 문무 백관들이 입었다. 융복이나 군복으로도 사용되었으며, 임란 때에는 왕 이하 문무백관들의 관복처럼 사용되기도 하였다. 조선 후기에 가서는 무관의 융복과 군인의 군복, 신분이 낮은 사람들의 외출복으로도 사용되었고 무녀의 무복으로도 쓰였다. 형태는 곧은 깃에 상의와 하상이 연결되어 있고, 치마 부분에 주름이 잡혀 있다. 옷감은 계절에 따라 다양하게 이용되었고 형태에도 변화가 있다. 『한국복식2천년』(국립민속박물관) p. 109에 조선 중기 김위(1593년 이후)의 묘에서 출토된 철릭의 사진이 실려 있다.
5) 한쉬 : 한슈(인명) + -ㅣ[주격].
6) 명지 : 명주(紬). '명디'라는 어형도 존재한다. '명디'가 '명지'로 된 것은 구개음화에 의한 것이고, '명지'가 '명주'로 된 것은 한자음에 견인된 것으로 생각된다. 참고) 명디 듀(紬)<訓蒙 中 31>. 보ᄃᆞ라온 명디로<胎要 68>. 명지 올리ᄂᆞᆫ 틀<物譜 蠶績>.
7) 듕치막 : 6번 편지의 '듕치막' 주를 참조.
8) 며개 : 베게. '목'을 뜻하는 '멱'에 접미사 '-애'가 결합한 것으로 생각해 볼 여지도 있지만 '며개'가 쓰인 문맥으로 보아 '목'과는 거리가 있다. '벼개'와 동일한 말로 당시의 이 지역 방언에 '며개'가 있었던 것으로 판단된다. 편지의 필체로 보아 '며개'의 ㅁ이 너무나 분명하여 '벼개'의 첫글자인 ㅂ을 잘못 적은 것으로 볼 수는 없다. 그리고 6번 편지에 "며개예 여물 너허 잇 스쳐 보내소"를 참조하면 '며개'가 '벼개'의 뜻으로 쓰인 단어임이 확실하다. 70번 편지에 나오는 '며 마틔'는 '머리 맡에'의 뜻인데 '며개'가 '며+개'로 분석될 수 있음을 보여 준다. '벼개'와 '며개'처럼 'ㅂ'과 'ㅁ'이 교체되는 다른 예로는 '다리비'~'다리미', '마리~바리', '맥지~백지' 따위가 있다.
9) 보단 : 포단. 포대기. 참고) ᄀᆞᆺ 보단애 올아 ᄌᆞ오다가(才上蒲團)<法錄 10>
10) 빗졉 : 빗접. 소함(梳函). 기름 결은 종이를 접어서 빗 따위의 머리를 빗는 데 쓰이는 물건을 싸 두는 것. 이와 관련된 것으로 '빗접고비'라는 도구도 있는데, 이는 '빗접을 꽂아 걸어두는 제구'이다. 평안도 방언으로 '빗접'은 '빗덥'이라고 하며, 제주도 방언으로는 '빗첩'이라고 한다(우리말큰사전, 한글학회 편, 1992). '빗졉'은 '빗(梳)'+'졉-(동사어간)'으로 구성된 비통사적 합성명사일 가능성이 있다. 하씨의 관에서 출토된 유물 중에 천으로 만든 휴대용 빗접이 나왔다. 바로 이 빗접이 곽주가 보내라고 한 그 물건이었을 듯하다. (본서 끝에 실린 「17세기의 언어와 생활문화」 편 끝의 '편지에 그려진 도동서원제' 이야기를 참고할 것)
11) 갓보 : 갓을 싸는 보(褓). 뒤의 내용으로 보아, '재자리보'가 들어갈 수 있는 크기의 '갓보'라면, 조그마한 갓상자나 갓집 정도의 크기가 아니라 제법 널따랗고 큰 갓보였을 것으로 짐작된다.
12) 재자리보: '재(齋)'는 죽은 사람의 명복을 빌거나 그 밖의 기원을 하려고 불전(佛前)에 치성 발원하는 행사이다. '재자리보'는 이러한 재를 올리는 장소에 까는 자리를 보관하는 보(褓)로 추정된다. 그런데 '갓보에 든 재자리보'라는 문맥을 통해 재자리보가 그렇게 크기가 크지 않은 물건이라고 짐작해 볼 수 있지만, 이 물건의 구체적인 크기나 모양은 더 조사해 볼 필요가 있다.

60. 동지의 행차가 오늘 오실 것이니 영인 660p

곽주가 하씨에게 [문 37] [건들 74]

판독문

동지 힝치[1] 오늘
사 오시게 되여 이시
니 힝과[2] 홀 일
란 힝ᄎ 오셔든[3] 벗
둘과 다시 의논ᄒ
여 사룸 브려든 ᄎ
려 보내게 ᄒ소. 이
번의 총망히[4] 가시
면 둣다가 시월로 ᄒ
고 ᄒᄅ 이트리나 무
거 가시면 이번의 ᄒ쟈
ᄒ여 벗둘과 의논
ᄒ여 졍ᄒ여 이시니
설워[5] 힝치 오셔
사 무그시며 아니 무
그시믈[6] 다시 아라셔
벗둘과 의논ᄒ여
사룸 보내여든 ᄎ
려 보내고 사룸옷[7] 다
시 보내디 아니 ᄒ여든
【上邊】
ᄎ려 보내디 마소. 밧바 이만.
【右邊】

양식 엿되만 보내소.
즈일(手決)
【뒷면】
가셔(手決)

현대어

동지의 행차가 오늘에야 오시게 되어 있으니 행과(行果)할 일은 행차 오시거든 벗들과 다시 의논하여 (내가) 사람 부리거든(=부려 보내거든) (음식상을) 차려 보내게 하소. (동지께서) 이번에 총망히 가시면 두었다가 시월로 하고, 하루 이틀이나 묵어 가시면 이번에 하자고 하여 벗들과 의논하여 정하여 있소.

아마도 행차가 오셔야 묵으시며 아니 묵으심을 (알겠는데, 묵으시는지 아닌지 여부를) 다시 알아서 벗들과 의논하여 (내가) 사람을 보내거든, (당신은 음식상을) 차려 보내고, 사람을 다시 보내지 아니 하거든 차려 보내지 마소. 바빠 이만. 양식 엿 되만 보내소. 즉일. 가서.

해설

동지 벼슬을 가진 사람이 행차하게 되어 있어서 그분이 오시면 접대할 상을 차려 오라는 전갈을 보낸 편지다. 동지가 바삐 가시면 접대할 일을 다음 시월로 하고 하루 이틀 묵어 가시면 이번에 하자고 의논이 되어 있으니 준비할 것을 하씨에게 알리고 있다. 접빈객의 한 예를 보여 주는 편지다. 이 편지의 동지는 70번 편지에 나온 '뎡동디'일 수 있다.

주석

1) 동지 힝ᄎᆡ : 동지(同知)의 행차가. '동지 힝ᄎᆞ+ㅣ[주격]'. '동지 힝ᄎᆞ'에 대해선 다음의 두 가지 해석이 가능하다. ① 24절기 중의 하나인 冬至 때에 오는 행차. ② 동지사(同知事: 동지중추부사, 동지경연사, 동지돈령부사, 동지삼군부사, 동지성균관사, 동지의금부사, 동지춘추관사, 동지훈련원사 등의 각칭)라는 벼슬을 한 사람의 행차. 그런데 두 해석 중 '(동지 행차가) 이번에 총망히(悤忙히, 바삐) 가시면 (행과할 일을) 두었다가 시월로 하고'라는 표현이 이어지는 것을 볼 때, 후자의 해석이 옳은 것으로 판단된다. 70번 편지에 '뎡동디딕으로 보낼 칙이니'가 나오는데 이 '뎡동디'(鄭同知)의 행차를 가리키는 것일지도 모르겠다. '동지'는 ②와 같이 동지 벼슬에 있는 사람이나 지낸 사람을 뜻하기도 하고, 노인을 대접하여 부르는 말로도 쓰였다.
2) 힝과 : 문맥상 '다과(茶果)나 음식을 마련하여 손님을 대접하는 일'을 '힝과(行果)'라고 한 듯하다.
3) 오셔든 : 오시거든. 오시면.

4) 총망히 : 悤忙히. 바삐.
5) 설워 : 이 문헌에 쓰이는 독특한 부사인데, '아마도'와 같은 뜻으로 쓰인 예가 많다.
6) 무그시며 아니 무그시믈 : 이 부분 뒤에 '알겠는데, 그것을' 정도의 성분이 생략되어 있다. 이 문장은 지나치게 접속어미를 많이 써서, 문장 구조가 번잡하고 불완전하다. 이 문장에서 '무그시며 아니 무그시믈'은 '알겠는데'의 목적어인 동시에 '다시 알아서'의 목적어이기도 하다. 연결어미 '-는데'를 써서 번역하면 그 앞 문장 전체가 독립성을 가지고 준종결의 기능까지 할 수 있기 때문에 이 문장의 번잡하고 불완전한 구조가 어느 정도 정리될 수 있다.
7) 옷 : 강의(强意)를 나타내는 첨사 '-곳'의 이형태. 참고) 舍利弗옷 聰明ᄒᆞ고<釋譜 6:22>. 지조ᄅᆞᆯ 겻고아 뎌옷 이긔면 짓게 ᄒᆞ고<釋譜 6:4>; 疑心곳 잇거든<月釋 10:68>. 사ᄅᆞᆷ곳 아니면<금삼 2:3>. 나곳 업ᄉᆞ면<閑中 p.90>.

61. 어물은 해삼과 전복 등을 받아 오라 하소 영인 659p

곽주가 하씨에게 [문 49] [건들 103]

판독문

편치 아니ᄒᆞᆫ듸 밤의ᄂᆞᆫ 엇더ᄒᆞᆫ고. 그별 몰
라 일시도 닛디 몯ᄒᆞ여 분별ᄒᆞ뇌. 나ᄂᆞᆫ
원당이[1] 어제 연괴 겨셔[2]오ᄂᆞᆯ로사 오시
리라 ᄒᆞ니 오ᄂᆞᆯ 오셔든 보ᅀᆞᆸ고 ᄂᆡ일로 가
리로쇠. 아자비[3] 진디[4] ᄇᆞ듸 머검즉게[5]
이대[6] ᄒᆞ여 머기고 뎜심도 ᄒᆞ여 머기소. 한
쉬[7] 상졍ᄌᆞ[8] 가디러[9] ᄂᆡ일로 녕산[10]의 가니
보셩[11] 실ᄂᆡ[12]게 유무ᄒᆞ여 ᄇᆞ듸 ᄉᆞᆯ와[13] 보
내소 ᄒᆞ여 유무 든ᄂᆞ이 ᄒᆞ여 보내소. 비록
ᄂᆞᆷ을 비려[14] 멀리 나가실디라도 유무ᄅᆞᆯ
ᄒᆞ여 주셔든 게 가 가뎌 오게 ᄒᆞ여디라[15] 유무
ᄅᆞᆯ ᄒᆞ소. 어믈바디[16] 사ᄅᆞᆷ으란 ᄡᆞᆯ 닐곱
말과 제 양식 ᄒᆞᆫ 말 조차 여ᄃᆞᆲ 마ᄅᆞᆯ 주워
셔 므거웨라[17] ᄒᆞ거든 ᄒᆞᆫ 마ᄅᆞᆯ 더러 양식

조차 닐곱 마를 주워 보내게 ᄒᆞ소. 어
믈란 믜[18]를 만히 맛고[19] 싱포[20]ᄒᆞ고 담치[21]
ᄒᆞ고 대구[22] 난[23] 고디[24]ᄒᆞ고 바다 오라 ᄒᆞ
소. 난과 고디는 비록 몯 바다도 싱포 담
치란 브디 바다 오라 ᄒᆞ여 ᄃᆞᆫᄃᆞᆫ이 닐
러 보내소. ᄆᆞ른 믜도 잇거든 뎌그나 바다
오라 ᄒᆞ소. 난 고디는 관겨치 아니ᄒᆞ거니와 ᄆᆞ
른 믜란 브디 바다 오라 ᄒᆞ소. ᄂᆡ일로 브디
【上邊】
나가셔 스므 나ᄒᆞᆫ날 미처 드러 오라 니ᄅᆞ소. 요란ᄒᆞ여 이만.
【右邊】
열아ᄒᆞ랜날 (手決)
【뒷면】
논공 오야ᄃᆡᆨ
가셔
아자븨게 가는 유무 즉
시 주소.

현대어

편치 아니한데 밤에는 어떠한고. 기별을 몰라 한 때도 잊지 못하여 염려하네. 나는 원장(院長)이 어제 연고가 있으시어 오늘에야 오시리라 하니, 오늘 (원장이) 오시거든 뵙고 내일 갈 것이로세. 아자비(=아재)의 진지를 부디 먹음직하게 잘 차려서 먹이고, 점심도 하여 먹이소. 한쉬가 상정자(上頂子)를 가지러 내일 녕산에 가니, 보셩 실닉에게 편지하여 "부디 사뢰어 (상정자를) 보내소"라고 말하여 편지를 단단히 하여 보내소. 비록 (상정자를) 남에게 빌려 주어 멀리 가 있을지라도 편지를 하여 주시거든, "거기까지 가서 가져오게 하고 싶다"라고 편지를 하소.

어물장수 사람에게는 쌀 일곱 말과 저의 양식 한 말과 아울러 여덟 말을 주어서, 무겁다고 하거든 한 말을 덜어서 양식까지 일곱 말을 주어 보내게 하소. 어물은 해삼을 많이 맡아 두고, 생 전복하고 담치(=홍합)하고 대구알, 고둥을 받아 오라 하소. 대구알과 고둥은 비록 못 받아도 생 전복과 담치는 부디 받아 오라 하여 단단히 일러 보내소. 마른 해삼도 있거든 적으나마 받아 오라 하소. 대구알과 고둥은 (못 받아도) 관계치 아니하거니와, 마른 해삼은 부디 받아 오라 하소. (어물장수에게) 내일 부디 나가서 스무나흗날에 이르러 들어 오라 이르소. 요란하여 이만.

열아흐렛날. 논공 오야댁. 가서. 아재비에게 가는 편지를 즉시 주소.

› 해설

이 편지는 당시의 생활 모습에 관한 많은 정보를 담고 있다. 이 편지는 '아자비'가 가지고 가는 것으로 나타나 있고 이 아자비에게 진지를 잘 대접하라고 지시하고 있다. 집안에 큰일(아마도 혼사인 듯)을 앞두고 준비에 부산한 모습이 나타나 있다. 영산(=창녕군 영산면)은 곽주의 장남 이창의 처가가 있는 곳인데 여기에 사람을 보내어 상정자를 빌리려 하고 있다. 관모·장식품으로 보이는 상정자는 의례를 치르는 데 필수적인 물건이었던 듯하다. 남에게 빌려주어 먼 곳에 가 있으면 그곳까지 찾아가서라도 상정자를 빌려오라고 하고 있다. 또 하나의 중요한 일은 어물장수를 시켜 어물을 장만하는 일이다. 어물장수를 시켜 어물을 사러 보내며 그 비용으로 쌀 일곱 말, 왕래하며 먹을 양식으로 쌀 한 말을 주고 있다. 너무 무거워 못 가져가겠다고 하면 한 말을 빼 도합 일곱 말만 주라 하는 모습이 나타나 있다. 어물의 종류로는 해삼, 전복, 대구알, 고둥이 보이는데 마른 해삼을 특히 강조하고 있다. 쌀 일곱 말을 주고 이런 어물을 사 오라고 한 목적은 혼사를 위한 잔치 준비임이 틀림없다. 혼인과 그 날을 받는 이야기는 69번과 78번 편지에 나타나 있다.

› 주석

1) 원댱이 : 원장이. 원장(院長) + -이[주격]. '원장'은 서원의 책임자인 '원장'을 가리킨 것일 수도 있고, 말단직인 역의 원장일 수도 있다. 도동서원이 인근에 있음으로 보면 전자일 가능성도 있다. 그러나 조선시대의 현풍현에는 풍제원(豊濟院), 소도촌원(所道村院), 장파고원(長破高院), 신원(新院)이라는 4개의 원이 있었기 때문에 이 직함을 나타낸 것일 가능성이 더 높다. 조선시대의 원은 역과 역 사이에 설치되어 공무로 여행하는 관원이 묵을 수 있도록 한 숙사(宿舍)이다.
2) 연괴 겨셔 : 연고(緣故)가 있으시어.
3) 아자븨 : 아재의. 아재비의. 아자비 + -의[속격]. '아자비'(아재)는 숙부뻘 되는 사람을 가리키는데 여기서 누구를 말하는지 확실치 않다. 후행하는 동사로 '잡숩게 ᄒᆞ소'가 쓰이지 않고 '머기소'를 사용한 것으로 보아 존칭의 대상은 아닌 듯하다. 참고) 아자비 슉(叔)<類合 上 20>.
4) 진디 : 진지를. '진디'는 '진지'의 ㄷ구개음화 과도교정형.

5) 머검즉게 : 먹음직하게. 먹- + -엄즉[접미사] + -게. '-엄직'이 '-엄즉'보다 시기적으로 앞선다. 참고) 德이 ᄀᆞ자 부텻 이ᄅᆞᆯ 맛뎜직호미<月曲 2:64>. 애ᄅᆞᆯ 긋첨즉ᄒᆞ니<杜解 重 11:35>.
6) 이대 : 잘[부사]. 참고) 調御는 이대 다ᄉᆞ릴씨오<釋譜 9:3>.
7) 한쉬 : 노복의 이름. 한슈 + -이.
8) 상졍ᄌᆞ : '졍ᄌᆞ'는 頂子를 가리키는 것으로 생각된다. 정자는 전립(氈笠) · 흑립(黑笠) 등의 꼭대기에 다는 장식품인데 품계에 따라 금 · 은 · 옥으로 구별하였다. '상'은 '上'을 표기한 것으로 생각되기는 하지만 '上'의 옛 한자음이 '샹'인 점이 문제이다.
9) 가디러 : 가지러.
10) 녕산 : 영산(지명). 지금의 창녕군 영산면(靈山面)을 가리키는데 조선시대 때는 현이었다. 곽주의 장남인 '이창'의 처가 영산 신씨인데 영산에서 현풍 소례로 시집온 분이다. 그러니 이 사연은 이창이 처가 곳 영산으로 간다는 내용이다.
11) 보셩 : 보성(지명). 마을 이름으로 짐작된다. 「곽씨언간」에 몇 번 등장하는 지명인데 오늘날 어느 곳을 가리키는 것인지 확인하지 못하였다.
12) 실ᄂᆡ : '실ᄂᆡ'는 두 가지로 풀이될 가능성이 있는 말이다. 하나는 단순히 사람 이름을 표기한 것이고, 다른 하나는 한자어 '室內'를 표기한 것으로서 누군가의 부인을 가리킨 말로 보는 것이다. 후자일 가능성이 있으나 판단하기 어렵다.
13) ᄉᆞᆯ와 : 사뢰어.
14) ᄂᆞᆷ을 비려 : 남에게 빌려 주어. '비려'는 '빌-이-어'로 분석된다.
15) ᄒᆞ여디라 : 하고 싶다. 하고자 한다. 'ᄒᆞ여지라'의 ㄷ구개음화 과도교정형이다. 참고) 겨스레 외ᄅᆞᆯ 머거지라 ᄒᆞ거늘<三綱 孝 30>.
16) 어믈바디 : 어물바치. 어물상(魚物商). '어믈바지'의 ㄷ구개음화 과도교정형이다.
17) 므거웨라 : 므거ᇦ- + -에라. 'ㅸ'이 w로 바뀌어 후행 모음이 '웨'로 나타난 것이다.
18) ᄆᆡ : 해삼. 16번 편지에 나온 적이 있다.
19) 맛고 : 맡아 두고. 여기서 '맜-'은 어떤 물건을 받아서 간수한다는 뜻이다. '맜-고' 결합에서 자음군 ㄷ이 탈락한 것이다.
20) ᄉᆡᆼ포 : 생포(生鮑). 생전복.
21) 담ᄎᆡ : 담채(淡菜). 섭조개. '섭조개'는 홍합(紅蛤)과의 바다 조개로서 조가비가 얇고 흑갈색이다. 내만(內灣)이나 강어귀에서 다른 물건에 붙어 산다. 남해안 방언에서는 흔히 '담치'라 부른다.
22) 대구 : 바다 생선인 '대구'(大口)를 가리킨다.
23) 난 : 卵. 알. '대구 난'은 '대구의 알'이다.
24) 고디 : 고둥. 문맥상 바다 고둥을 의미한다.

62. 좋은 술 준비해 두소 영인 659p

곽주가 하씨에게 [문 70] [건들 146]

판독문

가셔
편히 겨신 긔별 듣고
깃거 ᄒᆞ뇌. 나ᄂᆞᆫ 어제 셩
쥐[1] 와 자고 오ᄂᆞᆯ로 가려
ᄒᆞ더니 ᄆᆞ리 파려ᄒᆞ여[2]
일져리[3] 것디 아니호매[4]
오ᄂᆞᆯ 문뷔[5] 집의 자
고 ᄂᆡ일 아ᄎᆞᆷ밥 머
근 후에 집의 들
리로쇠. 술 잘 먹ᄂᆞᆫ
얼운버지[6] 셔울셔브
터 홈ᄭᅴ 와셔 ᄂᆡ일 홈ᄭᅴ
집으로 ᄃᆞ려 갈 거시니 됴
ᄒᆞᆫ 술 만히 어뎟다가[7] 머
기게[8] ᄒᆞ소. 대쳥마뢰[9] ᄒᆞ
며 쁠ᄒᆞ며 방ᄒᆞ며 다
조케 쁠고 방의 블 덥
게 짓고[10] 자리 쳔〻이[11] ᄀᆞ라[12] 두
라 ᄒᆞ소. ᄂᆡ일 갈 거시라.
잠ᄭᅡᆫ 뎍뇌
열아ᄒᆞ랜날 길헤셔[13]
가옹[14](手決)

현대어

가서. 편히 계시다는 기별을 듣고 기뻐하네. 나는 어제 성주에 와서 자고 오늘 가려 했더니 말이 파리하여 일절 걷지 못하므로, 오늘 문뷔의 집에서 자고 내일 아침밥을 먹은 후에 집에 들어갈 것이로세.

술을 잘 먹는 어른 벗이 서울에서부터 함께 와서 내일 함께 집으로 데려갈 것이니, 좋은 술을 많이 마련해 두었다가 드시게 하소. 대청마루와 뜰과 방을 다 깨끗하게 쓸고, 방에 불을 덥게 때고 자리를 곱게 갈아 두라 하소. 내일 갈 것이라. 잠깐 적네. 열아흐렛날 길에서. 가옹.

해설

서울에 가서 과거 시험을 치르고 집으로 올 때 술 잘 먹는 벗과 함께 내려 왔는데, 내일 집으로 함께 갈 터이니 좋은 술을 준비해 두고, 집안을 청소하고 방을 정갈히 치워 두라는 전갈 편지다.

곽주가 먼 길을 갔다가 돌아오는 길에, 집에서 꽤 가까운 곳까지 와서 쓴 것인데, 내용을 보면 그 여정이 서울에 다녀오는 행차였던 듯하다. 서울에서부터 같이 온 벗이 있다고 한 것, 성주를 거쳐서 말을 타고 온다는 것, 말이 성주까지 와서 피곤에 지쳐 더 이상 걷지 못한다는 것 등이 이렇게 짐작하는 이유이다.

다음날 집에 들어가게 되어 있음에도 굳이 이 편지를 써 보낸 까닭은 손님 접대 준비를 시키기 위함이다. 술을 잘 먹는 손님을 데리고 가니 좋은 술을 마련해 두고, 집안 청소를 하고, 잠자리도 잘 보아 두라고 시키고 있다. 당시 사대부가에서 행한 접빈객의 한 모습을 보여 준다.

주석

1) 셩쥐 : 성주(星州). '쥐'는 '州'의 속음이다.
2) 파려ᄒᆞ여 : 파리하여. 해쓱하여. 참고) 파려할 비(憊)<類合 下 44>.
3) 일져리 : 일절(一切). 모두. 일졀 + -이[부사화접미사]. 참고) 아비 죽거놀 상졔롤 일져리 가례롤 졷고 <東新 孝 1:20b>.
4) 아니호매 : 아니하매. 아니하므로. 능력 부정을 뜻하는 '몯호매'가 쓰이는 것이 정확한 표현인데, 의도 부정처럼 '아니호매'가 쓰였다. 말(馬)이 의지적 행위를 하는 것처럼 표현한 것이다.
5) 문뷔 : 사람 이름. 아명(兒名)으로 보인다.
6) 얼운버지 : 어른 벗이. 얼운 # 벋 + -이[주격]. '벋'의 어말 ㄷ이 구개음화되었다. 참고) 버지와 무로매

(朋知來問)<杜諺 重 3:53>.

7) 어덧다가 : 마련해 두었다가. 구해 두었다가. 「곽씨언간」에서 '얻다'의 뜻은 주로 '구하다', '찾다'로 쓰여 현대국어의 '얻다'와 그 의미 자질이 같지 않다.
8) 머기게 : 먹이게. 문맥상으로는 '잡숫게'가 더 자연스럽다.
9) 대쳥 마뢰 : 대청 마루. '마루'의 뜻으로 '마로'는 쓰였지만 '마뢰'는 문헌상 용례를 찾기 어렵다. '마로'에 ㅣ첨가가 적용되어 '마뢰'가 생성된 것이다. 현대의 경상방언에 '마루'를 '마리'라고 말하는데 이것은 '마뢰'의 변화형이다. '마루'에 관련된 방언형들은 다음 몇 가지의 서로 다른 변화를 거쳐 생성된 것이다. 마로>마뢰>마릐>마리. 마로>마뢰>마뤼>마릐>마리. 마로>마뢰>마뤼>마루. 마로>마뢰>마로.
10) 짓고 : (불을) 때고. '딛다'에서 ㄷ구개음화된 어형이 '짓다'이다. 참고) 손소 블 디더 祭 밍ᄀᆞ더라<三綱孝 35>. '지피다'의 '지'가 여기에서 나왔다. 한편 '때다'는 '다히다, 싸히다'에서 변화한 어형이다.
11) 쳔ᄒᆞ이 : 곱게. 정갈히. '쳔쳔하다'의 부사형으로 보인다. 참고) 오ᄉᆞᆯ 빙이샤ᄃᆡ 七寶로 ᄭᅮ미실씨 고ᄫᆞ시고 쳔쳔ᄒᆞ더시니<月曲 120>. 문맥상 '쳔쳔이(慢)'라는 속도 부사가 올 자리는 아니기 때문이다.
12) ᄀᆞ라 : 갈아(替). 참고) 새옷 ᄀᆞ라 닙고<釋譜 6:27>.
13) 길헤셔 : 길에서. 길ㅎ + -에셔.
14) 가옹 : 家翁. 여기서는 곽주 자신을 가리킨다.

63. 어르신네들이 모여서 술 가져오라 하시니 영인 658p

곽주가 하씨에게 [문 15] [건들 18]

판독문

얼우신네 모다[1] 겨
셔 술 가뎌오라 ᄒᆞ시니
ᄀᆞ장 됴ᄒᆞᆫ 술로 골희
여 두 병만 ᄒᆞ고 당숡[2]
안쥬를 ᄀᆞ장 됴케 ᄭᅮ
며 덕남이[3]를 맛겨[4]
낫만[5] 예 오게 보내소. 초
계[6] 아ᄌᆞ바님끠 엿ᄌᆞ와 뫼
초리[7]나 새나 어더 조차[8]
ᄭᅮ며 보내소. 모새
붕어도 금동이 ᄒᆞ여

잡아 보라 ᄒᆞ소. 술 두
병을 ᄂᆞᆷ의게 어들
만뎡 됴ᄒᆞ니로[9] 두 병
을 보내소. 쳠디[10] 아
【右邊】
ᄌᆞ바님은 오ᄂᆞᆯ로나 ᄂᆡ
일로나 우리게 가 자고 가
려 ᄒᆞ시뇌. 밧바 이만.
【뒷면】
가셔 (手決)

현대어

어르신네들이 모여 계시면서 술을 가져오라고 하시니, 가장 좋은 술로 골라 두 병만 하고 당새기 안주를 가장 (보기) 좋게 꾸며서, 덕남이에게 맡겨 낮쯤에 여기에 오도록 보내소. 초계 아주버님께 여쭈어 메추리나 새나 얻어서 함께 (요리하여 보기좋게) 꾸며 보내소. 못의 붕어도 금동이를 시켜 잡아보라 하소. 술 두 병을 남에게 얻을망정 좋은 것으로 두 병을 보내소. 첨지(僉知) 아주버님은 오늘이나 내일 우리 집에 가서 자고 가려 하시네. 바빠 이만. 가서.

해설

마을의 친지 혹은 어르신네를 대접하는 모습이 그려져 있는 편지다. 대접하는 음식으로 가장 중요하게 꼽고 있는 것이 술이다. 설령 집에 준비해 둔 술이 없어 다른 집에서 빌릴지라도 제일 좋은 것으로 두 병 마련하라는 곽주의 당부가 거듭 나타나 있다. 우리 선조들이 손님 접대에서 술을 어느 정도의 비중으로 생각했는지 이 편지를 통해 짐작할 수 있다. 곽주는 하씨에게 술에 어울리는 안주거리도 마련하라고 당부하고 있다. 정성들여 보기 좋게 안주를 꾸미라고 했으며, 종을 시켜 못에서 붕어도 잡고, 초계 아주버님 댁에서 메추리도 빌려 안주를 준비하도록 하였다. 말미에 언급된 '첨지아주버님'은 우리집에서 유숙하실 것이라는 사실도 미리 알려 준비를 시키고 있다. 이 분은 깍듯이 모셔야 할 어른임이 틀림없다.

주석

1) 얼우신네 모다 : 어르신네들이 모여. '얼우신네'의 구성은 통시적 관점에서 '얼-우-시-ㄴ-네'로 분석된다. '얼-'은 '혼인하다'는 뜻의 동사 어간이다. 향가 「서동요」에 쓰인 '嫁良'(얼-아)가 가장 오래된 활용형을 보여준다. '-우-'는 사동접미사, '-시-'는 존대법, '-네'는 복수존칭접미사이다. '모다'는 '몯-아'로 분석되며, 동사 '몯-'(集會)은 '모이다'의 고형이다.
2) 당솕 : 고리. 당새기(음식을 담는 함지).
3) 덕남이 : 사람 이름.
4) 맛겨 : 맡겨. 맛디->맛지- (ㄷ구개음화)>맛기- (ㄱ>ㅈ 구개음화의 과도교정).
5) 낫만 : 낮쯤에. 조사 '-만'의 쓰임이 특이한데 정도 표현 기능을 한다. 참고) 낫만ᄒᆞ여셔<가례 9:1a>. 밤듕만 도적이 문의 니ᄅᆞ니 ᄉᆞ신이 챵황ᄒᆞ여<東新 烈 6:13b>.
6) 초계 : 지명 오늘날의 합천군 초계면(草溪面)을 이른다. '초계 아ᄌᆞ바님'은 곽주가 부인 하씨의 처지에서 쓴 지칭어로 생각되는데, 곽주의 형뻘 되는 사람의 부인이 초계에서 시집 온 것으로 여겨진다. 106번 편지는 곽주의 장남 이창이 쓴 것인데 여기에서 '초계 동싱'은 곽주의 아들이 곽주의 형뻘 되는 사람의 아들(즉 사촌)을 가리킨 말로 생각된다. 부인의 택호를 앞에 붙여 그 부인의 남편을 가리키는 말로 쓰는 관습은 지금도 남아 있으며 필자가 어렸을 때 많이 경험했던 관습이었다.
7) 뫼초리 : 메추리. 참고) 뫼초리<漢淸 418d>.
8) 조차 : 함께. 아울러. 좇- + -아.
9) 됴ᄒᆞ니로 : 좋은 것으로. 둏- + -ᄋᆞᆫ # 이[사물의존명사] + -로.
10) 쳠디 : 첨지(僉知). 문맥상 나이 많은 사람을 예사로 일컫는 용법으로 판단된다.

64. 차담상을 가장 좋게 차려 두소 영인 658p

곽주가 하씨에게 [문 57] [건들 117]

판독문

아ᄌᆞ바님이 오ᄂᆞᆯ 가실 길헤[1)]
우리게 ᄃᆞᆫ겨 가려[2)] ᄒᆞ시니 진
디[3)]도 올케 ᄎᆞᆯ호려니와[4)] 차담
상[5)]을 ᄀᆞ장 됴케 ᄎᆞᆯ호게 ᄒᆞ소.
내 길헤 가디고 ᄃᆞᆫ니ᄂᆞᆫ 발상[6)]
의 노하 잡ᄉᆞᆸ게 ᄒᆞ소. 차담상
의 졀육[7)] 셰실과[8)] 모과 졍과[9)]
홍시 ᄌᆞ잡치[10)] 슈졍과[11)]애 셕

뉴[12] ᄯᅴ워[13] 노코 겻반[14]의 의이쥭[15]
과 녹도쥭[16]과 두 가지ᄅᆞᆯ ᄉᆔ워
노케 ᄒᆞ소. 의이쥭 녹도쥭 놋ᄂᆞᆫ
반[17]의 ᄭᅮᆯ를 죵ᄌᆞ[18]애 노하 조차[19]
노케 ᄒᆞ소. 안쥬란 처엄의 ᄉᆡᆼ
치 구워 드리고 두 번재 대구
구워 드리고 세 번재 쳥어[20] 구워
드리게 ᄒᆞ소. 자내 보려코[21] 가시니
머리 ᄢᅱ우고[22] ᄀᆞ리매[23]ᄅᆞᆯ ᄡᅳ게[24] ᄒᆞ소[25].
큰아기도 뵈ᄋᆞᆸ게 ᄒᆞ소. 녀ᄂᆞ 잡ᄉᆞ
올[26] 거스란 보아 가며 출호
【右邊】
소. 잔ᄃᆡ[27]과 규화[28]ᄅᆞᆯ 김참봉
ᄃᆡ그나[29] 초계ᄃᆡ긔나 엇게 ᄒᆞ소.
【뒷면】
가셔

현대어

아주버님이 오늘 가실 길에 우리집에 다녀가려 하시니, 진지도 옳게 잘 차리려니와 다담상을 가장 좋게 차리게 하소. 내가 길에 (다닐 때) 가지고 다니는 발상에 놓아 잡수게 하소. 다담상에 절육, 세실과, 모과, 정과, 홍시, 자잡채, 수정과에는 석류를 띄워 놓고, 곁상에는 율무죽과 녹두죽 두 가지를 쑤어 놓게 하소. 율무죽과 녹두죽을 놓는 반(盤)에 꿀을 종지에 놓아서 함께 놓게 하소. 안주로는 처음에 꿩고기를 구워 드리고, 두 번째는 대구를 구워 드리고, 세 번째는 청어를 구워 드리게 하소.

(아주버님이) 자네를 보려고 가시니, 머리를 꾸미고 가리매를 쓰도록 하소. 큰아기(=큰딸)도 (아주버님을) 뵙게 하소. 여느 잡수실 것은 보아가며 차리소. 잔대와 규화를 김참봉 댁이나 초계댁에서 (빌려) 얻도록 하소. 가서.

해설

이 편지의 '아ᄌᆞ바님'은 앞의 63번 편지에서 우리집에 와 하룻밤 자고 가려 한다는 '쳠디 아ᄌᆞ바님'일 것이다. 이 글에는 '아ᄌᆞ바님'을 대접하는 각종 음식 종류는 물론 이것을 어느 상에 어떤 그릇에 담아서 낼 것인지 그 차림법이 아주 세밀하게 묘사되어 있다. 깍듯이 정성들여 모셔야 할 어른을 대접하는 당시의 법도가 구체적으로 나타나 있다. 특히 접대를 위한 음식상에 올라가는 과일과 안주 등이 자세히 기록되어 있어 당시 사대부가에서 행해지던 접빈객 풍습을 알 수 있다. 음식뿐 아니라 부인 하씨에게 머리를 꾸미고 가리매를 써서 최대한의 성장(盛裝)을 차려 입도록 시키고 있다. 이런 준비를 보면, 곽주가 하씨 부인을 재취(再娶)한 후에 첨지아주버님을 처음 뵙는 자리를 준비한 것이 아닐까 싶다.

위 편지에 나타난 곽주의 여러 가지 지시 사항은 오늘날의 시각에서 볼 때 흥미를 끄는 점이 있다. 흔히 손님 접대에 따른 차림상의 예법 및 절차는 사대부가의 부녀자들이 익혀야 할 가장 중요한 과업이었고, 부녀자들이 행했던 일이라고 생각하는 경향이 있다. 그러나 이 편지에서 가장인 곽주가 하씨에게 다담상에 올릴 음식의 종류는 물론 올리는 순서까지 조목조목 알려주고 있다. 이 편지는 양반가 가장인 남성이 제사상을 차릴 때처럼 중요한 손님 접대 상차림에도 관여했음을 보여준다.

아주버님이 하씨를 보려고 온다는 것은 하씨가 곽주에게 시집온 지 그리 오래 되지 않은 때였을 것이다. 하씨는 곽주의 후처로 들어왔는데 이 편지에 나타난 아주버님의 방문은 하씨의 몸가짐과 사람됨을 살피기 위한 것이었으리라. 그리하여 아주버님의 방문은 여간 신경 쓰이는 일이 아니었던 것이다. 혹시나 실수나 하지 않을까 염려하여 상차림과 몸가짐, 옷차림에까지 꼼꼼히 이르고 있는 곽주의 모습이 나타나 있다.

주석

1) 길헤 : 길에. 길ㅎ + -에. 참고) 길헤 나아 뵈야<月曲 86>.
2) ᄃᆞᆫ겨 가려 : 다녀 가려. ᄃᆞᆫ기- + -어 # 가- + -려. 참고) 더브러 ᄃᆞᆫ기면<老解 下 40>. 'ᄃᆞᆫ기-'는 현대 경상방언에서 '댕기-'로 변하였다.
3) 진디 : 진지. ㄷ구개음화의 과도교정형.
4) ᄎᆞᆯ호려니와 : 차리려니와. ᄎᆞᆯ호- + -려니와.
5) 차담상 : 다담상(茶啖床). 손님 대접으로 차린 음식 상.
6) 발상 : '발상'이 어떤 형태의 상인지 알 수 없다. 다담상으로 쓰이고 길에 다닐 때 갖고 다닌다는 것으로 보아 작고 간편한 것이었을 것이다. '발상'은 발이 달린 상일 것이다. 상의 다리 모양을 발 모양으로 만든 것이라 판단된다. '개다리소반'이니 '호족상'(虎足床) 따위의 상 이름에서 보듯이 '다리' 혹은 '발' 모

양에 빗대어 그 이름을 붙이고 있다. 여행 중에 가지고 다닐 수 있었던 것으로 보아 '발상'은 상다리가 짧고 작은 것임이 틀림없다. 이 낱말이 수록된 국어사전은 없다.

7) 졀육 : 절육(切肉). 얄팍얄팍하게 썰어서 양념장에 잿이어 익힌 고기.

8) 셰실과 : 세실과(細實果). 세실과는 잘게 만든 숙실과(熟實果)를 이른다. 숙실과는 유밀과(油蜜果, 밀가루나 쌀가루 반죽을 적당한 모양으로 빚어 바싹 말린 후 기름에 튀기어 꿀이나 조청을 바르고 튀밥·깨 따위를 입힌 과자)를 실과에 견주어 일컫는 말이다.

9) 졍과 : 정과(正果). 과일이나 생강, 연근, 인삼, 당근, 도라지 따위를 꿀이나 설탕에 재거나 졸이어 만든 과자.

10) ᄌᆞ잡치 : 자잡채(紫雜菜). 자색 빛이 나는 잡채로 짐작된다. 17세기 후기의 음식조리서 『음식디미방』에 잡채법이 실려 있다. 이 잡채에는 오이, 무, 표고버섯, 석이버섯, 송이버섯, 숙주나물, 도라지, 거여목, 건박, 호박고지, 미나리, 파, 두릅, 고사리, 시금치, 동아, 가지, 생치 등을 각각 채 썰어 볶아 넣고, 그 위에 즙액을 뿌린 후에 다시 천초, 후추, 생강가루를 뿌리라고 되어 있다. 잡채에 뿌리는 즙액은 생치를 삶은 국물에 된장 거른 것을 섞고, 여기에다 밀가루를 풀어 넣고, 끓여서 걸쭉하게 만든 것이다. 지금의 잡채와는 달리 당면을 넣으라는 언급이 없다. 잡채를 검게 무쳐서 먹음직스럽게 만들려면 진간장을 넣어서 물을 들인다. 잡채를 희고 깨끗하게 하려면 간장 대신 소금으로 간을 맞춘다. 자잡채는 자색(紫色) 잡채로 진간장을 넣어 자색빛이 났던 것으로 보인다.

11) 슈졍과 : 수정과(水正果). 생강을 달인 물에 설탕이나 꿀을 타서 식힌 뒤 곶감·잣·계핏가루를 넣어 만든 음료.

12) 셕뉴 : 석류(石榴). 석류나무의 열매. 참고) 셕뉴(榴)<類合 上 9>.

13) ᄣᅴ워 : 띄워. ᄣᅴ우- + -어. 참고) ᄇᆡ롤 ᄣᅴ우고<杜解 重 3:20>.

14) 겻반 : 곁상. 한 상에 다 못 차리어 덧붙여 차리는 작은 상.

15) 의이쥭 : 의이죽(薏苡粥). 율무죽을 가리킨다.

16) 녹도쥭 : 녹두죽(綠豆粥).

17) 반 : 盤. 소반·쟁반 등의 총칭.

18) 죵ᄌᆞ : 종지. 종자(鍾子). 간장이나 젓갈 등을 담는 작은 그릇. 참고) 죵ᄌᆞ 죵(鍾)<千字 石 21>.

19) 조차 : 함께. 겸하여.

20) 쳥어 : 청어. 참고) 쳥어(海靑魚)<物譜 虫魚>.

21) 보려코 : 보려 하고. 보- + -려 # ᄒᆞ- + -고. 'ᄒᆞ고'의 'ㆍ'가 탈락된 뒤 ㅎ과 ㄱ이 축약되었다. 오늘날 경상방언에 '-ㄹ라꼬'(볼라꼬, 갈라꼬)의 선대형으로 생각된다.

22) 머리 쒸우고 : 머리를 꾸미고. '쒸우-'는 이 자료에 처음 나타나는 낱말로 고어사전에 보이지 않는 것이다. 문맥으로 보아 머리를 꾸며 장식하는 것을 의미한다. 영조 때 큰머리(가체)를 금하고 쪽머리를 하게 된 이후 비녀를 쓰는 풍습이 생겨났다. 이 편지가 작성된 시기에도 가체와 같은 머리를 올려 머리 장식을 하는 풍속이 있었을 것이다.

23) ᄀᆞ리매 : 유득공이 쓴 『경도잡지(京都雜志)』에 잔치나 경사스러운 일이 있을 때 여인네들이 머리에 쓰는 것으로 검은 베로 만드는 것이라고 설명되어 있다. 'ᄀᆞ리매'의 원뜻은 '가리는 물건'이다. 머리에 쓰던 물건은 여러 가지가 있었다. '아얌'은 겨울에 부녀자들이 나들이할 때 춥지 아니하도록 쓰던 것으로, 이마만을 덮고 귀는 내놓으며 뒤에는 아얌드림을 늘어뜨린다. '조바위'는 여자가 쓰는 방한모의 하나로 위는 터져 있고, 아얌과 비슷하지만 제물 볼끼가 커서 귀와 뺨을 가리게 되어 있다. '남바위'도 추위를 막으려고 쓰는데, 앞은 이마를 덮고 뒤는 목과 등을 내리 덮는다.

24) 스게 : 쓰게. 스-(冠) + -게. 참고) 거믄 頭巾을 스고<杜解 初 15:6>.

25) 스게 하소 : 쓰도록 하소. 쓰게 하소. 곽주가 부인인 하씨 본인에게 가리매를 쓰라고 당부하는 것임에도 불구하고 '-게 하소'란 표현을 쓰고 있다. '스소'나 '스도록 하소'가 어울린다 .

26) 잡ᄉᆞ올 : 잡술. 잡수실.

27) 잔ᄃᆡ : 잔대(盞臺). 잔을 받치는 그릇. 탁반(托盤). 참고) 잔ᄃᆡ(托子)<物譜 酒食>.
28) 규화 : '규화'는 葵花(해바라기)를 가리키는 낱말로 쓰인 용례가 있으나 이 편지에서도 같은 뜻으로 쓰인 것인지는 분명치 않다. 해바라기의 씨앗을 술안주로 썼다. 만약 규화가 '해바라기'라면 앞의 '잔ᄃᆡ'도 풀이름으로 볼 여지도 있다. '잔대'는 초롱꽃과의 여러해살이풀로서, 뿌리는 도라지처럼 생기고 7-9월에 하늘색 꽃이 핀다. 뿌리는 약용하고 어린잎은 식용한다.
29) 김참봉ᄃᆡ그나 : 김 참봉 댁에나. 참봉(參奉)은 조선 시대 때 여러 관청에 있었던 종구품의 벼슬.

65. 배 고프면 상감도 보리밥을 자시는데… 영인 657p

곽주가 하씨에게 [문 85] [건들 83]

판독문

엄셔방 밥과 산젼도
령 밥을 마치[1] ᄀᆞᆺ게 ᄒᆞᆫ
가지로 ᄒᆞ여 밧ᄌᆞᆸ졔[2] 싱
심도 다ᄅᆞ게 마소. 반찬ᄂᆞᆫ
골안ᄃᆡᆨ[3] 댱만ᄒᆞᄂᆞᆫ 거ᄉᆞᆫ
ᄒᆞᆫ 가지로 몯ᄒᆞ려니와
반찬이라도 우리게셔[4]
ᄒᆞᄂᆞᆫ 거스란 마치 ᄀᆞᆺ게
ᄒᆞ소. 밥이나 반찬이나
다ᄅᆞ면 먹ᄂᆞᆫ 인ᄃᆞᆯ[5] ᄆᆞ
셔시 안심ᄒᆞ며 몯 먹
ᄂᆞ닌ᄃᆞᆯ ᄆᆞ셔시 됴흘고.
싱심도[6] 다ᄅᆞ게 마소. 나
ᄅᆞᆨ[7]은 환자[8]도 아ᄆᆞ려 소
지[9] 뎡ᄒᆞ여도[10] 주디 아니
ᄒᆞ니 나ᄅᆞᆨ밥 ᄒᆞᆯ 셰ᄂᆞᆫ
쳔만 업ᄉᆡ. 날 ᄀᆞ문 양

을 보면 보리밥도 니울
길히 업슬가 식븨. 어ᄃᆡ
가 나록밥[11]을 어더 ᄒᆞᆯ
고. 아ᄆᆞ 마리 자내 귀예
드려도[12] 드른 쳬 말고
내 긔걸대로 ᄒᆞ소. ᄇᆡ
고ᄑᆞ면 샹감도 보리밥
을 자시더라 ᄒᆞ니 ᄒᆞ
믈며 샹감만 몯ᄒᆞᆫ
사ᄅᆞ미야. ᄇᆡ옷 고ᄑᆞ
면 보리밥 몯 머글
주리 이실가. 싱심도
드른 쳬 말고 내 긔걸
대로 ᄒᆞ소. 젯뫼[13]도
아바님 겨ᄋᆞᆸ신 제브터
뫼ᄒᆞ여 잡ᄉᆞᆸ던 양
으로 ᄑᆞᆺ과 나록ᄡᆞᆯ과
보리ᄡᆞᆯ과 섯거 ᄒᆞ여
잡ᄉᆞᆸ게 ᄒᆞ소. 젯뫼
도 나록ᄡᆞᆯ 니워 ᄒᆞᆯ
길히 어려워 보리ᄡᆞᆯ
과 섯거 ᄒᆞ거든 ᄒᆞ믈
며 다른 밥이야. 졔
예도 나록뫼를 몯
ᄒᆞ며셔 다른 ᄃᆡ 잘 ᄒᆞᆯ
가. 싱심도 드른 쳬 말
고 내 긔걸대로[14] ᄒᆞ소.

현대어

엄서방 밥과 산전도령 밥을 틀림없이 같게 한가지로 하여 드리게. 조금도 다르게 하지 마소. 반찬은 골안댁 장만하는 것은 한 가지로 못하려니와 반찬이라도 우리가 장만하는 것은 틀림없이 같게 하소. 밥이나 반찬이나 다르면 먹는 사람인들 뭐 마음 편하며, 못 먹는 사람인들 무엇이 좋을꼬(좋은 밥이나 반찬을 먹는 사람도 안심하고 편히 먹을 수 없고, 좋지 않은 밥이나 반찬을 먹는 사람도 마음이 불편하지 않겠소). 조금도 다르게 하지 마소.

쌀은 환자(還子)조차도 아무리 (곡식 꾸어달라는) 청원서를 내어도 주지 아니하니 쌀밥을 할 형세(원문의 '셰'는 '勢'를 표기한 것)는 전혀 없소. 날이 가무는 모양을 보면 보리밥도 이을 길이 없지 않을까 싶으이. 어디에 가 쌀밥을 구할 수 있을꼬? 어떤 말이 자네 귀에 들려도 들은 체 말고 내 명대로 하소. "배 고프면 상감도 보리밥을 자시더라" 하니, 하물며 상감만 못한 사람이야(말해 무엇하겠소?). 배가 고프면 보리밥이라고 못 먹을 리가 있을까. 조금도 들은 체 하지 말고 내 명대로 하소.

제삿밥도 아버님 계신 때부터 (평소) 진지 지어 잡수시던 대로 팥과 쌀과 보리쌀을 섞어 잡수시게 하소. 제삿밥도 쌀밥을 이어서 할 길이 어려워 보리쌀과 섞어 하는데, 하물며 다른 밥이야 (당연히 섞어 지어야 하지 않겠소?). 제사에도 쌀밥을 못 쓰면서 (하물며) 다른 데 잘할까. 조금도 들은 체 말고 내 명령대로 하소.

해설

이 편지에는 두 가지 사연이 담겨 있다. 첫째는 곽주의 집에서 기식(寄食)하고 있는 두 사람 즉 산전도령과 엄서방에게 똑같은 밥상을 올리라는 것인데, 두 사람의 신분이 달랐던 것 같다. '도령'과 '서방'이라는 말을 비교해 보면 산전도령의 지위가 높았던 듯하다. 쌀이 크게 부족하고 날이 가무니 보리쌀을 섞어 밥을 지으라는 당부가 두 번째다. 환자를 얻을 길도 없는데 무슨 수로 쌀밥을 지어서 먹을 것이며, 배 고프면 상감도 보리밥을 자시는데 하물며 보통 사람이야 말해 무엇하겠느냐 하며 젯뫼까지도 보리를 섞어 올리라고 시키고 있다. 이러한 사연은 난리를 치른 후 경제적으로 어려웠던 일면을 보여 준다.

제삿밥 사연이 나타나는 것으로 보아 곽주의 아버님 제사를 준비하는 것 같다. "아버님 계셨던 평소 때처럼 팥과 보리쌀을 섞어 잡수시게 하소"라는 구절에서 이 점을 짐작할 수 있다. 이 구절은 돌아가신 부모님 또한 살아 계시는 것처럼 느끼게 한다. 이런 내용을 통해

이 편지가 곽주의 아버지가 고인이 된 1606년 이후에 쓰인 것임을 알 수 있다.

주석

1) 마치 : 마치. 틀림없이. 고어의 '마치'는 '맞추어', '마치', '오직'의 여러 뜻으로 쓰였다. 『教學 고어사전』(남광우) 참조. 이 문장에서는 후행 'ᄀᆞᆮ-'과 호응하여 '틀림없이 같도록'의 뜻을 표현한다.
2) 밧ᄌᆞᆸ졔 : '-졔'는 (반말투의) 종결어미로서 서술문, 의문문, 명령문, 청유문에 두루 쓰일 수 있으나 여기에서는 명령형어미 '-지'(하게체 상황에서는 '-게')에 해당한다. 역사적으로는 향가나 이두의 '-져'(齊)에서 유래하는 것이다. 종결어미 '-져'는 '禮爲白齊'<禮敬諸佛歌>, '供爲白齊'<廣修供養歌>, '讚伊白齊'<稱讚如來歌> 등의 '齊'와 직접 관련된다.
3) 골안ᄃᆡᆨ : 이웃 부인의 택호. '골안'이라는 마을에서 시집온 부인의 택호이다.
4) 우리게셔 : '-게'는 접미사, '-셔'는 첨사임.
5) 먹ᄂᆞᆫ 인ᄃᆞᆯ : 먹는 사람인들. 먹- + -ᄂᆞᆫ[관형형] # 이[인칭의존명사] + -ㄴᄃᆞᆯ.
6) 싱심도 : 조금도. 전혀. 부정의 뜻을 지닌 말과 호응하는 부사. 언감생심(焉敢生心 : 감히 그런 마음을 품을 수도 없음)의 '생심'에서 이런 부정의 뜻을 지닌 부사가 파생되었을 것으로 추측된다. 참고) 너희 싱심도 젼에 먹던 ᄆᆞᅀᆞ믈 먹디 말오<빅셩에게 니ᄅᆞᄂᆞᆫ 글; 선조 26년, 1593년>. 주려 죽단 말 싱심도 말고<靑言 오장환씨본 p. 122>. 싱심이나 그러ᄒᆞ리잇가(不敢)<朴초 上 58>.
7) 나ᄅᆞᆨ : 나락. '쌀' 또는 '벼'의 방언형.
8) 환자(還子) : 조선 왕조 때 각 고을의 관고(官庫) 저곡(貯穀)에서 백성에게 꾸어 주었던 곡식을 가을에 받아들이는 일. 환상(還上). 참고) 환자곡(還子穀) : 관청에서 백성에게, 봄에 꾸어 주었다가 가을에 받아들이던 곡식. 위 문맥에서는 '환자'를 '환자곡'이란 뜻으로 사용하였다.
9) 소지 : 소지(所志). 이두로서 관가에 무엇을 청원할 때 내는 '청원서'를 뜻함. 참고) 所志 呈ᄒᆞ다(告狀)(申狀)(呈狀)<譯解 上 11b>. '소지(所志)를 뎡(呈)ᄒᆞ다'는 '청원서를 내다'라는 뜻이다.
10) 뎡ᄒᆞ여도 : 呈하여도. (소지를) 올려도. '呈'은 하위 기관이나 하위자가 상위 기관이나 상위자에게 글을 올리는 것을 뜻한다.
11) 나ᄅᆞᆨ밥 : 문맥상 이 곳의 'ᄂᆞᄅᆞᆨ'은 '도정한 뒤의 쌀'이라는 뜻으로 쓰인 것이다. 지금 경상방언에서는 논에 자라고 있는 벼나 도정하기 전의 낟알로서의 벼를 '나락'이라 하고 도정한 후의 것은 '나락'이라 하지 않는다.
12) 드려도 : 들려도(聽). 듣- + -이-[피동접사] + -어도.
13) 졧뫼 : 제삿밥. '뫼'는 높은 어른의 끼니나 음식을 가리키는 말이다. 참고) 쥭 조반 朝夕 뫼 녜와 갓티 셰시ᄂᆞᆫ가<송강가사 속미인곡>. 한편 요즈음에 '제삿밥'을 가리키는 말로는 '메'가 쓰인다. '메'는 제사 때 신위 앞에 올리는 밥을 뜻하기도 하지만 궁중어로서 '밥'을 뜻하기도 하는데, 이런 양면적인 뜻과 '졧뫼'라는 단어를 볼 때 오늘날의 제삿밥을 뜻하는 '메'는 높은 어른의 끼니나 음식을 가리키는 '뫼'에서 변한 말로 볼 수 있다.
14) 긔걸대로 : 시키는 대로. '긔걸'은 '명령'을 뜻하는 옛말.

66. 종들을 남의 종 부리듯 하지 말고 영인 656p

곽주가 하씨에게 [문 65] [건들 127]

판독문

가셔

초상 제[1] 횟니블[2] ᄒᆞ여셔 쓰디 아닌 모시

닐곱 자ᄒᆞ고 들기ᄅᆞᆷ ᄒᆞᆫ 홉ᄒᆞ고

ᄆᆡ죵이[3] 맛닷ᄂᆞᆫ[4] 소진[5]ᄒᆞ고 오ᄂᆞᆯ로 ᄆᆡ죵

이 친히 가뎌 나오라 ᄒᆞ소. 긋비[6] 제 ᄌᆞ

식조차 이시니 머기기ᄅᆞᆯ ᄇᆡ 골

치 아니케 ᄒᆞ소. 브릴 사ᄅᆞᆷ이 업서

ᄌᆞ식이 비록 이셔도 노치 몯ᄒᆞ여

드난[7] 드려[8] 브리려 ᄒᆞ니 제 ᄆᆞᄋᆞᆷ을

브티게[9] 아라 브리소. 죵ᄃᆞᄅᆞᆯ 이젼[10]

ᄂᆞ믜 죵 브리ᄃᆞ시 말고 죵이 ᄉᆞ랑케[11]

브려사 ᄒᆞ리. 아라 ᄒᆞ소. 근심이[12]도 설

워 드난 드려 브리로쇠[13]. 요ᄉᆞ이 브려

보니[14] 일도 힘뻐 ᄒᆞ고 음식도 머검즉

게 ᄒᆞ여 주니 제 ᄆᆞᄋᆞᆷ을 아ᄆᆞ려나 항

거슬[15] ᄉᆞ랑케 브리게 ᄒᆞ소. 셕[16]의 며

누리[17] 자편[18] ᄇᆡ지[19] 와시니 셕이ᄅᆞᆯ 오

ᄂᆞᆯ로 ᄆᆡ죵의 ᄒᆞᆷᄭᅴ[20] 나오되 제 며

누리 거졔[21] ᄃᆞ려다가 두고 올 제 도부[22]

바다 온 거ᄉᆞᆯ 조차 가뎌 오라 ᄒᆞ소.

ᄆᆡ죵이와 셕이ᄅᆞᆯ 브ᄃᆡ 오ᄂᆞᆯ로 나

와 말 드러 가라 ᄒᆞ소.

【右邊】

겨릅[23] 두 단만 ᄆᆡ죵이 어더 오라 ᄒᆞ소.[24]

현대어

가서. (지난번) 초상을 치를 때 횟이불을 만들었다가 쓰지 않은(→초상 때 모시로 횟이불을 하였는데 그때 쓰지 않고 남겨 둔) 모시베 일곱 자하고 들기름 한 홉하고 ᄆᆡ죵이가 맡아 있는 송진을 오늘 ᄆᆡ죵이에게 친히 가져 나오라 하소.

긋비는 제 자식까지 있으니 먹이기를 배곯지 않게 하소. 부릴 사람이 없어 (긋비에게) 비록 자식이 있어도 놓지 못하여 드난들여 부리려 하니 제 마음을 붙이도록 알아서 부리소. 종들을 이전에 남의 종 부리듯이 하지 말고 종이 (주인을) 생각하게끔 부려야 하리. 알아서 하소. 근심이도 드난들여 부리도록 하세. 요사이 부려 보니 일도 힘써 하고, 음식도 먹음직하게 하여 주니 제 마음으로 아무쪼록 주인을 생각하도록 부리소.

셕이의 며느리에게 쥐어 보낸 배자가 왔으니, 셕이를 오늘 ᄆᆡ죵이와 함께 나오게 하되, 제 며느리를 거졔(?)에 데려다가 두고 올 때 문서 받아 온 것을 아울러 가져오라 하소. ᄆᆡ죵이와 셕이를 부디 오늘 나와서 (내) 말을 듣고 가라 하소.

겨릅 두 단만 ᄆᆡ죵이에게 구하여 오라 하소.

해설

모시베 일곱 자, 들기름 한 홉, 송진, 겨릅 두 단을 보내라고 하는 곽주의 전갈이다. 들기름이나 송진은 방수 역할을 하는 공통점이 있고, 모시와 껍질 벗긴 삼대는 천과 관계 있는 재료라는 공통점이 있는 것 같다. '횟니불'과 함께 이들이 소용되는 일이 있었던 듯하다. 그것이 구체적으로 무슨 일인지 드러나 있지 않다.

이 편지의 대부분 사연은 노복들을 다스려 대접하는 것과, 이들에게 시킨 일에 대한 것이다. '긋비'에게는 아기까지 딸려 있으니 배곯지 않게 먹이라 하고, '근심이'는 일도 잘하고 음식도 먹음직하게 만드니 드난살이를 시켜 보자고 제안하고 있다. '셕이'에게 가져오라고 한 문서는 며느리를 '거졔'에 데려다 두고 받아온 노비 문서로 보인다. 또한 이들 종을 부릴 때 남의 종 부리듯이 소홀히 말고 스스로 마음으로 우러나 주인을 섬기도록 보살펴 부리라고 하씨에게 당부하고 있다. 하인들을 인자하게 다루었던 곽주의 성품을 엿볼 수 있는 사연이다.

주석

1) 초상 제 : 초상을 치를 때(時). 이 '초상'은 곽주의 아버지가 별세하였을 때 치른 초상을 가리키는 듯하다.
2) 횟니블 : 이불의 한 종류로 생각되지만 정확한 뜻은 알 수 없다. 서까래나 들보 따위의 끝에 넣는 오색 단청의 무늬를 '회'라고 하는데, '횟니블'의 '회'도 이와 같은 뜻으로 쓴 것일지 모르겠다. '회'의 뜻을 이렇게 보면 오색 무늬 테두리를 이불 끝단에 단 것을 '횟이불'이라 했을 것으로 추정할 수 있다. 한편 현대국어에 쓰이는 '홑이불'도 고려해 볼 수 있으나 조어 요소가 다른 것이어서 직접적으로 관련되기 어렵다.
3) ᄆᆡ죵이 : 노비 이름.
4) 맛닷ᄂᆞᆫ : 맡아 있는. 맡겨둔. 맜(任)- + -아 # 잇- + -ᄂᆞᆫ.
5) 소진 : 송진(松). 참고) 茯苓은 소진이 짜해 드러 千年이면 化ᄒᆞ아 茯苓 ᄃᆞ외ᄂᆞ니라<南明 上 67>.
6) ᄀᆞᆺ비 : 노비 이름.
7) 드난 : 임시로 남의 집 행랑에 붙어 지내며 주인 집 일을 도와주는 고용살이. 주로 여자에게 쓰인다. 들-(入)# 나-(出) + -ㄴ[동명사형어미].
8) 드려 : 들여. 드리(入)- + -어. '드난드려'는 '드난살이를 들게 하여'라는 뜻이다.
9) ᄇᆞ티게 : 붙이게. 참고) ᄆᆞᄉᆞ매 ᄇᆞ티디 아니ᄒᆞ며 不接心術<宣賜內訓 1:12>.
10) 이젼 : 이전(以前). 문맥상 '이전과 같이'라는 뜻이 내포되어 있다.
11) ᄉᆞ랑케 : 생각하게.
12) 근심이 : 婢의 이름.
13) ᄇᆞ리로쇠 : 부릴 것이로세. ᄇᆞ리- + -로(<도)- + -쇠(소이다).
14) 보니 : '보니'의 '니'는 補入 글자.
15) 항거슬 : 주인을. '항것'은 주인(主人), 상전(上典)의 뜻이다.
16) 셕 : 人名. 노비 이름으로 추정된다.
17) 며누리 : 며느리. '며느리'가 '며누리'로 표기되어 있다. ㄴ뒤의 ㅡ>ㅜ 원순모음화를' 보인 특이한 예인데 당시의 현풍 방언형일 것이다. 같은 어형이 뒤에도 한 번 더 나온다.
18) 자핀 : 잡힌. 쥐어 준. 셕의 며누리 자핀 ᄇᆡ지 와시니 : 셕이의 며누리에게 쥐어준(보낸) 배자가 왔으니.
19) ᄇᆡ지 : 윗사람이 아랫 사람에게 하명할 때 내리는 글. 牌子(패자). 상전이 노비에게 어떤 일을 지시할 때 이러저러 하게 하라고 적어 주는 글이 '배자'인데 한글로 된 자료들이 더러 남아 있다.
20) ᄆᆡ죵의 ᄒᆞᆷᄭᅴ : 'ᄒᆞᆷᄭᅴ' 앞에 주격조사가 쓰이지 않고 왜 속격조사 '-의'가 쓰였는지 이해되지 않는다. 다른 편지에는 이런 용례가 보이지 않는다. 16번, 95번 편지에 'ᄆᆡ죵이'(단독형 또는 주어), 75번에 'ᄆᆡ죵의게'(여격어)가 나온다. 이 편지의 'ᄆᆡ죵의'는 'ᄆᆡ죵이'의 오기로 생각된다.
21) 거졔 : '거졔'는 문맥상 마을 이름 따위의 지명으로 생각된다. 남해의 '거제'(巨濟)일 가능성도 생각해 볼 수 있으나 미심쩍다.
22) 도부 : 도부(到付). 공문(公文)이 도달함. 이 문맥에서는 '문서'를 뜻하고 있다.
23) 겨릅 : 겨릅대. 껍질을 벗긴 삼대. 집물(什物)을 만들거나 집의 흙벽을 쳐올릴 때 산자를 엮는 재료로 쓰였다. 현대 방언에 '지릅', '지릅대'로 쓰이고 있다.
24) 이 문장은 맨 앞의 '가셔' 아래 쓰여 있으나 글을 다 쓴 후 빠뜨린 것이 있어서 '추신'으로 첨가한 것이다.

67. 근심이에게 상으로 삼 두 단을 주소 영인 656p

곽주가 하씨에게 [문 90] [건들 50]

판독문

근심이[1] 하 슈
고ᄒᆞ여 이시니
녀롬사리[2] ᄒᆞ여
니브라 ᄒᆞ고
삼 두 단만 샹
으로 주소.
자내 말로 니
ᄅᆞ고 주소.

현대어

근심이가 매우 수고했으니 "여름살이를(=여름 지낼 옷을) 해 입어라" 하고 삼 두 단만 상(賞)으로 주소. 자네 말로 이르고 주소.

해설

이 편지의 주된 화젯거리인 근심이는 앞 66번 편지에서도 나온 인물이다. 드난살이로 임시 고용하여 일을 시켜 보았는데, 집안의 잡일과 부엌일을 하면서 힘써 일하고 음식도 먹음직스럽게 한다고 곽주가 흡족해 하던 여종이었다. 그러한 근심이에게 드디어 곽주가 여름 옷감을 상으로 내렸다. 많은 노역으로 지친 종에게 상을 주어 위로하려는 주인의 마음씨가 나타나 있다.

그러나 곽주는 이 일에서도 자신의 체면 유지보다는 하씨를 배려하고 있다. 곽주가 시켜서 주는 것이 아니라 하씨가 주는 것으로 하라는 것인데 이는 주인 마나님의 체면을 세워 주려는 의도이다. 이러한 곽주의 지시는 앞의 편지에서 종들을 부리되 주인을 섬기는 마음이 우러나게 하라고 한 뜻을 실천한 것이라 할 수 있다. 이를 통해 추정 가능한 또 한 가지의 사실은, 종들을 부리는 데 있어서 하씨가 곽주보다 더 깐깐하게 다루었으리라는 것이다.

주석

1) 근심이 : 여종[婢] 이름. 67번 편지에 '근심이'를 드난 들여 부리겠다는 사연이 있다.
2) 녀롬사리 : 여름살이. 여름 생활. 더운 여름을 지내는 것을 별도로 부른 말.

68. 새경은 달마다 한 말씩 주고… 영인 655p

곽주가 하씨에게 [문 91] [건들 37]

판독문

요[1] 줄 제 븐의[2] 요 ᄐᆞ
러 드러 오나ᄃᆞᆫ ᄃᆞᆯ마
다 ᄒᆞᆫ 말식 주고 므
듸예[3] 두 말식 주
소. 년ᄒᆞ여 ᄃᆞᆯ마다 ᄒᆞᆫ
말식 주고 ᄒᆞᆫ ᄃᆞᆯ 걸러
나 두 ᄃᆞᆯ 걸러 □
말식 주소.

현대어

새경을 줄 때 븐의가 새경을 타러 들어오거든, 달마다 한 말씩 주고 틈틈이 두 말씩 주소. 연하여 달마다 한 말씩 주고 한 달 걸러나 두 달 걸러 □ 말씩 주소.

해설

신공(身貢)을 바치는 노비에게 그 대가로 곡물을 주는 방법을 지시한 편지이다. 매달 한 말을 주되 가끔씩은 두 말도 주라고 하였다. 요즘 말로 하면 분기별로 100%의 보너스를 준 셈이다. 무슨 곡식을 준 것인지는 나타나 있지 않다.

주석

1) 요 : 급료(給料). 조선시대에 여러 잡직(雜織)과 아문의 구실아치들에게 주는 곡식이나 무명 따위의 물품을 '요'라고 하였다. 이 편지의 '요'(料)는 노비들이 바친 노역(勞役)의 대가로 주는 곡식 등의 물자를 뜻한다. 머슴에게 주는 '새경'에 해당한다. '料'의 본음은 '뇨'(<료)인데 이 편지에서 '요'로 나타난 것은 반모음 j앞에서 어두 ㄴ이 탈락한 결과이다. 참고) 料 뇨 뇨 / 혜아릴 뇨<新合 上 26b>.

2) 븐의 : 노비 이름.

3) ᄆᆞ듸예 : 틈틈이. 節. ᄆᆞ듸 + -예(처격). 앞 구절에 시간어 'ᄃᆞᆯ마다'가 나오는 것으로 보아 'ᄆᆞ듸'도 시간 명사임이 분명하다. 'ᄃᆞᆯ'(月)과의 상관성으로 보아 '일정한 시간 범위'를 표현한 낱말로 판단된다. 새경을 달마다 주는 사이에 틈틈이 또 얼마씩 주라는 말이므로 'ᄆᆞ듸'는 한 달의 '마디'에 해당한다. 이 'ᄆᆞ듸'는 대체로 한 달의 중간쯤에 해당된다고 본다. 'ᄆᆞ듸'는 'ᄆᆞᄃᆡ(節)'와 같은 단어족에 속하는 낱말로서 모음 교체에 따른 분화형이다.

69. 혼인에 쓰는 책을 찾아 금동이 시켜 보내소 영인 655p

곽주가 하씨에게 [문 39] [건들 76]

판독문

밤의 엇디 자신
고. 그별 몰라 ᄒᆞ
뇌. 도ᄂᆞᄅᆞ[1]셔
혼인의 ᄡᅳᄂᆞᆫ ᄎᆡᆨ
어드러 사ᄅᆞᆷ이 부
러[2] 와 이시니 ᄎᆡᆨ
보과 갓보희 두
고대[3] 어더 금동
이 ᄒᆞ여 보내소. 졉
ᄎᆡᆨ[4]이 다 부뵌[5] ᄎᆡᆨ

이니 대원이[6] ᄒᆞ여
어더 보라 ᄒᆞ소. 졉
칙이 세ᄒᆞ로셔
뉴[7]에 ᄂᆞᆰ고 큰 칙
【右邊】
이니 져근 칙 둘
란 말고 크고 ᄂᆞᆰ
은 졉칙을 보내
소. 젼년[8] 혼인 제[9]
도ᄂᆞᄅᆞ로셔
온 졉칙이니 ᄌᆞ
셰 어더 보내소. (手決)
【뒷면】
가셔 (手決)

현대어

밤에 어찌 주무셨는고. 기별 몰라 하네. 도나루에서 혼인에 쓰는 책을 얻으러 사람이 일부러 와 있으니 책보와 갓보의 두 곳에서 찾아, 금동이를 시켜서 보내소. 접책(=절첩책)이다 구멍을 뚫어 장정한 책이니 대원이 시켜 얻어 보라 하소. 접책이 셋으로 뉴(紐)가 낡고 큰 책이니 작은 책 둘은 말고 크고 낡은 접책을 보내소. 이전 해 혼인 때 도나루에서 온 접책이니 자세히 찾아서 보내소. 가서.

해설

이 편지에는 책과 관련된 몇 가지 어휘가 나온다. '혼인에 쓰는 칙', '졉칙', '부븬 칙', '뉴'가 그것이다. '혼인에 쓰는 책'은 혼사의 여러 과정에서 필요한 문건을 만드는 방법이나 절차 등을 적어 놓은 책이었을 것이다. 혼사를 치를 때 이런 책을 참고하였음을 알려 주는 기록이다. 혼인에 쓰는 이 책은 그 장정이 절첩(혹은 粘帖) 형식으로 된 것이어서 '졉칙'이라는 용어를 쓰고 있다. '접은 책'이라는 뜻의 이 낱말은 현대 서지학에서 그대로 살려 쓸 만한 말이다.

주석

1) 도ᄂᆞᄅᆞ : 지명. 나루터 이름. 현풍에서 낙동강 건너편에 있는 고령의 도진(桃津)이 그곳이다. 현재의 행정 지역으로는 고령군 개진면 도진동으로 되어 있다. 4번 편지에도 나온 적이 있다. 본서에 실린 '해제'의 지도를 참고.
2) 부러 : 일부러. 의도적으로.
3) 고대 : 곳에. 곧(處) + -애[처격].
4) 졉ᄎᆡᆨ : 접책(摺冊). '졉ᄎᆡᆨ'은 오늘날의 첩장본(帖裝本)과 같이 병풍처럼 접어서 만든 책 즉 장첩본(粧帖本)을 말한다.
5) 부븬 : 부븨- + -ㄴ. 이 어간은 두 가지 뜻을 가진 것으로 판단된다. 첫째는 '비비다' 즉 '문지르다'는 뜻이고 둘째는 '두 손바닥 사이에 송곳을 넣고 돌려 구멍을 뚫다'라는 뜻이다. 첫째의 뜻은 다음 예문에서 볼 수 있다. 참고) 유지(揉紙) 죠희 부뷔다<柳氏物名 五 火>. 쑥을 가져다가 부븨요ᄋᆞᆯ ᄀᆞᄂᆞ리 ᄒᆞ야<박번 上 38>. 이 예의 '부븨-'는 '문질러 부드럽게 하다'는 뜻으로 볼 수 있다. 둘째의 뜻은 『훈몽자회』에 나타나는 '鑽 비븨 찬'<訓蒙 中 7b>과 관련된다. '비븨'는 '송곳'이다. 그 어형이 '부븨-'와 다른 점이 있으나 모음교체에 의한 어형 분화로 생각된다. 이 편지의 문맥에서 '부븬 ᄎᆡᆨ'은 '송곳으로 구멍을 뚫어 장정을 한 책'의 뜻으로 풀이된다.
6) 대원이 : 곽주의 아들.
7) 뉴 : 紐. 책을 장정할 때 책을 감싸는 곽에 자그마한 댓조각이나 뿔로 질러서 꽂는 것.
8) 젼년 : 전년(前年).
9) 혼인 제 : 혼인을 치를 때. 66번 편지의 '초상 제'(초상을 치를 때)와 같이 시간을 나타내는 의존명사 '제'가 체언 뒤에 통합한 구성이다. '제'의 이러한 용법은 다른 의존명사의 기능 변화와 함께 자세히 살펴볼 만한 것이다.

70. 장판지에 싼 당판 책 스무 권을 챙겨 보내소 영인 654p

곽주가 하씨에게 [문 51] [건들 108]

판독문

요ᄉᆞ이 아희ᄃᆞᆯ ᄃᆞ리고 엇디 겨신고. 긔별 몰라
분별ᄒᆞᄂᆡ. 나ᄂᆞᆫ 편히 이쇼ᄃᆡ 대임의 병이 ᄒᆞ
린 ᄃᆞᆺ호ᄃᆡ 수이 쾌치 아니ᄒᆞ니 여러 번 침을
마쳐야 ᄒᆞᆯ 거시니 오래 이실가 식버[1] ᄒᆞᄂᆡ. 내 자
던 며마ᄐᆡ[2] 당판[3]애 ᄡᆞᆫ 당판ᄎᆡᆨ[4]이 대되 스므권
ᄎᆡᆨ으로셔 더러[5] 보노라 내여 ᄎᆡᆨ 사ᄒᆞᆫ ᄃᆡ[6] 내여 잇
더니 당판애 ᄡᆞᆫ ᄎᆡᆨ을 보아셔 그 ᄎᆡᆨ ᄒᆞᆫ 가지

칙을 칙 사흔 딕 어더셔 당판애 칙과
병흐여 스므권을 촐화 그 댱판애 흔듸 싸고 댱
판 우희 보로 빠셔 아긔 거러로[7] 보내소.[8] 뎡동디[9]딕
으로 보낼 칙이니 칙이 드러나디 아니흐게
보롤 빠 보내소. 건치 다리 둘 돕디[10] 흔나 보내
소. 병둥에 쓰려 구흐니 만 나게[11] 므른니[12]로 보내
소. 므른 모과도 두 동[13]만 보내소. 대셩이[14] 빅 알
패라[15] 흐더니 이제는 엇더 흔고. 긔별 몰
라 흐뇌. 샹직[16] 종돌 언현이[17] 자디 말라
흐소. 밧바 이만. 즈일 (手決)

【右邊】

건치과 므른 모과란 빠 봉흐여 년뷔[18]
롤 주워 내게로 보내소. 몰총관[19] 어
더 보희 빠 보내소.

【뒷면】

가셔 (手決)

현대어

요사이 아이들 데리고 어찌 계신고. 기별 몰라 염려하네. 나는 편히 있으되 대임의 병이 나은 듯하되 빨리 쾌치 아니하니 여러 번 침을 맞혀야 할 것이어서 (여기에) 오래 (머물러) 있을 것 같네. 내 자던 머리맡에 장판지에 싼 당판책(=중국판본)이 모두 스무 권으로서(=책인데 그 중에 몇 권을) 빼내 보느라고 내어서 책 쌓아 놓은 데 놓아두었는데, 장판지에 싼 책이 (무슨 책인지) 보고 그 책과 한가지 책(=제목이 같은 책)을 책 쌓은 곳에서 가려내어, 당판책과 합해 스무 권을 챙겨서 그 장판지에 한데 싸고, 장판지 위에 보로 싸서 아들 편으로 보내소. 정동지 댁으로 보낼 책이니 책이 드러나지 않게 보에 싸서 보내소.

마른 꿩 다리 둘과 돕지 하나를 보내소. 병중에 쓰려고 구하니 맛나게 마른 것으로 보내소. 마른 모과도 두 동만 보내소.

대셩이가 배 아프다고 하더니 이제는 어떠한고. 기별 몰라 궁금하오. 번을 서는 종들이

소홀히 하여 자지 말라 하소. 바빠 이만. 즉일.

마른 꿩과 마른 모과는 싸서 봉하여 년뷔를 주어 내게로 보내소. 말총관을 얻어 보자기에 싸 보내소. 가서.

해설

여러 가지 사연이 아주 많이 들어 있는 편지이다. 편지 하나로 온갖 일을 망라하여 전하고 있다. 대임이에게 침을 맞히고자 하는 이야기, 당판책을 빼낸 것까지 찾아서 모두 20권을 맞추어 보에 싸서 보내라는 것, 꿩고기와 마른 모과, 말총관을 보내라는 이야기, 상직[番]을 서는 종들이 잠자지 말고 집안을 잘 지키라고 하는 내용이 얽혀 있는 편지다. 마지막 내용은 임진왜란 이후 사회가 불안하고 치안에 문제가 있었던 시대상을 암시해 준다.

대임이가 침을 맞는 사연은 앞에서도 자주 나온 이야기인데, 특히 40번 편지에 자세히 묘사되어 있었다. 그때도 곽주가 하씨에게 마른 모과를 두 동만 보내라고 했는데, 이 편지에서도 같은 약재를 같은 양으로 보내라고 하여, 두 편지의 연관성을 짐작할 수 있다.

정동지 댁은 53번 편지에서도 언급된 적이 있는 이웃이다. 아주버님 병세가 중하여 그 댁에 약을 물으러 간다고 했으며, 사흘 후 제사에 맞춰서 돌아올 수 없을 정도로 떨어진 곳이었던 듯하다. 여기서 정동지의 집으로 보낼 책을 밖에서 보이지 않도록 보자기에 잘 싸서 보내라는 지시 사항이 흥미롭다. 책이 매우 귀중했던 시대의 모습과 물건을 전할 때 적용되었던 예절이 반영돼 있다.

주석

1) 식버 : 싶어. 식브- + -어. '싶다'는 추측·추정의 의미 기능을 가지고 있는데, 여기서는 추정의 '싶다' 뒤에 다시 보조동사 '하다'가 결합하였다(식버 ᄒᆞ뇌). 이는 현대 문법에서 불가능한 구성이다.
2) 며마틔 : 머리맡에. 경남대학교의 김정대 교수가 서부 경남방언에는 '며 마틔'와 같은 뜻으로 '배 마태'가 쓰인다고 알려 주셨다. 이 '배'는 '벼'의 변화형일 것이다. 따라서 '며'와 '벼'가 같은 뜻을 가진 쌍형어로 공존했을 것이다. 즉, '며개'와 함께 '벼개'라는 낱말이 각각 쓰였던 때가 있었음을 알 수 있다. m~p간의 교체는 '마리~바리', '맥지~백지' 등에서 나타난다.
3) 당판 : 장판. 壯版紙(방바닥을 바르는 데 쓰는 기름 먹인 두꺼운 종이)의 준말.
4) 당판칙 : 당판책. 唐板冊. 중국에서 새긴 책판(冊版)으로 박아낸 책. 중국을 '당'이라 칭했음을 보여준다.
5) 더러 : 빼내어. 덜(減)- + -어.
6) 사힌듸 : 쌓은 데. 쌓아 둔 곳에.
7) 거러로 : 편으로. 걸음으로. 누군가가 오는 걸음에.
8) 내 자던 ~ 보내소 : 문장이 길고 많은 내용이 한 문장 안에 들어 있어 의미 파악이 어려운 점이 있다.

내용의 요지를 파악해 보면, 원래 장판지에 당판책(중국판본) 스무 권을 싸 놓았었는데, 가끔씩 보느라고 그 중에 일부를 빼내어 책을 쌓아 놓은 곳에 함께 섞어 두었다. 그러니 원래 장판지에 싸 두었던 책을 풀어 보고 그 책과 제목이 같은 책을 책 쌓아 놓은 곳에서 가려 스무 권을 맞추어 장판에 싼 책과 함께 아들 편으로 보내라는 뜻이다.

9) 뎡동디 : 정동지(鄭同知). 정씨 성을 가진 동지 벼슬을 하였거나 하고 있는 사람. 53번 편지 주석 3번, 60번 편지의 주석 1번 참조.

10) 돕디 : 돕지. 돕지는 현대어로 '갑옷이나 마고자 등의 섶. 앞을 여미지 아니하고 두 쪽이 나란히 맞닿음'이라고 뜻풀이가 되어 있다. 그러나 여기는 문맥으로 보아 꿩의 앞가슴 부분의 고기를 가리킨다. 3번 편지에 나온 적이 있다.

11) 만 나게 : 맛나게. 문맥으로 보아 '만'은 '맛'이 비음동화된 것으로 짐작된다.

12) ᄆᆞᄅᆞ니 : 마른 것. ᄆᆞᄅᆞ- + -ㄴ # 이[의존명사].

13) 동 : 굵게 묶어서 한 덩이를 만든 묶음. 단위를 셀 때 쓰는 단위명사.

14) 대셩 : 사람 이름. 곽주의 아들.

15) 알패라 : 앓- + -애-[감탄법] + -라.

16) 상직 : 上直. 당직. 당번. 번(番)을 서는 것.

17) 언현이 : '어련히'의 선대형. '대충대충, 소홀하게'의 뜻이다. 현대어 '어련히'와는 그 뜻이 다르다. 21번 편지에 나온 적이 있다.

18) 년뷔 : 노비 이름.

19) 몰총관 : 말총(말의 갈기나 꼬리의 털)으로 만든 관.

71. 내 핫중치막을 년쉬를 시켜 보내소 영인 654p

곽주가 하씨에게 [문 5] [건들 2]

판독문

가셔
싱양[1] 열 블[2]과 ᄀᆞᆺ
나ᄒᆞᆫ ᄃᆞᆯᄀᆡ알[3] 다
엿낫만[4] 유지[5]로 주
워[6] ᄂᆡ일 새배로 늘[7]
건너 홍닙[8]의 집
으로 보내소. 약 먹
일 법 슨 것도 가ᄂᆡ.
조차 보내소. 내 핫듕

치막[9] 보의 빠 년쉬[10]
ᄒᆞ여 보내소. 유지란
새배 ᄀᆞ장 일 가뎌 가
라 ᄒᆞ소. 유지 약을 가
뎌다가 주고 유지 저는
ᄇᆡ예 와 날 기ᄃᆞ려 건
네고[11] 집으로 도로 가라
ᄒᆞ소. 하셔방ᄒᆞ고 다리[12]
도 ᄂᆡ일로 홍닙의
집으로 오라 ᄒᆞ소. 나도 일
젼[13] 하나비[14] ᄃᆞ리고 가려 ᄒᆞ뇌.

› 현대어

가서(家書). 생강 열 뿌리와 갓 낳은 달걀 대엿 개를 유지에게 주어서, 내일 새벽에 나루터 건너 홍닙의 집으로 보내소. 약 먹이는 방법을 쓴 것도 (함께) 가네. (유지를 시켜 홍닙의 집으로) 함께 보내소. 내 핫중치막을 보자기에 싸서 년쉬를 시켜 보내소. 유지는 새벽에 매우 일찍 가져가라고 하소. 유지가 약을 가져다가 주고, 유지 자기는 배에 와서 나를 기다려서 (배로 나를) 건너게 해 주고 집으로 도로 가라고 이르소. 하서방과 다리도 내일 홍닙의 집으로 오라고 말하소. 나도 일전에 (말했던) 그 영감님을 데리고 가려 하네.

› 해설

곽주가 부인 하씨에게 보내라고 요청하는 물건은 생강 열 뿌리, 갓 낳은 달걀 대여섯 개, 핫중치막이며, 곽주가 보내는 것은 약과 이것의 먹는 방법을 쓴 처방이다. 이 물건들이 오고가는 데 등장하는 인물은 '유지', '년쉬', '홍닙', '하서방', '다리', '하나비'다. 여러 가지 물명과 인명이 많이 나타나는 편지이다. 생강을 하씨 쪽에서 보관하고 있는 사실은 54번 편지에도 나왔었다. 생강을 흙 속에 묻어서 보관하고 있었으며, 곽주가 집이 아닌 곳에서 생강이 필요할 때는 하씨에게 보내라는 전갈을 했다.

이 편지에는 많은 물명과 인명이 등장하고 할 일이 여럿 나타나 있는데 이를 정리해 보면 다음과 같다. 곽주는 편지를 쓴 다음날 홍닙의 집으로 가려고 한다. 곽주는 보내야 할 약과 처방이 유지를 통해 자신보다 먼저 그 집에 도착하기를 기대하고 있다. 그리고 자신은 년쉬에게서 핫중치막을 받아 입고, 일전에 말했던 그 할아버지와 홍닙의 집에 동행하려 한다. 이 때 유지는 배로 이들을 건네주고 다시 마을로 돌아간다. 나중에 홍닙의 집에서 하서방 및 다리와 함께 어떤 일을 하려는 계획이 있음을 보여준다. 여기서 나타난 '하서방'은 곽주의 손아래 처남일 듯하다.

주석

1) 싱양 : 생강. 참고) 싱양 강(薑)<千字 石 3>.
2) 블 : 뿌리. '블'은 '불휘'와 뜻은 같으나 어형의 차이가 있다.
3) ᄃᆞᆯ긔알 : 달걀. ᄃᆞᆰ + -의 # 알.
4) 다엿낫만 : 대엿 개만. 다엿 # 낫(낱) + -만.
5) 유지 : 사람 이름.
6) 주워 : 주어. 어간의 원순모음 ㅜ 때문에 뒷 음절에 w가 첨가되었다. 모음충돌 회피의 일종이다. 역사적으로 보면 '주어>주워>줘'의 단계를 설정할 수 있다.
7) ᄂᆞᆯ : 나루. 'ᄂᆞᄅᆞ'로 표기되어야 옳다. 아래에 여백이 없어서 획을 줄인 듯하다.
8) 홍닙 : 사람 이름.
9) 핫듕치막 : 핫중치막. '중치막'은 도포의 하나로 임진왜란 이후 사대부가 외출 시 착용하던 곧은 깃의 도포다. 조복(朝服)이나 겉옷 안에 받쳐 입는 옷이며, 곧은 깃에 길이가 길고 소매가 넓으며 앞은 두 자락이고 뒤는 한 자락이며, 옆은 무가 없이 터져 있다. 고종 21년(1884) 의복 간소화령을 내릴 때 대창의, 직령, 중의, 도포와 함께 중치막의 착용을 금하고, 그 대신에 두루마기를 입도록 하였다(김영숙 『한국복식문화사전』 p.346 참고). '핫-'은 옷이나 이불 따위의 말 위에 쓰이어 솜을 둔 것을 나타내는 접두사이다. 따라서 '핫중치막'은 솜을 두어 지은 중치막을 이른다.
10) 년쉬 : 노비 이름.
11) 건네고 : 건네주고. 건너- + -이-[사동접사] + -고.
12) 다리 : 사람 이름.
13) 일젼 : 일전(日前). 며칠 전.
14) 하나비 : 할아버지. 영감. 참고) 하나비 옹(翁) 하나비 수(叟)<訓蒙 上 33>. 하나비 조(組)<訓蒙 上 31>. 동사가 平語인 'ᄃᆞ리고'가 쓰인 점을 보아 여기에서의 '하나비'는 '翁(영감 또는 늙은이)'를 뜻하는 평칭어로 짐작된다.

72. 어물을 아무것도 못 사왔으니 영인 653p

곽주가 하씨에게 [문 88] [건들 35]

판독문

어므를[1] 아
믓[2] 것도 몯
바다[3] 와 이시니
믜[4]로셔 봇
기[5] ᄒᆞ고 회
ᄒᆞ고 두 가지
를 ᄒᆞ여 ᄡᅳ
게 ᄒᆞ소. 싱
션 세 마리
가니 세 마
리를 다 싱
션을 ᄒᆞ여[6]
ᄡᅳ고 안쥬
란 념통
산뎍[7]과 싱
치[8] 다리 둘
돕지[9] 둘
네홀 구워
셔 겻드려
ᄒᆞᆫ 그ᄅᆞ세
노케 ᄒᆞ소.
믜므른[10] 여
ᄉᆞᆺ 가지 되

고 안쥬ᄂᆞᆫ
싱치과 녬
통과 두 가
지로셔 ᄒᆞᆫ
그ᄅᆞᆺ세 겻드
려 노케 ᄒᆞ소.
믜ᄂᆞᆫ 스믈 다
ᄉᆞᆺ시[11] 가ᄂᆡ. 스
면[12] 누ᄅᆞᄂᆞᆫ 판
이 게 갓다 ᄒᆞᆯ
ᄉᆡ 스면 ᄀᆞᆯ
ᄅᆞᆯ 그저 보
내ᄂᆡ. 이 뎌
근 것 보고 도
로 가뎌 오소.

현대어

어물을 아무것도 못 사왔으니, 해삼으로 볶음을 하고 회를 하여 두 가지를 요리하여 쓰게 하소. 생선 세 마리가 가니 세 마리를 다 생선 반찬을 해서 쓰고, 안주는 염통산적과 생꿩다리 둘과 돕지 둘 (그렇게) 넷을 구워서 곁들여 한 그릇에 놓게 하소.

제물로 상에 올리는 음식은 여섯 가지가 되고, 안주는 꿩고기와 염통, 그 두 가지를 한 그릇에 곁들여 놓게 하소. 해삼은 스물 다섯이 가네.

스면(국수)을 누르는 판이 거기에 갔다고 하므로, (국수를 만들지 않고) 스면 가루를 그냥 보내네. 여기에 적은 것은 보고 (나서) 도로 가져 오소.

해설

집안에 큰일이 있어서 여러 가지 음식을 장만하는 모습을 보여 주는 편지다. 이 '큰일'은 딸의 혼사로 짐작된다. 각주에서 설명했듯이 '뫼믈'의 '뫼'가 두 가지 용법으로 쓰이고 있어서 상사(喪事)일 가능성도 있으나, 준비하는 음식물의 성격이나 다음 73번 편지의 사연을 고려할 때 혼인 잔치를 준비하는 것이 분명하다.

이 편지는 그 내용으로 보아 61번 편지와 연결된다. 61번 편지에서 어물장수를 보내서 해삼, 생전복, 섭조개, 대구알, 고등 등의 바다 어물을 구하려 했고, 어물장수에게 닷새의 기간을 주었었다. 이 편지에서 어물을 아무것도 못 받았다는 것은 그 결과를 적은 것으로 여겨진다. 낙동강을 끼고 있는 만큼 생선은 민물고기일 수도 있다. 내륙에 사는 사람들에게 당시 해산물이 매우 귀했으며, 귀한 만큼 상차림에서 그 중요성이 컸을 것이다.

주석

1) 어므ᄅᆞᆯ : 어물(魚物)을.
2) 아ᄆᆞᆺ : 아무. 「곽씨언간」에는 '아므, 아모, 아무, 아못, 아뭇'와 같은 어형은 보이지 않고, '아무'의 뜻하는 말로 '아믓' 혹은 '아ᄆᆞᆺ'으로 쓰였다. '무슨'은 '므슴, 므스'로만 나타나며 '무엇을'은 '므서슬'로만 나타난다.
3) 바다 : 받아. 사 와서. '받다'가 '사오다'의 뜻으로 쓰였다. 현대어의 '술 받아 오다'에 이런 용법이 남아 있다.
4) ᄆᆡ : 해삼.
5) ᄇᆞᆺ기 : 볶이. 볶음. 참고) 고기 ᄇᆞᆺ기 아디 몯ᄒᆞ노라(不會炒肉)<老解 上 19>.
6) ᄉᆡᆼ션을 ᄒᆞ여 : 생선 반찬을 하여. 염통산적과 꿩고기처럼 안주거리로 할 것이 아니라 생선 반찬으로 하라는 뜻이다.
7) 념통 산뎍 : 염통 산적(散炙). 소의 염통을 넓게 저며서 꼬챙이에 꿰어 양념하여 구운 음식. 참고) 쇠 념통(牛心)<譯解 上 50>.
8) ᄉᆡᆼ치 : 생치(生雉). 말리거나 익히지 않은 꿩고기.
9) ᄃᆞᆸ지 : 「곽씨언간」에서는 이 낱말이 모두 세 번 나타나는데 3번과 70번 편지에서는 'ᄃᆞᆸ디'로 나타났다. 꿩의 앞가슴 부분의 고기를 말하는 것으로 파악된다.
10) ᄆᆡᄆᆞ른 : 큰 상이나 존장자의 상에 올리는 음식물. ᄆᆡ믈(뫼物) + -ᄋᆞᆫ. 'ᄆᆡ'는 원본에서 분명히 'ᄆᆡ'로 되어 있으나 '뫼'로 적어야 옳은 것이다. 만약 '뫼'의 오기가 아니라면, '뫼>ᄆᆡ'와 같은 비원순화를 겪은 것으로 보인다. 「곽씨언간」에서 '뫼'는 존장자나 제사상에 올리는 음식을 뜻한 예가 있다. "아바님 뫼ᄡᆞᆯ"(3번), "졔뫼", "나록뫼"(65번)가 그 예다. '졔뫼'는 돌아가신 분께 올리는 '뫼'의 용례이고, "아바님 뫼ᄡᆞᆯ"과 "나록뫼"는 살아 계신 존장자에게 쓰인 '뫼'의 용례다. 현대국어의 '메'는 제사 때 신위 앞에 올리는 밥을 뜻한다.
11) ᄉᆞ믈 다ᄉᆞᆺ시 : 스물 다섯이. 단위성 의존 명사가 없이 수사만 쓰였다. '다ᄉᆞᆺ'의 받침 'ㅅ'이 주격조사에 중철된 표기이다.
12) ᄉᆞ면 : 가루로 만든 국수류. 세면(細麵). 혹은 사면(絲麵)이라 부르기도 하는데 면발이 가는 국수를 뜻한다. 『음식디미방』에 '싀면법'이라 하여 만드는 방법이 설명되어 있다. 녹두가루와 밀가루를 섞어서 가는 면발을 만들고 거기에 오미자 국물을 넣어 먹는다는 조리법이 나와 있다. 옛 문헌에 'ᄉᆞ면'으로 많이 쓰였다. 참고) 稍麥과 ᄉᆞ면 먹고(喫稍麥粉湯)<박통 重 下 14>. 粉湯 싀면 細粉 上仝<譯解 上 51>.

73. 새 징시가 입을 붉은 옷 둘을 보내소 영인 652p

곽주가 하씨에게 [문 73] [건들 144]

판독문

댱모 ᄒᆞ웁시며[1)] 어린 ᄌᆞ식돌 엇더ᄒᆞ신
고.[2)] 긔별 몰라 분별ᄒᆞ뇌. 나는 편히 왓
뇌. 편풍[3)] 둘 보내고 둘란 두라 ᄒᆞ엿더
니 그 둘흘 ᄆᆞ자[4)] 보내되 아기ᄒᆞ여 도ᄂᆞᄅᆞ
거시라 ᄒᆞ여 편풍 두헤[5)] 서[6)] 보내라 ᄒᆞ소. 손
반[7)] 발 드린[8)] 것 여ᄉᆞᆺ만 보내되 그 졈[9)] 반[10)]
미틔 믹죵이라 ᄒᆞ여 서 보내고 놋 등경[11)] ᄒᆞ
나 나모 등경 ᄒᆞ나 ᄒᆞ여 둘흘 보내되 나 이실 제
보내려 내엿던 등경ᄃᆞ롤[12)] 보내라 ᄒᆞ소. 새
징시[13)] 니블 블근 옷 둘 졈 보내고 챠
일[14)]도 챠양[15)]집의 ᄃᆞ라 잇더니 그 졈 아기 ᄒᆞ여
도ᄂᆞᄅᆞ 거시라 서셔 보내고 면판[16)]도 보내소.
면도 ᄀᆞ장 됴케 ᄆᆡᄀᆞ라[17)] 보내고 만도[18)] 졈 ᄀᆞ장
됴케 ᄆᆡᆼ그라 보내소. 횟고기 졈 ᄂᆡ일 근
심이[19)] 올 제 븨덕긔[20)] 조차 가뎌 오라 ᄒᆞ소.
자븐거슬[21)] ᄂᆞᄆᆡ게 여러 고대 비러 와시니
힝혀 섯기면 몯흘[22)] 거시니 아기ᄒᆞ여
ᄌᆞ셰[23)] 서 보내라 ᄒᆞ소. 횟고기란 만히
【上邊】
잡아 왓거든 ᄒᆞᆫ 뭇[24)]만 보내고 젹게 잡아 왓거든
【右邊】
여닐곱이나 다엿시나[25)] 되는 양[26)]으로 보내고 더
러 댱모씌 반찬ᄒᆞ게 ᄒᆞ소. 면판으란 구

의[27] 면판을 보내소. 면고[28]란 우리 거슬 보내
소. 요란ᄒᆞ여 이만. 즈일(手決)
【뒷면】
가셔(手決)

현대어

장모와 어린 자식들은 어떠하신고. 기별을 몰라서 걱정하네. 나는 편히 왔네.

병풍 두 개를 보내고 두 개는 두라고 했지만 그 둘을 마저 보내되 아이로 하여금 '도나루 것'이라고 병풍 뒤에 써서 보내라고 말하소. 소반은 발 달린 것으로 여섯 개만 보내되 그것도 반(盤) 밑에 '믹종이'라 하여 써서 보내고, 놋 등잔걸이 하나와 나무 등잔걸이 하나, 합쳐서 둘을 보내되 내가 있을 때 보내려고 내놓았던 등경들을 보내라고 하소.

새 신랑이 입을 붉은 옷을 두 벌 좀 보내고, 차일도 차양집에 달려 있더니 그것을 아이로 하여금 '도나루 것'이라고 써서 보내고 면판도 좀 보내소. 국수도 아주 좋게 만들어서 보내고, 만두도 아주 좋게 만들어서 좀 보내소.

회를 만드는 데 쓸 고기도 내일 근심이가 올 때 븨덕긔가 함께 가져오라고 말하소. 연장과 그릇을 남으로부터 여러 곳에서 빌려 왔으니 행여 섞이면 안 될 것이니, 아기로 하여금 (누구의 것인지 이름을) 분명히 써서 보내라고 말하소. 횟고기는 많이 잡아 왔거든 한 뭇만 보내고 적게 잡아 왔거든 예닐곱이나 대여섯 마리쯤이 되게 보내고, 덜어서 장모께 반찬으로 하여 드리소. 면판은 공용(公用)의 면판을 보내소. 국수를 만들 때 쓸 절굿공이는 우리 것을 보내소. 요란하여 이만. 즉일 (手決). 가서 (手決).

해설

이 편지는 곽주가 혼례를 치를 곳에 있으면서 소요되는 갖가지 물건과 음식을 분주히 장만하는 모습을 보여 준다. 72번 편지에서 갖가지 음식들을 마련하고 73번 편지에서 그릇을 비롯한 여러 가지 것들을 가져오라고 시키는 것은 혼례를 치르기 위한 준비임이 틀림없다. 69번 편지에 도나루에서 혼인에 쓰는 책을 얻으러 사람이 왔다는 내용이 있다. 72번 편지에는 음식 가운데 스면도 장만하는 것이 나타나는데, 혼례를 치른 뒤 잔칫상에는 국수가 오르는 것이 보통이었다. 그리고 혼인 잔칫집 마당에는 큰 차일을 치고 병풍도 세웠다. 이

러한 갖가지 물건을 이곳저곳에서 빌려 썼는데 빌릴 때 그 임자의 이름을 물건 뒤에 써 두라는 당부도 잊지 않고 있다.

특이한 낱말로 '새 징시'가 나오는데 이 편지의 정황 및 어형을 고려하여 '새 신랑'으로 추정하였다. 당시의 현풍방언의 한 모습이 아닌가 짐작된다. 부사 '졈'의 용법 또한 매우 특이한 모습을 보인다.

주석

1) 댱모 ᄒᆞ웁시며 : 장모며. 장모하고. 'ᄒᆞ웁시며'는 체언 사이에 들어간 접속 기능의 'ᄒᆞ며'에 '-웁시-'가 개재되어 '장모'에 대한 최대의 존경을 표현한 것이다. 'ᄒᆞ웁시며'의 '-웁-'은 화자(곽주)가 장모에 대한 겸양을 표현하고 '-시-'는 주체인 '장모'를 높인 선어말어미다. '장모'라는 주체를 존대하면서 동시에 겸양을 나타내기 위해 '-웁-'과 '-시-'가 함께 쓰인 것이다. 'ᄒᆞ웁시며'와 비슷한 접속 기능의 예로 29번 편지에 '쟝모ᄒᆞ시며 대되 편히 겨시다 ᄒᆞ니 깃거 ᄒᆞ뇌'를 들 수 있다. 이 문장에 쓰인 'ᄒᆞ시며'도 접속 기능을 한다.
2) '어린 자식돌 엇더ᄒᆞ신고'에 선어말어미 '-시-'가 들어간 것은 '장모'에게도 적용되는 서술어이기 때문이다. 74번 편지에 나타나는 '아희돌ᄒᆞ고 엇디 겨신고'의 '-시-'도 하씨와 아이들에게 함께 적용된 서술어에 '겨시-'가 쓰였다.
3) 편풍 : 병풍. 참고) 편풍 병(屛)<訓蒙 中 13>.
4) ᄆᆞ자 : 마저. 참고) 글 ᄆᆞ자 ᄇᆡ호더니(卒業)<二倫 重 46>.
5) 두헤 : 뒤에. '두'는 '뒤'의 'ㅣ'가 탈락한 것이다. 참고) 뒤헤ᄂᆞᆫ 모딘 도ᄌᆞᆨ<龍歌 30>.
6) 서 : 써서. ᄡᅳ-(書) + -어.
7) 손반 : '소반'(小盤)의 오기로 추정된다. 뒷음절 '반'의 받침 ㄴ에 이끌려 앞 음절말에 ㄴ을 잘못 적어 넣은 것이다.
8) 발 드린 : 발이 드리워진. 발 달린. '드리다'는 '드리우다(垂)'의 뜻인데, 여기에서는 상에 발이 달린 것을 이렇게 표현한 것으로 보인다. 참고) 우희 드린 구스리 이셔 거름 거를 쩌긔 뮐씨<月釋 10:21>.
9) 졈 : 좀[부사]. 어떤 일을 부탁하거나 청하는 상황에서 쓰인다. 이 편지에 여러 번 나타나는데 명사, 동사, 부사 앞에 놓여 그 출현 위치가 자유롭다. 명사와 부사 앞에 놓인 '졈'은 현대어로 번역할 때 반영되기 어렵다.
10) 반 : 盤. 반상기의 일종으로 보인다.
11) 등경 : 등잔을 걸어 놓는 기구. 등가(燈架).
12) 등경ᄃᆞ롤 : 등경들을.
13) 새 징시 : 새 신랑. '새 징시'가 입을 '붉은 옷 둘'을 보내라고 하는 것으로 보아 '새 징시'는 사람을 가리키는 명사이다. 이 편지의 사연이 혼인 잔치 준비를 하는 내용으로 보아 '새 징시'는 붉은 옷을 입고 혼례에 참여하는 인물이다. '징시'는 '진신(縉紳)'이 속음화된 어형이 아닐까 짐작된다. '縉紳'은 원래 '벼슬아치 혹은 점잖고 지위가 높은 사람'을 뜻하는 말이니 갓 결혼하는 新郞(신랑)을 높여 부르는 말로 충분히 쓰였음직하다. 이렇게 보면 '새 징시'는 '새 신랑'의 의미가 된다. 혼례식에서 붉은 옷을 입을 사람은 새 신랑밖에 없기 때문에 이 추정은 거의 확실하다.
14) 챠일 : 차일(遮日). 햇볕을 가리기 위하여 치는 포장(布帳). 천포(天布). 참고) 챠일 막(幕)<유합 上 32>.
15) 챠양 : 차양(遮陽). 볕을 가리거나 비를 막기 위하여 처마 끝에 덧대는 물건.
16) 면판 : 면판(麵板). 국수를 누르는 판. 72번 편지에 나온 'ᄉᆞ면 누ᄅᆞᄂᆞᆫ 판'을 줄여서 일컫는 말일 것이다.

17) 미ᄀ라: 만들어. '밍ᄀ라'의 오기(誤記).
18) 만도 : 만두(饅頭). 참고) 만두 돈(飩)<訓蒙 中 20>.
19) 근심이 : 婢의 이름.
20) 븨덕긔 : 사람 이름.
21) 자븐거슬 : 자븐 것-을. 연장과 그릇들을. 참고) 자븐것들 닛ᄂᆞᆫ 집(庫房)<譯解 上 16>.
22) 몯홀 : 안 될. 이 문장에서는 '몯ᄒᆞ다'가 현대의 '안 되다'의 뜻으로 쓰였다.
23) ᄌᆞ셰 : 자세히. 「곽씨언간」에서는 'ᄌᆞ셰'가 '자세히, 꼼꼼히, 분명히' 등의 뜻으로 쓰였다.
24) 뭇 : 뭇. 생선을 세는 단위 명사로 열 마리를 일컬음. '뭇'은 장작 · 채소 따위의 작은 묶음을 세는 단위 명사로도 쓰인다.
25) 다엿시나 : 대여섯이나. '다엿 + -이나'에서 ㅅ이 중철된 표기이다.
26) 양 : 모양새. 樣[형식명사]. 참고) 네 사름 ᄒᆞ논 양ᄋᆞ로 禮數ᄒᆞ숩고<釋譜 6:21>. '量'의 음은 '냥~량'이어서 '양'으로 적히지 않았다.
27) 구의 : 공공(公共)의. '구의'는 '官, 公'의 뜻으로 쓰였는데, 여기에서는 뒤의 뜻으로 생각된다. 큰 잔치를 대비해서 그릇 등의 집물(什物)을 마을이나 문중의 공용으로 준비해 놓는 것이 우리의 전통이었다.
28) 면고 : 면고. 국수를 만들 때 쓰는 절굿공이. 참고) 고 져(杵)<訓蒙 中 11>.

74. 조꿀을 부디 좋게 고아 두소 영인 651p

곽주가 하씨에게 [문 74] [건들 147]

판독문

아희둘ᄒᆞ고 엇디 겨신고. 긔별
몰라 분별ᄒᆞ뇌. 아져게 일년
이[1] 졔예 쁠 편ᄲᆞᆯ[2] 가뎌 가더
니 ᄌᆞ셰 봉흔 것 보아 바ᄃᆞ신
가[3]. 졔쥬 항[4] 봉ᄒᆞ여 금동
이 가져 가ᄂᆡ. ᄌᆞ셰 보아 밧소.
졔예 쁠 ᄉᆞᆯ[5] 엇다가[6] 몯 ᄒᆞ니 조
ᄊᆞ를[7] 고하셔 산승[8] 경단내[9]
ᄡᅳ고져 ᄒᆞ니 ᄂᆡ일로 브
듸 조ᄊᆞ를 됴케 고하 두
소. 졍함 ᄀᆞᄅᆞ[10]도 고하 두소. 조

ᄭᅮᆯ를 브ᄃᆡ ᄇᆞ듸 됴케 고하 두

소. 슈영ᄃᆡ게[11] ᄇᆡ화 자내

고하 보소. ᄇᆞᆺ바 이만

【右邊】

즈일 (手決)

【뒷면】

가셔 (手決)

현대어

아이들과 어찌 계시는고. 기별을 몰라서 걱정하네. 아침에 일년이가 제사에 쓸 떡쌀을 가져갔는데 분명히 봉한 것을 보고 받으셨는가. 제사에 쓸 술항아리를 봉하여 금동이가 가져가네. 자세히 보고 받으시오. 제사에 쓸 꿀을 구하다가 못 했으니 조꿀을 고아서 산승 경단에 쓰고자 하니, 내일 부디 조꿀을 좋게 고아 두소. 정함 가루도 고아 두소. 조꿀을 부디부디 좋게 고아 두소. 수영댁한테 배워서 자네가 고아 보소. 바빠 이만. 즉일. 가서.

해설

제사 준비를 하는 사연이다. 제사에 쓸 떡쌀, 제주 항아리, 제사에 쓸 꿀, 산승 경단과 정함 가루 따위가 제사에 필요한 물건으로 나와 있다. 특히 조꿀을 좋게 고아 두라는 당부를 거듭 하며 수영댁에게 그 방법을 배워 아내(하씨)가 직접 고아 보라고 하였다. 제사에 꿀을 쓴 점은 요즈음과 다르다. 노비를 시켜 떡쌀과 술항아리 등을 보내면서 봉하여서 보냈고, 이를 받는 하씨에게 봉해진 것을 확인했는지 궁금해 하고 있다. 운반 도중 손 타는 것을 경계하였던 것이다.

주석

1) 일년이 : 비(婢)의 이름.
2) 편ᄡᆞᆯ : 떡쌀. 떡을 만들 쌀. '편(艑)'과 'ᄡᆞᆯ'의 합성어.
3) 바ᄃᆞ신가 : 받으셨는가. 받아 있는가.
4) 졔쥬 항 : 祭酒 항아리. 제사에 쓸 술을 담는 항아리. 祭酒 항.

5) ᄭᅮᆯ : 꿀. 'ᄢᅮᆯ>ᄭᅮᆯ'의 변화를 보인 것이다.
6) 엇다가 : 구하다가.
7) 조ᄭᅮᄅᆞᆯ : 조꿀을. 조꿀은 조(粟)로 고은 꿀이다.
8) 산승 : 후행하는 '경단'을 수식하는 말인데 '산승 경단'은 경단의 한 종류일 것이다.
9) 경단내 : 경단에. 'ㄴ'이 중철표기되었다. 경단(瓊團)은 찹쌀이나 찰수수의 가루를 반죽하여 밤톨만큼씩 동글동글하게 빚어, 끓는 물에 삶아 내어 고물을 묻힌 떡이다.
10) 졍함 ᄀᆞᄅᆞ : '졍함'으로 만든 가루. '졍함'은 '곻–'는 대상이므로 어떤 곡물의 가루임이 분명하다. '하생원' 필사기가 있는 『주방문』(규장각 소장)의 상화법에 "소ᄂᆞᆫ 뎡함이나 콩ᄀᆞᄅᆡ ᄭᅮᆯ을 몰거나 ᄒᆞ라 ᄎᆡ소도 됴ᄒᆞ니라"(주방문 17a)에 '뎡함'이 쓰인 예가 있다. 상화소의 재료에 콩가루와 대등하게 쓰이는 것으로 보아 곡물로 간주된다. 고려대 신암문고 소장 『요록』(1680년경)에도 이 낱말이 나온다. 『주찬방』(박록담 소장)의 「作末式」(가루 만드는 법)에 "丁含則七升"이란 구절이 나온다. 이 구절이 콩과 녹두 사이에 쓰인 문맥으로 보아 '丁含'이 곡물명임은 확실하지만 이것이 어떤 곡물인지 확인하지 못하였다. '졍함'은 '뎡함'에 ㄷ구개음화가 적용된 것이다.
11) 슈영ᄃᆡ게 : 수영댁으로부터. '수영댁'은 이웃집 부인의 택호이다. 32번 편지에는 '이슈영ᄃᆡ개'가 나온 적이 있는데 같은 집을 가리키는 것임이 분명하다. '슈영'은 '水營'을 표음한 것인 듯하다.

75. 무명을 아끼지 말고 이불을 만드소 영인 651p

곽주가 하씨에게 [문 81] [건들 1]

판독문

ᄊᆞ엿다가[1] 바ᄃᆞᆫ
무명 ᄒᆞᆫ 필 ᄒᆞ
고 ᄆᆡ죵의게 사
긔[2] 바ᄃᆞ러 갓던
무명 반 필ᄒᆞ
고 병ᄒᆞ여[3] ᄒᆞᆫ 필
반이면 유여[4] 니
브ᄅᆞᆯ ᄒᆞᆯ 거시니
수이 ᄒᆞ여 자게
ᄒᆞ소 필 반이
젹거든 마은[5]

자 무명이 엇그
제 구시레[6] 바치
쟈 ᄒᆞ고 내여 왓
던 무명을 셜
흔닐곱 자만
버히고 남ᄂᆞᆫ
거스로셔 보
타여[7] 수이ᄒᆞᄒᆞ
게 ᄒᆞ소. 몸이 병
옷 기피 든 휘
면 므서시 관겨
히[8] 앗가온 거시 잇
ᄂᆞᆫ고. 내 몸두곤[9]
더 큰 거슬 두
겨신가.[10] 잡말 말
고 수이 ᄒᆞ여 덥
게 ᄒᆞ소. 자내옷
병 들면 ᄌᆞ식돌도
【右邊】
관겨치 아니ᄒᆞ니 삽
말 말고 ᄒᆞ소.

현대어

꾸어 주었다가 받은 무명 한 필과 ᄆᆡ종에게 삯으로 받으러 갔던 무명 반 필을 합쳐 한 필 반이면 넉넉히 이불을 만들 수 있을 것이니 빨리 만들어 자도록 하소(잠자리에 쓰도록 하소). 한 필 반이 적거든 엊그제 세역(稅役)으로 (관에) 바치자고 내어왔던 마흔 자의 무명 가운데 서른일곱 자만 베어내고 남는 것을 보태어서 빨리빨리 (이불을) 짓도록 하소.

몸에 병이 깊이 든 뒤이면 무엇이 관계하여 아까운 것이 있을꼬. 내 몸보다 더 소중한 것이 있는가! 잡말 말고 빨리 하여 덮도록 하소. 자네가 병 들면 자식들도 소용없으니 잡말 말고 하소.

해설

부인 하씨의 건강을 염려하는 곽주가 무명을 아끼지 말고 이불을 만들어 덮으라는 편지다. 무명은 팔면 바로 돈이 되는 것이어서 함부로 쓰지 못하고 아껴 모으는 것 중의 하나였다. 무명을 아껴 이불을 만들지 않고 춥게 지내다가 병 들면 다 허사라고 하면서 공세(貢稅)로 바칠 무명을 잘라내어 쓰라 하였다. 무명을 아끼려고 이불도 해 덮지 않고 있는 아내에게 "춥게 자다가 병들게 되면 무엇이 아까울 것인가"라고 꾸짖으며 속히 이불을 만들어 덮도록 당부한 것이다. 아내를 배려하는 남편의 따뜻한 마음씨가 나타나 있는 편지이다.

주석

1) ᄭᅮ엿다가 : 꾸이었다가. 꾸어 주었다가. ᄭᅮ- + -이-(사동접미사) + -엇- + -다가.
2) 사긔 : 삯에. 삯으로. 어떤 대가를 치르기 위한 몫이라는 뜻이 담겨 있다. '삯'이 '삭'으로 나타난 점이 특이하다.
3) 병ᄒᆞ여 : 병(幷)하여. 아울러. 함께.
4) 유여 : 넉넉히. 유여(有餘)히. 참고) 유여 우(優)<類合 下 9>. 죽도록 ᄲᅮ매 유여ᄒᆞ리라(終身儘多也)<飜小 8:31>.
5) 마ᄋᆞᆫ : 마흔. '마ᄉᆞᆫ'의 변화형이다. '마흔'은 18세기 문헌에 주로 나타난다. 따라서 우리는 '마ᄉᆞᆫ>마ᄋᆞᆫ>마은>마흔'과 같은 변화 단계를 설정할 수 있다. 모음 사이에서 ㅎ이 첨가되어 '마흔'이 생성된 것은 '셜흔', '일흔', '아흔'에 견인된 것이다. 또한 '마은'은 '만'으로 단축될 소지가 많다. 이렇게 되면 '만(萬)'과 같은 어형이 되어 버린다. 이런 동음충돌을 피하면서 2음절을 유지하여 형태적 변별성을 유지하려는 동기도 '마흔'을 생성하는 데 작용했을 것이다.
6) 구시레 : 공세(貢稅)로 관청에 재화를 바치는 일을 '구실'이라 하였다. 즉 '구실'은 관에 바치는 稅役이다. 참고) 그 구실을 거두고<警民編 18>.
7) 보타여 : 보태어. 참고) 補ᄂᆞᆫ 보탈씨오<月釋 2:8>.
8) 관겨히 : 관계하여. '관겨'는 '관계'에서 'ㅣ'가 탈락한 어형. '관계ᄒᆞ다, 관겨ᄒᆞ다'는 '관계하다, 상관하다'의 뜻으로 쓰였다. 참고) 관겨티 아니커니와<捷新 4:26>.
9) 몸두근 : 몸보다. 몸 + -두근.[비교격 조사] '-두근'은 '-두군'의 비원순모음화형이다. 참고) 놈두군 달이 주샤 일즉 大司馬ㅣ ᄃᆞ외여<杜解 重 5:46>.
10) 두겨신가 : 두어 있는가. 복합동사.

76. 횟고기도 여러 마리 아니고… 영인 650p

곽주가 하씨에게 [문 83] [건들 145]

판독문

횟고기[1]도 여
러 마리 아니고
만도[2]도 여러 그
ᄅᆞ시 아녀 근심
이[3] 혼자 가뎌 왐
즉[4] ᄒᆞ거든 븨
덕긔[5]란 보내
디 말고 근심
이 저[6]만 ᄒᆞ여 보
내소.

현대어

횟고기도 여러 마리가 아니고 만두도 여러 그릇이 아니어서 근심이가 혼자 가져옴직 하니, 븨덕긔일랑 보내지 말고 근심이 저만 하여(=심부름시켜) 보내소.

해설

잔치에 쓸 음식을 갖고 오는 일을 지시한 곽주의 편지이다. 하씨 부인이 음식을 보낼 때 보내는 음식의 양이 많지 않으니 근심이 혼자서 갖고 오도록 하라는 내용이다.

주석

1) 횟고기 : 횟고기. 횟감으로 쓸 고기. 회(膾) # ㅅ # 고기.
2) 만도 : 만두(饅頭). '상화'라고 번역한 예도 있다. 참고) 스면과 상화(粉湯饅頭)<朴飜 上 6>.
3) 근심이 : 여자 노비의 이름. 66번, 67번 편지에 나왔다.
4) 가뎌왐즉 : 가져옴직. 가디- + -어 # 오- + -암즉[그럴만한 특성이 꽤 있음을 나타내는 접미사]. '가디-'

는 '가지-'의 ㄷ구개음화 과도교정형.
5) 븨덕긔 : 노비 이름. 73번 편지에도 '븨덕긔'가 나온다.
6) 저 : 저. 3인칭 재귀대명사.

77. 이 옷을 깨끗이 빨아 모레 보내 주소 영인 650p

곽주가 하씨에게 [문 6] [건들 4]

판독문

이 오시 믈춍의[1] 더
러워[2] 닙디 몯ᄒᆞ게 되
여시니 ᄂᆡ일로 ᄲᆞ라
셔[3] 모뢰[4]로 보내소.
사ᄅᆞᆷ[5]을 몯 엇거든[6]
년악이 ᄒᆞ여 보내
소. ᄇᆞᄃᆡ 모뢰로 일[7]
년악이 ᄒᆞ여 보내소.
조케[8] ᄲᆞ라 보내소.
즈일(手决)
【뒷면】
가셔

현대어

이 옷이 말총으로 인해 더러워져 입지 못하게 되었으니 내일 빨아서 모레까지 보내소. 사람을 못 구하거든 년악이를 시켜 보내소. 부디 모레 일찍 년악이를 시켜 보내소. 깨끗하게 빨아 보내소. 즉일. 가서.

해설

곽주의 옷이 말총에 닿아 오물이 묻어 더러워졌다. 그 옷을 하씨에게 보내며 깨끗하게 빨아서 모레까지는 꼭 보내라는 사연이다. "사람을 못 구하거든 년악이를 시켜 보내라"는 구절에서 '구하는 사람'이란 심부름꾼으로 적당한 남자 종을 말하는 것으로 생각된다. 남자 종들이 안 되면, 여종 년악이를 시켜서라도 모레 일찍 보내라고 하였다.

주석

1) 말총의 : 말총에. 말총에 의해. '말총의'의 처격 '-의'는 위 문맥에서 처소 표시가 아니라 '-에 의하여(-으로 인하여)'로 대치 가능한 '원인'을 뜻하는 기능을 가진다. '말총'은 말의 갈기나 꼬리의 털을 가리킨다(=馬尾).
2) 더러워 : 더러워져서. 문맥상 '더러워'는 형용사가 아닌 동사로 해석해야 자연스럽다.
3) ᄲᆞ라셔 : 빨아서. ᄲᆞᆯ-(洗濯) + -아셔[접속어미].
4) 모ᄅᆡ : 모레. 내일의 다음날. 모ᄅᆡ>모릐>모래~모레.
5) 사름 : 사ᄅᆞᆷ : 사람. '사ᄅᆞᆷ'은 의 획이 길어 그 자형이 '사름'처럼 보이기도 한다. 제2음절의 'ㆍ'가 'ㅡ'로 로 변한 어형이다. '사름'은 16·17세기 문헌에 적지 않게 나타나는 어형인데 당시 실제로 발음되고 사용되었던 것이 확실하다. 참고) 사르미 쳐ᄌᆞ식과 화동ᄒᆞ며(人能和於妻子)<正俗 4>. 사름의 힝실리 효도만 크니 업슬식(人之行莫大於孝故)<正俗 1>.
6) 엇거든 : 얻거든. 받침 ㄷ이 ㅅ으로 표기된 예이다. 「곽씨언간」에 이러한 예는 많은 편이 아니다.
7) 일 : '일찍'이란 뜻으로 쓰인 부사.
8) 조케 : 깨끗하게. 좋-(淨) + -게.

78. 자네 오라버님께 이 편지를 드리라고 하소 영인 650p

곽주가 하씨에게 [문 12] [건들 12]

판독문

밤의 엇디 자신고[1)]
분별ᄒᆞᄂᆡ. 자내[2)] 오
라바님ᄭᅴ 유무ᄒᆞ여
보내니 하협[3)]의 집
사ᄅᆞᆷ 가ᄂᆞᆫ 이[4)]ᄅᆞᆯ 블러
다갸[5)] 주워[6)] 보내여 자내

오라바님끠 드리라 ᄒᆞ소.
혼이[7]란 주디 말고 밋
븐[8] 죵을 주어 보내소.
셩쥐[9] 혼인 일이니 브
듸 뎐ᄒᆞᆯ[10] 사ᄅᆞᆷ을 주어
보내소. 어제 ᄉᆡᆼ치[11] 언
메나[12] 잡아 왓던고. 잡
아 왓거든 댱모끠[13] 보
내소. 즈일[14] 가옹. (手決)
【뒷면】
가셔 (手決)

현대어

밤에 어찌 주무셨는고 걱정하네. 자네 오라버님께 편지를 써서 보내니, 하협의 집사람으로서 (그곳으로) 가는 이를 불러다가 (편지를) 주어 보내니 자네 오라버님께 드리라고 하소. 혼이에게 주지 말고 믿음직한 종한테 주어 보내소. 성주(星州)와의 혼인 일이니 부디 전할 사람을 주어 보내소.

어제 꿩을 얼마나 잡아왔던고. 잡아왔거든 장모님께 보내소.

즉일. 가옹(家翁). 가서(家書).

해설

곽주가 처남에게 편지를 보내면서 어떤 인편으로 보낼 것인지 알려 주고 있다. 또 성주와의 혼인 일로 서신을 보낼 때 믿음직한 종을 시키라고 당부하고 있다. 이 편지에서도 꿩 잡는 이야기가 나온다. 27번의 "풍셰를 매 어드러 보낼 양으로 기ᄃᆞ리시니"라는 대목과, 28번의 "매 가지러ᄂᆞᆫ 보내디 말라 ᄒᆞ셔ᄂᆞᆯ"에서 매에 대한 언급이 나온다. 이로 보아 꿩 잡는 데 매를 이용했음이 확실하다. 또한 여러 편지에서 큰 상차림이나 귀한 안주거리를 준비할 때마다 꿩고기의 여러 부분이 쓰이고 있는 것으로 보아, 꿩이 당시에 상당히 비중 있는 음식 재료였던 것으로 보인다.

주석

1) 자신고 : 주무셨는고. '-ㄴ고'는 의문형어미. 과거시제를 표시하는 형태가 zero 형태다.
2) 자내 : 자네(汝). 「곽씨언간」에서 '자내'는 모두 남편이 아내를 부를 때 쓰고 있다.
3) 하협 : 하씨의 친정 마을인 '오야'는 진주 하씨의 집성촌으로 현재 창녕군 이방면에 있는 마을이다. '하협'은 이 마을에 사는 사람 이름일 것이다.
4) 하협의 집 사름 가는 이 : 어절 구성이 어색한 감이 있다. 문맥상 "하협의 집에 속한 사람으로서 그곳으로 가는 이"라는 뜻으로 파악된다.
5) 블러다가 : 불러다가. 기본형은 '블리다(招)'(사・피동 동형어). 참고) 젓어밀 블리디 마ᄅᆞ쇼셔<釋譜 11:33>. 왕이 뉘으처 블리신대<月釋 2:7>. ᄒᆞᆫ ᄢᅴ 블료ᄆᆞᆯ 보라(同見招)<杜解 初 15:7>.
6) 주워 : 주어(與). 주- + -어. 선행 음절의 원순 모음에 의해 후행 모음에 w(원순성 활음)가 첨가된 어형이 '주워'이다. 일종의 모음충돌회피 현상이다. 몇 줄 뒤의 '주어 보내소'에서 보듯이 w가 첨가되지 않은 어형도 출현한다. 이러한 표기 양상은 '주어'와 '주워'라는 두 발음이 수의적 교체형으로 존재했음을 의미한다.
7) 혼이 : 노비의 이름. 뒤에 나오는 사연으로 보아 믿음직하지 못한 노복이었던 듯하다.
8) 밋븐 : 미쁜. 믿음직한. 동사 어간 '믿-'에 형용사화 접미사 '-브-'가 결합한 것.
9) 셩쥐 : 지명. 경북 성주(星州). '州'의 音이 '쥐'로 나타나는데 이는 전통적 속음으로 알려져 있다. '셩쥐'는 47번과 100번 편지에도 나타난다. 이 편지의 사연은 현풍과 성주가 통혼권(通婚圈)을 형성하였음을 알려 준다.
10) 뎐ᄒᆞᆯ : 전(傳)할.
11) 싱치 : 익히지 아니한 꿩고기. 이 문맥에선 그냥 '꿩'이라고 해석하면 자연스럽다.
12) 언메나 : 얼마나. 언머 + -이나. '언마=언머>얼머'의 변천과정을 밟았을 것이다. '얼머'가 나타난 최초 자료는 『경민편언해』(1656년)이므로 17세기 중엽에 '언머'가 '얼머'로 바뀌었다고 추정할 수 있다.
    * 언마 : 深谷 深山애 언마 저프거시뇨<月曲 123>. 언맛 福ᄋᆞᆯ 得ᄒᆞ리잇고<月釋 17:44>. 천량을 언매나 보낼고<朴飜 상 25>. 그 數ㅣ 언매잇고<法華 4:167>.
    * 언머 : 겨집죵ᄋᆡ 비디 언메잇가<月釋 8:81>. 사ᄅᆞᄆᆡ 사ᄅᆞ쇼ᄆᆞᆫ 언머만 ᄒᆞ리오(人生幾何)<杜解-初 10:9>. 언머의 ᄒᆞᆫ 판식 ᄒᆞᆯ다<朴飜 상 10>. 삭슬 언메나 줄다<朴飜 상 11>. 일싱이 언메완ᄃᆡ<野雲 39>.
    * 얼머 : 父母ㅣ ᄌᆞ식을 나흐샤ᄃᆡ 얼머 슈굴리 ᄒᆞ시니(父母生兒ᄒᆞ샤 多少艱辛ᄒᆞ시니)<警民 28>. 너를 얼머나 주어야 올ᄒᆞᆯ고(與你多少的是)<老諺 상 48>.
13) 댱모ᄭᅴ : 장모님께. 댱모(丈母) + -ᄭᅴ[존칭여격조사].
14) 즈일 : 즉일. 편지 보내는 날 당일을 가리킴. '즉일'에서 ㄱ이 탈락된 형태. 편지를 보내고 받는 날이 당일에 이루어질 때 '즈일'이라는 말을 썼다.

79. 생선 두 마리를 보내니 영인 649p

곽주가 하씨에게 [문 14] [건들 17]

판독문

싱션 두 마리 가니 큰 마리[1]란 ᄌᆞ식
둘ᄒᆞ고 구워 자시고 져근 마리[2]란 장
재골[3] 아긔게[4] 봉개[5] ᄒᆞ여[6] 보내소. 봉개
유무조차[7] 다가[8] 주고 안부 아라 보내소.

현대어

생선 두 마리가 가니 큰 마리(=큰 것 한 마리)는 자식들하고 구워 잡수시고, 작은 마리는 봉개로 하여금 장재골 아이에게 보내소. 봉개에게 편지까지 주고 (장재골 아이의) 안부를 알아 보내소.

해설

이 편지의 소재는 생선 두 마리이다. 곽주가 구한 생선 두 마리를 자신이 먹지 않고 식솔들에게 보내는데 크기에 따라 줄 곳을 구별해 보냈다. 큰 것은 식구가 많은 곳에, 작은 것은 분가한 것으로 보이는 아들네 집에 보내도록 하였다. 위 내용을 찬찬히 읽어 보면, 생선 두 마리는 비록 나누어 먹기에 적은 것이나 가족의 정을 나누기에는 충분한 것이라는 생각이 든다.

주석

1) 큰 마리 : 큰 생선. 이 '마리'는, '싱션 두 마리'의 '마리'와 같은 단위명사 용법으로 쓰인 것이 아니라 일반명사 용법으로 쓰였다. 그래서 이곳의 '마리'는 앞의 일반명사 '생선'을 대신 지칭하는 기능을 한다.
2) 져근 마리 : 작은 생선. 이때의 '마리'도 위의 '큰 마리'의 그것과 마찬가지로 일반명사 용법으로 쓰였다. 그리고 이곳의 '져근'은 양이 아니라 크기를 나타낸다. 경상방언 지역에서는 요즘도 '크기'를 가리킬 때 '적다'를 쓰는 경우가 흔하다.
3) 장재골 : 지명. 장자동. 이곳은 논공 공단의 공장과 아파트가 들어선 곳인데 '사부랑이'라고 부르기도 했다. (곽병숙 선생의 제보)

4) 아긔게 : 아기에게. 아기 + -의게[여격조사]>아긔게(모음축약). 참고) 겨지비 아기 나홇 時節을 當ᄒᆞ야 <釋譜 9:25>. 중생의게 브튼 ᄆᆞᅀᆞᆷ 업수듸<月釋 8:28>. 南녁 늘그늬게 섯겟노니(亂南翁)<杜解 初 8:4>.
5) 봉개 : 노비의 이름.
6) ᄒᆞ여 : 하여금.
7) 유무 조차 : '조차'의 어간에서 문법형태로 넘어가는 유동적인 모습을 보여준다. '조차'를 조사로 보면 '유무까지'의 뜻이 된다. '편지도 곁들어' 정도의 뜻을 내포한다.
8) 다가 : 가져다가. 갖다가. 다그-[동사어간] + -아[접속어미]. 동사 '다그-'가 독립 어간으로 활용한 예이다. '다그다'는 '(물건 따위를) 어떤 방향으로 가까이 옮기다'라는 뜻을 지닌다. 참고) 의자를 창가에 다그다. 그리고 '바싹 다그다'라는 뜻의 '다그치다'라는 동사에 '다그-'의 화석형이 남아 있다.

80. 김치를 연이어 장만하여 보내 주소 영인 648p

곽주가 하씨에게 [문 16] [건들 19]

판독문

덕남이[1] 오나놀[2] 편히 겨신 긔
별 듣고 깃거 ᄒᆞ뇌. 나도 당시[3]
편히 잇뇌. 졍녜는 됴히[4]
잇ᄂᆞᆫ가. 후에 올 사ᄅᆞᆷᄒᆞ여
긔별ᄒᆞ소. 온 거슨 다 밧고 그릇
ᄃᆞ른 다 도로 가뇌. 츌화 드
리소[5]. 썩으란 ᄒᆞ여 보내디 마
소. 잡 음식을 먹디 아니 ᄒᆞ
니 썩은 와도 관겨치 아니
ᄒᆞ니[6] ᄒᆞ여 보내디 마소. 짐치[7]
ᄅᆞᆯ ᄃᆞᆫ닐 사ᄅᆞᆷ 잇거든 년ᄒᆞ
【上邊】
여 ᄒᆞ여 보내소. 밧바 이만.
【右邊】
즈일(手決)

【뒷면】

가셔 (手決)

현대어

덕남이가 오거늘, 편히 계신다는 기별 듣고 기뻐하네. 나도 여전히 편히 있네. 졍녜는 잘 있는가. 후에 올 사람으로 하여금 기별하소. 온 것은 다 받았고, 그릇들은 다 도로 가네. 챙겨 들이소.

떡일랑 장만하여 보내지 마소. 잡(雜) 음식을 먹지 아니 하니 떡은 와도 관심이 없으니 장만하여 보내지 마소. 김치를 다닐 사람이 있거든 연이어 장만하여 보내소. 바빠 이만. 즉일. 가서

해설

곽주가 다른 곳에 머물고 있을 때 부인 하씨가 음식과 반찬을 만들어 보내는 모습이 그려진 편지다. 음식을 담아 왔던 그릇을 도로 돌려보내면서 떡은 잘 먹지 않으니 장만하지 말고, 김치는 연이어 보내 달라고 하고 있다. 앓고 있는 졍녜가 회복했는지 몹시 궁금해 하고 있다.

주석

1) 덕남이 : 노비의 이름.
2) 오나놀 : 오거늘. 오- + -나- + -놀. '-나-'는 '-거-'의 형태론적 이형태로 동사 '오-'에만 결합하는 것으로 설명되고 있다. 그러나 경상방언의 '온나'(오너라)나 표준어의 '이리 온' 따위를 보면 '온-'이 동사 어간으로 존재하였을 가능성도 있다.
3) 당시 : 15·16세기 문헌의 '당시론, 당시롱'은 '아직, 오히려, 도리어' 등의 뜻을 가지는 어형이었다. 이 문맥의 '당시'도 '아직'의 의미여서 15·16세기 문헌의 '당시론, 당시롱'과 어형상, 의미상 통하는 것이다. 참고) 몯ᄒᆞ야 겨시더라 당시론 일엇다(未裏且早裏)<朴飜 상 53>. 집의 당시론 밥이 이시니(家梨還有飯裏)<老解 상 38>. 당시론 언메나 잇ᄂᆞ뇨(還有多少)<老朴集覽 자해 1>. 엇디 당시롱 일즙 車輛을 修理티 아니ᄒᆞ엿ᄂᆞ뇨(怎麽還不曾修理車輛)<朴解 重 中 11>.
4) 됴히 : 좋게. '됴히(좋게)'가 '잇다'라는 존재동사와 호응하는 점이 특징적이다. '됴히 잇다'는 현대어라면 '좋게 있다'보다 '잘 있다'로 쓰인다.
5) 드리소 : 받아 들이소. '들이소'(入)의 연철 표기. 들(入) + -이-[사동접사] + -소.[하오체의 높임법].
6) 관겨치 아니ᄒᆞ니 : 관계하지 아니하니. '관겨'는 '관계'가 속음화한 것. '관계치 않다'는 보통 '용납, 방임'의 뜻으로 쓰이는데. 이 문맥에서는 '관심없음, 싫어함'의 뜻으로 쓰였다.
7) 짐치 : 김치. 딤치>짐치(구개음화)>짐츼(>ㅡ)>짐치(단모음화)>김치(ㄱ구개음화의 과도교정). '딤치'에서 '짐치'를 거쳐 '김치'로 변한 과정과 그 어원에 대한 자세한 연구는 백두현(2016)을 참고. 김치의 어

원 연구, 김치, 한민족의 흥과 한, 김치학총서 4, 세계김치연구소 발행, pp. 345-395.

81. 면화 자루가 봉한 둥 만 둥 헐려져 있으니 영인 648p

곽주가 하씨에게 [문 18] [건들 27]

판독문

오예 소례딕 (手決)
면화 든 잘리[1] 허니[2]
봉ᄒᆞᆫ 동 만 동ᄒᆞ여 ᄒᆞ여
ᄒᆞ뇌[3]. 실겻[4]도 가
뎌 오라 ᄒᆞ신가. 아기시[5]
보내라 ᄒᆞ더니[6] ᄒᆞ고 보내뇌[7].
 가셔

현대어

오예 소례댁
면화 든 자루가 헐려 있으니 봉한 듯 만 듯하여 꺼림칙하게 생각하네. (자네가) 실붙이도 가져오라 하였는가. 아기씨(며늘아기)가 "보내라" 하더니 그래서 보내네. 가서

해설

내용 면에서 30번 편지와 통하는 점이 있는 편지이다. 하씨가 곽주에게 보낸 면화 자루를 받아 보니 누가 봉한 것을 열어서 면화의 양이 줄어든 것 같다는 느낌을 적고 있다. 물건을 보내어 이동하는 과정에서 더러는 심부름하는 노복들이 못된 짓을 한 듯하다. 143번 편지에 "젼의 가다가 도로 온 것또 ᄉᆞ이예셔 하 허수ᄒᆞ니 밋디 몯 ᄒᆞ로소이다"라고 한 글에서도 중로(中路)에서 '허수'(虛數, 숫자나 양이 줄어듦)한 것이 있어서 노복들을 믿지 못하겠다는 푸념을 찾아 볼 수 있다.

주석

1) 쟐리 : '쟈ᄅᆞ(袋, 자루)'의 주격형. 현대국어를 기준으로 보면 문맥상 대격형이 들어가야 자연스럽다. '쟈ᄅᆞ'에 속격조사가 결합한 예로 '쟐닛 돈'<이륜 40>이 있고, 처격조사가 결합한 '쟐ᄋᆡ', '쟐릐'와 같은 예가 문헌에 나타난다. 대격형이 결합하면 '쟐올' 또는 '쟐ᄅᆞᆯ'이 되어야 할 것이다. 현재의 경상방언에는 재구조화되어 '잘리'가 단독형으로 쓰인다(잘리가 크다. 잘리에 담아라 등).
2) 허니 : 헐려 있으니. 풀려 있으니. 헐- + -니. '헐다'는 자타(自他) 양용동사 기능을 한 것인데, 여기서는 자동사로 쓰였다.
3) 봉ᄒᆞᆫ 동 만 동ᄒᆞ여 ᄒᆞ여 ᄒᆞ뇌 : 봉한 듯 만 듯하여 꺼림칙하게 생각하네. 누군가가 자루 안의 면화를 훔쳐낸 것 같아 미심쩍어 하는 느낌이 드러나 있다. 여기서는 'ᄒᆞ다'가 세 번 연이어 나오는 특이한 구조를 보인다. '만 동ᄒᆞ여 ᄒᆞ여 ᄒᆞ뇌'의 구조는 [[[adv]ᄒᆞ1-]ᄒᆞ2-]ᄒᆞ3-으로 분석할 수 있는데, 'ᄒᆞ1'은 접미사임이 분명하나, 'ᄒᆞ2, ᄒᆞ3'에 대해서는 다음과 같은 두 가지 가능성을 생각해 볼 수 있다. 즉, ① ᄒᆞ2('꺼림칙하다'의 대동사). ᄒᆞ3('생각하다'의 대동사). ② ᄒᆞ2(대동사), ᄒᆞ3(접미사 '-어 하다')로 ①의 경우는 대동사가 중복해서 나오는 어색함이 있으며, ②의 경우는 대동사 뒤에 '-어 하다'가 결합될 수 있는가 하는 문제가 있다. 여기서는 ①경우로 판단해 둔다.
4) 실겻 : 29번과 사연이 이어지는 30번 편지에 "면화ᄂᆞᆫ 닐곱 근 여ᄃᆞᆲ 냥 실겻 두 근 넉 냥이라 ᄒᆞ뇌"에서 '실겻'이 나온 적이 있다. 앞에서 '실겻'을 실타래 혹은 실타래 묶음으로 추정해 보았다.
5) 아기시 : 곽주가 쓰는 이 낱말은 '며느리'를 가리키는 말로 생각된다. 30번 편지에도 같은 의미로 추정한 적이 있다.
6) ᄒᆞ고 : 앞의 문맥과 연결시켜 보면 "보내라 하였는데 그 말을 들은 까닭으로"의 어감이다.
7) 보내늬 : '보내노이(보내뇌)'가 정확한 표기이다. '늬'를 'ᄂᆡ'로 읽을 수도 있지만 ㄴ 아래의 ㅡ 획이 아주 분명하여 '늬'로 판독하였다.

82. 제물은 여섯 가지로 차리소 영인 647p

곽주가 하씨에게 [문 19] [건들 30][1)]

판독문

거긔[2)] ᄇᆞ리고[3)] 오디 마
소. ᄆᆡ므ᄅᆞᆫ[4)] 연육[5)]과 양느ᄅᆞᆷ이[6)]과 싱치되탕[7)]
과 믜봇기[8)]과 믜회[9)]
과 싱션과 병ᄒᆞ여
여ᄉᆞᆺ 가지로쇠. ᄌᆞ셰
보아 출호소.
【뒷면】

ᄌᆞ셰 보소.

현대어

거기에 놔 두고 오지 마소. 상에 올리는 음식(=제물)은 연육과 양누르미와 생꿩 되탕과 해삼 볶은 것과 해삼회와 생선과 아울러 여섯 가지일 것이네. 자세히 보아 차리소. 자세히 보소.

해설

앞 부분이 없는 편지이다. 제물로 올리는 음식 여섯 가지 이름이 나와 있는 자료로서 17세기 당시 큰상에 어떤 음식이 올라갔는지를 알 수 있다.

주석

1) 이 편지는 다른 편지의 뒷부분이다. 앞의 내용을 확인할 수 없다.
2) 거긔 : 거기. 그 곳에.
3) ᄇᆞ리고 : 여기서 'ᄇᆞ리다'는 '놓아 두다'의 의미로 쓰였다.
4) ᄆᆡ므른 : 'ᄆᆡ믈'은 혼사나 제사 등 큰일을 치를 때의 상에 올리는 음식'을 말한다. 21번 편지의 주석을 참고 바람.
5) 연육 : 軟肉. 연한 고기.
6) 양느롬이 : 누르미의 한 종류이다. '양'(소의 위)을 재료로 하여 만든 누르미로 짐작된다. 3번 편지의 '느르미' 주석을 참고.
7) 싱치되탕 : 꿩으로 끓인 탕. '되탕'은 '탕'의 한 종류로 보이지만 정확한 뜻은 미상이다.
8) 믜봇기 : 해삼 볶은 것. 믜 + 볶- + -이[명사화 접미사]. '믜'는 해삼을 가리키는 말이다.
9) 믜회 : 해삼회.

83. 제사에 쓸 백미, 찹쌀, 녹두, 팥을 보내네 영인 647p

곽주가 하씨에게 [문 24] [건들 49]

판독문

졔예 ᄡᆞᆯ ᄇᆡᆨ미 서 말 ᄎᆞ
ᄡᆞᆯ[1] ᄒᆞᆫ 말 녹도[2] 닷 되

퐃 닷 되 가닉.[3] ᄌᆞ셰
밧소. 졔예 편ᄡᆞᆯ란[4]
뫼ᄡᆞᆯ ᄒᆞᆫ 말 닷 되 ᄎᆞᄡᆞᆯ
ᄒᆞᆫ 말 ᄒᆞ여 ᄡᅳ게 ᄒᆞ소.
기룸으란 한ᄃᆡ[5] ᄒᆞ여
ᄧᆞ이게 ᄒᆞ소. 밧
바 이만.
즈일 (手決)
【右邊】
모밀 ᄡᆞᆯ ᄒᆞᆫ 되 닷 홉 조차
면[6]에 ᄡᅳ게 가니.
【뒷면】
가셔 (手決)

현대어

제사에 쓸 백미 서 말, 찹쌀 한 말, 녹두 다섯 되, 팥 다섯 되가 가네. 자세히 받으소. 제사에 (쓸) 떡쌀은 멥쌀 한 말 다섯 되, 찹쌀 한 말로 하여 쓰도록 하소. 기름은 한대로 하여금 짜게 하소. 바빠 이만. 즉일. 메밀쌀 한 되 다섯 홉도 국수에 쓰도록 가네. 가서.

해설

앞 편지와 함께 제사상을 차리기 위해 쌀, 찹쌀, 녹두, 팥을 보내고 있다. 이 중에 떡쌀로 멥쌀 한 말 닷 되(보낸 양의 절반에 해당)와 찹쌀 한 말(찹쌀은 보낸 전량)을 쓰도록 지시하고 있다. 아울러 국수를 만들기 위해 메밀쌀도 보내고 있다.

주석

1) ᄎᆞᄡᆞᆯ : 찹쌀. '출'(粘)의 말음 ㄹ이 탈락한 것.
2) 녹도 : 녹두(綠豆).
3) 가닉 : 가네. '가노이다'가 가장 온전한 표기인데, 종결어미 탈락 및 모음축약이 적용되어 '가뇌'가 되

고, 'ᅶ'가 'ᅡ'로 비원순화된 것이 '가ᄂᆡ'이다.
4) 편ᄡᆞᆯ란 : 떡쌀은. 편(鯿) # ᄡᆞᆯ + -란[대조 표현의 보조사]. '편ᄡᆞᆯ'은 74번 편지에서 나온 적이 있다.
5) 한ᄃᆡ : 노비 이름.
6) 면 : 국수(麵). 17세기에는 국수를 만들기 위한 재료로 메밀 · 녹두 가루를 많이 썼고, 밀가루는 귀한 것이었다.

84. 내 큰 벼루를 보내소 영인 646p

곽주가 하씨에게 [문 25] [건들 54]

판독문

가셔
요ᄉᆞ이 아희둘 ᄃᆞ리고 엇
디 겨신고. 긔별 몰라 분별
ᄒᆞ뇌. 나ᄂᆞᆫ 요ᄉᆞ이 여긔 잇다
가 닷쇈날[1]로 나가로쇠.
자리쏘[2] 출화 보내소.
자리쏘 보낼 제 갓보희[3]
벼로[4] 빗졉[5] 슈건 칙 ᄒᆞ
여[6] ᄌᆞ셰 출화 보내소.
보내ᄂᆞᆫ 거슬 뎌거
보내소. 아마도 아희
둘 ᄃᆞ리고 조심ᄒᆞ
여 편히 겨소. 밧바
이만.(手決)
벼로를 내 큰 벼로를[7]
보내소.

현대어

가서. 요사이 아이들 데리고 어찌 계신고. 기별 몰라 염려하네. 나는 요사이 여기 있다가 닷샛날 나갈 것이로세. 자릿보를 차려 보내소. 자릿보를 보낼 때 가죽 보자기에 벼루, 빗접, 수건, 책을 자세히 차려서 보내소. 보내는 것(의 이름을) 적어 보내소.

아무쪼록 아이들 데리고 조심하여 편히 계시오. 바빠 이만.

벼루는 내 큰 벼루를 보내소.

해설

곽주가 머물고 있던 곳을 떠나려 하며 짐을 꾸리는 데 필요한 자릿보를 보내고, 아울러 벼루, 빗접 따위 물건도 챙겨 보내달라고 부인 하씨에게 청하는 편지이다. 여기서도 하씨에게 보내는 것의 이름을 조목조목 편지에 기록하여 보내라고 한다. 오는 과정에서 분실되는 것을 우려한 것 같다. 이러한 행동은 물건을 보내고 받을 때마다 매번 행해지고 있다. 노복들에 의해 물건이 옮겨지던 당시에, 보낸 물건의 이름을 일일이 적거나 봉해진 정도를 통해 확인하는 것은 당시의 일상적 습관이었다.

주석

1) 닷쇈날 : 닷샛날. '닷쇗날'에서 비음동화 현상이 일어났다.
2) 자리ᄡᅩ : 자릿보. 자리(돗자리 따위)를 싸는 보자기. 자리 # ㅅ # 보. 59번 편지에는 'ㅅ(사이시옷)'이 없는 '자리보'로 나온다. 사이ㅅ 표기가 수의적인 것은 사이ㅅ에 대한 형태론적 인식이 일정치 않았음을 의미한다.
3) 갓보 : 가죽 보자기. '갓을 싸는 보'라고 생각할 수도 있으나, '갓을 싸는 보'에다가 뒤에 나오는 벼루, 빗접, 수건, 책 따위를 다 넣을 수는 없을 것이므로 '가죽 보자기'로 보는 것이 적절하다.
4) 벼로 : 벼루.
5) 빗졉 : 빗접. 빗접은 기름에 결은 종이를 접어서 빗 · 빗솔 등을 넣어 두는 것이다. 59번 편지에 나온 적이 있으며, 한자어로 '소함'(梳函)이라 부른다. 여행용은 휴대하기 좋게 천으로 만들고, 집안에서 두고 쓰는 것은 작은 서랍장 같은 나무 가구로 만든다.
6) ᄒᆞ여 : '갖추다'의 대동사로 쓰였다.
7) 벼로ᄅᆞᆯ : 여기에서 '-ᄅᆞᆯ'은 목적격 조사가 아니라 화제화 기능을 하는 조사로 쓰였다.

85. 말 여물풀 제 때에 해 주라 하소 영인 646p

곽주가 하씨에게 [문 28] [건들 60]

판독문

밤의 아희돌 ᄃᆞ리
고 엇디 자신고. 긔별
몰라 분별ᄒᆞ뇌.
삼[1]을 하 몯[2] 어더 ᄒᆞ니
뎌른[3] 삼 ᄒᆞᆫ 단만 보
내소. 곽셕[4]홀 것
도 하 몯 어더 ᄒᆞ니
밍셕뉴[5]에셔 우
연ᄒᆞ니[6] ᄒᆞᆫ 닙[7]만
보내소. 나는 모ᄅᆡ
로 가로쇠. 샹직[8]
【上邊】
돌 얼현이 말고 블 조심ᄒᆞ
【右邊】
고 ᄆᆞᆯ 염그새[9] 제 ᄣᅢ
예 ᄒᆞ여 주라 ᄒᆞ
소. 밧바 이만.
즈일(手決)
【뒷면】
논공 소례딕
가셔 (手決)

현대어

밤에 아이들 데리고 어찌 주무셨는가. 기별 몰라 염려하네. 삼을 전혀 못 구했으니(=삼을 구하기 참으로 어려우니) 짧은 삼 한 단만 보내소. 곽석으로 쓸 자리도 전혀 못 구했으니 무늬 없는 돗자리 중에서 괜찮은 것(=쓸만한 것) 한 닢만 보내소. 나는 모레 갈 것이로세. 상직 종들에게 (번 서는 일을) 소홀히 말고 불조심하고 말(에게 먹이는) 여물을 제 때에 해 주라고 하소. 바빠 이만. 즉일. 논공 소례댁. 가서.

해설

돗자리와 삼 한 단을 보내라고 부탁하면서, 노복들이 집안에 들어와 번을 서도록 하고, 특히 불조심하는 일을 주의시키고 있다. 가족의 안전을 염려하는 곽주의 모습이다. 집에서 아끼며 기르는 말에게 여물 주는 일을 잘 챙기라고 당부하고 있다.

주석

1) 삼 : 삼베를 짜기 위해 재배하는 식물. 껍질을 벗겨 삼베실을 만들고 이것으로 베를 짠다. 뿌리와 열매는 약재로 쓰인다.
2) 하 몯 : 부정사 '몯' 앞에 정도부사 '하'가 쓰인 특이한 통사 구성이다.
3) 뎌른 : 짧은. 뎌ᄅᆞ-(短) + -은.
4) 곽셕 : 곽석(郭席?). 돗자리의 한 종류인 듯하다.
5) 밍셕뉴 : 맹석과 같은 종류. 맹석류(盲席類). '맹석(盲席)'은 무늬 없는 돗자리를 가리킨다.
6) 우연ᄒᆞ니 : 괜찮은 것. 우연ᄒᆞ- + -ㄴ[관형형] # 이[의존명사].
7) 닙 : 돗자리를 헤아리는 단위.
8) 샹직 : 上直. 여기서는 외거 노비들을 번갈아 집에 들어와 밤을 지키게 하는 것을 말한다. 12, 13, 21번 편지에 나온 적이 있다.
9) 염그새 : 여물풀. 염글- + 새. '새'는 벼과에 속하는 풀(草)을 가리키는 말. '염그'는 동사 '염글-'의 ㄹ탈락형. 참고) 손 바리 염그르시며(月釋 2:59). 이 예문의 '염글-'은 '자라다', '성숙하다'라는 뜻이다. 이런 뜻으로 '염그새'는 '가축을 자라게(성숙하게) 하는 풀' 즉 '먹이'라는 의미를 가진 것으로 분석된다. '염글-'과 같은 뜻의 낱말로 '여물-'이 있고 이것이 명사로 쓰이면 소 따위의 가축이 먹는 풀을 뜻한다. '염그새'와 '여물'의 의미·형태적 대응이 매우 흥미롭다. 말 먹이인 '염그새'는 '여물'과 같은 뜻의 명사이며, 각각 동사 '염글-'과 '여물-'(성숙하다)에서 파생된 낱말이다.

86. 무명은 도로 주고, 내가 써 준 글월은 받으소 영인 645p

곽주가 하씨에게 [문 33] [건들 70]

판독문

나는 편히 와 잇뇌.
커니와[1)] 자내 영히[2)]
셩치[3)] 몯ᄒᆞ여 겨신
거슬 보고 오니 지
극 흐운ᄒᆞ여[4)] ᄒᆞ뇌.
아마도[5)] 아희둘 ᄃᆞ리
고 됴히 겨소. 빗졉[6)]
을 닛고 아니 가져 와
이시니 ᄃᆞᆫ니ᄂᆞᆫ 사ᄅᆞᆷᄒᆞ
여 닛디 말고 브듸 보
내소. 오늘 바ᄃᆞᆫ[7)] 무
명도 수이[8)] ᄡᅳ디 말
고 ᄉᆞ므나리나 보룸이
나 디나거든 ᄡᅳ소. 힝
혀 그 사ᄅᆞᆷ이 도로 므르
려코[9)] 오나ᄃᆞᆫ 무명 도
로 주게 되거든 내 ᄒᆞ
여 준 글워를 도로
밧고 제 무명을 주게
ᄒᆞ소. 므르러[10)] 아니
【右邊】
오나ᄃᆞᆫ ᄉᆞ므나리나 보룸이
나 디나거든 ᄡᅳ게 ᄒᆞ소. 양

식은 예 와 되니 엿말 두
되로쇠. 밧바 이만.
즈일(手決)
【뒷면】
가셔 (手決)

현대어

나는 편히 와 있네. 그런데 자네가 여전히 성하지 못하여 계신 것을 보고 오니 지극히 서운하여 하네. 아무쪼록 아이들을 데리고 잘 계시오. 빗접을 잊고 아니 가져왔으니, 다니는 사람으로 하여금 잊지 말고 부디 보내소.

오늘 받은 무명도 빨리 쓰지 말고 (두었다가) 스무날이나 보름이 지나거든 쓰소. 행여 그 사람이 (무명을) 도로 무르려고 와서 무명을 도로 주게 되거든, 내가 써 준 글월(=매매문서)을 도로 받고, 제 무명을 주도록 하소. 무르러 아니 오거든 스무날이나 보름이나 지나거든 쓰도록 하소. (보낸) 양식은 여기에 와서 되어 보니 엿 말 두 되로세.

바빠 이만. 즉일. 가서.

해설

이 편지의 관심사는 누군가로부터 사들인 무명에 대한 것이다. 판 사람이 혹 무르려고 올지 모르니 빨리 쓰지 말고 보름 정도 지나도록 그냥 두었다가 사세를 보아 쓰라고 곽주가 하씨에게 말하고 있다. “내가 써 준 글월”은 매매(賣買) 문서임이 분명하다. 물건과 계약 문기(文記)를 서로 교환해 놓고도 15일이나 20일 사이에는 다시 무를 수 있었던 당시의 상거래 관행을 알려 주는 편지다. 판 사람이 혹시 무르려고 다시 올까봐 일정한 기간 동안 쓰지 말고 그냥 놔두었다가 오지 않거든 쓰라고 한 점에서 그것을 알 수 있다. 하씨가 보내 준 양식을 받은 곽주가 다시 되어 보니 그 양이 엿 말 두 되임을 알려 주고 있다. 매사 정확히 처리하는 곽주의 모습을 읽을 수 있다. 하씨 부인의 관 속에서 휴대용 빗접이 발견되었는데, 이것이 바로 곽주가 출타 시에 갖고 다니던 것이고 이 편지에서 보내달라고 한 그 빗접일 수도 있다.

주석

1) 커니와 : 그런데. 「곽씨언간」에는 '커니와'가 5, 13, 15, 32, 49, 52, 86, 121번 편지에서 화제 전환의 기능을 가진 '그런데'의 뜻으로 쓰였다. 또한 이들 '커니와'는 문장이 시작되는 첫머리에 쓰였다. 형태상으로는 'ᄒᆞ거니와'의 줄임말이다. '그렇거니와'나 '그런데'로 해석하는 것이 문맥상 자연스럽다. 다만 12번 편지에서는 'ᄆᆞ던커니와'가 나타나는데, 이때의 '-커니와'는 용언의 어근에 연결되었으므로 접속부사가 아니다.
2) 영히 : 완전히. 영원히. 영(永) + -히. 참고) 그 병이 영히 됴ᄒᆞ니라<東新 孝 4:8b>. 「곽씨언간」에 나타나는 '영히'는 '영원히'보다는 '완전히'로 해석하는 것이 더 자연스럽다. 27번 편지의 '자내ᄂᆞᆫ 가ᄉᆞᆷ 알턴 ᄃᆡ 이제나 영히 됴하 겨신가' 등 여러 편지에서 하씨의 가슴앓이 병에 대해 걱정하고 있다.
3) 셩치 : 성하지. 병이나 탈이 없지. 셩ᄒᆞ- + -디. 자음축약과 ㄷ구개음화가 적용된 어형이다.
4) 흐운ᄒᆞ여 : 서운하여. 섭섭하여. 언짢아. '흐운ᄒᆞ-'는 111, 123, 125, 127번 편지에 나타나는데 모두 이런 뜻으로 풀이된다. 29, 31, 135, 147번 편지에 '서운ᄒᆞ-'가 나타나므로 이 어형이 없었던 것은 아니다. 의미 차이가 어떠했는지 연구 과제가 된다. 『순천김씨언간』에도 'ᄆᆞᅀᆞ미 흐운ᄒᆡ여 ᄒᆞ노라'(10번) 등에 '흐운ᄒᆞ-'가 보인다.
5) 아마도 : 아무쪼록. '조심ᄒᆞ여 편히 겨소'와 같은 내용의 문장을 '아마도'로 시작하는 것이 자주 나타난다(4, 13, 14번 편지 등). 현대국어의 '아마도'의 뜻보다 '아무쪼록'에 가까운 뜻으로 쓰였다.
6) 빗졉 : 빗접. 빗이나 빗솔 따위의 머리를 빗는 도구를 넣어 두는 생활 용품의 하나이다. 나무로 만든 빗접은 집에서 쓰는 것이고, 옷감으로 만든 빗접은 여행용이다. 59, 84번 편지에도 나왔다.
7) 바둔 : 받은. 여기서의 '받-'은 '사-'(買)의 뜻이다.
8) 수이 : 빨리. 참고) 오래 묵디 말고 수이 도라 오라<捷新 初 3:20a>.
9) ᄆᆞ르려코 : 무르려고. ᄆᆞ르- + -려 # ᄒᆞ고. '-코'는 '-하고'의 줄임말이다.
10) ᄆᆞ르러 : 무르러. ᄆᆞ르- + -러.

87. 쇠고기는 장모께 드려 잡숫게 하소 영인 645p

곽주가 하씨에게 [문 34] [건들 71]

판독문

가셔
쇠오기[1]를 언메나 ᄒᆞ
여 왓던고. 밧바 다시 드
러가 몯 보고 오니 어마
님 식가제[2]예 포육[3]ᄒᆞ
고 수리제[4]예 포육ᄒᆞ고

혜여[5] 쁜 후에 스므날 졔
예 쁠 것 위ᄒᆞ고[6] 그 나믄
거스란 쟝모씌 잡
숩게 ᄒᆞ소.[7] 어마님게
도 더러[8] 보내소. 덕남
이 올 제란 쇠오기를
내게 보내디 말고 두
고셔 쟝모씌 잡숩
게 ᄒᆞ소. 셔원에셔 쇼
를 잡으니[9] 내게란 쇠
오기를 보내디 마소. 자
반[10]과 짐치[11] 쳐엿 거
슬[12] 출화 보내소. ᄒᆞᆯ
ᄅᆞ[13] 판소ᄒᆞᆯ[14] 거슬 소반
찬[15]으로 출화 보내소.
스므이튼날이면 벗드
리 여러히[16] 자러 갈 거
시니 미리 아라 출호
소. 밧바 이만.
즈일(手決)

현대어

가서. 쇠고기를 얼마나 해 왔던고. 바빠서 다시 들어가 보지 못하고 왔으니, 어머님 식가제에 (쓸) 포육하고 수리제에 (쓸) 포육을 헤아려 뜬 후에 스무날 제사에 쓸 것을 위해 남겨 놓고, 그 남은 것은 장모께 드려 잡숫게 하소. 어머님께도 덜어서 보내소. 덕남이가 올 적에는 쇠고기를 내게 보내지 말고 (거기에) 두고서 장모님이 잡수시게 하소. 서원에서 소를 잡았으니 내게는 쇠고기를 보내지 마소. 자반과 김치 따위를 차려서 보내소. 하루 먹을 것을 소박한 밥과 반찬으로 차려 보내소. 스무 이튿날이면 벗들이 여럿이 자러 갈 것이니 미리 알아서 차리소. 바빠 이만. 즉일.

해설

이 편지에는 당시에 지냈던 제사로서 기제사 이외에 식가제, 수리제가 있었음을 알려 준다. 또 서원에서 큰 제향을 올릴 때 소까지 잡았고 이 때 쇠고기를 나누어 먹었던 모습이 나타나 있다. 장모와 어머니께 쇠고기를 드려 잡숫게 하라는 곽주의 각별한 마음 씀씀이도 엿볼 수 있다.

이 편지에서 문제가 되는 것은 '어마님 식가졔'이다. 이 제사는 '휴가를 얻어 돌아가신 어머니에 대해 올리는 기제사'는 아닌 듯하다. 뒤에 "어마님게도 더러 보내소"라 한 것은 '어머님'이 살아 계심을 보여 주기 때문이다. '어마님 식가졔'에 대한 보다 정확한 이해가 요구된다.

주석

1) 쇠오기 : 쇠고기. 쇼 + -의 # 고기. ㅣ모음 뒤의 ㄱ이 탈락된 형태이다.
2) 식가졔 : 식가제. 式暇祭. '식가'는 집안의 기제사를 지내기 위해 관원이 받는 휴가를 뜻한다. 그러나 곽주가 관원생활을 한 것은 아니기 때문에 위 문맥에서도 정확히 이런 뜻으로 쓰였다고 말할 수 없다. 또 이 편지에 그 고기를 "어마님게도 더러 보내소"라 적은 것은 어머니가 생존해 있음을 보여 준다. 이런 점들 때문에 '어머님 식가졔'를 '휴가를 얻어 지내는 어머님의 기제사'로 보기 어렵다. '수리졔'가 바로 뒤에 이어지는 것으로 보아 '식가졔'도 어떤 특정한 날에 지내는 제사를 뜻하는 것으로 전의(轉意)된 것이 아닌가 여겨진다.
3) 포육 : 哺肉. 얇게 저며서 양념을 하여 말린 고기.
4) 수리졔 : 수리제. '수리'는 단오의 옛말. 단오 때 지내는 명절 제사의 하나.
5) 혜여 : 헤아려. 혜-(算) + j + -어.
6) 위ᄒᆞ고 : 위해 남겨 놓고.
7) 쟝모ᄭᅴ 잡ᄉᆞᆸ게 ᄒᆞ소 : 장모님이 잡수시게 하소. '-ᄉᆞᆸ-'은 이 시기에 기능이 변해 주체높임법의 '-시-'와 같은 기능으로도 쓰였다. 여기에서는 '장모'를 의미상의 주격으로 볼 수 있다.
8) 더러 : 덜어. 덜- + -어. 더러 ᄇᆞ리다(除去)<語錄解 重 11a>.
9) 셔원에셔 쇼ᄅᆞᆯ 잡으니 : 서원에서 소를 잡으니. 서원에서 큰 제향을 지내기 위해 소를 잡았던 것으로 보인다. 그 제는 틀림없이 도동서원(道東書院)에서 지낸 한훤당 제사일 것이다.
10) 자반 : 자반(佐飯). 소금에 절인 생선, 또는 짭짤하게 졸이거나 무친 반찬.
11) 짐ᄎᆡ : 김치. 현대 경상방언에서 '짐치'가 쓰인다. '짐치'는 '딤ᄎᆡ>짐ᄎᆡ>짐츼>짐치'라는 변화과정을 거친 것이다.
12) 쳐엿 거ᄉᆞᆯ : 따위의 것을. 쳐 + -여(처격 '-예'의 ㅣ탈락형) # ㅅ(사이시옷) # 것 + -을. '쳐'는 '톄'의 변화형으로 짐작된다.
13) 훌ᄅᆞ : 하루. 'ᄒᆞᄅᆞ'에서 ㄹ이 중첩된 표기이다.

14) 판소홀 : '판소'는 '辦掃'로 짐작되는데, 사전에 수록되지 않은 한자어다. '판소(辦消)'를 고려해 볼 수도 있으나 '소(消)'의 옛음은 '쇼'다. 이 문맥에서 '판소하다'는 '처리하다' 또는 '감당해 내다'에 가까운 뜻을 표현한 말로 해석된다.
15) 소반찬 : 素飯饌. 고기 반찬이 없는 밥과 반찬. '소반찬'이라는 용어는 어느 사전에도 실려 있지 않다. '소반(素飯)'과 '소찬(素饌)'의 합성어로 보인다. '소반'은 '소밥(素밥)'과 같은 뜻으로서 '고기반찬이 없는 밥'을 가리키고, '소찬'은 '고기나 생선이 들지 아니한 반찬'을 가리킨다.
16) 여러히 : 여럿이. 여러ㅎ + 이. 참고) 여러히 다 讚嘆ᄒᆞ니라<法華 1:36>.

88. 나흗날에 바로 의성으로 가려 하네 영인 644p

곽주가 하씨에게 [문 38] [건들 75]

판독문

요ᄉᆞ이 엇디 겨신고 긔별 몰라
분별ᄒᆞ뇌. 나는 무ᄉᆞ히 와 이
시니 예셔 나흔날로 의셩[1]으로
가리로쇠. 해자ᄡᆞᆯ[2] 열 말과 뫼
ᄡᆞᆯ[3] 서 말과 ᄆᆞᆯ쥭ᄡᆞᆯ[4] ᄒᆞᆫ 말만
보내고 ᄆᆞᆯ콩으란 보내디 마소.
내 당감토[5] 조차 보내소. 아마도[6]
편히 겨시믈 다시곰 ᄇᆞ라
뇌. 밧바 이만.
칠월 스므 아ᄒᆞ랜날. (手決)
【뒷면】
가셔(手決)

현대어

요사이 어떻게 계시는고. 소식을 몰라 걱정하네. 나는 무사히 와 있으니 여기에서 나흗날에 의성으로 갈 것이로세. 해자쌀 열 말과 제사 쌀 서 말과 말죽으로 쓸 쌀 한 말만 보내고, 말콩은 보내지 마소. 내 당감투도 함께 보내소. 아무쪼록 편히 계시기를 다시금 바라네. 바빠 이만. 칠월 스무아흐렛날. 가서.

› 해설

'해자쌀'이라는 용어를 통해 당시에 여행 비용을 충당하기 위해 쌀을 이용하였음을 알 수 있다. 말을 타고 다니면서 말먹이까지 가지고 다녔으며, 말죽을 끓일 때 쌀이나 콩도 넣었음을 알 수 있다. 곽주가 쓴 물목기(物目記)인 100번 글에서 이 편지와 비슷한 "뫼ᄡᆞᆯ 서 말, 해자ᄡᆞᆯ 열두 말, ᄆᆞᆯ콩 너 말, ᄆᆞᆯ쥭 서 말"이란 구절이 나온다.

› 주석

1) 의셩 : 의성(義城). 경상북도 '의성'을 가리킨다.
2) 해자ᄡᆞᆯ : 해자쌀. 어떤 일이나 비용에 대한 대가를 '해자'라 하고, 이것을 쌀로 지불할 때 '해자ᄡᆞᆯ'이라 한다. 참고) 해자 비(費)(類合 下 34). 分文ㅅ해자도 업수ᄃᆡ(永嘉 上 38). 33번 편지의 각주도 참고.
3) 뫼ᄡᆞᆯ : 제사에 쓸 쌀. '뫼ᄡᆞᆯ'은 쌀의 한 종류로서 '찹쌀'이 아닌 보통 쌀을 가리키는 뜻도 있고, 祭에 올리는 밥을 짓기 위한 쌀이라는 뜻도 있다. 여기서는 후자의 뜻이다.
   * 전자의 예 : 뫼ᄡᆞᆯ 경(粳)<訓蒙 上 12>. 졔예 편 ᄡᆞᆯ란 뫼ᄡᆞᆯ ᄒᆞᆫ 말 닷 되 ᄎᆞᆯᄡᆞᆯ ᄒᆞᆫ 말 ᄒᆞ여 ᄡᅳ게 ᄒᆞ소(83번).
   * 후자의 예 : 아바님 뫼ᄡᆞᆯ 두 되 가옷 내 밥ᄡᆞᆯ 두 되(3번). 뫼ᄡᆞᆯ 서 말 해자ᄡᆞᆯ 열두 말 ᄆᆞᆯ콩 너 말 ᄆᆞᆯ쥭 서 말(100번).
4) ᄆᆞᆯ쥭ᄡᆞᆯ : 말죽 끓이는 데 쓸 쌀. 참고) 馬糊塗 ᄆᆞᆯ쥭<물명고 一 毛>.
5) 당감토 : 당감투. 唐 # 감토. 참고) 감토 모 帽<訓蒙 中 22>. '감투'는 예전에 머리에 쓰던 의관의 한 가지로서 말총, 가죽, 헝겊 따위로 탕건과 비슷하게 만든 것이다. '당'(唐)은 중국에서 들여온 물건에 붙는 접두사이다.
6) 아마도 : 아무쪼록. 86번의 편지를 비롯한 앞에서 여러 번 나온 '아마도'는 현대국어의 '아마도'보다는 '아무쪼록'에 가까운 뜻이다.

89. 이불하고 베개를 챙겨 향교로 보내소 영인 644p

곽주가 하씨에게 [문 42] [건들 87]

› 판독문

니블ᄒᆞ고 자
리 감코[1] ᄒᆞ고 돗[2]

벼개 다 출화
이제[3] 향교로 보내소. 나는 니일
로사[4] 가로쇠[5].
【뒷면】
가셔

현대어

이불하고 자릿감투하고 돗자리와 베개를 다 차려서 이제 향교로 보내소. 나는 내일에야 갈 것이로세. 가서(家書).

해설

향교에 공부를 하러 가거나 제를 지내러 갈 때 어떤 물건을 챙겨 갔는지를 알려 주는 편지이다. 개인 용품인 이불이나 베개를 직접 가지고 갔음을 알 수 있다. 이 편지의 향교는 지금의 현풍읍 상리에 자리잡고 있는 현풍 향교일 듯하다.

주석

1) 자리감코 : 자릿감투. 잠을 잘 때 머리카락이 헝클어지지 않도록 하기 위해 쓰는 감투이다. '감토'가 되어야 맞는 데 '토'를 '코'로 잘못 적은 것이다. '통'을 '콩'으로 잘못 쓴 예로서 31번 편지에 '스이를 콩치 몬ᄒᆞ게 ᄒᆞ고'가 있다. 그리고 3번 편지에는 사이시옷이 개입된 '자릿감토'가 보인다.
2) 돗 : 돗자리. 돍. '돗벼개'는 왕골이나 골풀의 줄기로 잇을 씌운 베개이다.
3) 이제 : 이제. 지금. 이 곳의 '이제'는 문맥의 흐름상 '지금 당장, 지금 곧'의 의미로 쓰였다. '이제'가 현대 국어의 그것과 완전히 동일한 것이 아니었음을 알 수 있다.
4) 니일로사 : 내일에야. 니일 + -로 + -사[강세 첨사].
5) 가로쇠 : 갈 것이로세. '가리로쇠'에서 '-리-'가 생략되었다.

90. 아이가 진사 다니는 창으로 가지 말게 하소 영인 643p

곽주가 하씨에게 [문 87] [건들 78]

판독문

아기[1] 제 방의 갈
제 진ᄉᆞ[2] ᄃᆞ니ᄂᆞᆫ 창[3]
으로 가디 말고 밧
방[4] 창으로 드러
셔 안방 ᄉᆞ이 지
게[5] 제 ᄃᆞ니던 ᄃᆡ
러로[6] 드려 보내소.

현대어

아이가 제 방으로 갈 때 진사께서 다니는 창으로 가지 말고, 바깥방 창으로 들어가서 안방 사이 지게문 (즉) 자기가 다니던 데로 들여보내소.

해설

짤막한 편지지만 아이들의 행동 범절을 가르치고 있는 내용이다. 집에 진사 신분의 손님이 와 있는데 그 분에게 불편을 주지 않도록 아이들의 출입문을 진사가 다니는 길과 다르게 하라고 시키고 있다. "진ᄉᆞ ᄃᆞ니ᄂᆞᆫ 창으로 가디 말고 밧 방 창으로 드러셔"라는 문장에 나타난 '창'의 뜻은 현대국어의 '창'과 그 뜻이 같지 않다. 오늘날 '창'은 채광과 환기 역할만 하지 통행을 하는 통로는 아니다. 그러나 이 편지에서 '창'은 출입의 통로 기능을 하는 것으로 표현되어 있다.

주석

1) 아기 : 아이. 「곽씨언간」에는 장성한 아들에게도 '아기'라고 지칭하고 있는데 이 문맥에 쓰인 '아기'가 누구를 가리키는지는 알 수 없다.

2) 진ᄉᆞ : 進士. 소과(小科)의 하나인 진사시(進士試)에 합격한 사람.
3) 창 : '밧방 창으로 드러셔'라는 표현으로 보아서 이 '창'은 현대의 문처럼 사람이 출입할 수 있는 것으로 보인다.
4) 밧방 : 바깥방(外房). 밝 # 방. 어간말자음군 단순화 ㄳ>ㄱ.
5) 지게 : 지게문(家戶). 밖에서 방으로 들어갈 때 지나는 외짝 문. 참고) 방의 도라와 지게 알퓌 셔미<小解 6:69>.
6) 드러로 : 방향 표시 어휘. 부사적 명사. 4번 편지에 나온 '거러로'와 같이 방향 표시어로 쓰인 것이다. '드러로'의 어근은 '들-'(入)로 '들어가는 쪽으로'의 뜻이고, '거러로'의 어근은 '걷-'[步]으로 '걸어가는 쪽으로' 정도의 의미를 가진다. 동사 어간에 '-어로'가 결합한 특이 어형이다.

91. 연초록 저고리와 보라색 무명 바지를 해 입히소 영인 643p

곽주가 하씨에게 [문 84] [건들 139]

판독문

소례[1)]셔 아기네[2)]를 ᄃᆞ려 오
라 ᄒᆞ시더라 ᄒᆞ니 녕녜[3)]
덕녜[4)]를 몯 ᄃᆞ려 갈디
라도 쳘녜[5)]란 ᄃᆞ려 가게
ᄒᆞ소. 닙은 거시 하 업ᄉᆞ니
연초록 든 거스로 뎌구리
ᄒᆞ고 ᄉᆞᆫ개[6)] ᄧᆞᄂᆞᆫ 명지[7)]를
제[8)] 쟝옷[9)] ᄒᆞ리만[10)] 베혀셔[11)]
ᄌᆞ지[12)] 드려 쟝옷ᄒᆞ고 보
라를 ᄀᆞ는[13)] 무명에 드려
바지조차 ᄒᆞ여 닙펴 ᄃᆞ려
가게 ᄒᆞ소. 잡탈 말고
ᄒᆞ여 주소. 마디 몯홀 거
시니[14)] 결에[15)] 탈[16)] 말고
ᄒᆞ여 닙피소.

현대어

소례에서 "아이들을 데려오라"고 하시더라 하니 녕녜와 덕녜를 못 데려갈지라도 쳘녜는 데려가게 하소. 입은 것이 하도 없으니(=변변찮으니) 연초록 물든 것으로 저고리를 하고, 슌개가 짜는 명주를 제 장옷 할 만큼만 베어서 자주색 물을 들여 장옷을 하고, 보라색을 가는 무명에 물들여 바지까지 하여 입혀 데려가게 하소.

잡탈 말고 하여 주소. 아니하지 못할 것이니 하는 김에 탈 말고 하여 입히소.

해설

소례에서 아이들을 데려오라고 하는 것은 하씨가 논공으로 나가서 살고 있기 때문이다. 아이들의 조부모가 손녀들을 보고 싶다고 전갈한 듯하다. 쳘녜를 데려갈 때 입고 있는 것이 매우 변변찮으니 저고리, 장옷, 바지를 해 입히라 시키고 있다. "잡탈 말고 ᄒᆞ여 주소"라는 말이 있는 것으로 보아 지금까지 형편이 여의치 않아 아이가 여러 번 보채어도 못해 준 모양이다. '마디 몯ᄒᆞᆯ 거시니'는 결국 해 주어야 할 일이니 이번 가는 길에 이 탓 저 탓 가리지 말고 해 입히라는 뜻이 담겨 있다.

연초록 물든 저고리, 자줏빛 명주 장옷 그리고 보라색으로 물들인 무명 바지를 입고 어머니를 따라 할머니 집으로 가는 딸아이의 모습을 눈에 그려 볼 수 있는 편지이다. 논공에서 소례로 갈 때 어느 길을 따라갔을지도 짐작할 만하다.

주석

1) 소례 : 곽주가 산 마을 이름. 현재의 달성군 현풍면 대리에 해당하는데 자연촌 이름으로 '소례'가 여전히 쓰인다. 이 마을에는 현풍 곽씨의 종택과 사당이 자리잡고 있으며 곽씨들의 집성촌으로 지금도 상당한 마을 규모를 유지하고 있다.
2) 아기네 : 아이들. 뒤이어 나오는 '녕녜', '뎍녜', '쳘례'라는 아이들 이름을 볼 때 이 '아기'는 곽주의 여식(女息)을 가리키는 말이다. 「곽씨언간」의 '아기'는 아들과 딸(子女)를 두루 지칭하는 낱말로 쓰이고 있다.
3) 녕녜 : 곽주의 딸 이름. 6, 8번에 나온 '뎡녜'의 오기로 판단된다.
4) 덕녜 : 곽주의 딸 이름.
5) 쳘녜 : 곽주의 딸 이름.
6) 슌개 : 사람 이름. 노비의 이름으로 보인다.
7) 명지 : 명주(明紬).
8) 제 : '쳘례'를 가리키는 재귀대명사. 저 + -의.
9) 쟝옷 : 장옷. '댱옷'의 ㄷ구개음화형. 조선 시대 부녀들이 외출할 때 얼굴을 가리기 위해 사용한 내외용 쓰개의 하나. 초기에는 서민 부녀들만 사용하였고 후기에는 사족의 부녀까지 착용했으나 개화기 이후

사용하지 않게 되었다. 17세기 초기에 쓰인 이 편지에 곽주의 딸아이가 장옷을 해 입는 것으로 보아 1610년경에 이미 사족의 부녀가 장옷을 착용했음을 알 수 있다.
10) ᄒᆞ리만 : 할만 큼. 하- + -ㄹ[관형형어미] # 이[의존명사] + -만[정도 보조사].
11) 베혀셔 : 베어서. 버히- + -어서. '버히->베히-'는 'ㅣ'모음 역행동화의 결과다.
12) ᄌᆞ지 : 자주(빛). 紫色.
13) ᄀᆞᄂᆞᆫ : 가는(細). ᄀᆞᄂᆞᆯ- + -ㄴ.
14) 마디 몯ᄒᆞᆯ 거시니 : 마지못할 것이니. 부득이할 것이니. 부득이 (옷을) 해 주어야 하는 것이니.
15) 결에 : (하는) 김에. (하는) 차에.

92. 절 음식이 하도 냄새가 나서… 영인 642p

곽주가 하씨에게 [문 31] [건들 67]

판독문

츈셰[1] 오나ᄂᆞᆯ 아기네 ᄃᆞ
리고 편히 겨신 긔별
듣고 깃거 ᄒᆞ뇌. 나도
당시 무ᄉᆞ히 이쇼ᄃᆡ 즁
의 음식이 하 내[2] 나니 일로
ᄒᆞ여[3] 오래 견듸디 몯ᄒᆞ로
쇠[4]. 아기네 힝혀 병 들거
든 즉시 내게 긔별ᄒᆞ소. 혼
자 ᄃᆞ리고 잇다가 급거든[5] 알
외여ᄂᆞᆫ[6] 미처 구치[7] 몯ᄒᆞᆯ 거
시니 브ᄃᆡ 즉시 긔별ᄒᆞ소. 샤
당[8]을 엿쇗날 가 ᄃᆞ려올
라 ᄒᆞ더니[9] ᄃᆞ려 오거든 풍
난[10]이나 년악[11]이나 듕에 ᄒᆞᆫ
놈을 ᄆᆞᆯ 모라 가 ᄃᆞ려 오라 ᄒᆞ
고 옥쉐[12]란 혼자 ᄆᆞᆯ 주워

내여 보내디 마소.[13] 큰 아긔
게는[14] 밧바 닷치[15] 유무는
몯ᄒᆞ거니와 네 어마님
이 힝혀 병 들거든 즉시
【右邊】
내게 몰 모려 보내고 알외
여라. 너의[16] 혼자 뫼시고[17] 잇다
가 급ᄒᆞᆫ 후에ᄂᆞᆫ 알외여도
쇽졀 업ᄉᆞ료[18] 브듸ᄌᆞᄌᆞ 즉시
긔별ᄒᆞ여라. 됴히 잇거스라.[19]
그지 업서 이만.
즈일 (手決)
【뒷면】
가셔(手決)

현대어

춘세가 왔거늘 아이들 데리고 편히 계시다는 기별을 듣고 기뻐하네. 나도 지금 무사히 있으되, 중의 음식이 하도 냄새가 나니 이로 인하여 오래 견디지 못하리로세. 아이들이 행여 병이 들거든 즉시 내게 기별하소. 혼자 데리고 있다가 급하게 되어 알려서 미처 구하지 못할 것이니 부디 즉시 기별하소.

사당을 엿샛날 가서 데려오려고 했으니 데려오거든, 풍난이나 년악이나 그 중에 한 명에게 말을 몰고 가서 데려오라고 하고, 옥싂에게는 혼자 말을 주어 보내지 마소.

큰아이에게는 바빠서 달리 편지는 못하거니와, "네 어머님이 행여 병들거든 즉시 내게 말을 몰아 보내고 아뢰어라. 네가 혼자 모시고 있다가 급한 후에는 아뢰어도 속절없으니 부디부디 즉시 기별하여라. 잘 있거라." 그지없어 이만. 즉일. 가서.

해설

곽주가 절에 들어가 있음을 알려 주는 편지이다. 절간 음식이 냄새가 나서 먹기가 쉽지 않아 오래 있지 못하겠다고 푸념하고 있다. 절에 들어간 목적은 나와 있지 않으나 역질을 피하기 위한 피우이거나 과거 공부를 하기 위함이었을 것이다. 18번 편지에 나왔던 사당 이야기가 이 편지에도 나오는데 무엇 때문에 사당을 부른 것인지 알 수 없다. 질병 따위 우환에 대한 방패막이 굿을 벌이거나 어떤 일을 위해 날을 받으려 한 것이리라.

주석

1) 츈셰 : 노비의 이름.
2) 내 : 냄새. 참고) 내 취(臭)<訓蒙 上 13>.
3) 일로 ᄒᆞ여 : 이로 인하여. '일로'는 '이'와 '-로'가 결합한 것인데, 선행 음절말에 ㄹ이 첨가되었다.
4) ᄒᆞ로쇠 : 하리로세.
5) 급거든 : 급하거든. '급ᄒᆞ거든'에서 'ᄒᆞ'가 빠진 표기다. 참고) 급홀 급(急)<類合 下 14>. cf. 급거(急遽)ᄒᆞ다 : ᄲᆞ른 말와 급거ᄒᆞᆫ ᄂᆞᆺ비치<小解 6:121>.
6) 알외여ᄂᆞᆫ : 알려서는. 알외- + -어- + ᄂᆞᆫ. 히아투스(hiatus) 회피로 반모음 j가 삽입되었다. 남이 곽주에게 '알리는' 행위에 '알외-'를 쓰고 있다. 현대어 '아뢰-'는 존대 표현에만 쓰지만 여기서는 '알리다'라는 뜻으로 쓰고 있다.
7) 구치 : 구하지. '구ᄒᆞ- + -디'가 축약된 어형인 '구티'가 구개음화되어 '구치'로 바뀐 것이다.
8) 샤당 : 사당(社堂). 18번 편지의 '샤당' 주 참고.
9) ᄃᆞ려올라 ᄒᆞ더니 : 데려오려 하더니. '올라'는 동사 어간 '오-'에 의도법 어미 '-ㄹ라'가 결합한 것이다. '-ㄹ라'는 현대 경상방언에서 '-려(고)'와 동일 기능으로 흔히 쓰인다. 참고) 갈라 카더라. 올라 캤는데.
10) 풍난 : 노비의 이름.
11) 년악 : 노비의 이름.
12) 옥싊 : 노비의 이름.
13) 옥싊에게는 혼자 말을 주어 내보내지 말라고 따로 당부하고 있다. '옥싊'는 믿지 못할 점이 있는 노복이었던 듯하다.
14) 큰아긔게ᄂᆞᆫ : 큰아이에게는. '큰아기'는 곽주의 큰딸을 가리킨 말로 보인다.
15) 닷치 : 달리. '닷치'는 '닷티'의 ㄷ구개음화형이다. '닷치'의 용례는 다른 문헌에서 보이지 않고, '닷티'만 발견된다. 참고) 만일 父子ㅣ 재믈을 닷티 ᄒᆞ야<家禮 2:4a>. 이밖에 '따로, 달리'라는 뜻의 부사로 쓰인 '닫'이 있다. 참고) 왼녁 피 닫 담고 올ᄒᆞᆫ녁 피 닫 다마<月曲 9:7>. '닫'과 비슷한 어형인 '닷'으로 쓰인 예도 보인다. 참고) 드듸여 ᄂᆞᆫ화 닷 살기를 求ᄒᆞ고(遂求分異)<小解 6:62>.
16) 너의 : 네, 네가. '이/의'가 때로 의미상 주어에 붙는 일이 있는데, '너의'도 이러한 예에 해당한다. 후행하는 서술어의 의미상 주어일 때 '내, 네'가 쓰이지 않고 '내ᄋᆡ, 네의'와 같은 형이 쓰였다. 참고) 내ᄋᆡ 여러 劫에<釋譜 11:7>. 내의 닐오믈 듣고<法華 5:197>.
17) 뫼시고 : 모시고. 뫼시- + -고. 중세어부터 '모시-'와 '뫼시-'가 공존했다. 5번 편지에는 '뫼ᄋᆞᆸ고'가 나왔다.
18) 업ᄉᆞ료 : 없으리오. 큰아기에게 하는 말 속에 하오체가 돌발적으로 쓰여 어색한 문장이 되었다.
19) 잇거스라 : 잇- + -거스라. '-거-'는 강조·영탄의 선어말어미로 볼 수도 있다(허웅 1989:406). 「순천김씨언간」에는 '-거ᄉᆞ라'가 보인다. 참고) 너희 만ᄒᆞᆫ ᄌᆞ식ᄃᆞ리 됴히 잇거ᄉᆞ라<순천김씨언간 65>. 그지 업서 다 몬 스니 네 오라비네ᄃᆞ려도 됴히 잇거ᄉᆞ라<순천김씨언간 65>. 너희 됴히 잇거ᄉᆞ라<순천김씨언간 166>. '네 어마님이'부터 '잇거스라'까지는 곽주가 큰아기에게 당부하는 내용이다. 같은 편지에서 말하는 대상이 달라졌으며 이에 따라 문장 중간에 대우법이 바뀌었다.

93. 논공 소례댁 영인 641p

곽주의 필적 [문 94] [건들 39]

› 판독문

논공 소례딕
가셔 (手決)

› 현대어

논공 소례댁
가서 (手決).

› 해설

93번 편지에는 내용이 없다. 이것은 독립 편지가 아니라 사연을 쓴 종이의 겉봉을 싼 것이거나 원래 편지에서 떨어진 조각으로 생각된다.

'소례딕'은 수신자인 하씨의 택호(宅號)다. 친정이 오야인 하씨가 곽씨 집성촌인 소례로 시집을 왔으나, 살기는 논공에서 살았다. 하씨가 머무는 곳에 따라 '소례딕' 혹은 '오야딕'으로 불렸다.

94. 품삯 줄 치부 영인 641p

곽주가 쓴 料 分給記 [문 97] [건들 5]

› 판독문

요[1] 줄[2] 치부[3]
덕남이 너 말
곽샹이 너 말
뎡셕이 닑곱[4] 말

덕뷔 서 말
긋비[5] 닷 말

현대어

품삯 줄 치부(置簿)

덕남이 너 말, 곽샹이 너 말, 뎡셕이 일곱 말, 덕뷔 서 말, 긋비 닷 말.

해설

이 글은 곽주가 노비들에게 삯을 줄 분량을 적은 치부 기록이다. 따라서 이 글은 편지가 아니라 문기(文記)의 일종으로 볼 수도 있다. 그런데 이 편지는 곽주가 부인 하씨에게 위와 같은 명세를 적어 보내어, 거기에 적힌 대로 곡식을 나눠 주라고 한 것이다. 이렇게 본다면 이 글은 편지의 일종이라 할 수 있다.

주석

1) 요 : 料. '요(料)'는 '노비에게 노역의 대가로 주는 곡식 · 포목 따위의 재화'를 뜻한다. 오늘날의 '새경' 혹은 '품삯'에 해당한다.
2) 줄 : 줄. 바로 뒤에 '치부(置簿)'가 나오므로 문맥상 자연스럽게 보충한다면 '주어야 할 것을 적은'이 된다.
3) 치부 : 置簿. 금전 물품의 출납을 기록함, 또는 그런 것을 기록한 책.
4) 닐굽 : 일곱. '닐굽'에서 ㄱ이 중철된 표기.
5) 덕남이 곽샹이 뎡셕이 덕뷔 긋비 : 노비명. 남녀종 다섯 사람의 이름.

95. 곽주가 쓴 노비 명부 영인 641p

[문 98] [건들 7]

판독문

신당이[1]
영더기

곽샹이

슌개

녜츈이

븐이

년홰

매바회

믹죵이

언죵이

쟈근개

긋비

녜춘이

년홰

현대어

신당이(마을 이름) : 영더기 곽샹이 슌개녜츈이 븐이 년홰

매바회(마을 이름) : 믹죵이 언죵이 쟈근개 긋비 녜춘이 년홰

해설

'신당이'와 '매바회'라는 두 마을 이름 아래 여러 명의 노비 이름을 나열한 것이다. '녜춘이'와 '년홰'는 신당이 항과 매바회 항에 중복되어 있다. 이로 보아 두 마을은 이들 노비가 거주한 곳은 아닐 것이다. 농사 일 또는 집안의 큰 일로 노비들을 이 마을로 보냈던 기록으로 봄이 적절하다. 적은 이름대로 각각의 마을로 위에 적은 노복들을 보내라는 서신인 듯하다. '신당이'와 '매바회'는 소례에 인근한 마을들인데 지금도 그 이름이 쓰이고 있다. 다만 '매바회'는 '매방'으로 음이 변하여 쓰이고 있다. 본서에 실린 '해제'의 지도 참조.

주석

1) 신당이 : 신당리. '신당이'는 '신당'에 접미사 '-이'가 붙은 것이다. '대구'를 '대귀'(33번 편지)라 쓴 것, '청도'를 '청되'(4번 편지)라 쓴 것도 접미사 '-이가' 어말 모음 뒤에 붙은 것이다.

'신당이'와 아래의 '매바회'는 지명이고, 각각의 아래에 쓰인 것은 모두 노비 이름이다. 이 마을들은 현풍 일대에서 현재에도 확인되는 지명이다. '매바회'에 대한 자세한 주석은 4번 편지 6)번 주석을 참고할 것.

96. 곽주가 쓴 옷감 목록 영인 640p

[문 100] [건들 29]

판독문

현훈[1)]
구의[2)]
병ᄒᆞ여 닐흔 자
거믄 믈[3)] 마ᄒᆞᆫ닐곱 자
블근 믈[4)] 스므 자

현대어

현훈과 구의를 아울러 일흔 자. 검은 물 (들인 것) 마흔일곱 자. 붉은 물 (들인 것) 스무 자.

해설

누군가의 장례를 치를 준비를 하고 있다. 아마도 곽주의 아버지(곽삼길)가 돌아가실 때 쓴 것이 아닌가 짐작된다. 곽삼길은 1606(선조 39)년에 돌아가셨다. 현훈(玄纁)은 검은 빛과 붉은 빛의 두 조각 헝겊으로 영정 앞에 두는 것인데, 요즈음까지 이어지는 관습이다.

메모에 가까운 이 편지는 곽주가 아내 하씨에게 현훈 및 구의(柩衣) 용으로 쓸 천(布)의 양을 적어 준 것이다.

주석

1) 현훈 : 玄纁. 장사를 치를 때 산신에게 드리는 폐백. 검은 빛과 붉은 빛의 두 조각 헝겊으로 관과 함께 무덤에 묻는다. 이 말은 '物目'(물목)과 같은 뜻으로 쓰이기도 한다.
2) 구의 : 출관(出棺)할 때 관 위를 덮는 보. 구의(柩衣).

3) 거믄 믈 : 검은 물감. 여기서는 검은 물들인 천을 뜻한다.
4) 블근 믈 : 붉은 물감. 여기서는 붉은 물들인 천을 뜻한다.

97. 곽주가 쓴 진지상 차림 목록 1 영인 640p

[문 101] [건들 32]

판독문

ᄆᆡ믈
연육[1]
양느름이[2]
싱치되탕[3]
믜회[4]
싱포회[5]
담치[6] 봇기
ᄆᆡ믈 여ᄉᆞᆺ 가지
안쥬
념통산뎍[7]
싱치 구우니[8]
싱포 구우니
이 세 가지ᄅᆞᆯ
ᄒᆞᆫ 그ᄅᆞ세
겻드려 놋
숩게[9] ᄒᆞ소

현대어

진지상 음식

연한 고기. 양누르미. 꿩을 끓인 탕. 해삼회. 전복회. 홍합 볶음.

(이상은) 제물 여섯 가지.

안주.

염통산적. 꿩 구이. 전복 구이.

이 세 가지를 한 그릇에 곁들여 놓게 하소.

해설

여기서의 '믜믈'은 '뫼물'[뫼物]로 짐작된다. 이 자료는 다음 98번과 함께 17세기 초기의 제사상에 오르는 음식과 안주를 보여 주는 것이어서 음식사(飮食史) 연구에 이용될 수 있다. 97번과 98번의 제물 내용이 다른 것은 제사의 종류가 달랐기 때문이었을 것이다. 추정컨대 곽주의 아버지(郭三吉)가 돌아가신 후 여러 종류의 제사를 지냈을 것이고 그 제사의 성격에 따라 제물을 달리 준비하였던 것으로 생각된다. 앞의 96번은 장사에 소요된 천에 대해 적은 것이고, 97, 98번은 음식에 대해 적은 것으로 보인다.

주석

1) 연육 : 軟肉. 연한 고기. 참고) 연육 소 ᄒᆞᆫ 박병(軟肉薄餠)<朴解 하 32>.
2) 양느름이 : 소의 양(牛胃)로 만든 누르미. '누르미'는 3번 편지의 '느르미' 풀이 참조. 82번 편지에서는 '양느롬이'로 표기되어 있다.
3) 싱치되탕 : 꿩고기를 넣어 끓인 탕. '되탕'의 '되'는 미상이다.
4) 믜회 : 해삼 회(膾). '믜'는 해삼의 옛말로 16번과 61번에 나온 적이 있다.
5) 싱포회 : 전복회.
6) 담치 : 담치. 섭조개 또는 홍합(紅蛤)을 가리킨다.
7) 념통산뎍 : 염통 산적(散炙). 소의 염통을 넓게 저며서 꼬챙이에 꿰어 양념하여 구운 음식. 72번 편지에 나온 적이 있다.
8) 구우니 : 구운 것.
9) 놋습게 : 놓게.

98. 곽주가 쓴 진지상 상차림 목록 2 영인 639p

[문 108] [건들 141]

판독문

믜믈
누치[1] 싱션
진어[2] 싱션
붕어 찜
둘긔알[3] 디지니[4]
안쥬 세 가디[5]
처엄의 금닌어[6]
구으니
두 번재 회
세 번재 즌 싱
션 구으니

현대어

제물(祭物)
누치 생선, 진어 생선, 붕어 찜, 달걀 지짐이.
안주 세 가지
처음에 금린어 구이, 두번째 회, 세번째 잔 생선 구이.

해설

앞의 97번과 함께 제물로 차린 음식을 알려 주는데, 생선류를 중심으로 하여 따로 적은 것이다. 생선 안주를 내는 순서가 금린어 구이, 회, 잔 생선 구이로 되어 있어 매우 구체적이다.

주석

1) 누치 : 잉어과에 속하는 민물고기. 몸길이가 50cm에 달하여 잉어와 비슷하나 입가에 한 쌍의 수염이 있다. 몸빛은 은색 바탕에 등 쪽은 어두운 회색빛을 띠며 옆줄 위에 6~9개의 눈구멍 크기의 점이 있다. 우리나라의 낙동강, 만주의 흑룡강 및 중국에 널리 분포하며 식용한다. 눌어(訥魚)라고도 한다.
2) 진어 : 眞魚. 준치, 시어(鰣魚), 전어(箭魚), 준어(俊魚)라고도 하며, 청어과에 속하는 바닷물고기. 몸길이는 50cm 남짓한데 모양은 밴댕이처럼 아주 납작한 대형어로 몸빛은 등 쪽이 창황색이고 배 쪽은 은백색이다. 배지느러미가 작고 뒷지느러미는 길다. 우리나라의 서남해, 남일본에서 많이 나고 동남 지나해, 말레이 군도, 인도양에도 분포한다. 맛이 좋으나 살 사이에 가시가 많다.
3) 돌긔알 : 달걀. 돍 + -의 # 알.
4) 디지니 : 지짐이. 디지('지지다'의 구개음화 과도교정형)- + -ㄴ # 이[의존명사].
5) 가디 : '가지'의 ㄷ구개음화에 대한 과도교정형.
6) 금닌어 : 錦鱗魚. 농어과에 속하는 민물고기로 길이가 40~50cm에 달하는데, 머리가 길고 입도 크며 아래턱이 좀 길다. 머리와 등에 보라 회색 무늬가 많아 매우 곱게 보인다. 우리나라의 서남해에 흘러 드는 각 하천 중류, 상류의 돌 많은 곳에 분포하며 만주 송화강, 중국 양자강 수계(水系)에도 있다. 봄철에서 가을철에 걸쳐 특히 맛이 좋고, 관상용으로도 많이 기른다. 쏘가리, 궐어(鱖魚), 수돈(水豚)이라고도 부른다.

99. 여기에 적은 날에는 조심조심하여라 영인 639p

곽주가 쓴 금기일(禁忌日)과 근신일(勤愼日) [문 102] [건들 58]

판독문

오월 초이튼날
오월 열이튼날
오월 열나ᄒᆞᆫ날
오월 스므나ᄒᆞᆫ날
오월 스므엿쇈날
뉴월 초엿쇈날
뉴월 초여ᄃᆞ랜날
뉴월 열여ᄃᆞ랜날
뉴월 스므날
칠월 초ᄒᆞᄅᆞᆫ날

칠월 초사흔날
방문 밧도[1] 나디
말고 뒤도 븟
간의[2] 가 보디 말
고 다른 듸 가 보
라. 이 뎌근 열흔
나를 ᄀ장 ： ： 조심
： ： ᄒ라.

현대어

오월 초이튿날, 오월 열이튿날, 오월 열나흗날, 오월 스무나흗날, 오월 스무엿샛날, 유월 초엿샛날, 유월 초여드렛날, 유월 열여드렛날, 유월 스무날, 칠월 초하룻날, 칠월 초사흗날. (이 날에는) 방문 밖에도 나가지 말고, 뒤(=대소변)도 뒷간에 가서 보지 말고 다른 데 가서 보아라. 여기에 적은 열한 날에는 매우매우 조심조심하여라.

해설

생활의 크고 작은 일을 함에 있어서 모두 날짜를 가려 행하였던 당시의 택일 습속이 이 편지에 잘 나타나 있다. '택일'(擇日) 습속을 단순한 미신으로 치부할 것만은 아니다. 일상생활에서 항상 행동을 삼가고 조심하는 태도를 가르치기 위한 의미가 담겨 있는 것이다. 당시로서는 원인을 알 수 없는 온갖 질병이 빈발하고, 민생이 불안했던 때였다. 항상 삼가고 조심하는 것은 생존을 위한 방편이었던 것이다.

이 편지의 마지막 부분에는 반복을 뜻하는 부호가 거듭 나타나 있다. 이를 통해 곽주가 얼마나 조심하고 근신하라고 강조했는지 짐작된다.

주석

1) 밧도 : 밖도. '밧'은 '밝'의 ㄱ이 탈락된 형태.
2) 븟간의 : 뒷간에. 문맥상 '北間'(북간)의 의미로 파악된다. 12번 편지에서는 '븍간'으로 나온 적이 있는데, '븍ㅅ간'(ㅅ은 사이시옷)에서 어간말 자음 ㄱ이 탈락한 형태가 '븟간'일 것이다.

100. 먹을 양식으로 한 사람에게 한 말씩 주어라 영인 639p

곽주가 쓴 물목분송기(物目分送記) [문 103] [건들 64]

판독문

뫼ᄡᆞᆯ 서 말
해자ᄡᆞᆯ[1] 열두 말
ᄆᆞᆯ콩 너 말
ᄆᆞᆯ쥭 서 말
ᄃᆞᆰ 다ᄉᆞᆺ 마리
셩쥐[2]
뫼ᄡᆞᆯ 두 말
하자ᄡᆞᆯ[3] 서 말
ᄃᆞᆰ 세 마리
ᄂᆡ월 초닐웬
날 의셩[4] 보낼 것
뫼ᄡᆞᆯ 서 말
해자ᄡᆞᆯ 아홉 말
ᄆᆞᆯ콩 두 말
저[5]의 머글 양식
ᄒᆞᆫ 놈을 ᄒᆞᆫ 말 두
되식 주라.
ᄃᆞᆰ 네 마리조차
보내라.

현대어

멥쌀 서 말, 해자쌀 열두 말, 말콩 너 말, 말죽쌀 서 말, 닭 다섯 마리.
성주.

멥쌀 두 말, 해자쌀 서 말, 닭 세 마리.

다음달 초이렛날 의성 보낼 것.

멥쌀 서 말, 해자쌀 아홉 말, 말콩 두 말.

저희들(=심부름하는 노비들)이 먹을 양식을 한 놈에게 한 말 두 되씩 주라. 닭 네 마리까지 보내라.

해설

성주와 의성에서 어떤 큰일을 치른 듯하다. 쌀과 콩 그리고 닭도 보내고 있다. '해자쌀'은 어떤 일을 하는 데 소요되는 비용을 치르기 위한 쌀이다. 성주와 의성에서 벌어진 혼사 잔치 혹은 향교나 서원에서 치르는 제향에 쓸 물건을 보낸 것이 아닌가 생각된다.

주석

1) 해자ᄡᆞᆯ : 해자쌀. 어떤 일이나 비용에 대한 대가로 지불하는 쌀을 말한다. 33번, 88번 편지의 각주 참고.
2) 셩쥐 : 星州. 지명. '셩쥐'는 '셩쥬'에 접미사 'ㅣ'가 결합한 것인데, 사실상 불필요한 것이지만 당시의 속음을 반영하고 있는 듯하다. 대구(大邱)를 '대귀', 청도(淸道)를 '청되'라고 하는 것도 동일한 현상이다. 아래에 적혀 있는 것들은 성주로 보낼 물목이다.
3) 하자ᄡᆞᆯ : 해자쌀. '해자ᄡᆞᆯ'에서 'ㅣ'가 탈락된 형태이다. 이 사실은 'ㅐ'가 이중모음 'ㅏㅣ'로 발음되었음을 뜻한다.
4) 의셩 : 義城. 경상북도 의성군을 가리킨다. 아래에 적힌 물목은 의성으로 보낼 것이다.
5) 저 : 여기서는 이 심부름을 하는 노비들을 말한다.

101. 죽엽주와 포도주 만드는 법 영인 638p

곽주가 쓴 양조법(釀造法) [문 105] [건들 105]

판독문

듀엽쥬법[1)]

ᄉᆞ워레 엿귀[2)]를 ᄠᅳ더[3)] 방하애

지허[4)] 므레 섯거 항[5)]의 녀헛

다가 ᄒᆞᆫ ᄃᆞᆯ 마늬 그 므ᄅᆞᆯ 처예[6]
바타[7] 그 믈로 기우레[8] 섯거 누룩[9]
드듸여[10] ᄠᅴ워[11] ᄆᆞᆯ뢴[12] 후에 ᄎᆞ
ᄡᆞᆯ[13] ᄒᆞᆫ 마ᄅᆞᆯ 실릐[14] ᄧᅧ셔[15] ᄀᆞᄅᆞ 누
룩 ᄒᆞᆫ 되 칠 ᄒᆞᆸ[16] ᄎᆞᆫ 믈 ᄒᆞᆫ 말
서 되예 섯거 비젓다가 사ᄒᆞᆫ[17] 마
늬 괴거든[18] 막대로 서너 번 저
어 괴던 거시 ᄢᅥ디거든 ᄇᆞ려
ᄃᆞᆺ다가[19] ᄆᆞᆰ거든[20] ᄡᅳ되 밥을 ᄀᆞ
장 ᄎᆞ게 식켜 비즈라.

보도쥬법[21]
뫼ᄡᆞᆯ ᄒᆞᆫ 마ᄅᆞᆯ 듀엽쥬
법으로 비저셔 ᄆᆞᆰ근[22] 후에
즈의[23]란 바타 ᄇᆞ리고 그 ᄆᆞᆯ근 수
을로셔 ᄯᅩ 비ᄌᆞ되 ᄎᆞᄡᆞᆯ 닷
되ᄅᆞᆯ 실릐 ᄧᅧ셔 식거든 ᄀᆞᄅᆞ
누룩 ᄒᆞᆫ 되ᄅᆞᆯ 섯거 그 ᄆᆞᆯ근
수레 비저 ᄃᆞᆺ다가 ᄆᆞᆰ거든
ᄡᅳ라. 수이 ᄡᅳ면 열이ᄐᆞᆯ 마늬
도 ᄡᅳ거니와 보롬만이면 ᄀᆞ장
ᄃᆞᆺᄂᆞ니라[24].

현대어

죽엽주 만드는 방법

사월에 여뀌를 뜯어 방아에 찧어 물에 섞어 항아리에 넣었다가, 한 달만에 그 물을 체에 밭아 그 물에 기울을 섞어 누룩을 디뎌 띄워 말린 후에, 찹쌀 한 말을 시루에 쪄서 가루 누룩 한 되 일곱 홉, 찬 물 한 말 서 되에 섞어 빚었다가, 사흘 만에 (술이) 괴거든 막대로 서

너 번 저어 괴던(=거품이 일며 끓던) 것이 꺼지거든 놓아두었다가 맑아지거든 쓰되 밥을 아주 차게 식혀서 빚으라.

포도주 만드는 방법

멥쌀 한 말을 죽엽주를 만드는 방법으로 빚어서, 맑아진 후에 찌꺼기는 밭아 버리고, 그 맑은 술로써 또 빚되 찹쌀 닷 되를 시루에 쪄서 식거든 가루 누룩 한 되를 섞어 그 맑은 술에 빚어 두었다가 맑아지거든 쓰라. 빨리 쓰면 열이틀 만에도 쓰거니와 보름 만이면 아주 좋으니라.

해설

이 글은 편지라기보다 술 담그는 법(양조법)을 적은 문건이다. 17세기에 빚었던 '죽엽주'와 '포도주' 제법이 자세히 기술되어 있다. 두 가지 조리법을 한글로 적은 최초의 기록이라 할 수 있다. 특히 포도주법은 여기서 처음 나오고, 다른 문헌에 달리 나오지 않는 것이어서 주목된다.

17세기 후기에 경북 영양 지방의 장씨 부인이 지은 『음식디미방』에도 죽엽주 제조법이 나오는데 그 방법이 서로 같지 않다. 『음식디미방』에는 '듁엽쥬'라 하여 그 제조법이 다음과 같이 서술되어 있다.

> "ᄇᆡᆨ미 너 말 ᄇᆡᆨ세ᄒᆞ여 ᄌᆞᆷ가 자혀 므ᄅᆞ게 쪄 식거든 ᄭᅳᆯ혀 식은 믈 아홉 사발애 국말 닐곱 되 섯거 독의 녀허 서늘ᄒᆞᆫ ᄃᆡ 둣다가 스므날 만애 ᄎᆞᆸᄡᆞᆯ 닷 되 므ᄅᆞ게 쪄 식거든 진말 ᄒᆞᆫ 되 섯거 녀허 닐웬 만이면 비치 대닙 ᄀᆞᆺ고 마시 향긔로오니라."
>
> (백미 너 말을 여러 번 씻어 물에 담가 재워 무르게 쪄 식거든 끓여, 식은 물 아홉 사발에 국말 일곱 되를 섞어 독에 넣어 서늘한데 두었다가, 스무날 만에 찹쌀 닷 되를 무르게 쪄 식거든 밀가루 한 되를 섞어 넣어 두어라. 이레 만이면 술 빛이 댓잎 같고 맛이 향기로우니라.)

죽엽주는 대나무 잎이 재료로 들어가지는 않지만 술 빛깔이 댓잎과 같아서 붙여진 이름이다. 위 내용에서도 댓잎에 관한 언급은 없다. 현대 국어사전에는 '죽엽주'를 "댓잎을 삶은 물로 빚은 술"이라 잘못 풀이하고 있다. 『음식디미방』의 제조법 설명과 달리, 「곽씨언간」

의 죽엽주 제조 방문에는 사월에 여뀌풀을 찧어 물에 담가 두었다가 그 즙액을 넣어 만든 누룩을 쓰는 점이 특이하다. 찹쌀을 쓰는 점은 서로 같지만 여뀌의 사용 여부는 다르다. 이러한 차이는 지역마다 토속주 양조법이 조금씩 달랐음을 의미한다.

한편 포도주법이라고 한 방문에 포도에 대한 언급이 전혀 없다는 점이 특이하다. 위에서 설명된 내용으로 보면, 이 포도주는 먼저 죽엽주를 만들어서 그 죽엽주에다가 찹쌀 닷 되를 쪄서 누룩 한 되를 넣어 빚는 것으로 되어 있다. 「곽씨언간」에 나오는 포도주는 죽엽주를 원료로 찹쌀을 넣어 빚는 것이어서 오늘날 우리가 생각하는 포도주가 아니다. 죽엽주가 댓잎을 넣지 않고 술 빛깔이 댓잎을 닮아 붙여졌듯이 '보도쥬'는 포도를 원료로 쓴 것이 아니라 빚은 후의 술빛이 포도색을 띠고 있었기 때문에 붙인 듯하다. 붕어빵에 붕어가 들어가지 않듯이, 죽엽주에는 댓잎이 들어가지 않았고, 포도주에는 포도가 들어가지 않았던 것이다.

위 편지는 문장이 상당히 길다. 한 문단이 한 문장으로 되어 있는 까닭은 조리 과정을 연속적으로 서술하였기 때문이다. 곽주는 하나의 조리법이 완결되기 전까지 생각의 흐름을 끊지 않았던 것이다. 옛글이 오늘날의 글보다 연결어미에 더욱 의존했음을 보여 주는 전형적인 예다.

주석

1) 듀엽쥬법 : 竹葉酒法(죽엽주법). 죽엽주를 만드는 방법. '듀엽쥬'라는 명칭은 다른 문헌에서 찾을 수 없다. '듀엽쥬'는 '듁엽쥬'에서 받침 ㄱ이 탈락한 표기로서 당시의 속음을 반영한다. 「곽씨언간」에서 '卽日'(즉일)이 '즈일'로 적힌 것과 같은 것이다.
2) 엿귀 : 여뀌. 마디풀과에 속하는 한해살이풀. 들이나 개울가에 나며, 여름에 흰 꽃이 핀다. 잎과 줄기의 즙액은 매운 맛이 강하고 독하여 물에 풀어서 물고기를 잡는 데 쓰기도 하며, 향신료로도 쓰인다. 참고) 엿귀 료(蓼)<유합 칠장사판 5b>.
3) 쁘더 : 뜯어. 쁟- + -어. '쁟다, 쁟다, 뜻다' 등이 쓰였다. 참고) 닙플 쁘더<諺痘 하 44b>.
4) 지허 : 찧어. 짛- + -어. '짛-'은 '딯-'이 ㄷ구개음화를 겪은 형태이다.
5) 항 : 항아리. 참고) 항 항(缸)<유합 칠장사판 17a>.
6) 처예 : 체에. 체(가루를 곱게 치거나 액체를 밭거나 거르는 데 쓰는 기구) + -에. '체'의 off-glide j가 음절 경계에서 발음상 유동성을 보여 주는 예이다. 즉 앞 음절의 j가 뒷음절의 '-에'로 옮겨져 표기된 것이 '처예'이다. '처예'는 '체'의 '에'가 이중모음 əj임을 보여주는 증거이다.
7) 바타 : 밭아. 건더기와 액체가 섞인 것을 체 같은 데에 부어서 국물만 받아 내는 것을 '밭다'라고 한다.
8) 기우레 : 기울에. 기울(밀이나 귀리 등의 가루를 쳐내고 남은 속껍질) + -에.
9) 누룩 : 주로 밀을 굵게 갈아 반죽하여 덩이를 지어 띄운 것. 술을 빚는 데 발효제로 쓴다.
10) 드듸여 : 디디어. 발로 밟아서.
11) 띄워 : 띄워. 띄우- + -어. '띄우-'는 어근 '쁘-'에 사동접사 '-이-'와 '-우-'가 이중으로 결합한 것이다. 물기가 있는 물체를 제 훈김으로 부패 또는 발효시키는 것을 '띄운다'라고 한다.

12) ᄆᆞᆯ뢴 : 말린. ᄆᆞᆯ뢰-(乾) + -ㄴ. '말리다'의 뜻으로 'ᄆᆞᆯ뢰다, ᄆᆞᆯ로다, ᄆᆞᆯ뇌라, ᄆᆞᆯ리다' 등이 17세기에 쓰였다.
13) ᄎᆞᄡᆞᆯ : 찹쌀. ᄎᆞᄡᆞᆯ 나(糯)<訓蒙 上 12>.
14) 실릐 : 시루(甑)에. 시르(시ᄅᆞ) + -의. '시ᄅᆞ'는 'ᄀᆞᄅᆞ, ᄌᆞᄅᆞ' 등과 같이 특수 곡용을 하여 '시르, 시ᄅᆞ, 실ㄹ' 등이 쓰였다. 참고) 주먹 만ᄒᆞ게 뭉긔여 실릐 다마<救荒撮 補 9>.
15) 뼈셔 : 쪄서. 증기로 익혀서.
16) 칠 홉 : 일곱 홉. 한 '홉'은 한 되의 1/10 이 되는 용량 단위이다. 문헌에서 '홉'이 쓰인 용례를 보면 '반 홉', 'ᄒᆞᆫ 홉', '두 홉', '서 홉', '닷 홉' 은 우리 고유의 관형사가 쓰였으나 '칠 홉', '팔 홉'은 '일곱 홉', '여덟 홉'이 쓰인 예가 보이지 않는다. 참고로 '닷 홉'은 '다솝, 다숩, 닥곱'으로도 쓰였다.
17) 사ᄒᆞᆫ : '사ᄒᆞᆯ'의 오기(誤記).
18) 괴거든 : 괴거든. 술, 간장, 식초 따위가 뜨느라고 거품이 이는 것을 '괴다'라고 한다.
19) 둣다가 : 두었다가. 15세기에 '두-'와 '-어 잇-'이 결합하면 '두엣-'이 되지 않고, '뒷-'으로 '-어-'가 탈락하였는데, 여기서는 ㅣ까지 탈락하였다.
20) ᄆᆞᆰ거든 : 맑아지거든. ᄆᆞᆰ- + -거든. 형용사 'ᄆᆞᆰ-'이 동사로 기능을 한 예다.
21) 보도쥬법 : 포도주를 만드는 방법. 참고) ᄆᆞ른 보도(乾葡萄)<朴飜 상 4>.
22) ᄆᆞᆰ근 : 맑아진. ᄆᆞᆰ- + -은. 'ㄱ'이 중철표기되었다. 문맥상으로는 '멥쌀 한 말을 술로 빚어서 맑게 한 뒤에'라는 뜻이므로 타동사의 활용형 '맑힌'에 해당하는 'ᄆᆞᆯ긴' 또는 'ᄆᆞᆰ힌', 'ᄆᆞᆯ킨' 따위가 오는 것이 자연스럽다. 위의 'ᄆᆞᆰ거든'은 동사로 기능을 한 것이다.
23) ᄌᆞ의 : 찌꺼기. 'ᄌᆞᇫ의'가 고형이다. 참고) ᄌᆞ의란 ᄇᆞ리고 머그라<辟新 7>. ᄌᆞᇫ의 앗고<救方 하 33>.
24) 둇ᄂᆞ니라 : 좋으니라. 둏- + -ᄂᆞ니라. 어간 '둏-'의 끝소리 'ㅎ'이 'ㅅ'으로 적혔다. 참고) ᄆᆞᆯ근 믈을 흘려 내면 즉제 둇ᄂᆞ니라<馬經 상 115>.

102. 면화를 나누어 줄 기록 영인 637p

곽주가 쓴 면화분급기(棉花分給記)[1)] [문 106] [건들 122]

판독문

면화 ᄂᆞᆫ올[2)] 치부[3)]

큰ᄃᆡᆨ[4)]의 열여ᄃᆞᆲ 근

골안ᄃᆡᆨ[5)] 열두 근

다ᄅᆡ 어미 열닷 근

녈진이 열두 근

슈개[6)] 닷 근

무명을 나하[7)] ᄑᆞ라 머글[8)]

거슬 면홰[9] 하 어머니[10]
엇디 ᄒᆞᆯ고 ᄒᆞ뇌. 큰ᄃᆡᆨ
이나 다ᄅᆡ네[11]나 다 아니
주디 몯ᄒᆞᆯ 거시고 모
다 혜기ᄂᆞᆫ[12] 다 뎍게 너
기려니와 ᄡᅳᆯ ᄃᆡ 만ᄒᆞ니
비록 뎍게 너
겨도 내 뎌근 대로 밧
ᄌᆞᆸ게 호ᄃᆡ 몬졔
밧ᄌᆞ온[13] 것 아오라[14] 혜
여셔 밧ᄌᆞᆸ게 ᄒᆞ소.
이제 드리ᄂᆞᆫ 것도 ᄒᆞᆷ
씌 드리디 말고 면화
ᄠᆞᄂᆞᆫ 양을 보아 가며셔
여러 번에 쟉〻[15] 드리게
ᄒᆞ소. 내 뎌근 거ᄉᆞᆫ
도수ᄅᆞᆯ[16] 뎌거 이시니 여
러 적[17] 드린 거ᄉᆞᆯ 병ᄒᆞ
【上邊】
여셔 내 뎌근 수에 ᄎᆞ게[18] 드리소.

현대어

면화를 나눌 치부

큰댁에 열여덟 근, 골안댁 열두 근, 다릐 어미 열다섯 근, 녈진이 열두 근, 슈개 다섯 근. 무명을 낳아(=만들어) 팔아먹어야 하는데, 면화가 아주 모자라니 어쩔꼬 하네. 큰댁이나 다릐네나 다 아니 주지는 못할 것이고, (받는 이들은) 생각하기에 다 적게 여기겠지만, 쓸 데가 많으니 비록 적다고 여겨도 내가 적은 대로 주도록 하되, 먼저 준 것을 아울러 헤아려서 주도록 하소. 지금 드리는 것도 한꺼번에 드리지 말고 면화를 따는 모양을 보아 가면서 여러 번에 (나누어) 조금씩 드리도록 하소. 내가 적은 것은 도수(度數)를 적어 놓았으니 여러 번 드린 것을 합해서 내가 적은 수량에 차게 드리소.

해설

이 편지는 면화 농사에 관한 연구 자료로 이용될 수 있다. 면화는 당시의 경제생활에서 매우 중요한 자원이었다. 위 내용은 곽주의 집안에서 수확한 면화를 친척집과 여러 노비들 집안에 분배해 준 기록이다. '큰ᄃᆡᆨ'과 '골안ᄃᆡᆨ'은 친척으로 생각되고 나머지 세 사람은 노비로 추정된다. '다릐어미', '녈진이', '슈개'는 면화 농사를 거든 인물인 듯하다. 수확할 면화는 적고 나누어 줄 사람은 많아서 근심스러워 하는 곽주의 모습이 나타나 있다. 적어 놓은 분량을 일시에 주지 말고 조금씩 여러 번에 나누어 주되 그 수량은 다 채워주라는 분배 방법까지 일일이 지시하였다. 곽주의 치밀한 일 처리를 보여 준다.

주석

1) 면화분급기(棉花分給記)가 앞 부분에 있고 이어서 곽주가 하씨에게 지시한 내용이 뒤에 나온다.
2) ᄂᆞᆫ올 : 나눌. ᄂᆞᆫ호- + -ㄹ. 어간 'ᄂᆞᆫ호-'의 'ㅎ'이 유성음 사이에서 탈락된 예는 「곽씨언간」에서 이 한 예밖에 없다. 「곽씨언간」 132번 편지에는 'ᄂᆞᆫ호ᄋᆞᆸ시닝ᄭᅡ'로 나타난다.
3) 치부 : 置簿. 금전이나 물품의 출납을 기록하는 것을 '치부'라고 한다. 기록하는 장부는 '치부책(置簿冊)'인데 줄여서 '치부'라고 부른다.
4) 큰ᄃᆡᆨ : 큰댁. '큰집'을 높여서 이르는 말.
5) 골안ᄃᆡᆨ : 골안댁. 택호(宅號)이다.
6) 다릐, 녈진이, 슈개 : 모두 사람 이름이다. 노비로 추정된다.
7) 나하 : 낳아. 생산하여. 솜, 삼 껍질, 털 따위로 실을 만들거나 실로 피륙을 짜는 것을 '낳다'라고 말한다. 참고) 굴근 삼으로 나ᄒᆞᆫ 뵈예<家禮 6:24a>.
8) 머글 : 먹을. 'ᄑᆞ라 머글'에서 '먹-'은 현대국어에서처럼 '버리다', '치우다'와 같은 뜻을 가진 보조 동사로 쓰였다.
9) 면홰 : 면화가. 면화 + -이[주격조사].
10) 어머니 : 모자라니. 『순천김씨언간』 149번 편지에 '니블 거시 하 어멀고'가 나온다. 따라서 '어머니'는 동사 어간 '어멀-'에 '-으니'가 결합하면서 'ㄹ'이 탈락한 형태가 된다. '어멀-'의 뜻은 '모자라다' 또는 '부족하다'로 풀이된다. 현대국어에서 좀 모자란 사람을 보고 "이 어문 사람"이라는 표현을 쓴다.
11) 다ᄅᆡ네 : 다래네. '-내'는 15세기에 존칭접미사로 쓰였지만, 이 글에서 '-네'는 현대 국어에서 '집안'이나 '가족 전체'를 나타내는 '-네'와 그 뜻이 같다. 참고) 어마님내 뫼ᅀᆞᆸ고 누의님내 더브러<月釋 2:6>.
12) 혜기ᄂᆞᆫ : 헤아리기는. 계산하기는. 혜- + -기 + -ᄂᆞᆫ. 참고) 다 혜기를 明白히 ᄒᆞ쟈<老解 初 하 65b>.
13) 밧ᄌᆞ온 : 받은. 받- + -ᄌᆞ오-[겸양] + -ㄴ[관형형]. '밧ᄌᆞᆸ게'와 함께 '-ᄌᆞᆸ-'이 쓰였는데 '큰ᄃᆡᆨ'에 대한 겸양으로 쓰였다. '받->밧-'은 七종성법에 의한 것이다.
14) 아오라 : 아울러서. 합쳐서. 아올-(竝) + -아. 참고) 뵈 ᄡᅳ믈 아오라 열 자 네 치라<家禮 6:9>.

15) 쟈ㆍ : 조금씩. 참고) 니근 믄을 쟈쟈 주어<諺痘 하 40>.
16) 도수롤 : 도수(度數)를. 횟수와 수량 등을. '도'는 補入 글자이다.
17) 적 : 번(番). '적'은 '때'라는 뜻으로 주로 쓰였으나 여기에서는 뜻이 다르다.
18) ᄎ게 : 차게[滿]. 정한 수효가 되도록.

103. 질례댁 모과 셋, 석류 둘 영인 637p

곽주가 쓴 물목기(物目記)(果實) [문 107] [건들 125]

판독문

권찰방딕[1] 감
ᄒᆞᆫ 뎝[2] 셕뉴 둘.
가산딕[3] 모과 세[4]
셕뉴 둘.
뎡참의딕[5] 모과
세 셕뉴 둘.
질례딕[6] 모과
세 셕뉴 둘.
허경녁딕[7] 감
ᄒᆞᆫ 뎝 츄ᄌᆞ[8] 서
되.
【左邊】[9]
黃進士 座前
答疏上
【뒷면】
孤哀子郭澍再拜言伏承[10]

현대어

권찰방댁 감 한 접시, 석류 둘. 가산댁 모과 셋, 석류 둘. 정참의댁 모과 셋, 석류 둘. 질례ᄃᆡᆨ 모과 셋, 석류 둘. 허경력댁 감 한 접시, 호누 서 되.

황진사(黃進士) 좌전(座前). 답소상(答疏上).

고애자 곽주 재배언 복승(孤哀子 郭澍 再拜言 伏承).

해설

이 기록은 곽주가 상을 당하자 이웃 사람들이 그에게 부조(扶助)한 과실 목록이다. 다른 물건들도 부조하였을 것이나 여기에는 과실만 따로 적은 듯하다. 감 한 접, 석류 두 개, 모과 세 개를 이웃에게 부조하는 것에서 당시 사람들의 소박한 인정을 엿볼 수 있다. 곽주가 이런 물목을 꼼꼼히 적어 두는 것은 남에게 도움을 받은 것을 잊지 않고 훗날 그 은혜를 갚고자 함이다.

주석

1) 권찰방ᄃᆡᆨ : 권찰방댁(權察訪宅). 찰방 벼슬의 권씨댁. 찰방은 조선 시대에 각 도의 역참(驛站)에 관련된 일을 맡아보던 외직 문관(外職 文官) 벼슬이다.
2) 뎝 : 접. '접'은 채소나 과일 따위의 백 개를 세는 단위이다. 참고) 감 넉 뎝<순천김씨언간 133>.
3) 가산ᄃᆡᆨ : 가산댁. 택호(宅號)다. '가산'(架山)은 경북 칠곡군에 있는 지명인데, 가산산성으로 유명하다.
4) 세 : 셋. 이 '세'는 현대 국어에서는 관형사로만 쓰이나 이 시기에는 명사 기능도 있었다. 참고) 프르며 블그며 흰 긔 세롤 뎜ᄒᆞ야든<練兵 25>.
5) 뎡참의ᄃᆡᆨ : 정참의댁(參議宅). 참의 벼슬의 정씨댁. 참의는 조선 육조(六曹)의 각 아문(衙門)에 딸린 정삼품(止三品)의 벼슬이다.
6) 질례ᄃᆡᆨ : 질례댁. 이곳의 '질례'는 경남 김해시의 '진례'면(進禮面)을 표기한 것으로 보인다. 그러니 '질례ᄃᆡᆨ'은 진례에서 현풍으로 시집온 부인의 택호이다.
7) 허경녁ᄃᆡᆨ : 허경력댁(許經歷宅), 경력 벼슬의 허씨댁. 경력(經歷)은 충훈부, 의금부, 오위도총부 등에 소속되었던 종사품(從四品)의 벼슬이다.
8) 츄ᄌᆞ : 호두. 경상방언에서 호두를 '추자'라고 부른다. 한편 '추자'(楸子)는 '가래'와 같은 말로서 가래나무의 열매인데, '츄ᄌᆞ'(호두)와 비슷하나 좀 갸름하며 먹지는 못한다. 참고) 츄ᄌᆞ 두 낫 곳 머그면 즉제 밥 먹고져 시브니라<救荒 補 6>
9) 아래의 <右邊>과 <뒷면>에 기록된 내용은 이 편지지가 원래 다른 용도로 쓰였던 것이기 때문이다. 곽주가 황진사(黃進士)에게 보내려 했던 편지 봉투였다.
10) 집안의 족보에 곽주의 아버지 삼길(三吉)은 1549년(명종 4)에 태어나서 1606년(선조 39)에 돌아가셨고, 어머니 박씨는 1622년에 돌아가신 것으로 되어 있다. 그리고 곽주의 생존 기간은 1569년에서 1617년까지다. 이 편지에 나타난 '고애자(孤哀子)'라는 용어가 문제이다. '고애자'라는 용어는 부모가 모두 돌아가셨을 때 쓴다. 따라서 곽주가 이 용어를 썼다고 보기는 어렵다. 그러나 출가한 박씨의 손녀가

1624년에 하씨에게 쓴 편지(132번)에 "할마님 대상도 머지 아녀ᄉᆞ오니"라고 한 것은 박씨가 1622년에 돌아가셨다는 증거로 볼 수 있다. 따라서 '고애자'는 곽주에게 어울리지 않는 용어다. 곽주 생존 당시에는 부모 중 어느 한 분이 돌아가신 경우에도 '고애자'라는 용어를 썼던 것이 아닌가 짐작해 볼 수도 있으나, 이 말의 용법에 어긋나는 것이어서 이 부분은 문제점으로 남는다.

104. 계묘년 종자 분급기[1] 영인 637p

곽주가 쓴 종자분급기(種子分給記)(1603년) [문 99] [건들 36]

판독문

癸卯年 種子分給

쳥되[2] 금동이 졍조[3] 엿 말

옛 금동이 졍조 두 말 되오리[4]

ᄒᆞᆫ 말

현대어

계묘년에 종자를 나누어 주다.

청도 금동이 정조(나락) 여섯 말.

옛 금동이 정조(나락) 두 말, 되오리 한 말.

주석

1) 105번의 내용이 이 뒤에 연결된다. 즉 104번과 105번은 하나의 문기(文記)다.
2) 쳥되 : 청도(淸道). '쳥되'는 '쳥도'에 접미사 '-ㅣ'가 결합한 것이다. 100번 편지 각주 3 참조. '금동이'라는 이름을 가진 노복이 바로 다음 줄에 또 있어서(옛 금동이) 이들을 서로 구별하기 위해 관형어를 붙인 것이다. '쳥도'는 현풍 인근의 청도군을 가리킨 것이다.
3) 졍조 : 정조(正租), '정조'는 '벼'를 뜻하는 한국 한자어이다.
4) 되오리 : 되올벼. 『산림경제(山林經濟)』에 '救荒狄所里 구황되오리, 所老狄所里 쇠노되오리, 牛狄所里 쇠되오리, 灵山狄所里 덩산되오리, 靑狄所里 파랑되오려, 狄所里 되오리'가 보인다. '작은 올벼 논'이라는 뜻으로 '되오려 논'이 쓰였다. 참고) 각시네 되오려 논이 물도 만코<歌曲源流 28쪽>. 오려 고개 숙고<고시조>.

105. 곽주가 쓴 나락 종자 분급기 영인 636p

[문 104] [건들 91]

판독문

영더기 졍조 엿 말
덕남이 졍조 ᄒᆞᆫ 말 ᄎᆞ나록[1)] ᄒᆞᆫ 말
되오리 ᄒᆞᆫ 말
풍셰 졍조 두 말 ᄎᆞ나록 ᄒᆞᆫ[2)]
말 되오리 ᄒᆞᆫ 말
긔인이 졍조 두 말 ᄎᆞ나록 ᄒᆞᆫ 말
일년이 졍조 너 말 되오리 ᄒᆞᆫ 말
영시리 졍조 서 말
뉴튱의딕[3)] 금동이 졍조 두 말
덕놓이 졍조 서 말
풍난이[4)] 졍조 두 말
뉴튱의딕 졍조 ᄒᆞᆫ 말
郭上 正租 一斗[5)]
郭上[6)] 正租 一斗 五升

현대어

영더기 정조 여섯 말.
덕남이 정조 한 말, 찻나락(찹쌀나락, 찹쌀벼) 한 말, 되올벼 한 말.
풍셰 정조 두 말, 찻나락(찹쌀나락) 한 말, 되올벼 한 말.
긔인이 정조 두 말, 찻나락 한 말.
일년이 정조 너 말, 되올벼 한 말.
영시리 정조 서 말.
뉴튱의댁 금동이 정조 두 말.

덕농이 정조 서 말.

풍난이 정조 두 말.

뉴튱의댁 정조 한 말.

곽상(郭上)(?) 정조(正租) 1두(斗) 5승(升).

해설

이것은 앞의 계묘년 종자 분급기와 이어진 것이다. 많은 인명이 나오는데 '뉴튱의ᄃᆡᆨ'만 신분이 양반이고 다른 사람은 모두 양민이거나 노복으로 추정된다. 이 문기에 나타나는 벼의 종자는 '정조'(正租), 'ᄎᆞ나ᄅᆞᆨ', '되오리'라는 세 가지다. 당시의 벼농사에 어떤 품종을 재배했는지 알 수 있다. 곽주가 이렇게 종자를 나누어 준 것은 여기에 적힌 사람들이 곽주로부터 논을 빌려서 벼농사를 지었기 때문일 것이다. 지주가 토지와 종자를 공급하는 것이 당시의 관행이었다. 그리고 종자의 분량은 논의 면적에 따라 정해졌다.

「나신걸언간」(=신창맹씨묘 출토언간)은 나신걸(羅臣傑, 1461~5124)이 함경도에서 군관 복무 중인 나신걸이 충청도 회덕에 있는 아내 맹씨 부인에게 보낸 편지이다. 이 편지에 지주가 소작인에게 종자를 분급한 내용이 나온다.

> "ᄯᅩ 다랑이 슌마니 ᄒᆞᄂᆞᆫ 노내 ᄡᅵ 열연 말 니필소← 노내 ᄡᅵ 닐굽 말 손댱명의 노내 ᄡᅵ 단 말 쇼과니 ᄒᆞᄂᆞᆫ 노내 ᄡᅵ 단 말 구디 지에 ᄒᆞ던 노내 ᄡᅵ 단 말 니문지에 노내 ᄡᅵ 여돌 말 죵도리 ᄒᆞᄂᆞᆫ 노내 ᄡᅵ 여돌 말 즌고래 노내 ᄡᅵ 열 말 ᄯᅩ 두말구레 바틔 피ᄡᅵ 너 말 ᄆᆞᆺ구레예 피ᄡᅵ 너 말 삼바틔 피ᄡᅵ ᄒᆞᆫ 말 아래 바틔 피시 ᄒᆞᆫ 말 닷 되" (나신걸언간)

주석

1) ᄎᆞ나ᄅᆞᆨ : 찹쌀벼. 찹쌀 나락. 찹쌀을 생산하는 벼의 한 종자. 'ᄎᆞ나ᄅᆞᆨ'은 다른 문헌에 나타나지 않는다. 현대 경상방언에 '찬나락'이 쓰인다. 'ᄎᆞ나ᄅᆞᆨ'은 '촐나ᄅᆞᆨ'의 ㄹ이 ㄴ앞에서 탈락한 것이다.
2) 둥근 권점(圈點)을 치고 수정하여 '너 말'을 써 넣었다. 줄 양을 고친 것이다.
3) 뉴튱의ᄃᆡᆨ : 유충의댁(柳忠義宅), 충의 벼슬의 유씨댁. '충의위(忠義衛)'는 조선 세종 원년에 베푼 충좌위(忠佐衛)에 딸린 군대이다. 104번 편지에 금동이가 이미 두 명 나왔는데 이 편지에서 또 다른 금동이가 나오므로 구별하려고 붙인 것이다.
4) 영더기, 덕남이, 풍셰, 긔인이, 일년이, 영시리, 덕농이, 풍난이 : 이들은 모두 노복 이름이다.
5) 郭上 正租 一斗 : 이 줄은 썼다가 줄을 그어 지웠다.
6) 郭上 : 사람 이름. 글자가 초서로 되어 있고 불분명하다. 3, 16, 36, 38, 56번 등의 편지에 '곽샹이'라는

이름이 나오는 것을 보아서 같은 사람으로 짐작된다. 이 부분만 한자로 쓴 이유는 알 수 없다.

106. 초계 동생의 살풀이할 날은… 영인 636p

장남 이창(長男 以昌)이 어머니 하씨에게 [문 111] [건들 48]

판독문

밤 ᄉᆞ이
긔후[1] 엇더ᄒᆞᄋᆞᆸ샨고. ᄉᆞ모 망극
ᄒᆞ와이다. ᄌᆞ식은 무ᄉᆞ히 왓ᄉᆞᆸ
노이다. 초계[2] 동싱의 살 므를
날[3]은 이 ᄃᆞᆯ 스므아ᄒᆞ랜날도
극히 됴코 삼월 초ᄒᆞᄅᆞᆫ날
도 됴타 ᄒᆞ니 두 날 듕의
ᄀᆞᆯᄒᆡ여 ᄒᆞᄋᆞᆸ쇼셔. 아마도
긔후 평안ᄒᆞᄋᆞᆸ샴 일야[4] 비ᄋᆞᆸ
【上邊】
노이다.
【右邊】
이월 스므엿쇈날
ᄌᆞ 이챵[5] ᄉᆞᆯ이
【뒷면】
어마님젼 샹ᄉᆞᆯ이(手決)

현대어

밤 사이 기후 어떠하옵신고? 사모(思慕) 망극하옵니다. 자식은 무사히 왔습니다. 초계 동생의 살 무를 날(=살풀이 날)은 이 달 스무아흐레 날도 극히 좋고 삼월 초하루 날도 좋다 하니 두 날 중에서 가리어 하옵소서. 아무쪼록 기후 평안하옵심을 밤낮으로 비옵니다.

이월 스무엿샛날, 아들 이챵 사뢈. 어머님전 사뢈 (手決)

해설

이 편지는 곽주의 장남 이창(以昌)이 어머니 하씨에게 보낸 편지다. 이창은 전처 광주 이씨의 소생이다. 하씨가 이창에게 초계 동생의 '살풀이 날'을 뽑아 보라고 시켰고 이에 이창이 날을 가려 답을 올린 것이다. 여기서 우리는 17세기 사람들도 살을 내린 원귀에게 받은 살을 되물려(=되돌려) 주려고 날을 가려 살풀이 의식을 치렀음을 알 수 있다.

106번 이하의 편지에도 반복되어 나타나지만, 하씨와 떨어져 사는 아들들은 문안 차 어머니에게 편지를 올렸던 것으로 보인다. 밤사이 건강은 어떠하며 자식은 무사히 왔다는 인사말, 그리고 전 날 한 편지에 답하는 내용에서 이를 알 수 있다. 다른 통신 수단이 없었던 당시에 편지는 유일한 장거리 의사소통 수단이었다. 자식이 부모에게 보낸 편지는 오늘날의 전화 한 통화 이상의 의미를 가졌을 것이다.

주석

1) 긔후 : 기력(氣力)과 체후(體候). 氣候. '몸과 마음의 형편'이라는 뜻으로, 웃어른에게 올리는 편지에서 문안할 때 쓰는 말. '기체'(氣體)와 같은 말이다.
2) 초계 : 지명. 합천군 초계면(草溪面)을 가리킨다. 낙동강을 경계로 하여 창녕군 이방면, 달성군 구지면과 접하며 소례와도 가까운 거리에 있다.
3) 살 므ᄅᆞᆯ 날 : 살(煞)을 없애는 날. 살풀이하는 날. 살(煞)이란 사람을 해치거나 패망케 하는 독하고 모진 기운을 뜻한다. 이러한 기운에 덮씌인 것을 '살이 끼다', '살이 붙다'라고 하고, 굿을 하거나 액막이를 하여 살을 없애는 것을 '살을 내리다', '살을 풀다'라고 한다. '살을 무르다'와 같은 관용구는 현대어에 쓰이지 않는다. '무르다'는 '되돌려 주다', '갚다'라는 뜻이다. 따라서 '살 므ᄅᆞᆯ 날'은 살을 내린 귀신에게 어떤 물건이나 재화 따위를 치르고 귀신이 주었던 살을 거두어 가 달라고 모종의 의식을 치르는 날, 즉 살풀이 하는 날로 파악된다.
   참고) 이러면 네 므ᄅᆞ고져 ᄒᆞᄂᆞᆫ다(這們的你要番悔)<老解 初 하 17>. 흥졍 ᄆᆞᄎᆞᆫ 후에 각각 므르기를 둗디 마져(成交已後 各不許番悔)<老飜 하 17>.
4) 일야 : 日夜. 밤낮으로.
5) 이챵 : 以昌. 곽주의 장남으로 전처인 광주이씨 소생이다. 자(字)는 덕무(德懋), 호는 모현재(慕賢齋). 선조 경인년에 나서 효종 갑오년에 죽었다(1590-1654). 아버지 곽주를 따라 정한강(鄭寒岡)에게 나아가 배웠다. 조정에서 참봉을 제수했으나 나아가지 않았다 한다. 도동서원의 제사 기록 문서인 「참제록」(參祭錄)의 인명록 중에 만력 44년(1616) 10월 2일 묘제(墓祭)와 만력 45년(1617) 2월 12일 제사에 아버지 곽주와 아들 곽이창의 이름이 함께 실려 있다.

107. 개똥물과 모시 뿌리 물을 먹이라 하옵소서 영인 635p

二男 宜昌이 어머니 하씨에게 [문 112] [건들 162]

판독문

밤 ᄉᆞ이
긔후 엇더 ᄒᆞᄋᆞᆸ시니잇가.[1] ᄉᆞ모 ᄀᆞ 업
ᄉᆞ와 ᄒᆞᄋᆞᆸ노이다. ᄌᆞ식은 무ᄉᆞ[2] 왓
ᄉᆞᆸ노이다. 어제 동샹의게[3] 듯ᄌᆞ오
니 풍개[4] 매 마ᄌᆞᆫ ᄃᆡ ᄀᆞ장 듕ᄒᆞᆫ가
시브ᄋᆞᆸ고[5] 밤의 ᄌᆞᆷ도 사오랍ᄉᆞ오
니[6] 브ᄃᆡ 사ᄂᆞᄆᆞᄒᆞ손[7]의 약ᄒᆞ
여 주라 ᄒᆞ쇼셔. 완〻이[8] ᄒᆞ여 못
ᄒᆞ올 거시니 금월이ᄅᆞᆯ 말고
향월이ᄅᆞᆯ 보내ᄋᆞᆸ[9]. 약 머
길 줄[10]이나 ᄌᆞ세 니ᄅᆞ라 ᄒᆞᄋᆞᆸ
쇼셔. 개ᄯᅩᆼ 믈과 모시
【上邊】
부릐 믈[11] 졈[12] 머기라 ᄒᆞᄋᆞᆸ
쇼셔. 그ᄅᆞ치면 죽ᄉᆞ올
가 념녀ᄒᆞᄋᆞᆸ노이다. 브ᄃᆡ
파샹풍[13] 아니 될 약을
【右邊】
미리 머기라 ᄒᆞᄋᆞᆸ쇼셔. 의집[14]의 잇던 거
ᄉᆞᆫ 봉ᄒᆞ여 보내오니 ᄌᆞ세 밧ᄌᆞ오쇼셔.
심난ᄒᆞ와 이만 알외ᄋᆞᆸ노이다.
즉일 ᄌᆞ식 의챵[15] ᄉᆞᆯ이.
【뒷면】

진촌
어마님젼 상술이 (手決)

현대어

밤사이 기후 어떠하십니까. 사모함이 가없사와 하옵니다. 자식은 무사히 왔습니다. 어제 동생에게 듣자오니 풍개는 매 맞은 데가 가장 위중한가 싶으옵고 밤에 꿈도 사납사오니, 부디 '사ᄂᆞᄆᆞᄒᆞ손'의 약을 지어 주라고 하소서. 느리게 하여서는 안 될 것이니 금월이 말고 향월이를 보내소서. 약 먹일 방법이나 자세히 이르라 하옵소서. 개똥 물과 모시 뿌리 물을 좀 먹이라 하옵소서. 그르치면 죽을까 염려하옵니다. 부디 파상풍 아니 걸릴 약을 미리 먹이라 하옵소서. 저의 집에 있던 것은 봉하여 보내오니 자세히 (살펴) 받자오소서. 심란하와 이만 아뢰옵니다.

즉일 자식 의챵 사룀. 진촌, 어머님전 사룀.

해설

풍개라는 노복이 관청에 붙들려 가서 매를 맞은 모양이다. 상태가 이미 위중하여 서둘러 손을 써야 할 형편이다. 떨어져 살고 있는 둘째 아들이 어머니의 집에 다니러 갔다가 동생에게 형편을 전해 들었다. 이에 내린 처방이 '사ᄂᆞᄆᆞᄒᆞ손'의 약을 지어 먹이는 것인데, 고유어 같지 않은 이 낱말이 무슨 뜻인지 미상이다. 이 약을 쓰는 데 향월이를 보내어 빨리 조치하라고 당부하였다. 그리고 개똥 물과 모시 뿌리 물을 먹이는 것과 같은 민간치료법도 권장하였다. 이 모든 것이 파상풍을 막기 위한 것으로 추측된다. 당시에도 병의 원인에 따라 우선적으로 치료해야 할 사항을 숙지하였던 사실이 엿보인다.

주석

1) 엇더ᄒᆞᄋᆞᆸ시니잇가 : 어떠하십니까. 109번, 110번 편지에서도 '엇더ᄒᆞᄋᆞᆸ시니잇가'가 나타난다.
2) 무ᄉᆞ : 무사히. 부사화접사 '-히'가 결합하지 않고 영파생으로 부사가 된 예이다.
3) 동샹의게 : 동생(同生)에게. '同生'의 음은 '동싱'이 되어야 한다. '동샹'은 당시의 속음일 것이다. 현대 경상방언에 '동상댁'(동생댁)과 같은 어형이 쓰인다.
4) 풍개 : 노복 이름.
5) 시브ᄋᆞᆸ고 : 싶으옵고. '시브ᄋᆞᆸ고'의 기본형은 '시브다'인데 '시브다'의 전대형은 '식브다'이다. '추측', '소망'을 나타내는 '시브다'는 '-을가' '-은가' 같은 의문형어미나 '-고져' 같은 의도형어미와 흔히 공기 관계를 형성한다.

6) 사오랍ᄉᆞ오니 : 사납사오니. '랍'은 '납'의 ㄴ이 활음화된 것이다.
7) 사ᄂᆞᄆᆞᄒᆞ손 : 글자는 분명히 보이지만 그 뜻을 알기 어려운 부분이다. '사ᄂᆞᄆᆞᄒᆞ손'은 아마 민간요법을 잘 아는 이웃집 사람의 이름 혹은 新의술을 가진 외국인, 예컨대 임란 중 귀화한 일본인의 이름이 아닐까 하고 추측해 본다.
8) 완완이 : 緩緩이. 느리게.
9) 보내ᄋᆞᆸ : 보내옵소서. '보내ᄋᆞᆸ'은 '보내ᄋᆞᆸ쇼셔'로 표현할 것을 편지 특유의 문어체로 간략히 표현한 것이다. 여기서의 'ᄋᆞᆸ'은 청자존대의 기능을 하면서 문장종결의 기능도 부수적으로 하고 있다. 그리고 이 문맥의 'ᄋᆞᆸ'은 이 형태소 본연의 기능인 객체존대나 화자겸양의 기능에서 청자존대의 기능으로 전이된 것인데, 이런 기능 변화를 보이는 예로서는 초기의 예이다.
10) 줄 : 방법. 이 예는 '줄'의 의미 기능이 현대국어의 의존명사 '줄'보다 더 넓음을 보여 준다.
11) 모시 부릐 믈 : 모시 뿌리(의) 물. 모시(紵) # ㅅ # 불(根) + -ᄋᆡ[관형격조사] → 모시 불ᄋᆡ → 모시부릐. 어근 '불'(根)을 보여주는 예다.
12) 졈 : 좀. 조금[부사].
13) 파샹풍 : 파상풍(破傷風). 급성전염병의 하나. 상처를 통하여 체내에 들어간 파상풍균이 증식하여 그 독소가 중추신경, 특히 척수를 침범하여 일어나는 병. 입이 굳어져서 벌리기 어렵게 되고, 이어 전신에 경직성 경련을 일으킨다. 중증은 수 시간 내에 사망한다.
14) 의집 : 저의 집. 이두에서 自稱語로 '矣身'을 쓰는데 이것은 자신에 대한 겸양의 표시로 '吾'(나)를 생략한 표기이다. '의집'은 이와 유사한 구성으로 '나의 집'에서 '나'를 생략한 것이라 생각한다.
15) 의챵 : 곽주의 둘째 아들. 宜昌. '의챵'은 곽주의 둘째 아들이나 하씨 몸에서 난 아들로서는 첫째이다. 현풍곽씨족보에 생몰연대가 1613~1647년으로 되어 있다. 따라서 이 편지는 1647년 이전의 것이다.

108. 어머님전 상사리 영인 635p

삼남 유창이 하씨에게 [문 113] [건들 41]

판독문

어마님젼 샹ᄉᆞᆯ이
(手決) 뉴챵

현대어

어머님전 사룀. (手決) 뉴챵.

해설

이것은 편지의 사연은 없어지고 수신자와 발신자만 남아 있는 조각이다.

109. 직령을 지어 제사 때 입도록 해 주옵소서 영인 634p

三男 愈昌이 어머니 하씨에게(1645.10.5.) [문 119] [건들 165]

판독문

밤 ᄉᆞ이
긔후 엇더ᄒᆞᄋᆞᆸ시닝잇ᄭᅡ.[1] 긔별 모ᄅᆞ와 ᄉᆞ
모ᄒᆞᄋᆞᆸ노이다. ᄌᆞ식은 아직[2] 무ᄉᆞ히 왓ᄉᆞ오
ᄃᆡ 타작[3]이 하[4] 의지 업ᄉᆞ오ᄂᆞᆫ가[5] 시브오니
민망이로소이다. 단셩 박싱원[6]이 졔예
ᄡᅳᆫ 남치[7]라 ᄒᆞ고 황육[8] 죠곰 주ᄋᆞᆸ거
ᄂᆞᆯ 보내ᄋᆞᆸ노이다. 뵈 ᄂᆞᆯ[9] 거ᄉᆞᆫ 어제 보내
ᄋᆞᆸ신가. 두 근[10]으로 비록 여든 자히나 아
ᄒᆞᆫ 자히나 되ᄂᆞᆫ 대로 새[11] 수란[12] 제[13] 항녈[14]
에 맛게 ᄂᆞᆯ려[15] 수이 ᄆᆡ[16] 빠 ᄒᆞᆫ ᄀᆞ옴[17]을 즈
러버혀[18]
졔 미처[19] ᄃᆡ녕[20]을 ᄒᆞ여 닙게 ᄒᆞᄋᆞᆸ쇼셔.
웃집 조스네[21] 형뎨와 ᄐᆡ싱 어미와 용밈
집[22]을 내 말ᄉᆞᆷ으로 비러[23] 브ᄃᆡ 얼[24] 업
시 ᄐᆡᆨː게[25] ᄧᆞ여 깃뵈[26]로 오ᄉᆞᆯ ᄒᆞ게 ᄒᆞ
ᄋᆞᆸ쇼셔. ᄡᅵ[27] 젹거든 미처 더 장만
ᄒᆞ나마[28] 브ᄃᆡ 아ᄒᆞᆫ 자히나 실케[29] ᄂᆞᆯ
【上邊】
리ᄋᆞᆸ쇼셔.[30] 웃옷 둘과 보 ᄒᆞᆫ나흘 ᄒᆞ여야 ᄡᅳ오
리이다. 비록 ᄂᆞᆯ 거ᄉᆞᆯ 오ᄂᆞᆯ 보내여 겨ᄋᆞᆸ셔도[31] ᄯᅩ
쳘봉이[32] 다 부러 보내여 아ᄒᆞᆫ 자히 훤훤케[33] ᄂᆞᆯ아
수이 미처 ᄆᆡ ᄧᆞ게 긔걸ᄒᆞᄋᆞᆸ쇼셔.[34] 아마도[35] ᄇᆞ라ᄋᆞᆸ
기 긔후 ᄆᆡ일 평안ᄒᆞᄋᆞᆸ심 츅슈ᄒᆞᄋᆞᆸ노이다.[36]

【右邊】
을유[37] 시월 초오일 ᄌᆞ식 유창[38] 솔이.
【뒷면】
진촌 우소[39]
어마님젼 샹술이(手決)

현대어

밤사이 기후 어떠하오십니까? 기별 몰라 사모하옵니다. 자식은 또한 무사히 왔사오되 타작 일이 너무 의지가지가 없는가 싶으오니 민망이옵니다. 단성 박생원이 제사에 쓴 나머지라 하고 쇠고기를 조금 주옵거늘 보내옵니다.

베 짤 것은 어제 보내셨습니까? 두 근으로 비록 여든 자나 아흔 자나 되는 대로 하고, 새의 수(數)는 제 등급에 맞게 짜게 하여 빨리 단단히 짜서 한 감을 미리 베어 제사에 미쳐 직령(直領)을 하여 입게 하옵소서. 윗집 조스네 형제와 ᄐᆡ싱의 어미와 용믜의 처에게 내 말이라고 의탁하여(=제 당부라고 전언하셔서), 부디 흠 없이 쪽 고르게 짜게 하여 포대기 베로 옷을 하게 하옵소서. 씨실이 적거든 (양에) 미치도록 더 장만해서라도 부디 아흔 자만큼 넉넉하게 짜게 하옵소서. 웃옷 둘과 보 하나를 하여야 쓸 것입니다. 비록 짤 것을 오늘 보냈어도 또 철봉이를 일부러 보내어, 아흔 자로 넉넉하게 짜서 빨리 (제사 날짜에) 미쳐, 단단히 짜게 시키옵소서. 아무쪼록 바라옵기는 기후 매일 평안하옵심을 축수(祝手)하옵니다.

을유 시월 초오일 자식 유창 사룀.

진촌 우소에서 어머님전에 사룀 (手決)

해설

이 편지는 곽주의 셋째아들인 유창(1615~1673)이 제삿날이 되면 입을 수 있도록 직령을 지어달라고 어머니 하씨에게 청하는 글이다. 베 짜는 일을 누구누구에게 시키라는 것과 새(올)의 수를 많이 하여 촘촘하고 흠결 없이 지어달라고 하는 등, 그 사연이 매우 자세하고 당부가 간곡하다. 이 편지를 쓰던 해의 유창은 30세이니 멋있어 보이고 질이 좋은 정복(직령)을 입고 싶어했음 직하다. 이 편지는 당시의 직조에 관한 정보도 자세히 담고 있다.

주석

1) 엇더ᄒᆞ옵시닝잇까 : 어떠하오십니까. 110번 편지에서는 'ᄒᆞ옵시니잇까'의 형태로 나타난다. 이들은 '-이-'의 첫소리(ㆁ)가 음절초에서 발음되기 어려웠음을 보여 주는데 전자는 ㆁ이 앞 음절 말음으로 올라가 표기되었고, 후자는 표기에 반영되지 못하였다. '-이-'가 소멸되어 가는 과도기적 양상이다.
2) 아직 : 또, 또한. 이 문맥의 '아직'은 현대어 '아직'과 의미 영역에 차이가 있다. '또한'의 뜻으로 쓰인 용례로 다음과 같은 것을 참고할 수 있다. 참고) 네 아직 가 ᄒᆞᆫ두 나롤 혜아려 다시 ᄒᆞᆫ 偈롤 지ᅀᅥ 가져 와 날 뵈라(汝 ㅣ 且去ᄒᆞ야 一兩日을 思惟ᄒᆞ야 更作一偈ᄒᆞ야 將來吾看ᄒᆞ라)<六祖 상 20>. 且 ᄯᅩ 챠, 아직 챠<新合 하 29>. cf. 당시론, ᄉᆞᆫ지, ᄯᅩ, 오히려.
3) 타작 : 곡식을 타작(打作)하는 일. 이 편지를 쓴 달이 시월인 것으로 보아 벼 타작임이 분명하다.
4) 하 : 많이. 크게. (부정적 의미를 가진 문맥에서는) 너무. 경상방언의 '하도'에 해당한다. 예) 어제는 하도 비가 많이 와서 꼼짝도 못했다.
5) 의지 업ᄉᆞ오ᄂᆞᆫ가 : 의지(依支)할 사람이 없는가. 의지(依支) # 없- + -ᄉᆞ오- + -ᄂᆞᆫ가[의문형어미]. '의지-없다'라는 표현은 '의탁할 곳이나 의탁할 사람이 없다'는 뜻을 지닌 현대국어의 표현 '의지가지-없다'와 비슷한 점이 있다. 위 문맥에서 '의지할 사람이 없다'라는 것은 다름 아닌 '타작 일을 맡길 일손이 없다'라는 뜻이다.
6) 단셩 박ᄉᆡᆼ원 : '단셩'은 지명. 丹城. 현재의 행정구역명으로는 경상남도 산청군 단성면에 해당한다. 여기서는 '박생원'의 관향으로 쓴 것이리라. 이 '박생원'은 곽주의 막내 사위인 '朴瓃'(박뢰)를 가리킨 듯하다.
7) 남치 : 나머지. 남은 것. '-치'는 사물을 가리키는 접미사.
8) 황육 : 黃肉. 쇠고기. '쇠고기'를 한자어로 이르는 말이다. '쇠고기'를 직접 지시하기를 꺼리어 우회적으로 나타낸 말이 '황육'일 것이다.
9) ᄂᆞᆯ : 날실을 걸. ᄂᆞᆯ- + -ㄹ[관형형어미]. 'ᄂᆞᆯ다'는 타동사인데 고어사전에는 보이지 않으나 현대국어 사전에 동사 '날다'가 실려 있다. '베나 돗자리 등을 짜려고 베틀에 날실을 걸다'라는 뜻이다. 이런 뜻으로 쓰이다가 어떤 문맥에서는 '(베를) 짜다'라는 의미로 확장되어 쓰인 것으로 보인다. 위 문맥의 '뵈 ᄂᆞᆯ 거ᄉᆞᆫ'은 '베틀에 날실을 걸 것은'으로 풀이하기보다 '베 짤 것은'으로 해석하는 것이 한층 자연스럽다. 동사 'ᄂᆞᆯ-'은 명사 'ᄂᆞᆯ'(經)이 동사화한 것이다. 참고) 經은 ᄂᆞᆯ히라<楞嚴 7:59>. ᄂᆞᆯ 녀타(打緯)<譯補 39>. ᄂᆞᆯ과 씨를 실 어울워 빠시니(經緯合線結織)<朴飜 상 14>.
10) 근 : 근(斤). 무게 단위.
11) 새 : 피륙의 날을 세는 단위. 升. 날실 80올을 한 새로 친다. 옷감을 짤 때 베틀에 날실(經絲)을 거는데 40칸으로 된 바디 구멍에 1칸에 2올씩 날실을 넣는다. 모시나 무명은 보통 일곱새[七升]에서 보름새[十五升]까지 있는데 같은 나비의 베일 때는 새의 수가 많을수록 베가 고우며 상품(上品)이 된다. 무명은 보통 10~12새가 바지나 저고리 감으로 쓰이고, 좀 더 고운 것은 도포, 두루마기, 중치막 등 겉옷감으로 쓰였다. 모시는 열새[十升] 이상이면 세모시에 속하고, 보름새 정도 되는 모시라면 올이 머리카락만큼 가늘어 최고 기술자만이 짤 수 있다(안동대 이은주 교수의 조언). 예) 석 새 삼베. 닷 새 베.
12) 수란 : 數는. 수효는. '-란'은 보조사.
13) 제 : 저의. 각각의. '저'는 대명사. 여기서는 옷감을 가리킨다.
14) 항녈 : 行列. 등급. 여기서의 '항녈'은 옷감의 품질에 따른 등급을 뜻한다. '석 새 베, 넉 새 베 ...' 식으로 같은 나비의 베에서는 새 수가 높아질수록 옷감이 곱고 품질이 좋다.
15) ᄂᆞᆯ려 : 날실을 걸게 하여. 짜게 하여. ᄂᆞᆯ- + -리-[사동접사] + -어. 이 문맥에서는 '(베를) 짜게 하여'로 풀이함이 알맞다.
16) ᄆᆡ : 단단하고 야무지게. 'ᄆᆡ'는 '정도가 심하게'의 뜻을 갖는 부사인데 이 문맥은 베를 짜는 상황이므로 '단단하고 야무지게'라는 뜻으로 파악된다. 현재 경상방언에서는 '매' 또는 '매매'라는 어형으로 쓰인다. 예) 매매 씻어라(야무지게 힘을 주어 씻어라).

17) ᄀᆞᄋᆞᆷ : 감. 재료. 여기서는 옷감. 'ᄀᆞᅀᆞᆷ>ᄀᆞᄋᆞᆷ>ᄀᆞ음>감'의 변천 과정을 밟았다. 참고) 소임이 ᄀᆞᆽᄂᆞ면 ᄀᆞᄋᆞᆷ이 ᄀᆞᆮᄂᆞ니라(官備則具備)<小解 2:25>. ᄀᆞᄋᆞᆷ이 다 잇ᄂᆞ냐(木植都有麽 [木植亦曰木料 남그로 셩녕ᄒᆞᆯ ᄀᆞᄋᆞᆷ이니])<朴解 하 12>.

18) 즈러버혀 : 지레 베어. 미리 베어. '즈러 버히다'의 '즈러'는 접두사처럼 쓰였다. '즈러/즈려'는 '지레 또는 일찍', '질러'의 두 가지 뜻으로 쓰인다. '즈러죽다, 즈려죽다; 즈러듸듸다, 즈르들다, 즈르잡다, 즈르쥐다' 등의 동사들에도 '즈러/즈려'가 나타난다. '즈러'의 기본형은 '즈르다'로 잡을 수 있고, '즈려'의 기본형은 '즈리다'로 잡을 수 있다.

19) 졔 미처 : 제(祭)에 이르러. '및-(及) + -어'. '졔'를 올려 적었다.

20) 딕녕 : 직령(直領). 곧은 깃의 도포. 단령(團領)은 옷깃이 둥근 데 비하여, 이것은 옷깃이 곧아서 '딕녕'이라 불린다. 위의 문맥으로 보아 직령은 보통 양반 남자가 외출할 때나 의식에 참여할 때 입었던 정복이다.

21) 조스네 : '조스'는 인명이다. 짐작컨대 여성 이름에 많이 쓰였던 召史(조시)의 당시 속음을 적었던 것으로 보인다. '史'의 한자음 'ᄉᆞ'(史 ᄉᆞ긧 ᄉᆞ, 訓蒙 上 18a)에 'ᆞ>ㅡ' 변화가 적용된 결과일 수도 있다(조ᄉᆞ>조스). '-네'는 복수접미사.

22) 조스네 형뎨와 틱싱 어미와 용밈집 : 조스네 형제(兄弟)와 태생어미와 용밈집. 이상 셋은 모두 인명이다. '조스'는 형제의 이름, '틱싱 어미'의 '틱싱'은 아이 이름, '용밈집'은 '용밈'이라는 남자의 처를 가리킨다. 베를 짜는 데 동원될 사람들의 이름이다.

23) 내 말숨으로 비러 : 내 말이라고 빌려. 내 말이라고 의탁하여(제 당부라고 전언하여서).

24) 얼 : 베의 표면에 드러난 흠결. 마마 따위를 앓은 후 얼굴에 흠이 생기는 것을 '얽다'라고 하는데, 그 명사로 '얼'이 쓰였음을 보여 준다.

25) 틱틱게 : 이 말에는 두 가지 뜻이 있다. ① 택택(擇擇)하게 → 가지런하게, 쪽 고르게. ② 택택(澤澤)하게 → 윤택하게. 여기서는 ①의 뜻이 적합하다.

26) 깃뵈 : 포대기(용) 베. '깃'은 '襁褓(강보)나 포대기'를 말하며, '뵈'는 '베(布)'이다. '깃'이 '강보, 포대기'를 뜻하는 용례는 다음과 같다. 참고) ᄆᆞᆺ 앙이 기세 잇더니(其季在襁褓)<三綱 烈 31>. 우희 두ᅀᅥ 깃 ᄭᆞᆯ오 아기를 누이고(上頭鋪兩三箇襦子 着兒孩臥着)<朴飜 상 56>. 褓緥 小兒被 卽今綳子 깃 詩註裼也<四解 重 하 20>. 襦子 아긔 깃<譯解 상 37>.

27) 씨 : 씨실. 옷을 짤 때 가로로 매기는 실. 이 편지에서 '씨'는 씨실(緯 즉 가로줄)을 뜻하고, '놀'은 날실(經 즉 세로줄)을 뜻한다.

28) 쟝만ᄒᆞ나마 : 장만해서라도. 장만해서나마.

29) 실케 : 실(實)하게. 여기서는 베의 양을 언급하는 대목이므로 '넉넉하게'라고 해석하면 자연스럽다.

30) ᄂᆞᆯ리ᄋᆞᆸ쇼셔 : 짜게 하시옵소서(織). 기본형은 'ᄂᆞᆯ리다', 앞의 '뵈 ᄂᆞᆯ 거ᅀᅳ'과 'ᄂᆞᆯ려'의 주석을 참조.

31) 보내여 겨ᄋᆞᆸ셔도 : 보내어 있으셔도. '겨ᄋᆞᆸ셔도'를 형태 분석하면 다음과 같다. 겨-[存] + -ᄋᆞᆸ-[겸양] + -시-[존대] + -어도[접속어미]. '겨다'는 '있다'의 존대 동사다. 여기의 '겨ᄋᆞᆸ셔도'는 물건을 보내신 어머님을 간접적으로 높이는 용법으로 쓰였다.

32) 철봉이 : 사람 이름. 노복의 이름으로 보인다.

33) 훤훤케 : 넉넉하게. '훤훤ᄒᆞ다'는 보통 '시원하다'의 뜻으로 쓰이지만 여기선 '넉넉하다'로 해석하는 것이 적절하다. 참고) 과ᄀᆞᆯ이 져근ᄆᆞᄅᆞᆯ 훤훠니 보디 몯ᄒᆞ야 알ᄑᆞ거든<救簡 3:102>. ※ 훤ᄒᆞ다 : 크다, 넓다, 활달하다. 참고) 耶輸ㅣ 이 말 드르시고 ᄆᆞᅀᆞ미 훤ᄒᆞ샤<釋譜 6:9>.

34) ᄀᆡ걸ᄒᆞ옵쇼셔 : 시키옵소서. 명령하시옵소서. 'ᄀᆡ걸ᄒᆞ다'는 '시키다, 명령하다'의 뜻. 참고) 사ᄅᆞᄆᆞᆯ ᄀᆡ걸ᄒᆞ야<釋譜 6:23>. 죵 브리기조차 ᄂᆞᆷ이 ᄀᆡ걸ᄒᆞ랴<癸丑日記 p. 183>.

35) 아마도 : 아무쪼록. 이 당시의 부사 '아마도'는 현대어 부사 '아마도'의 의미역보다 사뭇 달랐거나 의미역이 더 넓었던 듯하다. 현대어라면 이 자리에 '아마도'란 부사가 쓰이기 어렵다.

36) 축수ᄒᆞᄋᆞᆸ노이다 : 祝手하옵니다. '축수'는 '두 손을 모아 축원함'이란 뜻이다.

37) 을유 : 을유(乙酉)년. 이 을유년은 1645년이다.

38) 유챵 : 곽주의 셋째 아들인 '愈昌'(1615~1673)이다.
39) 우소 : 寓所. 避患所. 질병 따위를 피해 잠시 기거하는 곳. 참고) 우거(寓居) : 남의 집이나 타향에서 임시로 몸을 부쳐 사는 것.

110. 형님께서 어제 혼자 절에 가 계시니 영인 634p

四男 亨昌이 어머니 하씨에게(1646. 6.1) [문 120] [건들 14]

판독문

두어 밤 ᄉᆞ이
긔후 엇더ᄒᆞᄋᆞᆸ시니잇까. 긔별
모ᄅᆞ와 ᄉᆞ모 무궁ᄒᆞ오이다. ᄌᆞ식은
당시[1] 무ᄉᆞ히 잇ᄉᆞᆸ고 옹젼손[2]도
쾌복ᄒᆞ엿ᄉᆞ오니[3] 념녀 마
ᄋᆞᆸ쇼셔. 형님겨오셔 어
제 혼자 졀에 가 겨시니 가
뵈ᄋᆞᆸ고 오고져 시브오니[4]
어마님 긔후옷[5] 각별ᄒᆞᆫ 증
셰옷 업ᄉᆞᆸ거ᄃᆞᆫ 가라 ᄒᆞ시
면 가ᄋᆞᆸ고져 시브오니 양식
너 되 콩 여ᄃᆞᆲ[6] 되만 보내ᄋᆞᆸ
【下邊】
쇼셔. ᄂᆞ일노[7] 건너 가오리이다. 젓ᄉᆞ와[8] 이만.
【右邊】
병슐[9] 뉵월 초일일 ᄌᆞ식 형챵
ᄉᆞᆯ이

현대어

두어 밤 사이 건강은 어떠하오십니까? 기별 몰라 사모(思慕) 무궁합니다. 자식은 여전히 무사히 있삽고, 손의 종기도 쾌복(快服)하였사오니 염려 마옵소서. 형님께서 어제 혼자 절에 가 계시니 가서 뵙고 올까 싶습니다. 어머님 건강에 각별한 증세가 없으시면 (저더러) 가라 하시면 가 보고 싶으니, 양식 너 되와 콩 여덟 되만 보내옵소서. 내일로 건너 가겠습니다.

송구하여 이만.

병술 유월 초일일 자식 형창 사룀.

해설

이 편지는 1646년에 곽주의 넷째아들 형창이 어머니 하씨에게 보낸 것이다. 다른 편지와 달리 이 편지의 종이는 그냥 백지가 아니라 서간지(書簡紙)로 만들어진 것으로 행이 그어져 있다. 형창이 앓았던 옹젼손(=손의 종기)도 다 나았으니 어머니께서는 염려하지 마시라고 하고, 어머님 건강에 특별한 문제가 없으면 혼자 절에 가 있는 형님께 다녀오고 싶다는 청을 드리는 사연이다. 형님이 어느 형님인지 알 수 없으나 과거 시험 공부를 위해 절에 들어간 사람으로 보인다. 양식으로 쓸 쌀 너 되와 콩 여덟 되를 보내라고 한 것은 절에 갈 때 가지고 가기 위함이다. 콩은 말먹이로 쓰인다. 여행을 떠날 때 자기 먹을 양식을 지니고 다니는 사연은 「곽씨언간」의 여러 곳에 나타난다.

주석

1) 당시 : 여전히. 80번, 38번 편지 참조.
2) 옹젼손 : 손에 나는 종기의 일종. '옹저'(癰疽), '옹절'(癰癤)은 둘다 큰 종기를 뜻한다. '옹젼'은 '옹저'와 특히 음이 유사하다. 당시의 속음이 '옹젼'이 아닌가 여겨진다.
3) 쾌복ᄒᆞ엿ᄉᆞ오니 : 快服하였사오니. 완쾌되었사오니.
4) 오고져 시브오니 : 올까 싶으오니. 현대어 문법에서 '-ㄹ까 싶다'는 자연스러우나 '-고자 싶다'는 부자연스럽다.
5) 긔후옷 : 기후(氣力과 體候, 건강). 긔후(氣候) + -옷[강세첨사], 강세첨사 '옷'은 '그야말로, 바로 그것, 곧' 등의 강조기능을 갖는 첨사인데, 모음과 ㄹ 뒤에서 강세첨사 '곳'이 ㄱ탈락되어 형성된 이형태이다. '곳'이나 '옷'은 해당 형태소를 현대어로 풀이하기 어렵거나 불필요한 경우도 많다. 위 문맥에서도 강세첨사 '옷'을 현대어 풀이에 반영하면 도리어 어색해진다.
6) 여듧 : 여덟. 어말자음군(=겹받침) ㄼ중 ㅂ이 실현되지 않고 끝의 ㄹ만 실현됨을 보이는 예다. 홍윤표의 『근대국어연구』(1994:214~215)에서 ㄺ과 ㄼ은 어간말 위치 또는 자음으로 시작되는 조사나 어미 앞에서 받침의 순서가 뒤바뀌어 표기되는 현상을 보이기도 하는데, 이는 다른 어간말자음군들에서는 볼 수

없는 특이한 현상이라 하였다. 그리고 ㄺ과 ㄼ에서 ㄹ과 ㄱ, ㄹ과 ㅂ이 뒤바뀌어 표기되는 현상은『동국신속삼강행실도』와 17세기 초의 지방판에서부터 나타나기 시작하여 19세기 말의 문헌에까지 지속적으로 나타난다고 하였다. '늙도록', '여ᇙ' 같은 표기는 자음, 특히 무성자음 앞에서 ㄺ과 ㄼ 중 ㄱ과 ㅂ만 발음되고 ㄹ은 발음되지 않았음을 말해주는 것이라고 해석하였다. 그러나 이러한 해석은 현대 경상방언의 발음과 비교해 보면 문제가 있다. 현대 경상방언의 '흙→흘', '늙다→늘따', '여덟→여덜', '밟는다→발른다'와 같은 발음 경향을 볼 때, '여ᇙ'과 '늙도록'의 ㅭ과 ㄱㄹ에서 실제로 발음되는 것은 뒷글자일 가능성이 높다. 따라서 실제로 발음되는 받침을 음절말에 배치한 것이라고 볼 수도 있다.

7) ᄂᆞ일로 : 내일로. 'ᄂᆞ일'은 'ᄂᆡ일에서 하향성 활음 [j]가 탈락한 것이다.

8) 젓사와 : 저어하여. 송구하여. 젛- + -사오-[겸양법] + -아. '젓-'의 받침은 원래 ㅎ인데 후행하는 '-사오-'의 ㅅ에 동화되어 ㅅ으로 표기되었다.

9) 병슐 : 丙戌年. 곽주의 四南 亨昌의 생몰 연대는 1617~1674년이므로(김일근 1991:12), 이 '병슐'은 1646년이 된다.

111. 봄추위에 기후 평안하시오소서 영인 633p

손자가 친조모 朴氏에게(1622. 3.27) [문 121] [건들 160]

판독문

문

안 ᄀᆞ 업시 알외ᄋᆞᆸ고 ᄣᅥ나온 후의

긔후 엇더ᄒᆞᄋᆞᆸ시닝까. 좀 드온[1] ᄉᆞᆺ[2]도 닛ᄌᆞᆸ디 몯ᄒᆞ

ᄋᆞ와 시직을[3] 일ᄀᆞᆺᄌᆞᆸ노이다[4]. 석 ᄃᆞᆯ ᄒᆞᆫ ᄃᆡ

뫼ᄋᆞ와[5] 잇ᄉᆞ와도 져그나도 잇던가[6] 시브지[7] 아녀 아니 뵈ᄋᆞ옴

만 몯ᄒᆞ여 하 흐운ᄒᆞ여[8] ᄉᆞᆲᄉᆞ오이다. 손ᄌᆞᄂᆞᆫ

덕분의 ᄌᆞ식ᄃᆞᆯ ᄒᆞ오며[9] 무ᄉᆞ히 왓ᄉᆞᆸ노이다. 아마

도 이리셔[10] ᄇᆞ라ᄋᆞᆸ기ᄂᆞᆫ 츈한[11]

긔후 평안ᄒᆞᄋᆞᆸ샴과 시절 편ᄒᆞ여 수이 가 뵈

ᄋᆞ옴을 쳔만[12] 튝슈ᄒᆞᄋᆞᆸ노이다[13]. ᄀᆞ이 업ᄉᆞ오

ᄃᆡ 망극ᄒᆞ와 이만 알외ᄋᆞᆸ노이다.

임슐 삼월 념칠일일[14] 손ᄌᆞ 곽[15] ᄉᆞᆲ이

【上邊】

쇼ᄾᄒᆞ오나[16] 대구 보내ᄋᆞᆸ
노이다.
【뒷면】
할마님젼 샹술이 근봉[17]

현대어

문안을 가이없이 아뢰옵고, (제가) 떠나온 후에 건강은 어떠하십니까? 잠 든 사이에도 잊지 못하여 시시각각 (할머님을) 염려하옵니다. 석 달을 함께 모시어 있었건만 잠시도 같이 있지 않았던 듯하고, (오히려) 뵙지 않은 것보다 못하여 더욱 섭섭하고 싫습니다. 손자는 덕분에 자식들하고 무사히 왔습니다. 아무쪼록 여기서 바라옵기는 봄추위에 기후 평안하심과 시절이 편하여 빨리 (다시) 가서 뵙기를 천만 축수하옵니다. 가이없사오되 망극하여 이만 아뢰옵니다.

임술 삼월 이십칠일. 손자 곽 사룀.

소소한 것이지만 대구(大口)를 보냅니다.

할머님전 상사리. 삼가 봉함.

해설

이 편지의 필사기인 임술년은 1622년(광해군 14)임이 확실하다. 발신자가 '손ᄌᆞ'로 되어 있음으로 보아 곽주의 아들 중 한 사람이 할머니께 올린 문안 편지이다. 이 편지의 필자는 전처 소생 이창(1590년생)으로 생각된다. 하씨 소생의 첫째아들인 의창은 1613년생이다. 9살 나이로 이런 편지를 쓰기는 어렵기 때문에 이 편지의 필자를 이창으로 본 것이다. 이 편지는 곽주의 모친 박씨가 1622년까지 생존했음을 알려 준다.

손자는 석 달 동안이나 할머니와 함께 지내면서 할머니를 모셨으나 막상 작별하고 돌아오니, 잠시도 같이 있었던 것 같지 않아 뵙지 않은 것보다 더 섭섭하기 그지없다는 심정을 표현하였다. 할머니를 그리워하는 손자의 심정이 섬세하고 다감하게 느껴진다. 이 편지를 받아 보시던 할머니는 입가에 빙그레, 흐뭇한 미소를 머금었으리라.

주석

1) 드온 : 든. 들-(入) + -오- + -ㄴ. '-오-'는 겸양법 선어말어미 '-ᄋᆞ오-'의 이형태다.
2) ᄉᆞᆺ : 사이. 참고) ᄆᆞᅀᆞ매 그츨 ᄉᆞᆺ 업시 홇디니(心無間斷)<楞嚴 7:23>.
3) 시직을 : 시각(時刻)을. 이 문맥에서는 '일시도', '잠시도'의 뜻. '직'은 각(刻)의 당시 음이다.
4) 일ᄀᆞᆺᄌᆞᆸ노이다 : 이름을 부르옵니다. 염려하고 걱정하옵니다. 잀-[云] # ᄀᆞᆮ-[曰] + -ᄌᆞᆸ-[겸양] + -노- + -이다. '시직을 일ᄀᆞᆺᄌᆞᆸ노이다'는 '때때로(자주) 이름을 부르며 걱정하옵니다'라는 의미다. 121번 편지에도 나타난다. 이 동사는 현대국어의 '일컫다'와 의미가 다르다. '일ᄏᆞᆺ다>일ᄀᆞᆺ다'(ㅎ탈락). '잀-[云]'에서 파생된 명사로는 '일훔[名]'이 있다. 'ᄀᆞᆮ-'(ㄷ불규칙동사)의 활용형으로는 'ᄀᆞᆯ오ᄃᆡ(ᄀᆞ로ᄃᆡ), ᄀᆞᆯᄋᆞ샤ᄃᆡ(ᄀᆞᄅᆞ샤ᄃᆡ)' 따위가 있다. 참고) 無盡意 묻ᄌᆞᄫᆞ샤ᄃᆡ 엇던 因緣으로 觀世音 일훔을 이리 ᄀᆞᆮᄂᆞ니잇가<月釋 19:1>.
5) 뫼ᄋᆞ와 : 모시어. 참고) 문물(文物)이 순수(巡狩)를 뫼ᄋᆞ와 가니(文物部巡狩)<杜解 重 20:32>.
6) '잇던가'의 '가'는 편지를 다 쓴 후에 빠뜨려서 행간에 써 넣은 補入 글자다.
7) 시브지 : 싶지. 참고) 죽고져 시브거든 나아오라 ᄒᆞ야늘(若覓死 可來相逼)<三綱 重 烈 13>.
8) 흐운ᄒᆞ여 : 서운하여. 섭섭하여. 86번 편지의 각주 참고.
9) ᄒᆞ오며 : ᄒᆞ고. 의미상 앞에 나오는 'ᄌᆞ식ᄃᆞᆯ'에 붙는 접속 조사에 가까운 기능을 하고 있으나, 어미처럼 활용하고 있다. 따라서 조사로 굳어진 것은 아니다.
10) 이리셔 : 여기서[부사]. 참고) 니거라 원빅아 길히 다ᄅᆞ니 이리셔 여희쟈(行矣元伯死生異路永從此辭)<二倫 初 33>.
11) 츈한 : 봄 추위. 春寒.
12) 쳔만 : 수없이. 간절히. 千萬.
13) 튝슈ᄒᆞᄋᆞᆸ노이다 : 祝手하옵니다. 비옵니다. '튝슈'는 '츅슈'(祝手)의 구개음화 과도교정형. 참고) 祝 빌 츅<新合 하 14a>.
14) 념칠일일 : 이십칠일. '염일(念日)'은 한 달의 20일째 되는 날이다. '염(念)'은 스물을 가리킨다. 그러나 여기에서 '일'이 두 번 반복된 것은 특이하다. 한국식 한자 읽기를 적용해서 '-일날'을 '일일'로 적은 것으로 여겨진다. 이 부분은 사진에는 보이지 않는다. 원본을 보고 확인해 넣었다.
15) 곽 : 여기서는 곽씨 문중의 성씨를 나타낸다.
16) 쇼〻ᄒᆞ오나 : 소소(小小)하오나. '소소하다'는 자질구레하다는 뜻이다.
17) 근봉 : '근봉(謹封)'은 편지지의 하단 양쪽 끝을 서로 닿도록 하여 그 위에 쓴 것으로, 손윗사람에게 보낼 때는 '근봉'이라 썼고, 아랫사람에게 보낼 때는 수결(手決)만 두었다. 1번 편지에 나온 적이 있다.

112. 보성에 갈 일은 …기별하겠습니다 영인 632p

하씨가 곽주에게(1606년 이전) [문 146] [건들 3]

판독문

블의예[1] 돌이[2] 오나ᄂᆞᆯ
아바님 뫼ᄋᆞᆸ고[3] 편안ᄒᆞ신 유무보
ᄋᆞᆸ고 깃거 ᄒᆞ노이다. 나ᄂᆞᆫ 온 후

로도 편ᄒᆞᆫ 나리 업서 ᄒᆞ뇌다. 가ᄉᆞᆷ 므던ᄒᆞ듸[4] 긔운 편ᄒᆞᆫ 저근 업셔 인뇌다[5]. ᄌᆞ식ᄃᆞ른 다 됴히 인뇌다. 보셩 힝ᄎᆞᄂᆞᆫ 당시사[6] 둉매[7] 아니 와시니 오면 긔별ᄒᆞ링다[8]. 이 보내신 거ᄉᆞᆫ 받ᄌᆞ와이다[9]. 말ᄉᆞ문 ᄀᆞ이 업ᄉᆞ오듸 핫 바바ᄒᆞ니[10] 대강만 젹노이다. 열ᄒᆞᆫ날 외예셔[11]
아기ᄃᆞ려 안부ᄒᆞ시고 아ᄆᆞ 것도 보낼 것 업셔 ᄀᆡ탄ᄒᆞ뇌다.[12]

【上邊】

七升八合 正租 四升 太三升五合 雉一 …[13]

【뒷면】

답쟝

현대어

뜻밖에 돌이가 오거늘 아버님을 뫼시고 편안하시다는 편지를 보고 기뻐합니다. 나는 (여기에) 온 후로도 편한 날이 없습니다. 가슴은 무던하되 기운 편한 적은 없습니다. 자식들은 다 잘 있습니다. 보성 행차는 아직은 종매(從妹)가 아니 왔으니 오면 기별하겠습니다. 여기에 보내신 것은 받았습니다. 말씀은 끝이 없사오되 너무 바빠하니 대강만 적습니다.

열하룻날 외예에서.

아이(아들)에게 안부하시고, 아무것도 보낼 것 없어 개탄하옵니다.

일곱 되 여덟 홉, 나락 너 되, 콩 서 되 다섯 홉, 꿩 한 마리

답장

해설

이 편지는 하씨 본인이 쓴 것이다. 이렇게 보는 근거는 다음과 같다. 첫째, 이 편지는 곽

주가 쓴 27번 편지의 답장이라는 점이다. 27번의 내용과 112번의 사연을 비교해 보면 112번 편지가 전자의 답장임을 알 수 있다. 곽주가 쓴 27번 편지에서 "자내는 가슴 알턴 되 이제나 영히 됴하 겨신가"라고 물었고, 이에 대해 112번에서는 "가ᄉᆞᆷ 므던ᄒᆞ되 그운 편ᄒᆞᆫ 저근 업셔 인뇌다"라고 답하고 있다. 또한 27번 편지에서 곽주가 "보셩 힝ᄎᆞ는 언제로 가시는고"라고 물었고, 이에 대해 112번 편지에서는 "보셩 힝ᄎᆞ는 당시사 동매 아니 와시니 오면 긔별ᄒᆞ링다"라고 답하고 있다. 또한 이 편지 끝에 '답장'이라고 씌어 있는 점도 이 편지가 하씨가 답장으로 보낸 것임을 입증한다.

둘째, 본문 하단에 있는 '외예셔'의 '외예'(오야)는 하씨의 친정 마을이라는 사실이다. 곽주가 장모 합산댁에게 보낸 2번 편지에 '오야 합산뎍'이 나타나는 점으로 보아 '외예'는 하씨의 친정곳이 확실하다. 하씨가 친정 '외예'에 머물러 있을 때 곽주가 27번 편지를 보냈고 이에 대한 답장으로 하씨가 112번 편지를 쓴 것이다.

약간 장황하지만 이 편지의 필자를 세밀히 밝히는 목적은 이 자료들이 발굴된 무덤의 주인공, 하씨의 필적을 확인하기 위함이다. 또한 이 편지가 하씨의 필적임이 확인됨으로써 부부 상호간의 경어법 연구에 좋은 자료를 확보할 수 있게 되었다. 남편 곽주는 부인 하씨에게 종결어미 '-뇌'를 쓰고 있고, 부인 하씨는 남편 곽주에게 '-노이다'를 쓰고 있는 점이 중요한 차이점이다. 한편 114번 편지의 필체도 112번과 같아서 하씨의 것이라고 판단된다. 무덤의 주인공인 하씨의 필적이 확인되었다는 점에서 이 편지는 그 가치가 높다.

주석

1) 블의예 : 뜻밖에. 블의(不意) + -예[조사].
2) 돌이 : 사람 이름.
3) 아바님 뫼읍고 : 아버님을 뫼시옵고. 여기서 '아바님'은 하씨의 시아버지, 즉 곽주의 아버지 곽삼길을 가리킨다. 따라서 이 편지는 곽삼길이 작고한 해인 1606년 이전에 작성된 것이다.
4) 므던ᄒᆞ되 : 무던하되. 괜찮되.
5) 업셔 인뇌다 : 없이 있습니다→없습니다. '없-'에 '-어 잇-'이 결합된 구성으로 현대어와는 다른 통합을 보인다. '인뇌다'는 어말 ㅅ이 ㄷ으로 중화된 후 자음동화를 겪은 것이다.
6) 당시사 : 여전히. 아직도. 당시[當時] + -사[강조의 첨사]. '당시'는 '당시론, 당시롱' 등과 마찬가지로 '여전히, 아직'의 의미로 사용된다. 38번, 80번에도 '당시'가 등장한다. 위 문맥에서의 '-사'는 현대어로 해석할 때 적절한 대응어가 없어 해석하지 않는 것이 더 적절하다.
7) 동매 : 사촌뻘 여동생. 종매(從妹).
8) 긔별ᄒᆞ링다 : 기별하겠습니다. 'ᄒᆞ링다'는 'ᄒᆞ리이다'의 축약형.
9) 받ᄌᆞ와이다 : 받았습니다. 받- + -ᄌᆞ오-[겸양]+ -아-[확인]+-이-[상대존대]+ -다.
10) 핫 바바ᄒᆞ니 : '하 밧바ᄒᆞ니'의 오기. 급히 쓰다가 'ㅅ'의 위치를 잘못 쓴 것이다.

11) 외예셔 : 외예(오야)에서. '외예'는 河氏의 친정이다. 이 편지는 하씨가 출산하러 친정에 가 머물러 있을 때, 夫君에게 보낸 답장인 셈이다.
12) 기탄ᄒᆞ뇌다 : 개탄(慨嘆)하옵니다. 필자가 최초에 '민망ᄒᆞ뇌다'로 판독했으나 황문환의 판독문을 참고하여 수정하였다.
13) 이 한문(漢文) 기록은 편지 내용과 무관한 것인데 곽주의 필적이다. 하씨 자신의 편지가 하씨 자신에게 보관되어 있었던 이유는 하씨가 보낸 이 편지에 곽주가 다시 종자(種子)와 관련된 내용을 적어서 다시 하씨에게 보냈기 때문이다.

113. 졍낭이가 야위어 뼈만 남았습니다 영인 632p

하씨가 곽주에게(?) [문 168] [건들 40]

판독문

졍낭이[1)]□ 댜라 드러[2)] 아
릐[3)] 쓰고 또 오ᄂᆞᆯ 침 맛
고 ᄒᆞ니 여우여[4)] 갓[5)]과
쎠만 이숩노이다.[6)] 셔우
황[7)]을 어더 머기ᄋᆞᆸ고
져 ᄒᆞ오ᄃᆡ 아니 와셔
어들 ᄃᆡ 업ᄉᆞ와 민
망ᄒᆞᄋᆞᆸ고 하 나날 파
려 ᄒᆞ오니 ᄇᆞ릴가[8)]
시브오이다.

현대어

정낭이 □ 달아들어(?) 그저께 (뜸을) 뜨고 또 오늘 침을 맞고 하니 여위어 살가죽과 뼈만 (남아) 있습니다. 석웅황을 얻어 먹이고자 하되 (석웅황을 파는 사람이) 오지 않아서 구할 데가 없어서 민망하고, (아이가) 하도 나날이 파리해지니 또 죽을까 싶습니다(=싶어 걱정이 됩니다).

해설

이 편지의 필체는 독특하여 다른 것과 구별되는 점이 있다. 편지의 사연과 경어법으로 보면 하씨가 곽주에게 보낸 편지로 짐작되며, 112번, 114번 편지와 필체가 비슷하다. 특히 곽주가 쓴 9번 편지에는 "뎡냥의 머리예 약을 ᄒᆞ여 주워 이쇼ᄃᆡ 제 거스러 몯 ᄇᆞ「다 ᄒᆞ여 두겨시니 거스나마나 브듸 ᄇᆞᆯ라 수이 됴케 ᄒᆞ소"라고 하여 아이가 거스르거나 말거나 억지로 약을 발라 주라고 당부하고 있고, 이 당부에 응하여 위 편지에는 식구들이 달려들어 뜸을 뜨고 침을 맞혔다는 사연이 서로 연결되는 내용이 있다. 이런 점으로 보면 하씨 부인이 쓴 것으로 보인다. '뎡냥이'가 머리에 종기를 앓아 치료하는 사연은 8번과 9번 편지 등에 나타난다.

주석

1) 졍낭 : 곽주의 딸이름. 6, 8, 9, 24번 편지에서는 '뎡냥'으로 표기되었으며, 12, 14, 22, 23번 편지에서는 '졍냥'으로 표기되었다. 앞의 편지들에서 '뎡냥이'의 머리가 아프다는 내용이 주로 나온다.
2) □ 댜라 드러 : 앞의 한 글자가 결락되어 어형 파악이 잘 안 된다. 결락된 부분의 남은 필획으로 보아 '인'으로 볼 수 있다. 이렇게 보면 '졍낭인'(졍낭이+ㄴ)으로 판독하여 문장 주어로 삼을 수 있다. '댜라 드러'도 '댜라'는 '댜르+아'로 볼 수도 있지만 문헌에 쓰인 '댜르-'와 의미가 서로 부합되지 않는다. 참고) 고욟 官員의 길며 댜르며 올히 ᄒᆞ며<1588소학언해(도산서원본)5:100b>.
3) 아ᄅᆡ : 그저께. 며칠 전에. 15세기에는 '아래'가 '예전'의 뜻으로 사용되었다. 참고) 아랫 恩惠ᄅᆞᆯ 니저 ᄇᆞ리샤 길 녏 사ᄅᆞᆷ과 ᄀᆞ티 너기시니<釋譜 6:4-5>. 현재 경북방언에서는 '예전' 또는 '어제의 전날'(그저께)이란 뜻으로 '아래'가 사용되고 있다. 17세기 초의 경북 현풍지역어를 반영하는 이 편지에서는 '예전'이란 뜻으로 사용되었을 가능성이 높다. 그러나 이 시기에도 '그저께'라는 뜻으로 사용되었을 수 있어서 문맥만으로 어느 하나의 뜻이라고 단정하기 어렵다.
4) 여우여 : 여위어[瘦]. 참고) 톄 여우고 플을 젹게 먹ᄂᆞᆫ 이ᄂᆞᆫ 고티기 어려우니라<馬經 上 87a>. 밋 죽거ᄂᆞᆯ 슬허 여우기를 녜예 넘게 ᄒᆞ고<東新 孝 7:26b>.
5) 갓 : 가죽. 참고) 갓과 ᄉᆞᆯ쾌 보ᄃᆞ랍고 밋밋ᄒᆞ야<月釋 2:40>.
6) 이ᄉᆞᆸ노이다 : 있습니다. 받침 ㅅ 아래에서는 {-ᄉᆞᆸ-}의 이형태들 중 '-ᄉᆞᆸ-'이 쓰이는데, 여기에서는 '잇-'의 어간말음 ㅅ이 생략되었다.
7) 셔우황 : 석웅황(石雄黃). 40번, 43번 편지에는 '셕우황'으로 표기되어 있는데, 여기서는 ㄱ이 탈락되었다. '卽日'이 '즈일'로 된 것과 같다.
8) ᄇᆞ릴가 : 버릴까. 이 문맥에서는 병이 도져서 아이를 버릴까(죽을까) 염려하는 뜻이다. 이 'ᄇᆞ리-'는 보조동사가 아니라 주동사 역할을 한다.

114. 후에 사람 올 때 무명을 보내소 영인 631p

하씨가 곽주에게 [문 137] [건들 90]

판독문

유뮈 오나눌
긔운 편챠ᄂᆞᆫ 유무 보ᄋᆞᆸ…
ᄉᆞ와 ᄒᆞ노이다 나ᄂᆞᆫ 숨 니을 만 인
뇌다.[1] 어듸셔 ᄃᆞ리나…세…
마ᄂᆞᆫ 빼 몬 미처 그런가 ᄒᆞ거니와
나도 민망이 너기뇌다.[2] 나도 하
ᄌᆞ식돌ᄃᆞ려 근심ᄒᆞ기…
원쉬가[3] ᄒᆞ뇌다. 보셩 힝ᄎᆞ[4]ᄂᆞᆫ
니거니와 게셔 사ᄅᆞᆷ 보내다 ᄒᆞ
시던 거시러[5] 기ᄃᆞ리다가 아니 오니
므슴 연귀[6] 이셔 아니온고. ᄀᆞ장
기ᄃᆞ리이다. 므더니 혜여 보내지
말라 ᄒᆞᄋᆞᆸ시던가. 므스 일로 가
지 말라 ᄒᆞ시던고 ᄒᆞ뇌다. 지안ᄒᆞᆫ[7]
편ᄒᆞ시다 ᄒᆞ니 깃거 ᄒᆞ뇌다. 보내
과져[8] ᄒᆞ시ᄂᆞᆫ 사ᄅᆞᆷ으란 다…
셔 사ᄅᆞᆷ곳 이시면…
아마도 긔우니나 편…
시곰 ᄇᆞ라고 인뇌다.…
군히여[9] ᄒᆞ시니 안심…
【上邊】
여이다. 후제[10] ᄒᆡ여[11] 사ᄅᆞᆷ 올 제 무명 보내소. 닐굽
근 열 냥이니 ᄃᆡᆨ 저울[12]로사 닐굽 근도 몬 ᄒᆞ

려니와 보내소. 도긔[13] 녀허 인ᄂᆞ니 다시 ᄃᆞ라 보내소. 힝혀 사ᄅᆞ미 번거이 오거든 보내소 ᄒᆞ노이다.[14] 이만 젹뇌다.

【右邊】

아기ᄃᆞ려 안부

...ᄒᆞ여ᄂᆞᆯ 엇지 ᄒᆞᄂᆞᆫ고 아니 기워

...여 ᄒᆞ뇌다.

【뒷면】

논공

› 현대어

편지가 오거늘 기운 편찮은 편지 보고 …합니다. 나는 숨 이을 만하게 있습니다. 어디서 다리나 … 마는 때에 못 미쳐 그런가 하여 나도 민망히 여깁니다. 나도 매우 자식들에게 근심하기 … 원수인가 합니다. 보성 행차는 갔거니와 거기서 사람 보냈다 하시던 것이더니, 기다리다가 아니 오니 무슨 연고가 있어 아니오는고. 많이 기다립니다. 무던히 생각하여 보내지 말라 하시던가. 무슨 일로 가지 말라고 하시던고 (하고 생각)합니다. 집안은 편하시다 하니 기뻐합니다. 보내고자 하시는 사람은 다 … 사람이 있으면 … 아마도 기운이나 편(하심을) 바라고 있습니다. … 고단해 하시니 안심치 못하옵니다. 후에 부린 사람이 올 때 무명을 보내소. 일곱 근 열 냥이니 집 저울로는 일곱 근이 안 될 정도로 보내소. 독에 넣어 있으니 다시 (저울에) 달아 보내소. 행여 사람이 번거롭게 오거든 보내소. 이만 적습니다. 아이에게 안부…하거늘 어찌 하는고. 아니 기워 …어 합니다. 논공

› 해설

필체나 사연으로 보아 하씨 부인이 남편 곽주에게 보내는 편지가 확실하다. 떨어진 부분이 적지 않아 내용 연결이 안 되는 곳이 많다. '…'으로 표시한 부분이 결락된 곳이다.

"때가 못 미처 그런가 하거니와 나도 민망히 여깁니다"라는 구절은 28번 편지에서 곽주가 하씨에게 "출산 날짜를 잘못 헤아린 게 아닌가, 왜 아직 아기가 나오지 않는가"라고 물은 데 대한 답변이다. 무명을 보내 달라는 사연이 이 편지의 핵심이다. 무명에 대한 이야기는 「곽씨언간」에 빈번하게 나타난다. 또 출토된 복식 유물 대부분이 무명으로 만든 것이어

서 당시의 의생활에 무명이 중요한 것이었음을 보여 준다.

'ᄃᆡᆨ저울'이라는 말도 흥미를 끄는 용어이다. 이는 일상적으로 집에서 쓰는 저울일 것이다. 여기에 비해 여행을 다니면서 길에서 쓰는 저울은 '길저울'로 불리었을 것이다. 10번 편지에 '길되'가 나온 적이 있다. 여행 도중 길에서 쓰는 도량형 도구는 '길말', '길저울', '길되'가 있었고, 집에서 쓰는 것으로 'ᄃᆡᆨ말', 'ᄃᆡᆨ저울', 'ᄃᆡᆨ되'가 있었을 듯하다. 두 가지 도량형 도구의 크기를 비교해 볼 수 있는 부분이 있어 흥미롭다. 댁저울로 단 것이 길저울의 그것에 비해 양이 더 많았을 것이다. 길저울은 운송비를 고려하여 그 양을 삭감했을 것이다.

주석

1) 숨 니을 만 인뇌다 : 숨을 이어갈 만큼 살아가고 있사옵니다. 그럭저럭 겨우 숨을 이어가고(=살아가고) 있음을 표현하는 당시의 관용구이다. 형식명사 '만'의 특이한 용법을 볼 수 있는 예이다. '인뇌다'는 '잇뇌다'의 자음동화형이다.
2) 어듸셔 ᄃᆞ리나~민망이 너기뇌다 : 28번 편지 내용 '이 ᄃᆞ리 다 그므되 지금 긔쳐기 업ᄉᆞ니 아니 ᄃᆞᆯ 그ᄅᆞ 혜돗던가'와 연결되는 사연이다.
3) 원쉬가 : 원수인가. '원쉰가'에서 ㄴ을 빠뜨린 오기로 보인다.
4) 보셩 힝ᄎᆞ : 27번, 28번, 112번 편지에 나온 적이 있다. '보셩'은 어디인지 확인되지 않는다. 전라도의 보성일 것 같지는 않다.
5) 거시러 : 것이더니. 연결어미 '-니' 없이 쓰이고 있다.
6) 연귀 : 연고(緣故)가. 연구 + -ㅣ[주격조사]. ㅗ>ㅜ 변화를 겪은 예이다.
7) 지안ᄒᆞᆫ : 집안은. '지안ᄒᆞᆫ'의 '지'는 '집'의 誤記.
8) 보내과져 : 보내고저. -과뎌(의도·의지 연결어미)>-과져.
9) 군ᄒᆡ여 ᄒᆞ시니 : 곤해 하시니. 고단해 하시니. '군'은 '곤'(困)에 ㅗ>ㅜ 변화가 적용된 것이다.
10) 후제 : 후에. 오날의 경상방언형에 '후제', '후지'가 있다. 『계림유사』에 나오는 '明日曰轄載'의 '轄載'(하제)가 '후제'의 선대형이다. '후제'는 '내일'(來日)의 고형으로 생각되지만 순수한 고유어로만 구성된 것은 아닌 듯하다. 즉 '후제'는 '後+제(時)'의 합성으로 생겨난 것으로 판단된다.
11) ᄒᆡ여 : 시키어. 사람을 부려.
12) ᄃᆡᆨ 저울 : 집에서 쓰는 저울. 宅 # 저울.
13) 도긔 : 독에. 독(甕) + -의[처격].
14) ᄒᆞ노이다 : 앞 문장들에 나온 '보내소1, 보내소2, 보내소3, 보내소4' 등의 동사들 전체를 휘감하는 아우름동사(포괄동사)로 쓰였다. 특이한 문법 구성인데 고려시대 석독구결 문법에서 이러한 동사 용법을 볼 수 있다. 현대국어 식으로 고친다면, 이 'ᄒᆞ노이다' 앞에 '부탁'을 보충하여 '보내소1, 보내소2, 보내소3, 보내소4 (~하고) 부탁ᄒᆞ노이다' 정도로 풀이할 수 있다.

115. 대바위 밭을 솟작동이가 지어 먹는다고 하니 영인 631p

하씨의 필적(추정) [문 162] [건들 77][1)]

판독문

홍ᄃᆡ[2] ᄃᆡ바회[3)] 바ᄐᆞᆯ 솟쟉동[4)]
이 지서[5)] 먹ᄂᆞ다 ᄒᆞᆫ다.[6)] 받자리 쉬[7)]
ᄀᆞᆯᄆᆡ[8)] 실도리[9)]라 ᄒᆞᄂᆞ다. 바치
크다 호ᄃᆡ 마수지기[10)]ᄅᆞᆯ 모ᄅᆞᄂᆞ다.
광쳐리[11)]라 ᄒᆞᄂᆞᆫ 노미 아ᄂᆞ다 ᄒᆞ
ᄂᆞ다. 결속 바ᄂᆞ질[12)] 아ᄃᆞᆯ내[13)] 시기니
바ᄂᆞ지리 수이 몯ᄒᆡ야 보내로
라. 알고 잇거라. 홍ᄃᆡ 사ᄒᆞᆯ 거리로
알ᄑᆞ니 바ᄂᆞ지리 이옥[14)] 쉽지
아니ᄒᆞ다.

현대어

홍ᄃᆡ의 대바위 밭을 솟쟉동이가 지어 먹는다고 한다. 밭자리가 쉽게 갈아지므로(=밭자리 임자가 쉽게 바뀌므로) (그 밭을) 실도리라고 한다. 밭이 크다고 하되 마지기 수를 모른다. 광쳐리라 하는 놈이 안다고 한다. 마무리 바느질을 아들네에게 시켰으나 바느질을 빨리 못하여 (네게) 보내노라. (그런 연유를) 알고 있거라. 홍ᄃᆡ가 사흘 간격으로 아프니 바느질이 더욱 쉽지 아니하다.

해설

사연이 참으로 재미있는 편지이다. 곽주 집안의 밭이 대바위라는 곳에 있는데 그 밭의 소작인을 찾으려고 수소문해 보니, 홍ᄃᆡ가 지어먹던 밭을 지금은 솟작동이가 지어 먹는다고 하는데, 그 마지기 수를 모른다고 한다. 밭의 넓이는 광철이라는 놈이 안다고 하니 물어보라 하고 있다. 당시 평민의 소박한 이름이 여럿 등장하고 있다. 아들네에게 시켜 놓은 결

속 바느질이 빨리 되지 않아 네게 그 일을 보낸다고 하였다. 홍듸마저 사흘거리로 앓아서 바느질 일이 더욱 안 되어 네게 보내니 그런 연유를 이해하라는 당부를 하고 있다. 이 편지에서 '너'가 누구인지는 드러나 있지 않다. 아마 가까이 사는 며느리나 딸이었을 듯하다.

주석

1) 이 편지는 112번의 편지와 필체가 같다. 112번은 하씨가 쓴 것임이 명백하다. 이 편지의 서체도 하씨의 것이다. 문체로 보아 하씨가 아랫사람(딸이나 며느리)에게 보낸 편지일 듯하다.
2) 홍듸 : 노복 이름. "홍듸 듸바회 바톨 솟쟉동이 지서 먹ᄂᆞ다 ᄒᆞᆫ다"라는 문맥으로 보아 '홍듸' 뒤에 무엇인가 생략되었음이 분명하다. '홍듸가 말하기를' 또는 '홍듸의'라는 말로 풀이할 수 있다.
3) 듸바회 : 대바위. 땅이름. '대바위'는 소례 남쪽 방향에 있는 마을이다. 현재 확인되는 지명이다.
4) 솟쟉동이 : 사람 이름. '솟젹새'와 동일 어근을 가진 말로 판단된다.
5) 지서 : 지어(作). 15세기 어형은 '지ᅀᅥ'이다. '지서'는 당시의 현풍 방언형을 반영한 것이다.
6) ᄒᆞᆫ다 : '홍대'의 말을 인용한 것으로 인용동사이다. 아래의 "광쳐리라 ᄒᆞᄂᆞᆫ 노미 아ᄂᆞ다 ᄒᆞᄂᆞ다"에서 'ᄒᆞᄂᆞ다'도 마찬가지로 홍대의 말을 인용한 인용동사이다. 'ᄒᆞᆫ다'는 'ᄒᆞᄂᆞ다'가 되어야 자연스러운 것인데 아무리 자형을 살펴보아도 'ᄒᆞᆫ다'로 밖에 볼 수 없다. 어미 '-ㄴ다'가 이미 생성되었음을 확인해 주는 예이다.
7) 쉬 : 쉽게. 「곽씨언간」에서 '수이'는 '빨리'라는 뜻이고, '쉬'는 '쉽게'의 뜻이다.
8) ᄀᆞᆯ미 : 갈매. 동사 'ᄀᆞᆯ-'의 뜻을 확정하는 데 문제가 있다. '받자리 쉬 ᄀᆞᆯ매 실도리라 ᄒᆞᄂᆞ다'를 "밭의 임자가 쉽게 (잘) 바뀌어서 실도리라고 한다"라고 풀이할 수 있다. 왜냐하면 동사 'ᄀᆞᆯ-'은 '체(替)'의 뜻이기 때문이다. 그러나 문맥의 흐름으로 보아 'ᄀᆞᆯ매'를 '耕'의 뜻으로 해석하여 "밭자리가 쉽게 (잘) 갈리어서 실도리라고 한다"라고 풀이하는 것이 더 자연스럽게 느껴진다. 그러나 '耕'을 뜻하는 동사는 '갈-'이라는 점이 문제가 된다. '실도리'라는 낱말의 뜻을 정확히 파악할 수 없어서 문맥 의미를 결정하기 어렵다. 어형 'ᄀᆞᆯ-'을 중시하여 전자의 뜻으로 잠정해 둔다.
9) 실도리 : 미상. '좋은 토양의 논밭'을 의미하는 당시의 낱말이었던 듯하다.
10) 마수지기 : 마지기수. 논밭의 넓이의 단위인 마지기의 수를 말하는데, 착오로 음절도치가 된 것으로 보인다. '마지기'는 한 말의 씨앗을 뿌릴 만한 넓이로, 지역에 따라 논은 150~300평, 밭은 100평 내외이다. 경북에서는 주로 200평 단위를 한 마지기로 친다.
11) 광쳐리 : 사람 이름.
12) 결속 바ᄂᆞ질: 마무리 바느질인 듯하다. 참고) 結束 반ᄃᆞ시 결속을 풍비홈을 기ᄃᆞ오모론(必待資裝豊備) <飜小 6:96>.
13) 아ᄃᆞᆯ내 : 며느리를 지칭한 말로 보인다.
14) 이옥 : 문맥상 '더욱'의 뜻이다. 특이한 부사이다.

116. 버선은 내가 손수 기워 왔노이다 영인 630p

하씨의 필적(추정) [문 93] [건들 51][1)]

판독문

보셔ᄂᆞᆫ 내 손소 기워[2)] 완노이
다. 시ᄂᆞᆫ셔든[3)] 볼건만[4)] ᄇᆞ라
고 ᄒᆞ거니와 ᄂᆞᄆᆞᆫ 우이[5)] 너겨도 내
젼[6)]은 ᄉᆞᆺ질[7)] 저기[8)] 업서 ᄒᆞᆫ이니라.[9)]

현대어

버선은 내가 손수 기워 왔습니다. 신으시면 볼 만하기를 바라거니와, 남은 우습게 여겨도 내 전(=버선 아가리)을 시침질할 시간이 없어 한(恨)이니라.

해설

하씨가 버선을 만들어서 누구에겐가(아마도 남편 곽주가 아닐까 한다) 보내면서 이 글을 함께 부친 듯하다. 버선을 손수 만들었는데 남이 보면 우습게 여길지 모르지만 신어 보면 그런대로 볼 만할 것이라 하였다. 시간이 없어서 시침질을 못하고 보냄이 한스럽다고 덧붙였다.

주석

1) 112, 114번의 필적과 거의 같다. 하씨의 필적으로 판단된다. 하씨의 필적이 확실한 것은 112번과 114번이고, 115번, 116도 하씨의 필적으로 판단되는 바 117번까지 포함하면 모두 6매를 하씨의 필적으로 볼 수 있다.
2) 기워 : 「곽씨언간」의 '깁-'은 현대어의 '깁-'과 그 뜻이 일치하지 않는다. 현대어의 '깁-'은 '의복 따위의 떨어지거나 해어진 부분에 조각을 덧붙여 꿰매다'라는 뜻이지만, 이 편지글에서는 '재봉(裁縫)하다'라는 뜻이다. 이 문맥의 '기워'도 떨어진 버선을 꿰매는 것이 아니라 새 버선을 짓는다는 뜻이다.
3) 시ᄂᆞᆫ셔든 : 신으시거든. '시ᄂᆞ셔든'의 오기일 것이다. '시ᄂᆞᆫ'의 끝 ㄴ을 지우려 한 흔적이 있다.
4) 볼건만 : 볼 만하기를. 보- + -ㄹ # 것 + -만[보조사].
5) 우이 : 우습게. 우ᅀᅵ>우이. 참고) ᄃᆞ르매 우이 너기더니<癸丑日記 126>.
6) 젼 : '전'은 물건의 위쪽 가장자리의 조금 넓적하게 된 부분. 여기서는 버선의 아가리 상단부를 가리킨 것으로 짐작된다. '내 젼'의 해석은 잠정적인 것이다. 참고) 화로전, 솥전.

7) 슷질 : 시칠. 시침질할. 슷지- + -ㄹ. '슷지-'는 현대어 '시치-'의 선대형. 바느질할 때, 여러 겹으로 맞댄 조각이 잘 붙어 있게 듬성듬성 뜨는 것을 '시치다'라고 한다. 예) 이불보를 시쳐 놓았다.
8) 저기 : 적이. 때가. 이 문맥에서는 '시침질할 틈(시간)이 없어서'라는 뜻이다.
9) ᄒᆞᆫ이니라 : 한(恨)입니다. 한스럽습니다. 'ᄒᆞᆫ이니라'의 '니'는 작은 글씨로 補入된 것이다. 앞 문장에 쓰인 '완노이다'의 대우 등급을 그대로 유지하자면 'ᄒᆞᆫ이니라'는 'ᄒᆞᆫ이오이다'가 되어야 적절하다. 앞뒤 문장에서 대우 등급을 일관성 있게 유지하지 못하고 있다.

117. 임진 동지 여드레에 쓰다 영인 630p

하씨의 필적(1652. 11.8) [문 167] [건들 92]

판독문

초계 아긔 유무 ᄡᆞᆫ
거시니[1) ∶지 말고
녀허 스라[2). 날 소길
줄[3) ᄀᆞ 업시[4) 슬허ᄒᆞ던[5)
줄[6) 저놀[7) 만나볼
가 ᄇᆞ라노라. 임진[8) 동
지 초여ᄃᆞ래날 스다.

현대어

초계 아기에게 보낼 편지를 싼 것이니 잊지 말고 넣어 써라. 날 속일 줄 (몰랐었기에) 가이 없이 슬퍼하였는데(=날 속인 것을 매우 슬퍼하던 차에) 저를 만나보기를 바라노라.
임진년 동짓달 초여드렛날 쓰다.

해설

이 편지는 다른 편지를 싼 종이쪽지에 쓴 것이다. 다른 편지를 이 편지 안에 넣고 사방을 접어 둥글게 말고 바깥 면에다가 글을 적은 것이다. 사진에는 '아긔시'가 맨 끝에 놓여 있으나 이것은 접은 것을 폈기 때문이다. 접은 상태로 환원시켜 보면 '아긔시'가 글의 첫머리가 된다. 116번 편지와 그 필체가 거의 같고, 112번과도 필체와 매우 비슷하다. 문장이 서툴고 말이 잘 안 되어 문의가 정확히 파악되지 않는다. 하씨가 쓴 편지와 하씨의 필적으로 추정한 편지에 오기가 많고 문장의 앞뒤가 안 맞는 예가 더러 보인다. 이 편지의 필사기인 임진년은 1652년으로 판단되며, 「곽씨언간」 중 필사기가 있는 것으로서는 가장 연대가 늦은 것이다. 이 편지를 근거로 하씨는 1652년까지는 생존했던 것으로 추정한다.

주석

1) ᄡᆞᆫ : 싼. ᄡᆞ(包)- + -ㄴ[관형형]. 참고) 그 나믄 이ᄂᆞᆫ 다 뵈로 ᄡᆞᆫ 거시니<老解 初 하 30a>.
2) ᄉᆞ라 : 쓰라. ᄉᆞ- + -라. 'ᄉᆞ다'는 '冠, 書'의 두 가지 뜻으로 쓰였다. 여기서는 '書'의 뜻이다.
3) ᄌᆞᆯ : 것(을). 'ᄌᆞᆯ'은 용언의 아래에 붙어서 어떠한 방법이나 셈속의 뜻을 나타내는 의존명사이다.
4) ᄀᆞ 업시 : 가이없이, 끝없이.
5) 슬허ᄒᆞ던 : 슬퍼하던.
6) ᄌᆞᆯ : 'ᄌᆞᆯ' 다음에 '알다' 또는 '모르다' 따위의 동사가 나타나지 않는다. 현대 국어에서는 전혀 이런 쓰임이 없다. 다른 고문헌에서도 'ᄌᆞᆯ'의 이런 쓰임은 나타나지 않으므로 잘못 적은 것이 아닌가 한다. '슬허ᄒᆞ던 ᄌᆞᆯ'은 '슬퍼하였는데' 정도로 풀이하는 것이 좋다.
7) 저ᄂᆞᆯ : 그를. 저 + -ᄅᆞᆯ. '저'는 3인칭 대명사로 쓰였으며 '-ᄂᆞᆯ'은 목적격조사 '-ᄅᆞᆯ'의 ㄹ이 ㄴ으로 표기된 것이다.
8) 임진 : 壬辰年. 이 '임진'은 1592년 또는 1652년에 해당한다. 전자라면 이 편지가 연기상 가장 빠른 것이고 후자라면 연기상 가장 늦은 것이다. 106번 편지에 나타난 '초계 동ᄉᆡᆼ'을 고려할 때 1652년으로 보는 것이 합리적이다.

118. 제물을 차려 보내시니 고마움이 가이없사옵니다 영인 629p

곽주의 장모 합산댁이 사돈 朴氏에게(1607. 5.8) [문 109] [건들 62]

판독문

사ᄅᆞᆷ 보내셔ᄂᆞᆯ 긔후 편히 겨신 유무 보ᄋᆞᆸ고 친히 보ᄋᆞ
온ᄃᆞᆺ 반기노이다. 알ᄑᆡ[1] 긔운 편치 아니ᄒᆞ시다 ᄒᆡ야ᄂᆞᆯ[2] ᄀᆞ
업시 분별ᄒᆞᄋᆞᆸ다니 이제ᄂᆞᆫ 편ᄒᆞ시다 ᄒᆞ니 ᄀᆞ 업시 깃ᄉᆞ
와 ᄒᆞ노이다. 나ᄂᆞᆫ 당시 숨 니어 인노이다.[3] 이리[4] 졔믈 ᄎᆞᆯ와
보내시니 내의[5] 아ᄅᆞᆷ답고 고마오믈 ᄀᆞ이 업서 ᄒᆞ노이다.

일로[6] 졔믈 호려 ᄒᆞ노이다. 게도[7] 졔ᄉᆞᄒᆞ시마[8] 이리 ᄎᆞ려[9] 보내시니 안심치 몯ᄒᆡ야이다[10]. 아마도 긔후 편ᄒᆞ시믈 ᄀᆞ업시 ᄇᆞ라노이다. ᄀᆞ업서 이만[11]. 뎡미[12] 오월 초여ᄃᆞ랜 날 외얘 뎡녜[13] 할미.

【뒷면】

상쥬[14]

답샹장[15] 근봉

현대어

사람을 보내셨거늘 기체 편히 계시다는 편지를 보고 친히 뵈온 듯 반기옵니다. 이전에 기운이 편하지 아니하시다고 하시거늘 가 없이 걱정하였더니, 이제는 편하시다고 말씀하시니 가 없이 기뻐하옵니다. 나는 여전히 숨을 이어가고(=그럭저럭 근근이 살아가고) 있습니다.

이렇게 제물을 차려 보내시니, 제가 아름답게 여기고 고마워함은 가이없습니다. (보내주신) 이것으로 제물을 하려 하옵니다. 거기에서도 제사를 지내시면서 이렇게 차려서 보내주시니 마음이 놓이지 않습니다.

아무쪼록 기체 편하심을 가이없이 바라옵니다. 가이없어 이만. 정미년 오월 초여드렛날. 외얘 명녜 할미 아룀. 삼가 봉함. 答上狀(답장으로 올리는 글).

해설

김일근 교수는 이 편지를 곽주의 어머니인 박씨가 사돈에게 보낸 답장이라고 보았다. 그런데 곽주가 장모에게 보낸 2번 편지의 말미에 '오야 합산뒥'에 나타나 있듯이 '오야'는 곽주의 장모인 '합산댁'이 사는 마을 이름이다. 이 편지의 말미에 "외얘 뎡녜 할미"라고 명기된 것은 이 편지가 '외얘'(오야)에서 발송된 것임을 알려 준다. 따라서 이 편지를 쓴 사람은 하씨의 친정어머니인 합산댁이 될 수밖에 없다. 문제가 되는 것은 "외얘 뎡녜 할미"의 '뎡녜 할미'다. '뎡녜'는 곽주의 딸이므로 '뎡녜 할미'는 곽주의 친모인 박씨라고 보기 쉽다. 그러나 하씨가 '외얘'에 있을 때 '뎡녜'를 데리고 있었다는 사실이 다른 여러 편지 속에 빈번히 나타난다. 그러므로 '뎡녜'의 외할머니인 합산댁이 그냥 '할미'라고 쓴 것으로 보아야 한다.

따라서 이 편지는 하씨의 친모인 합산댁이 곽주의 친모인 박씨에게 보낸 편지다. 하씨 부인의 친정댁에 제사가 닥치자 사돈인 박씨 부인(곽주의 어머니)이 제물을 준비하여 보내어 주었고, 그러자 하씨의 친정어머니 합산댁이 이를 고마워하며 쓴 답장인 것이다.

『진양하씨 대동보』 권 15의 11쪽에 하씨 부인의 아버지에 대한 기록과 곽주에 대한 기록이 나온다. 하씨의 친정 아버지 하준의(河遵義 : 字 宜叔, 號 玉溪)는 명종 임자생(壬子生 :1552년 2월 20일생)으로, 2남 3녀를 두었다. 3녀 중 맏딸이 곽주에게 출가하였는데 이 분이 바로 이 편지글이 나온 무덤의 주인공 하씨 부인이다. 오야에 산 하씨의 친정어머니는 벽진 이씨(碧珍李氏)이며, 인근의 창녕군 대합면 합산리라는 마을이 이씨 부인의 친정이다. 그래서 택호가 합산댁이 된 것이다. 합산 마을은 전통적으로 벽진 이씨들이 집성촌을 이루고 있었으나 지금은 여러 성바지가 섞여 살고 있다. 이씨 부인의 묘는 현풍현 서쪽 왕지(旺旨)에 있는 것으로 족보에 나온다.

주석

1) 알ᄑᆡ : 이전에. 앒 + -ᄋᆡ. 여기에서는 '앞'이 공간적인 것이 아니라 시간상으로 먼저라는 뜻으로 쓰였다. 참고) 알ᄑᆡ 또 아므란 店도 업ᄉᆞ매<老解 初 상 36a>.
2) ᄒᆡ야ᄂᆞᆯ : 했거늘. ᄒᆞ- + j + -아ᄂᆞᆯ. 현대국어의 '여' 불규칙활용의 직접적 소급형으로 '-야ᄂᆞᆯ'로 바뀌었으며, off-glide j가 음절 경계에서 유동성을 가졌음을 보여 준다. 참고) 임진왜난의 ᄉᆞ족 부녜 오욕 닙기ᄂᆞᆯ 만히 ᄒᆡ여ᄂᆞᆯ<東新 烈 7:11>.
3) 나ᄂᆞᆫ 당시 숨 니어 인노이다 : 나는 여전히 숨을 이어 가고 있습니다. 자신의 처지를 겸손히 말하며 겨우겨우 살아가고 있음을 비유적으로 표현한 것이다. 115번 편지에 '나ᄂᆞᆫ 숨 니을만 인뇌다'라는 문장이 나온다.
4) 이리 : 이렇게. 참고) 굿ᄐᆞ여 이리 닐을다<朴解 상 22b>.
5) 내의 : 나의. '-의'는 주어적 속격으로서, '내가'로 해석하면 자연스럽다.
6) 일로 : 이것으로. 참고) 일로 자바 가도와 몬져 묻고<勸念 3a>.
7) 게도 : 거기에도, 거기에서도.
8) 졔ᄉᆞᄒᆞ시먀 : 제사를 지내시면서. 졔ᄉᆞᄒᆞ- + -시- + -먀. '-먀'는 중세, 근대 국어에서 '-며' 또는 '-며셔(>-면서)'의 뜻을 지닌 연결어미였다. 참고) 말ᄒᆞ며 우숨 우스며셔 주규믈 行ᄒᆞ니<杜解 初 6:39>.
9) ᄎᆞ려 : 차려. ᄎᆞ리- + -어. 바로 위에서는 같은 문맥에서 '촐와'가 쓰였다.
10) 몯ᄒᆡ야이다 : 못하옵니다. 몯ᄒᆞ- + j + -아-[확인법]+ -이-[공손법] + -다. 앞서 나온 'ᄒᆡ야ᄂᆞᆯ'처럼 off-glide j가 음절 경계에서 유동성을 가졌음을 보여 준다.
11) ᄀᆞ 업서 이만 : 가이없어 이만. 편지를 마칠 때 투식적으로 넣은 어구로서, 주로 손윗사람에게 썼다. 손아랫사람이나 자신과 비슷한 지위의 사람에게는 '밧바 이만'이 주로 나타난다.
12) 뎡미 : 丁未年. '뎡미'는 1607년 선조 40년으로 추정한다.
13) 뎡녜 : 곽주의 딸 이름.
14) 상쥬 : 상주(上奏). 윗전에 말씀을 아룀. '상사리'와 같은 뜻이다.
15) 답샹장 : 답상장(答上狀). '上狀'은 평교 간에 예절을 갖추어 쓰던 편지의 투식어였다.

119. 제사에 쓸 고기 마리도 못 보내오니… 영인 628p

곽주의 안사돈 周氏가 河氏에게(1619. 8.13) [문 110] [건들 154]

판독문

쳔만 의외예[1)] 피우[2)] 듕의
다보ᄒᆞᄋᆞᆸ샨[3)] 유무 밧ᄌᆞ와 보ᄋᆞᆸ고 반갑ᄉᆞ오며 몬내[4)] 깃
ᄉᆞ와 ᄒᆞᄋᆞ오ᄃᆡ[5)] 오직 셰월이 믈 흐ᄅᆞᄃᆞᆺ ᄒᆞᄋᆞ와 ᄋᆡᄋᆡ
ᄒᆞ온[6)] ᄀᆞ을쳘을 만나ᄋᆞᆸ셔
대샹[7)]이 님박ᄒᆞ오니[8)] 우리 ᄠᅳ디 이리 셔창ᄒᆞᄋᆞᆸ거든[9)] 즉
히[10)] 망극ᄒᆞᄋᆞᆸ시랴[11)] 일ᄏᆞᆺᄌᆞᆸ노이다.[12)] 우리ᄂᆞᆫ 덕분
대되 무ᄉᆞ 잇ᄉᆞᆸ노이다. 엄ᄉᆡᆼ원님[13)] 이ᄅᆞᆫ 그런 놀랍
ᄉᆞ온 일 업ᄉᆞ오이다. 아ᄆᆞ려나 거ᄌᆞ[14)] 일도 무ᄉᆞᄒᆞ심
ᄇᆞ라노이다. 실은[15)] 연〻의[16)] 폐로이[17)] 만히 바다 보내시
니 알외ᄋᆞ올 말ᄉᆞᆷ 업ᄉᆞ오ᄃᆡ 지극[18)] 미안ᄒᆞ여이다. ᄯᅩ
귀ᄒᆞ온 조홍[19)] 만히 보내ᄋᆞᆸ시니 먹ᄉᆞᆸ고 내〻 알외ᄋᆞ올
말ᄉᆞᆷ 업ᄉᆞ오ᄃᆡ 우리ᄂᆞᆫ[20)] 아ᄆᆞ 것도 ᄒᆞᆺ졍[21)]을 몯ᄒᆞ오니
이런 ᄒᆞᆫ이 업ᄉᆞ오며 졔예 ᄡᅳᄋᆞᆸ실 고기 마리도 몯
어더 보내오니 ᄂᆞᆺ 업ᄉᆞ오이다[22)]. 우리 ᄇᆞ라ᄋᆞᆸ기ᄅᆞᆯ
아ᄆᆞ려나 역신[23)] 업ᄉᆞᆫ 후의 드ᄋᆞᆸ심 ᄇᆞ라ᄋᆞᆸ노이다.
ᄌᆞ식은 그리 가 뵈ᄋᆞᆸ고 대댱[24)] 가오려 졍ᄒᆞᄋᆞᆸ더니 박
ᄭᅳ로셔[25)] 연구[26)] 잇다 ᄒᆞ시매 몯 가오니 우연[27)] 흐운히[28)] 너기ᄋᆞᆸ
시링ᄭᅡ. 아ᄆᆞ려나 대되 평안ᄒᆞᄋᆞᆸ샴 ᄇᆞ라ᄋᆞᆸ
노이다. 그지 업ᄉᆞ오ᄃᆡ 지리ᄒᆞ와[29)] 이만 뎍ᄉᆞᆸ노이다.
【上邊】
응낭[30)]ᄂᆞᆫ 하 영민ᄒᆞ오니[31)] 다ᄒᆡᆼᄒᆞ이다.
긔미 팔월 슌삼일[32)].
사돈 쥬시[33)] (手決)

【뒷면】
답소샹[34)]
곽싱원뎍[35)] 이ᄎᆞ[36)]

현대어

우환을 피해 (집을) 나와 있는 중 천만 뜻밖에도 (사돈께서) 무사하시다는 편지를 받아 보고 반가우며 못내 기뻐하되, 오직 세월이 물 흐르듯 하여 슬프고 슬픈 가을철을 만나서 대상(大祥)이 임박하오니 우리 마음이 이렇게 서글프거늘 (사돈께서는) 오죽이나 망극하실까 걱정하옵니다. 우리는 덕분에 모두 무사히 있습니다.

엄생원님의 일은 그런 놀라운 일이 없습니다. 아무쪼록 거ᄌᆞ(?) 일도 무사하시기를 바랍니다. 실은 해마다 폐롭게(=폐가 되도록) 많이 받아 보내시니 아뢰올 말씀이 없사오되 지극히 미안합니다. 또 귀한 조홍을 많이 보내시니 먹고 내내 아뢰올 말씀이 없사오되 저희는 아무것도 되갚음 정을 표시하지 못하오니 이런 한이 없사오며, 제사에 쓰실 고기 마리도 구해 보내지를 못하오니 면목이 없습니다.

저희가 바라옵기는 아무쪼록 천연두가 없어진 뒤에 (안사돈께서 집으로) 들어가시기를 바라옵니다. 자식은 그리로 가서 뵈옵고 대당(대장?)에 가려고 정하였는데 바깥사람으로부터(=저의 남편이) 연고가 있다고 하셔서 (자식이 그리로) 못 가니, (사돈께서는) 얼마나 서운하게 여기시겠습니까? 아무쪼록 모두 평안하시기를 바랍니다. (아뢸 말씀은) 가이없사오나 지루하여 이만 적사옵니다. 응낭이는 매우 영민하오니 다행입니다.

기미년 팔월 십삼일. 사돈 주씨. (手決) 답장으로 올림. 곽생원댁 애차.

해설

이 편지는 하씨 부인과 사돈 간인 주씨 부인이 바깥사돈 곽주의 대상에 임박하여 하씨 부인에게 보낸 편지이다. 돌림병을 피해 몸을 숨기고 있는 중에 뜻밖의 편지와 함께 조홍을 비롯한 몇 가지 물건을 받고 이에 고마움을 적은 글이다. 정을 표시하는 물건을 보내지 못함을 못내 송구스러워하는 주씨 부인의 마음씨가 잘 나타나 있다. 사돈 주씨가 곽주의 출가한 딸의 시어머니인지, 곽주의 첫아들 이창의 처(辛氏)의 친정 어머니인지 미상이다.

› 주석

1) 쳔만 의외예 : 千萬意外에. 뜻밖에.
2) 피우 : 피우(避憂). 우환을 피하여 산 속과 같은 격리된 곳으로 가는 것.
3) 다보ᄒᆞᄋᆞᆸ샤 : 多報하옵신. '구구절절 사연이 많고 자세한'이라는 뜻이다. 이 부분은 '답'이 아니라 '다보'가 분명하다.
4) 몯내 : 못내. 잊지 못하고 늘. '몯내'의 자음동화형.
5) 깃ᄉᆞ와 ᄒᆞᄋᆞ오ᄃᆡ : 기뻐하오되. 동사 '깄-'(기뻐하다)와 동사 'ᄒᆞ-'에 모두 겸양법 선어말어미가 연이어 결합하였다.
6) ᄋᆡᄋᆡᄒᆞ온 : 哀哀한. 슬프고 슬픈. 자형이 'ᄋᆡᄆᆡᄒᆞ온'처럼 보이기도 하지만 문맥 의미로 보아 'ᄋᆡᄋᆡᄒᆞ온'으로 파악하였다. '애달프다', '슬프다'의 뜻을 표현한 것이다.
7) 대상 : 대상(大祥). 죽은 지 두 돌만에 지내는 제사. 곽주의 대상을 가리킨다. 곽주의 사망 연대는 1617년이고 이 편지의 끝에 나와 있는 '긔미'년(1619)에 그의 대상이 치러졌다. '대상'이 출현하는 부분이 본문에서 줄이 바뀌어 쓰였다. 높여야 할 사람에 대한 예우로 그와 관계되는 표현은 행을 바꾸고 한 글자를 올린 글자올림법(擡頭法 대두법)을 쓴 것이다.
8) 님박ᄒᆞ오니 : 임박하오니. 다가오니.
9) 셔창ᄒᆞᄋᆞᆸ거든 : 서글프거늘. 오늘날 제주 방언에 '서창하다'가 쓰이고 있는데, '서글프고 마음이 아프다'라는 뜻이다.
10) ᄌᆞᆨ히 : 작히. 오죽이나.
11) 망극ᄒᆞᄋᆞᆸ시랴 : 망극(罔極)하실까. 슬픔이 그지 없으실까.
12) 일ᄏᆞᆺᄌᆞᆸ노이다 : 말하옵니다. 걱정하옵니다. 111번 편지에서 '일ᄀᆞᆺᄌᆞᆸ노이다'가 '걱정하다'의 뜻으로 쓰인 적이 있다.
13) 엄ᄉᆡᆼ원님 : 엄생원님. 109, 162번 편지에는 '박ᄉᆡᆼ원'이 나오고, 142번, 160번 편지에 '됴ᄉᆡᆼ원'이 나온다.
14) 거ᄌᆞ : 미상.
15) 실은 : 실(絲)은.
16) 연〻의 : 년년(年年)이. 해마다.
17) 폐로이 : 폐롭게. 폐가 되도록.
18) 지극 : 이 부분은 주해자가 '진ᄉᆞ'로 판독하고 한자어 '진사'(陳謝)를 표기한 것으로 보았으나 황문환 교수의 판독에 따라 '지극'으로 수정하였다.
19) 조홍 : 早紅. 감의 한 가지로 다른 종류보다 일찍 익고 빛깔이 매우 붉다.
20) 우리ᄂᆞᆫ : 저희는. 19세기 말에야 1인칭 대명사 '나'와 '저'의 대립이 생긴다.
21) 훗졍 : 훗情(後情). 정을 표시함. 어떤 도움을 받은 은혜에 보답하여 정성을 표시할 만한 것으로 되갚는 것을 일컫는다.
22) ᄂᆞᆾ 업ᄉᆞ오이다 : 낮 없사옵니다. 면목이 없사옵니다.
23) 역신 : 疫神. 천연두.
24) 대댱 : 미상. 지명으로 짐작되지만 판단하기 어렵다.
25) 밧ᄭᅳ로셔 : 남편으로부터. 「곽씨언간」에서 '밗'은 남편을 가리키는 대용어로 쓰였다.
26) 연구 : 연고. '연고(緣故)'의 당시 속음(俗音)으로서, '오>우'의 예이다.
27) 우연 : 얼마나. 21번, 31번 편지 등에서 '우연이'가 '얼마나'의 뜻으로 쓰였다.
28) 흐운히 : 서운히. 언짢게. 86번 편지의 주를 참고 바람.
29) 지리ᄒᆞ와 : 지루하여. 지리(支離)하여. 참고) 번거홈애 傷ᄒᆞ면 지리ᄒᆞ며<小解 5:91>.
30) 응낭 : 사람 이름. 뒤에 오는 조사 'ᄂᆞᆫ'이 어색하다. '응낭이ᄂᆞᆫ'이라 하든지 '응낭ᄋᆞᆫ'이라 하는 것이 자연스러우나 이렇게 적혀 있다.

31) 영민ᄒᆞ오니 : 영민(英敏)하오니.
32) 긔미 팔월 슌삼일 : 기미년 팔월 십삼일. 여기에 나온 기미년은 1619년이다. 곽주가 1617년에 작고하였으니 이 편지의 내용과 쓴 시기가 잘 부합된다. '슌'은 '순(旬)'으로서 열흘을 뜻한다. 이십일을 가리킬 때는 '염'(念)이 쓰였다.
33) 사돈 주시 : 하씨 부인과 사돈 관계를 맺은 주씨 부인이 스스로를 칭한 말이다. 곽주의 출가한 딸의 시어머니이거나, 곽주의 첫아들 이창의 처(곽주의 맏며느리, 영산현에서 현풍으로 시집온 신씨)의 친정어머니일 터인데 확인되지 않는다.
34) 답소샹 : 답소상(答疏上). 답장으로 올림.
35) 곽ᄉᆡᆼ원 : 곽생원. 곽주 집안을 가리키는 말로 쓰였다.
36) ᄋᆡᄎᆞ : 애차(哀次). 아랫 사람의 부모가 돌아가셨을 때 일컫는 말. 여기서는 주씨 부인이 손아랫사람(곽주의 딸 혹은 아들)이 부친상을 당한 것을 가리켜 이 말을 썼다. 참고) 平交 已下애ᄂᆞᆫ 닐오ᄃᆡ 哀次 ㅣ 라 ᄒᆞ고<家禮 9:41b>.

120. 동래 온천에서 목욕이나 하면 병세가 좋아지실까 영인 627p

출가녀가 아버지 곽주에게(1617. 8.8)

› 판독문

문
안 알외ᄋᆞᆸ고 요ᄉᆞ이
편치 아니ᄋᆞᆸ신 긔운 엇더ᄒᆞᄋᆞᆸ시닝ᄭᅡ. 심히 긔별 모ᄅᆞ
ᄋᆞ와 일시ᄅᆞᆯ 닛ᄌᆞᆸ디 몯ᄒᆞᄋᆞ와 듀야 분별ᄒᆞ오ᄃᆡ 동ᄂᆡ[1]
힝ᄎᆞᄒᆞᄋᆞᆸ신 아니ᄒᆞᄋᆞᆸ신 긔별 모ᄅᆞᄋᆞ와 민망이 ᄀᆞ이 업ᄉᆞ오
이다. 젼ᆢ으로[2] 듣ᄌᆞ오니 션ᄉᆡᆼ겨ᄋᆞᆸ셔 동ᄂᆡ 가 겨ᄋᆞᆸ시다
듣ᄌᆞᆸ고 ᄒᆞᆷᄭᅴ 힝ᄎᆞᄒᆞᄋᆞᆸ실라 ᄒᆞᄋᆞᆸ시던 거시라 모욕
이나 ᄒᆞᄋᆞᆸ시면 ᄒᆞ리ᄋᆞᆸ실가 ᄆᆡ일 글로 ᄇᆞ라ᄋᆞᆸ노이다. 하 긔
별 모ᄅᆞᄋᆞᆸ고 동ᄂᆡ 힝ᄎᆞᄒᆞᄋᆞᆸ신 줄도 모ᄅᆞᄋᆞ와 하 민망ᄒᆞ
와 ᄌᆞ시 아ᄋᆞᆸ고 동ᄂᆡ[3] 사ᄅᆞᆷ 보내오려 ᄐᆡ복기ᄅᆞᆯ 보내오ᄃᆡ
수이 긔별 모ᄅᆞᄋᆞ와 민망ᄒᆞ오이다. ᄌᆞ식은 대되 뫼ᄋᆞ와
덕분의 편히 잇ᄉᆞ오ᄃᆡ 편치 아니ᄋᆞᆸ신 긔운 엇더ᄒᆞ
ᄋᆞᆸ시거뇨. 병셔도 보ᄋᆞᆸ디 몯ᄒᆞᄋᆞᆸ고 시ᆢ로[4] 아ᄋᆞᆸ고져[5] 긔별

도 ᄌᆞ조 몯 듣ᄌᆞ오니 아득 셜워 ᄒᆞ옵노이다. 이리 잇ᄉᆞ와셔
ᄇᆞ라옵기를 아ᄆᆞ려나 수이 편안ᄒᆞ옵샴과[6] 수이
【上邊】
뵈옵고져 쳔만 튝슈ᄒᆞ
옵노이다. 그지 업ᄉᆞ와 이만
알외옵노이다.
졍ᄉᆞ[7] 팔월 초팔일
【右邊】
그리옵ᄂᆞᆫ ᄌᆞ식 술이
【뒷면】
아바님 젼 샹술이

현대어

문안 아뢰옵고 요사이 편치 아니하오신 기운은 어떠하십니까. 심히 기별을 몰라서 일시도 잊지 못하와 밤낮으로 근심하오되, 동래로 행차하셨는지 아니하셨는지 기별을 몰라서 민망함이 가이없사옵니다. 전해서 들으니 선생께옵서 동래에 가 계시다(는 말을) 듣고 (아버님께서도) 함께 행차하시려고 하시던 것이어서 (온천에) 목욕이나 하옵시면 (환후가) 나으실까 매일 그것을 바라옵니다. 아주 기별을 모르옵고 동래로 행차하옵신 줄도 몰라서 매우 민망하고, 자세히 알고 싶어 동래로 사람을 보내려 태복이를 보냈으나 빨리 기별을 몰라서 민망하옵니다.

자식은 (웃어른을) 모두 모시고 (아버님의 염려) 덕분에 편히 있지만 (아버님의) 편치 아니하신 기운은 어떠하시옵니까. 병세(病勢)도 뵙지 못하고 때때로 알고 싶은 기별도 자주 못 들으니 아득히 서러워하옵니다. 여기 있으면서 바라옵기를 아무쪼록 빨리 편안하시고 빨리 뵙고자 천만축수(千萬祝手)하옵니다. 그지없사와 이만 아뢰옵니다.

정사년 팔월 초팔일. 그리워하는 자식 아룀.

아버님 전 상사리.

해설

이 편지는 1617년 곽주가 작고하던 해에 시집간 딸이 아버지에게 쓴 것이다. 이 편지를 빼면 출가녀가 쓴 편지는 모두 어머니께 보낸 것인데, 이 편지는 아버지가 매우 위독해지자 출가녀가 아버지께 직접 편지를 드려 위로하고자 쓴 것이다. 이 편지는 필자의 최초 판독문에 실려 있지 않았다. 편지가 발굴된 후 관 속의 물건을 수습하면서 곽병숙(곽주의 장남 以昌의 후손) 선생님께서 별도로 보관하였던 것이어서 김일근 선생과 문화재청 보고서에 모두 빠졌던 것이다. 이 편지는 곽병숙 선생께서 경북대학교 도서관에 기증하여 고서실에 보존되어 있다. 국립대구박물관 목록에도 이 편지는 빠졌었다.

곽주의 병세가 심해져 병 치료를 위해 동래온천으로 가서 목욕 요법까지 하였던 사연을 담고 있다. 시집간 딸이 위중한 아버지를 염려하여 발을 동동 구르고 안부가 궁금하여 조바심치는 모습이 눈에 보이는 듯 그려진다. 앞에서 보았던 출가녀가 하씨에게 보낸 편지 가운데, 같은 해인 1617년에 쓴 편지들과 비슷한 내용이 많다. 특히 121번과 124번 편지에는 동래의 온천에 곽주가 갔다는 소식을 듣고, 효험이 있기를 바라며 사람을 보낸다는 내용이 이 편지와 동일하다. 몇 개의 편지에 적힌 사연을 엮어 보면 곽주가 세상을 뜨기 전에 출가녀가 얼마나 걱정했는지를 알 수 있다. 아버지가 많이 편찮으시다는 연락을 받고도 직접 가 뵙지 못하는 것을 서러워하며, 친정과 동래로 사람을 여러 번 보냈던 듯하다. 편지의 격식이 잘 갖추어져 있고, 문장의 완성도가 높은 글이다.

주석

1) 동ᄂᆡ : 東萊. 현재 부산시 동래구이다. 121번 편지의 주 참고.
2) 젼〻으로 : 傳傳으로. 전해지는 소문으로.
3) 동ᄂᆡ : 'ᄂᆡ' 앞에 한 글자를 썼다고 개칠하여 지웠다.
4) 시〻로 : 時時로. 때때로.
5) 아ᄋᆞᆸ고젼 : 아옵고져 하는. '아ᄋᆞᆸ고져 ᄒᆞᄂᆞᆫ'의 축약형이다.
6) 편안ᄒᆞᄋᆞᆸ샴과 : 끝의 '과'자는 행간에 보입된 것이다.
7) 뎡ᄉᆞ : 정사년(丁巳年). 1617년에 해당한다. 이 해에 곽주가 병을 이기지 못하고 세상을 하직하였다.

121. 동래 온천에서 병을 고친 이는 없다고 합니다 영인 626p

출가녀가 하씨에게(1617년) [문 134] [건들 80]

판독문

젼의 틔보기[1)] ᄃᆞᆫ녀 오ᄋᆞ와놀
유무 보ᄋᆞ오니 친히 뵈ᄋᆞ온 ᄃᆞᆺ 반갑ᄉᆞ오니 아ᄆᆞ라타 업ᄉᆞᆸ고[2)]
ᄯᅩ 히산 무ᄉᆞ히 ᄒᆞᄋᆞᆸ시고 아ᄃᆞᆯ 낫ᄉᆞ오시니 몬내 깃ᄉᆞ와
ᄒᆞᄋᆞ오ᄃᆡ 아바님겨ᄋᆞᆸ셔 하 ᄃᆞᆼ히 편치 아녀 겨ᄋᆞᆸ신 긔별
듣ᄌᆞᆸ고 지극 놀랍ᄉᆞ오ᄃᆡ 아ᄆᆞ라타 업ᄉᆞ완 ᄒᆞ오며[3)] 엇더ᄒᆞᆫ 병셰
그러ᄒᆞ온고. 듣ᄌᆞ오ᄃᆡ 졍...... ᄃᆞᆺ 즉시 문안 사ᄅᆞᆷ이나 보
내ᄋᆞᆸ고져 ᄒᆞᄋᆞ온ᄃᆞᆯ 지금 졍대로[4)] 사ᄅᆞᆷ도 몯 보내ᄋᆞᆸ고 일시ᄅᆞᆯ
닛ᄌᆞᆸ디 몯ᄒᆞᄋᆞᆸ고 요ᄉᆞ이나 엇더ᄒᆞᄋᆞᆸ시거뇨. 밤나ᄌᆞᆯ 일ᄀᆞᆺᄌᆞ오
며[5)] 울 ᄲᅮᆫ이ᄋᆞᆸ고 이졔나 ᄒᆞ리ᄋᆞᆸ신[6)] 긔별 듣ᄌᆞ올가 ᄇᆞ라ᄋᆞᆸ고 잇
ᄉᆞᆸ다가 ᄯᅩ 뎜뎜 심ᄒᆞᄋᆞᆸ신 긔별을 듣ᄌᆞᆸ고 병셔[7)]도 몯 보ᄋᆞᆸ
고 외오셔[8)] 망극 아ᄃᆞᆨ[9)] ᄉᆞᆲᄉᆞ오믈 엇디 내〃 알외ᄋᆞ오링까마ᄂᆞᆫ[10)]
ᄆᆞᄉᆞᆷ 죄ᄅᆞᆯ 짓고 그리 ᄃᆞᆼᄒᆞ신 병ᄃᆞᆼ의도 몯 보ᄋᆞᆸ거뇨 ᄉᆡᆼ각
ᄒᆞᄋᆞᆸ고 가ᄉᆞ미 ᄐᆞ는ᄃᆞᆺ ᄉᆞᆲᄉᆞ오믈 뎐ᄒᆞᆯ ᄃᆡ 업ᄉᆞ오이다.[11)] ...
셔디 몯ᄒᆞ시ᄂᆞᆫᄃᆡ 먼 ᄃᆡ 힝ᄎᆞᄅᆞᆯ ᄒᆞ시면 더옥...
【上邊】
가. 근심 ᄀᆞ 업ᄉᆞ오ᄃᆡ 모욕[12)] 효옴이나[13)] 잇ᄉᆞ와
ᄒᆞ리ᄋᆞᆸ시믈 다시곰 ᄇᆞ라ᄋᆞᆸ거니와 동
ᄂᆡ[14)] 사ᄅᆞᆷ의 마ᄅᆞᆯ 듣ᄌᆞ오니 ᄆᆞ리 하 ᄉᆞᆯ
ᄒᆞ니 이제ᄂᆞᆫ 냥[15)]이 ᄀᆞ믈[16)] 계괴[17)] 업다 ᄒᆞ
니 헛거ᄅᆞᆷ 아니ᄒᆞ기...
【右邊】
동ᄂᆡ 온슈의[18)] 병 고치니ᄂᆞᆫ
업다 ᄒᆞ노이다. 커니와[19)] 션싱이 가ᄋᆞᆸ시매 밋ᄌᆞᆸ고 아ᄆᆞ려나 오...

이나 잇ᄉᆞ와 ᄒᆞ리ᄋᆞᆸ[20] ᄇᆞ라ᄋᆞᆸ노이다. 온슈 효음 잇것ᄂᆞᆫ...
산 온쉬사 효음 잇고 이내 됴타 ᄒᆞ노이다. 내 ᄠᅳᄃᆞᆫ[21] 울산[22]...
ᄂᆡ로셔 오ᄋᆞᆸ신 면려 ᄃᆡ[23] ᄒᆞ온ᄃᆞᆯ 엇디ᄒᆞ실 줄 아오링[24]...
유무 보오면 눈믈 금치 몯ᄒᆞᄋᆞᆸ고
(뒤의 내용 缺落)

【뒷면】
현풍 논공이
젼 답쟝 술이

현대어

전에 틱보기가 다녀 왔거늘 (어머님께서 보내신) 편지를 보니 친히 뵈온 듯 반갑사오니, (그 반가움을 아무 데도) 비길 데 없사옵고, 또 (어머님께서) 해산을 무사히 하옵시고 아들을 낳으시니 못내 기뻐하옵니다. 하오나, 아버님께옵서 너무 위중하여 편치 아니하오신 기별을 듣잡고 지극히 놀라움이 비길 데 없어 하오며, 어떠한 병세가 그러하온지요?

듣자오되 졍…… 듯 즉시 문안 사람이나 보내옵고자 하온들, 지금 뜻대로 사람도 못몬 보내옵고, 일시도 잊지 못하오니 요사이는 어떠하셨습니까? 밤낮 염려하고 걱정하며 울 뿐이옵고, 이제나 나으셨다는 기별을 듣자올까 바라고 있다가, 또 점점 심해지셨다는 기별을 듣고, 병세도 (직접) 못 뵙고 홀로 망극하고 아득하여 서러움을 어찌 내내 아뢰오리까마는, (나는) 무슨 죄를 짓고 그리 중하신 병중에도 못 뵙는 것인가 생각하오니, 가슴이 타는 듯하여 서러움을 전할 데가 없습니다.…… 서지 못하시는데 먼 데로 행차를 하시면 더욱…… 가. 근심이 가이없사오되 목욕 효험이나 있어 나으시기를 다시금 바라옵거니와, 동래 사람의 말을 듣자오니 물이 많이 끓어 솟구치니 이제는 수량이 가물 리가 없다 하니 헛걸음을 아니하기……

동래 온천에서 병을 고친 이는 없다고 합니다. 그러하거니와 선생이 가옵심에 믿고 아무려나 오……이나 있사와 나으시기를 바라옵니다. 온천 효험이 있겠는…… 울산 온천은 효험이 있고 이내 좋아진다고 합니다. 제 뜻은 울산 ……네로부터 오신 면려(勉勵?) 대(對?)하온들 어찌하실 줄 아오리이까……편지를 보면 눈물을 금치 못하옵고 (뒤의 내용 결락)

현풍 논공이

전 답장 사룀.

해설

시집간 딸이 친정어머니 하씨에게 보낸 편지이다. 어머니 하씨가 해산을 무사히 하고 아들을 낳아서 기뻐하는 사연이 있다. 하씨 소생으로 세 번째 아들인 곽형창이 1617년에 태어났으므로 이 해산은 형창의 출생을 뜻한다. 곽주가 작고하던 해에 막내 아들 형창이 태어난 것이다. 이 편지에는 곽아버지 곽주의 병이 점점 위중해진다는 소식을 접하고 발을 동동 구르며 애태우는 딸의 모습이 그려져 있다. 멀리 있으면서 가서 뵙지 못하는 출가녀의 안타까움이 절로 느껴지는 글이다. 곽주가 동래 온천에 치료하러 갔다는 말을 듣고 효험이 있기를 바라지마는, 동래 온천에서 효험을 본 사람은 적고 울산 온천이 훨씬 낫다고 하는 소문도 적어 놓았다. 떨어져 나간 부분이 있기는 하나 전체 내용의 흐름을 파악하는 데는 문제가 없는 편지이다. 이 편지의 필자는 120번 편지를 쓴 사람과 같은 것으로 판단되며, 편지를 쓴 연도도 1617년임이 분명하다.

주석

1) 틱보기 : 사람 이름. 122번 편지를 비롯하여 출가녀가 쓴 여러 편지에서 심부름을 다니는 노복의 이름이다.
2) 아ᄆᆞ라타 업ᄉᆞᆸ고 : 언간에 자주 나오는 관용구로, '말할 수 없이 기쁘고', '비길 데 없이 반갑고' 정도의 의미를 표현한다. '아ᄆᆞ라타'는 '아ᄆᆞ라ᄒᆞ다'의 축약형이다. 이것을 단순하게 직역하여 '아무러하다 없사옵고'로 풀이하면 매우 어색한 표현이 되고 만다. 122번 편지에도 이런 표현이 나타나는데 역시 동일한 용법을 보여 준다.
3) 업ᄉᆞ완 ᄒᆞ오며 : 없어 하오며. '없- + -ᄉᆞ오-[겸양] + -아[접속어미] + -ㄴ[강조의 첨사]'은 '없ᄉᆞ와'에 비해 더욱 강조하는 표현이라고 판단된다. 참고) 「곽씨언간」 50번 편지에 등장하는 '식브거니완'(싶으거니와)을 보라. '-거니완'도 '-거니와'보다 대조의 의미를 좀 더 강하게 표현한다.
4) 졍대로 : 情대로. 뜻대로.
5) 일ᄀᆞᆺᄌᆞ오며 : 이름을 부르며. 염려고 걱정하며. 111번 편지의 각주 6)을 참조.
6) ᄒᆞ리ᄋᆞᆸ신 : 나으신(癒). 병세가 덜해지신. 어간은 'ᄒᆞ리-'(癒)이다. 참고) 글로부터 알ᄐᆞᆫ 가ᄉᆞᆷ과 ᄇᆡ 져기 그쳐 졈졈 ᄒᆞ리ᄂᆞᆫ ᄃᆞᆺᄒᆞᄋᆞᆸ건마ᄂᆞᆫ <捷新 3:3-4>.
7) 병셔 : 병세(病勢). '병셰'에서 'ㅣ' 모음이 탈락한 형태.
8) 외오셔 : 홀로. 외[單. 獨, 명사] + -오[부사화접사] + -셔[강세 혹은 강조의 첨사]. '셔'는 '이시-'의 이형태인 '시-'의 활용형으로 볼 여지도 있다. 참고) 즈믄 ᄒᆡᄅᆞᆯ 외오곰 녀신ᄃᆞᆯ 위 두어렁셩 두어렁셩 다링디리<樂章 서경별곡>. 平生애 願ᄒᆞ요ᄃᆡ ᄒᆞᆫᄃᆡ 녜자 ᄒᆞ얏더니 늙거야 므ᄉᆞ 일로 외오 두고 그리ᄂᆞᆫ고<松江 사미인곡>.
9) 망극 아ᄃᆞᆨ : 망극(罔極)하고 (정신이) 아득하여. '망극 아ᄃᆞᆨ'은 어근만을 두 개 나열하고 각각의 접사('ᄒᆞ

다')와 접속어미를 생략한 표현인데, 문맥을 고려하여 적당한 접사와 접속어미를 복구하면 위와 같이 될 것이다.

10) 알외ᄋᆞ오링ᄶᅡ마는 : 아뢰오리까마는. 알외- + -ᄋᆞ오-[겸양법]+ -링ᄶᅡ[의문형어미+-마는[특수조사]. 참고) 엇디 남기링잇가<捷新 3:5>. ᄒᆞ얌즉 ᄒᆞᆯ 만ᄒᆞᆫ 일이오면 엇디 얼현이 ᄒᆞ링잇가<捷新 5:22>.

11) 업사오이다 : 없습니다. 없- + -아-[확인법]+ -오-[겸양법]+ -이-[상대존대]+ -다[종결어미].

12) 모욕 : 목욕(沐浴). '목욕'에서 ㄱ이 탈락한 '모욕'이란 발음은 경상방언에서 지금도 흔히 들을 수 있다.

13) 효옴이나 : 효험이나. '효옴'은 '效驗'(효험)을 당시의 민간 속음대로 적은 것이다.

14) 동ᄂᆡ : 동래(東萊). 부산시 동래구. 온천으로 유명했으나 지금은 아니다.

15) 냥 : 量. 온천의 수량(水量).

16) ᄀᆞ몰 : 가물. 가물게 될. ᄀᆞ몰-(旱) + -ㄹ[관형형].

17) 계괴 : 계교가. 문맥상으로 '까닭이' 또는 '이유가' 정도로 풀이된다. 계교(計巧) + -ㅣ[주격조사]. 'ㆉ'가 'ㅚ'로 표기된 것은 오기이거나 당시의 민간 속음일 것이다.

18) 동ᄂᆡ 온슈 : 東萊 온천의 물. 곽주가 병이 심하여 동래 온천에 가서 온수로 치료했음을 알 수 있다. 따라서 이 편지는 곽주가 사망한 1617년경에 쓴 것이 된다.

19) 커니와 : 그러하거니와. '그러ᄒᆞ거니와'가 축약되면서 허사화하여 '커니와/ᄏᆞ니와'가 되었다. 문맥에 따라선 '물론이거니와'와 같은 뜻으로 쓰이기도 한다. 참고) ᄏᆞ니와 : 手品은 ᄏᆞ니와 制度도 ᄀᆞᄌᆞᆯ시고 <松江 사미인곡>. 구롬은 ᄏᆞ니와 안개ᄂᆞᆫ 므ᄉᆞ 일고<松江 속미인곡>.

20) ᄒᆞ리ᄋᆞᆸ : 나으시옵기. 나으시기. ᄒᆞ리-(癒)+ -ᄋᆞᆸ[겸양법 선어말어미인데, 어말어미 기능도 잠정적으로 수행]. 여기선 '명사형'인 '-ᄋᆞᆸ기'의 생략형으로 볼 수 있다.

21) ᄠᅳᆮᄃᆞᆫ : 뜻은. 'ᄠᅳᄃᆞᆫ'이 'ᄠᅳᆮᄃᆞᆫ'으로 된 것은 중철 표기.

22) 울산 : 지명. 경남 울산을 가리킨다. 지금도 울산 지방에 온천이 있다.

23) 면려 ᄃᆡᄒᆞ온ᄃᆞᆯ : '면려'와 'ᄃᆡ'는 자형이 불분명하여 의미 파악이 어렵다.

24) 아오링 : 알겠습니까. 아오리이까. '아오링잇가'가 다 보이지 않고 일부만 보인다.

122. 그런 위중한 병이 우리에게만 드는고 영인 625p

출가녀가 하씨에게(1617. 1.26) [문 122] [건들 82]

판독문

문

안 알외ᄋᆞᆸ고 ᄐᆡ보기 ᄃᆞᆫ녀 오ᄋᆞ와ᄂᆞᆯ

긔후 평안ᄒᆞᄋᆞᆸ샨 유무 보ᄋᆞᆸ고 친히 뵈ᄋᆞ

온 ᄃᆞᆺ 반갑ᄉᆞ오며 나ᄂᆞᆫ......업ᄉᆞ와 ᄇᆡᆨ 번 잡ᄉᆞ와

보ᄋᆞ오며 요ᄉᆞ이 심히 긔별 모ᄅᆞᄋᆞ와 대되[1]

긔후 엇더ᄒᆞᄋᆞᆸ시며 어마님 편치 아니ᄋᆞᆸ신 ᄃᆡᄂᆞᆫ 이제

나 엇더ᄒᆞᄋᆞᆸ시며 오라바님은 당학[2]을 가ᄋᆞᆸ실
가[3] ᄇᆞ라ᄋᆞᆸ다가 또 엇디 그런 증셔[4]를 어ᄃᆞ시도던고[5]. 지극[6]
놀랍ᄉᆞ와 근심 아ᄆᆞ라타 업ᄉᆞ오며 그런 듕ᄒᆞᆫ 병이 우리
게 칙드돗던고.[7] 이런 민망ᄒᆞᆫ 근심 어ᄃᆡ 잇ᄉᆞ오링
가. 어마님 그러ᄒᆞᄋᆞᆸ신 주를 ᄒᆞᆫᄒᆞᄋᆞᆸ다가 또 오라
바님조차 ᄒᆞ신다 ᄒᆞ오니 두 근심을 즉히[8] ᄒᆞᄋᆞᆸ
시링까. 근심의 샹ᄒᆞᄋᆞᆸ실가 근심 아ᄆᆞ라타 업
ᄉᆞ와 일시를 닛ᄌᆞᆸ디 몯ᄒᆞ오며 즉시 문안 사룸[9]
이나 내 졍의ᄂᆞᆫ[10] 브리ᄋᆞᆸ고져 ᄒᆞᄋᆞ오ᄃᆡ 몯 브리오니 지
극 죄 만ᄒᆞ오며 몯 브리ᄋᆞᆸᄂᆞᆫ 줄 ᄒᆞᆫᄒᆞ온ᄃᆞᆯ 쇽졀
......의 긔별 듣ᄌᆞᆸ고 요ᄉᆞ이 긔별 모ᄅᆞ
(缺落)
【上邊】
이리셔 ᄇᆞ라ᄋᆞᆸ기ᄂᆞᆫ
수이 뵈ᄋᆞᆸ고져 원ᄒᆞ...
거ᄂᆞᆯ 술이 알외ᄋᆞᆸ노이다. 후의
...ᄋᆞᆸ쇼셔. 권찰방ᄃᆡᆨ[11] 답장 가ᄋᆞᆸ노이다. (缺落)
【右邊】
졍ᄉᆞ 졍월 념ᄂᆞᆨ일[12]
【뒷면】
아

현대어

문안 아뢰옵고, 틱보기가 다녀오거늘 기체 평안하옵신 편지 보옵고 친히 뵈온 듯 반갑사오며, 나는…없사와 백 번 잡아 보며, 요사이 심히 기별을 몰라 모두 건강은 어떠하옵시며 어머님께서 편치 아니하옵신 데는 이제 어떠하옵십니까.

오라버님은 학질이 가버렸기를 바라고 있었는데, 또 어찌 그런 증세를 얻으셨던고? 지극히 놀랍사와 근심이 비길 데 없사오며 그런 위중한 병이 (왜 하필) 우리에게 치우쳐 드는고?

이런 민망한 근심이 어디에 있사오리까? 어머님께서 그러하옵신 것을 한하옵다가 또 오라버님조차 (병을) 하신다 하오니 두 근심이 오죽이나 하시겠습니까? 근심에 상하옵실까 (저의) 근심이 비길 데 없사와 일시를 잊지 못하오며, 즉시 문안 갈 사람이나 제 뜻으로는 부리고자 하오되 (형편상) 못 부리오니 지극히 죄가 많사오며, (문안 사람을) 못 보내는 것을 한하온들 속절(없고)…의 기별 듣잡고 요사이 기별 모르 (缺落). 여기서 바라옵기는 빨리 뵙고자 원하오며 …거늘 글을 아뢰옵나이다. 후에…옵소서. 권찰방댁의 답장도 가옵니다. (缺落) 정사년 정월 스무엿새.

해설

병 때문에 온 집안이 근심에 휩싸여 있는 모습에 읽는 이의 마음이 답답해지는 편지이다. 출가녀는 당학을 앓는 어머니의 병세가 호전되기를 바라고 있다가 오히려 오라버니까지 당학에 걸렸다는 소식을 접하고 지극히 놀라 근심스러워하고 있다. "그런 중한 병이 왜 우리집에만 치우쳐 찾아드는지" 하고 원망과 한탄을 금치 못하고 있다. 그리고 문안 사람을 보내려고 하였으나 형편이 뜻 같지 않아 사람을 부리지 못해 안타까워하는 마음을 아뢰고 있다.

주석

1) 대되 : 모두. 통틀어. 대체로. 여기서는 '모두'라고 풀이하는 것이 자연스럽다. '대되, 대도히, 대도ᄒᆞᆫ디, 대되이, 대되히, 대뎌혼디, 대뎌ᄒᆞᆫ디, 대가히, 대가ᄒᆞᆫ디, 대개, 대개ᄒᆞᆫ디' 등이 모두 유사한 뜻을 가진 낱말 무리다. 참고) 밤마다 먹논 딥과 콩이 대되 언머만 쳔이 드ᄂᆞᆫ고<老飜 상 11>.
2) 당학 : 唐瘧. 학질(瘧疾, 말라리아)의 일종. 이 학질이 아마 중국에서 들어왔다고 인식되어 '당학'이라고 불렀던 듯하다. 당학은 '이틀거리'라고도 하는데 증세가 이틀씩 걸러서 발작하여 좀처럼 낫지를 않는다. 당학은 이틀거리 외에도 노학(老瘧), 당고금, 삼일열(三日熱), 양일열(兩日瘧), 이일열(二日瘧), 해학(痎瘧)이라고도 한다. 한편, 하루거리라는 학질도 있는데 이 학질은 하루씩 걸러서 앓는 학질로 간일학(間日瘧)이라고도 한다. 학질의 병원체인 말라리아 원충의 종류에 따라 학질의 발열 주기가 달라진다고 한다.
3) 가ᄋᆞᆸ실가 : 'ᄋᆞᆸ'의 자형이 분명치 않다. 문맥 의미로는 '당학이 가버렸을까' 정도로 파악된다.
4) 증셰 : 증세(症勢). '증셰'에서 'ㅣ' 모음이 탈락한 형태. 121번 편지의 각주 9번 '병셔'가 '병셰(病勢)'에서 'ㅣ' 모음이 탈락한 것과 같은 변화이다.
5) 어ᄃᆞ시도던고 : 얻으셨던고? 감탄법 '-돗-'의 ㅅ은 표면상 탈락되었다.
6) 지극 : 지극히. 영파생(零派生)으로 명사 어근에서 바로 부사가 파생된 것이다.
7) 츼드돗던고 : 치우쳐 들었던고. 한쪽으로만 몰려드는 것인고. 츼-(偏, 치우치다) # 들-(入) + -돗- + -더- + -ㄴ고[의문형]. '츼들다'는 '츼다'와 '들다'가 합성한 합성동사로 분석된다. '츼다'가 '치우치다, 비끼다'라는 뜻을 갖는 예는 다음과 같다. 예) 語黙에 츼디 아니호ᄆᆞᆯ 觀ᄒᆞᆯ씨<永歌 상 52>, 곧 왼녀키며 올ᄒᆞᆫ녁크로 츼여셔 기ᄃᆞᆯ올디니라<小解 2:62>. 그리고 '츼돌다'는 '치우쳐 돌다, 비껴 돌다'라는 뜻으로 쓰이는 낱말이다. 예) ᄉᆞ나희 녜ᄂᆞᆫ 길흘 계집이 츼도ᄃᆞ시<고시조>. '츼앗기다'도 보인다. 예) ᄉᆞᄉᆞ 셰간을

츼앗겨<內訓 3:36>). '츼티다', '츼돋다'도 있다. 이와 같이 '츼-'는 여러 합성어를 생성하였으나 현대어에서는 '치우치다'에 그 화석형이 남아 있다. 윗글의 문맥에서 화자는 '그 몹쓸 중한 병이 (수많은 사람 중에서) 왜 하필 우리 친정 가족들에게 치우쳐 드는고' 하면서, 한탄・원망하는 마음을 담아 물음을 던지고 있다.

8) 죽히 : 오죽이나. 작히나.
9) 문안 사룸 : 문안 갈 사람. 문안을 여쭈러 보낼 사람.
10) 졍의는 : 정에는. 마음에는.
11) 권찰방딕 : 권씨(權氏) 성을 가진 찰방(察訪)댁. 찰방은 조선시대 각 도의 역참(驛站)일을 맡아 보던 종육품 외직 문관 벼슬로 일명 마관(馬官)이라고도 했다.
12) 념늬일 : 스무엿샛날. 念六日. 제26일. 염일(念日)은 한 달의 20일째 되는 날을 가리키는 말이다. 그러므로 '념늬일'은 스무엿샛날을 가리킨다.

123. 종을 부릴 기운도 없으니 더욱 민망합니다 영인 624p

출가녀가 하씨에게(1617. 3.28) [문 128] [건들 132]

판독문

문

안 알외읍고 요亽이

긔후 엇더ᄒ읍샨고. 긔별 모ᄅ으와 일야 분별

ᄒ읍노이다. 편치 아니읍신[1] ᄃᆡ 헐ᄒ읍시니[2] 깃

亽와 ᄒ으오ᄃᆡ 쾌치 몯ᄒ읍신 주를 ᄆᆡ일 닛좁

디 몯ᄒ오며 이버닌나 쾌차ᄒ읍신 긔별 듣ᄌ올

가 ᄇ라읍노이다. ᄌ식은 대되 뫼읍고

덕분의 편히 잇亽오ᄃᆡ 나ᄃ리[3] 하고 만흘소록[4]

그립亽와 셟워ᄒ읍노이다. 할미는 오래 왓숩다가

가오니 흐운ᄒ옴도 ᄀ이 업숩고 날로 ᄒ여 보셩[5] 아ᄌ바

님을 다시 몯 보으와 여희오니[6] 이런 ᄒ이 어ᄃᆡ 잇亽오링

쌰. 하 용심ᄒ오니[7] 이런 안심찬인[8] 일 업亽오이다. 이

리셔 ᄇ라읍기는 수이 쾌차ᄒ읍샴과 대되

긔후 평안ᄒ읍샴과 수이 뵈읍고져 원이[9] 그지 업

ᄉᆞ오이다. 븐녀[10] 대임이[11] ᄃᆞ려 안부 ᄒᆞᄋᆞᆸ쇼셔. 할미
가오니 게셔 오ᄋᆞᆸ (缺落)
【上邊】
던 ᄆᆞᄋᆞᆷ ᄀᆞᆺᄌᆞ오이다. 둉[12] ᄉᆞᆯ[13] ᄀᆡ우니
업고 ᄒᆞ오니[14] 더옥 민망ᄒᆞ오이다. 할미 가
오매 대강만 알외ᄋᆞᆸᄂᆞ이다.
졍ᄉᆞ 삼월[15] 념팔일[16]
그리ᄋᆞᆸᄂᆞᆫ[17] ᄌᆞ식
　ᄉᆞᆯ이
【뒷면】
현풍 논공이
어마님젼 샹ᄉᆞᆯ이 근봉

현대어

문안 아뢰옵고 요사이 건강이 어떠하십니까. 기별을 몰라 밤낮 걱정하옵니다. 편치 아니하신 데가 덜해지시니 기뻐하오되 쾌차하지 못하신 줄을 매일 잊지 못하오며, 이번에나 쾌차하옵신 기별을 듣자올까 바라옵니다. 자식은 (시댁 어른들을) 모두 모시고 덕분에 편히 있으나, 세월이 많이 흐를수록 그립고 서럽습니다.

할머니는 오랫동안 와 계시다가 가시니 섭섭함도 가이없고 저 때문에 보성 아주버님을 다시 못 보고 여의니 이런 한이 어디 있사오리까. 하도 마음을 쓰니 이처럼 안심치 않은 일이 없사옵니다. 여기서 바라옵기는 빨리 쾌차하옵심과 모두 기후 평안하옵심과 빨리 뵙고자 (하는) 바람이 가이없사옵니다. 븐녀와 대임이에게 안부하십시오. 할머니께서 가시니 거기서 오시 (缺落)…던 마음과 같습니다. 종을 부릴 기운도 없고 그러하오니 더욱 민망합니다. 할머니께서 가시니 대강만 아뢰옵니다.

정사 삼월 이십팔일 그리워하는 자식 사룀.

현풍 논공이 어머님전 상사리 근봉(謹封).

해설

앞의 편지와 같이 어머님 병환을 걱정하며, 어머니와 할머니의 건강과 안부를 염려하는 사연이다. 할머니와 어머니를 그리워하는 딸의 마음이 섬세하게 그려져 있다.

주석

1) 아니ᄋᆞᆸ신 : 아니하신. 부사인 '아니'가 어간처럼 쓰여 그 뒤에 직접 겸양법 선어말어미가 통합된 특이한 구성이다. 다른 편지에서는 대부분 '아니ᄒᆞ-'의 형태로 나타난다. 124번 편지 참고.
2) 헐ᄒᆞᄋᆞᆸ시니 : 덜하시니. '헐(歇)ᄒᆞ다'는 '덜해지다'[減]라는 뜻으로 쓰였다. 참고) 서너 ᄃᆞᆯ 만애 병셰 헐ᄒᆞ거늘<飜小 9:73>. 병셰 이믜 헐ᄒᆞ거늘<小解 6:67>.
3) 나ᄃᆞ리 : 날과 달이. 세월이. '나ᄃᆞᆯ[日月]'의 '나'는 '날'의 말음 ㄹ이 ㄷ앞에서 탈락한 것이다. 참고) 다ᄅᆞᆫ ᄀᆞ올 와셔 나ᄃᆞ리 虛히 가ᄆᆞᆯ 놀라고(異縣驚虛往)<杜解 重 3:20>.
4) 하고 만ᄒᆞᆯ소록 : 많고 많을수록. '하[多]-'와 '만ᄒᆞ[多]-'라는 두 개의 뜻이 같은 형용사가 결합되었다.
5) 보셩 : 지명. 지금의 어디인지 정확히 알 수 없다. 앞의 27, 28, 112, 115번 편지에서 '보셩 힝ᄎᆞ'가 나온 적이 있다. 전라남도 보성이라고 보기에는 거리가 너무 멀고 집안의 연고도 없다.
6) 여희오니 : 여의니. 이별하니.
7) 용심ᄒᆞ오니 : 마음을 쓰니. 용심(用心)하오니.
8) 안심찬인 : 안심되지 않는. 안심치- + 아니- + (ᄒᆞ-) + -ㄴ. '안심찮은'처럼 '-은'이 쓰이는 것이 더 자연스러운데 '-인'이 쓰이고 있어 이채롭다. '안심치 아닌'의 단축형으로 생각된다.
9) 원이 : 원(願)이. 바람이.
10) 븐녀 : 사람 이름. 가족의 이름으로 판단된다.
11) 대임이 : 사람 이름. 곽주의 아들. 124번 편지의 각주 44번 참조.
12) 둉 : '종(奴)'의 ㄷ구개음화 과도교정형이다.
13) 슬 : 쓸. 부릴.
14) ᄒᆞ오니 : '그러ᄒᆞ오니'의 준말이다.
15) '삼월'의 '월'자는 행간에 다시 써 넣은 글자다.
16) 념팔일 : 이십팔일. 念八日. '념(念)'은 스물을 가리킨다. 122번 편지에 '념뉵일'이 나온 적이 있다.
17) 그리ᄋᆞᆸᄂᆞᆫ : 그리워하는. '그리다'는 타동사이며, 목적어 '어머니'가 생략되어 있다.

124. 오라버님이 초시에 합격하지 못하면… 영인 623p

출가녀가 하씨에게(1617. 8.2) [문 130] [건들 153]

판독문

문

안 알외ᄋᆞᆸ고 요ᄉᆞ이 어린 동싱ᄃᆞᆯ 거느리ᄋᆞᆸ샤

긔휘나[1] 엇더ᄒᆞᄋᆞᆸ시며 요ᄉᆞ이나 아바님 긔운
엇더ᄒᆞᄋᆞᆸ시거뇨. 일시ᄅᆞᆯ 닛ᄌᆞᆸ디 몯ᄒᆞ여 듀야[2] 글로[3] 분별
ᄒᆞ오며[4] 동ᄂᆡ[5] 힝ᄎᆞᄒᆞᄋᆞᆸ신 아니ᄒᆞᄋᆞᆸ신 타모 모ᄅᆞᄋᆞ와[6] 일시도
닛ᄌᆞᆸ디 몯ᄒᆞ오며 답겨 ᄒᆞ오ᄃᆡ[7] 힝ᄎᆞᄂᆞᆫ ᄒᆞᄋᆞᆸ시면 무ᄉᆞ히 ᄒᆞᄋᆞᆸ
시돗던닝ᄶᅡ[8]. 모욕은 ᄒᆞᄋᆞᆸ시니 긔운이 엇더ᄒᆞᄋᆞᆸ시더라 ᄒᆞᄂᆞ
닝ᄶᅡ. 하 긔별 ᄌᆞ시 모ᄅᆞ와 민망ᄒᆞ오이다. ᄌᆞ시 긔별ᄒᆞᄋᆞᆸ쇼셔. 이
번 사ᄅᆞᆷ을 동ᄂᆡ로 보내오려 ᄒᆞᄋᆞᆸ다가 힝혀 힝ᄎᆞ 몯ᄒᆞᄋᆞᆸ
신가 ᄒᆞ와 그러[9] 보내ᄋᆞᆸ노이다. 오라바님겨오셔[10] 쏘 동당[11]ᄒᆞ시니 그런 경
ᄉᆡ 어ᄃᆡ 잇ᄉᆞ오링ᄶᅡ. 깃브오ᄆᆞᆯ 내〻 알외ᄋᆞ올 말ᄉᆞᆷ 업ᄉᆞ오며
아바님겨ᄋᆞᆸ셔 죡히 깃ᄶᅥᄒᆞᄋᆞᆸ시링ᄶᅡ. 깃거ᄒᆞᄋᆞᆸ시ᄂᆞᆫ 주ᄅᆞᆯ 보ᄋᆞᆸ
ᄂᆞᆫ둧 더옥 깃ᄉᆞ와 ᄒᆞᄋᆞᆸ노이다. 김슌보기[12] 니ᄅᆞᄋᆞᆸ기ᄅᆞᆯ 오라바님이
초시ᄅᆞᆯ 몯ᄒᆞ면[13] 일가의 큰 병환이 잇고 초시옷[14] ᄒᆞ시면 일가의
병환이 업고 됴흘라[15] ᄒᆞ더라 ᄒᆞ오니 초시만 ᄒᆞ셔도 그 말ᄉᆞᆷ을 듣ᄌᆞᆸ
고[16] 긔운이 ᄒᆞ리ᄋᆞᆸ실가 ᄇᆞ라ᄋᆞᆸ다니[17] 쏘 동당ᄒᆞ시니 깃브옴도
ᄀᆞ이 업ᄉᆞᆸ고 아바님 병셰 쾌히 됴ᄉᆞ오실가 더옥 깃ᄉᆞ와
ᄒᆞᄋᆞᆸ노이다. 비안[18] 가시니 골안[19] 아ᄌᆞ바님 ᄒᆞ시며 웃갓[20] 아ᄌᆞ바님내 오라
바님이 초시ᄅᆞᆯ ᄒᆞ여시니 됴ᄒᆞ실라[21] ᄒᆞ시더라 ᄒᆞ셔ᄂᆞᆯ 밋디 몯ᄒᆞ여도 깃
거 ᄒᆞᄋᆞᆸ다니 동당을 ᄒᆞᄋᆞᆸ시니 일뎡 졍ᄒᆞ여[22] 편ᄒᆞᄋᆞᆸ실가 밋ᄉᆞ오
며 긔트기[23] 깃ᄉᆞ와 ᄒᆞᄋᆞᆸ노이다. 일시ᄅᆞᆯ 닛ᄌᆞᆸ디 몯ᄒᆞᄋᆞ와 동ᄂᆡ
엇던 지븨 가 겨ᄋᆞᆸ신고. 지븨 겨ᄋᆞᆸ신가. 어ᄃᆡ 겨ᄋᆞᆸ시거뇨. 이 빼
ᄂᆞᆫ 긔운 엇더ᄒᆞᄋᆞᆸ신고. 빼〻ᄅᆞᆯ ᄉᆡᆼ각ᄒᆞᄋᆞᆸ고 가ᄉᆞᆷ ᄀᆞᆸ〻ᄒᆞ
와 눈믈 금치 몯ᄒᆞ여 ᄒᆞ……. 몃 저글[24] 지내ᄋᆞᆸᄂᆞᆫ ᄃᆞᆯ 아ᄋᆞᆸ시
링ᄶᅡ. 져그나[25] ᄒᆞ리ᄋᆞᆸ시거나 심ᄒᆞᄋᆞᆸ시거나 ᄌᆞ시 긔별ᄒᆞᄋᆞᆸ쇼셔.
【上邊】
동ᄂᆡ 가 겨ᄋᆞᆸ셔도 게ᄂᆞᆫ 긔별이 ᄌᆞ셰[26] 왓ᄉᆞ올 거시니 ᄌᆞ시 ᄒᆞᄋᆞᆸ셔든
긔별이나 ᄌᆞ시 아ᄋᆞ와 징이다[27]. 부러[28] 사ᄅᆞᆷ 가오ᄃᆡ 아ᄆᆞ 것도 몯 보내ᄋᆞ와
뷔ᄋᆞ온[29] 사ᄅᆞᆷ 보내ᄋᆞ오며 ᄒᆞᆫ갓 ᄒᆞᆫᄒᆞ올[30] ᄲᅮᆫ이ᄋᆞᆸ졔[31] 쇽졀 업ᄉᆞ오니
졍 업ᄉᆞ온 ᄒᆞ와[32] 애ᄃᆞᄋᆞᆸ노이다.[33] 사ᄅᆞᆷ 뷔여 가ᄋᆞᆸᄂᆞᆫ 주ᄅᆞᆯ 일가의셔 다

ᄒᆞᆫᄒᆞ시노이다마ᄂᆞᆫ 마촘 아ᄆᆞ 것도 업ᄉᆞ온 저기오매 몯 보내시면[34] ᄒᆞᆫᄒᆞ시노이다. 이리셔 ᄇᆞ라ᄋᆞᆸ기를[35] 아바님 수이 편ᄒᆞᄋᆞᆸ시고

【右邊】

동싱ᄃᆞᆯ 거느리ᄋᆞᆸ시고 긔운 편ᄒᆞᄋᆞᆸ샤과 수이 뵈ᄋᆞ오믈 다시곰 ᄇᆞ라ᄋᆞᆸ노이다. 졍과 말ᄉᆞᆷ은 ᄀᆞ이 업ᄉᆞ오ᄃᆡ 하 지리ᄒᆞᄋᆞ와[36] 이만 알외ᄋᆞᆸ노이다. 어린 동싱ᄃᆞᆯ려[37] 안부ᄒᆞᄋᆞᆸ시고 대임이ᄃᆞ려 안부ᄒᆞᄋᆞᆸ쇼셔. ᄆᆞ어시라 ᄒᆞ올고. 긔별ᄒᆞᄋᆞᆸ쇼셔. 졍ᄉᆞ[38] 팔월 초이튼날. 외오셔[39] 그리ᄋᆞᆸᄂᆞᆫ ᄌᆞ식 ᄉᆞᆯ이

【뒷면】

현풍 논공이

어마님젼 샹ᄉᆞᆯ이

현대어

문안 아뢰옵고, 요사이 어린 동생들 거느리옵시어 건강이나 어떠하옵시며, 요사이는 아버님 기운이 어떠하옵십니까? 일시를 잊지 못하여 주야 그 일로 걱정하오며 (아버님께서는) 동래로 행차하옵셨는지 아니하옵셨는지 영문을 몰라서 일시도 잊지 못하오며 답답하게 여기곤 합니다. (아버님께서 동래) 행차는 무사히 하옵셨습니까? (아버님께서 온천) 목욕을 하시니 기운은 어떠하시다 하옵니까? 하도 기별을 자세히 몰라 민망합니다. 자세히 기별하옵소서. 이번에 사람을 동래로 보내오려 하옵다가 행여 행차를 못하옵셨는가 하여 그래서 (편지를) 보내옵니다.

오라버님께서 또 과거에 합격하시니 그런 경사가 어디에 있사오리까? 기쁨을 내내 아뢰올 말씀이 없사오며 아버님께서 오죽이나 기뻐하시겠습니까? 기뻐하옵시는 것을 (눈 앞에서) 보옵는 듯 더욱 기뻐하옵니다. 김순복이가 이르기를, "오라버님이 초시에 (합격하지) 못하면 일가에 큰 병환이 있고 초시 곧 합격하시면 일가에 병환이 없고 좋을 것이라" 하시더라 하니, 초시만 하셔도 (아버님께서) 그 말씀을 듣고 기운이 나으실까 바라옵더니, 또 합격하시니 기쁨도 가이없사옵고 아버님 병세가 쾌히 좋사오실까 더욱 기뻐하옵니다. 비안으로 가시니 골안 아주버님이며 웃갓 아주버님들께서 오라버님이 초시에 합격하여 있으니 좋으실 것이다…시더라 하시거늘 (제가 그것을) 믿지 못하여도 기뻐하옵더니 동당하오시니 반드시 병이 나으실 것이라고 믿사와 특별히 기뻐하옵니다.

일시도 잊지 못합니다. '동래의 어떤 집에 가 계신고'. '(혹시 아직도) 집에 계신가'. '어디 계시는고', '이제는 기운이 어떠하옵신고', (이렇게) 때때로 생각하옵고 가슴이 갑갑하여 눈물을 금치 못하여 하…. 몇 번을 지내옵는 줄 아실는지요. 다소라도 나으시거나 심하시거나 자세히 기별하옵소서. 동래에 가 계셔도 거기는 기별이 자세히 왔사올 것이니 자세히 (편지)하옵시거든 기별이나 자세히 알고 싶습니다. 일부러 사람이 가오되 아무 것도 못 보내어 빈 (손의) 사람을 보내오며 한갓 한할 뿐이옵니다. 속절없이 정이 없는 듯하여 애가 타옵니다. 사람을 빈손으로(=선물 없이) 가게 하는 것을 일가에서 다 한하시옵니다마는 마침 아무 것도 없는 때이므로 못 보내시면서 한하십니다.

여기서 바라옵기는 아버님께서는 편하옵시고 (어머님께서는) 동생들을 거느리옵시고 기운 편하옵심과 빨리 뵈옴을 다시금 바랍니다. 정(情)과 말씀은 가이없사오되 하도 지루하여 이만 아뢰옵니다. 어린 동생에게도 안부를 전하옵시고 대임이에게도 안부하옵소서. (대임이가) 무엇이라 할꼬? 기별하옵소서. 정사년 팔월 초이튿날. 홀로 그리워하는 자식 사룀.

현풍 논공이, 어머님 전 사룀

해설

사연이 길고 지루하지만 주요 내용은, 아버지(곽주)가 동래 온천으로 요양을 가셨는지, 치료 효과가 있어서 병세가 좋아지셨는지를 글의 필자인 출가녀가 궁금해 하는 것이다. 특히 오라버니가 초시에 합격하여 일가의 큰 기쁨이 되었으니 이로 인해 아버님의 병환이 크게 좋아질 것이라고 기대하는 마음이 드러나 있다. 초시 합격을 여러 번 언급하며 아버님 병환이 쾌차하기를 간절히 바라는 마음이 읽는 이에게 느껴진다. 편지를 가져가는 사람에게 작은 선물이나마 보내지 못하고 빈손으로 가게 됨을 송구스럽게 생각하는 마음씨가 역력하다. 아버지 곽주의 병환으로 애태우고 있는 딸의 모습이 눈에 보이는 듯 그려져 있다.

주석

1) 긔휘나 : 긔후(氣候) + -ㅣ나. '기후'(氣候)는 '기력'(氣力)과 '체후'(體候)를 줄인 말로 현대어로는 '건강'을 뜻한다.
2) 듀야 : 주야(晝夜). 밤낮. 듀야>주야(구개음화).
3) 글로 : 그 일로. 그것으로 인하여. 그[대명사] + -ㄹ로[대격과 造格의 결합형]. 단음절 대명사에 '-ㄹ로'가 결합된 이런 용법은 흔히 발견된다. 예) 날로(나로), 일로(이것으로), 글로(그것으로).
4) 분별ᄒᆞ오며 : 걱정하오며. 염려하오며. 참고) 耶輸ㅣ 보시고 ᄒᆞ녀ᄀᆞ론 분별ᄒᆞ시고 ᄒᆞ녀ᄀᆞ론 깃거 구쳐

니러 절ᄒᆞ시고<釋譜 6:3>. 곧 이 生이 性이 제 잇비 분별ᄒᆞ던 ᄃᆞᆯ 알리라(旣知此生性自勞慮)<圓覺 序 57>.

5) 동ᄂᆡ : 동래(東萊).

6) 힝ᄎᆞᄒᆞᄋᆞᆸ신 아니ᄒᆞᄋᆞᆸ신 타모 모ᄅᆞᄋᆞ와 : 행차(行次)하옵셨는지 아니하옵셨는지 몰라서. '타모'는 「곽씨언간」에 처음 나오는 낱말인데 이 문맥에서는 두 가지로 해석될 수 있다. 하나는 부정적 의미를 표현하는 부사로 간주하여 '전혀'로 보는 것이고, 다른 하나는 명사로 보는 것이다. '타모' 앞에 관형형어미'-ㄴ'이 놓인 점이 이 낱말을 명사로 보는 견해를 뒷받침할 수 있다. 그러나 그 앞에 '힝ᄎᆞᄒᆞᄋᆞᆸ신 아니ᄒᆞᄋᆞᆸ신'과 같이 '-ㄴ'형태가 중복된 구성이 매우 어색하게 생각된다. '타모'를 '전혀'라는 부사로 해석하면 앞에 놓인 '-ㄴ'은 동명사형어미가 되어야 한다. 이때의 '힝ᄎᆞᄒᆞᄋᆞᆸ신 아니ᄒᆞᄋᆞᆸ신'은 '행차하옵심 아니하옵심' 또는 '행차하옵셨는지 아니하옵셨는지'라는 뜻으로 보아야 자연스런 해석이 된다. '타모'를 명사로 보면 '영문', '까닭', '기별' 따위의 의미를 표현하는 것으로 이해할 수 있다. 127번 편지 "이 유무도 보ᄋᆞᆸ신 타모 후의 ᄌᆞ시 ᄒᆞᄋᆞᆸ쇼셔"라는 곳에서도 비슷한 뜻으로 쓰였다.

7) 답겨 ᄒᆞ오ᄃᆡ : 답답하게 여기곤 하오되. 답답해 하오되. 속 타 하되. 닶기-[동사어간]+ -어 # ᄒᆞ- + -오ᄃᆡ[설명형 연결어미]. '답겨'는 '닶기다'에서 받침 'ㅅ'이 탈락한 표기이다. '답겨 ᄒᆞ오ᄃᆡ'에서 '답겨'는 동사로 해석해야 하기 때문에 '답답하게 여기곤 하오되'가 '답답해 하오되'보다 더 정확한 풀이이다. '닶기다, 답끼다'는 동사로서 자동사일 때 '속이 타다', 타동사일 때 '답답하게 여기다'라는 의미로 사용된다. 한편 '닶기다', '답끼다'가 형용사로 파생될 때 형용사화 접미사 '-압-'이 동사 어간에 연결되는데, 이 경우 어간 말음의 'ㅣ'는 탈락된다. 닶기압다→닶갑다. 이와 같이 동사어간에 형용사화 접미사 '-압-/-업-'이 결합하는 파생어로 '앗갑-'(惜), '즐겁-'(欣), '븟그럽-'(羞) 따위를 더 들 수 있다.

8) ᄒᆞᄋᆞᆸ시돗던닝까 : 하옵시던가요. '더'가 '던'으로 적힌 것은 후행 '니'의 초성에 의한 중철 표기로 보인다.

9) 그러 : 그래서. 그리하여.

10) 오라바님겨오셔 : 오라버님께서. 오라바님 + -겨오셔[존칭의 주격조사]. '-겨오셔'와 '-겨ᄋᆞᆸ셔'는 원래 동사 '겨시다'의 활용형인데 거기에서 문법화하여 주격조사 기능을 담당하고 있다.

11) 동당 : 동당(東堂). 여기선 뒤에 'ᄒᆞ다'가 붙어서 '동당ᄒᆞ다'로 쓰이는 것으로 봐서 '동당에 합격함' 또는 '동당에 급제함'을 뜻한다. '동당'이란 '동당시(東堂試)'라고도 하는데 원래는 '식년과'와 '증광시'의 별칭이다. 그러나 나중에는 의미가 확장되어 과거 시험 일반을 가리키게 되었다. 여기서도 후자의 의미로 쓰였다.

12) 김슌보기 : 인명. 18번 편지에도 등장하는 인명이다. 접사 '-이'는 현대국어에서도 여전히 많이 쓰이는 것으로, 자음으로 끝나는 인명 아래에 붙여 어조를 고르는 기능을 한다. 구어(口語)에서 쓰이는 말로, 아이들의 이름이나, 아랫사람 또는 친구의 이름에 붙는다.

13) 초시ᄅᆞᆯ 몯ᄒᆞ면 : 초시(初試)에 합격하지 못하면. 이 편지의 필자는 'ᄎᆞ시를 ᄒᆞ다'를 '초시에 합격하다'의 뜻으로 사용하고 있는데, 이런 용법은 '동당을 ᄒᆞ다'를 '동당시에 합격하다'의 뜻으로 사용하는 예와 같다.

14) 초시옷 : 초시 곧. 초시 그것. '-옷'은 강세첨사 '-곳'의 이형태. 모음이나 ㄹ 아래에서는 '-곳'이 아닌 '-옷'으로 실현된다.

15) 됴흘라 : 좋을 것이다. '-ㄹ라'가 여기선 '추측'의 의미기능을 나타내고 있는데, 현대국어 '-ㄹ라'의 의미기능과 사뭇 다른 데가 있어 특이하다. 아래에 같은 의미기능으로 쓰이는 '됴ᄒᆞ실라'의 형태도 보인다. 현대국어에서는 모음으로 끝나는 어간에 붙어, '해라'할 상대에게 혹 잘못될까 또는 좋지 않은 사실이 있을까 염려됨을 나타내는 종결어미로 사용되고 있다. 예) 칼 가지고 장난하다 다칠라. 그 외에도 현대국어에서 '-ㄹ라'는 '-ㄹ까 보다'의 뜻의 종결어미로 사용되기도 한다. 예) 이 눔이 왜 이래? 대릴 꺾어 놀라<金裕貞의 「아내」>.

16) 듣줍고 : 듣고. 여기서의 '-줍-'은 객체존대나 주체겸양의 기능이 아니라 화자겸양의 기능만을 하고 있다. 듣는 동작의 주체는 화자(필자)의 아버님이다. 아버님의 듣는 동작에 대해 화자(글쓴이)가 겸양을 표현한 것이 된다.

17) ᄇᆞ라ᄋᆞᆸ다니 : 바라옵더니. 선어말어미 '-다-'는 주어가 1인칭일 때 쓰이는 '-더-'의 이형태이다.
18) 비안 : 비안. 지명. 경북 의성군 비안면의 '비안'(比安)으로 추정된다.
19) 골안 : 지명. 소례 인근에 있었던 마을 이름이다.
20) 웃갓 : 지명. 마을 이름으로 보인다.
21) 됴ᄒᆞ실라 : 좋을 것이다. 병세가 좋아질 것이다. '됴ᄒᆞ실라'의 '-ㄹ라'도 앞서 나온 '됴ᄒᆞᆯ라'의 '-ㄹ라'와 마찬가지로 추측을 나타낸다.
22) 일졍 졍ᄒᆞ여 : 일정(一定) 정하여. 문맥상 '반드시', '틀림없이'로 풀이된다. '일졍(一定)'은 '일뎡'이라는 어형으로도 나타나는데, '일뎡'도 '반드시, 필경'의 뜻으로 사용된다. 참고) 길히 일뎡 ᄂᆞᆷ의 우ᅀᅮᆷ을 니브리라(路上必定喫別人笑話)<朴解 중 47>. 일뎡 ᄇᆡᆨ 년 산들 긔 아니 초조ᄒᆞᆫ가<松江-李 21>. 그리고 '일뎡ᄒᆞ다'는 '定하다'라는 뜻으로 사용된다. 참고) 韓約이와 婚姻ᄒᆞ쟈 일뎡ᄒᆞ얏더니(與副使韓約定婚)<續三 烈 11>. 졍이 바독 두미 됴토다... 자븐 ᄆᆞ롤 일뎡ᄒᆞ져(正好下碁... 拈子爲定)<朴飜 상 22-23>.
23) 긔트기 : 특별히. 특히. 긔특(奇特) + -이[부사화접사]. 현대국어에서 '기특하다'라는 형용사는 (사람이 하는 짓이나 말이, 또는 그 사람이) 착하거나 대견하여 칭찬받을 만하다는 뜻으로 주로 아랫사람(특히, 어린 사람)에게 하는 말이다. 위 문맥에서는 '奇特'이라는 한자의 뜻 그대로 '특별히'라는 뜻으로 풀이된다.
24) 몃 저글 : 몇 번을. '적'이 현대국어 용법과 다소 다르게 사용되고 있다. 여기선 현대어로서 '적'보다 '번'이 더 적합하다.
25) 젹으나 : 적이나. 얼마간이라도.
26) ᄌᆞ셰 : 자세히. 같은 문헌인데도 바로 뒤에는 'ᄌᆞ시'라는 어형도 출현한다. 두 어형은 쌍형어로 간주된다.
27) 아ᄋᆞ와 징이다 : 알고 싶습니다. 알- + -ᄋᆞ오- + -아[연결어미] # 징이다['지이다'의 변이형]. '지이다'는 동사나 형용사의 어미 '-아/어'의 아래에 쓰여, 원망(原望)을 표현한 보조형용사이다. 참고) 내 니거 지이다<龍歌 7:41>. 딩아 돌하 ... 先王 聖代예 노니ᄋᆞ와 지이다<樂章 정석가>.
28) 부러 : 일부러.
29) 뷔ᄋᆞ온 : 빈. 아무 선물도 없이 편지만 보내는 형편임을 뜻한다.
30) ᄒᆞᆫᄒᆞ올 : 한탄(恨歎)할. 한(恨)할.
31) ᄯᅳᆫ이ᄋᆞᆸ졔 : 뿐이옵지요. ᄯᅳᆫ[형식명사] + 이-[계사 어간] + -ᄋᆞᆸ- + -졔[종결어미]. 그런데 65번 편지에서 남편 곽주가 아내 하씨에게, "엄셔방 밥과 산젼도령 밥을 마치 ᄀᆞᆺ게 ᄒᆞᆫ 가지로 ᄒᆞ여 밧ᄌᆞᆸ졔"라고 부탁하는 부분이 나온다. '밧ᄌᆞᆸ졔'의 '-졔'는 (반말투의) 종결어미로서 서술문, 의문문, 명령문, 청유문에 두루 쓰일 수 있으나 여기에서는 명령형어미 '-지'(하게체 상황에서는 '-게')에 해당한다. 역사적으로는 향가나 이두의 '져'(齊)와 관련된 것이다. '-져'라는 종결어미 형태는 향가 '普賢十願歌'에 나타나는 '禮爲白齊<禮敬諸佛歌>', '供爲白齊<廣修供養歌>', '讚伊白齊<稱讚如來歌>'의 '齊'와 계림유사에 나타나는 '寢曰 作之(자지)', '興曰 你之(니지)'의 '之(지)'로 연결된다. 그리고 16세기 자료의 '손조 밥 지ᅀᅥ 먹고 가지'<老飜 상 39>, 'ᄇᆡ ᄀᆞ장 골프다 우리 가지'<老飜 상 39>(이 '가지'는 老解 初 상 35의 동일 문맥에서 '가쟈'로 실현됨)처럼 반말체 종결어미 '-지'의 존재를 확인할 수 있다. 현대국어의 '누구나 척 보면 알지(서술형), 그게 뭐지(의문형), 자네는 순희와 같이 가지(명령형), 친구들, 우리 같이 가지(청유형)'에서도 종결어미 '-지'의 존재를 확인할 수 있다. 박영준(1994:287-301) 참조.
32) 졍 업ᄉᆞ온 ᄒᆞ와 : 정(情)이 없는 듯하여. 위 문맥에서는 '업ᄉᆞ온'과 'ᄒᆞ와' 사이에 'ᄃᆞᆺ(의존명사)'이 생략된 것으로 추측된다. 이것이 당시에 일반화된 문법인지, 이 편지 필자의 개인적 특성 혹은 우발적인 실수인지 결정하기 어려우나 실수일 가능성이 높다.
33) 애ᄃᆞᄋᆞᆸ노이다 : 애가 다옵니다(=탑니다). 애닯게 여기옵니다. '애ᄃᆞᆯ-'이 '-ᄋᆞᆸ노이다' 앞에서 ㄹ탈락되었다. 중세국어, 근대국어 시기에 '애ᄃᆞᆯ다'는 동사로, '애ᄃᆞᇗ다'는 형용사로 사용되었다. 현대국어에서도 마찬가지로 '애달다'(활용시 애다니, 애다오)는 '마음이 쓰여 속이 달치는 듯하게 되다'라는 뜻의 동사로, '애달프다'(<애닯다<애ᄃᆞᇗ다)는 '안타깝도록 마음이 쓰리다'라는 뜻의 형용사로 사용된다.

34) 몬 보내시면 : 못 보내시면서. 문맥상 '못 보내시면'으로 풀이해서는 뜻이 통하지 않는다. 어미 '-셔'를 적지 않은 것은 이 편지 필자의 실수인 듯하다. 존대의 '-시-'가 들어간 것은 '일가'의 사람들을 높이기 위함이다.

35) 이리셔 ᄇᆞ라옵기를 : 여기서 바라옵기는. '이리셔'는 '여기셔'의 뜻을 갖는 부사(111번 편지의 각주 10번 참조 바람). '이리셔'는 경우에 따라서 '이리하여서'의 뜻으로 해석해도 무방하다. '이리셔'는 「곽씨언간」의 여러 군데에 출현한다(111, 124, 122 등등). 그런데 위의 예처럼 'ᄇᆞ라옵기' 뒤에 목적격조사 '-를'이 오는 경우는 164번을 제외하고는 어디에도 없다. 164번 편지의 해당 예문은, "이리셔 내 ᄇᆞ라옵기를 아ᄆᆞ려나 더위예 대되 뫼시고 긔후 편히 겨심과 수이 보옵고져 원이로쇠"이다. 그런데 목적격조사 '-를/를'이 쓰이는 것보다는 특수조사 '-ᄂᆞᆫ/는'이 쓰이는 것이 더욱 자연스럽다. 둘 다 화제 제시의 기능을 수행할 수는 있으나 위와 같은 문맥에서라면 후자가 더 자연스럽다.

36) 지리ᄒᆞ오와 : 지루하여. 지리(支離)하여. 현대국어 표준어 규정(제 11항)에서는 '지리하다'는 더 이상 표준어가 아니며 '지루하다'를 사용하도록 규정되어 있다. 이처럼 한자어 어원을 버리고 변한 형태를 표준어로 취한 예로는 '주착(主着)→주책'도 있다.

37) 동싱ᄃᆞᆯ려 : 동생더러. 동싱(弟) + -ᄃᆞ려[여격조사]. '-ᄃᆞᆯ려'는 '-ᄃᆞ려'의 오기 또는 중철이다. 바로 뒤에 '-ᄃᆞ려'라는 바른 어형이 나온다.

38) 졍ᄉᆞ : 정사년(丁巳年). '졍ᄉᆞ'는 1617년에 해당하는데 곽주가 사망한 해이다. 이 편지에 나타나 있듯이 병환으로 곽주는 동래 온천까지 가서 치료를 해 보기도 했으나 이 해를 넘기지 못하였다.

39) 외오셔 : 홀로. 121번 편지의 각주 10번 참조.

125. 혼인은 언제 어디로 하실 생각이십니까 영인 622p

출가녀가 하씨에게(1619~1620) [문 136] [건들 84]

판독문

틱보기 오ᄋᆞ온 후의 요ᄉᆞ이 극한의[1)]
긔후 엇더 ᄒᆞ옵시닝까. 심히 긔별 모ᄅᆞ와
일시를 닛줍디 몯ᄒᆞ와 듀야 일굿
ᄌᆞ오며 분별이 그지 업ᄉᆞ와이다. 담제
나를 게셔도 긔별 아니ᄒᆞ옵시고 오는
둉돌 미련ᄒᆞ와 술와 아니 오오니[2)] 아ᄆᆞ 날
담졔 ᄒᆞ옵실 주를 졍치[3)] 몯ᄒᆞ오ᄃᆡ 여ᄃᆞ
랜날 ᄒᆞ옵실 법 잇숩다 ᄒᆞ시매 사ᄅᆞᆷ
보내오ᄃᆡ 나리 하 치우매[4)] 바회[5)] 어믈[6)] 바ᄃᆞ

러 갓숩다가 오ᄃᆡ 아ᄆᆞ 것 업더라 ᄒᆞ고 몯
바다 왓ᄉᆞ오매 졔믈도 몯 어더 보내오
니 더옥 흐운ᄒᆞ여 ᄒᆞᄋᆞ오며 우ᄋᆞᆸ노이
다. 보내올 것 업ᄉᆞ와 ᄡᆞᆯ 서 말 졔
쥬[7] ᄒᆞᆫ 병 ᄉᆡᆼ광어[8] 두 마리 ᄉᆡᆼ치 ᄒᆞᆫ 마리
보내ᄋᆞᆸ노이다. 아ᄆᆞ 것도 졔예 ᄡᅳᄋᆞᆸ
실 거ᄉᆞᆯ 몯 보내오니 더옥 애ᄃᆞᄋᆞᆸ노
이다[9]. ᄆᆞᄉᆞᆷ 죄롤 젼ᄉᆡᆼ의 짓고 졔ᄉᆞ도 ᄒᆞᆫ
ᄃᆡ셔 몯 보ᄋᆞᆸ거뇨 ᄉᆡᆼ각ᄒᆞ오니 더옥 새
로이 망극ᄒᆞ와 눈믈 금치 몯ᄒᆞᄋᆞᆸ노이다. 하
나 ᄃᆞ리 수이 지나와 담졔 지내오면 노여[10] 도(?)
라[11]올 이리 업ᄉᆞᆸ고 ᄇᆞᆯ셔 여러 ᄒᆡ 되ᄋᆞᆸ게
되오니 요ᄉᆞ이 더옥 새로이 망극ᄒᆞᄋᆞᆷ
이긔ᄋᆞᆸ디 몯ᄒᆞ와 ᄆᆡ일 눈믈로 잇ᄉᆞᆸ
노이다. 아ᄆᆞ 날 졔 뫼올 줄 모ᄅᆞ와[12]
더옥 내 몸을 애ᄃᆞ와 ᄒᆞᆫᄒᆞ오며 졍대
로[13] 졔ᄉᆞ 몯 보ᄋᆞᆸᄂᆞᆫ ᄒᆞᆫ은 죽ᄉᆞ와도 몯

【上邊】

닛ᄌᆞ오로소이다. 외예ᄂᆞᆫ 편ᄒᆞᄋᆞᆸ시닝ᄭᅡ. 그별 모ᄅᆞ와 민망ᄒᆞ여이다. 이리
셔 ᄇᆞ라ᄋᆞᆸ기ᄅᆞᆯ 아ᄆᆞ례나[14] 졔 무ᄉᆞ히 지내ᄋᆞᆸ시고 어린 동ᄉᆡᆼ돌 거ᄂᆞ리
ᄋᆞᆸ셔 그후 평안ᄒᆞᄋᆞᆸ[15] 다시곰 ᄇᆞ라ᄋᆞᆸ노이다. 혼인은 언제로 어ᄃᆡ 가
의ᄉᆞᄒᆞᄋᆞᆸᄂᆞ닝ᄭᅡ[16].

【右邊】

모ᄅᆞ와 답ᄀᆞᆸᄒᆞ여이다. 먼 ᄃᆡ란 의ᄉᆞ 마ᄋᆞᆸ쇼셔. 그별
모ᄅᆞ와 셜워이다. 밧긔셔ᄂᆞᆫ[17] 그믐날 ᄂᆞᄆᆡ 쇼
상[18]의 가겨시다가 듕히 편치 아녀 일졀 음식을
몯 자시고 밤나줄 몰라 머리롤 하 알ᄒᆞ니 민망
ᄒᆞ여이다. 병 난 저기 업ᄉᆞ니 근심 노힌 저기 업고

ᄆᆞ일 내 수이 주그로다[19] ᄒᆞ니 민망ᄒᆞ여이다. 누운 치로 이셔 하 알ᄒᆞ니 민망홈 ᄀᆞ 업서이다.

【뒷면】

현풍 논공이

어마님젼 샹술이 근봉

현대어

틔보기가 온 후에 요사이 심한 추위에 건강은 어떠하십니까. 심히 기별을 몰라 일시를 잊지 못하여 주야에 염려하며 걱정이 그지없습니다. 담제 날이 언제인지 거기에서도 기별을 아니 하시고, 오는 종들도 미련하여 여쭈고 아니 오니 어제 담제하실 줄을 정하지 못하되 “여드렛날 하실 듯하다” 하셔서 사람 보내되, 날이 매우 추우니 바회가 어물을 받으러 갔다가 오되 날이 매우 추우니 바회가 어물을 받으러 갔다가 오되 아무것도 없더라 하고 못 받아 왔으니 제물도 못 얻어 보내오니 더욱 서운해 하며 우옵니다. 보낼 것 없사와 쌀서 말, 제주 한 병, 생광어 두 마리, 생꿩 한 마리를 보냅니다. 아무것도 제사에 쓰실 것을 못 보내니 더욱 애닯게 여깁니다. “무슨 죄를 전생에 짓고 제사도 함께 못 볼까” 하며 생각하니 더욱 새롭게 망극하여 눈물을 금치 못하옵니다.

하도 세월이 빨리 지나 담제를 지내면 다시 돌아올 일이 없고, 벌써 여러 해 되게 되니 요사이 더욱 새롭게 망극함을 이기지 못하여 매일 눈물로 지냅니다. 아무 날에 제사를 뫼시는 줄 몰라 더욱 제 몸을 애닯고 한스러워 하며, 마음대로 제사를 못 보는 한은 죽어도 못 잊을 것입니다. 외예(에 있는 사람들)는 편하십니까. 기별을 몰라 민망합니다. 여기서 바라기는 아무쪼록 제사를 무사히 지내시고 어린 동생들을 거느리시어 기체 평안하옵기를 다시금 바라옵니다.

혼인은 언제 어디로 하시려 의논하십니까? 몰라서 답답합니다. 먼 곳으로 의논하지는 마십시오. 기별을 몰라 섭섭합니다. 바깥사람(=남편)은 그믐날 남의 소상에 가 머물다가 (병이 나서) 중히 편치 않아 일절 음식을 못 드시고 밤낮을 모르도록 머리를 매우 앓으니 민망합니다. (남편이 평소에는) 병 난 적이 없는데 (이렇게 앓으니) 근심 놓인 적이 없고, 매일 말하기를 “내가 곧 죽을 것 같다”라고 하니 민망합니다. 누운 채로 매우 앓으니 민망함이 가이없습니다. 현풍 논공이, 어머님 전 상사리. 근봉.

해설

사연이 많은 편지이다. 돌아가신 아버지 곽주의 담제 날을 당하여 제사에 참예하지 못하는 한스러운 마음은 '죽어도 잊지 못할 것'이라 하며 슬퍼하고 있다. 멀리 떨어져 있어서 아버님 제사에도 가지 못하는 자신의 처지를 생각하면서 앞으로 시집보낼 동생들의 혼인은 먼 곳으로 하지 말라고 당부하고 있다. 아마도 이 편지는 경주로 시집간 딸이 쓴 것으로 생각된다. 시집간 딸이 쓴 127번 편지에 "경쥐셔 샹ᄒᆞ라 ᄒᆞᆫ다 ᄒᆞᄋᆞᆸ시고 술이나 머기ᄋᆞᆸ쇼셔"라는 문구는 경주에서 편지를 보냈음을 보여 준다. 곽주의 맏사위 이름이 최동언(崔東彦)이고 이 사람은 경주에 살았던 것으로 추정된다. 따라서 이 편지는 최동언의 처이며 곽주의 맏딸인 출가녀가 쓴 편지로 추정된다.

남편이 남의 소상에 참예하였다가 병을 얻어 밤낮 심한 두통에 시달려 곧 죽지 않을까 염려하는 사연도 담겨 있다. 이래저래 근심스러운 일에 빠져 있는 출가녀의 신세가 안타깝게 느껴진다.

주석

1) 극한의 : 극한(極寒)에. 매우 추운 날씨에.
2) 담졔 : 담제(禫祭). 이 '담제'는 故人이 된 곽주의 담제일 것이다. 담제는 대상(大祥)을 치른 그 다음다음 달에 지내는 제사이므로 초상이 난 후 26개월 만에 치르는 제사이다. 따라서 이 편지는 1619년과 1621년 사이에 쓴 것이다.
3) 오오니 : 오니. 오- + -오-[겸양법. '-ᄋᆞ오-'에서 'ᄋᆞ'가 줄어진 것] + -니.
4) 졍치 : 정하지. '정(定)하지'의 축약형.
5) 치우매 : 추우매. 칩- + -으매.
6) 바회 : 노비 이름.
7) 어믈 : 어물. 魚物.
8) 졔쥬 : 祭酒. 제사에 쓰는 술.
9) 싱광어 : 생광어. 말리지 않은 광어.
10) 애ᄃᆞᆸ노이다 : 애가 다옵니다. 애닯게 여깁니다.
11) 노여 : 다시. 'ᄂᆞ외여'의 변화형.
12) 도(?)라 : 돌아. 떨어진 글자 하나가 보이지 않으나 문맥상 '도'자가 들어갈 자리로 추정된다.
13) 졔 뫼올 줄 모ᄅᆞ와 : 제사를 모실지 몰라서.
14) 졍대로 : 생각대로. 뜻대로. 121번 편지에 나온 적이 있다.
15) 아ᄆᆞ려나 : 어떻든. 참고) 아ᄆᆞ려나 ᄆᆞᆺ됴ᄒᆞᆫ 며느리를 어드리라 ᄒᆞ야<釋譜 6:13>.
16) 평안ᄒᆞᆸ : 평안하옵기를. 평안하옵심을. 여기에서는 '명사형어미'인 '-기'의 생략형으로 볼 수 있다. '평안ᄒᆞᆸ'은 121번 편지의 'ᄒᆞ리ᄋᆞᆸ ᄇᆞ라ᄋᆞᆸ노이다'의 'ᄒᆞ리ᄋᆞᆸ'과 용법이 동일하다.
17) 의ᄉᆞᄒᆞᆸᄂᆞ닝까 : 의논하십니까? 議事하옵니까? '의사(議事)'는 일을 의논하는 것이다.
18) 밧ᄭᅴ셔ᄂᆞᆫ : 바깥사람께서는. '남편'을 뜻하는 대용어이다.

19) 쇼샹 : 소상(小祥). 사람이 죽은 뒤 1년 만에 지내는 제사.
20) ᄆᆞ일 내 수이 주그로다 : 매일 말하기를 내가 곧 죽을 것 같다고 하니. '주그로다'는 '죽으리로다'에서 추측의 선어말어미 '-리-'가 생략되었다.

126. 봄이 깊어 초목이 만발하니 영인 622p

출가녀가 하씨에게(1620. 3.13) [문 131] [건들 155]

판독문

텩복이 오ᄋᆞ와놀
평안ᄒᆞᄋᆞᆸ신 유무 보ᄋᆞᆸ고 지극 반
갑ᄉᆞ오며 깃ᄉᆞ와 ᄒᆞ오ᄃᆡ 요ᄉᆞ이 심
히 긔별 모ᄅᆞᄋᆞ와 일야[1] 분별ᄒᆞᄋᆞᆸ
다니 이 사ᄅᆞᆷ 오ᄋᆞ와놀 듣ᄌᆞ오니 역
신[2]을 아기시[3] ᄒᆞ시ᄂᆞ니라 ᄒᆞ오니 놀랍
ᄉᆞ오믄 아ᄆᆞ라타 업ᄉᆞ오ᄃᆡ 하 됴히 ᄒᆞ시
다 ᄒᆞ오니 몬내 깃ᄉᆞ와 ᄒᆞ오ᄃᆡ[4] 다시 긔별
모ᄅᆞᄋᆞ와 민망ᄒᆞᄋᆞᆸ고 피우 간 동싱
ᄃᆞ른 엇더ᄒᆞ온고 좀 든 ᄉᆞᆺ도 닛졉
디 몯ᄒᆞ와 일야 분별이 그지 업ᄉᆞ
와이다. 아ᄆᆞ려나 됴케 ᄒᆞ심을 하ᄂᆞ
님씌 비ᄋᆞᆸ노이다. 아ᄆᆞ리 됴케[5] ᄒᆞ나미[6]
피우ᄂᆞᆫ 아니ᄒᆞᆫ 동싱ᄃᆞᆯ란 ᄃᆞ려다가
ᄒᆞ일 계고[7] 마ᄋᆞᆸ시고 비ᄃᆡ[8] 업ᄂᆞᆫ 골로[9]
아ᄆᆞ려나 피우 힘써 ᄒᆞᄋᆞᆸ소셔. 하 놀
랍ᄉᆞ와 즉시 밧끠로 나가 긔별이
나 아ᄋᆞᆸ고젼[10] ᄆᆞᄋᆞᆷ이 그지 업ᄉᆞ오ᄃᆡ 밧
끠셔도[11] 동ᄂᆡ 가시고 업고 수이 통치 몯

ᄒᆞ오니 긔별 수이 모ᄅᆞᄋᆞ와 민망ᄒᆞ

【上邊】

오이다. 아ᄆᆞ려나 다시곰 조심ᄒᆞ옵셔 무ᄉᆞ히 ᄒᆞ옵쇼셔. 셜

마 됴타 ᄒᆞ시고 아니ᄒᆞᆫ 동싱 둘려다가[12] 마옵쇼셔. 여러

히 ᄒᆞ면 근심도 만코 힝혀 죵케 ᄒᆞ오면 그런 근심이 업

ᄉᆞ올 거시니 마옵쇼셔. 봄이 깁ᄉᆞ와 가오니 초목이 만

발ᄒᆞ오니 녜[13] 일 싱각ᄒᆞ옵고 망극 슬허 ᄒᆞ노이다. 이리셔[14] 내

【右邊】

ᄇᆞ라옵기

ᄂᆞᆫ 긔운 편

ᄒᆞ옵심과 아ᄆᆞ려나 됴히 ᄃᆡ답ᄒᆞ쇼셔.[15] 다시

긔별 수이 몯 드를 거시라 글로[16] 답ᄒᆞ오이다.

할미ᄭᅴ[17] 안부ᄒᆞ시고 아ᄆᆞ려나 됴케 ᄃᆡ답ᄒᆞ

심 ᄇᆞ라노이다 ᄒᆞ쇼셔. 그지 업ᄉᆞ와 이만 ᄒᆞ옵[18].

경신 삼월 슌삼일[19].

【뒷면】

피우소[20] 소례

어마님젼 샹솔이 근봉

현대어

티복이가 왔거늘 평안하시다는 편지를 보고 지극히 반갑고 기뻐하였으되 요사이 심히 기별을 몰라서 밤낮으로 걱정하였더니, 이 사람이 왔거늘 (소식을) 들으니 아기씨가 천연두를 앓는다고 하니 놀라움은 이루 말할 수가 없었사오되, (이제) 아주 병세가 좋게 되었다고 하니 못내 기뻐합니다. (그러나) 다시 (어머니의) 기별을 몰라서 민망하옵고, 우환을 피하러 간 동생들은 어떠한지 잠든 사이에도 잊지 못하여 밤낮으로 걱정이 가이없습니다. 아무쪼록 잘 지내시기를 하느님께 비옵니다.

아무리 좋게 지내시더라도 피우하지 않은 동생들을 데려다가 피우시킬 계교를 마옵시고, 병마가 없는 골짜기로 아무쪼록 피하기를 힘써 하시옵소서. 매우 놀라 즉시 밖으로

나가서 기별이나 알고자 하는 마음이 끝이 없사오되, 남편도 동래에 가시고 없고 빨리 연락하지 못하오니 기별을 빨리 몰라 민망하옵니다. 아무쪼록 다시금 조심하시어 무사히 지내십시오. '설마 괜찮겠지' 하시고 피우하지 않은 동생을 데려가지 마옵소서. 여럿이 앓으면 근심도 많고 행여 중하게 앓으면 그런 큰 근심이 없을 것이니 (동생들은 데려가지) 마소서.

봄이 깊어 가고 초목이 만발하니 옛 일을 생각하옵고 망극 슬퍼하고 있습니다. 여기에서 제가 바라옵기는 (어머님) 기운 편하심과 아무쪼록 빨리 소식을 주시기를 바랍니다. 다시 기별을 빨리 못 들을 것이므로 그것 때문에 답답하옵니다. 할머니께 안부 전해 주시고 "아무쪼록 빨리 회답하심을 바라옵니다"라고 (할머니께) 말씀드려 주십시오. 그지없어 이만 씁니다.

경신년 삼월 십삼일. 피우소, 소례 어머님께 사룀. 삼가 봉함.

해설

돌림병을 피해 격리된 장소(피우소)로 가 계신 어머니에게 딸이 보낸 편지이다. 질병에 시달리는 당시 사람들의 모습이 「곽씨언간」의 여러 편에 걸쳐 나타나 있다. 이 편지에서는 특히 돌림병 때문에 피난 간 동생들의 안부를 묻고 있다. 아기씨가 마마를 앓는다는 소식에 근심을 하며, 피우 가지 않은 동생들은 데려 가지 말라는 당부를 하고 있다. 이 편지에 '아기시'라는 낱말이 나오는데 현대국어의 '아기씨'와 같은 뜻인지 판단하기 어렵다. 이어서 나오는 '동싱'은 여동생을 가리킨 것으로 보인다. 친정어머니와 형제 가족들의 질병 우환으로 근심스러워 하는 출가녀의 모습이 나타나 있다.

주석

1) 일야 : 日夜. 밤낮. 이 낱말은 106, 123, 127번 편지 등에 나오는데, 1, 2, 47번 편지 등에서는 같은 뜻으로 '듀야'도 쓰였다.
2) 역신 : 疫神. 천연두.
3) 아기시 : 아기씨. 이 문맥에서 '아기씨'가 현대국어의 이 낱말과 같은 것인지 판단하기 어렵다. '아기씨'는 『표준국어대사전』에서 네 가지 뜻으로 풀이되어 있다. ① 여자 아이나 시집갈 나이의 처녀 또는 갓 시집온 색시를 높여 이르던 말. ③ 궁중에서, 어린 왕자나 왕녀왕손을 높여 이르던 말. ④ '도련님'의 옛말. ④의 용례는 『월인석보』에 보인다. 곽주가 하씨에게 보낸 30, 81번 편지에서는 '아기시'가 '며느리'를 뜻하는 것으로 추정했다. 「곽씨언간」 전체에서 '아기시'의 지칭 범위가 상당히 넓은 것으로 나타난다. 162번 편지에는 'ᄌᆞᆫ아기내'라는 낱말도 보인다.

4) ᄒᆞ오ᄃᆡ : 'ᄃᆡ'는 작은 글씨로 오른 쪽에 보입되었다.
5) 됴케 : 좋게. 이 편지에 '됴히 ᄒᆞ-'와 '됴케 ᄒᆞ-'가 함께 나오는데, 의미 차이는 없는 듯하다.
6) ᄒᆞ나마 : 하더라도. 지내더라도. 연결어미 '-나마'는 '불만스럽지만 아쉬운 대로 양보함'을 나타낸다.
7) 계고 : 계교(計較). 서로 견주어 살핌. '계교'의 오기로 보인다. 참고) 피란ᄒᆞᄂᆞᆫ 계괴라<東新 忠 1:43>. 각별이 계교홈이 업슨디라<小解 5:99>.
8) 비ᄃᆡ : 비루. 비루는 '비ᄅᆞ'에서 변한 말로 주로 개, 말, 나귀 등의 피부가 헐고 털이 빠지는 병이다. 이 편지를 보면 전염성을 가지고 피부에 병이 생기는 천연두 따위가 돌았음을 알 수 있다. 현대 경상 방언으로는 '비래'라고 하는데 ㄷ>ㄹ변화를 실현한 것이다. 참고) 비ᄅᆞ 고티ᄂᆞᆫ 방문이라<馬經 하 116a>.
9) 골로 : 골짜기로. 골(谷) + -로.
10) 아ᄋᆞᆸ고젼 : 알고자 하는. 알- + -ᄋᆞᆸ- + -고져 + -ㄴ. '-ㄴ'은 'ᄒᆞᄂᆞᆫ'의 줄인말이다.
11) 밧씌셔도 : 남편도.
12) ᄃᆞᆯ려다가 : 데려다가. 데려가지. ᄃᆞ리- + -어 + -다가. 'ㄹ'이 중철되었다. 보조사 '-다가' 바로 뒤에 '마ᄋᆞᆸ쇼셔'가 이어져서 쓰임이 이상하다. 그 사이에 '함께 지내지'와 같은 구절을 빠뜨린 것으로 생각된다.
13) 녜 : 옛. '녜'는 명사로도 쓰였지만 '녯'과 함께 관형사로 쓰이기도 했다. 참고) 녜 사ᄅᆞᆷ의 글을 보며<女訓 상 34b>.
14) 이리셔 : 여기에서. 참고) 나ᄂᆞᆫ 이리셔 그 벼ᄂᆞᆯ 건동 만동 드ᄅᆞ니<순천김씨언간 61>.
15) ᄇᆞ라ᄋᆞᆸ기ᄂᆞᆫ 긔운 편ᄒᆞᄋᆞᆸ심과 아ᄆᆞ려나 됴히 ᄃᆡ답ᄒᆞ쇼셔 : 이 문장은 비문법적 문장이다. 주어와 서술어의 호응이 안 되고 있을 뿐만 아니라, 접속조사 '-과'의 전후 성분이 서로 평형성(parallelism)을 지키지 아니하여 문법에 맞지 않는 문장이 되었다. 이 편지를 쓴 사람의 문장 구성 능력에 부족함이 있거나 문법의식이 철저하지 못해서 이런 현상이 나타난 것이다. 이 문장을 고친다면 두 가지 방법이 있다. ① 바라옵기는 기운 편하심과 아무쪼록 빨리 대답(답장)하심을 바라옵니다. ② 저는 어머님의 기운 편하심을 바랍니다. 그리고 어머님께서는 아무쪼록 (저한테) 빨리 대답하소서.
16) 글로 : 그것으로. 그것 때문에.
17) 할미씌 : 할머니께. 할머님께. 이희승의 국어대사전(1982:4122)에서는 '할미'에 대해 '① 할머니나 할멈을 하대(下待)하는 말. ② 늙은 여자'라고 풀이하고 있다. 그런데 이 편지에서는 할머니를 하대한다기보다는 친근하게 일컫기 위해 '할미'를 사용한 것 같다.
18) ᄒᆞᄋᆞᆸ : 하옵니다. "ᄒᆞᄋᆞᆸᄂᆞ이다"에서 뒤의 어말어미를 생략한 형태이다. 여기서 'ᄒᆞᄋᆞᆸᄂᆞ이다'는 대동사인데 'ᄡᅳ옵ᄂᆞ이다, 뎍ᄉᆞ옵ᄂᆞ이다' 등의 원래 동사를 추정해 볼 수 있다. 황문환(1997)에 따르면, 종결어미 '-ᄋᆞᆸ'은 'ᄒᆞ쇼셔체'의 서술, 의문, 명령법의 '-ᄋᆞᆸᄂᆞ이다/-ᄋᆞᆸᄂᆞ잇가/-ᄋᆞᆸ쇼셔'에서 '-ᄂᆞ이다/-ᄂᆞ잇가/-쇼셔'가 절단되어 성립된 것이라 한다. 그런데 121번의 'ᄒᆞ리ᄋᆞᆸ ᄇᆞ라ᄋᆞᆸ노이다', 125번의 '평안ᄒᆞᄋᆞᆸ ᄇᆞ라ᄋᆞᆸ노이다'의 '-ᄋᆞᆸ-'은 위의 'ᄒᆞᄋᆞᆸ'과 환경이 달라서 'ᄋᆞᆸ'을 종결어미로 볼 수 없고, '-ᄋᆞᆸ-[겸양]+ -기[명사형 어미]'의 생략형이라 볼 수 있다.
19) 슌삼일 : 순삼일(旬三日). 십삼일.
20) 피우소 : 돌림병을 피하기 위해 살던 마을에서 떠나 격리된 곳에 마련한 처소. 避憂所.

127. 술이나 먹이옵소서 영인 621p

출가녀가 하씨에게(1620. 12.15) [문 133] [건들 158]

판독문

문
안 ᄀᆞ업시 알외ᄋᆞᆸ고 년쉬[1] ᄃᆞᆫ녀 가온 후의 요ᄉᆞ이 극한의
대되 긔후 엇더 ᄒᆞᄋᆞᆸ샨고 긔별 모ᄅᆞᄋᆞ와 일야 분별[2]
이 그지 업ᄉᆞ와이다. 외예 할마님겨ᄋᆞᆸ셔ᄂᆞᆫ 힝
ᄎᆞᄒᆞᄋᆞᆸ시닝ᄭᅡ. 다시 긔별 모ᄅᆞ와 답〻ᄒᆞ오며 힝ᄎᆞ
ᄒᆞᄋᆞᆸ시면 어마님겨ᄋᆞᆸ셔 즉히 흐운ᄒᆞᄋᆞᆸ시거냐[3].
일시ᄅᆞᆯ 닛ᄌᆞᆸ디 몯ᄒᆞ와 듀야 일ᄀᆞᆺᄌᆞᆸ노이다. 됴싱
원[4] 아ᄌᆞ바님겨오셔ᄂᆞᆫ[5] 와 겨신가. ᄌᆞ조 긔별 모ᄅᆞ와
일야 분별 ᄒᆞ오며 ᄒᆞᆫ이로소이다. ᄌᆞ식은
덕분의 연명ᄒᆞ올[6] 잇ᄉᆞ오ᄃᆡ 일〻에[7] 내내 게 긔별 모ᄅᆞ와 셜워이다. 이
리셔 ᄇᆞ라ᄋᆞᆸ기ᄅᆞᆯ 아ᄆᆞ리나[8] 극셔의[9] 동싱ᄃᆞᆯ 거느리ᄋᆞᆸ셔[10]
긔후 평안ᄒᆞᄋᆞᆸ샴과 수이 뵈ᄋᆞᆸ고[11] 쳔만 튝슈ᄒᆞᄋᆞᆸ노
이다. 아ᄆᆞ 것도 졍 알외ᄋᆞ올 것[12] 업ᄉᆞ와 뷔ᄋᆞ온 술이 알
외ᄋᆞ오며 ᄒᆞᆫᄒᆞᄋᆞᆸ노이다. 년쉬 가올 제[13] 대치[14] 유무ᄒᆞ
【上邊】
엿ᄉᆞ오매 아니 ᄒᆞᄋᆞᆸ노이다. 오라
바님ᄭᅴ와 동싱ᄃᆞᆯᄭᅴ 다 문
안ᄒᆞᄋᆞᆸ쇼셔. 닷 유무[15]ᄒᆞ올 거ᄉᆞᆯ
이 놈이 급히 가노라 ᄒᆞ오매 닷 유무
몯ᄒᆞ니 흐운ᄒᆞ여이다. 긔별ᄒᆞ쇼
셔. 셔보기[16] 온 다마다[17] 완노라 ᄒᆞ고 ᄒᆞ
【右邊】
고[18] 유뮈나[19] 드

리고 션믈[20] ᄒᆞ니 귀

ᄒᆞ오이다. 경

쥐셔[21] 샹ᄒᆞ라[22] ᄒᆞᆫ다 ᄒᆞᄋᆞᆸ시고 술이나 머기ᄋᆞᆸ쇼셔. 년쉬 가져 간 거ᄉᆞᆫ

유무대로 ᄌᆞ시 바ᄃᆞ시닝ᄶᅡ. 큰ᄃᆡᆨ의셔 통죠긔 ᄒᆞᆫ 뭇[23] 쳥어 ᄒᆞᆫ 드름[24] 유무예

아니 ᄉᆞᆫ 것 가ᄋᆞᆸ더니 보ᄋᆞᆸ시닝ᄶᅡ. 이 유무도 보ᄋᆞᆸ신 타모[25] 후의 ᄌᆞ시 ᄒᆞᄋᆞᆸ쇼

셔. 그지 업ᄉᆞ오ᄃᆡ 급히 오매 이만 알외ᄋᆞᆸ노이다.

경신 납월[26] 망일[27]

그리ᄋᆞᆸᄂᆞᆫ ᄌᆞ식 술이

【뒷면】

현풍 논공이

어마님 젼샹술이 근봉.

현대어

문안 가이없이 아뢰옵고, 년쉬가 다녀 간 후에 요사이 극한에 모두 건강이 어떠하옵신지 기별을 몰라 밤낮 걱정이 그지없습니다. 외예 할머님(=외할머님)께서는 행차하셨습니까? 다시 기별을 몰라 답답하오며 행차하시면(=외할머님께서 가시면) 어머님께서 오죽이나 서운하시겠습니까? 한 때도 잊지 못하여 주야로 걱정하옵니다. 조생원 아주버님께서는 와 계십니까? 자주 기별을 몰라 밤낮 걱정하오며 한입니다. 자식은 덕분에 연명하고 있으되 날마다 내내 거기 기별을 몰라 섧습니다. 여기서 바라옵기를 아무쪼록 극한에 동생들을 거느리시고서 기후 평안하심과 빨리 뵙기를 천만(千萬) 축수(祝壽)하옵니다.

아무것도 정을 아뢰올 물건이 없어 빈 편지를 아뢰오며 한(恨)하옵니다. 년쉬가 갈 때 별도로 편지하였사오니 따로 아니합니다. 오라버님께와 동생들께 다 문안하옵소서. 따로 편지할 것을 이 놈이 급히 가노라 하매 따로 편지 못하니 서운합니다. 기별하소서.

셔보기 온 적마다 "왔노라" 하곤 하며 편지를 전하고 선물도 하니 (셔보기가) 귀하게 느껴집니다. "경주에서 상을 주라" 한다 하고 (셔보기에게) 술이나 먹이옵소서. 년쉬가 가져 간 것은 편지(에 쓴) 대로 자세히 받으셨습니까. 큰댁에서 통조기 한 묶음, 청어 한 두름을 편지에 아니 쓰고 보냈는데 받으셨습니까. 이 편지도 보았다는 사연을 뒤에 자세히 하옵소서. 그지없으되 (편지를 가지고 갈 사람이) 급히 오매 이만 아뢰옵니다.

경신 섣달 보름. 그리워하는 자식 편지.

현풍 논공이. 어머님께 사룀. 삼가 봉함.

해설

사연이 분분한 편지이다. 곽주가 쓴 편지는 글의 구성이 깔끔한데 비하여 딸이 어머니에게 쓴 편지는 대부분 말이 번다하고 구구한 사연이 중첩되어 글의 흐름이 산만하고 구성의 긴밀도가 현저히 떨어진다. 이 편지의 말미에는 편지와 함께 보낸 물건 이름이 나와 있다. 이 중에서 통조기 한 뭇, 청어 한 두두름름 등 생선이 있다. 경주는 바다에 가까운 곳이므로 경주로 출가한 딸이 친정에 생선을 보냈음을 알 수 있다. 동해안의 감포에서 경주로 어물들이 들어왔을 것이다. 경주에서 오래 살아온 할머니들이 동해산 복어를 집에서 예사로 조리해 먹는 모습을 주해자가 여러 번 본 적이 있다. 복어는 독이 있어서 훈련받은 조리사가 조리하는 것이지만 복어에 익숙한 경주 사람들이 집에서 복어를 조리해서 먹었던 것이다.

주석

1) 년쉬 : 인명. 노(奴)의 이름.
2) 분별 : 근심. 걱정.
3) 흐운ᄒᆞᄋᆞᆸ시거냐 : 서운하시겠습니까? '-시거-'의 '거'자가 불분명한 점이 있으나 2번 편지에 같은 형식을 가진 '너기ᄋᆞᆸ시거냐'가 나온 적이 있기에 '거'로 판독하였다.
4) 됴싱원 : 조생원(趙生員). 뒤에 '아ᄌᆞ바님'이라는 친족어가 나오므로 이 편지의 필자와 가까운 사람임을 알 수 있다. 이 '됴싱원'은 곽주의 둘째 사위 '趙咸哲'(조함철)을 가리킨 것으로 보인다. 이 편지를 출가녀가 쓴 것이므로 '됴싱원'은 여동생의 남편으로 추정된다. 142번 및 162번 편지의 '됴싱원' 주석 참조.
   '생원'은 조선 시대에 소과인 생원과의 과거에 합격한 사람이나 나이 많은 선비를 대접하여 그 성 밑에 붙여 부르던 말이다.
5) 아ᄌᆞ바님겨오셔는 : 아주버님께오서는. '아ᄌᆞ바님'은 아버지와 동렬이 되는 사람 모두를 일컫는다.
6) 연명하올 : 연명(延命)할. 관형형어미 '-ㄹ'로 끝나는 데도 바로 동사가 이어지고 있다. 뒤에 '줄'과 같은 형식 명사가 있으면 자연스러우나 현재 상태로는 비문법적이거나 어색하다. '-ㄹ'을 동명사형어미로 간주한다면 '연명ᄒᆞ올 잇ᄉᆞ오ᄃᆡ'는 '연명함이 있사오되' 정도로 파악할 수 있다.
7) 일일에 : 날마다. 일일(日日)에.
8) 아ᄆᆞ리나 : 아무쪼록. '아ᄆᆞ리나'는 현대국어 '아무려나'처럼 '아무렇게나 하려거든 하라고 승낙하는 말'(이희승 국어대사전)로 쓰이지는 않고 있다. 이 편지에서는 '아무쪼록' 정도의 의미로 사용되고 있다. 130번 등도 '아ᄆᆞ리나'가 동일한 의미로 사용되고 있다. '아ᄆᆞ리나'는 어형이 'ᄋᆞᄆᆞ례나'와 가까운데, '아ᄆᆞ례나'도 '아무쪼록'의 의미로 사용되는 예가 다음과 같이 발견된다. 참고) 아기아ᄃᆞ리 양ᄌᆡ 곱거늘 各別히 ᄉᆞ랑ᄒᆞ야 아ᄆᆞ례나 ᄆᆞᆺ됴ᄒᆞᆫ 며느리ᄅᆞᆯ 어두리라 ᄒᆞ야<釋譜 6:13>.
9) 극셔의 : 심한 더위에. '극셔'(極暑)는 지독한 더위를 말한다. 그러나 이 편지의 앞에 극한(極寒)이 나오고 편지 뒷 부분의 '경신 납월'로 보아 '극한'이 되어야 맞다. 오기로 보인다.

10) 거느리웁셔 : 거느리시어. 거느리시고서. 거느리- + -웁-[겸양법] + -시-[존대] + -어[어미]. 동생은 행동의 '주체'인 어머니에게 '객체 존대'의 대상이 될 수 없다. 그러므로 여기에서는 출가녀가 '-웁-'으로써 '화자 겸양'을 하여 주체인 어머니를 존대해 준 것으로 볼 수 있다. 행동의 주체인 '어머니 하씨'는 '-시-'로써 직접적으로 높임을 받고, 또한 '-웁-'으로써도 간접적으로(=화자겸양을 통해) 높임을 받는 셈이다.
11) 뵈웁고 : 뵙고. 그런데 '뵙고'로써는 문맥이 자연스럽지 못하다. 뒤에 축수한다는 내용이 이어지므로 '뵙기를'이라고 풀이하는 것이 자연스럽다.
12) 졍 알외ᄋᆞ올 것 : 정(情)을 표현하기 위해서 보낼 물건.
13) 년쉬 가올 제 : 년슈가 갈 때. '년쉬'의 어말 ㅣ는 인명 등 명사어말에 붙는 접미사로 간주한다. 이 구절은 띄어쓰기를 어디에 두느냐에 따라 몇 가지의 해석이 가능하다. 첫째, '년쉬가 올 제'(년수가 올 때)로 보면 '-가'는 주격조사가 된다. 그러나 「곽씨언간」에 주격의 '-가'가 보이지 않기 때문에 그 가능성은 매우 희박하다. 둘째, '년쉬 가올 제'(년수가 갈 때)로 보면 주격조사 '-ㅣ'는 생략된 것이고, '가올'의 '오'는 겸양법 '-ᄋᆞ오-'의 이형태가 된다. 셋째, '년쉬 가 올 제'(년수가 가서 올 때)로 보면 '가'는 동사 '가-'의 활용형 '가아'에서 어미가 생략된 표기이다. 이 세 가지 해석 중 둘째일 가능성이 가장 높다고 생각된다. 2행의 '년쉬 ᄃᆞᆫ녀 가온 후의'에 쓰인 '가온'에 '-오-'가 결합된 예가 발견되기 때문이다.
14) 대치 : 달리. 별도로. '닫-히'가 결합한 구성이다. '닫히'가 '다치'로 축약되고, 여기에 ㅣ모음역행동화가 적용되어 '대치'로 실현된 것이다. 바로 뒤에 이어지는 '닷 유무'의 '닷'과 뜻이 통한다. 이 '닷'은 접미사 '-히'가 결합하지 않은 어간부사형이다. 152번 편지에 '다치'(<다티)가 쓰였다. '다티'의 용례는 16세기 『이륜행실도』 초간본에서 쓰인 예가 확인된다 . 예) 각각 ᄂᆞᆫ화 다티 사쟈 커늘 <1518이륜행실도(옥산서원본), 24a>. 우리 형뎨 다티 사란디 여나ᄆᆞᆫ ᄒᆡ니 <1518이륜행실도(옥산서원본), 25a>.
15) 닷 유무 : 딴 편지. 별도 편지. '닷 유무'는 오라버님과 동생에게 별도로 쓰는 편지를 말한다. 참고) 드듸여 ᄂᆞᆫ화 닷 살기를 求ᄒᆞ고(遂求分異)<小解 6:62>.
16) 셔보기 : 사람 이름. 노(奴)의 이름.
17) 온 다마다 : 온 적마다. 올 때마다. '다'는 시간성 의존명사.
18) ᄒᆞ고 ᄒᆞ고 : 'ᄒᆞ고'가 반복되었다. 앞 문맥이 '올 때마다'로 반복적이기 때문에 동사도 반복된 것으로 보인다.
19) 유뮈나 : 유무나. 유무 + -이나. '-이나'가 '차선'의 의미를 가지는데 여기서는 그런 의미가 아니라 단순한 나열을 의미한 것일 수도 있다.
20) 션믈 : 선물(膳物).
21) 경쥐셔 : 경주(慶州)에서. 이 글을 쓴 시집 간 딸이 경주에 살고 있음을 보여 주는 대목이다.
22) 샹ᄒᆞ라 : 상(賞)을 주라. 참고) 老娘의게 은과 비단을 샹ᄒᆞ고(老娘上賞銀子叚)<朴解 상 51>.
23) 뭇 : 뭇(束), 묶음. '뭇'(<뭈)은 생선 10마리나 미역 10장을 이르는 단위이다. 동사 '뭈-'과 명사 '뭇'은 같은 어원의 낱말이다. 참고) ᄒᆞᆫ 뭇식 하여 노코<朴解 중 20>.
24) 드룸 : 두두름름(連). 묶음. '두름'은 물고기를 두 줄로 10마리씩 엮은 20마리를 세는 단위.
25) 타모 : 그 뜻이 확실치 않으나 '사연, 영문, 전갈' 따위로 파악할 수 있다. 124번 편지의 각주 6)을 참조.
26) 납월 : 음력 섣달의 별칭. 臘月.
27) 망일 : 望日. 음력 보름날.

128. 이젠 다시 친정에 못 갈 것이라 영인 620p

출가녀가 하씨에게(1622. 3.27) [문 132] [건들 156]

판독문

문

안 알외ᄋᆞᆸ고 뻔나온[1] 후의

대되 뫼ᄋᆞ오며[2] 긔후 엇더 ᄒᆞᄋᆞᆸ샨고. ᄌᆞᆷ드온 슷도 닛

ᄌᆞᆸ디 몯ᄒᆞ여 시직을 일ᄏᆞᆺᄌᆞ오며[3] 눈믈 지ᄋᆞᆸ노

이다.[4] ᄌᆞ식은[5] 덕분의 ᄌᆞ식ᄃᆞᆯ 거느리ᄋᆞᆸ고 무

ᄉᆞ히 왓ᄉᆞᆸ노이다. 그더도록[6] 몯 닛ᄌᆞ와 ᄒᆞᄋᆞᆸ시

다가[7] 가오ᄃᆡ ᄒᆞᆫ ᄌᆞᆺ 말ᄉᆞᆷ[8]을 몯 듯ᄌᆞᆸ고 오ᄋᆞ오ᄃᆡ ᄒᆞᆫ

ᄌᆞ 말ᄉᆞᆷ[9]을 몯 듯ᄌᆞᆸ고 오오니[10] ᄐᆞᄂᆞᆫ ᄃᆞᆺ 망극 셜

워이다. ᄌᆞ식은 갓ᄉᆞ와도 죠용ᄒᆞᆫ 빼 업ᄉᆞ와 말

ᄉᆞᆷ도 죠용히 몯 ᄒᆞᄋᆞᆸ고 가지〻 븨호[11] 만히 ᄒᆞᄋᆞᆸ

고 오오니 더옥 망극 셜워 ᄒᆞᄋᆞᆸ노이다. 이번

은 ᄌᆞ식ᄃᆞᆯ로 ᄒᆞ여 더옥 몯 닛ᄌᆞ오실 줄 아오매

【上邊】

시〻로 ᄉᆡᆼ각ᄒᆞᄋᆞᆸ고 눈믈

지ᄋᆞᆸ노이다. 밧ᄭᅴ셔ᄂᆞᆫ[12] 몯 가

도 울고 가도 울고 ᄒᆞ니 뇌여[13]

몯 가리라 ᄒᆞ노이다. 이리셔

【右邊】

ᄇᆞ라

ᄋᆞᆸ기ᄂᆞᆫ 어린 동ᄉᆡᆼᄃᆞᆯ 거느리

ᄋᆞᆸ셔. 긔후 평안ᄒᆞᄋᆞᆸ샴과 시절 편ᄒᆞᄋᆞ와 수이

가 뵈ᄋᆞᆸ고져[14] 원이로소이다. 대임으네[15] 셋ᄃᆞ려 됴히 이시

라 안부ᄒᆞᄋᆞᆸ쇼셔. 응낭이도[16] 문안 알외ᄋᆞᆸ고 다시 가

뵈ᄋᆞ오려 ᄒᆞᄋᆞᆸ노이다. ᄀᆞ 업ᄉᆞ오ᄃᆡ[17] 망극ᄒᆞ와 이만 알외ᄋᆞᆸ노이다.

임슐 삼월 념칠일 ᄌᆞ식 술이

【뒷면】

현풍 논공이

어마님젼 샹술이 근봉.

현대어

문안을 아뢰옵고, 떠나온 뒤에 (어머니와 식구들) 모두 (잘) 계시며 건강은 어떠하신지 잠 든 때에도 잊지 못하여 시시각각 부르며 눈물을 흘립니다. 저는 덕분에 자식들을 거느리고 무사히 왔습니다. 그토록 못 잊어 하다가 갔으나 한 마디의 말씀도 못 듣고 오되, 한 마디의 말씀을 못 듣고 오니 (가슴이) 타는 듯 망극 서럽습니다. 저는 갔어도 조용한 때가 없어서 말씀도 조용히 못 드리고 가지가지 불효스러운 일을 많이 하고 오니 더욱 망극하고 서럽습니다.

이번은 자식들로 인하여 더욱 못 잊으실 줄 알기에 시시로 생각하고 눈물 짓습니다. 남편은 (제가 친정에) "못 가도 울고 가도 울고 하니 다시는 못 갈 것이라"고 합니다. 여기에서 바라옵기는 어린 동생들을 거느리시고 기후 평안하심과 시절이 태평하게 되어 빨리 가 뵈옵고자 함이 소원입니다. 대임이네 셋더러 좋게 지내라고 안부하옵소서.

웅낭이도 문안을 아뢰고 다시 가서 뵈오려 하옵니다. 가이없으되 망극하여 이만 아뢰옵니다. 임술년(1622) 삼월 이십칠일. 자식 사룀.

현풍 논공이. 어머님께 사룀. 삼가 봉함.

해설

친정을 다녀온 후 딸이 아쉬운 마음을 적어 어머니 하씨에게 보낸 편지이다. 어머니와 조용히 앉아 속 깊은 이야기도 나누지 못하고 그냥 오니 섭섭하고 서러워 망극한 심정을 토로하고 있다. 어머니를 그리워하며 우는 아내를 보고 "이 사람, 친정에 못 가도 울고, 가도 (돌아와서는) 울고 하니, 앞으로 다시는 못 가리라"고 농담을 섞어 엄포를 놓는 남편의 장난끼 어린 모습도 그려져 있다.

주석

1) 뼈나온 : 떠나온. '뼈나오-'에서 ㄴ이 앞 음절에 중철된 것. 참고) 네 언제 王京의셔 뼈난다<老釋 상 1a>.
2) 뫼ᄋᆞ오며 : 뫼시며. 여기서 '뫼-'의 주체는 청자 하씨로 판단된다. 따라서 '-ᄋᆞ오-'는 청자의 행위에 대한 겸양을 표현한다. 여기서의 '뫼-'는 현대어로 '계시며', '지내시며'의 뜻이다.
3) 시직을 일컷ᄌᆞ오며 : 늘 염려하오며. 시시각각 부르며. '시직을 일컷다'는 '늘 걱정한다'는 뜻을 가진 상투적인 표현으로 보인다. '시직'은 '時刻'의 당시 속음일 것이다. 참고) 밤나죨 일곳ᄌᆞ오며 울 뿐이ᄋᆞᆸ고(121번). 일시를 닛줍디 몯ᄒᆞ와 듀야 일곳줍노이다(127번).
4) 눈믈 지ᄋᆞᆸ노이다 : 눈물이 지옵니다. '지-'는 '디-'에서 ㄷ구개음화를 겪은 어형이다. 현대국어에서 '눈물을 짓다'라고 표현하는 것은 원래 '디-'가 변한 것인데 이 동사의 어원을 '짓다(作)'로 잘못 인식한 결과이다. 참고) 눈믈 디다(下眼淚)<譯解 상 39a>.
5) ᄌᆞ식은 : 자식은. 저는. 자신의 자식들을 가리킨다면 뒤에 이어서 나오는 'ᄌᆞ식돌'을 먼저 화제로 삼아 먼저 말해 둔 것으로 볼 수도 있다. 그러나 이 편지는 하씨의 딸이 하씨에게 보낸 것이므로 필자 자신을 가리킨 '저는'으로 봄이 적절하다.
6) 그더도록 : 그토록. 「순천김씨언간」의 4번, 93번 편지에도 '그더도록'이 쓰였다. 일정 기간을 뜻하는 '더'라는 시간명사가 존재했었고 그것의 화석형이 여기에 남은 듯하다. 참고) 찰방이 그더도록 귀코 빋순 일가 므ᄉᆞ 일이 벼술 청 히여곰 내 혜쁘던고<순천김씨언간 4>. 그대도록 싱각ᄒᆞ실 쟉시면<捷新 6:20a>.
7) ᄒᆞᄋᆞᆸ시다가 : 하다가. 그리워 하다가 간 사람은 화자인 출가녀이므로 '-시-'는 잘못 쓴 것이다. "ᄒᆞᄋᆞᆸ다가"가 옳다.
8) ᄒᆞᆫ ᄌᆞᆺ 말솜 : 한 자(=마디)의 말씀. 'ᄌᆞ'(字)는 글자를 뜻하는 말인데 이 문맥에서는 '말마디'의 '마디'에 해당하는 뜻이다.
9) ᄒᆞᆫ ᄌᆞ 말솜 : 한 마디의 말씀. 바로 앞에서 'ᄒᆞᆫ ᄌᆞᆺ 말솜'이 나온 것을 보면 사이시옷이 불규칙적으로 삽입되었던 듯하다. '말솜'에 'ᄌᆞ'가 쓰여 어색한데 현대국어에서는 '마디'가 어울린다.
10) ᄒᆞᆫ ᄌᆞ 말솜을 몯 듯줍고 오오니 : 앞의 내용이 다시 반복되어 있다.
11) 븨호 : 不孝(불효). '不孝'의 한자음이 일상어에서 속음화한 것으로 판단된다. 16세기 중엽 경의 『長壽經諺解』에 한문의 '不孝'를 언해문에서 '븨효'로 표기한 2개례가 있다. 예) 중싱돌히 븨효ᄒᆞ며 새옴ᄒᆞ야(75b) 등. '븨'는 '블'(不)의 어말 ㄹ이 약화되면서 반모음 j로 변한 것이다. 유아의 언어습득 과정에서 어간말의 ㄹ을 j(혹은 i로 발음하는 것을 관찰할 수 있다. 이 예의 '븨'도 이와 같은 음운론적 과정을 보여준다. 한어(漢語) 음운사에서 한자음의 받침 ㄹ이 j로 활음화한 변화(2~6세기경)가 있다. 이 편지의 '븨호'와 어떤 관련성을 갖고 있다고 보기는 어렵다. 당시의 현풍방언에서 속음화한 것이 '븨호'인 듯하다.
12) 밧끠셔는 : 남편은. '밝'은 여기에서도 남편을 가리킨다.
13) 뇌여 : 다시. 'ᄂᆞ외여'의 변화형. 참고) 형아 너히들이 뇌여 싱심이나 날과 당방올 티기 흘싸<朴解 하 36b>.
14) 뵈ᄋᆞᆸ고져 : 뵙고자. '원이로소이다'라는 서술어와 호응하려면 앞의 '평안ᄒᆞᄋᆞᆸ샴'처럼 명사형 '뵈ᄋᆞ오미'가 되어야 자연스럽다.
15) 대임으네 : 사람 이름. 다른 편지에는 '대임이'로 적혀 있는데 이 편지에서는 '대임으'로 적혀 특이하다. '대임의네'에서 j가 탈락(의>으)한 것일 가능성이 높다. '-네'는 복수접미사로서, '대임으네 셋ᄃᆞ려'에서 볼 수 있듯이 아이들이 세 명이다. 이들은 하씨 소생인 의창(宜昌 : 1613~1647), 유창(愈昌 : 1615~1673), 형창(亨昌 : 1617~1674)을 가리킨다.
16) 응낭이 : 사람 이름. 이 편지를 쓴 딸의 자식 중 하나이다.
17) ᄀᆞ 업ᄉᆞ오듸 : 가이없으되. 'ᄀᆞ이 업ᄉᆞ오듸'와 함께 쓰였다.

129. 절대로 먼 곳에 혼인시키지 마옵소서 영인 619p

출가녀가 하씨에게(1623. 6.16) [문 125] [건들 46]

판독문

(앞 내용 缺落)

와이다. 오라바님내[1]ᄒᆞ시며[2] 동싱님내[3] 다 편ᄒᆞ신가 긔별
몯ᄒᆞ와 민망ᄒᆞ여이다. 길히 하 머오매 이더도록[4] 긔별 몯
듣ᄌᆞ와 민망ᄒᆞ오니 현마[5] 먼 ᄃᆡ 혼인 마옵쇼셔. 셜워이다. 틱복
기ᄂᆞᆫ 헐복ᄒᆞᆫ[6] 거시 거븍ᄒᆞᆫ 병[7] 어더 그리도록 듕ᄐᆞᆫ[8] 아니ᄒᆞᄃᆡ 쇼마[9]
본 휘면 피도 나고 고롬도 나니 용심ᄒᆞ고[10] 음식도 아니 머거 열흘
재 일 몯ᄒᆞ고 누워시니 ᄆᆞᄌᆞ 주길가 민망ᄒᆞ여이다. 이 사ᄅᆞᆷ이 블의예[11] 와
시매 아ᄆᆞ 것도 몯 보내오니 흐운ᄒᆞ여이다. 동싱님내ᄭᅴ 다 문안
ᄒᆞ옵고 마촘 셕ᄂᆡ눈[12] 알하 민망ᄒᆞ여 ᄒᆞᆫ 눈 ᄀᆞᆷ고 ᄉᆞ니[13] 사□□□
도 유무 몯ᄒᆞ니 흐운ᄒᆞ여이다. 긔별ᄒᆞ쇼셔. 아ᄆᆞ려나□□□□
대되 편ᄒᆞ옵쇼셔. 하□□□라 이만. 계ᄒᆡ 뉴월 열엿ᄉᆡᆫ날

현대어

(앞 내용 결락) …옵니다. 오라버님과 동생들은 다 편하신지 소식을 전하지 못하여 민망합니다. 길이 매우 멀어서 이토록 소식을 듣지 못해 민망하오니 절대로 먼 곳에 혼인시키지 마옵소서. 서럽습니다. 틱복이는 복도 없는 것이 (치료하기) 거북한 병에 걸리어 그토록 (병세가) 중하지는 아니하되, 오줌을 누고 나면 피도 나고 고름도 나니, 심술을 부리고 음식도 안 먹어 열흘째 일을 못 하고 누워 있어서 (자칫하면) 죽을까봐 걱정스럽습니다.

이 사람이 갑자기 와서 아무것도 못 보내어 섭섭하옵니다. 동생들에게도 다 안부해 주십시오. 마침 석내눈병을 앓아서 민망하여 한 눈을 감고 (편지를) 쓰니 사□□□도 편지를 쓰지 못하니 서운하옵니다. 소식을 전하소서. 아무쪼록 □□□□ 모두 편하옵소서. 매우 □□□라 이만. 계해년 유월 열엿샛날.

해설

딸이 쓴 편지에 나타난 가장 큰 관심사는 질병과 그 치료이다. 여기서는 그동안 편지 심부름으로 자주 등장하던 '태복이'의 병에 대한 이야기가 나온다. 소변에 피와 고름이 섞여 나오고, 신경이 날카로워진 태복이가 심술을 부리며 밥도 안 먹고 있으니 혹시 죽지나 않을까 걱정스러워 하고 있다. 태복이가 걸린 병은 성병의 일종으로 추정된다. 편지 쓴 이도 '석내'라는 눈병을 앓아 한 쪽 눈만 뜨고 글을 쓰고 있다고 하는데 '석내'는 처음 나오는 낱말이다. 이 것이 어떤 눈병인지 확인하지 못했다.

주석

1) 오라바님내 : 오라버님. '오라버님'는 '손위 오빠'를 정중히 일컫는 말인 '오라버니'의 높임말이다. 『노걸대언해』나 『동국신속삼강행실도』 등 17세기 문헌에는 거의 '오라비'만 나타나는데, 『순천김씨언간』에 '오라비', 'ᄋᆞ라ᄇᆡ'와 함께 '오라바님'이 두 번 나타나고, 『한중록』에도 '오라바님'이 쓰였다. 참고) 오라바님도 파쥐 가시고<순천김씨언간 82>. 큰 오라바님 교훈ᄒᆞ오시미<閑中錄 4쪽>. '오라바님'에서 '오라바니'라는 평칭의 친족어휘가 생겼으며 요즘은 어형이 '오라버니'로 바뀌었다. '-내'는 존칭접미사로서 '-네'와 구별 없이 쓰인 듯하다.
2) ᄒᆞ시며 : 'ᄒᆞ-'가 접속어 기능을 하는 예이다. '-시-'를 취하는 것으로 보아 이러한 'ᄒᆞ-'는 접속조사로 굳어진 것은 아니다. 73번 편지의 '댱모 ᄒᆞᄋᆞᆸ시며'를 참고.
3) 동싱님내 : 동생들. 동생에 '-님'을 붙인 것이다. 『순천김씨언간』에도 이 어형이 한 번 나타난다. 참고) 동싱님네ᄭᅴ 대되 요ᄉᆞ이 엇디 겨신고<순천김씨언간 53>. '동싱'은 본래 한자어 '同生'으로서 '형제 자매, 동기(同氣)'라는 뜻을 지녔으나, 적어도 19세기 말에는 '동기 가운데 손아래 사람'의 뜻으로 바뀌었다. 『순천김씨언간』 3, 58, 89의 '동싱'은 '동기'의 뜻으로 쓰였다. 다른 17세기 문헌에 '동싱님'이 나타나지 않으나 '동싱형'이 '친형'의 뜻으로 쓰이고<譯語 상 57>, '동싱형뎨'가 '친형제'의 뜻으로 쓰인 예<家禮圖諺解 14>들을 보면 '동싱'이 오늘날의 의미와 완전히 같지 않음을 알 수 있다. 이 편지에서는 '오라바님'을 제외한 형제 자매를 '동싱'이라고 부른 듯하다.
4) 이더도록 : 이토록. 『순천김씨언간』에도 '이토록'의 뜻으로 '이더도록'이 쓰였고(66, 73, 120번 편지), '그토록'의 뜻으로 '그더도록'이 쓰였다(4, 93번 편지). 「곽씨언간」에서 '이더도록'과 비슷한 어형은 141번 편지에 '이더록'이 나타난다. 『순천김씨언간』에는 '이더도록'과 함께 '이리도록'이 '이토록'이라는 뜻으로 나타나며(72, 140번 편지), '그더도록'도 '그리도록'과 함께 쓰였다(74, 80, 190번 편지).
5) 현마 : 절대로. 원래 '현마'는 '설마, 차마'의 뜻으로 쓰였지만, 이 편지의 문맥상으로는 '설마'보다는 '절대로', '결코'라는 부사가 어울리는 자리이다. 「곽씨언간」 34, 51번 편지에서는 '현마 엇디ᄒᆞᆯ고'라는 문장에 '현마'가 쓰인 바 있다. 참고) 나ᄂᆞᆫ 현마 못ᄒᆞᆯ노라<癸丑日記 47>.
6) 헐복ᄒᆞᆫ : 복이 없는. 헐복(歇福). "헐복하다"는 '복이 어지간히 없다'는 뜻이다. 참고) 내 헐복ᄒᆡ여 몯 가니<순천김씨언간 117>.
7) 거븍ᄒᆞᆫ 병 어더 : 거북한 병에 걸리어. 여기서 '병을 어더'는 '병에 걸리어'라는 뜻이다. 아래에 나오는 병 증세로 보아 이 '거북한 병'은 性病의 하나인 듯하다.
8) 듕ᄐᆞᆫ : 중하지는. 듕ᄒᆞ- + -ᄃᆞᆫ.
9) 쇼마 : 소마. 오줌을 점잖게 이르는 말. 참고) 쇼매 구든 ᄃᆡ 인ᄉᆞᆷ션셰산이 맛당ᄒᆞ니라<諺痘 하 18>.

10) 용심ᄒᆞ고 : 용심(用心)하고. 마음을 쓰고. 심술을 부리고. ‘용심’은 ‘심술’의 뜻으로 쓰이고, ‘용심ᄒᆞ다’는 ‘심술을 부리다’는 뜻으로 쓰이기도 한다. 32, 123번 편지를 참고하라.
11) 블의예 : 불의(不意)에. 생각지 않게. 갑자기. 17세기에는 ‘블의예’와 함께 ‘블ᄋᆡ예’도 쓰였다.
12) 셕ᄂᆡ눈 : 눈병의 일종일 것이다. 어떤 병인지 알 수 없다.
13) ᄉᆞ니 : 쓰니[書].

130. 종들이 일을 못하여 논밭을 묵히옵니다 영인 618p

출가녀가 하씨에게(1623. 7.28) [문 129] [건들 133]

판독문

문
안 ᄀᆞ 업시 알외ᄋᆸ고 요ᄉᆞ이 더위예 어린 동ᄉᆡᆼᄃᆞᆯ
거느리ᄋᆸ셔[1)]
긔운이나[2)] 엇더ᄒᆞᄋᆸ시닝ᄭᅡ. 심히 긔별 모ᄅᆞᄋᆞ와 좀드
온 시도 닛ᄌᆞᆸ디 몯ᄒᆞᄋᆞ와 일야의 분별ᄒᆞ오ᄃᆡ[3)]
눈믈 ᄲᅮᆫ이로소이다. 블셰[4)] 뷔온 문안 사ᄅᆞᆷ[5)]이나
보내올 거ᄉᆞᆯ 극 결 업ᄉᆞ온ᄃᆡ[6)] 수 저근 둉이 ᄆᆡ일 둘
식 세식 누워시니 일졀 일 몯ᄒᆞ와 논도 무기ᄋᆸ
고[7)] 밧도 무기ᄋᆸ노이다. 하 긔별을 몯 듣ᄌᆞ와 민망ᄒᆞ여
여러 적 우다가 뵈니 슈〻이[8)] 되여ᄂᆞ이다.[9)] 이제ᄂᆞᆫ
어마님겨ᄋᆸ셔도 나ᄅᆞᆯ 닛고 긔별도 아니ᄒᆞᄋᆸ시니
셜워이다. 나ᄂᆞᆫ ᄇᆞ란 ᄃᆡ 업ᄉᆞ와 아쇠온 ᄠᅳ데 ᄭᅮᆷ
곳 ᄭᅮ면[10)] 힝혀 아니 게 긔별 드ᄅᆞᆯ가.[11)] 그 나ᄅᆞᆯ[12)] 계우 머
【上邊】
믈워 눈믈 지ᄂᆞ이다.[13)] 근쳬[14)]
역신은 엇ᄯᅥᄒᆞ오며 시긔[15)]ᄂᆞᆫ
업ᄉᆞᆸᄂᆞ닝ᄭᅡ.[16)] 여긔ᄂᆞᆫ 시긔 하 흔
ᄒᆞ오니 민망ᄒᆞ여이다. 아바님

겨오셔 보롬ᄭᅴ우터[17] 듕히
편치 아니옵셔 진지도 몯 잡
【右邊】
ᄉᆞ오시고 야그로
쟝복ᄒᆞ오니[18]
일가 근심이 소동ᄒᆞ여 민망ᄒᆞ오며 응낭이도 병 드러 음식도 일졀
먹지 몯ᄒᆞ고 골골 시난ᄒᆞ고[19] 올미[20]도 병드니 민망ᄒᆞ여이다. 유뮈나 ᄌᆞ
시 ᄒᆞ옵고져 ᄒᆞ오ᄃᆡ 젼ᄒᆞᆯ 동 말 동ᄒᆞ여 ᄌᆞ시 몯ᄒᆞ옵노이다. 이리셔
ᄇᆞ라옵기ᄂᆞᆫ 아ᄆᆞ리나 어린 동ᄃᆞᆯ[21] 거느리옵셔 긔운이나 편ᄒᆞ
옵샴 쳔만 ᄇᆞ라옵노이다. ᄀᆞ 업ᄉᆞ와 이만 알외옵노이다. 그리옵ᄂᆞᆫ
ᄌᆞ식 ᄉᆞᆯ이.
계히 칠월 스므여ᄃᆞ랜날
【뒷면】
현풍 논공이
어마님젼 샹ᄉᆞᆯ이 근봉

현대어

문안을 가이없이 아뢰옵고, 요사이 더위에 어린 동생들을 거느리옵시어 기운이나 어떠하십니까? 심히 기별 몰라 잠든 때도 잊지 못하여 밤낮으로 걱정하오되 눈물뿐이로소이다. 벌써 빈손 문안 사람이나마 보낼 것을, 극히 겨를이 없는데다가 수(數) 적은 종이 매일 둘씩 셋씩 누워 있으니, 일절 일을 못하여 논도 묵히고 밭도 묵히옵니다. 너무 기별을 못 듣자와 민망하여 여러 번 울다가, (어머님의 예전 편지를) 읽어보는 것이 여러 번 되었습니다. 이제는 어머님께서도 나를 잊고 기별도 아니하옵시니 섧습니다. 나는 바라는 것은 없사오나 아쉬운 뜻에 꿈이라도 꾸면 자주 기별을 들을까? (과거의 어느 날, 어머님을 만났던) 그 날을 겨우 머무르게 하며(=마음에 떠올리며) 눈물을 흘립니다.

근처의 역신은 어떠하오며 유행병은 없습니까? 여기는 유행병이 너무 흔하오니 민망합니다. 아버님께서 보름께부터 중히 편찮으셔서 진지도 못 잡수시고 약을 늘상 드시니 일가에 근심이 소동(騷動)하여 민망하오며, 응낭이도 병들어 음식도 일절 먹지 못하고 골골거려

한스럽고, 올미도 병이 드니 민망합니다.

편지나 자세히 하옵고자 하오되 전할 동 말 동(=전해질지 말지, 불확실)하여 자세히 (적지) 못하옵니다. 여기서 바라옵기는 아무쪼록 어린 동생들을 거느리옵시어 기운이나 편하옵심을 천만 바라옵니다. 가이없사와 이만 아뢰옵니다. 그리워하는 자식 사룀.

계해년 칠월 스무여드렛날. 현풍 논공이. 어머님께 사룀. 근봉(謹封).

해설

생활 현실에서 부딪히는 고단함에 마음 아파하며 어머니를 그리워하는 딸의 모습이 절실하게 나타나 있는 편지이다. 어머니의 편지를 받아본 적이 오래 되어 예전에 받은 편지를 다시 꺼내 어머니의 필적을 대하며 눈물짓는다는 사연이 애처롭기까지 하다. 집안 사정도 여의치 못하다. 가뜩이나 적은 노복들이 모두 앓아 일을 못하여 논밭을 묵히는 안타까운 사연, 아버님은 약을 장복하시고, 응낭이와 올미가 앓아 음식도 제대로 먹지 못하여 골골거리는 등의 일이 글쓴이의 근심을 더하고 있다. 편지 첫머리에 나오는 '요사이 더위'로 인해 질병의 종류가 늘어나고, 유행병의 정도가 심해진 상황을 느낄 수 있다. 이와 같은 삶의 고단함 속에서도 글쓴이는 어머니의 편하심을 간절히 기원하고 있다.

주석

1) 거느리ᄋᆞᆸ셔 : 거느리옵시어. 거느리시고.
2) 줄을 바꾼 까닭은 '긔운'이 존대해야 할 상대방에 속하는 것이기 때문이다. 이것은 서간문에서 존대를 표현하는 한 방법이다.
3) 일야의 분별ᄒᆞ오ᄃᆡ : 밤낮 걱정하오되. 일야(日夜) + -의[처격조사]. '일야'는 '밤낮에', '밤낮으로', '늘'의 뜻으로 쓰이고, '분별하다'는 '걱정하다'의 뜻이다. '듀야 일ᄀᆞᆺᄌᆞᆸ다'도 '늘 근심하다', '늘 염려하다'라는 뜻으로 쓰이고 있다(125, 127번 편지 참조).
4) 벌셰 : 벌써. '벌셔' 또는 '벌쎠'로 쓰이기도 한다.
5) 뷔온 문안 사ᄅᆞᆷ : 선물없이 빈손으로 문안 드리러 가는 사람.
6) 극 결 업사온ᄃᆡ : 극히 겨를이 없사온데. 여기서 '극(極)'은 '극히', '몹시', '매우'에 해당하는 부사어이다. 이와 유사한 표현으로는 '하 결 업서'(하례 사ᄅᆞᆷ이나 보내오져 ᄒᆞ되 하 결 업서 몯 보내니, 162번 편지)가 있는데, 여기서 '하[多]'는 앞서의 '극'과 마찬가지로 강의(强意)의 정도부사 기능을 하고 있다. 부사가 빠진 표현인, '결 업시'도 보인다(금동이 잡믈 바치노라 결 업시 ᄃᆞᆫ니니, 56번 편지). '결'은 '겨를'의 단축형이다.
7) 무기ᄋᆞᆸ고 : 묵히옵고. 묵- + -이-[사동접사]+ -ᄋᆞᆸ- + -고. 현재의 표준어에서는 '(논밭을) 묵이다'가 아닌 '(논밭을) 묵히다'로 쓰고 있다. '묵-[陳, 宿]'에 결합되는 사동접사가 '-이-'에서 '-히-'로 변화되었음은 문헌에서 확인된다. 참고) 이믜 命을 받ᄌᆞ와ᄂᆞᆫ 님금 말ᄉᆞᆷ을 집의 무기디 아니홀 디니라(已受命ᄒᆞ얀

君言을 不宿於家ㅣ니라)<小解 2:37>. 원망홈울 묵이디 아니ᄒᆞ고(不藏怒焉ᄒᆞ며)<小解 4:37>. 『소학언해』는 1586에 간행된 문헌이고, 「곽씨언간」은 17세기 초의 자료이다. '무키다'나 '묵히다'가 출현하는 가장 이른 시기의 문헌이 무엇인지 파악되지 않아, 사동접사 구성의 변화 시점을 결정하기 어렵다. 그러나, 위 두 문헌에 '무기다(=묵이다)'가 출현함으로 보아 최소한 17세기 초까지 '묵-'에는 '-히-'가 아닌 '-이-'가 통합되었음을 알 수 있다.

8) 슈ᄒᆞ이 : 미상. '슈ᄒᆞ이'의 의미에 대해서는 다음과 같은 두 가지 가능성을 생각해 볼 수 있다.
   ① '슈ᄒᆞ이'를 명사 '數數'(수수)에 부사화접사 '-이'가 결합한 것으로 봄. (어머님의 예전 편지를) 뵌 것이(대한 것이) 數數이(여러번) 되었습니다. ※이 해석에서 '뵈니'를 형태분석하면 '뵈-[어간] + -ㄴ[관형형어미] #이[의존명사]'와 같이 되며, '뵌 것'이란 뜻을 지닌다.
   ② '슈ᄒᆞ이'를 '시끄럽고 떠들썩하여 정신이 어지럽다'라는 뜻의 형용사 '수수하다'의 어근 '수수'(또는 한자어 어근 愁愁)에 부사화접사 '-이-'가 결합한 것으로 봄. (어머님의 예전 편지를) 뵈니 제 마음 상태가 수수하게(어수선하게) 되었습니다. ※이 해석에서 '뵈니'를 형태분석하면 '뵈-[동사어간] + -니[접속어미]'와 같이 된다. 황문환(2001)에서는 '슈ᄒᆞ'를 '슝'으로 읽었으나 받침 ㅇ을 쓴 다른 글자와 비교해 보면 상당히 달라서 '슝'으로 판독하기는 어렵다.

9) 아쇠온 : 아쉬운. '아쉽다>아쉽다'.

10) 꿈곳 쑤면 : 꿈만 꾸면. 꿈을 꾸면. '곳'은 강조나 한정의 기능을 하는 첨사이다.

11) 힝혀 아니 게 긔별 드를가 : 행여 아니게 그쪽의 기별을 들을까. 어쩌다가라도 그쪽의 소식을 듣기나 할까.

12) 그 나롤 : 그날을. 편지의 문맥으로 봐서, 필자가 과거에 어머니를 만났던 어느 날로 해석된다.

13) 눈믈 지ᄂᆞ이다 : 눈물을 흘립니다. 눈믈 디다[落淚]>눈물 지다. 현대국어에서 '눈물-지다'는 '눈물이 흐르다'라는 뜻의 자동사로, '눈물-짓다'는 '눈물을 흘리다'라는 뜻의 타동사로 쓰이지만 타동사로서의 '눈물-짓다'라는 어형은 '디다'에서 변한 '지다'를 '짓-'과 관련시켜 잘못 조어된 것이라 생각된다. 어원을 고려할 때 '눈물-지다'라는 동일 어형으로써 자타 양용동사로 쓰는 것이 바람직하다.

14) 근체 : 근처에. '근쳬'는 '근쳐'에 처소격이 통합된 어형이다.

15) 시긔 : 時期病(시기병). 유행병. 시기(계절)를 타서 유행하는 돌림병. 참고) 시긧병 고티리라(治時疾)<分門 4>.

16) 업습ᄂᆞ닝싸 : 없습니까? '-닝쌰'는 존대 의문형 '-니잇가'의 축약형이다.

17) 보롬씌우터 : 보름께부터. 보롬 + -씌 + -우터. 참고) 언제우터 나뇨 그제우터 나니(從幾時出 從前日箇出來)<朴飜 상 13>. '-씌'는 시간·공간적으로 가까운 위치를 의미한다. 즉 '무렵' 또는 '부근'을 뜻한다. '-우터'는 '-브터'의 변화형.

18) 쟝복ᄒᆞ오니 : 같은 약이나 음식을 오래 동안 두고 늘 먹으니. 長服(장복).

19) 골골 시난ᄒᆞ고 : 골골거리며 앓고. '골골'은 병으로 기운이 빠져 맥을 추지 못하는 모습을 표현한 부사. '시난ᄒᆞ-'는 병이 심하지 않으면서 오래 앓는 모습을 뜻한다. 참고) 시난-고난 (표준국어대사전).

20) 올미 : 어린이 또는 '올미'라는 이름을 가진 어린아이. 문맥으로 봐서 '올미'는 글쓴이의 자식 이름으로 판단된다. 참고) ᄒᆞᆫ 올미 闍耶ㅣ라 호리 부텨 오시거늘 보ᅀᆞᆸ고 과ᄒᆞᅀᆞᄫᅡ<釋譜 24:7>. 제 번 올미 毗闍耶ㅣ라 호리롤 ᄃᆞ려 닐오ᄃᆡ<釋譜 24:8>.

21) 동뎔 : 동생들. '동싱뎔'의 '싱' 字가 빠져 있다.

131. 바늘 하나, 분 한 통을 못 사왔으니… 영인 617p

출가녀가 하씨에게(1623. 12.15) [문 123] [건들 45]

판독문

문
안 ᄀ 업시 알외읍고, 요ᄉ이 극치위예[1)] 동싱
둘 거느리읍셔
긔운 엇더ᄒ읍샨고. 응보기[2)] 가온 후의 긔별 일졀
모ᄅ와 민망ᄒ오며 쥬셔긔[3)] 둉증[4)]은 이제나 엇더
ᄒ온고 일시도 닛줍디 몯ᄒ며 역신은 엇더
ᄒ온고 다시 긔별 모ᄅ와 좀 드온 슷[5)]도 닛줍디
몯ᄒ읍고 안덕 동싱[6)]은 히산 무ᄉ이 ᄒ오며 므
서슬 나흔고 ᄒ읍노이다.[7)] ᄌ식은 숨 니을
만 잇ᄉ와[8)] 게 긔별 모ᄅ와 민망ᄒ읍고 셔울
긔별 몰라 민망ᄒ읍다니 밤의사[9)] 와 겨시ᄃᆡ[10)] 무
ᄉ히 와 겨시니 깃브오이다마는 쏘 게[11)] 긔별 수
이[12)] 모ᄅ올 거시라 민망ᄒ오이다. 셔울 갓써
니 ᄒ읍고 바놀 분[13)]도 몯ᄒ여 왓ᄉ와 수이 오게.[14)] 게
【上邊】
셔 오래 이시매 군ᄒ여[15)] 보션
을 다 ᄑ라[16)] 쓰고 와시니[17)] 이런
줄 어이 아읍시링까. 아므
것쏘 몯 보내오니 흐운ᄒ
ᄒ여이다[18)]. 오라바님 형님씌
【右邊】
과[19)] 다 문
안ᄒ읍

쇼셔.

아ᄋᆞ님내끠 대되 안부ᄒᆞᄋᆞᆸ쇼셔. 이 사ᄅᆞᆷ이 하 ᄀᆞᆸ

디니[20] 닷 유무 몯 ᄒᆞ니 흐운ᄒᆞ여이다. 긔별 ᄒᆞᄋᆞᆸ쇼셔. 셔

울 갓더니 ᄒᆞ고 근쳬 손이 만히 와시니 요ᆢᄒᆞ여[21] ᄌᆞ시 몯 ᄒᆞᄋᆞᆸ

노이다. 아마도 치위예 긔운 평안ᄒᆞᄋᆞᆸ샴을 쳔만

ᄇᆞ라ᄋᆞᆸ노이다. 대임으내ᄃᆞ려[22] 다 안부 ᄒᆞᄋᆞᆸ쇼셔. 역신

약 어더 보내ᄋᆞᆸ노이다.

계히 셧ᄯᆞᆯ 보롬날. 그리ᄋᆞᆸᄂᆞᆫ ᄌᆞ식 ᄉᆞᆯ이.

【뒷면】

현풍 논공이

어마님젼 샹ᄉᆞᆯ이. 근봉

현대어

문안을 가이없이 아뢰옵고, 요사이 심한 추위에 동생들을 거느리옵시어 기운이 어떠하오십니까? 응보기가 간 후에 기별을 일절 몰라 민망하오며 주셕이의 종기 증세는 이제나 어떠한지. 일시도 잊지 못하오며, 역신은 어떠한지 다시 기별을 몰라 잠 든 사이도 잊지 못하옵고, 안덕(에 사는) 동생은 해산을 무사히 하였으며 무엇을 낳았는지 궁금하옵니다.

자식은 숨 이을 만하게(=그럭저럭 살고) 있사와 거기의 기별을 몰라 민망하옵고 서울의 기별을 몰라 민망하옵더니, (제 남편이) 밤에야 왔으되 무사히 와 계시니 기쁩니다마는, 또 거기의 기별을 빨리 알지 못하여 민망합니다. 서울 갔던 사람(=남편)이 바늘 하나 분 한 통도 못 사고 왔사옵니다. 거기(서울)에서 오래 있어서 군색해져 버선까지 다 팔아먹고 (그 돈을) 쓰고 왔으니 이런 사정을 어찌 아시겠습니까?

아무 것도 못 보내오니 서운합니다. 오라버님과 형님(=올케)께 다 문안하옵소서. 아우님네에게도 모두 안부하옵소서. (편지 전할) 이 사람이 너무 깝치니(=재촉하니) 다른 소식을 못 적어 서운합니다. 기별하옵소서. 서울 갔던 사람하고 근처의 손이 많이 와 있으니 시끄럽고 어수선하여 자세히 (적지) 못 하옵니다. 아마도 추위에 기운 평안하옵심을 간절히 바랍니다. 대임이네한테도 다 안부하옵소서. 역신 약을 구하여 보내옵니다.

계해년 섣달 보름날. 그리옵는 자식 사룀.

현풍 논공이. 어머님께 사룀. 삼가 봉함(謹封).

해설

주석이의 종기 앓이, 역신, 안덕 동생의 해산 등 가지가지 구구절절한 사연이 담긴 편지다. 서울 갔던 남편이 바늘 하나 분 한 통도 사오지 않아 못내 섭섭한 마음이 드러나 있다. 멀리 외지에 출타한 남편이 아내에게 바늘과 분을 선물로 사 주는 습속이 「나신걸언간」(1490년경)에도 나타나 있다. "또 분ᄒᆞ고 바롤 여ᄉᆞᆺ 사 보내뇌"(또 분하고 바늘 여섯 개를 사 보내오)라는 사연이 나신걸이 아내에게 보낸 편지에 씌어 있다.

131번 편지에는 서울에서 오래 머물러 있다가 온 남편이 군색해져서 버선까지 다 팔아먹고 겨우 내려왔다는 사연 등이 자못 세세하다. 이 편지에 나타난 낱말 'ᄀᆞᆸ디니'는 현대 경상방언의 '깝치다'(독촉하다, 재촉하다)에 해당하는 것이다. 이런 방언형이 이미 1620년대에 쓰였던 것임이 문증된다.

주석

1) 극치위예 : 몹시 심한 추위에. 극성스런 추위에. '극치위'는 극한(極寒)을 달리 표현한 것으로서, 극열(極熱), 극서(極暑), 극한(極寒) 등의 예를 볼 때 '극치위'의 '극'도 접두사로 볼 수 있다.
2) 응보기 : 사람 이름. 138편지의 '응낭이'가 나오는데 그 동생일 것이다.
3) 쥬셔긔 : 쥬셕의. '쥬셕'은 인명이다. 쥬셕 + -의[속격조사]. 132번 편지와 138번 편지에도 이 이름이 출현한다.
4) 둉증 : 종증(腫症). 종기가 나서 고통스런 증세. 둉증>종증(腫症)(구개음화). 참고) 둉긔>종기(腫氣). 슈구에 빠히여 응결ᄒᆞ야 둉긔 일옴을 인연홈이라<馬經 하 45>.
5) ᄉᆞᆺ : 사이. 틈. 참고) 間 ᄉᆞᆺ 간<訓蒙 初 하 15>. 南北東西예 그츤 ᄉᆞ치 업거늘<南明 상 13>.
6) 안덕 동싱 : 안덕으로 출가한 필자의 여동생을 가리킨다. '안덕'은 경북 청송군에 있다. 곽주가 쓴 6번 편지에 "나는 브듸ᄒᆞᆫ 일로 쳥숑의 ᄂᆡ일로 가니"가 나와 청송에 내왕이 있었음을 보여 준다.
7) '읍'자 뒤에 지워 버린 부분이 있는데 '고'자가 보인다. 아마 접속형으로 쓰려다가 생각을 바꿔 종결형으로 쓰게 된 듯하다.
8) 숨 니을 만 잇ᄉᆞ와 : 숨 이을 만하게 있어. 겨우 숨을 이을 정도로 있어. 자신이 살아가는 처지를 겸양하여 표현한 말. 여기서의 '만'은 '정도(程度)'를 나타내는 의존명사이다. 이 '만'은 현대국어의 '먹을 만큼 먹어라'에서 '만큼'과 기능상 통하는 면이 있다. 참고) 나는 숨 니을 만 인뇌다(115번). 나는 당시 숨 니어 인노이다(118번).
9) 밤의사 : 밤에야. 밤에사. 첨사 '사'는 15세기 어형으로는 'ᅀᅡ'에 해당한다.
10) 와 겨시듸 : 와 계시되. 이 동작의 주체는 출가녀의 남편(흔히 '밧긔셔'로 지칭됨)인데, 여기서는 생략되었다.
11) 게 : 거기. 그 곳.
12) 수이 : 빨리. 이 문맥에서의 '수이'는 '쉽게'라는 뜻보다 '빨리'의 뜻이 강하다.

13) 바늘 분 : 바늘[針]과 분(粉). '분'은 화장품으로 쓰인 분가루를 가리킨다. "바늘 분도 못하여 왔다"라는 표현은 '서울에 갔던 사람(아마도 남편일 것이다)이 집안 생활에 필요한 물품이나 가족들에게 줄 선물을 전혀 사오지 못하였다'는 뜻을 비유적으로 나타낸 말이다.
14) 이 문장은 글쓴이가 잘못 만든 것으로 보인다. '왓ᄉᆞ와'가 서술어가 되어 '오게' 뒤에 놓여야 의미가 자연스럽게 통한다.
15) 군ᄒᆞ여 : 군색(窘塞)하여. 돈이 떨어져 형편이 어려워져서.
16) 다 ᄑᆞ라 : 다 팔아먹고.
17) 쓰고 와시니 : 쓰고 왔으니.
18) ᄒᆞ운ᄒᆞᄒᆞ여이다 : 서운합니다. 섭섭합니다. 'ᄒᆞ'가 중복된 것은 편지의 필자가 행을 바꾸면서 실수로 한 번 더 썼기 때문이다. 86번, 111번 편지 등 여러 곳에서 'ᄒᆞ운ᄒᆞ-'라는 어형이 등장하는데, 거기서도 '서운하다'는 뜻을 지닌다. ᄒᆞ운ᄒᆞ- + j + -어-[확인법] + -이-[상대존대] + -다.
19) 오라바님 형님ᄭᅴ과 : 오라버님과 형님께. 15세기 국어라면 '오라바님ᄭᅴ와 형님ᄭᅴ와'로 되어야 할 표현이다. 그리고 17세기에는 '형님ᄭᅴ과'처럼 모음 아래에서도 공동격조사로 '-와' 아닌 '-과'를 사용한 경우가 많았다. 위 문맥에서 '오라바님'은 이 편지 필자의 오빠인 이창(以昌)을 가리키고, '형님'은 以昌의 처, 필자에게는 올케가 되는 사람을 가리킨다.
20) 쟙디니 : 재촉하니. 경상방언의 '깝치다'의 선대형. 쟙디-(←쟙티-) + -니. 기존의 고어사전에는 실려 있지 않은 낱말이다. '디'가 '치'로 변화한 예로는 '넘디다/넘치다/넘찌다'가 있다. '쟙디다'의 경우도 '쟙디다/쟙찌다'라는 어형이 존재했을 가능성이 있다.
21) 요ᄋᆞᄒᆞ여 : 시끄럽고 어수선하여. 요요(擾擾)하여.
22) 대임으내ᄃᆞ려 : 대임이네더러. 대임이네에게. '대임이내'는 대임이를 비롯한 하씨 소생의 3형제(宜昌, 愈昌, 亨昌)을 가리키는 것으로 보인다. 그리고 생몰년이라든가 기타 여러 정황으로 보아 '대임'은 의창(宜昌)의 아명(兒名)으로 판단된다. '대임'은 하씨 소생의 아들이고, 이 편지 필자의 남동생이다.

132. 대임이와 동생들, 새해에 글공부 잘 하기를… 영인 616p

출가녀가 하씨에게(1624. 1.15) [문 124] [건들 44]

판독문

신셰예[1] 어린 동싱들 거느리ᄋᆞᆸ셔
긔운 엇써ᄒᆞᄋᆞᆸ샨고. 심히 긔별 모ᄅᆞᄋᆞ와 시직을 닛ᄌᆞᆸ
디 몯ᄒᆞᄋᆞ오며[2] 분별이 ᄀᆞ 업ᄉᆞ오며 셰후의[3] 즉시 문
안 사ᄅᆞᆷ이나 보내ᄋᆞᆸ고젼[4] 졍은 ᄀᆞ 업ᄉᆞ오ᄃᆡ 죵들이 쇽졀업손
화ᄅᆞᆯ 만나 옥듕의[5] 만히 드오매 일개[6] 놀라 솔
란ᄒᆞᄋᆞᆸ고[7] 산하기[8]도 그 운[9]에 드러[10] ᄃᆞ라나고 넙싱이[11]도 열흘
장근[12] 듕히 병 드ᄋᆞᆸ고 사ᄅᆞᆷ 업ᄉᆞ와 지금 문안 사ᄅᆞᆷ도

몯 보내엿숩다가[13] 이저야[14] 보내ᄋᆞ오니 졍 업ᄉᆞ오며 죄 만ᄉᆞ오
며 죵둘도 븟ᄭᅳ럽ᄉᆞ와이다. ᄌᆞ식은 덕분의
과셰[15]ᄂᆞᆫ 무ᄉᆞ히 지내ᄋᆞ오되 새 ᄒᆡ를 보ᄋᆞ오니 슬프오미
ᄀᆞ 업숩고 할마님 대상[16]도 머지 아녀ᄉᆞ오니[17] 어마
님 ᄠᅳᆮ 싱각ᄒᆞ읍고[18] 더옥 망극 슬허 눈믈 지오며 아
바님 여희ᄋᆞ완 지[19] 엇그젠 ᄃᆞᆺᄒᆞ오ᄃᆡ 볼셔 시년이[20] 쟝근
되엿ᄉᆞ오ᄃᆡ 어ᄃᆡ 가읍시고 ᄒᆞᆫ 줏[21] 글시도 몯 보읍거뇨.[22]
망극 셟ᄉᆞ오믄[23] ᄒᆡ 만ᄉᆞ올소록 새로이 ᄐᆞᄂᆞᆫ ᄃᆞᆺ 셟ᄉᆞ와
젼의 밧ᄌᆞ온 유무를 ᄆᆡ일 보오며 가ᄉᆞ미 짓ᄐᆞᄃᆞᆺ
ᄒᆞ와[24] 눈믈 금치 못ᄒᆞ와 셜워이다. 쥬셔기[25]ᄂᆞᆫ 영차
읍건 지[26] 오라 ᄒᆞ온가 ᄇᆞ라오며 다시 긔별 모ᄅᆞ와 답
갑ᄉᆞ오며 그대히ᄂᆞᆫ[27] 역신은 엇더ᄒᆞ오며 시긔[28]ᄂᆞᆫ 업숩
ᄂᆞᆫ닝까. 이다히ᄂᆞᆫ ᄉᆞ모ᄒᆡ[29] ᄲᅮᆫ 거시 역질와 시긔오니 무ᄉᆞ히
나오미 어렵ᄉᆞ와 민망ᄒᆞ오이다. 섯ᄯᆞᆯ 보롬날 소례
담지디[30] 남인[31]이 지나가읍거놀 유무ᄒᆞ읍고 동싱의
무명[32] ᄲᅮᆫ 것 두 긋ᄐᆡ ᄇᆞ람[33] ᄒᆞ여 가읍고 바늘 분[34] □지[35]

【上邊】

쇼ᄒᆞ오나 졍이나 아읍시긔[36] 닷다치[37] 가읍더니 ᄂᆞᆫ호읍
시닝까. 타모[38] ᄌᆞ시 ᄒᆞ읍소셔. 아므것도 졍 알외ᄋᆞ올 것
업ᄉᆞ와 됴치 아닌[39] 시 ᄂᆞ즌 조반[40] ᄒᆞ읍고 약쥬 두[41] 실과[42] ᄒᆞ읍고 대구 두
마리 조각[43] 죠곰 ᄒᆞ읍고 보션 보내읍노이다. 졍이나
아읍시소.[44] 술란 ᄉᆞ나히 둉둘이나 머기읍쇼셔. 이저야 보내오
니 놈 웃ᄌᆞ올가 둉 븟그럽ᄉᆞ와이다. 먹넉 장 가오니 ᄒᆞᆫ

【右邊】

쟝으란 어
마님 ᄡᅳ읍시
고 두 쟝으란
두 아기시 주시고 ᄒᆞᆫ 쟈으란 대임이[45]

글 스라 ᄒᆞ쇼셔. 대임의내[46] 세히게[47] 안부ᄒᆞᄋᆞᆸ시고 새히예 글 잘ᄒᆞᆯ가 ᄇᆞ라노라 니ᄅᆞᄋᆞᆸ쇼셔. ᄂᆞᆷ은 저의만 몯ᄒᆞᆫ 거시 다 잘 ᄒᆞᆫ다니 ᄇᆞᄃᆡ 힘셔 니ᄅᆞ라 ᄒᆞᄋᆞᆸ쇼셔. 이리셔 ᄇᆞ라ᄋᆞᆸ기ᄂᆞᆫ 아ᄆᆞ리나 긔운 편ᄒᆞᄋᆞᆸ샴과 역신 업ᄉᆞ오ᄆᆞᆯ 원ᄒᆞᄋᆞᆸ노이다. 그지 업ᄉᆞ오ᄃᆡ 하 지리ᄒᆞ와 이만 알외ᄋᆞᆸ노이다.

갑ᄌᆞ 정월 망일[48]

그리ᄋᆞᆸᄂᆞᆫ ᄌᆞ식 ᄉᆞᆯ이

【뒷면】

논공이

어마님젼 샹ᄉᆞᆯ이

현대어

새해에 어린 동생들을 거느리고서 기운이 어떠하십니까? 심히 기별을 몰라 한 시도 잊지 못하오며 걱정이 가이없사오며, 설을 쇤 뒤에 즉시 문안 사람이나 보내고자 하는 정은 가이없는데, 종들이 속절없는(=어찌할 도리가 없는) 화를 만나 감옥에 많이 들었기에 일가(一家)가 놀라 소란하고, 산하기도 그 운에 들어(=그 분위기에 쓸려) 달아나고, 넙싱이도 열흘 가까이 중히 병들고 사람이 없어서 지금 문안사람도 못 보내고 있다가 이제야 보내오니, 정이 없으며 죄가 많사오며 종들에게도 부끄럽습니다.

자식은 덕분에 설은 무사히 지냈으되 새해를 맞이하니 슬픔이 가이없고 할머님 대상도 멀지 않았사오니 어머님 뜻을 생각하고 더욱 망극히 슬퍼 눈물을 지으며, 아버님을 여읜 지 엊그제인 듯하오나 벌써 십 년 가까이 되었사오되 (아버님께서는) 어디에 가시고 한 자의 글씨도 못 보실까! 망극히 서러움은 해가 거듭될수록 새로이 (가슴이) 타는 듯 서러워, 전에 받은 편지를 매일 보며 가슴이 짓타듯하여 눈물을 금치 못하며 서럽습니다.

쥬셔기는 완쾌[永差]한 지 오래 되었기를 바라며 다시 기별을 몰라 답답하오며, 그 쪽에는 역신은 어떠하며 유행병은 없습니까. 이 쪽은 사방에 (둘러) 싸인 것이 역병과 유행병이오니 무사히 지내는 것이 어려워 민망하옵니다.

섣달 보름날 소례 담지디 남인이 지나가거늘 편지와 동생에게 옷을 지어 줄 무명을 짠 것 두 끝에 보람하여 보냈고 바늘, 분, 연지(?)를 소소하나마 정이나 아시도록 따로 따로 보냈는데 (그 물건을 다시) 나누셨습니까? 소식을 자세히 해주십시오.

아무것도 정을 알릴 것이 없어서 좋지 않은, 때 늦은 조반하고 약주 두 병과 과실하고, 대구 두 마리, 조각 조금하고 버선을 보냅니다. 정이나 아십시오. 술은 사내종들에게 먹이십시오. (情 알릴 것들을) 이제야 보내니 남이 웃을까 종에게 부끄럽습니다. 먹 넉 장이 가니 한 장은 어머님께서 쓰시고 두 장은 두 아기씨에게 주고 한 장은 대임이에게 글을 쓰라 하십시오. 대임이와 동생들 셋에게 안부하시고 새해에 글 잘 하기를 바라노라고 이르십시오. 남은 저보다 못한 것이(=예전에는 다른 아이가 대임이 저보다 못했는데 지금은) 다 잘 한다고 하니 부디 힘써 (글) 읽으라 하십시오. 여기서 바라옵기는 아무쪼록 기운 편하심과 역신이 없기를 원합니다. 끝이 없사오되 매우 지리하여 이만 아룁니다.

갑자년 정월 보름. 그리워하는 자식 사룀.

논공이. 어머님께 사룀.

해설

이 편지는 매우 길고 사연도 복잡다단하다. 출가녀가 부리는 종들이 죄를 지어 감옥에 들어가고 남은 종도 달아나고 병이 드는 등 처지가 어려워졌음을 알리고 있다. 돌아가신 아버지가 그리워 아버지가 예전에 보내주신 편지를 보며 눈물 짓는 딸의 모습이 나타나기도 한다. 보내는 물건도 가지가지이다. 바늘, 분, 연지, 조반, 약주 두 병, 과실, 대구 두 마리, 조각, 버선 그리고 붓글씨 쓸 때 필요한 먹 넉 장을 보내고 있다. 보낸 넉 장을 각각 나누어 줄 사람까지 거명해 놓았다. 편지 말미에서 대임이를 비롯한 남동생들에게 새해에는 글공부를 더 열심히 하라고 당부하고 있다. 저보다 글공부 못하던 아이들이 다 잘한다고 하니 더욱 힘써 글을 읽으라고 하는 말도 우리의 관심을 끄는 대목이다.

주석

1) 신셰예 : 새해에. 신셰(新歲) + -예.
2) 시직을 닛줍디 몯ᄒᆞᄋᆞ오며 : 한 시도 잊지 못하오며. '시직'은 '時刻'의 한자음.
3) 셰후의 : 설을 쇤 뒤에. 셰후(歲後).
4) 보내ᄋᆞᆸ고젼 : 보내고자 하는. 126번 편지에 같은 구성인 '아ᄋᆞᆸ고젼'이 나타난다. 어미 '-고져'에 '-ㄴ'이 결합한 것처럼 보이지만 이는 'ᄒᆞᄂᆞᆫ'의 단축형으로 봄이 적절하다.
5) 옥듕의 : 옥중에. 獄中.
6) 일개 : 일가가. 일가(一家) + -ㅣ[주격].
7) 솔란ᄒᆞᄋᆞᆸ고 : 소란하옵고. '솔란'은 '소란'(騷亂)에서 ㄹ이 중철된 것.
8) 산하기 : 노복의 이름.

9) 운 : 일이 일정한 방향으로 흘러가는 형세. 사세(事勢).
10) 드러 : 들어. 그러한 운세(분위기)에 휩쓸려.
11) 넙싱이 : 노복의 이름.
12) 장근 : 거의. 사물의 수효나 시간을 나타내는 말 따위와 함께 쓰이어 '거의', '가깝게'의 뜻으로 쓰인다. 이 편지의 열셋째 줄에는 '쟝근'으로 나타난다. 참고) 공사는 장근 3년이나 걸렸다. 한 상자에 장근 100개는 들었다.
13) 몬 보내엿숩다가 : 몬 보내고 있다가. 몬 # 보내- + -여 # 잇- + -숩- + -다가.
14) 이저야 : 이제야. '이제'에서 'ㅣ'가 탈락되었다.
15) 과셰 : 過歲. 설을 쇰.
16) 대상 : 大祥. 죽은 지 두 돌 만에 지내는 제사. 119번 편지에 나온 적이 있다.
17) 아녀ᄾ오니 : 않았으니. '아니엇ᄾ오니'에서 ᄉ이 탈락된 것으로 보인다. 156번 편지의 '아니ᄋᆞᆸ거니와'의 각주 참고. '아녀'는 여러 편지에 자주 쓰인다.
18) 어마님 ᄠᅳᆮ ᄉᆡᆼ각ᄒᆞᄋᆞᆸ고 : (할머니 대상을 맞아) 어머님의 마음이 얼마나 슬플까를 생각하고. 여기에서 '어마님'은 하씨를 가리킨다.
19) 여희ᄋᆞ완 지 : 여읜 지. '지'는 '디'의 구개음화형이다.
20) '시년이'의 '시'자 아래 지운 부분이 있다. 자형상 '십'으로 볼 여지도 있다. 그런데 곽주의 몰년은 1617년이고 이 편지는 1624년에 쓰인 것이어서 '십 년'이 다 찬 것은 아니다.
21) ᄒᆞᆫ ᄌᆞᆺ : 한 자의. ᄒᆞᆫ[관형사] #ᄌᆞ(字) + -ㅅ.
22) 보ᄋᆞᆸ거뇨 : 주해자의 판독문(1997)에서 '보ᄋᆞᆸ시뇨'로 읽었던 것을 수정한다.
23) 셟ᄉᆞ오ᄆᆞᆫ : 섧음은. '셟'은 '셟'의 오기.
24) 짓ᄐᆞ듯ᄒᆞ와 : 짓타듯하여. 가슴이 타는 듯함을 강조한 것. '짓-'은 강세접두사.
25) 쥬셔기 : 아이 이름.
26) 영차ᄋᆞᆸ건 지 : 완전히 병이 나은 지. 영차(永差)한 지. 참고) 세 번애 넘디 못ᄒᆞ야 영차ᄒᆞ리라<馬經 下 116b>.
27) 그대히ᄂᆞᆫ : 그쪽은. 그 # -다히[접미사] + -ᄂᆞᆫ. '-다히'는 현대어에서 '-편', '-쪽'에 해당하는 낱말이며, 여기서는 'ㅣ'모음 역행동화가 적용되어 '-대히'로 나타났다. 바로 다음 문장에 '이다히'가 나온다. '그대히'는 어머니가 살고 있는 곳을 가리키고, '이다히'는 딸이 출가하여 살고 있는 곳이다. 참고) 뉘 그다히 일을 무셔워 통ᄒᆞ리<癸丑 1:132>. 젹인이 그다히로셔 오니<落泉 4:9>.
28) 시긔 : 시기병. 유행병. 시기(時期). 참고) 근쳐 역신은 엇써ᄒᆞ오며 시긔ᄂᆞᆫ 업ᄉᆞᆸᄂᆞ닝ᄭᅡ(130번).
29) ᄉᆞ모희 : 사방에. ᄉᆞ(四) # 모ᄒᆞ[方] + -ᄋᆡ[처격조사].
30) 담지디 : 어떤 직책을 가리키는 말로 보인다.
31) 남인 : 미상. 男人을 표기했을 가능성이 있다.
32) 동싱의 무명 : 동생의 옷을 지어 주기 위해 친정에 보내는 무명.
33) ᄇᆞ람 : 보람. 표지. 잊지 아니하거나 다른 물건과 구별하기 위해 두는 표식.
34) 바ᄂᆞᆯ 분 : 바늘과 분(粉).
35) □지 : 글자가 뭉개져 있는데 획으로 봐서는 '연지'일 가능성이 있다. 앞의 '분'과 의미상 같은 맥락에 놓여 '연지'로 봄이 적절하다. '연지분(臙脂粉)'은 단순히 '연지와 분'을 뜻하기도 하지만 '화장품'을 뜻하기도 한다.
36) 아ᄋᆞᆸ시긔 : 아시게. 아시도록.
37) 닷다치 : 따로 따로. '닷티닷티'의 준말로 보인다.
38) 타모 : 소식. 전갈. 124번, 127번 편지에 나온 적이 있다.
39) 됴치 아닌 : 좋지 않은. 변변찮은. 이 네 글자는 행간에 보입되어 있다.
40) 시 느즌 조반 : 시(時) 늦은 조반. '조반'은 '조반시'(早盤柿)의 준말인 듯.

41) 두 : 앞에 약주가 나오는 것으로 보아 '두 병'에서 '병'을 빠뜨린 표기이다.
42) 실과 : 실과(實果).
43) 조각 : 미상. 다음의 두 가지 가능성을 생각해 볼 수 있다. ① 조각(糙角 → 주악) : 찹쌀가루에 대추 따위를 이겨 섞어서 꿀에 반죽하거나 설탕에 버무려 팥소나 깨소를 넣고 송편처럼 만들어 기름에 지진 웃기떡의 한 가지. 각서(角黍)라고도 한다. ② 조각(皂角 → 조협(皂莢)) : 쥐엄나무 열매의 껍데기. 장조협 · 저아조협의 두 가지가 있는데 모두 약으로 쓴다. 성질은 따스하고 맛은 시며 짠데, 독이 조금 있으며, 중풍, 편두통, 마비 또는 살충약으로 쓰인다. 여기서는 앞뒤에 모두 보내는 음식에 대한 것이므로 ①이 적당한 것으로 판단된다.
44) 아ᄋᆞᆸ시소 : 아십시오. 하오체 '-소'가 '-시-' 뒤에 결합한 초기례이다.
45) 두 아기시 주시고 ᄒᆞᆫ 쟈으란 대임이 : 이 부분에서 ' 두 아기시 주시'까지는 우변 상단에 있고, '고 ᄒᆞᆫ 쟈으란 대임이'까지는 우변 하단에 쓰여 있어 두 부분의 거리가 멀다. '쟈'에 있어야 할 종성 ㅇ을 '-으란'의 ㅇ이 겸하고 있다.
46) 대임의내 : 대임이를 비롯한 아래 남동생들을 가리키는 것으로 보인다.
47) 세히게 : 셋에게. 세ㅎ(三) + -ᄋᆡ게(여격). '대임의내 세히게'는 128번 편지의 '대임으네 셋ᄃᆞ려'와 같은 표현이다. 하씨 소생인 의창, 유창, 형창을 가리킨다.
48) 망일 : 望日. 보름.

133. 어머니께 투심을 고쳐 보냅니다 영인 615p

출가녀가 하씨에게(1624. 2.7) [문 126] [건들 65]

판독문

쇼셔. 새 졀[1] 가시
리라[2] ᄒᆞ여ᄂᆞᆯ 투
심[3] 고쳐 보내오ᄃᆡ
곱지 아니외다.[4] 쥴
지ᄂᆞᆫ[5] 아니던가. 동ᄉᆡ[6]
ㅇᄃᆞᆯ이 셸가[7] ᄒᆞ
졈의[8] ᄒᆞ여던 것ᄯᅩ
보내ᄋᆞᆸ노이다.
고이 ᄒᆞ노라 ᄒᆞᄃᆡ
곱잔ᄂᆞᆫ이다.
후의 유무신[9] 답장 ᄌᆞ

시 ᄒᆞᄋᆞᆸ쇼셔.

ᄀᆞ 업ᄉᆞ오ᄃᆡ

하 요 ; ᄒᆞ여10) 이만.

갑ᄌᆞ 이월

초열흔날

ᄌᆞ식 ᄉᆞᆯ이

현대어

…십시오.

새 절에 가실 것이라 하거늘 투심을 고쳐 보내되 곱지는 않습니다. (길이가) 줄지는 않았을까, 동생들이 실을 자을까 (생각이 되어) ᄒᆞ졈이가 했던 것도 보냅니다. 곱게 한다고 했는데 곱지는 않습니다. 후에 답장 편지할 때 자세히 해 주십시오. 가이없으되 너무 정신이 뒤숭숭하여 이만.

갑자년 이월 초열흘날 자식 사룀.

해설

앞 장의 사연이 없어진 편지다. 어머니가 절에 가신다 하여 딸이 '투심'이라는 옷을 고쳐 어머니에게 보내며 이 편지도 같이 보냈다. 곱게 한다고 하기는 했으나 그리 곱지 못하다고 하였다.

주석

1) 졀 : 절(寺). '뎔'의 ㄷ구개음화형.
2) 가시리라 : 가시겠다고. 가실 것이라.
3) 투심 : 투심. 투심은 국어사전과 복식사전 어디에도 없는 단어이다. '토시' 혹은 '투수(套袖)'와 관련된 낱말이 아닐까 생각해 본다. 어쨌든 옷감으로 만든 의복류를 가리키는 명사임에는 틀림없다. 이은주 교수는 소매가 짧거나 없는 덧옷 종류로 추정하였다. 144번 편지에는 'ᄀᆞ리매'와 나란히 '투심'이 쓰였고, 145번에도 '투심'이 나온다.
4) 아니외다 : 아니합니다. 아니- + -오-(겸양법) + -이다. 부사 '아니'가 동사 어간처럼 쓰였다.
5) 줄지ᄂᆞᆫ : 줄지는. 판독상 약간 문제가 있는 부분이다. 자형상 '쥰지ᄅᆞ'로 볼 수도 있기 때문이다. 형태소 구성과 의미 해석의 자연스러움을 고려하여 '줄지ᄂᆞᆫ'으로 판독한다.
6) '동ᄉᆡ'의 아래 여백이 없어서 '동ᄉᆡᆼ'의 받침 'ㅇ'을 다음 행으로 내려 썼다.

7) 셸가 : 자을까. '혀-'(실을 잣는 일, 紡)에서 ㅎ이 ㅅ으로 구개음화된 것.
8) ᄒᆞ졈의 : ᄒᆞ졈이가. 'ᄒᆞ졈'은 사람 이름으로 추측된다.
9) 유무신 : 행간에 써 넣은 것이다. '유무하실'이 되어야 문맥상 자연스럽다.
10) 요ᄒᆞ하여 : 시끄럽고 어수선하여. 요요(擾擾)하여.

134. 김과 자반을 보냅니다 영인 615p

출가녀가 하씨에게(1624. 2.17) [문 92] [건들 34]

판독문

아니랴 ᄒᆞ되 엇
지 모르링까. 짐
ᄒᆞ고[1] 젼츄[2]
자반ᄒᆞ고 보내
노이다. 기름[3]
업서 몯 지
져 보내ᄋᆞᆸ노
이다. ᄀᆞ 업ᄉᆞ
와 이만 알외ᄋᆞᆸ
노이다. 갑ᄌᆞ
이월 열닐
웬날
ᄌᆞ식 술이.

현대어

…아니랴 하되 어찌 모르겠습니까? 김하고, 작년 가을(에 장만해 놓은, 소금에 절인) 자반을 보냅니다. 기름이 없어 지지지 못하고 (그대로) 보냅니다. 가이없어 이만 아뢰옵니다.

갑자년 이월 열이렛날 자식 사룀.

해설

이 편지는 쓴 연대가 1624년으로 분명히 드러나는 것인데, 여기에 나타난 '짐'이라는 어형은 이 시기의 현풍 방언에 ㄱ구개음화 현상이 존재하였음을 증명한다. 1632년에 대구 부근에서 간행된 중간 『두시언해』에도 ㄱ구개음화 현상이 존재한다(백두현 1989:64). 이 편지와 중간 『두시언해』는 시기적으로 거의 같은 것이어서 경상방언의 음운사 연구에 중요한 의미를 가진다. 이 편지는 사연이 짧아서 내용 중 특별히 언급할 것은 없으나 '젼추 자반'의 뜻이 숙제로 남는다.

주석

1) 짐ᄒᆞ고 : 김하고. '김[海苔]'의 ㄱ구개음화형.
2) 젼추 : 前秋. 작년 가을. 去秋. '젼추 자반'은 작년 가을에 장만한 자반이라는 뜻으로 짐작해 볼 수 있으나 문제는 남아 있다.

135. 아무쪼록 대상을 무사히 지내시고 영인 614p

출가녀가 하씨에게(1624. 4.23) [문 127] [건들 130]

판독문

문
안 알외ᄋᆞᆸ고 요ᄉᆞ이 심히 왕ᄂᆡ 업ᄉᆞ오매
긔운 평안ᄒᆞᄋᆞᆸ샨 긔별 일졀 듣ᄌᆞᆸ디 몯ᄒᆞ와 일시
도 닛ᄌᆞᆸ디 몯ᄒᆞ오며 봄이 깁ᄉᆞ와 온갓 즘ᄉᆡᆼ이며
초모기 만발ᄒᆞ오니[1] 새로이 망극ᄒᆞ와 □□ ᄒᆞ오ᄃᆡ ᄌᆞ식...
【上左邊】[2]
우나 ...
서 병 ...
매
와 ᄇᆡ ...

내오며 ...
【上右邊】
ᄋᆞᆸ고 ᄀᆞᆸᄀᆞᆸ
ᄒᆞ와 눈
【右邊】
믈 금치 몯ᄒᆞᄋᆞᆸ노이다. 하 서운ᄒᆞ와 ᄡᆞᆯ[3] 서 말 딥세리[4]
머육[5] 열 단 아ᄌᆞ바님 유무에 서시니 드리ᄋᆞᆸ쇼셔. 그다히는[6] 편ᄒᆞ오닝ᄭᅡ.
아ᄆᆞ리나 대샹 무ᄉᆞ히 지내ᄋᆞᆸ시고 대되 평안ᄒᆞ오믈
원ᄒᆞᄋᆞᆸ노이다. 그지 업ᄉᆞ오ᄃᆡ 망극 듕의 □□시기[7] 지리ᄒᆞ와 이만
알외ᄋᆞᆸ노이다. 갑ᄌᆞ ᄉᆞ월 스므사ᄒᆞᆫ날
그리ᄋᆞᆸᄂᆞᆫ ᄌᆞ식 ᄉᆞᆯ이.
【뒷면】
현풍 논공이
어마님젼 소[8] 샹ᄉᆞᆯ이 외예 호즉젼[9] 근봉

현대어

문안을 아뢰옵고, 요사이 심히 왕래가 없어서 기운이 평안하신 기별을 일절 듣지 못하여 일시도 잊지 못하며, 봄이 깊어 온갖 짐승이며 초목이 만발하오니 새로이 망극하여 □□하오되 자식 … 우나 세 병 매와 배 내오며 …고 갑갑하여 눈물을 금치 못하옵니다. 매우 서운하여 찹쌀 서 말, 딥세리(?), 미역 열 단을 아주버님 편지에 썼으니 드리십시오. 그쪽은 편하십니까. 아무쪼록 대상을 무사히 지내시고 모두 평안함을 원하옵니다.

그지 없사오되 망극한 중에 □□시기가 지루하올까 (염려되어) 이만 아룁니다.

갑자 사월 스무나흗날 (어머니를) 그리워하는 자식 사룀.

현풍 논공이 어머님 전 소(疏) 상사리. 외예 호즉전. 근봉(謹封).

해설

초목이 만발한 오월에 돌아가신 분들을 생각하며 슬픔에 젖어 있을 어머니를 위로하기 위해 딸이 보낸 편지이다. 132번 편지는 이 편지와 같은 해 정월에 쓰였는데 할머니의 대

상 이야기가 나온다. 편지지가 떨어져 나가고 마멸된 부분이 많아 편지 사연이 파악되지 않는 곳도 있다.

주석

1) 초모기 만발ᄒᆞ오니 : 이 편지를 쓴 때가 '갑자 사월 스무사흗날'이므로 양력으로 오월 하순쯤 된다. 이때는 초목(草木)이 만발하고 녹음이 짙어지는 시기이다.
2) 이 부분은 앞뒤의 내용과도 연결되지 않고 그 자체의 행으로도 연결되지 않는다. 상좌변 부분이 잘려 나간 것으로 보이며 내용을 판단하기 어렵다.
3) ᄨᆞᄡᆞᆯ : 찹쌀. 어두 자음군 ᄨ이 쓰인 특이례이다. ㅊ이 지닌 거센소리의 특성을 ㅂ으로 나타내려 한 것으로 볼 수 있다.
4) 딥세리 : 미상. 문맥으로 보아 물건 이름이다.
5) 머육 : 미역. 참고) 잇다감 머육과 ᄡᆞᆯ과 香과 가져다가 주더니(以海菜米香遺之)<續三綱 孝 得仁感倭>
6) 그다히ᄂᆞᆫ : 그쪽은. 그 + -다히[접미사]. 132번 편지의 '그대히' 주 참고.
7) □□시기 : 첫 글자가 'ㅂ'으로 '보ᄋᆞᆸ시기'로 보는 것이 적당할 듯하다.
8) 소 : 疏. 이 문맥에서는 조상하는 편지. 애도하는 편지를 뜻한다.
9) 호즉젼 : 戶卽傳. 해당 호에 곧 전한다는 뜻으로 짐작된다. 즉 외예의 집에 전하여 보낸다는 뜻이다.

136. 금개에게 죄를 주지 마옵소서 영인 613p

출가녀가 하씨에게 [문 138] [건들 99]

판독문

금개[1] 죄 주지 마ᄋᆞᆸ쇼셔. 하
두려 ᄒᆞ오니 민망ᄒᆞ오이다. 말
ᄆᆡ[2] 준 긔별 말라 ᄒᆞ와ᄂᆞᆯ 아니ᄒᆞ여
다[3] ᄒᆞ엿ᄉᆞ오니 셜날[4] ᄆᆡᄒᆞ니라[5] ᄒᆞᆫ
다 말ᄉᆞᆷ 마ᄋᆞᆸ쇼셔. 대임이 밧
씌셔씌[6] 유무 ᄒᆞ엿다 ᄒᆞ와ᄂᆞᆯ
내 ᄒᆞᆫ챠[7] 귀ᄒᆞ오미 ᄀᆞ 업ᄉᆞᆸ고 아바님 ᄉᆡᆼ
각ᄒᆞᄋᆞᆸ고 슬ᄀᆞᆺ[8] 우러이다. 제[9] ᄉᆞᆫ가[10] 뉘
게 비러[11] ᄉᆞᆫ가 후의 긔별ᄒᆞᄋᆞᆸ쇼셔.

ᄌᆞ시 알고져 ᄒᆞ여이다. 밧ᄭᅴ셔도
귀히 너겨 대 ᄀᆡ별ᄒᆞ니[12] 일가의
셔 글 셔[13] ᄀᆞᆺ치 도려 가며 보노이다.
아ᄆᆞ 것ᄯᅩ 보내올 것 업ᄉᆞ와 대구
ᄒᆞ나 보션 자반[14] ᄉᆡᆼ각[15] 여ᄉᆞᆺ 보내
ᄋᆞᆸ노이다. 자반 넉 단[16]만 슌개[17]
주쇼셔. 아ᄆᆞ리나 수이 편ᄒᆞᄋᆞᆸ
샴을 하ᄂᆞ님ᄭᅴ 비ᄋᆞᆸ노이다. 이
후의 ᄀᆡ별 알 이리 어려우이다. 이
사ᄅᆞᆷ이[18] 올라 ᄒᆞ니 답장 ᄌᆞ시 ᄒᆞᄋᆞᆸ[19].

현대어

금개에게 죄를 주지 마옵소서. (금개가 죄를 받을까) 많이 두려워 하니 민망합니다. (금개가 저에게) "말미를 주는 기별을 (어머니께) 하지 말아 달라"고 하거늘 (내가 금개에게 답하기를) "아니하였다"고 말하였사오니 설날에 말미를 주려 한다는 말씀은 하지 마소서.

대임이가 자형(=글쓴이의 남편)에게 편지를 썼다고 하거늘, 내 혼자 (생각하니) 귀함이(=기특함이) 가이없고, 아버지를 생각하고 실컷 울었습니다. 대임이가 썼는지, 누구에게 (손을) 빌리어 썼는지 다음에 기별하소서. 자세히 알고자 합니다. 남편도 (대임이의 편지를) 귀히 여겨서 크게 기뻐하며 기별을 하니, 일가에서 대임이가 글을 썼다고 하여 같이 돌려 봅니다.

아무것도 보낼 것이 없어서 대구 하나, 버선, 자반, 생강 여섯을 보냅니다. 자반 넉 단만 슌개에게 주소서. 아무쪼록 빨리 편하시기를 하느님께 빕니다. 이후의 기별을 알기 어렵습니다. 이 사람이 오려고 하니 답장을 자세히 하소서.

해설

이 편지의 앞부분이 없으나 전체 내용은 파악이 된다. 금개라는 노비에게 말미를 주는 일로 어머니와 말을 맞추고 있는 모습이 나타나 있다. 150번 편지에도 금개에게 심부름을 시키는 이야기가 나온다. 또한 대임이가 어느덧 자라 글을 익히고 편지를 써서 보낸 것을 보고 여러 사람이 기뻐하고 있다. 글씨는 대임이가 직접 쓴 것인지 누구 손을 빌려서 쓴 것

인지 궁금해 하고, 하도 신기하여 일가의 사람들이 그 편지를 돌려 가며 읽어본다는 소식을 전하고 있다.

132번 편지와 이 편지는 필체가 비슷하여 같은 사람이 쓴 것으로 짐작된다. 아마 경주 최동언에게 시집간 맏딸인 듯하다. 내용도 서로 관련된 것이 있다. 대임이의 글공부에 대해 한 마음으로 염려하고 격려하는 태도가 나타나 있다. 만약 필자가 같은 사람이라면, 132번 편지와 같이 대임이가 열심히 글공부하기를 바라다가 막상 직접 쓴 편지를 받게 되어서 더욱 기뻐한 것이라 생각된다. 더욱이 돌아가신 아버지가 대임이를 귀여워했던 사실을 떠올리고 실컷 울었다는 구절이 가슴 찡하게 느껴진다.

딸이 어머니에게 보낸 물건들이 흥미를 끈다. 귀한 생선과 손수 지었음직한 버선을 보냈는데 생강 여섯이 함께 갔다. 당시 생강이 요긴하게 쓰였음을 짐작할 수 있는 부분인데, 생강을 약으로 썼던 사실은 「곽씨언간」의 곳곳에 나타난다. 비록 한 마리의 대구나마 친정어머니께 보내고자 하는 딸의 마음도 애틋하게 여겨진다.

주석

1) 금개 : 노복의 이름. 몇 개의 편지 내용으로 보면 이 편지를 쓴 출가녀가 1624년 정월 보름에 틔보기와 금개를 시켜 하씨에게 132번 편지와 무명과 바늘, 분, 조반, 약주, 대구를 보냈는데 가다가 둘 다 아파서 돌아왔다. 그 일 때문에 금개에게 죄를 묻지 말라고 당부한 것으로 보인다.
2) 말ᄆᆡ : 말미. 일에 매인 사람이 다른 일로 말미암아 얻는 겨를. 현대국어의 '휴가'. 150번 편지에는 '말뫼'로 적혀 있다. 참고) 말ᄆᆡ 연(緣)<천자문 칠장사판 8a>.
3) 아니ᄒᆞ여다 : 아니하였다. 아니ᄒᆞ- + -어-[확인법] + -다. 참고) 導ᄒᆞ신 王이 업스시니 나라히 威神을 일허다 ᄒᆞ고<月釋 10:9>.
4) 셜날 : 설날. 참고) 서리어든 ᄀᆞ올ᄒᆡ 모ᄃᆞᇙ 저긔<삼강 효 6>. '설'이 '셜'로 잘못 표기되어 있다.
5) ᄆᆡᄒᆞ니라 : 말미할 것이라. 'ᄆᆡ'는 '말ᄆᆡ'에서 '말'자를 빠뜨린 것으로 생각된다. "'설날에 말미를 준다'는 말씀은 마옵소서"라는 내용 흐름이다. 금개가 잘못한 일을 어머니께는 알리지 말아 달라고 부탁하였다. 그래서 출가녀는 금개 몰래 어머니께 그 사실을 말하면서, 어머니께서는 모르는 척하고 그런 말씀은 말아 달라고 부탁하고 있다.
6) 밧ᄭᅴ셔ᄭᅴ : 남편께. 「곽씨언간」에는 '남편'을 가리키는 말로 '밧ᄭᅴ셔'가 많이 쓰였다.
7) ᄒᆞᆫ쟈 : 혼자. 현대 경상방언에서 '혼차, 혼채'가 쓰이고 있다. 참고) ᄒᆞᆫ자 ᄭᅮ러안자<번소 10:6>.
8) 슬ᄀᆞᆺ : 실컷. 참고) 슬컷 확논ᄒᆞ야 뭇고<계축일기 54쪽>. 「곽씨언간」에는 '일ᄀᆞᆺ다'와 '일ᄏᆞᆺ다'가 함께 나타난다. '슬ᄀᆞᆺ'과 '슬ᄏᆞᆺ'도 함께 쓰였을 법하나 전자만 나타난다.
9) 제 : 제가. 대임이 자신이.
10) ᄉᆞᆫ가 : 썼는가. ᄉᆞ-(書) + -ㄴ가.
11) 비러 : 빌리어. 빌- + -어. 누구의 손을 빌려서 곧, 남에게 부탁을 하여 쓴 것은 아닌지 묻는 내용이다.
12) 대 긔별ᄒᆞ니 : 크게 기뻐하며 소식을 전하니. '대'는 '大'일 듯하다.
13) 글 셔 : (대임이가) 글을 썼다고.

14) 자반 : 자반. 생선을 소금에 절인 반찬. 또는 콩 따위를 좀 짭짤하게 졸이거나 무친 반찬.
15) 싱각 : 생강. '싱양'의 오기(오기)인 듯하다.
16) 단 : 단. '단'은 짚, 땔나무, 채소 따위의 묶음을 세는 말이다. '넉'은 '두'자일 가능성도 있다.
17) 슌개 : 노복의 이름.
18) 이 사ᄅᆞᆷ : 누구를 가리키는지 정확히 알 수 없다. 만약 '슌개'를 가리키는 것이라면 노비를 가리키는 대용어로 간주된다.
19) ᄒᆞᄋᆞᆸ : 하소서. ᄒᆞ쇼셔체의 '-ᄉᆞᆸ-' 개재형에서 '-ᄉᆞᆸ-' 이후의 형태가 생략된 형식일 수도 있고, 이 뒤에 다른 편지가 이어질 수도 있다. 생략된 형태라면 'ᄒᆞᄋᆞᆸ쇼셔'에서 '-쇼셔'가 생략되었을 것이다. '-ᄉᆞᆸ'으로 끝나는 문장을 안귀남(1996)은 'ᄋᆞᆸ종결형', 황문환(1997)은 'ᄉᆞᆸ종결형'으로 부른다. 일반적으로 생략형은 생략되지 않은 형보다 대우하는 정도가 조금 낮아진다.

137. 종 여럿이 여러 날 와 있으니 송구합니다 영인 613p

출가녀가 하씨에게 [문 140] [건들 107]

판독문

막개[1)]ᄂᆞᆫ 듕노의셔[2)] 보내
ᄋᆞ올 거ᄉᆞᆯ 오라바님
내[3)] 오시다가 뻐지고[4)] ᄃᆞᆼᄃᆞ리
다 가게 되니 하 망극ᄒᆞ고 밧
씌셔도[5)] 드리가는가[6)] ᄒᆞ여ᄂᆞᆯ
ᄃᆞ려 오ᄋᆞᆸ고ᄂᆞᆫ 농시[7)] 사ᄅᆞ
ᄆᆞ을[8)] ᄃᆞ려오지 말 거ᄉᆞᆯ ᄒᆞ
오며 갑싱이ᄂᆞᆫ 가라 ᄒᆞᆫ 거
시라 간ᄒᆞ니 오다가 소릐[9)]
잇거ᄂᆞᆯ 엇지 아니 간다 ᄒᆞ
니 브듸[10)] 가 보려 가노라 ᄒᆞ
더이다. 외다 마ᄅᆞ쇼셔. 동
여러히 와 여러 날 되니 졋
ᄉᆞ와이다.[11)] 오라바님씌

와 안덕[12] 아ᄌᆞ바님끠와
멀리 와 겨ᄋᆞᆸ시다가 밤
든ᄃᆡ 가ᄋᆞᆸ신 안심치 아니
오미 곡진[13] ᄒᆞᄋᆞᆸ샴.

현대어

막개는 중도에서 보낼 것을, (머슴들을 데려오려고) 오라버님네는 오시다가 뒤쳐지고 종들은 다 가 버렸으니, 매우 망극합니다. 바깥양반도 (오라버님네가 집으로) 들어갔을까 걱정하고 있습니다. (저는 그 곳의 머슴들을) 데려오고는 "농사철에 사람을 데려오지 말 것을"하고 후회하오며, 갑싱이는 가라고 하여 (남편에게) 간(諫)했는데 오다가 (갑생이의 말) 소리가 있거늘 "(너는) 어찌 아니 갔느냐?" 하고 물으니, "부득이 (오라버님 댁에) 가 보려고 가노라" 하더이다. (어머님께서는 소릐한테) 그릇된 것이라고(=잘못했다고) 꾸중하지 마소서. 종 여럿이 와서 여러 날이 되었으니 송구스럽습니다. 오라버님과 안덕 아주버님께서 멀리 와 계시다가 밤이 들어서 가신 것이 안심되지 않음이 곡진(曲盡)하옵심….

해설

바쁜 농사철에 친정에 있는 노복들을 데리고 와서 송구스러워 하는 마음을 어머니에게 전하고 있는 글이다. 친정에도 농사철에 일이 바쁠 터인데 노복들이 여기에 와 있으니 딸의 마음이 편치 않다는 것이다. 그렇게 된 까닭을 중간 부분에서 묘사하였는데 사연의 생략이 많아서 글 이면에 숨어 있는 내용을 자세히 파악하기 어렵다.

주석

1) 막개 : 노복의 이름일 것이다.
2) 듕노의셔 : 중도(中途)에서. 듕노(中路)+ -의셔[처소격].
3) 오라바님내 : 오라버님네. 오라버님이나 오라버님을 비롯한 그 식구를 일컫는다. '내'는 '오라바님' 뒤에 붙는 복수표시 접미사이다.
4) ᄠᅥ지고 : (간격이나 사이가) 뜨게 되고. (거리가) 뒤쳐지고. ᄠᅳ- + -어 # 지-[보조용언] + -고.
5) 밧끠셔도 : 바깥양반께서도. 남편께서도. '밗[外]+ -의셔'가 '밧끠셔'로 된 것은 ㅅ의 중철이다.
6) 드리가ᄂᆞᆫ가 : 들어가는가. 다 가는가. '드리-'는 동사 어간 앞에 붙어 접두사 기능을 한다. 그 뜻은 안쪽 방향을 지향하는 행위를 표현한다. '드리ᄎᆞ다', '드리티다', '드리혀다' 등이 고어사전에 올라 있다.

7) 농시 : 농사철에. 農時.
8) 사ᄅᆞ ㅁ을 : '사ᄅᆞᆷ'의 'ㅁ'을 쓸 여백이 없어서 다음 행으로 내려 써 놓았다.
9) 소릐 : 소리. 여기서는 말소리 즉 음성(音聲)의 뜻으로 이해된다. 문맥으로 보아 갑생이의 말소리가 있어서 왜 가지 않았느냐고 묻는 맥락이다.
10) 브듸 : 부득이. 이 '브듸'는 '부디'가 아니라 '부득이'에서 ㄱ이 탈락한 것이다. 이러한 ㄱ탈락 현상은 '卽日'(즉일)이 '즈일'로 된 것과 같다.
11) 젓ᄉᆞ와이다 : 송구스럽습니다. 두렵습니다. 젛- + -ᄉᆞ오- + -아- + -이- + -다.
12) 안덕 : 지명. '안덕 아ᄌᆞ바님' 외에 '안덕 동ᄉᆡᆼ'도 「곽씨언간」에 자주 등장한다.
13) 곡진 : 곡진(曲盡). 간곡하게 정성을 다함.

138. 응낭이와 쥬셕이에게는 돈 하나씩 보냅니다 영인 612p

출가녀가 하씨에게 [문 141] [건들 109]

판독문

몯내 일ᄀᆞᆺᄌᆞᆸ노
이다.[1] 긔별ᄒᆞᄋᆞᆸ소
셔. 날 ᄀᆞᆺ고[2] 쟝 지나
시매[3] 아ᄆᆞ 것도 몯 어더 보내
오니 이런 ᄒᆞᆫ이 ᄃᆡ[4] 잇ᄉᆞ
링ᄭᅡ. 고령 아ᄌᆞ믜[5] 유무
몯ᄒᆞ오니 큰아기시ᄭᅴ[6]
유무 서 보내쇼셔.
아ᄆᆞ 것도 업ᄉᆞ와 녀ᄂᆞ
쳥어 ᄒᆞᆫ 갓 보내ᄋᆞᆸ노
이다. 큰ᄃᆡᆨ의셔 대구
두 마리 보내시뇌이다.[7]
벼로[8]ᄅᆞᆯ ᄣᆞ리고[9] 왓더니 아
ᄆᆞ 아기나 주쇼셔. 응낭
이 쥬셔긔게[10] 돈 ᄒᆞ나 보

내뇌다. 속졀 업시 ᄃᆞ려와
다가[11] 아ᄆᆞ 것도 업서 나릇
□원말ᄃᆡ긔셔 ᄒᆞᆫ 말[12]
두 말 어더 가뇌이다.

› 현대어

못내 걱정하옵니다. 기별하옵소서. 날이 궂고 장날이 지났으매 아무 것도 못 구하여 보내오니 이런 한이 어디에 있겠습니까? 고령 아주머니께 편지를 쓰지 못 하오니 큰아기씨께 편지를 써 보내소서. (저희는) 아무것도 없사와, 여느 청어 한 갓(=열 마리)을 보내옵니다. 큰댁에서 대구 두 마리를 보냈습니다. (친정에 갔을 때) 벼루를 깨뜨리고 왔었는데 (이제 새 벼루를 보내오니) 아무 아이에게나 주소서. 응낭이와 쥬셕이에게 돈 하나를 보냅니다. 속절없이 데려왔다가 아무것도 없어, 나릇 □원말댁에서 한 말, 두 말을 구하여 보냅니다.

› 해설

이 편지의 주된 내용은 물건을 보내는 이야기다. 청어 한 갓, 대구 두 마리 그리고 지난번에 갔을 때 깨뜨렸던 벼루를 대신하기 위해 새 벼루를 보낸다는 사연이 있고, 친정 동생들인 응낭이와 주석이에게는 선물로 돈을 하나씩 보내고 있다. 물건을 구하는 주된 통로가 장터란 사실을 말해 주며, 작은 것이나마 정성을 표시하는 것을 중요하게 생각했던 조상님들의 마음이 그대로 드러나는 글이다.

› 주석

1) 일ᄀᆞᆺᄌᆞᆸ노이다 : '일컫습니다'의 뜻이지만, 이 편지에서는 흔히 '걱정하옵니다'라는 뜻으로 전의되어 사용된다. 이런 경우 '일컫다' 앞에 '주야', '일야(밤낮)', '못내' 등의 부사를 앞세우는 형식이 많다.
2) 날 굿고 : 날이 궂고. 날이 흐리고. 일기(日氣)가 불순(不順)하고.
3) 쟝 지나시매 : 장날이 지났으므로. '쟝'은 '場'으로서 '장터'나 '장날'을 뜻하는데 여기서는 '장날'을 가리킨다.
4) ᄃᆡ : '어ᄃᆡ'에서 '어'를 빠뜨리고 적은 것이다.
5) 아ᄌᆞ믜 : 아주머니께. 정확을 기하자면 '아ᄌᆞ믜게(아ᄌᆞ미+ -의게'로 적혀야 할 문맥이지만 간략히 '아ᄌᆞ믜'로만 되어 있다.
6) 큰아기시ᄭᅴ : 큰아기씨께. '아기시'는 「곽씨언간」 곳곳에서 '(상대방의) 며느리'란 뜻으로 사용되었다. 따라서 여기서의 큰아기씨는 '고령 아주머니댁의 큰 며느리'일 가능성이 높다. 이 편지를 쓴 이는 형편

이 여의치 않아, 고령 아주머니댁에 아무것도 보내지 못하는데, 그 사연을 큰아기씨께 써 보내어 고령 아주머니께 말씀드려 주기를 부탁하고 있다.

7) 보내시뇌이다 : 보내시노이다. '보내시노이다'가 'ㅣ'모음 역행동화되어 '보내시뇌이다'로 되었다고 판단된다. 이 편지에는 '보내시뇌이다'가 '보내시뇌다'로 축약되는 형태도 존재한다. 보내-+ -시-[주체존대]+ -ᄂᆞ-[현재시상] + -오-[인칭법]+ -이-[상대존대]+ -다. '-뇌이다'와 관련된 형태로는 '-뇌다', '-뇡다', '-뇌' 등이 있다.

8) 벼로 : 벼루. 참고) 벼로 爲硯<훈민정음 해례 용자례>.

9) ᄠᅵ리고 : 깨뜨리고. 이 편지를 쓴 딸이 친정에 갔다가 벼루를 깨뜨리고 왔다는 이야기이다. 이어서 나오는 '아모 아기나 주쇼셔'라는 문장으로 보아 '새 벼루를 보내니'라는 내용이 숨어 있다.

10) 응낭이 주셕긔게 : 응낭이와 주석이에게. '응낭이'와 '주셕'은 사람 이름이다. '주셔긔게'는 '주셕 + -의게'의 연철형이다.

11) 쇽졀업시 ᄃᆞ려와다가 : 속절없이 데려왔다가. '업시'의 '업'과 '시' 사이에 'ᄃᆞ려'가 작은 글씨로 보입되어 있다. 그러나 'ᄃᆞ려'를 넣어 '업ᄃᆞ려시'라 읽으면 문맥이 통하지 않는다. 그 대신 'ᄃᆞ려'가 '시' 뒤로 간다면 문맥이 통할 수 있다. 그러면 '쇽졀업시 ᄃᆞ려와다가'는 '속절없이 데려왔다가'로 된다.

12) ᄒᆞᆫ 말 : 한 말. 뒤에 '두 말'이 또 나오는 점이 이상하다.

139. 험한 시댁 종들의 말을 어찌 들으며 살꼬 영인 612p

출가녀가 하씨에게 [문 142] [건들 128]

판독문

요ᄉᆞ이 심히 긔별 모ᄅᆞᄋᆞ와 일야 분별ᄒᆞ오며
울 ᄲᅮᆫ이옵다니 버미[1] ᄃᆞᆫ녀 오ᄋᆞ와ᄂᆞᆯ
유무ᄂᆞᆫ 보옵고 친히 뵈ᄋᆞ온ᄃᆞᆺ 반갑ᄉᆞ오ᄃᆡ
편치 아녀 겨옵신 긔별 드ᄌᆞᆸ고[2] 놀랍ᄉᆞ오미 ᄀᆞ 업ᄉᆞ오ᄃᆡ 좀 드온 시도 닛ᄌᆞᆸ디
몯ᄒᆞ와 밤나[3] 울며 문안 사ᄅᆞᆷ도 즉시 몯 보내
옵ᄂᆞᆫ 줄 애ᄃᆞ온ᄃᆞᆯ[4] 쇽졀 잇ᄉᆞ오링ᄭᅡ. 내 팔ᄌᆞ
ᄀᆞᆺ치 사오나온 팔ᄌᆡ 어ᄃᆡ 잇ᄉᆞ오링ᄭᅡ. 덕공이[5] 죽
고 ᄐᆡ보기 ᄆᆞᄌᆞ[6] 죽게 되엿ᄉᆞ오니 제 인싱 에엿ᄡᅳ
고[7] 현풍 긔별은 ᄒᆞᆫ ᄒᆡ예 ᄒᆞᆫ 저글[8] 드롤 길히
업ᄉᆞ로라[9] ᄒᆞ여 더옥 애ᄃᆞ오며 셜워 눈믈 금치
몯ᄒᆞ여이다. 처엄의 넙시이[10] 곳블쳐로[11] 알

하다가[12] 틔보기 가다가 알파 오나놀 스므사흔날
병이라 ᄒᆞ고 막ᄒᆞ여[13] 틔보기ᄒᆞ고 넙싱이ᄒᆞ고 세흘
【上邊】
내엿숩더니[14] 둘히 다 셩
ᄒᆞ여시매 사름ᄃᆞ리 병이
아니러라 ᄒᆞ여놀 깃거ᄒᆞ
더니 넙싱이는 셩ᄒᆞ여
ᄃᆞ라나고[15] 초사흔날우
터[16] 새로 틔보기 알파 죽
【右邊】
ᄂᆞ다 산다
ᄒᆞ다가 어
제우터 잠깐 헐
타[17] ᄒᆞ오듸 살 줄
모ᄅᆞ와 민망ᄒᆞ옵고 우리는 살 쳐[18] 업ᄉᆞ오이다. 힘혀 죽ᄉᆞ오면
원[19] 셋 브린던[20] 거술 둘히 업ᄉᆞ오니 엇지 살링까. 이런 운이 올
줄 엇디 아오링까. 틔보기 죽ᄉᆞ오면 험흔[21] 싀동[22]의 말 엇디 드
ᄅᆞ려뇨. 더옥 민망ᄒᆞ며 그런 에엿븐 이리 어듸 잇ᄉᆞ오링까. 무른 듸
마다[23] 죽든 아니ᄒᆞ라 ᄒᆞ노이다마는

(뒷장 없음)

【뒷면】
현풍 논공이
어마님젼 샹술이 근봉

현대어

요사이 심히 기별을 몰라서 밤낮 걱정하며 울 뿐이었는데 버미 다녀오거늘 (보내신) 편지를 보옵고 친히 뵈온 듯 반갑사옵니다. 편치 아니하여 계시다는 기별을 듣고 놀라움이 가이없사오되, 잠이 든 때도 잊지 못하여 밤낮 울며 문안 사람도 즉시 못 보내는 것을 애달아

한들 속절이 있겠습니까?

내 팔자같이 사나운 팔자가 어디 있겠습니까? 덕공이가 죽고 틱보기마저 죽게 되었사오니 제 인생이 불쌍하고, "현풍 기별은 한 해에 한 번도 들을 길이 없구나" 하여 더욱 애달아하며 서러워 눈물을 금치 못합니다. 처음에 넙싱이는 감기처럼 앓다가, 틱보기는 가다가 아파서 돌아오니, 스무사흗날에는 "(돌림)병이라" 생각하고 막□여 하였습니다. 틱보기하고 넙싱이하고 셋을 (외딴 곳에) 내보내었더니, 둘이 다 성해졌기에 사람들이 "병이 아니라" 하거늘 기뻤습니다. 넙싱이는 성해진 후 달아나 버리고 초사흗날부터 새로 틱보기가 아파서 죽는다 산다 하다가 어제부터 잠깐 (병세가) 덜하다고는 하오되 살아날지 몰라 민망하옵니다. 우리는 살아갈 방도가 없사옵니다. 행여 (틱보기마저) 죽으면 원래 (종) 셋을 부리던 것을 둘이 없어지게 되니 어찌 살아가겠습니까?

이런 운(運)이 올 줄 어찌 알았겠습니까? 틱보기가 죽으면 험한 시댁 종들의 말을 어찌 들으려는지 더욱 민망하며 그런 딱한 일이 어디에 있겠습니까? (틱보기의 병세를) 물어 보는 곳마다 "죽지는 아니하겠다"라고 합니다마는…(뒷장 없음)

현풍 논공이. 어머님께 사룀. 삼가 봉함.

해설

노복들이 아프거나 달아나거나 하여 집안 일을 꾸려나가는 데 어려움이 많음을 어머니에게 하소연하는 편지다. 덕공이는 이미 죽고, 넙생이는 앓다가 성해진 후 도망쳐 버리고, 시집올 때부터 데려와 부리던 태복이는 앓아서 죽을 지경에 이르러서 앞으로의 일을 걱정하고 있다. 원래 부리던 세 명의 노복 중 두 명이 없어졌고, 남은 태복이마저 죽어버리면 성질이 사나워 부리기 어려운 시댁의 종들을 어찌 다스릴지를 어머니에게 하소연하고 있다. 이 편지를 읽은 어머니의 심정이 안쓰럽고 애처로워, 딸네 집에 노복을 보내 농사일 따위를 도와주게 했을 듯하다.

주석

1) 버미 : 노복의 이름. 편지를 전달하기 위해 다녀온 인물이다.
2) 드줍고 : '듣줍고'의 오기. '고' 이하의 '놀랍ᄉᆞ오미 ᄀᆞ 업ᄉᆞ오디'는 행간에 보입한 부분이다.
3) 밤나 : '밤낮'의 오기.
4) 애ᄃᆞ온ᄃᆞᆯ: 애달아 한들. '애ᄃᆞᆯ다'는 동사로 '애달아하다'의 뜻이다.

5) 덕공이 : 노복의 이름.
6) 틱보기ᄆᆞᄌᆞ : 틱보기마저. '틱보기'는 노복의 이름. 'ᄆᆞᄌᆞ'는 독립 부사로도 쓰였으나, 위 예에서는 체언 바로 뒤에 결합하여 보조조사에 가까운 기능을 한다.
7) 에엿쁘고 : 불쌍하고. 가련하고.
8) 저글 : 때를. 적(時) + -을[목적격].
9) 업ᄉᆞ로라 : 없노라. 없구나. 없도다. 없- + -ᄉᆞ-[겸양]+ -로라[감탄형어미]. '-노라'는 모음 아래에서 '-로라'를 이형태로 갖는다. 위 문맥은 출가녀가 현풍 친정 어버이의 기별을 들을 길이 없다는 내용이므로, 객체인 친정어버이의 기별을 간접높임으로 높이고 화자 자신은 낮추려는 의도에서 겸양법 선어말어미가 사용되었다고 판단된다. 여기서 '-ᄉᆞ-'는 '-ᄉᆞ오-(<-ᄉᆞᆸ-)'의 단축형으로 추정되는데, 겸양법 '-ᄉᆞᆸ-'의 여러 이형태 중 '-ᄉᆞ-'는 특이한 존재다.
10) 녑시이 : 노의 이름. '넙싱이'의 오기.
11) 곳블쳐로 : 고뿔처럼. 감기처럼. 곳블 + -쳐로[비교].
12) 알하다가 : 앓다가. 앓- + -아다가[연결어미]. 참고) 羅睺羅 ᄃᆞ려다가 沙彌 사모려 ᄒᆞᄂᆞ다<釋譜 6:2>. 草木 것거다가 ᄂᆞ출 거우ᅀᆞᄫᆞᆫ돌<月曲 62>.
13) 막ᄒᆞ여 : 미상. 동사의 활용형인 듯하다.
14) 내엿ᄉᆞᆸ더니 : 내었더니. '외딴 곳에', 또는 '밖에' 정도의 부사어를 앞에 넣어 풀이하는 것이 자연스럽다. 여기서 '-ᄉᆞᆸ-'의 기능이 청자 존대로 변하고 있는 모습이 관찰된다. 동사 '내-'의 대상(목적어)인 '종'들에 대한 화자겸양은 불가능하고, 청자인 어머니(하씨)에 대하여 화자가 겸양을 표현하는 것이라고 볼 수 있다.
15) ᄃᆞ라나고 : 달아나고. 도망가고.
16) 초사ᄒᆞᆫ날우터 : 초사흗날부터. '-우터'는 '-부터'의 'ㅂ'이 w로 변화한 형태이다.
17) 헐타 : 덜하다고. '헐ᄒᆞ다'는 '(병세 따위가) 덜하다'라는 뜻이다. '헐ᄒᆞ-'가 쓰인 예는 123번 편지의 각주를 참고.
18) 쳐 : 處. 곳. 여기에서는 '방도'의 뜻으로 쓰였다.
19) 원 : 원래. 여기에서 '원'은 '원래', '본디'라는 뜻의 부사로 쓰였다. 참고) 듕ᄒᆞᆫ 쟈ᄂᆞᆫ 원 아디 못하고<痘瘡方 10>.
20) 브린던 : 부리던. '린'은 '리'의 오기이다.
21) 험ᄒᆞᆫ : 험(險)한. 여기서는 '성질이 사납고 거친 것'을 뜻한다.
22) ᄉᆡ동 : 시종(媤從) 즉 시댁의 종. '侍'의 古音은 '시'이다. 참고) 侍 뫼실 시<類合 下 14b>.
23) 무론 ᄃᆡ마다 : 물어보는 곳마다.

140. 아파서 못 갔다며, 둘이 그냥 돌아왔으니 영인 611p

출가녀가 하씨에게 [문 135] [건들 81]

판독문

신셰예[1)]

긔운 엇써ᄒᆞᄋᆞᆸ시니이까. 긔별 모ᄅᆞᄋᆞ와 일야

ᄉᆞ렴ᄒᆞᄋᆞᆸ노이다[2]. 셰후의[3] 문안 사ᄅᆞᆷ이나
블셰[4] 보내오ᄋᆞ올[5] 거슬 지금 몯 보내엿ᄉᆞᆸ다
가 보롬날 갓가ᄉᆞ로 틔보기ᄒᆞ고 금개ᄒᆞ고[6]
보내니 닷쇄를 무거 ᄒᆞᄅᆞ 길[7] 갓다가 어
제 알파 몯 가다 ᄒᆞ고 가져 가던 거ᄉᆞ란 쥬인[8]
의 주고 둘히 그 ᄆᆞᆯ ᄐᆞ고 도로 와시니 그런 애ᄃᆞᆯ온 이
리 업ᄉᆞ와 무흔 우ᄋᆞᆸ노이다. 드려 갓ᄂᆞ니
라 셰고[9] 이시니 그러ᄒᆞ니[10] 이번 이른 평싱
을 닛디 몯ᄒᆞ오로소이다.[11] 이 사ᄅᆞᆷ[12] ᄒᆞᆷ

【上邊】

ᄢᅴ 금개를 가라 ᄒᆞ오나 발
알파 몯 가노이다. 이 사ᄅᆞᆷ
ᄒᆞ여 브듸 조반ᄒᆞ고 실과[13] 두
ᄅᆞᆷ[14]ᄒᆞ고 브ᄃᆡ 가져 가라 ᄒᆞ오
니 가져려[15] ᄒᆞ오니 바ᄃᆞ시고 타모[16]

【右邊】

ᄌᆞ시ᄒᆞᄋᆞᆸ셔 답장 ᄌᆞ시 ᄒᆞᄋᆞᆸ쇼셔. 큰ᄃᆡᆨ
일 ᄒᆞ리ᄋᆞᆸ거라[17] 여로ᄒᆞ와[18] 유무도 ᄌᆞ시 몯
ᄒᆞᄋᆞᆸ노이다. 아마도 긔운 평안ᄒᆞᄋᆞᆸ샴을 쳔만
원ᄒᆞᄋᆞᆸ노이다. 사ᄅᆞᆷ이나 잇ᄉᆞ오면 도집퍼 보내ᄋᆞᆸ
고져 ᄒᆞ오ᄃᆡ 틔보기 알프고 넙싱이[19]도 업고 연

(뒷부분의 내용은 141번 편지에 이어진다)

【뒷면】

논공
어마님 젼샹ᄉᆞᆯ이

현대어

새해에 기운이 어떠하십니까? 기별을 몰라 밤낮으로 생각하옵니다. 설을 쇤 후에 문안 사람이나 벌써 보낼 것을 지금까지 못 보내고 있다가 보름날에 가까스로 ᄐᆡ보기하고 금개를 보냈는데, (두 사람이) 닷새를 묵어 하룻길을 갔다가 어제 "아파서 못 갔습니다"라 하며 가져가던 것은 물건 주인에게 주고 둘이 그 말을 타고 도로 돌아왔으니, 그런 애달픈 일이 없어 끝없이 웁니다. (ᄐᆡ보기하고 금개가 물건을 가지고 어머님댁에) 들어갔다고 생각하고 있었는데 일이 이렇게 되었으니, 이 사람과 함께 금개에게 "(다시) 가라" 하였으나 "발이 아파 못 갑니다"라고 합니다.

이 사람을 시켜 조반하고 실과 두두름름을 부디 가져가라고 부탁하여서 (이 사람이) 가져가려 하니, 받으시고 소식을 자세히 밝히셔서 답장을 자세히 하십시오. 큰댁에서 일찍이 병이 나았다가 (다시) 여로를 앓아서 편지도 자세히 못 하옵니다. 아무쪼록 기운 평안하심을 천만(千萬) 원하옵니다.

사람이나 있으면 되짚어 보내고져 하되 ᄐᆡ보기도 아프고 넙ᄉᆡᆼ이도 업고 연 …

논공. 어머님께 사룀.

해설

설을 지난 후 문안사람으로 태복이와 금개를 보냈는데 이들이 닷새를 묵히고는 겨우 하룻길을 갔다가 아파서 못 가겠다고 되돌아왔으니 이런 애통한 일이 없다며 안타까워하고 있다. 그 후 겨우 다른 사람을 시켜 보내었다. 노복들이 병 때문에 주인의 명령을 잘 해내지 못하였고 이에 대해 불만스러워 하는 마님의 모습이 나타나 있다.

이 편지는 141번 편지의 앞 장이다. 문장이 연결되는 양상이나 문맥의 흐름, 금개의 등장을 통해 이를 알 수 있다. 그리고 넙생이가 도망가고 태복이가 앓고 있는 139번 편지 이후, 곧이어 보낸 편지인 것으로 추정된다.

주석

1) 신셰예 : 새해에. 신세(新歲) + -예.
2) ᄉᆞ렴ᄒᆞᄋᆞᆸ노이다 : 생각하옵니다. 사념(思念).
3) 셰후의 : 설을 쇤 뒤에.
4) ᄇᆞᆯ셰 : 벌써. 'ᄇᆞᆯ셔'의 변화형. 이 편지에서는 'ᄇᆞᆯ셔'가 주로 쓰이나, 'ᄇᆞᆯ셰'가 이 예와 함께 130번 편지에

도 나타난다.

5) 보내오ᄋᆞ올 : 보낼. 보내- + -오-[겸양법] + -ᄋᆞ오-[겸양법] + -ㄹ[관형형]. 앞의 형태 분석에서 '-오-'가 문제이다. 겸양법 선어말어미의 이형태로 보이는데, 뒤에 겸양법 선어말어미 '-ᄋᆞ오-'가 또 나온다. 이것은 겸양 의식의 과잉으로 인한 겸양법 선어말어미의 중첩이다. 이러한 용법은 왕실 관련 여성들이 쓴 언간에 더러 보인다. 김일근(1986) 참고.

6) 텩보기ᄒᆞ고 금개ᄒᆞ고 : '텩보기'와 '금개'는 노복의 이름.

7) ᄒᆞᄅᆞ 길 : 하룻길. 하루 동안 걸을 수 있는 거리.

8) 쥬인 : 물건 주인 즉 물건을 팔았던 사람을 말한다. 물건을 사서 종들을 시켜 친정에 보냈는데 가다가 도로 돌아오고, 그 물건은 샀던 주인에게 되돌려 주었다는 사연이다.

9) 셰고 : 헤아리고. (머릿속으로) 생각하고. '셰-'는 '혜-'의 ㅎ구개음화형.

10) 그러ᄒᆞ니 : 그렇게 되었으니. 여기서 '그러ᄒᆞ니'는 두 노복이 어머니댁에 가지 않고 물건을 주인에게 도로 돌려주고 돌아왔다는 사실을 대용하는 것이다.

11) 몯ᄒᆞ오로소이다 : 못할 것입니다. 몯ᄒᆞ- + -오-[겸양법] + -로소이다('-도소이다'의 교체형).

12) 이 사ᄅᆞᆷ : 여기서 '이 사ᄅᆞᆷ'은 편지를 가지고 가는 사람을 말한다.

13) 실과 : 實果. 果實.

14) 두롬 : 두름. 물고기나 나물을 짚으로 두 줄로 엮은 것. 물고기는 한 줄에 열 마리씩 스무 마리가 한 두두름름이다. 실과도 10개씩 두 줄로 묶어 20개를 한 두름이라 부른 것 같다.

15) 가져려 : 가져가려. '가져가려'에서 '가'자가 누락된 것으로 추정한다.

16) 타모 : 소식. 기존 고어사전에는 나오지 않는 낱말이다. 문맥상으로 이 낱말의 뜻을 추정해 보면, '영문이나 까닭', '소식', '일의 내용' 정도로 파악된다. 124, 127, 132, 148번 편지에도 이 낱말이 쓰였다.

17) ᄒᆞ리ᄋᆞᆸ거라 : 병이 나았다가. ᄒᆞ리('병이 낫다'의 뜻)- + -ᄋᆞᆸ-[겸양법] + -거-[확인법]- + -라[연결어미]. 앞에서 부사 '일(일찍)'이 나왔으므로 '-거-'가 쓰일 수 있다. '-라'는 '-다가'의 뜻을 가진 연결어미로, '블 구피라 펼 ᄊᆞᅀᅵ예'<월인석보 21:4>에서와 같은 뜻으로 쓰였다.

18) 여로ᄒᆞ와 : '여로병'을 앓아. '여로달(女勞疸)'이라는 병이 있는데 이 질병을 '여로'라고 줄여서 불렀던 것으로 보인다. '여로달'은 오한이 들어 열이 심하고 오줌이 잦으며 이마가 검숭해지며, '황달(黃疸)' 혹은 '흑달(黑疸)'이라 부르기도 한다.

19) 넙싱이 : 노복의 이름.

141. 사위를 먼 데서 보지 마소서 영인 610p

출가녀의 필적[1] [문 157] [건들 163]

판독문

희[2]도 글 드듸여[3] 길 몯 가오매 가져가던 것

ᄯᅩ 몯 보내와 ᄒᆞᆫᄒᆞ오며 우노이다. 보

내던 거시 조반[4]ᄒᆞ고 실과 두 그릇ᄒᆞ

고 약쥬 두 병 대구 다ᄉᆞᆺ ᄉᆡᆼ쳥어[5] ᄒᆞᆫ 갓[6]
그리 보내ᄋᆞᆸ더니 그도 몯 가져가니 그
런 고이ᄒᆞᆫ 일 업서이다. 내ᄒᆡ[7] 노ᄒᆞᆸ
고[8] 애ᄃᆞᆯ온[9] 이리 이예셔 든[10] 이리 업세라[11] 시버
이다[12]. 왼ᄃᆡ[13] 이리 이런 줄 모ᄅᆞ고 ᄂᆞᆷ 어려우
며 시난[14] 둉ᄃᆞᆯ[15] 붓러워이다[16] 내 원[17]으로
새회[18] 먼 ᄃᆡ 마ᄋᆞᆸ고 며누리 먼 ᄃᆡ 마ᄋᆞᆸ쇼셔.
가ᄌᆞᆨᄒᆞ오면[19] 이더록[20] 이러ᄒᆞ랴[21] 셰오니[22]
더옥 셜워이다. 안덕 동ᄉᆡᆼ[23]은 므서
슬 나ᄒᆞᆫ고. 모미나 셩ᄒᆞ온가. 이 사
ᄅᆞᆷᄒᆞ여 ᄌᆞ시 답장ᄒᆞᄋᆞᆸ쇼셔. 금
개[24] 가던 김의 대되 유무 엿ᄌᆞᆸ더니 이
사ᄅᆞᆷ 가져가라 ᄒᆞ오니 그 유무 보ᄋᆞᆸ...

현대어

희도 (발을) 잘못 디디어 길을 못 가오매, 가져가던 것도 못 보내어 한하며 우노이다. 보내던 것이 조반하고 실과 두 그릇하고 약주 두 병, 대구 다섯, 생청어 한 갓(=열 마리)을 그리로 보냈지만, (사고로) 그것도 못 가져갔으니 그런 괴이한 일이 없습니다. "나의 근심스럽고 애달픈 일이 이보다 더한 일이 없어라" 싶습니다. (친정에서나 주변에서는 일이) 잘못되었는데 일이 이런 줄 모르고 (있으니, 저는) 남(을 대하기도) 어려우며 시난(에서 온) 종들을 (대하기도) 부끄럽습니다.

저의 소원으로는 (앞으로는) 사위를 먼 데에서 보지 마시고 며느리도 먼 데에서 보지 마옵소서. 사는 곳이 가까우면 이토록 이러할까(=안타까우랴) (하고) 생각하니 더욱 섧습니다. 안덕 동생은 무엇을 낳았습니까? 몸이나 성하온가? (편지 가져가는) 이 사람을 시켜 자세히 답장하옵소서. 금개가 가던 김에 모두 안부를 여쭈오니 이 사람에게 가져가라 하오니 그 유무를 보옵….

해설

혼인을 먼 곳으로 하지 말도록 딸이 어머니에게 당부하고 있다. 이 편지를 쓴 이는 경주에 시집 간 맏딸(남편 崔東彦)로서 친정 부모님을 자주 찾아뵙거나 제수를 보내거나 하는 따위의 일들을 하지 못해 자식의 도리를 제대로 하지 못한다고 생각했던 모양이다. 그래서 자신의 고충을 생각하면서 동생들의 배필은 제발 가까운 데서 구하여 동생들은 괴로운 심정을 느끼지 않도록 해주시라는 부탁을 부모님께 하고 있다.

주석

1) 앞의 141번 편지와 이어지는 내용이다. 140과 141은 두 장에 나누어져 있지만 사연으로 보면 한 건의 편지이다.
2) 희 : 140번 편지의 끝부분이 '녑싱이도 업고 연'으로 끝나므로 '희'는 '연희'로 복구된다. 문맥상 '연희'는 '녑싱이'와 마찬가지로 사람 이름이라 생각된다.
3) 글 드듸여 : 잘못 디디어. 그릇 디디어. 발을 잘못 디뎌 발목을 삐거나 다쳤던 사연을 함축한다. '그ᄅᆞ'가 '글'로 축약되었다.
4) 조반 : 미상. 아래의 문장에서도 "됴치 아닌 시 느즌 조반 ᄒᆞ읍고 약쥬 두 실과 ᄒᆞ읍고 대구 두 마리 조각 죠곰 ᄒᆞ읍고 보션 보내읍노이다"가 있다. 문맥의 흐름으로 보아 '조반'은 일정한 계절에 나는 과일 이름으로 생각된다. 뒤에 과일 이름이 나오는 점도 이러한 추정을 뒷받침한다. '早盤柿'(조홍시. 철 이른 납작감. '반시(盤柿)'는 납작감을 말함)의 준말이 아닐까 한다.
5) 싱쳥어 : 잡아서 말리지 않은 청어. 생(生) + 청어(青魚). 말리지 않은 생청어를 '비웃'이라고 부르기도 한다.
6) ᄒᆞᆫ 갓 : 한 갓. '갓'은 말린 식료품 중 굴비 따위의 열 마리, 고사리·고비 따위의 열 모숨을 한 줄로 엮은 단위를 가리키는 단위성 의존명사이다. 참고로 생선 열마리를 일컫는 데에는 '갓' 외에 '뭇'이란 단위명사도 있다. 127번 편지에서 '통조기 한 뭇(10마리), 청어 한 두두름름(20마리)'이라는 예가 나온 바 있다. 그런데 '뭇'은 생선 열 마리와 함께 미역 열 장을 일컫는 데에도 사용되어서, '갓'과 '뭇'을 사용하는 대상이 완전히 일치하지는 않는다.
7) 내희 : 나의. 나 + -의 + -희[소유표시 접미사].
8) 노홉고 : 노엽고. 화가 나고. 『한중록』에 '노홉-'(118)이 나타나고, 『경민편』 등에 '노호옴'(9)가 확인된다. 이 어형은 다음과 같이 분석된다. 노-[怒/어근] + -홉-[형용사화 접미사] + -고[연결어미]. '노'는 '怒'의 음으로 본다.
9) 애ᄃᆞᆯ온 : 애다는. 애닯은. 애달- + -오-[겸양법] + -ㄴ[관형형]. '애달다'는 동사이고, '애닯다'는 형용사이다. 그런데 이 문맥에서의 '애달온'은 동사로 해석하거나 형용사로 해석하거나 양자간에 별 다른 의미차가 없다.
10) 든 : 문맥상 '이것보다 더한 일'의 뜻을 표현한다. '든'은 현대국어로 풀이하자면 '더한' 정도의 말이 들어갈 문맥이다.
11) 업세라 : 없어라. 없구나. 없- + -에라[감탄형어미].
12) 시버이다 : 싶습니다. 시브-[어간] + -어-[확인법] + -이-[상대존대] + -다[어말어미]. '-어이다'는 이처럼 각각의 형태소로 분석할 수도 있으나, 하나의 통합형으로 '상대평서형 종결어미'의 기능을 수행한다고 볼 수도 있다. '-어이다'의 용례를 더 들어 보면 다음과 같다. 참고) 오ᄂᆞᆯ 尊者 보ᅀᆞᄫᆞ니 깃부미 그지 업서이다 ᄒᆞ고<釋譜 24:34>. 나도 머릴 울워러 ᄉᆞᆲ어이다 救ᄒᆞ쇼셔 비ᅀᆞᄫᆞ니<月釋 2:52>.

13) 왼ᄃᆡ : 잘못되었는데. 그릇되었는데. 외- + -ㄴᄃᆡ. '외다'는 형용사로도 쓰이고 동사로도 쓰이는데 여기선 동사로 쓰였다. '외다'가 동사로 사용되면 '그릇되다, 잘못되다, 벗어나다' 등의 뜻이 된다. 참고) ᄆᆞᅀᆞᆷ ᄡᅮ미 그르게 마롤디니 毫釐만 그르면 千里 외ᄂᆞ니(無令用心差錯이니 差之毫釐면 失之千里ᄒᆞᄂᆞ니)<圓覺 상 2-2:18-19>. 勞度差ㅣ 幻術이 漸漸 외야 갈ᄊᆡ 돋가비ᄅᆞᆯ 제 몸이 ᄃᆞ외니<月曲 163>.

14) 시난 : 지명. 145, 147, 158번 편지에 '시난 동싱'이라는 표현이 나오는데, 그것으로 보아서 '시난'은 지명이라 판단할 수 있다.

15) 둉ᄃᆞᆯ : 종들. '둉'은 '죵'의 구개음화 과도교정형이다.

16) 붓러워이다 : 부끄럽습니다. '붓' 뒤에 '그'字가 누락되었다. 붓그럽-[형용사어간, ㅂ불규칙] + -어이다 [상대존대 평서형 종결어미]. 한편 '붓(그)러워이다'로 끝나는 문장의 구조를 살펴보면, 필자가 이 부분에서 문법성이나 논리성을 등한시하고 글을 전개했음을 발견할 수 있다. 부끄러움을 느끼는 주체는 '필자'이고, 일이 잘못되었는데 그런 줄 모르는 주체는 친정 사람이나 이웃 사람들이다. 주체가 다름에도 불구하고 새 주체('저는', 또는 '자식은')를 밝히지 않고 그냥 '-며'라는 접속어미를 써서 접속문을 만들었다. 거기에다가 문장성분의 생략이 너무 지나쳐 의미 파악이 어렵다. 현대국어의 문법 지식으로 보면 위 문장은 비문법적인 문장이지만, 이런 문장이 구어체 문장에서는 흔하며 위의 문장이 바로 그러한 예라고 할 수 있다.

17) 원 : 소원(所願).

18) 새회: 사위. '사회'(사위)의 방언형 또는 오기일텐데 후자로 판단된다.

19) 가ᄌᆞᆨᄒᆞ오면 : (거리가) 가까우면. 가직하면. 경북방언에는 '가작다', '개작다' 등의 형태가 쓰이고 있다.

20) 이더록 : 이토록. '이더록'은 '이더도록'에서 '도'가 누락된 표기로 짐작된다. 그런데 '이더도록', '그더도록'은 출현하지만 '뎌더도록'은 문헌에 출현하지 않는다. 참고) 길히 하 머오매 이더도록 긔별 몯 듣ᄌᆞ와 민망ᄒᆞ오니 현마 먼ᄃᆡ 혼인마ᄋᆞᆸ쇼셔(129번). 그더도록 몯 닛ᄌᆞ와 ᄒᆞᄋᆞᆸ시다가 가오ᄃᆡ ᄒᆞᆫ갓 말ᄉᆞᆷ을 몯 듯ᄌᆞᆸ고(128번). '이더도록'은 <순천김씨언간 66, 73, 120>에도 출현하며, '그더도록'은 <순천김씨언간 4, 93>에 출현한다. 그 외에도 '이리도록'<순천김씨언간 140>, '그리도록'<순천김씨언간 74, 80>도 이들과 같은 의미로 사용된 것으로 보고되었다. 조항범(1998: 56, 388, 633) 참조.

21) 이러ᄒᆞ랴 : 이러하랴. 이러할까. 반문(反問)의 뜻을 표현한다.

22) 셰브니 : 싶으니. 미루어 헤아림의 뜻. '셰'는 '시'의 오기. 출가하여 친정과 멀리 떨어져 살면서 딸의 도리를 다하지 못함에 대해 한스러워하는 마음이 표현되어 있다.

23) 안덕 동싱 : '안덕 동싱'은 필자의 여동생이며, 안덕은 지명이다. 곽주의 딸 중의 하나가 안덕으로 출가했다. 안덕 동생의 해산을 묻는 이 구절은 앞의 131번 편지에도 나온다. 이로 보아 앞의 편지와 같은 해에 작성된 것으로 생각된다.

24) 금개 : 종의 이름이다. 친정 모친인 하씨집에서 부리는 종이라고 판단된다. 136, 140, 145, 150번 편지 참조.

142. 누구 얼굴이 얽었고 누구는 얽지 않았는지 영인 609p

출가녀가 하씨에게 [문 143] [건들 129]

판독문

문
안 ᄀᆞ업시 알외ᄋᆞᆸ고 극열의[1)]
긔후 엇지 지내ᄋᆞᆸ시며 산하기[2)] ᄃᆞᆫ녀 오ᄋᆞ와ᄂᆞᆯ 듣ᄌᆞ오니 대임
이 슈리비[3)] 역신[4)]ᄒᆞ더라 ᄒᆞᄋᆞ와ᄂᆞᆯ 놀랍ᄉᆞ오미 아ᄆᆞ라타
업ᄉᆞ와[5)] 하ᄂᆞ래 목숨 걸고[6)] ᄌᆞᆷ 드온 시도 닛ᄌᆞᆸ디 몯ᄒᆞ
오며 분별이 ᄀᆞ 업ᄉᆞ와 내 ᄆᆞᄋᆞᆷ의ᄂᆞᆫ 즉시 밧쓰로 나가
긔별이나 아라 오고져 ᄒᆞ오ᄃᆡ 극농시ᄋᆞᆸ고[7)] ᄆᆞᄋᆞᆷ으로[8)] 몯 ᄒᆞ오
매 이적내[9)] 사ᄅᆞᆷ도 몯 보내ᄋᆞ오며 밤낫[10)] 글로[11)] 분별ᄒᆞᄋᆞᆸ다
니 귀예[12)] 엇던 사ᄅᆞᆷ이 됴싱원[13)] 아ᄌᆞ바님 유무ᄅᆞᆯ 밧씌셔게[14)]
가져 와시되 두 아기 다 됴히 ᄒᆞ다[15)] ᄒᆞ여 겨시ᄒᆞ고[16)] 밧씌[17)] 골
안ᄋᆡ 겨셔 잠짠 유뮈예 ᄒᆞ여거ᄂᆞᆯ 듣ᄌᆞᆸ고 하 기ᄉᆞ와 하
【上邊】
ᄂᆞ래도 오르고져 ᄒᆞ며[18)] 즉시
하례 사ᄅᆞᆷ[19)] 보내ᄋᆞᆸ고져 ᄒᆞ오
ᄃᆡ 쇽졀 업ᄉᆞ오며 하 깃ᄉᆞ와 ᄒᆞᆫ
부ᄃᆞ로 몯 다 알외ᄋᆞᆸ노이다.
누고ᄂᆞᆫ[20)] 얼그며[21)] 아니 얼그며 ᄌᆞ시
유무ᄒᆞᄋᆞᆸ쇼셔. 하 몰
【右邊】
라 민망ᄒᆞ
여이다. 피우[22)]
난 동싱ᄃᆞᆯ은 다 무ᄉᆞᄒᆞ오닝[23)] 다 ᄌᆞ시 긔별ᄒᆞᄋᆞᆸ쇼셔. 나ᄂᆞᆫ 젼싱 므슴 죄
짓고 ᄆᆡ일 그리ᄋᆞ오며 긔별도 ᄌᆞ ; 조[24)] 몯 듣ᄌᆞᆸ거뇨 아독 셟ᄉᆞ와

ᄆᆡ일 우ᄋᆞᆸ노이다. 골안[25] 어마님겨셔도 두 ᄯᆞ님 가고 업서 응낭이[26]ᄂᆞᆫ 나올 제 두고 나고 밧씌셔 오명가명[27] ᄒᆞ더니 아바님겨셔도 젼ᄀᆞᆺ치 오월우터[28] 편치 아니아ᄋᆞᆸ셔[29] 골안 드러가 밤낫 뫼ᄋᆞ와 약도 친히 달혀 잡ᄉᆞ오며 민망ᄒᆞᄋᆞᆸ더니 요ᄉᆞ이ᄂᆞᆫ 혈ᄒᆞ여[30]

(143번 편지에 이어짐)

【뒷면】

현풍 논공이

어마님 젼 샹술이 근봉

현대어

문안을 가이없이 아뢰옵고, 극열(極熱)에 기체 어떻게 지내십니까. 산하기가 다녀왔거늘 들으니 대임이가 슈리비라는 천연두를 앓더라고 하거늘 놀라움을 이루 말할 수 없어 하늘에 목숨을 걸고(=진실로) 잠든 때도 잊지 못하며 걱정이 가이없습니다. 제 마음 같아서는 즉시 밖으로 나가 기별이나 알아 오고자 하오나 바쁜 농사철이어서 마음대로 못 하니, 이제까지 사람도 못 보내며 밤낮 그것으로 걱정하였습니다. 관(官)의 어떤 사람이 조생원 아주버님의 편지를 남편에게 가져왔으되, 두 아이가 다 좋게 나았다 하여 계시니, 남편은 골안에 있어서 잠깐 편지에 썼거늘 (그 소식을) 듣고 매우 기뻐 하늘에도 오를 듯 기쁘며, 즉시 축하 인사할 사람을 보내고자 하되 (즉시 보낼 수 없어서) 속절이 없으며 매우 기뻐 한 붓으로 못 다 아룁니다. 누구는 (천연두로 얼굴이) 얽었으며 (누구는) 얽지 않았는지 자세히 편지를 하소서. 너무 (소식을) 몰라서 민망합니다. 우환(=역신)을 피하러 간 동생들은 다 무사하옵니까. 다 자세히 기별하소서. 저는 전생(前生)에 무슨 죄를 지어서 매일 (어머니를) 그리며 기별도 자주 못 듣는지 아득히 서러워 매일 웁니다. 골 안의 어머님께서도 두 딸이 가고 없어 응낭이는 나올 때 두고 나오고, 남편이 (골 안에) 오며가며 하더니 아버님께서도 전같이(=전과 같은 증세로) 오월부터 편치 아니하셔서 (남편이) 골 안에 들어가 밤낮 모시고 약도 친히 달여 잡수어 민망하더니, 요사이는 나아져서

(다음 편지로 사연이 이어지는 것으로 판단됨)

현풍 논공. 어머님 전 상사리. 삼가 봉함.

해설

친정 동생이 돌림병을 앓고 있다는 소식을 듣고 밤낮 잠을 못 이루며 걱정하다가 무사히 나았다는 전갈을 받고는 하늘에도 오를 듯이 기뻐한다는 사연을 어머니께 드리고 있다. 멀리 시집와서 떨어져 사는 처지를 한탄하며 집안 소식에 애태우는 옛 여인의 모습이 잘 나타나 있다. 시댁의 아버님도 편찮으셔서 남편이 골안 마을에 들어가 밤낮 모시고 약을 달여 드린다는 사연도 보인다. 갖은 질병에 시달리며 사는 당시 사람들의 모습이 편지 곳곳에 나타난다.

주석

1) 극열의 : 극열(極熱)에. 몹시 더운 날씨에. 이 편지를 쓴 계절이 한창 더운 여름임을 알려 준다.
2) 산하기 : 노(奴)의 이름. 「곽씨언간」에 두 번 나온다. 참고) 산하기도 그 운에 드러 ᄃᆞ라나고(132번).
3) 슈리비 : 수리비. 고어사전 및 현대국어 사전에 없는 낱말. '역신' 앞에 놓여 '역신'을 수식하며 역신의 한 종류를 뜻하는 것으로 보인다. '슈리비'가 '대임이' 바로 다음에 이어져 둘 다 아이 이름으로 볼 수도 있으나 「곽씨언간」 전체에서 '슈리비'라는 아들 이름은 보이지 않으므로 그럴 가능성은 없다. 족보에 올라간 하씨 소생의 아들은 셋인데 '대임이', '대셩이', '응낭이'(혹은 '쥬셔기')로 그 이름이 나타난다. 셋째 아들은 곽주가 작고한 해(1617년)에 태어난 곽형창이다.
4) 역신 : 疫神. 천연두.
5) 아ᄆᆞ라타 업ᄉᆞ와 : 아무러하다고 (말할 수) 없어서. 무어라고 말할 수 없어. '아ᄆᆞ라타'는 '아ᄆᆞ라ᄒᆞ다'의 준말이다. 121, 122, 126번 편지에 이미 나온 적이 있으며, 「순천김씨언간」 등 여러 언간에 널리 쓰였다. 참고) 내 ᄉᆞ시론 아ᄆᆞ라타 업거니와<순천김씨언간 79>. 내 지비 이제ᄂᆞᆫ 아ᄆᆞ라타 업시 되여고 <순천김씨언간 168>.
6) 하ᄂᆞ래 목숨 걸고 : 하늘에 목숨을 걸고. 현대국어에서 '목숨을 걸다'는 '무엇을 이루고자 죽음을 각오한다'는 뜻인데 자기의 말이나 처지의 진실성을 강조할 때 쓰이는 과장법의 하나이다. 여기서도 같은 기능을 하는 관용구로 쓰였다.
7) 극농시ᄋᆞᆸ고 : 극농시(極農時)이고. 극농시 + -ᄋᆞᆸ- +-고. '극농시' 뒤에 계사 '이-'가 생략되었다. '극농시'는 '지극히 바쁜 농사철', 즉 '농번기'라는 뜻이다. 극열(極熱), 극서(極暑), 극한(極寒)에 쓰이는 '극'과 '극농시'의 '극'은 접두사로서 '심한' 또는 '한창때' 정도의 의미를 지닌다. 162번의 '극농시'도 이와 같다. 참고) 극농시 사ᄅᆞᆷ 몯 보내여 민망ᄒᆞ더니 (162번).
8) ᄆᆞᄋᆞᆷ으로 : 마음대로. 내 뜻으로.
9) 이적내 : 이제까지. 이(此) # 적(때) + -내. '-내'는 '겨우내' 따위에 접미사로 쓰이는 '-내'와 그 기능이 같다.
10) 밤낫 : 밤낮. '밤'은 수정의 흔적이 있는 글자이다.
11) 글로 : 그것으로. 그것 때문에.
12) 귀예 : 관청(官廳)에. 귀 + -예. '귀'는 '구이'의 준말. 15세기 문헌에 '그위', '구위', '구의' 등이 나온다. '귀'는 '구의>구이(ㅡ탈락)>귀(음절축약)' 단계를 거친 것이다.
13) 됴ᄉᆡᆼ원 : 조생원(趙生員). 이것은 곽주의 둘째 사위 조함철(趙咸哲)을 가리킴이 확실하다. '됴생원'은 127번과 162번 편지에도 나오는 사람이다. 이 낱말 뒤에 친족어 '아ᄌᆞ바님'이 이어지는 점도 127번의 경우와 같다.

14) 밧끠셔게 : 남편께. 남편에게. 136번 편지에는 '밧끠셔끠'로 표기되어 있었다.
15) ᄒᆞ다 : 나았다. '낫다'의 대동사로 쓰인 'ᄒᆞ다'로 볼 수 있다. '됴히 ᄒᆞ다'는 역신을 심하게 앓지 않고 가볍게 앓아 잘 나았다는 뜻이다.
16) 겨시 ᄒᆞ고 : 계시다 하고. '겨시' 뒤에 '다'가 빠진 오기로 판단된다.
17) 밧끠 : 남편이. 기능상으로 보면 '밧씨'나 '밧끠셔'가 와야 할 자리인데, '밝 + -의[처격]'로 되어 있다.
18) 하ᄂᆞ래도 오르고져 ᄒᆞ며 : 하늘에도 오를 듯하며. 뛸 듯이 기뻐하는 마음을 표현한 관용구이다.
19) 하례 사ᄅᆞᆷ : 축하 인사할 사람. 賀禮 사람.
20) 누고ᄂᆞᆫ : 누구는. 누고 + -ᄂᆞᆫ. '누고'는 기원적으로 '누'에 의문조사가 결합한 것인데 여기서는 단일 명사로 기능하고 있다. 참고) 누고 誰<同文 하 51>.
21) 얼그며 : 얽으며. 천연두를 앓고 그 흉터로 인하여 곰보가 되는 것을 '얽다'라고 표현한다.
22) 피우 : 우환을 피함. 避憂. 119, 126번 편지에 나왔던 말이다.
23) 무ᄉᆞᄒᆞ오닝 : '닝'자 다음에 의문형어미 '-까'를 빠뜨렸다.
24) ᄌᆞ〻조 : 자주. '자주 자주'라는 뜻으로 'ᄌᆞ조'를 강조한 낱말로 볼 수 있다. 아니면 'ᄌᆞ조'의 'ᄌᆞ'를 중복 표기한 오기일 여지도 있다.
25) 골안 : 마을 이름. 이 편지를 쓴 출가녀의 시부모가 있는 곳이다.
26) 응낭이 : 사람 이름. 130 편지 등에 나온다. 이 이름은 '응나이'(163번)로도 표기되어 나온다. 어린이 이름의 발음과 표기에 약간의 유동성이 있었던 듯하다.
27) 오명가명 : 오며가며. '-명'은 반복적 행위를 표현하는 어미이다. 참고) ᄀᆞᆯ멱이는 오명 가명 ᄒᆞ거든<해동가요 44>.
28) 오월우터 : 오월부터. 「곽씨언간」에는 이 외에도 '보롬끠우터', '어제우터', '초열흔날우터', '거월 초싱우터' 등의 예가 발견된다.
29) 아니아ᄋᆞᆸ셔 : 아니하셔서. '아니아ᄋᆞᆸ셔'는 '아니ᄋᆞᆸ셔'의 오기로 생각된다. 다른 편지에는 '아니ᄋᆞᆸ시-'로 나타난다. 참고) 어마님 편치 아니ᄋᆞᆸ신 ᄃᆡᄂᆞᆫ 이제나 엇더ᄒᆞᄋᆞᆸ시며 (122번).
30) 헐ᄒᆞ여 : 병이 좋아져서. 증세가 가벼워져서. 헐(歇)하여. 참고) 편치 아니ᄋᆞᆸ신ᄃᆡ 헐ᄒᆞᄋᆞᆸ시니 깃ᄉᆞ와 ᄒᆞᄋᆞ오ᄃᆡ (123번).

143. 그 바느질품은 내가 갚으려 합니다 영인 608p

출가녀의 필적 [문 155] [건들 164]

판독문

겨ᄋᆞᆸ시ᄃᆡ 당시[1] ᄯᅥ나지 몯ᄒᆞ매 셕 ᄃᆞᆯ재[2] 골안[3]
가 겨시고 산ᄃᆔ[4]만 ᄃᆞ리고 촌의[5] 피우 나셔 고모ᄒᆞ기[6] 셜
워이다. 피난 동싱ᄃᆞ른[7] 다 무ᄉᆞᄒᆞ오며 당시 아니 드러
ᄉᆞᆸᄂᆞᆫ가[8] ᄌᆞ시 긔별.[9] ᄌᆞ식은 숨 니을 만 잇ᄉᆞ와 근
심 그촌 저기 업서 정월웃터[10] 병으로 ᄐᆡ보기 영ᄆᆡ[11]

넙ᄉᆡᆼ이[12] 나셔[13] 넙ᄉᆡᆼ이ᄂᆞᆫ 나가고 ᄐᆡ보기ᄂᆞᆫ 오월의
들고 영ᄆᆡᄂᆞᆫ 그믐ᄭᅴ사[14] 드러ᄉᆞᆸᄂᆞ이다.[15] 이우제
이ᄂᆞᆫ[16] 사ᄅᆞᆷ이 졍산[17] 어버이 이셔 ᄂᆞ일[18] 가더라 듣고
ᄒᆞᄅᆞ 길히니 갈 제 올 제 이틀 길히니 사ᄒᆞᆯ 일
ᄒᆞ려 ᄒᆞ고 하 비니[19] 가오ᄃᆡ 촌의ᄂᆞᆫ 어ᄃᆞᆯ ᄃᆡ도 살 ᄃᆡ도
업서 아ᄆᆞ 것도 업ᄉᆞ와 뷘 유무만[20] ᄒᆞᄋᆞᆸ고 사ᄅᆞᆷ
보내오니 극히 흐운ᄒᆞ이다.[21] ᄂᆞᆷ이니 음식 됴케
ᄒᆞ여 머기시고 졈심ᄒᆞ여 주쇼셔. 동ᄉᆡᆼ님내게
바ᄂᆞ질 만히 보내엿더니 몯ᄒᆞ여실 거시니 연구[22]
업거든 브ᄃᆡ 수이 ᄒᆞ엿다가 ᄂᆡ월의[23] ᄐᆡ보기 니거
든 보내쇼셔. 그 품[24]은 나옷[25] 사라시면 갑ᄑᆞ려 ᄒᆞᆫ다.

현대어

…계시되 아직 떠나지 못하시어 석 달째 골 안에 가 계시고 (저희는) 산뒤만 데리고 촌에 우환을 피하러 나가서 고생하는 것이 서럽습니다. 우환을 피하러 간 동생들은 다 무사하며 아직 (집으로) 아니 들어왔는지 자세히 소식을 전해 주십시오. 자식은 숨을 이어갈 만하게 (근근히 살고) 있지만 근심이 그친 적이 없습니다. 정월부터 병으로 ᄐᆡ보기, 영ᄆᆡ, 넙ᄉᆡᆼ이가 (집을) 나갔는데 넙ᄉᆡᆼ이는 (아직) 나가 있고, ᄐᆡ보기는 오월에 들어오고, 영ᄆᆡ는 그믐께야 들어왔습니다.

이웃에 있는 사람이 정산(慶山)에 어버이가 있어 내일 (경산으로) 간다는 말을 듣고, (경산에서 논공까지는) 하루 길이니 갈 때와 올 때(를 합하면) 이틀 길이니 사흘 일을 하는 것으로 쳐 주겠다고 간절히 빌었더니 (그 사람이 수락하여) 가게 되었습니다. (제가 있는 이곳) 촌에는 (무언가를) 구할 데도, 살 데도 없어 아무것도 없이 빈 소식만 전하고 사람을 보내니 지극히 서운합니다. (보낸 사람은) 남이니 음식을 좋게 장만하여 먹이시고 점심을 차려 주십시오.

(저번에) 동생님네께 바느질할 것을 많이 보내었더니 (아직) 못하였을 것이니, 연고가 없거든 부디 빨리 하였다가 다음 달에 ᄐᆡ보기가 가거든 보내십시오. "그 (바느질) 품은 내가 살아 있는 한 갚으려 한다"(고 전해 주십시오). (뒤의 내용 결락).

해설

이 편지는 142번 편지에 이어지는 것으로, 질병으로 인해 피난을 간 후에 무사한지 궁금해 하는 것이 주 내용이다. 노복들을 보낼 수 없는 처지를 자세히 설명하고 마침 부모가 경산에 계시는 사람이 그곳에 가는 걸음에 현풍까지 다녀오도록 청하여 사람을 보내게 되었다는 사연을 알리고 있다. 가는 사람이 노복이 아닌 '남'이니 점심까지 잘 대접하라는 당부도 잊지 않고 있다.

끝에 '바느질 품' 이야기가 나온다. 동생에게 바느질할 옷감을 보내 바느질을 부탁했었는데 그 품은 나중에 반드시 갚을 것이라는 말을 보태고 있다.

이 편지에는 노복들이 주인집에 들어와 사는 모습이 나타난다. 정월부터 ᄐᆡ보기, 영ᄆᆡ, 넙싱이가 집을 나가 있다가 ᄐᆡ보기는 오월에 들어오고, 영ᄆᆡ는 그믐께야 들어왔다는 내용이 그것이다. 질병과 관련된 것인지, 노복을 불러들여 부리는 방식에 따른 것인지, 노복들을 집에서 내보내기도 하고 들어오게도 하는 모습을 볼 수 있다.

주석

1) 당시 : 아직. 중세국어 문헌에 '당시론' 또는 '당시롱'으로 쓰인 것인데 '아직', '오히려'의 뜻이다.
2) 셕 ᄃᆞᆯ재 : 석 달째. 참고) 사ᄒᆞᆺ 날재 다시 사라<東新 효 12>.
3) 골안 : 지명. 마을 이름.
4) 산뒤 : 종 이름. 153번 편지에도 '산뒤'가 나온다.
5) 촌의 : 촌(村)에. '촌'은 여기서 시골 마을을 나타내는 말로 쓰였다.
6) 고모ᄒᆞ기 : 고생함이. 고생하는 것이. '고모'는 '고생, 괴로움'의 뜻으로 쓰였다. 참고) 집안도 편코 ᄆᆞ올도 편ᄒᆞ면 므스 일로 혼자이라 와셔 고모ᄅᆞᆯ ᄒᆞᆯ고(39번). 졋도 먹지 아니ᄒᆞ고 절노 크고 한 고모 업고 즐거오믄 만만ᄒᆞ고<염불노권문 해인사판 일사본 4b>.
7) 피난 동싱ᄃᆞᄅᆞᆫ : 피난간 동생들은. 여기서 '피난'은 '피우'와 같은 말이다.
8) 드러ᄉᆞᆸᄂᆞᆫ가 : 들어왔는가. 들- + -엇(과거)- + -ᄉᆞᆸ- + -ᄂᆞᆫ가. '-엇-'과 '-ᄉᆞᆸ-'의 ㅅ이 겹친 관계로 하나만 표기된 모습이다. '-엇-'을 설정하지 않으면 '-ᄉᆞᆸ-'이 후접된 것을 설명할 수 없다.
9) ᄀᆡ별 : 소식을 전해 주십시오. 'ᄀᆡ별ᄒᆞᆸ쇼셔'에서 어근만 남고 나머지는 생략되었다.
10) 졍월웃터 : 정월부터. '-웃터'는 '-우터'의 이표기이며, '-우터'는 '-브터'의 변화형이다.
11) 영ᄆᆡ : 종의 이름인 듯. 다른 편지에는 나오지 않는 이름이다.
12) 넙싱이 : 종의 이름. 132, 139, 140번 편지에도 등장한다.
13) 나셔 : 나갔다가. 나가서. 병으로 셋이 집에서 나갔다는 말이다. 형태상으로는 '나서'로 풀이할 수 있으나 뒤에 '들고'라는 말이 나오므로 '나갔다가, 나가서'의 뜻이 된다.
14) 그믐ᄢᅴ사 : 그믐께야. '-ᄢᅴ'는 시간이나 공간을 중심 잡아 그 가까운 범위를 일컫는 접미사이고, '-사'는 15세기의 '-ᅀᅡ'를 잇는 강세첨사이다.
15) 드러ᄉᆞᆸ노이다 : 들어왔습니다. 위 각주 11번과 같이 '-엇-'과 '-ᄉᆞᆸ-'의 ㅅ 중 하나만 표기된 모습이다.
16) 이우제 이ᄂᆞᆫ : 이웃에 있는. '이ᄂᆞᆫ'은 '잇ᄂᆞᆫ'의 오기. 이웆 + -에[처격]. 참고) 이틋날 아ᄎᆞᄆᆡ 이우제 거

로니<杜解 초 15:5>. ᄒᆞ오ᅀᅢ면 이우지 업거니<楞嚴 3:37>.
17) 졍산 : 지명. '경산'(慶山)의 ㄱ구개음화형으로 판단된다. '경산'은 경주에서 현풍 가는 도중에 있다.
18) ᄂᆡ일 : 내일. 'ᄂᆡ일'(來日)에서 선행 ㅣ가 탈락한 것이다.
19) 하 비니 : 하도 (간절히) 비니. 부탁을 들어 달라고 매우 간청했더니.
20) 뷘 유무만 : 빈 소식만. '뷘 유무'란 인사치레로 딸려 보내는 물건이 없이 편지만 보내는 것을 뜻한다. 참고) 아ᄆᆞ것도 졍 알외ᄋᆞ올 것 업ᄉᆞ와 뷔ᄋᆞ온 술이 알외ᄋᆞ오며 흔ᄒᆞ옵노이다(127번). 아ᄆᆞ것 업서 뷘 유무ᄒᆞ오니 ᄒᆞ운ᄒᆞ여이다(162번).
21) ᄒᆞ운ᄒᆞ이다 : 서운합니다. ᄒᆞ운ᄒᆞ- + -이-[상대존대] + -다. 확인법 선어말어미가 결합된 'ᄒᆞ운ᄒᆞ여이다'로 많이 쓰였다. 그러나 이 편지에서는 동사 어간 'ᄒᆞ-'에 '-이-'가 직접 통합되었다. 'ᄒᆞ운ᄒᆞ-'는 86, 111 등 여러 편지에 나타난다.
22) 연구 : 연고. '연구'는 '연고(緣故)'의 당시 속음으로 보인다. 비어두에서 '오>우'를 겪은 예이다. 참고) 밧ᄡᅳ로셔 연구 잇다 ᄒᆞ시매 몯 가오니 우연 ᄒᆞ운히 너기옵시링까(119번).
23) ᄂᆡ월의 : 다음 달에. ᄂᆡ월(來月) + -의.
24) 품 : 품. 일하는 데 드는 힘이나 수고. '품을 갚다'는 것은 자기가 받았던 품 갚음으로 상대자에게 품을 제공하는 것을 말한다.
25) 나옷 : 내가. 나 + -옷[강세첨사].

144. 안덕 동생이 당역을 중히 한다 하니 영인 607p

출가녀가 하씨에게 [문 144] [건들 131]

판독문

쳔만 의외예[1] 아자비[2] 오와놀 듣ᄌᆞ오니 당□
듕히[3] 지내옵시□ 또 안덕 동싱도 당역[4]을 ᄀᆞ장 듕
히 ᄒᆞ시다 ᄒᆞ오니 지극 놀랍ᄉᆞ오미 ᄀᆞ 업ᄉᆞ오되
이저ᄂᆞᆫ[5] 쾌차ᄒᆞ옵샤
대긔[6] 무ᄉᆞ히 지내옵시니 몬내 기ᄉᆞ와[7] ᄒᆞ옵노이다. ᄌᆞ식은
숨 니을만 이ᄉᆞ오되[8] ᄀᆞᆺ지[9] 몯ᄒᆞ온되 됴관[10] 벗 만
하 듀안의[11] 술과 안쥬 ᄒᆞ여 ᄃᆞᆫ니오니 밋처 쥰비 몯ᄒᆞ
와 민망ᄒᆞ옵고 글로[12] 일 사마 ᄒᆞ니 일 홀 싱각은 업
……
【上邊】
라 ᄒᆞ니 민망□□ 일 …

바님[13] 겨오... 지...
게 되오니 아...
ᄉᆞ오되[14] ᄉᆞ이 머오니 ...
소이다. 틱보기 수이...
제 내 ᄀᆞ리매[15] 투심...[16]
【右邊】
혼인 제 쁘지
이다.[17] 오라바님끠
...유무 보ᄋᆞᆸ고 반갑ᄉᆞ오되 요ᄒᆞ와[18] 답장 몯ᄒᆞᄋᆞ오니 ᄒᆞ운
ᄒᆞᄋᆞᆸ시고 아ᄋᆞ님내끠 다 안부ᄒᆞᄋᆞᆸ쇼셔.
...몯ᄒᆞᄋᆞᆸ노이다. 아마도 ᄇᆞ라ᄋᆞᆸ기ᄅᆞᆯ 치위예
【뒷면】
현풍 논공이
어마님젼

현대어

천만 의외에 아재가 오거늘 (아재의 말을) 들으니 당역(唐疫)을 심하게 (앓으며) 지내시□ 또 안덕 동생도 당역을 가장 심하게 앓으셨다 하니 지극히 놀라움이 가이없으되, 이제는 쾌차하시어 역질을 무사히 지내시니 못내 기뻐합니다.

저는 숨을 겨우 이을 만하게 (살아가고) 있으되, 음식들을 갖추지 못하였는데 벼슬아치 벗이 많아서 술상에 술과 안주를 장만하기 위해 다니나 미처 준비를 못하여 민망하고, 그것으로써 일을 삼아 하니 일할 생각은 없…라 하니 민망□□ 일…오라(아)버님께서 겨우…지…게 되니 아…사오되 사이가 머니…입니다. 틱보기가 빨리…적에 내 가리매와 투심을 혼인 때에 쓰고자 합니다.

오라버님께…편지를 보고 반가우나 정신이 뒤숭숭하여 답장을 못 하니 (오라버님이) 서운해 하시니 아우들에게 다 안부를 전해 주십시오. …못 합니다. 아무쪼록 바라옵기를, 추위에…. 현풍 논공이 어머님 전.

해설

이것은 전형적인 문안 편지이다. 그러나 마멸되거나 결락된 부분으로 인하여 전체 내용이 잘 파악되지 않는다. 남편의 친구 벼슬아치 벗이 많이 와 있는데 그 술상을 마련하기 위해 고심하는 모습이 나타나 있다. 혼인식에 쓴 '가리매'와 '투심'이라는 복식 용어가 나타나는 점이 주목된다.

주석

1) 쳔만 의외예 : 천만 뜻밖에. 천만 의외(千萬 意外)에.
2) 아자비 : 아재. 아재비. 참고) 아자비 슉(叔)<유합 상 20>. 61번 편지에 속격형 '아자븨'가 보인다.
3) 듕히 : 중(重)히. 심하게.
4) 당역 : 천연두의 한 종류로 생각되는데, 한자어로 '唐疫'을 표기한 것으로 보인다. 오늘날 '홍콩 독감'이라고 하듯이 중국에서 건너온 역병(疫病)의 이름을 이렇게 붙였을 것이다.
5) 이저ᄂᆞᆫ : 이제는. 이저 + -ᄂᆞᆫ. '이저'는 '이제'의 j가 탈락된 어형이다.
6) 대긔 : 大忌. 크게 꺼리거나 싫어하는 일. 이 편지에서는 당역을 포함한 역질을 가리킨다. 크게 꺼리는 역질을 무사히 지내셨으니 기뻐하는 사연이 이어져 있다.
7) 기ᄉᆞ와 : 기뻐. '깃ᄉᆞ와'에서 첫음절 종성 ㅅ이 탈락된 표기.
8) 이ᄉᆞ오ᄃᆡ : 있사오되. 이것도 앞의 '기ᄉᆞ와'와 같이 어간의 ㅅ이 탈락되었다.
9) ᄀᆞᆺ지 : 갖추지. 구비하여 있지. 무언가 갖추지 못하고 있는 처지를 말하고 있는 대목이다. 뒤에 나오는 내용으로 보아 손님 접대할 음식을 갖추지 못하고 있는 형편을 말한 것으로 보인다.
10) 됴관 : 朝官(조관). 벼슬아치. '됴관 벗'은 벼슬을 가진 벗을 뜻한다.
11) 듀안의 : 주안(酒案)에. 술상에. '주(酒)'는 고음(古音)이 '쥬'인데 ㄷ구개음화에 따른 과도교정으로 '듀'로 표기된 것이다. 참고) 酒 술 쥬<類合 上 29b>.
12) 글로 : 그것으로. 술과 안주를 장만하기 위해 다니는 일을 가리킨다.
13) ...바님 : '바님' 앞에 몇 글자가 빠졌다. '오라' 혹은 '아'가 들어가 '오라바님 혹은 '아바님'을 적었던 것으로 보인다. 줄임표로 나타낸 부분은 결락으로 인하여 글자가 없어진 곳이다.
14) ᄉᆞ오되 : -사오되. 앞에 동사 어간이 누락되었다.
15) ...제 내 ᄀᆞ리매 : ...할 적에 내 가리매를. 64번 편지에 'ᄀᆞ리매'가 나온다. 머리에 쓰는 쓰개의 일종이다. 참고) 머리 쒸우고 ᄀᆞ리매ᄅᆞᆯ 스게 ᄒᆞ소(64번).
16) 투심 : 투심. 145번 편지에도 나오는 낱말이다. 133번 편지의 '투심' 주를 참조.
17) ᄡᅥ지이다 : (가리매와 투심을) 쓰고 싶습니다. ᄡᅳ- + -어지이다.
18) 요〻ᄒᆞ와 : 시끄럽고 어지러워. 정신이 뒤숭숭하여. 요요(擾擾)하여. 131, 133번 편지에도 나온다.

145. 선비들이 죽기를 각오하고 상소하러 간다 하니 영인 606p

출가녀가 하씨에게 [문 145] [건들 159]

판독문

문

안 ᄀᆞ업시 알외ᄋᆞᆸ고 요ᄉᆞ이나[1)]
편치 아니ᄋᆞᆸ신 긔운이 이제나 엇써ᄒᆞ
ᄋᆞᆸ샨고. 긔별 모ᄅᆞ와 ᄌᆞᆷ든 시도 닛ᄌᆞᆸ디
몯ᄒᆞ오ᄃᆡ 정와(?) ᄀᆞᆸ지 몯[2)] 지금 사ᄅᆞᆷ도
몯 보내와 밤낫 글로 근심ᄒᆞ올 ᄲᅮᆫ이ᄋᆞᆸ[3)]
쇽졀 업ᄉᆞ와 우ᄋᆞᆸ노이다. 금개[4)]ᄂᆞᆫ 열흔
날 가ᄋᆞᆸ더니 무ᄉᆞ히 갓ᄉᆞᆸᄂᆞᆫ가. 긔별 모ᄅᆞ와
민망ᄒᆞᄋᆞᆸ고 투심ᄒᆞ오며 명지[5)] 션[6)] 것 열 냥[7)]
다 가ᄋᆞᆸ더니[8)] ᄌᆞ시[9)] 바ᄃᆞ시며 대구 세 마리 광어
ᄒᆞᆫ 마리 보션ᄒᆞ고 자반도 가더니 ᄌᆞ시 바ᄃᆞ신
답장[10)] 이 놈ᄒᆞ여[11)] ᄒᆞᄋᆞᆸ쇼셔. 젼의 가다가
도로 온 것ᄯᅩ[12)] ᄉᆞ이예셔 하 허수ᄒᆞ니[13)] 밋디
【上邊】
몯ᄒᆞ로소이다. 죠피[14)] 게 업다
ᄒᆞ여ᄂᆞᆯ 반 되나 가더니 그도 쥬인
의 ᄇᆞ리고 금개 것ᄒᆞ며 틔보기
것ᄒᆞ며 고기 대엿 마래시나[15)]
ᄇᆞ리고 음식도 반치나 허ᄉᆞ
로 ᄇᆞ리니[16)] 그런 우스온 일 업
【右邊】
서이다. 시
난[17)] 동ᄉᆡᆼ은

정ᄒᆞ여[18] 가시ᄂᆞᆫ가. 우연 ᄒᆞ운ᄒᆞ웁시링ᄶᅡ. 외오셔도[19] ᄒᆞ운
ᄒᆞ오미 ᄀᆞ 업서이다. 오라바님ᄭᅴ와 동ᄉᆡᆼ님내게 다 문안
ᄒᆞ웁쇼셔. 이 사ᄅᆞᆷ이 지나가며셔 ᄀᆞᆸ치매[20] 유무 몯ᄒᆞ노이다.
이리셔 ᄇᆞ라웁기ᄂᆞᆫ 아ᄆᆞ리나 긔운 편ᄒᆞ웁샤ᄆᆞᆯ 하ᄂᆞ님ᄭᅴ
비웁노이다. 시졀이 요란ᄒᆞ여 션ᄇᆡ 다 의영ᄒᆞ여[21] 셔울 가
노라 ᄒᆞ니 아ᄆᆞ리 될 줄 모ᄅᆞ고 주금 살몰 세지 아니ᄒᆞ
라[22] ᄒᆞ오니 민망ᄒᆞ이다. 게ᄂᆞᆫ (이하 내용은 없음)

【뒷면】

현풍 논공이

어마님 젼 샹솔이 근봉

현대어

문안을 가이없이 아뢰고, 요사이에 편치 않으셨던 기운이 이제는 어떠하십니까? 기별을 몰라서 잠든 사이에도 잊지 못하되, 친정과 가깝지 못하여 지금 사람도 못 보내어 밤낮 그것으로 인하여 근심할 뿐입니다. 속절이 없어 웁니다. 금개는 열흘날 갔는데 무사히 갔습니까? 기별을 몰라 민망하옵고, 투심과 명주 켠 것 열 냥을 다 보냈으니 틀림없이 받으셨으며, 대구 세 마리, 광어 한 마리, 버선과 자반도 보냈으니 틀림없이 받으셨는지 답장을 이 놈(=금개) 편으로 보내십시오. 전에 가다가 도로 온 것도 중간에서 많이 없어졌으니 믿지 못하겠습니다. 조피가 그곳에 없다고 하여 반 되나 보냈더니 그것도 주인의 것을 버리고, 금개 것과 틱보기 것을 고기(=물고기) 대엿 마리씩이나 버리고 음식도 반이나 예사로 버리니 그런 우스운(=기가 막히는) 일이 없습니다.

시난의 동생은 날을 정하여 갔습니까? (어머니께서) 얼마나 서운하시겠습니까? 저는 외롭게 떨어져 있어도 (그것을 들으니) 서운함이 가이없습니다. 오라버님께와 동생에게 다 안부를 전해 주십시오. 이 사람이 지나가면서 깝치므로(=재촉하므로) (오라버니와 동생에게는) 편지를 못 씁니다. 여기에서 바라기는 아무쪼록 기운이 편하시기를 하느님께 빕니다. 시절이 요란하여 선비들이 다 의복과 갓을 갖추어 서울에 간다고 하니 어떻게 될지 모르고, 죽음과 삶을 헤아리지 않겠다고 하니 민망합니다. 거기는 (이하 내용은 없음).

현풍 논공. 어머님 전 상사리. 삼가 봉함.

해설

이 편지의 사연은 어머니에게 의복류와 반찬거리를 보내는 이야기가 중심이다. 물건이 가는 도중에 적지 않게 축이 나거나 버려지는 일이 있다고 기막혀 하고 있다. 시절이 요란하여 선비들이 의관을 갖추고 죽기를 각오하고 서울로 간다는 이야기가 흥미롭다. 선비들이 서울로 대거 몰려가는 목적은 정치적인 데 있음이 분명하다. 김굉필의 정치적 복권이 이루어진 후 지방 사림들은 김굉필을 종묘에 배향해야 함을 지속적으로 상소하였는데, 이 편지에 나타난 내용도 이 요구를 관철시키려 한 선비들의 집단 행동을 묘사한 것으로 생각된다. 곽주가 쓴 10번 편지에 "샹소 이리 셔울 가도 쉽디 아니ᄒᆞ면 과거ᄂᆞᆫ 몯 볼 양으로 가뇌."라는 문장이 있다. 이와 관련된 상소가 곽주가 작고한 후에도 지속되었음을 보여주는 편지이다.

김굉필은 현풍 곽씨의 세거지인 소례의 이웃 동네 즉 '못골'에 살았던 인물이고 인근에 자리한 도동서원에 모셔진 인물이다. 지금도 이 못골 마을에 가 보면 서흥 김씨 고택이 남아 있는데, 6·25 동란 때 불탄 것을 새로 지은 것이다. 근년에 고택 안마당에 한옥을 새로 지어 찻집을 겸하고 있어서 방문객의 휴식처가 되고 있다. 마을 바로 앞에 못이 하나 있고 그 중앙에 작은 섬을 인공적으로 조성해 놓았다. 못 옆에 볼썽 사나운 창고가 들어서 있어서 예스러운 운치가 사라졌다. 마을 진입로에도 공장들이 들어차 있다. 전통 문화자원의 보존은 뒷전이고 개발에 급급한 지역의 현실을 보여 준다.

주석

1) 요ᄉᆞ이나 : 요사이에. 요사이에는. '이제나'와 호응하여 조사 '-나'의 기능이 '-는'처럼 쓰였다.
2) 졍와 ᄀᆞᄌᆞᆸ지 몯 : 판독이 잘 되지 않는 부분이다. '와' 뒤에 개칠하여 지운 글자도 있다. 문맥상 '친정과 가깝지 못하여'로 볼 수도 있고, '情을 갖추지 못하여'라는 뜻으로 볼 수도 있다.
3) ᄲᅮᆫ이ᄋᆞᆸ : 뿐입니다. '-ᄋᆞᆸ' 종결형이 「곽씨언간」에 나타나므로 문장이 끝난 것으로 볼 수 있다. '-ᄋᆞᆸ'체 경어법에 대한 논의는 황문환(1997)을 참고할 수 있다. 황문환(1997)에서는 종결어미 '-ᄋᆞᆸ'은 'ᄒᆞ쇼셔체'의 서술, 의문, 명령법의 '-ᄋᆞᆸᄂᆞ이다/-ᄋᆞᆸᄂᆞ잇가/-ᄋᆞᆸ쇼셔'에서 '-ᄂᆞ이다/-ᄂᆞ잇가/-쇼셔'의 절단에 의한 것으로 보았다. 절단에 의해 청자 존대의 등급이 'ᄒᆞ소체'로 낮아지는데, 구어적 표현인 '-오'와는 문체적인 차이밖에 없는 문어체 표현이라고 한다.
4) 금개 : 노복의 이름. 136, 147번 편지에 나왔다.
5) 명지 : 명주. 6, 59, 91번 등의 편지에 나왔다.
6) 션 : 켠. 누에고치에서 실을 뽑은. '셔다'는 'ᅘᅧ다' 또는 '혀다'의 ㅎ구개음화형이다. 참고) 오누웨나 쳐셔 명지 셜 거시나 보내시면(150번).
7) 냥 : 냥. 한 돈의 열 곱에 해당하는 무게를 나타내는 단위.

8) 가ᄋᆞᆸ더니 : 갔으니. 보냈는데. 이 편지에서 '가다'가 '보내다'의 뜻으로 많이 쓰였다.
9) ᄌᆞ시 : 자세히. 자세히 살펴보고 받으시라는 뜻이 담겨 있다. 이와 같은 용례들이 더러 있다. 참고) 니블ᄒᆞ고 요ᄒᆞ고 자릿감토ᄒᆞ고 벼개ᄒᆞ고 ᄌᆞ셰 출화(3번). 금동이 제 양식 병ᄒᆞ여 ᄡᆞᆯ 너 말 닷 되를 가뎌 가니 제 머근 것 혜고 ᄌᆞ셰 되여 바다 ᄡᅳ소(5번).
10) 답장 : 답장을. 목적격 조사 '-을'이 생략되었다.
11) 이 놈ᄒᆞ여 : 이 놈(금개)으로 하여금.
12) 것ᄯᅩ : 것도. 어말의 'ㅅ' 뒤에서 ㄷ이 경음화한 것이 표기에 반영되어 있다.
13) 허수ᄒᆞ니 : 수가 줄어들었으니. '허수하다'의 '허수'는 한자어 '虛數'를 표기한 것이다. '虛數'는 원래의 개수(個數)에서 빠져나가 모자라게 된 수를 뜻한다. 현대국어 사전에 '허수하다'는 '튼튼하지 못하다'라는 뜻으로 풀이되어 있는데 의미상 이 낱말과 관련된 것으로 판단된다. 또한 '허술하다'도 이들과 연관된 낱말로 보인다.
14) 죠피 : 조피. 조피나무의 열매. 껍질은 한방에서 천초(川椒)라고 일컫는데, 위약(胃藥)에 쓰인다. 조피나무는 '산초(山椒)나무'라고도 부르는데, 특유의 향과 매운맛이 있어서 어린잎과 열매는 향신료로 식용한다.
15) 대엿 마래시나 : 대엿 마리씩이나. '식이나'를 '시나'로 잘못 적은 듯하다. '래'는 '리'의 오기인 듯. '시나'도 '식이나'의 오기로 짐작된다.
16) 반치나 허ᄉᆞ로 ᄇᆞ리니 : 반씩이나 헛되게 버리니. '절반'의 뜻을 가진 '반치'라는 낱말이 출현함이 주목된다. '허ᄉᆞ'는 '虛事'.
17) 시난 : 지명. 여동생 한 명이 '시난'으로 시집을 간 듯하다. 이 지명은 확인되지 않는다. 141, 147, 158번 편지에 나왔다.
18) 졍ᄒᆞ여 : 정(定)하여. 앞에 '날을'과 같은 낱말이 생략된 듯하다.
19) 외오셔도 : 홀로 있어도. (제가) 외따로 떨어져 있어도.
20) ᄀᆞᆸ치매 : 재촉하므로. 'ᄀᆞᆸ치다>깝치다'. '깝치다'는 '재촉하다'라는 뜻의 경상방언형이다.
21) 의영ᄒᆞ여 : 의영(衣纓)하여. 의복과 갓을 갖추어. 의관을 갖추고 서울로 갔던 일을 표현한 것이다.
22) 주금 살ᄆᆞ로 세지 아니ᄒᆞ라 ᄒᆞ오니 : 죽음과 삶을 헤아리지 아니하겠다 하오니. 서울로 가면서 죽기를 각오하고 어떤 일을 해내고야 말겠다는 남정네들의 말을 옮긴 것이다. '-라'는 의도형어미이다. '세지'[量]는 '혜- + -디'에서 ㅎ구개음화 및 ㄷ구개음화가 적용된 것인데 '셰지'로 표기되어야 정확하다.

146. 삼치를 보내니 면화로 바꾸어 주십시오 영인 605p

출가녀가 하씨에게 [문 147] [건들 47]

판독문

우리ᄂᆞᆫ ᄋᆡᆨ[1] 업ᄉᆞ온 저기 업ᄉᆞ와 밧ᄭᅴ셔 ᄐᆞᆯᄋᆡᆨ[2] 듕ᄒᆞ와[3] 동셧
ᄯᆞᆯ로[4] ᄂᆞ리 주거[5] ᄯᅩ ᄌᆞ식 주그로다[6] ᄒᆞ니 다ᄆᆞᆫ 두 ᄌᆞ식을사[7] ᄯᅩ 주글라 라[8] ᄒᆞ오
니 민망ᄒᆞ여이다. 엇더홀고. 귀추니[9] ᄃᆞ려 ᄌᆞ시 무려 그별 ᄌᆞ시 ᄒᆞ
ᄋᆞᆸ쇼셔. 신을 황녹비[10]로 고이 ᄒᆞ라 ᄒᆞ오니 빙녹비[11]로 ᄒᆞ오니

빗치 업ᄉᆞ와 고치라 ᄒᆞ오니 난필 가ᄂᆞ니 ᄒᆞ고[12] 아니 고쳐 주어ᄂᆞᆯ 곱
지 아니온 신ᄒᆞ고 보션 보내ᄋᆞᆸ노이다. 즌 ᄃᆡ나[13] 신ᄉᆞ오실가
ᄒᆞᄋᆞᆸ노이다. 가ᄂᆞᆫ[14] 무명이 내 장옷 ᄀᆞ음[15]이러니 동ᄉᆡᆼ님내 믈드리ᄂᆞᆫ
보라[16] 드렷ᄉᆞᆸ다가 시월의 보내ᄋᆞᆸ쇼셔. ᄆᆡ일 젓ᄉᆞ오ᄃᆡ[17]
내 ᆢ디 몯ᄒᆞ염 ᄒᆞ오니[18] 보내뇌다. 대임으네 세히긔[19] 안부ᄒᆞ쇼
셔. ᄆᆡ일 안심치 아니ᄒᆞ오ᄃᆡ 삼치[20] 마ᄒᆞᆫ 여ᄃᆞᆲ 가오니 다ᄉᆞᆺᄉᆞ
란[21] 어마님 ᄡᅳ시고 세ᄒᆞ란 오라바님ᄭᅴ 드리고 둘ᄒᆞ란 두
아ᄋᆞ님ᄭᅴ 드리시고 셜흔 여ᄃᆞᆲ비니 저ᄂᆞᆫ 대면화 ᄒᆞ여[22] 주쇼
셔. 젼보 반히레 시 여ᄃᆞᆲ 고지 가니[23] 브듸 이 버ᄂᆡ ᄒᆞ여 보내쇼셔.
반히레 고기 바ᄃᆞ라 ᄒᆞ시되 이적 반□[24] 가셔 몯 바다 와시니
후의 바다 보내오링다. 광어 ᄒᆞ나란 아래 할마님ᄭᅴ
보내쇼셔.

현대어

우리는 액(厄)이 없는 때가 없어서 바깥양반의 탈(頉)과 액이 겹쳐져 동지섣달에 (식구들이) 내리 죽었는데, 또 자식이 죽을 것이라고 하니 다만 두 자식뿐인데 또 죽을 것 같아 민망합니다. 어떻게 할꼬(=어떻게 해야 두 자식을 살릴 수 있을지). (편지 심부름을 보낸) 귀추니더러 (저의 사정을) 자세히 물어 기별을 자세히 하옵소서.

신을 황녹피(黃鹿皮)로 곱게 하라고 시켰는데 백녹피(白鹿皮)로 하오니(=만들어 오니) 빛이 없사와 고치라 하였으나 아니 고쳐 주거늘, 난필 가는(細) 것과 함께 곱지 아니한 신과 버선을 보내옵니다. (땅이) 진 곳에서나 신으실까 생각하옵니다. (올이) 가는 무명은 제 장옷감인데 동생님네 물들이는 보랏빛 염료를 (제 것에도 같이) 물들였다가 시월에 (저한테) 보내옵소서. 매일 송구스러워 하오되, 제가 해내지 못함직하오니 (어머님께) 보냅니다.

대임이네 셋에게 안부하소서. 매일 안심치 아니하오되 삼치 마흔여덟 마리를 보내니, 다섯 마리는 어머님께서 쓰시고 세 마리는 오라버님께 드리고 두 마리는 (한 마리씩 나누어) 두 아우님께 드리시고 (나머지는) 서른여덟 마리이니 (저에게는 그것을) 면화로 바꾸어 주소서.

앞의 편지에서 (말씀 드렸듯이) 반히레 감 여덟 고지가 가니 부디 이번에는 장만하여 보내소서. 반히레 가서 고기를 받아오라(=사오라) 하시되 여태 반히레 가서 못 받아 왔으니, 나

중에 받아 보내겠습니다. 광어 하나는 아래 할머님께 보내소서.

해설

사연이 많고 번다한 편지이다. 문장에 생략이 심하여 문맥을 파악하기가 어려운 점이 있다. 집안에 액운이 연이어 집안 식구들이 죽고 아이가 또 죽을 것 같다는 수심 가득한 이야기를 적고 있다.

여러 가지 물건 이름이 적지 않게 나온다. 신을 짓는 재료로 보이는 황녹피(黃鹿皮)와 백녹피(白鹿皮)가 등장한다. 녹피는 당시 사대부가에서 고급 가죽신으로 많이 사용했던 재료다. 필자는 노란 빛깔이 나는 고운 신을 원했던 것 같다. 그런데 빛깔이 없는 신이 되었으며 그것을 고쳐 주지 않아 그냥 보내니 진땅에서나 신으라는 사연이다. 신과 함께 버선, 장옷감, 삼치 48마리를 보내고 있다. 삼치 48마리는 주변 친지에게 몇 마리씩 나눠주고 나머지는 면화로 바꾸어 달라고 청하였으며, 이는 물물교환 경제의 한 양상을 보여 준다. 48마리나 되는 삼치, 또 몇 마리의 광어를 보낸 것으로 보아 바다와 가까운 곳(아마 경주일 것이다)에 사는 딸이 쓴 편지로 보인다. 그러한 이유로 흔한 고기로 귀한 면화를 바꾸어 쓰려고 했을 것이다. '반히레'에 대한 해석이 문제로 남아 있다.

주석

1) ᄋᆡᆨ : 액(厄). 액운.
2) ᄐᆞᆯᄋᆡᆨ : 'ᄐᆞᆯ'은 '탈'(頉: 사고나 병), 'ᄋᆡᆨ'은 바로 앞에 나온 厄. '탈'은 고유어로 볼 수 있다. 그러므로 'ᄐᆞᆯᄋᆡᆨ'은 비슷한 뜻을 가진 고유어와 한자어가 결합한 복합 구성이다.
3) 듕ᄒᆞ야 : 중(重)하여. 탈과 액운이 많아.
4) 동섯ᄯᆞᆯ로 : 동지섣달에. 동짓달과 섣달을 아울러 부르면서 음절 '지'가 탈락된 것이다. '–로'는 이 편지에서 시간을 나타낼 때 '–에' 대신 많이 쓰였다. '섯ᄯᆞᆯ'은 '섯ᄃᆞᆯ'에서 경음화가 일어난 발음을 반영한 표기이다.
5) ᄂᆞ리 주거 : 내리 죽어. (동짓달과 섣달에 걸쳐) 연이어 죽어. 연달아 죽어. 죽는 주체는 필자의 집안에 소속된 사람으로 짐작된다.
6) 주그로다 : 죽으리로다. 죽을 것이다. 죽– + –으로다. 추측을 뜻하는 '–리–'가 없이 추측을 표현한다. 「곽씨언간」의 다음 예도 같은 예이다. 참고) 평싱애 항것ᄃᆞ려 몯ᄒᆞ로다 ᄒᆞ여(20번). ᄂᆞ미 내일 수이 주그로라 ᄒᆞ니 민망ᄒᆞ여이다(125). 현풍 긔별은 ᄒᆞᆫ ᄒᆡ예 ᄒᆞᆫ 저글 드ᄅᆞᆯ 길히 업ᄉᆞ로라 ᄒᆞ여 더옥 애ᄃᆞ오며(139번).
7) 두 자식을사 : 두 자식을. '두 자식 뿐인데' 정도로 의역하면 문맥이 자연스럽다. 두 자식 + –을[목적격] + –사[강조의 첨사].
8) 주글라라 : 죽으려(고). 죽– + –을라[어미]. '라라'는 행을 바꾸면서 '라'를 중복한 오기이다. '–을라'는

현대국어의 '-으려'에 해당한다. 경상방언에서는 '-을라 카다, -을락 카다(경북)/-을라 하다(경남)'의 형태로써 '의도(의지)' 혹은 가까운 미래의 일에 대한 '추측'을 표현하는 어미로 사용된다. 그리고 '-을라'는 '하다' 동사를 후행시키지 않고 단독으로 쓰이면 의구형어미(혹 잘못 될까 염려함의 뜻)가 되기도 한다. 예) 그러다가 다칠라. 위 문맥에서 '-을라'는 '의도'가 아니라 '추측'의 어미로 사용되었다.

9) 귀추니 : 여자 노비의 이름.

10) 황녹비 : 누런 빛의 사슴가죽. 白鹿皮보다 고급품이다. 가죽신의 재료로 쓰였다. '鹿皮'가 '녹비'로 읽히는 것은 당시의 관용적 발음으로 판단된다.

11) 빙녹비 : 흰 빛의 사슴가죽. 白鹿皮. '빙녹비'는 '빅녹비'에 비음동화가 적용된 것을 반영한 표기이다.

12) 난필 가ᄂᆞ니 ᄒᆞ고 : 난필 가는(細) 것하고. '난필'은 '필목(疋木: 필로 된 무명, 광목, 당목 등의 총칭)의 한 종류'로 판단된다. '가ᄂᆞ니'는 '가ᄂᆞᆯ-[細] + -ㄴ[관형형] # -이[의존명사]'로 형태 분석할 수 있고, 그 뜻은 '옷감의 굵기가 가는 것'이다. 'ᄒᆞ고'는 동사에서 기능전이되어 공동격 조사처럼 쓰인 것이다. 내용 전개의 자연스런 흐름으로 보면 '...빗치 업ᄉᆞ와 고치라 ᄒᆞ오니'의 바로 뒤에는 '아니 고쳐 주어놀'이 연결되어야 하는데, 엉뚱하게도 '난필 가ᄂᆞ니 ᄒᆞ고'라는 내용이 그 사이에 끼어 들어 있다. 이 편지의 필자가 생각나는 대로 글로 옮기며 실수한 것으로 생각된다. 정작 '난필 가ᄂᆞ니 ᄒᆞ고'는 '아니 고쳐 주어놀'의 뒤, 즉 '곱지 아니온 신ᄒᆞ고'의 앞에 놓여야 글의 흐름이 자연스럽다. 딸이 보내는 것은 '난필과 곱지 않은 백녹비로 만든 신 그리고 버선'이다.

13) 즌 ᄃᆡ나 : (땅이) 진 데나. (땅이) 진 곳에서나.

14) 가ᄂᆞᆫ : 이 '가ᄂᆞᆫ'은 두 가지 뜻으로 해석될 여지가 있다. 즉 '그쪽으로 가는(去, 보낸) 무명' 혹은 '굵기가 가는(細) 무명'으로 풀이될 수 있다. 그런데 앞 부분의 '난필 가ᄂᆞ니 ᄒᆞ고'에서 '가ᄂᆞᆯ-'(細)이 쓰였기 때문에 문맥을 감안하여 '細'의 뜻으로 판단한다.

15) 장옷 ᄀᆞ음 : 장옷을 만들 감. '장옷'은 여자가 나들이할 때 얼굴을 가리기 위해 머리에서부터 길게 내려 쓰던 옷이다.

16) 믈 드리ᄂᆞᆫ 보라 : 물 들이는 보라. 염색하는 보라빛 염료.

17) 젓ᄉᆞ오ᄃᆡ : 두려워 하오되. 송구스러워 하되.

18) 내 ᄒᆡ디 몯ᄒᆞ염 ᄒᆞ오니 : 내가 해내지 못함직하니. '몯ᄒᆞ염'은 '몯ᄒᆞ염직' 또는 '몯ᄒᆞ염즉'에서 마지막 음절이 생략된 것이다.

19) 세히긔 : 셋에게. 세 명에게. '대임이'를 포함한 남동생 세 명을 가리킨다. 세ㅎ + -ᄋᆡ긔[여격].

20) 삼치 : 생선의 한 종류.

21) 다ᄉᆞᆺᄉᆞ란 : 다섯은. 다ᄉᆞᆺ+ -ᄋᆞ란[보조사]. '다ᄉᆞᆺᄋᆞ란/다ᄉᆞᄉᆞ란'의 중철 표기이다.

22) 대면화 ᄒᆞ여 : 아마도. '代綿花하여', 즉 '삼치를 주고 면화로 대체하여(바꾸어)'라는 내용일 것으로 추정된다. 삼치 48마리를 보내니, 어머니는 5마리를 하시고 오라버니(장남 이창)에게는 3마리를 주고 두 아우(곽주의 다른 딸 두 명)에게는 각각 1마리를 주라고 하였다. 나머지가 38마리이니 이것을 가지고 면화로 바꾸어 달라고 부탁하고 있다. 이 편지를 쓴 딸은 경주 최씨에게 시집간 딸이 분명하다. 곽주의 사위 중 '최동언(崔東彦)'의 아내일 것이다. 경주는 바다가 비교적 가까워 생선을 구하기가 쉬웠을 것이다. 출가녀는 생선을 친정으로 보내고 일부는 면화와 바꾸려 했음을 보여준다.

23) 젼보 반히레 시 여ᄃᆞᆲ 고지 가니 : 이 구절에 쓰인 낱말은 대체로 다음과 같이 풀이된다. '젼보'는 후행절에 '이버니 ᄒᆞ여 보내쇼셔.'가 나오는 것을 볼 때 전체 의미상 '앞에 보낸 편지'(前報)로 파악된다. '반히레'는 어떤 처소를 표현하는 지명인 듯하고, '시'는 '柿', '여ᄃᆞᆲ 고지'에서 '고지'는 감, 곶감 따위를 10개 내지 20개 정도 나무꼬챙이에 꿴 단위성 의존명사를 나타낸 것으로 보인다. 전체 구절의 뜻은 '앞의 편지에서 말씀 드렸듯이 반힐에 시(柿) 여덟 고지가 가니'. 그러나 '젼보'는 뒤에 올 '반힐'(반히)처럼 지명일 가능성도 생각해 볼 수 있다.

24) 반□ : '반'의 뒷글자가 분명치 않다. 앞 구절에 '반히레'가 두 번 나오는 것으로 보아 이것은 '반히레'를 적으려 한 것으로 생각된다.

147. 초승에는 영등신이 아주 무섭다 하고 영인 604p

출가녀가 하씨에게 [문 139] [건들 100]

판독문

엇디 미ᄃᆞ링까.[1] 이 사[2] 올 제ᄂᆞᆫ 유무
아니ᄒᆞ여 겨ᄋᆞᆸ시니 더옥 놀랍ᄉᆞ오
며 서운ᄒᆞ와 우노이다. 이제나 엇더ᄒᆞᄋᆞᆸ
시닝까. 금개ᄂᆞᆫ 가다가 도로 온 후의 즉
재 보내올 거ᄉᆞᆯ 집안히 이러ᄒᆞ여 거월의
ᄂᆞᆫ[3] 몯 보내ᄋᆞᆸ고 초싱의ᄂᆞᆫ[4] 영둥[5]이 하
므싀엽다 ᄒᆞ고 듀인[6]도 아니 브친다 ᄒᆞ오
매 몯 보내여 열흘 후의 문안도 아오
매 언희[7] ᄒᆞ여 ᄃᆞ려다가 두고 오라 ᄒᆞ시
더니 이 사ᄅᆞᆷ이 오니 ᄒᆞᆫ 둉[8] 두고셔 멀
리 보내여 두고 병 들면 ᄆᆞ쇼 음식이
나 뉘 ᄒᆞ리 보내지 말라 아바님이 ᄒᆞ
시니 이 놈 홈씌 아젹지 보내노이다. 시난
동싱은 가신다 ᄒᆞ오니 지극 흐운ᄒᆞ여
ᄒᆞ오며 어마님겨ᄋᆞᆸ셔 죽히 흐운ᄒᆞ
ᄒᆞᄋᆞᆸ시링까[9]. 시난 동싱도 가신다 ᄒᆞ여
ᄂᆞᆯ 게 가[10] 편[11]이나 ᄒᆞ여 밧ᄌᆞᆸ게 너겨 ᄡᆞ롤
지허셔 보내려 ᄒᆞ엿다가 몯 보내니 이
런 흐운ᄒᆞᆫ 이리 어듸 이시링까. 내 졍을 (뒷부분 없음)

현대어

어찌 믿겠습니까. 이 사람이 올 때 편지를 보내지 않으셨기에 더욱 놀라우며 서운하여 웁니다. 이제는 어떠하십니까? 금개는 가다가 도로 온 뒤에 즉시 보낼 것을 집안이 이러하

여 지난달에는 못 보내고, (이 달) 초승에는 영등신이 아주 무섭다 하고 주인도 (물건을) 부치지 않는다고 하니 못 보내어 열흘 후에야 (어머니의) 문안도 알게 되었습니다.

"언희로 하여금 (누군가를) 데려다가 두고 오라"라고 말씀하시더니 이 사람이 오니, "종 한 명 둔 것을 멀리 보내 놓고 병이라도 들면 마소 음식을 누가 하겠는가. 보내지 말라"라고 아버님께서 말씀하시니, 이놈을 함께 아침에 보냅니다. 시난 동생은 가신다고 하니 지극히 서운하게 생각하며, 어머님께서 오죽이나 서운해 하시겠습니까? 시난 동생도 가신다고 하거늘 그곳에 가서 떡이나 만들어 드릴까 생각하여 쌀을 찧어서 보내려 했다가 못 보내니, 이런 서운한 일이 어디 있겠습니까. 내 정을 (뒷부분 없음)

해설

금개를 시켜 지난번에 가지고 가다가 도로 가져온 물건을 보내려 했으나 초승의 영등신이 무서워 금개가 길을 나서지 않으려 한다는 사연이 흥미롭다. 당시의 서민들이 가지고 있었던 민간신앙의 한 단면을 보여 주는 기록이다. 종에게 편지 심부름을 시키고 마소 먹이를 돌보게 하는 등 종을 부리는 이야기가 나온다. 떠나는 동생에게 떡을 만들어 주려고 쌀을 찧으려다가 행하지 못하여 아쉬워하는 인정스러운 모습이 그려져 있다.

주석

1) 미ᄃᆞ링까 : 믿겠습니까.
2) 이 사 : '이 사ᄅᆞᆷ'에서 'ᄅᆞᆷ'자가 빠진 것으로 보인다.
3) 거월의ᄂᆞᆫ : 지난 달에는. 去月에는.
4) 초싱의ᄂᆞᆫ : 초승에는. 초승은 음력으로 그 달 첫머리의 며칠 동안을 이른다. 참고) 내 七月 초싱애 ᄠᅥ나롸<노걸대 하 3a>.
5) 영등 : 영등날. '영등(靈登)날'은 음력 2월 초하룻날이다. 이 날 영등 할머니가 내려오는데 비가 오면 풍년, 바람이 불면 흉년이 든다고 한다. 영등 할머니는 영등날 세상에 내려 와서 집집을 돌아다니며 마을을 살핀 후 20일 만에 다시 하늘로 올라가 상제에게 사람들의 선악을 고한다고 한다.
6) 듀인 : 주인. '쥬ᅀᅵᆫ'(主人)의 ㄷ구개음화 과도교정형.
7) 언희 : 여종의 이름인 듯.
8) 둉 : 종. '죵'의 ㄷ구개음화 과도교정형. 참고) ᄂᆞᄆᆡ 죠ᇰ이 ᄃᆞ외야<월석 9:33>.
9) 흐운ᄒᆞᄒᆞᄋᆞᆸ시링까 : 섭섭하시겠습니가. '흐운ᄒᆞ여 ᄒᆞᄋᆞᆸ시링까'로 보면 '-여'가 누락된 것이고, '흐운ᄒᆞᄋᆞᆸ시링까'로 보면 'ᄒᆞ'자가 중복 표기되었다고 할 수 있다.
10) 게 가 : 거기에 가서. '게'는 '거기'의 준 어형.

148. 병든 놈이 추워서 가슴을 앓고 기침을 하니 영인 604p

출가녀가 하씨에게 [문 95] [건들 26]

판독문

보옵신 타
모ᄒᆞ옵쇼셔.
틱보기ᄂᆞᆫ 춘
ᄃᆡ 가 자니 원[1]
병든 노미 치
워 가ᄉᆞᆷ과 지
촘[2] 지ᄎᆞ되[3] 이
저ᄂᆞᆫ 헐ᄒᆞ
오이다[4]. ᄀᆞ 업
ᄉᆞ오ᄃᆡ 틱보기
내 게[5] 몯 간 주리[6]
애ᄃᆞᆯ와 ᄆᆞᄋᆞᆷ
요란ᄒᆞ고 큰 ᄃᆡ
그 여로ᄒᆞ여[7] ᄌᆞ
시 몯 ᄒᆞ옵
노이다. ᄉᆞᄆᆞ
날 ᄌᆞ식 ᄉᆞᆯ이

현대어

…보았다는 소식을 전하십시오. 틱보기는 찬 곳에 가서 잤는데, 원래 병 들었던 놈이 추워 가슴앓이를 하고 기침을 하였으나, 이제는 덜합니다. 가이없으되, 틱보기네(=태복이와 금개)가 거기에 못 간 것이 애닯아 마음이 요란하고, 큰댁에서 여로달을 앓아 (편지를) 자세히 못 합니다.

스무날. 자식 사룀.

해설

이 편지에서 가장 특이한 표현은 "지촘 지ᄎᆞ되"이다. 원래 병으로 앓던 노복이 찬 데서 자고 난 후 기침을 심하게 하는 내용이 그려져 있다. "지촘 지ᄎᆞ되"는 기침을 쿨럭쿨럭하는 모습을 표현한 구절인데 두 개의 낱말이 모두 ㄱ구개음화를 겪은 어형이어서 음운사적으로 중요한 의미를 갖는다.

주석

1) 원 : 원래. 본디. 이 문맥에서는 '이미'로 풀이해도 무방하다. '원'(元 또는 原)이 단자(單字)로서 부사어 기능을 하는 예이다. "힝혀 죽ᄉᆞ오면 원 셋 브린던 거술 둘히 업ᄉᆞ오니 엇지 살링ᄽᅡ"(139번)에 쓰인 '원'도 이와 같은 용법이다.
2) 지촘 : 기침. '기촘'이 ㄱ구개음화된 것이다. '기촘'은 동사 어간 '깇-'에 명사화 접미사 '-ㅁ'이 결합한 것이다. 참고) 기촘ᄒᆞ며(咳)<小解 2:7>. 北向ᄒᆞ야 기촘ᄒᆞ고<家禮 9:6>.
3) 지ᄎᆞ되 : (기침을) 하되. 짗- + -ᄋᆞ되[어미]. '기ᄎᆞ되'의 ㄱ구개음화된 형태. 참고) 기츰 깃고<痘瘡方 上 10>.) '기츰 깇다'는 '신(을) 신다, 띠(를) 띠다'처럼 어근과 동사 어간이 일치하는 동사였으나, 현대국어에서는 '기침하다'로 바뀌었다.
4) 헐ᄒᆞ오이다 : 덜해졌습니다. '헐ᄒᆞ다'는 '가벼워지다', '덜해지다'의 뜻. '헐(歇)ᄒᆞ다'는 '그치다, 덜해지다'의 뜻이다. 참고) 이리홈을 서너 둘 만애 병셰 헐ᄒᆞ거놀 집사룸이 도라오니(如此十有餘旬애 疫勢ㅣ 旣歇이어늘 家人이 及反하니)<飜小 9:73>.
5) 틱보기내 게 : 틱보기내가 거기. 틱보기[고유명사] + -내[복수 접미사] # -게('거기'의 줄임말). 태복이와 금개 두 사람이기 때문에 접미사 '-내'가 쓰였다. '게'는 처소명사 '거기'로, 어머니 하씨가 있는 곳을 가리킨다.
6) 주리 : 줄이. 것이. 예) 내 니부려 ᄒᆞᄂᆞᆫ 주리 아니라 (不是我自穿的)<노번 하 27>.
7) 여로ᄒᆞ여 : '여로병'을 앓아. 자세한 것은 140번 편지의 '여로ᄒᆞ와' 주 참고.

149. 씨 받을 무명이 없어서 못 보내니 영인 603p

출가녀의 필적 [문 148] [건들 95]

판독문

이...의 ᄒᆞ고 산 ......

다ᄉᆞ술[1] 몯 브리니 사…
민망ᄒᆞ여이다. 존소니 가져 온 거
ᄉᆞᆫ ᄌᆞ시 밧ᄌᆞᆸ고 몬내 깃
ᄉᆞ와도 외ᄋᆞ올[2] 말ᄉᆞᆷ 업ᄉᆞ와
이다. 아ᄆᆞ 것 보내ᄋᆞ올 것 업
ᄉᆞ와 뷘 사ᄅᆞᆷ 보내오며 ᄒᆞᆫ
ᄒᆞ노이다. 시 바ᄃᆞᆯ 무명 업
서 몯 보내니 미처 보낼
거시니 두 필의 시[3]나 마화[4]
두쇼셔. 존소니[5] 가져 온 병
둘 스니 ᄒᆞ나 가노이다.

현대어

이 …의 하고 산 …다섯을 못 부리니 사…민망합니다. 존소니가 가져 온 것은 자세히 받으옵고 못내 기뻐도 아뢸 말씀이 없습니다. 아무 것도 보낼 것이 없어 (선물도 없이) 빈 사람을 보내며 한스러워 합니다. 씨 받을 무명이 없어 못 보내니, 미처(=때가 되면) 보낼 것이니 두 필의 씨나 모아 두소서. 존소니가 가져 온 병은 둘과 쓴 것 하나 가옵니다.

해설

결락된 부분이 많고 문맥이 잘 통하지 않는 편지이다. '존소니'라는 이름이 특이한 노비를 통해서 물건을 보내거나 받고 있다. '씨 받을 무명'은 목화를 따서 솜을 떼어 내기 전에 씨앗이 그대로 들어 있는 상태를 가리킨다. 무명 농사에 관심이 많았던 당시의 모습을 반영한 편지이다.

주석

1) 다ᄉᆞ술 : '다' 옆에 'ᄉᆞ'를 보입하였다.
2) 외ᄋᆞ올 : 아뢸. '알외ᄋᆞ올(아뢸)'에서 '알'을 빠뜨리고 적었다.
3) 두 필의 시나 : '무명베 두 필을 짤 만큼 생산할 수 있는 씨앗'을 의미한 듯하다.

4) 마화 : '마화'로 보이는데 문맥이 통하지 않는다. '모화'[集] 또는 '뫼화'의 오기로 보면 문맥이 자연스럽다.
5) 존소니 : 노복의 이름. 자형(字形)이 'ᄒᆞ노니'와 비슷하게 보인다. 그렇지만 '가져온 병' 앞에 'ᄒᆞ노니'가 이어지는 문장 구성은 이상하므로, 앞에 나온 바 있는 종의 이름 '존소니'로 판독한다.

150. 금개의 휴가는 아흐레를 주었습니다 영인 603p

출가녀가 하씨에게 [문 149] [건들 15]

판독문

뉘 알링까. 그리 긔별ᄒᆞ쇼
셔. 아기시ᄂᆞᆫ 금개게[1] 교슈[2]
하[3] 둔ᄂᆞᆫ니[4] ᄒᆞ여시니 내 어려워이
다. 제 일 ᄒᆞ라 ᄒᆞ여도 내 일 ᄒᆞ
고 나죵 엇지 ᄒᆞ리 ᄒᆞ고 아니
ᄒᆞ고 내 일 ᄒᆞ더니 이 ᄃᆞᆯ 공 두
필[5] ᄒᆞ라 ᄒᆞ여시니 그런 안심
치 아닌 일 어ᄃᆡ 이시링.[6] 수이 몯
가기ᄂᆞᆫ 제 죄 아니닝다. 짐쟉
ᄒᆞ옵쇼셔. 말ᄆᆡ[7]ᄂᆞᆫ 아ᄒᆞ래
ᄒᆞ닝다. 오누웨나[8] 쳐셔 명
지 셜 거시나 보내시면 ᄀᆞ을
로 ᄒᆞ리[9] ᄒᆞᆫ다 긔별ᄒᆞ시고
이를 보라 ᄒᆞ쇼셔. 말ᄉᆞᆷ
이 만ᄉᆞ오ᄃᆡ ᄆᆞᄋᆞᆷ 간 ᄃᆡ 업서
다 몯ᄒᆞ노이다. 금개 보내라
마ᄅᆞᆫ 내 아니ᄒᆞᆫ 거ᄉᆞᆯ 와셔 몯
보내여 내 근심ᄒᆞᆫ 주ᄅᆞᆫ 뉘 아
ᄅᆞ링까. 이후ᄂᆞᆫ 올[10] ᄉᆡᆼ각 업

거니와 보내지 마ᄅᆞ쇼셔.

현대어

누가 알겠습니까? 그리 기별하소서. 아기씨는 금개에게 교수(敎授)를 하도 단단히 하였으니 제가 (금개를 부리기가) 어렵습니다. (제가 금개에게) 제 일을 하라고 하여도 내 일을 하고 "나중에 어찌 할 것입니다" 하고 (자기의 일은) 아니하고 내 일을 하더니, 이 달에 공세(貢稅)로 베 두 필을 바치라고 하니 그런 마음 놓이지 않는 일이 어디 있겠습니까? (금개가) 빨리 못 가는 것은 금개의 죄가 아닙니다. 짐작하옵소서. (금개의) 휴가는 아흐레를 주었습니다.

봄누에나 쳐서 명주 켤 것이나 보내시면 가을에 하려(=켜려) 한다고 기별하시고 이것을 보라고 하소서. (드릴) 말씀이 많사오되 마음은 간 데 없어 다 못 적습니다. 금개를 보내라는 말은 내가 아니했는데, (금개가) 와서 돌려보내지 못하여 내가 근심하는 줄을 누가 알겠습니까? 이후에는 (금개를 데려) 올 생각이 없거니와 (어머님께서도 이후에는 금개를) 보내지 마소서.

해설

이 편지의 사연은 147번 편지와 공통된 점이 있다. '금개' 이야기와 말미 이야기가 함께 등장하기 때문이다. 필자가 아흐레의 말미를 주었으며, 금개가 빨리 못 가는 것은 금개의 죄가 아니라는 것으로 두 편지가 연결된다. 금개에게 "네 일을 해라"라고 시켜도 "제 일은 나중에 어찌하든 할 것입니다"라고 하며 제 일은 아니하고 내(편지의 필자) 일을 하곤 하여 민망해 하는 모습이 나타나 있다. 금개는 매우 충직스러운 노비였던 듯하다. 주인이 노비인 금개에게 아흐레 동안의 말미(=휴가)를 준 이야기는 당시 생활사를 알려 주는 한 자료이다.

주석

1) 금개게 : 금개에게. '금개'는 종의 이름.
2) 교슈 : 어떤 일을 하도록 지시함. 가르쳐서 시킴. 敎授. 참고) 곽샹이를 브듸 수이 가 옷댱이 ᄃᆞ려다가 수이 아ᄉᆞ라 ᄒᆞ여 다시곰 교슈ᄒᆞ소(56번).
3) 하 : 하도. 매우. 몹시. 형용사 '하다(多)'의 어간이 영파생된 부사이다.
4) 둔ᄂᆞ니 : 단단히. 확실히. '둔둔니'는 '둔ᄃᆞ니'에서 ㄴ이 중철된 표기이다.
5) 공 두 필 : 공(貢)으로 바칠 베 두 필. 조세로 바칠 베 두 필을 뜻한다. '공'(貢)은 백성이 부담하여 관에 납부하는 稅의 일종.
6) 이시링 : '이시링짜'가 되어야 옳다. '짜'를 빠뜨린 것으로 보인다.

7) 말ᄆᆡ : 말미. 휴가. 일에 매인 사람이 다른 일로 말미암아 얻는 겨를. 136번 편지에 '말ᄆᆡ'가 쓰였다. 15세기 문헌에 '말ᄆᆡ'가 많이 나타난다. 현대국어의 '말미'는 '말ᄆᆡ>말믜>말미' 변화를 겪은 것이다.
8) 오누웨 : 누에는 봄과 가을로 두 번 치는데 봄에 치는 누에를 봄누에를 '오누에'라 부른 것으로 보인다. '오누에'는 '오월누에' 또는 '올누에'의 준말인 듯하다.
9) ᄒᆞ리 : 'ᄒᆞ려'의 오기인 듯하다.
10) 올 : 데려올. 위 문맥으로 보아 금개가 출가녀의 집에 올 생각이 없는 것이 아니라 출가녀가 금개를 친정에서 더 이상 데려오지 않으려는 심정을 엿볼 수 있다. 즉, 금개를 데려와 자기 집의 일을 시킴으로써 친정집의 일손이 달리게 됨을 필자는 염려하고 있다.

151. 옷을 버리라고 하시니 뉘 옷을… 영인 602p

출가녀가 하씨에게 [문 151] [건들 21]

판독문

오ᄉᆞᆯ ᄇᆞ리면 내 올[1] ᄇᆞ리라
ᄒᆞᄋᆞᆸᄂᆞᆫ가. 뉘 오ᄉᆞᆯ ᄇᆞ리
라 ᄒᆞᄋᆞᆸᄂᆞᆫ고. 오ᄉᆞᆯ ᄇᆞ리
디 말고 기제 젼 와[2] ᄇᆞ리라
ᄒᆞᄋᆞᆸᄂᆞᆫ가. 옷ᄒᆞ고 두 가지
ᄅᆞᆯ ᄇᆞ리라 ᄒᆞ면 그도 쉽
지 아니ᄒᆞ이다.[3] ᄌᆞ시 긔별ᄒᆞ
쇼셔. 여긔 사ᄅᆞᆷ 업ᄉᆞ와 ᄂᆞ
ᄆᆡ게 어ᄃᆞᆯ 것도 몯 어ᄃᆞ니 틔
보기[4]ᄅᆞᆯ 브ᄃᆡ ᄒᆞᄅᆞᆫ날[5]로
보내ᄋᆞᆸ쇼셔. ᄒᆞᆯ 일 만
타 ᄒᆞ고 브듸 수이 보내라 ᄒᆞ노
이다. 보리기ᄅᆞᆷ 엿[6] ᄒᆞᆫ 말 ᄒᆞ리
만 브ᄃᆡ 보내쇼셔. 이실거시
라[7] 긔별ᄒᆞ노이다. 우리 젼무[8]
ᄒᆞ며 죵ᄃᆞᆯ 젼무ᄒᆞ며

다 먼 ᄃᆡ 가셔 몯 미처 올 거
시니[9] ᄐᆡ보기 ᄒᆞ여 젼무 테[10]
둘 젼무 ᄒᆞ나 닛디 마ᄋᆞᆸ
셔 브ᄃᆡ 보내ᄋᆞᆸ쇼셔.
인마 브죡ᄒᆞ와 드리슈
젼[11] 몯ᄒᆞ오니 폐롭ᄉᆞᆸ[12]
(뒤의 내용 결락)

현대어

옷을 버리라 하면 내 옷을 버리라 하십니까? 누구의 옷을 버리라 하십니까? 옷을 버리지 말고 (있다가) 기제사(忌祭事) 전에 와서 버리라 하십니까? 옷과 (다른) 두 가지를 버리라고 하면 그것도 쉽지 않습니다. 자세히 기별하십시오.

여기에 사람이 없어서 남에게 얻을 것도 못 얻으니 ᄐᆡ보기를 부디 초하룻날로 보내십시오. (바깥양반은) 할 일이 많다고 하며 (ᄐᆡ보기를) 부디 빨리 보내라 합니다. 보리기름 엿을 한 말 만들 만큼만 보내십시오. (어머님 댁에 보리기름) 있을 것이라 생각하고 기별하옵니다.

우리 전모(氈帽)와 종들 전모가 다 먼 데 있어서 미처 가져오지 못하고 있으니, ᄐᆡ보기를 시켜 전모 테 둘과 전모 하나를 잊지 말고 부디 보내십시오. 인마(人馬)가 부족하여 몸소 들어가서 편지를 못 전하니 폐롭습니다.

해설

어머니가 딸에게 옷과 다른 무엇인가를 기제사(아마도 아버지 곽주의 첫 제사일 것) 전에 와서 버리라고 시켰는데, 이 편지를 쓰는 딸은 이렇게 시킨 것을 의아해 하며 이해하지 못하고 있다. 사람이 죽으면 그가 입고 있던 옷 따위를 태워 버리는 풍습이 있다. 하씨 부인이 당시의 습속대로 별세한 곽주와 관련된 옷들을 다 버리라고 하자, 시집간 딸이 "누구의 옷을 버리라고 하는지? 그런 일이 쉽지 아니합니다"라고 답하고 있다. 그리고 '내 옷'(편지의 필자인 딸의 옷)을 말하는 것인지 다른 누구의 옷을 버리라고 하는 것인지 묻고 있다. 돌아가신 분의 옷을 버리는 예는 흔하다. 어머니가 딸이 입고 있던 옷(아버지가 해 준 옷일지 모르겠다)까지 버리라고 한 것 같고, 딸은 이 말을 따르기 어렵다고 말하였다. 편지 속의 "그도 쉽지 아니ᄒᆞ이다"에 버릴 수 없다는 딸의 생각이 나타나 있다. '옷'을 버리는 일에 대한 두 사람의 생각이 달랐음을 알 수 있다. 전체적인 내용이 154번 편지와 비슷하다. 태복이를 보내라는 내용도 같고, 제사 이야기도 나온다. 엿 만들 보리기름 한 말을 꼭 보내달라는 딸의 부탁이 간절하다. 전모(氈帽)가 오가는 이야기도 흥미로운 소재이다.

주석

1) 올 : '오ᄉᆞᆯ'의 오기.
2) 기제 젼 와 : 忌祭 前에 와서. '기제'는 '기졔'로 적어야 정확한 표기이지만, ㅈ구개음화 이후 ㅈ뒤의 반모음 j가 표기되지 않은 예가 빈번하다. '기제'는 탈상 뒤에 해마다 죽은 날에 지내는 제사를 말한다.
3) 아니ᄒᆞ이다 : 이 부분에서 '다'의 필체가 '가'처럼 보이기도 하지만 '다'로 읽는 것이 옳다. 그리고 '아니ᄒᆞ이다'는 '아니ᄒᆞ이다'는 '아니ᄒᆞ여이다'에서 '여' 음절을 빠뜨리고 적은 것이다.
4) 틔보기 : 노복의 이름.
5) ᄒᆞ른날 : (초)하룻날. 'ᄒᆞ른날'은 'ᄒᆞᄅᆞᆺ날'이 자음동화된 것을 반영한 표기이다.
6) 보리기름 엿 : 보리기름으로 고아 만든 엿. '엿기름'의 경북방언형은 '엿질금'이다. 4번 편지에 '보리기름'이 나온 적이 있다.
7) 이실거시라 : 있을 것 같아서. (어머님댁에) 보리길음(=보리질금)이 있을 것이라 생각하여.
8) 젼무 : 전모(氈帽). '전모(氈帽)'는 비 올 때 여자 하인이나 아이들이 쓰던 갓의 한 가지이다. '젼무(全無)ᄒᆞ다'로 보아 아무 일 없이 잘 지낸다는 뜻으로 볼 수도 있으나, 아래에 '젼무 테'가 나오는 것으로 보아 '전모'(氈帽)로 보는 것이 좋을 듯하다. 비어두에서 ㅗ>ㅜ가 적용된 예이다.
9) 몯 미처 올 거시니 : 미처 오지 못할 것이니. 부정법에서 부정사의 위치가 현대어와 다른 모습을 보여준다. 현대어의 순서로 바꾼다면 '미처 몯 올 거시니' 또는 '미처 오지 몯ᄒᆞᆯ 거시니'가 되어야 할 것이다. 참고) 과거를 몯 미처 보아도(14번). 몯 미처 통ᄒᆞ면 ᄀᆞ장 외오 너기실 거시니(27번).
10) 젼무 테 : 전모(氈帽)의 테.
11) 드리 슈젼 몯ᄒᆞ오니 : '드리'는 안쪽으로 들어감을 뜻하는 접두사 기능을 한다. 137번 편지의 각주 6)을 참고. '들어가서 몸소 전하지 못하오니'로 풀이하면 자연스럽다. '슈젼'은 '手傳' 또는 '袖傳'의 표기로 볼 수 있는데, 둘 다 편지 따위를 몸소 가지고 가서 전한다는 뜻이다.
12) 폐롭ᄉᆞ : 폐롭습니다. 뒤의 내용이 빠져 있어 이어지는 사연을 알 수 없다. 여러 가지 부탁을 드려 폐가 되었음을 말하는 대목이다.

152. 말하기 싫으시면 이 편지를 드리십시오 영인 602p

출가녀의 필적 [문 152] [건들 42]

판독문

......ᄲᅮᆫ 지내ᄋᆸ

......이나 다치[1] 알외
......이 사룸이 하 급
......솔이 몯 알외ᄋ
오며 지극 죄 만ᄒᆞᄋᆞ와이다[2].
할마님 젼의 무명 만
히 보내ᄋᆞᆸ시니 지극 젓
ᄉᆞ와[3] ᄒᆞᄋᆞᆸ노이다. 다시곰
알외ᄋᆞᆸ쇼셔. 이리 알외
ᄋᆞᆸ기 지극 젓ᄉᆞ와 ᄒᆞᄋᆞᆸ
다가 알외오니 말솜으
로 알외ᄋᆞᆸ기 슬ᄒᆞ시거
든[4] 이 ᄉᆞ연을 보ᄋᆞᆸ시게
드리ᄋᆞᆸ쇼셔.

현대어

......뿐 지내 ...... 이나 달리(별도로) 아뢰......이 사람이 매우 급하게 ...... 사뢰는 글을 아뢰지 못하며 지극히 죄가 많습니다. 할머님께서 전에 무명을 많이 보내시니 지극히 송구스럽습니다. 다시금 (고마운 말씀을) 아뢰어 주십시오. 이렇게 (편지로만) 아뢰는 것을 지극히 송구스러워 하다가 아뢰니, (어머님께서 할머님께) 말씀으로 아뢰기 싫으시면 이 (편지의) 사연을 보시도록 드리십시오.

해설

편지의 앞부분이 결락되어서 내용의 전모를 파악하기 어렵다. 할머님이 무명을 보낸 데 대해 직접 가서 사례의 말씀을 드리지 못하고 편지로만 아뢰어 송구스러워 한다는 사연을 담고 있다.

주석

1) 다치 : 달리. 따로. '다티'의 ㄷ구개음화형.

2) 만ᄒᆞᄋᆞ와이다 : 많습니다. 만ᄒᆞ-[多] + -ᄋᆞ오- + -아-[확인법] + -이- + -다.
3) 젓ᄉᆞ와 : 두려워하여. 송구하여. 젛- + -ᄉᆞ오- + -아.
4) 슬ᄒᆞ시거든 : 싫으시거든.

153. 산뒤도 초열흘날부터 고뿔을 앓고 영인 602p

출가녀의 필적 [문 153] [건들 63]

판독문

엇더ᄒᆞ니이
ᄭᅡ. 산뒤[1]도
초열흔날
우터 곳ᄲᅳᆯ
쳬로[2] 알든ᄃᆡ[3]
으식[4] 아니 먹고
바미면 새하니[5]
민망ᄒᆞ되 놈
대되 그러ᄒᆞ니
닌노이다[6]. ᄐᆡ
보기ᄂᆞᆫ 이세
ᄂᆞᆫ 셩ᄒᆞ여[7]
게 가려 ᄒᆞ여
ᄂᆞᆯ 가지 말
라 ᄒᆞ고 나ᄋᆞ
리[8] 구듕ᄒᆞ[9]
우리 더옥
몬 가게 ᄒᆞ
ᄒᆞ니[10] 아직

잇거니와 가
마니 갈ᄒᆞ
노이다.[11] 병은
(뒤의 내용은 없음)

현대어

어떠하십니까? 산뒤도 초열흘날부터 고뿔처럼 앓으면서 음식을 아니 먹고 밤이면 (밤을) 새우니 민망하되, 남들도 모두 그러하니(=앓으니) (저으기 근심을) 잊습니다. ᄐᆡ보기는 이제는 성하여 그곳에 가려 하거늘 "가지 말라" 하고 나으리가 꾸중하여, 우리가 더욱 못 가게 하니 (ᄐᆡ보기가) 아직 (여기) 있거니와 가만히 가려 합니다.

병은(뒤의 내용 없음)

해설

앞부분과 뒷부분이 떨어져 나가 내용의 전모를 알 수 없는 조각 편지이다. 노비인 산뒤와 태복이가 앓는 이야기가 중심이다. 태복이는 여러 편지에 등장하는 이름인데, 이미 나타난 바와 같이 크고 작은 병치레를 자주 하는 인물이다. 139번 편지에서는 죽을 지경에 이르러 있는 모습까지 보이며, 143번 편지에서는 아예 '매일 병들어 있다'고 하였다.

태복이는 친정에서 데리고 온 노복이다. 필자의 심부름을 도맡아 하는 만큼 그의 병치레는 큰 문제가 되었을 것이다. 이 편지에서는 그 동안 앓던 태복이가 어느 정도 회복되었다는 사실이 나타나 있다. 그리하여 친정 어머니가 계신 곳에 가려고 하는데, 나으리가 꾸중하여 함께 못 가게 되었다는 사정을 알리고 있다. 이 노복은 필자의 집과 친정집을 오가며 일을 했던 모양이다. 가지 말라고 했으나 몰래 가려고 한다는 내용이 특이하게 느껴진다.

주석

1) 산뒤 : 종 이름. 자형으로 보아 '산치'처럼 보이기도 하나 143번 편지에 나오는 '산뒤'와 동일 인명으로 볼 수 있으므로 '산뒤'로 판독하였다. 두 편지 이외에는 나타나지 않는 사람 이름이다.
2) 곳ᄲᅳᆯ체로 : 감기처럼. '곳ᄲᅳᆯ'은 '고(鼻)'와 '블(火)' 사이에 사이시옷이 결합한 복합어다. '곳ᄲᅳᆯ'의 'ᄲ' 은 폐쇄음 뒤의 경음화를 표기에 반영한 것이다. '-톄로'는 「곽씨언간」에서 '-텨로'로도 나타난다. 참고) 죠개도 자바 왓거든 느르미톄로 ᄒᆞ여셔 당솕의 너허 보내소(3번). 처엄의 넙싱이 곳블텨로 알하다가(139번).

3) 알든딕 : 앓더니. 앓되. 선어말어미 '-더-'가 쓰여야 정상적인데 '-드-'가 표기된 점과, '앓-'의 ㅎ이 후행 ㄷ에 축약되지 않고 탈락된 점이 매우 특이하다. '자내는 가슴 알턴딕 이제나 영히 됴하 겨신가'(27번)에 쓰인 '알턴딕'가 정상적인 표기이다. '알든딕'는 바로 뒤의 '으식'과 함께 오기일 가능성이 높다.
4) 으식 : '음식'의 오기.
5) 새하니 : (밤을) 새우니. 참고) 밤이면 ᄒᆞᆫ 좀을 몯 자시고 새하니 됴홀 줄 모ᄅᆞ와 망극히 너기노이다(158번).
6) 닌노이다 : (근심을) 잊습니다. '닛노이다'가 자음동화된 형태이다. 산뒤의 병세를 보고 걱정을 많이 했는데 남들도 다 그런 증상을 보이니 특별한 병이 아닌 것 같아 걱정을 잊는다는 내용이다.
7) 셩ᄒᆞ여 : 성하여. 병이 나아서.
8) 나ᄋᆞ리 : 나리. 자기보다 지체 높은 사람을 높여 부르는 말이다. 참고) 進賜 나ᄋᆞ리<東韓譯語>.
9) 구듕ᄒᆞ : 꾸중하여. '-여'를 빠뜨린 오기이다. '구즁ᄒᆞ-'의 ㄷ구개음화 과도교정형이다. 참고) 힌 갈홀 구즁ᄒᆞ야 헤티디 몯호롸<杜解 重 2:51>.
10) ᄒᆞᄒᆞ니 : 하니. 'ᄒᆞ'가 중복 표기된 오기이다.
11) 갈ᄒᆞ노이다 : 가려 합니다. '갈-'은 '가-(去)'와 '-려'가 결합하여 단축형으로 쓰인 듯하다. 문맥상으로는 태복이가 날짜를 '가리고' 있다고 풀이해도 자연스럽지만 이런 뜻이 되려면 'ᄀᆞᆯᄒᆞ-'로 표기되어야 하기 때문에 여기서는 동사 '가-'의 의미로 본다.

154. 자반 조금하고 생조기 한 뭇을 보냅니다 영인 601p

출가녀의 필적 [문 156] [건들 56]

판독문

몯ᄒᆞ오니 ᄒᆞ운ᄒᆞ여
이다. 대되 안부ᄒᆞ
옵쇼셔. 틱보기
나[1] 블셰[2] 문안이
나 아오져[3] 보내옵고
져 ᄒᆞ오딕 혼차셔[4]
촌 곡셕이나 ᄒᆞ여
다가 쓰옵고 믜일 병드
오니 몯 보내여 ᄒᆞᄒᆞ
노이다. 셔울셔 사룸
아니 오면 틱보기를 셰젼[5]

의 몯 보내올가 ᄒᆞᆫᄒᆞ노이다.
아ᄆᆞ 것ᄯᅩ 보내ᄋᆞ올 것
업ᄉᆞ와 자반 죠곰 ᄒᆞ옵
고 싱조긔[6] ᄒᆞᆫ 뭇[7] 가옵
노이다. 쇼: ᄒᆞ옵거니와[8]
세ᄒᆞ란 새ᄃᆡ긔[9] 보내고 둘
ᄒᆞ란 안덕ᄃᆡ긔[10] 보내
쇼셔. 쟈년[11] 가 뵈옵
고 오ᄋᆞ오ᄃᆡ ᄆᆞ음으[12]
열 ᄒᆡ 밧 ᄀᆞᆺ치[13]
그립ᄉᆞᆸ고 뵈옵.
【뒷면】
婦[14]

현대어

…못 하니 서운합니다. 모두에게 안부하십시오. 틱보기를 벌써부터 문안이나 알고자 보내려고 했으나, (틱보기가) 혼자서 촌의 곡식이나 하여다가(=지어다가) 쓰고 매일 병이 드니 (틱보기를) 못 보내어 한스럽습니다. 서울에서 사람이 아니 오면 틱보기를 세전(歲前)에 (그리로) 못 보낼까 봐 한스럽습니다.

아무 것도 보낼 것이 없어서 자반 조금하고 생조기 한 뭇을 보냅니다. 소소(小小)하거니와 셋은 새댁에게 보내고 둘은 안덕댁에 보내십시오. 작년에 가 뵙고 왔으되, 마음은 십 년이 넘은 듯이 그립고 뵙… (뒤의 내용 결락).

해설

시집간 딸이 친정 부모님께 드린 문안 편지이다. 태복이를 못 보내고 있는 처지를 한스러워 하다가 겨우 사람이 가게 되어 자반 조금하고 생조기 한 뭇을 보내니 주위 사람에게 나누어 주라고 하고 있다. 딸의 편지 속에는 생활 속에서 여러 가지로 곤란을 겪는 내용이 많다. 시집살이의 고생스러움을 친정어머님께 하소연했던 것이리라. 작년에 어머니를 뵙고 왔으되 십 년이 넘은 듯하다는 구절에서 딸의 간절한 마음이 느껴진다.

주석

1) 틱보기나 : 틱보기나마. 틱보기라도. '틱보기'는 종 이름.
2) 볼셰 : 벌써. 벌써부터. 문맥상 현대국어라면 '진작에', '일찍' 등이 더 잘 어울린다. 「곽씨언간」에는 '볼셰'와 '볼셔'가 함께 나타난다.
3) 아오져 : 알고자. 알- + -오져. '-오져'는 '-고져'의 ㄱ이 ㄹ 아래에서 탈락한 변이형이다. 그런데 어간 '알-'의 말음은 탈락할 환경이 아닌데도 ㄹ이 탈락했다. '알-'의 ㄹ이 탈락한 것은 '-오져'의 '오'에는 '-ᄉᆞᆸ-'의 이형태 '-ᄋᆞ오-'가 융합되어 있기 때문이다. 그러나 '알-ᄋᆞ오-고져'와 같은 구성을 가정하더라도 ㄹ탈락과 ㄱ탈락 간의 상호 관계를 설정하기 어렵기 때문에 '아오져'에 대한 설명은 여전히 문제로 남는다.
4) 혼차셔 : 혼자서. '혼차'는 '혼자'에서 격음화된 어형으로, 다른 편지에서는 모두 '혼자'가 쓰였다. 현대의 경상방언에 '혼차', '혼채'가 여전히 쓰인다.
5) 셰젼 : 새해가 오기 전. 세전(歲前). 참고) 셰후의 문안 사ᄅᆞᆷ이나 볼셰 보내오ᄋᆞ올 거ᄉᆞᆯ 지금 몯 보내엿ᄉᆞᆸ다가(51번).
6) ᄉᆡᆼ조긔 : 생조기. 참고) 통조긔 ᄒᆞᆫ 뭇 청어 ᄒᆞᆫ 드롬(127번).
7) 뭇 : 뭇(束). 열 마리. 127번 편지의 각주를 참고.
8) 쇼〻ᄒᆞᆸ거니와 : 소소(小小)하거니와. 얼마 되지 않거니와.
9) 새ᄃᆡᄀᆡ : 새댁에. 새ᄃᆡᆨ + -의[여격 기능]. '새댁'은 출가녀의 처지로 보면 '올케'를 가리키는 말일 것이다.
10) 안덕대긔 : 안덕댁에게. '안덕'은 지명으로, 131, 137, 141, 144, 162번 편지에도 나타난다.
11) 져년 : 전년(前年). 작년. 참고) 나도 져년에<老解 상 10>. 위에서 세전에 사람을 못 보낼까 봐 걱정한 것을 보면 지금은 연말이라는 말인데, 여기에서 작년에 가 뵙고 왔다는 것을 보면 이 편지를 쓴 해는 한 번도 친정에 가지 못했다는 말이 된다.
12) ᄆᆞᄋᆞᆷ으 : 마음은. '으'는 '은'의 오기로 보인다.
13) 열 ᄒᆡ 밧 ᄀᆞᆺ치 : 열 해가 넘은 듯이. 십 년이 넘은 듯이. 작년에 가서 뵙고 왔는데 마음으로 느껴지기에는 마치 열 해(十年) 밖의 일처럼 느껴진다는 심정을 표현한 것이다.
14) 婦 : 이것을 보면 이 편지의 필자를 하씨의 며느리라 생각해 볼 수도 있다. 그러나 사연이나 필적이 같은 다른 편지와의 관계를 생각해 보면 하씨의 딸이라 보는 것이 옳다. 편지지의 이면에 본 사연과 무관한 글자들이 씌여져 있는 경우가 있다. 다른 용도로 썼던 종이를 다시 활용하기도 했기 때문이다.

155. 제수(祭需)도 못 차려 보내니 망극합니다 영인 601p

출가녀의 필적 [문 163] [건들 22]

판독문

졔도[1] 몯 ᄎᆞ려[2]

보내올 거시라 망
극ᄒᆞ옴 이긔엽
디 몯ᄒᆞ오로소
이다.[3] 틱보기ᄂᆞᆫ 예
셔도[4] 아ᄆᆞ...일...
몯ᄒᆞ거니와 가젼[5]
......
예ᄉᆞ로 아니ᄒᆞ
...아거든 ...ᄒᆞ...
ᄒᆞ고 이런 젹[6] 업서...
틱보기 오면...
시니 졍ᄒᆞ여
... 보내
올 거시라. 아
□ 그립거든 □□
틱보기 술 보내쇼..
...ᄆᆞ음 간 ᄃᆡ 업서[7] 이만.

현대어

제사에 쓰일 제수(祭需)도 못 차려 보낼 것이라 망극함을 이기지 못하옵니다. 틱보기는 여기에서도 아무…일…못하거니와 가젼…예사로 아니하… 아거든…하…하고 이런 적이 없어…틱보기가 오면…시니 정하여…보낼 것이라, 그립거든… 틱보기를…보내소서.

…마음 간 데 없어 이만 (줄입니다).

해설

결락된 부분이 워낙 많아서 전체 내용의 흐름을 파악하기 어렵다. 출가녀가 어머니께 보내는 문안 편지인데, 태복이가 아파서 일을 못하고 있다는 이야기, 기제(忌祭)에 관한 언급 등이 나타난다. 아버지 곽주가 별세한 지 얼마 되지 않아서 출가녀가 쓴 것으로 판단된다.

주석

1) 졔도 : 제사도. 또는, 제사에 쓸 제수(祭需)도. 문맥을 고려할 때 후자가 더 자연스럽다.
2) ᄎᆞ려 : (제사를) 차려. 백두현(1997:67)의 판독문에서는 'ᄒᆞ려'로 판독하였으나 'ᄎᆞ려'로 수정한다.
3) 몯ᄒᆞ오로소이다 : 못하옵니다. 몯 # ᄒᆞ- + -오-[겸양] + -로소- [감탄법 '-도소-'의 이형태] + -이-[공손법] + -다.
4) 예셔도 : 여기에서도. 여기에 있어도. '예'는 '여기'(또는 '여기에')의 준말이다.
5) 가젼 : 미상. '가젼'에 해당하는 한자어들은 여럿이 있다. 加錢(웃돈), 價錢(값), 家傳(집안에 대대로 전하여 내려옴), 嫁前(출가 전) 등이 있는데 위 편지에서 전후로 판독되지 않는 부분이 너무 많아 어떤 낱말이 이에 적합한 것인지 판단하기 어렵다.
6) 졔 : 적(때). 적이. '제'(때)의 오기인 듯.
7) ᄆᆞᄋᆞᆷ 간 ᄃᆡ 업서 : 마음 간 곳이 없어서. 즉, 정신이나 경황이 없어서. 이와 동일한 표현이 150번 편지에 나온 적이 있다. 참고) 말ᄉᆞᆷ이 만ᄉᆞ오ᄃᆡ ᄆᆞᄋᆞᆷ 간 ᄃᆡ 업서 다 몯ᄒᆞ노이다(150번). 유사한 표현으로는 4번 편지의 'ᄆᆞᄋᆞᆷ 둘 ᄃᆡ 업서' 및 48번 편지의 'ᄆᆞᄋᆞᆷ 둘 듸 업서'가 있다.

156. 하룻길 밖의 혼사는 절대 마옵소서 영인 601p

出嫁女가 河氏에게 [문 164] [건들 23]

판독문

ᄒᆞᄅᆞ길 밧끠 혼인[1)]
내 원으로[2)] 마ᄋᆞᆸ쇼
□. 나 ᄀᆞᆺ치 군홀[3)]
□□ᄃᆡ 아니ᄋᆞᆸ거니
와[4)] ᄆᆡᄉᆞ 일[5)] 졍대
로[6)] 몯ᄒᆞ와 셜
워이다. 아마도 수
이
...평안ᄒᆞᄋᆞᆸ샤

믈 다시곰 축원
ᄒᆞ웁노이다. ᄀᆞ 업ᄉᆞ
오ᄃᆡ 밧바……
……조심
ᄌᆞ식 ᄉᆞᆯ이

틱보기[7)] 제…어버의게[8)]
문안ᄒᆞ고 ᄆᆡ일 병
…니 민망ᄒᆞ
예라.[9)] 보션 ᄇᆞᄃᆡ
기워 보내 ᄒᆞ노이다[10)].

현대어

하룻길 바깥의 혼인은 제가 원하건대 하지 마십시오. 나처럼 고단하지 않아야 하거니와 매사를 뜻대로 못하여 서럽습니다. 아무쪼록 빨리… 평안하옵심을 다시금 축원하옵니다.

(마음은) 가이없사오되 바빠 (이만) …조심.

자식 사룀.

(追伸)

틱보기가 제…어버이에게 문안하고, 매일 병으로 앓으니 민망합니다. 부디 버선을 기워 보내(주셨으면) 하옵니다.

해설

결락 부분이 너무 많아 글의 흐름을 잡기 어렵다. 이 편지의 핵심은 동생들 혼인시킬 때 하룻길이 넘게 떨어져 있는 먼 곳으로 보내지 말라는 것이다. 이러한 부탁은 141번 편지 등 몇 차례 언급된 적이 있다. 태복이라는 노비가 등장하는 것으로 보아, 이 편지를 쓴 출가녀는 경주의 최씨 문중으로 시집간 맏딸일 것이다. 멀리 떨어져 있으니 돌아가신 아버지 제사에도 참여하지 못하고 매사를 뜻대로 할 수 없으니 안타까워서 이런 부탁을 한 것이다.

주석

1) ᄒᆞᄅᆞ길 밧ᄭᅴ 혼인 : 하룻길 밖의 혼인 즉, '걸어서 하루 만에 갈 수 없을 정도로 먼 곳에 있는 집안과 하는 혼인'을 뜻한다.
2) 내 원으로 : 나의 소원으로는. 내가 바라기로는.
3) 군ᄒᆞᆯ : 곤(困)할. 고단할. '군'은 '곤'에 ㅗ>ㅜ가 적용된 것으로 판단한다.
4) 아니ᄋᆞᆸ거니와 : 아니거니와. '아니'는 접사 '-ᄒᆞ다'가 없이도 바로 선어말어미나 어말어미와 결합할 수 있다. 참고) 아니ᄋᆞᆸ신(122번/145번). 아니ᄋᆞᆸ신ᄃᆡ(123번) 등등.
5) ᄆᆡᄉᆞ 일 : 매사 일. '每事'만 쓰도 되지만 강조하려는 뜻에서 '事'와 '일'이 중복되어 있다. 필자의 판독문(백두현 1997:66)에서는 '믜사 일'로 보았으나 문맥을 고려하여 'ᄆᆡᄉᆞ 일'로 고쳤다.
6) 졍대로 : 마음대로. 여기서의 '졍'은 '情'이지만 단순히 '情대로, 感情대로, 心情대로'라고 풀이하는 것보다 '마음대로'라고 풀이하는 것이 더 정확하다. 119번 편지에도 이런 뜻으로 사용된 '졍대로'가 등장한다.
7) 'ᄐᆡ보기'로 시작되는 이 부분은 편지의 내용상 추신(追伸, 追申)에 해당한다. 이미 'ᄌᆞ식 ᄉᆞᆯ이'라고 편지를 끝내었으나, 덧붙일 사연이 생겨 추가한 것이다.
8) 어버의게 : 어버이에게. 어이(어버이) + -의게[여격조사]. 참고) 아바님도 어이어신마ᄅᆞᄂᆞᆫ 어마님ᄀᆞ티 괴시리 업세라<樂章歌詞, 思母曲>.
9) 민망ᄒᆞ예라 : 민망(憫惘)하여라. '민망ᄒᆞ예라'는 '민망ᄒᆞ다'에 비해 감탄의 기분을 드러낸 표현이다. '예'자 부분은 거멓게 겹쳐 쓴 자국 때문에 잘 보이지 않지만, 문맥상 거의 '예'자임이 확실하다고 판단된다. 필자의 판독문(백두현 1997:84)에서는 이 부분을 '민망ᄒᆞ여(?)라'로 판독하였으나 '민망ᄒᆞ예라'로 고쳤다.
10) 기워 보내 ᄒᆞ노이다 : 기워 보내 주셨으면 합니다. 기워 보내 주시기를 바랍니다. 선행하는 부사 '브듸'는 '꼭', '아무쪼록'의 뜻으로 남에게 당부할 때 쓰는 부사인데, 대개 뒤에는 명령형어미(-소서, -소, -오 등)나 '-기를 바란다/-(어 주)었으면 하다' 따위의 표현이 호응한다. 위 편지 원문에서는 '브듸'와 호응할 적당한 성분이 결여되었다. 이 'ᄒᆞ다'는 '희망하다, 바라다'의 뜻을 갖는 상위문 동사다.

157. 어린 자식 때문에 하루 만에는 못 갈 곳이니 영인 600p

출가녀의 필적 [문 165] [건들 24] [1]

판독문

만ᄉᆞ오며 ᄒᆞᆫ이 그지 업ᄉᆞ와이다. 요ᄉᆞ이 극한의[2] 어
린 동싱ᄃᆞᆯ ᄒᆞ오며 긔후 엇더ᄒᆞᄋᆞᆸ시닝ᄭᅡ.
심히 긔별 모ᄅᆞ와 일야[3] 분별이 ᄀᆞ 업ᄉᆞ와
이다.[4] ᄌᆞ식은 덕분의 숨 니을 만 잇ᄉᆞ오ᄃᆡ
수이 가 뵈......시 아득ᄒᆞ여이나[5] ᄂᆞ

월로도[6]……ᄒᆞ오ᄃᆡ 극한 저기[7]…
어린 ᄌᆞ식으로 ᄒᆞ여[8] ᄒᆞᄅᆞ 몯 갈 ᄃᆡ니 사흘
이 몯 너물[9] 거시니 가다가 ᄇᆞᄅᆞᆷ 치면[10] ᄇᆞᄅᆞᆷ을 만나
【上邊】
……ᄇᆞ리라 ᄒᆞ고 하
……ᄇᆞ리시매 엇더……
…라 ᄒᆞ니 민망ᄒᆞ…
…디 아니 가…
……

현대어

……많사오며 한이 그지없습니다. 요사이 극한에 어린 동생들과 함께 기후(氣候)가 어떠하십니까? 심히 기별을 몰라 밤낮으로 걱정이 가이없습니다.

자식은 덕분에 숨 이을 만하게 있사오되 빨리 가 뵈…시 아득하지만 다음 달에도……하오되 극한(極寒)의 때가…어린 자식으로 인하여 하루 만에는 못 갈 데이니 사흘이 못 넘을 것이니, 가다가 바람이 몹시 불면 바람을 만나…버리라 하고 하…버리시므로 어떠…라 하니 민망하…지 아니 가…

해설

어머니께 올리는 문안 편지인데 앞부분이 없고 뒷부분도 결락이 심하여 자세한 내용을 파악할 수 없다. 문맥의 흐름으로 짐작하건대, 찾아 가 뵙고자 하나 아직 어린 자식을 데리고 나서기에는 추위가 심하여 가지 못하는 점이 민망스럽다는 내용이다. 어쩔 수 없는 상황에 안타까워하는 딸의 심정이 느껴진다.

주석

1) 이 편지는 두 조각이 나 있는 것인데 문화재 관리국의 보고서에서는 두 조각의 순서가 잘못 놓여 있다. 즉 5행째의 '수이 가 뵈…' 이하가 앞쪽에 놓여 있으나 내용의 전개상 '믿ᄉᆞ오며'부터 4행까지가 앞에 놓여야 한다. 건들바우 박물관의 보고서에는 위의 판독문 순서대로 되어 있다. 이 편지에 'ᄌᆞ식은 덕분의

숨 니을만 잇ᄉᆞ오되'라는 구절이 나오며 전체 사연으로 보아 출가녀가 하씨에게 보낸 편지로 짐작된다.
2) 극한의 : 극한(極寒)에. 매우 추운 날씨에.
3) 일야 : 밤낮으로. 늘.
4) 분별이 ᄀᆞ 업ᄉᆞ와이다 : 걱정이 가이없습니다.
5) 아득ᄒᆞ여이나 : 아득하지만. '아득ᄒᆞ여이다'에 대립의 접속어미 '-나'가 붙은 형태로 판단된다.
6) ᄂᆞ월로도 : 내월(來月)로도. 다음달로도. 'ᄂᆞ월'은 'ᄂᆡ월'의 ㅣ탈락형이다.
7) 극한 저기 : 극한(極寒)의 때가. '저기'는 '적[時]+ -이'[주격]로 분석된다. 참고로 '적[時]+ -의[처격]로 쓰인 이 157번 편지를 제외하면, 모두 '적+이[주격]'의 결합체로 쓰였다(1, 27, 52, 116, 124, 125, 143, 146번).
8) 어린 ᄌᆞ식으로 ᄒᆞ여 : 어린 자식으로 인(因)하여. 어린 자식을 데리고는.
9) 너물 : 넘을. 백두현(1997:67)에서 '더(?)울'로 판독한 것을 수정했다. '너믈'로 판독할 여지도 있으나 제 2음절의 ㅁ 아래에 내리그은 획이 너무 선명하여 '믈'보다는 '물'로 보인다. 문제는 이 자료에 원순모음화 예를 찾기 어렵다는 것이다. '너물'이 옳다면 원순모음화가 적용된 초기 예라고 볼 수도 있다.
10) ᄇᆞ롬 치면 : 바람이 치면. 바람이 몹시 불면.

158. 생강이 약이라 하니 부디 구해 보십시오 영인 599p

출가녀의 필적 [문 158] [건들 68]

판독문

민망히 너기오매 나죵[1] 아ᄆᆞ리[2] 될
줄 모ᄅᆞᄋᆞ와 민망히 너기오되
가지ᄀᆞ 사위[3] 만ᄉᆞ오이다. 여러 ᄃᆞᆯ 사ᄅᆞᆷ
몯 보내엿ᄉᆞᆸ다가 가오되 보리돈[4]
도 몯 ᄒᆞ오니 권쇽[5] 머길 일 어려워
민망ᄒᆞ여 지내오며 아ᄆᆞ 것도 몯 내
보내오니 더옥 ᄒᆞᆫᄒᆞ오며 우ᄋᆞᆸ노
이다. 아ᄆᆞ 것ᄯᅩ 보내올 것 업ᄉᆞ□ [6]
새 ᄲᆞᆯ 됴곰[7] 머육[8] 넉 단 대구 두
마리 자반도 기롬 업ᄉᆞ오니 죠치
아니온 거ᄉᆞᆯ 졍이나 아ᄋᆞᆸ시긔
보내ᄋᆞᆸ노이다. 아ᄆᆞ 거시나 더도[9] 보내

ᄋᆞᆸ고져 ᄒᆞ오ᄃᆡ 병든 노미매 몯 가져
가오니 흐운ᄒᆞ여이다. 아바님 병환
이 하 듕ᄒᆞ오니 민망이고[10] ᄉᆡ양[11]이 야기
라 ᄒᆞ고 아ᄆᆞ ᄃᆡ나 브ᄃᆡ 어더 보쇼셔 ᄒᆞ노
이다. 거월[12] 초싱우터 편치 아니신
(159에 이어짐)

현대어

…민망하게 여기므로 나중에 어떻게 될 줄을 몰라 민망하게 여기되 가지가지 사유가 많습니다. 여러 달 동안 사람을 못 보내었다가 (이제야 사람이) 가되 보릿돈도 못 하니(=보리를 살 돈도 못 보내니), 집안 식구들 먹일 일이 어려워 민망하게 지내며, 아무 것도 못 보내니 더욱 한하며 웁니다. 아무 것도 보낼 것이 없사와 새 쌀(=햅쌀) 조금과 미역 네 단, 대구 두 마리, 자반도 기름이 없어 좋지 않은 것을 정(情)이나 아시도록 보냅니다. 아무것이나 좀더(?) 보내고자 하나 (가져가는 사람이) 병든 놈이어서 못 가져가오니 서운합니다.

아버님 병환이 매우 위중하니 민망하고, "생강이 약이라"하니 아무 데서나 부디 구해 보셨으면 합니다. 지난 달 초승부터 편치 않으신

해설

자기 식구들의 양식 걱정을 하면서도 친정어머니께 햅쌀 조금, 미역 네 단, 대구 두 마리, 자반을 챙겨 보내는 딸자식의 정성이 돋보이는 편지이다. '보리돈'과 '햅쌀'을 뜻하는 '새 ᄡᆞᆯ'이라는 낱말이 특이하다. 135번 편지에서 "기름이 없어 자반을 지져 보내지 못한다"라는 사연을 본 적이 있는데, 여기서도 같은 내용이 나타난다. 그렇다면 보통 때는 자반을 기름에 지져 보냈다는 것인데, 이것이 오히려 특이한 사실이라 생각된다.

주석

1) 나죵 : 나중. 이 자료에서 '내죵', '나죵'의 두 형태로 나타난다, 20번, 31번, 52번 편지에서는 '내죵'으로, 150번 편지에서는 '나죵'으로 나온다.
2) 아ᄆᆞ리 : 어떻게. 145번 편지 '셔울 가노라 ᄒᆞ니 아ᄆᆞ리 될 줄 모ᄅᆞ고'에서도 같은 용법을 볼 수 있다. 그러나 126번 편지 '아ᄆᆞ리 됴케 ᄒᆞ나마 피우ᄂᆞᆫ 아니ᄒᆞᆫ 동싱돌란 ᄃᆞ려다가 ᄒᆞ일 계고 마ᄋᆞᆸ시고'에서는

'아ᄆᆞ리'가 '아무리'의 뜻으로 쓰이고 있다.

3) 사위 : 사유(事由)가. 사유 + - ㅣ[주격].

4) 보리돈 : 문맥상 '보리 농사를 지어서 얻은 돈' 혹은 '보리를 살 수 있는 돈'이라는 뜻으로 볼 수 있다. 보리 농사가 제대로 되지 않아 식구들 먹일 양식이 걱정이라는 뜻으로 보인다.

5) 권쇽 : 권속(眷屬). 한 집안의 식구. '쇽'은 '쇽'의 모음 ㅗ가 ㅜ로 변한 당시의 속음 방언형이라 생각된다. 참고) 여러 권쇽돌콰 혀근 아히돌콰 아랫사름돌 니ᄅᆞ리<朴飜 上 51>.

6) 업ᄉᆞ□ : 없어□. 문맥상 '□'는 '와'일 듯하다.

7) 됴곰 : 조금. 109번, 132번, 154번 편지에서는 모두 '죠곰'으로 표기되었다. ㄷ구개음화 과도교정형이다.

8) 머육 : 미역. 135번 편지의 주 참고.

9) 더도 : '도'의 자형이 확실치 않는 부분이다. 뜻의 연결이 부자연스럽다. 부사로 '더'로 보면 무방하지만 '도'자가 문제이다.

10) 민망이고 : '민망-'은 대부분 접사 '-ᄒᆞ다'와 결합된 형태인 '민망ᄒᆞ다'로 쓰이나 이 자료에서는 '민망-'에 서술격 조사 '-이다'가 결합된 구성도 나타난다. 앞의 53번 편지에서는 '민망이로쇠'가 나왔고, 109번 편지에서는 '민망이로소이다'로 나타났다.

11) ᄉᆡ양 : 생강(生薑). 54번 편지에서는 'ᄉᆡᆼ양'으로 표기되었다. 참고) 生薑木 我東有呼 ᄉᆡ양나모者<물명 4:6>.

159. 시난 동생은 해산했는지, 무엇을 낳았는지? 영인 599p

출가녀가 하씨에게 [문 154] [건들 116]

판독문

거ᄉᆞᆯ 나지면 말ᄉᆞᆷ이나 ᄒᆞ실 제
면 ᄆᆞᄋᆞᆷ이 노히ᄋᆞᆸ고 밤이면 ᄒᆞᆫ
ᄌᆞᆷ을 몯 자시고[1] 새하니[2] 됴ᄒᆞᆯ[3]
줄 모ᄅᆞ와 망극히 너기노이다.
시난[4] 동싱은 ᄒᆡ산ᄒᆞ온가 ᄆᆞ서
ᄉᆞᆯ 나ᄒᆞᆫ고 ᄌᆞ시 긔별ᄒᆞᄋᆞᆸ쇼셔.
실 바ᄃᆞ려[5] ᄒᆞᄋᆞᆸ다가 몯ᄒᆞ여 무
명 ᄒᆞᆫ 피리 가니 시ᄅᆞᆯ 바ᄃᆞ시거나
무명을 세 피 나히나[6] 주거
ᄃᆞᆫ 바ᄃᆞ쇼셔[7]. 밧씌셔ᄂᆞᆫ[8] 일직
을[9] 뻐나지 몯ᄒᆞ고 밤ᄌᆞᆷ 몯 자니

샹ᄒᆞ여[10] 음식도 아니 자시고 조차 병
드어[11] 민망ᄒᆞ여 이 유뮈나 ᄒᆞ올 거
ᄉᆞᆯ 에엽ᄉᆞ와[12] 몯ᄒᆞ오니 흐운ᄒᆞ
여 ᄒᆞ시노이다. 약과[13] 잡ᄉᆞ오실
이른[14] 우리 둘히 맛다[15] ᄒᆞ오이다. 셔
시매[16] 유무도 ᄌᆞ시 몯ᄒᆞᆸ노이다.

현대어

것을 낮에 말씀이나 하실 때면 마음이 놓이옵고, 밤이면 한 잠을 못 주무시고 밤을 새우니, (병세가) 좋아질 줄 몰라서 망극히 여깁니다. 시난 동생은 해산했는지, 무엇을 낳았는지, 자세히 기별하옵소서.

실을 사려고 하다가 못 하여 무명 한 필이 가니, 실을 사시거나 무명을 세 필 낸 것이나 주거든 받으십시오. 남편은 잠시도 (아버님 곁을) 떠나지 못하고 밤잠도 못 자니 여위어 음식도 아니 잡수시고 뒤따라 병들어 민망합니다. 이 편지나 전할 것이나 불쌍히 여겨 못하니 서운해 하십니다. 약과 음식을 수발할 일은 우리 둘이 맡아 하옵니다. (편지 전할 사람이) 서서 있으므로(=기다리고 있기에) 편지도 더 자세히 못 하옵니다.

해설

이 편지는 내용과 필체를 볼 때 158번 편지의 바로 뒤에 연결되는 것으로 보인다. 158번 편지는 '아바님 병환이 하 듕ᄒᆞ오니 민망이고…. 거월 초ᄉᆡᆼ우터 편치 아니신'이라는 내용으로 끝난다. 시댁의 어른이 병환으로 밤잠을 못 주무시고, 약과 음식을 수발하던 남편도 따라서 앓고 있는 안타까운 형편에 경황이 없고 마음이 어수선한 딸의 모습이 나타나 있다. 이런 경황 중에도 시난으로 시집간 동생의 해산 소식을 물으며 궁금해 하고 있다. 또한 무명을 보낸다는 사연이 곁들여 있는데, 당시 실에 대한 무명의 값어치를 짐작할 수 있는 부분이다.

주석

1) 자시고 : 주무시고. 자(宿)- + -시- + -고. '주무시-'에 대응하는 어형은 이 시기에 보이지 않는다. 19세기 후기의 판소리계 소설에 '즈므시다', '즘으시다' 따위가 나타난다.

2) 새하니 : 새우니. 새하- + -니. 어간 '새하-'는 다른 문헌에 쓰인 예를 찾지 못했다. 참고) 어제ᄂᆞᆫ 텬디 ᄌᆞ옥히여 디내오 새도록 울고 새아노라<순천김씨언간 100>. 바미면 새도록 울오 안자셔 새알 나리 수 업ᄉᆞ니 내 팔ᄌᆞᄅᆞᆯ ᄒᆞᆫᄒᆞ노라<순천김씨언간 28>. 「순천김씨언간」에 나오는 밑줄친 예들을 조항범(1998)에서는 어간 '새아-'의 활용형으로 보고 있는데, 「곽씨언간」의 '새하니'를 고려할 때 '새아-'는 '새하-'가 모음 사이에서 ㅎ이 탈락한 것이라고 볼 수 있다.

3) 됴ᄒᆞᆯ : 좋아질. (병이) 나아질. 병세가 호전되는 것을 의미한다. 이러한 사연으로 보아 아픈 사람은 이 편지를 쓴 출가녀의 시부모 가운데 한 명인 듯하다. 이 편지가 158번 편지 뒤에 이어진다면 아픈 이는 시아버지가 되고, 시아버지의 병환을 걱정하는 것이 된다.

4) 시난 : 땅이름. 145, 147, 158번 편지에 '시난 동싱'이라는 표현이 나오고, 141번 편지에는 '시난 동ᄃᆞᆯ'이 나온다. 현재 어느 곳에 비정(比定)되는지 확인할 수 없다.

5) 바ᄃᆞ려 : 사려고. '받다'가 '(물건을) 모개로 사들이다'는 뜻으로 쓰였다. 참고) 과일을 받아다 팔다.

6) 세 피 나히나 : 세 필 낸 것이나. '피'는 '필'(匹)의 오자로 보인다. '나히'는 '낳-'(産)에 명사화 접미사 '-이'가 결합한 것으로 판단된다.

7) 무명을 세 피나히나 주거든 바ᄃᆞ쇼셔 : 누군가가 무명을 그냥 준다면 무명을 살 필요가 없을 것이다. '주거든'의 주체가 누구인지 불분명하다. '무명이나 베를 파는 상인이 무명 세 필을 싸게 팔거든'이란 뜻으로 짐작된다.

8) 밧ᄭᅴ셔ᄂᆞᆫ : 남편은.

9) 일직을 : 일각(一刻)을. 잠시도. '刻'의 속음으로 '직'이 많이 쓰였다.

10) 샹ᄒᆞ여 : 몸이 상하여(傷, 毁). 몸이 여위어. 근심으로 마음이 언짢아. 참고) 밋쎠 샹ᄒᆞ여 절어 알픈 ᄃᆡᄅᆞᆯ 고티ᄂᆞ니<馬經 상 61a>.

11) 드어 : 들어. '드러'의 오기로 보인다.

12) 에엽ᄉᆞ와 : 근심스럽게도. 마음이 아프게도. 에엽- + -ᄉᆞ오- + -아. '에엽-'은 '에엿브-'의 단축형으로 생각된다. '에엿브-'를 전제하지 않고서는 '에엽-'의 말음 ㅂ을 설명해 낼 수 없기 때문이다. '에엽ᄉᆞ와'의 중심 뜻은 '憐憫'인데, 이 문맥에서는 '憫'에 더 무게가 놓여 있다. 참고) 어린 아ᄒᆡ 에엿블샤<朴諺重 하 43>.

13) 약과 : 약(藥)과.

14) 잡ᄉᆞ오실 이ᄅᆞᆫ : 잡수실 일은. '약과 잡ᄉᆞ오실 이ᄅᆞᆫ'은 병환 중인 어른에게 약을 받들고 음식을 수발하는 일을 가리킨다.

15) 맛다 : 맡아. 마ᇨ- + -아. 참고) 혼자 맛ᄃᆞ리라<노언 하 15>.

16) 셔시매 : 서서 있음에. 편지를 가지고 갈 사람이 서서 기다리고 있다는 표현으로 생각된다.

160. 다시 가 뵈려고 가을을 기다리고 있었는데 영인 598p

밀양으로 출가한 딸이 어머니 하씨에게

판독문

문

안 졍ᄉᆞᆨ지 알외웁고. 올흔[1)] 사ᄅᆞᆷ ᄃᆞᆫ니올[2)] 적쏘

긔후 편안ᄒᆞᄋᆞᆸ샤 대단ᄒᆞ온 병환 업시[3] 편ᄒᆞ이시다[4] ᄒᆞᄋᆞᆸ고
싱존이[5] ᄃᆞᆫ녀 오ᄋᆞ와셔
할마님 긔후 올흔 쾌히 편안ᄒᆞᄋᆞᆸ시더라 ᄒᆞ와ᄂᆞᆯ 그지 업시
깃ᄉᆞ와 ᄒᆞ오며 올흐란 아ᄆᆞ려나 우리 병셔들 지ᄒᆞ
ᄋᆞᆸ써든[6] 다시 가 뵈ᄋᆞ오려 졍ᄒᆞ와 ᄀᆞᄋᆞᆯ흘[7] 계유
기ᄃᆞ리ᄋᆞᆸ썬ᄃᆡ 싱각 밧씌 망극〻ᄒᆞ온 긔별 오오
니 쳔하의 이런 망극〻 셟ᄉᆞ온 일 업ᄉᆞ와 듀야의
우ᄋᆞ오되 가ᄋᆞᆸ지 몯ᄒᆞ오니 더옥 애〻ᄃᆞᆲᄉᆞ와이다.
그리타[8] 편치 아냐 겨ᄋᆞᆸ신 긔별이나 드럿ᄉᆞᆸ
싸 망극ᄒᆞ온 상ᄉᆞ 부음을[9] 보내ᄋᆞᆸ시니 즉시
싹 죽ᄉᆞ와 넉시나 가 뵈ᄋᆞᆸ고져 밤나ᄌᆞᆯ 우ᄋᆞᆸ
싸 쇽졀 잇ᄉᆞ오링잇까. ᄯᆞᆯᄌᆞ식은 죄인이로쇵이다.
그리타 아ᄃᆞᆯ ᄀᆞᆺᄶᆞ오면[10] 아ᄆᆞ려 병 드온ᄃᆞᆯ 아니 가랴
【上邊】
셰오니 더옥〻 망극 셟ᄉᆞ와 듀야의 우
ᄋᆞᆸ노이다. 비록 지하의 가 겨ᄋᆞᆸ셔도
닛지 아니ᄒᆞᄋᆞᆸ실 써시오시니 브ᄃᆡ〻장ᄉᆞ[11] 젼의 낫ᄌᆞ와
뵈ᄋᆞ오링이다. 쳔하의 큰 죄ᄅᆞᆯ 짓ᄉᆞᆸ고 나왓ᄉᆞ올ᄉᆡ
【右邊】
우리 삼형제ᄂᆞᆫ 다 죵신ᄒᆞ와[12] 뵈ᄋᆞᆸ지 몯ᄒᆞ와셔 영〻 여희오니
이런 슬프와[13] 셟ᄉᆞᆸ기른 수들〻ᄒᆞ와[14] 알외ᄋᆞ오링잇까. 하 ᄀᆞᆸ〻 셟
ᄉᆞ오니 헛이리온 ᄃᆞᆺᄒᆞ오ᄃᆡ 졍을 지쳬치 몯ᄒᆞ와 이리 알외ᄋᆞᆸ
그리ᄋᆞ오매[15] 슬허 우ᄋᆞᆸᄂᆞᆫ ᄌᆞ식 술이 밀양셔[16].

› 현대어

문안 말씀 정 깊게 아뢰옵니다. 올해에 사람 다녀올 적만 해도 기후(=기체) 편안하시어 대단한 병환 없이 편히 계시다 하였고, 싱존이 다녀 와서도 할머님 건강이 올해는 쾌히 편안하시더라 하거늘 그지없이 기뻐하였습니다. 올해는 아무튼 우리 쪽의 병세가 그치면 다시

가서 뵈오려고 (마음을) 정해 두고, 가을이 오기를 근근이 기다리고 있었습니만 뜻밖에 망극한 기별이 오니, 천하에 이런 망극하고 서러운 일이 없어서 주야로 울면서 가 뵙지는 못하오니 더욱 애닯습니다.

그러하였는데 편치 않으시게 계시다는 기별이나 듣고 있다가 망극망극한 상사 부음을 보내시니 (그 소식을 듣고) 즉시 딱 죽었다가(=혼절하여) 넋이나마 가서 뵙고져 밤낮을 울었지만 속절이 있겠습니까. 딸 자식은 죄인이로소이다. 그렇지만 "아들 같았으면(=아들로 태어났더라면) 아무리 병이 들은들 아니 가랴"라고 헤아리니 더욱더욱 망극하고 서러워 주야로 우옵니다. 비록 지하에 가 계셔도 잊지 아니하실 것이오니 부디부디 장사를 치르기 전에 나아가서 뵙겠습니다. 천하의 큰 죄를 짓고 나와 있으니 우리 삼형제는 다 임종을 지키지 못하고 영영 여의오니 이런 슬픔과 서러움은 '수들하여'(=부들부들 떨리어?) 아뢰겠습니까. 하도 갑갑하고 서러워 (돌아가신 일이) 헛 일인 듯 하오나 정을 지체하지 못하여 이렇게 (글로나마) 아뢰옵니다.

그리워 하며 슬피 우는 자식 사룀. 밀양에서.

해설

이 편지는 2002년 9월 6일에 필자가 새로 입수한 것이다. 발굴 당시의 작업에 참여했던 문중 사람 중의 한 분이 2매를 가져가서 보관하였던 것이다. 이 편지와 다음 161번 편지가 그것이다. 2매의 이 편지를 가져가서 보관하였던 분은 현재 돌아가셨고, 그 자손이 이 편지를 가지고 있다가 그 복사본이 곽병숙(前 능인고등학교 교장선생님)의 손을 거쳐 필자에게 전달된 것이다. 몇 장의 편지가 발굴 당시에 흩어졌다는 소문을 듣고서 곽병숙 선생님이 계속 수소문하여 찾아낸 것이다. 복사본을 가진 분의 말로는 이 편지의 원본은 분실하였다고 한다. 위의 사진도 복사본을 찍은 것이어서 다른 편지와 상태가 같지 않다. 원본을 보지 못하여 그 크기를 알 수 없다.

이 편지는 밀양으로 출가한 딸이 쓴 것이다. 「곽씨언간」 전체에서 처음 나오는 필체이며 다음의 161번과 필체가 같다. 이 편지는 출가한 딸이 친정의 부음을 받고 슬픔으로 애타는 모습을 보여 주고 있다. 편지의 내용으로 볼 때 '할마님'이 돌아가신 것으로 판단된다. "싱존이 ᄃᆞᆫ녀 오ᄋᆞ와셔 할마님 긔후 올흔 쾌히 편안ᄒᆞ읍시더라 ᄒᆞ와늘"로 이어지는 구절에서 할머니가 건강히 계시다가 갑자기 돌아가셨음을 알 수 있기 때문이다. 이 할머니는 곽주의 어머니인 朴氏 부인일 것이다. 김일근(1991:12) 교수가 작성한 곽주 집안 사람의 생몰 연대를 보면 朴氏 부인의 생년은 미상이고 1622년에 사망한 것으로 추정하였다.

주석

1) 올흔 : 올해는. 현대 경상방언에서도 '올해는'을 '올은'이라고 말한다. 당시에도 이런 방언형이 있었음을 말해 준다.
2) 드니올 : 다녀올. '드녀올'로 적혀야 옳은 것이다.
3) 업시 : 없이. 이 글자와 다음의 '편'자 사이에 'ㄴ'자 같은 작은 글자가 끼어 있는데 이것은 편지의 예법상 한 칸을 띄워야 함을 표시한 것이다. 이 편지에 이런 용법이 처음 보인다. 경황 중에 쓰다가 띄워야 할 자리를 띄우지 않아서 이렇게 교정 부호를 붙인 것이다.
4) 편ᄒᆞ이시다 : 편히 계시다. '편ᄒᆞ시다'의 오기로 생각된다.
5) 싱존이 : 사람 이름으로 판단된다. 밀양으로 출가한 딸이 낳은 자녀 이름인 듯하다. '싱존'이 외가에 다녀올 때만 해도 할머니 건강이 좋으셨다는 것을 강조한 구절이다.
6) 병셔들 지ᄒᆞ옵써든 : 문맥상 '병세(病勢)들이 그치거든'의 뜻으로 판단된다. '들지ᄒᆞ-'라는 낱말이 없기 때문에 '들'을 복수접미사로, '지ᄒᆞ-'를 '止ᄒᆞ-'의 뜻으로 본 것이다. '병셰>병셔' 변화를 보인 것이다.
7) ᄀᆞ올흘 : 가을을. 가을이 오기를.
8) 그리타 : 그리하다. 문맥상 '그러하였는데' 정도의 뜻이다. 이 편지에 처음 나오는 낱말이다.
9) 상ᄉᆞ 부옴을 : 喪事를 알리는 訃音을. '부옴'은 원순모음에 의한 모음동화 현상을 보여 준다. '상ᄉᆞ'와 '부옴' 사이에도 한 칸을 띄우라는 교정 부호가 있다.
10) ᄀᆞᆺᄍᆞ오면 : 같았으면. 아들로 태어났으면. 'ᄀᆞᆺᄍᆞ오면'은 어중 경음화를 표기에 반영한 것이다.
11) '장ᄉᆞ' 오른쪽에도 한 칸을 띄우라는 교정 부호가 끼어 있다.
12) 죵신ᄒᆞ와 : 終身하여. 뒤의 문맥을 보면 '종신(終身, 임종)하시는 것을 뵈옵지 못하여'의 뜻이다.
13) 슬프와 : 슬픔과. '슬픔와'를 잘못 적은 것으로 보인다.
14) 수들ᄒᆞ와 : '수들들ᄒᆞ-'의 정확한 의미 파악이 문제이다. 『국한회어』(國漢會語)(1895년, 187쪽)에 실린 '수들두들ᄒᆞ다'(枯)가 '수들들ᄒᆞ-'와 형태가 비슷하다. "이런 슬픔과 서러움은 수들들 하여 아뢰겠습니까"라는 문맥인데 아버지가 돌아가신 슬픔과 서러움으로 야위고 시들어(혹은 '부들부들 떨리어') 아뢰올 말씀이 없다는 정도의 의미를 분석해 낼 수 있으나 좀더 정확한 고증이 필요하다.
15) 그리ᄋᆞ오매 : 그리워 하오며.
16) 밀양셔 : 밀양(密陽)에서. 곽주에게 사위 다섯이 있었는데 그 중 하나가 밀양에 살았음을 보여 준다. 밀양으로 시집간 딸이 보낸 편지이다.

161. 자식들 장수토록 도우소서 영인 597p

밀양으로 출가한 딸이 어머니 하씨에게

판독문

어마님 젼 샹슬이

문
안 그리웁는 졍ᄉᆞ지 무궁히 알외웁 ....[1]
그후 평안ᄒᆞ웁신 문안을 요ᄉᆞ ....
와 사룸도 졍ᄉᆞ지 ᄆᆞ음 족 ....
장ᄉᆞ 님박ᄒᆞᄋᆞ와시오니[2] 새 .... 외웁노이다.
..... 외로웁ᄉᆞ몰 이긔디 .... 외웁노이다.
..... 인이 되니 병듕도 모 ....
..... 몯 드온 일 ... 야애 ....
... ? 오매 브리 .... 가와 ....
... ? 듀야 원ᄒᆞ웁다가 지리ᄒᆞ온 병듕 ....올 블
안ᄒᆞ와 피우 듕이니 병인이 더 심..... ᄒᆞ오매
장ᄉᆞ의 가웁지 몯ᄒᆞ와 영ᄒᆞ히 집을 뻐 ...
나가웁시논되 가 뵙지 몯ᄒᆞ오니 이런 망극ᄒᆞ?
쉷ᄉᆞ온 ᄠᅳ지 업ᄉᆞ와 ᄌᆞ식이 죽ᄉᆞ와 지하의
나 가 뵈ᄋᆞ올ᄶᆞ 우웁노이이다. 아ᄆᆞ려나 지하의
가 겨웁셔 대되 만ᄒᆞ히[3] 쟝복ᄒᆞ웁시며[4] ᄌᆞ식
ᄯᅳᆯ을[5] 만ᄒᆞ 쟝슈케 도오웁쇼셔.[6]
ᄌᆞ식의 집
지리ᄒᆞ온 병환 졈 아ᄆᆞ려나 도오........
? ᄒᆞ리와 영차ᄒᆞ샤 ... 삼년 안이 ....
?? 나ᄃᆞᆫ니웁게 도오웁쇼셔.
..웁?? 싱젼이 ....
만ᄒᆞ 망극 슬픔 ....
병 드오니 어즐
졍ᄌᆞ지철[7] .... 죄인 ᄯᅳᆯ[8]
【右邊】
그리웁는 ᄌᆞ
□이 밀양셔

□우소의셔[9)]

【뒷면】

지하의

현대어

어마님에 아룁니다.

문안과 그리워하는 정까지 무궁히 아룁니다. 그간 기체 평안하오신 문안을 요사이 ······· 와 사람도 정까지 마음 족 ·········· 장사 날이 임박해지니 ··········. 외로움을 이기지 ····아뢰옵니다. 병인이 되니 병중도 모 ····· 못 들은 일 ···· 이 오매 불이 ···· 가와 ····· 주야에 원하옵다가 지리한 질병이 불안하여 피우 중이니 병인이 더욱 심해지오매 장사 치르는 데 가지 못합니다. 영영 집을 떠나 가시는 때에 가서 뵙지 못하오니 이런 망극하고 서러운 일이 없사와 자식이 죽어서 지하에 가서나 뵈올까 하여 우옵니다. 아무튼 지하의 가 계시더라도 萬萬히 긴 복을(冥福을) 누리시고, 자식들이 장수하도록 도와 주소서. 자식의 집에서 하는 지리한 병도 좀 아무튼 도우시어 영영 차도가 있도록 하시고 ······ 삼년 안에 ······ 나다니게 도와 주소서. ····· 생전이 ········· 만만 망극하고 슬픔 ···· 병 드오니 '정자지철'(?)

그리워 하는 자식이 밀양에서. 피우소에서. 지하(地下)에 보내옵니다.

해설

이 편지는 앞의 160번 편지와 함께 입수한 것이다. 원본을 보지 못하여 그 크기를 알 수 없다. 이 편지는 결락이 심하여 전체 내용을 온전히 파악할 수 없다. 그러나 몇몇 내용으로 보아 편지를 보낸 동기가 160번과 같으며 시간상 160번 뒤에 놓이는 것으로 판단된다. 이 편지도 역시 밀양으로 출가한 딸이 어머니에게 쓴 것이다. 장사를 치르는 데 가려 했으나 결국 가지 못하고 멀리서 슬피 우는 딸이 안타까운 마음을 전하고 있다. 장사에 참가치 못한 이유는 병을 피해 피우소에 가서 머물고 있기 때문이다. 맨 끝에 놓인 '□우소의셔'의 결락자 □는 '피'자임이 분명하다. 본인이 전염병이 걸렸거나 동네에 전염병이 창궐할 때 깊은 산중이나 병이 없는 곳에 나가 사는데 그곳을 피우소(避憂所)라 하였다. 뒷면에 쓰인 '지하의'는 고인이 되신 분이 지하로 돌아가셨음을 생각하여 적은 듯하다.

주석

1) 결락된 부분이다. 이 편지는 결락이 심하다.
2) 장ᄉᆡ 님박ᄒᆞᄋᆞ와시오니 : 장사 치를 날이 임박하였사오니. '님박ᄒᆞᄋᆞ와시오니'는 '님박(臨迫)ᄒᆞ- + -ᄋᆞ오- + -이 시-(有) - + -오- + -니'로 분석된다.
3) 만〻히 : 많이 많이.
4) 쟝복ᄒᆞᄋᆞᆸ시며 : 장복(長福)하시며. 길이 복을 누리시며. 현대어의 '명복을 빌며'와 같은 뜻이다.
5) ᄌᆞ식ᄠᅳᆯ을 : 자식들을. 복수접미사 '-들'이 경음화되어 표기에 반영된 것이다.
6) 이 구절 이하는 돌아가신 할머니의 혼백에게 비는 말이다. 지하에 가시더라도 자식을 보살펴 주시고 질병을 낫게 해 달라는 기원을 드리고 있다.

162. 그런 놀라운 상사가 어디에 있으리이까 영인 596p

출가녀가 출가한 여동생에게(1624. 7.8) [문 159][건들 157]

판독문

극열의[1)]
대되 뫼ᄋᆞ오셔 존아기내[2)] ᄒᆞ시며
ᄀᆡ후 엇디 지내신고. 일시도 닛좁디 몯
ᄒᆞ오며 안덕 상ᄉᆞ[3)]ᄂᆞᆫ 그런 놀랍ᄉᆞ온
상ᄉᆡ 어ᄃᆡ 이ᄉᆞ올고.[4)] ᄀᆡ별ᄒᆞ올 말
ᄉᆞᆷ 업ᄉᆞ외. 아기내 역신ᄒᆞᆫ단 말 듣
고 일시도 닛좁디 몯ᄒᆞ여 분별만
ᄒᆞ고 극농시[5)]니 사ᄅᆞᆷ 몯 보내여 민망ᄒᆞ
더니 젼ᄎᆞ로[6)] 드ᄅᆞ니 무ᄉᆞᄒᆞ다 ᄒᆞ니 쳔하
의 그런 깃븐 이[7)] 어ᄃᆡ 이실고. 하례 사ᄅᆞᆷ[8)]이
나 보내고져 ᄒᆞ되 하 결 업서 몯 보
【上邊】
내니 어마님 젼의 내 귀ᄂᆞᆫ 무
궁ᄒᆞ외.[9)] 아ᄋᆞ님 아기내ᄂᆞᆫ 편

ᄒᆞ오며 역신을 아니ᄒᆞᆫ가.
피우 난 동싱님내ᄂᆞᆫ 무ᄉᆞ
ᄒᆞ온 긔별 ᄌᆞ시 ᄒᆞ고 아ᄌᆞ바
【右邊】
님 젼의[10)]
고열의[11)]
긔휘나 편ᄒᆞᄋᆞᆸ싱ᄶᅡ 문안 엿ᄌᆞᆸ고, 안
덕 상ᄉᆞᄂᆞᆫ 그런 놀랍ᄉᆞ온 상ᄉᆡ 어ᄃᆡ 잇ᄉᆞ오링ᄶᅡ 엿
ᄌᆞᆸ소. 아ᄆᆞ것 업서 뷘 유무ᄒᆞ오니 흐운ᄒᆞ여이다.[12)]
대되 평안ᄒᆞᄋᆞᆸ샴 원ᄒᆞ뇌[13)]. 이 사ᄅᆞᆷ 하 ᄀᆞᆸ치매
ᄌᆞ지고[14)] 잠ᄶᅡᆫᄒᆞᄋᆞᆸ뇌. 갑ᄌᆞ 칠월 초팔일
그리ᄂᆞᆫ 동싱 피우 ᄃᆞᆼ의 셔
【뒷면】
됴싱원ᄃᆡᆨ[15)]
아ᄋᆞ님[16)]젼 샹장[17)] 근봉

› 현대어

몹시 더운 날씨에 모두 모시고 작은 아기네와 (함께) 어떻게 지내시는고. 한 때도 잊지 못하며, 안덕 상사(喪事)는 그런 놀라운 상사가 어디 있을꼬? 기별할 말씀이 없으이. 아기들이 역신한다는 말을 듣고 한 때도 잊지 못하고 걱정만 했는데 농사가 한창 바쁜 때라 사람을 못 보내어 민망하더니, 이런 까닭으로 (남을 통해) 들으니 "(아기들이) 무사하다" 하니 천하에 이런 기쁜 일이 어디 있을꼬? 축하 소식을 전할 사람이나 보내고자 하되 조금도 겨를이 없어 못 보냈네. 어머님에게로 향한 내 귀는 끝도 없이 열려 있으이(=늘 어머님의 안부를 걱정하고 있으이).

아우님 아기들은 편하며 역신을 아니하는가? 피우 떠난 동생님네에게는 무사한 소식을 자세히 전하소. 아주버님께 "더운 날씨에 기운이 편하십니까"라고 문안 여쭙고, "안덕 상사는 그런 놀라운 상사가 어디 있겠습니까?"라고 여쭙고, 아무것도 없어 (정을 알릴 물건은 보내지 못하고) 빈 편지만 보내니 서운하네. 모두 평안하심을 원하네. (편지를 가져 갈) 이 사람이 매우 깝치매 제쳐 두고 잠깐 쓰네.

갑자년 칠월 초팔일. 그리운 동생에게. 피우(避憂) 중에 씀.

조생원댁. 아우님께 상장(上狀). 삼가 봉함.

해설

이 편지의 필체는 163번, 164번과 같으므로 '웅낭이'라는 자식을 둔 출가녀가 쓴 것이 확실하다. 그러나 이 편지의 수신자가 누구인지를 결정하는 것은 쉽지 않았다. 이 편지의 文面 수신자는 "아ᄋᆞ님젼 샹장"으로 되어 있고, 163번은 "아기시씌 아ᄋᆞ님젼 답쟝"으로 되어 있으며, 164번 편지는 "아ᄋᆞ님젼 샹하장 큰아기시씌"로 되어 있다.

현대국어의 '아기씨'는 올케나 시누이를 높여 이르거나, 시집갈 만한 나이의 처녀나 갓 시집온 새색씨를 높여 이르는 말로 되어 있으나 「곽씨언간」에서 '아기시'는 그 용법이 훨씬 넓다. 먼저 곽주가 며느리를 가리킬 때 '아기시'를 쓴 예가 있다. 이런 용법의 '아기시'는 곽주가 하씨에게 보낸 편지 중 "면화ᄂᆞᆫ 아기시 ᄃᆞ라 봉ᄒᆞ여 보내←"(30번)와 "아기시 보내라 ᄒᆞ더니 ᄒᆞ고 보내닉"(81번) 등에서 나타난다.

또 '아기시'가 어린 여자 아이를 가리킨 경우도 있다. "이 사ᄅᆞᆷ 오ᄋᆞ와놀 듣ᄌᆞ오니 역신을 아기시 ᄒᆞ시ᄂᆞ니라 ᄒᆞ오니"(126번)와 "(먹) 두 쟝으란 두 아기시 주시고 ᄒᆞᆫ 쟝으란 대임이 글 스라 ᄒᆞ쇼셔"(132번)가 그러한 예이다. 이와 같이 '아기시'는 그 지칭 대상이 넓었던 낱말이다. (126번 편지의 각주 3번 참조)

김일근(1991)과 문화재 관리국의 영인본(1993:162)에서는 이 편지들을 출가녀가 '媤妹'(시누이)에게 보낸 것이라 하였으나 이치에 맞지 않다. 출가녀의 시누이라면 남편의 여동생이 되므로 출가녀의 친정에 어머니 하씨와 함께 살고 있을 리가 없다. 시집간 딸이 그의 시누이에게 보낸 편지가 친정어머니 하씨의 수중에 들어갔을 리 만무하기 때문이다. 하씨 부인과 출가녀의 시누이는 서로 만날 일이 없다. 이 편지의 수신자는 맨 끝에 나온 "됴싱원덕 아ᄋᆞ님 젼"에 명백히 나타나 있다. '됴싱원'은 곽주의 둘째 사위 '趙咸哲'(조함철)을 가리키고 '아ᄋᆞ님'은 조함철에게 시집간 곽주의 둘째 딸이다. 따라서 이 편지는 곽주의 맏딸(최동언의 처)이 친정 아우에게 보낸 편지가 된다. '됴생원'은 127번과 142번 편지에 나온 사람이다. 해당 편지의 각주를 참고 바람.

이 편지는 출가녀가 시집간 친정 여동생에게 쓴 편지라고 볼 때 남은 문제가 있다. 시집간 둘째딸이 언니로부터 받은 편지가 어떻게 하씨 수중에 들어갔을까?라는 의문이다. 이

의문을 설명하는 방법은 둘째딸이 친정에 갔을 때 언니로부터 받았던 편지를 가져가서 어머니 하씨에게 보여 주었고 이것을 하씨가 보관했다고 보는 것이다. 하씨의 관속에서 나온 많은 편지글을 보면 하씨는 아들딸들이 쓴 편지를 소중히 간직하였음을 알 수 있다.

주석

1) 극열의 : 극열(極熱)에. 매우 더운 날씨에. 142번 편지에 나온 적이 있다.
2) ᄌᆞᆫ아기내 : 작은 아기네. 출가녀가 이 편지의 수신자인 여동생의 아기를 가리킨 말로 보인다. 참고) ᄌᆞᆫ아기(嬰兒)<小諺 6:73>. 孩 ᄌᆞᆫ아기 ᄒᆡ<신합 하 16>. 'ᄌᆞᆫ아기'는 현대 경상방언에 쓰이는 '잔아부지'(叔父)와 같은 조어법을 보인다.
3) 안덕 상ᄉᆞ : 안덕 상사(喪事). 안덕은 지명으로서, 131, 137, 141, 144, 154번 편지에도 등장한다. 131, 141, 144번 편지에서는 '안덕 동ᄉᆡᆼ'이 나오고, 137번에서는 '안덕 아ᄌᆞ바님씌', 154번에서는 '안덕ᄃᆡᆨ긔'가 나온다. 이런 점으로 보아 안덕에 사는 '아ᄌᆞ바님'이 돌아가셨거나 그 집에 상사가 난 것으로 볼 수 있다. '안덕 동ᄉᆡᆼ'은 편지를 쓴 '출가녀'의 친정 동생으로 안덕으로 시집을 간 인물로 짐작된다. 137의 '안덕 아ᄌᆞ바님'은 그 동생의 남편을 가리킨 말이 분명하다. '안덕'은 청송군에 있는 '안덕면'이다. 곽주가 쓴 6번 편지에 "나ᄂᆞᆫ 브듸ᄒᆞᆫ 일로 쳥숑의 ᄂᆡ일로 가니"가 나오는데 청송과 왕래가 있었음을 보여 준다.
4) '이ᄉᆞ올고' : '잇ᄉᆞ올고'에서 첫음절 종성을 탈락시킨 표기다. 발음상 양자는 차이가 거의 없었을 것이므로 이런 표기가 가능했던 것으로 보인다.
5) 극농시 : 극농시(極農時)에. '極農時'는 '지극히 바쁜 농사철', 즉 '농번기'라는 뜻이다. 자세한 설명은 142번 편지의 '극농시ᄋᆞᆸ고' 주 참고.
6) 젼ᄎᆞ로 : (이런) 까닭으로. 여기에서 '이런 까닭'은 극히 바쁜 농사철이라 사람을 못 보낸 것을 말한다.
7) 깃쁜 이 : 기쁜 것이. '이'는 '일'의 오기일 수도 있다.
8) 하례 사ᄅᆞᆷ : 하례(賀禮) 사람. 축하 인사할 사람.
9) 어마님 젼의 내 귀ᄂᆞᆫ 무궁ᄒᆞ외 : 귀는 '귀(耳)'를 뜻한다. 이 구절은 어머님의 소식에 늘 귀를 기울이고 있다는 것을 비유적으로 표현한 것으로 파악된다.
10) 아ᄌᆞ바님 젼의 : 아주버님 전에. '젼의'가 조사 '-께'처럼 쓰였다. 참고) 어마님 젼의.
11) 고열의 : 고열(高熱)에. 매우 더운 날씨에. 이 편지 앞의 '극열의'와 같은 뜻이다.
12) 흐운ᄒᆞ여이다 : 서운합니다. 이 편지의 수신자가 친정 동생이어서 앞 귀절의 "엇디 지내신고" 또는 "어ᄃᆡ 이ᄉᆞ올고"와 같이 반말체에 가까운 표현이 쓰였다. 여기서도 "흐운ᄒᆞ뇌"가 쓰일 만하나 '흐운ᄒᆞ여이다'로 표현되어, 한 편지 안에서 동일한 대상에게 경어법이 일관되게 쓰이지 않을 수 있음을 보여 준다. 이 편지와 함께 163, 164번 편지를 보면 시집간 여동생에게 사용하는 경어법의 등급은 거의 ᄒᆞ소체였음을 알 수 있지만, 이따금 ᄒᆞ쇼셔체 문장이 섞여 나타난다.
13) 원ᄒᆞ뇌 : 원하네. '-뇌'는 '-노이다'의 단축형으로 '-노이다'보다 존대의 등급이 낮다.
14) ᄌᆞ지고 : 젖히고. 제쳐 놓고. 'ᄌᆞᆾ이- + -고'로 분석할 수 있다. 재촉하는 사람을 제쳐 놓고 잠깐 편지를 적는다는 뜻으로 파악된다.
15) 됴ᄉᆡᆼ원ᄃᆡᆨ : 조생원댁(趙生員宅). 편지 수신자의 남편에 대한 지칭어이다. 이 '됴ᄉᆡᆼ원'은 곽주의 둘째 사위 '趙咸哲'(조함철)을 가리킨 것이다. '됴생원'은 127번과 142번 편지에 나온 사람이다. 해당 편지의 각주를 참고 바람.
16) 아ᄋᆞ님 젼 : 아우님 前. '됴ᄉᆡᆼ원ᄃᆡᆨ 아ᄋᆞ님'이 이 편지의 수신자이다. 조함철에게 시집간 친정 아우에게

보낸 편지임을 증명한다.
17) 샹장 : 상장(上狀). 경의(敬意)를 가지고 편지를 올린다는 뜻이다.

163. 응나이는 기침을 하여 음식도 먹지 못하네 영인 595p

출가녀가 출가한 여동생에게(1624) [문 160] [건들 115]

판독문

쳔만 의외예[1] 금개 오나놀
대되 뫼오셔[2] 편ᄒᆞ신 편지[3]
보오니 반기오미[4] ᄀᆞ 업ᄉᆞ며 깃ᄉᆞ
와이다.[5] 쥬셔기[6]ᄂᆞᆫ 이제나 엇
더ᄒᆞ온고. 일시도 닛디 몯
ᄒᆞ뇌. 나ᄂᆞᆫ 두 ᄌᆞ식이 다 병
드니 미망히.[7] 응나이[8]ᄂᆞᆫ 지춤[9] 지
처[10] 음식 먹지 몯ᄒᆞ뇌. 명지
셜[11] 거ᄉᆞᆫ 품[12] 밧골 ᄃᆡᄂᆞᆫ 업고
갓가ᄉᆞ로 녀셔ᄃᆞᆯ게[13] 세 대[14]ᄅᆞᆯ
주워시되 열 새[15] 열ᄒᆞᆫ 새면
ᄒᆞᆫ 마리고 열석 새면 ᄡᆞᆯ 말 엿
되라[16] ᄒᆞ니 ᄇᆡ동ᄒᆞᄃᆡ[17] ᄒᆞ려
ᄒᆞ고 아ᄆᆞ려 ᄇᆡ동ᄒᆞ여도 다ᄒᆞ고져
ᄒᆞ되 ᄒᆞ리 업ᄉᆞ니 민망이로
쇠. ᄒᆞᆯ 놈 이시
【上邊】
면 ᄆᆞᄌᆞ[18] ᄒᆞ고 ᄃᆡ[19] 업거니와 두고 보새.[20] 귀
ᄒᆞᆫ 밤 만히 보내니 깃거 ᄒᆞ뇌. 나ᄂᆞᆫ 아ᄆᆞ
것도 업서 관겨치 아닌[21] 자반 주머니

【右邊】

예 가뇌.

보고 우ᄋᆞ실가[22] ᄒᆞ뇌. 명지[23] 셜 ᄃᆡ

업서 저도 민망이 너겨 이 놈 홈씌

가려 ᄒᆞ더니 세 대ᄅᆞᆯ 셜 ᄃᆡ 주매

잇뇌. 아ᄆᆞ려나 편ᄒᆞ심 ᄇᆞ

라뇌. ᄀᆞ업서 이만 ᄒᆞ리.

【뒷면】

아기시씌

아ᄋᆞ님젼 답장 근봉

현대어

천만 뜻밖에도 금개가 오거늘 모두 모시고 편하시다는 편지를 보니 반가움이 가이없으며 기뻐하네. 주셔기는 이제는 어떠한고. 한 때도 잊지 못하네. 나는 두 자식이 다 병 드니 민망하네. 응나이는 기침을 하여 음식도 먹지 못하네.

명주실을 켤 것은 품을 바꿀 데는 없고 가까스로 '녀셔'(女壻?)들에게 세 대를 주었으되 열새, 열한 새면 (쌀이) 한 말이고 열석 새면 쌀이 (한) 말 여섯 되라 하니, '값이 비싸지만'(?) 하려 하고, 아무리 '비싸도'(?) 다 하고자 하되 할 사람이 없으니 민망하네. 할 놈이 있으면 마저 하고 (켤) 데가 없으니 두고 보세. 귀한 밤을 많이 보내니 기뻐하네. 나는 아무 것도 없어서 변변치 않은 자반만 주머니에 보내네. 보고 웃으실까 염려하네. 명주를 켤 데가 없어 그것도 민망하게 여겨 이 놈과 함께 보내려 했으나, 세 대를 (실) 켤 데 주었으므로 (명주는 여기에) 있네. 아무쪼록 편안하심을 바라네. 가이없어 이만 하리.

아기씨께. 아우님 전(前) 답장. 삼가 봉함.

해설

발신자와 수신자가 162번, 164번과 같다. 자신의 안부를 묻고 전한 뒤 주로 실 켜는 일을 서술하고 있다. "품 바꿀 데는 없고"라는 말은 명주실을 켤 때 서로 품앗이를 했음을 알 수 있다. '품 바꾸는 것'이 곧 품앗이인 것이다. '아우님'이 귀한 밤을 많이 보내주심에 발신자는 '관겨치 않은 자반'으로 답하였으나 그것을 받아보고는 웃을까 염려한다는 글귀가 자매간의 정다움을 느끼게 한다.

주석

1) 쳔만 의외예 : '뜻밖에'를 강조한 표현. 千萬 意外에.
2) 뫼오셔 : 모셔서. 모시고. '-오-'는 겸양법. 참고) 뫼ᄋᆞ오며(128번). 뫼ᄋᆞ오셔(162, 164번).
3) 편지 : 편지. 「곽씨언간」에 '편지'라는 낱말이 쓰인 유일 예이다. 주로 '유무'가 쓰였다.
4) 반기오미 : 반김이. 문맥상 '반가오미'로 적혀야 옳다. 誤記로 여겨진다.
5) 깃ᄉᆞ와이다 : 기쁘옵니다. 이 편지는 출가녀가 여동생에게 보낸 것이다. 따라서 바로 이어지는 문장에서 '-ᄒᆞ온고', '-ᄒᆞ뇌'와 같은 'ᄒᆞ오체'가 쓰인 것으로 보아 여기서도 '깃거 ᄒᆞ뇌' 정도가 적절할 것이다. 그러나 'ᄒᆞ쇼셔체'인 '깃ᄉᆞ와이다'로 나타나서 한 편지 안에 존대 등급이 뒤섞여 있다. 이런 '뒤섞임' 현상이 나타난 원인은 장성한 동생을 가볍게 대할 수 없어서 일정한 예우 의식이 발로된 데 있을 듯하다.
6) 쥬셔기 : 사람 이름. 131번, 132번, 138번 편지에 나온 적이 있다.
7) 미망히 : '미망'은 '민망'의 오기일 것이다.
8) 응나이 : 출가녀의 자식 이름. 130번, 138번, 142번에서는 '응낭이'로 나온다. 모두 동일인의 이름임이 분명하다.
9) 지ᄎᆞᆷ : 기침. '기ᄎᆞᆷ'이 ㄱ구개음화된 형태. 148번 편지의 '지ᄎᆞᆷ' 주 참고.
10) 지처 : 기침을 하여. 148번 편지의 '지초되' 주 참고.
11) 셜 : (실을) 켤. '혀-'(紡)의 ㅎ구개음화형이다.
12) 품 : 품. 143번 편지의 '품' 주 참고.
13) 녀셔돌게 : '여서'(?)들에게. '녀셔'에 해당하는 한자어 '女壻'(여서)를 상정해 볼 수 있으나 문맥의 뜻이 잘 통하지 않는다.
14) 대 : 대. 단위성 의존명사.
15) 새 : 피륙의 날을 세는 단위로서, 날실 80올이 한 새를 이룬다. 승(升). 참고) 석 새 삼베.
16) ᄡᆞᆯ 말 엿 되 : 쌀 한 말 엿 되. '말' 앞에 수량사 'ᄒᆞᆫ'이 생략된 것이다. 현대국어에서도 '한 말 가웃'을 그냥 '말 가웃'(한 말 반)이라 부른다.
17) ᄇᆡ동ᄒᆞᄃᆡ : 아래 'ᄇᆡ듕ᄒᆞ여도'도 같은 어간의 활용형인데 ㅗ~ㅜ 간의 교체에 따른 이표기이다. 'ᄇᆡ듕'은 '倍重'(배중)을 적은 표기로 짐작되고 이 문맥 속의 뜻은 '값이 배(倍)로 무겁다(비싸다)'를 나타낸 것으로 추정된다.
18) ᄆᆞᄌᆞ : 마저[부사]. 현대의 대구방언권에서 '마자'가 쓰이는데 이 낱말의 선대형이 'ᄆᆞᄌᆞ'이다.
19) ᄃᆡ : 데. 'ᄃᆡ' 앞에 무슨 낱말('셜' 정도가 적절)을 빠뜨린 것으로 보인다. 문맥 흐름이 이어지지 않기 때문이다.
20) 보세 : 보세. 예사높임법 어미 '-세'가 결합한 것이다.
21) 관겨치 아닌 : 변변치 못한. 있든지 없든지 관계 없을 정도로 변변찮은.
22) 우ᄋᆞ실가 : 웃으실까. '우ᇫ-'의 ㅿ 탈락형이다.
23) 명지 : 명주(明紬).

164. 눈물로 세월을 보내다가 이제야 사람을 보내네 영인 594p

출가녀가 출가한 여동생에게 [문 161] [건들 161]

판독문

요ᄉᆞ이 더위예
대되 뫼ᄋᆞ오셔 긔후 엇더ᄒᆞ웁신
고. 심히 긔별 모ᄅᆞᄋᆞ와 일시를 닛ᄌᆞ
온 시[1] 업ᄉᆞ와 듀야 분별이 그지 업ᄉᆞ오
며 역신 ᄒᆞ신다 긔별 듣고 하 놀랍ᄉᆞ와
밧ᄭᅳ로나[2] 문안이나 아오려 사ᄅᆞᆷ 보내웁
고젼[3] ᄆᆞ음이 ᄀᆞ독ᄒᆞ여 보내여징다[4] ᄒᆞ니 역신
의[5] 통치 몯홀 거시니 마ᄋᆞ리[6] 보내지 말라
ᄒᆞ시니 몯 보내여 일시를 닛디 몯ᄒᆞ여
긔별 드를 길히 업서 민망ᄒᆞ더니 션싱
영장의[7] 가 겨시다가 박싱원[8] 아ᄌᆞ바님
겨셔 티도 업시 하 잘 ᄒᆞ시다[9] ᄒᆞ니 깃ᄉᆞ
와 즉시 하례 사ᄅᆞᆷ 보내웁고져 ᄒᆞ오
ᄃᆡ 촌의[10] 나가 녀ᄅᆞᆷ지이[11]를 ᄒᆞ니 내 ᄆᆞᄋᆞ
【上邊】
ᄆᆞ대로[12] 몯ᄒᆞ여 지금 몯 보여[13] 눈믈로 쇼일ᄒᆞ니[14]
이저야[15] 보내뇌. 어ᄂᆡ[16] 내 졍이련 줄 아
ᄅᆞ실고. 졍은 그지 업ᄉᆞ오ᄃᆡ 궁ᄒᆞ여[17]
아ᄆᆞ 것도 몯 보내니 이런 ᄒᆞ니[18] 업서 애
ᄃᆞ돌 쇽졀 이실가. 나ᄂᆞᆫ 겨유 숨 니을
【右邊】
만 이시되[19]
그리도록 몯 닛ᄌᆞ오시던 졍을 어ᄃᆡ

가ᄋᆞᆸ시고 ᄉᆞ년이 도여[20] 가오ᄃᆡ ᄒᆞᆫ ᄌᆞᆺ 글시ᄅᆞᆯ 몯 보ᄋᆞᆸ거뇨. ᄉᆡᆼ각ᄒᆞ
오니 갈소록 그립ᄉᆞᆸ고 망극 셟워 ᄆᆡ일[21] 눈믈 금치 몯ᄒᆞ
여 셟워이다. 이리셔 내 ᄇᆞ라ᄋᆞᆸ기ᄅᆞᆯ 아ᄆᆞ려나 더위예
대되 뫼시고 긔후 편히 겨심과 수이 보ᄋᆞᆸ고져 원
이로쇠. ᄀᆞ 업ᄉᆞᄃᆡ 됴희 져거 이만 ᄒᆞ뇌.
【뒷면】
아ᄋᆞ님젼 샹하장[22]
큰아기시ᄭᅴ

현대어

요사이 더위에 모두 모시고 건강이 어떠하신가? 심히 소식을 몰라서 한 때도 잊은 적이 없어 밤낮으로 걱정이 그지없네. 천연두를 앓는다는 소식을 듣고 매우 놀라워 남편을 통해서 문안이나 알고자 사람을 보내고자 하는 마음이 가득하여 "(문안할 사람을) 보내고 싶습니다"라고 (남편에게) 말하니, 역신 때문에 통행하지 못할 것이니 관에서 "보내지 말라"라고 하시니 못 보내었네. 한 때도 잊지 못하고 소식을 들을 길이 없어 민망하였네. (그러던 중에) 선생의 영장(永葬)에 가 계시다가 박생원 아주버님께서 "티도 없이 매우 잘 나으셨다"라고 전해 주니 기뻐 즉시 축하 인사할 사람을 보내고자 하되, (종들이) 시골에 나가서 농사를 하니(=농사에 바쁘니) 내 마음대로 못 하여 지금 못 보내어 눈물로 세월을 보내다가 이제야 (사람을) 보내네. 어찌 (빨리 사람을 보내고자 하는 마음이) 내 정인 줄 아실까?

정은 그지없으되 (살림이) 궁하여 아무것도 못 보내니 이런 한이 없어 애달아한들 속절이 있을까? 나는 겨우 숨을 이을 만큼 있으되, 그토록 못 잊으시던 정은 어디로 가버리고 사 년이 되어 가되 (나는) 한 자의 글씨(=편지 한 장)를 못 보는가? 생각하니 갈수록 그립고 망극 서러워 매일 눈물을 금치 못하여 섧소이다. 여기에서 내가 바라기를, 아무쪼록 더위에 모두 모시고 기후 편히 계심과 빨리 뵙고자 함이 소원일세. (사연은) 가이없으되 종이가 작아서 이만 적네.

아우님께 축하하며 드리는 글(上賀狀). 큰아기시께.

해설

이 편지는 '박ᄉᆡᆼ원'에게 시집간 여동생에게 언니가 보낸 편지이다. 우리가 앞에서 본 편지처럼 'ᄉᆡᆼ원' 뒤에 친족어 '아ᄌᆞ바님'이 결합하는 점이 서로 같은 인간 관계를 말해 준다. 여기에 나오는 '박ᄉᆡᆼ원'은 곽주의 사위 중의 한 사람인 박뢰(朴瓃)로 판단된다.

동생의 남편이 역신을 티도 없이 잘 치러냈다는 소식을 듣고 축하 인사할 사람을 보내려 했으나 역신 때문에 관에서 못 보내게 하고, 그 뒤에는 종들이 농사일로 바빠 못 보내었다가 이제야 겨우 사람을 보내 인사를 드리는 사연을 적고 있다. 인용 구문이 세 개가 나오며, 두 번째 문장은 열네 줄에 걸쳐 이어지고 있어 출가녀가 구사하는 만연체의 특성이 나타나 있다.

주석

1) 시 : 時. 때.
2) 밧ᄭᅳ로나 : 남편을 통해서나. 조사 '-나'가 연이어 쓰여 문장이 매끄럽지 못하다.
3) 보내ᄋᆞᆸ고젼 : 보내고자 하는. '-고져 ᄒᆞ ᄂᆞᆫ'을 줄여서 '-고젼'으로 적은 것이다. 참고) 긔별이나 아ᄋᆞᆸ고젼 마ᄋᆞᆷ이 그지 업ᄉᆞ오되(126번).
4) 보내여징다 : 보내고 싶습니다. 보내- + j + -어징대[소망의 평서형 종결어미 '-지이다'의 축약형]. 이 편지의 필자가 남편에게 한 말이다. '-어징다'의 '어'(확인법)는 통시적 재분석이 가능하나 공시적으로는 분석되지 않는다.
5) 역신의 : 천연두 때문에. 천연두로 인하여. '-의'는 현대국어의 원인격조사 '-에'와 같은 기능을 한다.
6) 마ᄋᆞ리 : 관청에서. 마을에서. 마ᄋᆞᆯ + -이. '마ᄋᆞᆯ'이 '官, 司'의 뜻으로 쓰인 것이다. 참고) 다ᄅᆞᆫ딋 마ᅀᆞᆯ이 또 그 도적을 자바<老解 상 25>.
7) 영장의 : 영장에. '永葬'은 '안장(安葬)'과 같은 말로서, 편안하게 장사를 지냄을 뜻한다. 이 문맥에서는 先生의 장사를 가리킨 것으로 판단된다.
8) 박ᄉᆡᆼ원 : 박(朴) 생원. 뒤에 친족어 '아ᄌᆞ바님'이 이어지는 것은 '됴ᄉᆡᆼ원 아ᄌᆞ바님'의 경우와 같다. 이런 점에서 이 편지의 수신자는 '박ᄉᆡᆼ원'에게 시집간 여동생으로 판단된다. 이 '박ᄉᆡᆼ원'은 곽주의 사위 중의 한 사람인 박뢰(朴瓃)일 것이다.
9) 티도 업시 하 잘 ᄒᆞ시다 : (역신을 앓았는데) 흉터나 흔적이 없이 아주 잘 나으셨다. 'ᄒᆞ시다'의 'ᄒᆞ-'는 'ᄒᆞ리다'의 대동사로 보인다.
10) 촌의 : 촌(村)에. '촌'(村)은 143번 편지에서와 같이 시골 마을을 나타내는 말로 쓰였다.
11) 녀ᄅᆞᆷ지이 : 농사. 농사짓기. '농사하다'라는 뜻의 동사 '녀ᄅᆞᆷ짓다'의 명사형이다. 참고) 지비 녀ᄅᆞᆷ지이 ᄒᆞ고<東新 효 1>. 녀ᄅᆞᆷ지이와 즘ᄉᆡᆼ치기 ᄒᆞ더니<二倫 2>. 녀름지슬 농(農)<訓蒙 중 3>.
12) ᄆᆞᄋᆞ ㅁ대로 : 마음대로. 종이의 여백이 모자라서 'ᄋᆞᆷ'의 'ㅁ'을 적을 자리가 없어 다음 줄의 첫 칸에 적었다.
13) 보여 : '보내여'에서 '내'를 빠뜨리고 적은 것.
14) 쇼일ᄒᆞ니 : 소일(消日)하니. 세월을 보내니. 'ᄒᆞ니'는 작은 글씨로 보입되었다.
15) 이저만 : 이제야. '이저'는 '이제'의 뜻으로 쓰였다. '-만'의 쓰임이 특이하다. 참고) 지금 문안 사ᄅᆞᆷ도 몯 보내옛ᄉᆞᆸ다가 이저야 보내ᄋᆞ오니(132번). 지촘 지초되 이저ᄂᆞᆫ 혈ᄒᆞ오이다(148번).
16) 어니 : 어찌. 어이. 참고) 이런 줄 어이 아ᄋᆞᆸ시링ᄭᅡ(131번). 「곽씨언간」에서 '어니'는 여기를 제외하면

관형사 '어느'로만 쓰였다.

17) 궁ᄒᆞ여 : 살림이 궁(窮)하여.

18) ᄒᆞ니 : 한이. ᄒᆞᆫ(恨) + -이[주격].

19) 나는 겨유 숨 니을만 이시되 : 나는 겨우 숨을 이을만큼 있으되. 그리 형편이 좋지는 못하고 그럭저럭 지낸다는 뜻의 상투적인 표현인데 자신의 처지를 겸사하는 말이다.

20) 도여 : 되어. '되'의 'ㅣ'는 '-어'(-여) 앞에서 유동적이다. '도여', '되어'는 모두 [tojə]로 발음이 같고, '되여'는 엄밀히 표기하면 [tojjə]이지만 이것의 발음은 앞의 [tojə]와 다름없었을 것이다.

21) ᄆᆡ일 : 매일. 'ᄆᆡ일'에서 'ㅣ'가 탈락한 형태이다.

22) 샹하장 : 上賀狀(상하장). 축하하여 올리는 글. '상장(上狀)'은 경의를 나타내어 올리는 편지로서 앞에서 여러 번 나왔다. '하장'은 이 편지에 유일하게 나타나는데, 경사를 축하하는 편지인 '하장(賀狀)'이다. 이 편지에 '하례 사ᄅᆞᆷ'을 보내지 못해 안타까워하는 내용이 나온다.

165. 상장(上狀) 영인 593p

필자 미상 [문 166] [건들 28][1]

판독문

계승[2] 오나늘

노이...

ᄋᆞ올 거...

히 가오니...

오...

【뒷면】

샹쟝[3]

현대어

계승이 오거늘 …할 거…히 가오니 …상장(上狀).

해설

결락이 심하여 내용 파악이 안 되는 편지 조각이다. 끝의 '샹쟝'만 뚜렷하게 보인다.

주석

1) 위의 사진에는 '계승 오나놀'만 보이나 원본을 확인해 보니 왼쪽에 붙은 쪽지에 여러 글자가 더 보여 판독해 놓았다.
2) 계승 : 첫글자를 '졔'로 썼다가 뭉개고 '계'로 고쳤다. ㄱ구개음화를 의식한 표기일 가능성이 있다. 뒤에 동사 '오나놀'이 붙는 것으로 보아 인명이나 주고 받는 사물의 이름으로 짐작된다.
3) 샹쟝 : 상장(上狀). 올리는 편지.

166. 부디 상(床) 곁에 놓아두소서 영인 593p

필자 미상 [문 150] [건들 25]

판독문

논공이[1] 지하이[2]
헛일이오나마 브듸
상 마틔[3] 노하 두쇼셔.
어마님 젼 샹솔이

현대어

논공. '지하에'(?)
헛일이겠지마는 부디 상(床) 곁에 놓아 두소서.
어머님 전 상사리.

해설

이 편지는 작은 쪽지의 네 변을 접어서 그 앞면과 뒷면에 사연을 적고, 그 안에 무엇인가를 싸서 보낸 것이다. 그러니까 이 편지의 사연은 겉봉투에 쓴 것이 된다. 끝에 '어마님'이라고 한 것으로 보아 이 편지의 필자는 하씨의 자녀가 틀림없다. 위 편지가 봉투처럼 접혀진 것으로 보아 그 안에 무엇인가 쌌던 것인데, 이 종이에 싼 물건을 상(床) 곁에 놓아두라고 당부하는 사연이다. 무엇인가 영험이 있을 것이라는 의미가 파악되므로 그 안에 싼 것은 부적일지도 모른다.

주석

1) 논공이: 땅이름. 달성군(達成郡) 논공면(論工面)에 있었던 마을 이름이다. 이 마을에 대한 풀이는 8번 편지의 각주 8)을 참고. 필자의 판독문(백두현 1997)에서 종이가 접힌 부분을 잘못 보아 판독하였던 것을 수정하였다.
2) 지하ᄋᆡ : '지하ᄋᆡ'는 '지하'와 처격 '-ᄋᆡ'가 결합된 것으로 볼 수도 있고, '지하ᄋᆡ'를 한 낱말로 볼 수도 있으나 어느 쪽인지 판단하기 어렵다. 후자라면 '논공이'에 딸린 하위 지명 또는 하씨가 살던 처소의 이름을 나타낸 것일 가능성이 있다. 그런데 「곽씨언간」 전체에서 '논공' 다음에 여기에 딸린 하위 지명이 붙은 예가 없어서 문제가 된다. 현재의 논공 부근에 '지하'와 같은 마을 이름이나 지명은 없다.
3) 마틔 : '마'에서 ㅏ의 가로획이 너무 세워져 있고 짧아서 '미'로 볼 수도 있으나 '머리 맡에'의 뜻으로 쓰이는 '며 마틔'(70번 편지)에 나오므로 '마틔'로 판독해 둔다. '상 마틔'는 '상의 바로 위 또는 가까이'라는 뜻이 된다.

167. 이것들을 모두 염 속에 넣으시게 영인 낙장

판독문

쇼념[1] 밧씌 노하 념[2] 소개 녀ᄒᆞ시게[3].

현대어

(이 편지들을) 소렴한 송장 밖에 (또는 소렴할 때, 밖에) 놓아, 염하는 속에(=棺 속에) 넣으시게.

해설

이 편지의 필자는 미상이지만 아마도 곽주의 아들 중 한 사람이 필자일 것으로 추정된다. 백두현(1997:1)의 판독문 각주 1)번에서 언급했던 편지이다. 주해자가 원본을 확인하는 과정에서 10번 편지와 같이 끼어 있는 것을 발견하였다. 이 편지는 하씨 사후에 소렴을 하는 과정에서 하씨의 아들 중 한 사람이 염하는 사람에게 하씨가 보관해 오던 편지 뭉치를 주면서 염을 한 후 그것들을 관 속에 함께 넣으라고 지시한 글이다. 모친이 생전에 애지중지하며 모아 두었던 편지들을 고인과 함께 관 속에 넣도록 한 마음에서 자식의 애틋한 정을 느낄 수 있다. 조그만 종이에 쓴 이 지시문으로 인해 하씨의 관 속에 「곽씨언간」 전체가 들어가게 된 것이다.

그런데 167번 자료는 본서의 사진에 넣지 못하였다. 주해자가 사진 촬영을 위해 다시 찾아보았으나 워낙 작은 조각이라 정리하는 도중 어디엔가 숨어버린 듯 눈에 띄지 않았다. 대구국립박물관 기증 자료에도 없었다.

주석

1) 쇼념 : 소렴(小殮). '소렴'은 시체를 베나 이불로 싸는 일을 가리킨다. 한편, 대렴(大斂)은 소렴을 치른 다음날 송장에 옷을 거듭 입히고 이불로 싸서 베로 묶는 일을 가리킨다. 그런데 '쇼념 밧긔 노하'라는 위 문맥을 보면 '쇼념'은 시체를 옷과 이불로 싸는 행위의 뜻으로 사용된 것은 분명히 아니다. '밧긔'라는 공간 지시어가 결합될 수 있으려면 구체물일 가능성이 크다. 그렇다면 '소렴을 한 송장'을 그냥 '쇼념'이라고 표현한 것으로 판단된다. 이는 공간적으로 인접된 것으로써 그 이름을 대신하는 환유의 일종이라 하겠다. 예컨대, 통상적으로 우리가 '머리를 깎다, 머리를 빗다'라고 할 때의 '머리'는 '머리털(hair)'을 지칭하는데, 굳이 머리털을 머리털이라 하지 않고 '머리'라고 하는 것과 같다.
2) 념 : '염(殮)'은 보통 '염습(殮襲)'의 준말로 사용된다. '염습'은 죽은 사람의 몸을 씻긴 뒤에 옷을 입히고 염포(殮布)로 묶는 일을 가리킨다. 그런데 위 문맥에서의 '념'은 염습하는 행위가 아니라 염하는 공간과 인접된 '널(棺)'을 가리키는 것으로 보아야 할 것이다. 보공(補空)을 위해 언간뭉치를 채워넣을 만한 장소가 되려면 염하는 행위라는 뜻이어서는 안 되기 때문이다.
3) 녀ᄒᆞ시게 : 넣으시게. 녛- + -ᄋᆞ시-[주체존대] + -게[手下尊待 명령형어미]. '-시게'를 보여 주는 특이례이다.

168. 郭宜昌이 郭秀才에게 1 영인 592p

[문 114] [건들 53][1)]

판독문

卽惟新凉 侍奉淸勝 秋涼乍動

【뒷면】

賢契上狀

郭秀才 侍史

주석

1) 미완(未完)의 한문 서간이다. 이하에 배치한 한문 서간의 발신자와 수신자는 김일근(1991)에 실린 사진본에 의한 것이다. 이 한문 서간 중에서 미완성인 것은 아들들이 연습 삼아 써 본 편지지를 어머니 하씨가 보관했던 것이 아닌가 짐작된다. 한문 간찰의 판독은 황위주(경북대 한문학과) 교수의 도움을 받았다.

169. 郭宜昌이 郭秀才에게 2 영인 591p

[문 115] [건들 89]

판독문

卽惟新凉 侍奉淸勝 仰慰仰慰 生今作豊年

令人蹙(?)心 不文所使 誰慟曷追 而在家愧老母

出門羞親舊 今與達夫 約以讀

書 向于龍寺[1] 君未可告于 兄

主前 惠然同做耶 千萬大望

下來之期 當在至臘間 君若不來

相見不易 可笑可笑

【뒷면】

賢契上狀

郭秀才 侍史

주석

1) 達夫(달부)라는 친구와 함께 독서를 약속하고 龍寺(용사)라는 절로 간다는 사연이다. 이 龍寺가 어딘지는 확실치 않으나 논공 인근에 있는 옥포의 龍淵寺(용연사)일 가능성이 높다.

170. 郭宜昌이 郭都令에게 영인 590p

[문 116] [건들 79]

판독문

不審新凉
侍奉若何 深慮深慮 見屈之
恨 君我一般 不須煩也 朴生
員叔主 又得壯元 南州文
星 獨聚其家 其家慶祥[1] 可
卜 生[2]
【뒷면】
賢契上狀
郭都令 侍史

주석

1) 朴生員 댁의 叔父님은 이번 과거에서 장원을 하시니 南州文星(뛰어난 글재주를 부여해 주고 벼슬길을 관장한다는 별)이 오직 그 집에만 비치니 그 집안 경사가 참으로 크다고 하며 부러워하는 내용이다.
2) 미완성의 한문 서간이다.

171. 郭宜昌이 朴生員에게 영인 590p

[문 117] [건들 93]

판독문

不審夜來
興況若何 貢慮貢慮 弟 今與達
夫 向于龍寺 與兄相見 自此

不易 可笑可笑 曾聞兄家通鑑俱獲

云 初二卷[1] 未可惠送耶

專恃之餘 懷?不耶(?) 仰惟

淸照 拜上狀

卽日 優 弟

【뒷면】

朴生員 侍史

启兄主上狀

› 주석

1) 달부(達夫)라는 벗과 용사(龍寺)로 독서하러 간다는 이야기가 이 편지에도 보인다. 일찍이 들으니 박생원댁에서 통감(通鑑)을 구득하셨다 하니 앞의 두 권을 좀 보내달라고 청하는 내용이다.

172. 郭宜昌이 동생 愈昌에게 영인 589p

[문 118] [건들 136]

› 판독문

來時不得相見而別 爲恨

多矣 不審數日來

母主 氣體曁僉[1] 况如何

慕仰區區 兄病免新

恙 諸族亦健 幸甚 就

聞此家婚需次 椎牛

皮品頗好 少無瘡處

欲俸二疋[2] 末弟 可送

價買去也 但皮不甚大

似未及於作二韉也
君可量處[3] 餘萬
客煩 只此不具
十九 舍兄 德優[4]
【뒷면】
津村寓所

주석

1) 이 부분은 어머니 하씨가 동생 유창과 함께 '津村 寓所'(진촌 우소)에 살고 있었음을 보여 준다. '津村'은 '도ᄂᆞᄅᆞ'의 한자 지명으로 생각되며 오늘날 고령군 도진에 해당한다.
2) 혼수(婚需)에 쓰기 위해 몽치로 두들긴 소가죽 두 필을 흠집이 없는 품질 좋은 것으로 사서 보낸다는 사연이다.
3) 그런데 그 가죽이 그리 크지 않아 언치(안장 깔개) 두 개를 만들기에는 모자라니 알아서 처분하라고 하고 있다.
4) 德優 : 곽주의 二男 宜昌의 字. 김일근(1991:15)은 '德優'(덕우)를 단서로 편지 자료 전체의 연대 문제를 풀 수 있었다고 하였다. 宜昌은 다섯 살에 父喪을 입고도 服喪을 어른답게 하여 地誌에 소개되고 나라에서 別檢을 贈職받고 鄕人이 立碑하여 칭송하였다 한다(達成郡誌).

<증보판 추가>

173. 우리는 스무이튿날에 상소를 내고서 갈 것이네 영인 589p

곽주가 부인 하씨에게 (1610년 이전)

판독문

요ᄉᆞ이 엇디 겨신고 긔별 몰라
분별ᄒᆞ뇌 나는 당시 무ᄉᆞ히
와 이쇼되 샹쇠[1] 이 ᄃᆞᆯ 스므이
튼날사[2] 나가게 되어 이시니 우리

도 샹소 나여 보내고야 갈 거시니
스므사흔날사 예셔 나갈가 시븨.
양식이 져글가 시브거니와 예 사
는 권당들게[3] 어더 쓰려 ᄒᆞ뇌.
곧 엇게 되면 무명 ᄒᆞᆫ 피롤 설
워 ᄑᆞ라 머그로쇠. 뵈ᄂᆞᆫ 업서
몯 밧과[4] 갈 가 시븨. 아기ᄃᆞ려
니ᄅᆞ소. 벗ᄃᆞ리 하 만히 와 이
시니 요란ᄒᆞ여 잠깐 뎍
뇌.

오월 열닷쇈날

가옹 (수결)

<뒷면>

현풍 논공

가셔

(수결)

현대어

요사이 어찌 계신고. 기별 몰라 염려하오. 나는 이제 무사히 와 있소. 상소는 이 달 스무이튿날에야 나가게 되어 있어서 우리도 상소를 내어 보내고야 갈 거시니 스무사흗날에야 여기서 나갈까 싶으오.

양식이 적을까 싶으거니와 여기에 사는 친척들께 구하여 쓰려 하오.

곧 구하게 되면 무명 한 필을 아마도 팔아먹어야 할 것이로세. 베는 없어서 못 바꿔 갈까 싶으오. 아이에게 이르시오. 벗들이 매우 많이 와 있으니 요란해서 잠깐 적으오.

오월 열닷쇗날

가옹(家翁)

<뒷면>

현풍 논공

가서(家書)

해설

이하 173번 편지부터 176번까지의 편지는 곽병숙 선생이 수습하여 2008년 3월에 주해자에게 전해 주신 것이며, 증보판에서 처음 공개되는 자료이다. 태학사에서 냈던 주해서에 포함되지 않았던 편지이며, 국립대구박물관 목록에도 이 편지들은 들어가 있지 않다.

173번 편지는 곽주가 과거 시험을 치르기 위해 서울에 가 있을 때 아내 하씨에게 보낸 편지이다. 이때 곽주가 서울에 간 목적은 앞에서 본 10번 편지에도 나타나 있었다. 곽주는 과거 시험을 치르고, 여러 유생들과 연명하여 조정에 상소문을 올리기 위해 겸사겸사 서울에 갔었다. 상소 내는 일이 성사되지 않으면 과거 시험은 보지 않겠다는 결연한 의기가 10번 편지에 그려져 있었다. 173번 편지는 앞의 10번 편지 내용과 바로 이어지는 것이며, 그 상소문을 낼 날짜가 구체적으로 밝혀져 있다. 10번 편지는 1610년 이전에 쓴 것이 확실한데 이 편지에도 서울에 과거 시험을 보러 가 있는 사연이 나온다. 이런 점으로 보면 173번 편지도 이즈음에 쓴 것이라 판단한다.

10번 편지에도 양식이 부족하다는 사연이 있었다. 이 편지에도 양식이 적을 듯하여 서울의 친척에게 빌려 쓰려 하고 그 값을 치르기 위해 무명 베 한 필을 팔아서 먹는 문제를 해결하겠다는 내용이 있다. 11번 편지에 흥정하러 가져온 것은 흥정은 못하고 다 팔아먹고 갈 듯하다는 사연이 있었다. 173번 편지에도 무명 한 필을 팔아서 양식을 구하는 내용이 있다. 무명과 '뵈'를 바꾸어서 집으로 돌아가려 했는데 '뵈'가 없어서 아니 되겠다는 말도 있다. 이 '뵈'가 무슨 베인지 나타나 있지 않다. 무명베보다 구하기 어려운 것인 듯하다.

편지 말미에 "벗들이 하도 많이 와 있으니 요란하여 잠깐 적네."라고 하였다. 곽주가 서울에서 묵고 있는 집에 벗들이 여럿 모여 왁자지껄 요란한 중에 이 편지를 쓴 것임을 알 수 있다. 친구들의 대화가 소란한 숙소의 작은 방 한켠에서 붓을 들어 아내에게 이 편지를 쓰고 있었을 곽주의 모습이 눈에 보이는 듯하다.

주석

1) 샹쇠 : 상소(上疏)- + -ㅣ(주격조사). 상소가.
2) 스므이튼날사 : 스므이튼날- + -사(강세첨사). 스무이튿날에야.
3) 권당돌게 : 권당(眷黨)들에게. '권당'은 친척을 뜻한다. 서울에 사는 친척들에게 꾸어서 부족한 것을 쓰

겠다는 뜻을 적은 것이다.
4) 밧과 : 바꾸어. 밧고- + -아. 어간 말모음 ㅗ와 어미 모음 ㅏ가 결합하여 활음화된 ㅘ의 예이다.

174. 자식들 만만 장수케 하옵소서 영인 588p

출가녀가 친정 어머니 하씨 부인에게(1617년)

판독문

문
안[1] 그리ᄋᆞᆸ는 졍ᄉᆞ지 무궁히 알외ᄋᆞᆸ...
긔후[2] 평안ᄒᆞᄋᆞᆸ신 문안을 요ᄉᆞ...
와 살아도 졍ᄉᆞ지 나옴즉 ...
장시 님박ᄒᆞᄋᆞ와지오니[3] ... 외ᄋᆞᆸ노이다.
외로ᄋᆞᆸᄉᆞ뫌 이긔 ... ᄋᆞᆸ노이다. ...
인이 되니 병듕 고 몯 ... 그리ᄋᆞᆸ는 ᄎᆞ
... 몯ᄒᆞ온 일 ... 이 밀양셔
오오매 ᄇᆞ리 ... 가와 ...
... 듀야 원통 ... 지리ᄒᆞ온 병듕 ...
안ᄒᆞ와 피우 즁 이리 병인이더시 ...
장ᄉᆞ의 가옵지 못ᄒᆞ와 영ᄒᆞ히 집을 뻐
나가ᄋᆞᆸ시는ᄃᆡ 가 뵈ᄋᆞᆸ지 몯ᄒᆞ오니 이런 망극ᄒᆞ ?
셟ᄉᆞ온 ᄠᅳ지 업ᄉᆞ와 ᄌᆞ식이 죽ᄉᆞ와 지하의
나 가 (1자 칸비움) 뵈ᄋᆞ올까 우리 미? 이로 아ᄆᆞ려나 지하의
가[4] 겨ᄋᆞᆸ셔 대되 만ᄒᆞ히 쟝복ᄒᆞᄋᆞᆸ시매 ᄌᆞ식
ᄠᅳᆯ을 만ᄒᆞ 쟝슈케 ᄒᆞ오ᄋᆞᆸ쇼셔 ᄌᆞ식의 집
지리ᄒᆞ온 병환 졈 아ᄆᆞ려나 도올 ...
(1자 결락) ᄒᆞ리와 영차ᄒᆞ샤 삼년 안의 ...
... 나 ᄃᆞ니ᄋᆞᆸ계 도오ᄋᆞᆸ쇼셔 ...

... ᄋᆞᆸ ᄀᆞ이 ... ᄉᆡᆼ젼이 ...

... 만 (?) 망극 슬프니 ...

병 드오니 어즐 ...

졍ᄉᆞ 지월[5] 이 ...

<우단>

지하의 (우단 끝에 있는 세 글자)

어마님젼 샹ᄉᆞᆯ이

<뒷면>

지ᄒᆞ의

... 젼 소 샹ᄉᆞᆯ이

현대어

문안 그리워하는 정 깊은 마음으로 무궁 아뢰옵니다.

기체 평안하옵신 문안을 요사이 …

와 살아도 정까지 나옴즉 …

장사(葬事)가 임박하여지니 … 외옵니다.

외로움을 이기지 (못 하)옵니다. …

사람이 되니 병 중 고 못 그리워하는 차에

… 못한 일 …이 밀양에서 오매 부리지 … 가서 …

… 주야 원통하옵니다. … 지리한 병 중 …

안하여 피우 중 이리 병인(病人)이시더니 …

장사에 가지 못하고 영원히 집을 떠나 가시는 데 가서 뵙지도 못하오니 이런 망극망극 서러운 뜻이 없사옵니다.

자식은 죽어서 지하에나 가서 뵈올까.

우리 미? 이로서 아무튼 지하에 가 계시면서 부디 만만히 장복하오시고

자식들을 만만세 장수케 하오시소서.

자식의 집(이 겪고 있는) 지루한 병환을 좀 아무튼 도우셔서 (병이 낫고) 영차(永差)하여 삼년

안에 … 나 다니게 도우십시오.

…옵. 가이 … 생전에 … 만 (?) 망극하고 슬프니 …

병이 들어서 어지럽사옵니다. …

정사(丁巳)년 11월 …

<우단>

지하에

어마님전 상사리

<뒷면>

지하에 전(前) 소(疏) 상사리

해설

이 편지는 출가녀가 친정 아버지 곽주의 장사 일을 맞아 어머니께 쓴 편지로 판단된다. 이 편지의 말미에 다행히 편지를 쓴 연도가 나와 있으니 정사년(丁巳年) 지월이 그것이다. 지월(至月)은 음력으로 11월을 뜻한다. 이 정사년은 1617년(光海 9년)에 해당한다. 이 해는 곽주(1569~1617)가 작고한 해이다. 아버지의 장사 일에 임박하여 출가녀가 친정 어머니하씨 부인에게 쓴 편지다. 아버지 장삿날에 가서 장례에 참석하지 못하게 된 처지를 안타까워하며 눈물겹게 쓴 편지다. 장례에 참석하지 못하는 까닭은 돌림병으로 병인(病人)이 되어 피우 중이기 때문이다. "지리한 병 중에 피우 중에 이렇게 병인이시더니"라는 사연이 이를 말해 준다. 돌아가신 아버지 영혼이 우리를 도우시어 지리한 병환을 벗어나게 해 주십사는 기원의 마음도 표현되어 있다. 편지 사연 중에 "밀양에서 오매"라는 구절이 있는데 175번 편지와 관련된 것이다.

이 편지는 마모가 심하여 소장했던 분이 배접지를 붙여 놓다. 그런데 배접지를 붙일 때 글자가 쓰인 행을 잘못 맞추어 행이 어긋난 것도 있다. 군데군데 결락이 심하여 내용 파악이 어려운 편지이다. 결락된 부분을 …로 표기했다. 174번 편지는 크기가 커서 영인본에 두 개로 나뉘어져 있다. 사진에 겹치는 부분이 있음에 유의하기 바란다.

주석

1) 두 글자 비움 높임법.
2) 세 글자 비움 높임법.
3) 님박ᄒᆞᄋᆞ와지오니 : 임박하여지니. 겸양법의 '-ᄋᆞ오-'와 '-오-'가 중복되어 있다.
4) 한 글자 비움 높임법.
5) 정ᄉᆞ 지월 : 정사년(丁巳年) 11월. 지월(至月)은 음력으로 11월을 뜻한다.

175. 즉시 딱 죽어서 넋이나마 뵙고 싶어 밤낮을 우옵니다. 영인 587p

출가녀가 친정 어머니 하씨 부인에게(1622년)

판독문

문

안[1] 정ᄉᆡ지 알외ᄋᆞᆸ고 올흔 사ᄅᆞᆷ ᄃᆞ니올 적ᄯᅩ

긔후[2] 편안ᄒᆞᄋᆞᆸ샤 대단ᄒᆞ온 병환 업시[3] 편ᄒᆞ이시다[4] ᄒᆞᄋᆞᆸ고

ᄉᆡᆼ촌이[5] ᄃᆞ녀 오ᄋᆞ와셔

할마님[6] 긔휘 올흔 쾨히[7] 평안ᄒᆞᆸ시더라 ᄒᆞ와ᄂᆞᆯ 그지 업시

깃ᄉᆞ와 ᄒᆞ오며 올흐란 아ᄆᆞ려나 우리 병셔[8] 들지ᄒᆞ

ᄋᆞᆸ거든[9] 다시 가 뵈ᄋᆞ오려 정ᄒᆞ와 그(?) 날흘 계유

기ᄃᆞ리ᄋᆞᆸ썬ᄃᆡ ᄉᆡᆼ각 밧ᄭᅴ[10] 망극〻 ᄒᆞ온 긔별 오오

니 쳔하의 이런 망극:·[11] 셟ᄉᆞ온 일 업ᄉᆞ와 듀야의

우ᄋᆞ오되 가ᄋᆞᆸ지 몯ᄒᆞ오니 더옥 애〻ᄃᆞᆲᄉᆞ와이다.

그리타 편치 아냐[12] 겨ᄋᆞᆸ신 긔별이나 드럿ᄉᆞᆸ

싸 망극ᄒᆞ온 샹ᄉᆞ[13] 부음[14]을 보내ᄋᆞᆸ시니 즉시

싹 죽ᄉᆞ와 넉시나 가 뵈ᄋᆞᆸ고져 밤나ᄌᆞᆯ 우ᄋᆞᆸ

싸 속졀 잇ᄉᆞ오링잇ᄭᅡ. ᄯᆞᆯᄌᆞ식은 죄인이로쇵이다[15]

그리타 아ᄃᆞᆯ ᄀᆞᆺᄶᆞ오면 아ᄆᆞ려 병 드온ᄃᆞᆯ 아니 가랴

<상변>

셰오니 더옥〻 망극 셟ᄉᆞ와 듀야의 우
옵노이다 비록 지하의[16] 가겨옵셔도
닛지 아니ᄒᆞ옵실 ᄶᅥ시오시니 브ᄃᆡ〻〻 쟝ᄉᆞ 젼의 낫ᄌᆞ와
뵈오링이다[17] 쳔하의 큰 죄ᄅᆞᆯ 짓ᄭᅩ 나왓ᄉᆞ올ᄉᆡ
<우변>
우리 삼형제ᄂᆞᆫ 다 죵신ᄒᆞ와[18] 뵈옵지 몯ᄒᆞ와셔 영〻 여ᄒᆡ오니
이런 슬프와 셟습기ᄅᆞᆯ 수들〻 ᄒᆞ와[19] 알외오링잇ᄭᅡ 하 급〻 셟
ᄉᆞ오니 헛이리온ᄃᆞᆺ ᄒᆞ오ᄃᆡ 졍을 지체치 몯ᄒᆞ와 이리 알외옵
그리ᄋᆞ오매 슬허 우옵ᄂᆞᆫ ᄌᆞ식 술이 밀양셔[20]
<뒷면>
논공이
어마님젼 샹술이

현대어

문안 말씀을 정 깊은 마음으로 아뢰옵니다.

올해, 사람이 (그곳에) 다녀올 적도 기후(건강) 편안하오시고 대단한 병환 없이 편하시다고 하옵더니.

생촌이 다녀 와서 할머님 기후가 올해는 쾌히 평안하옵시더라 하거늘 그지없이 기뻐하였습니다. 올해는 아무튼 우리집의 병세들이 그치옵거는 다시 가 뵈오려고 (날을) 정하였습니다. 그 날을 겨우 기다리고 있었는데 뜻밖에도 망극망극하온 기별(할머니의 부음)이 왔습니다. 천하의 이렇게 망극망극하고 섧은 일이 없사와 밤낮으로 울고 가지는 못하오니 더욱 애닯고 애닯사옵니다. 그리 편치 않게 계신 기별이나 듣고 있다가 망극한 상사(喪事)로 부음을 보내오시니 즉시 딱 죽어서 넋이라도 가서 뵙고 싶어 밤낮을 울다가 속절 있사오리까.

딸자식은 죄인이로소이다. 그리하여 아들 같았으면 아무리 병이 들어도 아니 갔을까 하고 헤아리니 더욱더욱 망극하고 서러워 밤낮으로 웁니다.

비록 지하에 가 계시어도 잊지 아니하실 것이니 부디부디 장사 치르기 전에 나아가 뵈옵겠습니다. 천하의 큰 죄를 짓고 태어나서 우리 삼형제가 다 임종하심을 뵙지 못하고 영영 여의오니 이런 슬픔과 섧기가 수들수들하여 아뢰옵겠습니까.

하도 갑갑하고 섧사오니 헛일인듯합니다. 마음을 지체치 못하여 이렇게 아뢰옵니다. 그리워하며 슬피 우는 자식 사룀.

밀양에서

<뒷면>

논공

어머님전 상사리.

해설

이 편지의 말미에 "그리ᄋᆞ오매 슬허 우ᄋᆞᆸᄂᆞᆫ ᄌᆞ식 ᄉᆞᆯ이 밀양셔"라는 문장이 있다. '밀양'에서 보낸 것으로 보아 밀양으로 출가하여 사는 딸의 편지임을 알 수 있다. 앞에서 본 160번과 161번 편지가 밀양으로 시집간 딸이 쓴 것이었다. 현풍곽씨 족보에 곽주의 사위 이름으로 최동언(崔東彦), 조함철(趙咸哲), 여효정(呂孝程), 이보(李溥), 박뢰(朴壨)가 있다. 이 중에 박뢰가 밀양에 사는 박씨일 듯하다. 이런 추정이 맞다면 이 편지를 쓴 이는 밀양 박뢰에게 시집간 딸이 쓴 것으로 봄이 적절하다.

이 편지에 그려진 할머니는 곽주의 어머니이자 딸의 할머니인 朴氏 부인으로 판단한다. 김일근 교수는 박씨 부인이 1622년에 사망한 것으로 추정하였고, 이는 다른 편지 내용에서도 뒷받침된다(백두현 2003:25~26참고). 따라서 이 편지는 1622년에 쓴 것이 된다.

이 편지는 밀양으로 출가한 딸이 할머니(朴氏)의 별세 부음을 접하고 슬퍼하는 마음을 적어 어머니 하씨에게 보낸 것이다. 할머니께서 건강히 잘 계신다는 소식을 듣고 있다가 갑자기 부음을 받고 놀랍고 당황하여 슬픔에 빠져 울고 있는 딸의 모습이 그려져 있다. 아들 같았으면 가서 뵈올 수도 있었을 터인데 딸로 태어나 멀리 시집와 사는 처지를 한탄하고 있다. 임종을 하지 못한 죄인이라 칭하며 밤낮으로 울고 있는 애달픈 정황임을 아뢰고 있다.

이 편지는 돌아가신 할머니를 애도하며 쓴 것이어서 문장 중간중간에 할머니의 행위를 표현하는 동사나 관련 명사가 나올 때 칸비움법이 적용되어 있다. 존경 대상인 분의 행위나 관련 명사를 높이기 위한 경어법의 하나가 칸비움법이다. 그런데 쓰다가 칸을 비워야 할 곳을 놓치는 경우가 있다. 이 편지의 필자는 칸비움법을 놓친 자리에 보입 부호를 넣어 표기해 놓았다. 이런 부호가 두 군데 나타나 있는바 '편ᄒᆞ이시다' 앞과 '부움' 앞에 보입된 부호가 그것이다. 주석에서 이 부분을 설명해 두었다.

주석

1) 이 자리는 한 글자가 들어갈 공간을 비운 곳이다. 대두법의 하나인데 '칸비움법'(한 글자 비움법)이라 부른다.
2) 이 자리는 두 글자가 들어갈 공간을 비운 곳이다. 한 글자 비움법보다 더 큰 높임을 표현한다. '두 글자 비움법'이라 부른다.
3) '업시'와 '편ᄒᆞ이시다' 사이 행간에 보입된 부호가 있다. '편ᄒᆞ이시다'의 행위 주체가 어른이기 때문에 칸비움법으로 높여야 하는데 이를 놓쳐서 보입한 부호이다. 뒤에 나오는 '부움' 앞에 보입한 부호와 그 뜻이 같다.
4) 편ᄒᆞ이시다 : '편ᄒᆞ오시다'가 올바른 표기일 듯하다.
5) ᄉᆡᆼ촌이 : 노비 이름으로 짐작된다.
6) 두 글자를 높여 쓴 글자높임법이다.
7) 콰히 : 쾌히. 快히.
8) 병셰 : 병세. 病勢
9) 들지ᄒᆞ옵거든 : 미상. '병셰들 지ᄒᆞ옵거든'으로 끊어서 '병세가 그치거든'으로 보는 방법도 있다. '지'를 한자어 '止'로 보는 것이다. 그런데 '들지ᄒᆞ니'가 고소설에 나타나 있다. 참고) 언파의 머리를 두다려 뉴혈이 들지ᄒᆞ니 부인이 이 아들을<17xx완월회맹연권53, 20b>.
10) ᄉᆡᆼ각 밧긔 : 생각밖에. 현대국어의 '뜻밖에'와 같은 뜻이다.
11) 점 세 개를 모아서 찍어 놓았다. 여기에는 '망극'을 세 번 반복한다는 뜻이 담겨 있다.
12) '편치 아냐' 앞과 뒤에 두 글자가 들어갈 공간을 비워 두고 존경의 뜻을 표현했다. '편치'와 '겨ᄋᆞᆸ신'의 행위 주체가 존경 대상이기 때문에 칸비움법을 쓴 것이다.
13) 'ᄉᆞ'자 오른 쪽 행간에 작은 글씨로 보입한 부호가 있다. 이어지는 '부움'(訃音)을 높이기 위한 칸비움법을 해야 하는데 이를 놓쳐서 표기한 것이다.
14) 부움 : 부음. 訃音. 선행 음절의 원순모음 ㅜ에 동화되어 '음>움' 변화가 일어난 표기이다.
15) 이 편지에는 '잇ᄉᆞ오링잇ᄭᅡ', '죄인이로쇵이다', '알외오링잇ᄭᅡ'의 '링'과 '쇵'에서 보듯이 중세국어의 공손법 어미 '-이-'의 반사형이 나타난다.
16) '지하의' 다음에 두 글자가 들어갈 공간을 비워 두었다. 칸비움법으로 존경의 뜻을 표현한 것이다.
17) 끝의 '다'자가 '가'처럼 쓰여 있다.
18) 죵신ᄒᆞ와 : '종신(終身)'이 임종을 뜻하는 문맥에서 쓰였다.
19) 수들수들 : 풀이나 뿌리, 열매 따위가 시들고 말라서 생기가 없는 모양. 참고) 수들두들ᄒᆞ다(枯)<1895국한회어, 187>
20) 밀양셔 : 밀양에서. 발신자를 쓴 곳이다. 밀양으로 시집간 딸이 쓴 편지임을 보여 준다.

176. 해삼은 아니 와서 못 구해 보내옵니다. 영인 586p

아들 의창이 어머니 하씨 부인에게(1646년)

판독문

이리 오온 후의

긔후[1] 엇더ᄒᆞᄋᆞᆸ시닝잇가. ᄉᆞ모 ᄀᆞ 업ᄉᆞ오이
다 ᄌᆞ식은 무ᄉᆞ히 왓ᄉᆞᆸ고 아ᄒᆡ들도 셩
ᄒᆞ오니 다ᄒᆡᆼᄒᆞ오이다. 뉵월[2] ᄎᆞᆺ
ᄌᆞᆸ기ᄂᆞᆫ[3] 되거나 못 되거나 ᄒᆞ올가 시브
오이다. 믜ᄂᆞᆫ[4] 아니 왓ᄉᆞ오매 못 어더
보내ᄋᆞᆸ노이다
병슐 납월 슌구일 ᄌᆞ식 의챵[5] ᄉᆞᆲ이[6]
<뒷면>
진촌 (수결)

현대어

이렇게 온 후에 (어머님) 건강은 어떠하옵십니까. 사모하는 마음 가없사옵니다. 자식은 무사히 왔삽고 아이들도 성하니 다행입니다. 유월에 찾아뵙는 일은 될 수도 있고 못 될 수도 있을 듯싶습니다. (말씀하신) 해삼은 아니 와서 못 구해 보내옵니다.

병술년 납월 십구일 (12월 19일)

자식 의창이 사뢰옴.

<뒷면>

진촌 (수결)

해설

이 편지는 곽주의 둘째 아들(하씨 부인 소생으로는 첫째 아들)인 의창이 진촌에 계신 어머니에게 보낸 편지이다. 편지 말미에 "병슐 납월 슌구일"이라는 연대 표기가 있다. 이 병술년은 1646년이 된다. 곽형창이 어머니에게 쓴 110번 편지와 쓴 연대가 같으며, 전체 편지 중 연대 표기가 있는 것으로서는 가장 늦은 것이다.

하씨에게 보낸 107번 편지와 셋째 아들 유창이 어머니에게 보낸 108번 편지도 수신처가 '진촌'으로 되어 있다. 하씨 부인이 진촌에 살고 있었음을 보여 준다. 「현풍곽씨언간」 4번, 26번 등 여러 곳에 나타나는 '도ᄂᆞᄅᆡ'(桃津)이 이 편지의 '진촌'과 같은 지명을 가리킨 것으로 판단된다. 이 '도ᄂᆞᄅᆡ'는 행정 구역 개편에 따라 지금은 고령군 개진면의 '도진동(桃津洞)'으

로 되었다. 도진은 고령박씨 집성촌으로 곽주와 같은 해에 태어난 박광선(朴光先 1569~1631)이 살았던 마을이다. 박광선은 생활 잡기를 기록한 『보덕공비망록』(輔德公備忘錄)이라는 친필본을 남겼는데 이 책에는 삼해주방문과 메밀김치 담그는 법 등의 한글 문장이 실려 있다. 고령군 개진면은 동쪽으로 낙동강 건너 달성군 논공면과 현풍면에 인접해 있다.

편지 사연의 요점 내용은 유월에 찾아뵙는 일이 불확실하다는 것과 해삼을 구하지 못하였다는 것이다. 딸이 어머니께 쓴 편지와 아들이 어머니께 쓴 편지를 비교해 보면 적지 않은 차이가 발견된다. 아들의 편지는 일단 내용이 짧다. 용건만 간단하게 말하고 끝내 버린다. 그러나 딸의 편지는 사연이 구구절절 갖가지 그려져 있다. 176번 편지는 친모에게 아들이 보낸 편지임에도 간결하기 짝이 없다. 아들과 딸의 편지가 이렇게 다른 점이 관심을 끈다. 언어 사용에서 여성과 남성의 차이점을 두고 흔히 말하기를, 여성은 언어를 통해 정서 소통도 잘 하지만 남성은 정보 소통밖에 못한다고 한다. 아들 의창이 쓴 이 편지는 의례적 안부 인사를 빼면 해삼을 못 구했다는 용건밖에 없다. 밀양에 사는 딸이 보낸 편지가 길고 온갖 말을 다 한 것과 크게 대조되는 모습이다. 175번 편지와 176편지를 비교해 보면 여성과 남성의 언어 사용상의 차이가 400년 전이나 오늘날이나 별반 다르지 않은 것임을 실감할 수 있다.

› 주석

1) 한 글자의 칸을 비워서 높이는 칸비움법. 한자 용어로는 공격법(空隔法) 또는 이격법(離隔法)이라 불러 온 것이다. 이 한자 용어가 생소하고 어려워 우리말 용어로 바꾼 것이다. 한 글자 정도의 높이로 더 돋우어서 높이는 방법을 '글자 올림법'이라 부른다. 한자 용어로는 대두법(擡頭法)이라 불러 온 것이다. 줄을 바꾸어 높이는 방법을 '줄바꿈법'이라 부른다. 한자 용어로 이행법(利行法)이라 불러 온 것이다.
2) 뉵월 : 유월. 六月.
3) ᄎᆞᆺᄌᆞᆸ기ᄂᆞᆫ : ᄎᆞᆺ-ᄌᆞᆸ(겸양법)-기(명사화접미사)-ᄂᆞᆫ. 찾으옵기는. 심방(尋訪)하옵기는. 참고) 이제ᄀᆞ지 ᄎᆞᆺᄌᆞᆸ지 못ᄒᆞ니 일국 군신의 ᄒᆞᆫ이 깁더라<17xx국조고사, 1b>.
4) ᄆᆡᄂᆞᆫ : 해삼은. 'ᄆᆡ'는 해삼(海蔘)의 옛말. 海蔘...ᄆᆡ<제중신편 8:20>.
5) 의챵 : 곽주의 둘째 아들 곽의창(郭宜昌)을 가리킨다. 족보에 따르면 이 분은 1613(광해5)에 나서 1647(인조25)에 작고하였다.
6) 병슐 납월 슌구일 : 병술년 12월 19일. 이 병술년은 1646년이 된다.

17세기의 언어와 생활문화

가운데 아기 언문을 쾌히 배웠다가 내게 보이라 하소. 셋째 아기도 이제는 쾌히 온전하여 있을 것이니 언문을 외워 있다가 보이라 이르소

의생활(衣生活)

이은주_안동대 의류학과 교수

1. 머리말

1989년 4월, 현풍 곽씨 문중에서는 경북 달성군 구지면 도동리 석문산성에 있던 12대 조모, 진주 하씨(晉州 河氏, ?~1652년 직후)의 묘를 이장하였다. 이장하는 과정에서 시신과 함께 시신을 감싸고 있던 다량의 염습용 의복, 그리고 보공용(補空用)으로 사용되었던 서간류 등이 그 모습을 드러냈다.

하씨 묘에서 출토된 서간과 출토 복식 등 유물에 대한 보고서[1)]는 이미 1991년에 나온 바 있다. 그리고 이 편지에 반영된 당시의 생활 모습에 대한 연구가 최근에 몇 개의 주제로 나뉘어 발표되었다(백두현 1997, 1998, 1999). 이 글에서도 그와 같은 맥락에서 당시의 의생활에 대해 분석하려 한다.

진주 하씨 묘에서 수습된 서간들 중 연대가 확실한 것은 많지 않으나 그 중 시기가 가장 앞서는 것은 1602년이고, 가장 늦은 것은 1652년으로 추정되었다. 반세기에 걸쳐 쓰여진 자료인 셈이다. 그리고 수습된 총 172점의 서간 자료 중 의생활과 관련된 내용은 42점에 이른다. 42점에는 남편 곽주(1569~1617)가 부인 하씨에게 보낸 편지 등 28점을 비롯하여 하씨가 쓴 3점, 출가한 딸이 보낸 것으로 보이는 10점, 3남인 유창(1615~1673)이

1) 건들바우박물관 편(1991), 『晉州河氏 墓出土文獻과 服飾調査報告書』, 건들바우박물관은 '한국무속박물관'으로 개명되었다가 폐쇄되어 없어졌다.

모친 하씨에게 드린 1점이 포함되어 있다. 따라서 진주 하씨 묘에서 나온 서간류는 소례에서 살았던 곽주 집안 자료인 셈이다.[2)]

이들 편지글의 대부분은 17세기 전기 경상도 현풍땅에서 일어난 일들을 담고 있으므로 의생활과 관련된 내용들 역시 현풍의 범위에서 크게 벗어나지 않을 것으로 생각된다. 구체적으로는 일상복을 비롯하여 제사와 관련된 의례복, 바느질이나 길쌈, 염색 그리고 옷감과 옷감 재료를 통한 경제 활동 등에 대한 내용들이다.

이들 서간 자료만으로 17세기 전기의 의생활 전체를 파악한다는 것은 무리이지만 기타 문헌이나 유물 자료들과 더불어 지금까지 알 수 없었던 내용들을 확인할 수 있기 때문에 17세기 전기의 의생활 문화를 이해하는 데 도움이 된다.

2. 현풍 곽씨 일가의 의생활 특징

진주 하씨는 곽주의 두 번째 부인[再室]이다. 곽재우(郭再祐)의 종질이기도 한 곽주는 슬하에 4남 5녀의 자녀를 둔 현풍 지역의 세족(勢族)이다. 딸들은 그 생모가 구분되지 않지만 장남 이창(以昌, 1590~1654)은 전실 광주이씨의 소생이고 나머지 3남은 진주 하씨의 소생인 것으로 확인되었다.[3)]

하씨는 남편 곽주와 다른 곳에서 기거했다. 즉 곽주는 소례에서, 하씨는 논공에서 살면서 남편이 주로 왕래하는 생활을 하였던 것이다.[4)] 그래서 편지를 통해 많은 사연들이 오고 가게 되었으며 의생활에 대한 이야기도 많이 언급될 수밖에 없었던 것으로 보인다.

우리는 전통사회의 사대부가 남성들이 의생활을 포함한 가정사에 대해 다소 무관심하고, 그와 관련된 의사 결정권을 부인에게 일임했던 것으로 생각하기 쉬우나 곽주가 부인 하씨에게 보낸 편지 내용을 통해 볼 때 전혀 그렇지 않았음을 알 수 있다. 남편 곽주는 전적으로 집안의 의생활 전반에 대한 지휘, 결정권을 가지고 있었다. 옷감 생산이나 염색,

2) 백두현(1997), "晉州河氏墓 出土 <玄風 郭氏 諺簡> 判讀文". 『어문총론』 제31호. pp.19-88. 이 판독문에 실린 169점의 서간류 중 의생활과 관련된 내용이 포함되어 있는 42점의 자료를 발췌하여 본 글의 1차 자료로 사용하였다. 그 후 재정리된 자료들을 백두현 교수로부터 받아 본고 작성에 참고하였다.

3) 金一根(1991), "晉州河氏 墓出土文獻의 槪觀", 건들바우박물관 편, 앞책, pp.11-12.

4) 이 책의 解題에 수록된 지도를 참조. 이 지도에는 「곽씨언간」에 나타난 주요 지명이 표시되어 있다.

옷 제작 여부, 제작 시기의 결정 등은 물론 부인의 두식(頭飾)에 대한 제안, 자녀들의 외출복 결정 등, 곽주가 관여하고 있는 의생활 내용이 다양할 뿐만 아니라 상당히 구체적이다.

그리고 8번 편지나 75번 편지의 내용을 보면 옷감의 양을 정확하게 요구하고 있으며 분배해야 할 면화 분량까지도 상당히 구체적으로 제시하고 있음을 볼 수 있다. 또한 자녀들의 외출이나 추위 등을 염려하여 옷을 지어 주라고 당부하는 자상한 아버지로서의 정감 어린 모습도 읽을 수 있다.

이런 사소한 내용들이 편지에 자주 나타나는 것은 이들 부부가 각기 다른 곳에서 기거하고 있었기 때문이기도 하지만 곽주의 성격상 특징일 가능성도 있다. 또한 달리도 생각해 볼 수가 있다. 근래에 발표된 한 연구[5]에 의하면 퇴계 이황(1501~1570) 역시 집안일에 세심하다고 할 정도로 관심을 보이고 있음을 알 수 있다. 이런 사소한 것으로 보이는 일상적인 일에 적극적으로 관여하는 특성이 당시 사대부 남성들의 보편적인 생활 방식이었을 가능성도 배제할 수는 없다.

반면에 길쌈이나 세탁, 바느질 등 의생활과 관련된 실질적인 노동 부분은 거의 부인을 중심으로 이루어졌음을 알 수 있다. 의생활과 관련된 주요 의사결정은 남성이 했다고 할지라도 의생활을 영위하기 위한 실제적 노동에는 부인이나 딸, 또는 며느리, 종, 그리고 주변 이웃 여성들이 투여되었다. 이러한 모습들을 구체적으로 담고 있는 편지는 다음과 같다(8, 12/13, 23, 34, 38, 67, 75, 102).

> 아버님께 편지를 드리니 베는 풍난의 계집에게 짜도록 하소. 아버님이 내일이나 모레 논공으로 가려 하시니 내일 가실 양으로 차려 두소. (8)[6]

> 화원에 가서 땅값을 받아다가 아이의 바지를 만들어 주려고 했더니 내가 있을 때도 못하였는데 나 없어서 더욱 쉽지 않으려니와 (13)

> 아이 옷도 하여 줄 것이고 다른 데도 쓸 곳 있으니 빨리 와 내게 말 들어 가라 하소. 정녜 바지는 해 주었는가? 추워하던 일이 눈에 암암하여 잊지 못 하네. (23)

5) 李章佑(2000), "退溪 與子書 試考", 檀國大學校 附設 東洋學硏究所 編, 『東洋學』 第三十輯, pp.45-69.

6) 원문 뒤에 붙인 편지 번호는 이 책에 수록된 원전 번호를 기준으로 한 것이다. 아래 인용문은 원문 내용을 본고의 취지에 맞도록 현대국어로 바꾼 것이다.

대원의 바지 솜도 김치 담은 후에 각시님께 사뢰어 사람을 얻어 하도록 하소. (34)

교의에 (놓을) 돗자리에 선(縇)할 것을 못 구하여 나로 하여금 구하라고 하시니, 명주에 자줏빛 물든 것이나 아청색 물든 것이나 아무 것이나 한 자 세 치만 보내소. 명주 없거든 교직(交織)에 물 든 것을 보내소. 온전한 옷감이 없거든 비록 품을 짼 것이나마 보내소. 품을 짼 것이거든 다섯 자를 보내고, 품을 아니 째어 온전한 감이거든 한 자 세 치만 와도 쓸 것이니 짐작하여 보내소. 돗자리 네 모서리에 선(縇, 단)을 두르되, 한 녘에 한 자 세 치씩 들 것이니 품을 짼 것이면 다섯 자나 되어야 쓸 수 있을 것이고 품을 아니 째어 온전한 감이면 한 자 세 치면 째어 쓸 것이로세. 너비는 한 치 닷 푼이 들 것이고 길이는 한 자 세 치가 들 것이니, 품 짼 것 그것이 바로 있거든 품 짼 것을 다섯 자만 보내고, 없거든 온전한 옷감 한 자 세 치를 보내소. 자주빛 실이나 다홍실이나 중에 아무 실이나 반의반 꾸리만 함께 보내소. (38)

근심이가 하도 수고하여 있으니 여름살이 하여 입으라 하고 삼 두 단만 상으로 주소. (67)

꾸어 주었다가 받은 무명 한 필하고 매종이에게 아이가 받으러 갔던 무명 반 필하고 함께 한 필 반이면 넉넉히 이불을 지을 것이니 빨리 지어 자게 하소. 필 반이 적거든 마흔 자 무명을, 엊그제 구실(稅)로 바치자고 내 왔던 무명을 37자만 자르고 남는 것으로 보태 빨리 하게 하소. 몸이 깊이 병든 후면 무엇이 아까운 것이 있는가. 잡말 말고 빨리 하여 덥게 하소. (75)

면화 나눌 치부.
큰댁에 18근, 골안댁 12근, 달이 어미 15근, 녈진이 12근, 수개 닷근.
무명을 놓아 팔아 먹을 것을 면화가 하 어머니 어찌할꼬. 큰댁이나 달이네나 다 아니 주고 못할 것이고 모두 헤아리기는 다 적게 여기려니와 쓸 데는 많으니 비록 적게 여겨도 내가 적어 준 대로 받게 하되, 먼저 받은 것도 아울러 헤아려 받게 하소. 지금 주는 것도 함께 주지 말고 면화 따는 양을 보아 가면서 여러 번 나누어주게 하소. 내 적은 것에 횟수를 적어 놓았으니 여러 번 준 것을 합해서 내 적은 수에 차게 드리소. (102)

한편 아들이나 출가한 딸이 옷과 버선 등의 바느질을 어머니에게 부탁하는 경우도 확인된다. 그와 반대로 딸이 바느질하여 어머니에게 보내드리기도 하고(133) 신발 같은 것을 지어 보내기도 하였다(146). 하씨의 출가한 딸이 친정에 부탁하여 곽씨 집안의 며느리(동생댁)가 그 일을 하게 되었으나 바느질이 늦어져서 안타까워하는 경우(115, 143)도 보인다. 요즈음도 출가한 딸이 친정 어머니에게 크게 의지하는 것과 마찬가지로 하씨와 딸 사이에서도 그러한 모습이 확인된다. 그러나 반대로 시집 간 시누이의 바느질까지 해 주어야 하는 며느리의 시집살이는 고달프지 않았을까 하는 생각도 든다.

결속(結束) 바느질을 아들내에게 시키니 바느질을 빨리 못 해 보내노라. …홍대가 사흘거리로 아프니 바느질이 더욱 쉽지 아니하다. (115)

버선은 내 손수 기워 왔느니라. (116)

새 절에 가시리라 하거늘 투심을 고쳐 보내지만 곱지는 않습니다. 줄지는 않았는지. 동생들이 셀가 하점이 했던 것도 보내옵니다. 곱게 한다고 했지만 곱지는 않습니다. (133)

동생님내에게 바느질을 많이 보내어 못하였을 것이니 연고(緣故)가 없거든 부디 빨리 했다가 다음 달에 태보기 가거든 보내소서. 그 품은 내가 살아 있는 동안에는 갚으려 한다고 일러 주소서. (143)

신을 황녹피(黃鹿皮)로 곱게 하라고 시켰는데 백녹피(白鹿皮)로 하오니 빛이 없사와 고치라 하였으나 아니 고쳐 주거늘, 난필 가는[細] 것과 함께 곱지 아니한 신과 버선을 보내옵니다. (땅이) 진 곳에서나 신으실까 생각하옵니다. (146)

보션 부디 기워 보내 하노이다. (156)

3. 남성의 수발(鬚髮) 관리와 복식류

곽주와 하씨는 각기 소례와 논공에서 기거하였기 때문에 곽주는 편지를 통해 자신이 필요한 물품을 보내도록 하였다. 필요한 물품 중에는 머리와 수염 등을 정리할 빗접을 비롯하여 이부자리, 옷가지 등이 포함되어 있었다.

1) 수발 관리의 중요성

● 거처를 옮길 때마다 챙겨야 했던 빗접

『소학』에서 확인되듯이 남성들에게 있어서 의관을 정제하는 일은 중요한 일이었다. 곽주가 하씨에게 머리 정돈을 위한 도구들을 챙겨 보내라고 한 편지가 다수 확인된다. 요즈음 사람들이 여행 시에 세면 도구를 챙기듯이 당시 남성들도 다른 곳으로 거처를 이동할 때 빗접을 챙기는 것이 일반적이었으나 매번 잊어버리고 갔던 모양이다.

일반적으로 당시 조선시대 사대부 남성들이 머리를 정리하는 데에는 빗이 기본이었을 것이다. 그 외 잔머리를 밀어 넣을 살쩍밀이, 수염을 정리할 빗, 거울 등이 필요하였을 것이다. 즉 빗접에는 그러한 물건들이 들어 있었을 것으로 짐작된다. 그 외 망건과 관자, 상황에 맞추어 쓸 여러 종류의 관모가 필요했을 것이다. 당시 남성들은 갓[7]을 흔히 썼을 것으로 생각되나 「곽씨언간」 중에는 갓에 대한 별다른 언급이 없다. 단지 감투에 대한 기록만이 1건(88) 확인될 뿐이다.

> 이불, 며개, 보단, 빗접, 수건 갓보에 든 재 자리보 함께 싸서 연수에게 오늘 소례 못골로 보내소 (59)

> 자리보 차려 보내소. 자리보 보낼 때 갓보에 벼루, 빗졉, 수건, 책하고 자세히 차려 보내소. 보내는 것을 적어 보내소 (84)

> 빗접을 잊고 아니 가져 왔으니 다니는 사람 시켜 잊지 말고 부디 보내소 (86)

오달제(吳達濟, 1609~1637)는 1637년 병자호란으로 청나라에 볼모로 잡혀가는 도중, 형인 오달승(吳達升)에게 다음과 같은 내용의 편지를 썼다.

> '붙잡혀 가는 도중에 가장 필요한 것이 머리를 빗는 기구와 망건, 그리고 신발입니다.'[8]

---

7) 조항범(1998), 『註解 순천김씨 묘출토간찰』, 태학사, p.628, p.769.
8) 조면희(1997), 『우리 옛글 백가지』, 현암사. p.400.

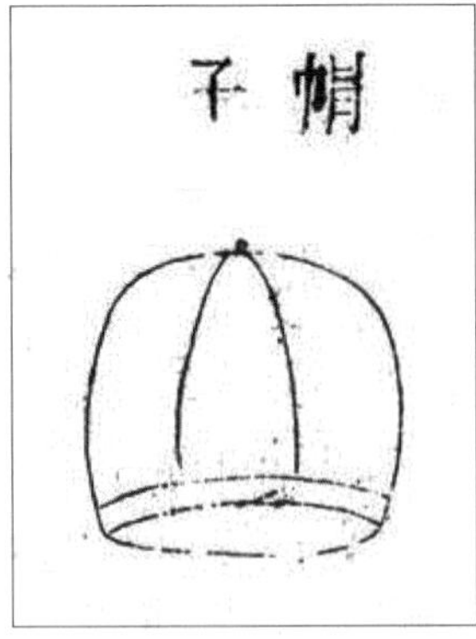

<그림 1> 모자(『三才圖會』)

청나라로 잡혀가는 도중 수많은 고초를 당하고 있다고 하면서도 형에게 머리 빗는 기구를 보내달라고 하는 것을 보면 수발을 정리한다는 것이 당시 반가 남성들에게 얼마나 중요한 일이었는지 짐작할 수 있다.

● 남성용 관모, 당감투[唐敢頭]

88번에는 관모 종류로 추정되는 '당감토'라는 명칭이 보인다. '당감토'가 조선 전기의 감투와 어떻게 다른지는 아직 알 수 없다. 조선 전기의 감투는 대체로 삼각형 6장을 이어 만든 육합모 형태의 것이 일반적인데, 우리나라뿐만 아니라 중국에서도 이 감투를 사용하였다. 14세기 원대의 풍속화에서도 철릭에 감투를 쓰고 있는 인물이 확인될 뿐만 아니라 명대의 17세기 초 문헌인 『삼재도회(三才圖會)』에도 그 도상이 확인되는데 명칭은 '모자'로 명시되어 있다(<그림 1>).[9]

내 당감토 보내소 (88)

감투는 임란 전은 물론 조선 중기 임란 후의 묘에서도 시신 머리에 덮인 채 출토되고 있다. 김흠조 묘,[10] 고운 묘,[11] 이응태 묘, 전 박장군 묘와 같은 남성의 묘에서는 물론, 일선 문씨 묘[12]나 진주 하씨 묘[13]에서처럼 여성의 시신에서도 수습되고 있다(<그림 2>).

여성도 남성과 마찬가지로 평상시에 감투를 썼는지 확실하지는 않지만 남성들 사이에서는 흔히 사용되었던 모자 종류로 판단되며 한글편지에 기록되어 있는 '당감토' 역시 이러한 감투의 일종이 아닐까 생각된다.

당감투 외에 '자리감토'라는 명칭이 3번과 89번에서 확인된다. 우연의 일치인지 모르

9) 王圻(1607), 『三才圖會』 衣服一卷 二十三.

10) 이은주(1997), "김흠조 분묘의 출토복식 자료분석", 榮州市 編, 『判決事 金欽祖先生 合葬墓 발굴조사 보고서』, p.221.

11) 안명숙(2000), "출토복식의 종류 및 특징", 光州民俗博物館 편. 『霞川 高雲 출토유물』, p.69, pp.116-117.

12) 이은주(2000), "일선 문씨와 이응태 묘 출토복식 고찰", 안동대학교 박물관 편, 『안동 정상동 일선문씨와 이응태 묘 발굴조사 보고서』, pp.197-198.

13) 유희경 · 김미자(1991). "服飾篇", 건들바우박물관 편(1991), 앞책, pp.34-35.

지만 자리감투는 모두 이부자리와 함께 열거되어 있다. 취침용 관모이거나 또는 이불을 싸는 덮개의 일종으로 생각해 볼 수 있다. 그러나 확실하지 않으므로 이에 대해서는 후일로 미루고자 한다.

<그림 2> 감투(진주 하씨 묘 출토)

> 아버님 자리(席)를 작은 조시에게 일러서 이불하고 요하고 자릿감투하고 베개를 해서 자세히 차려 곽상이 풍셰, 긔인이 셋을 시켜 지금 보내소 (3)

> 이불하고 자리 감토하고 돗자리와 벼개를 다 차려 이제 향교로 보내소 (89)

2) 복식류

한편 임란 전후의 남성복에는 기본적으로 바지, 저고리가 있고 그 위에 착용하는 다양한 종류의 웃옷이 있다. 당시의 웃옷[14]으로는 단령과 직령, 철릭, 액주름, 중치막 등을 착용하였다. 그리고 이들 웃옷과 더불어 도포도 착용하였다. 이미 1564년에 도포를 착용했다는 기록이 확인된 바 있으나[15] 실제 유물로는 최근 이석명(李碩明, 1513~1583) 묘에서 처음 확인되었다.[16] 따라서 도포도 조선 전기부터 착용했음이 기록과 유물로 밝혀진 셈이다.

그러나 「곽씨언간」 중 웃옷에 대해서는 '직령'과 '철릭', '중치막'에 대한 언급만 있을 뿐이다. 이들 옷들이 가장 일반적으로 착용되었기 때문일 것으로 생각되며 특히 단령에 대한 언급이 없는 것은 당시 곽주가 관직이 없었기 때문일 것으로 추정된다.

● 제사에 입었던 직령(直領)

17세기 전기의 직령은 당시 남성들의 대표적인 상복(上服)이었다. 조선 전기에는 관직

14) '웃옷'이라는 명칭은 109번 편지에서도 확인된다. 당시에도 '웃옷'이라는 용어를 사용하였음을 알 수 있다.
15) 郭忘憂堂記念事業會 編, 『忘憂堂全書』, 1987, p.715를 인용한 이은주(1999), '道袍 양식의 발전에 대한 갈등·기능론적 분석', 서울여자대학교 대학원 박사학위논문, p.43.
16) 이순원 외(2000), 『이석명(李碩明) 묘 출토복식 조사보고서』, 서울대학교 博物館, pp.33-37.

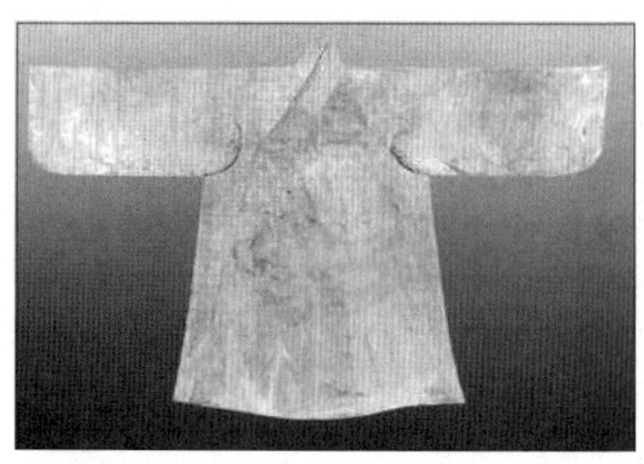

<그림 3> 직령
(김위 묘 출토, 충북대학교박물관 소장)

에 있거나 없거나 일반적으로 착용할 수 있던 옷이다. 특히 관직이 없는 사대부가의 남성들은 이 옷을 예복으로 착용하였다. 17세기 전기의 『가례언해(家禮諺解)』[17]에는 관직 없는 무관자(無官者)의 혼례나 제례의 성장(盛粧)의 하나로 제시되어 있다.

109번은 셋째 아들이 하씨에게 드린 편지인데 제사에 입을 수 있도록 옷감을 잘 짜서 직령을 만들어 달라는 내용이다. 이 편지가 을유년(1645)의 것이므로 제사 등과 같은 의례에 직령을 착용하였다고 하는 『가례언해』의 내용과 일치한다고 할 수 있다.

> 베 짤 것은 어제 보내셨습니까? (베 짤 것) 두 근으로 비록 여든 자나 아흔 자나 되는 대로 하고, 새의 수(數)는 제 등급에 맞게 짜게 하여 빨리 단단히 짜서 한 감(材料)을 미리 베어 제사에 미쳐 직령(直領)을 하여 입게 하옵소서. 윗집 조스네 형제와 틱싱의 어미와 용밈의 처에게, 내 말이라고 전언하셔서, 부디 흠 없이 쪽 고르게 짜게 하여 포대기 베로 옷을 하게 하옵소서. 씨실이 적거든 (양에) 미치도록 더 장만해서라도 부디 아흔 자나 넉넉하게 짜게 하옵소서. 웃옷 둘과 보 하나를 하여야 쓸 것입니다. 비록 짤 것을 오늘 보냈어도 또 철봉이를 일부러 보내어, 아흔 자로 넉넉하게 짜서 빨리 제사 날짜에 미쳐(及), 단단히 짜게 시키옵소서. 을유(1645) 시월 초오일 자식 유창 사룀. (109)

직령은 깃이나 옆트임에 연결된 무의 형태를 보면 대체적인 시대를 알 수 있다. 17세기 전기의 인물인 김위(金緯) 묘에서 출토된 직령(<그림 3>)은 칼깃의 긴 포로서, 앞 뒤 자락의 옆트임에 커다란 무가 달리는데 그 위 부분은 뾰족하게 삼각형으로 접혀진다. 그리고 착용시 무는 뒤로 젖힌다. 시기적으로 보아 셋째 아들이 부탁한 직령 역시 김위 묘의 직령과 유사한 형태였을 것으로 생각된다.

17) 『家禮諺解』 卷之一 三七.

● 일상복이었던 철릭[帖裏]

철릭은 고려 중기 이후 원나라 복식을 수용하면서 착용하게 된 옷으로, 상의와 치마 형태의 하의가 연결된 독특한 형태의 남성용 포이다. 59번에는 곽주가 부인 하씨에게 보내라고 부탁한 옷과 물건들이 열거되어 있다. 그 중에 남성용 포인 '철릭'과 '중치막' 명칭이 확인된다.

> 내일 새벽에 한훤당 제를 나라에서 하시니 우리에게 그 제에 참여하라 하니 오늘 소례로 도로 나가니 내 텰링(철릭)하고 두건하고 한수가 가져간 낡은 명지 중치막하고 이불, 며개, 보단, 빗접, 수건 갓보에 든 재 자리보 함께 싸서 연수에게 오늘 소례 못골로 보내소 (59)

윗글을 통해 철릭은 '텰링'이라고 불리었음을 알 수 있다. 「순천김씨언간」[18]에서도 그와 같거나 또는 유사하게 기록되어 있다. 따라서 충청도와 경상도 지역 모두 동일하게 발음되었음을 알 수 있다.

조선 후기의 철릭은 주로 무관복으로 착용되었던 옷이지만 동가(動駕) 때는 왕 이하 문·무관의 융복(戎服)으로도 사용되었다. 그러나 조선 전기에는 그와 달리 남성들이 가장 널리 착용했던 일상복이었다. 그런 까닭에 임란 전후의 남성 묘에서 가장 많이 출토되고 있다. 17세기 초, 직령이 격식을 갖춘 예복의 일종이었다고 한다면 철릭은 직령보다 부담 없이 착용되었던 일상복이라고 할 수 있을 것이다.

<그림 4> 김덕령(1567-1597) 묘 철릭
(文化財管理局 編, 1986, p.123)

<그림 5> 김위(17세기 전기 추정) 묘 철릭
(충북대학교박물관, 1995, 도 40)

18) 조항범(1998), 앞책, p.140, p.531.

철릭은 깃 형태와 상하의 비례, 그리고 소매의 형태 등을 보면 그 옷의 대략적인 시대를 알 수 있다. 곽주의 혼인과 사망 연대를 기준으로 볼 때 1590년대 이후 1617년 사이의 철릭이 된다. 59번이 임란 즈음의 1590년대 편지라면 임란 당시의 김덕령(金德齡, 1567~1597) 장군 묘의 철릭(<그림 4>)과 유사할 것이고 만일 17세기 초의 편지라면 김위 묘의 철릭(<그림 5>)과 유사한 형태일 것으로 추정된다.

● 일상복이었던 중치막[中赤莫]

앞에서 다루었던 59번과 더불어 6, 71번에도 명주 중치막, 핫중치막 등이 언급되어 있다.

> 명지 중치막하고 버선하고 며개예 여물을 넣어 잇을 시쳐서 보내소 (6)

> 내 핫중치막 보에 싸 연수에게 보내소 (71)

'듕치막', 즉 중치막은 조선 후기까지도 남성들 사이에서 꾸준하게 착용되었던 옷이다. 그 형태는 옆트임이 있는 남자 저고리가 길이가 길어진 것으로 볼 수 있다. 따라서 좌우 겨드랑 아래의 트임이 길며 소매는 저고리보다 넓은 편이다. 조선 후기에는 더욱 소매가 넓어졌다.

중치막은 일반적으로 후기의 유물이 남아 있는 까닭에 조선 후기의 옷으로 인식되어 온 경향이 있다. 그러나 기록 중에는 조선 전기의 것도 여러 건 확인되고 있다. 지금까지 보고된 바로는 『묵재일기(默齋日記)』 중 명종 8년(1553)의 기록이 가장 오래된 것이다.[19] 그 외에 1580년대 「순천김씨언간」의 '듕치막',[20] 『쇄미록(瑣尾錄)』의 1592년, 1597년 '中赤莫'[21] 기록이 있다. 그러므로 중치막은 조선 후기만이 아니라 전기에도 착용되었던 옷임을 알 수 있다.

유감스럽게도 조선 전기의 중치막 유물은 아직 보고된 바 없다. 현존 유물로서는 17세기 초의 장기 鄭氏(1565~1614) 묘 중치막(<그림 6>)과 해인사 소장의 광해군(光海君, 재위

19) 李文健, 『默齋日記』 上, 國史編纂委員會(1998), p.579, 嘉靖 三十二年 正月 三十日 丁未 '子婦造我紬編中赤莫, 密密縫線上送'.
20) 조항범(1998), 앞책, p.182, p.507.
21) 吳希文(李民樹 譯), 『瑣尾錄』, 上(1592年 10月 5日), 下(1597年 7月 3日).

1608~1623) 중치막(<그림 7>)[22]이 비교적 오래된 것이다. 곽주가 착용했던 중치막 역시 이들 중치막과 거의 같은 형태였을 것으로 추정된다.

<그림 6> 장기 鄭氏(1565-1614) 묘 중치막(안동대학교박물관 소장)

<그림 7> 광해군(재위 1608-1623) 중치막(文化財管理局 編, 1985, p.19)

4. 여성의 머리 치레 풍습과 복식류

1) 손님맞이 치레, 가리마

64번에는 집안 손님을 맞는 부인 하씨의 치장에 대한 내용이 담겨 있다. 곽주는 부인 하씨에게 아주버님이 하씨를 보러 가시니 대접을 잘 해 드리고 아울러 머리를 꾸미고 'ᄀ리매' 즉 '가리마'를 써서 손님맞이에 소홀함이 없도록 하라는 당부를 하고 있다. 이 편지가 쓰여진 시기는 명확하지 않지만 내용으로 보아 하씨가 혼인한 지 얼마 안 된 시기의 편지로 보인다.

> 아주버님이 오늘 가실 길에 우리에게 다녀가려 하시니, 진지도 옳게 잘 차리려니와 다담상을 가장 좋게 차리게 하소. 자네를 보려고 가시니, 머리를 꾸미고 가리매를 쓰도록 하소. (64)

22) 文化公報部・文化財管理局 編,『文化財大觀: 重要民俗資料篇 下』, 1985, p.19, 보고서에는 '直領'으로 명명되어 있다.

<그림 8> 기생의 가리마
(신윤복 풍속화, 「廳琴賞蓮」)

<그림 9> 시중드는 여성의
가리마(「壬午司馬榜會圖」)

가리마는 여성용 머리쓰개의 일종이다. 언제부터 여성들이 가리마를 착용하였는지 정확히 알 수 없다. 조선 후기의 풍속화 「청금상련(聽琴賞蓮)」에는 기생으로 보이는 여인이 가리마를 쓰고 있다(<그림 8>). 1630년의 행사를 그린 「임오사마방회도(壬午司馬榜會圖)」에 관리들의 시중을 들고 있는 여성의 머리에 무언가 얹혀져 있는데(<그림 9>) 이것 역시 가리마가 아닐까 생각된다. 그 외에 전모 밑에 가리마를 쓰고 있는 여성을 묘사한 풍속화도 현존한다.

기생이나 신분 낮은 여성들이 가리마를 쓰고 있는 모습이 흔히 확인되는 까닭에 지금까지 가리마가 신분이 낮은 여성이 사용하는 관모로 인식되어 온 경향이 있다. 그러나 곽주가 하씨에게 보낸 편지의 내용을 보면 17세기 초의 가리마는 반가 여성들의 성장용 머리쓰개였음을 알 수 있다. 아마도 가리마를 쓰고 아주버님을 접대하고 있는 하씨의 자태는 그림 9의 모습과 유사했을 것으로 짐작된다.

세종대(1418~1450)의 오례의(五禮儀)에 의하면 조선 전기 국휼(國恤)에 왕비를 비롯한 궁중 여성들이 '두수(頭𦅾)'라는 관모를 사용하였다.[23] 『국조속오례의서례』(1744)[24]에는 두수의 도상(<그림 10>)이 제시되어 있는데 그 형태가 풍속화에 나타나는 가리마와 유사하다. 조선 전기와 후기의 두수 형태에 커다란 변화가 없다고 한다면 가리마는 조선 전기

23) 『世宗實錄』 卷一百三十四 五禮 凶禮儀式 服制.
24) 『國朝續五禮儀書例』 凶禮 國恤服制圖說 喪服圖說 四十 頭𦅾.

에도 착용되었다고 할 수 있을 것이다. 「순천김씨 언간」(1580년대)[25] 에는 'ᄀᆞᄅᆞ매'라는 기록이 보인다. 이것이 '가리마'를 뜻하였을 가능성도 있다. 그렇다고 하면 더욱 조선 전기에 가리마를 사용했을 가능성을 짐작해 볼 수 있겠다.

<그림 10> 頭幎
(『國朝續五禮儀 序例』 凶禮)

2) 여아의 외출복

91번에는 곽주가 하씨에게 소례에 아이를 데리고 갈 때 아이에게 입히고 갈 옷들을 자세히 언급하고 있다. 즉 아이의 외출복이라고 할 수 있을 것이다.

> 소례에서 "아이들을 데려오라"고 하시더라 하니 녕녜와 덕녜를 못 데려갈지라도 쳘녜는 데려 가게 하소. 입은 것이 하도 없으니 연초록 물든 것으로 저고리를 하고, 슌개가 짜는 명주를 제 장옷 할 만큼만 베어서 자주색 물을 들여 장옷을 하고, 보라색을 가는 무명에 물들여 바지까지 하여 입혀 데려 가게 하소. (91)

녕녜나 덕녜, 쳘녜라는 아이들은 하씨의 딸들로 생각되는데 특히 '쳘녜'는 시댁 어른들이 가장 보고 싶어하는 막내가 아닐까 생각된다. 남편 곽주는 쳘녜에게 연초록색 저고리에 보라색을 염색한 고운 무명 바지, 자주색 명주 장옷을 만들어 입혀서 조부모를 뵙도록 부인 하씨에게 당부하고 있다. 저고리, 치마에 장옷 차림은 일반 성인 여성들의 외출복이다. 여아의 외출복도 그와 다르지 않을 것으로 생각되지만 편지 중에는 바지에 대한 언급만 있을 뿐, 치마에 대한 언급이 없어서 의아하다.

---

25) 조항범(1998), 앞책, p.103, p.624, 저자는 ᄀᆞᄅᆞᆷ이 '갈음', 즉 '갈음옷(나들이할 때 특별히 차려 입는 옷)'을 뜻한다고 하였으나 '가리마'일 가능성을 생각해 볼 필요가 있다. 14번 편지에 "무명 두 필 보내노라 ᄒᆞᆫ 필란 소곰 받고 ᄒᆞᆫ 필란 내 겹ᄀᆞᄅᆞ매 ᄀᆞ장 비단 ᄇᆡᆸ고 둗겁고 븕고 ᄒᆞ니 사 보내여라"(무명 두 필을 보내니 한 필은 팔아서 소금을 사고 또 한 필은 팔아서 나의 '겹ᄀᆞᄅᆞ매'를 사서 보내여라. 그 '겹ᄀᆞᄅᆞ매'는 비단의 올이 촘촘하고 두껍고 붉은 것으로 해라. 137번 편지에는 '내 ᄀᆞᄅᆞ매사 아뫼나 쉬 오리 ᄒᆡ여 보내고'(내 ᄀᆞᄅᆞ매는 아무든지 빨리 오는 사람으로 하여금 보내고)가 있다.

● 여아용 연초록 저고리

<그림 11> 무명 겹저고리(진주 하씨 묘 출토, 한국무속박물관 소장)

조선시대의 '뎌구리', 즉 저고리에는 다양한 색상이 사용되었지만 특히 여성용 저고리에는 초록색 계통이 흔히 사용되었다. 91번의 내용에서도 성인 여성과 마찬가지로 여아의 저고리에 역시 연초록색이 사용되었음을 알 수 있다. 형태도 성인 여성의 저고리와 크게 다르지 않을 것으로 추정된다. 韓末에 어린 덕혜옹주가 궁중의 성인 여성과 같은 복장을 하고 있는 것[26]을 볼 때 그러한 추정은 어렵지 않다.

진주 하씨 묘에서 출토된 성인 여성용 저고리(<그림 11>)를 보면 길이는 허리를 덮는 정도이고 밖으로 내어 달린 목판깃에 좁고 짧은 고름이 달려 있다. 동일 시기의 다른 묘[27]에서는 대체로 당코깃 저고리가 수습되지만 이 묘에서는 9점 모두 목판깃 저고리만이 수습되었다.[28] 아마 이 지역은 유행의 중심지라고 할 수 있는 한양과 지리적으로 멀리 떨어져 있기 때문에 당시 한양 주변에서 유행되기 시작한 당코깃이 아직 수용되지 않은 상태일 것으로 짐작된다. 아이들의 옷도 마찬가지였을 것이다.

● 여아용 보라색 고운 무명 바지

저고리와 더불어 보라색 바지에 대한 언급이 있다. 바지를 겉옷으로 입기 때문에 곱게 물들이라고 한 것이 아닐까라는 추측이 가능하지만 통념적으로 여아가 치마 없이 바지 차림으로 외출을 했을까 하는 의문도 생긴다.

아동복에 대한 당시의 자료가 드물 뿐만 아니라 또한 쳘녜의 나이를 정확히 알 수 없기 때문에 단정 짓기는 어렵다. 대소변을 가리지 못할 정도로 나이가 어렸다면 치마 없이 풍차바지 같은 유아용 바지를 착용했을 가능성도 생각해 볼 수 있다.

단지 진주 하씨의 묘에서 수습된 성인 여성용 바지에서는 다음과 같은 유형이 확인된다. 바지 밑의 트임 유무에 따라서 구분해 볼 때 두 종류로 대별되는데, 한 종류는 밑이

26) 金用淑(1987), 『朝鮮朝 宮中風俗 硏究』, 一志社, 사진 자료.
27) 경기도박물관 편(2000), 『조선의 옷 매무새』, p.6
28) 유희경 · 김미자(1991), 앞글, pp.10-11.

막힌 '합당고형 바지'(<그림 12>)이고 다른 한 종류는 밑이 앞뒤로 트인 '개당고형 바지'이다.[29] 일반적인 착장법은 합당고형 바지를 먼저 입고 개당고형 바지를 입는 것이다.

<그림 12> 합당고형 바지(진주 하씨 묘 출토)

한편 개당고형 바지는 <그림 13>과 <그림 14>에서 볼 수 있듯이 다시 두 종류로 구분된다. 즉 좌우 바지 가랑이의 트임에 소형 이등변 삼각형 무가 달린 것(유형 Ⅰ)과 바지 트임 부분에서 허리 말기에까지 이어진 커다란 사다리꼴 무가 달린 것(유형 Ⅱ)이다.

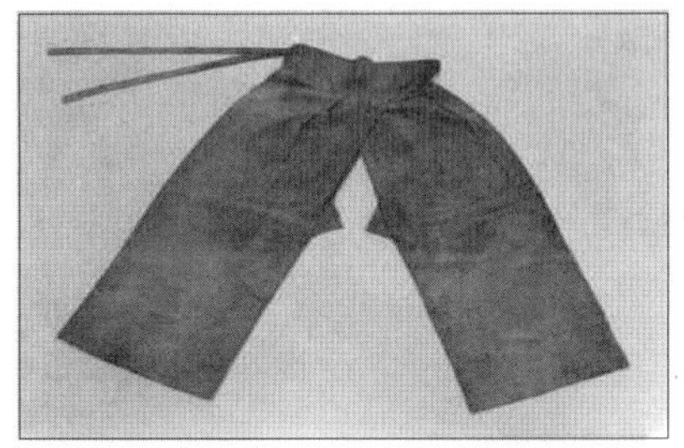
<그림 13> 개당고형 바지(유형 Ⅰ)

<그림 14> 개당고형 바지(유형 Ⅱ)

- 여아용 자주빛 장옷

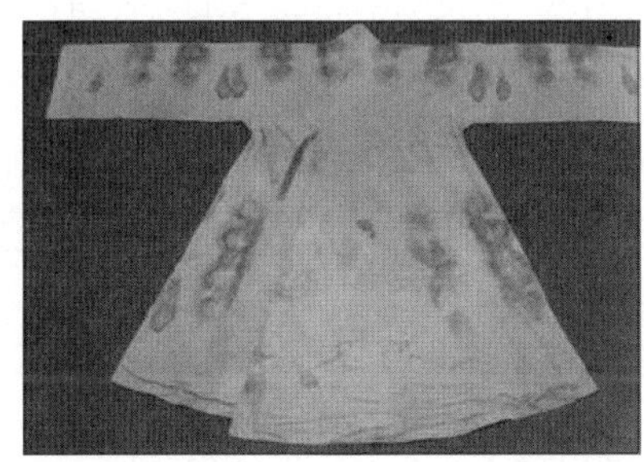
<그림 15> 무명 겹 장옷(진주 하씨 묘 출토)

'장옷'은 여성들의 가장 대표적인 웃옷이다. 장옷이라 하면 일반적으로 여성들이 외출을 할 때 머리에 써서 몸 전체를 가리고 다니기 위한 옷으로 알려져 있으나 이는 조선 후기의 풍습이다. 91번에 의하면 성인 여성들뿐만 아니라 여아들 역시 외출시 장옷을 착용하였음을 알 수 있다.

조선 전기의 기록 중에 바람이 너무 불어 장옷

29) 柳喜卿·金美子(1991), '앞글', p.25, 보고서에 의하면 진주 하씨 묘에서 수습된 바지는 모두 성인용으로 17점이었다. '바지'로 분류된 합당고형 바지 3점과 '속곳'으로 분류된 합당고형 바지가 14점이다.

<그림 16> 목우상의 장옷
(다보성고미술전시, 1997)

을 머리에 둘러썼다고 하는 경우(1599년)[30]가 있기는 하지만 당시의 장옷에 달린 고름의 위치는 머리에 쓰는 옷이 아니라 착용하였던 옷임을 확실하게 보여준다. 진주 하씨 묘에서 출토된 장옷(<그림 15>)의 고름도 실제 착용하고 여며서 묶기에 적합한 위치에 달려 있다. 조선 전기로 추정되는 목우상(<그림 16>)에서도 장옷으로 보이는 옷을 입고 그 위에 허리띠를 묶어 내려뜨리고 있음을 확인할 수 있다.

한편 장옷의 색상은 다양했던 것으로 보이는데 조선 전기 기록 중에는 자주색[31]과 흰색, 심향색(沈香色)[32] 등이 확인되었다. 그리고 16세기 중기의 일선 문씨 묘에서는 소색 모시 장옷과 더불어 아청색 장옷도 수습된 바 있다.[33] 후기 풍속화에서는 초록색의 장옷이 확인되며 남색 장옷[34]이 후기 유물 중에 남아 있다. 「곽씨언간」에서는 여아용 자주빛(91) 장옷과 성인 여성용 보라색(146) 장옷이 확인된다.

3) 진땅에 신었던 백록피 신발

146번에는 여성용 황록비, 백록비 신발 등이 언급되어 있다. 출가한 하씨의 딸이 하씨에게 신발을 보내드린다는 내용이다. 녹비는 곧 녹피(鹿皮)로서 우피(牛皮)보다 부드러운 고급 가죽이기 때문에 신발 재료로 즐겨 사용되어 왔다. 이 편지에 따르면 본래 황록피로 신발을 만들려고 했으나 아마도 신발 만드는 사람이 백록피로 만든 모양이다. 그래서 색상이 좋지 않기 때문에 고치려고 했으나 색이 없어 고치지도 못하고 보내니 젖은 땅에서 막신으로 신으시면 좋겠다는 내용이다. 당시 여성들이 신었던 신발의 재료와 색상 등을 알 수 있다.

30) 吳希文, 앞책 下 第七 己亥 三月 二十九日.
31) 조항범(1998), 앞책, p.108, p.406, '당옷을 지최(芝草)로 염색한다'(p.108), '흰 댱옷'(p.406).
32) 吳希文, 앞책 下, p.246, 丁酉(1597) 12月 17日.
33) 이은주(2000), "일선문씨와 이응태 묘 출토 복식 고찰", 안동대학교 박물관 편, 앞책, pp.193-194.
34) 文化公報部・文化財管理局 編(1986), 앞책, p.72.

5. 기타 의생활 풍습

1) 옷감과 색상

• 화폐 역할을 했던 옷감과 옷감 재료

우리나라에서 동전이나 저화(楮貨) 등과 같은 명목화폐(名目貨幣)가 유통 수단으로 사용되어 온 것도 그 역사가 짧지는 않지만[35] 그보다 훨씬 오랫동안 더 용이하게 화폐로 사용되어 온 것이 정포(正布)라고 하는 옷감이다. 전통사회에서 옷감은 옷을 만드는 용도로만 사용되었던 것이 아니라 물건을 구입한다든지 세금을 낸다든지 하는 등의 중요한 화폐 기능을 지니고 있었다. 화폐로 사용하는 베는 1필의 길이를 35자로 하고 양쪽 끝에 관청 인장을 찍도록 하였다고 한다.[36]

임란 전후에도 여전히 저화나 동전보다는 베를 화폐 용도로 사용하였다. 「곽씨언간」에서도 그러한 사정은 잘 나타난다. 수고의 대가로 삼베의 원료인 삼[麻]을 주었다(67)는 내용도 확인된다. 무언가의 대가로 받은 무명을 돌려 주어야 할 경우가 생길 수도 있기 때문에 일이 완전히 마무리된 후에 사용하도록 당부하는 모습도 확인된다(86). 정포가 아니라도 경제적으로 교환 가치가 있는 옷감과 옷감의 재료는 화폐 기능을 하였다고 할 수 있을 것이다.

'면화를 나누어 줄 기록'(102번)에서 확인할 수 있듯이, 목화 농사를 함께 짓고 그 대가로 면화를 나누어주는 것 역시 면화가 화폐 기능을 한 경우라고 하겠다. 102번을 보면 면화를 수확하여 그 농사에 관여했던 큰댁에 18근, 골안댁에게 12근 등등, 일의 양이나 기타 조건 등에 따라 면화를 분배하였음을 알 수 있다.

> 오늘 받은 무명도 빨리 쓰지 말고 스무날이나 보름이 지나거든 쓰소. 행여 그 사람이 도로 무르려고 오거든 무명 도로 주게 되거든 내가 해 준 글월도 도로 받고 제 무명을 주게 하소 (86)

35) 元裕漢(1994), '화폐', 한국정신문화연구원 편, 『한국민족문화대백과』25, p.363.
36) 『世宗實錄』二十三卷 十三.

씨 받을 무명 없어 못 보내니 미처 보낼 것이니 두 필의 씨나 모아 두소서 하오니 가져온 병 둘 스니 하나 가노이다. (149)

실 받으려 하다가 못 받고 무명 한 필이 가니 실을 받으시거나 무명을 세 필이나 주거든 받으소서. (159)

• 소재의 종류와 길쌈 관행

곽씨 집안에서 사용되었던 소재와 그 재료는 대략 명주(38), 교직(38), 무명(75), 면화(102), 솜(34), 삼베(8), 삼(67), 모시(66) 등임을 알 수 있다. 이러한 소재들의 사용은 곽주의 집안이 비교적 소박한 의생활을 영위하였음을 말한다.

여유 있는 반가에서는 수입한 중국산 옷감 등 고급 소재도 사용하였지만 일반 반가나 농가의 경우엔 가정에서 옷감을 직접 짜서 옷을 만들어 입는 경우가 대부분이었다. 반가(班家)라고는 하지만 곽주가 관직이 없었기 때문인지 고급 옷감은 거의 사용되지 않은 듯하며 사용된 옷감 중에는 명주가 좋은 옷감이었다.

명주는 중치막과 장옷, 교의의 선 장식 등에 사용된 것으로 확인되었다. 91번에 의하면 명주는 '순개'라는 인물이 짰음을 알 수 있고 그 외에 뽕잎 따는 이야기(38), 오월누에 이야기(150)도 보인다. 출가한 딸의 경우에는 누에를 쳐서 명주 길쌈도 하였던 것으로 보인다. 그리고 명주의 새수는 10~11새[升], 13새 정도 등이 언급되고 있는데 그 고운 정도에 따라 가치가 크게 다름을 알 수 있다. 즉 열 새, 열한 새면 쌀이 한 말이고, 열석 새면 쌀이 한 말 여섯 되라고 한다(163).

한편 명주 다음가는 가치를 지닌 것으로 생각되는 교직(交織)이라는 것도 확인된다. 정확하게 각각의 경·위사에 어떤 실을 사용하였는지는 알 수 없지만 견사를 포함하여 두 종류의 실을 섞어 짠 옷감일 것이다.

오누웨(오월누에)나 쳐서 명주를 자을 것이나 (150)

명주 자을 것은 품 바꿀 곳은 없고 가까스로 여서(女胥?)들에게 세 대를 주었으되 열 새, 열한 새면 한 말이고, 열석 새면 쌀 말 엿되라 하니 (163)

한편 무명을 아이의 바지(91)와 성인 여성의 장옷(146)에 사용했음을 알 수 있다. 특히 곽씨 주변에서는 다른 옷감보다 무명이 많이 사용되었음을 알 수 있다. 그 이유는 곽주의 집안에서 면화 농사를 하였기 때문일 것이며 그래서 곽씨 집안에서는 무명 길쌈을 많이 하였던 것으로 보인다. 김서방이 만들어 준 물레로 집안의 딸들이 무명 잣는 수업을 받았음(12/13)을 알 수 있다. 그리고 길쌈을 위한 기구로 물레(12/13)가 사용되었음이 확인된다. 실타래와 연관된 '실겻'(81)이라는 낱말과 면화를 보내는 이야기, 짠 무명 등과 같은 기록도 보인다.

면화는 아기시가 봉하여 보내네. 면화는 일곱근 여덟 양, **실겻** 두근 넉 냥이라하네. (30)

면화 든 자루를 허니 봉한 동 만 동하여 하여 하네. **실겻**도 가져오라 하시는가 아기시 보내라 하더니 하고 보내네. (81)

면화 아니 딴 전에 제곰 나고져 하니 자네 뜻은 어떠한고 자세히 짐작하여 기별하소 다만 종의 수효가 적으니 면화 아니 딴 전에 못 미처 집을 지을까 하네. (31)

무명 짠 것 두 끝에 보람 두어 가옵고 (132)

삼베는 조선시대에 널리 사용되었던 옷감 중의 하나다. 직령의 소재로 깃베가 사용되었지만(109) 곽씨 집에서는 삼베 길쌈을 직접 하지 않았던 것으로 짐작된다. 편지 내용을 볼 때 현풍에는 각 집마다 짜는 직물이 어느 정도 분화되어 있었던 것으로 보인다. 전문적으로 옷감을 짜는 집이 있었음을 의미하는 것일 수도 있다. 풍난의 계집에게 삼베를 짜게 했다는 내용도 보이고(8) 웃집 조스 형제, 용밈집 등에서 직조하도록 하라는 내용도 보인다(109).

삼을 못 얻어 하니 저기에는 삼 한 단만 보내소. (85)

모시에 대한 언급은 한 건(66)뿐이다. 이 지역에서 저마 생산을 거의 하지 않기 때문일 것이다. 그리고 요즈음은 모시를 상례용으로 사용하기를 꺼려하지만 이 편지를 보면 당시 상례에 모시 단금(單衾)을 사용하였음을 알 수 있다.

초상 제 홋니블(홑이불?) 하여서 쓰지 않은 모시 일곱 자하고 들기름 한 홉하고 (66)

한편 옷감이나 옷감 재료와 관련된 길이, 무게 등을 재기 위한 도량단위들도 확인된다. 무명의 길이와 관련하여 '필', '긋'(132) 등의 단위가 사용되었음을 알 수 있고 그 외에 '자', '치' 등도 확인된다(38). '근'과 '양'이 면화의 양을 재는 단위로 사용되었음을 알 수 있다(30). 삼베 재료인 삼에 대한 언급이 있는데 삼을 '단'으로 묶어 사용하였음을 알 수 있다(85).

- 옷감의 색상과 염색

옷감의 색상에 대해 언급한 경우가 많지는 않으나 연초록색, 보라색, 자주색, 붉은 색, 검은 색, 아청색, 다홍색 등의 색명이 확인된다. 물론 소색(素色)인 흰색은 언급되어 있지 않더라도 기본적인 색상으로 가장 많이 사용되었을 것이다.

여아의 저고리에 연초록색, 바지에 보라색, 장옷에 자주색을 사용하도록 하였으며(91) 가는 무명 장옷에 보라색을 염색해 달라고 하는 경우(146)도 보인다. 그리고 「곽주가 쓴 옷감 목록」에 현훈과 구의를 만들기 위한 검은 물 옷감과 붉은 물 옷감이 있으며 38번에는 자주, 아청색 명주도 확인된다. 그리고 자주실, 다홍실 등 실의 색상도 언급되어 있다.

「순천김씨언간」 중에는 그 지역의 장의골이라는 곳에 염색하는 집이 있었음이 확인된다.[37] 그러나 「곽씨언간」에는 염색에 대한 과정이나 염색을 하는 사람에 대한 언급은 거의 없다. 단지 '각시님'이라는 사람이 염색에 관여하였음을 알 수 있다(34). 그리고 하씨의 며느리로 추정되는 '동생네'가 염색을 하였음(146)을 알 수 있는데 염색을 주로 집안에서 간단하게 한 것으로 짐작된다.

물들일 일로 인하여 이리 요란해 있으니 이제는 조그만 일이라도 다 각시님께 기별하여 하게 하소. 옷 안도 오거든 즉시 물들여 달라 하고 각시님께 기별하소. (34)

37) 조항범(1998), 앞책, p.595.

가는 무명이 내 장옷 감이니 동생님네 물들이는 보라 드렸다가 시월에 보내주십시오. (146)

2) 상례용 현훈(玄纁)과 구의(柩衣)

'곽주가 쓴 옷감 목록'(96)은 상례에 사용할 옷감을 적어 놓은 것으로 보인다.

현훈, 구의 합해서 일흔 자, 검은 물 47자, 붉은 물 20자 (96)

현훈이란 의례 때 예물로 사용되는 옷감을 말한다. 특히 상례에서는 관 위에 현훈을 올려놓고 하관(下棺)한다. 『주자가례』[38]에 의하면 상례용으로 각각의 길이가 1장 8자인 현색 비단 6점과 훈색 비단 4점을 사용한다고 하였다. 그리고 『상례비요(喪禮備要)』에는 현훈의 치수를 『주자가례』의 치수보다 짧은 8자로 제시하고 있다.

한편 구의는 이금(侇衾)이라고도 하는데 이는 관을 덮는 덮개의 일종이다. 상하로 나누어 두 색의 옷감을 이어서 만드는데, 윗부분은 검정색인 치색(緇色), 아랫부분은 붉은 색인 정색(赬色)으로 만든다고 하였다. 그러나 곽주가 쓴 옷감 목록(96)에 의하면 현색과 치색은 검정색 계통이기 때문에 동일하게 검은 물로, 훈색과 정색은 붉은 색 계통이므로 붉은 물의 옷감을 사용하였음을 알 수 있다.

物目記에 적힌 검은 물 47자, 붉은 물 20자는 현훈과 구의에 사용될 옷감으로 추정된다. 구의는 관 길이에 맞추어 만드는 것이므로 그 분량을 각각 5~6자 정도씩을 사용한다고 하면 나머지 옷감으로 현훈을 만든다고 할 때 현6·훈4 각각 하나의 길이는 『상례비요』의 8자보다도 짧을 수밖에 없다. 이는 결국 편의에 따라 개수와 치수를 적당하게 사용하였음을 의미하는 것으로 볼 수 있다.

3) 여성들의 일거리, 바느질과 세탁

바느질과 세탁은 집안 여성들의 작업으로 이루어졌다. 진주 하씨를 비롯해서 딸, 며느

38) 朱熹, 『朱子家禮』, 卷四 喪禮.

리가 주로 하되, 소례댁의 경우처럼 인근에 사는 여성들이 이를 맡아 하기도 했다. 직령(109)과 투심(133),[39] 버선(6, 116, 156) 등에 대한 바느질과 누비옷·누비바지(6)의 세탁 관련 내용이 확인된다.

> 누비옷 누비바지 빨았거든 보내고 아니 빨았거든 보내지 마소. 가셔 버선은 여기서 기워 주시니 보션은 보내디 마소. 낡은 버선 하나 가네. (6)

> 버선 내 손수 기워 왔느니라. (116)

> 버선 부디 기워 보내려 하노이다. (156)

곽주와 하씨는 각기 다른 곳에서 기거하는 날들이 많았기 때문에 곽주는 본인이 입었던 옷을 인편으로 하씨에게 보냈다. 그러면 하씨는 세탁하고 다시 바느질하여 남편에게 보냈다. 물론 버선까지도 하씨가 손보아 주었으나 간혹 버선 정도는 곽주가 소례에서 해결하는 경우도 있었음을 알 수 있다(6).

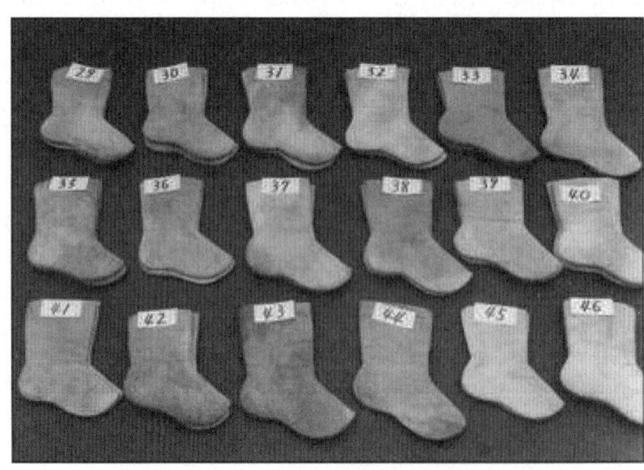

<그림 17> 버선(진주 하씨 묘 출토)

특히 「곽씨언간」에는 버선 바느질에 대한 이야기가 많다. 19세기 초엽의 『규합총서』에는 동지에 양기를 받으면 사람에게 유익하다고 하여 버선본을 동짓날 지으면 좋다고 하는 내용[40]이 실려 있다. 윤 5월 5일(1873)에 딸이 친정 부모의 버선본을 뜨고 그 본 위에 좋은 글을 적어 보내 드린 사례도 있다.[41] 그러나 「곽씨언간」에서는 버선과 관련된 민속적인 의미는 확인되지 않는다. 단 하씨가 많은 양의 버선을 바느질한 것으로 짐작되는데 출가한 딸의 버선이거나 딸 집 식구들이

39) '투심'은 편지 내용으로 보아 복식명으로 짐작된다.
40) 憑虛閣李氏(鄭良婉 譯註), 『閨閤叢書』, 寶晉齋, p.135.
41) 홍윤표(2001), "버선본에 담은 효심", 『문헌과 해석』, 문헌과해석사, pp.27-31.

신었던 버선까지도 기워 주었음을 볼 수 있다(156). 그리고 평소에 많은 버선을 만들어 놓았던 때문인지 진주 하씨 묘에서는 총 18켤레나 되는 많은 양의 버선이 수습되었다 (<그림 17>).[42] 이처럼 많은 양의 버선이 수습된 경우는 처음이다.

6. 맺음말

1989년 경북 달성군 구지면의 진주 하씨 묘에서 출토된 현풍 곽씨 집안의 한글편지를 중심으로 17세기 전기의 의생활을 살펴보았다. 하씨의 남편 곽주는 관직에 있지는 않았으나 선대부터 땅과 많은 노비를 거느리고 현풍에 근거를 두고 살았던 현풍의 세족이다. 그러나 두 번째 부인이었던 하씨와는 한 집에서 살지 않고 논공과 소례라는 곳에서 각기 살면서 남편 곽주가 주로 왕래하는 생활을 하였다. 따라서 편지 내용 중에는 의생활에 대한 많은 이야기들이 담겨 있었다.

의생활 내용을 담고 있는 40여 점의 서간은 지금까지 진행되어 온 남녀 복식의 종류와 구성법 등에 관한 연구 결과와 더불어 당시 17세기 전기의 현풍 지역 의생활을 재구성하고 이해하는 데에 도움이 되는 구체적인 자료임을 확인할 수 있었다.

한글편지 자료의 내용을 통해 곽씨 집안의 의생활에서 나타나는 특징을 파악할 수 있었는데 특히 곽주는 의생활 전반에 대한 상당한 식견과 관심을 지닌 인물로서, 집안 의생활에 대한 지휘와 결정권을 가지고 있었다. 옷감 생산이나 옷 제작 시기 등의 결정, 부인의 치장에 대한 제안, 자식들의 옷 걱정 등 그 내용이 다양할 뿐만 아니라 상당히 구체적으로 의생활에 관여하고 있었다. 반면에 세탁이나 길쌈, 바느질 등과 같은 실질적인 노동은 집안의 여성들에 의해 이루어지고 있었는데 주로 작업에 관여한 여성들은 하씨와 딸, 며느리, 종, 그리고 이웃 여성들이다. 특히 출가한 시누이가 친정에 바느질 등을 부탁하고 며느리가 이를 맡아 하는 등, 얼마 전까지의 우리네 생활 방식과 크게 다르지 않았음도 알 수 있었다.

남성과 관련된 의생활 내용 중에는 수발 관리를 위한 빗접이 중요하게 다루어졌음을

42) 유희경・김미자(1991), 앞글, p.121.

알 수 있었다. 웃옷으로 직령이나 철릭, 중치막을 착용했음을 알 수 있었고 특히 직령은 관직 없는 자의 제례복으로 착용했음이 확인되었다.

여성의 의생활에 관한 자료 중에는 우선 가리마에 대한 새로운 내용이 파악되었다. 일반적으로 조선 후기의 신분 낮은 여성들이 쓰는 관모로 이해되었던 가리마가 반가 여성의 치레용 관모로 사용되었음을 알 수 있었다.

한편 연초록 저고리에 보라색 고운 무명 바지, 자주색 명주 장옷 차림이 여아 외출복의 한 예로 확인되었다. 치마를 안 입히고 바지를 입힌 이유는 알 수 없으나 장옷을 입는 것은 성인 여성과 마찬가지였다.

현풍 지역에서는 주로 명주와 교직, 무명, 면화, 삼베, 삼, 모시 등이 의료로 사용되었으며 그 중 명주가 가장 좋은 옷감으로 사용되었음을 볼 때 임란 이후 경제적으로 어려웠던 사정과 아울러 지방 의생활의 수준을 짐작할 수 있었다. 특히 경제적 교환 가치를 지닌 옷감과 그 재료는 화폐 대용으로 흔히 사용되었는데 면화를 많이 재배했던 곽씨 집안에서는 면화나 무명을 화폐 용도로 자주 사용하였음을 확인할 수 있었고 아울러 옷감에 대한 도량 단위들도 지금과 크게 다르지 않았음을 편지 내용에서 확인하였다.

염색은 주로 집안에서 이루어진 것으로 나타나며, 옷 색상으로는 연초록, 보라, 자주, 붉은 색, 검은색, 아청색, 다홍색 등이 확인되었다. 바느질과 세탁은 집안 여성들에 의해 이루어졌지만 출가한 딸이 친정 집에 이런 일들을 부탁하는 경우도 편지에 그려져 있다. 특히 하씨는 주변 사람들의 부탁으로 버선 바느질을 많이 했던 것으로 확인되었다.

이상의 내용들은 현풍 곽씨 집안에 대한 의생활 자료이므로 그 집안만의 특수한 상황으로 이해되어야 할 부분도 있지만 17세기 전기의 경상도 지역의 일반적인 의생활 모습으로 이해되어야 할 부분도 상당량 있을 것으로 짐작된다. 이러한 생활들의 작은 모습들이 확인되고 축적됨으로써 지금까지 구체적으로 알 수 없었거나 잘못 이해되어 왔던 의생활 문화에 대한 새로운 이해가 가능하게 될 것이며 더 나아가서는 생동감 있는 생활사의 재구성도 가능하게 될 것으로 생각된다.

과거 · 책 · 교육

1. 머리말

최근 몇 년 사이에 『조선시대 생활사』, 『고려 시대 사람은 어떻게 살았을까』 등과 같은 책이 대중들의 관심을 끌고 있다. 우리의 역사 교육이 왕조 · 정치사적 측면에 치우쳐 실제로 한 시대를 살았던 우리 조상들의 구체적인 삶의 모습에 대해서는 너무 몰랐던 것이 사실이다. 이러한 점에 대한 반성으로 인하여 당대의 생활 모습을 알려 주는 책들이 세간의 관심을 끌게 된 것이리라. 이러한 책들은 교양적 측면에서 독서인들에게 유용할 뿐 아니라, 역사에 대해 살아 있는 이해를 가능케 한다.

수 백년 전의 우리 조상들이 살았던 시대에 관한 생생한 정보를 담고 있는 자료는 드물다. 여러 역사서들은 당대를 살았던 평범한 사람들의 생활 모습까지 전해 주지 않는다. 시골의 작은 고을에 거주하면서 가솔들을 거느리고, 교우 관계를 맺고, 과거시험을 치르기 위해 서울을 오르내리고, 질병이나 우환으로 근심하는 평범한 인간의 모습을 오늘날의 우리들에게 알려 주는 자료는 왕조를 중심으로 하는 역사 기록과는 또 다른 가치를 가지고 있다. 이러한 가치를 가진 자료로서 첫 손 꼽을 수 있는 것이 한글편지이다.

「곽씨언간」 속에는 17세기 초를 살았던 우리 조상들의 온갖 사연과 삶의 모습들이 구구절절이 묘사되어 있어서 국어사 연구뿐 아니라 음식 · 의복 · 민속 · 농사 · 노비 등과 관련된 생활사 연구의 가치가 높다. 이 편지글의 시대적 배경은 17세기 초이고, 지역적 배경은 경상도 달성군이다. 편지 속에 많이 나타나는 지명은 '소례, 오야(외예), 논공, 셩쥐, 대귀(大邱)' 등으로서 오늘날의 경북 달성군과 그 주변 지역에 살았던 사람들의 모습을 알려 준다. 이 글에서는 과거와 책 그리고 아이들 교육과 관련된 생활상이 편지글 속에 어떻게 나타나 있는가를 알아 보기로 한다.

2. 과거

과거에 합격하여 벼슬길에 나아가는 것은 조선조 양반들의 최대 목표였다. 이 편지 자료에도 과거 시험에 대한 내용이 몇몇 나타난다. 곽주가 과거를 보러 나서서 집안에 있는 부인 하씨에게 소식을 전한 편지가 여러 통 있다. 우선 그 중의 대표적인 것을 가려 관련된 문장을 보이기로 한다.

(1) 곽주가 河氏에게 보낸 편지

요ᄉᆞ이 아기네 ᄃᆞ리고 엇디 겨신고 긔별 몰라 분별ᄒᆞ뇌. 나ᄂᆞᆫ 오ᄂᆞᆯ사 샹쥐ᄅᆞᆯ ᄠᅥ나니 샹소 이리 셔울 가도 쉽디 아니ᄒᆞ면 과거ᄂᆞᆫ 몯 볼 양으로 가뇌. (10)

(2) 곽주가 河氏에게 보낸 편지

요ᄉᆞ이 아바님 편치 아니 ᄒᆞ신ᄃᆡ 엇더 ᄒᆞ신고 분별이 ᄀᆞ이 업서 ᄒᆞ뇌. 자내도 병든 ᄌᆞ식ᄃᆞᆯ ᄃᆞ리고 혼자셔 근심ᄒᆞᄂᆞᆫ 줄 닛디 몯 호ᄃᆡ ᄇᆞ리고 멀리 나오니 아마도 과게 사ᄅᆞᆷ을 그ᄅᆞᆺ ᄆᆡᆼ그ᄂᆞᆫ 거시로쇠. 졍네ᄂᆞᆫ 져그나 ᄒᆞ려 이시며 졍냥이ᄂᆞᆫ 심을 마라 잇ᄂᆞᆫ가. ᄒᆞᆫ ᄢᅢ도 닛치지 아녀 눈에 암 : ᄒᆞ여 ᄒᆞ뇌. 나ᄂᆞᆫ 어제사 새재ᄅᆞᆯ 너머 와시니 스므나ᄒᆞᆫ 날 ᄉᆞ이 셔울 들로쇠. 과거 나ᄅᆞᆯ 믈려 진ᄉᆞ시ᄂᆞᆫ 시월 스므나ᄒᆞᆫ 날이고 ᄉᆡᆼ원시ᄂᆞᆫ 시월 스므엿쇈 나리라 ᄒᆞ니. 아희ᄃᆞᆯ 쇽신을 과거 젼에 미처 ᄒᆞ면 그믐ᄢᅴ 셔울셔 나고 쇽신ᄒᆞᆯ 이리 쉽디 아니 ᄒᆞ면 셜워 동지ᄃᆞᆯ 초ᄉᆡᆼ으로 셔울셔 나가리로쇠. (12)

(3) 곽주가 河氏에게 보낸 편지

과거ᄂᆞᆫ 믈려 구월 스므아ᄒᆞ랜날로 ᄒᆞᆫ다 ᄒᆞ니 보고 가노라 ᄒᆞ면 셜워 시월 보름 ᄭᅴ로야 도라 갈가 식븨. 오ᄂᆞᆯ 튱쥐 자니 열이튼날사 셔울 들가 식븨. (11)

(4) 곽주가 河氏에게 보낸 편지

요ᄉᆞ이 ᄉᆞᆷ자리 하 어즈러우니 아바님 긔운ᄂᆞᆫ 엇더 ᄒᆞ시며 병든 ᄌᆞ식ᄃᆞᄅᆞᆫ 엇더 ᄒᆞᆫ고 일ᄀᆞᆨ도 분별리 ᄇᆞ린 적 업서 ᄒᆞᄂᆡ. 나ᄂᆞᆫ 그제야 셔울 드러오니 과거ᄅᆞᆯ 믈려 시월 스므나ᄒᆞᆫ 날로 ᄒᆞᆫ다 ᄒᆞ니 ᄉᆡᆼ원시ᄂᆞᆫ 스므엿쇈 날이니 설워 보고사 갈 거시니 동지ᄯᆞᆯ 열흘ᄢᅳ로사 집의 들가 식ᄇᆡ. 아바님 ᄇᆞ서신 ᄃᆡ 힝혀 다시 ᄇᆞ서 듕ᄒᆞ실가 시브거든 아기ᄃᆞ려 닐러 사ᄅᆞᆷ 보내게 ᄒᆞ소. 과거ᄅᆞᆯ 몯 미처 보아도 아바님옷 ᄇᆞᄉᆞ시던 증이 다시 듕ᄒᆞ시게 되면 즉시 ᄂᆞ려 갈 거시니 ᄌᆞ셰 보아 듕ᄒᆞ실가 시브거든 아희ᄃᆞᆯᄃᆞ려 긔별ᄒᆞ여 내게 통케 ᄒᆞ소. (14)

(5) 곽주가 河氏에게 보낸 편지 (1610년)

요ᄉᆞ이 아희ᄃᆞᆯ ᄃᆞ리고 엇디 겨신고 긔별 몰라 일시도 닛디 몯ᄒᆞ여 ᄒᆞᄂᆡ. 나ᄂᆞᆫ 어제야 과거ᄅᆞᆯ ᄆᆞ자 보고 나와 이시니 방이 초닷쇗날 ᄉᆞ이 날 거시니 힝혀 과거옷 ᄒᆞ면 이 ᄃᆞᆯ 그믐ᄭᅴ로 ᄂᆞ려 가고 과거옷 몯ᄒᆞ면 이 ᄃᆞᆯ 보름ᄭᅴ로 ᄂᆞ려 가리로쇠. 아기도 그ᄅᆞᆯ 잘 지어 이시니 ᄀᆞ장 깃거 ᄒᆞᄂᆡ. 아기 ᄒᆞ여도 설워 ᄇᆞ리고 몯 갈 거시니 그믐ᄭᅴ로 갈가 시ᄇᆡ. 커니와 둘히 ᄒᆞᆫ나히나 ᄒᆞ면 우연ᄒᆞᆯ가. 경슐 시월 초이튼날 가옹 (手決) (15)

곽주의 행선지 이동 순서에 따라 위 5건의 편지를 차례대로 놓아 보았다. 5건의 편지 중 干支가 있어 쓴 연대가 정확한 것은 (5)번뿐이다. (1)~(4)는 과거 시험 행차 도중에 차례대로 쓴 것으로 판단되며, 곽주의 이동 순서가 잘 나타나 있다. 현풍에서 출발하여 상주(尙州)를 지났다는 기록이 (1)에 나타나고, (2)에 새재(鳥嶺)를 어제 넘었다는 기록이 나타나며, (3)에서 'ᄐᆡᆼ쥐'(忠州)에서 자고, (4)에서 "나ᄂᆞᆫ 그제야 셔울 드러오니'라고 하여 서울에 도착했음을 알리고 있다. (5)에서는 '어제야 과거를 마저 보았고" 방이 붙을 날을 기다리고 있음을 전하고 있다. 이러한 기록에서 당시 대구 부근에 산 영남 유생들이 과거를 보러 갈 때 어느 길로 갔는지 알 수 있다. 과거 행차길에 쓴 것으로 여겨지는 "어제 김젼 자고 오ᄂᆞᆯ 화령으로 가뇌"(5번)라는 편지도 있다. '김젼'은 '김천(金泉)'이 분명한 듯하다. '화령'은 지금의 상주군 화북면과 충북 보은을 잇는 고갯길이다. 이 길로 가면 청주로 이어진다. 새재 또는 화령 두 고갯길을 넘어 서울로 다녔던 것을 보여 준다.

(1)에서 '상소하는 일이 쉽지 아니하면 과거를 못 볼 각오'를 하고 간다고 하였는데 이 상소는 아마 한훤당의 문묘종사(文廟從祀)에 관한 것이 확실하다. 과거를 보러 가는 길에

지방의 유생들이 상소를 하기도 했던 것이다.

(2)에는 편치 않은 아버님과 자식들을 버리고 멀리 떠나 왔으니 "과거가 사람을 그릇 만드는 것이라"라고 한탄하였다. (4)에서는 "과거를 미처 보지 못하여도 아버님 종기가 다시 중해지면 즉시 내려갈 것이니 기별하라"라고 신신당부를 하는 데서 곽주의 효심을 읽을 수 있다. (5)의 "아기도 글을 잘 지어 있으니 기뻐하네. …둘 중 하나라도 되면 오죽 좋을까"라는 대목에서 아버지 곽주와 아들이 함께 과거에 응시했음을 알 수 있다.

다음 (6)은 시집간 딸이 오라버니의 초시 합격 소식을 듣고 하례하는 편지다.

(6) 출가한 딸이 친정 어머니에게 보낸 편지 (1617년)

오라바님 초시를 몯ᄒᆞ면 일가의 큰 병환이 잇고 초시옷 ᄒᆞ시면 일가의 병환이 업고 초시만 ᄒᆞ셔도 그 말ᄉᆞᆷ을 듣ᄌᆞᆸ고 긔운이 ᄒᆞ리ᄋᆞᆸ실가 ᄇᆞ라ᄋᆞᆸ다니 ᄯᅩ 동당ᄒᆞ시니 깃브옴도 ᄀᆞ이 업ᄉᆞᆸ고 아바님 병셰 …. 됴ᄒᆞ오실가 더옥 깃ᄉᆞ와 ᄒᆞᄋᆞᆸ노이다. (중략) 오라바님이 초시를 ᄒᆞ시니 (124)

"오라버님이 초시를 못하면 일가의 큰 병환이 되고 초시를 하시면 병환이 없다"라고 하는 누이의 말은 참으로 간절한 바람을 담고 있다. 초시에 합격한 것이 이리도 기쁜 일이었으니 서울에서 베풀어지는 회시에 합격하여 생원, 진사가 되거나 대과에 급제하는 것이 그 가문을 얼마나 빛낸 일인가를 가히 짐작할 수 있다.

3. 책

책에 대한 기록은 곽주가 하씨에게 보낸 다음 3건에 나타난다.

(7) 곽주가 河氏에게 보낸 편지

㉠ 밤의 엇디 자신고 긔별 몰라 분별ᄒᆞ뇌. 도ᄂᆞᄅᆞ셔 혼인의 ᄡᅳᄂᆞᆫ ᄎᆡᆨ 어드러 사ᄅᆞᆷ이 부러 와 이시니 ᄎᆡᆨ보과 갓보희 두 고대 어더 금동이 ᄒᆞ여 보내소. 졉ᄎᆡᆨ이 다 부븬 ᄎᆡᆨ이니 대원이 ᄒᆞ여 어더 보라 ᄒᆞ소. 졉ᄎᆡᆨ이 세ᄒᆞ로셔 뉴에 ᄂᆞᆰ고 큰 ᄎᆡᆨ이니 져근 ᄎᆡᆨ 둘란 말고 크고 ᄂᆞᆰ은 졉ᄎᆡᆨ을 보내소. 젼년 혼인 제 도ᄂᆞᄅᆞ로셔 온 졉ᄎᆡᆨ이니 ᄌᆞ셰 어더 보내소. (69)

㉡ 새 ᄎᆡᆨ녁도 예긔 왓고 날 밧ᄂᆞᆫ ᄎᆡᆨ도 여긔 잇거ᄂᆞᆯ ᄌᆞ셰 바드니 졍월 ᄀᆞ디ᄂᆞᆫ 맛당ᄒᆞᆫ 나리 업ᄉᆞ니 (17)

㉢ 요ᄉᆞ이 아희ᄃᆞᆯ ᄃᆞ리고 엇디 겨신고 긔별 몰라 분별ᄒᆞ뇌. (중략) 내 자던 며마ᄐᆡ 당판애 ᄡᆞᆫ 당판ᄎᆡᆨ이 대되 스므권 ᄎᆡᆨ으로셔 더러 보노라 내여 ᄎᆡᆨ 사ᄒᆞᆫᄃᆡ 내여 잇더니 당판애 ᄡᆞᆫ ᄎᆡᆨ을 보아셔 그 ᄎᆡᆨ ᄒᆞᆫ 가지 ᄎᆡᆨ을 ᄎᆡᆨ 사ᄒᆞᆫᄃᆡ 어더셔 당판애 ᄎᆡᆨ과 병ᄒᆞ여 스므권을 출화 그 당판애 ᄒᆞᆫ듸 ᄡᆞᆨ고 당판 우희 보로 ᄡᅡ셔 아긔 거러로 보내소 뎡동디ᄃᆡᆨ으로 보낼 ᄎᆡᆨ이니 ᄎᆡᆨ이 드러나디 아니ᄒᆞ게 보ᄅᆞᆯ ᄡᅡ 보내소 (70)

㉠에 나온 ‘혼인에 쓰는 책’은 혼사의 여러 과정에서 필요한 문건을 만드는 방법이나 절차 등을 적어 놓은 책이었던 듯하다. ‘졉칙’이라는 용어는 오늘날의 ‘첩장본(帖裝本)’과 같이 병풍처럼 접어서 만든 책을 말한다. ‘부뷘 책’은 종이를 손으로 많이 문질러 가공한 책을 가리키는 표현으로 짐작된다(69번 편지의 ‘부뷘’ 주를 참고). 여기서 ‘뉴’라는 말이 나오는데 ‘뉴’(紐)란 책을 장정할 때 책을 싸고 자그마한 대조각이나 뿔로 질러서 꽂는 것을 말한다.

㉡은 책력과 날 받는 책이 당시의 생활에 실용되었음을 알려 준다. ㉢은 “내가 자던 머리맡에 ‘댱판’애 ᄡᆞᆫ ‘당판칙’이 합하여 스무권 책’을 보에 싸서 보내라고 지시하는 내용이다. ‘댱판’과 ‘당판’이 각각 다른 용어로 쓰이고 있다. ‘댱판’은 ‘장판지(壯版紙)’의 ‘장판(壯版)’으로서 기름 먹인 두꺼운 종이를 가리키는 것이고, ‘당판’은 ‘唐板’으로 중국책을 가리키는 것이라고 판단된다. ‘졉책’, ‘댱판’ 등과 같은 용어는 다른 문헌에서 보기 어려운 것들이다.

4. 교육

1) 언문 가르치기

이 문헌들에는 ‘언문’이라는 말이 3건의 편지 속에서 다섯 번 등장하는 데 모두 아이들에게 언문을 가르치는 일과 관련하여 쓰인 것이다.

(10) 곽주가 장모 합산댁에게(1612년)

ᄌᆞ식ᄃᆞᄅᆞᆫ 여러히 갓ᄉᆞ오니 우연히 요란히 너기ᄋᆞᆸ시거냐 ᄒᆞᄋᆞᆸ노이다. 수이 ᄃᆞ려 오ᄋᆞᆸ고뎌 ᄒᆞᄋᆞ오ᄃᆡ 그려도 당시ᄂᆞᆫ 의심이 깁디 아니 ᄒᆞᄋᆞ오매 이 ᄃᆞ리나 디나ᄋᆞᆸ거든 ᄃᆞ려오려 ᄒᆞᄋᆞᆸ노이다. 아ᄋᆞ ᄌᆞ식 둘란 게 갓ᄉᆞᆸᄂᆞᆫ 제 언문 ᄀᆞᄅᆞ쳐 보내ᄋᆞᆸ쇼셔. 슈고롭ᄉᆞ오만 언문 ᄀᆞᄅᆞ치ᄋᆞᆸ쇼셔. ᄒᆞᄋᆞᆸ기 젓ᄉᆞ와 ᄒᆞᄋᆞᆸ다가 알외ᄋᆞᆸ노이다. (2)

(11) 곽주가 河氏에게

㉠ 쟈근아기 언문 쾌히 ᄇᆡ화 내게 유무 수이 ᄒᆞ라 ᄒᆞ소. (36)

㉡ 가온대 아기 언문 쾌히 ᄇᆡ홧다가 내게 뵈라 ᄒᆞ소. 셋재 아기도 이제ᄂᆞᆫ 쾌히 셩ᄒᆞ여 이실 거시니 언문 외와싯다가 뵈라 니ᄅᆞ소. (39)

(10)은 곽주가 그의 장모에게 보낸 편지인데 외가에 간 아이들에게 언문을 가르쳐 달라고 부탁하고 있다. “아우 자식들이 거기에 갔는 김에 언문을 가르쳐 보내주십시오. 수고로우시겠지만 언문을 가르쳐 주십시오. 말하기 조심스러워 하다가 이렇게 아뢰옵니다”라 하며 매우 조심스럽게 아뢰고 있다.

곽주의 이 편지의 끝에는 ‘임ᄌᆞ’라는 연기가 나타나는 바 1612년에 해당한다. 이 때는 훈민정음이 창제된 후 166년 뒤이다. 그리고 외할머니에게 언문을 가르치는 일을 당부함이 흥미롭다. 당시의 사대부집 여성들이 언문 사용에 능통했음과 양반집 아이들이 어릴 때 언문을 배우고 있었음을 알려 준다. ㉡은 곽주가 부인 하씨에게 보낸 편지다. 두 편지에 나온 ‘쟈근아기’, ‘가온대 아기’, ‘셋재 아기’는 모두 곽주의 딸들을 가리킨 것으로 보인다. 아이들이 한글로 아버지에게 편지를 썼음을 보여 준다. 이 편지들의 내용을 통해 아이들의 한글 교육이 상당히 중시되었고, 그 교육을 부녀자들이 담당하였던 일면을 알 수 있다.

2) 무명 잣기

(12) 곽주가 河氏에게

김셔방ᄃᆞ려 내 말로 아기가 긔별ᄒᆞ여셔 물레 ᄆᆡᆼ그라 달라 ᄒᆞ여셔 졍녜 셩커든 무명 ᄌᆞᆺ기 ᄀᆞᄅᆞ쳐 ᄌᆞ이소. (12-13)

'졍녜'는 곽주의 女息이다. 딸에게 무명 잣기를 가르치라는 것인데 아들에게 언문 가르치기를 당부한 것과 대조적이다. 하씨묘에서 출토된 유물에는 무명옷이 여러 벌 있는데 당시의 의생활에서 무명은 매우 중요한 것이었고 높은 경제적 가치를 가지고 있었다. 면화를 분배한 치부 기록과, 분가를 하려면 면화 수확을 마친 후에나 하라는 내용도 있다.

3) 품행 교육

(13) 곽주가 河氏에게

㉠ 졍녜 졍녈이 ᄉᆡᆼ심도 밧ᄭᅴ 나가 ᄉᆞ나희 아희ᄃᆞᆯ ᄒᆞ고 ᄒᆞᆫᄃᆡ셔 몯 놀게 ᄒᆞ소 내 이신 적은 아ᄆᆞ려 ᄒᆞ여도 므던ᄒᆞ거니와 나 업시셔 밧ᄭᅴ 나와 ᄉᆞ나희 아희ᄃᆞᆯ ᄒᆞ고 ᄒᆞᆫᄃᆡ셔 노더라 ᄒᆞ면 ᄀᆞ장 욀 거시니 ᄉᆡᆼ심도 밧ᄭᅴ 몯 나오게 ᄒᆞ소. (중략) 졍녜 졍녈이 ᄉᆡᆼ심도 나와 노디 몯ᄒᆞ게 ᄒᆞ소 (12)

㉡ 아기 제 방의 갈 제 진ᄉᆞ ᄃᆞᆫ니ᄂᆞᆫ 창으로 가디 말고 밧방 창으로 드러셔 안방 ᄉᆞ이 지게 제 ᄃᆞᆫ니던 드러로 드려 보내소 (90)

㉢ 밤의 ᄉᆡᆼ심도 나ᄃᆞᆫ니지 말고 아희ᄃᆞᆯ도 밤의 몯 나ᄃᆞᆫ니게 ᄒᆞ소 (8)

㉣ 뎡녜ᄃᆞ려 밧ᄭᅴ 나가 ᄀᆞᆯ왜디 말고 됴히 이시라 니ᄅᆞ소 (6)

㉤ 밤의 ᄉᆡᆼ심도 나ᄃᆞᆫ니디 말고 대원이 ᄒᆞ며 졍녜네도 ᄉᆡᆼ심도 어두온 ᄃᆡ 나 몯 ᄃᆞᆫ니게 ᄒᆞ소 (24)

㉥ 자내 잇ᄂᆞᆫ 집이 외ᄠᅳ니 ᄉᆡᆼ심도 혼자 겨시디 말고 졍녜 졍녈이를 ᄒᆞᆫᄃᆡ ᄠᅥ나디 몯ᄒᆞ게 ᄒᆞ여 ᄃᆞ리고 계소 블도 조심ᄒᆞ여 아희 혼자셔 짓게 마소 (13)

(13)에 인용된 편지 내용은 곽주가 부인 하씨에게 아이들의 행실 교육을 당부하는 것들이다. ㉠의 내용이 가장 세세한 데까지 언급하고 있다. 딸인 '졍녜'와 '졍녈이'가 밖에 나가 사내애들과 어울려 놀지 말라는 지시이다. 그런데 재미있는 것은 "내가 있을 때에는 아무렇게 해도 무던하지만 나 없을 그리하면 가장 잘못된 것이다"라는 말이다. 이 말은 남녀칠세부동석을 강조하는 유교적 분위기에도 불구하고 실제로는 그렇지 아니한 점도 있었음을 의미한다.

㉡은 아이들이 손님으로 와 계신 진사 다니는 길로 다니지 말고 에둘러 가라는 가르침이다. ㉢이하의 인용문에서도 밤에 나다니지 말라는 것과 밖에 나가 행악하지 말라

(골왜디 말고)는 가르침을 내리고 있다. 이러한 내용들은 아이들의 품행 교육에 각별한 관심을 기울였음을 보여 준다. 가르침의 구체적 내용들이 오늘날 아이들을 가르치는 내용과 별반 다르지 않은 것들이어서 아이 가르치는 일이 예나 지금이나 다름없음을 깨닫게 한다.

습속과 의례

「곽씨언간」에는 17세기 전기를 살았던 사람들의 생활 습속과 의례에 관한 다양한 사실들이 반영되어 있다. 이 편지글에 나타난 몇 가지 습속과 의례를 간추려 당시 사람들의 생활 모습을 엿볼 수 있다.

1. 습속

먼저 일상생활 속에서 행해졌던 습속 중 다음의 두 가지가 이 편지글에 나타난다.

(1) 대임이는 생일에 무엇을 잡던고

요ᄉᆞ이 아희들 ᄃᆞ리고 엇디 겨신고 긔별 몰라 분별ᄒᆞ뇌. 대임이ᄂᆞᆫ 어제 ᄉᆡᆼ일에 므서슬 몬뎌 잡던고 긔별 몰라 더옥 닛디 몯ᄒᆞ여 ᄒᆞ뇌. 집안도 편코 ᄆᆞ을도 편ᄒᆞ면 므스 일로 혼자이라 와셔 고모를 ᄒᆞᆯ고 (39)

이 자료는 돌잡이 풍습을 보여 준다. 예전에는 유아의 사망률이 매우 높아 돌을 맞는다는 것은 성장의 초기 단계를 무사히 넘긴 것이라 여기고 이 날을 기념하여 일정한 의례를 가졌다. 이수광(1563~1628)이 지은 『지봉유설』에 중국의 기록에 나타난 돌잡이 의례를 설명하면서 동양에서 이 풍습이 매우 오래되었음을 언급하였다. 우리나라에서 돌잔치를 행한 기록은 『국조보감』 정조 15년 6월조에 원자(元子)의 돌날을 맞아 의례를 행하고 음식을 돌린 것이 처음 발견된다고 한다(『한국민속대관』 참고). 그러나 위 「곽씨언간」의 자료는 이보다 훨씬 빠른 연대의 돌잡이 의례를 보여 준다.

돌상 위에 붓, 먹, 종이, 활, 실, 쌀, 자, 바늘 따위를 늘어 놓고 아이에게 잡게 하는데 처음 잡는 두 가지를 중요하게 여긴다. 붓・먹・책 등을 잡으면 '문장으로 대성한다', 활을 잡으면 '장군이 된다', 실을 잡으면 '장수한다', 쌀을 잡으면 '재물을 크게 모은다', 자나 바늘을 잡으면 '바느질을 잘한다' 등과 같은 의미를 부여하며 아이의 장래를 미루어 보는 것이 돌잡이 행사다. "돌잡이가 떡을 돌린다"라는 속담은 아이의 성장이 매우 빠름을 경탄하는 속담이다. 돌잡이 풍습은 요즈음도 행해지고 있는데, 위 자료를 통해 우리는 이 의례의 유구한 역사성을 확인할 수 있다.

(2) 열이튿 날이 동지라 하니 죽 쑤어 잡수게 하소

아져게 유무호듸 엇디 답장 아니 ᄒᆞ신고 슈상이 너기뇌. 열이튼 나리 동지라 ᄒᆞ니 아라셔 쥭 수워 잡습게 ᄒᆞ소 (7)

동지는 밤이 가장 길어 음(陰)이 가장 성한 날이면서도 동시에 양(陽)이 생겨나는 때로서 천지기운의 순환에서 한 해의 분기점이 된다. 엄밀히 말하면 한 해의 시작은 양기가 신장되기 시작하는 동짓날에 있다. 고대 중국에서는 한 해의 첫날을 12월에 두었다고 한다. 12월을 '섣달'이라고 하는데 이 말은 '설달'의 음이 변한 것으로,[1] 이 달에 동지가 있기 때문에 붙여진 이름이다. 동짓날에 팥죽을 쑤어 먹는 것은 양의 기운이 커지기 시작하는 새해의 첫날에 좋은 기운을 받고, 잡귀 따위의 침범이나 사악한 기운을 물리쳐 한 해의 평안을 기원하는 전통적인 풍속에서 나온 것이다.

이 편지의 주인인 곽주는 출타하여 다른 곳에 가 있으면서 집안의 부인에게 동지죽을 쑤어 식구들이 먹도록 당부하고 있다. 오늘날에도 동짓날이면 팥죽을 쑤어 먹는 바 이러한 풍습이 실생활을 반영한 문헌에 명료히 묘사된 점에서 위 기록의 가치가 있다. 동짓날 팥죽 먹는 전통이 17세기 초의 우리 조상님들에게도 이미 있었음을 알려 준다. 민간에서 행해져 오는 습속 중 많은 것들이 소멸하여 사라져 갔지만 아직도 살아 남은 동지 풍습을 보면 대견한 느낌조차 든다.

1) 이는 '삼질날'이 音變하여 '삼짇날'로 발음되는 것과 같은 이치다.

다음 편지의 내용은 앞에서 본 두 경우와 약간 다른 것이기는 하나 손님을 접대하는 당시의 모습이 섬세하게 묘사된 편지여서 접빈객(接賓客)에 대한 당시의 법도를 알려 준다.

(3) 차담상을 가장 좋게 차리소.

아ᄌᆞ바님이[2] 오ᄂᆞᆯ 가실 길헤 우리게 ᄃᆞᆫ겨 가려ᄒᆞ시니 진디도 올케 ᄎᆞᆯ호려니와 차담 상을 ᄀᆞ장 됴케 ᄎᆞᆯ호게 ᄒᆞ소 내 길헤 가디고 ᄃᆞᆫ니는 발상의 노하 잡ᄉᆞᆸ게 ᄒᆞ소 차담상의 졀육 셰실과 모과 졍과 홍시 ᄌᆞ잡ᄎᆡ 슈졍과애 셕뉴 ᄡᅵ워 노코 겻반의 의이쥭과 녹도쥭과 두 가지ᄅᆞᆯ 수워 노케 ᄒᆞ소 의이쥭 녹도쥭 놋ᄂᆞᆫ 반의 ᄭᅮᆯᄅᆞᆯ 죵ᄌᆞ애 노하 조차 노케 ᄒᆞ소 안쥬란 처엄의 ᄉᆡᆼ치 구워 드리고 두 번재 대구 구워 드리고 세 번재 쳥어 구워 드리게 ᄒᆞ소 자내 보려코 가시니 머리 ᄡᅱ우고 ᄀᆞ리매ᄅᆞᆯ 스게 ᄒᆞ소 큰아기도 뵈ᄋᆞᆸ게 ᄒᆞ소 녀ᄂᆞ 잡ᄉᆞ올 거스란 보아 가며 ᄎᆞᆯ호소 잔ᄃᆡ과 규화ᄂᆞᆫ 김참봉ᄃᆡ그나 초계ᄃᆡ긔나 엇게 ᄒᆞ소 (64)

이 편지는 깍듯하게 접대해야 하는 손님이 집으로 찾아왔을 때 접대하는 모습이 잘 드러나 있다. 특히 접대를 위한 음식상에 올라가는 과일과 안주 등이 자세히 명세되어 있어 당시 사대부가에서 일반적으로 행해지던 접빈객 음식을 알 수 있다. 절육, 과실, 모과, 정과, 홍시, 잡채, 수정과를 음식상에 놓고 곁들이는 작은 접시에 율무죽과 녹두죽, 꿀 종지를 놓았다. 안주로는 첫 번째는 꿩고기, 두 번째는 대구구이, 세 번째는 청어구이를 올리도록 하였다. 아울러 머리맵시에 대한 것도 이르고 있다. 또한 다른 집에서 빌려서라도 좋은 잔대를 내놓으라고 지시하고 있다. 세심한 손님 접대의 한 전형을 보여 주는 사례이다.

2. 의례

1) 제례

「곽씨언간」에는 제례와 상례 등 의례에 관련된 사연이 적지 않게 보이는데 먼저 제례

2) 이 '아ᄌᆞ바님'은 하씨의 처지에서 아주버님이 되는 사람, 즉 하씨의 시숙(곽주의 형님 또는 곽주의 아재뻘 되는 분)일 것이다.

에 관련된 자료를 살펴 보기로 하자.

(1) 한훤당 제를 나라에서 하시매.

ᄂᆡ일 새배 한훤당 졔를 나라ᄒᆞ로셔 ᄒᆞ시매 우리를 그 졔 조차 ᄒᆞ라 ᄒᆞ니 오ᄂᆞᆯ 소례로 도로 나가니 내 텰릭ᄒᆞ고 두건ᄒᆞ고 한쉬 가뎌 간 ᄂᆞᆯ근 명지 듕치막ᄒᆞ고 니블 며개 보단 빗졉 슈건 갓보애 든 재 자리보 ᄒᆞᆫᄃᆡ 빠셔 년쉬ᄒᆞ여 오ᄂᆞᆯ로 소례 못쏠로 보내소 나ᄂᆞᆫ ᄂᆡ일로사 가리로쇠. (59)

한훤당 김굉필은 갑자사화가 일어나자 무오당인(戊午黨人)이라 하여 극형에 처해졌다. 중종 12년(1517)에 복권되어 우의정에 추증되고, 선조 10년(1577)에 시호가 내려졌으며, 광해군 2년(1610)에 정여창, 조광조, 이언적, 이황 등과 함께 5현으로 문묘종사되었다. 현풍 소재 도동서원(道東書院)에 배향된 한훤당의 제를 지내는 데 곽주가 참여했음을 위에서 알 수 있다. 곽주가 이러한 제에 참례할 수 있었던 것은 지역에 거주하는 사림으로서의 일정한 지위를 가지고 있었기 때문일 것이다. 제에 참례하기 위해 필요한 의관인 철릭과 두건, 그리고 서원에 머물게 되면 잠자고 세수할 때 필요한 베개, 빗 등을 함께 싸 보내라고 하씨에게 당부하고 있다. 큰 스승님의 제사에 참례하기 위해 이런저런 준비를 갖추는 한 선비의 모습이 눈에 그려지는 듯하다.

(2) 어마님 식가제에 포육하고 수리제에 포육하고

쇠오기를 언메나 ᄒᆞ여 왓던고 밧바 다시 드러 가 몯 보고 오니 어마님 식가졔예 포육ᄒᆞ고 수리졔 예 포육ᄒᆞ고 혜여 쁜 후에 스므날 졔예 ᄡᅳᆯ 것 위ᄒᆞ고 그 나믄 거스란 쟝모ᄭᅴ 잡숩게 ᄒᆞ소 어마님께도 더러 보내소 덕남이 올 제란 쇠오기를 내게 보내디 말고 두고셔 쟝모ᄭᅴ 잡숩게 ᄒᆞ소 셔원에셔 쇼를 잡으니 내게란 쇠오기를 보내디 마소 자반과 짐치 쳐엿 거슬 출화 보내소 (87)

위의 편지에는 세 가지 종류의 제사가 나타나 있다. '식가제(式暇祭)', '수리제', '스므날제'가 그것이다. 식가제의 원뜻은 관원이 휴가를 얻어 지내는 기제사이다. 그러나 곽주가 관원 생활을 한 것은 아니기 때문에 위 문맥에서도 정확히 이런 뜻으로 쓰였다고 말할 수 없다. '수리졔'가 바로 뒤에 이어지는 것으로 보아 '식가졔'도 어떤 특정한 날에 지내는 제사를 뜻하는 것으로 여겨진다. 단오에 지낸 수리제도 17세기에는 상당히 중요한 의례였을 것이다. 영남 지역에서 단오는 매우 큰 명절이었다. '스무날 제'는 곽주의 집안 기제사인 듯하다.

위 편지에서 우리는 몇 가지 다른 사실도 알아낼 수 있다. 하나는 제사상에 쇠고기 포육을 올렸다는 점이다. 또 하나는 '서원에서 소를 잡으니'에 나타나 있듯이 서원에서 큰 제를 지낼 때 소를 잡기도 한 사실이다. 이 서원은 도동서원일 것이고, 이 서원에서 '한훤당제'를 지내기 위해 소를 잡기까지 했던 것이다. 한훤당제가 매우 성대하게 치러졌음을 알려 준다.

(3) 스므날 제를 자네가 친히 하소

아ᄌᆞ바님 병셰 하 듕ᄒᆞ시니 민망이로쇠. 나ᄂᆞᆫ 오ᄂᆞᆯ 뎡동ᄃᆡ ᄃᆡᆨ의 약 뭇ᄌᆞ오러 가니 스므날 졔예 몯 미처 올가 식브니 힝혀 몯미처 오나ᄃᆞᆫ 졔ᄅᆞᆯ 자내 친히 ᄒᆞ게 ᄒᆞ소 밧바 이만. 이월 열닐웬날. (53)

이 편지의 '스므날 졔'는 바로 앞의 87번 편지에 나왔던 '스므날 졔'와 같은 것이다.[3] 아주버님 병환 일로 스무날까지 집에 돌아가지 못할 것 같으니 자네(부인 하씨)가 알아서 제사를 모시라는 사연이다. 남편이 출타 중일 때 집안에 있는 부인이 제사를 주재하기도 했음을 알려 준다.

다음에는 제에 쓰이는 제수(祭需)를 언급한 편지를 통해 어떤 제수를 얼마나 준비하며 어떻게 마련하고 있는지 알아보자.

(4) 젯뫼도 나락쌀과 보리쌀을 섞어 하소

졧뫼도 아바님 겨ᄋᆸ신 제브터 뫼ᄒᆞ여 잡ᄉᆞᆸ던 양으로 ᄑᆺ과 나ᄅᆨᄡᆞᆯ과 보리ᄡᆞᆯ과 섯거 ᄒᆞ여 잡ᄉᆞᆸ게 ᄒᆞ소 졧뫼도 나ᄅᆨᄡᆞᆯ 니워 ᄒᆞᆯ 길히 어려워 보리ᄡᆞᆯ과 섯거 ᄒᆞ거든 ᄒᆞ믈며 다ᄅᆞᆫ 밥이야. 졔예도 나ᄅᆨ뫼ᄅᆞᆯ 몯ᄒᆞ여셔 다ᄅᆞᆫ ᄃᆡ 잘 ᄒᆞᆯ가. ᄉᆡᆼ심도 드ᄅᆞᆫ 쳬 말고 내 긔걸대로 ᄒᆞ소 (65)

3) 앞에서 든 (1), (2), (3)의 편지에 나타난 곽주의 행적은 시간적 순서에 따라 배열된 것이다.

이 편지는 쌀이 귀하던 당시의 모습을 보여 준다. 이 편지가 나온 시기는 임진왜란이 지난 후 얼마 되지 않은 때이다. 많은 농토가 경작되지 못하여 민생이 피폐해져 모든 생활에 어려움이 컸던 때이며 특히 식량 문제가 매우 심각했을 것이다. 당시의 사대부가에도 이런 모양이니 일반 양민이나 천민들의 생애가 얼마나 고달팠을까. 생존의 기로에서 먹고 살기 위한 고초가 이만저만이 아니었을 것이다.

(5) 제에 쓸 떡쌀·술·꿀·메밀

아희ᄃᆞᆯᄒᆞ고 엇디 겨신고 긔별 몰라 분별ᄒᆞᄂᆡ. 아져게 일년이 졔예 ᄡᅳᆯ 편ᄡᆞᆯ 가뎌 가더니 ᄌᆞ셰 봉ᄒᆞᆫ 것 보아 바ᄃᆞ신가. 졔쥬 항 봉ᄒᆞ여 금동이 가져 가ᄂᆡ. ᄌᆞ셰 보아 밧소. 졔예 ᄡᅳᆯ 숤 엇다가 몯 ᄒᆞ니 조ᄡᆞᄅᆞᆯ 고하셔 산승 경단내 ᄡᅳ고져 ᄒᆞ니 ᄂᆡ일로 브ᄃᆡ 조ᄡᆞᄅᆞᆯ 됴케 고하 두소. 졍함 ᄀᆞᄅᆞ도 고하 두소. 조ᄡᆞᄅᆞᆯ 브ᄃᆡ ：： 됴케 고하 두소. 슈영ᄃᆡ게 비화 자내 고하 보소. 밧바 이만. (74)

(6) 제에 쓸 백미 서 말, 찹쌀 한 말, 녹두 닷 되 팥 닷 되 가네.

졔예 ᄡᅳᆯ ᄇᆡᆨ미 서 말 ᄎᆞᄡᆞᆯ ᄒᆞᆫ 말 녹도 닷 되 ᄑᆞᆺ 닷 되 가ᄂᆡ. ᄌᆞ셰 밧소. 졔예 편ᄡᆞᆯ란 뫼ᄡᆞᆯ ᄒᆞᆫ 말 닷 되 ᄎᆞᄡᆞᆯ ᄒᆞᆫ 말 ᄒᆞ여 ᄡᅳ게 ᄒᆞ소. 기ᄅᆞᆷ으란 한대 ᄒᆞ여 ᄧᆞ이게 ᄒᆞ소. (중략) 모밀 ᄡᆞᆯ ᄒᆞᆫ 되 닷 홉 조차 면에 ᄡᅳ게 가ᄂᆡ. (83)

(7) 이렇게 제물을 차려 보내시니 고마움이 가이없소이다(사돈 간 편지)

사ᄅᆞᆷ 보내셔ᄂᆞᆯ 긔후 편히 겨신 유무 보ᄋᆞᆸ고 친히 보ᄋᆞ온ᄃᆞᆺ 반기노이다. 알ᄑᆡ 긔운 편치 아니ᄒᆞ시다ᄒᆡ야ᄂᆞᆯ ᄀᆞ 업시 분별ᄒᆞᄋᆞᆸ다니 이제ᄂᆞᆫ 편ᄒᆞ시다 ᄒᆞ니 ᄀᆞ 업시 깃ᄉᆞ와 ᄒᆞ노이다. 나ᄂᆞᆫ 당시 숨 니어 인노이다. 이리 졔믈 ᄎᆞᆯ와 보내시니 내의 아ᄅᆞᆷ답고 고마오ᄆᆞᆯ ᄀᆞ이 업서 ᄒᆞ노이다. 일로 졔믈 호려 ᄒᆞ노이다. 게도 졔ᄉᆞᄒᆞ시먀 이리 ᄎᆞ려 보내시니 안심치 몯 ᄒᆡ야이다. 아마도 긔후 편ᄒᆞ시믈 ᄀᆞ 업시 ᄇᆞ라노이다. ᄀᆞ 업서 이만. 뎡미 오월 초여ᄃᆞ랜날. 외얘 뎡녜 할미. (118)

이 편지는 '외얘'에 사는 '뎡녜'[4]의 할머니가 사돈에게 보낸 답장이다. 뎡녜의 친할머니가 뎡녜의 외할머니에게 제물을 보내었고 이에 뎡녜의 외할머니가 고마워 하는 답장

4) 뎡녜는 곽주의 女息 이름이다.

을 보낸 것이 이 편지이다. 그쪽에서도 제사를 지내면서 이쪽을 생각하여 제물을 차려 보내 주신 정성에 감사하는 마음이 잘 드러나 있다. 우리 할머니들의 인정스러운 마음 씀씀이가 절로 느껴지는 편지이다.

2) 상례

다음은 상례에 관한 내용이 서술된 편지글을 가려 당시의 모습을 살펴보자. 제례와 상례에 관한 내용은 약간 겹치는 부분도 있으나 편의상 나누어 서술한다.

(1) 성복(成服)한 후면 즉시 가려 하네.

요ᄉᆞ이 아희ᄃᆞᆯ ᄃᆞ리고 엇디 겨신고 긔별 몰라 분별ᄒᆞ뇌. 나도 ᄂᆡ일 셩복ᄒᆞᆫ 휘면 즉시 가려 ᄒᆞ뇌. ᄂᆡ일 셩복ᄒᆞᆫ 후에 치뎐ᄒᆞᆯ 거시니 치뎐ᄒᆞᆯ 당숡 안쥬ᄒᆞ고 제쥬ᄒᆞ고 출화 덕남이 ᄒᆞ여 ᄂᆡ일로 일 보내소 (56)

이 편지에는 상례의 절차 중 성복(成服)과 치전(致奠)이 나타나 있다.

(2) 공주댁에 치전하고, 초계댁에 치전하고 갈 것이니.

밤의 아희ᄃᆞᆯᄒᆞ고 엇디 자신고 닛디 몯 ᄒᆞ여 ᄒᆞ뇌. 나ᄂᆞᆫ 무ᄉᆞ히 와 잇뇌. 모뢰 섭밧ᄂᆞᄅᆞ 초계ᄃᆡᆨ 쇼샹이라 ᄒᆞ니 ᄂᆡ일 풍난이 올 제 치뎐ᄒᆞᆯ 거슬 두우를 출화 보내소 ᄂᆡ일 아뎌게 공쥐ᄃᆡᆨ 셩복ᄒᆞ여든 치뎐ᄒᆞ고 갈 길에 초계ᄃᆡᆨ의 치뎐ᄒᆞ고 가려 ᄒᆞ니 치뎐ᄒᆞᆯ 거슬 두우를 출화 풍난이 ᄒᆞ여 ᄀᆞ장 일 보내되 풍난이ᄃᆞ려 ᄉᆞ셔를 ᄌᆞ셰 닐러 ᄒᆞᆫ나란 공쥐ᄃᆡᆨ 치뎐ᄒᆞ고 ᄒᆞᆫ나란 초계ᄃᆡᆨ 치뎐ᄒᆞᆯ 거시니 아라 섯드리디 말라 니ᄅᆞ소 (57)

(3) 김극효 조상(弔喪)하러 가니

년악이 오나ᄂᆞᆯ 편ᄒᆞ신 긔별 듣고 깃거 ᄒᆞ뇌. 나ᄂᆞᆫ 무ᄉᆞ히 졔 디내고 김극효 죠상ᄒᆞ러 가니 나죄 사ᄃᆞᆯ로 갈 거시니 금동이ᄃᆞ려 닐러 죵ᄃᆞᆯ 여러ᄒᆞᆯ ᄃᆞ리고 사ᄃᆞᆯ로 일 나와 잡게 ᄒᆞ라 니ᄅᆞ소 (58)

'죠상'(弔喪)은 흰옷 차림으로 빈소에 나아가 전을 올리는 것인데, 부의로는 돈과 옷감을 마련한다. 상가에 가서 미리 이름을 알리고 영좌 앞에서 곡을 하고 전을 올린 다음 다시 곡을 한다. 전을 올릴 때 쓰는 물건으로는 향, 차, 초, 술, 과실이 있다.

(4) 빈소방의 남을 숨겨 내어 간다 하니

녈진이ᄅᆞᆯ 밤마당 **빙소방의** ᄂᆞᆷ 숨겨 내여 간다 ᄒᆞ여 니ᄅᆞᆫ다 ᄒᆞ니 그 마ᄅᆞᆫ 올ᄒᆞᆫ 마린가. 진실로 그리 니ᄅᆞᆯ 쟈기면 ᄒᆞᆫ 집의 잇다가 내죵애 므슴 큰 마ᄅᆞᆯ 지어 낼동 알고 겯에 자내 녈진이네ᄅᆞᆯ ᄃᆞ리고 제곰 나사 편ᄒᆞᆯ가 ᄒᆞ뇌. 이제 아ᄆᆞ려 녈진이ᄅᆞᆯ 밤으로 **빈소방**의 ᄃᆞ려 간다 ᄒᆞ여도 나 혼자 아니 이시니 ᄂᆞᆷ은 고지 아니 드ᄅᆞ려니와 저의 말 지어 내ᄂᆞᆫ ᄆᆞᄋᆞᆷ이 우연이 흉악ᄒᆞᆫ가. (31)

이 편지의 사연은 매우 미묘한 사건에 대한 것이다. 곽주의 부인 하씨가 다른 어떤 사람과 한 집에서 사는데 곽주의 부친이 돌아가신 후 차린 빈소방을 둘러싸고 그 어떤 사람이 이상한 소문을 만들어 내어 하씨를 음해한 것 같다. 출타 중인 곽주가 이 소문을 듣고 하씨에게 편지를 보내 그 소문이 사실인지 아닌지 묻고 있다. 곽주는 사실이 아니라 어떤 사람이 거짓으로 만들어 낸 말이라고 여기며, 그런 말을 지어내는 그 사람의 마음씨가 흉악하니 더 이상 한 집에서 살지 말고, 녈진이네를 데리고 따로 나가 사는 것이 좋겠다고 말하고 있다. 그런데 '녈진이를 밤마다 빈소방으로 데려 간다'라고 하는 의미가 구체적으로 무엇인지 분명히 알 수 없다. 어떤 은밀한 사건이 편지글 뒤에 숨어 있는 것 같다.

어쨌든 위의 편지에서 우리는 집안에 빈소방을 차리는 당시의 의례를 확인할 수 있다. 유교의 가례에 따른 상례 절차가 17세기 초에는 향리에 이르기까지 시행되었음을 알 수 있다.

(5) 안묘제(安墓祭)를 하라 하소

풍난이 오나ᄂᆞᆯ 아희ᄃᆞᆯ ᄃᆞ리고 편ᄒᆞ신 유무 보고 긧거 ᄒᆞ뇌. 년홰 이ᄅᆞᆫ 다시 므슴 마ᄅᆞᆯ ᄒᆞᆯ고 금동의 짓궂ᄒᆞ던 나리 덕휘 나리니 ᄂᆞᆷ이 아뫼나 주그ᄆᆞᆫ 블의예 주글 나리거니와 하나 한 사ᄅᆞᆷ애 제그의 글 만나ᄂᆞᆫ 이리 우연이 어엿ᄲᅳᆫ가. 항거싀게 블쵸치 아니턴 이리 ᄉᆡᆼ각ᄒᆞᆯ소록 어엿버 ᄒᆞ뇌. ᄡᆞᆯ 두어 마리나 ᄒᆞ고 ᄆᆡ믈ᄒᆞᆯ 것ᄒᆞ고 출화셔 언옥이ᄒᆞ고 한 ᄃᆡᄒᆞ고 둘히 맛다 가 년홰 제 엄의 보ᄂᆞᆫ ᄃᆡ 가 ᄀᆞ장 조케 당만ᄒᆞ여 안묘제ᄅᆞᆯ ᄒᆞ라 ᄒᆞ소

술도 ᄆᆞᆯ근 수를 ᄀᆞ장 됴ᄒᆞᆫ 수를 주워셔 안묘졔를 ᄒᆞ라 ᄒᆞ소 (중략) 년홰 묘졔ᄒᆞᆯ 제 면ᄉᆡᆨ ᄅᆞ도 주워셔 면조차 ᄒᆞ여 졔를 ᄒᆞ라 ᄒᆞ소 (21)

안묘제는 묘를 조성한 후 고인이 묻힌 묘소의 평안함을 기원하는 제사로 짐작되는데, 이 용어에 대한 자세한 고증을 하지 못하였다. 산 사람의 집에 안택굿(安宅굿)을 하듯 고인의 묘소에 안묘제를 베풀었던 것으로 생각된다. 죽은 '년홰'라는 여종에게 안묘제까지 지내게 한 것은 주인 곽주의 상당한 배려에 의한 것이었으리라.

(6) 부조 물품 목록(과실류)

권찰방ᄃᆡᆨ 감 ᄒᆞᆫ 뎝 셕뉴 둘. 가산ᄃᆡᆨ 모과 세 셕뉴 둘. 뎡참의ᄃᆡᆨ 모과 세 셕뉴 둘. 질레ᄃᆡᆨ 모과 세 셕뉴 둘. 허경녁ᄃᆡᆨ 감 ᄒᆞᆫ 뎝 츄ᄌᆞ 서 되. (103)

<左邊> 黃進士 座前 答疏上 <뒷면> 孤哀子郭澍再拜言伏承

(6)이 쓰인 종이에 '고애자(孤哀子)'라는 용어가 나오는 것으로 보아 상사를 치르면서 받은 부조 물품 중 과실류만 따로 적은 것으로 판단된다. 지금 사람들의 생각에서 보면 소소하게 느껴지는 모과 세 개, 석류 두 개까지도 부조를 하였던 사실을 알 수 있다. 작은 것 하나도 서로 나누었던 인정이 엿보이는 자료이다.

다음은 곽주가 죽은 후에 일어났던 상례에 관한 언급이 나타난 편지에 대해 살펴 보자.

(7) 대상이 임박하오니(곽씨의 안사돈 주씨가 하씨에게 보낸 편지)

쳔만 의외예 피우 듕의 다보ᄒᆞᄋᆞᆸ샨 유무 밧ᄌᆞ와 보ᄋᆞᆸ고 반갑ᄉᆞ오며 몬내 깃ᄉᆞ와 ᄒᆞᄋᆞ오ᄃᆡ 오직 셰월이 믈 흐ᄅᆞ듯 ᄒᆞᄋᆞ와 ᄋᆡᄋᆡᄒᆞ온 ᄀᆞ을쳘을 만나ᄋᆞᆸ셔. 대상이 님박ᄒᆞ오니 우리 ᄠᅳ디 이리 셔창ᄒᆞᄋᆞᆸ거든 ᄌᆞᆨ히 망극ᄒᆞᄋᆞᆸ시랴. (119)

대상은 죽은 지 두 돌 만에 지내는 제사인데 여기서는 곽주의 대상을 가리킨다. 곽주의 사망 연대는 1617년이고 1619년(기미년)에 대상이 치러졌다. 바깥사돈의 대상을 맞아 안사돈 간 주고받은 위문편지다.

(8) 담제날을 정하여도 기별을 아니 하옵시고(출가한 딸이 하씨에게)

ᄐᆡ보기 오ᄋᆞ온 후의 요ᄉᆞ이 극한의 긔후 엇더 ᄒᆞᄋᆞᆸ시닝ᄭᅡ. 심히 긔별 모ᄅᆞ와 일시를 닛ᄌᆞᆸ디 몯ᄒᆞ와 듀야 일ᄏᆞᄌᆞ오며 분별이 그지 업ᄉᆞ와이다. 담졔 나ᄅᆞᆯ 게셔도 긔별 아니 ᄒᆞᄋᆞᆸ시고 오ᄂᆞᆫ 동ᄃᆞᆯ 미련ᄒᆞ와 ᄉᆞᆯ와 아니 오오니 아ᄆᆞ 날 담졔 ᄒᆞᄋᆞᆸ실 주ᄅᆞᆯ 졍치 몯ᄒᆞ오ᄃᆡ 여ᄃᆞ랜날 ᄒᆞᄋᆞᆸ실 법 잇ᄉᆞᆸ다 ᄒᆞ시매 사ᄅᆞᆷ 보내오ᄃᆡ 나리 하 치우매 바회 어믈 바ᄃᆞ러 갓ᄉᆞᆸ다가 오ᄃᆡ 아ᄆᆞ 것 업더라 ᄒᆞ고 몯 바다 왓ᄉᆞ오매 졔믈도 몯 어더 보내오니 더옥 흐운ᄒᆞ여 ᄒᆞᄋᆞ오며 우ᄋᆞᆸ노이다. 보내올 것 업ᄉᆞ와 ᄡᆞᆯ 서 말 졔쥬 ᄒᆞᆫ 병 ᄉᆡᆼ광어 두 마리 ᄉᆡᆼ치 ᄒᆞᆫ 마리 보내ᄋᆞᆸ노이다. 아ᄆᆞ 것도 졔예 ᄡᅳᄋᆞᆸ실 거ᄉᆞᆯ 몯 보내오니 더옥 애ᄃᆞᄋᆞᆸ노이다. ᄆᆞᄉᆞᆷ 죄ᄅᆞᆯ 젼ᄉᆡᆼ의 짓고 졔ᄉᆞ도 ᄒᆞᆫ ᄃᆡ셔 몯 보ᄋᆞᆸ거뇨. ᄉᆡᆼ각ᄒᆞ오니 더옥 새로이 망극ᄒᆞ와 눈믈 금치 몯 ᄒᆞᄋᆞᆸ노이다. 하나 ᄃᆞ리 수이 지나와 담졔 지내오면 노여 도라 올 이리 업ᄉᆞᆸ고 블셔 여러 ᄒᆡ 되ᄋᆞᆸ게 되오니 요ᄉᆞ이 더옥 새로이 망극ᄒᆞ옴 이기ᄋᆞᆸ디 몯ᄒᆞ와 ᄆᆡ일 눈믈로 잇ᄉᆞᆸ노이다. (125)

담제(禫祭)는 대상을 치른 그 다음다음 달에 지내는 제사이며, 초상이 난 후 26개월 만에 치르는 제사이다. 이 담제는 고인이 된 곽주를 위한 담제다. 17세기 초의 사대부가에 이미 대상과 담제 등 유교의 가례를 따른 의례를 행하였음을 알 수 있다. 앞의 제례에서 본 식가제, 수리제와 함께 안묘제, 담제 등의 제사가 「곽씨언간」에서 확인된 셈이다.

3) 관례(冠禮)

(1) 보름날 아기 초거례를 하라 하니

요ᄉᆞ이 아희ᄃᆞᆯ ᄃᆞ리고 엇디 겨신고. 긔별 몰라 분별ᄒᆞ뇌. 보롬날 아ᄀᆡ 초거례ᄅᆞᆯ ᄒᆞ라 ᄒᆞ고 모다 시기니 ᄂᆡ일 쟝의 졀육 ᄒᆞᆯ 거ᄉᆞᆯ 대귀나 아ᄆᆞᆺ거시나 사셔 ᄡᅳ게 ᄒᆞ소. 술란 몬졔 비저 잇던 수ᄅᆞᆯ ᄡᅳ게 ᄒᆞ소. 당ᄉᆞᆰ 안쥬ᄅᆞᆯ 뎌그나 ᄂᆞᆷ 보암즉게 ᄒᆞ여 보내소. 일향 얼우신네ᄅᆞᆯ 다 쳥ᄒᆞ니 하 초ᆢ케 마소. 밧바 이만. (55)

아이들이 자라 20세 가량 되면 땋아 내린 머리를 올려 의관을 갖추게 하는 절차가 있는데 이것이 관례이다. 관례는 3가지 절차를 통해서 차례대로 진행되는데 그 중의 첫번째 절차가 위 편지에 나온 '초거례'다. 오늘날 예절 관련 서적에는 이것을 초가례(初加禮)로 적고 있으나[5] 위 편지에는 '초거례'로 적혀 있어 17세기에는 그 발음이 달랐음을 알 수 있다. '초거례'는 아마도 '초거례(初擧禮)'의 음을 적은 것으로 보인다. 초거례는 관례에서 행하는 3예 중의 첫번째 것으로서 관례를 받는 젊은이의 땋아 내린 머리를 들어 올려서 관을 씌어주는 일이다. 초거례의 절차는 다음과 같다. "내빈과 관례자가 좌정하면 집사자가 치관(緇冠)을 소반에 받쳐 들고, 예를 추대하는 사람이 관례자에게 축사를 한다. 관례자가 답배(答拜)를 하면 관례자의 머리에 치관과 건(巾)을 씌워 준다.[6] 그리고 관례자는 어릴적 옷을 벗고 심의(深衣 ; 선비가 입는 겉옷)를 입고 큰 띠를 두르고 신을 신고 나와서 남향하여 서 있는다." 땋은 머리를 위로 들어 올려 상투를 틀어 준다는 의미에서 '擧'(들 거)자를 쓸 수도 있었을 것이다. 이렇게 보지 않고 '초거례'는 '初擧禮'의 음이 전와된 것이라고 간단히 처리해 버릴 수도 있다.

5) 필자가 몇 책을 조사해 보니 '初家禮'라고 쓴 책도 있었으나 잘못된 것으로 생각된다. 初加禮를 始加禮라고 부르기도 한다.

6) 이 때 미리 관례자의 땋은 머리를 올려 상투를 틀어 둔다.

민간 신앙

「곽씨언간」에는 17세기 초기의 다양한 문화적 양상이 투영되어 있는 바 그 중에서도 민간신앙과 관련된 것들이 적지 않다. 여기서는 이와 관련된 자료를 가려서 당시 생활문화의 일면을 살피고자 한다.

1. 날 받는(擇日) 이야기

현대 한국인은 결혼이나, 이사 등 중요한 일을 하려고 할 때 역술서나 책력을 보고 좋은 날을 가리는 것이 보통이다. 이외에도 집을 고친다든지 조상의 산소를 이장하거나 보수하는 등 크고 작은 일을 할 때 날을 받아서 하곤 한다. 이와 같이 '날 받는 습속'(날받이)은 우리의 생활에 깊숙이 자리잡은 삶의 한 양식이 되었다.[1] 17세기 초 조선 중기 경상도 현풍 땅에서 살았던 사람들이 남긴 「곽씨언간」에도 날받이에 대한 여러 가지 내용이 나타나 있다.

1) 조선시대에 날받이를 위해 간행된 책에는 두 가지가 있다(『한국민족문화대백과사전』 12권, 318쪽). ① 『選擇要略』 : 조선 초기 천문학자였던 李純之가 나날의 행사에 택일하는 방법을 요약한 3책의 목판본. 이순지는 1465년에 사망하였으므로 이 책은 세종 말기에 저술된 것으로 보인다. 婚姻, 學業, 出行, 風水, 喪葬 등의 택일에 대해 설명하였다. ② 『選擇紀要』 : 조선 후기의 수학자요 천문학자였던 南秉吉이 연월일시의 干支를 택하기 위해 편찬한 책. 2책의 목활자본. 17세기에 활동한 곽주는 『選擇要略』의 영향을 받았을 것이다.

(1) 스므이튼나ᄅᆞᆫ 뉘게 바ᄃᆞ니 됴타 ᄒᆞ던고 그 나리 시악대패고 또 하ᄂᆞᆯ개 ᄂᆞ려와 먹ᄂᆞᆫ 나리니 아ᄆᆞ 일도 몯ᄒᆞᆯ 나리니 ᄒᆞᄋᆞᆸ며 그 이ᄅᆞᆯ 엇디 ᄒᆞᆯ고 새 칙녁도 예긔 왓고 날 밧ᄂᆞᆫ 칙도 여긔 잇거ᄂᆞᆯ ᄌᆞ셰 바드니 졍월ᄀᆞ디ᄂᆞᆫ 맛당ᄒᆞᆫ 나리 업ᄉᆞ니 내 ᄂᆞ려 가셔 다시 ᄌᆞ셰 ᄀᆞᆯᄒᆡ여 볼 거시니 슌위 오나ᄃᆞᆫ 가디 말고 잇다가 나ᄅᆞᆯ 보고 가게 니ᄅᆞ소. (17)

이 편지는 남편 곽주가 부인 하씨에게 보낸 것인데 택일을 하는 당시 사람들의 모습을 아주 잘 보여 준다. 누군가가 받아준 날은 극히 좋지 않은 '시악대패일'이다. 이 날은 무슨 일이든지 하기만 하면 크게 실패하는 날이므로 모든 일을 삼가야 하는 날이다. '시악대패'는 '十惡大敗'를 적은 것인데 '十惡'은 『대명률(大明律)』에서 정해진 열 가지 큰 죄를 말한다. 곧 모반(謀反), 모대역(謀大逆), 모반(謀叛), 악역, 부도, 대불경(大不敬), 불효, 불목(不睦), 불의(不義), 내란이 이것이다.[2] 이 편지의 '시악'은 불교적 의미의 것이 아니라 당시의 법에 통용되었던 것을 가리킨 것으로 판단된다. 시악대패일을 보는 방법은 '그 해의 그 달'에 따라 '그 날'의 일진을 상대로 보는 것이다. 갑기년(甲年 및 己年)에는 3월 무술일(戊戌日), 7월 계해일, 10월 병신일, 11월 해일(亥日)이 시악대패일이고, 을경년(乙庚年)에는 4월 임신일, 9월 을사일이며 그 밖에 병신년, 무계년에도 하루 또는 이틀이 시악대패일에 든다. 그리고 갑진일, 을사일, 임신일, 병신일 등은 어느 해가 되었던 피해야 하는 날이라고 한다.[3]

위 편지에서 '하늘개가 내려와서 먹는 날'이라 한 부분이 흥미를 끈다. '하늘개'는 '天狗'를 가리킨 말이며 '천구'는 '천구성'(天狗星)의 준말이다. 천구성은 고대 중국에서 유성이나 혜성(또는 살별이나 큰 별똥별)을 이르던 말이며 재해의 징조로 나타난다고 하는 것이다. 큰 혜성이나 유성이 접근하거나 떨어지는 것을 하늘개가 땅으로 내려와 배를 채우는 날로 생각하여 이 날을 극히 불길한 날로 보았던 고대인의 의식을 여기서 엿볼 수 있다. 이런 의식은 커다란 유성이나 혜성이 떨어져 대재앙을 경험했던 고대 인류의 공포감에서 비롯된 것일 가능성이 있다. 중국의 역사서나 우리나라의 삼국사기에서는 혜성의 출현을 빈번하게 기록하고 있다. 큰 혜성이 나타나면 민심이 흉흉해지고 임금은 근신하며 스스로 삼가는 것이 보통이었다. 이러한 의식이 집안의 대소사 날을 받는 데까지 미쳤음

2) 불교에서의 十惡은 이와 다르다. 身口意에서 나는 열 가지의 악업으로 살생, 투도, 사음 따위의 신업과 기어, 양설, 악구 따위의 구업과 탐욕, 진에, 우치 따위의 의업이다.

3) 이러한 내용은 『역학백과 사전』(백운산 지음, 책만드는집, 1995, pp.204-205)을 참고한 것이다.

을 위 편지는 말해 준다.

위 편지에서 우리는 당시의 사람들이 날을 받을 때 어떤 책을 이용했는지 알아낼 수 있다. 즉 '칙녁'(冊曆)과 '날 밧는 책'이 그것이다. 책력은 천체를 관측하여 해와 달의 운행을 중심으로 천간(天干)과 지지(地支)를 통해 산출되는 육갑(60갑자)를 연월일시의 시간 표현 수단으로 삼아 그 해의 절기와 그 변화 등을 적어 놓은 책이다. 조선시대에 책력은 해마다 국가(觀象監)에서 공간하여 조정의 관료에게 나누어 주고, 지방 감영에 내려보내었다. 책력은 농사 등 1년의 생활을 꾸려 나가는 기준이 되었을 것이다. '날 받는 책'은 음양과 오행, 육십갑자를 기준으로 관련된 사람의 사주를 이용하여 길일을 가리고 흉일을 피하는 방법을 설명한 책일 것이다. 오늘날의 역술가들도 여전히 이러한 방법을 쓰고 있다. 그러나 17세기 당시의 날 받는 책이 구체적으로 어떤 내용을 담고 있었는지 알기 어렵다.

곽주가 쓴 위 편지에 나오는 택일이 무슨 일을 위한 택일인지 이 편지의 사연에는 전혀 나타나 있지 않지만 혼인날을 가리기 위한 것으로 생각된다. 69번 편지에 "혼인의 쓰ᄂᆞᆫ 칙 어드러 사ᄅᆞᆷ이 부러 와 이시니 칙보과 갓보희 두 고대 어더 금동이 ᄒᆞ여 보내소." (혼인에 쓰는 책을 구하러 사람이 일부러 와 있으니 책보와 갓보 두 곳에 싸서 금동이를 시켜 보내소)라는 내용이 있다. 그리고 78번 편지에도 "셩쥐 혼인 일이니 ᄇᆞᄃᆡ 뎐ᄒᆞᆯ 사ᄅᆞᆷ을 주어 보내소"(성주에 혼인하는 일이니 부디 전할 사람을 주어 보내소)라는 사연이 있다. 이런 사연으로 보아 책력과 날 받는 책을 이용하여 받은 날은 혼인일임이 분명하다. 곽주에게는 다섯 딸이 있었는데 이 중의 하나를 출가시키는 날을 받으려 한 것으로 보인다. 택일에는 여러 가지 종류가 있으나 뭐니뭐니 해도 가장 중요한 택일은 혼인날의 결정이었다.[4)]

(2) 사당도 가디 말고 잇다가 날 보라 긔별ᄒᆞ소 슌위ᄂᆞᆫ 왓거ᄂᆞᆯ ᄌᆞ세 ᄀᆞᆯ희니 올과 ᄂᆡ년 봄ᄀᆞ디ᄂᆞᆫ 맛당ᄒᆞᆫ 나리 업ᄉᆞ니 엇디 ᄒᆞᆯ고 ᄒᆞ뇌. (18)

---

4) 혼인날을 받는 것과 관련된 흥미로운 이야기는 다음 책을 참고할 수 있다. 『우리문화와 음양오행』, 권오호, 교보문고, 1996. 수 년 전 텔레비전 방송에는 "무슨 미스테리 극장"이니 "호기심 천국"이니 하는 프로그램이 있었는데, 이 프로그램이 청소년들에게 비과학적 사고 방식을 조장시키는 일을 하였다. 이런 프로그램의 영향을 받아 장삿속에 밝은 이들은 "누가 나를 좋아하게 하는 부적", "무엇 무엇을 막아 주는 부적" 따위의 부적을 대량 인쇄하여 어린 학생들을 대상으로 학교 앞 문방구점이나 편의점 등에서 팔았다. 시청률에 목을 매고 이런 일을 조장하는 방송은 크게 반성해야 한다. 위에서 소개한 권오호 씨의 책은 전통적 동양사상과 역학의 원리와 이치를 비교적 합리적으로 현대인에게 설명해 주는 것이다.

이 편지에는 앞의 편지(17번)에 나왔던 ‘슌위’가 다시 나오는데 “슌위가 오거든 가지 말고 있다가 나를 보고 가게 이르소”라고 했다. 이 편지(18번)에서 이윽고 순위가 와서 날을 자세히 뽑아 봐도 올해와 내년 봄까지 좋은 날이 없다고 하며 염려하는 사연을 적고 있다. 혼인날을 정하는 데 매우 신중했음을 보여 준다.[5)]

(3) 나도 아바님게 ᄉᆞᆯ올 말솜이 이시니 고기 잡기 긋치셔든 즉시 엿ᄌᆞ와 ᄆᆞᆯ 사ᄅᆞᆷ 보내소 손 업고 죠용ᄒᆞᆫ 날로 ᄀᆞᆯ희여 ᄆᆞᄅᆞᆯ 엿ᄌᆞ와 보내소 (7)

‘손’[6)]이란 날수를 따라 네 방위로 돌아다니면서 사람의 활동을 방해한다는 귀신을 가리킨다. 하룻날과 이튿날은 손이 동쪽에 있고, 사흗날 나흗날은 남쪽에, 닷샛날 엿샛날은 서쪽에, 이렛날 여드렛날은 북쪽에 있다. 그러나 아흐렛날과 열흘날, 열아흐렛날과 스므날, 스무아흐렛날과 그믐날에는 아무 방위에도 손이 없다고 한다. 따라서 ‘손 없는 날’은 아흐렛날과 열흘날, 열아흐렛날과 스므날, 스무아흐렛날과 그믐날이 된다. 현대어에서도 흔히 ‘손 없는 날 이사해라’와 같은 예에 여전히 쓰인다. 손 없는 날을 가리는 날받이 의식이 유구한 역사를 가지고 지금까지 연면히 이어지고 있다.

(4) 금동의 잿굿하던 날은 누군가가 불의에 죽을 날이니
금동의 ᄌᆡᆺ굿ᄒᆞ던 나리 덕휘 나리니[7)] ᄂᆞᆷ이 아뫼나 주그ᄆᆞᆫ 블의예 주글 나리거니와 하나 한 사ᄅᆞᆷ애 제그의 글 만나ᄂᆞᆫ 이리 우연이 어엿ᄲᆞᆫ가. (21)

이 편지에는 현대국어사전이나 고어사전 어디에도 나오지 않는 ‘ᄌᆡᆺ굿’(현대어로는 ‘잿굿’)이라는 낱말이 보인다. ‘ᄌᆡᆺ굿’은 재수굿(財數굿)일 가능성과 잿굿(齋굿 : 망자의 명복을 축원하기 위해 행하는 굿)일 가능성이 있다. 전자 재수굿은 재물이 늘어나기를 축원하는 굿이고, 후자의 ‘잿굿’은 망자의 명복을 빌려고 굿(무속) 형식으로 재를 올리는 것으로서 불교

5) 혼인날을 받는 데에 좋고 나쁨에 따라 살부대기월(殺夫大忌月 : 이 날 혼인하면 남편과 사별하게 된다), 가취대흉일(嫁娶大凶日 : 혼인하기에 좋지 않은 날), 오합일(五合日 : 혼인하기에 좋은 다섯가지 길일), 십전대길일(十全大吉日 : 혼인하기에 좋은 십대 길일) 등과 같은 구분이 있다.

6) ‘손’은 주역의 巽卦(또는 損卦)에서 나온 말이다.

7) ‘덕휘 날’은 각별히 금기해야 하는 날로 짐작된다. ‘덕휘’에 대한 설명은 21번 편지의 각주 5)를 참고.

의례와 무속의례가 결합된 의식일 가능성이 있다. 편지의 문맥상으로 둘 중 어느 것인지 불분명하다. 이 두 가지 이외에 'ᄌᆡ'와 '災'를 연결지어 'ᄌᆡᆺ굿'을 '災굿'으로 볼 여지도 있다. 재앙을 물리치기 위한 굿도 있기 때문에 이러한 짐작도 가능하다. 그러나 '財', '齋'8), '災'의 옛 음이 모두 'ᄌᆡ'이어서 'ᄌᆡᆺ굿'이 어느 것을 표기한 것인지 판단할 수 없다.9) 다만 17세기에 금동이라는 종이 돈을 대어 'ᄌᆡᆺ굿'판이 벌어졌음을 이 편지에서 확인할 수 있다.

'덕휘날' 역시 이 편지에 처음 나타나는 말이다. '덕휘'는 『역어유해보(譯語類解補)』의 '귀혼(鬼魂) 덕호'와 같은 말이다. '덕휘날'은 곧 귀신이나 혼백의 날(鬼魂들이 勢를 부리는 날)이라는 뜻이리라. 이런 날은 극히 불길한 날이고 누군가가 귀신에게 잡혀가 죽을 날인데 그 재앙이 년홰에게 떨어졌다고 곽주는 생각했던 것이다.

20번 편지와 21번 편지에 여종인 년홰가 병으로 급사한 내용이 나온다. 년홰가 건곽란에 걸렸는데 추워한다고 주위 사람들이 년홰를 뜨거운 구들에 눕히고 옷을 많이 덮어 병을 잘못 다스린 결과 죽어 버렸다. 이 때 곽주는 출타 중이었던 관계로 약을 제대로 쓰지 못하였는데 이 점을 한스러워하면서 년홰의 죽음을 안타까워하였다. 그런데 년홰가 죽은 날은 금동이(종 이름)가 잿굿을 벌인 날이고 또한 이 날은 '덕휘날'이어서 누군가가 불의에 죽을 날이었다. 많고 많은 사람 중에 그 날의 나쁜 운수가 년홰에게 잘못 걸리었으니 이 일이 얼마나 불쌍한가라고 한탄한 내용이다. 이런 날에는 어떤 일도 벌여서는 안되는데 금동이가 잿굿을 벌였고, 이와 연관하여 년홰가 죽게 되는 불상사가 일어났다고 생각하는 곽주의 모습이 이 편지에 나타나 있다. 당시의 지식인이라 할 수 있는 곽주가 음양오행의 변화에 따른 길흉을 신뢰하고 있음을 볼 때 당시 보통 사람(양민, 노비 등)의 생각도 미루어 짐작할 수 있다. 예측할 수 없는 천재지변, 원인을 알 수 없는 질병과 그에 따른 죽음 등 생사와 관련된 위험이 항시 주변에 도사리고 있는 삶의 상황에서 이러한 믿음과 신앙을 지니는 것은 자연스러운 일이다.

(5) 초계 동ᄉᆡᆼ의 살 므ᄅᆞᆯ 날은 이 ᄃᆞᆯ 스므아ᄒᆞ랜날도 극히 됴코 삼월 초ᄒᆞ른날도 됴타 ᄒᆞ니 두 날 듕의 ᄀᆞᆯᄒᆡ여 ᄒᆞᄋᆞᆸ쇼셔. (106)

8) 'ᄌᆡᆺ굿'의 '齋굿'으로 보면 이 굿은 망자의 혼백을 위로하고 극락에 가도록 비는 굿일 것이고 지노귀굿과 같은 것을 볼 수도 있다. 지노귀굿을 서울 경기 지방에서 행해진 것이므로 그 명칭상으로는 현풍에서 행해진 'ᄌᆡᆺ굿'과 같지 않다.

9) 참고 : 財 ᄌᆡ믈 ᄌᆡ(신증유합 하 35b), 齋 ᄌᆡ계 ᄌᆡ(신증유합 하 14a), 災 ᄌᆡ화 ᄌᆡ(신증유합 하 61b).

이 편지는 곽주의 장남 이창(以昌)이 어머니 하씨에게 보낸 편지다. 어머니 하씨가 아들에게 초계 동생의 '살 무를 날'을 뽑아 보라고 시켰고 아들 이창이 이에 대한 답을 올린 것이다. 여기서 우리는 날 받는 일을 남자들이 하였음을 알 수 있다. 앞에서 본 내용에서는 곽주와 김순위가 날 받는 일에 관여하였고 여기서는 장남 이창이 날을 받고 있다. 독서를 통하여 이러한 지식을 배운 이들은 당시의 학문을 하는 양반들이었다.

이 편지에 나타난 흥미로운 점은 '살 무를 날'이다. 살(煞)이란 사람을 해치거나 패망케 하는 독하고 모진 기운을 뜻한다. 이러한 기운에 덮씐 것을 '살이 끼다', '살이 붙다'라고 하고, 굿을 하거나 액막이를 하여 살을 없애는 것을 '살을 내리다', '살을 풀다'라고 한다. 그러나 '살을 무르다'와 같은 관용구는 현대어에 쓰이지 않는다. '무르다'는 '되돌려 주다', '갚다'라는 뜻이다. 따라서 '살 므를 날'은 살을 내린 귀신에게 어떤 물건이나 재화 따위를 치르고 귀신이 주었던 살을 거두어 가 달라고 청하는 의식을 치르는 날이 곧 살풀이 날이다. 살을 물러 주는 의식을 치르기 위해 날을 뽑으니 이 달 스무아흐렛날이 극히 좋고 삼월초하룻날도 좋다고 장남 이창이 어머니 하씨에게 알리는 사연이 위 편지이다. 여기서 우리는 17세기 사람들도 살을 내린 원 귀신에게 받은 살을 되돌려 주기 위해(살풀이를 위해) 어떤 날을 받아 살풀이 의식을 치렀음을 알 수 있다.

2. 금기(禁忌)와 외경(畏敬)

(6) 곽주가 쓴 금기일(禁忌日)과 근신일(勤愼日)

오월 초이튼날오월 열이튼날오월 열나ᄒᆞᆫ날오월 스므나ᄒᆞᆫ날오월 스므엿쇈날뉴월 초엿쇈날뉴월 초여ᄃᆞ랜날뉴월 열여ᄃᆞ랜날뉴월 스므날칠월 초ᄒᆞᄅᆞᆫ날칠월 초사ᄒᆞᆫ날 방문 밧도 나디 말고 뒤도 븟간의 가 보디 말고 다ᄅᆞᆫ ᄃᆡ 가 보라. 이 뎌근 열ᄒᆞᆫ나ᄅᆞᆯ ᄀᆞ장ᄀᆞ장 조심조심ᄒᆞ라. (99번)

이 편지는 곽주가 금기일을 적어서 하씨에게 보내며 이 날에 어떻게 처신하라는 행동 지침이 담겨 있다. 이 날들에는 방문 밖에도 나가지 말고 뒤 보는 일(대변이나 소변)도 뒷간에 가서 보지 말고 다른 데에 가서 보라고 하는 구체적 행동도 지시되어 있어서 금기일에 어떤 점들을 삼가고 조심했는지 알 수 있게 해 준다.

(7) 김슌복의게 가 무러 보고뎌 ᄒᆞ뇌. 아긔 집 이ᄅᆞᆯ 옥진이ᄃᆞ려 무러셔 ᄌᆞ셰 긔별ᄒᆞ소 김슌복이ᄃᆞ려 무러셔 ᄀᆡᆨ 굿다 ᄒᆞ면 아기ᄂᆞᆫ 내 ᄒᆞᆷᄭᅴ 아니 ᄃᆞ려 갈 거시니 양식 다엿 마리나 지헛다가 닐웬날 ᄆᆞ사ᄅᆞᆷ 올 제 보내소 (18번)

'ᄀᆡᆨ 굿다'는 'ᄀᆡᆨ'(운수, 일진) # '궂다'(언짢고 나쁘다)로 분석된다. 김순복이라는 사람에게 일진(日辰)을 뽑게 해 보고 일진이 좋지 않다고 하면 아들은 함께 데리고 가지 않을 것이라 알리고 있다. 길을 나설 때도 그 날의 일진을 보아가며 출발 여부와 동행 여부를 결정하였던 것으로 보인다.

한편 불운한 운수를 뜻하는 'ᄀᆡᆨ'은 다음 편지에서도 보인다.

(8) 아ᄆᆞ려 몯ᄒᆞᆯ 이ᄅᆞᆯ 시겨도 평ᄉᆡᆼ애 항것ᄃᆞ려 몯ᄒᆞ로다 ᄒᆞ여 ᄂᆞᆺᄀᆞᆺ 아니턴 죵을 주겨 ᄇᆞ리니 항거싀 ᄀᆡ기야 긔여셔 더 큰 ᄀᆡ기 어ᄃᆡ 이실고 (20)

(9) 죵으로ᄂᆞᆫ 용ᄒᆞᆫ 죵을 주겨 이시니 내 ᄀᆡ기야 다 뺸가 ᄒᆞ뇌. (20)

(8), (9)의 편지에 나타난 '죵'은 앞에서 언급한 '년홰'이다. (8), (9)의 밑줄친 'ᄀᆡ기야', 'ᄀᆡᆨ이'에 쓰인 명사 'ᄀᆡᆨ'은 한자어 '客'을 표기한 것으로 보인다.[10] 그리고 이 'ᄀᆡᆨ'은 문맥상 '불운한 일'을 뜻한 것으로 보인다.

(10) 금개ᄂᆞᆫ 가다가 도로 온 후의 즉재 보내올 거ᄉᆞᆯ 집안히 이러ᄒᆞ여 거월의ᄂᆞᆫ 몯 보내ᄋᆞᆸ고 초ᄉᆡᆼ의ᄂᆞᆫ 영등이 하 ᄆᆞ싀엽다 ᄒᆞ고 듀인도 아니 ᄇᆞ친다 ᄒᆞ오매 몯 보내여 (147)

'영등'은 '영등할머니'(영등 할매) 혹은 '영등신'을 가리키는 것인데 2월 초하루에 집에 내려와서 2월 보름에 하늘로 올라간다는 신이다. 바람을 관장하는 여신이며 주로 경상도 지방에서 받들고 섬긴다. 이 편지에 나온 초생은 영등 할매가 내려온다고 하는 2월

10) 참고 : 손 ᄀᆡᆨ 客(신증유합 상 17a).

초생일 것이다. '금개'라는 종이 이 날을 무서워 하여 길을 떠나기 싫어한다는 내용이 담겨 있다. 순박한 삶과 소박한 믿음을 지녔던 당시 사람들의 모습을 엿볼 수 있다.

3. 기원의 대상 '하ᄂᆞ님'

(11) 피우 간 동싱ᄃᆞᄅᆞᆫ 엇더ᄒᆞ온고 ᄌᆞᆷ 든 ᄉᆞᆺ도 닛ᄌᆞᆸ디 몯ᄒᆞ와 일야 분별이 그지 업ᄉᆞ와이다. 아ᄆᆞ려나 됴케 ᄒᆞ심을 하ᄂᆞ님ᄭᅴ 비ᄋᆞᆸ노이다. (126)

(12) 아ᄆᆞ리나 수이 편ᄒᆞᄋᆞᆸ샴을 하ᄂᆞ님ᄭᅴ 비ᄋᆞᆸ노이다. 이 후의 ᄀᆡ별 알 이리 어려우이다. 이 사ᄅᆞᆷ이 올라 ᄒᆞ니 답장 ᄌᆞ시 ᄒᆞᄋᆞᆸ. (136)

(13) 이리셔 ᄇᆞ라ᄋᆞᆸ기ᄂᆞᆫ 아ᄆᆞ려나 ᄀᆡ운 편ᄒᆞᄋᆞᆸ샴을 하ᄂᆞ님ᄭᅴ 비ᄋᆞᆸ노이다. (145)

(14) 놀랍ᄉᆞ오미 아ᄆᆞ라타 업ᄉᆞ와 하ᄂᆞ래 목숨 걸고 잠 드온 시도 닛ᄌᆞᆸ디 몯ᄒᆞ오며 분별이 ᄀᆞ 업ᄉᆞ와 내 ᄆᆞᄋᆞᆷ의ᄂᆞᆫ 즉시 밧ᄭᅴ로 나가 ᄀᆡ별이나 아라 오고져 ᄒᆞ오ᄃᆡ (142)

위의 네 편지는 출가한 딸이 친정어머니 하씨에게 보낸 것이다. 집안의 평안과 가족들의 쾌차를 '하ᄂᆞ님께 비옵니다'라고 하는 표현이 세 번 나온다. 기원의 대상이 '하ᄂᆞ님'으로 나타난 점이 흥미롭다. 물론 이 '하ᄂᆞ님'은 동양적 의미의 '天'으로 쓰인 것이 확실하다. (14)의 '하ᄂᆞ래 목숨 걸고'라는 표현도 특이하다. 의례적인 인사말 속에서 쓰인 것으로 보아 이 말은 당시 사람들의 입에 붙은 관용어였던 듯하다.

4. 부적(符籍)

(14)

<겉봉의 앞면> 어마님젼 샹ᄉᆞᆯ이 논공이 지하ᄋᆡ

<겉봉의 뒷면> 헛일이오나마 브ᄃᆡ 상 마ᄐᆡ 노하 두쇼셔. (164)

<현대어역> 논공 '지하'(?)에 계신 어머님께 아룁니다. 헛일이겠지마는 부디 상 곁에 놓아 두시오소서.

이 편지는 작은 쪽지의 네 변을 접어서 그 앞면과 뒷면에 사연을 적고, 그 안에 무엇인가를 싸서 보낸 것이다. 그러니까 이 편지의 사연은 겉봉투에 쓴 것이 된다. 이 편지의 필자는 나타나 있지 않다. 위 편지가 접혀져 있는 것을 보면 이 종이를 봉투 겸 편지지로 삼아 사연을 적고 그 안에 무엇인가 쌌던 것이 틀림없다. 그 안에 싼 그것을 상(床) 맡(곁)에 놓아두라고 당부하는 사연이다. 그렇지 않다면 위 사연을 적은 종이를 접어서 봉투처럼 만들었을 리 없기 때문이다. 이 안에 쌌던 것이 무엇인지 알 수 없으나 "헛일이오나마 부디 상 곁에 놓아 두라"는 당부 속에는 쌌던 것을 상 곁에 놓아두면 무엇인가 영험이 있을 것이라는 의미가 숨어 있다. 그렇다면 그것은 부적일 가능성이 가장 높다. 부적 같은 것이 이 편지와 함께 보내어졌음이 분명하다.

이 편지를 쓴 사람이 부적 같은 것을 싸 주면서 "헛일이오나마"라는 표현을 쓰고 있는 점도 흥미롭다. 이 부적의 신통력을 별로 믿지 않았던 것인지 아니면 의례적 겸사인지 분명치 않으나 후자일 듯하다. 그 신통력을 믿지 않았다면 이것을 어머님에게 보내지 않았을 것이기 때문이다.

질병과 치료

1. 머리말

「곽씨언간」에는 1600년대부터 수십 년 동안 경상도 현풍 땅에서 살았던 사람들의 생활상이 반영되어 있는데 그 중 가장 많이 나타나는 사연이 질병에 관한 것이다. 한때 방송사극에서 큰 인기를 얻었던 허준의 활동 시기도 이 자료와 같은 때이다. 이 글에서는 당시 우리 조상들이 어떤 병고에 시달렸으며 이에 대해 어떻게 대처하였는지를 알아보고자 한다. 이 편지에 나타난 질병은 그 종류가 매우 많고, 관련된 사연도 갖가지인데 이 글에서는 가장 빈도 높게 나타나는 질병을 중심으로 살펴보고, 그 나머지에 관한 서술은 간략히 정리하는 것으로 대신한다.

2. 각종 질병 기록에 대한 검토

1) '역신'(疫神)과 '시긧병'(時期病)

역신은 급성전염병의 하나인 천연두를 가리킨다. 열이 심하게 나고 온 몸이 떨리며 피부에 홍진처럼 발진이 심하여 나아도 곰보가 되거나 잘못 다스리면 죽음에 이르기도 하는 무서운 병이다. '두창'(痘瘡), '역신', '마마'(媽媽)라고도 불렀다. '큰마마'는 천연두,

'작은마마'는 홍진을 의미한다. '마마'는 존귀한 사람을 높여 부르는 말인데 두창을 두려워하고 외경한 까닭으로 이 낱말이 전용된 것이다. 이 병에 대한 사연은 「곽씨언간」 전체에서 가장 빈번하다. '시긧병'은 계절에 따라 발생하는 돌림병을 말하는데 이 두 가지에 대한 사연이 다음과 같이 나타난다.

(1) 곽주가 장모와 아내에게 보낸 편지에서

㉠ 죵의 ᄌᆞ식의 ᄒᆞᄋᆞᆸᄂᆞᆫ 역신이 큰 역신인디 쟈근 역신인디 ᄌᆞ셰 모ᄅᆞᄋᆞ와 지금 몬 브렷ᄉᆞᆸ다니 큰 거시 아닌가 식브ᄋᆞ올ᄉᆡ 이제야 사ᄅᆞᆷ브리ᄋᆞᆸ노이다. (2)

㉡ 여레 의남의 아ᄃᆞ리 홍도역 ᄒᆞ다가 죽다 ᄒᆞ니 셕이ᄃᆞ려 닐러 ᄉᆡᆼ심도 여레 통치 말라 ᄒᆞ소 (8)

(2) 시집간 딸이 하씨에게 보낸 편지에서

㉢ 문안이나 아오려 사ᄅᆞᆷ 보내ᄋᆞᆸ고젼 ᄆᆞᄋᆞᆷ이 ᄀᆞ득ᄒᆞ여 보내여징다 ᄒᆞ니 역신의 통치 몬ᄒᆞᆯ 거시니 마ᄋᆞ리 보내지 말라 ᄒᆞ시니 몬 보내여 일시ᄅᆞᆯ 닛디 몬ᄒᆞ여 긔별 드ᄅᆞᆯ 길히 업서 민망ᄒᆞ더니 (164)

㉣ 근쳬 역신은 엇쪄ᄒᆞ오며 시긔ᄂᆞᆫ 업ᄉᆞᆸᄂᆞ닝ᄭᆞ. 여긔ᄂᆞᆫ 시긔 하 ᄒᆞᆫᄒᆞ오니 민망ᄒᆞ여이다. (130)

㉤ 그대히ᄂᆞᆫ 역신은 엇더 ᄒᆞ오며 시긔ᄂᆞᆫ 업ᄉᆞᆸᄂᆞ닝ᄭᆞ. 이 다히ᄂᆞᆫ ᄉᆞ모히 ᄇᆞᆫ 거시 역질와 시긔오니 무ᄉᆞ히 나오미 어렵ᄉᆞ와 민망ᄒᆞ오이다. (132)

㉥ 아기내 역신ᄒᆞᆫ단 말 듣고 일시도 닛ᄌᆞᆸ디 몬ᄒᆞ여 분별만 ᄒᆞ고 (162)

아ᄋᆞ님 아기내ᄂᆞᆫ 편ᄒᆞ오며 역신을 아니ᄒᆞᆫ가. (162)

㉦ 듣ᄌᆞ오니 역신을 아기시 ᄒᆞ시ᄂᆞ니라 ᄒᆞ오니 놀랍ᄉᆞ오ᄆᆞᆫ 아ᄆᆞ라타 업ᄉᆞ오ᄃᆡ 하 됴히 ᄒᆞ시다 ᄒᆞ오니 몬내 깃ᄉᆞ와 ᄒᆞ오ᄃᆡ 다시 긔별 모ᄅᆞᄋᆞ와 민망ᄒᆞᄋᆞᆸ고 (126)

㉧ 듣ᄌᆞ오니 대임이 슈리비 역신ᄒᆞ더라 ᄒᆞᄋᆞ와ᄂᆞᆯ 놀랍ᄉᆞ오미 아ᄆᆞ라타 업ᄉᆞ와 (중략) 아ᄌᆞ바님 유무ᄅᆞᆯ 밧씌셔 게 가져 와시되 두 아기 다 됴히 ᄒᆞ다 ᄒᆞ여 겨시ᄒᆞ고 밧씌 골안ᄋᆡ 겨셔 잠ᄭᅡᆫ 유뮈예 ᄒᆞ여거ᄂᆞᆯ 듣ᄌᆞᆸ고 하 깃ᄉᆞ와 하ᄂᆞ래도 오르고져 ᄒᆞ며 (중략). 누고ᄂᆞᆫ 얼그며 아니 얼그며 ᄌᆞ시 유무ᄒᆞᄋᆞᆸ쇼셔. (142)

㉨ 안덕 동ᄉᆡᆼ 당역을 ᄀᆞ장 듕히 ᄒᆞ시다 ᄒᆞ오니 지극 놀랍ᄉᆞ오미 ᄀᆞ 업ᄉᆞ오ᄃᆡ 이저ᄂᆞᆫ 쾌차ᄒᆞᄋᆞᆸ샤 (144)

㉠은 1612년에 곽주가 장모에게 보낸 편지인데, 종의 자식이 앓고 있는 병이 큰역신(큰마마, 천연두)인지 작은역신(작은마마, 홍진)인지 몰라서 함부로 사람을 보내지 못하다가 큰 것이 아니어서 이제서야 사람을 부려 보내었다는 내용이다. 큰역신이 발병하면 전염을 우려하여 사람 출입을 통제했던 것을 보여 주는데 ㉢은 그 통제가 마을의 규약이었음을 보여 준다. ㉠에서 작은역신의 경우에는 이런 통제가 약했음도 알 수 있다. ㉡은 곽주가 아내 하씨에게 보낸 편지인데 '여레'라는 마을에 사는 '의남'(인명)의 아들이 홍도역(역질의 일종)을 앓다가 죽었다 하니 '셕이'(인명)에게 여레에 가지 말라고 신신당부하고 있다. 홍역도 심한 경우 아이들의 목숨을 앗아갔음을 알려 준다. ㉣은 특히 여름철에 많이 발생하는 '시긔병'(時期病)이라 하는 유행성 전염병이 심함을 보여 준다. 장티푸스나 이질, 콜레라 따위의 무서운 질병이 여기에 포함되는데, 딸이 사는 곳에는 사방에 싸인 것이 시깃병이라 하여 돌림병 때문에 근심이 가득한 모습을 보여 준다. ㉥ ㉦에는 '아기내'와 '아기씨'가 역신을 앓고 있음에 근심하는 모습이 나타나 있다. ㉧에는 특히 '슈리비 역신'이라는 명칭이 나오는 점이 특이하다. 그러나 다른 문헌에 전혀 보이지 않는 '슈리비'의 뜻을 알 수가 없다. "누고ᄂᆞᆫ 얼그며 아니 얼그며 ᄌᆞ시 유무ᄒᆞᄋᆞᆸ쇼셔"(누구가 얽었고 누구가 아니 얽었는지 자세히 편지하옵소서)라고 묻고 있는 것으로 보아 이 병은 앓고 난 후 곰보가 되는 천연두이다. ㉨의 '당역'은 한자어 '唐疫'을 표기한 것으로 보이는데 중국에서 건너온 역신의 한 이름으로 보인다.[1)]

당시에 이러한 역질과 시깃병에 대한 특별한 치료 방법이 없었다. 그리하여 이 질병에 대처하는 방법도 단순하여 질병이 창궐하는 지역에서 몸을 피하여 안전 지역으로 옮기는 것으로 나타나 있다. 「곽씨언간」에는 '피우'라는 낱말이 여러 군데 나타나는데 이것은 '避憂' 즉 '돌림병 따위의 우환을 피하여 다른 마을이나 산 속으로 옮겨 사는 것'을 말한다. 다음은 피우에 관련된 자료이다.[2)]

(3) 역신과 시깃병에 대한 피우 사연

㉠ 다시 긔별 모ᄅᆞᄋᆞ와 민망ᄒᆞᄋᆞᆸ고 피우 간 동ᄉᆡᆼᄃᆞᄅᆞᆫ 엇더ᄒᆞ온고 좀 든 ᄉᆞᆺ도 닛ᄌᆞᆸ디

1) 오늘날 '홍콩독감'이라 부르는 것과 비슷한 취지의 명칭으로 생각된다.
2) 이하의 자료 제시에서는 질병을 앓는 사람과 이에 관한 인간관계를 파악할 수 있도록 말미에 발신자와 수신자를 표시한다. 예문 말미에 발신자와 수신자 표시가 없는 것은 모두 곽주가 아내 하씨에게 보낸 편지이다.

몯ᄒᆞ와 일야 분별이 그지 업ᄉᆞ와이다. 아ᄆᆞ려나 됴케 ᄒᆞ심을 하ᄂᆞ님ᄭᅴ 비ᄋᆞᆸ노이다. 아ᄆᆞ리 됴케 ᄒᆞ나마 피우ᄂᆞᆫ 아니ᄒᆞᆫ 동ᄉᆡᆼ들란 ᄃᆞ려다가 ᄒᆞ일 계고 마ᄋᆞᆸ시고 비ᄃᆡ 업ᄂᆞᆫ 골로 아ᄆᆞ려나 피우 힘ᄡᅥ ᄒᆞᄋᆞᆸ쇼셔.

경신 삼월 슌삼일. 피우소 소례 어마님젼 샹슬이. 근봉. (126) 出嫁女가 河氏에게 (1620년)

㉡ 셕 들재 골안 가 겨시고 산뒤만 ᄃᆞ리고 촌의 피우 나셔 고모ᄒᆞ기 셜워이다. 피난 동ᄉᆡᆼᄃᆞᄅᆞᆫ 다 무ᄉᆞᄒᆞ오며 당시 아니 드려숩ᄂᆞᆫ가. (143) 출가녀가 하씨에게

㉢ 쳔만 의외예 피우 듕의 다보ᄒᆞᄋᆞᆸ샨 유무 밧ᄌᆞ와 보ᄋᆞᆸ고 반갑ᄉᆞ오며 몬내 깃ᄉᆞ와 ᄒᆞᄋᆞ오ᄃᆡ (119) 곽주의 안사돈 周氏가 河氏에게 보낸 답장 (1619년)

㉣ 아ᄋᆞ님 아기내ᄂᆞᆫ 편ᄒᆞ오며 역신을 아니ᄒᆞᆫ가. 피우 난 동ᄉᆡᆼ님내ᄂᆞᆫ 무ᄉᆞᄒᆞ온 긔별 ᄌᆞ시 ᄒᆞ소 갑ᄌᆞ 칠월 초팔일. 그리ᄂᆞᆫ 동ᄉᆡᆼ 피우 듕의셔. 됴ᄉᆡᆼ원ᄃᆡᆨ 아ᄋᆞ님 젼 샹장 근봉. (162) 출가녀가 아우에게 (1624년)

㉠은 시집간 딸이 피우소에 가 살고 있는 친정 어머니에게 보낸 문안 편지다. 1620년 3월 13일에 쓴 것으로 되어 있는데 계절이 봄인 것으로 보아 콜레라 따위의 돌림병이 창궐한 것은 아닌 듯하다. ㉡은 출가녀가 '산뒤'라는 노비만 데리고 피우 나가 고생하고 있는 모습이 나타나 있다. "피난 동ᄉᆡᆼᄃᆞᄅᆞᆫ 다 무ᄉᆞᄒᆞ오며"(피난 간 동생들은 다 무사하며)라고 묻고 있는 것으로 보아 친정집이 있는 마을에도 병이 돌고 있음을 알 수 있다. 안사돈끼리의 편지인 ㉢과 아우에게 보낸 ㉣에서도 '피우' 중에 서로 근심하고 있는 모습이 나타나 있다. 역질 등의 병이 돌 때 안전한 곳으로 옮겨 가 전염을 피하는 방법 이외의 특별한 치료법은 없었다. 전염을 두려워하여 멀리 외진 곳에 숨어 살면서도 서로의 문안 편지를 주고 받았던 것이다. 서신이 왕래하려면 사람이 다녀야 했을 텐데 이 때의 접촉으로 인한 전염 문제는 어떻게 해결했는지 궁금하다.

2) 종기와 그 치료

페니실린과 같은 항생제와 각종 피부질환의 치료약 덕분에 오늘날 종기 따위의 피부병은 병도 아닌 것처럼 되었으나, 전근대 사회에서 종기나 부스럼 즉 '창'(瘡)이라는 질병은 무서운 것이었다.[3] 등창 따위의 종기가 도져서 목숨을 잃는 것이 비일비재하였던 것

3) 종기에 특효약이었던 '이명래고약'이 개발되어 종기 치료에 획기적 진전을 보인 것도 20세기의 일이다.

이다. 「곽씨언간」에도 종기와 부스럼을 앓고 있는 사연이 빈번하게 나타난다.

(4) 부스럼과 종기

㉠ 아바님 브스신 ᄃᆡ 힝혀 다시 브서 듕ᄒᆞ실가 시브거든 아기ᄃᆞ려 닐러 사ᄅᆞᆷ 보내게 ᄒᆞ소 과거ᄅᆞᆯ 몯 미처 보아도 아바님옷 브ᄉᆞ시던 증이 다시 듕ᄒᆞ시게 되면 즉시 ᄂᆞ려 갈 거시니 ᄌᆞ셰 보아 듕ᄒᆞ실가 시브거든 아희ᄃᆞᆯᄃᆞ려 긔별ᄒᆞ여 내게 통케 ᄒᆞ소. (14)

㉡ 나ᄂᆞᆫ 입에 죵긔 나 잇더니 오ᄂᆞᆯ브터ᄂᆞᆫ ᄒᆞ린 ᄃᆞᆺᄒᆞ여 잇뇌. (23)

㉢ 쥬셔긔 둉증은 이제나 엇더ᄒᆞ온고(131) 출가녀가 하씨에게(1623년)

쥬셔기ᄂᆞᆫ 영차ᄋᆞᆸ건지 오라 ᄒᆞ온가 ᄇᆞ라ᄋᆞ오며 (132) 출가녀가 하씨에게(1624년)

㉣ ᄌᆞ식은 당시 무ᄉᆞ히 잇ᄉᆞᆸ고 옹젼손도 쾌복ᄒᆞ엿ᄉᆞ오니 념녀 마ᄋᆞᆸ쇼셔. (110) 四男 亨昌이 어머니 하씨에게(1646년)

㉤ 졍냥의 머리ᄂᆞᆫ 엇더ᄒᆞᆫ고 (중략) 졍냥의 머리ᄅᆞᆯ 아ᄆᆞ려나 수이 됴케 ᄒᆞ소. (22)

졍냥의 머리ᄂᆞᆫ 져그나 ᄒᆞ려 잇ᄂᆞᆫ가. (23)

뎡냥의 머리ᄂᆞᆫ 엇더ᄒᆞᆫ고 (8)

아바님 유무예 뎡냥의 머리예 약을 ᄒᆞ여 주워 이쇼ᄃᆡ 제 거스러 몯 ᄇᆞᄅᆞᆫ다 ᄒᆞ여 두겨시니 거스나마나 브ᄃᆡ 블라 수이 됴케 ᄒᆞ소. 이리 와셔도 그 아ᄒᆡᄅᆞᆯ 일시도 닛디 몯 ᄒᆞ여 ᄒᆞ뇌. 브ᄃᆡ 수이 암글게 ᄒᆞ소. (9)

㉠은 곽주가 과거길에 나서서 멀리 떠나 있으면서 집에 있는 아버지 곽삼길(郭三吉)이 앓고 있던 종기 증세를 염려하며 조금이라도 심하게 되면 즉시 기별하라고 당부하는 사연이다. 과거시험을 못 보더라도 즉시 달려가겠다는 사연은 곽주의 효심을 보여 주면서도 동시에 이 병을 매우 심각하게 여겼던 당시 사람들의 생각을 알게 해 준다. ㉡은 곽주가 입에 종기가 나서 고통을 겪었음을 보여 주고, ㉢은 '쥬셕'이라는 아이의 '둉증'(腫症 : 종기로 인한 질병)을 근심하는 사연이다. ㉣은 곽주의 넷째 아들 '형창'이 옹전손을 앓다가 다 나았다는 사연이다. '옹젼'의 어원이 분명하지 않지만, 종기를 뜻하는 낱말로 '옹저'(癰疽), '옹절'(癰癤) 따위가 있는 것으로 보아 '옹젼손'은 손에 나는 종기의 하나로 생각된다. ㉤은 모두 곽주가 부인 하씨에게 보낸 편지로서 '졍냥'이의 머리에 난 병에 대한 사연이다. 약을 머리에 바르는 것으로 보아 종기가 머리에 났음이 확실하다.

3) '심'이라는 병

「곽씨언간」의 질병 관련 사연에는 '심'이라는 특이한 낱말이 자주 보인다. 질병 관련 의미를 가진 '심'이라는 낱말은 다른 문헌에서 찾을 수 없는 것이다. '심'이 쓰인 문장 자료는 다음과 같다.

(5) '심'과 그 치료에 대한 자료

㉠ 정녜ᄂᆞᆫ 져그나 ᄒᆞ려 이시며 정냥이ᄂᆞᆫ <u>심을 마라 잇ᄂᆞᆫ가.</u> (12)

㉡ 정녜ᄂᆞᆫ 소복ᄒᆞ엿ᄂᆞᆫ가. 정냥이ᄂᆞᆫ <u>심을 마랏ᄂᆞᆫ가.</u> 념녀 그츤 ᄉᆞ이 업서 ᄒᆞᄂᆡ. (14)

㉢ 대임이ᄂᆞᆫ <u>심도 마랏고</u> 쟈라[4]도 뎜〻 져거 가니 고칠가 깃거 ᄒᆞᄂᆡ. 오직 침을 하 두려 울매 그제도 주려 ᄒᆞ다가 하 울고 거슬매 잔잉ᄒᆞ여 몯 주니 요ᄉᆞ이 보아셔 ᄒᆞᆫ 적이나 다시 주면 ᄃᆞ리고 가려 ᄒᆞᄂᆡ. 쇼쥬ᄅᆞᆯ 머기면 됴타 ᄒᆞ나 ᄆᆞᆰᄒᆞᆫ 소용애 ᄢᅮᄅᆞᆯ 반 죵ᄌᆞ만 몬뎌 녀코 ᄢᅮᆯ 우희 쇼쥬ᄅᆞᆯ ᄀᆞ득 녀허 김 나디 아니케 ᄃᆞᆫ〻이 ᄡᅡ 봉ᄒᆞ여 보내소. 쇼쥐 ᄀᆞ장 됴ᄒᆞᆫ 약이라 ᄒᆞᄂᆡ. 셕우황도 년ᄒᆞ여 어더 머기ᄂᆡ. (40)

㉣ 대임이ᄂᆞᆫ 그제브터 도로 <u>심을 알ᄒᆞ니</u> 민망ᄒᆞ여 ᄒᆞᄂᆡ. 셕우황도 어든 거슬 ᄂᆡ일이면 다 먹게 되여시매 거챵ᄃᆡᆨ의 잇단 말 듣고 친히 갓다가 몯 어더 오니 아ᄆᆞ려 ᄒᆞᆯ 줄 몰라 더옥 민망ᄒᆞ여 ᄒᆞᄂᆡ. 큰아긔 <u>심도 ᄆᆡ일 알ᄅᆞ다 ᄒᆞ고 며ᄂᆞ리도 알팟고 녕낭의 형제도 알팟다 ᄒᆞ니</u> 이런 슈샹코 민망ᄒᆞᆫ 이리 어ᄃᆡ 이실고. 나도 ᄂᆡ일이나 침을 더 마텨 보아셔 스므이튼날 ᄉᆞ이 ᄃᆞ리고 가려 ᄒᆞᄂᆡ. 어제도 하 두려 우니 갓가ᄉᆞ로 마치니 ᄂᆡ일 ᄯᅩ 엇디 ᄒᆞ려뇨 ᄒᆞᄂᆡ. ᄡᅳ면 됴타 ᄒᆞᆯᄉᆡ ᄂᆡ일 ᄡᅳ려 ᄒᆞ니 약ᄡᆞᆨ ᄲᆞᆫ ᄃᆡ 닙플 ᄠᅳ더 ᄒᆞᆫ 줌만 ᄡᅡ 보내소. 건치ᄒᆞ고 ᄆᆞᄅᆞᆫ 모과ᄒᆞ고 ᄯᅩ 보내소. 하 심심ᄒᆞ여 (중략) <u>심은 알하도 ᄇᆡ엣 거슨 프러딘 ᄃᆞᆺᄒᆞ여 잇ᄂᆡ.</u> (43)

(5)는 모두 곽주가 하씨에게 보낸 편지에서 나온 기록이다. 밑줄 친 부분에서 보듯이 대격조사가 결합한 '심' 뒤에는 동사 '말-' 및 '앓-'이 통합되어 있다. ㉠, ㉡, ㉢은 '말-'이 통합된 것이고, ㉣은 '앓-'이 결합한 것이다. (5)에 쓰인 '심'과 관련될 만한 낱말을 국어대사전에서 찾아보면 '종기 구멍에다 약을 발라 찔러 넣는 헝겊이나 종이 조각'을 뜻하는 '심'을 발견할 수 있다. (5)에 쓰인 '심'을 이와 같은 뜻으로 보는 데에는 두 가지 어려

4) 쟈라 : '쟈라'는 '鼈'의 뜻으로 쓰인 예다. 쟈라(유합 상 15). 여기서는 비유적 의미로 쓰인 듯하다. 뱃속에 물컹하게 자라 모양처럼 생겨난 이물질을 '쟈라'로 비유한 것이 아닌가 여겨진다.

움이 있다. 하나는 '심을 알ᄒᆞ니'와 같이 '심' 뒤에 동사 '앓-'이 결합하는 점이다. '헝겊이나 종이 조각'을 뜻하는 '심'이라면 동사 '앓-'이 결합할 수 없다. 다른 하나는 '심을 마라'에 쓰인 '마라'의 의미 문제이다. '마라' 또는 '마랏ᄂᆞᆫ가'에서 어간 '말-'을 분석해낼 수 있다. 이 어간의 뜻이 현대국어의 '(종이를) 말다'(卷) 혹은 '(밥을) 말다'(調) 중의 하나가 되려면 17세기 초의 형태가 '말-'이 'ᄆᆞᆯ-'로 나타나야 한다. 「곽씨언간」에 ㆍ>ㅏ의 용례가 없는 만큼 (5)의 '말-'이 ㆍ>ㅏ를 겪은 것이라고 볼 수도 없다. 따라서 우리는 '심'에 대한 다른 설명을 찾아야 한다.

한글학회가 펴낸『우리말 큰사전』에 전라방언에서 '학질'을 뜻하는 낱말로 '심'이 쓰이는 것으로 등재되어 있다. 학질은 모기 따위에 의해 전염되는 열병의 하나로 날마다 또는 하루 걸러 일정한 때를 맞추어 오슬오슬 춥고 열이 나는 병이다. 위 (5)의 '심'도 학질을 뜻하는 당시의 방언에 쓰였던 말로 생각된다. 이 '심'에 후행하는 동사는 두 가지다. 하나는 '말-'이 후행하는 경우이고 다른 하나는 '앓-'이 후행하는 경우이다. 전자는 '심'이라는 '병을 그쳐 있다'(병이 나았다)는 뜻이고,[5] 후자는 '심'을 '앓고' 있다는 뜻이다. (5) ㉡의 "정녜ᄂᆞᆫ 소복ᄒᆞ엿ᄂᆞᆫ가. 정냥이ᄂᆞᆫ 심을 마랏ᄂᆞᆫ가"라는 문장에서 '소복ᄒᆞ엿ᄂᆞᆫ가'와 '심을 마랏ᄂᆞᆫ가'가 같은 문세(文勢)로 서로 대구를 이루고 있는데, '소복(蘇復)하다'가 '병이 낫다'라는 뜻인만큼 대를 이룬 '심을 마랏ᄂᆞᆫ가'도 같은 문의로 파악하는 것이 자연스럽다.

한편『동국신속삼강행실도』에 '병을 그친다'라는 의미로 쓰인 '말-'의 용례를 볼 수 있다.

ᄉᆞ월이 산 사ᄅᆞᆷ의 ᄢᅦ 가히 병을 말린다 듣고<東新孝3:23b>

한문의 '已'를 '말린다'로 번역한 것인데 문맥상의 의미는 '愈'로 볼 수 있다(17세기 국어사전 참고). 위의 (5)에 쓰인 '말-'도 이러한 뜻으로 풀이할 수 있다.

5) '말-'의 뜻을 '勿'(그치다)와 같다고 본 것이다.

4) '년홰'를 죽인 건곽란

「곽씨언간」에는 주인공 곽주가 그의 여종이었던 '년홰'의 죽음을 슬퍼하고 안타까워하는 사연이 2매(20, 21번 편지)에 걸쳐 길게 나타난다.

(6) 女婢 '년홰'의 질병과 죽음

㉠ 년홰 블의예 주그니 더옥 수이 ᄂᆞ려 가고뎌 ᄒᆞᄂᆡ. 년홰도 나옷 게 잇던ᄃᆞᆯ 여러 가디 약이나 ᄒᆞ여 보다가 주길 거슬 흔 약 흔 방법도 몯ᄒᆞ여셔 주겨 ᄇᆞ리니 더옥 애ᄃᆞ라 ᄒᆞᄂᆡ. (21)

㉡ 건곽난을 일졍 치워 흔다 ᄒᆞ고 더운 구드레 녀코 오시나 만히 더퍼그ᄅᆞ ᄃᆡ졉ᄒᆞ여 주근가 시브니 더옥 어엿버 ᄒᆞᄂᆡ. (20)

곽주가 없는 사이에 '년홰'가 건곽란으로 갑자기 죽었다. 주변 사람들이 건곽란에 걸린 년홰의 질병을 모르고, 년홰를 뜨거운 구들에 눕히고 옷을 많이 덮어 그릇 다루어 죽게 하였던 것이다. 건곽란(乾霍亂)은 곽란의 하나로 음식이 체하여 토하고 설사하는 급성 위장병이다. 변질된 음식 등으로 인하여 독기가 위장에 몰려 생기는데, 갑자기 배가 비트는 것처럼 아프고 토하려 하면서도 토하지 못하고, 설사할 것 같으면서도 설사하지 못하며, 가슴 답답해 한다. 심하면 얼굴이 창백하고 손발이 싸늘하며 식은땀이 나고 맥이 잘 집히지 않는다.[6] 곽주가 집에 있었다면 적절한 약을 썼을 텐데 아무것도 모르는 주변 사람들이 잘못 다스려 불의에 죽게 하였으니 그를 안타까워 하는 마음이 ㉠에 나타나 있다. '년홰'(蓮花의 음변)는 험한 일을 시켜도 평생에 못하겠다고 하거나 낯빛 한번 바꾸지 않았던 충직한 여종이었다. 이런 쓸모 있는 여종이 죽자 곽주는 매우 슬퍼하고 애처로워 하며 남은 가족들에게 제사 지낼 쌀과 물품을 주고 관도 잘 갖추어 묻으라고 시키고 있다.

곽주는 년홰가 이렇게 죽은 것도 다 운명 소관이라 여겼다. 금동이가 잿굿하던 날은 일진이 매우 좋지 않은 날이어서 아무나 불의에 죽을 날인데, 그 불운이 우연히 년홰에게 미쳤다고 하는 곽주의 생각이 21번 편지에 나타나 있다.

6) 한방 치료로 증상이 가벼울 때에는 곽향정기산을 쓰고, 중할 때에는 소합향원, 자금정 등을 쓴다.

5) 그 밖의 각종 질병

(7) 가슴앓이

㉠ 나는 ᄀᆞ슴을 알파 ᄒᆞᆫ ᄃᆞᆯ나마 누워 잇습다가 져기 ᄒᆞ리옵거ᄂᆞᆯ (1)

㉡ 자내는 가슴 알턴 ᄃᆡ 이제나 영히 됴하 겨신가. (27)

㉢ 나는 온 후로도 편ᄒᆞᆫ 나리 업서 ᄒᆞᄂᆡ다. 가ᄉᆞᆷ 므던ᄒᆞᄃᆡ 긔운 편ᄒᆞᆫ 저근 업셔 인ᄂᆡ다. (112)

'가슴 앓던 병'은 폐병을 가리키는 것으로 보이는데 편지 사연에는 곽주와 하씨가 모두 가슴앓이를 한 것으로 나타나 있다.

(8) 두통

나는 요사이 내ᄂᆡ 머리 앏파 누웟다가 어제브터 셩ᄒᆞ여 잇ᄂᆡ. (30)

(9) 복통

대셩이[7] ᄇᆡ 알패라 ᄒᆞ더니 이제ᄂᆞᆫ 엇더 ᄒᆞᆫ고 (70)

(10) 혈 소변

ᄐᆡ복기ᄂᆞᆫ (중략) 그리도록 듕튼 아니ᄒᆞᄃᆡ 쇼마 본 휘면 피도 나고 고롬도 나니 용심ᄒᆞ고 음식도 아니 머거 열흘재 일 몯 ᄒᆞ고 누워시니 주길가 민망ᄒᆞ여이다. (129) 출가녀가 하씨에게

(7)은 곽주가 심한 두통을 앓은 내용이고, (8)은 곽주의 아들인 '대성이'가 복통을 앓은 기록이다. (9)는 곽주의 아들이 배앓이를 한 사연이다. (10)은 '태복이'라는 노복이 소변에 피와 고름이 섞여 나오는 병에 걸렸음을 보여주는데 성병의 하나인 임질을 앓았던 것으로 보인다.

---

7) 대셩 : 人名, 곽주의 아들.

(11) 고뿔

㉠ 나ᄂᆞᆫ 곳블 드려 음식도 잘 몯 먹고 잇뇌. (51)

㉡ 산뒤도 초열ᄒᆞᆫ날우터 곳쌜 쳬로 알든ᄃᆡ 으식[8] 아니 먹고 바미면 새하니 (153) 출가녀가 하씨에게

(12) 기침

㉠ 응나이ᄂᆞᆫ 지ᄎᆞᆷ 지처 음식 먹지 몯ᄒᆞ뇌. (163) 출가녀가 하씨에게

㉡ 틔보기ᄂᆞᆫ ᄎᆞᆫ ᄃᆡ 가 자니 원 병든 노미 치워 가ᄉᆞᆷ과 지ᄎᆞᆷ 지ᄎᆞ되 이저ᄂᆞᆫ 헐ᄒᆞ오이다. (148) 출가녀가 하씨에게

(13) 당학

어마님 편치 아니ᄋᆞᆸ신 ᄃᆡᄂᆞᆫ 이제나 엇더ᄒᆞᄋᆞᆸ시며 오라바님은 당학을 ᄒᆞ리ᄋᆞᆸ신가 ᄇᆞ라ᄋᆞᆸ다가 ᄯᅩ 엇디 그런 증셰ᄅᆞᆯ 어ᄃᆞ시도던고 (122) 출가녀가 하씨에게

(11)은 고뿔, (12)는 기관지 질병으로 인한 기침병에 대한 것이다. (13)의 '당학'은 '唐瘧'을 표기한 것인데 오늘날 '이틀거리'라 불리는 것으로 이틀 걸러 발작하는 학질의 한 가지다. 이름을 '당학'으로 붙인 것은 '당역'과 같이 이 병도 중국에서 건너온 것으로 생각했기 때문이리라.

(14) 귓병

㉠ 나ᄂᆞᆫ 귀병 든 거시 져그나도 ᄒᆞ리디 아니ᄒᆞ니 민망이 ᄒᆞ뇌. (50)

㉡ 정녈의 귀예란 웅담을 어더 녓소 (4)

(15) 눈병

마ᄎᆞᆷ 셕ᄂᆡ 눈 알하 민망ᄒᆞ여 ᄒᆞᆫ 눈 ᄀᆞᆷ고 ᄉᆞ니 (129) 출가녀가 하씨에게

(14)는 귓병에 대한 것인데 ㉡에서 귓병 치료를 위해 귀에 웅담을 넣은 사실이 나타나 있다. 오늘날에도 귀에 고름이 나거나 할 때 사향가루를 넣어 치료하는 방법이 널리 쓰였는데 웅담을 넣은 것도 이와 같이 귀에 생긴 화농을 치료하기 위한 것으로 판단된다.

8) '음식'의 誤記.

(15)는 눈병에 관한 것인데 그 병명이 '셕닉 눈'인 점이 특이하다. 이 낱말이 고어사전과 현대어 사전에 실려 있지 않아 어떤 병인지 확인하기는 어렵다. 그러나 이 병으로 인해 '한 눈을 감고 편지를 쓰고' 있다는 사연으로 보아 눈이 많이 붓는 '다래끼'와 같은 것이 아니었나 짐작된다.

(16) 장상(杖傷)

어제 동샹의게 듯ᄌᆞ오니 풍개 매 마ᄌᆞᆫ듸 ᄀᆞ장 듕ᄒᆞᆫ가 시브ᄋᆞᆸ고 밤의 ᄌᆞᆷ도 사오랍ᄉᆞ오니 브ᄃᆡ 사ᄂᆞᄆᆞᄒᆞ손의 약ᄒᆞ여 주라 ᄒᆞ쇼셔. (중략) 개ᄯᅩᆼ믈과 모시 부ᄅᆡ믈 졈 머기라 ᄒᆞᄋᆞᆸ쇼셔. 그ᄅᆞ치면 죽ᄉᆞ올가 념녀ᄒᆞᄋᆞᆸ노이다. 브ᄃᆡ 파샹풍 아니 될 약을 미리 머기라 ᄒᆞᄋᆞᆸ쇼셔. (107) 출가녀가 하씨에게

풍개라는 노복이 관가에 붙들려 가서 곤장을 맞고 그 상처가 매우 심각하여 걱정하는 모습이 나타나 있다. 풍개의 상태가 위중케 되었으니 '사ᄂᆞᄆᆞᄒᆞ손'의 약을 지어 먹이라고 하였는데 '사ᄂᆞᄆᆞᄒᆞ손'이 무엇인지 미상이다. 또 맞아서 다친 풍개에게 개똥물과 모시뿌리 물을 먹이라고 하였다. 이런 민간치료법이 파상풍을 막기 위한 것임을 이 편지에서 알 수 있다. 파상풍은 상처를 통하여 체내에 들어간 파상풍균이 증식하여 그 독소가 중추신경, 특히 척수를 침범하여 일어나는 병으로 입이 굳어져서 벌리기 어렵게 되고, 이어 전신에 경직성 경련을 일으켜 수 시간 내에 사망하기도 하는 치명적 질병이다.

(17) 기타 증세만이 나타나 있는 것(모두 곽주 자식의 질병)

㉠ 나ᄂᆞᆫ 병이 듕ᄒᆞ여 ᄆᆞᄋᆞᆷ이 놀란 ᄆᆞᄋᆞᆷ ᄀᆞᄐᆞ여 일시도 편ᄒᆞᆯ 저기 업ᄉᆞ니 민망ᄒᆞ여 ᄒᆞ뇌. (52)

㉡ 나ᄂᆞᆫ ᄯᆞᆷ이 ᄆᆡ일 온 몸애 그ᄎᆞᆫ 적 업시 나니 ᄆᆞᄋᆞᆷ이 해 ᄲᆡᆫ ᄃᆞᆺᄒᆞ고 온 몸이 아니 ᄎᆞᆫ ᄃᆡ 업ᄉᆞ니 민망ᄒᆞ여 ᄒᆞ뇌. (17)

㉢ 나도 오ᄂᆞᆯ브터 아니 알ᄑᆞᆫ ᄃᆡ 업시 셜오되 강잉ᄒᆞ여 ᄃᆞ니쟈 ᄒᆞ니 더옥 셜웨. (48)

(17)에 묘사된 증세가 어떤 질병으로 인한 것인지 알기 어렵다. ㉠은 병이 중해져 마음이 놀란 마음 같이 두근거리는 증세를, ㉡은 온 몸이 땀이 줄줄 흐르고 마음이 심히 빤 듯하며 온 몸이 차다는 증세를 호소하고 있다. 마음이 심히 빤 듯하다는 표현이 구체적

으로 마음의 어떤 상태를 묘사한 것인지 이해하기 어렵다. 고통스러운 병으로 지쳐 마음이 축 늘어져 있는 상태를 그린 것일까?

6) 말(馬)의 질병

말은 당시 양반의 여행에 필수적인 동물이었다. 말의 병과 그 치료에 대한 언급이 다음과 같이 보인다.

(18) 말의 질병과 치료

㉠ 큰 ᄆᆞᆯ 기츰 그저 깃ᄂᆞᆫ가. ᄌᆞ세 보아 ᄒᆞᆫ 가지로 깃거든 곽샹이 ᄒᆞ여 거싀 사ᄅᆞ자바 날마당 머기라 ᄒᆞ소 (38)

㉡ ᄂᆡ일로 갈 거시니 큰 ᄆᆞᆯ이 깃츰을 그저 깃거든[9] 복마ᄅᆞᆯ 옥싊ᄒᆞ여 아츰밥 일 ᄒᆞ여 머겨 보내소 (33)

㉢ 나ᄂᆞᆫ 어제 셩쥐 와 자고 오ᄂᆞᆯ로 가려 ᄒᆞ더니 ᄆᆞ리 파려ᄒᆞ여 일져리 것디 아니호매 (62)

㉠, ㉡은 말이 기침을 하는 병을 걱정하면서 '거시'(지렁이)를 산 채로 잡아 날마다 먹이도록 지시하고 있다. 이는 당시의 민간요법을 보여 주는 것이다. ㉢은 여행 도중 말이 과로하여 걷지 못한다는 것인데 특별한 질병에 대한 언급은 없다.

3. 치료법과 약재에 대한 기록

온갖 질병에 시달리면서도 이에 대한 치료법은 마땅한 것이 없는 실정이었다. 특히 앞의 (3)과 관련하여 언급했듯이 역질이나 계절적 요인에 의한 전염병에 대한 대책은 병이 도는 지역으로부터 몸을 잠시 피하는 '피우'밖에 없었다. 당시에 약재는 매우 고가여서 보통 사람들이 쓰기 어려운 것이었다. 여러 가지 크고 작은 병의 치료에 많이 쓰인 방법은 침과 뜸이었다. 이에 대한 자료를 정리해 둔다.

---

9) 깃거든 : 기침하거든.

1) 침 맞히기

(19) 침

㉠ 나ᄂᆞᆫ 편히 이쇼ᄃᆡ 대임의 병이 ᄒᆞ린ᄃᆞᆺ 호ᄃᆡ 수이 쾌치 아니ᄒᆞ니 여러 번 침을 마쳐야 ᄒᆞᆯ 거시니 (70)

㉡ 침을 하 두려 울매 그제도 주려 ᄒᆞ다가 하 울고 거슬매 잔잉ᄒᆞ여 몯 주니 요ᄉᆞ이 보아셔 ᄒᆞᆫ 적이나 다시 주면 ᄃᆞ리고 가려 ᄒᆞ뇌. (40)

㉢ 나도 ᄂᆡ일이나 침을 더 마텨 보아셔 스므이튼날 ᄉᆞ이 ᄃᆞ리고 가려 ᄒᆞ뇌. (43)

(19)는 곽주가 갓난 아들 '대임이'의 병 치료를 위해 침을 맞히는 이야기이다. 어른들도 당연히 침 맞는 일이 있었을 것이나 구체적으로 나타난 예가 없다.

2) 뜸 뜨기

(20) 뜸

㉠ ᄯᅳ면 됴타 ᄒᆞᆯᄉᆡ. ᄂᆡ일 ᄯᅳ려 ᄒᆞ니 약ᄡᅮᆨ ᄡᅡᆫ ᄃᆡ 닙플 ᄠᅳ더 ᄒᆞᆫ 줌만 ᄲᅡ 보내소 (43)

㉡ 대임이ᄂᆞᆫ 오ᄂᆞᆯ ᄯᅳ려 ᄯᅳᄂᆞᆫ 냥반을 다 쳥ᄒᆞ여 왓더니 하 두려 울매 ᄯᅳ디 아니ᄒᆞ고 침만 주워 이시니 다시 보아셔 수이 됴치 아니ᄒᆞᆯ가 시브거든 ᄯᅳ쟈 ᄒᆞ뇌. (42)

㉢ 졍냥이 … 아ᄅᆡ ᄯᅳ고 ᄯᅩ 오ᄂᆞᆯ 침 맛고 ᄒᆞ니 여우여 갓과 ᄲᅧ만 이ᄉᆞᆸᄂᆞ이다. (113)

㉣ 얼우신네 나ᄅᆞᆯ ᄂᆡ일로 ᄡᅮᆨ 다림ᄒᆞ라 시기시니 ᄡᅮᆨ을 오ᄂᆞᆯ로 두 고리ᄅᆞᆯ ᄠᅳᆫ기되 ᄎᆞᆷᄡᅮᆨ기 사오나오니 다북ᄡᅮ그로 두 고리ᄅᆞᆯ ᄠᅳᆫ겨 ᄂᆡ일 새배로 보내소 (16)

㉠, ㉡은 곽주의 어린 아들 '대임이'의 병을 고치기 위해 뜸을 뜬 것인데 항상 침과 병행되어 시술되고 있다.[10] ㉢은 하씨가 곽주에게 보낸 편지인데, 곽주의 딸 '졍냥이'가 뜨고 침맞고 하였으나 여위어 가죽과 뼈만 남았다는 하씨의 하소연이다. ㉣은 곽주 자신의 치료에 쑥뜸이 좋다고 주위 어른이 권하니 다북쑥을 두 고리 뜯어 보내라 한 사연이다. 참쑥은 철이 지나 거칠어져 못 쓰니 다북쑥을 뜯도록 시키고 있다.

10) 1644년에 간행된 許任의 『침구경험방』(鍼灸經驗方)에는 민간에서 전해져 내려오는 침과 뜸의 전통적 시술법이 수용되었을 것이다.

3) 온천 치료

(21)

㉠ 근심 ᄀᆞ 업ᄉᆞ오ᄃᆡ 모욕 효옴이나[11] 잇ᄉᆞ와 ᄒᆞ리ᄋᆞᆸ시ᄆᆞᆯ 다시곰 ᄇᆞ라ᄋᆞᆸ거니와 동ᄂᆡ 사ᄅᆞᆷ의 마를 듣ᄌᆞ오니 ᄆᆞ리 하 ᄉᆞᆯᄒᆞ니 이제ᄂᆞᆫ 냥이 ᄀᆞ믈 계괴 업다 ᄒᆞ니…동ᄂᆡ 온슈의 병 고치니ᄂᆞᆫ 업다 ᄒᆞ노이다. … 울산 온쉬사 효옴 잇고 이내 됴타 ᄒᆞ노이다. (121)

㉡ 요ᄉᆞ이나 아바님 긔운 엇더 ᄒᆞᄋᆞᆸ시거뇨. 모욕은 ᄒᆞᄋᆞᆸ시니 긔운이 엇더ᄒᆞᄋᆞᆸ시더라 ᄒᆞᄂᆞ닝까. (124)

㉢ 동ᄂᆡ 가 겨ᄋᆞᆸ시다 듣ᄌᆞᆸ고 ᄒᆞᆷᄭᅴ 힝ᄎᆞᄒᆞᄋᆞᆸ실라 ᄒᆞᄋᆞᆸ시던 거시라. 모욕이나 ᄒᆞᄋᆞᆸ시면 ᄒᆞ리ᄋᆞᆸ실가 ᄆᆡ일 글로 ᄇᆞ라ᄋᆞᆸ노이다. (120)

(21)은 출가한 딸이 어머니 하씨에게 보낸 편지다. 곽주가 위독해지자 동래 온천에 가서 온천 치료법까지 쓴다. 동래온천보다 울산온천의 효험이 더 좋다고 말하고 있다. 오늘날도 동래와 울산에는 온천탕이 경영되고 있다. 온천치료법까지 써 보았으나 곽주는 결국 1617년에 별세하고 만다.

4) 약과 약재

약과 약재에 대한 기록을 검토하면 당시에 어떤 것들이 사용되었는지 알아볼 수 있다.

(22) 약과 약재

㉠ 오ᄂᆞᆯ약 가뎌 가ᄂᆞᆫ 사ᄅᆞᆷ 주워 보내라 ᄒᆞ소. (8)

유지 약은 가뎌다가 주고. (71)

아바님 유무예 뎡냥의 머리예 약을 ᄒᆞ여 주워 이쇼ᄃᆡ. (9)

나ᄂᆞᆫ 오ᄂᆞᆯ 뎡동디 ᄃᆡᆨ의 약 뭇ᄌᆞ오러 가니. (53)

㉡ 편치 아녀 겨시다 ᄒᆞ니 ᄉᆡᆼ양 여닐곱 ᄡᅢ리나 ᄏᆡ여 죠희여 ᄡᅡ 봉ᄒᆞ여 보내소 (54)

아바님 병환이 하 듕ᄒᆞ오니 민망이고 ᄉᆡᆼ양이 야기라 ᄒᆞ고 아ᄆᆞ ᄃᆡ나 ᄇᆞᄃᆡ 어더 보쇼셔 ᄒᆞ노이다. (158)

11) 효옴이나 : '효옴'은 '效驗'을 당시의 俗音대로 적은 것이다.

㉢ 셔우황을 어더 머기ᄋᆞᆸ고져 ᄒᆞ오ᄃᆡ 아니 와셔 어들 ᄃᆡ 업ᄉᆞ와 민망ᄒᆞᄋᆞᆸ고 (113)

셕우황도 어든 거슬 ᄂᆡ일면 다 먹게 되여시매 거챵ᄃᆡᆨ의 잇단 말 듣고 친히 갓다가 몯 어더 오니 (43)

셕우황도 년ᄒᆞ여 어더 머기뇌. (40)

㉣ 쇼쥬ᄅᆞᆯ 머기면 됴타 ᄒᆞ니 ᄆᆞᄎᆞᆷ ᄒᆞᆫ 소용애 ᄲᅮᄅᆞᆯ 반 죵ᄌᆞ만 몬뎌 녀코 ᄲᅮᆯ 우희 쇼쥬ᄅᆞᆯ ᄀᆞᄃᆞᆨ 녀허 김 나디 아니케 ᄃᆞᆫ〻이 ᄲᅡ 봉ᄒᆞ여 보내소. 쇼쥐 ᄀᆞ장 됴ᄒᆞᆫ 약이라 ᄒᆞᄂᆡ. (40)

㉤ 염소도 죠희예 ᄡᆞᆫ 약 ᄒᆞᆫᄃᆡ 갓거니와 염소도 나 간 후에 자시게 ᄒᆞ소. (29)

㉠은 '약'으로만 적혀 있고 구체적으로 어떤 약인지 알 수 없는 예이다. '뎡동디ᄃᆡᆨ'에 약 물으러 가는 것은 어떤 약을 쓰면 좋은지 처방을 얻으러 간다는 뜻이다. ㉡은 생강, ㉢은 석웅황(石雄黃)을 약재로 삼은 예다. ㉣을 통해 소주를 약으로도 썼음을 알 수 있다. ㉤은 하씨의 출산일이 임박하자 곽주가 염소 중탕을 만들어 보낸 기록이다. 해산 후의 보약으로 염소가 쓰였는데 이는 오늘날에도 행해지는 보양법이다.

앞의 (16)에서 보았듯이 장상(杖傷) 치료를 위해 개똥물과 모시뿌리물을 약재로 쓴 기록도 발견된다. (14)㉡에서는 귓병에 웅담을 치료제로 쓴 사실도 보았다. 현대의 한방 치료에서도 귓병에 사향 가루를 쓰고 있다. 웅담가루를 쓴 것은 이와 성격이 같은 것이라 판단된다.

4. 맺음말

「곽씨언간」에 나타난 질병과 그 치료법 그리고 당시에 사용한 약재에 관한 기록을 정리해 보았다. 이 편지 자료의 사연 중 가장 빈도 높게 나타난 것이 질병에 관한 것이다. 의학이 발달하지 못한 17세기 초기의 사람들 일상에서 가장 두려운 것이 병마였다. 특히 역질은 공포의 대상이었다. 지금은 하찮은 병인 종기도 당시에는 생명을 위협하는 심각한 질병이었다. 온갖 질병의 위협 속에서 당시 사람들은 그저 조심조심 살아가는 것이 최선의 방법이었다. 그래서 「곽씨언간」에서 다음과 같은 글이 나타나는 것이다.

오월 초이튼날, 오월 열이튼날, 오월 열나ᄒᆞᆫ날, 오월 스므나ᄒᆞᆫ날, 오월 스므엿쇈날, 뉴월 초엿쇈날, 뉴월 초여ᄃᆞ랜날, 뉴월 열여ᄃᆞ랜날, 뉴월 스므날, 칠월 초ᄒᆞᄅᆞᆫ날, 칠월 초사ᄒᆞᆫ날

방문 밧도 나디말고 뒤도 븟간의 가 보디 말고 다ᄅᆞᆫ ᄃᆡ 가 보라. 이 뎌근 열ᄒᆞᆫ나ᄅᆞᆯ ᄀᆞ장 : : 조심 : : ᄒᆞ라. (99)

근신해야 하는 날이 오월, 유월, 칠월에 집중된 점에 유의할 필요가 있다. 이 계절은 습도가 높고 무더워 전염병이 빈발하는 시기이다. 곽주가 쓴 이 기록은 온갖 질병의 공포 속에서 매사를 신중하고 조심스럽게 살았던 당시 우리 조상님들의 삶의 모습을 보여준다.

곽주의 인품

곽주가 아내에게 보낸 편지글 속에는 집 안팎의 크고 작은 갖가지 일에 대한 이야기가 나온다. 삶의 역정에서 겪게 되는 사람들 간의 갈등, 당시로서는 치료하기 어려웠던 질병들, 노비들을 다스리는 태도, 손님맞이를 위한 준비, 아내 하씨의 출산에 임박하여 초조해 하는 모습 등 갖가지 사연이 실려 있다. 이러한 곽주의 편지에서 우리는 곽주의 인간 됨됨이를 엿볼 수 있다.

1. 절약과 근검

곽주가 살았던 시대는 임진왜란 전후의 시기였다. 전쟁으로 피폐해진 백성들의 생활은 양반이라고 해도 예외가 아니었던 듯하다. 먹을 것, 입을 것이 부족하여 곤란을 겪는 이야기가 편지 사연에 나타난다. 쌀이 모자라 보리쌀을 섞어서 밥을 지으라고 아내 하씨에게 당부하는 다음의 글은 사연도 길고 그 뜻이 자못 절실한 바 있다.

> 나ᄅᆞᆨ은 환자도 아ᄆᆞ려 소지 뎡ᄒᆞ여도 주디 아니 ᄒᆞ니 나ᄅᆞᆨ밥 ᄒᆞᆯ ᄣᅢᄂᆞᆫ 쳔만 업쇠. 날ᄀᆞᄐᆞᆫ 양을 보면 보리밥도 니울 길히 업슬가 식븨. 어ᄃᆡ 가 나ᄅᆞᆨ밥을 어더 ᄒᆞᆯ고 아ᄆᆞ 마리 자내 귀예 드려도 드ᄅᆞᆫ 쳬 말고 내 긔걸대로 ᄒᆞ소. ᄇᆡ 고ᄑᆞ면 샹감도 보리밥을 자시더라 ᄒᆞ니 ᄒᆞ믈며 샹감만 몯ᄒᆞᆫ 사ᄅᆞ미야. ᄇᆡ옷 고ᄑᆞ면 보리밥 몯 머글 주리 이실가. ᄉᆡᆼ심도 드ᄅᆞᆫ 쳬 말고 내 긔걸대로 ᄒᆞ소. 젯뫼도 아바님 겨옵신 제브터 뫼ᄒᆞ여 잡ᄉᆞᆸ던 양으

로 ᄑᆞᆺ과 나ᄅᆞᆨᄡᆞᆯ과 보리ᄡᆞᆯ과 섯거ᄒᆞ여 잡ᄉᆞᆸ게 ᄒᆞ소 졧뫼도 나ᄅᆞᆨᄡᆞᆯ 니워 ᄒᆞᆯ 길히 어려워 보리ᄡᆞᆯ과 섯거 ᄒᆞ거든 ᄒᆞ믈며 다ᄅᆞᆫ 밥이야 졔예도 나ᄅᆞᆨ뫼ᄅᆞᆯ 몯 ᄒᆞ여셔 다ᄅᆞᆫ ᄃᆡ 잘 ᄒᆞᆯ가 ᄉᆡᆼ심도 ᄃᆞᄅᆞᆫ 쳬 말고 내 긔걸대로 ᄒᆞ소 (65)

위 편지에 나타난 주요 내용을 간추려 보면 다음과 같다. 첫째, 양식이 모자라서 환자를 달라고 소지(청원서)를 내어도 허사라는 것. 둘째, 날이 가물고 하여 쌀밥을 먹기 어렵다는 것. 셋째, 상감도 보리밥을 자시는데 하물며 보통사람들이야 말할 것이 없다는 것. 넷째, 아버님의 제사에 올리는 메도 쌀에 보리와 팥을 섞어 지으라는 것. 제삿상에도 보리밥을 올리는 점을 특히 강조하고 있다. 양식을 아끼는 곽주의 마음이 당시의 경제 현실에서 나온 것이기는 하겠지만 어려운 현실을 근검 절약으로 극복하려는 마음가짐을 발견할 수 있다.

농사는 무엇보다도 때를 놓쳐서는 안되는 일이다. 제때에 맞추어 일을 하지 못하면 큰 곤란을 겪게 된다. 당시 어지러운 세상에서 보리파종의 때를 놓친 이야기가 다음과 같이 나온다.

셕이ᄃᆞ려 닐러셔 타작 힘ᄡᅥ 보아 ᄒᆞ고 보리도 ᄇᆞᄃᆡ 힘ᄡᅥ 아ᄆᆞ려나 밧마다 다 가리되 일즉 가리게 ᄒᆞ라 니ᄅᆞ소 올도 보리ᄅᆞᆯ 몯 가려 녀름에 하 소그니 올란 ᄇᆞᄃᆡ 힘ᄡᅥ 일 가리게 ᄒᆞ라 니ᄅᆞ소 (13)

가을 타작일을 '셕이'에게 힘써 하라고 시키고 보리도 밭마다 일찍 갈도록 하라는 것이다. 작년 가을에 보리를 갈지 못하여 올 여름에 매우 고생하였다는 사연이다. 가을에 거둔 양식이 떨어지는 초여름 즈음에 보리를 수확하지 못했으니 먹을 것 걱정이 컸으리라. 양식이 모자라 관으로부터 환자쌀을 빌리거나 아이들이 배를 곯는 처지에서[1] 절약과 근검은 필수적인 것이기도 하였으리라.

1) 아ᄒᆡ ᄡᆞᆯ 환잣말로 엿 말 가더니 언매나 ᄒᆞ던고. 아희ᄃᆞᆯ ᄇᆡ 골ᄅᆞᆫ 양 보다가 오니 더옥 닛디 몯ᄒᆞ여 ᄒᆞ뇌. (49)

2. 공평한 사람 대접과 공정한 분배

무슨 연유인지 알 수 없으나 곽주의 집에서 머물며 밥을 먹고 지내는 두 사람이 있었다. '산전도령'과 '엄서방'이 그들인데, 두 사람의 신분이 달랐음이 분명하다. '도령'과 '서방'이라는 용어가 각각 쓰이고 있는 것으로 보면 산전도령의 지위가 높았던 것으로 보인다. 두 사람 밥상에 올리는 밥과 찬을 똑같이 해서 드리라는 편지 사연이 있다.

> 엄셔방 밥과 산젼도령 밥을 마치 ᄀᆞᆺ게 ᄒᆞᆫ 가지로 ᄒᆞ여 밧ᄌᆞᆸ제 ᄉᆡᆼ심도 다ᄅᆞ게 마소. 반찬ᄂᆞᆫ 골안ᄃᆡᆨ 당만ᄒᆞᄂᆞᆫ 거ᄉᆞᆫ ᄒᆞᆫ 가지로 몯ᄒᆞ려니와 반찬이라도 우리게셔 ᄒᆞᄂᆞᆫ 거스란 마치 ᄀᆞᆺ게 ᄒᆞ소. 밥이나 반찬이나 다ᄅᆞ면 먹ᄂᆞᆫ 인ᄃᆞᆯ ᄆᆞ서시 안심ᄒᆞ며 몬 먹ᄂᆞ닌ᄃᆞᆯ ᄆᆞ서시 됴ᄒᆞᆯ고. ᄉᆡᆼ심도 다ᄅᆞ게 마소. (65)

'골안댁'이 이들을 위하여 장만하는 음식은 우리로서 어쩌지 못하는 것이지만 우리가 준비하는 음식은 두 사람의 것을 꼭 같게 하라는 것이다. 신분의 차별에 따라 밥상을 달리 차리면 먹는 사람의 마음도 편치 못할 것이라고 하면서 두 사람을 공평히 대접할 것을 아내 하씨에게 당부하고 있다.

먹는 것 다음으로 중요한 관심사는 입는 옷이다. 옷을 만드는 데 긴요한 면화는 생활필수품이어서 바로 돈이 되는 재화였다. 무명으로 베를 짜서 옷감을 만들어 입었으며, 이것의 교환가치 또한 높았던 것이다. 면화를 수확해서 분배한 기록이 다음과 같이 나온다.

> 면화 ᄂᆞᆫ올 치부
>
> 큰ᄃᆡᆨ의 열여ᄃᆞᇑ 근. 골안ᄃᆡᆨ 열두 근. 다ᄅᆡ 어미 열닷 근. 녈진이 열두 근.
>
> 슈개 닷 근. 무명을 나하 ᄑᆞ라 머글 거슬 면홰 하 어머니 엇디 ᄒᆞᆯ고 ᄒᆞ뇌. 큰ᄃᆡᆨ이나 다ᄅᆡ네나 다 아니 주디 몯ᄒᆞᆯ 거시고 모다 혜기ᄂᆞᆫ 다 뎍게 너기려니와 쁠 ᄃᆡ 만ᄒᆞ니 비록 뎍게 너겨도 내 뎌근 대로 밧ᄌᆞᆸ게 호ᄃᆡ (후략) (102)

면화를 수확하여 나누기 위한 기록인데 곽주의 밭에서 여러 사람들이 공동으로 면화를 경작한 것으로 보인다. '다ᄅᆡ어미', '녈진이', '슈개'와 큰댁에 줄 면화의 분량을 적어서 하씨에게 보낸 것이다. 수확한 면화를 공정하게 나누어 주려 하지만 그 양이 너무 적어 걱정스러워 하는 곽주의 모습이 나타나 있다. 받는 사람은 적게만 여길 터이고 줄 곳이 많은 현실은 예나 지금이나 다름이 없었던 것이다. 이런 형편에서 각 집안에 나누어 줄 몫을 여기 적은 대로 잘 지켜서 분배하라는 곽주의 엄정한 일 처리를 볼 수 있다. 먹는 일과 입는 일에 공평하게 임하는 곽주의 태도는 가솔들과 다수의 노복들을 거느리는 가장으로서 본받을 만한 것이라 하겠다.

3. 부모 공경과 자식 사랑

곽주는 효심이 각별한 분이었다. 멀리 나가 있으면서 아버지(곽삼길)의 병을 염려하거나 부모님께 효양을 제대로 하지 못함을 안타까워하는 사연이 곳곳에서 발견된다.

> ㉠ 아바님 브스신 ᄃᆡ 힝혀 다시 브서 듕ᄒᆞ실가 시브거든 아기ᄃᆞ려 닐러 사ᄅᆞᆷ 보내게 ᄒᆞ소 과거를 몯 미처 보아도 아바님옷 브스시던 증이 다시 듕ᄒᆞ시게 되면 즉시 ᄂᆞ려 갈 거시니 ᄌᆞ세 보아 듕ᄒᆞ실가 시브거든 아희ᄃᆞᆯᄃᆞ려 ᄀᆡ별ᄒᆞ여 내게 통케 ᄒᆞ소 (14)
>
> ㉡ 쇠오기ᄅᆞᆯ 언메나 ᄒᆞ여 왓던고 (중략) 스므날 졔예 ᄡᆞᆯ 것 위ᄒᆞ고 그 나믄 거스란 쟝모ᄭᅴ 잡ᄉᆞᆸ게 ᄒᆞ소 어마님게도 더러 보내소 덕남이 올 제란 쇠오기ᄅᆞᆯ 내게 보내디 말고 두고셔 쟝모ᄭᅴ 잡ᄉᆞᆸ게 ᄒᆞ소 (87)
>
> ㉢ 어버이 외오 너기시면 다함 내 이ᄅᆞᆯ ᄉᆞᆲ펴 조심ᄒᆞ여 그ᄅᆞᆫ 일 업게 ᄒᆞ여사 ᄌᆞ식의 올ᄒᆞᆫ 일이니 조심 : : ᄒᆞ여 겨소 (4)

㉠은 과거를 보러 서울에 가 있을 때 보낸 편지인데 아버지의 종증(腫症)이 더 심해지면 과거를 못 보더라도 바로 내려갈 것이니 즉시 연락하라는 당부 사연이다. ㉡에는 당시로는 참으로 귀한 쇠고기를 어머니와 장모님께 보내는 내용이 담겨 있다. ㉢은 어버이의 뜻에 어그러지지 않도록 항상 스스로 행실을 살펴 조심하는 것이 자식의 도리임을 아내에게 타이르고 있다. 전체 편지에서 느껴지는, 곽주의 부모 섬기는 정성스러운 마음이 참으로 간절한 바가 있다.

다음 편지에 보듯이 조상 산소에 불이 나서 잔디가 타 버린 모습을 보고 마음 아파하는 곽주의 모습은 참담할 지경이다. 타 버린 분묘 가에서 저물도록 울다가 밤이 들어서야 집으로 돌아오니 기운이 나빠져 겨우 누워 있다고 하였다.

㉣ 나ᄂᆞᆫ 어제 매바회 가 ᄃᆞᆫ녀 오니 분묘애 브리 다 븟고 나ᄆᆞᆫ 거시 업ᄉᆞ니 아ᄆᆞ려 운ᄃᆞᆯ 쇽졀이 이실가. 졈그도록 우다가 밤들게야 도라오매 긔운이 편치 아녀 누워 잇뇌. (4)

웃어른에 대한 곽주의 공경심은 아래로는 자애로운 아버지의 모습으로 나타난다. 아비로서 자식을 아끼고 어여삐 여기지 않을 이가 있을까마는 자녀들에 대한 곽주의 애정은 각별한 데가 있다.

㉤ 졍녜 바디ᄂᆞᆫ ᄒᆞ여 주웟ᄂᆞᆫ가. 치워 ᄒᆞ던 이리 눈에 암암ᄒᆞ여 닛디 몯 ᄒᆞ뇌. (23)

㉥ 소례셔 아기네ᄅᆞᆯ ᄃᆞ려 오라 ᄒᆞ시더라 ᄒᆞ니 녕녜 덕녜ᄅᆞᆯ 몯 ᄃᆞ려 갈디라도 쳘녜란 ᄃᆞ려 가게 ᄒᆞ소 닙은 거시 하 업ᄉᆞ니 연초록 든 거스로 뎌구리 ᄒᆞ고 슈개 ᄧᆞᄂᆞᆫ 명지ᄅᆞᆯ 제 쟝옷 ᄒᆞ리만 베혀셔 ᄌᆞ지 드려 쟝옷ᄒᆞ고 보라ᄅᆞᆯ ᄀᆞᄂᆞᆫ 무명에 드려 바지조차 ᄒᆞ여 닙펴 ᄃᆞ려 가게 ᄒᆞ소 잡탈 말고 ᄒᆞ여 주소 마디 몯ᄒᆞᆯ 거시니 결에 탈 말고 ᄒᆞ여 닙피소 (91)

전란 후 어려운 경제 상황에 아이들 입성이 넉넉했을 리 없다. 겨울에 정녜(곽주의 딸)가 바지가 없어서 추워하는 모습을 보고 온(곽주와 하씨 부인의 거주지가 달랐다) 곽주가 딸에 대한 애처로움을 이기지 못하고 있다. 그 아래의 편지는 소례에 계신 조부모가 손녀들이 보고 싶다고 데려 오라는 전갈을 한 모양이다. 소례에서 아이들을 데려 오라고 하는 것은 하씨가 소례에서 좀 떨어진 논공에 살고 있었기 때문이다. 쳘녜를 데려 갈 때 입고 있는 것이 매우 변변찮으니 저고리, 장옷, 바지를 해 입히라 시키고 있다. "잡탈 말고 ᄒᆞ여 주소"라는 말이 있는 것으로 보아 지금까지 형편이 여의치 않아 아이가 여러 번 보채어도 못해 준 모양이다. "마디 몯ᄒᆞᆯ 거시니"라는 말에는 결국 해 주어야 할 일이니 이번 가는 길에 이 탓 저 탓 가리지 말고 해 입히라는 뜻이 담겨 있다.

연초록 물든 저고리, 자줏빛 명주 장옷 그리고 보라색으로 물들인 무명 바지를 입고 어머니를 따라 할머니 집으로 가는 어린 딸아이의 모습을 눈에 그려 볼 수 있는 편지이다. 논공에서 소례로 갈 때 어느 길을 따라 갔을 지도 짐작할 만하다.

곽주가 아이들이 앓는 병을 걱정하는 사연은 매우 빈번하여 일일이 거론하기 어렵다. 몇몇 예문만 보이면 다음과 같다.

㉦ 정녜ᄂᆞᆫ 져그나 ᄒᆞ려 이시며 정냥이ᄂᆞᆫ 심을 마라 잇ᄂᆞᆫ가. ᄒᆞᆫ 때도 닛치지 아녀 눈에 암ᄒᆞ여 ᄒᆞᄂᆡ. (12)

병든 아희ᄃᆞᆯ 머거디라 ᄒᆞᄂᆞᆫ 거스란 아ᄆᆞ려나 조치ᄒᆞ여 머기소. (13)

정녜ᄂᆞᆫ 소복ᄒᆞ엿는가. 정냥이ᄂᆞᆫ 심을 마랏는가. 념녀 그ᄎᆞᆯ ᄉᆞ이 업서 ᄒᆞᄂᆡ. (14)

정냥의 머리ᄂᆞᆫ 져그나 ᄒᆞ려 잇는가. 더옥 닛디 몯ᄒᆞ여 ᄒᆞᄂᆡ. (23)

전란 후 식량 사정의 궁핍으로 양식이 넉넉치 않아 아이들이 배 곯는 모습을 보고 와서 마음 아파하는 모습[2], 늘 아이들 얼굴이 눈앞에 삼삼하다는 심정이 그려져 있기도 하다.[3] 밤길이나 어두운 데 다니지 못하도록 당부하는 곽주의 모습은 자상한 아버지의 정을 느끼게 한다.[4]

4. 아내 사랑

곽주의 아내 사랑 또한 각별한 데가 있다. 곽주가 쓴 여러 편지에서 아내 하씨의 건강과 처지를 배려하는 마음씨를 읽을 수 있다. 아내가 해산을 위해 친정으로 갔는데 출산 예정일이 되어도 아무 소식이 없자 연이어 편지를 보낸다.

㉠ 아희옷 시작ᄒᆞ여ᄃᆞᆫ 아ᄆᆞ려나 브듸 즉시 사ᄅᆞᆷ을 브리소. 밤ᄃᆞᆼ에 와도 즉시 갈 거시니 브듸 즉시 즉시 사ᄅᆞᆷ을 보내소. 즉시 오면 비록 죵이라도 큰 샹을 ᄒᆞᆯ 거시니 저의ᄃᆞ려 이대로 닐러셔 즉시 즉시 즉시 즉시 보내소. 얼현이 마소. 여러 날 비치게 되면 취워 나만 아니 소글 거시니 덴드기 마소. (27)

㉡ 이 ᄃᆞ리 다 그므되 지금 긔쳐기 업ᄉᆞ니 아니 ᄃᆞᄅᆞᆯ 그ᄅᆞ 혜돗던가.[5] 힝혀 아ᄆᆞ라나

2) 아희ᄃᆞᆯ ᄇᆡ 골른 양 보다가 오니 더옥 닛디 몯ᄒᆞ여 ᄒᆞᄂᆡ. (49)

3) 아희ᄃᆞᆯ 얼구리 눈에 암암ᄒᆞ여시니 내ᄒᆡ ᄀᆞᆸᄀᆞᆸᄒᆞᆫ ᄠᅳᄃᆞᆯ 뉘 알고. (27)

4) 밤의 ᄉᆡᆼ심도 나ᄃᆞᆫ니디 말고 대원이 ᄒᆞ며 정녜네도 ᄉᆡᆼ심도 어두온 ᄃᆡ 나 몯 ᄃᆞᆫ니게 ᄒᆞ소. (24)

5) 이 달이 다 저물어 가는데 아이 소식이 없으니 出産日을 잘못 계산하였는지 의아스럽게 생각하고 있다.

ᄒᆞ여도 즉시ː ː 사ᄅᆞᆷ 보내소 아ᄆᆞ ᄣᅢ예 와도 즉시 갈 거시니 브듸ː ː 즉시ː ː 사ᄅᆞᆷ 보내소 비록 수이 나ᄒᆞᆯ디라도 사ᄅᆞᆷ으란 브듸 내게 알외소 나날 기ᄃᆞ리되 긔벼리 업ᄉᆞ니 민망ᄒᆞ여 ᄒᆞᄂᆡ. (28)

ⓒ 이 ᄃᆞ리 다 그므러 가되 지금 아기ᄅᆞᆯ 나치 아니 ᄒᆞ니 일졍 ᄃᆞᄅᆞᆯ 그ᄅᆞᆺ 혠가 ᄒᆞᄂᆡ. 오ᄂᆞᆯ 긔벼리 올가 ᄂᆡ일 긔별 올가 기ᄃᆞ리다가 블의예 언샹이 다ᄃᆞᄅᆞ니 내 놀란 ᄠᅳ들 자내 엇디 다 알고 브듸 시작ᄒᆞ여셔 사ᄅᆞᆷ 즉시 보내소 비록 수이 나ᄒᆞ나마나 브ᄃᆡ 사ᄅᆞᆷ 보내소 ᄉᆞ나희 업ᄉᆞᆯ디라도 간나희 죵을 보내나마 즉시 ː ː 보내소 기ᄃᆞ리고 잇ᄂᆡ. 죠희예 ᄡᆞᆫ 약으란 내 가셔 달혀 ᄡᆞᆯ 거시니 나 아니 가셔란 자시디 마소 ᄭᅮᆯ과 ᄎᆞᆷ기름으란 반 죵ᄌᆞ식 ᄒᆞᆫ듸 달혀셔 아희 돈 후에 자시게 ᄒᆞ소 염소도 죠희예 ᄡᆞᆫ 약 ᄒᆞᆫ듸 갓거니와 염소도 나 간 후에 자시게 ᄒᆞ소 진실로 이 ᄃᆞ리면 오ᄂᆞᆯ ᄂᆡ일 ᄂᆡ예 나ᄒᆞᆯ 거시니 시작ᄒᆞ며셔 브듸ː ː 즉시ː ː 사ᄅᆞᆷ 보내소 (29)

위 세 편지에서 보듯이 비슷한 내용을 세 번에 걸쳐 연달아 보내어 아이가 움직이기 시작하면 즉시 기별하라고 거듭거듭 당부하고 있다. 조바심치는 곽주의 모습이 역력히 나타나 있다. '즉시'를 13회나 반복하고 있다. ⓒ에는 하씨의 순산을 위해 꿀과 참기름을 보내었는데 이들은 그 성질이 매우 미끄러워 어머니 뱃속에서 아이가 쉽게 빠져 나오게 하는 효능을 가졌다고 본 것이다. 꿀은 순간적으로 강한 힘을 내는 데 즉효가 있는 식품이기도 하다. 고은 염소 중탕도 함께 보낸 것으로 쓰여 있다. 이것들은 곽주의 아내 사랑이 지극한 것이었음을 잘 보여 준다.

이렇게 하여 태어난 아이가 '대임이'다. 35번 편지에 "대임이는 젓을 잘 넘기는가?"라고 묻는 데에서 아기가 무사히 태어났음을 알 수 있다. 대임이가 조금 더 자란 모습은 "대임이ᄂᆞᆫ 걷는가? 일어서기도 자주 하는가?"라는 곽주의 물음에서 찾아 볼 수 있고, 돌날에 돌잡이를 할 만큼 자란 사연도 나타난다.[6)]

후처로 들어 와 불편함을 겪는 하씨의 마음을 다독거리는 내용도 발견된다. "친어버이 친ᄌᆞ식 ᄉᆞ이예도 편치 아닌 이리 혹 잇거든 ᄒᆞ믈며 다솜어버이와 ᄒᆞᆫ 집의 살며 엇디 일마다 다 됴케야 ᄉᆡᆼ각ᄒᆞᆯ고"(26)라 하고, 자네가 기별한 말도 다 옳은 말이니 나도 짐작하여 다 알고 있다고 하면서 하씨의 마음을 누이려 하고 있다. "삼년으란 눈을 ᄀᆞᆷ고 귀ᄅᆞᆯ 재이고 견듸소. ᄆᆡ양 ᄂᆞᄆᆡ 말 아니 드ᄅᆞᆯ 거시니 삼년을 노래 듣ᄃᆞ시 듣고 견듸소"(46)

6) 대임이ᄂᆞᆫ 어제 ᄉᆡᆼ일에 므서슬 몬져 잡던고. (39)

라 하면서 삼 년은 꾹 참고 지내라고 타이르고 있다. 그 밖에도 아내의 질병을 염려하는 사연과 솜을 아끼지 말고 이불을 만들어 몸을 따뜻이 하라는 내용도 보인다.

5. 노비들에 대한 자애와 베풂

곽주의 자애심은 노비들에게도 미치고 있다. "긋비 제 ᄌᆞ식조차 이시니 머기기를 빅골치 아니케 ᄒᆞ소"(66)라 하면서 아기에게 젖을 물려야 하는 여종의 처지를 배려해 주고 있다. 종을 부릴 때 남의 종 부리듯이 하지 말고 스스로 주인을 사랑하는 마음이 우러나도록 다스리라고 가르치는 사연도 위 사연에 뒤이어 나온다. '근심이'라는 여종이 수고가 많았다고 하며, 여름에 옷을 지어 입도록 삼 두 단을 내어 주되 내 말이라 하지 말고 자내 말로 주라고 하씨를 시키고 있다.[7] 종들이 하씨를 따르게 하려는 곽주의 세심한 마음 씀씀이를 엿볼 수 있다.

곽주가 출타 중에 '년홰'(蓮花)라는 여종이 건곽란으로 갑자기 죽었다. '년홰'는 얼굴 한 번 찌푸리지 않고 궂은 일을 잘 해내던 종이었다. 년홰의 죽음을 아파하는 곽주의 마음과 후히 장사 지내 주라는 내용이 20번과 21번 편지에 자세히 서술되어 있다. 년홰의 어미에게 안묘제에 쓸 쌀 두어 말과 술, 그리고 당시로서는 귀한 면가루까지 주고 있다.[8]

6. 깍듯한 손님 대접

곽주의 글에는 손님 접대 사연이 여러 곳에 나온다. 술 잘 먹는 벗이 서울서부터 함께 내려와 내일 집으로 모시고 갈 것이니 좋은 술을 구하여 둘 것이며 대청과 뜰을 잘 쓸고 방에 불도 덥게 지펴 두라고 전갈하는 편지(62번)가 있다. 다음 편지는 손님 접대를 위해 준비할 것을 상세하게 지시한 것이다.

7) 근심이 하 슈고ᄒᆞ여 이시니 녀름사리 ᄒᆞ여 니브라 ᄒᆞ고 삼 두 단만 샹으로 주소. 자내 말로 니ᄅᆞ고 주소. (67)
8) 년홰 묘졔홀 제 면 ᄉᆞᆯᄅᆞ도 주워셔 면조차 ᄒᆞ여 졔를 ᄒᆞ라 ᄒᆞ소. (21)

나ᄂᆞᆫ 오ᄂᆞᆯ로 몬져 가려 ᄒᆞ엿더니 손님네 ᄒᆞᆷᄢᅴ 가쟈 ᄒᆞ고 잡고 노치 아니호매 몯 가니 ᄂᆡ일 손님네 ᄃᆡ졉ᄒᆞᆯ 이ᄅᆞᆯ 얼현히 마소 갸ᄉᆞᄂᆞᆫ 오ᄂᆞᆯ 언죵이ᄅᆞᆯ 한부의게 가 바다 가라 ᄒᆞ엿다니 바다 갓던가 손님이 열 세 분이 가시니 아라셔 ᄎᆞᆯ호소 쟝의 살 것도 자내 짐쟉ᄒᆞ여 사 ᄡᅥᆷ즉ᄒᆞᆫ 거시 잇거든 반찬으란 살대로 사셔 ᄡᅳ게 ᄒᆞ소 얼운 손님이니 얼현이 몯ᄒᆞ되 아라 ᄒᆞ소 아기ᄃᆞ려 닐러셔 ᄆᆞᄋᆞ래 쇼ᄅᆞᆯ 어더 닐곱 바리만 ᄂᆡ일 낫 후에 ᄂᆞᄅᆞᄭᆞ으로 내여 보내소 (중략) 아바님 자시던 방 ᄀᆞ장 조케 ᄡᅳ러 두고 자리 조케 ᄭᆞ라 두고 방 웂도 ᄀᆞ장 조케 ᄡᅳ려 두고 아긔 자ᄂᆞᆫ 방도 죄 ᄲᅳᆯ고 자리 다 ᄭᆞ라 두라 니ᄅᆞ소 아긔 방 웂도 ᄲᅳᆯ라 니ᄅᆞ소 (25)

손님 열세 분을 모시고 가니 언종이에게 그릇을 받아 두고 반찬은 장에 가서 씀직한 것은 살 만큼 사서 차리라고 하였다. 마을의 소 일곱 마리를 구하여 나루터로 보내라 함은 손님들이 탈 것을 준비해 두라는 것으로 보인다. 손님을 맞아 집안 청소를 깨끗이 하라는 당부도 빠트리지 않았다. 깍듯이 모셔야 할 분을 위한 차담상 차리기에 관한 세밀한 준비는 64번 편지에 잘 묘사되어 있다. 이 편지는 당시의 손님 접대용 상차리기의 모델을 보여 준다.

지금까지 편지 사연에 나타난 곽주의 인품을 몇 가지 주제로 나누어 정리해 보았다. 곽주가 쓴 편지는 필체도 좋으려니와 문장 표현이 간결하고 적확하며, 담긴 뜻이 간절하고 정성스러워 보는 이의 마음에 와 닿는 바가 있다. 이 점은 편지 사연에 반영된 곽주의 인품을 통해서도 느껴진다. 곽주는 근엄하면서도 자애로운 아버지이며, 따뜻하고 포용적인 남편이기도 하다. 일상적인 삶에서는 매우 꼼꼼하고 치밀하여 집안의 대소사를 엄정하고 섬세하게 처리하였다. 상차림에 올릴 각종 음식과 그것을 올리는 순서까지 적어 보내는가 하면, 면화의 분배, 노비들에게 주는 품삯 등도 자세히 써서 보내었다. 손님들이 있을 때 아이들이 다녀야 할 통로를 가르치거나 평소에 몸가짐을 조심해야 할 날짜도 일일이 적어 보내는 등 꼼꼼한 면을 보여 준다. 한편 웃어른과 벗들을 깍듯이 대접하는 정성스러운 태도를 갖추고 있으며, 아랫것들을 마음으로부터 심복케 하는 너그러움을 가진 인물이라 하겠다.

곽주의 편지에 그려진 도동서원제

곽주가 아내에게 보낸 편지 사연 중에 도동서원에서 제사 지내는 것이 나온다. 한훤당 제사에 참여하는 곽주의 모습이 그려져 있다. 59번 편지에는 "내일 새벽에 한훤당 제사를 나라로부터 하라 하심에 우리더러 그 제사에 참여하라고 하오."라고 시작하여 철릭, 중치막, 이불, 베게, 포대기, 자릿보, 빗접, 수건 등을 싸서 보내라고 하였다. 곽주가 도동서원에서 열린 한훤당 제사에 참여한 것이다. 도동서원은 1604년에 한강 정구에 의해 중건되었고, 1607년에 나라로부터 사액(賜額)을 받았다. 이어서 1610년에 김굉필의 문묘종사가 성사되었다. 이런 연대기와 곽주의 생몰 연대(1569~1617), 59번 편지의 내용을 관련지어 보면, 이 편지를 쓴 연대는 도동서원이 사액을 받은 1607년 전후로 추정된다.

도동서원에서 생산된 여러 문헌 자료 중 「심원록」(尋院錄) 22책이 있다. 이 서원을 방문한 사람의 이름을 적은 방명록이다. 이 이름들은 자필로 쓴 것도 있고 어느 한 사람이 정리해서 쓴 것도 있는 듯하다(<그림 6>). 「심원록」을 찍은 사진에서 보듯이 왼쪽 끝행에 '苞山 郭澍 景霖'(포산 곽주 경림)이 씌어 있다. 곽주의 거주지, 이름, 자가 순서대로 기록된 것이다. 『도동서원지』에 영인된 「심원록」(268~287)은 1606년(선조 39)에서 1623년(인조 1)간의 것이다. 곽주가 쓴 이 서명은 1606년 혹은 1607년의 것으로 보인다.

『도동서원지』(211~248)에 영인된 「참제록」(參祭錄)의 인명록에도 곽주와 그의 아들 곽이창 이름이 여러 번 등장한다. 「참제록」에 곽주의 이름은 모두 11회가 기록되어 있다. 만력 39년(1611) 8월 20일 제사, 만력 40년(1612) 2월 12일과 8월 16일 제사, 만력 41년(1613) 2월 19일 제사, 만력 41년 '춘묘제'(春墓祭), 만력 41년 10월 '묘제'(墓祭), 만력 42년(1614) 2월

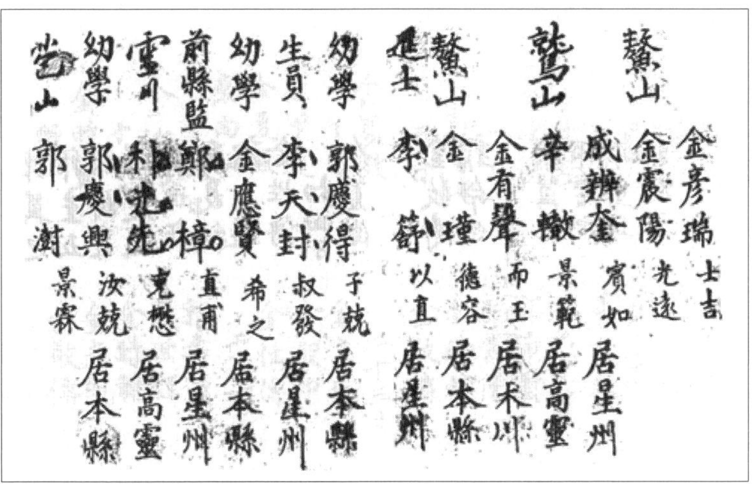

<그림 6> 도동서원 방문자 명단인 「심원록」. 왼쪽 끝행에 곽주의 이름이 있다.
(도동서원지 268면, 영남대 민족문화연구소 자료총서 16, 1997)

15일 '춘향'(春享), 만력 42년 10월 '묘제'(墓祭), 만력 43년(1615) 2월 20일 제사, 만력 44년(1616) 2월 16일 제사, 만력 44년(1616) 10월 2일 '묘제'(墓祭), 만력 45년(1617) 2월 12일이 여기에 해당한다. 곽주가 1617년에 작고하였으므로 세상을 뜨던 그 해의 2월 제사까지 참여했음을 이 기록으로 알 수 있다. 특히 만력 44년(1616) 2월 16일 제사부터 그 이후 기록에는 곽주의 장남 곽이창(郭以昌 : 1590~1654)의 이름이 곽주와 함께 올라가 있다. 아버지 곽주와 아들 곽이창이 함께 이 제사에 참여했던 것이다.

87번 편지에서는 "서원에서 소를 잡았으니 내게는 쇠고기를 보내지 마소."라고 하였다. 조선 사회는 농업 국가였고, 농삿일에서 소는 논갈이와 밭갈이를 해내는 긴요한 가축이었다. 농사가 바로 백성의 생업이었기에 소의 도살은 나라의 허락을 받아야만 했다. 사사로이 소를 도살하는 것은 금지되었다. 조선 시대 때 서원에서 소를 잡은 것은 짐작컨대 관청의 도살 허가를 받고 하였으리라. 서원에서 소를 잡을 정도라면 이는 매우 중요하고 큰 행사를 치르기 위한 준비였으리라. 바로 앞의 편지에서 본 한훤당 제사를 치르기 위해 소를 잡은 것이다. 이 제향이 나라의 명으로 거행하였으니 소를 잡을 만한 커다란 의례임이 틀림없다. 도동서원에서 큰 제향을 올리면서 소까지 잡았고, 이 때 쇠고기를 나누어 먹었던 모습이 이 편지에 그려져 있다.

38번 편지에서는 “교의에 (쓸) 돗자리의 선(縇, 단)할 것을 못 구하여 나로 하여금 구하라고 하시니, 명주에 자줏빛 물든 것이나 청흑색 물든 것이나 아무 것이나 한 자 세 치만 보내소.”라는 내용과, “돗자리 네 모서리에 선을 두르되, 한 녘(=모서리)에 한 자 세 치씩 들 것이니”라고 한 사연이 있다. 교의(交椅)를 놓는 ‘돗’을 꾸미는 데 필요한 명주감과 봉제에 필요한 실을 보내 달라는 것이다. 교의는 지금도 향교나 서원, 혹은 규모 있는 양반가 고택의 사당에 갖추고 있는 제의용 목기(木器)이다. 제사를 지낼 때 신주를 모시는 의자로써 다리가 길고 높직하다. 조선 시대의 전통 목기가 대부분 간결 소박하면서 단아한 품격을 가졌는데 교의는 이런 목기의 가장 전형적인 예이다. 서원제를 거행하는 데 교의는 반드시 필요한 물건이다. 격식에 맞는 교의를 갖추기 위해 교의에 쓸 돗자리를 마련하는 일이 곽주에게 부여되었다. 이 일을 맡게 된 곽주가 아내 하씨에게 돗자리 만드는 데 소요되는 명주 옷감과 바느질용 실을 보내달라고 청한 것이다.

교의용 돗자리 네 모서리에 선을 두르는데, 한 모서리에 베 한 자 세 치씩 든다는 내용도 주목된다. 네 모서리에 모두 선을 둘러야 하는 품 짼 베로는 다섯 자가 들고, 온전한 베면 한 자 세 치면 된다고 했다. 선을 두르는 베의 너비는 한 치 닷 푼, 길이는 한 자 세 치가 들어갈 것이니, 품 짼 것으로는 다섯 자, 온전한 베로는 한자 세 치를 보내라는 말을 한 번 더 반복해 놓았다.

편지 끝에는 선을 두를 때 소요되는 실이 필요하니 자주색 실이나 다홍색 실 중에서 어느 하나로 ‘반 ː ᄯᅮ리’를 보내라고 했다. ‘꾸리’는 현대국어에서 실을 감아두는 단위(=실꾸리)로 여전히 쓰고 있는 말이다. ‘반반 ᄯᅮ리’는 ‘반의 반 꾸리’(한 꾸리의 4분의 1)를 뜻한 것으로 보인다. 이런 사연을 통해서 우리는 1610년경의 서원제에서 교의용으로 만든 돗자리 네 모서리에 선을 둘렀으며, 선을 두르는 데 쓰인 명주와 이 명주를 바느질할 때 쓴 실의 색깔까지 알아 낼 수 있다. 자줏빛 물들인 명주나 청흑색으로 물들인 명주를 썼으며, 명주베로 선을 두르고 깁는 데 자주색실과 다홍색실을 썼음도 알아낼 수 있다. 교의를 받칠 돗자리 만드는 방법에 대한 세세한 정보가 이 편지에 고스란히 담겨 있다. 서원제를 지내기 위해 필요한 여러 가지 물건 중 곽주는 교의용 돗자리에 선을 두르는 일을 맡았고, 이 일을 하기 위해 아내 하씨에게 필요한 베와 실을 보내게 했던 것이다. 곽주가 살았던 소례마을과 도동서원을 수없이 왕래해 온 필자에게 서원제를 준비하는 곽주와 아내의 분주한 모습이 편지글에 그려져 있다.

서원제의 의미

소례 마을 바로 옆에 서흥 김씨 김굉필 선생의 고택이 있는 못골 마을이 자리잡고 있다. 위에서 본 59번 편지에 '소례'와 '못골'이라는 두 마을의 이름이 나타나 있다. 소례에는 현풍 곽씨 종택이 있고, 못골에는 서흥 김씨인 한훤당 김굉필 선생의 고택이 있다. 두 마을은 대니산 기슭의 남쪽과 남동쪽에 있으며 야트막한 구릉지를 경계로 하고 있어서 아주 가까운 이웃에 자리잡고 있다. 두 문중은 현풍에서 가장 영향력이 있는 집안이다.

서흥 김씨의 제7세손 김중곤(金中坤)은 김굉필의 증조부이다. 벼슬에서 물러 나온 후 현풍 도동으로 낙향하였다. 김중곤의 현풍 이주로 현풍 향촌사회에서 서흥 김씨 문중과 현풍 곽씨 문중이 서로 결속하는 계기를 마련하였다. 두 문중은 지속적으로 혼인을 주고받으며 향촌의 중심 세력이 되었고 도동서원의 운영에 협력했다. 곽주가 도동 서원제에 적극적으로 참여하는 것은 이런 역사적 배경을 가지고 있다. 오늘날까지 이어지는 도동서원제의 전통이 17세기 초기에 비롯되었음을 이 편지가 증언해 준다.

도동서원에는 주향(主享)인 김굉필과 함께 한강 정구 선생이 배향되어 있다. 한강은 도동서원 건립의 중심 인물이다. 현대의 도동서원제에 청주 정씨 문중이 참여함은 당연하고 자연스러운 일이다. 서흥 김씨 문중은 현재까지도 도동 서원제를 타 문중의 협력을 받아 성대하게 치르고 있다. 서원제를 문중의 위신과 영향력을 발휘하는 매개체로 활용하고 있는 것이다.

서원제는 집안에서 행하는 기제사나, 문중 성원에 의해 거행되는 불천위 제사, 시제[墓祭]와도 다르며 문중 성원만이 아니라 비혈연자인 타성 문중 사람을 초빙하는 지역제사의 성격을 띠고 있다. 도동서원의 서원제에서는 서흥 김씨 문중이 중심이 되면서 현풍 지역 사회의 유력 문중인 포산 곽씨 문중을 비롯하여 타 문중의 대표자가 참여하였다. 이런 점에서 서원제는 여기에 참가하는 구성원의 사회적 역할과 관계를 구축하는 데 중요한 기능을 한다. 이만갑 교수가 한국 농촌의 사회 구조를 연구하기 위해 여러 문중을 조사한 결과, 문중의 임원들이 문중 기능의 하나인 시제보다도 서원제에 보다 큰 관심을 가지고 있음을 밝혔다. 그 이유는 시제보다 서원에서 지내는 향사가 대외적으로 문중의 위상을 높이는 홍보 효과가 크기 때문이다. 오늘날 한국의 다른 서원은 보통 일 년에 두 차례, 춘향제(春享祭)와 추향제(秋享祭)를 올리지만, 도동서원은 일 년에 네 차례의 제사를 성대한 규모로 행한다. 이는 도동서원과 관계된 문중이 이 서원제를 매우 중시하고 있음을 의미한다. 17세기 이후의 제사를 기록한 「참제록」에는 연간 2회(춘향제와 추향제)를 올린 것으로 나타나 있다.

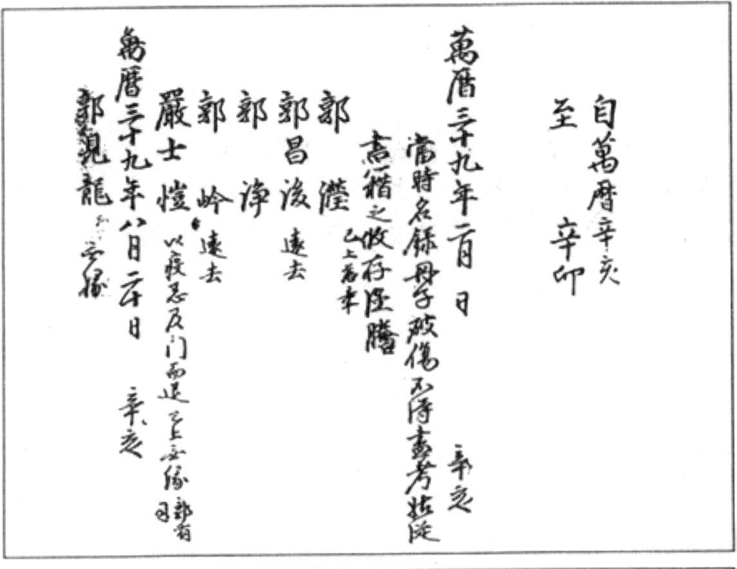
自萬曆辛亥
至 辛卯
萬曆三十九年正月 日
郭澄
郭昌後 遠去
郭淨
郭岭 遠去
嚴士愷
萬曆三十九年八月 日
郭見龍

金瑛
羅璐
郭澍
郭鴻儀
郭岭
郭昌後
郭柱國
郭以寧
郭淨
萬曆四十年正月 日
郭見龍
金瑛
郭淨
郭鴻儀
郭昌後
郭岭
郭柱國
金克輝
朴敏修
郭揚馨

<그림 7> 「참제록」에 이름을 올린 곽주(郭澍) (하단 오른쪽 제3행)
(도동서원지, 211면, 영남대학교 민족문화연구소 자료총서 16, 1997)

전통 사회는 물론 현대 사회에서도 뛰어난 조상을 둔 문중에서는 문중의 격을 높이고 자손의 사회적 위세를 강화하려는 노력을 계속 펼치고 있다. 족보 편찬, 문중 재실과 문중 서원 건립, 문집 발간과 학술 연구서의 간행, 불천위 제사 등을 통해 조상의 위세를 드높이려 한다. 서원제의 사회적 의미도 이런 관점에서 해석될 수 있다. 우리는 「현풍곽씨언간」을 통해 이러한 서원제의 유구한 역사성을 확인할 수 있다.

59번 편지에서 곽주가 아내 하씨에게 보내라고 한 물건 중 '빗접'이 있다. 빗접은 머리를 빗는 빗 따위를 넣어두는 수납용 물품인데, 나무로 만든 목기(木器)와 기름종이를 여러 겹 두텁게 붙여 만드는 지갑(紙匣) 형태가 있다. 요즘 박물관 민속자료실에 가면 목기 빗접을 볼 수 있다. 나무로 만든 빗접은 집안에서 쓰는 목가구의 하나이다. 먼 길 가는 사람이 이런 목가구를 지니고 다닐 수 없기 때문에 간편하게 갖고 다니기 쉬운 휴대용 빗접을 기름종이를 여러 겹으로 붙여 만들어 썼던 것이다.

하씨묘에서 출토된 빗접과 빗접을 싼 보자기 (문화재대관 351면, 2006.)

그런데 하씨 부인의 무덤에서 나온 유품 중에 기름종이로 만든 빗접이 있다. 위 그림에 나타난 빗접은 59번 편지에서 곽주가 보내라고 했던 바로 그 빗접일지 모른다. 기름 먹인 종이를 여러 겹 붙여 진황갈색 빛깔을 내어 만든 이 빗접에 하씨 부인과 곽주의 손때가 묻어 있음이 분명하다.

*서원제에 대한 이 글은 『도동서원 무성서원』(한국학중앙연구원 출판부, 2019)에 실린 필자의 글 「현풍곽씨언간에 그려진 도동서원제 이야기」의 일부를 가져온 것이다.

참고문헌

건들바우박물관(1991), 『진주하씨묘출토문헌과 복식조사보고서』.

경기도박물관 편(2000), 『조선의 옷 매무새』.

고영근(1987), 『표준중세국어문법론』, 탑출판사.

곽충구(1996), 국어사 연구와 국어 방언, 『이기문 교수 정년퇴임기념논총』, 신구문화사.

권오호(1996), 『우리문화와 음양오행』, 교보문고

김용숙(1987), 『조선조 궁중풍속 연구』, 一志社.

김이협(1981), 『평북방언사전』, 한국정신문화연구원.

김영배(1977), 『釋譜詳節 第卄三・四 註解』, 일조각.

김영숙(1998), 『한국복식문화사전』, 미술문화.

김완진(1972), 「先世諺蹟」에 대하여, 『국어국문학』 55·56·57, 국어국문학회.

김유범(2001), 시간성 의존명사 '다'를 찾아서, 『형태론』 3권 2호, 박이정.

김일근(1986), 『언간의 연구』(三訂版), 건국대학교 출판부.

______(1991), 忘憂堂 從姪 郭澍의 再室 晉州河氏墓 出土文獻의 槪觀(『晉州河氏墓出土文獻과 服飾調查報告書 : 건들바우박물관』에 수록).

김종택(1979), 언간을 통해 본 근세전기어의 단면, 『어문연구』 4집, 경북대 어학연구소.

김주원(1984), 18세기 경상도방언의 음운현상, 『인문연구』 6집, 영남대 인문과학연구소

______(1997), 구개음화와 과도교정, 『국어학』 29호, 국어학회.

김주필(1993), 진주 하씨 묘 출토 한글 필사 자료의 표기와 음운현상, 『진단학보』 75호.

남풍현(1996), 언어와 문자, 『조선시대 생활사』, 한국고문서학회, 역사비평사.

리운규 · 심희섭 · 안윤(1992), 『조선어 방언 사전』, 연변 : 인민출판사.

문화재관리국(1993), 『重要民俗資料 指定調查報告書』(晉州河氏墓出土遺物).

민현식(1998), 시간어의 어휘사, 『국어 어휘의 기반과 역사』(심재기 편), 태학사.

박영준(1994), 『명령문의 국어사적 연구』, 국학자료원.

배영환(2012), 현존 最古의 한글편지 「신창맹씨묘출토언간」에 대한 국어학적인 연구, 『국어사연구』 15호, 국어사학회, 211-239.

배영환・신성철・이래호(2013), 「진성이씨 이동표가 언간」의 국어학적 연구, 『장서각』 30집, 한국학

중앙연구원 장서각, 222-254.
백두현(1988), 강희 39년 남해 영장사판 유합과 천자문의 음운변화, 『파전 김무조박사 화갑기념논총』.
_____(1989), 두시언해 초간본과 중간본의 통시음운론적 비교, 『어문학』 50집, 한국어문학회.
_____(1990), 嶺南 文獻語에 반영된 방언적 문법형태에 대하여, 『어문론총』 24집, 경북어문학회.
_____(1991), 朱子書節要 講錄과 記疑 에 대한 국어학적 고찰, 『들메 서재극박사 화갑기념논총』.
_____(1991), 몽산화상육도보설의 국어학적 연구', 『어문론총』 25호, 경북어문학회.
_____(1992), 『영남 문헌어의 음운사 연구』, 태학사.
_____(1997), 17세기 한글 편지에 나타난 생활상 -科擧·冊·敎育-, 『문헌과 해석』 창간호, 태학사.
_____(1997), 「현풍곽씨언간」 판독문, 『어문론총』 31호, 경북어문학회.
_____(1997), 경상방언의 형성과 음운적 분화, 『인문과학』 11집, 경북대 인문과학연구소
_____(1998), 「현풍곽씨언간」에 나타난 17세기의 習俗과 儀禮, 『문헌과 해석』 3호, 문헌과 해석사.
_____(1998), 영남 문헌어에 반영된 방언 어휘 연구, 『국어학』 32집, 국어학회.
_____(1999), 貞夫人 安東 張氏와 『음식디미방』, 『문헌과 해석』 9호, 문헌과 해석사.
_____(1999), 17세기의 「현풍곽씨언간」에 나타난 민간 신앙, 『문헌과 해석』 6호, 문헌과 해석사.
_____(1999), 영남방언의 통시적 변천, 『민족문화논총』 제20집, 영남대학교 민족문화연구소
_____(2000), 「현풍곽씨언간」의 음운사적 연구, 『국어사자료연구』 창간호, 국어사자료학회.
_____(2001), 『음식디미방』의 내용과 구성에 관한 연구, 『영남학』 창간호, 경북대학교 영남문화연구원.
_____(2011), 『한글 편지로 본 조선시대 선비의 삶』, 경북대학교 인문교양총서 1, 도서출판 역락.
_____(2012), 음운변화로 본 하생원 『주방문』의 필사 연대, 한국문화 60호, 서울대학교 규장각한국학연구원, 181-211.
_____(2016), 김치의 어원 연구, 『김치, 한민족의 흥과 한』(백채린 외 공저), 김치학총서 4, 세계김치연구소, 345-395.
_____(2017), 음식디미방의 위상과 가치, 『음식디미방과 조선시대 음식문화』(남권희 외 공저), 경북대학교 출판부, 15-71.
_____(2019), 현풍곽씨언간에 그려진 도동서원제 이야기, 『도동서원 무성서원』, 한국학중앙연구원 출판부, 151-177.
백운산(1995), 『역학백과 사전』, 책만드는집.
徐炳沛(1993), 文獻篇, 『重要民俗資料 指定報告書』(晉州 河氏墓 出土遺物), 문화재 관리국.
손희하(1991), 새김 어휘 연구, 전남대 대학원 박사 논문.
송지혜(1999), 「현풍곽씨언간」의 경어법 선어말어미 연구, 경북대학교 대학원 석사 논문.
심재기(1982), 『국어 어휘론』, 집문당.
안귀남(1996), 언간의 경어법 연구—16~20세기 언간자료를 대상으로—, 경북대학교 박사논문.
_____(1998), 固城李氏 李應台墓 出土 편지, 『문헌과 해석』 6호, 문헌과 해석사.

안명숙(2000), 출토 복식의 종류 및 특징, 光州民俗博物館 편,『霞川 高雲 출토유물』.
안병희(1992),『국어사연구』, 문학과 지성사.
양승민(2008) 진주유씨가묘 출토 유시정언간,『경기동부지역의 고문헌』, 강남대학교 인문과학연구소, 308-316.
유희경・김미자(1991). 복식편,『진주하씨묘출토문헌과 복식조사보고서』, 건들바우박물관.
윤서석(1991),『한국의 음식 용어』, 대우학술총서 자료집 3, 민음사.
이기갑(1979), 우리말 상대 높임 등급 체계의 변천 연구, 서울대 석사 논문.
이기문(1991),『국어 어휘사 연구』, 동아출판사.
이래호(2015), 조선시대 언간 자료의 현황 및 그 특성과 가치, 국어사연구 20호, 국어사학회, 65-126.
이상규(1997), 계열어의 방언 분화 양상,『어문학』62, 한국어문학회.
이수건(1995),『영남학파의 형성과 전개』, 일조각.
이순원 외(2000),『이석명(李碩明) 묘 출토복식 조사보고서』, 서울대학교 박물관.
이은주(1999), 道袍 양식의 발전에 대한 갈등・기능론적 분석, 서울여자대학교대학원 박사학위논문.
_____(1997), 김흠조 분묘의 출토복식 자료분석, 榮州市 編,『判決事 金欽祖先生 合葬墓 발굴조사 보고서』.
_____(2000), 일선 문씨와 이응태 묘 출토복식 고찰, 안동대학교 박물관 편,『안동 정상동 일선문씨와 이응태 묘 발굴조사 보고서』.
이장우(2000), 退溪 與子書 試考, 檀國大學校 附設 東洋學研究所 編,『東洋學』第三十輯.
이태영(1997),『譯註 捷解新語』, 태학사.
이현희(1994),『中世國語 構文 硏究』, 신구문화사.
이훈종(1992),『민족생활어 사전』, 한길사.
전경목(2011), 한글편지를 통해 본 조선후기 과거제 운용의 한 단면 -진성이씨 이동표가 언간을 중심으로,『정신문화연구』제34권 제3호(통권 124호), 27-57.
전재호(1973),『杜詩諺解의 국어학적 연구』, 통문관.
_____(1987),『국어 어휘사 연구』, 경북대학교 출판부.
전철웅(1995), 淸州 北一面 順天 金氏墓 出土 簡札의 判讀文,『호서문화연구』13집, 충북대 호서문화연구소
조건상(1981), 해제 및 개설,『청주 북일면 순천김씨묘 출토 간찰』, 충북대 박물관.
조항범(1998),『註解 순천김씨묘 출토 간찰』, 태학사.
조면희(1997),『우리 옛글 백가지』, 현암사.
허 웅(1975),『우리 옛말본 - 형태론』, 샘문화사.
_____(1989),『16세기 우리 옛말본』, 샘문화사.
홍사만(2000), 어휘의미의 생태적 추이,『어문론총』(경북어문학회), 34호.
홍윤표(1994),『근대국어 연구』, 태학사.

_____(2001), 버선본에 담은 효심, 『문헌과 해석』, 문헌과 해석사.
황문환(1997), 16, 17세기 언간의 상대경어법 연구, 한국정신문화연구원 박사논문.
_____(2001), 이인칭대명사 '자내'의 기원, 『국어학』, 37호, 국어학회.
_____(2002), 『16·17세기 언간의 상대경어법 연구』, 태학사.
_____(2010) 조선시대 언간 자료의 현황과 특성, 『국어사연구』 10호, 국어사학회 73-131.
_____(2015), 『조선시대의 한글 편지, 언간諺簡』, 도서출판 역락.
황문환 임치균 전경목 조정아 황은영(2013), 『조선시대 한글편지 판독자료집1, 도서출판 역락.
황문환 임치균 전경목 조정아 황은영(2013), 『조선시대 한글편지 판독자료집2, 도서출판 역락.
황문환 임치균 전경목 조정아 황은영(2013), 『조선시대 한글편지 판독자료집3, 도서출판 역락.
『조선시대 생활사』, 한국고문서학회 엮음, 역사비평사, 1996.
『한국민족문화대백과사전』, 한국정신문화연구원, 1994.
『忘憂堂全書』, 郭忘憂堂記念事業會 編, 1987.
『三才圖會』 衣服一卷 二十三.
『家禮諺解』 卷之一 三七.
『默齋日記』 上, 國史編纂委員會, 1998.
『瑣尾錄』 上, 吳希文(李民樹 譯).
『文化財大觀: 重要民俗資料篇 下』, 文化公報部·文化財管理局 編, 1985.
『世宗實錄』 卷一百三十四 五禮 凶禮儀式 服制.
『國朝續五禮儀書例』 凶禮 國恤服制圖說 喪服圖說 四十 頭䘖.
『朱子家禮』, 卷四 喪禮, 朱熹.
『閨閤叢書』, 憑虛閣李氏(鄭良婉 譯註), 寶晉齋.

English Abstract

A Commentary on *Hyeonphung Kwakssi Eonkan*

Paek, Doo-hyeon

Hyeonphung Kwakssi Eonkan is a collection of 176 letters written in Korean and 5 letters written in Classical Chinese. These letters were excavated along a few official documents and personal belongings from a tomb in Dalseonggun (Gyeongsangbukdo Province) in May 1989. This chapter gives a detailed description of these letters from their discovery to their content, authors, and geohistorical background. The dates of composition of the correspondence has been determined as 1602 for the earliest letter and around 1652 for the latest. By analysing data on the authors, the recipients, and the persons mentioned in the letters, it was possible not only to establish the family and lineage of the main author, namely Kwakju, as well as his relationship with the other persons mentioned, but also to reconstruct parts of his life and gain insight into the living conditions of the time. Most of the letters were addressed to his wife, who mainly lived in Nonkong whereas he himself mostly resided in Sorye village. The reason for this residential separation was that Kwakju's will to avoid conflict between his wife and his elder son, born to a former wife (letter 26). Many other places are mentioned in the letters, which are described in detail and displayed on a map in the present chapter.

Hyeonphung Kwakssi Eonkan has great value in various research fields, especially in historical linguistics and historical sociology. First, as private correspondance written in Middle Korean these letters provide insight into non-official, somewhat colloquial language as used in the first half of the 17th century. Grammatical and dialectal forms, vocabularies and speech elements, including honorifics and terms of address, as found in the letters constitute invaluable data for the historical research into the Korean language. In addition, they give us a glimpse of the ordinary social life in 17th-century Hyeonphung area. It is known from the letters that Kwakju possessed lands and slaves/servants, which should be evidence of a good financial situation. Nonetheless, the letters also evoke worries about food, disease and clothing for children, which can only be understood in the light of the historical context. They were indeed written in the aftermath of the Japanese invasions (1592-1598) and thus reflect the economic hardship that affected the whole peninsula and the daily life of the Koreans of that time. Besides, the correspondence offers a wealth of information regarding 17th-century social customs and manners, folk beliefs, taboos, illnesses and their cures, children's education, recipes and textile. As a mirror of the life and language of the mid-Choseon period, the *Hyeonphung Kwakssi* letters allow us to piece back together the Hyeonphung lifestyle of the time.

주제어 색인

지명

인명

택호

친족

가옥

곡물

과거

도구

동물

선물

음식

의류

의약

질병

책

민속/의례

교육

출산

거래

농사

도량형

현풍곽씨언간 주해 원전영인

여기서부터는 影印本을 인쇄한 부분으로 맨 뒷 페이지부터 보십시오.

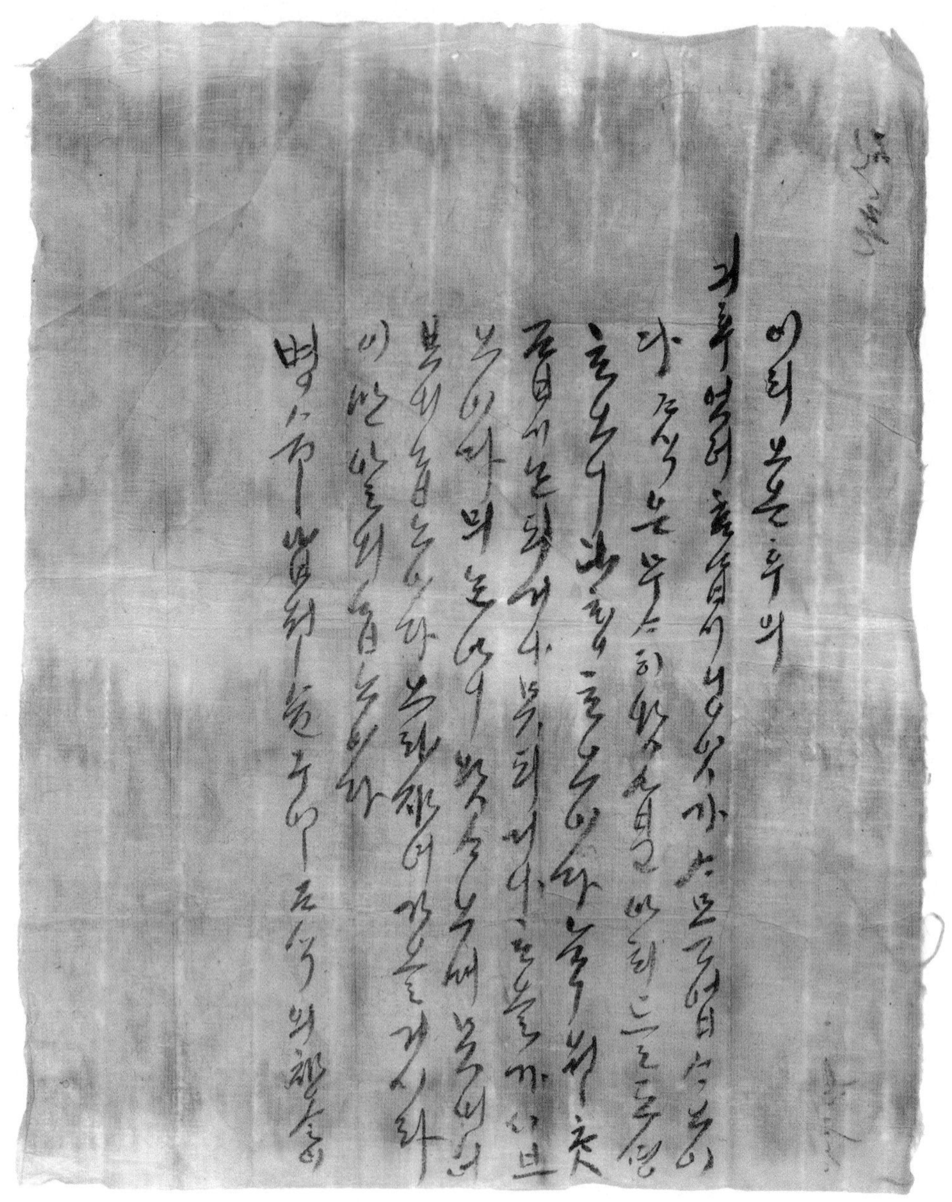

176-(27.0×33.0)

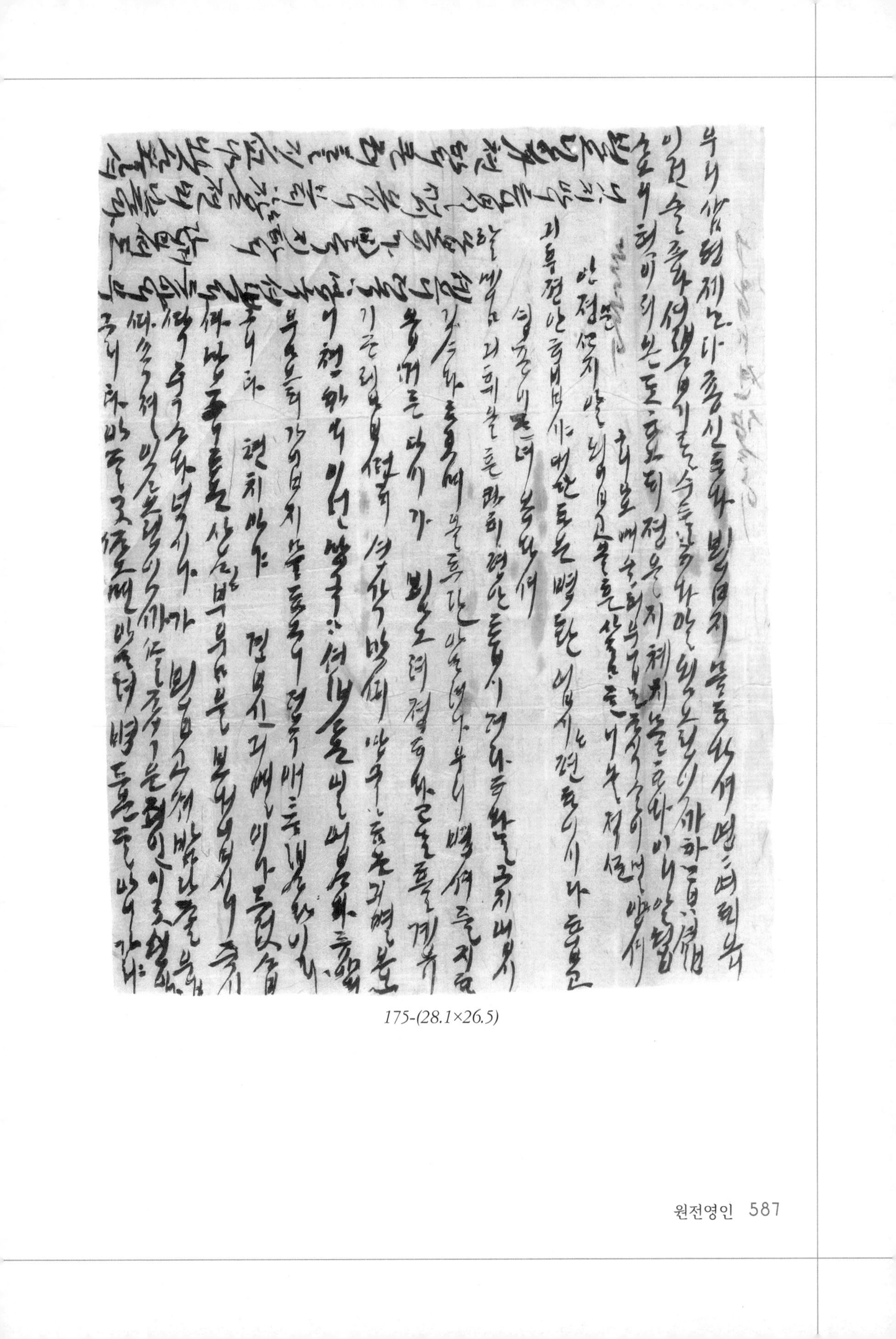

175-(28.1×26.5)

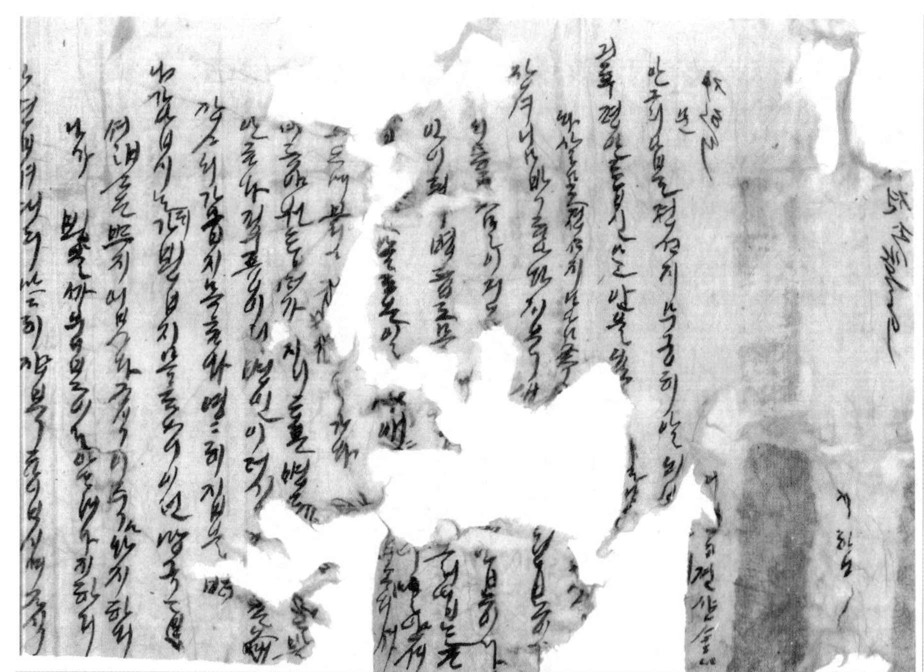

174-1-(59.0×28.5)

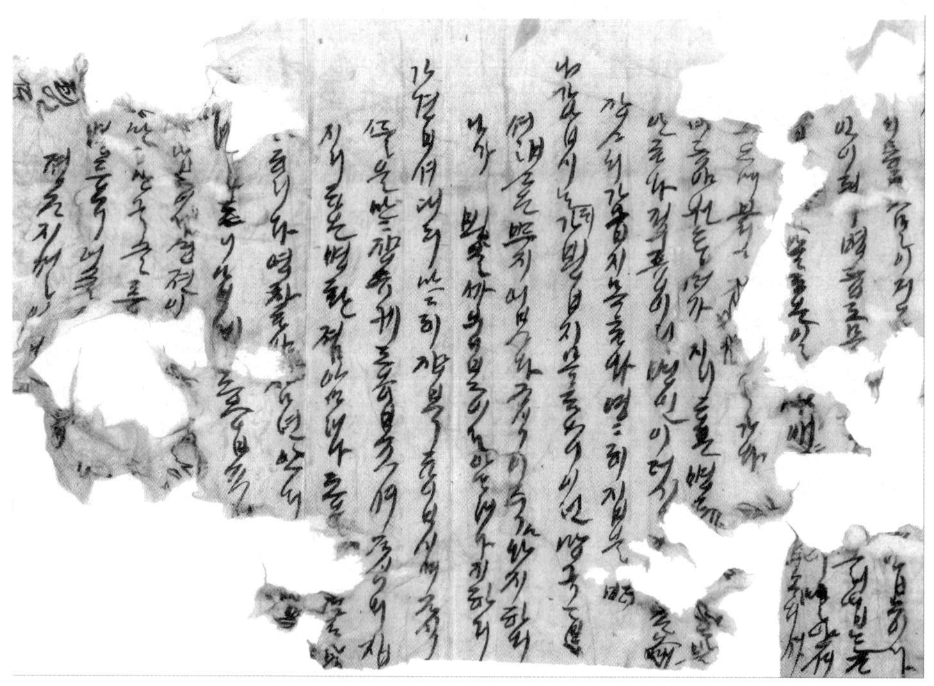

174-2-(59.0×28.5)

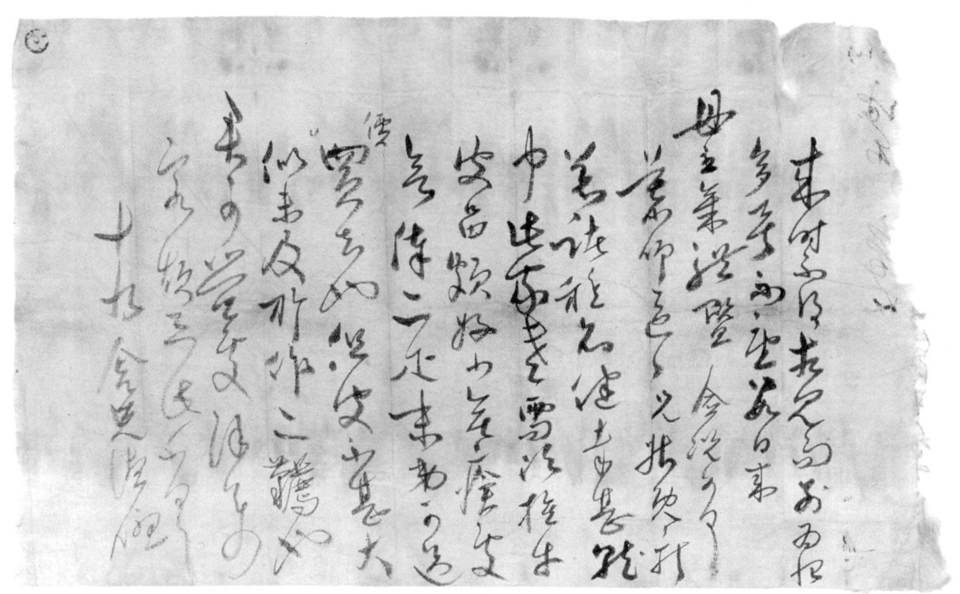

172-(39.0×24.4)

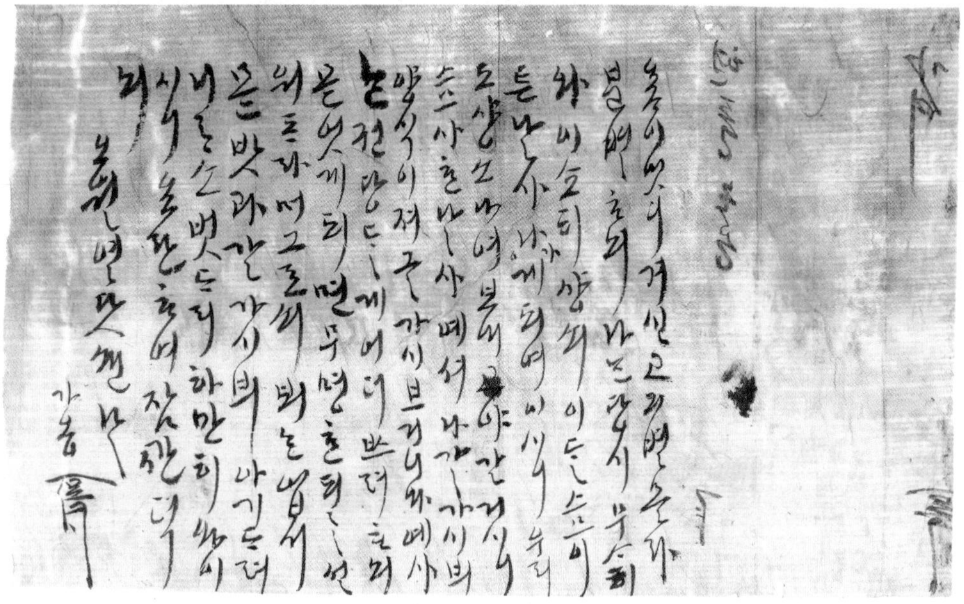

173-(31.0×19.0)

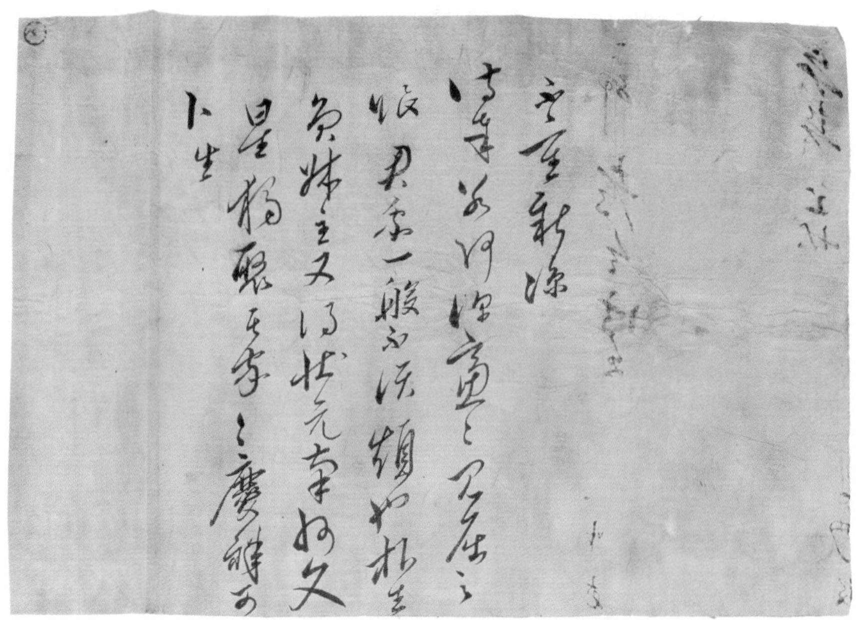

170-(35.0×24.5)

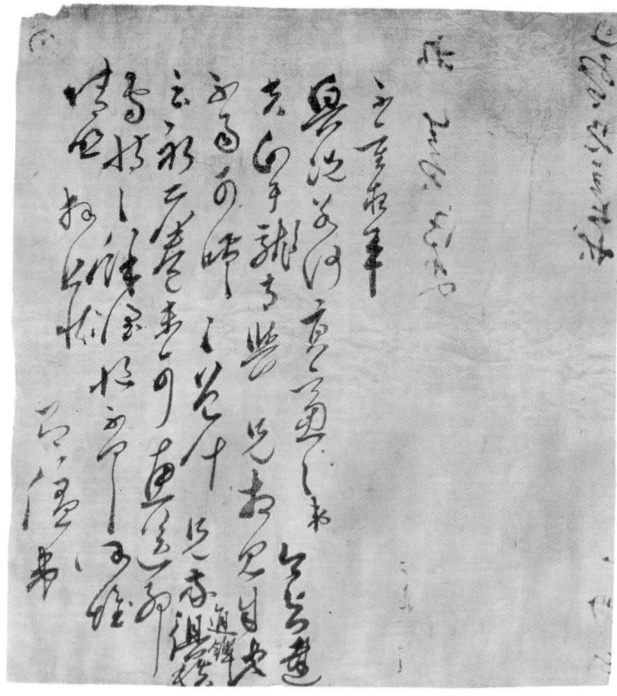

171-(22.3×26.0)

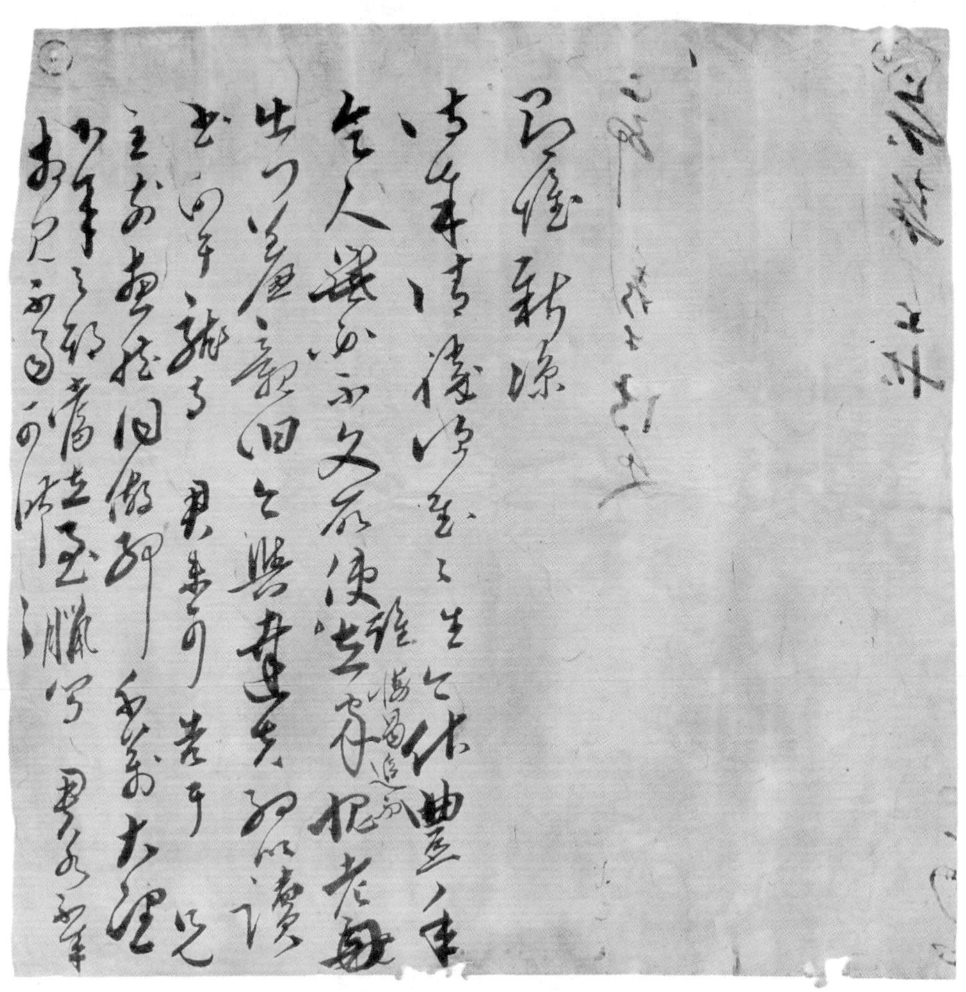

169-(26.8×27.0)

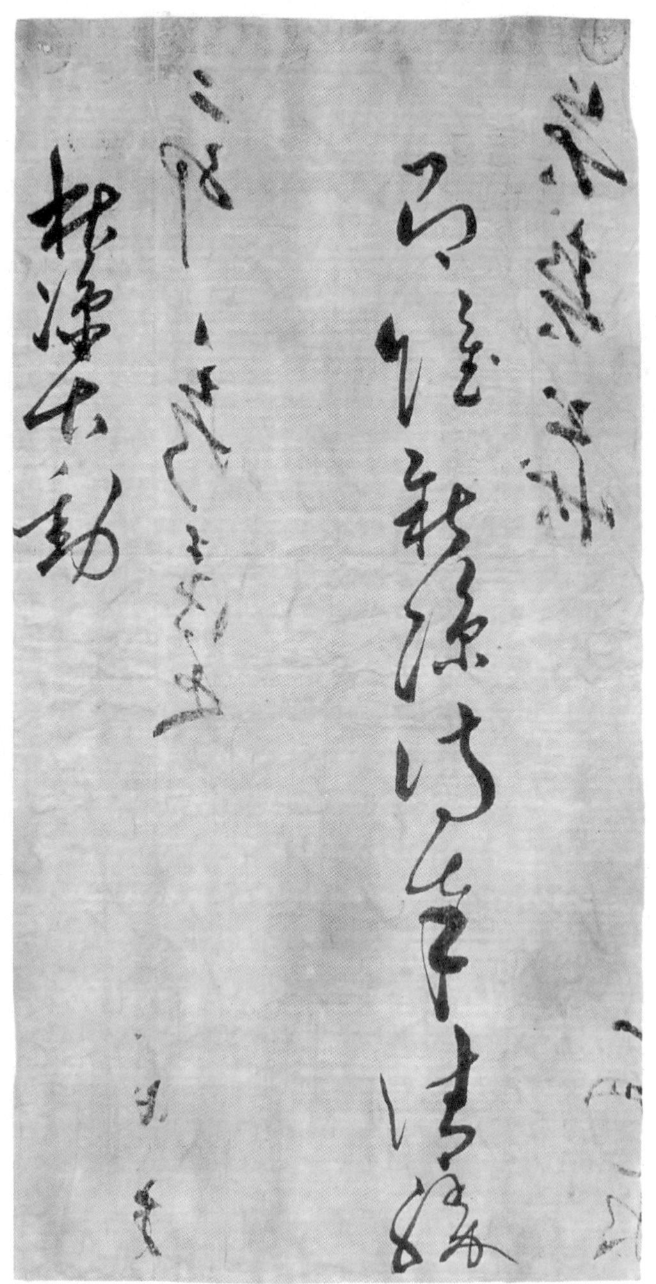

168-(14.0×26.0)

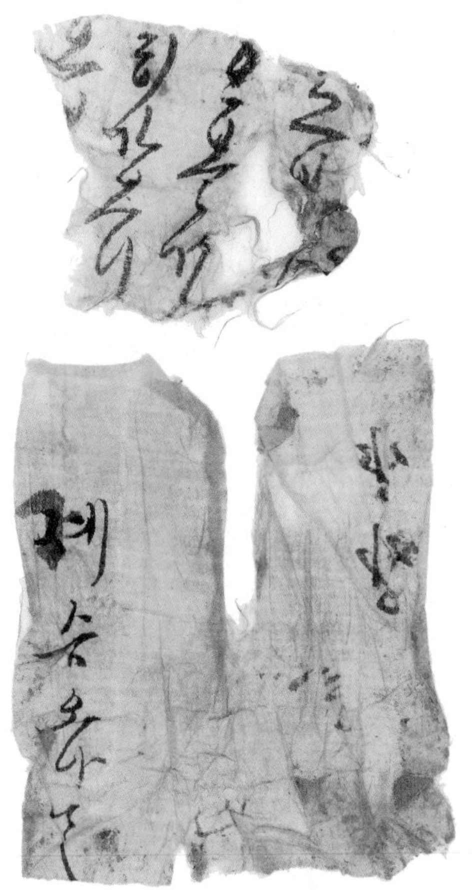

165-(7.5×8.5)

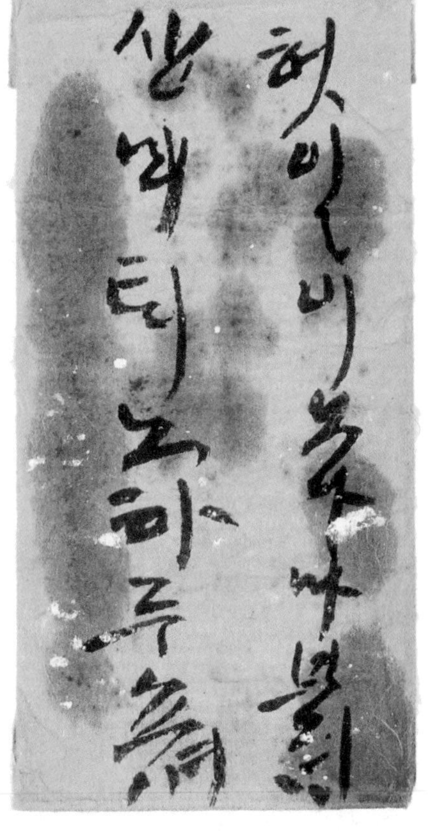

166-(10.2×12.0)

167번 사진은 낙장(落張)

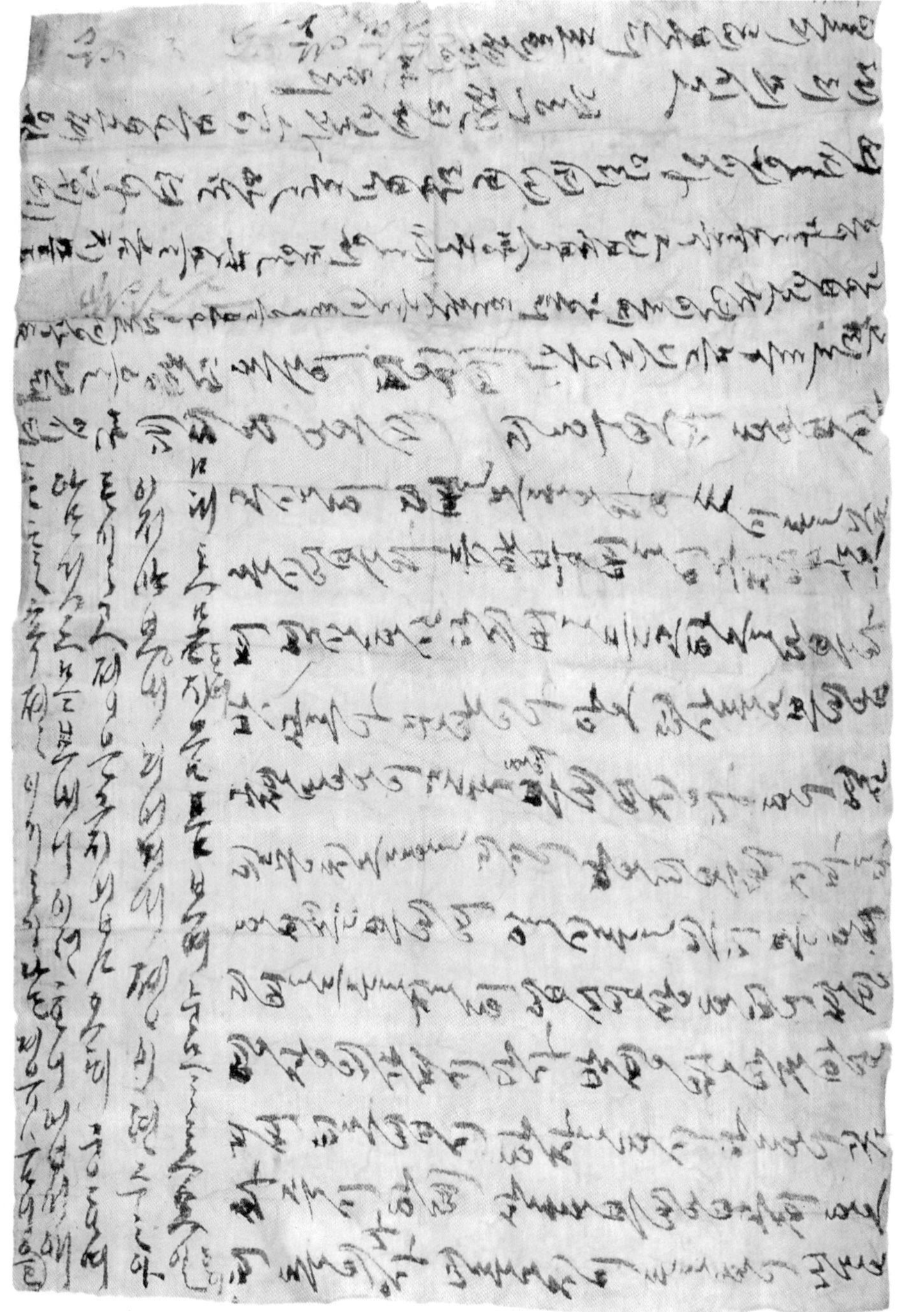

164-(31.5×28.7)

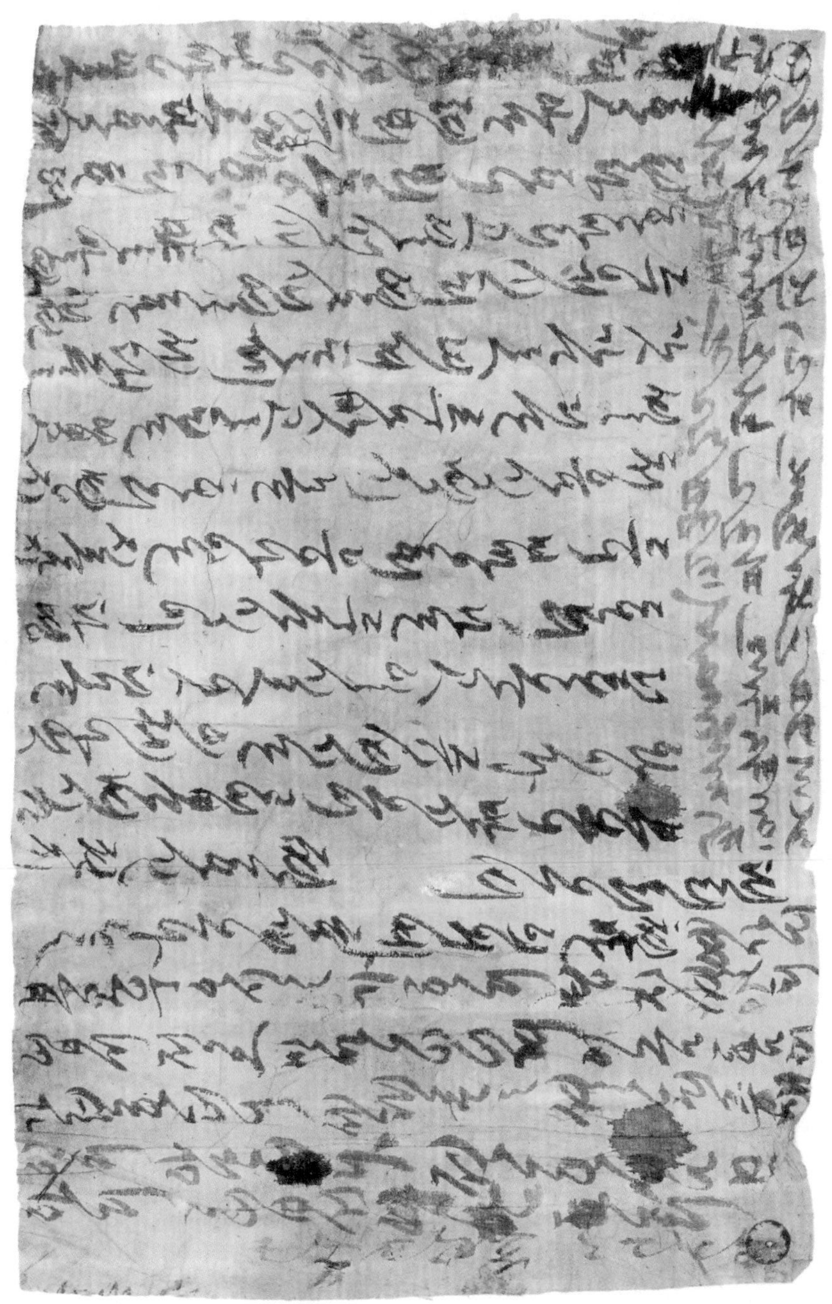

163-(31.2×18.6)

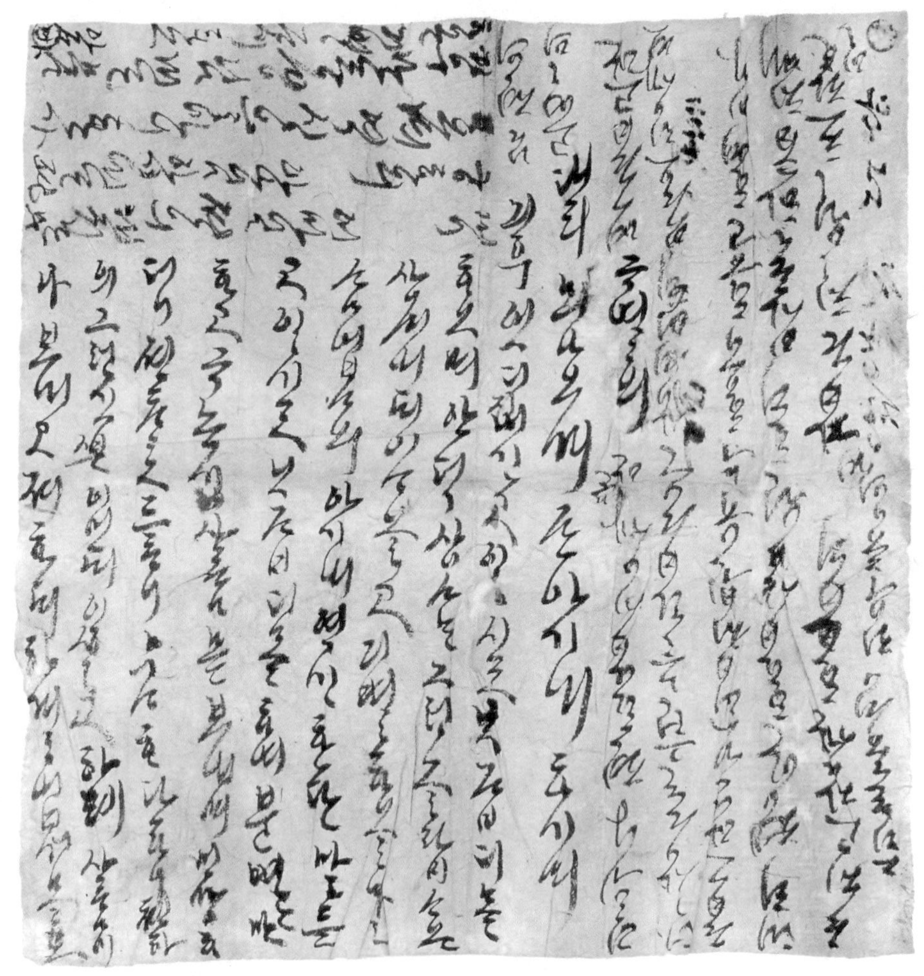

162-(28.7×31.1)

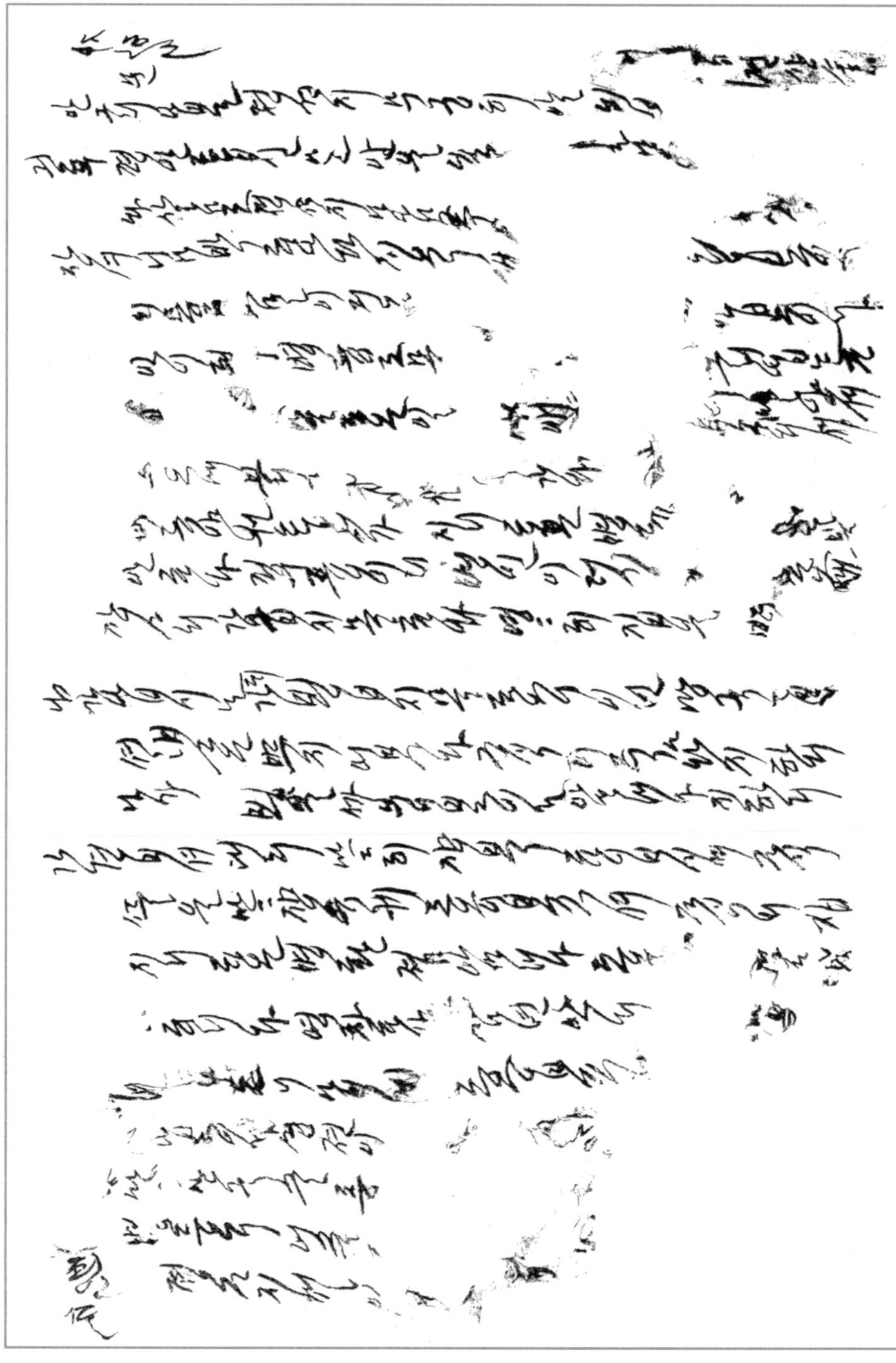

161(복사본)

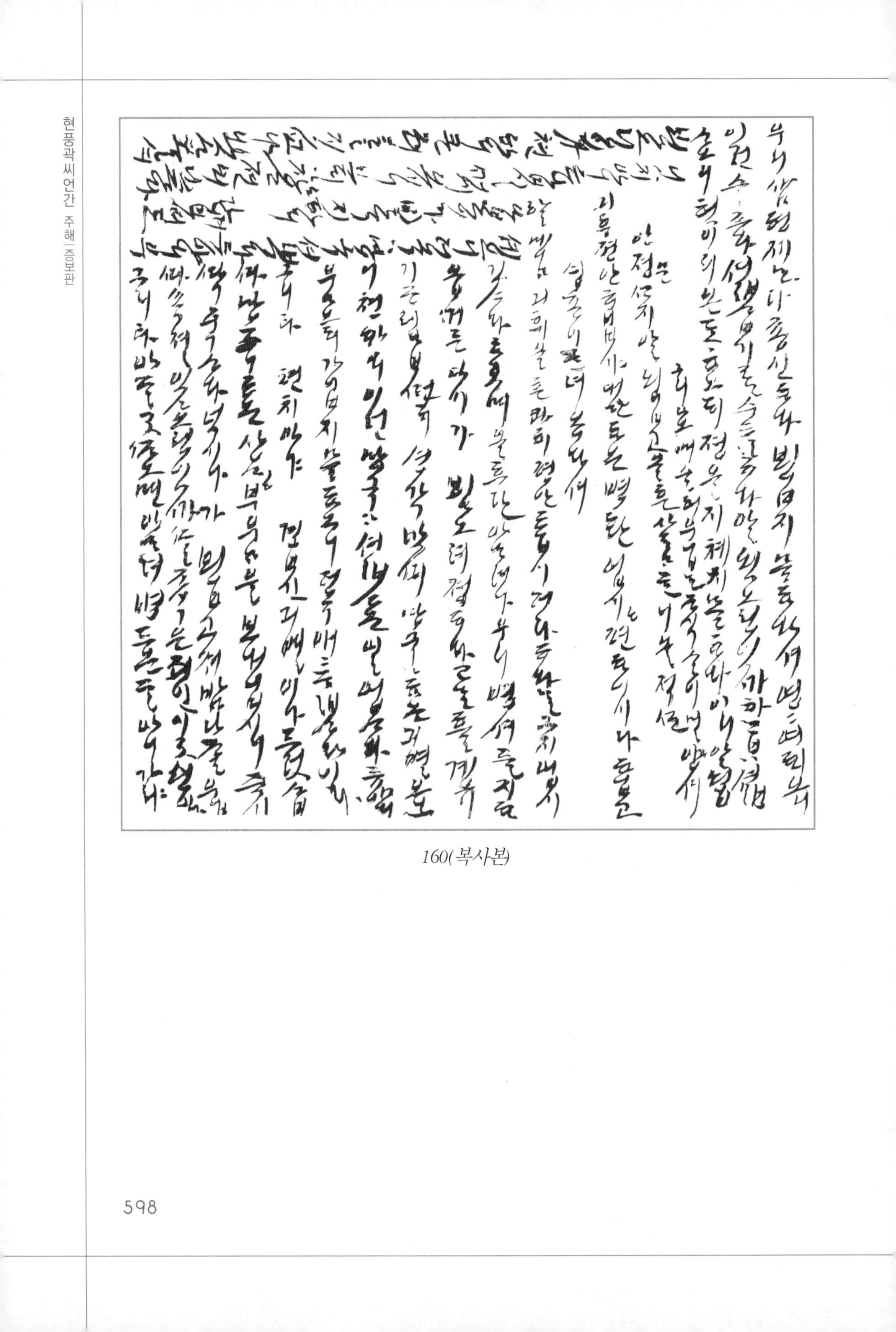

160(복사본)

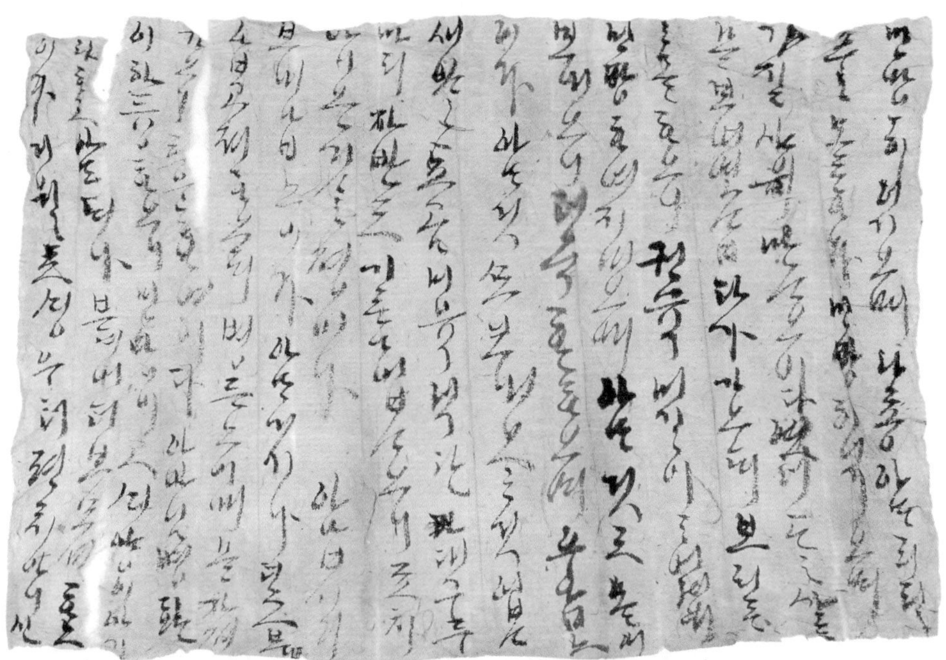

158-(28.0×21.5)

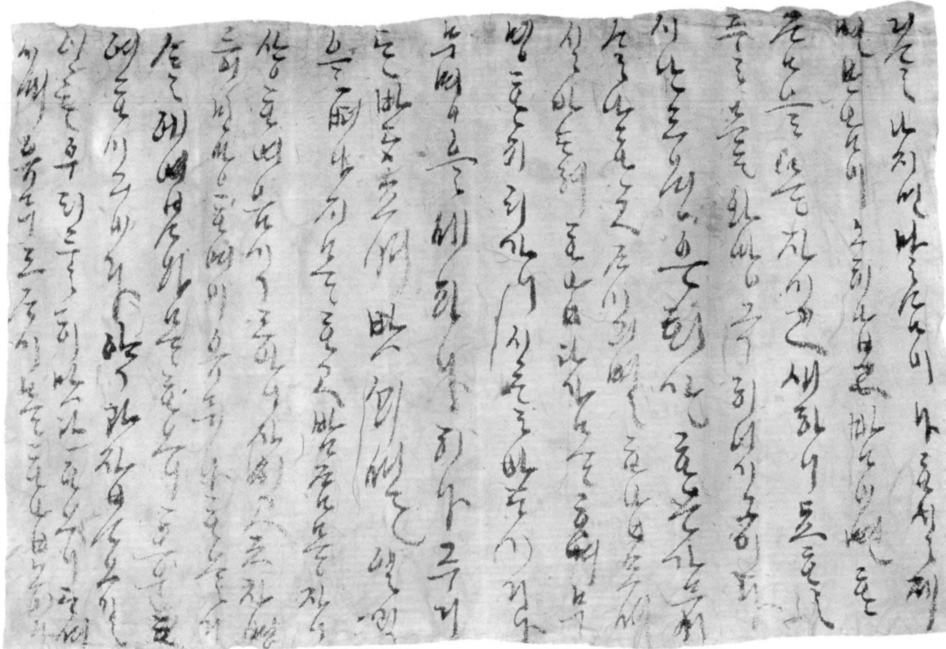

159-(28.7×18.9)

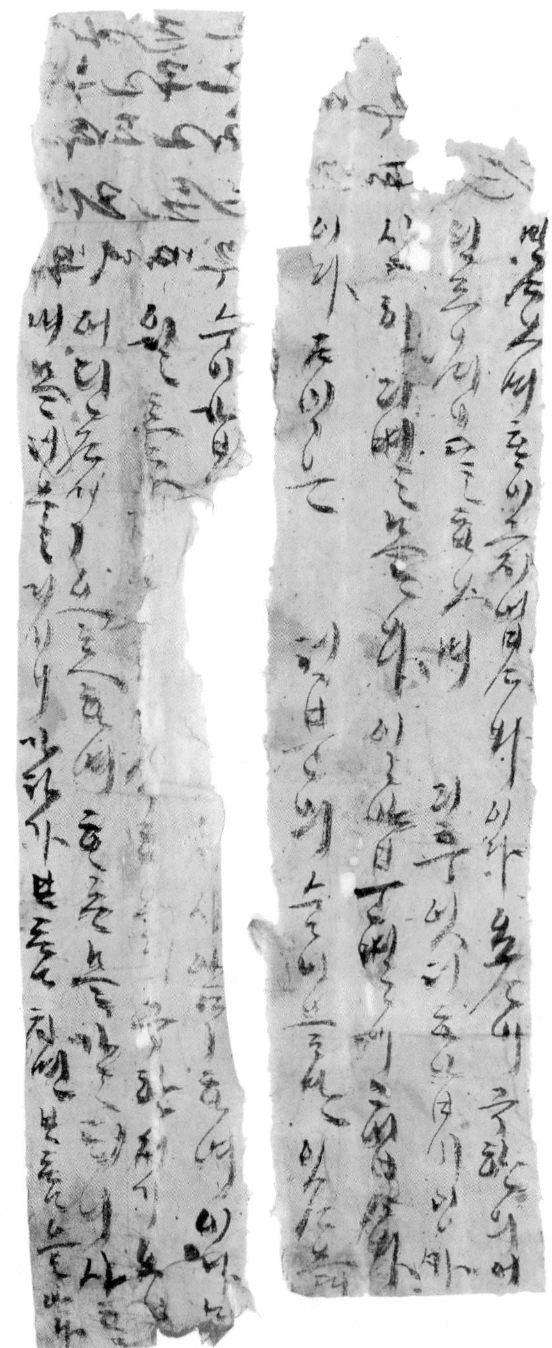

157-(14.5×37.0)

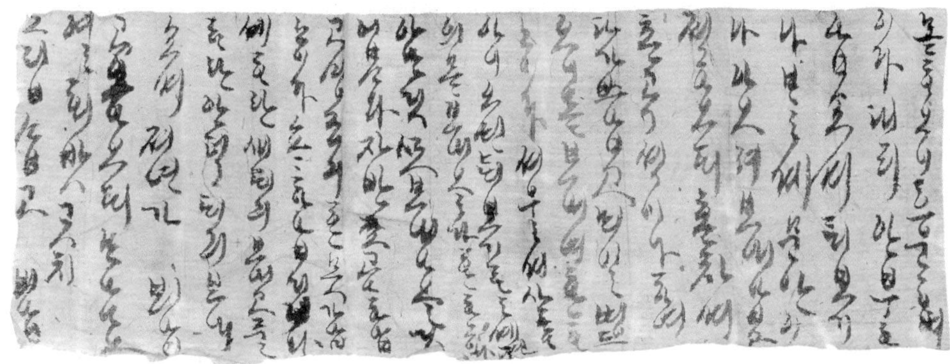

154-(29.5×10.7)

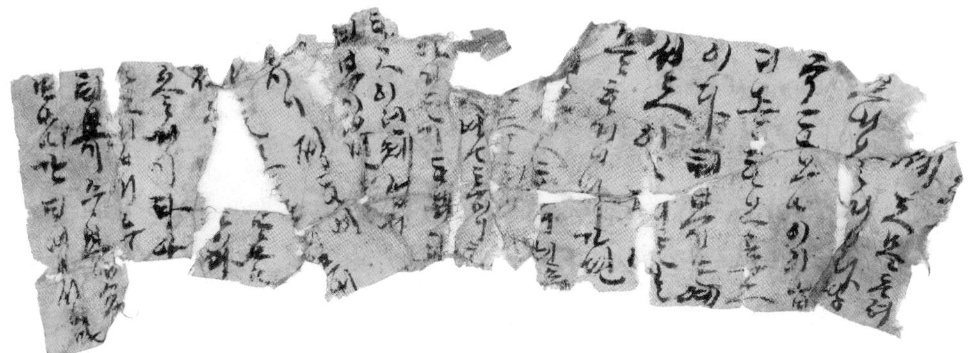

155-(24.0×8.0)

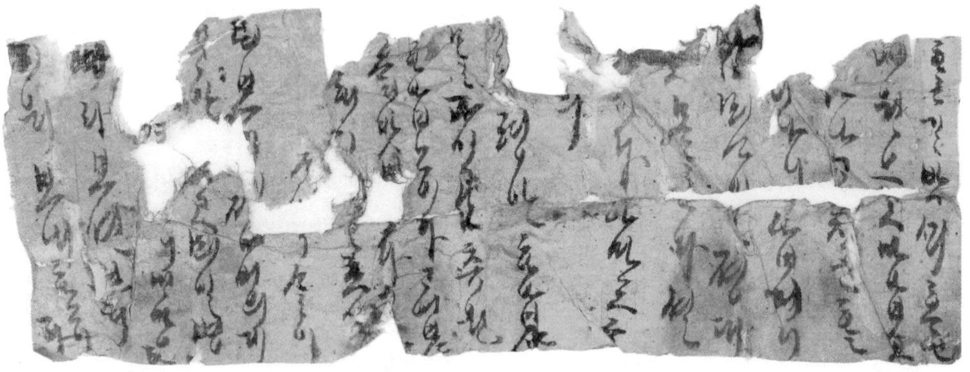

156-(30.0×10.0)

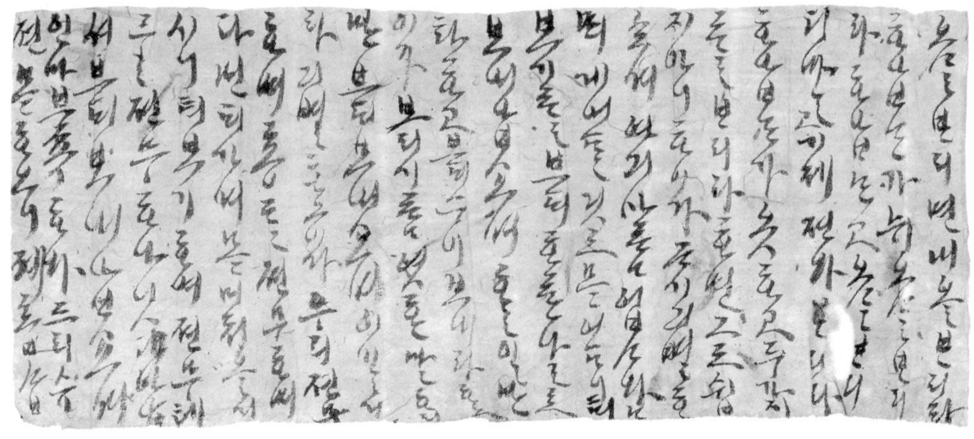

151-(32.2×13.5)

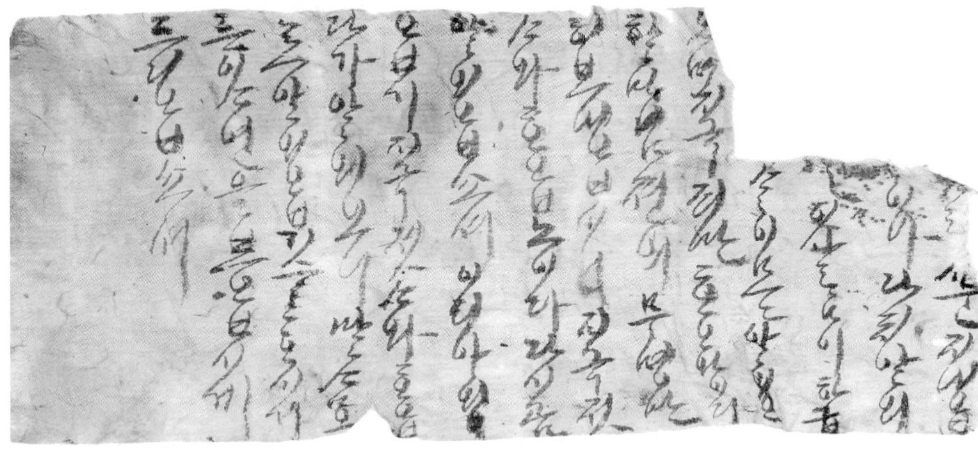

152×(22.5×14.5)

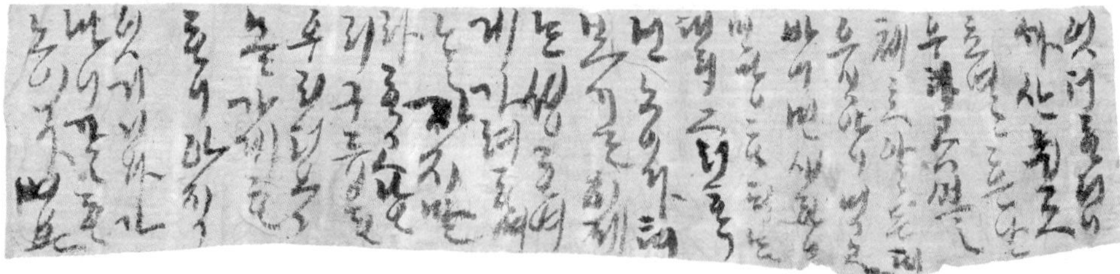

153-(29.3×6.3)

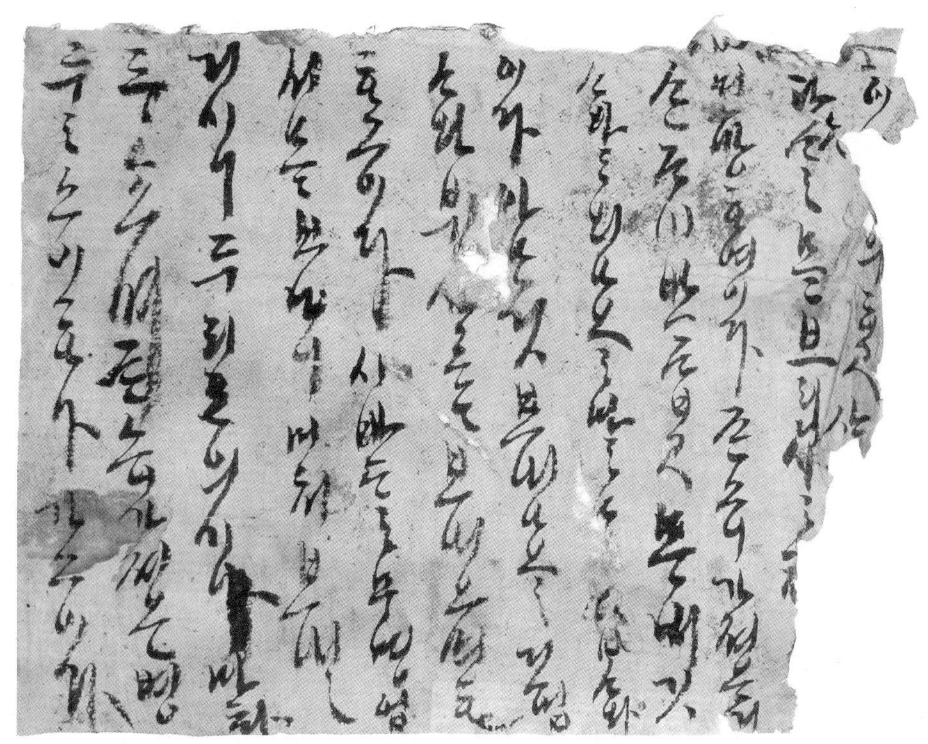

149-(18.5×15.5)

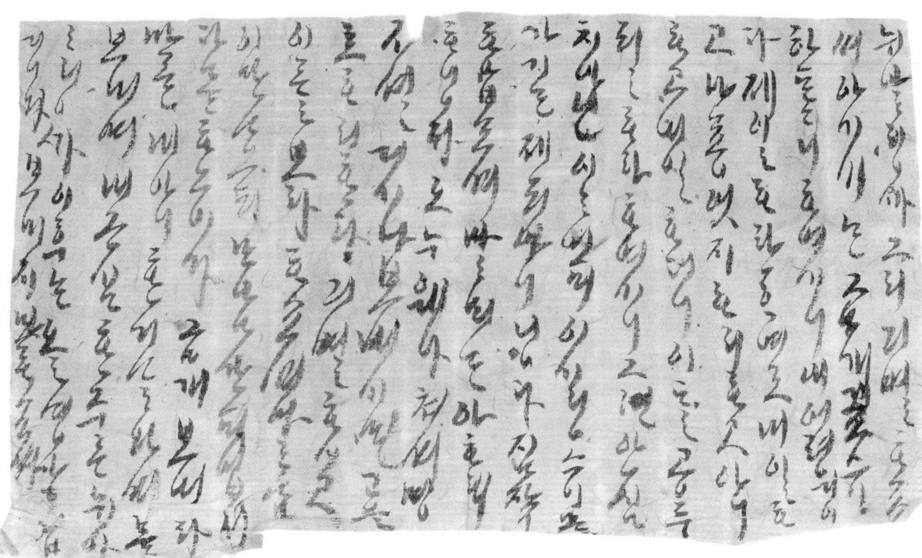

150-(31.0×18.5)

147-(30.7×24.0)

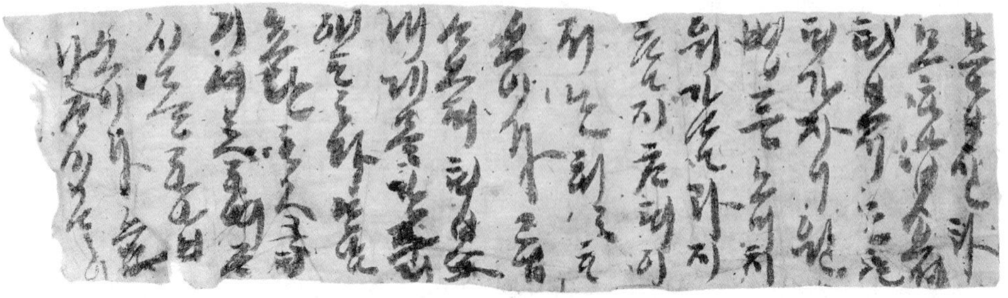

148-(28.0×7.5)

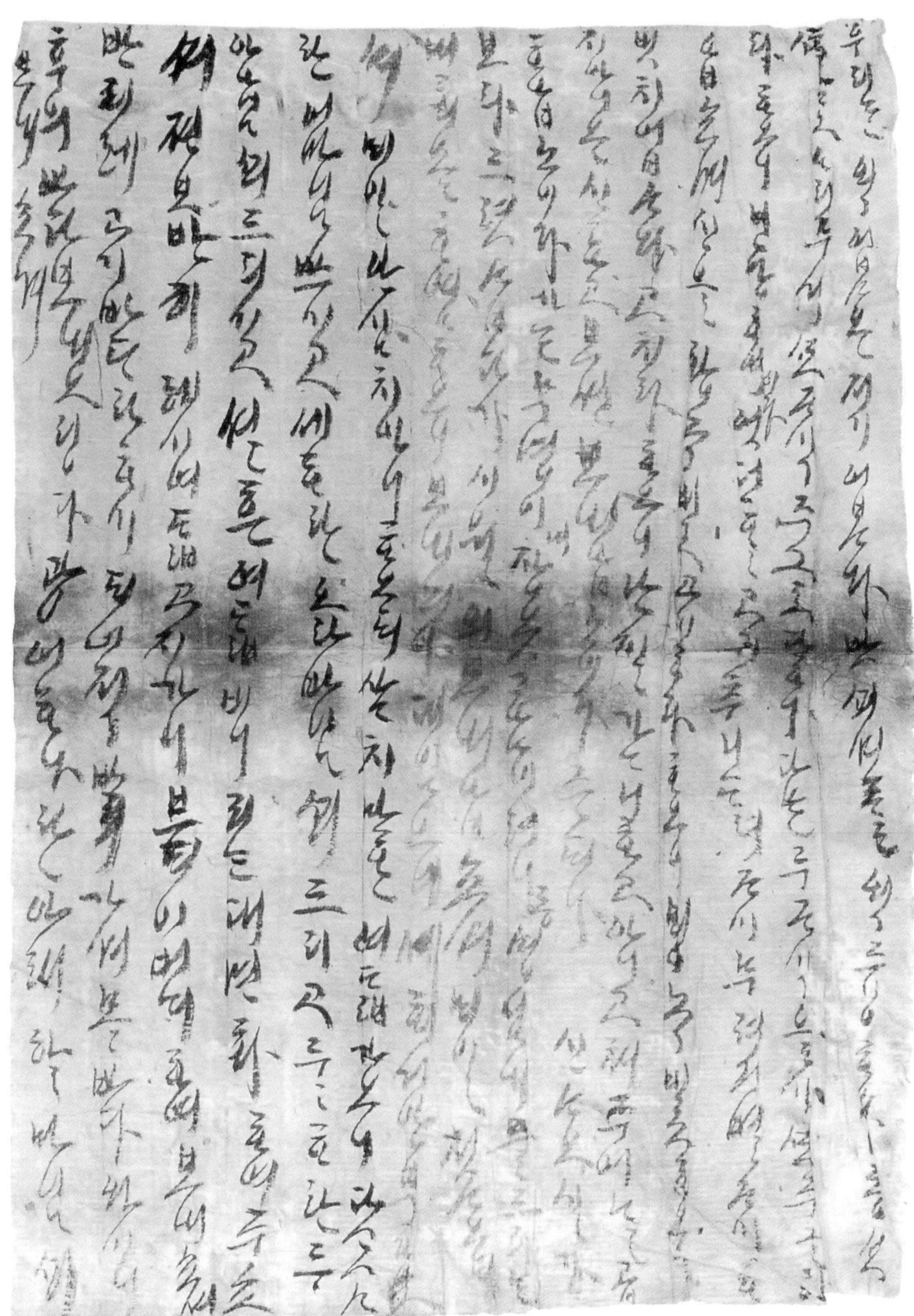

146-(27.5×40.0)

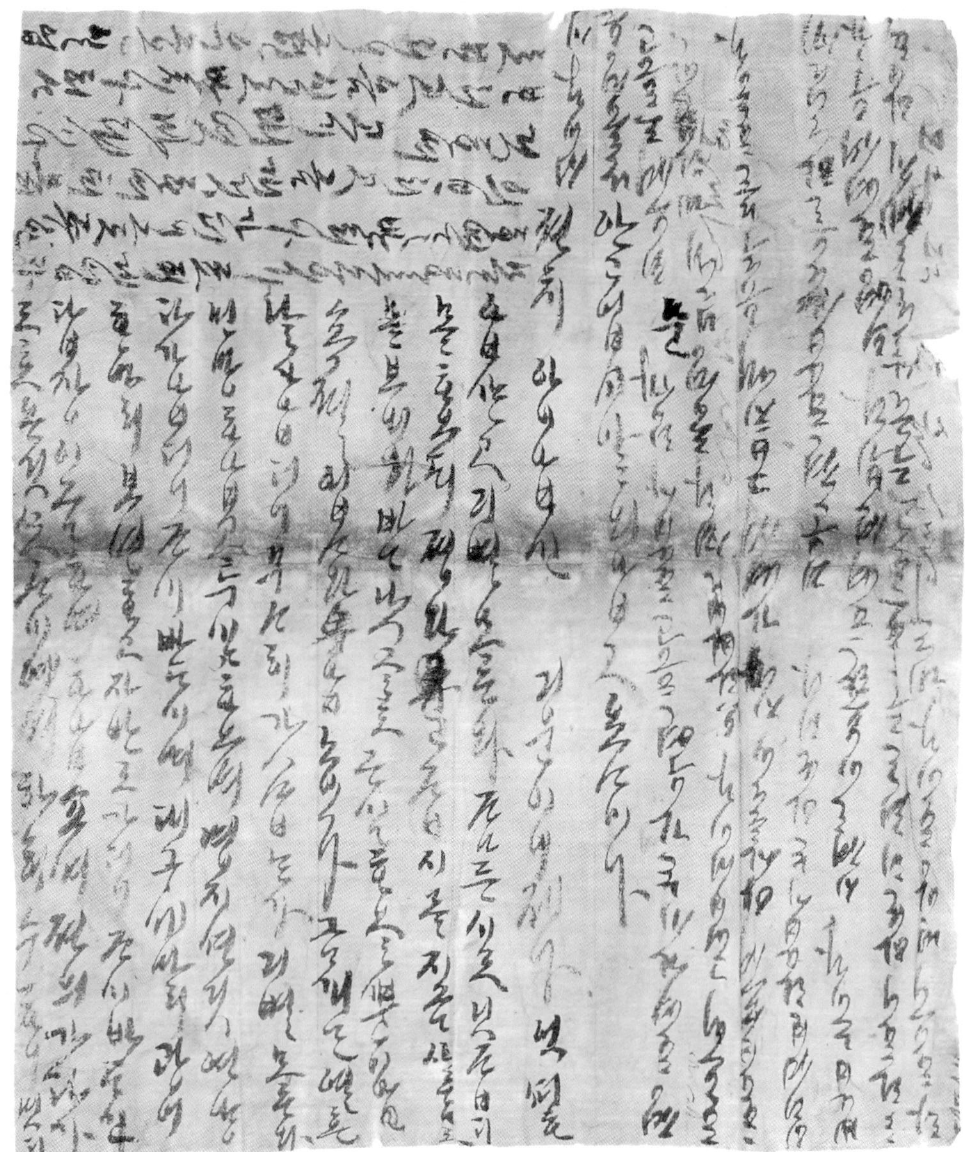

145-(29.0×34.2)

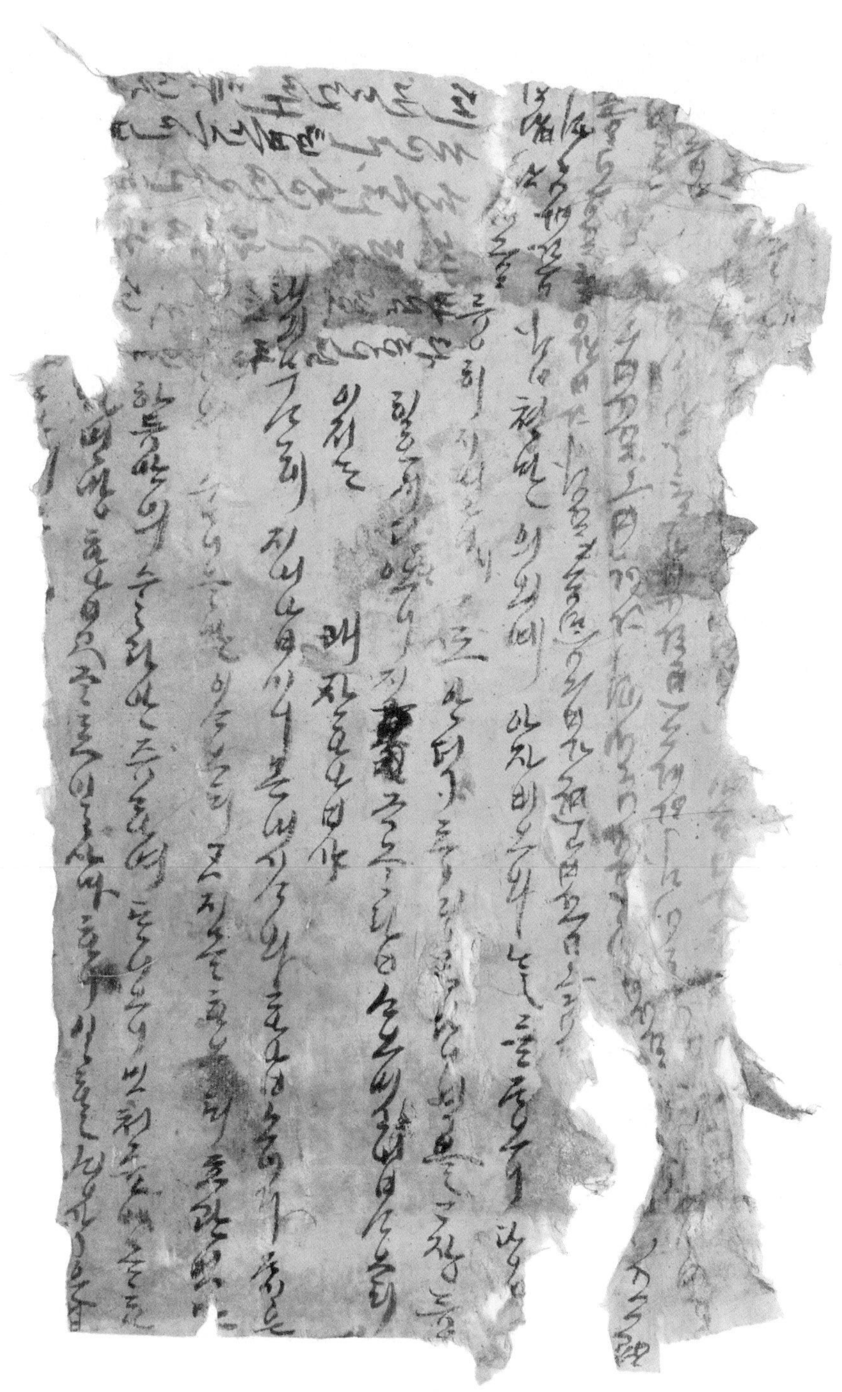

144-(22.5×35.5)

143-(31.5×30.3)

142-(30.4×43.8)

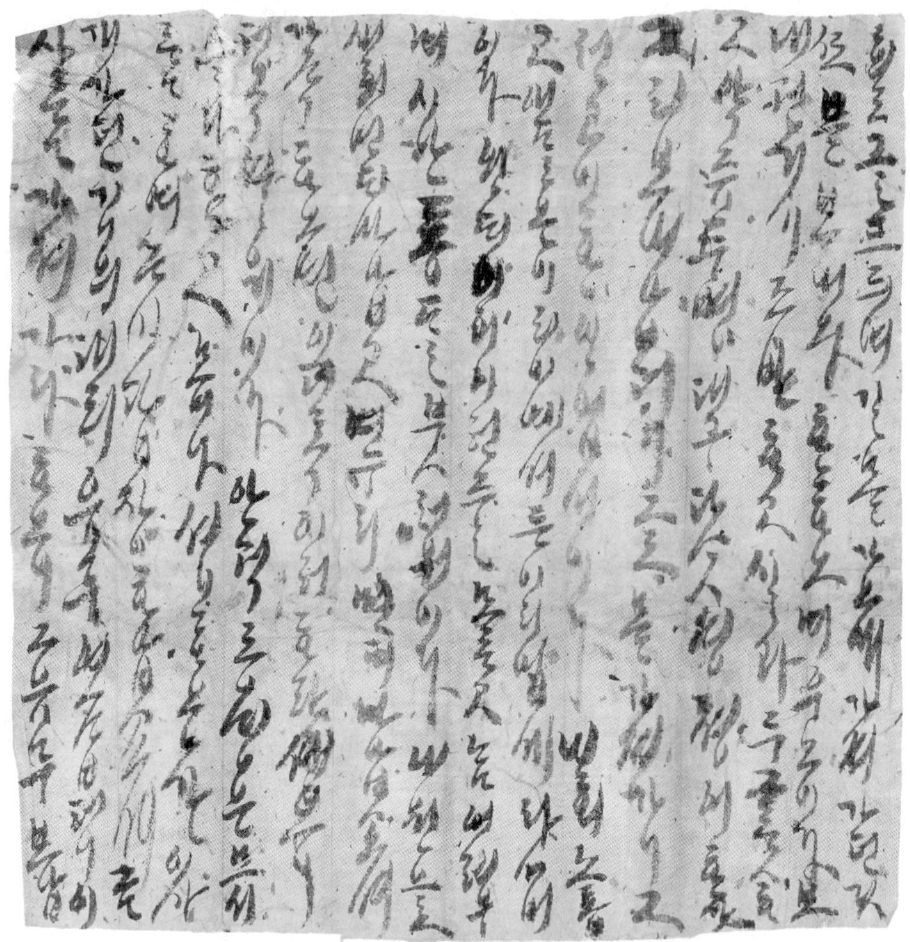

141-(30.3×26.4)

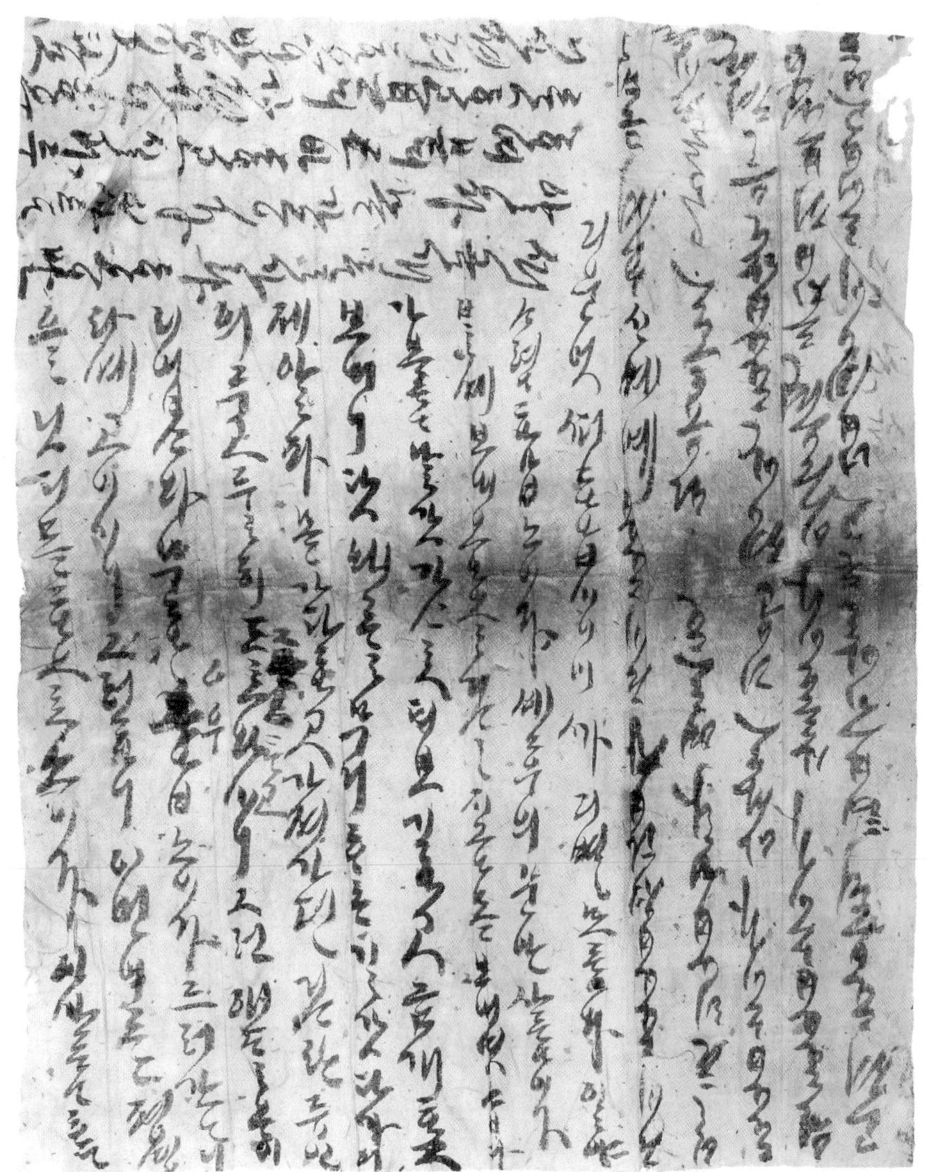

140-(28.0×34.5)

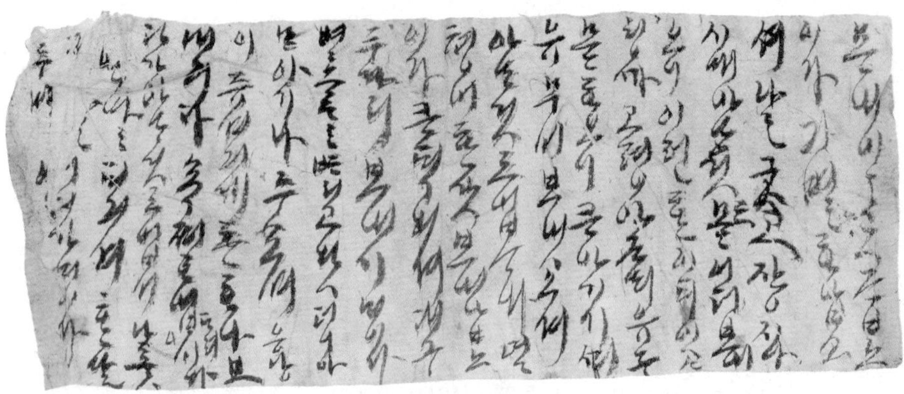

138-(29.9×12.2)

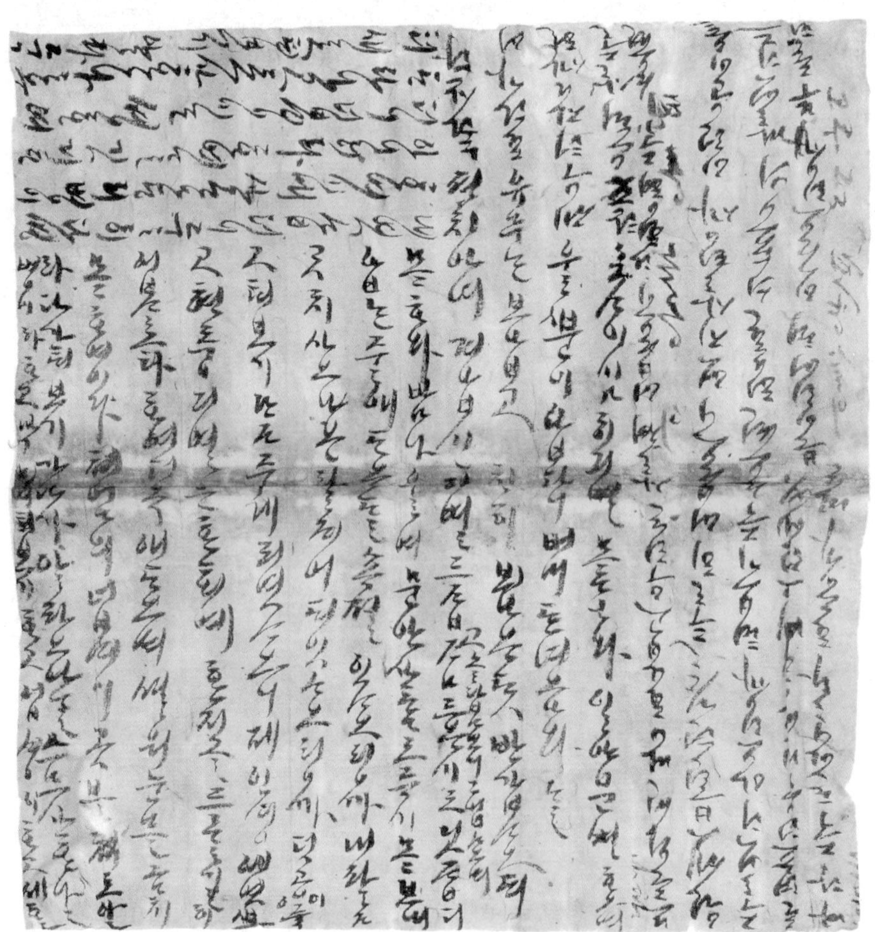

139-(29.5×40.2)

136-(31.2×21.4)

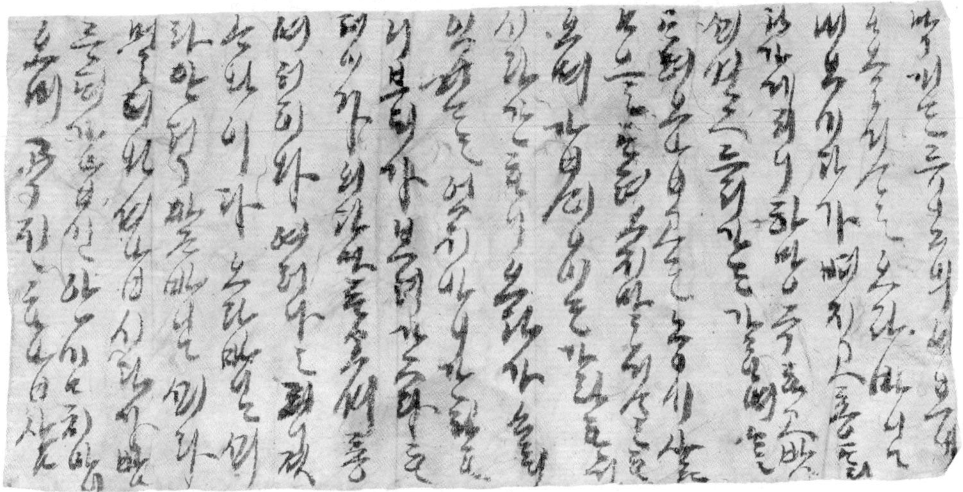

137-(28.5×13.7)

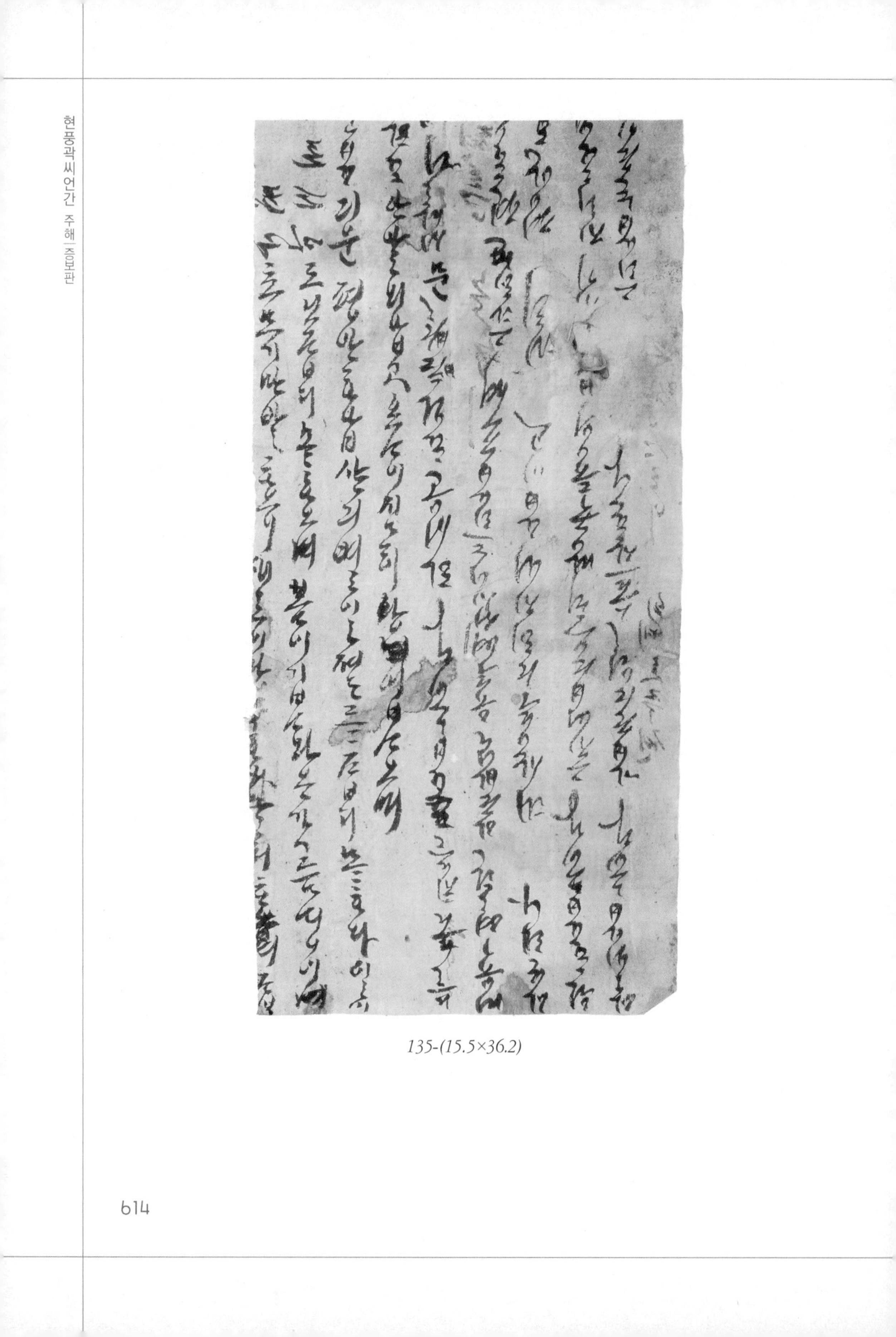

135-(15.5×36.2)

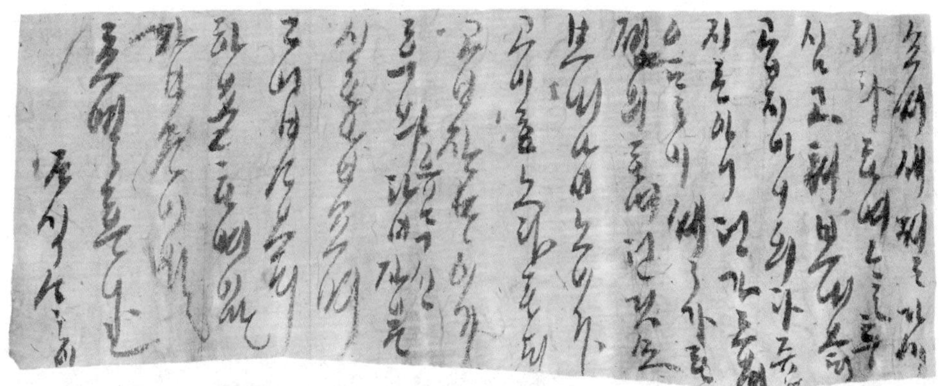

133-(30.2×10.0)

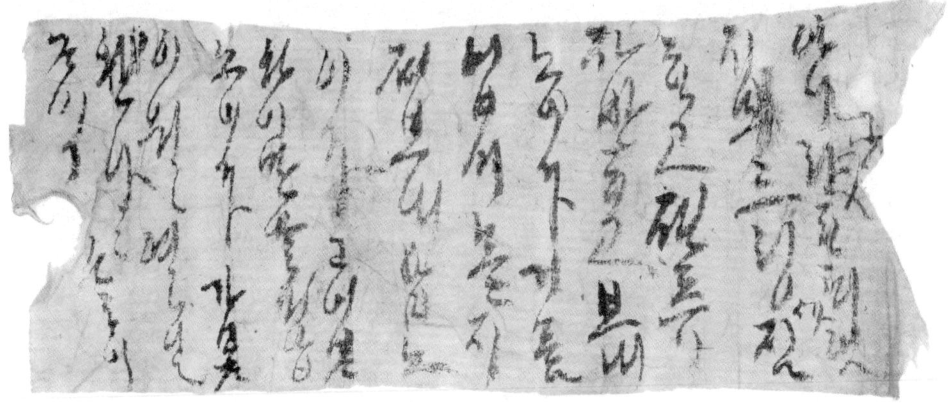

134-(22.0×7.5)

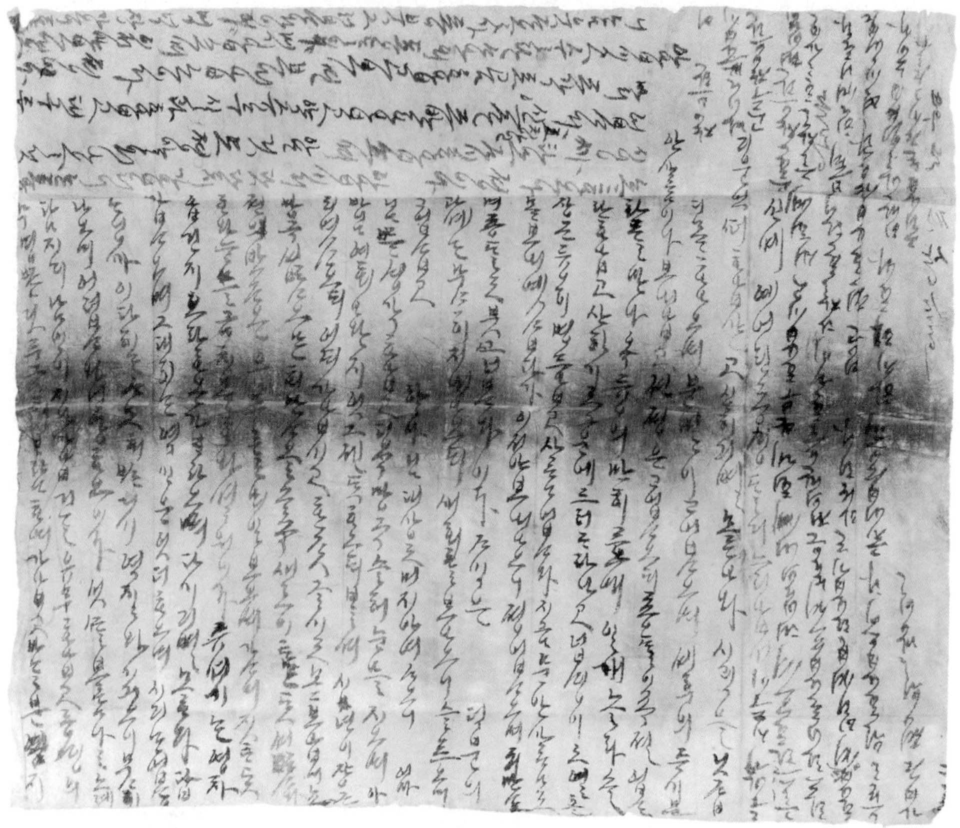

132-(47.5×40.7)

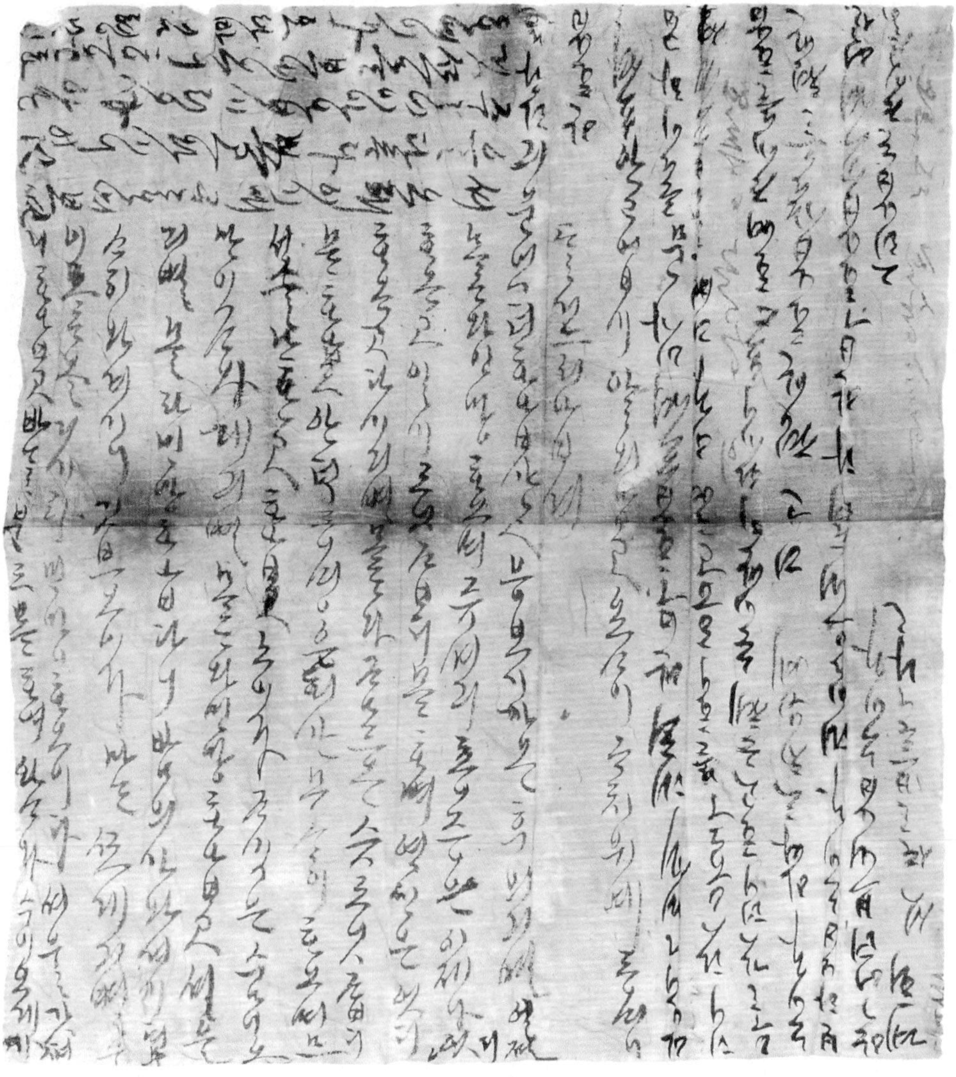

131-(30.5×35.2)

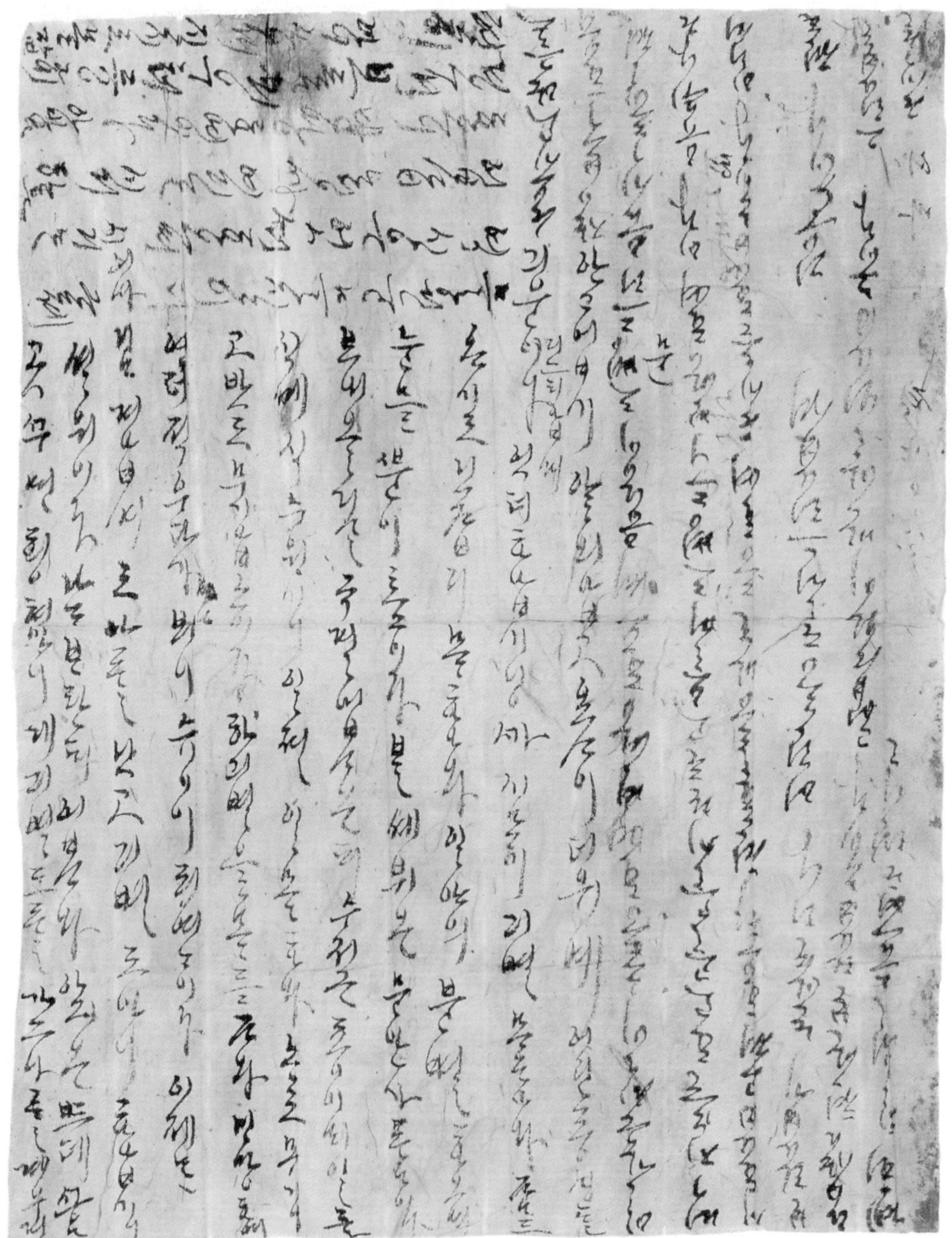

130-(27.9×36.0)

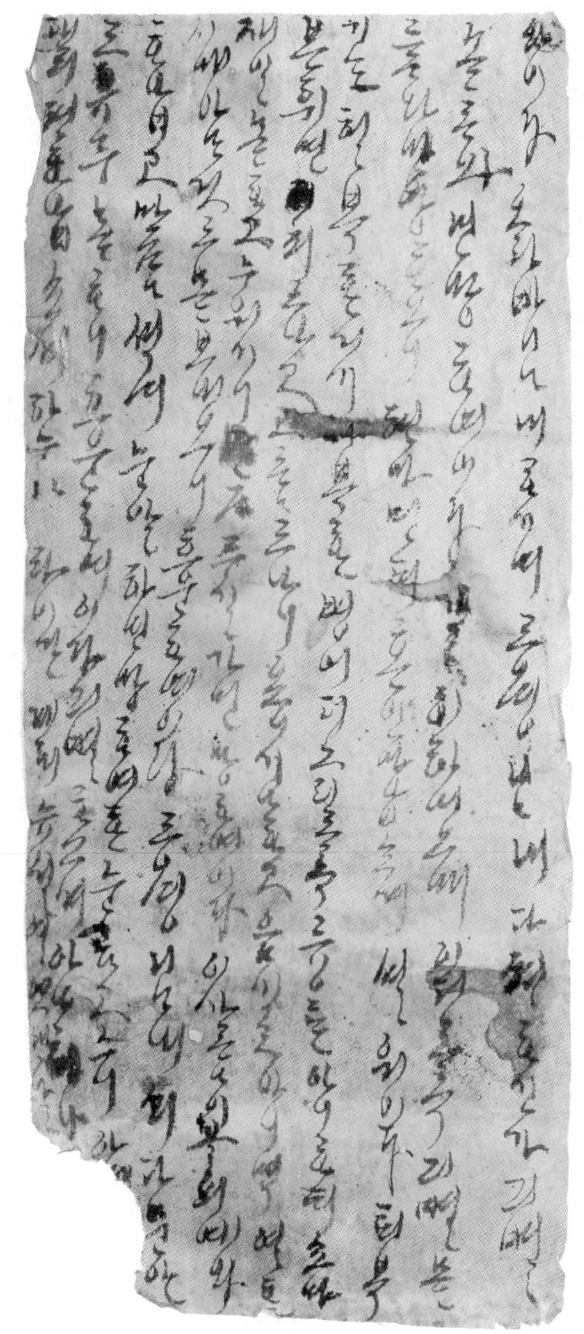

129-(18.0×41.5)

128-(28.2×33.4)

127-(30.5×35.7)

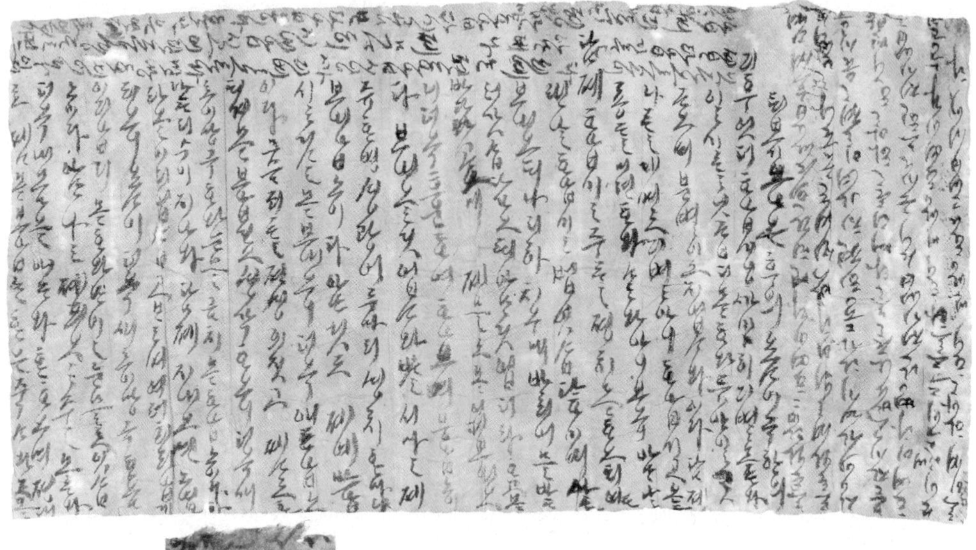

125-(48.5×23.0)

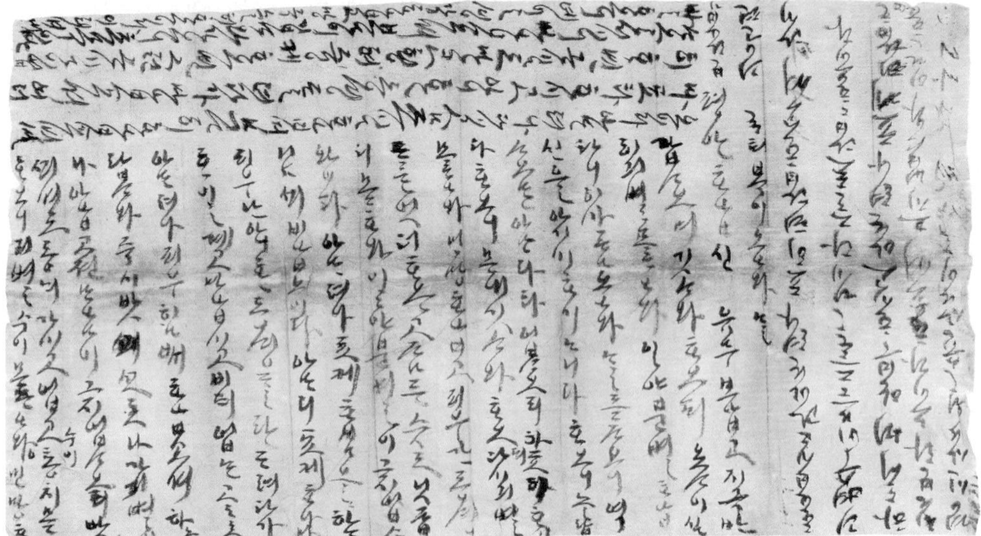

126-(45.5×28.6)

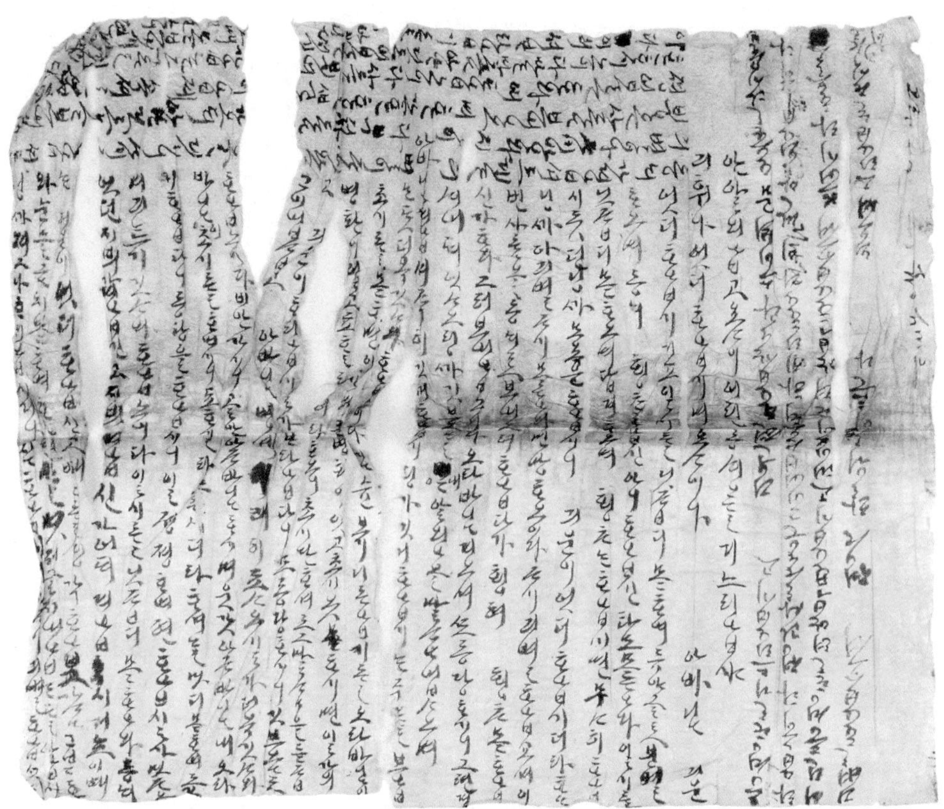

124-(42.5×39.5)

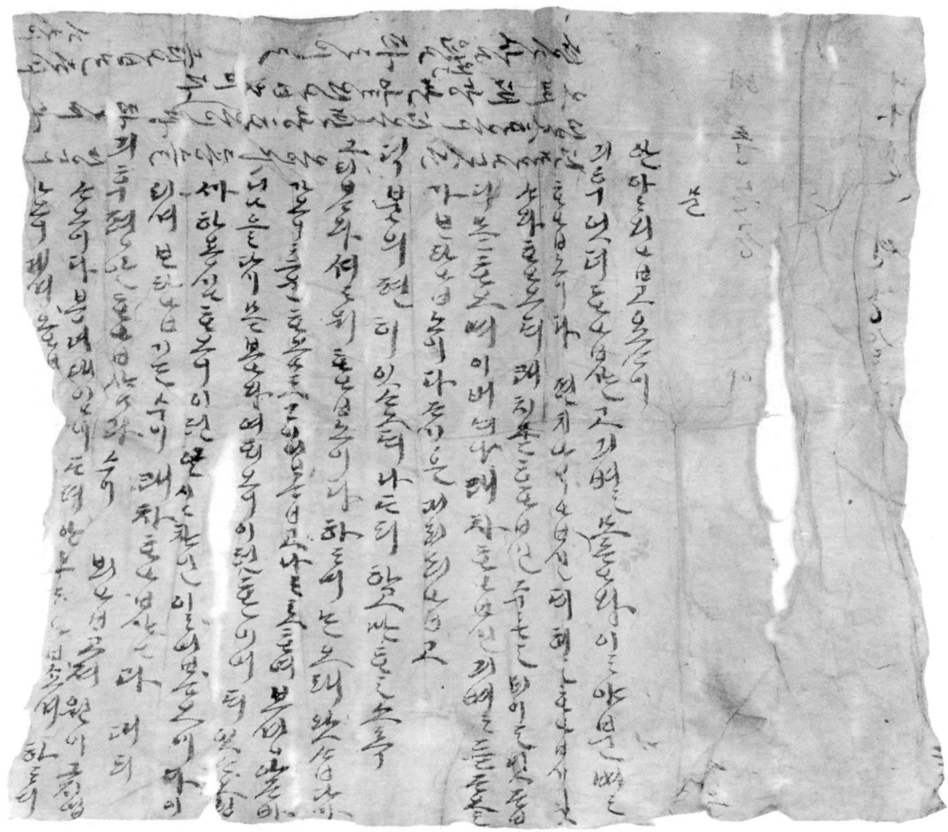

123-(29.5×32.3)

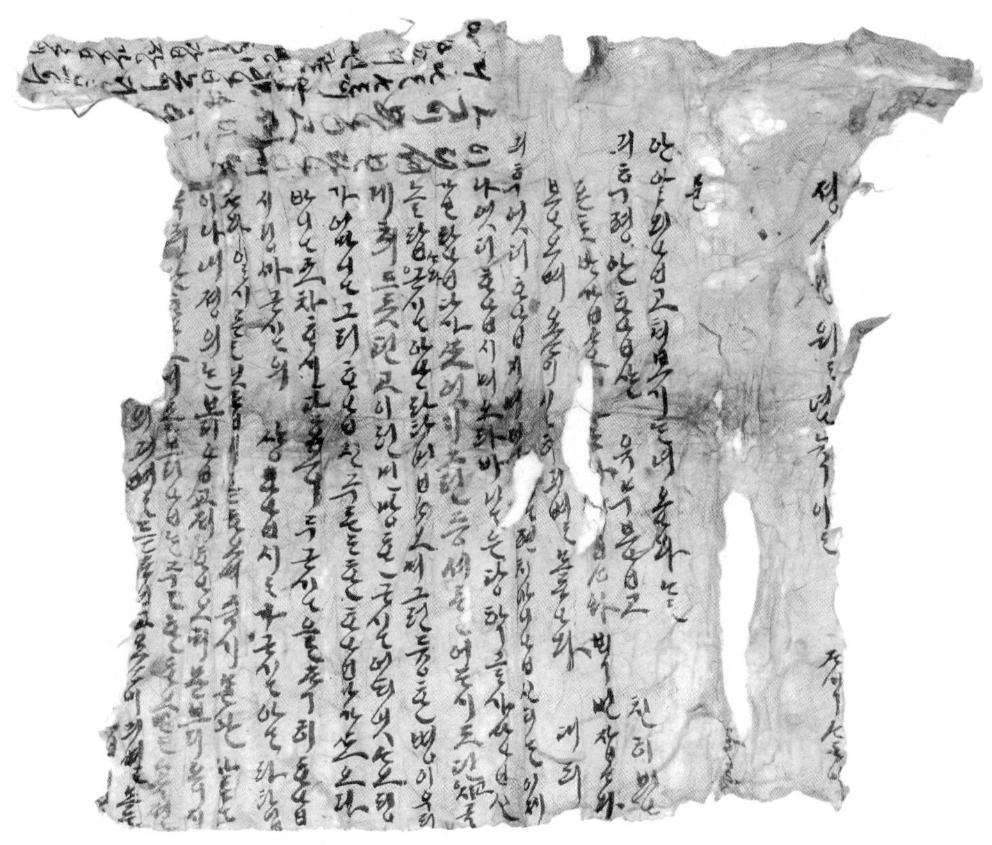

122-(36.5×30.0)

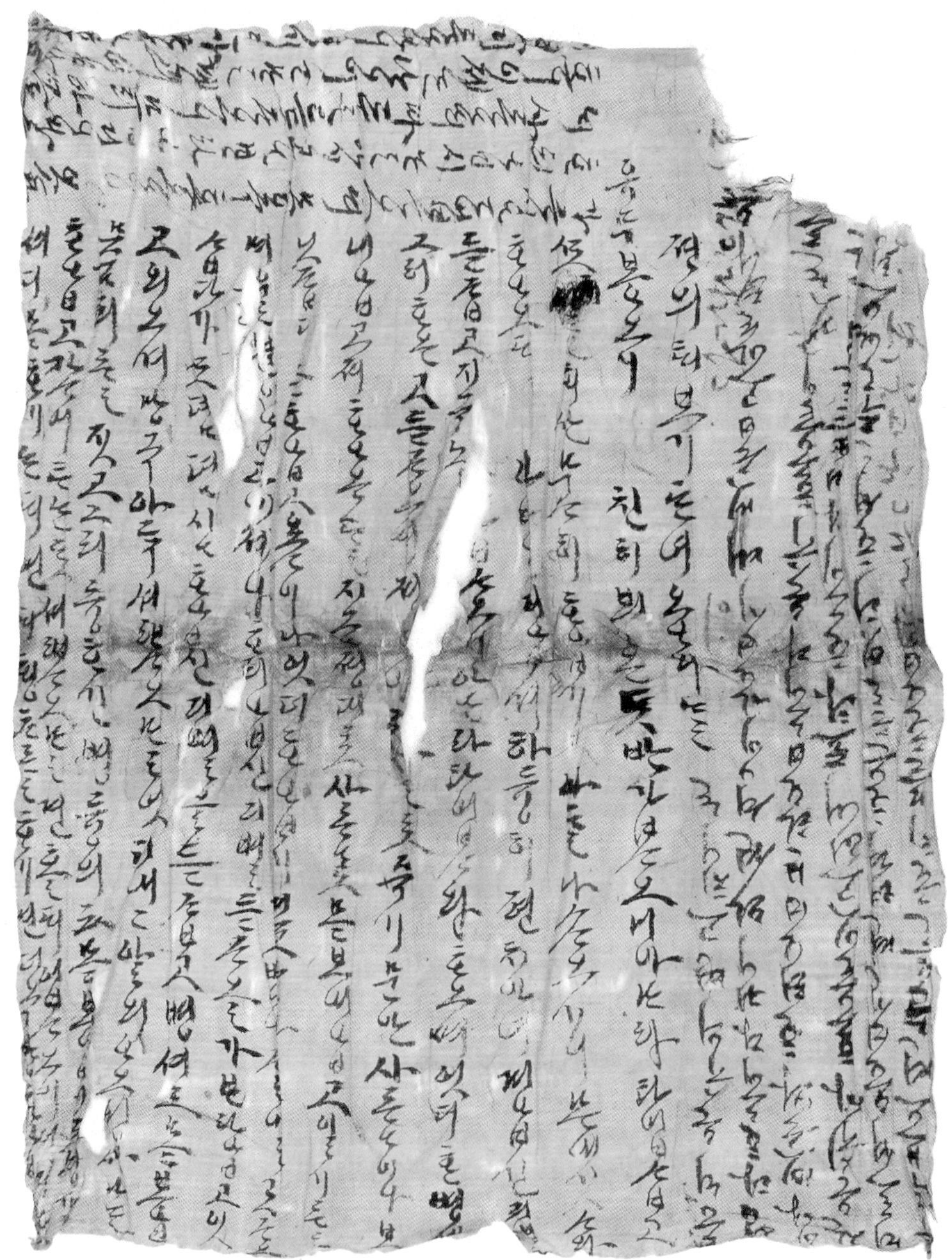

121-(24.5×33.0)

120-(37.3×26.7)

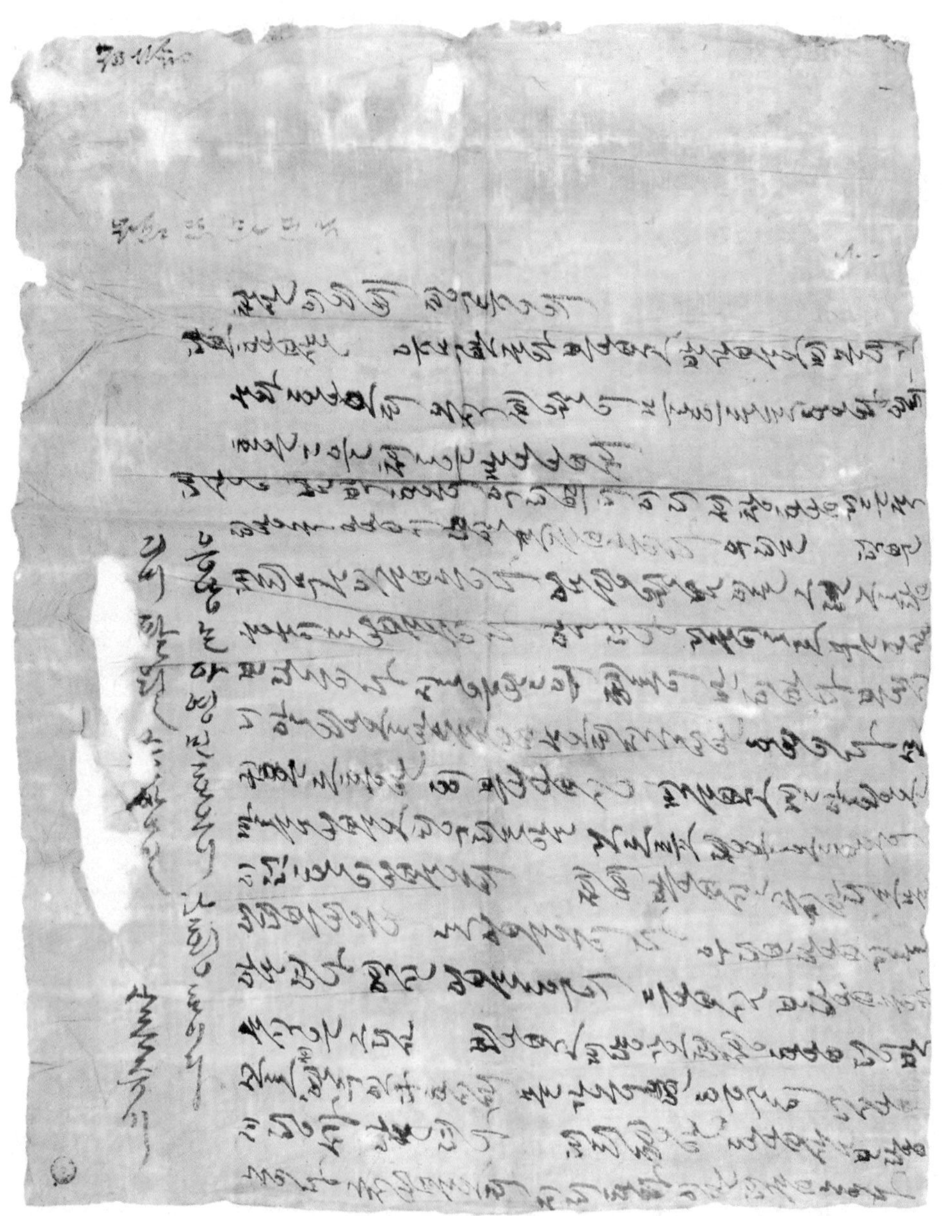

119-(43.5×35.6)

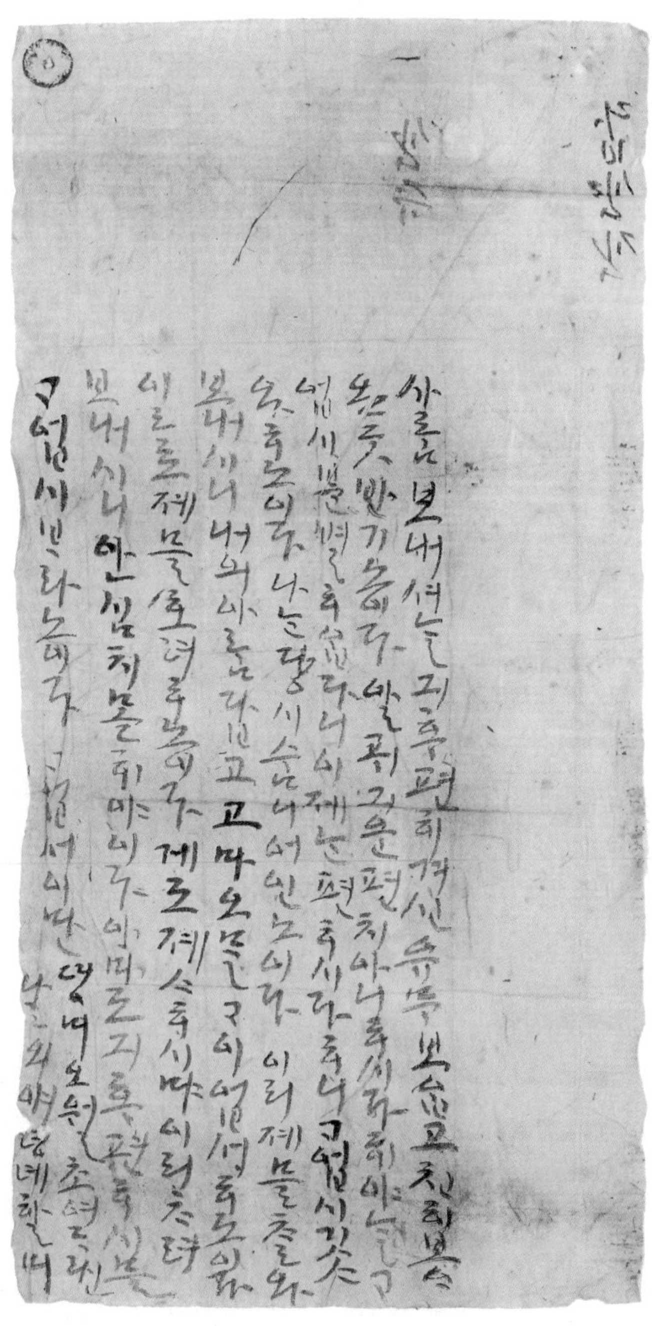

118-(12.5×27.5)

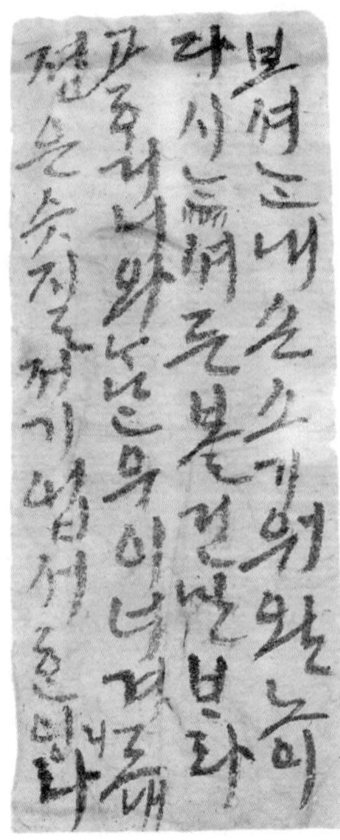

116-(6.3×15.6)

117-(23.8×25.7)

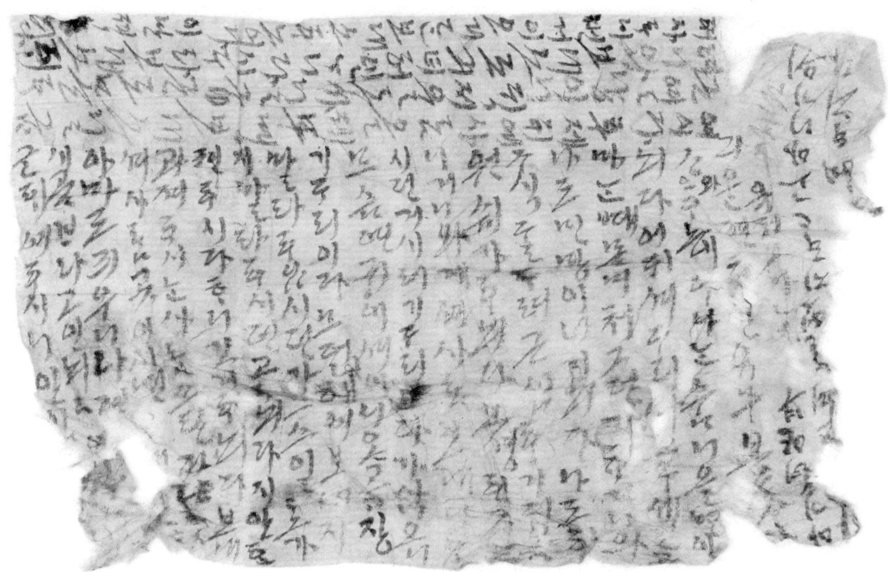

114-(25.5×16.0)

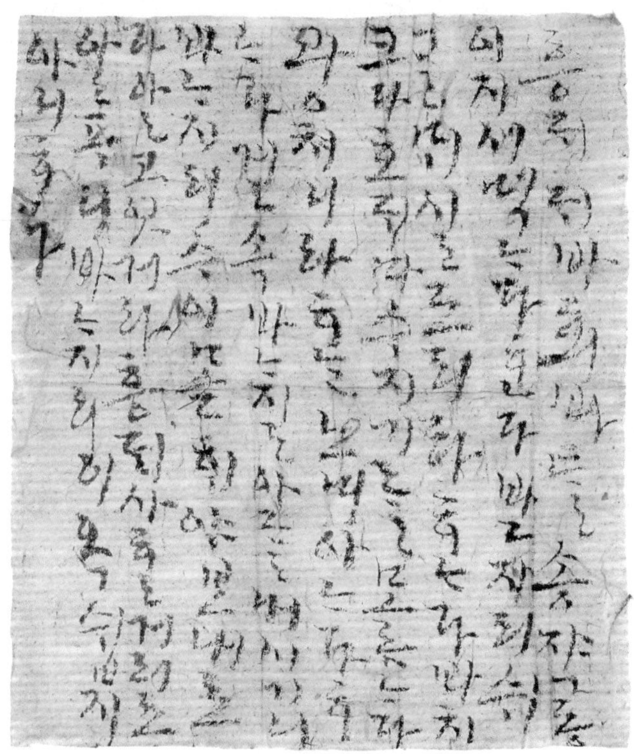

115-(12.0×14.5)

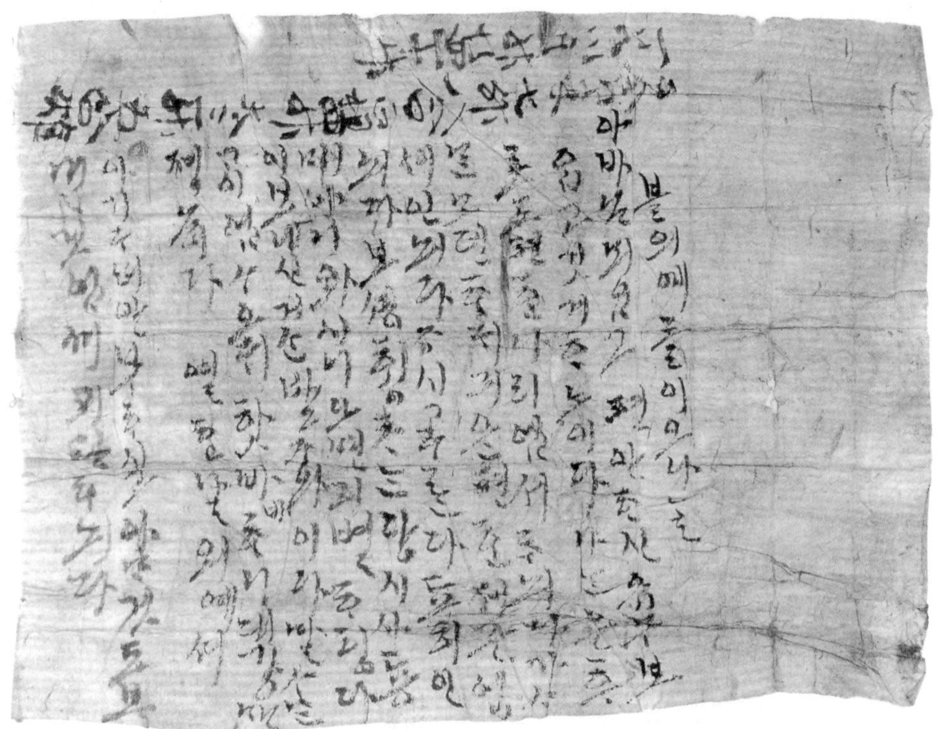

112-(21.5×16.0)

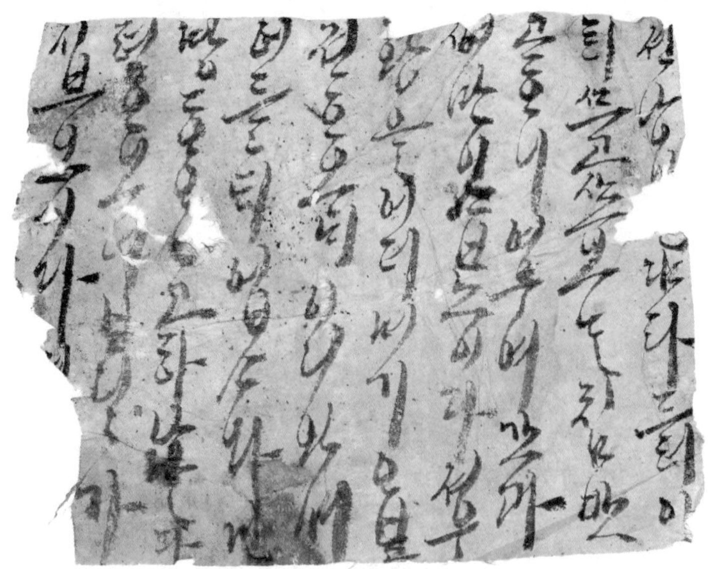

113-(15.5×12.5)

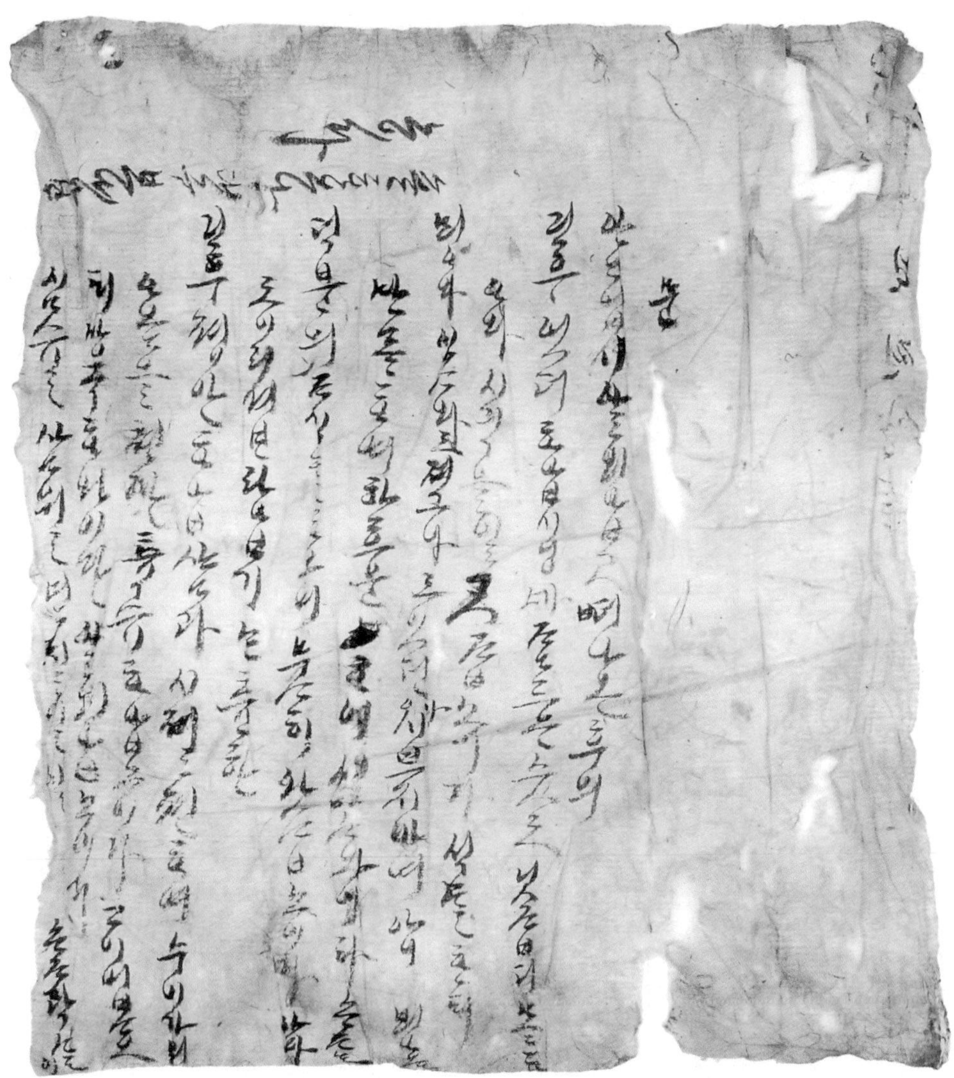

111-(24.5×33.9)

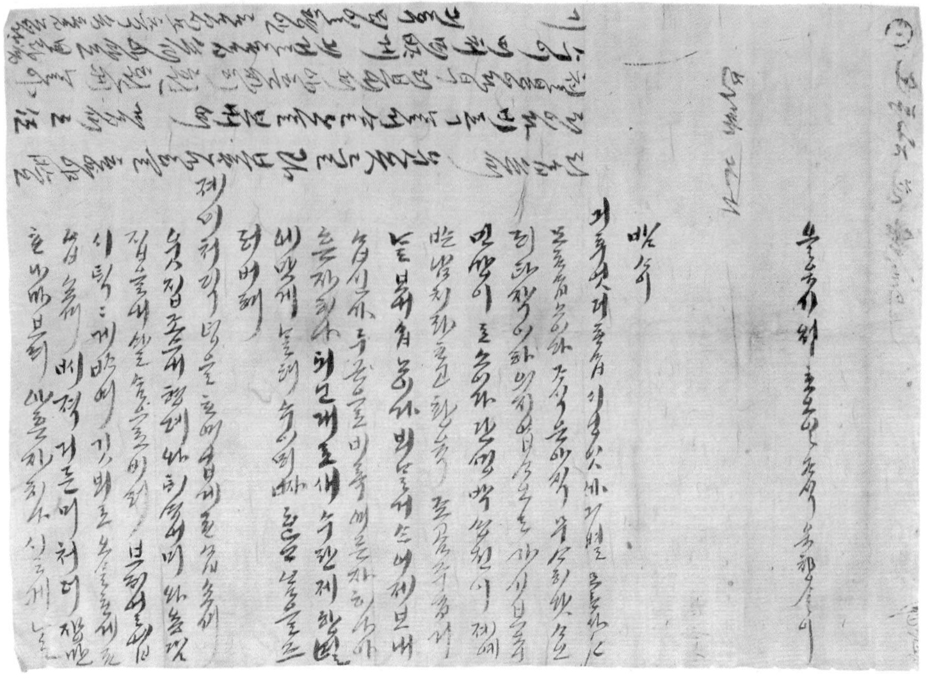

109-(34.8×24.5)

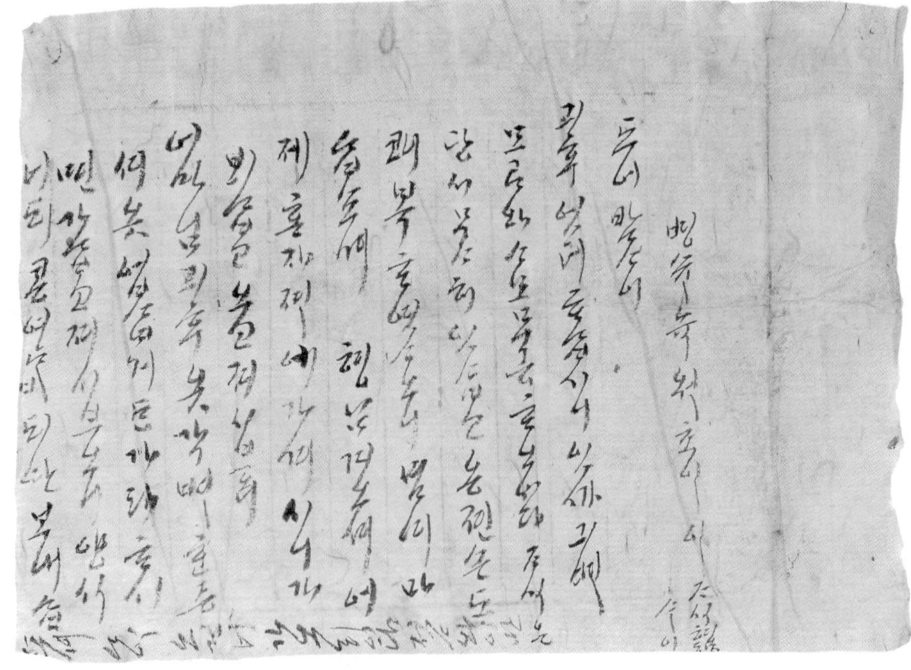

110-(32.5×21.0)

107-(29.3×28.2)

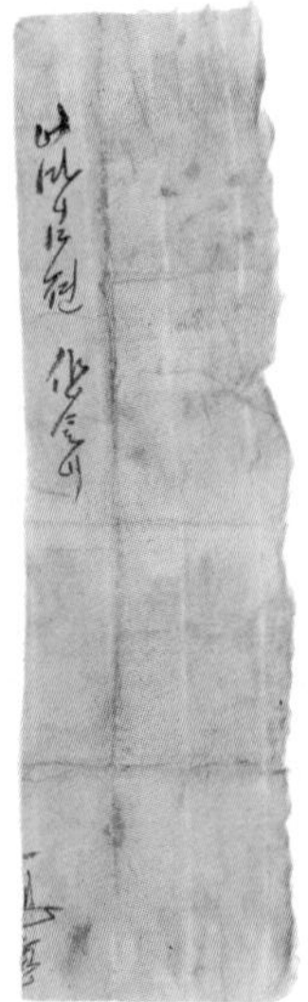

108-(8.0×32.3)

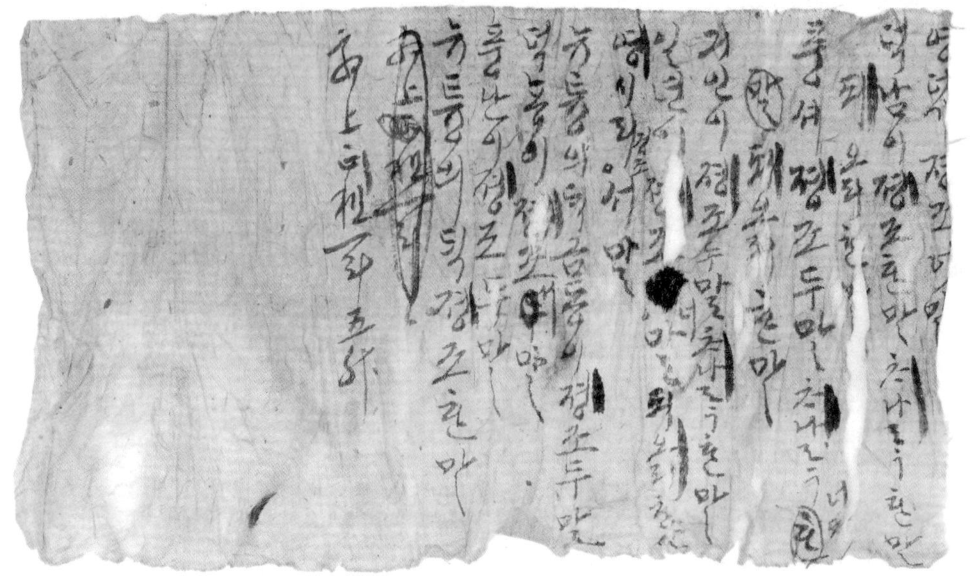

105-(20.2×12.8)

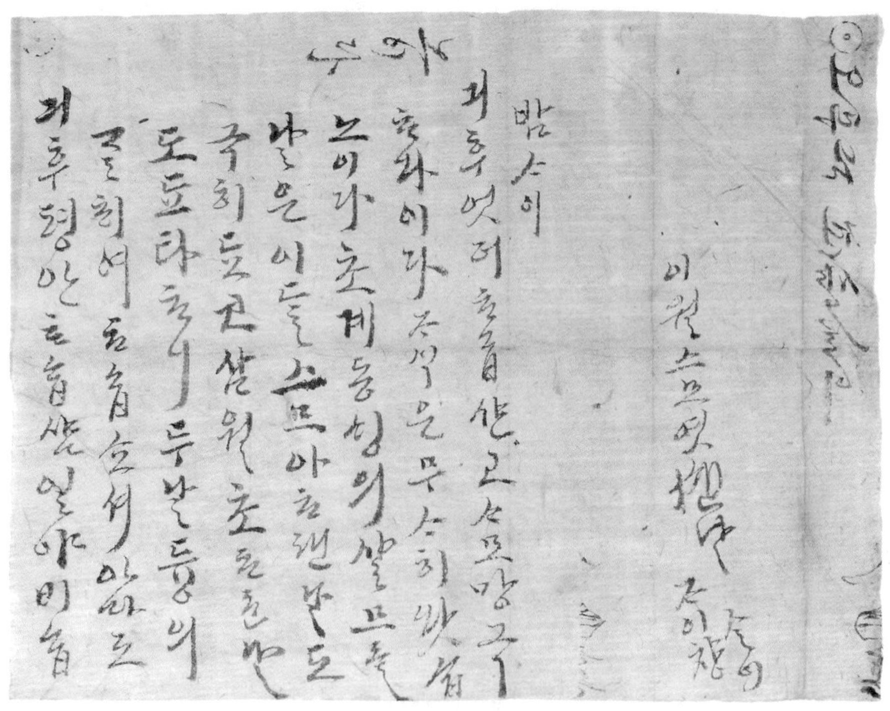

106-(26.5×21.3)

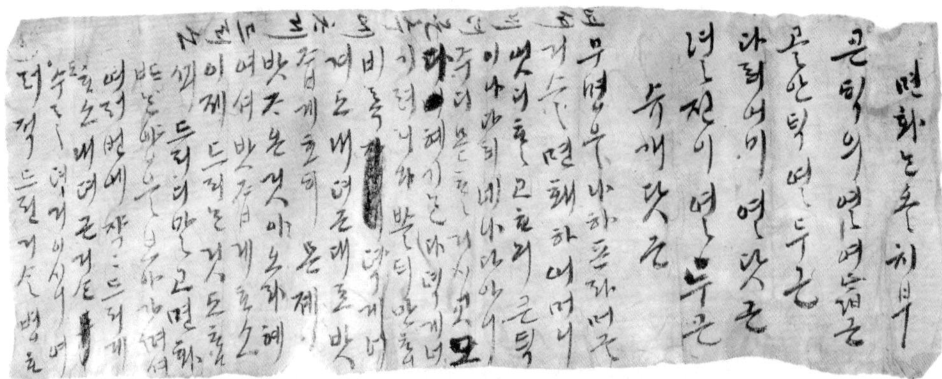

102-(30.4×10.3)

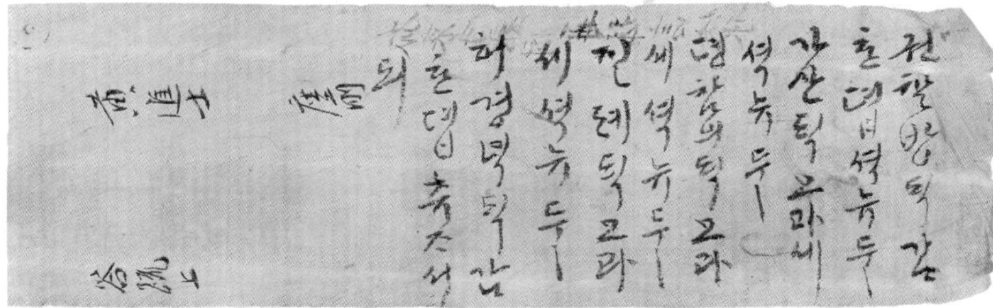

103-(23.5×7.5)

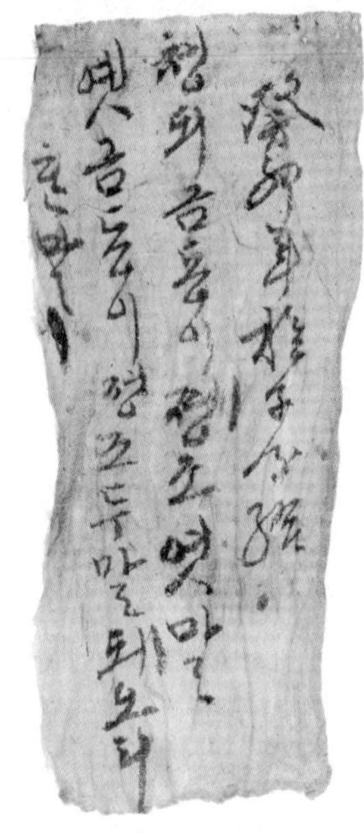

104-(4.5×12.5)

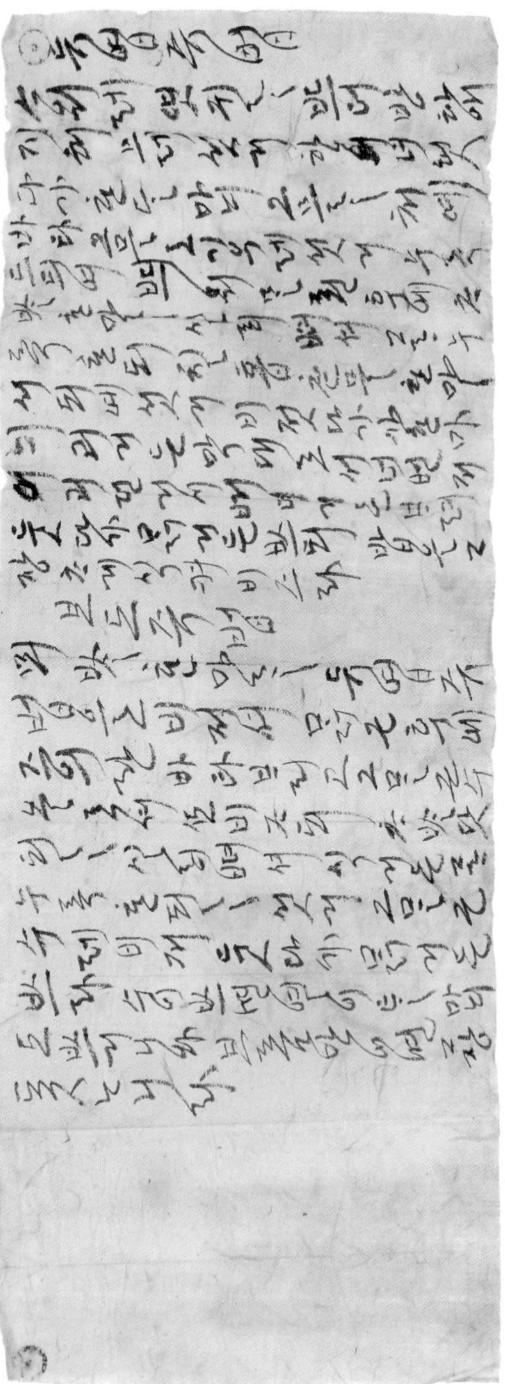

101-(41.3×15.4)

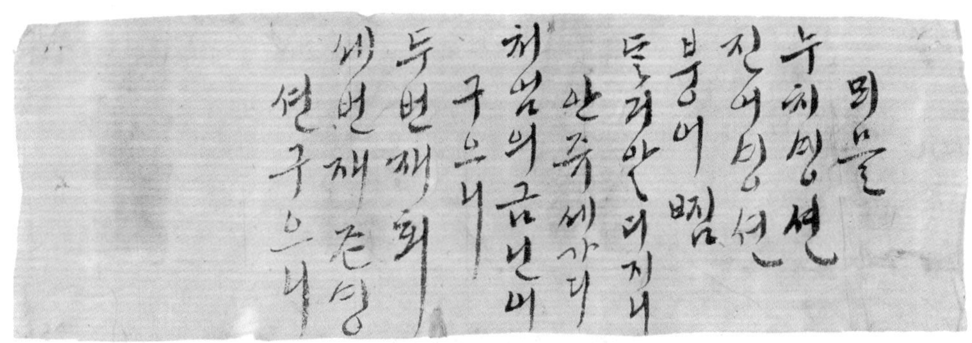
98-(25.2×8.3)

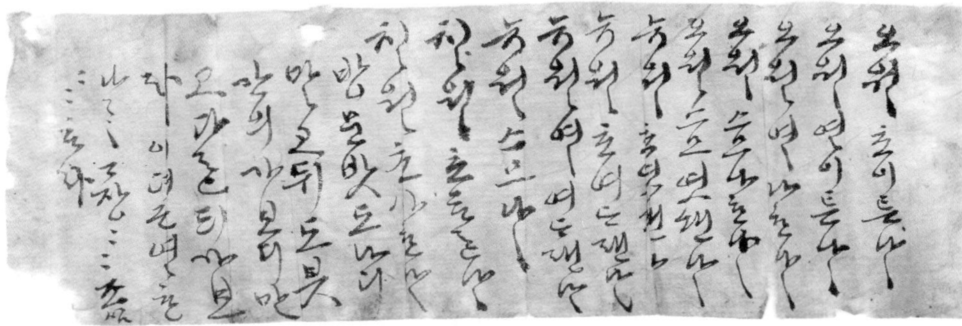
99-(30.0×12.0)

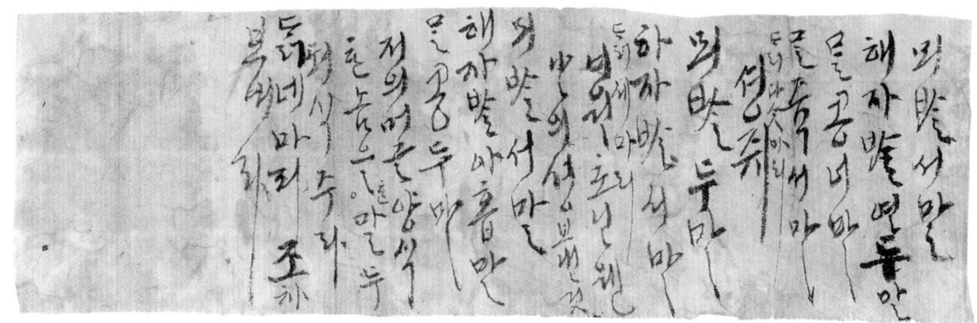
100-(32.2×7.8)

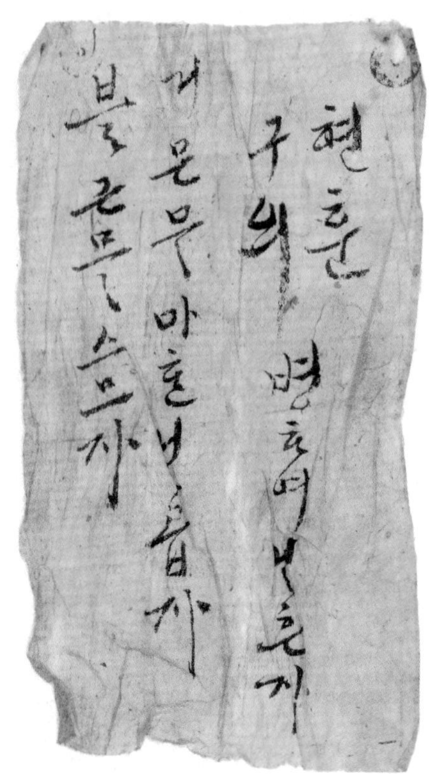

96-(8.0×14.5)

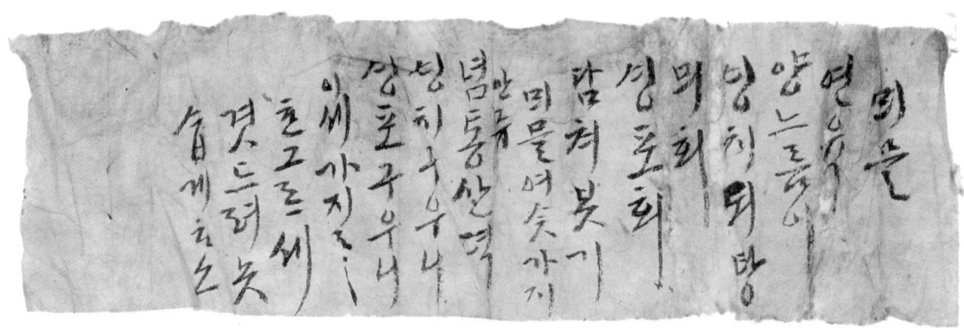

97-(22.5×7.0)

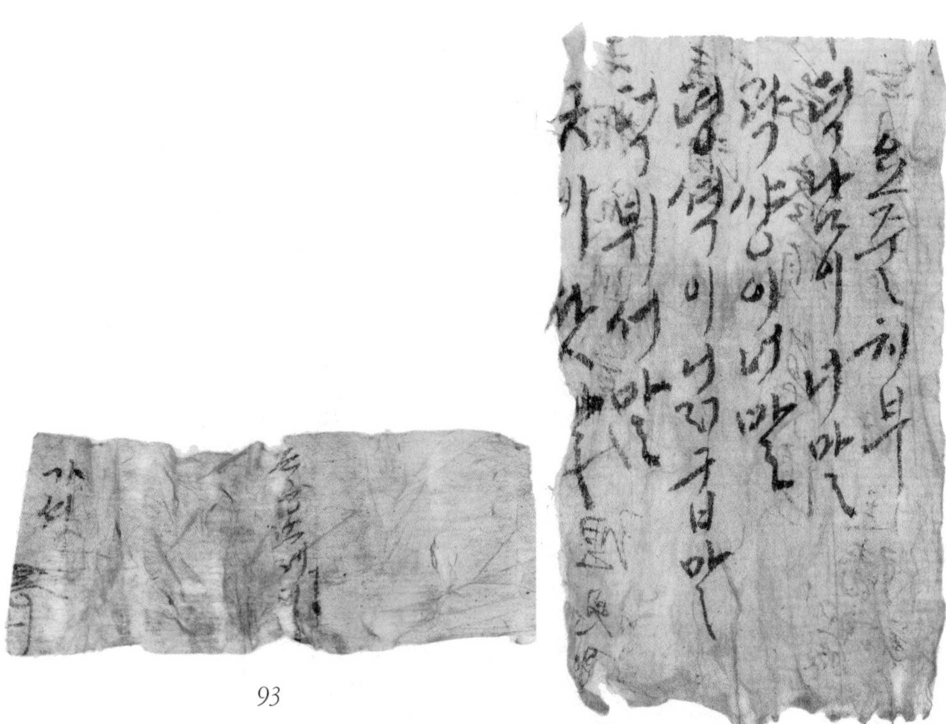

93

94-(7.5×13.5)

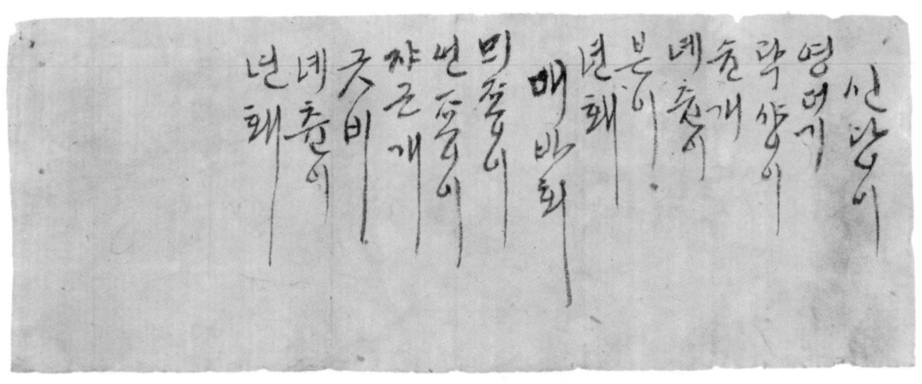

95-(22.3×8.5)

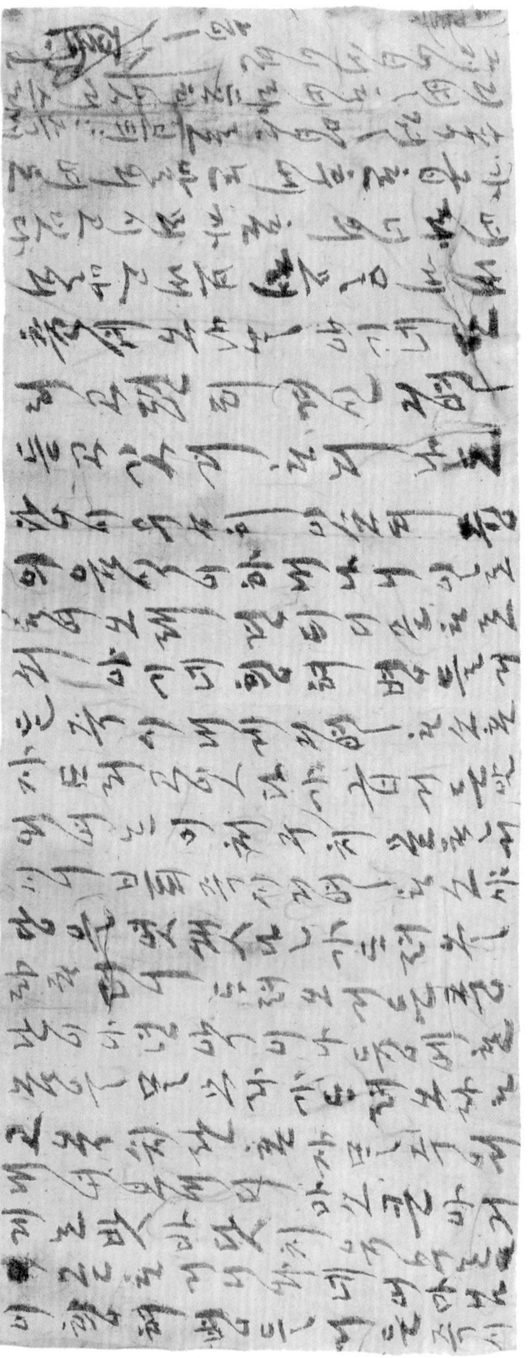

92-(27.5×11.3)

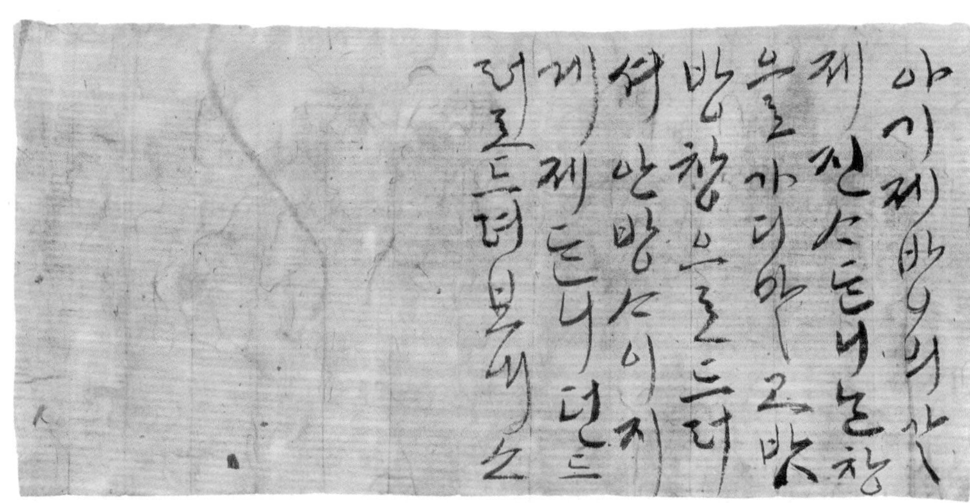

90-(27.2×13.0)

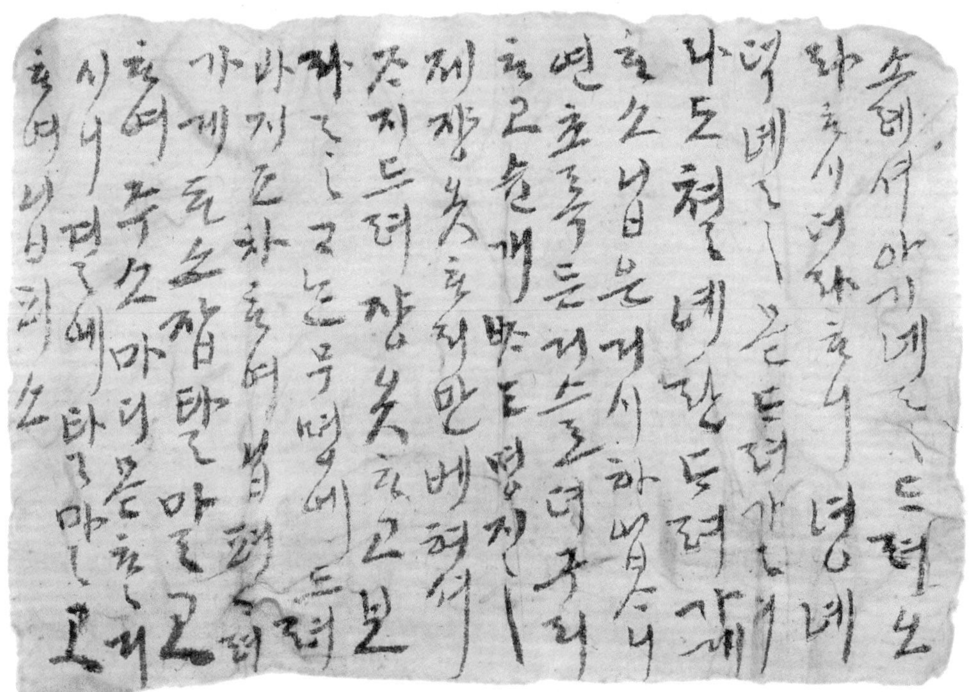

91-(14.1×9.7)

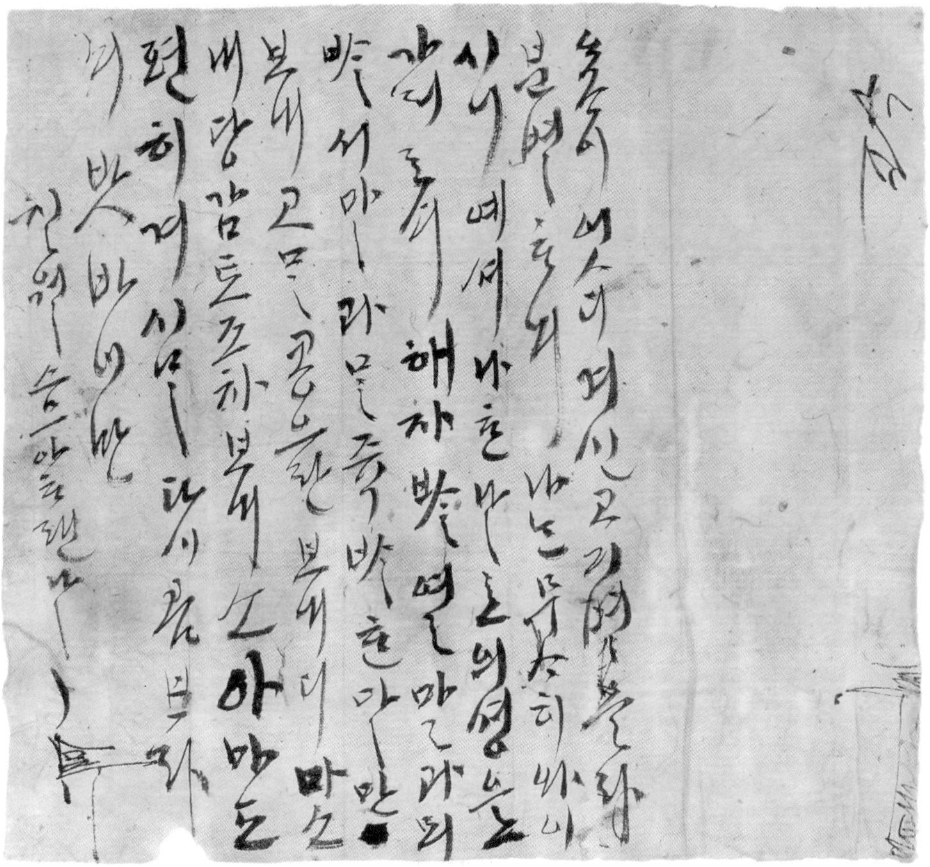

88-(22.0×19.0)

89-(26.1×6.6)

86-(28.8×10.0)

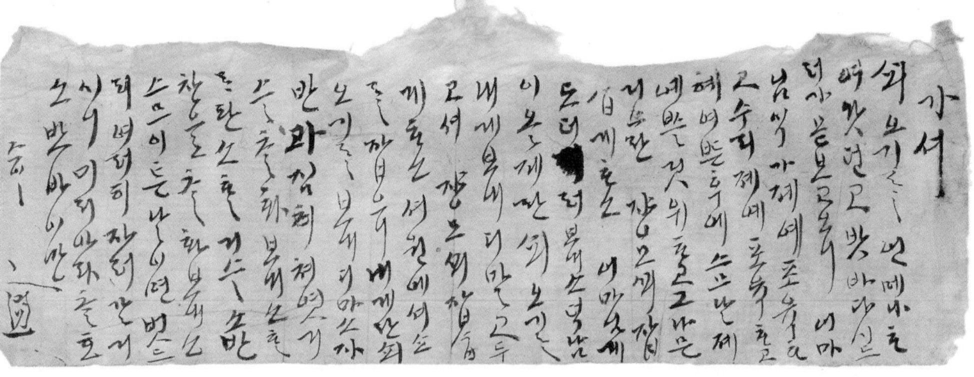

87-(27.0×10.0)

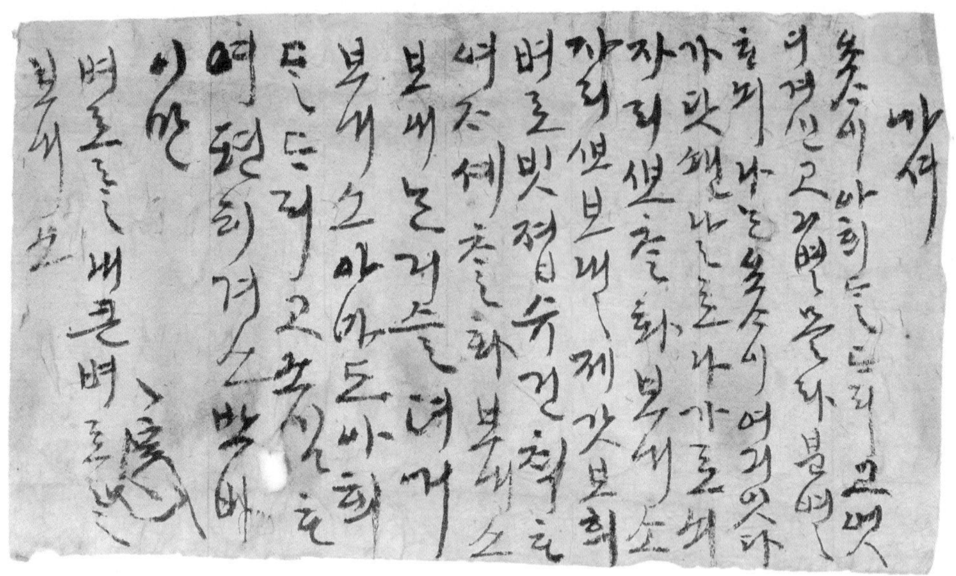

84-(23.5×13.5)

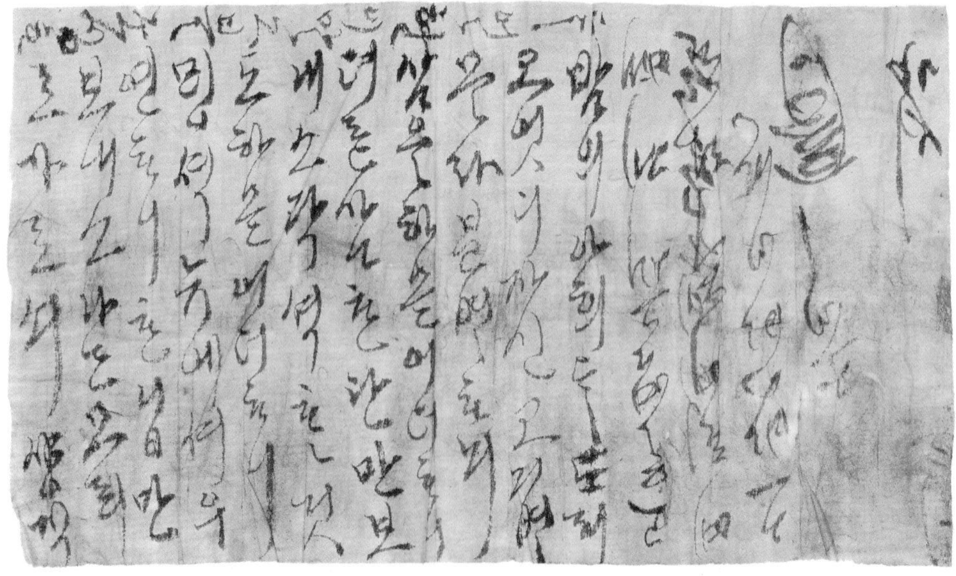

85-(27.0×13.5)

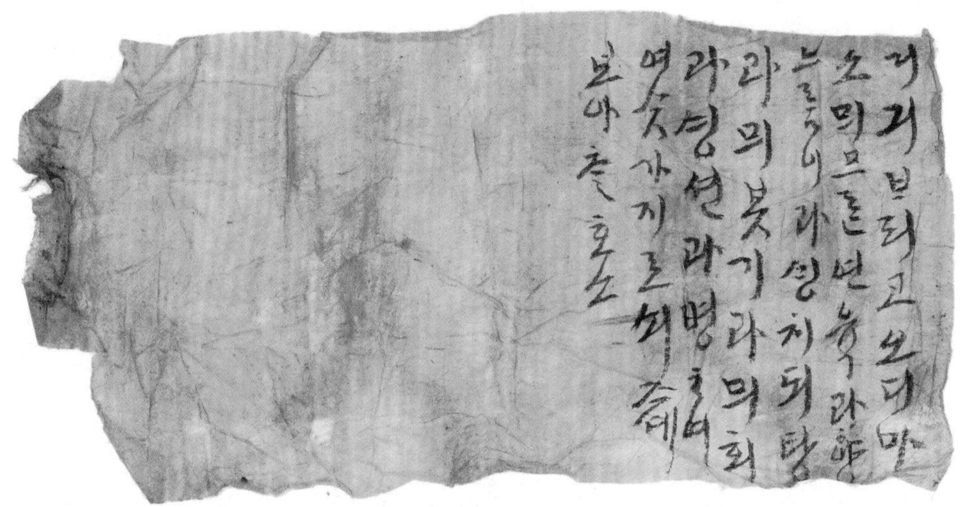

82-(16.5×7.5)

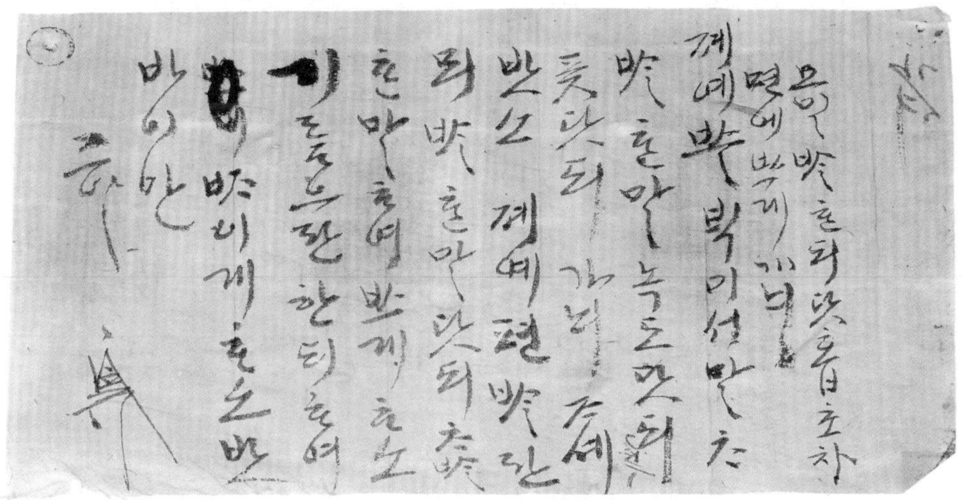

83-(19.3×12.5)

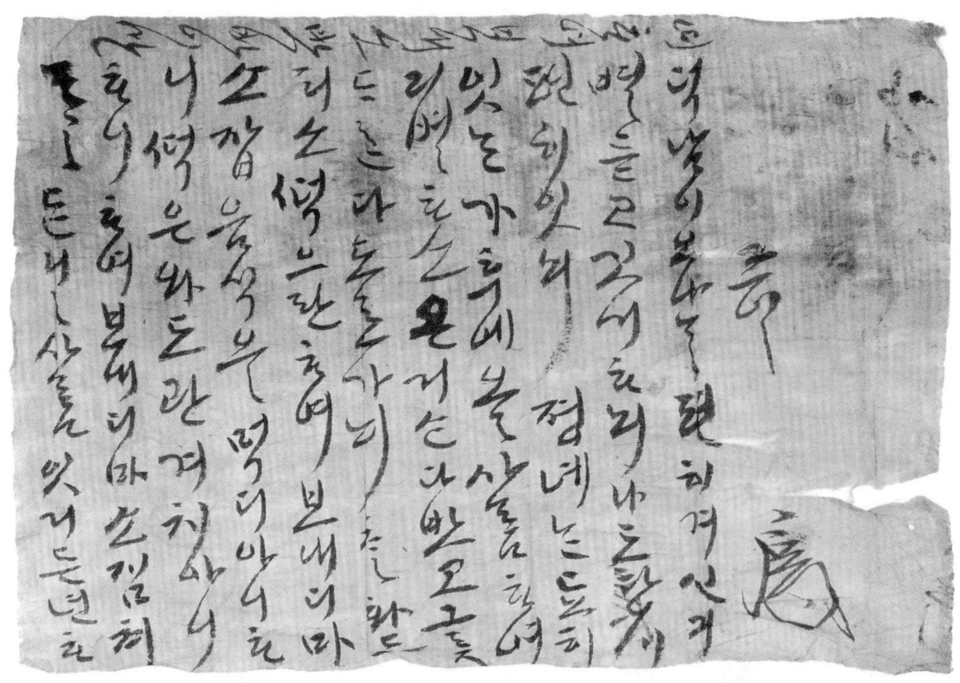

80(20.5×16.0)

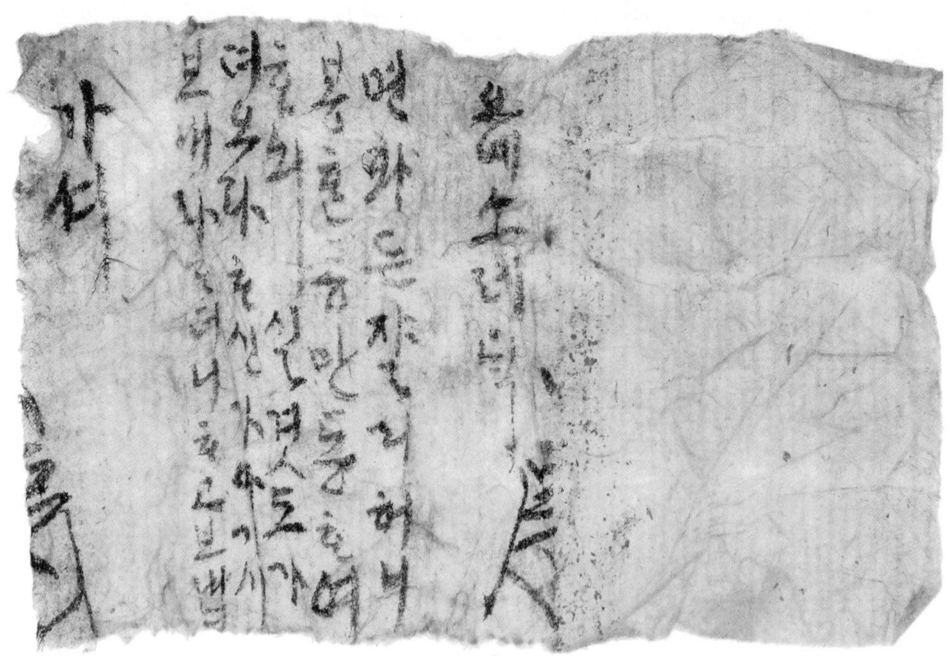

81-(12.0×6.0)

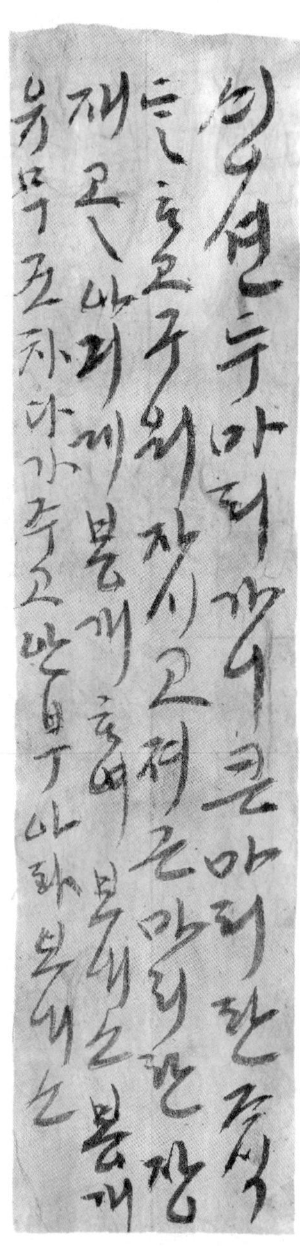

79-(5.5×21.5)

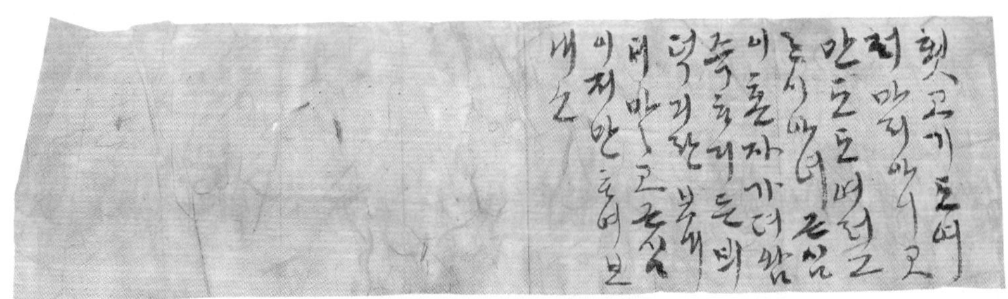

76-(29.3×8.0)

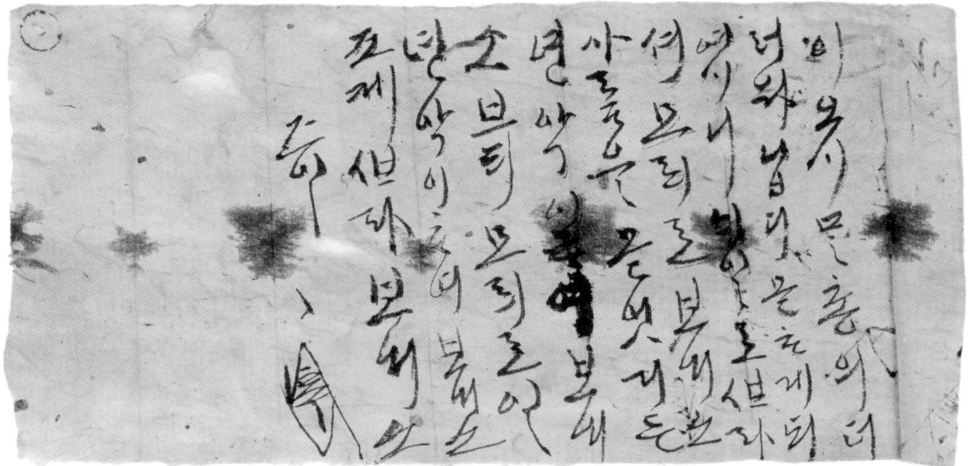

77-(22.5×11.0)

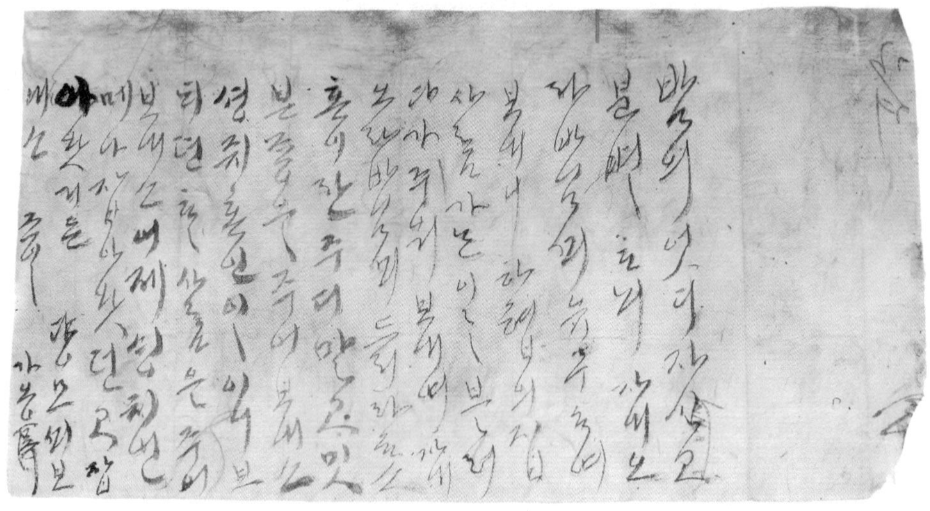

78-(33.5×18.5)

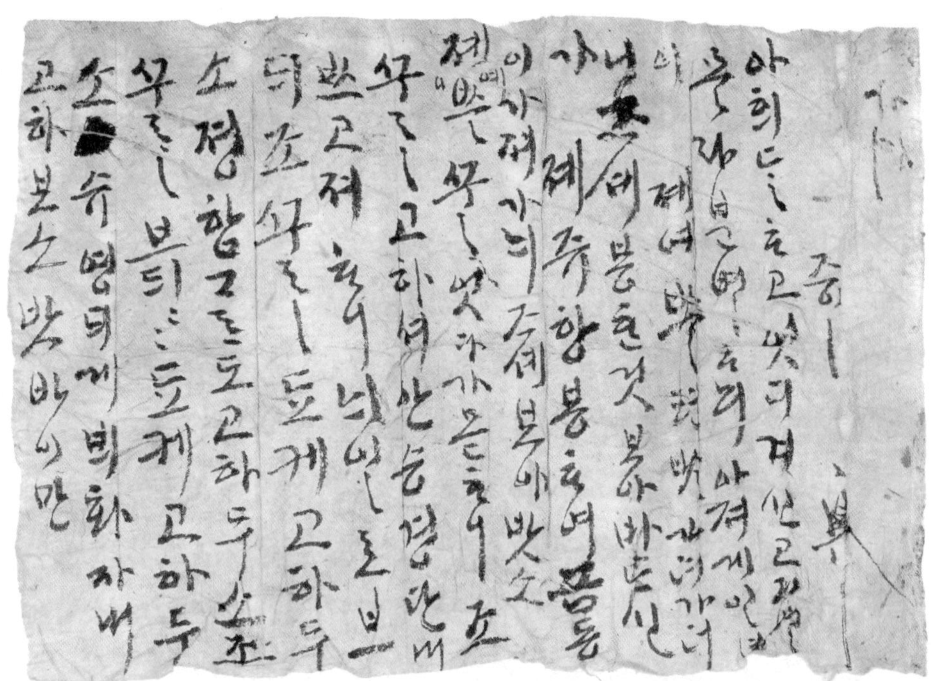

74-(17.0×12.0)

75-(34.5×7.5)

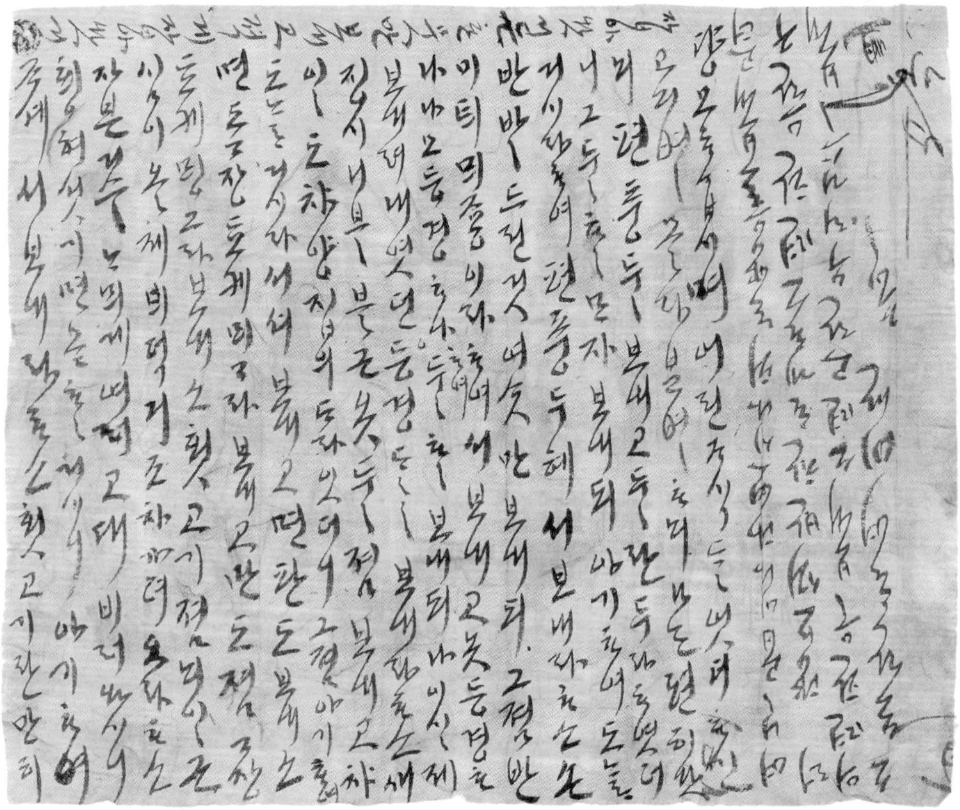

73-(29.8×23.2)

72-(34.5×4.5)

70-(28.0×21.9)

71-(32.5×14.5)

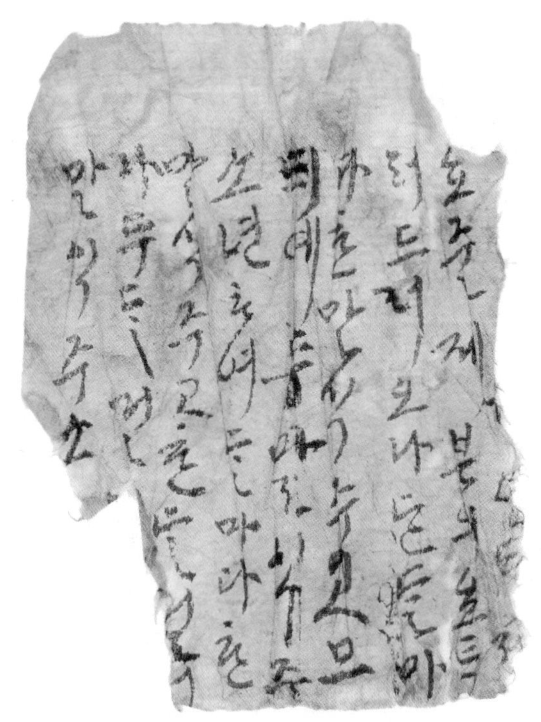

68-(10.0×14.0)

69-(25.5×8.5)

66-(33.7×22.0)

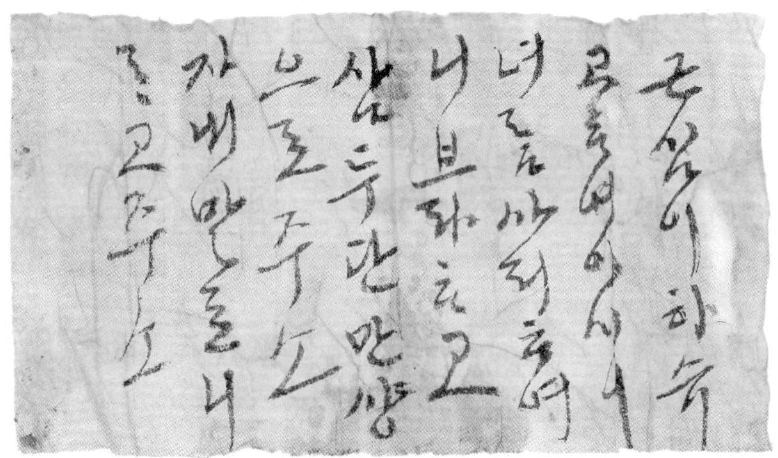

67-(11.5×7.0)

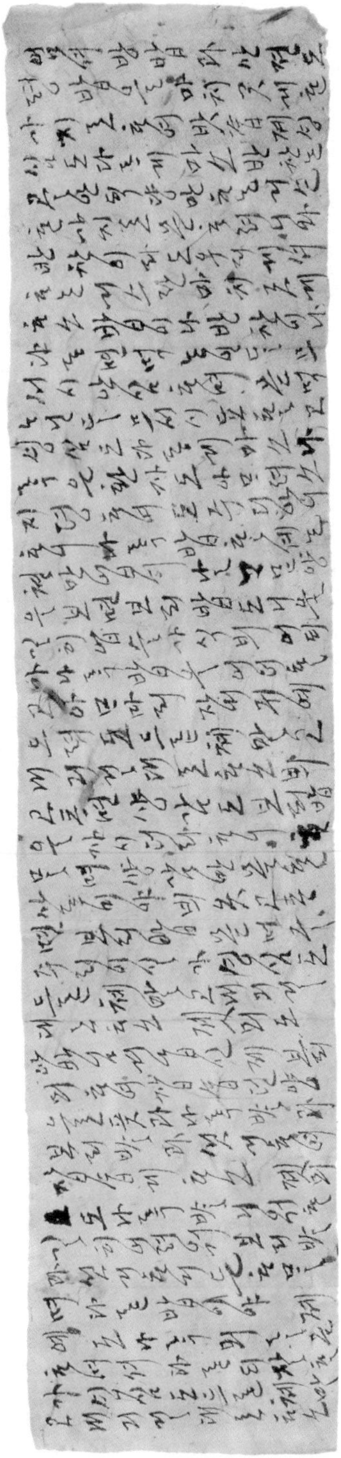

65-(45.5×8.5)

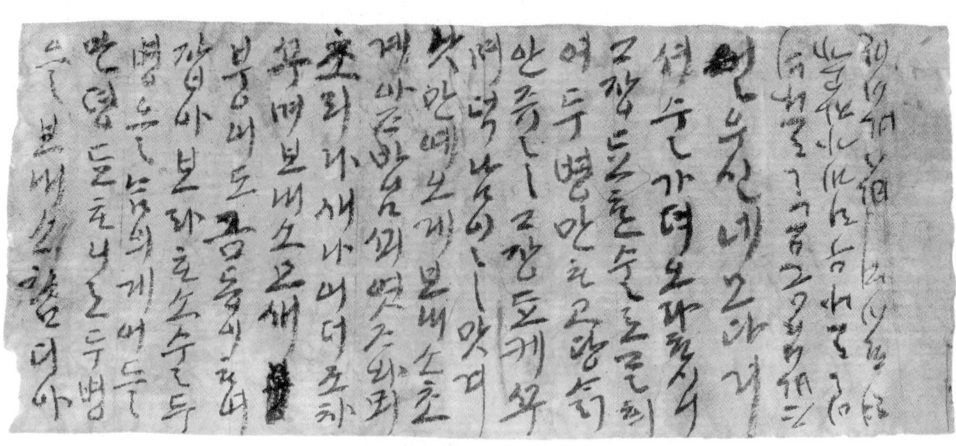

63-(28.0×12.0)

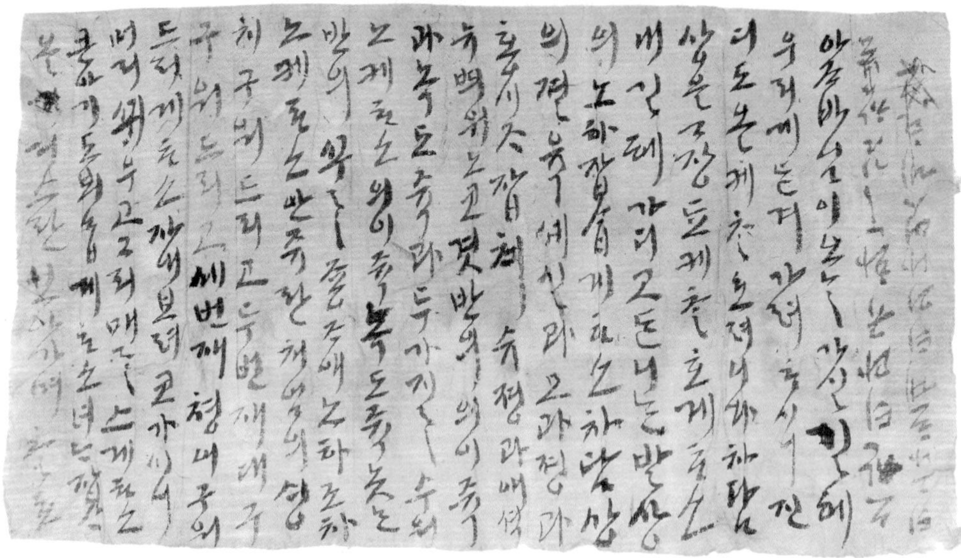

64-(26.3×18.4)

61-(32.0×16.7)

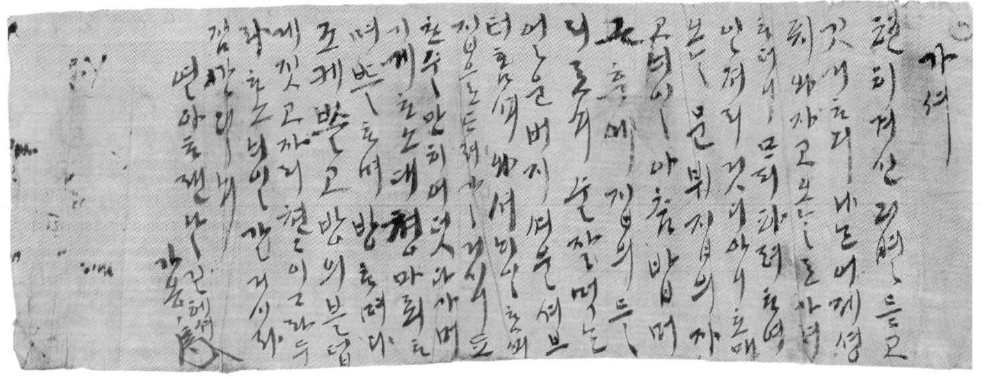

62-(34.9×12.4)

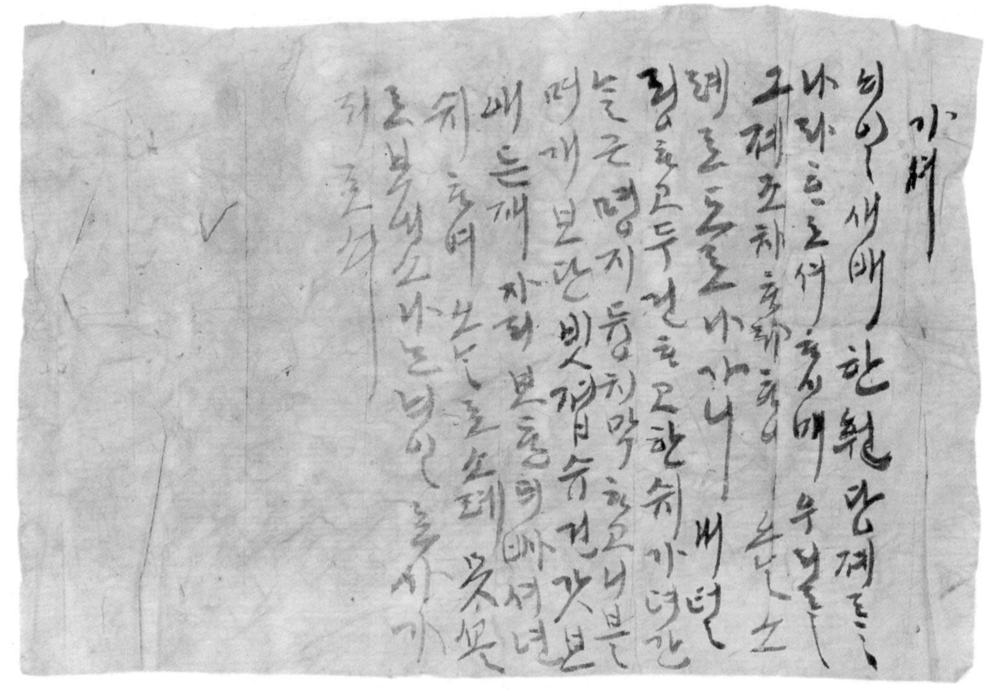

59-(29.6×21.3)

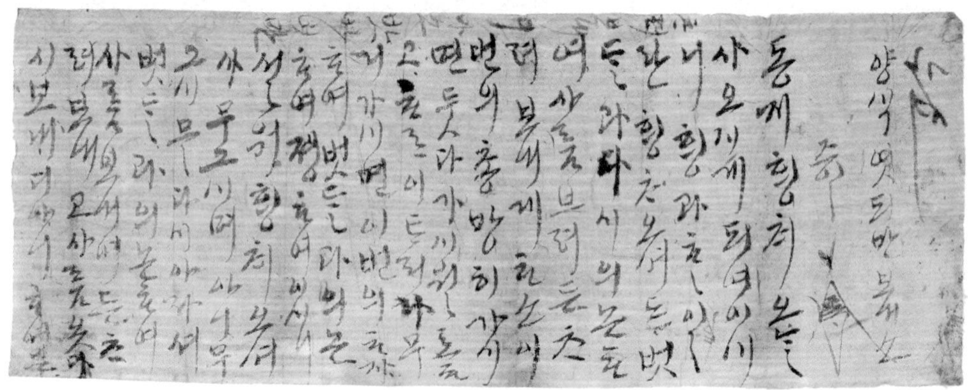

60-(27.0×10.3)

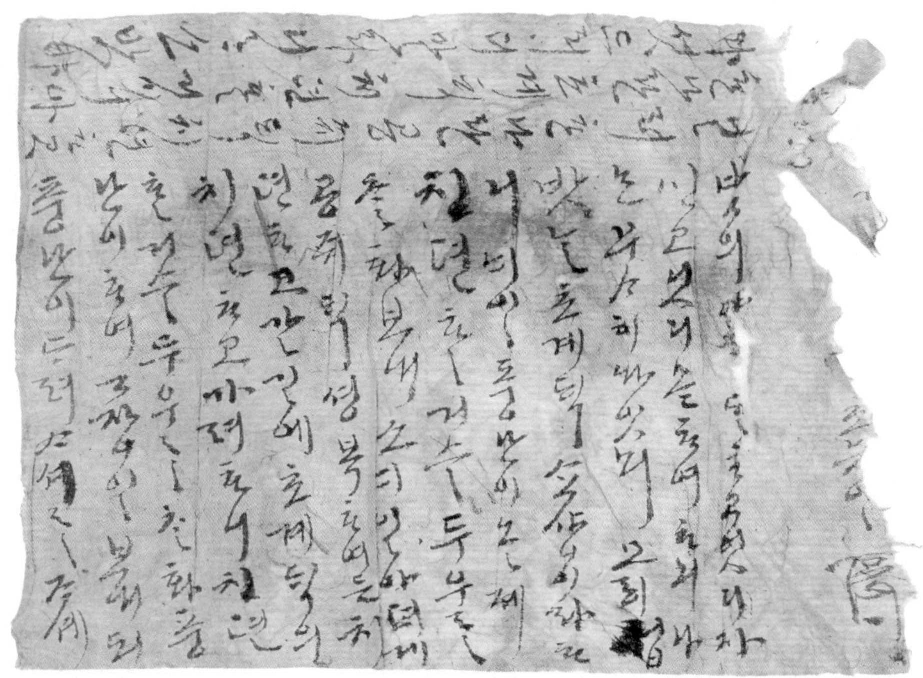

57-(22.0×20.4)

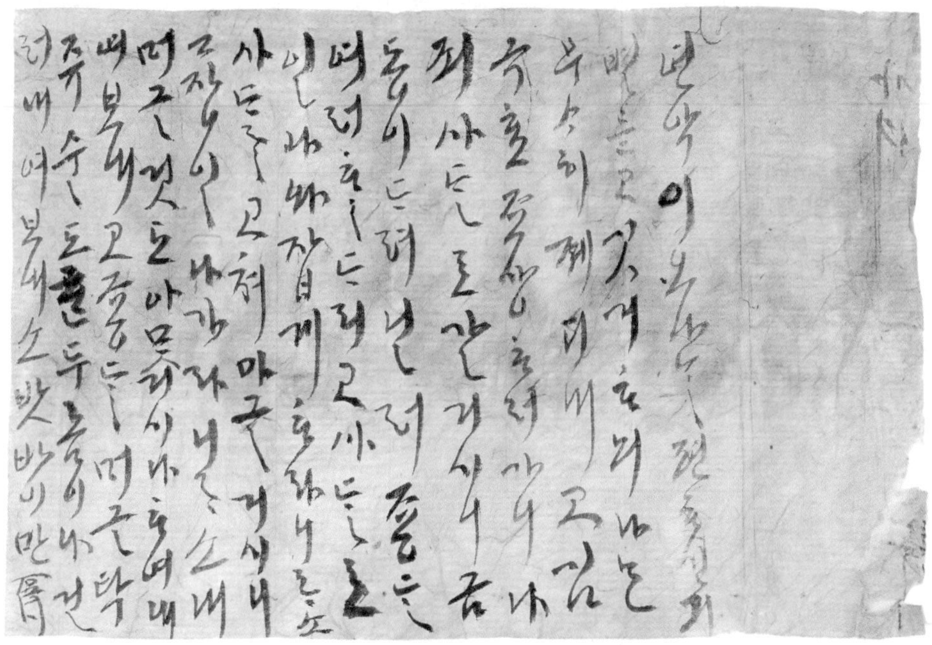

58-(31.1×18.0)

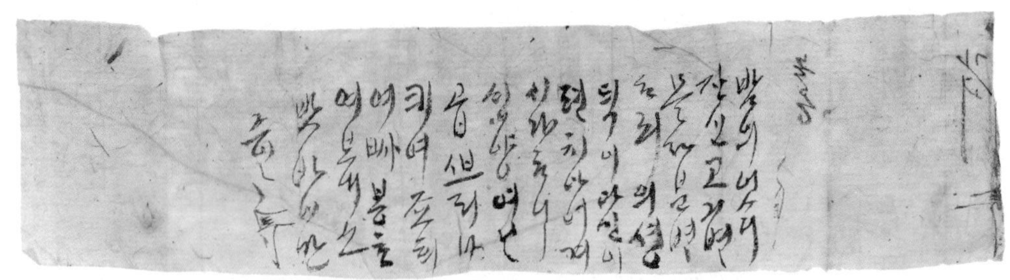

54-(31.0×8.0)

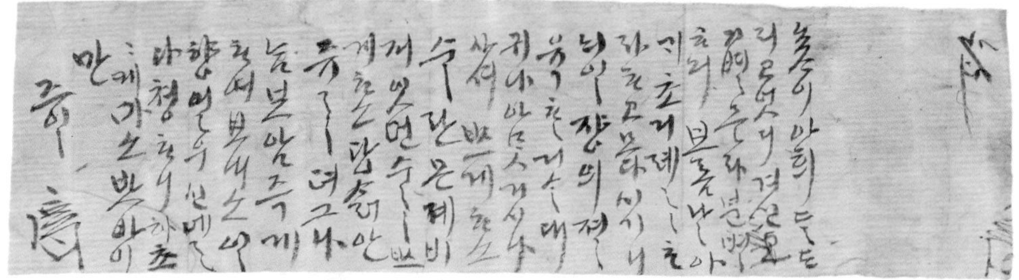

55-(31.0×9.6)

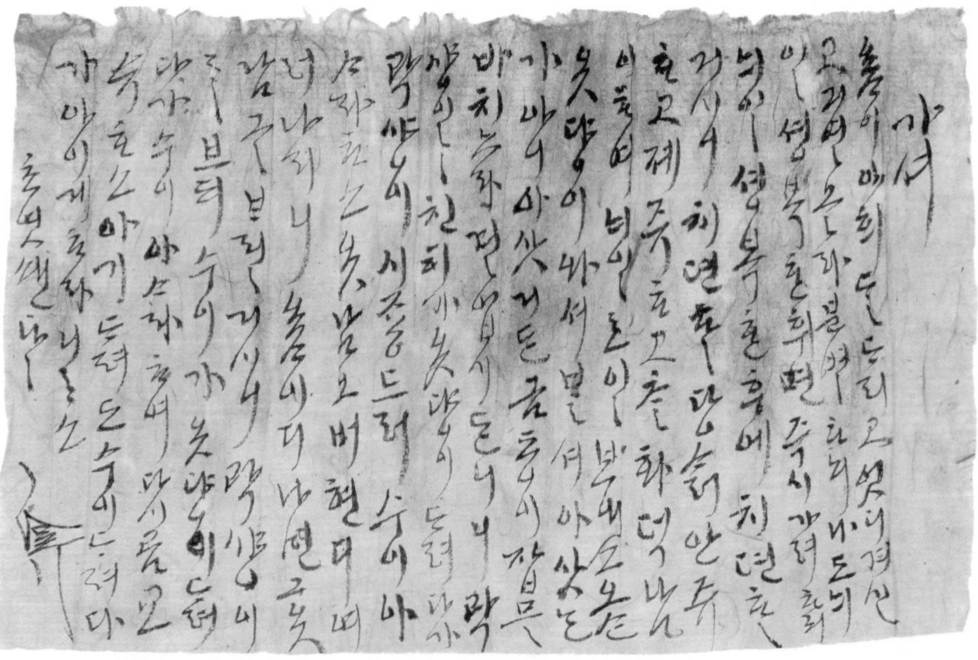

56-(27.0×18.0)

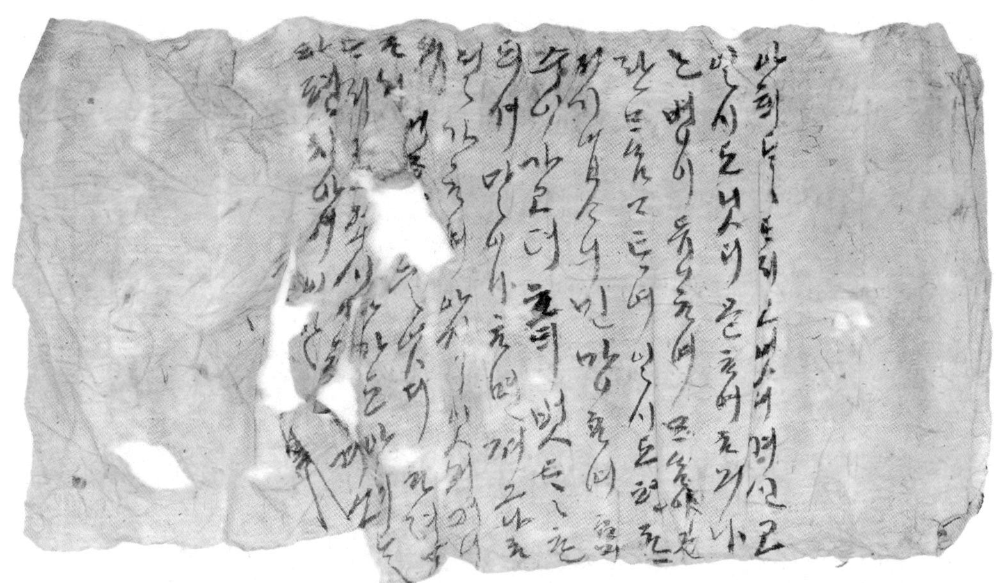

52-(26.0×16.0)

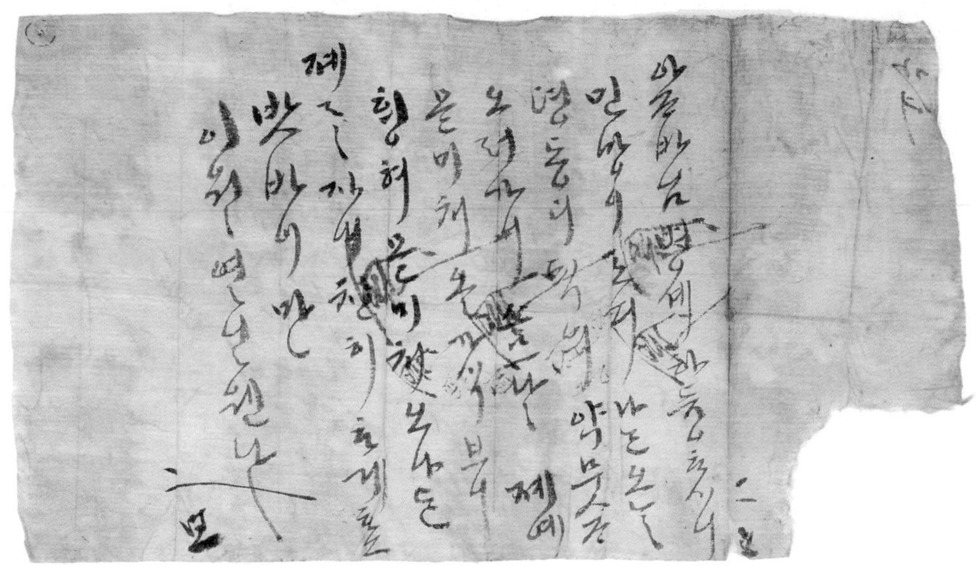

53-(30.5×21.5)

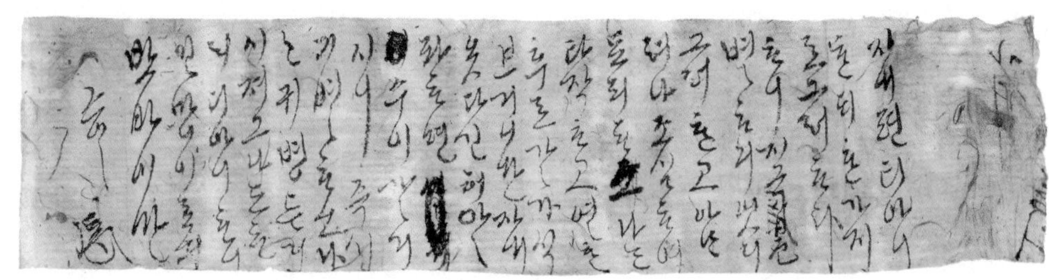

50-(32.5×7.2)

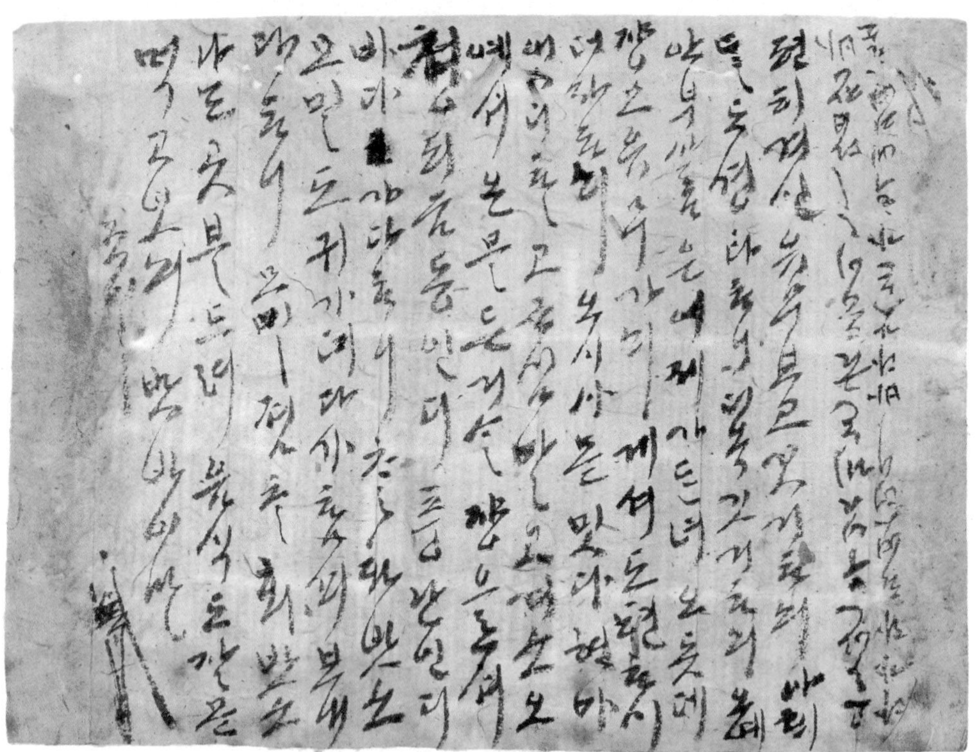

51-(21.5×16.0)

48-(26.0×6.5)

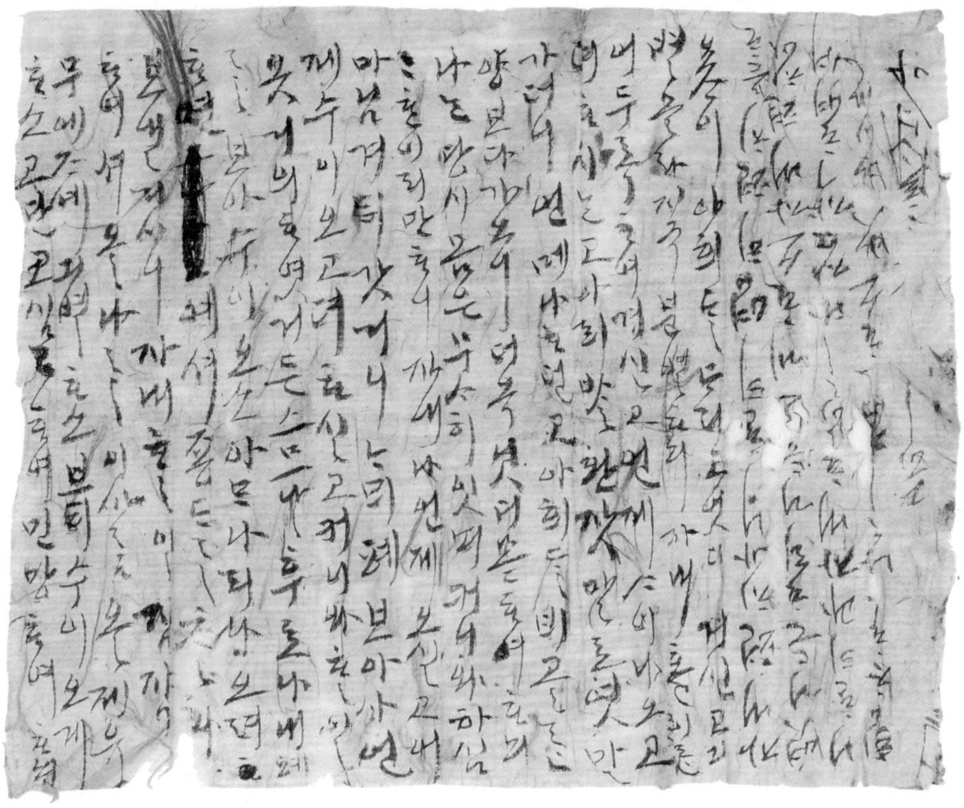

49-(25.5×20.6)

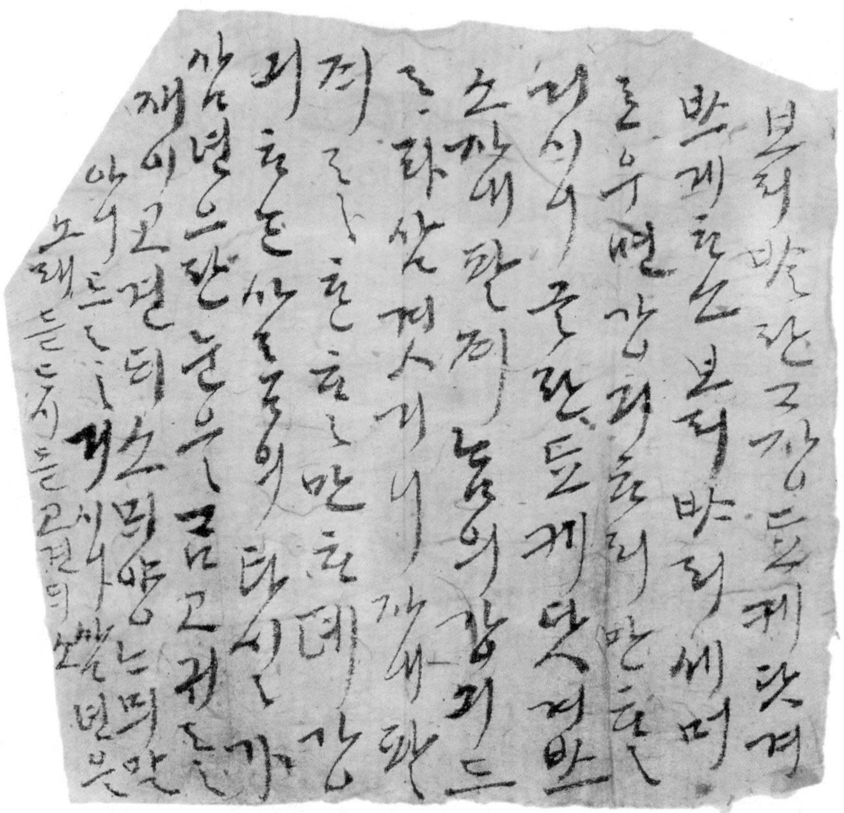

46-(12.0×11.0)

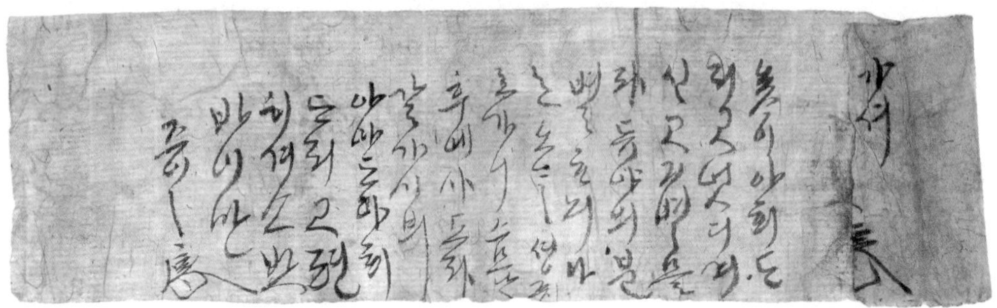

47-(32.7×8.6)

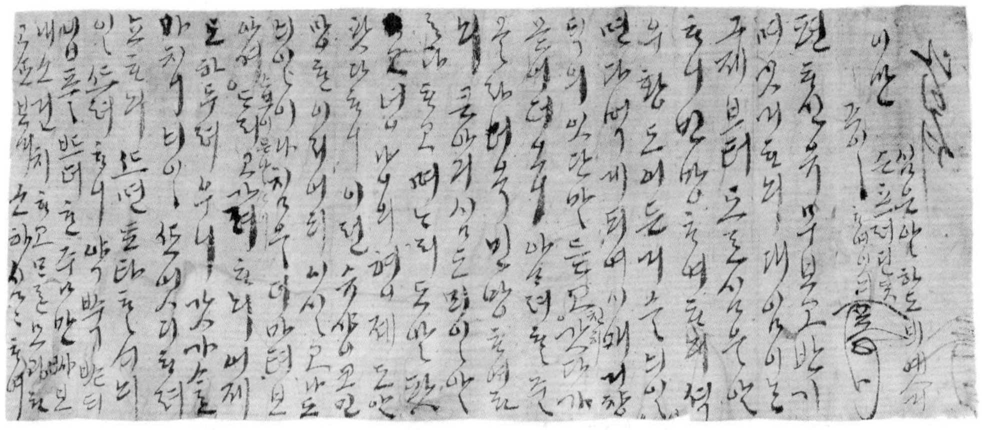

43-(27.1×11.0)

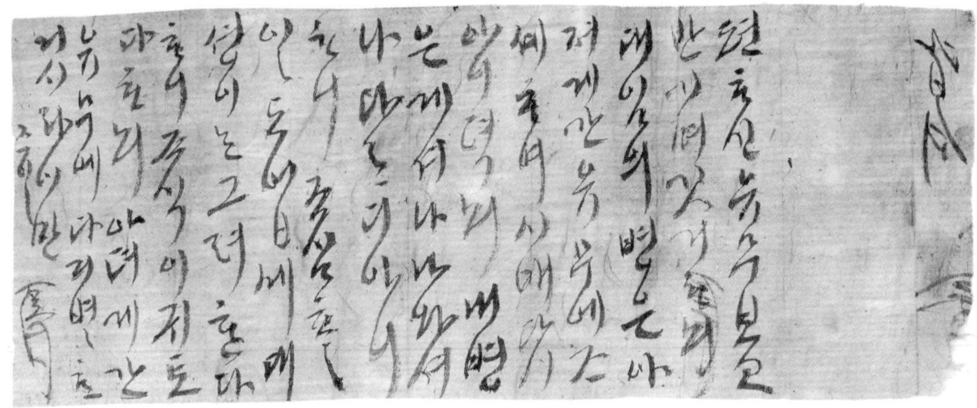

44-(27.3×10.9)

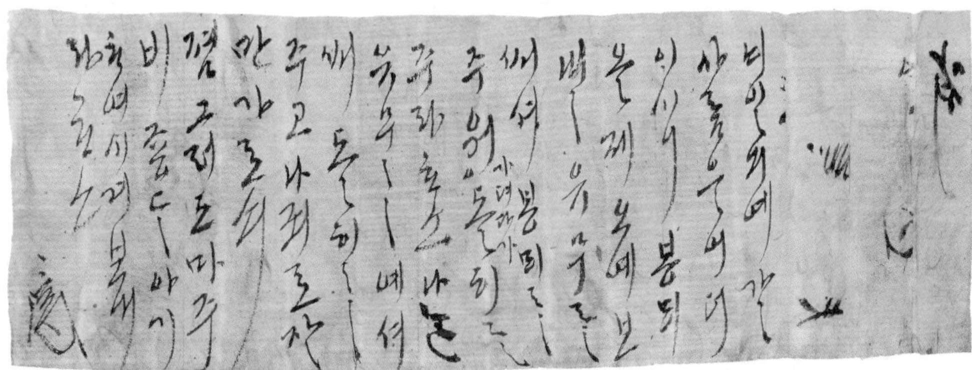

45-(31.7×9.8)

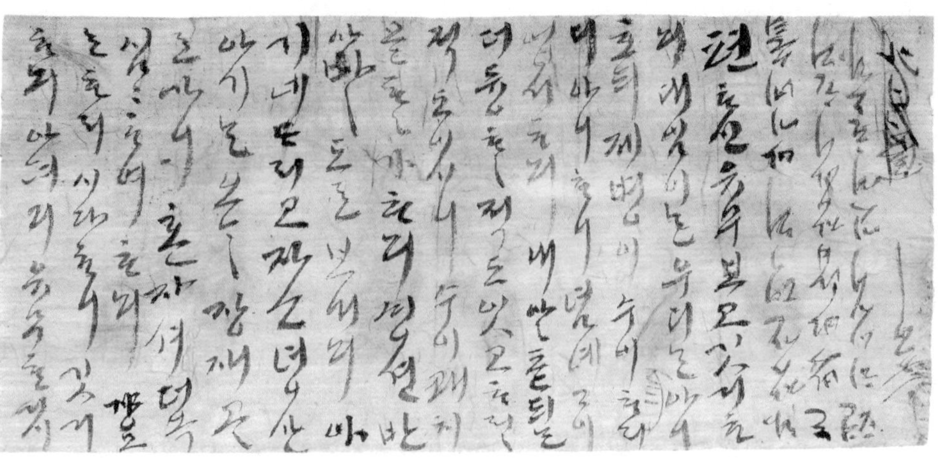

41-(28.3×14.9)

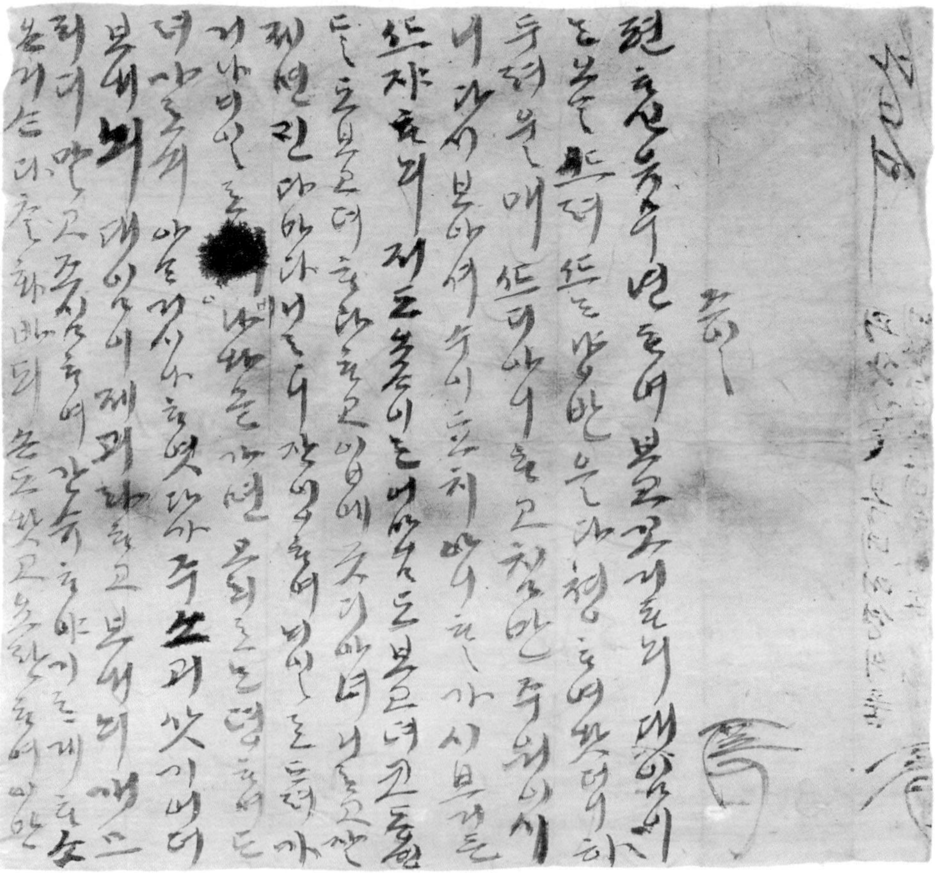

42-(18.5×20.5)

39-(32.8×17.4)

40-(29.3×6.3)

37-(24.7×10.8)

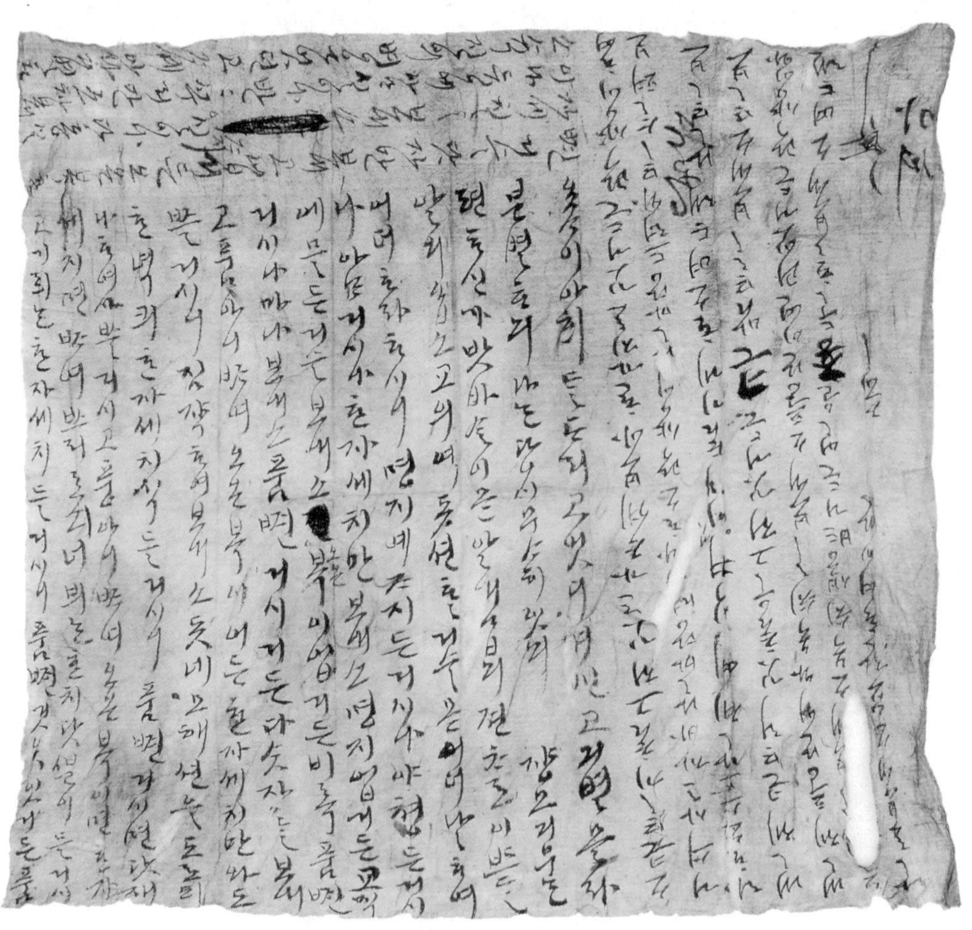

38-(25.0×25.5)

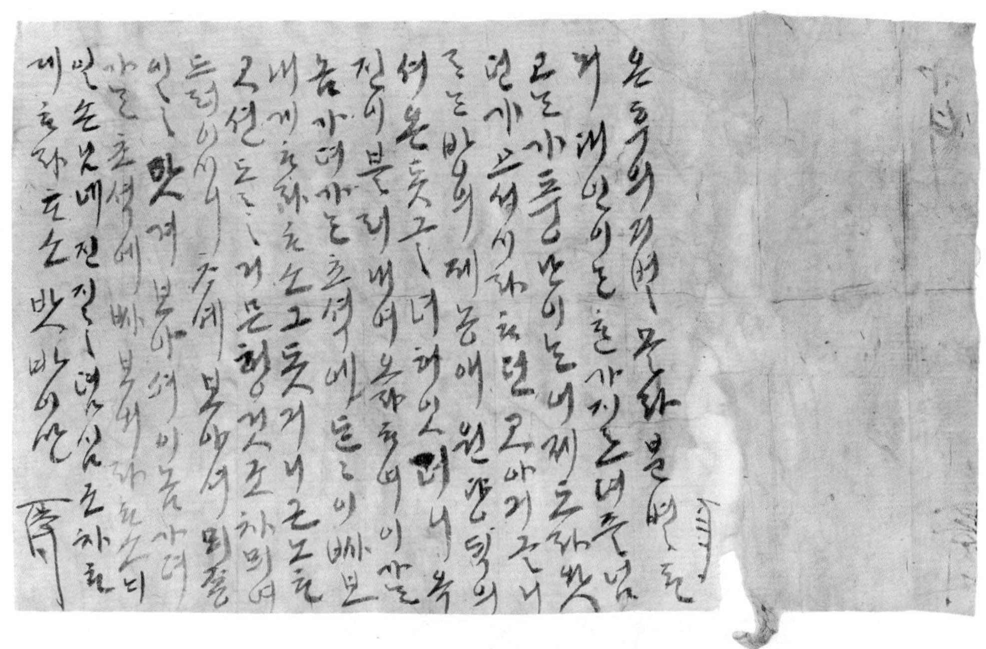

35-(29.0×18.9)

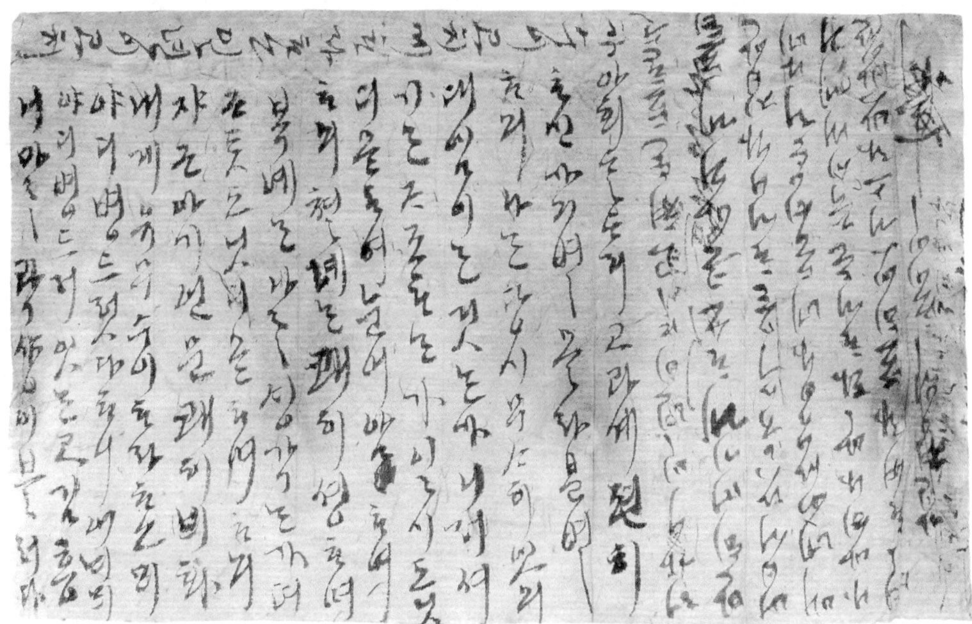

36-(28.0×16.2)

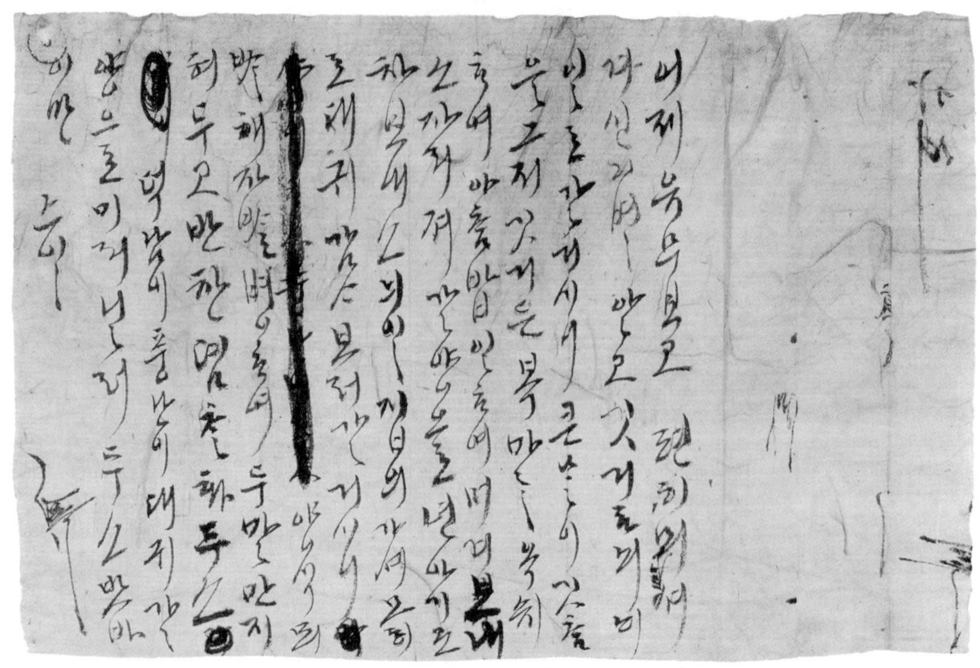

33-(26.5×16.9)

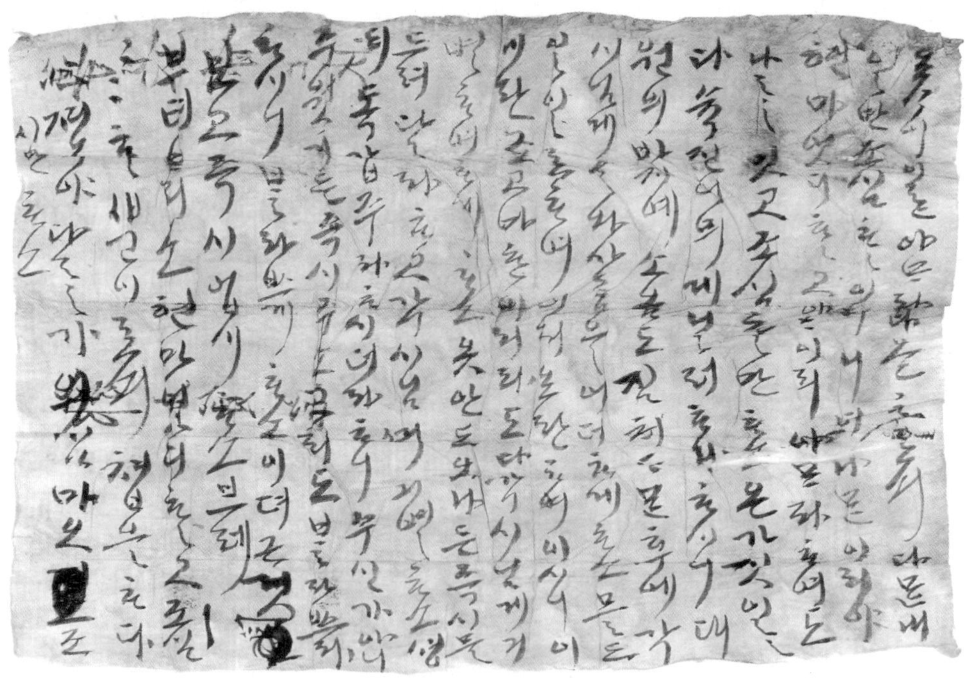

34-(23.0×18.5)

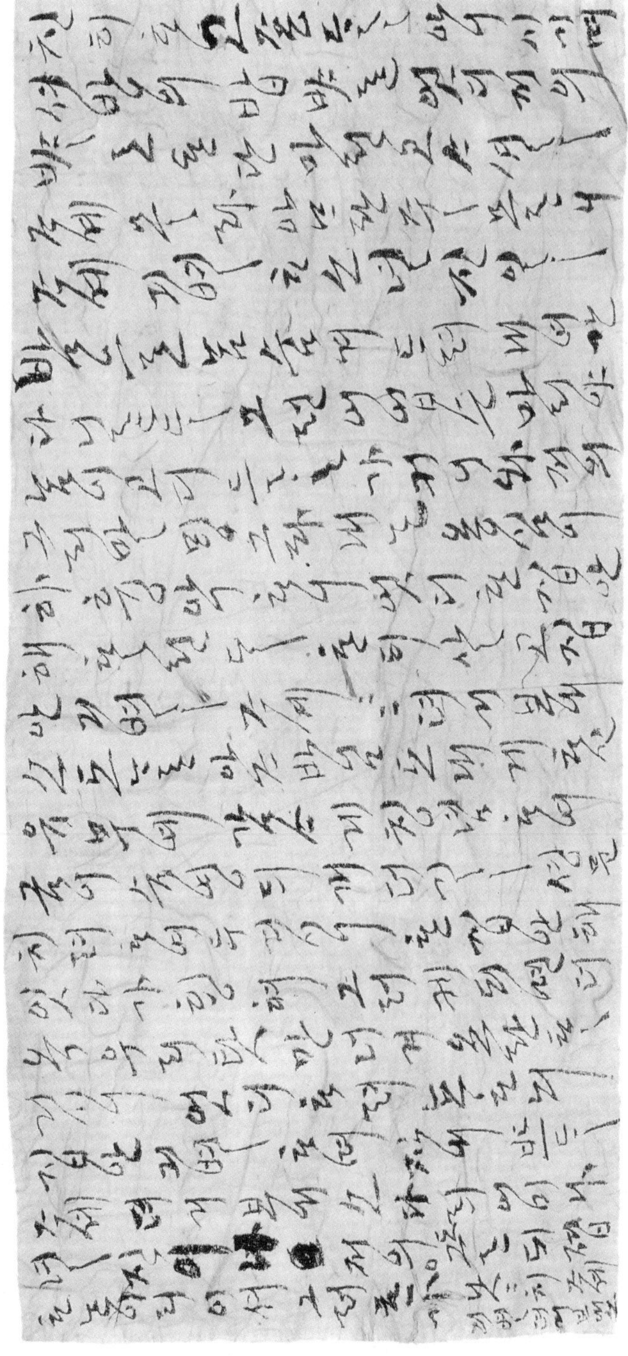

32-(21.5×10.0)

31-(27.0×16.5)

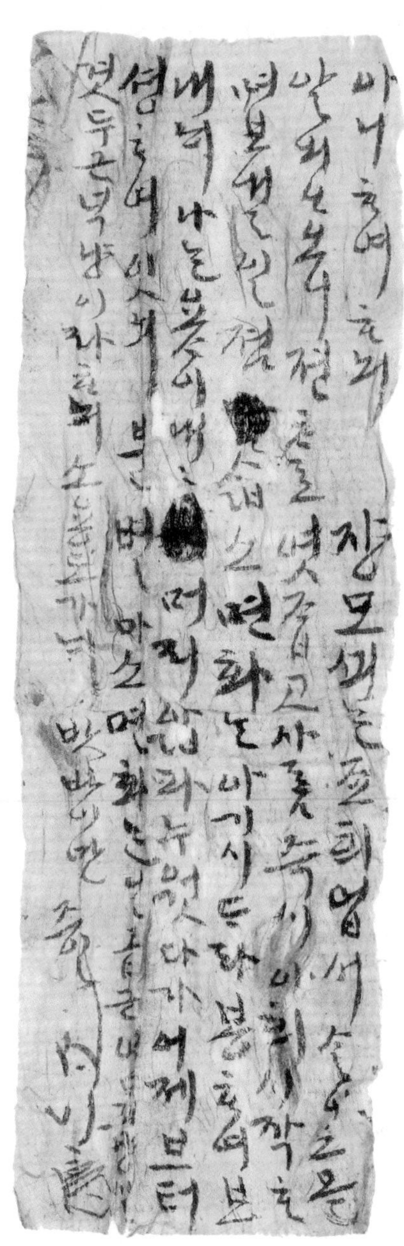

30-(5.3×18.8)

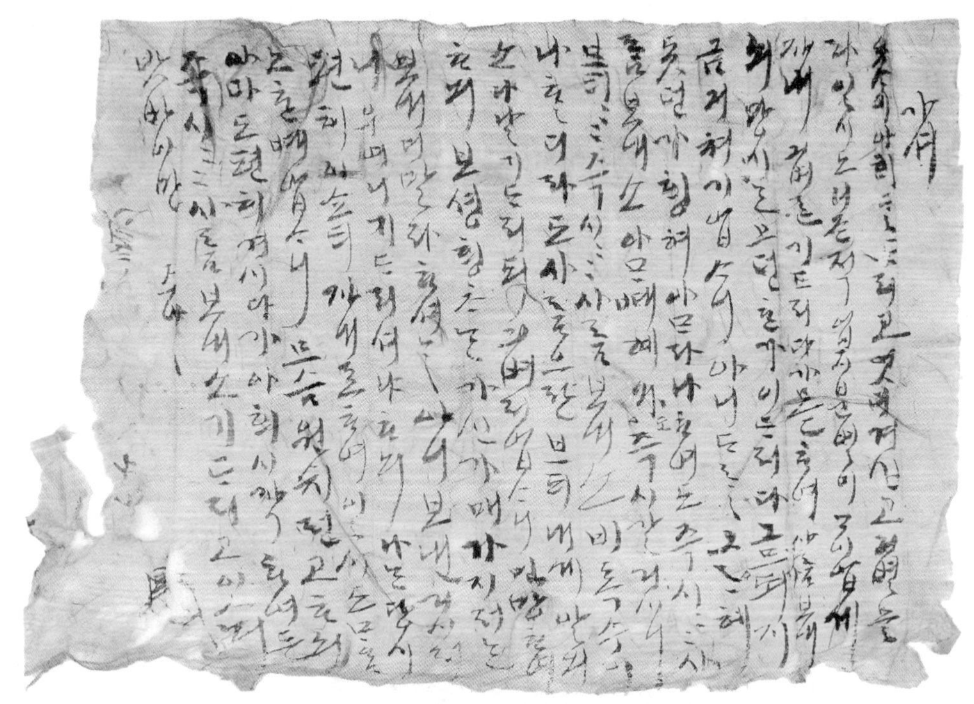

28-(26.5×21.2)

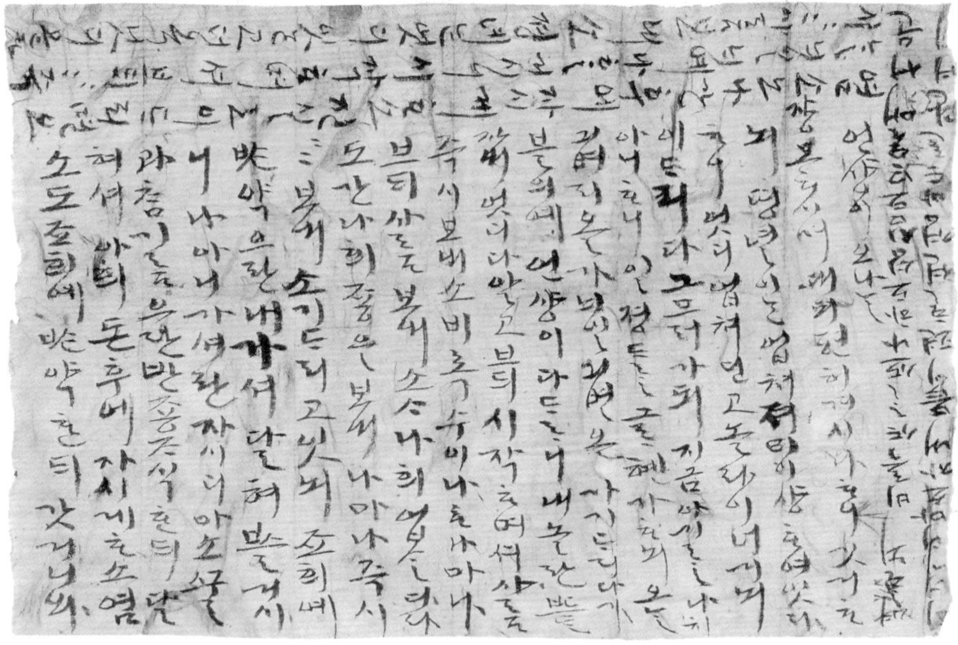

29-(20.5×18.8)

26-(23.0×18.5)

27-(26.7×17.0)

24-(23.2×15.0)

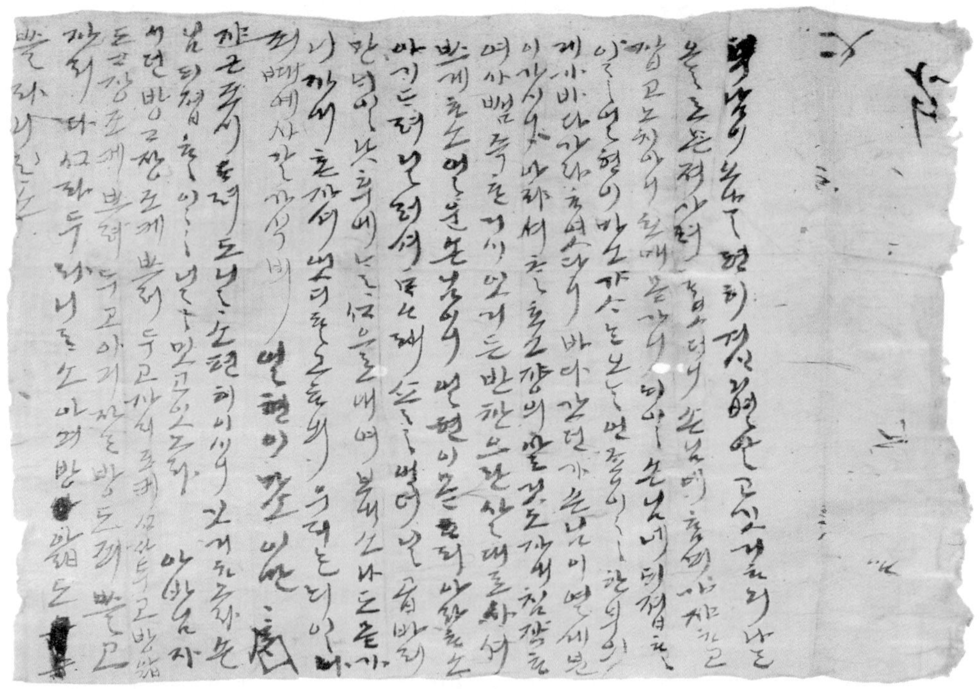

25-(31.7×29.5)

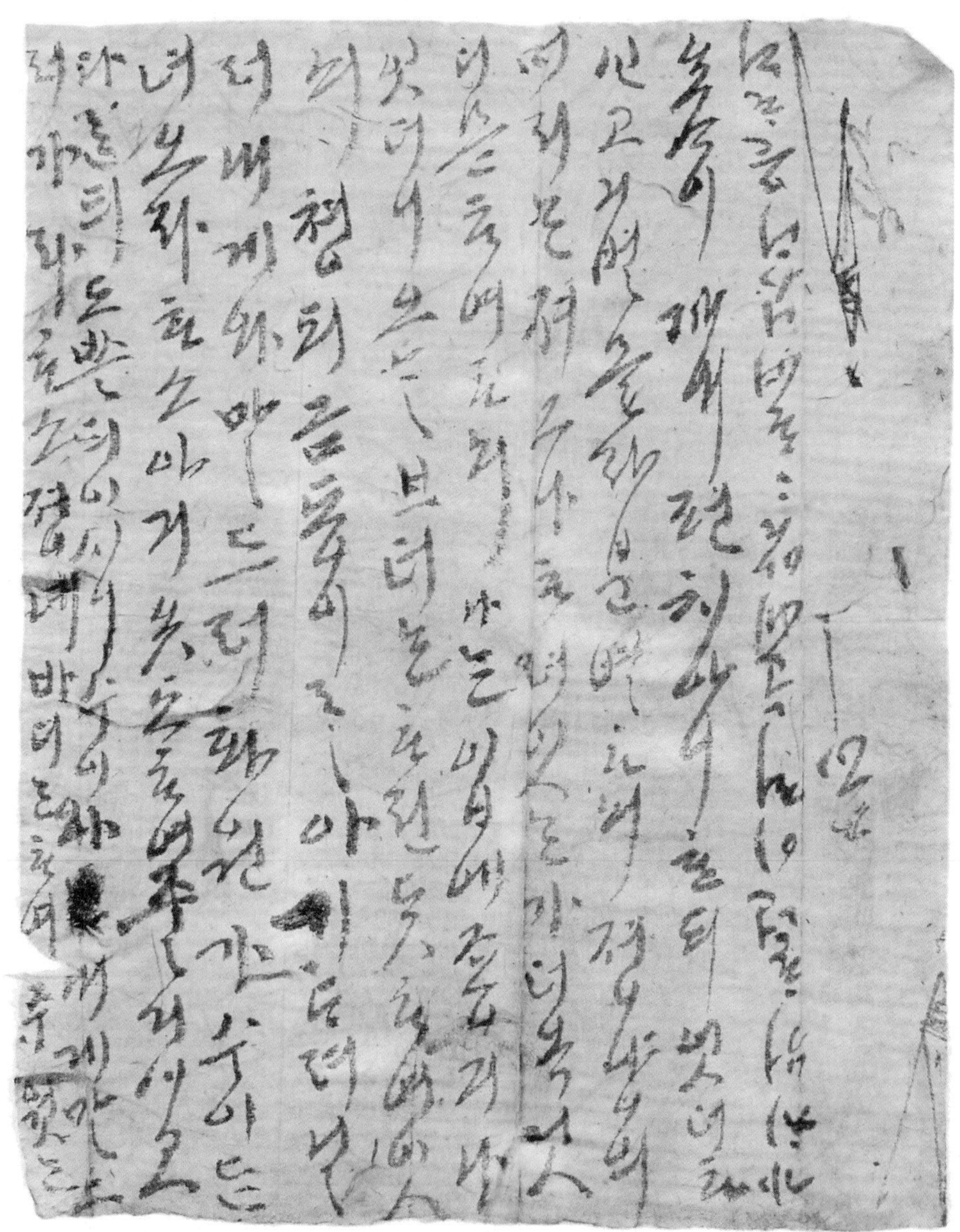

23-(12.9×16.2)

21-(33.3×24.4)

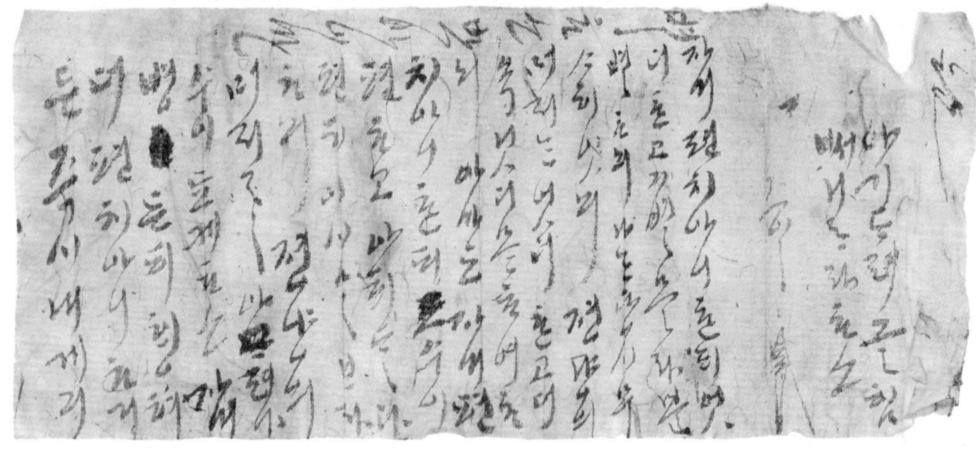

22-(27.0×11.7)

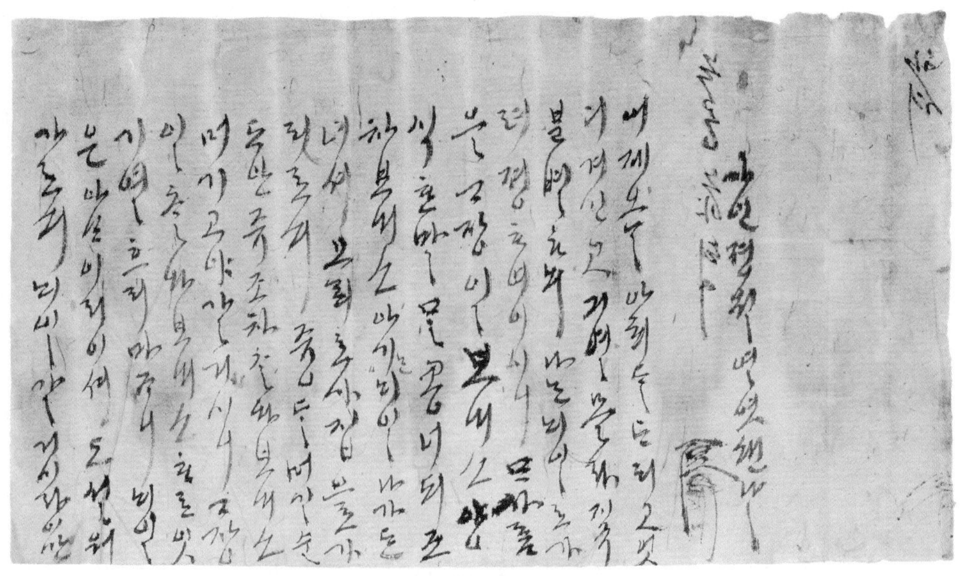

19-(32.0×18.5)

20-(32.6×20.8)

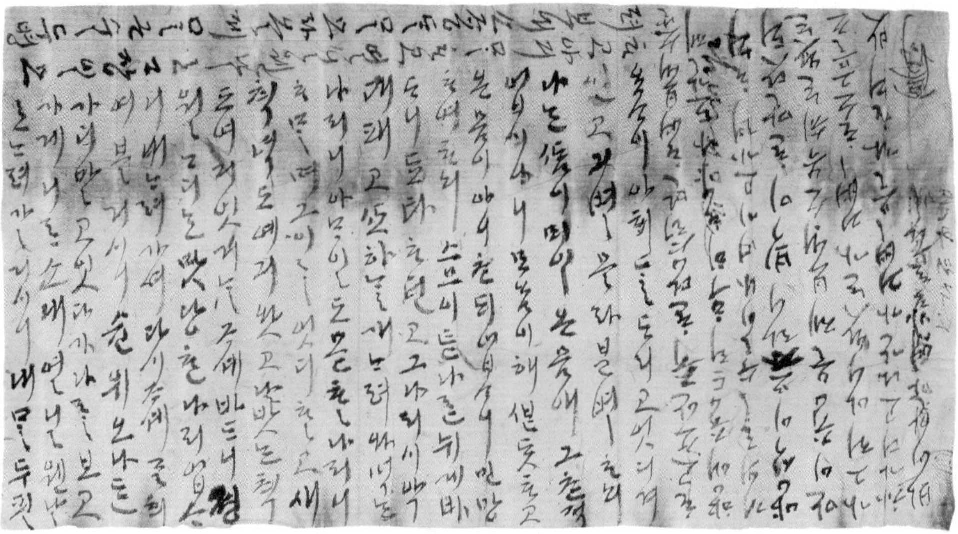

17-(33.3×18.5)

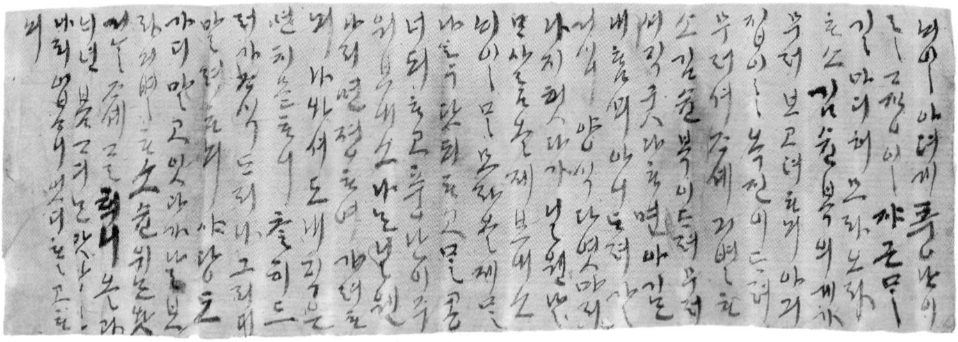

18-(34.2×11.5)

16-(29.7×17.0)

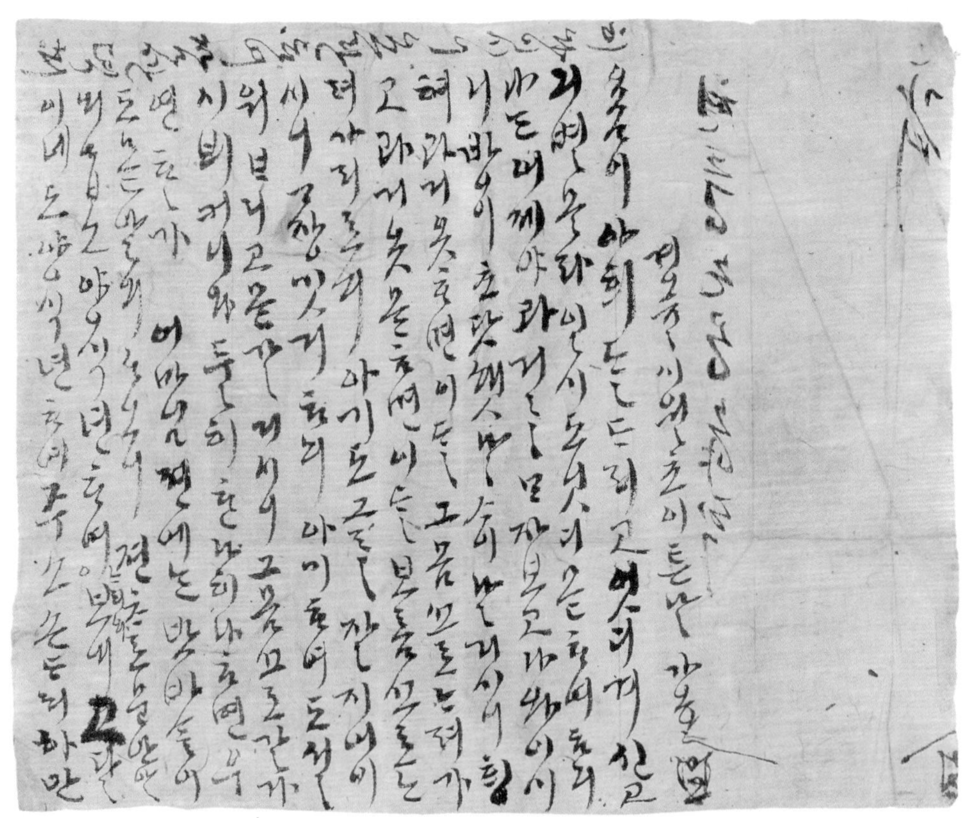

15-(28.3×22.3)

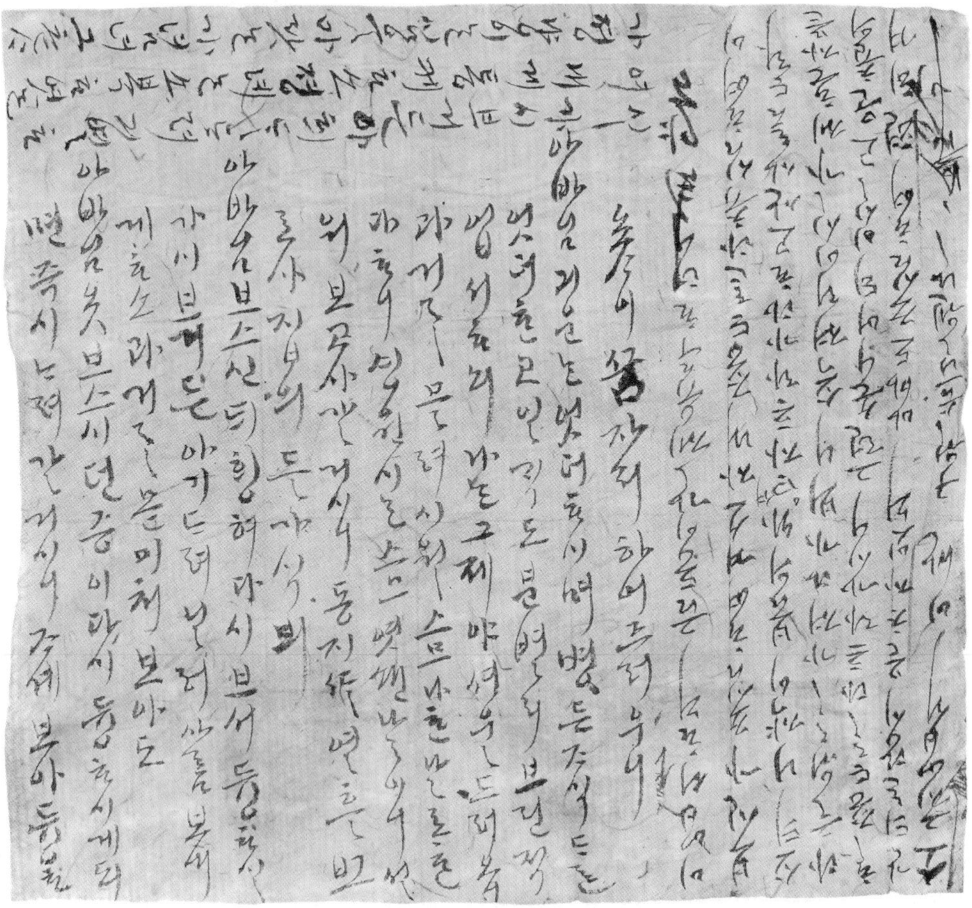

14-(22.0×20.5)

13-(30.7×15.7)

12-(31.2×15.7)

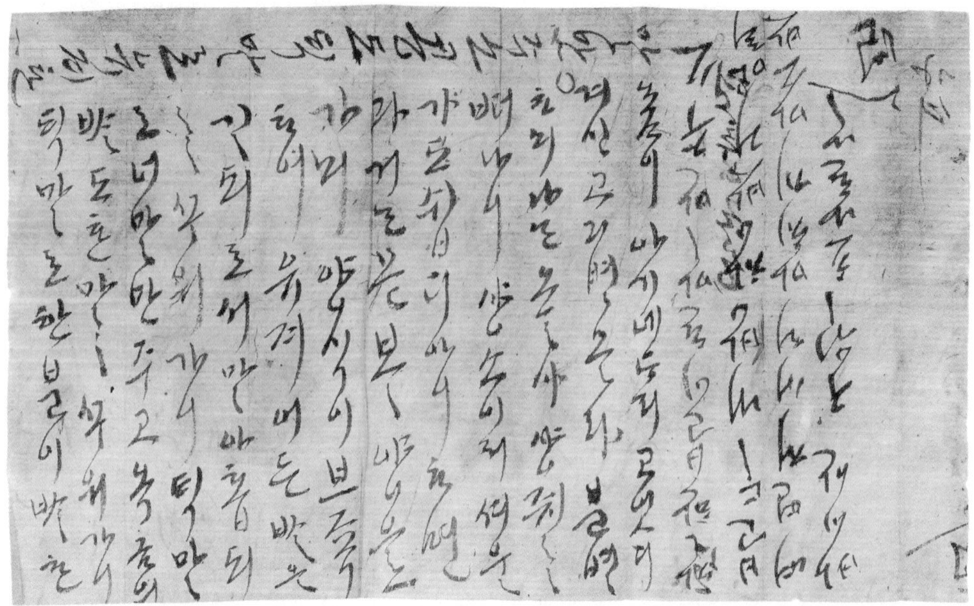

10-(28.5×17.2)

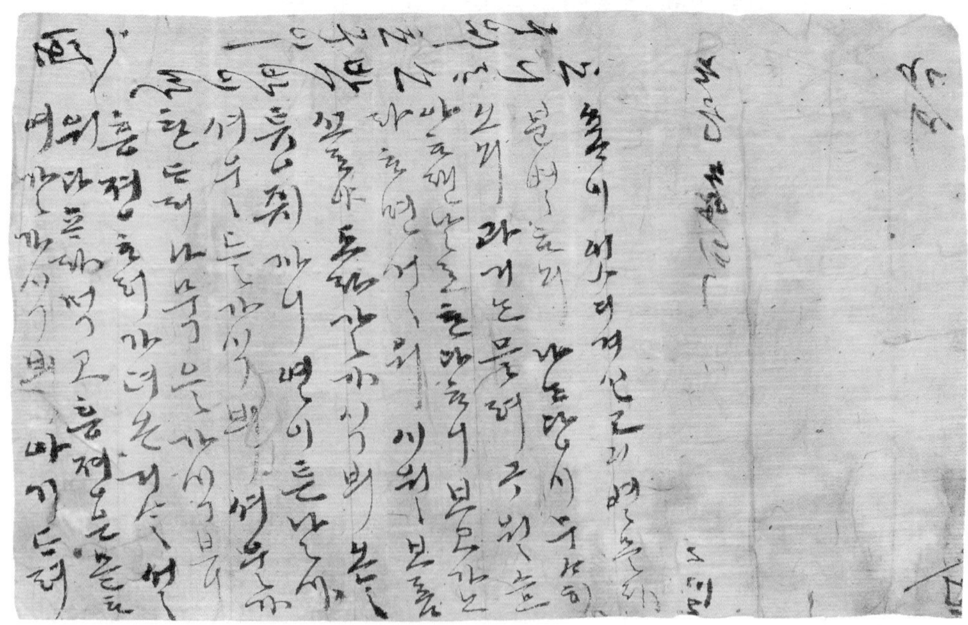

11-(27.5×21.7)

8-(26.2×14.0)

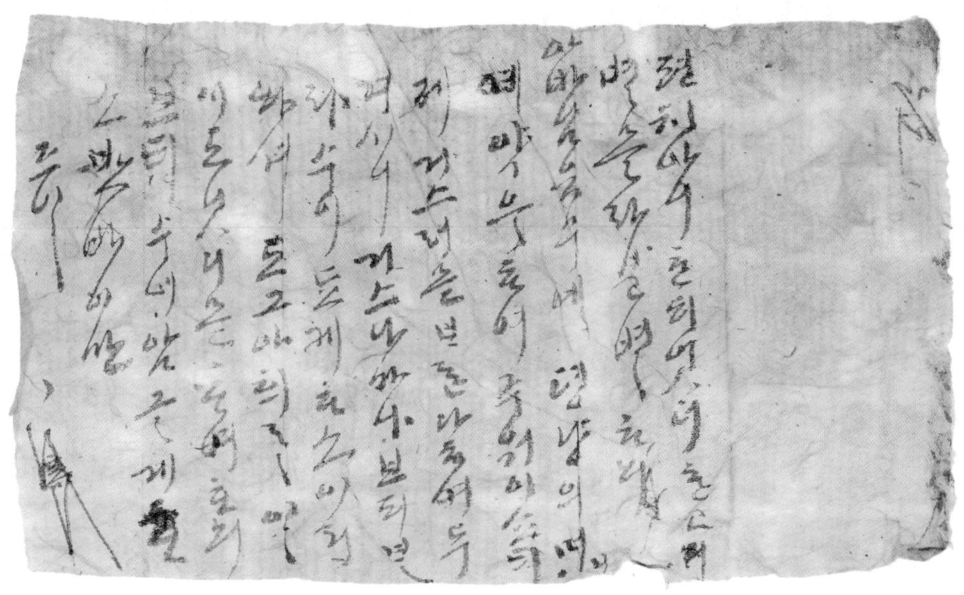

9-(21.0×13.4)

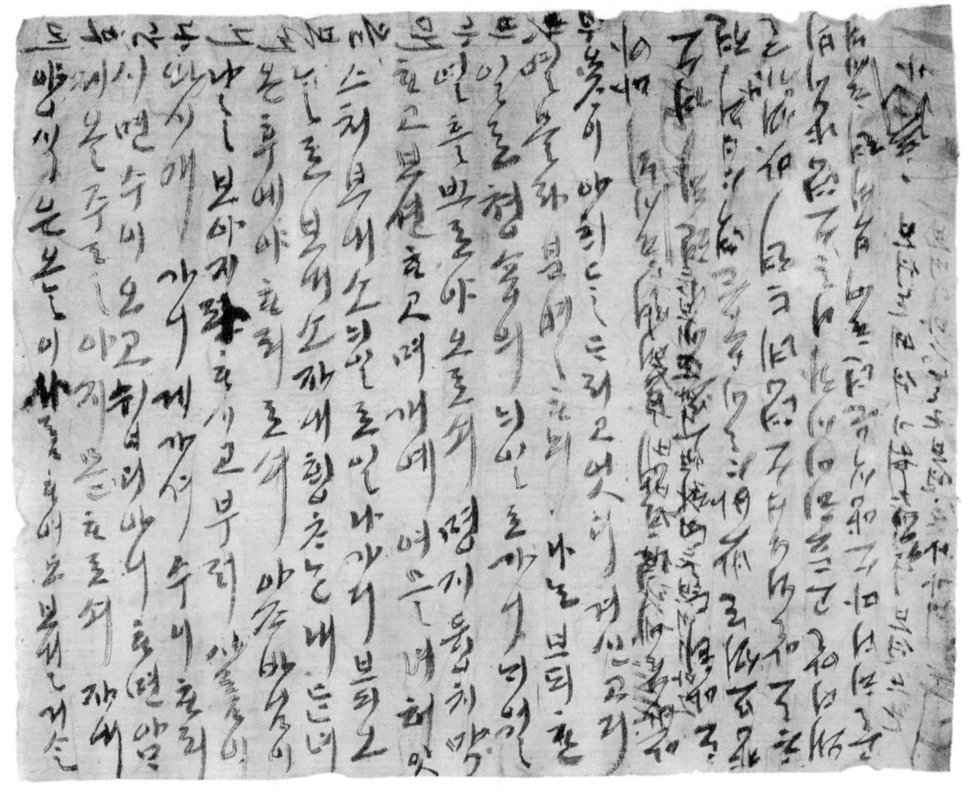

6-(25.5× 16.0)

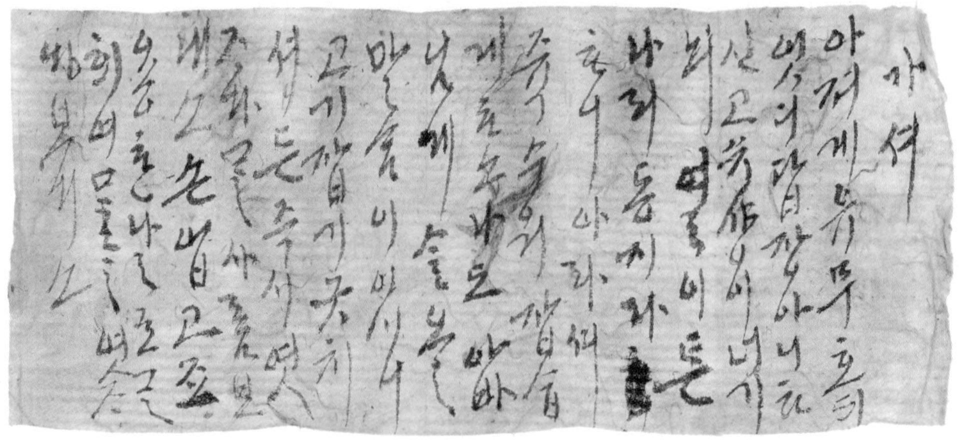

7-(17.8 × 6.3)

4-(25.5 × 20.7)

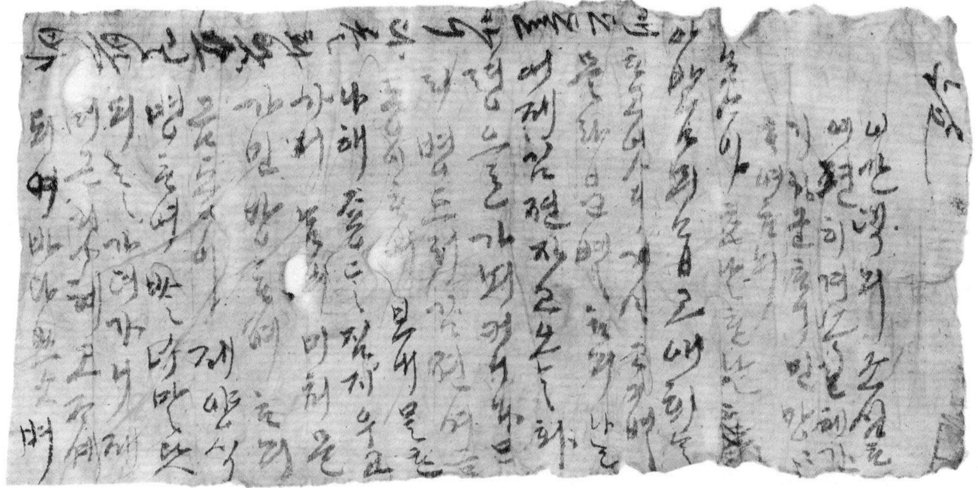

5-(27.5 × 13.5)

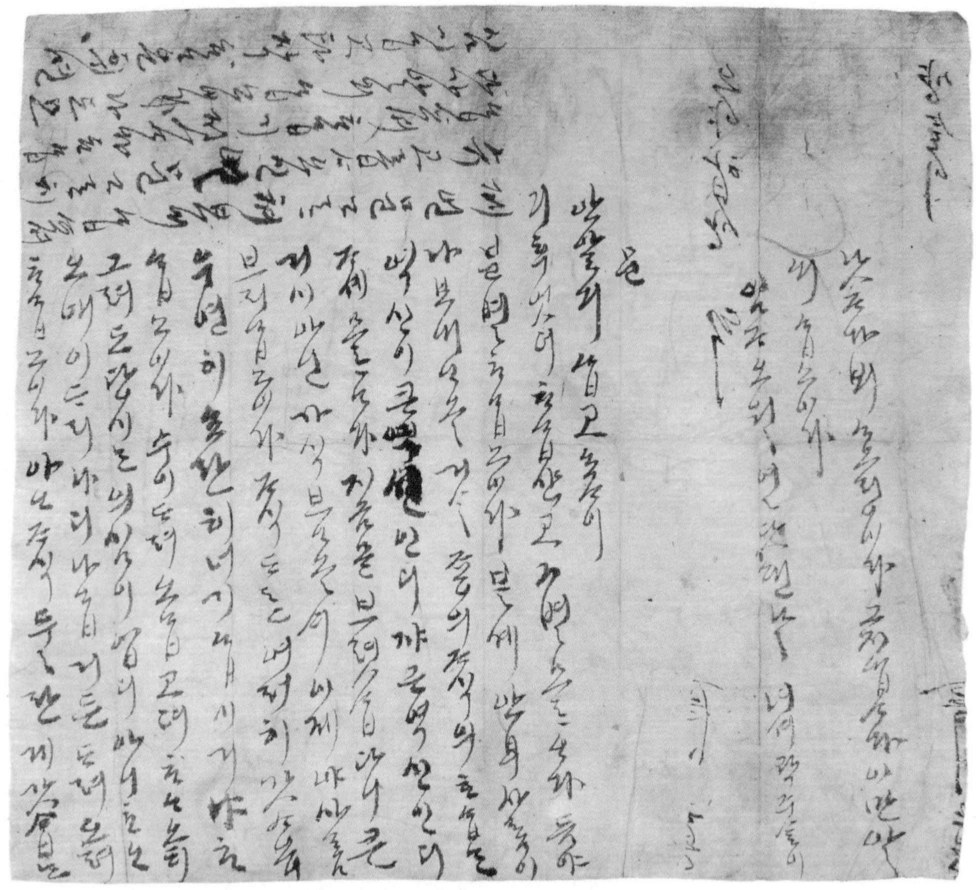

2-(28.0 × 28.3)

3-(33.0 × 13.5)

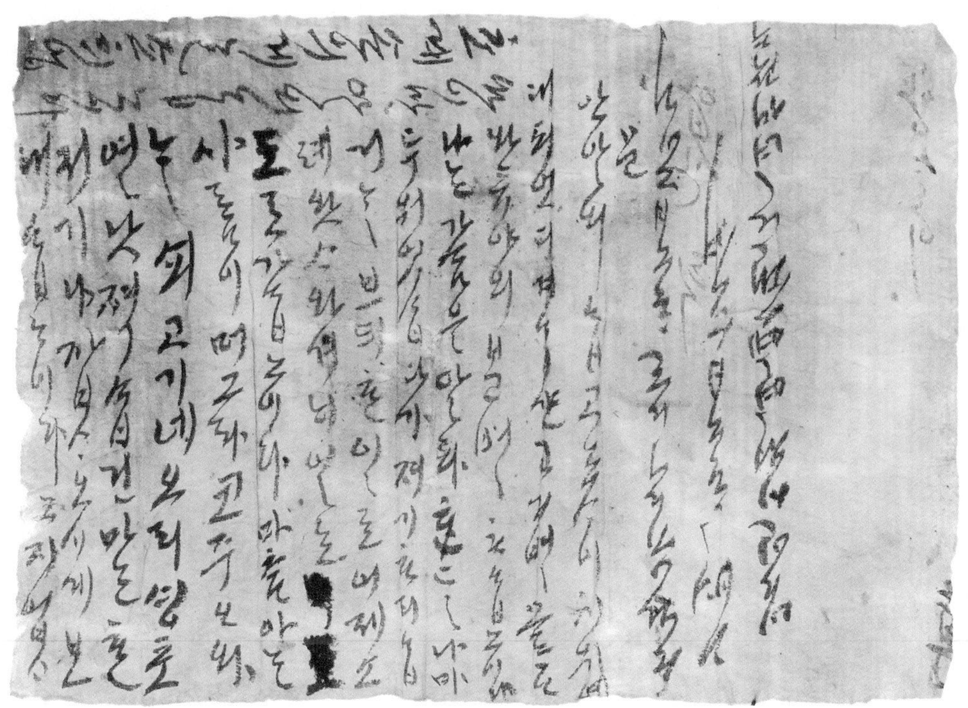

1- (19.0 × 12.3)

증보판 현풍곽씨언간 주해

원전영인

가운데 아기 언문을 쾌히 배웠다가 내게 보이라 하소. 셋째 아기도 이제는 쾌히 온전하여 있을 것이니 언문을 외워 있다가 보이라 이르소

여기서부터는 影印本을 인쇄한 부분입니다. 이 부분부터 보시기 바랍니다.